구한국외교관계부속문서

간도안

• 이 책은 2020년도 동북아역사재단 기획연구 수행 결과물임(NAHF-2020-기획연구-5).

동북아역사 자료총서 67

간도안

구한국의 교관계부속문서

김영수 편

間島案

동북아역사재단
NORTHEAST ASIAN HISTORY FOUNDATION

일러두기

1. 이 자료집은 고려대학교 아세아문제연구소에서 간행한 『구한국외교관계부속문서(舊韓國外交關係附屬文書): 간도안(間島案) 제8권』(고려대학교출판부, 1972)를 참고하여 번역하였다. 『간도안』 수록 문서의 원본은 서울대학교 규장각한국학연구원에 소장되어 있다. 자료집에 넣은 각 문서의 원문은 규장각한국학연구원에 소장되어 있는 원본과 대조, 교감하는 작업을 거쳤다(統別間島關係往復文[奎17858-v.1-4]).
2. 날짜는 원문을 한글로 번역하고 괄호 안에 양력을 표기했다.
3. 이 자료집 문서의 제목은 원 문서의 제목을 참고하여 번역자가 붙였다.
4. 원문의 문장이 장문이더라도 주술관계를 고려하여 단문 번역을 원칙으로 했다. 최대한 본문에 충실하고 주술이 명쾌하지 않을 경우에만 번역자가 최소한 보강했다. 번역자가 본문 중 원문에 없는 내용을 보강할 경우에는 〈 〉를 사용했다. 또한 분문 중 '폭도'는 의병이지만 원문 그대로 번역했다.
5. 일본 인명과 지명은 [ ]를 사용했다.
6. 각주의 인명과 사건 등은 『민족문화대백과사전』, 『세계한민족문화대전』, 『한국사데이터베이스(국사편찬위원회)』 등을 참고했다.

| 책머리에

이 책은 구한국외교관계 문서 중 『간도안(間島案)』을 완역한 것이다. 『간도안』은 크게 1907년 10월부터 1909년 11월까지의 「통별원안(統別原案)」과 1906년 11월부터 1909년 11월까지의 「통별왕복안(統別往復案)」으로 구성되었다.

「통별원안」은 통감부 간도파출소장이 치안 상태를 통감부에 보고한 내용으로 간도에 거주한 한국인에 관한 상황을 순보(旬報) 또는 월보(月報) 형식으로 보고한 문서가 대부분이다. 또 「통별왕복안」은 간도파출소장이 보고한 사항에 대한 통감부 회답 및 한국과 왕래한 왕복문서이다.

「통별원안」은 대부분 일본어로 구성되었고, 「통별왕복안」은 대부분 국한문 혼용으로 구성되었다. 그중 주요 내용은 한청 국경 확정 문제로 한·청·일 삼국 정부 사이에 진행된 교섭사항, 당시 러시아에 있던 이범윤의 군사활동에 대한 보고, 블라디보스토크에서 발간된 반일운동 신문 『한국통신』에 대한 교섭 등이 포함되었다. 그 당시 간도파출소는 간도의 행정 확립을 위해서 간도 전역을 종성간도, 회령간도, 무산간도, 온성간도, 북도소 등으로 분할한 다음, 각 촌을 관할하는 한인 도사장과 그 아래 사장과 촌장 등을 임명하였다.

간도 문제의 발생은 다음과 같았다. 숙종 시기 백두산정계비(1712)에서 '동(東)으로 토문(土門)'이라는 내용이 건립 당시부터 논란에 휩싸였다. 즉 한청의 국경은 압록강과 토문강이라고 명시한 백두산정계비가 간도 문제의 연원이었다.

1880년대 들어 조선과 청국 간에 간도영유권 분쟁이 발생하였는데, 그 분쟁의 핵심은 1712년 설치한 '토문(土門)'강이 어느 강을 지칭하느냐에 있었다. 청국은 현재의 두만강이라 주장하고, 조선은 두만강과는 별개인 송화강의 한 지류인 토문강이라 주장하였다. 송화강은 흑룡강의 지류이다. 이에 따라 두만강을 한 선으로 하고, 또 토문강-송화강-흑룡강을 다른 한 선으로 한 지역, 즉 소위 동간도 또는 북간도라고 불리는 광활한 지역의 영토적 귀속이 문제였다. 조선과 청국은 1885년과 1887년 두 차례에 걸쳐 감계회담을 가졌지만 합의를 보지 못했다. 결국 1880년대 한청 양국 간의 국경선 획정 회담은 두만강 상류 지역을 제외하고는 청국의 일방적인 주장으로 매듭지어졌다. 그러나 청일전쟁 이후 문명담론과 국제법에 대한 인식이 확대되면서, 한국은 토문강이 두만강이 아니라며 '간도 문제'를 제기했다.

1905년 을사늑약 체결 이후 일본이 '간도 문제'에 개입했다. 1906년 일본은 한국의 주장을 그대로 수용하여 간도의 지리를 구성했는데 다양한 보고서가 통감부나 주차군 및 일본 외무성에서 왕복되었다. 1907년 통감부가 일방적으로 통감부 간도파출소를 설치하자, 연변의 청국 관리는 일본이 한국인들을 선동하는 것으로 인식했다. 더 나아가 일본의 간도정책을 한국을 보호국으로 삼은 일본의 식민정책의 일환으로 파악했다.

그러나 1909년 이른바 '간도협약'을 통해 간도 문제는 일본의 만주정책 속에서 규정되고 말았다. 간도협약은 1880년대 이래 조선과 청국 사이에 분쟁이 있은 간도영유권 문제에 관하여 1909년 일본과 청이 맺은 조약을 의미한다. 1909년 9월 청국과 일본은 "청국과 한국 양국의 국경을 토문강으로 확정하고, 일본은 간도를 청국의 영토로 인정하며, 장래 길장(吉長) 철도를 연장하여 회령에서 한국의 철도와 연결한다"고 규정했다. 당시 일본은 길회선(吉會線) 철도의 부설권이라는 최대의 긴급 현안을 해결하기 위해 간도 문제를 이용했다. 일본은 길회 철도 부설권을 획득함으로써 사실상 만주 지역에서의 물자 운송 통제권도 확보할 수 있었다.

그런데 그 당시 간도지역은 한국인의 삶의 터전이었을 뿐만 아니라 반일 독립운동의 거점지로 활용되었다. 무엇보다도 이 자료집에는 간도관리사(間島管理使) 이범윤(李範允, 1856~1940)의 독립운동 행적을 엿볼 수 있는 내용이 수록되었다.

첫째, 1908년 5월 6일 시노다 지사쿠[篠田治策] 간도파출소장대리(間島派出所長代理)는 「통파월보(統派月報)」에서 "이범윤은 간도가 일한 측의 주장이 관철되어 〈그곳이〉 한국의 영토로 된다면, 러시아[露國] 관헌의 원조를 얻어 폭동을 일으키겠다고 하고, 러시아 관헌과는 이미 교섭이 날로 익어간다는 뜻으로 성명하였다. 이범윤은 의병[폭도]과 연락을 통하고, 의병도 점차 북방에 몰래 들어와서 이범윤의 거주지인 러시아 영토 종왕령(宗王嶺 *연해주) 지방에 집합하고자 하는 형세가 있음은 의심할 바가 없을 것 같다"라고 보고했다.

둘째, 1908년 8월 4일 사이토 스에지로[齋藤季治郞] 간도파출소장은 「간도 관내 일반 상황 월보(間島管內一般狀況月報)」에서 이범윤(李範允) 관련 문서를 통감부에 제출했다.

"간도에는 여전히 이범윤의 옛 부하 사졸(士卒)이 거주하고 있다고 합니다. 한국 내지(內地) 혹은 러시아령(露領) 방면에서 패찬(敗竄)한 의병[폭도]이 도망쳐 들어왔는지 우려가 있기 때문에, 이들에 관해서는 항상 시찰과 경계를 엄중히 실시하고 있습니다."

이러한 간도파출소의 보고는 러시아 극동문서보관소(РГИАДВ)와 대외정책문서보관소(АВПРИ)의 자료에 따르면 사실이었다. 이범윤은 평소 40~50명의 의병을 지휘했는데 그는 간도의 한국인과 청국인의 지지를 받고 있었다. 그는 1908년 일본군대를 공격하고자 훈춘[琿春]과 간도[Кандо]를 통해서 두만강 상류로 진출했다.[1] 이범윤은 자신을 지지하는 의병과 함께 가끔 간도에 은신했는데 간도지역의 청국인은 대부분 일본인에게 극단적으로 나쁜 감정을 갖고 있었고 간도에 숨어 있는 한국인 의병과 협력하는 것을 거절하지 않았다.[2] 실제 이범윤은 1908년 8월 수천 명의 의병을 지휘하여 길림성 경계인 연해주 바라바쉬(река Мангугай = река Барабашь) 근처에서 일본군대와 전투를 치렀는데 일본 장교 3명과 병사 40명이 죽거나 부상을 당했다.

결국 간도의 범주는 두만강 북안 일대로 한정하거나 연변 지역 정도로 보는 견해, 압록강과 두만강을 경계로 한반도와 접해 있는 청국 동북지역으로 보는 견해로 나뉜다. 이것은 한청 양국의 이해관계에 따라 간도의 범주가 달랐기 때문이었다. 이러한 간도의 과거와 현재의 연속적인 문제를 파악하려면 간도를 둘러싼 외교문서를 치밀하게 연구해야 한다. 이 자료집은 1906~1909년까지 간도를 둘러싼 한국, 청국, 일본의 외교적 1차 왕복문서로 간도영유권과 외교적 관계를 객관적으로 파악하는 데 도움을 줄 것이다.

끝으로 이 자료집이 나오기까지 헌신적으로 번역을 수행한 번역자 모두에게 고개를 숙인다. 특히 이 자료집의 해제를 함께 집필하고, 용어와 인명 등을 함께 고민해 준 한철호 교수님에게 감사드린다. 지금은 고인이 되었지만 늘 그의 논문과 저서가 세상의 지혜로 남기를 바랄 뿐이다. 다음 생이 있다면 현실보다는 이상을, 도덕보다는 사랑을, 정의보다는 연민으로 또다시 그를 만나고 싶다.

2022년 12월

동북아역사재단 연구위원

김영수 씀

---

1 РГИАДВ. Ф.1.Оп.3.Д.1160.ЛЛ.24-24об

2 АВПРИ. Ф.150.Оп.493.Д.30.ЛЛ.339-342об.

| 차례

책머리에 ······················ 5

해제 ······················ 20

통별원안

1 간도지방 월경 개간 한민의 국적 문제로 한국과 청국 간 교섭 사실의 유무 문의 ······················ 36

2 통감부 간도파출소 관내 일반상황 보고사항의 통보 ······················ 38

3 지난날 한청 양국 간 왕복 외교문서 중 국경문제에 관한 부분의 조사 회보 의뢰 ······················ 47

4 간도파출소 관내 일반상황 및 청·한인 간 분쟁문제 회고 사항의 통보 ······················ 48

5 간도파출소 관내 청국 병사 폭행사건으로 청국 관헌과의 교섭 전말 및 도사장 이하 임명 보고사항의 통보 ······················ 59

6 간도파출소 관내 일반상황 보고사항의 통보 ······················ 70

7 간도파출소 감찰과장 김해룡 행위에 대한 청일 관헌 간 왕복 사본 송부 ······················ 75

8 간도파출소 관내 호구조사 보고 사본의 송부 ······················ 80

9 간도 한국경찰관 철거를 요구한 청국 관헌과의 왕복 문서 사본의 송부 ······················ 88

10 간도 관내 일반상황 보고사항의 통보 ······················ 93

11	전송(前送) 간도 관내 호구조사표 중 누락(漏落) 개소(個所) 보고 사본의 추송(追送)	101
12	간도 관내 일반상황 보고사항의 통보	103
13	한국 순검 피구(被拘)사건 및 현덕승 행패 건으로 청국 관헌과의 교섭 전말 보고 사본의 송부	106
14	간도파출소 관내 일반상황 보고 사본의 송부	131
15	백두산 감계(勘界) 문제에 관한 주한 청국공사의 공문 차람(借覽) 요청	136
16	간도 관내 일반상황 보고 사본의 송부	139
17	간도 관내 일반상황 보고 사본의 송부	145
18	간도 관내 일반상황 보고 사본의 송부	153
19	간도 관내 일반상황 보고 사본의 송부	161
20	간도 관내 일반상황 보고 사본의 송부	168
21	간도에 있는 한국 관리 숙사(宿舍) 건설에 대한 설계서 · 도안 등 송부 및 동(同)경비의 지출 통고	174
22	간도 관내 일반상황 월보 사본의 송부	177
23	간도에 있는 한인 보호를 위한 헌병 파견대 증설에 수반한 한국인 주사(主事) 및 순사 등 증파 요청	185
24	간도지방 구역 개칭에 대한 간도파출소 보고 사본의 송부	186
25	간도 관내 일반상황 월보 사본의 송부	188
26	러시아 블라디보스토크[海蔘威]에서의 배일적(排日的) 한글 신문 간행에 대한 파출소장 보고 사본의 송부	196
27	간도에 있는 한국 관리 숙사(宿舍) 건축에 소요되는 경비 지출 독촉	198

28 간도 관내 일반상황 월보 사본의 송부 ······ 199

29 간도 관내 일반상황 보고 사본의 송부 ······ 214

30 간도 관내 일반상황 보고 사본의 송부 ······ 230

31 간도 관내 일반상황 보고 사본의 송부 ······ 238

32 간도파출소 관내에 대한의원 분원 설치의 종용 ······ 250

33 간도 관내에 한인 보호를 위하여 설치한 도사장·사장 등에 대한 보수 및 사무비 지불 요구 ······ 251

34 간도 관내 일반상황 보고 사본의 송부 ······ 252

35 간도파출소 관내 일반상황 보고 사본의 송부 ······ 260

36 간도 관내 일반상황 보고 사본의 송부 ······ 275

37 간도 관내 일반상황 「월보」 사본의 송부 ······ 287

38 1월분 일반상황 「월보」 중 누락된 경찰사고표 사본의 추송 ······ 297

39 간도파출소 관내 일반상황 「월보」 사본의 송부 ······ 301

40 간도파출소 관내 일반상황 「월보」 사본의 송부 ······ 317

41 통감부 간도파출소 폐지에 대한 통고 ······ 337

42 일청협약 체결로 인한 간도총영사관 개설 통고 ······ 338

통별왕복안

1 간도 거주 한국민 보호책의 대청 교섭 요청 ······ 346

2 간도 화룡욕에 거주하는 한국민 송환을 요청한 사실의 유무와 당시 상황에 대한 상세한 사항을 요청 ······ 348

3 위의 건 사실의 부인 ······ 349

4 간도 상황 보고서 제출의 건 ······ 350

5 궁내부 승문원 보존 한청 국경관계 교섭문서의 목록을 작성하여 발송할 것을 요청 ······ 356

6 간도 사정 보고서 공람에 대한 회답 ······ 357

7 국경관계 승문원문서의 유실과 현존 문서를 기록해 보낸 것에 대한 건 ······ 358

8 간도 상황 보고서 제출의 건 ······ 376

9 위의 보고서를 접수해 열람하고 회답함 ······ 380

10 간도 청병 폭행사건과 도사장 등의 임명에 관한 보고서 제출의 건 ······ 381

11 청병 폭행사건에 관한 교섭상황 보고서 제출의 건 ······ 395

12 청병 폭행사건 교섭 전말보고서 제출의 건 ······ 400

13 간도 사정 보고서 제출의 건 ······ 411

14 간도파출소원 김해용의 행위에 관한 교섭문서 제출의 건 ······ 415

15 간도사정(청병폭행 및 도사장 임명) 교섭 전말보고서를 접수해 열람하고 회답함 ······ 419

16 간도 호구조사 보고서 제출의 건 ······ 420

17 간도 한국경찰관(신파) 철수요구에 관한 교섭 왕복서 제출의 건 ······ 427

18 간도 사정 보고서 제568호 및 588호를 접수해 열람하고 회답함 ······ 432

19 간도 상황 보고서 제출의 건 ······ 433

20 호구조사 및 경찰관 철거 청구건과 일반상황에 관한 보고서를 접수해 열람하고 회답함 ······ 439

21	간도 호구조사표 누락분 추가 제출의 건	440
22	위의 것을 접수해 열람하고 회답함	442
23	간도 상황 보고서 제출의 건	443
24	간도 한국 순검 구인 및 현덕승 소환방해사건에 관한 교섭시말보고서 제출의 건	446
25	간도 상황 보고서 제출의 건	466
26	백두산 감계에 관한 대청사(원세개) 조회의 송시 요청	471
27	위의 사본 초록을 보내는 회답	472
28	간도 사정 보고서 제출의 건	474
29	간도 사정 보고서 제출의 건	480
30	간도 사정 보고서 제출의 건	488
31	간도 사정 보고서 제출의 건	497
32	간도 사정 보고서 제출의 건	504
33	간도 주재 한국 관리 숙사 건설의 승인과 경비 지출방법 강구 요청	509
34	간도 사정 보고서 제출의 건	510
35	간도 헌병분견소 증설 및 배치 주사·순사의 증파 요청	518
36	동·서간도 명칭 개정 신청서 제출의 건	519
37	간도 사정 보고서 제출의 건	521
38	간도 사정 보고서 제출의 건	529
39	배일한어신문(포염사덕에서) 창간에 관한 신고서 제출의 건	542
40	간도 한국관리 숙사 건축비의 지출 독촉	544
41	간도 헌병분견소 배치 주사 및 순사의 증파와 회계사무사 담당원 추가파견 통보	545

42 간도 사정 보고서 제출의 건 546

43 간도 사정 보고서 제출의 건 561

44 간도 사정 보고서 제출의 건 569

45 의료기관 설치 요청 580

46 도사장·사장 등 보수의 국고 부담 요청 581

47 간도 사정 보고서 제출의 건(왕복안 2책) 582

48 간도 사정 보고서 제출의 건 590

49 간도 사정 보고서 제출의 건 604

50 간도 사정 보고서 제출의 건 616

51 경찰사고표 추가 송부의 건 626

52 간도 사정 보고서 제출의 건 629

53 간도 사정 보고서 제출의 건(왕복안 2책) 644

54 간도파출소 폐지의 건 663

55 간도 소속 협약의 제출 및 재류민 보호의 일본영사관 관할 통보와 동 협약 주지의 관보 고시 요청 664

56 상건회답 665

[원문] 統別原案

1 間島地方越境開墾韓民의 國籍問題로 韓淸兩國間交涉事實의有無問議(原案1册) 668

2 統監府間島派出所管內一般狀況報告事項의 通報(原案1册) 669

3 舊時韓淸兩國間往復外交文書中의 國境問題에 關한 部分의調査回報依賴(原案1册) 674

4 間島派出所管內一般狀況및韓清人間紛爭問題報告事項의 通報(原案1册) ······················ 675

5 間島派出所管內清兵暴行事件으로 清國官憲과의交涉顚末 및 都社長以下任命報告事項의 通報(原案1册) ······················ 682

6 間島派出所管內一般狀況報告事項의 通報(原案1册) ······················ 688

7 間島派出所監察課長金海龍行爲에 對한 清日官憲間往復寫本의 送付(原案1册) ······················ 691

8 間島派出所管內戶口調查報告寫本의 送付(原案1册) ······················ 694

9 在間島韓國警察官撤去를 要求한 清國官憲과의 往復文書寫本의 送付(原案1册) ······················ 699

10 間島管內一般狀況報告事項의 通報(原案1册) ······················ 702

11 前送間島管內戶口調查表中漏落個所報告寫本의 追送(原案1册) ······················ 707

12 間島管內一般狀況報告事項의 通報(原案1册) ······················ 709

13 韓國巡檢被拘事件 및 玄德勝行悖件으로 清國官憲과의交涉顚末報告寫本의 送付(原案1册) ······················ 712

14 間島派出所管內一般狀況報告寫本의 送付(原案1册) ······················ 731

15 白頭山勘界問題에 關한 駐韓清國公使의 公文借覽要請(原案1册) ······················ 735

16 間島管內一般狀況報告寫本의 送付(原案1册) ······················ 736

17 間島管內一般狀況報告寫本의 送付(原案1册) ······················ 740

18 間島管內一般狀況報告寫本의 送付(原案1册) ······················ 746

19 間島管內一般狀況報告寫本의 送付(原案1册) ······················ 752

20 間島管內一般狀況報告寫本의 送付(原案1册) ······················ 757

21 在間島韓國官吏宿舍建設에對한設計書 · 圖案等送付 및 同經費의支出通告(原案1册) …… 761

22 間島管內一般狀況月報寫本의 送付(原案2册) …… 763

23 在間島韓人保護를 爲한 憲兵派遣隊增設에 隨伴한 韓圈人主事及巡査等增派要請(原案2册) …… 769

24 間島地方區域改稱에 대한 間島派出所報告寫本의 送付(原案2册) …… 770

25 間島管內一般狀況月報寫本의 送付(原案2册) …… 771

26 露國海參威에서의 排日的韓字新聞刊行에 對한 派出所長報告寫本의 送付(原案2册) …… 777

27 在間島韓國官吏宿舍建築에 所要되는 經費支出催促(原案2册) …… 779

28 間島管內一般狀況月報寫本의 送付(原案2册) …… 780

29 間島管內一般狀況報告寫本의 送付(原案2册) …… 789

30 間島管內一般狀況報告寫本의 送付(原案2册) …… 800

31 間島管內一般狀況報告寫本의 送付(原案2册) …… 806

32 間島派出所管內에 大韓醫院分院設置의 慫慂(原案2册) …… 814

33 間島管內에 韓人保護를 爲하여 設置한 都社長 · 社長等의 報酬及事務費의 支辨要求(原案2册) …… 815

34 間島管內一般狀況報告寫本의 送付(原案2册) …… 816

35 間島派出所管內一般狀況報告寫本의 送付(原案2册) …… 822

36 間島管內一般狀況報告寫本의 送付(原案2册) …… 833

37 間島管內一般狀況月報寫本의 送付(原案2册) …… 842

38 一月分一般狀況月報中漏落된 警察事故表寫本의 追送 (原案2冊) …… 850

39 間島派出所管內一般狀況月報寫本의 送付(原案2冊) …… 853

40 間島派出所管內一般狀況月報寫本의 送付(原案2冊) …… 865

41 統監府間島派出所廢止에 對한 通告(原案2冊) …… 879

42 日·淸協約締結로 因한 間島總領事館開設通告 (原案2冊) …… 880

統別往復案

1 間島居住韓民保護策의 對淸交涉要請(往復案1冊) …… 886

2 間島和龍峪居住韓民送還要請事實의 有無와 當時狀況의 詳示要請(往復案1冊) …… 887

3 上件事實의 否認(往復案1冊) …… 888

4 間島狀況報告書呈覽의 件(往復案1冊) …… 889

5 宮內府承文院保存韓淸國境關係交涉文書의 目錄製送要請(往復案1冊) …… 894

6 間島事情報告書供覽에 對한 謝答(往復案1冊) …… 895

7 國境關係承文院文書의 遺失과 現存文書錄送의 件(往復案1冊) …… 896

8 間島狀況報告書呈覽의 件(往復案1冊) …… 904

9 同上報告書接閱回答(往復案1冊) …… 908

10 間島淸兵暴行事件과 都社長等任命에 關한 報告書呈覽의 件(往復案1冊) …… 909

11 淸兵暴行事件에 關한 交涉狀況報告書提出의 件(往復案1册) …… 916

12 淸兵暴行事件交涉顚末報告書轉呈의 件(往復案1册) …… 919

13 間島事情報告書轉呈의 件(往復案1册) …… 926

14 間島派出所員金海龍行爲에 關한 交涉文書轉呈의 件(往復案1册) …… 929

15 間島事情(淸兵暴行및都社長任命)交涉顚末報告書接閱回答(往復案1册) …… 932

16 間島戶口調査報告書呈閱의 件(往復案1册) …… 933

17 間島韓國警察官(新派)撤收要求에 關한 交涉往復書呈覽의 件(往復案1册) …… 938

18 間島事情報告書第五八六號및五八八號接閱回答(往復案1册) …… 941

19 間島狀況報告書轉呈의 件(往復案1册) …… 942

20 戶口調査件 및 警察官撤去請求件과 一般狀況에 關한 報告書接閱回答(往復案1册) …… 947

21 間島戶口調査表漏落分追加呈閱의 件(往復案1册) …… 948

22 同上接閱回答(往復案1册) …… 950

23 間島狀況報告書呈閱의 件(往復案1册) …… 951

24 間島韓國巡檢拘引 및 玄德勝召喚妨害事件에 關한 交涉始末報告書呈覽의 件(往復案1册) …… 954

25 間島狀況報告書呈覽의 件(往復案1册) …… 969

26 白頭山勘界에 關한 對淸使(袁世凱)照會의 送示要請(往復案1册) …… 973

27 同上寫本鈔送回答(往復案1冊) …… 974

28 間島事情報告書呈覽의 件(往復案1冊) …… 975

29 間島事情報告書呈覽의 件(往復案1冊) …… 980

30 間島事情報告書呈覽의 件(往復案1冊) …… 986

31 間島事情報告書呈覽의 件(往復案1冊) …… 993

32 間島事情報告書呈覽의 件(往復案1冊) …… 999

33 間島駐在韓國官吏宿舍建設의 承認과 同經費支出方法講究要請(往復案1冊) …… 1003

34 間島事情報告書呈覽의 件(往復案2冊) …… 1004

35 間島憲兵分遣所增設과 配置主事 巡查의 增派要請(往復案2冊) …… 1010

36 東西間島名稱改定申請書轉呈의 件(往復案2冊) …… 1011

37 間島事情報告書轉呈의 件(往復案2冊) …… 1012

38 間島事情報告書轉呈의 件(往復案2冊) …… 1018

39 排日韓語新聞(浦鹽斯德에서)創刊에 關한 報告書轉呈의 件(往復案2冊) …… 1028

40 間島韓國官吏宿舍建築費의 支發催促(往復案2冊) …… 1030

41 間島憲兵分遣所配置主事 및 巡查의 增派와 會計事務專擔員添派通報(往復案2冊) …… 1031

42 間島事情報告書呈覽의 件(往復案2冊) …… 1032

43 間島事情報告書呈覽의 件(往復案2冊) …… 1044

44 間島事情報告書呈覽의 件(往復案2冊) …… 1050

45 醫療機關設置要請(往復案2冊) ………………… 1059

46 都社長·社長等報酬의 國庫負擔要請(往復案2冊) ………………… 1060

47 間島事情報告書呈覽의 件(往復案2冊) ………………… 1061

48 間島事情報告書呈覽의 件(往復案2冊) ………………… 1068

49 間島事情報告書呈覽의 件(往復案2冊) ………………… 1080

50 間島事情報告書呈覽의 件(往復案2冊) ………………… 1090

51 警察事故表追送의 件(往復案2冊) ………………… 1098

52 間島事情報告書呈覽의 件(往復案2冊) ………………… 1101

53 間島事情報告書呈覽의 件(往復案2冊) ………………… 1114

54 間島派出所廢止의 件(往復案2冊) ………………… 1129

55 間島所屬協約의 呈覽 및 在留民保護의 日領事管掌通報와 同協約主旨의 官報告示要請(往復案2冊) ………………… 1130

56 上件回答(往復案2冊) ………………… 1131

찾아보기 ………………… 1132

해제

한철호

1. 연구동향과 논쟁점

1) 역사 분야

숙종 시기 백두산정계비(1712)에서 '동(東)으로 토문(土門)'이라는 내용은 건립 당시부터 논란에 휩싸였다. 즉 한청의 국경은 압록강과 토문강이라고 명시한 백두산정계비가 간도 문제의 연원이었다.

1880년대 들어 조선과 청국 간에 간도영유권 분쟁이 발생하였는데, 분쟁의 핵심은 1712년에 설치한 '토문(土門)'강이 어느 강을 말하느냐에 있었다. 청국은 현재의 두만강이라 주장하고, 조선은 두만강과는 별개인 송화강의 한 지류인 토문강이라 주장하였다. 송화강은 흑룡강의 지류이다. 이에 따라 두만강을 한 선으로 하고, 또 토문강-송화강-흑룡강을 다른 한 선으로 한 지역, 즉 소위 동간도 또는 북간도라고 불리는 광활한 지역의 영토적 귀속이 문제였다. 조선과 청국은 1885년과 1887년 두 차례에 걸쳐 감계회담을 가졌지만 합의를 보지 못하고 분쟁상태가 계속되었다. 결국 1880년대 한청 양국 간의 국경선 획정 회담은 두만강 상류 지역을 제외하고는 청국의 일방적인 주장으로 매듭지어졌다. 그러나 청일전쟁 이후 문명담론과 국제법에 대한 인식이 확대되면서, 한국은 토문강이 두만강이 아니라며 '간도 문제'를 제기했다.

1900년 의화단사건의 발생, 러시아군의 주둔, '청비(淸匪)'에 의한 생명과 재산의 약탈이라는 일련의 상황은 간도 한인들의 생존 자체를 위협하는 것이었다. 이에 그들은 정부의 보호를 지속적으로 요청했고, 한국은 변계경무서(邊界警務署)를 설치하여 호응했다.

고종은 의화단사건을 계기로 대내적으로는 국경과 수도의 방위력을 증강시키며 군비

확장에 박차를 가하였다. 또한 러시아가 만주를 점령하면서 간도를 둘러싼 국제정세가 일변하자 이때를 기회로 적극적으로 간도를 관리하기 시작하였다. 두만강 연안 육진(六鎭)에 진위대(鎭衛隊)를 설치하고, 러시아와 접경한 경흥(慶興)에는 러시아어 연습소를 설립하였다. 1901년 3월에는 변계경무서를 회령(會寧)에 설립하고, 무산(茂山)과 종성(鐘城)에 분서(分署)를 두어 간도(間島)의 한인을 관할하며 고시문(告示文)도 내걸고 행정일지도 기록하도록 하였다. 1902년 5월에는 이범윤(李範允)을 간도시찰사로 파견하여 호수와 인구조사를 실시하였다. 1903년 1월에는 이범윤을 다시 간도관리사로 임명하고, 간도의 한인에게 조세를 징수하였다. 이에 대하여 중국은 한국주재 청국공사를 통해 강력히 항의하였고, 러일전쟁 직전까지 간도지역에서는 두 나라 사이에 군사 충돌이 계속되었다.[1]

현지답사를 통해 지리정보를 꾸준히 확보하고 있던 한국은 러시아의 동아시아로의 세력 확장을 계기로 '간도 문제'가 한청 양국만이 아니라 러시아를 포함한 3국의 문제라며 국제화시켰다. 만주 지역을 군사적으로 장악하고 있던 러시아도 한국에 간도의 공동통치를 제안하기도 했다. 이 제안은 수용되지 않았지만 한국의 적극적인 간도정책 추진에 중요 배경이 되었다.

한국 정부는 1902~1903년 동안 이범윤을 간도 현지에 시찰과 보호라는 이름으로 파견했다. 그 과정에서 간도의 역사적 연고권을 강조하며 청국과의 갈등을 주저하지 않았다. 거기에는 무엇보다 현지 주민 보호라는 명분이 크게 작용했는데, 이는 제국을 선포한 한국의 정체성과 관련된 문제였다. 이에 따라 간도에 파견된 이범윤은 행정구역을 설치하고 인구와 토지 조사 및 사법행정을 집행하였다.

1901년 10월 2일 허태신(許台身)의 신임 국서가 대한제국의 황제에게 전달되었다. 허태신은 10월 3일부터 출사한국대신의 직함을 공식적으로 갖게 되었고, 3년 임기를 마치고 귀국하였다. 그는 대리공사 시기를 포함하여 약 4년 동안 주한 공사의 직책을 맡았다. 허태신 공사 시기 한청 간 중요한 문제는 국경 획정에 관한 것이었다. 당시 국경 획정이 매듭지어지지 않은 상황에서 대한제국이 이범윤을 시찰관으로 파견하자 양국 간 대립이 심화되었다. 1902년 대한제국은 이범윤을 시찰관에 임명하여 토문강 북쪽의 한인 실태

1 차경애, 2005, 「의화단운동진압전쟁으로 인한 한국의 국제적 환경의 변화와 대응」, 『明清史研究』 24집, 明清史學會 ; 차경애, 2012, 「의화단사건」, 『한국근대외교사전』, 성대출판부, 416-418쪽.

를 조사하도록 했으나, 청국 관리는 이범윤의 행위를 제지하였다. 1903년 대한제국은 이범윤을 공식적으로 북변 간도에 시찰관으로 파견하여 한인의 생명과 재산의 보호 임무를 맡기고, 이를 허태신에게 조회(照會)로 알렸다. 허태신은 이범윤의 파견을 비판하면서 양국이 우선 관리를 파견하여 국경을 획정한 뒤 관할 지역의 시찰관을 파견하는 것이 순서라고 하였다. 1904년 한청 양국은 한중변계선후장정(韓中邊界善後章程)을 체결하여 "양국의 경계 지점은 백두산 비석의 기록을 증거로 삼는다. 그러나 양국이 인원을 파견하여 공동으로 실지 조사할 때까지 기다린다. 답사가 이루어지기 전까지 도문강을 중심으로 각기 자신의 땅을 지키며 변경을 넘어 문제를 야기하는 일이 없도록 한다"는 등 12가지 조항을 의정하였다. 이로써 양국의 국경 분쟁은 일시 완화되었지만, 양국 간 국경은 획정하지 못하였다.[2]

1905년 을사늑약 체결 이후 일본은 '간도 문제'에 개입했다. 1906년 일본은 한국의 주장을 그대로 수용하여 간도의 지리를 구성했고, 통감부나 주차군 및 일본 외무성에서 다양한 보고서가 올라왔다. 1907년 통감부가 일방적으로 통감부 간도파출소를 설치하자, 연변의 청국 관리는 이를 이범윤의 책략을 본떠서 한인들을 선동하는 것으로 인식했다. 더 나아가 일본의 간도정책을 한국을 보호국으로 삼은 일본의 식민정책의 일환으로 파악했다.

그러나 1909년 이른바 간도협약을 통해 '간도 문제'는 일본의 만주정책 속에서 규정되고 말았다. 간도협약은 1880년대 이래 조선과 청국 사이에 분쟁이 있던 간도영유권 문제에 관하여 1909년 일본과 청이 맺은 조약을 의미한다. 1909년 9월 청국과 일본은 "청국과 한국 양국의 국경을 토문강으로 확정하고, 일본은 간도를 청국의 영토로 인정하며, 장래 길장(吉長) 철도를 연장하여 회령에서 한국 철도와 연결한다"고 규정했다. 당시 일본은 길회선(吉會線) 철도의 부설권이라는 최대의 긴급 현안을 해결하기 위해 간도 문제를 이용했다. 일본은 길회철도 부설권을 획득함으로써 사실상 만주 지역에서의 물자 운송 통제권도 확보할 수 있었다.[3]

---

2 김한규, 1999, 『한중관계사』 2, 아카넷; 쉬안민, 2009, 『중한관계사』(근대), 일조각; 이은자, 2012, 「허태신」, 『한국근대외교사전』, 성대출판부, 653~654쪽.

3 강석화, 1996, 「백두산정계비와 간도」, 『한국사연구』 96; 박선영, 2004, 「근대 동아시아 국경인식과 간도」, 『중국사연구』 32; 김지환, 2005, 「간도협약과 일본의 길회철도부설」, 『중국사연구』 34; 은정태, 2007, 「한국기 '간도 문제'의 추이와 '식민화'」, 『역사문제연구』 1; 김주용, 2008, 『일제의 간도 경제침략과 한인사회』, 선인.

결국 간도의 범주에 대해서는 두만강 북안 일대로 한정하거나 연변 지역 정도로 보는 견해, 또는 압록강과 두만강을 경계로 한반도와 접해 있는 청국 동북지역으로 보는 견해로 나뉜다. 이것은 한청 양국의 이해관계에 따라 간도의 범주가 다르기 때문이다.

2) 국제법 분야

일본은 군국주의적 대륙침략 과정에서 1905년 소위 을사늑약을 근거로 간도영유권 문제에 개입했다. 일본은 1909년 9월 청과 간도협약을 체결하여 두만강, 그중에서도 두만강의 남쪽 지류인 석을수(石乙水)를 국경으로 정했다. 그 결과 그동안 조선과 청 간에 분쟁이 있던 간도가 청의 영토인 것처럼 되었다.

이렇게 체결된 간도협약은 일본의 한국강점기에 현실적으로 유지되었다. 해방 후 학자들은 청일 간도협약의 무효 주장과 함께 한국 정부의 중국 정부에 대한 간도영유권 주장의 필요성을 제기하였다. 간도협약이 무효인 근거는 크게 세 가지 관점에서 정리되고 있다. 첫째는 소위 한일 을사늑약과의 관계, 둘째는 제2차 세계대전 전후처리와의 관계, 셋째는 국제법상 조약의 제3국에 대한 효력에 관한 법리와의 관계였다.

먼저 을사늑약과의 관계에 대해서 살펴보겠다. 원래 조선과 청국 간의 외교적 분쟁이던 간도영유권 문제를 일본이 청과 간도협약으로 처리하게 된 법적 근거가 바로 을사늑약이었다. 일본은 을사늑약으로 한국의 외교 교섭권을 가져갔으나 이 을사늑약은 조약체결권자인 고종 황제의 비준을 받지 못한 미성립의 조약이어서 무효라는 것, 설사 성립되었다고 하더라도 을사5적으로 불리는 당시 한국의 국가대표에 대한 강박에 의해 체결되었기 때문에 원천적으로 무효였다. 또 설사 을사늑약이 유효하고 외교교섭권을 일본이 가져갔다고 하더라도 이 조약의 제2조에 따르면 조약체결권은 그대로 대한제국이 가지고 있었으므로 간도협약은 대한제국의 명의로 체결되었어야 하는 것이었다. 하지만 이를 일본 명의로 체결하였기에 을사늑약 자체를 위반한 것이어서 무효라는 주장 등이 제시되었다.

다음으로 제2차 세계대전의 전후처리 과정에서 1952년 체결된 중일 평화조약 제4조에서 1941년 12월 9일 이전에 중국과 일본 간에 체결된 모든 조약은 전쟁의 결과로 무효라고 승인되었다. 따라서 1909년에 청과 일본 간에 체결된 간도협약도 무효가 되었다는 것이다.

끝으로 1909년 일본과 청이 조선의 간도영유권과 관련하여 체결한 간도협약을 을사늑약과의 관계와는 별개로 일반국제법상 조약의 제3국에 대한 효력 문제로 보더라도 이에 대해서는 "서약은 제3자에게 해롭게도 이롭게도 하지 않는다(pacta tertiis nec nocent nec prosunt)"라는 전통적 법 원칙에 따라 한국에는 효력이 없다는 것이다.

그런데 간도협약이 무효라는 주장이 정부의 주목을 받지 못하다가 중국의 동북공정을 계기로 국내에서 간도영유권 문제가 사회적 관심을 크게 받게 되었다. 2004년 10월 국회 통일외교통상위원회 국정감사에서 당시 외교통상부 장관은 우리 정부 최초로 간도협약이 무효라고 입장을 밝혔다. 그러면서도 간도협약 문제와 간도영유권 문제는 분리해서 접근하는 것이 좋을 것으로 판단했다. 즉, 간도협약이 무효라도 간도 문제가 우리 영유권과 관련이 있다고 해서 간도 문제가 해결되는 것은 아니고, 또 현재 간도를 중국이 실효적 지배를 하고 있다고 해서 중국 영토라고 인정한 것도 아니라는 입장을 취한 것이다. 그리고 2011년 국회의 외교통상부에 대한 국정감사 자료에서도 유사한 내용이 반복되었다.

현재도 중국은 한국과 중국 간의 국경이 기본적으로 두만강이라는 근거를 1909년 청일 간도협약에 두고 있다.

간도협약이 국제법적으로 보아 무효라면, 그 조약으로 획정된 국경도 무효이고, 따라서 그 이전의 상태, 즉 1880년대 감계회담을 하던 분쟁상태로 되돌아가야 한다. 다시 말해서 간도협약이 무효라는 것은 그 이전에 간도영유권 분쟁이 있었던 상태로 돌아가야 한다는 것이지, 간도가 자동적으로 한국의 영토가 된다는 의미는 아니다. 따라서 정치·외교적으로 그 국경이 어디로 획정되든 간에 한국과 중국 간에 새로이 유효한 국경조약을 체결해야 할 필요성이 제기된다.

이 문제와 관련하여 북한과 중국 간에 비밀리에 체결된 1962년 변계조약과 1964년 변계의정서의 효력이 문제가 된다. 즉 남북한이 통일될 경우 통일한국은 북한이 체결한 이 조약을 국가승계해야 하는가라는 문제이다. 이에 대해 다음과 같은 주장이 대립한다. 북중 변계조약과 변계의정서 같은 국경조약은 처분적 조약으로 국제법상 당연히 또 자동적으로 승계된다는 주장이 하나이다. 다른 하나는 국경조약이 당연히 또 자동적으로 승계된다는 규칙은 국제실정법상 존재하지 않으며, 이는 국제법 이론에서도 한 부류의 주장일 뿐 국제사회의 일치된 견해는 아니라는 주장이다. 아울러 국제사회에서 국가들의 관행은 국가승계협정을 체결하는 사례도 많기 때문에 이들 조약은 당연히 또 자동적으로 국가 승계되는 것이 아니라 통일한국이 중국과의 관계에서 법적·정치적으로 판단하여 처리할 수 있다는 것이다.[4]

이러한 간도의 과거와 현재의 연속적인 문제를 파악하기 위해서는 간도를 둘러싼 한국, 청국, 일본의 외교문서를 치밀하게 연구해야 한다. 무엇보다도 간도와 만주 지역 연구를 위해서 구한국 외교문서인 간도안(間島案)을 살펴보아야 한다. 간도안은 1906년부터 1909년까지 한국, 일본, 청국의 왕복문서를 수록한 가장 중요한 1차 외교 사료이다.

2. 『구한국외교문서』와 『간도안』

각 안(案)은 본래 구한국(舊韓國) 외부(外部)에 보관되어 있었지만, 1910년에 일제가 한국의 주권을 강탈한 이후 왕실도서인 규장각 도서와 함께 총독부 문서과 분실에 보관하였다가 1930년에 경성제국대학도서관(현 서울대학교 중앙도서관)으로 옮겨 보관해 왔다.

『구한국외교문서(舊韓國外交文書)』는 규장각 소장 문서로, 1876~1910년까지 조선(대한제국)과 열강(중, 일, 미, 영, 독, 러, 프 등) 사이에 오고 간 공문서이다. 『구한국외교문서』는 부속문서 8권을 포함하여 총 30권으로 구성되었다. 그중 부속도서 8권인 『간도안(間島案)』은 1906년 11월부터 1909년 11월까지 통별원안(統別原案)과 통별왕복안(統別往復案)으로 구성되었다. 고려대학교 아세아문제연구소는 규장각 소재 외교문서를 필기체에서 활자체로 편집하여 1965년부터 발간했는데, 1974년에 부속문서 8권으로 『간도안』을 출

---

4 국회도서관, 1975, 『간도영유권관계발췌문서: 일본외무성육해군성문서(제1집)』; 김노규, 1904, 『북여요선(北輿要選)』,(국문번역본과 해제는 고려대학교 민족문화연구소, 1983, 『영토문제연구』 창간호); 篠田治策, 1938, 『白頭山定界碑』, 東京: 樂浪書院; 신기석, 1979, 『간도영유권에 관한 연구』, 탐구당; 노계현, 1984, 『한국외교사론』; 이한기, 1969, 『한국의 영토』, 서울대학교 출판부; 김명기, 1985, 「청일간도협약의 무효」, 『고시계』 9월호; 신각수, 1991, 「국경분쟁의 국제법적 해결에 관한 연구」, 서울대학교 법학과 박사학위논문; 노영돈, 1995, 「소위 청일 간도협약의 효력과 한국의 간도영유권」, 『국제법학회논총』 40-2; 楊昭全·孫玉梅, 1993, 『中朝邊界史』, 長春: 吉林文史出版社; 이태진 편저, 1995, 『일본의 대한제국 강점』, 까치; 강석화, 1996, 「백두산정계비와 간도」, 『한국사연구』 96; 박선영, 2004, 「근대 동아시아 국경인식과 간도」, 『중국사연구』 32; 노영돈, 2008, 「북한-중국의 국경획정 상황의 고찰」, 『백산학보』 82; 이일걸, 2009, 「간도협약 체결 100년의 회고와 전망」, 『백산학보』 85; 노영돈, 2012, 「간도협약」, 『한국근대외교사전』, 성대출판부, 30~32쪽.

판했다. 아울러 구한국외교문서와 관련해 청안(清案)과 법안(法案)이 일부 번역되었다.[5]

구한국외교문서는 다음과 같이 구성되었다. 일안(日案)은 1876~1905년까지 일본과의 외교문서로 1~7권이다. 청안(清案)은 청국과의 외교문서로 8~9권이다. 미안(美案)은 미국과의 외교문서로 10~12권이다. 영안(英案)은 영국과의 외교문서로 13~14권이다. 덕안(德案)은 독일과의 외교문서로 15~16권이다. 아안(俄案)은 러시아와의 외교문서로 17~18권이다. 법안(法案)은 프랑스와의 외교문서로 19~20권이다. 의안(義案, 이탈리아), 비안(比案, 벨기에), 하안(荷案, 네덜란드), 서안(西案, 스페인) 등은 21권이다. 내외 공관원(통리교섭통상사무아문 및 외부관원록, 주외한국공관원) 및 한국주재 외교관 연표는 22권이다. 부속문서는 해관안(海關案)이 1~2권이다. 통서일기(統署日記)는 3~5권인데, 통리교섭통상사무아문에서 1883년 8월 1일부터 1895년 윤5월 2일까지 대외교섭 및 통상 문제와 관련 있는 모든 사항을 기록한 일지이다. 외아문일기(外衙門日記)는 6권으로 1895년 윤5월부터 1899년 10월까지, 교섭국일기(交涉局日記)는 7권으로 1896년 2월부터 1905년 11월까지의 기록이다. 마지막 부속문서 간도안(間島案)은 8권이다.

문서의 각 안은 대개 원안(原案)·등본(謄本)·사본(寫本)의 세 종류로 이루어져 있다. 원안은 서울에 주재한 각국 공사로부터 우리나라 외부에 보내온 문서의 원본을 그대로 철한 것으로, 규장각 도서목록 보유(조선총독부 도서목록 보유)에 미원안(美原案)·영원안(英原案) 등과 같이 그 명칭을 원안이라 하였기 때문에 지금 그 명칭을 그대로 사용한 것이다. 등본(謄本)은 각국 공사관에서 온 원안의 문서와 우리나라 외부에서 각국 공관에 보낸 문서를 합하여 그때그때 등록한 것이다. 사본(寫本)은 등본을 정서한 것이다.

그러므로 규장각 도서목록 보유는 다 같이 일안·미안·영안 등 동일한 서명을 붙였으나, 등본은 각국과 조약을 체결할 때부터 1905년까지의 양국 문서가 함께 수록되어 있고, 사본은 등본의 일부인 1893년(고종 30) 계미년까지의 문서만 수록되어 있다. 그리고

---

5 인천학연구원, 2017~2018, 『역주 구한국외교문서 청안(清案)』 1~2쪽, 인천학자료총서, 18, 21; 전주대학교 한국고전연구소, 2017, 『구한국외교문서 법안 전라도 교안』, 흐름출판사. 구한국외교문서에 관련된 참고 서적은 다음과 같다. 권오현, 2008, 『구한말의 한독 외교문서 덕안 연구』, 규장각한국학연구원 한국학 모노그래프 58, 서울대학교출판부; 구범진, 2014, 『조선시대 외교문서 명 청과 주고받은 문서의 구조 분석』, 한국고전번역원; 전해종, 1996, 『한국근세대외관계문헌비요(韓國近世對外關係文獻備要)』, 규장각 도서연구총서 1.

등본 중 1897년(광무 원년) 9월, 즉 대한제국 성립 이후의 한국 문서는 등록(謄錄)한 것이 아니라, 외부 기안용지에 대신(大臣)·협판(協辦)·국장(局長)·과장(課長) 등이 결재한 결재 원본을 그대로 철한 것이다. 그러므로 광무 원년 이후의 등본은 등본이라 할 수 없고 한국 문서의 원안이다. 이러한 입장에서 각국 공관에서 온 문서의 원안을 '받은 문서의 원안'이라 하고 등본을 '보낸 문서의 원안'이라 하는 것이 좋겠으나, 1897년 9월 이전의 등본은 완전한 등록 체재(謄錄體裁)에 따라 본국과 상대국의 문서를 그때마다 기록했고, 동년 9월 이후에도 한국 문서의 결재서류만 철한 것이 아니라, 각국 공관에서 온 문서도 등록했기 때문에 이것을 정리하면서 편의상 등본이라 한 것이다. 아울러 이것의 일부를 정서한 것을 사본(寫本)이라고 했다.

한편 사본은 1893년까지의 문서를 통리교섭통상사무아문 용지에 정서하였다. 이를 보아 1893년부터 통리교섭통상사무아문을 외무아문으로 변경한 1894년 갑오경장 때까지 정서했음을 알 수 있다. 그리고 사본은 등본의 오자(誤字)·탈자를 많이 정정하여 영구 보존하려는 뜻에서 정서한 것으로 추정된다. 하지만 갑오경장 이후 국정이 혼란스러웠기 때문에 계속 정서하지 못한 것으로 보인다.

이상 3종의 문서 중 한국과 상대국의 문서가 모두 있는 것은 등본이다. 그러나 등본에 없는 문서가 원안에 보이고 원안에 없는 문서가 등본에 보이기도 한다. 또한 사본 중에도 습유 또는 별책 가운데 원안과 등본에 없는 문서가 보이고, 등본의 오탈자를 정정했기 때문에 서로 대조가 필요하다. 그래서 문서를 정리하면서 등본을 기준으로 삼고 원안과 사본을 대조하여 그 부족을 보충했다. 문서마다 건명(件名)과 수발인 및 연월일을 표시하고 구두점을 찍었고, 주를 달아 연월일 순으로 일련번호를 붙이고 [原X冊][謄X冊] 등을 표시하여 문서의 소재를 밝혔다. 단, 원안은 본 문서를 정리하면서 서울대학교 도서관에서 원본을 해체하여 연월일 순으로 개철한 까닭에 본래의 권차와 달라진 것이 있다. 다행히 본 문서 해체 이전에 외무부에서 촬영한 사진 원판이 국사편찬위원회에 보관되어 있기 때문에 본 연구소에서는 국사편찬위원회 소장 사진원판에 의하여 본래의 권차대로 표시하였다.[6]

간도안(奎章閣圖書番號 17858號)은 통별원안(統別原案, 17858號1-2, 1907년 10월-1909년

6 고려대학교 아세아문제연구소(http://www.asiaticresearch.org/sub04/sub04_3_1.html)

11월)이 2책, 통별왕복안(統別往復案, 17858號3-4, 1906년 11월-1909년 11월)이 2책으로 총 4책을 종합하여 편집한 것이다.

통별원안은 통감부 간도파출소장이 통감부에 치안상태를 보고한 내용으로 간도에 거주한 한국인에 관한 상황을 순보(旬報) 또는 월보(月報) 형식으로 보고한 문서가 대부분이다. 통별왕복안은 간도파출소장이 보고한 사항에 대한 통감부의 회답 및 한국과 왕래한 왕복문서이다. 통별원안은 대부분 일본어로 구성되었고 통별왕복안은 대부분 국한문 혼용으로 구성되었다. 그중 주요 내용은 한청 국경의 확정문제로 한·청·일 삼국 정부 사이에 진행된 교섭사항, 당시 러시아에 있던 이범윤의 군사활동에 대한 보고, 블라디보스토크에서 발간된 반일운동 신문 『한국통신』에 대한 교섭 등이 포함되었다. 간도파출소는 그곳의 행정 확립을 위해서 간도 전역을 종성간도, 회령간도, 무산간도, 온성간도, 북도소 등으로 분할한 다음, 각 촌을 관할하는 한인 도사장과 그 아래 사장과 촌장들을 임명하였다.[7]

3. 간도안의 목차와 내용

1) 목차 구성

간도안은 통감부 간도파출소의 일반상황 월보와 통파월보(統派月報)의 보고서, 한·청·일 관헌 사이의 왕복문서, 백두산감계에 관한 한청 양국의 외교문서, 간도파출소 설치와 폐지에 관한 문서, 간도 거주 한국인 보호 관련 청일의 교섭, 간도 화룡욕(和龍峪) 등의 한국인 거주 실태, 간도 호구조사표, 간도 헌병분견소 증설과 배치, 일청의 간도협약 체결로 인한 간도총영사관 개설 등에 관한 내용이 실려 있다.

『구한국외교문서』 부속문서 8, 간도안의 통별원안(統別原案)은 총 42개의 문서로 구성되었다. 이들 목차를 살펴보면, 간도지방 월경개간 한민의 국적 문제를 둘러싼 한청 양

---

7 고려대아세아문제연구소, 1974, 『범례, 정리후기 구한국외교간계부속문서』 8권 간도안, 고려대학교출판부, 391~392쪽

국 간 교섭 사실의 유무 문의, 통감부 간도파출소 관내 일반상황 보고사항의 통보, 구시(舊時) 한청 양국 간 왕복 외교문서 중 국경 문제에 관한 부분의 조사회보 의뢰, 간도파출소 관내 일반상황 및 한청인 간 분쟁 문제 회고사항의 통보, 간도파출소 관내 청병 폭행 사건에 대한 청국 관헌과의 교섭 전말 및 도사장 이하 임명 보고사항의 통보, 간도파출소 관내 일반상황 보고사항의 통보, 간도파출소 감찰과장 김해룡(金海龍)의 행위에 관한 한·청·일 관헌 간 왕복 사본의 송부, 간도파출소 관내 호구조사 보고 사본의 송부, 재간도 한국경찰관 철거를 요구한 청국 관헌과의 왕복문서 사본의 송부, 간도 관내 일반상황 보고사항의 통보, 전송(前送) 간도 관내 호구조사표 중 누락개소 보고 사본의 추송, 간도 관내 일반상황 보고사항의 통보, 한국순검 피구(被拘)사건 및 현덕승(玄德勝) 행패 건에 대한 청국 관헌과의 교섭 전말 보고 사본의 송부, 간도파출소 관내 일반상황 보고 사본의 송부, 백두산 감계 문제에 관한 주한 청국공사의 공문차람(公文借覽) 요청, 간도 관내 일반상황 보고 사본의 송부(16-20), 재간도 한국관리 숙사건설에 대한 설계서 도안 등 송부 및 경비의 지출 통고, 간도 관내 일반상황 월보 사본의 송부, 재간도 한인 보호를 위한 헌병파견대 증설에 수반한 한국인 주사 및 순사 등 증파 요청, 간도지방 구역 개칭에 대한 간도파출소 보고 사본의 송부, 간도 관내 일반상황 월보 사본의 송부, 러시아 해삼위(블라디보스토크)의 배일적 한자신문 간행에 대한 파출소장 보고 사본의 송부, 재간도 한국관리 숙사건설에 소요되는 경비지출 최촉(催促), 간도 관내 일반상황 월보 사본의 송부(28-31), 간도파출소 관내에 대한 의원분원 설치의 종용, 간도 관내에 한인 보호를 위하여 설치한 도사장·사장 등의 보수 및 사무비의 지판(支辨) 요구, 간도 관내 일반상황 보고 사본의 송부, 간도파출소 관내 일반상황 보고 사본의 송부, 간도 관내 일반상황 월보 사본의 송부, 일월분 일반상황 월보 중 누락된 경찰사고표 사본의 추송, 간도파출소 관내 일반상황 월보 사본의 송부(39-40), 통감부 간도파출소 폐지에 대한 통고, 일청 협약체결로 인한 간도총영사관의 개설 통고 등이다.

『구한국외교문서』 부속문서 8, 간도안의 통별왕복안(統別往復案)은 총 56개의 문서로 구성되었다. 56개의 목차를 살펴보면, 간도 거주 한민보호책의 대청 교섭 요청, 간도 화용욕(和龍峪) 거주 한민 송환 요청 사실의 유무와 당시 상황의 상시 요청, 상건사실(上件事實)의 부인, 간도 상황 보고서 정람(呈覽)의 건, 궁내부 승문원(承文院) 보존 한청 국경 관계 교섭문서의 목록 제송(製送) 요청, 간도 사정(事情) 보고서 공람에 대한 사답(謝答),

국경 관계 승문원 문서의 유실과 현존문서 록송(錄送)의 건, 간도 상황 보고서 정람의 건, 동상(同上) 보고서 접열(接閱) 회답, 간도 청병 폭행사건과 도사장 등 임명에 관한 보고서 정람의 건, 청병 폭행사건에 관한 교섭상황 보고서 제출의 건, 청병 폭행사건 교섭 전말 보고서 전정(轉呈)의 건, 간도 사정 보고서 전정의 건, 간도파출소원 김해룡(金海龍)의 행위에 관한 교섭문서 전정의 건, 간도 사정 교섭 전말 보고서 접열(接閱) 회답, 간도 호구 조사 보고서 정열(呈閱)의 건, 간도 한국경찰관 철수 요구에 관한 교섭왕복서 정람의 건, 간도 사정 보고서 제586호 및 588호 접열 회답, 간도 상황 보고서 전정의 건, 호구조사 및 경찰관 철거 청구 건과 일반상황에 관한 보고서 접열 회답, 간도 호구조사표 누락분 추가 정열의 건, 동상 접열 회답, 간도 상황 보고서 정열의 건, 간도 한국순검 구인(拘引) 및 현덕승(玄德勝) 소환 방해사건에 관한 교섭 시말 보고서 정람의 건, 간도 상황 보고서 정람의 건, 백두산 감계에 관한 대청사(對淸使: 袁世凱) 조회(照會)의 송시(送示) 요청, 동상 사본 초송(鈔送) 회답, 간도 사정 보고서 정람의 건(28-32), 간도주재 한국관리 숙사건설의 승인과 경비지출 방법 강구요청, 간도 사정 보고서 정람의 건, 간도 헌병분견소 증설과 배치 주사·순사의 증파 요청, 동서(東西) 간도 명칭 개정 신청서 전정의 건, 간도 사정 보고서 전정의 건(37-38), 배일(排日) 한어신문(韓語新聞: 大東公報) 창간에 관한 보고서 전정의 건, 간도 한국관리 숙사건축비의 지발(支發) 최촉, 간도 헌병분견소 배치 주사 및 순사의 증파와 회계사무 전담원(專擔員) 첨파(添派) 통보, 간도 사정 보고서 정람의 건(42-44), 의료기관 설치 요청, 도사장·사장 등 보수의 국고부담 요청, 간도 사정 보고서 정람의 건(47-50), 경찰사고표 추송(追送)의 건, 간도 사정 보고서 정람의 건(52-53), 간도 파출소 폐지의 건, 간도 소속 협약의 정람 및 재유민 보호의 일본영사 관장(管掌) 통보와 협약 주지(主旨)의 관보고시(官報告示) 요청, 상건(上件) 회답 등이다.

2) 주요 내용

간도안 통별원안의 주요 내용을 살펴보면, 백두산 감계 문제, 간도 관내 일반상황 월보, 블라디보스토크의 반일 신문『대동공보』의 발행, 간도협약 사본, 일청협약 체결로 인한 간도총영사관 개설 통고 등이 수록되었다.

간도안의 주요 내용을 간단하게 살펴보면, 먼저 1907년 10월 이후 간도로 월경해서 토지를 개간한 한국인의 상황에 대한 통감부와 간도파출소의 상황 보고이다. 1907년 11월 9일 통감부 간도파출소장 사이토 스에지로는 "1907년 8월 23일 부임한 후로, 10월 11일까지 임명한 도사장·사장·촌장의 성명이 별지와 같기에 이에 보고함. 이 임명은 해당 파출소와 지방 한국민 〈사이〉 연락을 보전하여 민정(民情)을 알기 위해서입니다. 종성간도(種城間島) 도사장 이희영(李義英), 북도소(北都所) 도사장 채룡희(蔡龍羲), 회령간도(會寧間島) 도사장 김채영(金埰榮), 무산간도(茂山間島) 도사장 남규강(南奎綱), 숭화사(崇化社) 사장 최규은(崔規垠), 장사청곡(長沙淸曲) 촌장 석재형(石載衡) 등"이라는 내용의 「도사장 등의 임명에 관한 보고서」를 통감부 통감(統監府 統監) 이토 히로부미[伊藤博文]에게 보고했다.

1907년 11월 27일에도 간도파출소장 사이토 스에지로는 「간도 호구조사 보고서」를 통감 이토 히로부미에게 제출했다. 당시 청국인은 209촌, 3,047호, 21,983명이었다. 한국인은 529촌, 15,356호, 72,076명이었다. 이는 1907년 9월 9일 이래로 간도파출소가 부하 헌병 및 순검으로 하여금 관내 호구조사를 벌여 11월 7일에 완료하고 별책으로 호구조사표를 첨부한 것이다. 이 조사의 목적은 간도의 구역 안에 관련된 주민의 총호수·총인구의 개략적인 수를 알고자 한 데 있었다. 조사방법은 대개 헌병 상등〈병〉 1명 혹 2명에다가 순검 1명을 딸려 1조로 하고, 우선 기존의 사(社)에서 촌(村)을 확정하고, 촌에서는 호수 및 인구를 확실히 파악하여 이를 계합할 방침을 취하였다.

1907년 12월 6일 간도파출소장 사이토 스에지로는 「간도 상황 보고서」를 통감공작 이토 히로부미에게 제출했다. 육도구 파변소사무소와 동성용가 파변소사무소 등에 청국 파변소(派弁所) 배치표를 보고했다. 청국 관헌에게 임명된 도헌(都憲)-도사장(都社長), 향약(鄕約)-사장 등은 급히 세력을 얻고 재차 한국민에 대하여 불법 위압을 가했으며, 청국은 9월 길림과 국자가(局子街) 사이의 전선 공사를 청력(淸曆) 11월 1일로부터 개통할 예정이었다. 아울러 『길림통지(吉林通志)』에 기재된 무산간도 지방에 관한 국경경계석(1887년 감계담판 후에 청국에서 임의로 건설한 것) 유무를 조사하기 위해 약 2주간의 예정으로 사무관 스즈키 신타로[鈴木信太郞]를 무산 지방에 파견했다는 내용이 들어 있다.

한편 1907년 11월 20일 통감부 총무장관 쓰루하라 사다키치[鶴原定吉]는 "내부 승문원 보존 한청 국경관계 교섭문서의 목록을 작성하여 발송"할 것을 내각총리대신 이완용(李完用)에게 요청했다. 궁내부(宮內府) 승문원(承文院)에 보존하고 있는 승문원 계하(啓

下)·자문책(咨文册), 즉 옛날 한청 양국 사이에 왕복한 외교문서 중에 국경 문제에 관한 것은 이번 간도 문제에 관하여 정밀하고 세세하게 조사할 필요가 있다는 뜻의 제국외무성 통지가 있으므로 긴급히 조사한 후 현존문서의 목록을 작성하여 송부해 달라고 요청했던 것이다.

이에 대해 1907년 11월 27일 내각총리대신 이완용은 전(前) 승문원에서 보존한 계하·자문책 중에 참고할 만한 것을 이미 승문원이 잃어버려 찾을 수 없고, 경계에 대한 조사[勘界] 사항은 청국 정부에 송치한 공문이 현존 책자 중에 기록된 것은 있으며, 기타 옛날 한청 양국 사이 왕복한 문안(同文彙考)을 거슬러 살펴보면, 1711년(강희 50) 연간에 양국 정부가 서로 관원을 파견하여 '백두산 분수령상(分水嶺上) 정계비(定界碑)'를 세울 때에 왕복한 공문이 있다면서 별지에 등사하고 부록으로 붙여 답신하였다. 부록에는 1712년 2월 7일(음력) 청나라 예부(禮部)가 한인과 청인 간에 분쟁 중인 백두산 경계를 조사하는 일에 대해 본국이 조관하라고 통지하는 자문(咨文), 이에 대해 같은 날에 조선국 접반사(接伴使) 박권(朴權)과 함경도 관찰사 이선부(李善溥)의 명의로 청국 흠차 오라총관(欽差烏喇摠管) 목극등(穆克登)에게 백두산 경계를 답사하여 정하는 데 대한 편리한 방법을 제의한 문서, 그해 5월 28일 목극등이 박권 등에게 토문강 상류 경계에 목책(木柵)을 세우자고 제의한 문서와 이에 대해 6월 2일 박권 등이 목극등에게 토문강 상류 경계에 목책을 세우는 데 동의하고 설립 절차를 확인하자는 문서 등을 비롯해 감계를 근거로 1887년 8월 19일(음력) 조선 국왕이 청국 예부와 청국 흠차 북양통상아문대신 이홍장에게 도문강(圖們江) 상류 경계를 홍토수(紅土水)로 정하자는 주장과 1888년 4월 20일(음력) 토문강(土門江) 상류 경계를 석을수(石乙水)로 정하자는 청국의 요구에 대해 재고를 요청한 문서 등이 첨부되어 있다. 이들 문서에는 한국이 간도를 자국령으로 인식한 증거가 담겨 있기 때문에, 통감부도 그 사실을 확실히 인지할 수 있었을 것으로 판단된다.

이러한 상황에도 주한 청국공사는 다른 입장을 취하고 있었다. 1908년 1월 19일 '백두산 감계 문제'에 관한 주한 청국공사의 문서에는 "백두산 감계의 일은 조선 국왕이 전(前) 감계 교섭을 모른다고 했기 때문에 청컨대 귀국 황제께 전주(轉奏)하여 조사하고 따로 감계할 것을 명령하시기를 바랍니다. 백두산 감계의 일은 한국이 만약 따로 의견이 있다면 장차 총리아문(總理衙門)으로 옮겨 명백히 처리할 것이라고 운운한 조회를 한 사실이 기재되어 있는 내용입니다만, 위는 현재 북경에서 교섭 중인 간도 문제에 관한 담판상, 매우 필요한 증거 서류라고 인정되므로 해당 원본을 매우 빨리 보내주시기를 바랍니다"라고 적혀 있었던 것이다.

한편 1908년 7월 29일 간도파출소장 사이토 스에지로는 「블라디보스토크의 반일 신문(대동공보) 발행」을 보고했다. "그 대강의 모양은 호놀룰루에서 발행하는 한자 신문과 동양(同樣)으로, 한국에서 일본의 감화(感化)에 반대해야 하는 교훈을 주는 것을 주로 합니다"라는 내용에서 알 수 있듯이, 신문의 반일적 성격에 우려를 나타냈다.

이어 1908년 8월 4일에도 사이토 스에지로 간도파출소장은 「간도 관내 일반상황 월보(間島管內一般狀況月報)」에서 이범윤에 관련된 문서를 통감부에 제출했다. "간도에서는 여전히 이범윤의 옛 부하 사졸(士卒)이 거주하고 있다고 합니다. 한국 내지(內地) 혹은 러시아령(露領) 방면에서 패찬(敗竄)한 폭도가 도망쳐 들어왔는지 우려가 있기 때문에, 이들에 관해서는 항상 시찰과 경계를 엄중히 실시하고 있습니다. 마적에 대해서는 국자가(局子街) 북쪽 방면 영고탑(寧古塔) 가도(街道)상 및 동불사가(銅佛寺街) 서북 방면 길림 가도상에는 때때로 출몰한 적이 있는 분위기지만, 그때마다 청국 관헌에서 토벌대를 파견하여 이를 소탕하기 때문에 당소(當所) 부근 지방에서는 전혀 이들의 피해를 들어본 적이 없고 매우 평온합니다"라는 내용이다.

마지막으로 1909년 11월 1일 통감부 통감 소네 아라스케[曾禰荒助]는 간도협약 사본을 덧붙여 「일청협약 체결로 인한 간도총영사관 개설 통고」를 내각총리대신 이완용에게 보냈다. "도문강(圖們江) 북쪽 일대의 개간지, 소위 '간도'라고 칭하는 지역은 종래 한청 양국의 소속이 정해지지 않았기 때문에, 제국정부는 몇 해 전 임시로 통감부 간도파출소를 설치하여 오로지 그 지방 재류(在留) 한국민의 보호를 담당하게 하였던 바가 있습니다. 제국정부는 동지(同地)의 소속을 조속히 결정할 필요가 있음을 인정하고, 이후 청국 정부와 교섭·협의 끝에, 본년 9월 4일로써 별지 사본과 같이 동지에 관한 협약 체결을 완료하였습니다. 그 결과로서 본월 1일까지 통감부 간도파출소를 폐지하고, 동월 2일부터 재간도 제국 총영사관 및 동(同) 분관을 개설하여 재류 한국민의 보호·관리를 담임하는 것으로 하였습니다." 이로써 간도는 관련 당사국인 한국의 의사는 전적으로 무시된 채 일본과 청국의 협약 체결로 청국 영토로 간주되고 말았다.

統別原案 통별원안

1. 간도지방 월경 개간 한민의 국적 문제로 한국과 청국 간 교섭 사실의 유무 문의

- **원문제목** 間島地方越境開墾韓民의國籍問題로韓淸兩國間交涉事實의有無問議(原案1冊)
- **날짜** 융희 원년(1907) 10월 2일
- **발신** 통감대리군사령관(統監代理軍司令官) 하세가와 요시미치[長谷川好道]
- **수신** 내각총리대신(內閣總理大臣) 이완용(李完用)

서한을 보내어 말씀드립니다. 아뢸 말씀은 간도 문제에 관한 것입니다. 청국 정부는 광서(光緒) 원년(1875) 한민(韓民)이 국경을 넘어 개간한 것에 대해 당시 길림장군(吉林將軍)[1]은 이를 돈화현(敦化縣)[2]의 관할로 귀결시켰습니다. 그러나 귀국(貴國)의 왕이 그 신민이 화룡욕(和龍峪)[3] 지방에 이르러 개간했으므로 바로 이를 청의 국적에 오르게 하는

---

1 17세기 중반 초피(貂皮) 확보를 위해 흑룡강 하구 유역까지 진출한 러시아 세력을 방어하고, 변경지역의 지배체제를 확립하기 위해 청조는 '장군체제(將軍體制)'를 구축하였다. 1680년대 최종적으로 성립한 성경[盛京: 현재의 심양(瀋陽), 길림(吉林), 흑룡강(黑龍江)] 3장군 체제가 청조의 만주 지역 지배체제로 정립되었는데, 기본적으로는 순치~강희시기에 축조된 유조변(柳條邊)을 기준으로 서쪽 '변내(邊內)' 지역은 성경장군을 중심으로 하는 청조의 직접통치(八旗支配體制와 州縣制 실시) 구역이 되었고, 유조변 바깥의 '변외(邊外)'는 길림·흑룡강 장군에 의해 통치되는 간접지배 구역이 되었다(송인주, 2018, 「淸朝의 順治~康熙年間 黑龍江 유역 통합과정과 '吉林將軍體制'의 성립: 샤르후다-바하이 부자의 활동을 중심으로」, 『명청사연구』 50, 명청사학회 참조). 길림장군(종1품 무관직)은 길림지구인 송화강, 우수리강, 흑룡강 하류 유역을 통치하는 최고 군정장관으로서, 원래는 영고탑(寧古塔)장군이었으나 건륭연간인 1759년에 길림장군으로 개칭되었다. 길림에 주방(駐防)하는 팔기 부대 및 지방의 군민(軍民) 사무를 관장하는 한편, 현지 주민들로부터 초피 공납을 관리하는 책임자였다.

2 광서 7년 12월(1882.1.28) 길림직예청(吉林直隸廳)이 길림부(吉林府)로 승격되면서 돈화현(敦化縣)도 함께 설치되었다.

3 현 길림성 연변조선자치주 화룡시에 해당되는 지역이다. 만주어로 두 산이 한 골짜기를 끼고 있다는 뜻으로, 달라즈·삼도구(三道溝)로 불리기도 했다. 1881년에 길림장군은 두만강 이북 지구의 봉금령을 해제하고, 훈춘(琿春)에 부도통아문(副都統衙門)을 설치했는데, 이 아문은 연변의 대부분 지구를 관리하는 최고 행정기관이었다. 같은 해 훈춘에 길림변무독판을 설치하여 훈춘 등지의 사무를 처리하였고, 또 초간총국(招墾總局)을 두었다. 총국 아래 오도구(五道溝)에 남강 초간본국을 두고 개간 사무를 보았는데, 화룡욕은 남강 초간본국의 관할 지대였다. 1884년에 화룡욕에 월도국(越渡局)을 설치하고 조선 이주민 접수를 담당

것은 곤란하다고 생각하여, 귀국으로 송환하도록 간청한 사실이 있다는 것을 말하며, 이를 귀국이 화룡욕 일대를 청국령으로 인정한 증거라고 주장하므로, 과연 이와 같은 사실이 있었는지 없었는지, 외무대신으로부터 문의가 있었습니다. 그러므로 급히 이와 같은 사실의 유무 및 당시의 정황에 대한 상세한 회답을 바랍니다. 번거로우시겠지만 이 점에 대해 여쭙고 고견을 듣고자 합니다. 드림.

메이지 40년(1907) 10월 2일

통감대리 한국주차군사령관 자작 하세가와 요시미치[4]

내각총리대신 이완용[5] 각하

했다. 1885년 화룡욕의 월도국을 월간국(越墾局), 일명 통상국(通商局)으로 개칭하였다.

4 하세가와 요시미치[長谷川好道, 1850~1924]는 죠슈번 출신의 군인, 정치가, 외교관으로서 제2대 조선총독을 지냈다. 하급 군인 출신으로 보신전쟁에 참전하였으며, 오사카 군사학교를 졸업하고 육군대위가 되었다. 이후 세이난전쟁과 청일전쟁에 참전하였다. 러일전쟁에도 참여하여 압록강 회전과 랴오양 회전에서 승리하고 남작이 되었으며, 1904년 육군 대장으로 진급한 뒤에는 조선주차군사령관을 역임했다. 1908년 12월에 조선주차군사령관직을 물러날 때까지 그는 2개 사단을 이끌며 전국 각지에서 전개되고 있던 의병운동을 철저히 탄압하였다. 1906년 이토 히로부미를 대신하여 잠시 임시 통감 대리를 맡았고, 1912년 참모총장, 1915년 육군 원수로까지 승진하였다가 1916년 10월 데라우치 마사타케의 후임으로 조선총독 자리에 오르게 되었다. 총독 재임 중에는 농상공업 진흥과 주세 및 연초세령을 개정하여 증세를 꾀했으며, 토지조사사업까지 완료시켜 조선에서의 재정 독립을 달성하는 성과를 올리었다. 그러나 그의 급격한 증세 정책과 헌병에 의한 무단 통치는 조선인들의 심한 반발을 불러일으켜서, 결국 3·1운동이 일어나게 되었고, 하세가와 요시미치는 그 책임을 지고 경질되었다.

5 이완용(李完用, 1858~1926)의 본관은 우봉(牛峰)이고, 자는 경덕(敬德)이며, 호는 일당(一堂)이다. 조선 말기 고위 관료를 지내고 국권을 일제에 넘긴 '을사5적', '경술9적' 중 거두이다. 1887년 최초의 주미 공사단 일원으로 발탁된 후 알렌(Horace. N. Allen)과의 교류로 대표적인 친미파로 활동하였고, 1896년에는 이범진 등 친러파와 공모하여 '아관파천'을 성공시키는 데 주도적으로 참여하기도 하였다. 이후 독립협회의 위원장, 부회장, 회장직을 두루 맡으며 자주독립과 신정치운동에 앞장섰지만, 러일전쟁에서 일본이 승리하자 철저한 친일파로 변신하였다. 1905년 학부대신의 자리에 있으면서 한국의 외교권을 접수하려는 일본에 적극 찬성하여 이토 히로부미의 절대적인 신임을 받았고, 그 공으로 의정대신임시서리 및 외부대신서리에 임명되었다. 또한 1907년 의정부 참정대신으로 농상공부대신서리·광산사무국총재까지 겸하게 되었고, 이 해 6월 이른바 내각관제가 공포되자, 내각총리대신으로 매국 내각의 수반에까지 오르게 되었다. 1907년 7월 내각총리대신으로 있으면서 일제의 요구에 부응하여 헤이그 특사사건에 대한 책임을 물어 고종황제의 강제양위를 주도하였고, 이어 '한일신협약'(정미7조약) 체결을 주도하여 '정미7적' 가운데 한 명으로 지탄을 받았다. 조약체결 직후에는 한국군대를 강제해산시켰다.

2. 통감부 간도파출소 관내 일반상황 보고사항의 통보

- **원문제목** 統監府間島派出所管內一般狀況報告事項의通報(原案1冊)
- **날짜** 융희 원년(1907) 11월 18일
- **발신** 통감부 통감(統監府統監) 이토 히로부미[伊藤博文]
- **수신** 내각총리대신(內閣總理大臣) 이완용(李完用)

간도 당부(當府) 파출소장 사이토 스에지로[齊藤季治郎][6]로부터 그 지방의 일반상황에 관해 별지와 같은 보고가 있으므로 참고를 위해 사본을 송부합니다.

메이지 40년 11월 18일

통감공작(統監公爵) 이토 히로부미[7]

---

6 사이토 스에지로[齊藤季治郎, 1867~1921]는 1867년 오사카부 사카이시(堺市)의 목면 도매상인 사이토 진베의 4남으로 태어나서, 1889년 육군사관학교와 1907년 육군대학교를 졸업하였다. 1909년 청국 정부 초청으로 중국 항저우 군비학당의 교관으로 5년간 종사하였고, 러일전쟁(1904~1905)에서는 제3군 참모로서 뤼순공격전투에 참가하였다. 전쟁 후 대좌(우리나라의 대령급)로서 한국 통감부 근무를 겸하여 간도파출소장으로서 한청 국경에 관여된 간도 문제를 직접 담당하였다. 그 후에 유럽 출장 등을 거쳐 1913년 중국 공사관 부무관이 되고, 다음 해 소장으로 승진하여 보병 제30여단장, 지나 주둔군 사령관 등을 역임하였다. 1918년에는 중장으로 승진하였고, 1919년에는 제11사단장에 임명되어 시베리아로 출병하였다가, 블라디보스토크에서 병사하였다. 육군 내의 '중국통(中國通)'으로 알려진 인물이다.

7 이토 히로부미[伊藤博文, 1841~1909]는 죠슈(長州)의 하급 무사가문 출신의 메이지 시대의 정치가이다. 요시다 쇼인(吉田松陰)으로부터 사사를 받고 후에 기도 다카요시(木戸孝允)·다카스기 신사쿠(高杉普作)등과 함께 존왕양이(尊王攘夷)운동에 참여하였다. 1863년에 이노우에 카오루(井上馨)등과 비밀리에 영국으로 유학하였다가, 4개국 연합함대 하관포격사건의 소식을 듣고 귀국하였다. 다카스키 등을 도와 막부 타도 운동에 활약하였고, 1868년 메이지 정부의 성립 후에는 효고(兵庫)현 지사, 1869년 대장성 보좌겸 민부성 보좌가 되었다. 1870년 도미(渡美)하였다가 다음 해인 1871년 귀국하여 공부성 차관이 되고, 동년 이와쿠라 도모미(岩倉具視)의 파견사절의 부사로서 미·유럽을 시찰한다. 귀국 후 정한론(征韓論)을 제압하고 참의겸 공부성 대신이 되어 기도 다카요시, 오쿠보 도시미치(大久保利通)등과 함께 정부 지도자의 한 사람이 된다. 기도(木戸)와 오쿠보(大久保)의 사후, 신정부의 중진이 되어서 1878년 내무성 대신이 되고, 이어서 1881년 메이지 14년의 정변으로 오쿠마 시게노부(大隈重信)가 실각한 후에는 문자 그대로 최고 지도자가 되었다. 1882년 헌법 조사를 위해서 유럽으로 건너가 프로이센 헌법을 배우고 귀국한 후, 1885년에

내각총리대신 이완용 각하

부(附). 간도파출소[8] 관내 일반상황 「순보(旬報)」

- 날짜: 융희 원년(1907) 11월 5일
- 발신: 통감부 간도파출소장 사이토 스에지로
- 수신: 통감부 통감 이토 히로부미

통파순(統派旬) 제8호

순보(旬報) 10월 21일부터 10월 31일까지

메이지 40년(1907) 11월 5일

통감부 파출소장 사이토 스에지로

통감공작 이토 히로부미 각하

내각제도를 만들고 초대 총리대신이 되었다. 이후 이토는 4차까지 내각을 조직하였다. 러일전쟁 후에는 1906년 한국과 강제로 한일협약을 체결하고 초대통감이 되어 강제 병합을 추진하다가 1909년 하얼빈에서 안중근의 총을 맞고 죽었다.

8 간도재주한민(間島在住韓民)의 생명과 재산을 보호한다는 명분으로 1907년 8월에 설치된 '통감부임시간도파출소'는 그 이름에서도 알 수 있듯이 일본 정부의 정식관제에 소속된 파견부대가 아니었다. 원래 통감부와 한국주찰군은 1906년에 '간도독무청(間島督武廳)'이라는 정식 행정기구를 발족하려 하였다. 그러나 이토 히로부미는 간도 문제의 적극적인 개입을 주저하고 있었다. 그는 한국정부가 주장하는 간도 영역설의 근거를 확증할 수 없기 때문에 청국과 국경 문제를 다투는 일이 불리하다고 보았다. 이에 따라 간도 문제를 일단 국경 문제가 아닌 한국민 보호 차원에서 접근하면서, 1907년 2월 정식 관제가 아닌 통감부의 촉탁 형식으로 헌병 중좌 사이토 스에지로[齊藤季治郎]를 대장으로 하는 파출소를 간도에 설치하기로 하였다. 그러나 사이토 파출소장은 부임 후 곧바로 간도가 한국영토라는 것을 전제로 일을 처리하기로 방침을 정했다. 이는 당시 주청일본공사인 하야시 곤스케(林權助)가 바라보는 간도 문제와 시각차를 나타내는 것이었다. 즉, 하야시는 토문강이 두만강이라는 것을 의심하지 않고 간도의 영유 문제를 청국에 양보하려고 생각한 반면, 사이토는 백두산정계비를 기초로 하여 간도 영유 문제를 청국과 다투려 하고 있었다. 아울러 파출소 관제를 정식으로 하고 간도 한국인에 대한 재판권도 획득하자고 주장하였다. 결국 1908년 4월 일본 정부의 내훈으로 간도에 대해 당분간 종래와 같이 간도를 한국령으로 보자는 안이 지시되었고 정식으로 통감부임시간도파출소관제가 공포되었다. 이에 따라 일본과 청국의 외교적 갈등이 고조되고 만주에 관한 현안들은 정체되기 시작했다(이왕무, 2013, 「해제: 통감부임시간도파출소의 설립과 간도 경계 분쟁」, 『譯註, 統監府臨時間島派出所紀要』, 동북아역사재단 참조).

1. 지방 일반상황

이번 열흘간 지방은 전반적으로 평온하였고, 농가는 곡물류의 타작[打穗], 부식물의 저장 등 오로지 겨울을 지낼 준비에 급급하다. 기후는 적정하여 열흘간 기온이 최저 섭씨 영하 6도와 최고 15도 5분으로 예년에 비해서 온난하다고 말한다. 한국민은 우리 파출소에 대해 신뢰가 나날이 두터움이 더해지는 경황이다. 일반적으로 주장하는 바에 근거하면 예년은 청국 관민으로부터 여러 종류의 가혹한 세금, 불법징금(徵金)·징발 등에 주구(誅求)되어, 대단히 고통을 느꼈지만 올해는 일본 관아의 설치에 따라 청국 관민이 한인에 대한 태도를 일변한 결과, 그 세종(稅種)·세액(稅額)도 감소하고 또한 물자의 징발에는 다소의 대가의 지불을 받는 등 큰 은택을 받았다고 생각한다. 그리고 한국민은 이때 또 한 걸음 더 나아가 청국 관헌에게 전혀 납세하지 않고, 또한 징발에도 응하지 않도록 하는 것과 같이 적극적으로 우리의 보호를 얻기를 희망하는 것이 일반 상태인 것과 같다. 우리 파출소 설치의 취지는 점차 관련 없이 철저히 함에 따라 한인 중에는 벽지임에도 불구하고 이를 멀다고 하지 않고 와서 고소를 제기한 자도 있다. 이번 열흘간 첫 번째는 원고와 피고가 모두 훈춘(琿春)[9]에 거주하는 자로, 구타와 창상의 소(訴)를 위해 왔지만, 그 지방은 우리 관할 외이기 때문에 〈그〉 취지를 일러 귀가시켰다. 두 번째는 원고가 함경북도 명천군(明川郡) 사람으로, 피고 중 한 명과 범죄가 일어난 지역이 러시아 영토였지만 공범 혐의자 중 한 명이 간도 화전사(鏵田社)[10]에 현재 살기 때문에 고소하러 온 강도 살인 피고사건이었다. 취조 결과, 증빙 불충분으로 공범과 혐의자는 이를 돌려보냈지만, 한민이 우리 관헌을 신뢰함이 나날이 두 배 또 그 두 배로 두터워지고, 또 멀리 이르는 것을 인정할 수 있다.

---

9 중국 길림성 동부 훈춘허(琿春河) 중류변에 위치한 도시이다. 17세기 중반 이후 한·중·러 3개국의 접경지대로 거듭나면서 중요한 군사요충지와 무역중심지로 개발되었다.

10 '화전사(樺田社)'의 오기로 보인다. 『통감부문서』 2권(국사편찬위원회, 1998)의 「간도 문제에 관한 서류」 중에 1907년 10월 하야시 외무대신이 문의한 '가덴샤[カデンシヤ]'의 한자 표기에 대해 '木'변이 들어가는 '화전사(樺田社)'라고 사이토 파출소장이 답하고 있는 문서가 보인다.

2. 청국 관민의 한국민에 대한 불법 폭압행위

청국 관민이 한국민에 대해 우리 관헌을 꺼려 종래보다 현저하게 완화한 상태로 대우하였지만, 감정이 아직 융화되지 않아 왕왕 이를 경멸하고 협박하는 불법행위를 가한 적이 있다. 또 이번 열흘간은 청국 관헌에게 있어 곡류 수출의 탈세자를 검거하기 위해 각처 주요 도로상에 곤봉을 휴대한 징세 관리를 두었는데, 한민 중에 쉽게 납세하지 않는 자가 있어서 쟁의를 일으켰다. 한민으로부터 우리의 보호를 구하러 오는 자도 있었지만, 이와 같은 모두 종전의 관습에 근거한다는 것을 설유(說諭)[11]해 두었다. 이번 열흘간에 주요한 불법 폭압 사고 한두 개를 열거하면 다음과 같다.

(1) 10월 22일 종성간도(鍾城間島) 하천평(下泉坪)[12]에서 그 지역의 광제욕(光霽峪)[13] 병영 청병 대장 문진중(門振中)은 병졸 12명을 이끌고 와 스스로 지휘를 하여, 집집마다 병사를 출장 가게 해서 인민을 강제하여 장작과 섶나무[薪柴], 조와 피[粟稗], 수수와 피[高粱稗]를 징발하려 하였음. 한민은 예년과 같이 무상징발이라고 확신하고 쉽게 이에 응하지 않자, 청병은 분노하여 한민 1명을 구타함. 그리고 촌민(村民) 중 이와 같은 징발을 면하기 위해 거짓으로 그 지역에 주재하는 우리 감찰과 출장소원(한국 관리)으로부터 청병의 징발에 응하지 말라는 명을 받았다고 퍼뜨린 적이 있어, 청병은 그 출장소에 대해 불시에 악감정을 느낌. 마침내 같은 날 청병 2명은 신발을 신은 채로 그 출장소에 침입하여서 출장소의 문패를 떼어내어 지상에 투기하고, 하늘을 향해 한 번 총을 발사하고 떠났음. 그 후로도 여러 차례 왔지만 우리 헌병의 보호가 있는 것을 보고 즉시 떠났음. 앞의

---

11 '설유(說諭)'란 말로 잘 타일렀다는 뜻이다.

12 용정시(龍井市) 개산둔진(開山屯鎭) 광소촌(光昭村)에 위치한 조선인 마을이다. 하천평의 '하'자는 아래라는 뜻이고 '천'자는 높다는 뜻이며 '평'자는 평탄하고 넓은 지형이라는 말이다. 상천평 아래에 위치하면서 지세가 평탄하고 높아서 하천평이라고 이름지었다(한국학중앙연구원, 세계한민족문화대전, http://www.okpedia.kr/).

13 현재의 길림성 용정시 광소촌이다. 1884년 길림과 조선 간의 무역규정인 「길림조선상민수시무역장정(吉林朝鮮商民隨時貿易章程)」이 체결되면서 광제욕에서 통상무역이 행해졌다. 청 정부는 1894년 광제욕에 월간국 영원보(寧遠堡)를 설치하고, 그 아래에 10개 사(社)를 설치하였다. 광서 말기에는 10개사를 7개 사로 통합하였고, 1909년에 화룡현을 설치한 후에는 7개 사를 사광(四光)과 삼개(三開) 두 개 사로 합병하였다. 조선인 이주가 점차 많아지면서 이곳은 조선의 종성과 마주하였다고 '종성간도'로 부르기 시작하였다.

보고를 접하고 본직(本職)은 즉시 구스노[楠野][14] 사무관을 국자가(局子街)[15]에 파견하여, 당일 그 지역에 도착한 독판 길림변무전성 각군익장(督辦 吉林邊務全省 各軍翼長)[16] 진소상(陳昭常)[17]을 면회하고, 그 부하를 엄중히 단속할 것과 이에 대한 청국 관헌의 의견을 확인하였음. 진소상은 부하 육군협도통(陸軍協都統) 오록정(吳祿貞)[18]과 함께 면회하여,

---

14 구스노 슌조[楠野俊成] 사무관을 말한다. 1867년생. 고치현(高知縣) 도사(土佐) 출신으로, 1885년 오사카부립중학교(大阪府立中學校)를 졸업하고 군에 입대, 1894년 육군 소위로 임관하였다. 1897년 헌병으로 전과하여 1900년 중위, 1905년 대위로 승진하였다. 1907년 1월 통감부 촉탁으로 조선으로 건너와, 1908년 6월 임시간도파출소 사무관에 임명되었다. 이후 1909년 10월 이사청 부이사관을 거쳐, 1910년 청진부윤, 1916년 인천부사 등을 역임하였다(국사편찬위원회, 한국사데이터베이스 한국근현대인물자료(db.history.go.kr) 참조).

15 현재의 길림성 연길시이다. 청말에 간무국(墾務局)이 설치된 뒤로 발달하였기 때문에 국자가(局子街)로 불리었다. 1902년 연길청(延吉廳)이 설치되고, 1909년 부(府)가 되었으며, 1913년 중화민국 수립후에는 현(縣)이 되었다.

16 길림변무독판공서(吉林邊務督辦公署)는 청국이 1907년 일본 통감부임시간도파출소에 맞서 간도 지역을 관리하기 위해 설치한 행정 기구이다. 공서 건물은 길림성 연길시 하남가 서광골목 7-17에 위치하였다. 변무공서를 설치하고, 또 공원, 병원, 학교 그리고 철로와 공로를 건설하여 연변 지역 경제와 사회 발전에 큰 공을 세운 오록정을 위해 중화민국 초기에 '오도호록정거사비'가 건립되었으나, 만주사변 이후 일본에 의해 파손되어 현재 그 비를 찾을 길이 없다.

17 진소상(陳昭常, 1867~1914)은 청말민국초의 관료로, 1894년 진사시에 합격하여 한림원(翰林院) 서길사(庶吉士)로 처음 관직에 올랐다. 1897년 양무국(洋務局) 회판(會辦)에 임명되었고, 1902년에 양무국 총판(總辦) 겸 정무국(政務局) 회판이 되었다. 같은 해 중국 최초의 종합교육기관인 경사대학당(京師大學堂) 감독이 되었고, 이어서 광서안찰사(廣西按察使), 훈춘부도통(琿春副都統)을 거쳐 1908년 길림순무(吉林巡撫)에 임명되었다. 중화민국 건국 후에는 길림도독(吉林都督), 길림민정장관(吉林民政長官)을 지냈고, 1914년 상해에서 별세하였다.

18 오록정(吳祿貞, 1880~1911)은 청말의 군인이자 혁명가이다. 호북성(湖北省) 운몽현(雲夢縣) 출신으로 15세에 아버지를 여의고 생계가 어려워져 방직공장에서 노동자로 일하다가, 1896년 군에 입대하여 호광총독 장지동(張之洞)의 호군영(護軍營)으로 편성되었고, 이듬해에 후베이 무비학당(武備學堂)에 들어갔다. 1898년에 일본 사관학교 제1기 기병과(騎兵科)에 입학해 이곳에서 두각을 나타내 장소증, 남천위(藍天蔚)와 함께 '사관삼걸(士官三傑)'로 불리었다. 1902년에 일본 사관학교를 졸업하고 귀국하여 호북성으로 돌아왔다. 이후 무창(武昌) 무보통학당(武普通學堂) 교습(敎習), 악군학무처(鄂軍學務處) 총판, 변학당(弁學堂) 총교습, 호군전군(護軍全軍) 총교습, 무비학당(武備學堂) 총판 등의 요직을 맡게 되었다. 1903년 호남성 창사(長沙)로 가서 반청 무장봉기를 기도한 화흥회(華興會) 성립대회에 참가하고 창사에서의 봉기를 계획했다. 이때 마침 청국 조정이 신식부대인 연병처(練兵處)를 설립하고 오록정에게 상경하라는 전보를 보내자, 동지들에게 "호랑이 굴에 들어가지 않으면 호랑이를 잡을 수 없다"며 일단 중앙에 투신하고 기회를 보며 움직일 뜻을 전했다. 이후 연병처 군학사(軍學司) 훈련과 마대도독(馬隊監督)이 되었으나, 실권이 없어서 주로 변방 시찰 업무를 맡았다. 1907년 군사참의가 되어 동삼성(東三省) 총독 서세창(徐世昌)을 수행하여 동북 지방으로 가서 육군 제6진통제(鎭統制)에 임명되었다. 여기서 서세창의 명령으로 간도 문제를 조사하고 연길(延吉) 변무방판(邊務幫辦)으로 임명되었다. 이후 연길에 상주하면서 군사기관과 지방의 행정을 처리하고 변경의 요새를 방어하며 민간 단체를 조직하여 교민들을 안정시켰다. 이때 오록정은 직접 두만

그 지방의 청병은 종래 군기가 없고, 또 비상한 염가(廉價)로 물품을 구입하는 나쁜 관습을 가졌기 때문에 금후는 모두 시가(時價)로 구입하라는 명령을 내릴 생각으로 회담 중 길강군통령(吉强軍統領)[19] 호전갑(胡殿甲)을 불러오게 하여 직접 이를 명령하였음. 그리고 본건에 대해서는 즉시 참모관을 종성간도에 파견하여 조사한 후 사실일 경우에는 문진중을 면직하고, 그 외도 처벌한 다음 그 의향을 회답하겠다고 명언하였음. 그런데 대장 문진중은 다음 날 23일 금 7원 97전 5리를 전날 징발한 연료의 대가로 촌민 총대(總代)에 지불하였고, 촌민은 예년대로 무상 혹은 연말에 시가(時價) 1할 정도의 지불을 받을 예정이었는데, 이번에는 다음 날 즉시 시가 약 2할의 지불을 받는 것으로 의외의 생각을 하여 필경 일본 관헌 덕이라고 크게 감사하였다고 함.

(2) 10월 25일 종성간도(鍾城間島) 해면사(海面社) 무사동(茂仕洞)에 사는 식염판매업(食鹽販賣業) 한인 강상익(姜相益) 외 1명이 식염을 한마(韓馬) 8마리에 적재하고 국자가(局子街)에서 현미 8태(駄)[20]와 교환하여 귀가하는 도중, 동성용가(東盛湧街)[21] 해란하(海蘭河)[22]의 좌안(左岸)에서 청국 징세 관리[徵稅吏]를 만남. 강상익은 납세를 거부

강 유역과 강물, 지형, 지도 등을 조사하여 서양인들이 잘못 기재한 사항을 수정했고, 일본과 조선의 지도를 대조하여 각종 저서에 수록했다. 1908년 4월에 편찬한 『연길변무보고서(延吉邊務報告書)』 3책이 그 대표적 성과이다. 한때 길림순무 진소상이 그를 시기하여 되돌려 보내려 했으나 그는 1909년에 육군협도통(陸軍協都統), 연길변무독판(邊務督辦)이 되어 연길에 계속 머물렀다. 청국 조정이 오록정의 보고서를 토대로 일본과 '도문강중한변계조약(圖們江中韓邊界條約)'을 맺음으로써 연길은 중국 영토가 되었다.

19 길강군(吉强軍)은 본래 길림장군 휘하의 부대를 말한다. 1860년 북경조약으로 청국과 러시아의 국경이 흑룡강, 우수리강을 경계로 하였음에도 러시아가 계속 국경 문제를 일으키자 청조는 훈춘 지역에 군대를 주둔시키고 토지를 개간하게 하였다. 따라서 길강군은 청의 변무공서 소속 관군이 간도에 들어오기 전부터 이미 그 지역에 주둔하고 있던 병력이다. 하지만 시노다 지사쿠의 회고에 따르면 일본군에게 길강군은 "마적의 일단을 관병으로 만든 것과 다름없는" 무리로 인식되고 있었다. 길강군 통령 호전갑(胡殿甲) 역시 실제로 마적 두목으로 활동하다가 러일전쟁 후 귀순하여 관병이 된 자라고도 하였다. 이후 길강군은 순방대(巡防隊)로 개칭되었다(시노다 지사쿠, 신영길역, 2005, 「간도 문제의 회고」, 『간도는 조선땅이다: 백두산정계비와 국경』, 지선당, 313쪽).

20 1태(駄)는 36관(貫)으로, 곧 135kg이다.

21 1902년 연길청을 설립했을 때 동성용(東盛湧)은 용지사(勇智社)의 소재지였다. 1913년 연길현 용지향에 속했고, 1936년 평안촌(平安村)이 되었다.

22 길림성 화룡시(和龍市) 용성진(龍城鎭) 청산촌(靑山村) 증봉산(甑峰山)에서 발원하여 복동하(福洞河), 육도하(六道河), 팔도하(八道河) 등 지류들과 합쳐 연길시 하룡촌(河龍村) 부근에서 부르하통하(布爾哈通河)에 유입되는 하천이다. 해란강의 해란(海蘭)은 느릅나무의 여진말을 한자어로 음차한 것이다. 총 길이는 145km이며, 100년 전만 해도 해란강 양안은 느릅나무가 무성한 수림이었으나 이주민들이 농지로 개간하여 비옥한 토지로 만들었다.

하였기 때문에 동성용가세무서(東盛湧街稅務署)에 연행되었음. 그 후 징세 관리는 강상익에게 보통 세율에 의하면 쌀 1태에 한화(韓貨) 100문(日貨 약 16錢 5厘)을 징수해야 할 터이지만, 강상익이 탈세를 하였기 때문에 1태에 한화 6냥(兩)을 납부해야 한다고 하였음. 강상익은 감세를 빌자 징세 관리는 그러면 총 30냥을 납부해야 한다고 하였음. 강상익은 거듭 감세를 빌어 끝내 24냥까지 징세에 응하였고, 강상익은 푼돈의 형편에 따라 24냥 4전을 납부하고 납세 증명을 받아 귀가하였음.

3. 청국 관민의 우리에 대한 태도

청국 관리의 우리에 대한 교제 상황은 여전히 친화적으로 서로 왕래하였다. 이를테면 10월 25일 신임 지부(知府) 도빈(陶彬)은 전임 지부 완충식(阮忠植)[23]과 함께 인사를 하러 내방하였다. 본직(本職)은 완충식 배웅을 위해 26일 국자가(局子街)로 갔다. 잇따라 10월 24일에 부임한 독판 길림변무전성 각군익장(督辦 吉林邊務全省 各軍翼長) 진소상(陳昭常)과 협도통(協都統) 오록정(吳祿貞)을 방문하여 능히 친호(親好)의 뜻을 표하였다. 잡담 중에 그들은 장래 교섭사건은 서로 공평하게 조사하여 원만하게 해결하고, 만약 인민으로 하여금 소요(騷擾)시키는 것과 같은 일이 있다면 서로 불명예라는 것을 말하였다. 위는 처음부터 본관이 희망하였던 바라며, 귀관(貴官)에게도 충분히 귀국(貴國) 병사와 인민(兵民)의 한인에 대한 폭행과 능학(凌虐)을 단속하기를 바란다는 취지를 답변으로 하고 흔쾌히 작별하고 왔다. 또한 2~3개의 조치를 보면 이를 종래에 비하면 다소 문명적인 조치를 취하는 것과 같다. 예를 들면 청국 병사의 폭행사건에 대해 우리 경고에 따라 즉시 장교를 파견하여 그 사실의 조사를 행한 것과 같은 일, 혹은 종래 청국 병사가 거의 무상으로 인민으로부터 물자를 징발했던 것도 이를 금지하고 상당의 대가로 이를 구입하라고 명령한 일과 같은 적절한 예가 있다. 그러나 이 문명적 태도가 하급자까지 능히 이 취지를 관철할 수 있을지 없을지는 현재의 상태로는 아직 요원하여 기대하기가 어려운 상태이다. 청국민

---

23 완충식(阮忠植, 1869~1936)은 안휘성(安徽省) 여주(廬州) 출신의 청조 관료이다. 일찍이 길림군원(吉林軍轅) 발심국(發審局) 총판, 교섭국(交涉局) 총판, 광물공사 총판, 길장철로(吉長鐵路) 총계사(總稽查), 민정부(民政部) 자의(諮議) 등을 거쳐 1903년 쌍성청(雙城廳) 서리, 1904년에 쌍성통판(雙城通判)이 되었다.

은 진소상 일행의 도래에 대한 태도가 대체로 냉정하고, 일반 민심이 현저한 변화를 인정하지 않는다고 하더라고 그 지역 청국민의 의사를 강하게 하는 것과 변방 지역에서 청·한인으로 하여금 전쟁 유무를 기우에 맡기는 등 다소 영향이 없지는 않다. 요컨대 진소상이 도래한 후 아직 오래지 않아 아직 어떠한 이렇다 할 만한 행동은 없다. 그 인솔 병사가 그 지역 부근의 풍설과 같이 다수가 아니라 장교 21명, 하사 이하 376명으로, 그런데도 이 전체 인원수는 10월 18일 이후 24일까지 수차례 도착시켜 자연히 다른 사람의 눈을 끄는 것이 적잖았던 일 등은 현재 상태로 특별히 청·한인에게 깊은 반영을 주지 않았지만, 이후의 행동 및 후속 병사의 유무 등은 크게 민심에 관계할 것이다.

4. 당 용정촌(龍井村)[24]의 번성

해당 용정촌 부근에서는 청국 관헌에게 징세하지 않는다. 또한 거주의 안전함과 장래 발전 예상으로, 원근(遠近)의 한인 중에 그 지역에 가옥을 신축하여 이주한 자가 날마다 증가하는 상황이다. 실제로 올해 8월 해당 파출소 개설 당시에는 한인 가옥이 98호였는데 현재 155호이고, 그 외에 일본인 소유의 가옥이 8호에 이른다. 내년 봄이 되면 한층 이주자가 증가하는 것은 필연적 경황이다.

5. 조사 사무의 진행[25]

열흘 전에 무산(茂山)·회령간도(會寧間島) 및 흑산령(黑山嶺) 산맥[26] 지질 조사 중인

---

24 길림성 연길현에 위치한 용정촌은 통감부 파출소가 개설된 곳이기도 하지만, 항일독립투쟁의 본거지이기도 하다. 가곡 〈선구자〉로 잘 알려진 정자 일송정이 있으며, 교육을 통해 독립사상을 고취할 목적으로 이상설(李相卨) 등이 설립한 서전서숙(瑞甸書塾)이 있었다. 또한 시인 윤동주의 고향으로도 유명하다.

25 통감부 파출소 조직은 사이토 소장을 주축으로 총무과(總務課), 감찰과(監察課), 경무과(警務課), 조사과(調査課) 등 4개 과가 설치되어 있었다. 사무관 및 헌병장교의 신분을 과장급으로 하고, 감찰과원은 한국관리로 충당되었다. 이 중 조사과는 파출소 설치 목적인 한인 보호와는 관계없는 조직이지만, 일본이 간도를 대륙 침략의 전초기지로 인식하고 있었음을 보여주는 중요 부서이다. 조사과는 과장과 기사(技師)·기수(技手)로 구성되어 있고, 그 직책은 지질광산의 조사에 관한 사항, 농업·산림의 조사에 관한 사항, 공업 및 토목측량과 기상관측에 관한 사항 등을 포함한 이권 조사에 관한 사항에 종사하였다.

26 북간도는 백두산의 동북편 광막한 지대로서 동서양 변경이 두만강으로 함경북도와 접한다. 지세는 서남

오가와[小川][27] 기사(技師) 일행은 10월 22일 일단 돌아왔다. 또한 같은 방면의 농업 조사 중인 핫타[八田][28] 농학사(農學士) 일행도 23일 일단 돌아왔다. 다시 오가와 기사 일행은 삼도두(三道頭) 부근의 전심호(轉心湖) 탄갱 조사를 위해 10월 28일 그 지역을 출발하여 조사한 후, 31일에 돌아왔다. 핫타 농학사 일행은 26일부터 31일까지 종성(鍾城)간도 방면의 농업 조사를 하였다. 그 외에는 지금까지 수집된 광물의 분석 및 간도 내의 평면지도 제작을 저술하였다.

6. 지방 일반의 위생

이전 열흘 동안 한인 1명의 장티푸스[腸窒扶斯] 환자가 발생한 것에 대하여, 그 후 한층 위생을 고려하여 청결법을 행하였다. 그러나 결국 이번 열흘 동안 해당 용정촌에서 3명의 장티푸스 환자와 1명의 장티푸스 의심 환자가 발생하였다. 현재 치료 중이고, 일본인 중에는 아직 이 병에 걸린 사람은 없다. 한편 매우 심한 전파력이 인정되므로 이때 주도(周到)한 위생·방역 방법을 정하는 것이 요구된다. 파출소원 및 헌병 장교급과 군의(軍醫) 등으로 하여금 위생위원을 조직하고, 충분한 예방설비를 행할 예정이다.

이상 보고함.

쪽 장백산맥의 여세가 북으로 뻗어 노령산맥(老嶺山脈)이 되어 서부 경계가 되고 북은 노야령산맥(老爺嶺山脈)에 포위되어 있다. 그 사이에 두만강의 지류와 해란하(海蘭河), 포이합통하(布爾哈通河), 가야하(嘎呀河) 등이 퍼져 있다. 평지는 세 하천의 계곡지대와 흑산령산맥(黑山嶺山脈)과 두만강간의 지대로 크게 네 지구로 대별된다. 노야령산맥과 흑산령산맥 주변에 일대 분지가 형성되어 있으며 그 분지에는 수많은 구릉의 기복이 심하다. 중앙부 해란하와 포이합통하의 계곡을 중심으로 남강(南崗), 서강(西崗), 북강(北崗)이 있으며, 가야하 부근 냉수천자(涼水泉子) 지대를 온성간도(穩城間島)라 부르고, 흑산령과 두만강 사이 지구에 종성간도(鐘城間島), 회령간도(會寧間島), 무산간도(茂山間島)가 있다.

27 일본의 지질학자 오가와 타쿠지[小川琢治, 1870~1941]는 와카야마현(和歌山縣) 출신으로, 1897년 도쿄제국대학을 졸업하고, 농상무성 지질조사소(地質調査所)의 기수(技手)에 임관되었다. 러일전쟁이 발발하자 중국 대륙의 지질조사를 수행하였고, 당시로서는 선진적인 탄광의 노천채굴을 제안하기도 하였다. 1908년 지질조사소를 퇴관한 후에는 교토제국대학의 교수로서 1930년까지 동 대학에서 지질학 및 지리학 연구에 공헌하였다. 저서로는『地質現象之新解釈』(1929) 등이 있다.

28 핫타 기치헤이[八田吉平]는 후쿠시마현(福島縣)출신의 농학자이다. 1904년 도쿄제국대학 농학과를 졸업하고 이바라키현립농학교(茨城縣立農學校) 교사, 간도임시파출소 기사, 조선총독부 농림학교 교사, 조선총독부 권업모범농장 기사, 수원고등농림학교 교수 등을 역임하였다.

3. 지난날 한청 양국 간 왕복 외교문서 중 국경문제에 관한 부분의 조사 회보 의뢰

- **원문제목** 舊時韓淸兩國間往復外交文書中의國境問題에關한部分의調査回報依賴(原案1冊)
- **날짜** 융희 원년(1907) 11월 20일
- **발신** 통감부 총무장관(總務長官) 쓰루하라 사다키치[鶴原定吉][29]
- **수신** 내각총리대신(內閣總理大臣) 이완용(李完用)

귀국(貴國) 궁내부(宮內府) 승문원(承文院)[30]에 보존되어 있는 계하(啓下)[31] 자문책(咨文冊), 즉 지난날 한청 양국 간에 왕복한 외교문서 중, 국경문제에 관한 것은 이번 간도 문제에 대해 정밀 조사가 필요합니다. 제국(帝國) 외무성의 말씀대로 시급히 조사한 후, 현존 문서의 목록을 만들어 송부하여 주시기를 바랍니다. 이 점을 여쭙습니다.

메이지 40년(1907) 11월 20일
통감부 총무장관 쓰루하라 사다키치
내각총리대신 이완용 각하

---

29 쓰루하라 사다키치[鶴原定吉, 1857~1914]는 1883년 도쿄제국대학을 졸업하고 외무성에 들어가 런던영사관 서기, 천진영사, 상해영사 등을 역임하다가 1892년 외무성을 퇴관하고 일본은행 이사, 간사이철도(關西鐵道) 사장 등을 지냈다. 1900년 입헌정우회의 창립위원이었으며, 1901년에는 제2대 오사카시장으로 취임하여 1905년까지 근무하였다. 1905년 이토 히로부미의 추천으로 한국 통감부의 초대 총무과장이 되어, 1907년 제3차 한일협약 체결을 추진하였고, 한국 궁내부 차관을 겸임하기도 하였다.

30 조선시대 사대교린(事大交隣)에 관한 문서를 관장하기 위해 설치했던 관서이다. 아울러 이문(吏文)의 교육도 담당하였다. 괴원(槐院)이라고도 하였다. 조선 개국 초에 문서응봉사(文書應奉司)가 설치되어 사대교린에 관한 문서를 관장했는데, 이를 응봉사(應奉司)라고도 하였다. 1411년에 문서응봉사를 승문원으로 개칭하고 그 직제도 바꾸어 판사(정3품) 1인, 지사(종3품) 1인, 첨지사(종4품) 2인, 교리(종5품) 2인, 부교리(副校理, 정6품) 2인, 정자(正字, 종7품) 2인, 부정자(副正字, 정8품) 2인을 두고 모두 녹관(祿官)으로 삼았다. 그리고 도제조(都提調)와 제조(提調)도 설치되어 있었다.

31 임금에게 올려진 계문(啓聞)에 대한 임금의 답이나 의견으로 내려진 것.

4. 간도파출소 관내 일반상황 및 청·한인 간 분쟁문제 회고 사항의 통보

- **원문제목** 間島派出所管內一般狀況및韓淸人間紛爭問題報告事項의通報(原案1冊)
- **날짜** 융희 원년(1907) 11월 28일
- **발신** 통감부 통감(統監府統監) 이토 히로부미[伊藤博文]
- **수신** 내각총리대신(內閣總理大臣) 이완용(李完用)

간도지방 일반상황에 관해 사이토[齋藤] 파출소장으로부터 별지와 같은 보고가 있으므로 참고를 위해 사본을 송부합니다.

메이지 40년(1907) 11월 28일
통감공작 이토 히로부미
내각총리대신 이완용 각하

부(附) 1. 간도파출소 관내 일반상황「순보」
- 날짜: 융희 원년(1907) 11월 13일
- 발신: 통감부 간도파출소장 사이토 스에지로
- 수신: 통감부 통감 이토 히로부미

통파순(統派旬) 제9호
순보(旬報) 11월 1일부터 10일까지
메이지 40년(1907) 11월 13일

통감부 파출소장 사이토 스에지로
통감공작 이토 히로부미 귀하

1. 지방 일반상황

해당 용정촌(龍井村)으로부터 서쪽으로 약 반리(半里)인 분방촌(粉房村)에서 청국인 살해사건이 있었다. 그 원인 및 가해자는 아직 판명되지 않았으나, 피해자는 한인 부락 내 독신자로 한인 중에도 다소 혐의자가 있었다. 청국 관헌은 관리를 파견해 그 혐의자를 수사하는 등 동촌(同村) 및 부근의 청·한인은 일시 적잖은 위구심을 야기하였다. 한국인은 점점 우리를 신뢰하고, 우리 파출소의 설치로 인해 생명과 재산의 안전을 얻는 것을 크게 기뻐함이 일반적 상태이다. 즉 분방촌의 청인 살해사건과 같은 경우에도 만약 이것이 파출소 설치 이전의 사건이라면 부근 한민(韓民)은 혐의자로 청국 관헌에게 체포·구금되고, 또 고문을 받아 적어도 다소의 속죄금을 요구받아야 했다. 그러나 이번에는 사실 취조를 위해 촌민(村民) 6명은 청국 관헌에게 승낙 동행을 요구받고, 일단 취조를 받은 후 집에 돌아가는 것을 허락받은 것은 완전히 이례적인 일에 속한다. 필경 우리 파출소를 꺼린 것임에 틀림없다고 하며, 파출소 설치 때문에 유형무형의 은혜를 입은 것이 많은 것은 동촌 및 부근 한민에게 일반적으로 칭찬하는 바이다. 또한 이번 열흘간 자주 산간벽원(山間僻遠) 지역에 호구조사와 민정 시찰을 위해 헌병을 파견하는 것에 한민은 모두 파출소 설치의 취지를 이해하고 성의를 가지고 헌병을 후하게 대접하는 상황이다.

2. 청국 관민의 한국민에 대한 불법 폭압행위

청국 관민은 한국민에 대해서 점차 종래의 태도를 달리하여 표면적으로 완화하는 경향이다. 예를 들면 이번 열흘 동안 용지사(龍知社) 소유전동(小楡田洞)에서 청국인 정수덕(井樹德)이라는 자가 예년의 관례라고 하며 청국 관헌에 납입한다면서 장작 및 그 운반에 필요한 소달구지를 징발하고 각호(戶)에 할당하였는데, 한인은 이에 응하지 않았다. 정수덕은 겨우 한 촌민을 위협만 하다가 이 동네를 떠났다. 또한 화룡사(和龍社) 영동(英洞)에서는 청국 징세리(徵稅吏) 3명이 와서 토지 약 1파상(把晌: 우리 약 1천 평)과 가옥 1호에 한전(韓錢) 200문(일화 33전 5리 정도)을 납부해야 한다고 말하고 다녔지만 한인은 이에 응하지 않았다. 징세리는 어떠한 횡포를 가하지 않고 떠났다고 한다. 청국인과 징세리가 한인에 대해 이상과 같은 온화한 태도를 보인 것은 드물게 본 바이다. 그러나 일반적으로 위와 같은 상태는 가능하지 않았다. 때때로 한인에 대해 불법행위를 가하여 지방의 안녕을 해치는 일이 적지 않았다. 이번 달 8일 자 통파비(統派秘) 제7호(附2 이하를 보라)로 특보(特報)한 청국병의 복장을 한 지방 단련용(地方團練勇: 護鄕兵과 같은 자)[32]이 한인 김유일(金有日) 등에게 가한 불법체포, 구타 및 절도 등과 같은 것이 그 하나의 예이다.

3. 청국 관민의 우리에 대한 태도

청국 관리의 우리에 대한 교제 상황은 여전히 친화적으로 서로 왕래하고 있다. 11월 3일 천장절(天長節)[33] 축하에 즈음하여 진소상(陳昭常) 이하 5품 이상의 고등관 10명이 우리 초대에 응하여 와서 축배를 들고 마음껏 즐기고 떠났다. 종래 진소상과 함께 그 청국병의 도착에 대하여 여러 가지 억설과 소문을 들은 청·한인은 이와 같이 친밀한 내왕 상황을 목격하거나 혹은 전해 듣고서, 일청 양국 간 관계에 대해 품고 있는 불안한 생각을 더욱 떨쳐버리게 된 것 같았다. 독판(督辦) 진소상은 본순(本旬) 말에 당지에 파판소(派辦所)[34]를 설치하고 부하 교섭과장(交涉課長) 증기수(曾紀壽)를 주재시켰다. 아울러 통

---

32 '단련(團練)'은 청말 지방에 존재했던 무장 집단이다. 지방의 유력자가 도적 등으로부터 향진을 자위하는 자발적으로 조직한 민병 조직이다. 1894년 평양전투에서 청군이 패배하여 만주지방의 안위가 대두되는 가운데 훈춘부도통은 길림장군의 승인하에 그해 8월 훈춘 전 지역에 군사조직인 단련을 조직하도록 지시하였다. 훈춘의 초간국(招墾局), 화룡욕의 무간국(撫墾局), 흑정자(黑頂子) 군영은 각각 단련장정(團練章程)을 만들었다. 당시 한인들은 화룡욕과 흑정자 등지에서 4보(堡) 39사(社)에 편제되어 있었는데, 이때 단련으로 편제된 한인들을 '월간단련(越墾團練)'으로 불렀다. 화룡욕 무간국이 관할하던 3보 31사의 경우 매호마다 1~3명을 내어 모든 호가 의무적으로 단련에 소속되도록 규정하였다. 체발(剃髮)하지 않은 한인일지라도 청국 영토에서 경작하고 있다며 강제하였다.

33 일왕의 탄생일이다. 일왕이 새로 즉위할 때마다 날짜가 바뀐다. 텐초세쓰[天長節]는 제2차 세계대전까지 사용된 이름이고, 현재는 텐노탄조비[天皇誕生日]로 불린다.

34 원문에는 '파변처(派弁處)'로 되어 있으나, 본서의 내용에 통일을 기하기 위해 '파판소(派辦所)'로 바꾸었다. 이하 '파변소(派弁所)'로 표기된 것도 동일하게 바꾸었다. 1907년 11월 12일 진소상의 이름으로 발표된 「파판소 설치 고시문」에 따르면 "이 지방은 면적이 넓고 사무도 과다하여 행정이 불완전할 것이므로 추요(樞要)한 땅에 파판소 한 곳씩을 상설 설치하여 적임자를 배치하고 지방관을 방조할 것이며, 그 경비는 관급(官給)으로 인민에게 부과시키지 않을 것이므로 일반 서민은 그 업에 안주하라. 청국민과 한국민은 이 이치를 알고 의심을 품는 일이 없고 지방의 이해에 관한 일이 있으면 먼저 파판소에 호소하라. 요언(妖言)으로 범법하는 자는 청국인과 한국인을 불문하고 이를 체포하여 엄중히 처분하여 국권을 신장해서 지방의 해악을 제거할 것이다"고 하였다(『統監府文書』 권2, 국사편찬위원회). 통감부 파출소 설치에 대한 대응책으로 한인들을 회유하기 위해 파판소를 설치했음을 알 수 있다. 각 파판소의 위치와 배치 인원에 대해서는

역 및 청병 11명을 부속시키고, 또 동성용가(東盛湧街) 추유구(樞楡溝)·대랍자(大拉子)에 파판소를 설치하였다고 한다. 생각건대 종래 엉성한 행정을 면밀하게 하고, 해당 파출소가 한민의 보호함에 대항하여 한민 회유책을 취할 것으로 예상된다. 추후에 파판소 설치를 위해 낸 고시문은 특보해야 할 것이다. 청국 관민과 일본 상인과의 관계에 대해서는 종래 아무런 사실이 없었으나, 본순(本旬) 중 국자가(局子街)에 있는 매약상(賣藥商) 다나베 게이조[田邊啓藏]라는 자의 집에서 새로 온 청국병 4명과 싸움이 나서 다나베는 가벼운 상처를 입고, 또 소유의 가마솥 외 4점의 가구(손해금 9원 68전)를 훼손당하였다. 그 원인은 처음 청병이 게이조 집에 들어와서, 그의 부인과 동거하는 일본인 부인 2명을 매음부로 오인하여, 그 부인들로부터 퇴거를 요구받았으나 쉽게 퇴거에 응하지 않았던 데에 있었다. 마침 그때 외출 중이었던 게이조가 집에 돌아와 이 상황을 보고 조용하게 퇴거를 재촉하였으나, 청병은 이에 응하지 않을 뿐만 아니라 오히려 그 1명은 게이조의 거실까지 들어왔다. 〈이에 게이조는〉 크게 화를 내고 이를 내쫓기 위해 손으로 청병을 구타하였더니 청병이 곤봉을 가지고 이에 맞섰고, 다른 청병 3명도 이에 조력하여 맨손 또는 곤봉을 가지고 게이조를 때리기 시작하였다. 게이조도 마침 있던 몽둥이를 가지고 이에 대항하여 얼마 안 되는 시간 동안 싸웠다. 청병은 결국 실내에 있는 기물을 닥치는 대로 투기한 채 그 집에서 도망쳤다. 본건에 대해서는 재국자가(在局子街) 헌병 대위 간다 쇼헤이[神田長平]로 하여금 직접 협도통(協都統) 오록정(吳祿貞)을 면회하여 사실을 알리고 장래 단속을 요구하였고, 또 기물 손해에 대해서는 상당한 배상을 받게 해 주기를 바란다는 뜻을 제의해 두었다.

4. 천장절(天長節) 축하 및 개청식(開廳式)의 거행

11월 3일 천장절 축하를 겸하여, 함께 건축 중이던 바라크(barrack: 막사)식의 임시 사무소[假事務所] 낙성(落成)에 대한 개청식(開廳式)을 거행하였다. 그 때문에 경성(鏡城)·성진(城津)·회령(會寧) 지방에서 초대한 일본 관민 14명과 해당 지방의 도사장(都社長)·사

이 책 「10. 간도 관내 일반상황 보고사항의 통보」 부속 1을 참조할 것.

장(社長)·촌장(村長)[35] 등 명망 있는 한민 약 100여 명 및 독판(督辦) 진소상(陳昭常) 이하 지부(知府) 통령(統領) 등 10명이 모임에 참석하였고, 이 지방에 있어 미증유의 성황으로 이 축전을 마쳤다.

5. 거류 일본 상인의 상황

거류 일본 상인은 본순(本旬)에 이르러 갑자기 증가하였다. 해당 지역의 경기(景氣)를 기대하고 멀리 안동현(安東縣) 지방에서 들어온 자가 십여 명이다. 또한 해당 지역의 경황에 따라 다시 다수가 들어올 것이라고 한다. 거류 일본 상인은 순말(旬末)에 남녀 합계 100명[龍井村 65명, 局子街 22명, 天寶山 11명, 東盛湧 2명]으로 증가하여, 일반적으로 이 사업에 열심히 노력한 일본인의 체면을 지켜준다. 그중에는 전과자와 같은 자도 있지만, 대체로 근신(謹愼)하여 부정행위로서 우리 시설에 유해한 행동을 하는 자는 없다.

이상 보고함.

부(附) 2. 한·청인 간 분쟁사건에 대한 특보

- 날짜: 융희 원년(1907) 11월 7일
- 발신: 간도파출소장 사이토 스에지로
- 수신: 통감부 통감 이토 히로부미

---

35 청국이 간도를 자국 영토로 확정하기 위해 간도의 한국인들을 통제할 목적으로 만든 행정구역이 사(社)였다. 간도 각 지역을 사로 나누고 그곳에 향약(鄕約)을 두어 지역을 관할하게 하였다. 1907년 통감부파출소 설치 당시 해당 지역 관리로는 촌장(村長), 사장(社長), 도사장(都社長)이 있었는데, 일제는 종래 지방구획에 따라 촌사(村社)를 정하고 도사장 이하를 임명했다. 사장은 사내(社内)의 각 촌장이 추천했고, 도사장은 관내 사장이 추천했으며, 그 피선자를 파출소에서 임명하고 사령서를 교부했다. 일본의 이와 같은 처사를 청국 행정에 간여하는 것으로 간주해서 청국 정부는 일본에 항의했으나, 결국은 파출소의 의중대로 도사장이 임명되었다.

통파비(統派秘) 제7호

특보(特報)

종래에 청국 관헌과의 교섭에 관한 건은 순보(旬報)에 게재하였습니다만, 이후는 대체로 특보로 보고하기로 하였으므로, 이 점 덧붙여 말씀드립니다.

메이지 40년(1907) 11월 7일
통감부 파출소장 사이토 스에지로
통감공작 이토 히로부미 귀하

1. 지난 10월 23일 한국 전 황제의 계천기원절(繼天紀元節)[36]이라 하여 동성용가(東盛湧街)의 한인 한재신(韓在信: 일진회 지부장)은 오늘 한국 태극기를 자택에 게양하였는데, 청국병이 와서 이를 탈취하여 갔다는 취지의 소송을 제기한 것에 대하여, 같은 달 29일 국자가(局子街) 헌병분견소(憲兵分遣所)[37] 내에 파견하여 둔 야마자키[山崎] 통역생(通譯生)에게 별지 제1호와 같이 훈령하고, 구두로 도(陶) 지부(知府)에 조회하게 하였음.

2. 이전에 청국병 폭행의 건에 대하여 전(前) 지부(知府) 완충식(阮忠植)에게 조회하여 둔 건에 관해(10월 23일 자 순보에서 보고 완료) 새 지부 도빈(陶彬)으로부터 별지 제2호와 같이 회답이 왔음. 이 회답은 전날 호(胡) 통령(統領)의 회답과 동일하여(10월 23일 자 순보에 전문을 보고), 청국병이 한국인을 구타하거나 부상을 입히거나 죽음에 직면하게 한 폭행 및 그 처분에 관해서는 아무런 변명이 없으므로, 다시 진소상(陳昭常)에게 조회를 할 것임.

---

36 1897년 9월 17일(음력), 조선이 국호를 대한제국으로 고쳐 선포하고, 고종이 새로운 연호로 광무(光武)를 채택하여 스스로 황제에 오른 날의 기념일이다.

37 1907년 8월 간도파출소가 간도로 진출하는 도중, 회령에 주둔한 일본군 수비대와 연락하기 편리한 지점인 신흥평(新興坪)에 헌병분견소를 설치하였다. 그 후 국자가(局子街), 두도구(頭道溝), 호천포(湖川浦), 우적동(禹跡洞), 조양천(朝陽川), 복사평(伏沙坪) 등 7개 곳에 분견소를 설치하였고, 이듬해에 또 팔도구(八道溝), 걸만동(傑滿洞), 동경대(東京臺)에 각각 분견소, 1909년에 또 용암평(龍岩坪), 학성(鶴城), 용담촌(龍潭村), 칠도구(七道溝)에 각각 파견소를 설치함으로써 모두 1개 분대와 10개 분견소, 4개 파견소를 통해 간도 전역에 대한 헌병 통치를 진행하였다.

3. 11월 6일 자 왕전(往電) 제23호로 개보(槪報)한 청병 폭행에 관한 사실임. 지난달 29일 오전 9시경, 사도구(四道溝) 하촌(下村)에 거주하는 한국인 김유일(金有日)이 이웃집 이병수(李秉秀)의 안뜰에서 청국인 곽성군(郭成君)과 금전 대차(貸借) 상의 일로 싸우게 되었을 때, 사도구 중촌(中村)에 주둔하던 청병 1명이 와서 위 김유일을 둔영(屯營)에 인치(引致)하였음. 같은 날 점등 후에 다시 청국병 8명이 와서 이병수에게 "네 안뜰에서 김유일·곽성군 두 사람이 싸울 때 이를 중재하지 않은 너도 또한 김유일과 똑같은 무리"라고 하며, 이병수를 땅에 엎드리게 하고 가지고 있는 곤봉으로 84대 정도 대퇴부 뒤를 구타하여 부상을 입히었음. 게다가 너는 일진회원 같으므로 그 증표를 수색한다고 하며, 실내에 함부로 들어와 수색을 하였음. 피해자의 말하는 바에 의하면 이때 청병은 실내 한구석 반짇고리 안에 넣어둔 일화(日貨) 1원 지폐 5장, 노화(露貨) 1루블 지폐 6장, 청화(淸貨) 1적(吊) 지표 21장·3적 지표 1장·5적 지표 1장을 약탈해 갔다고 함. 그뿐만 아니라 이때 다시 한인 김정화(金鼎和)·이여강(李汝康) 2명을 둔영에 인치하여 포박한 채 2일간 이들을 구금하고, 또 31일에 김유일의 아버지를 인치하고 구금하였음. 이달 1일 사도구 하촌 한국인 이춘화(李春化) 집에서 둔영에 장작을 운반하기 위한 소달구지를 징발하려고 하였지만, 소달구지가 없기 때문에 이춘화의 손자 이동국(李東國) 및 동촌(同村)에 거주하는 한인 김문길(金文吉)·이사재(李四才) 3명을 명령에 따르지 않으면 구타하겠다고 협박하여, 무상으로 1일간 장작 운반에 사역하고, 또 계속 사용하고자 하였기 때문에 두도구(頭道溝)에 있는 우리 헌병분견소(憲兵分遣所)에 소송을 제출하였음. 또한 이러한 노역(勞役)에 복종해야 하는가를 물었기 때문에 우리 헌병은 무상 노역에 복종할 필요가 없다는 것을 타일렀음. 위 사도구 중촌에 주둔하는 청병은 사실은 청국 군대에 속하는 것은 아니고 그 지방에서 편성한 호향병(護鄕兵)과 같은 것이라고도 하는데, 언뜻 보면 청병과 동일한 복장을 하고 총기를 휴대하였기 때문에 청병이라고 보여 이달 6일 자로 별지 제3호와 같이 진소상(陳昭常)에게 조회하였음.

부(附) 2 속(屬) 1. 위 사실에 대하여 조사하라는 훈령

- 날짜: 융희 원년(1907) 10월 29일
- 발신: 간도파출소장 사이토 스에지로
- 수신: 헌병분견소 촉탁 야마자키 세이이치로[山崎誠一郎]

훈령(訓令)

메이지 40년(1907) 10월 29일
통감부 파출소장 사이토 스에지로
촉탁 야마자키 세이이치로 귀하

1. 귀관(貴官)은 도(陶) 지부(知府)를 방문하여 가능한 한 온화적 태도로 아래 기술한 요지를 전달하고 그 회답을 보고받아야 함.

[좌기(左記)]

동성용가(東盛湧街)에 사는 한국 신민 한재신(韓在信)은 이달 23일이 한국 황제 계천기원절(繼天紀元節)이므로 축의를 표하기 위해 한국 태극기를 게양하였는데, 동성용가의 귀국병[淸兵]이 이를 빼앗아 갔다는 소송이 있었음. 그 때문에 지난번에 도(陶) 지부가 본관(本官)을 내방했을 때 구두로 이를 고시하였고, 또 상세히 조사해야 한다는 것을 약속하였음. 재차 조사했는데 위 사실이 더욱 정확해졌음. 교제국 간에 서로 국기를 존중해야 하는 것은 여러 번 말할 필요가 없을 것인데, 속히 그 빼앗아 간 국기를 되돌려주고, 그 폭병(暴兵)을 처벌하여 장래에 다시 이와 같은 비행이 없도록 귀국 관헌이 충분히 단속되기를 바람.

부(附) 2 속(屬) 2. 청·한인 간 분쟁사건에 대한 조회에 해명하는 회답

- 날짜: 융희 원년(1907) 11월 1일
- 발신: 독판길림변무 진소상
- 수신: 간도파출소장 사이토 스에지로

삼가 회답합니다. 전(前) 이사부 지부(理事府知府) 완충식(阮忠植)이 중력(中曆) 9월 6일에 보낸 공함(公函)에 따르면, 중력 9월 1일과 3일 등에 동성용가(東盛湧街)와 광종사(光宗社) 등처에서 병변(兵弁)이 한인(韓人)과 교섭한 각 조항은 이미 길강군 통령(吉强軍統領) 호전통갑(胡殿甲)의 회답 문서에 상세히 밝혔습니다. 전 지부 완충식이 보낸 공함에 또 이르기를, "국자가(局子街) 북영(北營)에 포박해 둔 한인 등에 대한 내용입니다. 본부(本府)는 이 지역을 관할하므로 지역을 보호하고 지키기 위해 순경(巡警)을 설치하고 그에 필요한 경향(警餉)은 모두 민간에 토지의 면적에 따라 균등하게 배당하였습니다. 이전에 동성용가의 순경 분국(巡警分局)에서 순병(巡兵)을 파견하여 화첨자(花尖子) 지방에 가서 한인이 응당 납부해야 할 경향을 재촉하여 거두도록 하였는데, 갑자기 한인 주성룡(朱聖龍), 오문옥(吳文玉) 등이 나와서 저지하였으므로 해당 순병이 어찌하지 못하고 돌아왔습니다. 동성용가 파판소(派辦所)의 순변(巡弁)이 다시 가서 경향을 납부하도록 깨우쳐 주었는데도 여전히 기꺼이 납부하려 하지 않았습니다. 이에 비로소 그들을 포박하여 큰 수레에 실어 연길청(延吉廳)[38]이 있는 국자가의 순경 총국(巡警總局)으로 호송해 왔습니다. 순경 총국의 국장이 또 좋은 말로 권하고 깨우쳐 주자 주성룡 등이 차례로 바쳤으므로, 즉시 풀어 주었습니다"라고 하였습니다. 한인이 본청(연길청)의 경내에 산 지 여러 해 되었는데, 이전에는 모두 청인과 다르게 여기지 않았습니다. 만일 과연 불법행위를 하며 공익에 항거한다면, 본부(이사부)는 이 지방을 다스리는 책임이 있으므로 또한 너그러이 용서하지 못할 것입니다. 이렇게 회답합니다. 날마다 평안하시기를 기원합니다.

화력(華曆) 9월 26일

名正具[독판길림변무(督辦吉林邊務) 진소상(陳昭常)]

사이토[齋藤] 중좌(中佐) 각하

[일역]

삼가 답장 드립니다. 중력 9월 초6일 자 귀국의 서찰은 완(阮) 전 지부의 이첩에 의해 알고 있습니다. 말씀 주신 중력(中曆) 9월 초 1·3일, 동성용(盛湧) 광종사(光宗社) 병원(兵

38 연길청(延吉廳)은 1902년 10월 26일 청국이 길림성 연길에 세운 최초의 지방 행정기구이다. 아편 전쟁 후 청 정부는 러시아의 남침에 효과적으로 대처하기 위하여 기존의 봉금 정책(封禁政策)을 폐기하고 대신 본격적인 이민(移民)을 실시하여 변방을 지키는 이민실변(移民實邊) 정책을 펼쳤다. 1881년 청 정부는 봉금령을 폐지하고 남강(南崗: 연길)에 이주민 사업을 유치·관할하는 전담 부서로 초간국(招墾局)을 설립하였다. 그리고 1902년 10월 26일에는 길림 장군의 주청을 받아들여 민간인 행정 업무를 관장하는 행정 기관으로 국자가(局子街)에 연길청을 설립하였다. 행정 기관장으로 무민 동지(撫民同知)를 두었다. 1909년 연길청을 철수하고 길림 동남로 병비도태 공서(吉林東南路兵備道台公署)를 국자가에 옮기면서 연길청을 연길부(延吉府)로 승격시켰다. 1913년 연길부를 연길현(延吉縣)으로 개편하였다.

員)이 한인과 교섭한 각 조항에 관해서는 이미 호통령(胡統領)으로부터 자세한 회답에 이르렀으므로 아실 것이라고 생각합니다. 그리고 또 국자가(局子街) 북영(北營)에서 한민을 포박하는 등의 건은 조사를 완수하였는데, 저희 부 관할 경계지역을 보호하고 방위하기 위해 설치한 순경에 관한 모든 경비는 모두 민간에서 이랑 수[畝數]에 근거하여 부과 징수한 것입니다. 지난번에 해당 지역 순경분국(巡警分局)에서 순병을 파견하여 화첨자(花尖子) 지방의 한민으로부터 경비를 징수하려고 하였는데, 한민 주성룡(朱聖龍)·오문옥(吳文玉) 등이 나와서 막았기 때문에 해당 순병은 부득이하게 국(局)으로 돌아갔습니다. 순변(巡弁)이 다시 가 설유(說諭)하였지만 여전히 징수에 응하지 않았고, 이에 비로소 큰 수레를 사용하여 그들을 싣고 국자가 총국으로 호송하였습니다. 국장 또한 좋은 말로 주성룡 등을 권유하여 상납하게 한 후 석방하였습니다. 한인이 청경(廳境)에 있은 지 여러 해 되었지만, 이전부터 지금까지 결코 편파하지 않았습니다. 단지 불법으로 공익에 항위(抗違)하면 저희 부 지방관의 책임이므로, 또한 관대할 수 없었습니다. 먼저 회답 드리고 겸하여 일사(日社)를 방문하겠습니다.

부(附) 2 속(屬) 3. 위 건에 대한 항의

- 날짜: 융희 원년(1907) 11월 6일
- 발신: 간도파출소장 사이토 스에지로
- 수신: 독판길림변무 진소상

서한을 보내어 말씀드립니다. 아뢸 말씀은 본직(本職)은 귀국 병원(兵員)의 폭행에 관하여 아래 사실을 귀관에게 고백하고, 귀관의 고려를 성가시게 하는 영광을 가졌습니다. 지난달 29일 오전 9시경, 사도구(四道溝) 하촌(下村)에 거주하는 한국 신민 김유일(金有日)은 이웃집 이병수(李秉秀)의 안뜰에서 귀국 신민 곽성군(郭成君)과 싸웠을 때, 사도구 중촌(中村)에 주둔하는 귀국 병원 1명이 와서 위 김유일을 둔영으로 인치하고, 같은 날 점등 후에 다시 귀국 병원 8명이 와 이병수에게 너의 안뜰에서 김유일과 곽성군 두 사람이 싸웠을 때 이를 중재하지 않은 너도 또한 김유일과 동류라고 말하며 이병수를 땅 위에 포복시키고, 가지고 있던 곤봉으로 수십 회 대퇴 뒷부분을 구타하여 상처를 입혔을 뿐만 아니라, 일진회원 같다며 그 징표를 수색한다고 해서 실내에 함부로 들어와 수색하였습니다. 피해자의 말에 따르면 해당 병원은 이때 실내 한구석 반짇고리 안에 넣어둔 일화(日貨) 1원 지폐 5장, 노화(露貨) 1루블 지폐 6장, 청화(淸貨) 1적(吊) 지표 21장·3적 지표 1장·5적 지표 1장을 약탈해 갔다고 합니다. 그뿐만 아니라 이때 다시 김정화(金鼎和)·이여강(李汝康) 2명을 둔영에 인치하고 포박한 채 2일간 이들을 구금하였고, 31일에 김유일의 아버지를 인치하고 구금하였습니다. 이 외에도 동촌(同村)에 주둔하는 귀국 병원은 이달 1일 사도구 하촌 한국인 이춘화(李春化) 측에게서 둔영에 장작을 운반하기 위한 소달구지를 징발하려고 하였지만, 소달구지가 없기 때문에 이춘화의 손자 이동국(李東國) 및 동촌(同村)에 거주하는 한국인 김문길(金文吉)·이사재(李四才) 3명을 협박하여 장작 운반에 사역한 사실이 있습니다. 위 사실 중 김유일이 귀국 신민 곽성군과 싸운 건은 책임 있는 귀국 관헌이 조사 후 김유일에게 범죄가 있다면 본직에게 있어 상당 처분을 가해야 하므로 속히 인도해 주셨으면 합니다. 싸움에 관계없이 이병수를 구타하여 상처를 입히고 또 이병수의 가택에 함부로 들어오고, 또는 이유 없이 김정화·이여강 및 김유일의 아버지를 둔영에 구금하였습니다. 또한 다른 한국민을 협박하여 무상 노역에 사역한 것과 같은 것은 심각한 불법행위로 한국 신민의 권리를 무시하는 것이 크다면 그 책임자에 대해서는 엄중히 처벌을 가하고, 또 앞으로 다시 이와 같은 사건을 야기하지 못하도록 충분히 귀국 병원에게 훈계하여 근신[戒飭]시키며, 또한 피해자에 대해서는 상당한 배상을 해 주셨으면 합니다. 이 건에 대해 여쭙고 고견을 듣고자 합니다.

메이지 40년(1907) 11월 6일

통감부 파출소장 사이토 스에지로

독판길림변무전성각군익장(督辦吉林邊務全省各軍翼長) 진소상 각하

5. 간도파출소 관내 청국 병사 폭행사건으로 청국 관헌과의 교섭 전말 및 도사장 이하 임명 보고사항의 통보

• 원문제목	間島派出所管內淸兵暴行事件으로淸國官憲과의交涉顚末및都社長以下任命報告事項의通報(原案1冊)
• 날짜	융희 원년(1907) 12월 6일
• 발신	통감부 부통감(統監府副統監) 소네 아라스케[曾禰荒助]
• 수신	내각총리대신(內閣總理大臣) 이완용(李完用)

간도 사이토[齋藤] 파출소장으로부터 청병 폭행의 건에 관하여 청국 관헌과 교섭의 전말 및 도사장(都社長) 이하 임명 건에 관하여 별지와 같은 보고가 있으므로 참고를 위해 사본을 송부합니다.

메이지 40년(1907) 12월 6일
통감대리 부통감 자작 소네 아라스케
통감부 파출소장사이토 스에지로
내각총리대신 이완용 각하

부(附) 1. 위 사건에 대한 특보

- 날짜: 융희 원년(1907) 11월 11일
- 발신: 간도파출소장 사이토 스에지로
- 수신: 통감부 통감 이토 히로부미

통파비(統派秘) 제9호
특보(特報)

메이지 40년(1907) 11월 11일

통감부 파출소장 사이토 스에지로
통감부 공작 이토 히로부미 귀하

청병 폭행 등의 건에 관하여 이전에 본관(本官)이 자주 청국 관헌에게 서면 혹은 구두로 조회를 해두었습니다. 그러나 10월 15일 자 순보 호외 및 이달 8일 자 특보 제7호로 보고한 것과 같이 전 통령(統領) 호전갑(胡殿甲)과 현 지부(知府) 도빈(陶彬)으로부터 회답이 있었지만 그 회답은 폭행의 책임 및 앞으로의 단속 등에 관하여 아무런 언급이 없어서, 심히 요령부득으로 다시 이달 10일 자로 독판 길림변무(督辦 吉林邊務) 진소상(陳昭常)에게 별지와 같이 조회하여 두었으므로 이 점 보고드립니다. 이상.

부(附) 1 속(屬). 위 한·청인 간의 분쟁 건에 대한 회답 독촉
- 날짜: 융희 원년(1907) 11월 10일
- 발신: 간도파출소장 사이토 스에지로
- 수신: 독판길림변무 진소상

[별지]
서한을 보내어 말씀드립니다. 아뢸 말씀은 이전에 10월 6일 자 및 10월 12일 자로 전 무민겸이사부(撫民兼理事府) 완충식(阮忠植) 씨에 대하여 아래 여러 건을 조회해 둔 일입니다.

1. 한국 신민 김명극(金明克) 등을 오랫동안 귀국 옥사에 수감시키는 것은 부당하다는 건(10월 6일 자).
2. 동성용가(東盛湧街)의 귀국 병원(兵員)이 10월 7일 화전사(樺田社)에서 한국 신민 주운달(朱云達)을 총기 또는 나무 조각[木片]으로 구타하여 부상을 입힌 일과 이달 9일 광종사(光宗社) 하천평촌(下泉坪村) 귀국 병원 약 10명이 한국 신민 이홍수(李鴻洙)를 곤봉 혹은 철권(鐵拳)으로 난타하여 죽음에 직면하게 한 일, 그리고 국자가(局子街) 북영(北營)의 귀국 병원 4명이 한국 신민 주성룡(朱聖龍) 및 오문옥(吳文玉) 두 사람을 포박하여 국자가 북영에 구류한 건(10월 12일 자).

또한 전 길강군통령(吉强軍統領) 호전갑(胡殿甲) 씨에 대해서도 10월 16일 자로 아래 건을 조회해 두었습니다.

1. 10월 7일 동성용가(東盛湧街) 귀국 병원(兵員)이 한국 신민 한재신(韓在信) 등을 곤봉 및 채찍으로 구타하고 상해를 입힌 일 및 회령간도(會寧間島) 사기동(沙器洞) 주재 귀국 병원이 엄청난 염가(廉價)로 식기 및 연료를 한국 신민으로부터 징발한 건.
2. 이전에 기술한 10월 12일 자로 전 완(阮) 지부(知府)에게 조회한 것과 동일한 건.

이상 외, 해당 파출소원 야마자키 세이이치로[山崎誠一郎]를 파견하여 현임 지부(知府) 도빈(陶彬) 씨에게 구두로 아래 건을 조회해 두었습니다.

1. 한국 신민 한재신(韓在信)이 10월 23일 한국 전 황제 폐하의 계천기원절(繼天紀元節)을 축하하는 뜻을 표하기 위해 한국 국기를 게양하였는데, 동성용가(東盛湧街) 귀국 병원(兵員)이 이를 빼앗아 간 건.

이상의 조회를 하는 중 음력 9월 12일 자로 호전갑(胡殿甲) 씨로부터, 그리고 9월 26일 자로 도빈(陶彬) 씨로부터 회답을 받았습니다. 그러나 호전갑 씨 회답의 요지는 한재신 등 구타 사건에 관해, "이달 7일, 동성용 우리 병원이 한민 한재신 · 김정헌(金正憲) 2명에게 양초(糧草)를 구입하려고 하자, 한재신 등이 여전히 분수를 모르고 한민들을 선동하여 본국 병원 등에게 양초를 팔지 않으려고 하면서, 귀관(貴官)의 명령을 받들었다는 있지도 않은 말을 하였다. 당일 즉시 한재신과 김정헌 2인을 데리고 가 명백하게 조사한 후에 타당하게 처리한 후 풀어 주어 돌려보냈다. 그들이 생업에 안주하면서 이후로 다시 이러한 일을 하지 않게끔 하였으며, 한재신 등도 이미 기꺼운 마음으로 죄를 인정하고 다시 죄를 범하지 않겠다고 하였으므로, 번거롭게 귀관이 치문(致問)하지 않아도 될 것이다"라고 하였고, 부정 징발사건에 관해서는 "또한 회령(會寧)에 주재하는 본국 병원이 식품과 연료를 징수한 일에 대해서는 본 통령(統領)이 이미 가격을 명백하게 조사하였는데, 상당히 공평하였다. 현재 국자가(局子街)의 좁쌀[小米子]은 매 섬의 값이 관첩(官帖)[39]으로 16적(吊)이고, 계사처(稽查處)[40]의 좁쌀값은 매 섬의 값이 12적 8백이다. 국자가의 연로는 매 짐[梱]의 값이 12문(文)이고, 회령에서는 매 짐의 값이 20문으로 값이 상당히 저렴하지 않다. 회령 부근 일대의 한민을 조사하니, 광서 10년(1884, 고종21)에 마적(馬賊)[41]의 소요를 받고서는 군대를 파견하여 보호해 줄 것을 간청하였다. 이때 군대에 필요한 일체의 양초는 각 한호(韓戶)에 균등하게 나누어 부과하겠다고 원하면서, 값은 시가(時價)를 비교하여 저렴한 쪽으로 정하기로 하였다. 이를 답습한 것이 20여 년이고, 모두 다른 말을 하지 않았다. 귀관은 한민의 생명, 재산, 권리를 본국이 매우 심하게 침해하고 있다고 하였지만, 이 말에 대해서는 매우 유감스럽다. 한민들이 자기 나라에서는 살아갈 방도가 없어서 국경을 넘어 이곳에 와서 농사지으며 살고 있으니, 본국으로부터 받은 은혜가 적지 않다. 본국 역시도 경계를 나누지 않고, '화민일례(華民一例)'에 비추어 지금까

39 첩(帖)은 청조 말기 중국동북지역에서 발행한 화폐로 관첩(官帖), 사첩(私帖), 강첩(羌帖)이 있다. 관첩(官帖)은 처음에 사첩(私帖)의 폐단을 없애기 위해 광서(光緒) 24년(1898) 10월 처음으로 길림영형관은전호(永衡官銀錢號)를 성립하고 관첩을 발행하였다. 처음에는 관첩국(官帖局)이라고 하였으며 발행관첩은 은화폐 관첩이었다. 2년 후 은화폐 부족으로 지폐가 나오게 되었으며 '적(吊)'이 화폐단위가 되었다.

40 청말 순경부(巡警部)의 직속 기구로 각 지구의 경비 및 형사사건을 담당하였다.

41 청 말부터 제2차 세계대전에 걸쳐서 화북(華北)과 동북(東北) 지역에 할거한 기마집단이다. 촌락을 습격하여 약탈행위를 자행한 비적(匪賊) 또는 토비(土匪)와 자주 혼동된다. 물론 마적 중에는 비적과 같은 행위를 한 자도 있으나, 원래의 기원은 보갑제도(保甲制度) 등 중국 촌락공동체의 민중자위조직(民衆自衛組織)에 근간을 둔 무장집단이다. 이 조직은 외적(外敵)에 대한 저항은 말할 것도 없고 평상시에는 그 지방의 악덕 관리와 지방 군벌 등의 착취와 약탈행위로부터 주민을 지키기 위한 조직이었다. 그중에서도 무장집단으로 이루어진 유격대원은 무예(武藝)에 자신이 있는 젊은이가 많았다. 러일전쟁 때 일본군이 이들의 일부와 결탁하여 정보 수집과 적진 후방교란 등에 이용한 '특별행동반' 및 '만주의군(滿洲義軍)' 등은 중국 동북지구의 촌락 자위조직인 보위단(保衛團), 특히 그중에서도 전투적인 유격대 관계자로 구성되었다. 이들 세력이 점차 커지자 세력 범위를 확장하고 광대한 지역에 걸쳐 패권을 주장한 자도 출현하였다. 장작림(張作霖, 1873~1928)과 같이 처음에는 '바이마장[白馬張]'이라는 마적 두목이었으나, 교묘하게 세력을 확장하여 군벌이 된 예도 있다. 마적의 내부규율은 매우 엄격하였으며, 자기들의 향리 및 세력 범위 안에서는 주민에게 조금도 폐를 끼치는 일을 하지 않았으나, 일단 그들이 다른 지역에 침입할 때는 비적과 똑같은 약탈과 폭행을 자행하였기 때문에 그러한 면(面)만을 보고 말한다면 폭력집단과 조금도 다르지 않았다. 이 경우 그들은 근거지를 보통 녹림지구(綠林地區)에 두었기 때문에 중국에서는 그들을 '녹림'이라고도 하였고, 또 그들 북방인은 승마에 뛰어났기 때문에 '향마(響馬)'라고도 하였다. 마적 중에는 본래의 사명감을 저버리고 완전히 비적화한 자도 많았으며, 일본의 중국 침략 제1보인 만주사변(滿洲事變) 이후로는 이 마적과 비적이 구별되지 않았으므로, 일본군은 이들을 모조리 비적·토비로 보고 토벌의 대상으로 삼았다.

지 휴양생식(休養生息)[42]한 것이 20여 년이 되었다. 한민 역시 모두 낙업안거(樂業安居)[43] 하며 거의 자기 나라를 잊었다. 또한 본국의 역대 대황제(大皇帝)께서도 매양 작은 나라를 회유(懷柔)하는 유시(諭示)를 내려 '근래 인국(人國)이 외족(外族)을 학대하고 힘없고 약한 자를 속이는 것은 매우 부끄러운 일이니, 어찌 기국(己國)이 도리어 약소국을 학대해서야 되겠는가.'라고 하셨다. 그러니 귀관이 들은 것은 많은 사람의 말을 들은 것이 아니다. 중간에서 시비를 뒤집으려고 농간을 부리는 분수에 만족하지 못하는 한민 한두 사람의 말을 듣고는 귀관이 마침내 그것을 사실이라고 여겼으니, 한민에게 속은 것이 아니겠는가"라고 하였다.

전(前) 지부(知府)의 후임자인 도빈(陶彬) 씨의 회답 요지는 "국자가 북영(北營)으로 포박해 온 한국민 등에 대한 내용이다. 본부(本府)는 이 지역을 관할하므로 지역을 보호하고 지키기 위해 순경(巡警)을 설치하고 그에 필요한 경향(警餉)은 모두 민간에 토지의 면적에 따라 균등하게 배당하였다. 이전에 동성용가의 순경 분국(巡警分局)에서 순병(巡兵)을 파견하여 화첨자(花尖子) 지역에 가서 한민이 응당 납부해야 할 경향(警餉)을 재촉하여 거두도록 하였는데, 갑자기 한민 주성룡(朱聖龍), 오문옥(吳文玉) 등이 나와서 저지하였으므로, 해당 순병이 어찌하지 못하고 순경 분국으로 돌아왔다. 동성용가 파판소의 순변(巡弁)이 다시 가서 경향(警餉)을 납부하도록 깨우쳐 주었는데도, 여전히 기꺼이 납부하려 하지 않았다. 이에 비로소 그들을 포박하여 큰 수레에 실어 연길청(延吉廳)이 있는 국자가의 순경 총국(巡警總局)으로 호송해 왔다. 순경 총국의 국장이 또 좋은 말로 권하고 깨우쳐 주자 주성룡 등이 차례로 바쳤으므로, 즉시 풀어 주었다"라고 운운하여, 부당 구금과 귀국 병원(兵員) 폭행의 책임에 관한 본직(本職)의 조회에 대해서는 아무런 회답이 없었습니다. 또한 호통령(胡統領)은 사기동(沙器洞)에서의 징발은 가격이 매우 저렴하지 않았다고 하거나, 혹은 가격이 시가(時價)와 비교하면 저렴한 가격이라고 하였습니다. 또한 본직이 한두 명의 한인의 말에 속은 것과 같은 말을 굳이 하였는데, 본직은 결코

---

42 '휴양생식(休養生息)'은 국가가 큰 동란을 치렀거나 혹은 큰 변혁이 있은 뒤에 백성의 부담을 경감하고 생활을 안정시켜 원기를 회복하게 한다는 뜻이다.

43 '낙업안거(樂業安居)'란 편안히 살며 생업을 즐긴다는 뜻으로 '안거낙업(安居樂業)', '안토낙업(安土樂業)', '안가낙업(安家樂業)'이라고도 한다.

한인의 말만을 믿지 않고 가장 공평 엄밀하게 조사한 상에서 사실을 확정한 것이므로 호 통령의 언사는 다소 타당하지 않다고 들립니다. 귀관은 이번에 이 지역에 내임(來任)하였고, 문무 제반의 사무를 통할(統轄)하고 있는 것에 의해 이전에 기술한 여러 건에 대해 거듭 귀관의 고려를 귀찮게 하여 이를 해결할 수 있는 절실한 회답을 삼가 바랍니다. 또한 지난날 구스노[楠野] 사무관을 파견하여 구두로 조회하여 둔 종성간도(鍾城間島) 하천평촌(下泉坪村)에서 귀국 병원 폭행 건에 대해 특히 장교를 파견하여 상세히 조사한 것은 깊이 감사하는 바입니다. 본건에 대해 오록정(吳祿貞) 각하는 야마자키[山崎] 씨를 통해 쌍방 모두 결점이 있는 것에 대해 상쇄하고 싶다는 뜻을 통고받았지만, 만약 한민에게 비행이 있으면, 물론 본직으로서도 이를 엄하게 타일러 경계[嚴飭]해야 합니다. 귀국 병원의 폭행은 귀관에게 있어 공명정대한 처치에서 나오게 되고, 양국 교제의 정의(情誼)에 있어 성실히 해결할 것이라고 믿습니다. 아울러 아무쪼록 회답이 있기를 바랍니다. 이 건에 대해 여쭙고 고견을 듣고자 합니다.

메이지 40년(1907) 11월 10일
통감부 파출소장 사이토 스에지로
독판길림변무 진소상 각하

부(附) 2. 간도파출소 관내 도사장 등 임명의 특보

- 날짜: 융희 원년(1907) 11월 9일
- 발신: 간도파출소장 사이토 스에지로
- 수신: 통감부 통감 이토 히로부미

통파비(統派秘) 제8호
특보(特報)

메이지 40년(1907) 11월 9일
통감부 파출소장 사이토 스에지로
통감공작 이토 히로부미 귀하

8월 23일 부임한 이래 10월 11일까지 임명한 도사장(都社長)·사장(社長)·촌장(村長)의 성명을 별지와 같이 일단 보고합니다.[44] 이어 10월 11일 이후는 지난번에 전보(電報)한 대로 일시 임명을 중시하고 있습니다. 다만 이번 임명의 필요를 느낀 것은 해당 파출소와 지방 한민과의 연락을 유지하고 민정(民情)을 알기 위해서 즉시 행정기관으로 하지 않는 것은 10월 14일발 전보한 그대로입니다. 또한 일반 정황에 따라 시기를 봐 미제(未濟)분을 임명하고 순차적으로 간도 전부에 이를 예정이므로 이 점 덧붙여 말씀드립니다.

[별지] 도사장 이하 인명표

◎ 무산간도(茂山間島), 도사장 남규강(南奎綱)

- 숭화사(崇化社): 사장 최규은(崔規垠), 일소사청곡촌장(一所沙淸曲村長) 석재형(石載衡), 이소하면강구촌장(二所下面江口村長) 金昌鎭(김창진), 삼소마전곡촌장(三所麻田谷村長) 최양길(崔陽吉), 사소간탄촌장(四所間灘村長) 조병묵(趙秉默), 오소임전곡촌장(五所荏田谷村長) 여문규(呂文圭), 육소남석곡촌장(六所南夕曲村長) 김병오(金柄五), 칠소옥석동촌장(七所玉石洞村長) 금이종(金履鍾)

- 덕화사(德化社): 사장 최성익(崔成翼), 포항리촌장(浦項里村長) 민창언(閔昌彦), 오동일리촌장(烏洞一里村長) 유방형(劉芳亨), 오동이리촌장(烏洞二里村長) 박중범(朴中範), 산양동촌장(山陽洞村長) 김상렬(金尙烈), 길지촌장(吉地村長) 박형식(朴亨植), 복동촌장(福洞村長) 차명진(車明振), 강역촌장(江域村長) 황룡언(黃龍彦), 남평촌장(南坪村長) 최기항(崔基恒), 류동촌장(柳洞村長) 지약위(池若渭), 용연촌장(龍淵村長) 박동희(朴東禧), 남전동촌장(楠田洞村長) 이성삼(李成三), 연동촌장(囦洞村長) 박태회(朴泰會)

---

44 통감부파출소는 한민 보호를 명목으로 주로 일진회에 의해 구성된 감찰과(監察課)에 한인의 보호·무육·호구조사·이권조사에 관한 사항을 담당하게 하여 본격적으로 파출소를 주축으로 하는 간도 한인사회를 조직하려고 시도하였다. 감찰과는 종래의 구획에 따라 1907년 9월 상순부터 도사장(都社長)·사장(社長)·촌장(村長) 등 공리를 임명하기 시작하여, 간도지방을 북도소(北都所)·회령간도·종성간도·무산간도 등 4구역으로 구분하고, 1구역에 도사장 1명씩 두며, 다시 약간의 사(社)와 촌(村)으로 나누어 사장과 촌장을 두었다. 이렇게 파출소는 도사장 4명, 사장 42명, 촌장 290명을 임명하여 파출소의 통제를 받는 간도 한인사회를 결성하였다. 공리의 선출방법은 각 촌장이 추천하여 사장을 선임하고, 각 사장이 추천하여 도사장을 선출하였다(유병호, 2005, 「북간도한인의 國籍을 둘러싼 청일 양국의 교섭에 대한 연구-통감부파출소 시기를 중심으로」, 『중앙사론』 21, 473쪽).

- 상화사(上化社): 사장 정태헌(鄭台憲), 대동구촌장(大同口村長) 이치명(李治明), 망봉촌장(望峯村長) 백낙선(白樂善), 백암평촌장(白岩坪村長) 김택규(金澤圭), 근전곡촌장(芹田曲村長) 김양협(金良洽), 송구옥촌장(松口屋村長) 허명(許明), 경성촌장(鏡城村長) 주상언(朱相彦), 측동촌장(測洞村長) 김택정(金澤正)

- 산계사(山溪社): 사장 한태근(韓泰根), 태극평촌장(太極坪村長) 채응묵(蔡應默), 동경대촌장(東京坮村長) 장익현(張益鉉), 사초동촌장(莎草洞村長) 김광수(金光洙), 풍양동촌장(豊陽洞村長) 김형기(金亨基), 안작촌장(安作村長) 오승준(吳承濬), 하광포촌장(下廣浦村長) 양완식(楊完植), 자미내촌장(自味內村長) 김광운(金光云)

- 선화사(宣化社): 사장 최사구(崔仕九), 일소한수구촌장(一所漢水口村長) 이완순(李完順), 이소산양곡촌장(二所山羊曲村長) 안학봉(安學奉), 삼소연동언하촌장(三所囦洞堰下村長) 황송경(黃松景), 사소囦동내촌장(四所囦洞內村長) 강명호(姜明浩), 오소길암촌장(五所吉岩村長) 김병현(金秉鉉), 륙소강생동촌장(六所康生洞村長) 조희운(趙希云), 칠소갈능동촌장(七所葛陵洞村長) 이희순(李稀旬), 팔소희풍동촌장(八所希豊洞村長) 조민순(趙民順)

- 백금사(白金社): 사장 이양림(李陽林)

◎ 종성간도(鍾城間島): 도사장 이희영(李羲英)

- 개문사(開門社): 사장 천병호(千秉浩), 향린동촌장(香麟洞村長) 유효낙(劉孝洛), 지방곡촌장(地方曲村長) 윤명렬(尹明烈), 사동구촌장(寺洞口村長) 석언홍(石彦弘), 사동촌장(寺洞村長) 이병준(李炳俊), 석봉촌장(石峯村長) 김석봉(金石鳳), 탄전촌장(灘前村長) 김연강(金連姜), 가도촌장(柯島村長) 박양명(朴良明), 산동촌장(蒜洞村長) 전효섭(全孝涉), 대인동촌장(大仁洞村長) 이언칠(李彦七), 상탄촌장(上灘村長) 김명원(金明元)

- 개운사(開運社): 사장 유창환(俞蒼煥), 부령촌장(富寧村長) 김성률(金成律), 종성촌장(鍾城村長) 채하범(蔡夏範), 후덕동촌장(厚德洞村長) 강명현(姜明賢), 응야동촌장(鷹野洞村長) 진대언(陳大彦), 채수동촌장(彩樹洞村長) 김언칠(金彦七)

- 개태사(開泰社): 사장 최진오(崔鎭五), 행평촌장(杏坪村長) 유홍규(俞洪圭), 호천포하소촌장(胡川浦下所村長) 김홍석(金弘錫), 동상소촌장(同上所村長) 한수학(韓秀學), 만진기촌장(滿振基村長) 채정옥(蔡丁玉), 호천장리촌장(胡川場里村長) 임정오(林貞五)

- 광풍사(光風社): 사장 정준렬(鄭俊烈), 문암동촌장(文巖洞村長) 방인행(方仁行), 장대

평촌장(場臺坪村長) 김화서(金化瑞), 모동하소촌장(茅洞下所村長) 박운행(朴雲行), 동상소촌장(同上所村長) 채동은(蔡東恩)

- 광소사(光昭社): 사장 전학준(全學俊), 대천평촌장(大泉坪村長) 방승선(方昇善), 몽동기촌장(蒙洞基村長) 주구예(朱九禮)

- 광종사(光宗社): 사장 이명우(李明雨), 소천평촌장(小泉坪村長) 이유준(李有俊), 삼동포촌장(三洞浦村長) 박승헌(朴昇憲), 남몽기동촌장(南蒙基洞村長) 정명언(鄭明彦), 학성촌장(鶴城村長) 장수보(張守寶), 고도촌장(古島村長) 최태익(崔泰益), 적와동촌장(赤瓦洞村長) 김사유(金仕裕)

- 광덕사(光德社): 사장 한일환(韓日煥), 영소암촌장(咏嘯岩村長) 김회옥(金懷玉), 후동촌장(厚洞村長) 천도원(千道元), 세은장촌장(細隱嶂村長) 장문봉(張文鳳), 옥포동촌장(玉浦洞村長) 조희렬(趙希烈), 남동촌장(南洞村長) 최인현(崔仁賢), 배동촌장(北洞村長) 양윤석(梁允石), 정목동촌장(精木洞村長) 한치종(韓致宗)

- 제청사(霽晴社): 사장 김희렬(金希烈), 부서평촌장(富瑞坪村長) 최룡서(崔龍瑞), 소주동촌장(素柱洞村長) 남이화(南利化), 백룡촌장(白龍村長) 이두영(李斗永), 오룡동촌장(五龍洞村長) 석치운(石致雲), 복전동촌장(福田洞村長) 허성문(許成文), 염통현촌장(廉通峴村長) 박양욱(朴良旭), 대장동촌장(大獐洞村長) 유원심(兪元深), 남장동촌장(南獐洞村長) 김서화(金瑞化)

- 제하사(霽霞社): 사장 김두신(金斗信), 악사평촌장(嶽沙坪村長) 김석헌(金石憲), 후지동촌장(厚地洞村長) 현원극(玄元極), 중평촌장(仲坪村長) 주사윤(朱仕允), 시건평촌장(詩建坪村長) 방언홍(方彦弘), 곡구미촌장(曲口尾村長) 최도예(崔道禮), 목주동촌장(木周洞村長) 최화윤(崔化允), 지풍현촌장(芝風峴村長) 김호유(金浩裕)

- 월랑사(月朗社): 사장 손종철(孫宗哲), 수남촌장(水南村長) 김석부(金碩富), 수북촌장(水北村長) 최계호(崔季浩), 하소촌장(下所村長) 김한일(金漢逸), 기동촌장(箕洞村長) 박양능(朴良能), 미동촌장(尾洞村長) 김택신(金澤信)

◎ 북도소(北都所): 도사장 채룡희(蔡龍羲)

- 동량사(東良社): 사장 최민섭(崔敏燮), 용정촌장(龍井村長) 이종봉(李鍾鳳)

- 화전사(樺田社): 사장 주성룡(朱聖龍), 삼향(三鄕) 등룡동·하둔전촌·중둔전촌·상둔

전촌(登龍洞·下屯田村·中屯田村·上屯田村) 유정촌촌장(柳亭村村長) 안국언(安國彦), 지일사장(智逸社長) 박문순(朴文順), 동량상리사장(東良上里社長) 윤상현(尹相鉉), 문루구사장(門樓溝社長) 박기평(朴基坪), 삼포사장(三浦社長) 전치만(全致萬), 평강상리사장(平崗上里社長) 채동환(蔡東奐), 동하리사장(同下里社長) 윤상헌(尹相憲), 화룡사장(和龍社長) 채명오(蔡明五), 용지사장(龍池社長) 진석준(陳錫駿), 장암사장(獐巖社長) 조창기(趙昌基), 동성용사장(東盛湧社長) 김석균(金錫均), 연동사장(沿東社長) 문장심(文章深), 지풍사장(智豊社長) 박만수(朴萬秀), 연집강사장(延集崗社長) 김기훈(金基薰), 평강수남사장(平崗水南社長) 한종현(韓宗顯), 구송허사장(九松墟社長) 임성문(林成文), 북강수남사장(北江水南社長) 김룡운(金龍雲)

◎ 회령간도(會寧間島): 도사장 김채영(金埰榮)

- 영화사(永化社): 사장 이형준(李亨俊), 소동곡촌장(小洞曲村長) 윤경서(尹京瑞), 강역동어구촌장(江域洞於口村長) 문성렬(文成烈), 강역동측촌장(江域洞側村長) 김종낙(金宗洛), 미전곡촌장(米田曲村長) 박장춘(朴長春), 학성촌장(學城村長) 나용연(羅龍淵), 송언촌장(松堰村長) 이극렬(李極烈)

- 문화사(文化社): 사장 홍희건(洪希健), 연주동촌장(淵珠洞村長) 박운실(朴云實), 순동촌장(蓴洞村長) 박서홍(朴瑞弘), 유적동촌장(幽寂洞村長) 윤재학(尹載學), 남상동촌장(南尙洞村長) 허경식(許景植)

- 인화사(仁化社): 사장 조영삼(趙永三), 사기동하향촌장(四奇洞下鄕村長) 허산(許珊), 동상향촌장(同上鄕村長) 소현(蘇顯), 남호기촌장(南湖基村長) 허병권(許秉權)

- 태화사(泰化社): 사장 이능용(李能鎔), 공암촌장(孔岩村長) 방문헌(方文憲), 시암촌장(矢岩村長) 정병낙(鄭秉洛), 도태리촌장(道泰里村長) 김문화(金文化), 초평촌장(草坪村長) 허문백(許文伯), 학서동촌장(鶴栖洞村長) 문명언(文明彦), 부소촌장(釜所村長) 허훤(許楦), 소거리촌장(所巨里村長) 김상권(金相權), 증산동촌장(甑山洞村長) 이능용(李能鎔), 강포덕촌장(江浦德村長) 임상준(林相俊)

- 경화사(敬化社): 사장 김여학(金餘學), 서래동촌장(西來洞村長) 황학문(黃鶴文), 석막동촌장(石幕洞村長) 남규벽(南奎碧), 서래동중소촌장(西來洞中所村長) 최병화(崔秉化)

- 충화사(忠化社): 사장 김제권(金濟權), 사동촌장(沙洞村長) 전제형(全濟亨), 연전촌장

(橡田村長) 최영익(崔永益), 대동촌장(大洞村長) 전맹석(全孟錫), 세외동촌장(世外洞村長) 최병석(崔秉錫), 남평동촌장(南坪洞村長) 지완규(池完圭), 소동촌장(小洞村長) 전중선(全仲先), 합전촌장(蛤田村長) 전병욱(全秉旭), 사동촌장(蛇洞村長) 최광현(崔光鉉)

- 평화사(平化社): 사장 임병준(任秉俊), 사동촌장(斜洞村長) 이증훈(李曾勳), 대소동촌장(大蘇洞村長) 한남철(韓南哲), 소소동촌장(小蘇洞村長) 최영렬(崔永烈), 청토전촌장(靑土田村長) 조민헌(曹敏憲)

[비고]

1. 무산간도(茂山間島) 중 백금사(白金社) 내 촌장은 임명 미제(未濟).
2. 종성간도(鍾城間島)는 전부 임명을 완료하였음.
3. 북도소(北都所)는 사장 전부 임명을 완료하고 촌장은 동량사(東良社) 및 화전사(樺田社) 중 각 1개 촌장을 임명한 것 외, 전부 미제(未濟).
4. 회령간도(會寧間島)는 전부 임명을 완료하였음.

6. 간도파출소 관내 일반상황 보고사항의 통보

- **원문제목** 間島派出所管內一般狀況報告事項의通報(原案1冊)
- **날짜** 융희 원년(1907) 12월 13일
- **발신** 통감부 부통감(統監府副統監) 소네 아라스케[曾禰荒助]
- **수신** 내각총리대신(內閣總理大臣) 이완용(李完用)

간도파출소장으로부터 별지와 같이 보고가 있으므로 참고를 위해 사본을 송부합니다.

메이지 40년(1907) 12월 13일
통감대리 부통감 자작 소네 아라스케
태자소사 내각총리대신 이완용 각하

부(附). 간도파출소 관내 일반상황 순보
- 날짜: 융희 원년(1907) 11월 25일
- 발신: 간도파출소장 사이토 스에지로
- 수신: 통감부 통감 이토 히로부미

통파순(統派旬) 제10호
순보(旬報)

메이지 40년(1907) 11월 25일
통감부 파출소장 사이토 스에지로
통감공작 이토 히로부미 귀하

1. 지방 일반상황

이번 열흘간[旬間] 지방은 일반적으로 평온하였다. 기후는 이번 열흘간에 이르러 한기(寒氣)가 갑자기 매서워져 추위가 살을 에는 것 같다. 이번 순중[旬中] 최저 열씨(列氏) 영도(零度) 아래 22도에 이르러, 평균 영도 2분에서 12도 5분 사이를 오르내리고, 눈에 보이는 모든 것이 쌓인 눈으로 덮여 두만강[45] 서안(西岸)은 결빙되어 일시 교통을 두절하기에 이르렀다. 지난 순[前旬]에 보고한 청국인 살해사건에 관한 가해자는 한민 4명의 공범인 것을 탐지하여 11월 12일 그 2명을 체포하였고, 다른 2명은 같은 날 청국 관헌에 체포되었다. 가해자는 피해자의 이웃 마을 사람으로 그 원인은 가해자 4명 모두 이전에 피해자로부터 금전을 빌렸는데, 피해 청인은 가까운 시일에 출발하여 산동성(山東省)에 귀성(歸省)하려고 가해자 등에게 대금 반환을 독촉하였다. 이에 4명은 채권자인 피해자를 살해하여 그 부채를 떼어먹을 것을 공모하였다. 피해자가 원래 주류 소매를 경영하는 것을 기회로 삼아 음주를 위해 그 집에 간 다음, 해당 대차(貸借)의 일로 논쟁을 시작하였고, 결국 4명에 의해 난타당하여 죽음에 이르게 되었다. 범인 검거 후 지방 청민(淸民)과 한민 등은 일반적으로 안도하였다고 한다.

2. 청국 관민의 한국민에 대한 불법 폭압행위

청국 관민은 한국민에 대해서 점차 종래의 태도를 달리하여 표면적으로 완화하여 가

---

45 백두산(白頭山, 2,744m)의 동남쪽 대연지봉(大臙脂峰, 2,360m) 동쪽 기슭에서 발원하는 석을수(石乙水)를 원류로 하여 마천령산맥과 함경산맥에서 발원하는 대지류를 합해 동해로 흘러드는 강이다. 우리나라에서 세 번째로 긴 강이다. 두만강이라는 명칭의 유래를 『한청문감(漢淸文鑑)』 만주지명고(滿洲地名考)에서 언급하고는 있으나 명확하지 않다. 두만강은 또 고려강(高麗江)·도문강(圖們江)·토문강(土們江)·통문강(統們江)·도문강(徒門江)으로 표기된 바도 있다. 만주지명고에 의하면 두만강이 새가 많이 모여드는 골짜기라는 뜻의 도문색금(圖們色禽)에서 색금을 뗀 도문이라는 여진어(女眞語) 자구(字句)에서 비롯되었다고 하였다. 그런가 하면 『한청문감』의 동문유해(同文類解)에서는 원나라 때 지방 관제에 만호(萬戶)·천호(千戶)라는 관직명이 있었는데, 여진어로 만호를 두맨이라 발음하며 이를 한자어로 표기한 것이 두만강이라고 한다. 백두산정계비(白頭山定界碑)에 쓰여 있는 '동위토문(東爲土門)'이라는 자구 속의 토문이 두만강이라고 청나라 측이 강변함으로써 오늘날의 간도 지역을 중국의 영역으로 하고 있다.

는 실황이지만, 아직 이번 열흘간 청국 관헌으로부터 임명한 향약(鄕約)[46] 등이 예년보다도 고액인 과세를 한민으로부터 징수하거나, 또는 청국 관헌에게 납부한다고 하며 무상으로 장작과 섶나무[薪柴]를 징발하였다. 혹은 청국인이 그 소작인인 한인을 구타하여 상처를 입히는 등 불법 폭압행위를 감히 하는 것이 수 건 있었다.

3. 청국 관민의 우리 관민에 대한 태도

청국 관리의 우리에 대한 교제 상황은 여전히 친화적으로 서로 왕래한다. 11월 15일 청국 만수절(萬壽節)[47]에 즈음하여 진(陳) 독판(督辦)과 도(陶) 지부(知府)는 우리 고등관(高等官) 전원을 초대하였다. 이에 본직(本職) 이하 헌병 장교 등 7명은 이에 응하여 국자가지부아문(局子街知府衙門) 내에서 축하연에 참석하였다. 독판 진소상(陳昭常)은 전순(前旬) 보고와 같이 파판처(派辦處)를 여러 곳에 설치하는 것 외에 행동에서 볼 만한 것은 없었지만, 그들이 우리와 교섭하는 태도는 강경하고 거만하여 두만강 이북도 청국 영토라고 주장하기도 하였다(순차로 특보 완료). 특히 청병 등이 한민에 대해 행하는 불법 부정행위에 대해서는 사사건건 이를 부인하고, 우리 요구에 대해서 조금도 공명한 처치에 나서는 바가 없었다. 또한 이달 13일 나가노 지로[中野二郎]와 청국인 정광제(程光弟)가 공동 경영하는 천보산(天寶山) 은광[48]에서 일본으로 반출하려던 광재(礦滓, 마차 8대에 적재)[49]를 도중에 두만강 도선장(高嶺鎭)에서 사기동(砂器洞) 병영 초관(哨官)으로 하여금 차압시켰다. 그다음 날인 14일에는 천보산에서 정광제의 부재중에 서면으로 그가 고용

---

46 청국 정부는 19세기 말 간도 일대의 영토화와 지배권을 공고히 하기 위해 1880년 초간국(招墾局)을 설치하고, 1903년 국자가(局子街)에 무민겸리사부(撫民兼理事府), 태랍자(太拉子)에는 분방경력청(分防經歷廳)을 두었다. 또한 간도의 각 지역을 사(社)로 나누어 향약(鄕約)을 두고 향약에 임하는 한국인은 변발을 하고 청나라 복식을 입는 변발청장(辮髮淸裝)을 하게 하면서 지역을 관할하게 하였다.

47 만수절(萬壽節)은 중국 황제의 탄생 축일이다.

48 천보산(天寶山) 광산은 1889년 개착(開鑿)한 이래 1904년까지 채굴 작업을 하다가 1902년 휴업하였다. 이후 1907년 3월 나가노 지로[中野二郎]와 소유주 정광제(程光第)가 채광 계약을 체결하고 개굴(開掘)에 착수하였는데, 위의 보고에서 보이듯이 청국 관헌의 압류에 봉착하여 곧바로 광산은 폐쇄되고 말았다.(『琿春及間島事情』, 1929, 제9. 광산 및 광업 참조)

49 '광재(鑛滓)'는 광석을 제련한 후에 남은 침전물이다. 나가노 등은 이를 일본으로 반출하여 적당한 제련법에 의해 은·동(銀銅)을 추출하려고 하였다.

하던 사무원 및 일본인을 11월 20일까지 퇴거할 것을 명하고, 명에 따르지 않으면 내쫓을 것이라고 하였다. 청국 관헌이 이와 같은 조치를 취한 이유는 정광제가 먼저 허가 없이 천보산을 채굴하였기 때문이었다. 길림순무(吉林巡撫)로부터 그 광산[同鑛山]이 봉금(封禁)되었음에도 불구하고 정광제는 여전히 이에 따르지 않고 채굴에 종사하여서, 그 광석을 다른 곳으로 반출하는 것은 여의치 않게 되었다고 말한다. 광재 압류에 관해서는 이달 16일 본직(本職)이 다른 요건으로 독판 진소상 및 오록정과 회견 때에 해당 광재는 구존(舊存)의 것임을 설명하고, 그 압류와 같은 것은 속히 풀어 주어야 하는 것이 정당하다는 것을 말하였다. 진소상 · 오록정은 본직과의 사교 관계를 염두에 두고 이를 풀어줄 것을 약속하고 그 후에 호조(護照)[50]를 송부하여 왔지만, 소속이 미정(未定)인 토지에서 일본 상인이 그 청국 관헌으로부터 호조를 받을 이유가 없다는 점을 말하고 진소상에게 이를 반납시켰다. 그 상세한 것은 이미 전보로 보고하여 둔 것과 같다.

4. 호구조사 완료

지난 9월 9일부터 착수한 호구조사는 본순(本旬)으로 완전히 완료하였다. 그 조사 구역은 노야령(老爺嶺)[51] 본산맥(本山脈)과 냉수천자(冷水泉子)[52]의 동쪽에 연주(連走)하는 그 산[同山]의 지맥(支脈)과 두만강 사이에 포함하는 토지 일대로 청인 호수(戶數) 3,074호, 인구 21,983명, 한인 15,356호, 인구 72,076명이다. 그러나 이 조사는 여러 가지 사정으로 아직 충분히 정확하지 않다. 실제는 아직 다수가 〈조사되지〉 않아서 그 조사 상황 등에 관한 상세는 추후에 특보하겠다.

---

50 여행하는 외국인에게 발급해주는 일종의 여행증명서

51 흑령강성 동남부와 길림성 동부에 위치한 백두산[장백산]의 지맥이다. 노야령은 서남~동북을 주향으로 하고 있으며 서쪽으로는 경박호와 목단강 중류, 동북쪽으로는 개특아령(肯特阿嶺), 동쪽으로는 목릉하곡(穆棱河谷)과 인접하여 있다. 길이는 약 200km이고 목단강(牡丹江), 영안(寧安), 목릉(穆陵), 계서(鷄西), 동녕(東寧), 수분하(綏芬河)까지 뻗어나가고 있다. 노야령은 만족 언어의 나연점력(拉延粘力)의 발음을 쓴 것이다. '산이 높고 추워 식물들이 얼어 시든다'는 뜻이다.

52 '양수천자(凉水泉子)'라고도 한다. 현재의 길림성 훈춘시에서 서북쪽 두만강 북안(北岸)에 있는 양수진(凉水鎭)으로, 강을 사이에 두고 북한과 마주보고 있다. '양수(凉水)'라는 지명은 양수촌 뒷산 기슭의 샘물이 맑고 차가워 '양수천자(凉水泉子)'라고 부른 데서 유래하였다.

5. 산업 조사 상황

오가와[小川] 조사과장은 이달 11일부터 두만강에서 도구(道溝), 봉밀구(蜂蜜溝) 지방으로 출발하여 같은 달 16일에 돌아왔다. 핫타[八田] 농학사는 동일하게 11일에 출발하여 흑산령(黑山嶺) 북쪽 산기슭 부근 지방을 순회하고 같은 달 19일에 돌아왔다. 그 외에는 종래 수집한 광물의 분석과 간도 내 평면지도 제작에 종사하였다.

6. 지방 일반 위생

해당 용정촌(龍井村)에서 장티푸스[腸窒扶斯] 환자는 4명 중 1명은 사망하고, 2명은 완쾌되었으며, 1명은 치료 중에 있다. 또한 의사(擬似) 환자 1명이 나왔지만 일반적으로 만연해 보이지는 않는다. 일단 이미 조직된 방역위원에게 착착 예방과 소독 등 방법을 강구토록 하여 그 실시에 따를 뿐이다. 그리고 근래 기온이 갑자기 저하되었기 때문에 필시 이 이상 만연하지 않을 것이다. 해당 지역 부근에 우역(牛疫)은 아직 없어지지 않아 촌민은 다른 지방에서 오는 우마(牛馬)의 숙박을 꺼리고, 또한 다른 지방에 우마를 보내는 것을 싫어한다. 그 때문에 여행자에게 불편을 느끼게 하는 일이 많다.

이상 보고드립니다.

7. 간도파출소 감찰과장 김해룡 행위에 대한 청일 관헌 간 왕복 사본 송부

- **원문제목** 間島派出所監察課長金海龍行爲에對한淸日官憲間往復寫本의送付 (原案1册)
- **날짜** 융희 원년(1907) 12월 14일
- **발신** 통감부 부통감(統監府副統監) 소네 아라스케[曾禰荒助]
- **수신** 내각총리대신(內閣總理大臣) 이완용(李完用)

별지 간도성당부파출소감찰과장(間島省當府派出所監察課長) 김해룡(金海龍)의 행위에 관한 진소상(陳昭常)과 오록정(吳祿貞)의 조회와 이에 대한 사이토[齋藤] 파출소장의 회답 사본을 참고를 위해 송부합니다.

메이지 40년(1907) 12월 14일
부통감 자작 소네 아라스케
태자소사 내각총리대신 이완용 각하

부(附) 1. 위 김해룡 사건에 대한 항의

- 날짜: 융희 원년(1907) 11월 17일
- 발신: 독판길림변무 진소상, 방판 오록정
- 수신: 간도파출소장 사이토 스에지로

삼가 아룁니다. 삼도골패(三道骨牌)에 거주하는 한인 김해룡(金海龍)[53]이 말을 지어내

53 김해룡(金海龍, 1877~?)은 대한제국과 일제강점기의 경찰이다. 일본식 이름은 가네코 다쓰오[金江龍雄]이다. 함경북도 종성군 출신으로 1880년대 후반부터 1890년대 초반에 북간도 지역에서 서구학당과 연집학당을 다녔으나 두 학교 모두 졸업은 하지 못했다. 러일전쟁 당시 함경북도 회령군에서 일본군을 위한 정탐활동에 종사하였고, 1906년에는 일진회 북간도 지부장에 올랐다. 1907년 한일신협약 체결 당일, 내

어 사달을 만들고 제멋대로 위세를 부린 일에 대해 오랫동안 폐처(敝處: 길림변무공서)에서 방문하여 조사하고 귀 중좌(中佐)를 대면하여 말씀드렸습니다. 이에 다시 화력(華曆) 이달(11월) 4일, 5일, 6일 등에 다시 조사하였습니다. 제청사(霽晴社), 제하사(霽霞社), 월랑사(月郎社) 등에서 각처에 거주하는 한인들을 불러 모아 총향약(總鄕約) 현덕승(玄德勝)[54]이 일찍이 한인들의 재물을 강제로 토색하였다고 하며 그대로 위에(상부에) 보고하게 하고, 관병(官兵)이 강제로 사건을 일으켰다고 날조하게 하면서 감히 타고난 양심을 저버리고 다른 사람의 말을 따르지 못하는 자들을 모욕하였습니다. 그때 월랑사에서 불러 모은 주민 중에 마침 엄병권(嚴丙權)과 오민영(吳敏永) 2명이 도착하지 않자, 즉시 그날 밤에 사람들을 이끌고 그들의 집으로 가서 두 사람을 꾸짖었습니다. 이와 같이 백성을 핍박하고 사실을 날조하여 남을 무함하는 일은 어떠한 관리를 막론하고 모두 감히 할 수 없습니다. 그런데 김해룡은 일개 시골 백성으로 감히 공공연히 이러한 일을 하였으니, 이러한 불법을 저지른 무리는 실로 치안을 혼란스럽게 하려는 의도가 있으므로 사실을 조사하고 나서 우리나라의 법률에 따라 엄하게 징계하여 잘못을 경계해야 합니다.

해당 한국 백성이 스스로 간도파출소의 위임을 받았다고 한다고 들었는데, 이 말이 사실인지 아닌지는 비록 본인의 직분으로 깊이 알 수는 없지만, 결코 이러한 무뢰하고 간사한 백성이 우리나라 안에 있으면서 함부로 사법권을 행사하여 지방의 치안을 방해하도록 할 수는 없습니다.

또 조사해 보니, 동불사가(銅佛寺街)[55]에 귀국의 헌병분견소(憲兵分遣所)를 새로 설치

부 서기관으로 임명되어 대한제국의 관리가 되었고, 1908년에는 함경북도 관찰부 소속의 경시가 되어 정식 경찰에 임명되었다. 이때부터 통감부 임시간도파출소 감찰과 직원도 겸했다. 당시 함경북도 무산군을 중심으로 활동하던 이범윤의 의병부대를 직접 추격하는 등 의병운동 탄압에 가담하였다. 1910년 함경북도 경무국 경시로 소속이 바뀌었고, 1919년까지 9년 간 경시 직책에 있었으나 이후의 행적은 알 수 없다. 1911년 자신의 이름과 성을 일본식으로 바꾸었는데, 이는 당시로서도 매우 드문 일이었다. 2007년 친일반민족행위 195인 명단에 포함되었고, 2009년에 발표된 민족문제연구소의 친일인명사전에도 선정된 대표적인 친일반민족행위자이다.

54 현덕승(玄德勝)은 청국에서 임명한 도향약(都鄕約)으로 한인들을 부추켜 파출소에 저항하고 청병을 교사(教唆)하였다. 결국 간도파출소에서는 1907년 12월 히라다[平田] 헌병 소위를 파견해 현덕승을 체포했으나, 청국 측에서 그를 도향약에서 파면시킨다고 해서 석방시켰다가 지속적으로 파출소에 저항하자 1909년 2월 종성에서 체포하여 함흥지방재판소로 압송하였다. 당시 종성간도 한인들은 현덕승이 체포되자 오히려 안도했으며 그가 돌아오면 보복을 행할지 모르니 사형이나 무기징역에 처해달라고 요청하였다.

55 동불사는 용정에서 서북쪽으로 50여리 떨어진 부르하통하 남쪽 기슭에 자리 잡고 있다. 사찰 및 불상과 관

하였습니다. 이곳에는 한국 백성이 매우 적어 보호할 일이 없는데 다시 헌병을 파견하여 주둔시키니, 무슨 의도인지 모르겠습니다. 더구나 길강군(吉强軍)이 그곳에 주둔한 지 오래되어 방병(防兵)이 있으며, 본 독판(督辦)과 방판(幇判)이 이제 다시 파판처(派辦處)를 설치하였으므로 조사하고 보호하는 일체의 사건은 모두 귀국의 헌병이 대신 수고하게 하지 않을 것입니다. 속히 동불사가에 설치한 헌병분견소를 철거하여 의심하고 두려워하는 인민의 마음을 풀어 주기를 바라며, 아울러 피차간에 오해하여 다른 일이 생기지 않는다면 매우 다행이겠습니다. 특별히 이를 위하여 서신을 보내 알립니다. 내내 평안하시기를 기원합니다.

10월 12일
이름은 따로 갖춥니다.

부(附) 2. 위 항의에 대한 회답

- 날짜: 융희 원년(1907) 11월 22일
- 발신: 간도파출소장 사이토 스에지로
- 수신: 독판길림변무 진소상, 방판 오록정

서한을 보내어 말씀드립니다. 아뢸 말씀은 이달 17일(10월 12일) 자 서한에 대한 다음과 같은 회답이 있습니다. 귀 서한에 의하면, "삼도골패에 거주하는 한민 김해룡이 말을 지어내어 사달을 만들고 제멋대로 위세를 부린 일에 대해 오랫동안 우리 쪽에서 방문하여 조사하고 귀 중좌를 대면하여 말씀드렸습니다. 이에 다시 화력 11월 4일, 5일, 6일 등에 다시 조사하였습니다. 제청사, 제하사, 월랑사 등에서 각처에 거주하는 한인들을 불러 모아 총향약 현덕승이 일찍이 한인들의 재물을 강제로 토색하였다고 하며 그대로 위에 보고하게 하고, 관병이 강제로 사건을 일으켰다고 날조하게 하면서 감히 타고난 양심을 저버리고 다른 사람의 말을 따르지 못하는 자들을 모욕하였습니다. 그때 월랑사에서 불러 모은 주민 중에 마침 엄병권과 오민영 2명이 도착하지 않자, 즉시 그날 밤에 사람들을

련된 지명 유래담이 있다.

이끌고 그들의 집으로 가서 두 사람을 꾸짖었습니다. 이와 같이 백성을 핍박하고 사실을 날조하여 남을 무함하는 일은 어떠한 관리를 막론하고 모두 감히 할 수 없습니다. 그런데 김해룡은 일개 시골 백성으로 감히 공공연히 이러한 일을 하였으니, 이러한 불법을 저지른 무리는 실로 치안을 혼란스럽게 하려는 의도가 있으므로 사실을 조사하고 나서 우리나라의 법률에 따라 엄하게 징계하여 잘못을 경계해야 합니다. 해당 한국 백성이 스스로 간도파출소의 위임을 받았다고 한다고 들었는데, 이 말이 사실인지 아닌지는 비록 나의 직분으로 깊이 알 수는 없지만, 결코 이러한 무뢰하고 간사한 백성이 우리나라 안에 있으면서 함부로 사법권을 행사하여 지방의 치안을 방해하도록 할 수는 없습니다"라고 합니다.

김해룡(金海龍)은 한국 내부(內部)의 서기관으로, 현재 해당 파출소에 배속된 고등관(高等官)인 전 길림영무처총판(吉林營務處總辦) 여준(余濬) 각하와 전 길림강군통령(吉林强軍統領) 호전갑(胡殿甲) 씨 및 전 무민겸이사부(撫民兼理事府) 완충식(阮忠植) 씨에게 9월 29일 자 공문 중에 명언해 두었을 뿐만 아니라, 10월 24일 구스노[楠野] 사무관이 귀두 관리와 회견했을 때에도 언명한 바이기 때문에 귀관 등이 이미 이를 숙지했을 터임에도 불구하고, 그 사람[同人]을 지목하여 새삼스럽게 무뢰한 간민(奸民)이라고 칭하는 것은 국제 예의에서 심히 유감이라고 생각됩니다. 그리고 총향약(總鄕約) 현덕승(玄德勝)의 건에 관해서는 해당 지방 한민의 소송에 의해 본직(本職)으로부터 위 김해룡과 헌병에게 명하여 사실 조사를 하였습니다. 현덕승은 앞서 기술한 각 사(各社)에서 전권강(田券講)을 한다고 칭하는 인민을 모아 인민이 인접지의 관계를 알지 못함을 구실로 하여, 혹은 이를 협박하고 혹은 이를 구타하고 금 320원을 수도(收賭)한 사실이 있습니다. 김해룡은 본직의 명을 받아 앞서 기술한 사실 조사를 행한 것으로 한국 관리로서 정당한 직무를 행한 것입니다. 그런데도 귀관들은 이를 지목하여 무뢰 간민이라고 하여 귀국 법률에 따라 엄중히 징벌해야 한다고 말하고, 귀국 국경 내에서 치안을 요해(擾害)하는 것이라고 합니다. 이와 같은 것은 교제국의 권리를 무시하고 조약에 위반되며, 한국민으로 하여금 귀국 법권(法權)에 복종시키려고 하는 것에 지나지 않을 뿐만 아니라, 이 지방의 소속 문제에 관해 귀국과 우리, 양국 정부 간에 교섭을 거듭하고 있음에도 불구하고, 성급한 생각에 만연(漫然)히 귀국 영토라고 단정하는 것입니다. 심히 중대한 것은 본직은 이에 귀 서한의 주지(主旨)는 결코 감수할 수 없다는 것을 밝힙니다.

또한 우리 헌병은 본직이 한민 보호 임무를 수행하는 데 필요하다고 믿는 지점에 분견(分遣)하는 것으로, 귀관 등의 간섭을 성가시게 할 만한 것은 아니라고 생각됩니다. 그리고 동불사 분견소(銅佛寺 分遣所)는 결코 새로 배치된 것이 아닙니다. 해당 지역에는 10월 10일, 즉 귀관들이 도착하기 전에 이를 배치한 것으로 지난 16일 회견 때에도 귀관들로부터 어떠한 제의도 없었습니다. 그런데 그다음 날 17일 갑자기 해당 지역에는 한민 극소 운운의 이유로 철수를 요구해 왔지만 그 지역 일대에는 적지 않은 한민이 있고 이들 한민 보호 상 해당 지역에 헌병을 분주(分駐)할 필요가 있습니다. 이 건에 대해 위와 같이 회답하오니 고견을 듣고자 합니다. 드림.

메이지 40년(1907) 11월 22일
통감부 파출소장 사이토 스에지로
독판길림변무 진소상 각하
방판길림변무 오록정 각하

8. 간도파출소 관내 호구조사 보고 사본의 송부

- **원문제목** 間島派出所官內戶口調査報告寫本의送付(原案1冊)
- **날짜** 융희 원년(1907) 12월 19일
- **발신** 통감부 부통감(統監府副統監) 소네 아라스케[曾禰荒助]
- **수신** 내각총리대신(內閣總理大臣) 이완용(李完用)

간도 사이토[齋藤] 파출소장으로부터 호구조사의 건에 관해 별지와 같은 보고가 있으므로 참고를 위해 사본을 송부합니다.

메이지 40년(1907) 12월 19일
통감대리 부통감 자작 소네 아라스케
태자소사 내각총리대신 이완용 각하

부(附). 간도파출소 관내 호구조사표의 진달(進達)

- 날짜: 융희 원년(1907) 11월 27일
- 발신: 간도파출소장 사이토 스에지로
- 수신: 통감부 통감 이토 히로부미

통파서(統派庶) 제18호
호구조사표 진달(進達)

메이지 40년(1907) 11월 27일
통감부 파출소장 사이토 스에지로
통감공작 이토 히로부미 귀하

올해 9월 9일 이래 부하 헌병 및 순검에게 관내 호구조사에 종사하도록 한바, 이달 7일 그 조사가 완료함에 따라 헌병대장으로부터 보고서 사본을 함께 첨부하여 별책 호구조사표를 진달(進達)합니다. 추후에 별책은 한인 촌장·사장 등으로부터 신고한 일부 호구수와 서로 다른 점이 적지 않습니다. 필시 실수(實數)는 역시 그 이상일 것이라고 상상됩니다만 정확한 조사는 훗날을 기약할 예정입니다.

부(附)의 속(屬). 간도 관내 호구조사 보고

- 날짜: 융희 원년(1907) 11월 19일
- 발신: 간도헌병분대장 사카이노 다케노신[境野竹之進][56]
- 수신: 간도파출소장 사이토 스에지로

간헌경(間憲警) 제155호

호구조사 완결에 관한 보고

메이지 40년(1907) 11월 19일

간도헌병분대장 사카이노 다케노신

통감부 파출소장 사이토 스에지로 귀하

1. 호구조사는 9월 9일부터 착수하여 10월 7일에 종료하였음.[57] 이번 조사의 목적은

---

56 사카이노 다케노신[境野竹之進]은 일본 육사 4기생으로 통감부 경무과장 겸 헌병분대장으로 활동했다. 이후 1912년 오사카헌병대장, 1917년 도쿄헌병대장 등을 역임하였다. 1919년 7월 육군 소장이 되었고, 그해 11월에 전역하였다.

57 통감부 간도파출소의 시정방침은 청 정부의 민족동화정책으로부터 한인을 보호한다는 소위 보호권 확립에 있었다. 즉 보호라는 명분으로 청 정부의 한인에 대한 정책에 직접, 간접적으로 대항하여 일본의 세력범위를 확대하는 것이었다. 그러나 이러한 목적을 위해서는 먼저 보호 대상이 되는 간도거주 한인의 상황, 즉 호적상황을 정확하게 파악하는 것이 선행 작업으로 대두되었다. 따라서 파출소는 1909년 9월 9일부터 헌병 상등병 1명과 순사 1명을 1조로 하여 종래의 사(社)에 대하여 촌(村)을 확정하고, 촌에 대해서는 호수와 인구를 확정하여 합계하는 방법으로 10월 7일까지 훈춘(琿春) 지방을 제외한 간도 전역에서의 호구조사를 진행하였다. 그러나 당시에는 아직 사와 촌의 경계도 명확치 않고 그 수도 일정하지 않아서 통계의 정확성을 기할 수는 없었고, 다만 어림수로 추산하였을 뿐이다. 그 후 한인의 국적을 명확히 하여 간도 경

간도 내 아래 구역 내에 주민의 총호수·총인구의 어림수[概數]를 아는 것에 있어서, 각호(各戶), 각인(各人)에 대한 정밀한 조사는 이를 후일로 미루었음.

2. 조사 구역은 노야령(老爺嶺) 본산(本山) 산맥과 냉수천자(冷水泉子) 동쪽으로 연주(連走)하는 산 지맥(支脈)과 도문강(圖們江) 사이에 포함된 토지 일체를 그 조사 지역으로 함.

3. 조사방법은 대강 헌병 상등병 1명 혹은 2명에 순검 1명을 붙여 한 조로 하였음. 앞서 종래 사(社)마다 촌을 확인하고, 촌마다 호수(戶數)와 인구를 확인하고서 이를 계상(計上)하는 방침을 취하였음. 그러나 대부분은 사(社)의 구획이 분명하지 않음. 따라서 사내(社內)에 촌수(村數)도 일정하지 않음. 그리고 동일 지역이면서 청인이 주장하는 명칭과 한인이 주장하는 명칭이 다르고, 같은 청·한인이 주장하는 명칭이라 하더라도 동음이자(同音異字)가 있음. 또한 그 호수·인구와 같은 것을 종래에는 전혀 한 번도 조사한 적이 없어 이를 촌의 연장자[長者]·식자(識者)라는 사람에게 물어보면, 그 대답하는 바가 각자 한결같지 않아서 하나도 신뢰할 수 없었음. 어쩔 수 없이 각호마다 조사하거나, 혹은 몇 사람의 말에 따라 추측으로 적당히 계상하였음. 특히 냉수천자(冷水泉子)로부터 영고탑(寧古塔)[58]에 이르는 방면 중에는 당시 마적(馬賊)이 횡행하는 위험이 있어 현장 조사를 할 수 없었기 때문에, 해당 지방의 정황을 속속들이 알고 있는 청·한인에게 그 어림수를 청취하여 계상하는 등, 일일이 그 정확을 기하기 어려웠음.

4. 위 방법에 따라 계상한 바에 의하면 간도 중 앞에 기술한 구역 내 사수(社數)·촌수(村數)·호수(戶數)·인구 등의 어림수는 다음과 같음.

- 사수 50

영의 자료로 삼기 위한 호적부(戶籍簿)를 제작해야 할 필요성에서 1909년 1월에 각 헌병분견소에 명하여 제2차 호구조사를 진행함으로써, 4월에 한인 호적부를 작성하였다.

58 영고탑(寧古塔)은 헤이룽장성(黑龍江省) 무단장시 닝안시(寧安)에 위치한다. 발해시대에 상경용천부가 설치되어 있었던 지역이고, 건주여진의 탈알령(脫斡怜) 부족의 올적합(兀狄哈)이 근거하던 지역이었다. 청초기에는 헤이룽장성에 영고탑앙방장경(寧古塔昻邦章京)이 설치되었다가 후에 현재의 지린성(吉林省)으로 옮긴 후 장군으로 개칭하였다.

- 청국: 촌수 209, 호수 3,074, 인구 남자 13,623, 여자 8,360, 계 21,983
- 한국: 촌수 529, 호수 15,356, 인구 남자 39,523, 여자 32,553, 계 72,076

그리고 청 · 한인의 산포(撒布) 비율은 청인은 한인에 비해 그 호수 · 인구 모두 적음. 지방에 따라 아래 비례와 같음.

◎ 지방분포

〈도문강(圖們江) 좌안 일대〉
- 한국: 호수 백분비례, 99약(弱), 인구 백분비례, 99.5약.
- 청국: 호수 백분비례 1강(强), 인구 백분비례 5강.

[적요] 무산(茂山) · 회령(會寧) · 종성간도(鍾城間島)를 전체로 함

〈해란하(海蘭河) 하맹(河孟) 일대〉
- 한국: 호수 백분비례 85강, 인구 백분비례 72강.
- 청국: 호수 백분비례 15약, 인구 백분비례 28약.

[적요] 평강상리(平崗上里) · 평강하리(平崗下里) · 평강수남(平崗水南) · 동량하리(東良下里) · 지일(智逸) · 화전(樺田) · 동성용사(東盛湧社) 이상 7사(社)로 함.

〈흡천파통하(洽泉巴通河) · 하맹(河孟) 일대〉
- 한국: 호수 백분비례 63약, 인구 백분비례 54약.
- 청국: 호수 백분비례 37강, 인구 백분비례 46강.

[적요] 해란하와 흡천파통하의 분수계(分水界) 이북으로 함. (온성간도를 포함)

◎ 지방분포, 조사 구역 내 평균
- 한국: 호수 백분비례 72강, 인구 백분비례 77약.
- 청국: 호수 백분비례 28강, 인구 백분비례 23강.

[적요] 북도소(北都所) · 무산간도(茂山間島) · 종성간도(鍾城間島) · 회령간도(會寧間島) · 온성간도(穩城間島) 등으로, 즉 제4항에 걸친 전체 구역임.

5. 호구조사에 대한 청 · 한인의 의향은 최초 통감부 파출소 설치 취지를 지방에 보급하지 않은 동안에는 청 · 한인 모두 일반적으로 위구심(危懼心)을 품고 이를 혐기(嫌忌)하는

상황이었지만, 그 후 파출소에서 사장(社長) · 촌장(社長)을 임명하기 위해 여러 가지 편의를 얻고, 파출소 설치 취지를 점차 투철히 함에 따라 한인은 적극적으로 조사를 받는 듯함. 청인은 한두 지방을 제외하고는 특별히 이를 혐기하는 상황을 보이지 않기에 이르렀지만, 청인에 대해서는 각호(戶), 각자에 대해 일일이 이를 조사하는 것을 피하고, 호수는 실제 목격하는 바에 따르며 인구는 그 추측하는 바를 계산하는 것으로 함. 특별히 이 때문에 그 감정을 상하게 되는 것과 같이 보이지는 않음.

6. 조사 정확 정도는 앞에 기술한 것과 같은 조사방법으로, 충분한 정확성을 기대하기는 어렵다 하더라도, 그 대략의 호수(戶數), 인구 및 청 · 한인 산포(撒布) 상황을 대강 알 수 있음. 그리고 만약 오류가 있다고 하면 과소(過少)를 헤아려 추측할 수 있음. 또한 그 상세는 별지 호구조사표와 같음.

7. 지방 일반의 상황: 각지 모두 일반적으로 고요하고 편안함. 마적(馬賊) · 강절도(强窃盜) 등의 피해는 들리지 않음.

8. 청 · 한인 생활 상황: 청 · 한인 주민 모두 인지(人智)가 극히 낮고, 대체로 농업에 종사하고 있음. 청인은 도처에서 대농적(大農的) 농업에 종사하고, 또한 거주지 부근의 대지주임. 뿐만 아니라 그들은 모국 관헌의 위세를 빌리고, 또한 종래부터 한국인을 빈약국의 인민으로(일반적으로 한인에 대해서 小國民이라고 호칭함) 경멸하고 학대함. 소작료 · 대금 취수(取收) 등 가혹하게 주구(誅求)하고, 심하게는 자기 집에 납치하여 주간은 가사(家事)에 사역(使役)시키고, 야간은 자기 집에 감금하는 등의 일이 있음. 그런데 생활 정도는 극히 낮아도 일반적으로 부유함. 한인은 청인과 반대로 대체로 소농이거나, 혹은 청인의 소작인으로서, 전단(前段)과 같이 지주와의 관계는 대단히 무정(無情)할 뿐 아니라, 청국 관헌으로부터는 갖가지 유명무명(有名無名)의 가세(苛稅)를 부과 받고, 또한 이를 대우하는 것이 극히 가혹함. 거의 노예적 처지에 신음하며 몸을 오그려 머리를 들 여지가 없는 상태가 되어도 지금 그들을 보호하는 것이 없으므로, 어쩔 수 없이 스스로 청인을 대국민(大國民)이라고 호칭하며 순종하고 그 폭정을 감수함. 그러나 생계는 극히 낮음. 토지는 기름지고, 산물은 풍양(豊壤)하여, 의식주에 곤란한 것이 적기 때문에 도문강(圖們江)

이남으로부터 이주하는 것이 점점 증가하는 것 같음.

9. 교육위생 상황: 교육은 그동안 서당[寺小屋][59]과 같은 것이 있었지만, 인구에 비해 그 수가 극히 적었고, 또한 취학 아동도 근소하였음. 여자의 교육에 대해서는 거의 이를 듣지 못하였음. 위생, 인지(人智) 발달이 극히 낮고 공중위생에 대해서는 거의 그 시설이 없음. 개인위생에 대해서는 불충분하다고 말하기보다 오히려 위생적 사상이 완전히 결핍되었다고 평하는 것이 맞는 것 같음. 전염병 유행은 듣지 못했는데 전단(前段)과 같이 민도(民度)가 낮은 주민으로서, 혹은 이것이 있었음을 몰랐었는지는 알 수 없지만, 일반 상황에서 시찰함에 이러한 악성 유행병이 있는 것을 보지 못하였음. 그러나 해란하구맹(海蘭河口孟)에서는 일반적으로 우역(牛疫)이 유행하여 그 세력이 얼마간 창궐하는 것 같음. 따라서 북도소(北都所) 평강하리사(平崗下里社) 및 그 부근 주민은 가축의 이역(罹疫)을 심사숙고하고 있음. 몇 리 거리를 두고 산중에 건강한 소 다수를 피난시켰음을 인지하였음.

10. 일진회(一進會)[60] 및 이와 유사한 모임의 상황: 일진회는 여러 곳에 지회(支會)를 설치하여 그 수가 14개 소에 달함. 한인에게 자유주의를 설파하여 애국심을 고취시키고, 이를 들은 한인들은 그 설명마다 종래 견딜 수 없었던 청국 관민의 압학(壓虐)을 제거하는 것에 두고 있었기 때문에, 일반적으로 환희하고 이를 맞아들여 입회하는 자가 매일 점점 증가하는 경향이 있음(아직 그 회원 수는 상세히 알 수 없음). 만약 그들의 설명의 실행에 대하여 청국 관민으로부터 받는 방해를 힘을 다해 제거할 수 있다면, 간도에서 한국 주민의 과반은 입구(立口)로 입회하는 것은 상상하기 어렵지 않음. 이에 반해 청국 관민은 일진회의 광고, 특히 청병주재소에 무상으로 땔나무와 숯·곡류·우차마(牛車馬) 등의

59 테라고야[寺小屋]는 일본 에도시대에 사찰 등에 세워진 서민 교육 시설이다.

60 1904년에서 1910년 사이 송병준(宋秉畯)의 유신회를 개칭한 일진회에 이용구의 진보회를 흡수 통합한 친일단체이다. 일진회는 통감부 간도정책의 앞장에 서서 회원의 간도 이주를 장려하였을 뿐만 아니라 파출소가 임원을 선정할 때 19명의 요원을 파견하는 등, 1909년 9월 4일 '간도협정(間島協定)'이 체결될 때까지 적극적으로 협력하였다. 그리고 또 최대의 적수로 되고 있었던 이범윤(李範允)을 간도로부터 축출할 것을 통감부에 요청하여 장애를 제거하는 등 이주한인을 장악하기에 고심하였다.

징발에 응할 의무가 없다는 조항에 관해서는 청국 관헌에게 있어서 완전히 종래의 경리 방법을 타파시키는 것임. 또한 청민은 주객이 전도되는 일이 없겠냐고 우려하여, 현저하게 방해하고 있는 것 같음. 10월 상순 청병이 종성간도(鍾城間島) 광숭사(光崇社) 하천평(下泉坪)의 일진회 지회장 및 동회(同會)에 폭행을 가한 것은 전적으로 앞에 기술한 광고의 반응이라고 인지됨. 일진회와 유사한 모임[會]은 종성간도에 천도교(天道敎)[61] · 시천교(侍天敎)[62] · 연의회(捐義會)[63] 등이 있음. 앞의 모임은 미미하고 번창하지 않아서 특별

---

61 동학(東學)을 바탕으로 발전시킨 종교이다. 1898년 4월 5일 동학의 제2대 교주 최시형이 붙잡혀 6월 2일 순교하자, 도통을 이어받은 손병희는 사태를 수습하고 조직을 재정비하는 데 힘썼다. 그러나 관헌의 추적이 심해지자 1901년 3월 일본으로 피신했고, 그해 9월 일시 귀국했다가 '세계의 대세'를 깨닫기 위해 1902년 3월 일본을 거쳐 미국으로 가려 했으나 일제의 방해로 일본에 머물게 되었다. 그곳에서 망명 중이던 개화파 지식인들과 교유하여 새로운 인식을 얻는 한편, 국내와 연락하면서 교인들을 규합, 동학을 재정비하였다. 손병희의 도일과 일본 체류로 인하여 사상적 폭이 넓어지고 새로운 시대에 적응할 수 있는 탄력성이 증대된 반면, 일본의 제국주의 세력에 대한 동학교도들의 민족적 저항력을 약화시키는 결과를 초래하였다. 즉, 1904년 8월 말부터 전국에 걸쳐 조직되기 시작한 진보회는 원래 동학교도들이 기존 정치체제의 개혁 세력으로서 참여하기 위한 기구였으나, 이용구(李容九)의 주도하에 송병준(宋秉畯)의 일진회(一進會)와 합하고 친일단체화하였다. 이에 손병희는 교정일치론(敎政一致論)을 철회하고 정치적 관심을 포기, 종교로서의 동학을 고수하는 방침으로 바꾸었다. 따라서 1905년 12월 1일 동학을 천도교로 세상에 널리 알리고, 이듬해 1월 귀국하여 교회를 재조직하는 데 착수했으며, 「천도교대헌(天道敎大憲)」을 반포하고 새로운 교단조직을 만들었다.

62 1906년 이용구(李容九)가 창시한 동학계 종교이다. 이용구는 일찍부터 동학에 가입, 손병희(孫秉熙)와 함께 최시형(崔時亨)의 제자가 되어 천도교 발전에 이바지했으나 일진회(一進會)를 조직, 친일적 노선을 걷게 되자 천도교로부터 출교를 당했다. 천도교에서 나온 뒤 그를 따르는 박형채(朴衡采) · 권병덕(權秉悳) · 송병준(宋炳畯) 등과 신도들을 모아 1906년 서울 견지동에서 시천교를 세웠다. 그리고 천도교의 대도주(大道主)로 있던 김연국(金演局)을 시천교의 대례사(大禮師)로 삼았다. 시천교라는 명칭은 천도교의 주문 중 '시천주조화정 영세불망만사지(侍天主造化定 永世不忘萬事知)'에서 따온 것이다.

63 '연의회(演義會)'라고도 한다. 반일, 친중 성향을 띤 한인 단체로 1900년대 초에 설립되었다. 1908년 3월 통회장 김병남(金秉南), 차회장 박만수(朴萬秀), 회장 이광수(李光秀), 평의원 방병기(方炳起) · 방동규(方東圭) · 황진성(黃鎭成) 등이 지도부로 있었으며, 한때 1,000명 이상의 회원을 보유하고 있었다. 제하사(霽霞社) · 시건평(時建坪) 등지에 회원이 가장 많이 분포하였으며 걸만동(傑滿洞) · 연동사(沿東社) 등지에도 다수의 회원이 있었다. 이들은 스스로 개화된 자로 자부하면서 아동교육 · 인지개발 · 구폐타파 · 국리민복을 표방하였다. 또 청국의 풍속을 따르고 간도는 청국의 영토라고 믿었으며, 재주한인은 오랫동안 청국 관헌의 보호를 받아 왔으므로 통감부 관헌에 복종할 수 없다고 인정하면서, 파출소가 주장하는 재주한인 보호는 명목에 지나지 않고 간도를 한국영토로 간주하여 본토와 같이 한민의 권리를 빼앗으려고 한다고 인식하였다. 1907년 말에 총대를 길림에 파견하여 회원연서로 길림순무에게 일 · 한 관헌에게 복종할 뜻이 없으므로 청 정부에서 자신들을 보호해 줄 것을 요청하였고, 또 1908년 3월에는 봉천총독에게 공자묘 또는 한인학교를 설치하여 줄 것을 요구하면서, 간도 문제에서 일본의 저의는 동삼성(東三省)을 탐내는 데에 있다고 하며 파출소가 제정한 도사장제(都社長制)를 취소해 줄 것을 요구하기도 하였다.

히 기술해야 할 것은 없지만, 연의회는 회원 약 270명을 보유하고, 그 주의(主義)는 아동교육·인지개발·구폐타파·국리민복을 표방하고 있는데, 그들은 가족에 이르기까지 대체로 청국의 풍속을 행하고 청국 관헌에 아첨하며, 그들의 감(感)을 빌려 한인을 압학(壓虐)함. 또한 한인 중 개화의 민(民)으로서 자부하지만, 이번 통감부 파출소 설치 이후, 일·한 관리가 그들을 공평하게 대우하여 후박(厚薄)이 없기 때문에, 그들은 종래 부식(扶殖)하여 온 근거도 사용하지 못하게 되었음을 우려함. 배일친청(排日親淸)의 상황이 있음이 인지되어, 장래 더욱 주의를 요해야 하는 것이라고 사료됨.

11. 회의성(會議城)의 상황: 각 지방에 회의성(壯丁團과 같은 것)이라는 것이 있음. 그 목적은 청국 관헌의 보호가 충분하지 않음에 따라, 지방에서 마적·도적의 경방(警防)에 임함에 있음. 그 규모는 곳에 따라 크고 작지만 10명에서 20명 정도의 장정(壯丁) 청인(淸人)만을 모집하여 병기(兵器)를 주고 일정 가옥에 둔재(屯在)시킴. 그 설립에 대해서는 청국 관헌의 인가를 받고 그 비용은 청·한인이 부담하고 있음. 그리고 그들 장정들은 도방야경(盜防夜警)은 그 이름뿐이고, 그 실제는 지방에서 한인에 대해 경찰 관리와 같은 행위를 하고, 게다가 한인에게서 재물을 강탈하거나 혹은 지방에서 세력 있는 청인의 사주로 한인을 학대하는 등의 일을 함. 한인은 적지 않은 비용을 부담하며 스스로 흉포자(兇暴者)를 부양하고 있는 상황이기 때문에, 장래 이 회의성에 대해서는 충분한 주의가 필요하다고 사료됨.

9. 간도 한국경찰관 철거를 요구한 청국 관헌과의 왕복 문서 사본의 송부

- **원문제목** 在間島韓國警察官撤去를要求한淸國官憲과의往復文書寫本의送付 (原案1冊)
- **날짜** 융희 원년(1907) 12월 20일
- **발신** 통감부 부통감(統監府副統監) 소네 아라스케[曾禰荒助]
- **수신** 내각총리대신(內閣總理大臣) 이완용(李完用)

진소상(陳昭常) 및 오록정(吳祿貞)으로부터 간도에 있는 귀국 경찰관 철거 요구의 건에 관해 사이토[齋藤] 파출소장으로부터 별지와 같은 보고가 있으므로 참고를 위해 사본을 송부합니다.

메이지 40년(1907) 12월 20일
통감대리 부통감 자작 소네 아라스케
태자소사 내각총리대신 이완용 각하

부(附). 간도 한경(韓警) 철거를 요구한 청국 관헌과의 왕복 사항 특보
- 날짜: 융희 원년(1907) 12월 1일
- 발신: 간도파출소장 사이토 스에지로
- 수신: 통감부 통감 이토 히로부미

통파비(統派秘) 제14호
특보(特報)

메이지 40년(1907) 12월 1일
통감부 파출소장 사이토 스에지로
통감공작 이토 히로부미 귀하

진소상(陳昭常)·오록정(吳祿貞)으로부터 당지(當地)에 파견된 한국 경찰관 철거 청구에 관해 공문으로 조회하여 온 건과 함께 이것에 대한 회답의 요지는 우선 왕전(往電) 제44호로 보고하였습니다. 그 전문은 별지와 같이 첨부하여 이 건에 대해 보고드립니다. 추가하여 왕전 제45호로 보고한 것과 같이 본건에 관해 11월 29일 진소상의 부하 길림변무교섭과(吉林邊務交涉科) 증기수(曾紀壽)가 본관(本官)을 내방하였습니다. 진소상으로부터 조회문(照會文)의 주지(主旨) 및 종래 순검(巡檢)은 동의하였지만, 새로 도착한 자에 대해서는 아직 공문도 접하지 않아서 어떻게 된 것이냐고 질문함에 따라, 본관은 진소상의 조회에 대해서는 이미 공문으로 회답을 했다는 뜻과 함께 이번 해당 지역에 도착한 자는 한국 정부에서 인원 선택에 시간을 필요로 하고, 혹은 그들 자신의 사정으로 향리(鄕里)에 들렀기 때문에 지연되어 이번에 도착한 것에 지나지 않는다는 뜻을 답하였습니다. 양해하여 주시기를 바랍니다.

부속(附屬) 1. 간도 한국 경관 철거 및 천보산(天寶山) 채광 중지 요구

- 날짜: 융희 원년(1907) 11월 27일
- 발신: 독판길림변무 진소상, 방판 오록정
- 수신: 간도파출소장 사이토 스에지로

삼가 아뢰니다. 지난번에 조사해 보니 이복(異服)을 입고 칼을 찬 한국민 30여 인이 이달 10일 전후로 계속 와서 육도구(六道溝)에 모였습니다. 아울러 거리에서 밤낮으로 순라(巡邏) 등의 일을 하면서 갖가지로 이치에 어긋나는 일을 하므로 듣고는 매우 놀랐습니다. 육도구 파판소(六道溝派辦所) 사무원이 대면하여 보고하기를, "이미 그들의 우두머리인 이경재(李庚在), 원병희(元炳喜) 등 여러 사람을 만났는데, 그들이 지닌 명함에 '총순(總巡)' 등의 글자가 씌어 있었으니 이상한 일입니다. 그리고 그들이 내준 광고(廣告)를 살펴보니 경무과(警務課)[64]라고 크게 씌어 있었습니다"라고 하였으니, 또한 귀 중

---

64 갑오경장 때 신식 경찰제도가 실시되면서 설치된 기구이다. 1894년 7월 종전의 좌우포도청을 합쳐 일본식 경찰제도를 본뜬 경무청(警務廳)이 설립되었다. 경무청의 관제는 경무사(警務使)·경무관(警務官)·총순(總巡)·순검 등으로 되어 있었고, 총순이 판임관으로 순검을 지휘하였다. 순검의 명칭은 1907년 12월 27일 순사(巡査)로 바뀌었다.

좌의 소속인 듯합니다. 귀 중좌가 이곳에 온 것에 대해 제국 정부는 아직 승인하지 않았고, 현재 바로 두 나라 정부가 교섭하고 있는 상황이니, 귀 중좌는 마땅히 본분을 지키면서 대기하고 있어야 합니다. 또한 경찰은 국가를 통치하는 권력입니다. 저 한국은 이미 완전한 통치권이 없는데 어찌 다시 감히 다른 나라의 권리를 침해할 수 있단 말입니까?

귀 중좌가 한국의 이름을 빌려 우리 제국 경내(境內)에서 통치권을 행사하려 하면서 이러한 이치에 맞지 않는 행동을 하니, 스스로 문명국이라 인정하는 자라면 이러한 일을 하지는 않을 듯합니다. 본 독판과 방판은 지방을 지키고 주권을 유지할 책임을 지고 있으므로 정부와 독무(督撫)[65]의 명령만을 받들어 행하고 우리의 주권을 인정하는 것을 알 뿐입니다. 이전부터 한국민을 직접 관할하여 통치하던 기존의 사례를 그대로 따르므로, 귀 중좌가 이곳에 왔다는 이유로 그러한 방침을 바꿀 수는 없습니다. 이러한 국법을 모르는 한국민이 있다면 당연히 난민(亂民)으로 여기지만, 저들이 귀 중좌의 소속 관리라고 한 점을 생각하고 교제를 온전히 하는 도리를 생각하여 먼저 알리지 않을 수 없습니다. 바라건대 귀 중좌는 며칠 내로 속히 해당 한국민을 철수시켜 본국으로 쫓아 보내서 피차간의 교의를 상하는 일을 면하기를 바랍니다. 만약 그대로 머뭇거리면서 물리치지 않는다면, 이는 바로 우리 제국의 주권을 침해하고 지방의 치안을 어지럽게 하려는 것이므로, 본 독판과 방판은 책임이 있으므로 결코 너그럽게 용서하기는 어려울 것입니다.

그저께 저녁 무렵 접수한 답신을 보고 일체의 사실을 알았습니다. 천보산(天寶山)은 독무의 명령을 받아 봉금(封禁)한 지역이니, 그곳에 있는 광산(鑛産)도 금물(禁物)이므로 어느 나라의 국민이든 물론하고 모두 개인적으로 채굴할 수 없습니다. 본 독판과 방판이 실제로 봉금의 책임을 행하고 있으므로 결코 귀국의 상인이라는 이유로 우리의 권력을 제멋대로 무너뜨릴 수 없습니다. 훗날 우리 독무의 허가와 귀국 상인의 채굴 여부는 별도의 문제이니 지금 그것을 유지할 필요는 없습니다. 이 일로 아룁니다. 평안하시기를 기원합니다.

10월 22일

이름은 따로 갖춥니다.

---

65 총독(總督)과 순무(巡撫)를 말한다.

부속(附屬) 2. 위 건에 대한 회답

- 날짜: 융희 원년(1907) 11월 29일
- 발신: 간도파출소장 사이토 스에지로
- 수신: 독판길림변무 진소상, 방판 오록정

서한을 보내어 말씀드립니다. 아뢸 말씀은 청력(清曆) 10월 22일 자 귀 서한에 대하여 다음과 같이 회답을 드립니다. 귀 서한에 소위 이복패도(異服佩刀)한 한민(韓民)이라는 자는 아마 한국 경찰관(계급에 따라 총순(總巡)·권임(權任)[66]·순검(巡檢)의 관명이 있음)을 가리키는 것이겠는데, 이들 관리는 통감으로부터 우리 통감부 파출소에 배속되어 본직(本職)의 지휘 아래에 집무하는 자입니다. 본직이 한민 보호의 임무를 가지고 이 지역에 와서 소수의 헌병 및 한국 경찰관을 대동시키는 것은 앞서 북경주차제국공사(北京駐劄帝國公使)로부터 귀국 정부에 성명(聲明)하여 두었던 것뿐만 아니라, 길림주재제국영사(吉林駐在帝國領事)로부터 길림순무(吉林巡撫) 앞으로 보낸 올해 9월 30일 자 공문 중에도 그 취지를 기재하고 있어, 귀국 정부는 이미 이를 승낙하고 있었던 것이었습니다. 그리고 이들 경찰관은 모두 본직의 명령에 따라 행동하고, 또 본직과 진퇴를 함께 해야 하는 자이지만, 본직은 결코 귀의(貴意)에 응하여 이를 귀환하게 할 수 없습니다. 귀관들은 현재 양국 정부 간에 교섭 중임은 본직이 이 지역에 있는 것을 승낙하느냐 하지 않느냐의 문제와 같이 칭도(稱道)하게 되어도 결코 그렇지 않고, 그 교섭 중에 속함은 바로 지방 일대가 청한 어디에 속하느냐의 중요 문제에 있습니다. 귀관들은 귀국 정부 및 독무(督撫)의 명이라고 칭하며 이 지방 일대를 귀국 영토라고 전단(專斷)하고, 또 관례로 한민도 통할하고 완전한 주권을 행사하려고 함에 따라, 본직은 이달 16일 공고문의 건에 따라 귀관들과 회견한 후 귀관들의 명언(明言)하는 바에 따라, 이미 이를 제국 정부에 보고하였고, 제국 정부는 현재 북경에서 귀국 정부와 다시 교섭 중으로, 본직은 자신이 취해야 하는 금후의 방침에 따라 어떤 훈령을 기다리면서 있습니다. 귀 서한의 주지(主旨)와 같은 것도 또한 그 교섭에 따라 해결해야 할 문제가 있습니다만, 본직의 행동에 관해 정말로 이의가 있다면 귀관들은 마땅히 이를 귀국 정부에 보고하고, 귀국 정부로부터 제국 정부

66 순검의 우두머리를 말한다.

에 조회할 수 있는 수단으로 나오는 것이 지당하다고 생각합니다. 본직은 양국의 심후(深厚)한 교제와 귀관들과의 교의를 중하게 여깁니다. 귀 서한의 주지도 다시 상세히 이를 이토[伊藤] 통감에게 전보를 보냈습니다. 이 건에 대해 위와 같이 회답하오니 고견을 듣고자 합니다. 드림.

메이지 40년(1907) 11월 29일
통감부 파출소장 사이토 스에지로
독판길림변무 진소상 각하
방판길림변무 오록정 각하

10. 간도 관내 일반상황 보고사항의 통보

- **원문제목** 間島管內一般狀況報告事項의通報(原案1冊)
- **날짜** 융희 원년(1907) 12월 23일
- **발신** 통감부 부통감(統監府副統監) 소네 아라스케[曾禰荒助]
- **수신** 내각총리대신(內閣總理大臣) 이완용(李完用)

간도 내 일반상황에 관하여 별지와 같이 사이토[齋藤] 파출소장으로부터 보고가 있으므로 참고를 위해 사본을 송부합니다.

메이지 40년(1907) 12월 23일

통감대리 부통감 자작 소네 아라스케

태자소사 내각총리대신 이완용 각하

부(附). 간도 관내 일반상황「순보」

- 날짜: 융희 원년(1907) 12월 6일
- 발신: 간도파출소장 사이토 스에지로
- 수신: 통감부 통감 이토 히로부미

통파순(統派旬) 제11호

순보(旬報)

메이지 40년(1907) 12월 6일

통감부 파출소장 사이토 스에지로

통감공작 이토 히로부미 귀하

1. 지방 일반상황

이번 열흘 동안 천보산(天寶山)사건과 청국 관민의 한민에 대한 불법 폭압행위가 수 건이 있어서, 그 지방에서의 민심의 불안을 야기시키는 것이 적지 않음을 알 수 있다.

2. 청국 관민의 한국민에 대한 불법 폭압행위

지난 11월 13일 자 통파비보(統派秘報) 제10호로 보고한 진(陳) 독판 · 오(吳) 방판이 행한 고시와 그 파판처(派辦處)를 별표와 같이 각지에 설치하여 이 지방의 종래 행정을 세밀히 하고, 청 · 한민에게 더욱 그 통치의 실제를 분명히 하려고 노력한 결과, 그 하급 청병들에 이르기까지 때때로 한민에게 불법 폭압을 감행하기에 이르렀다. 또한 청국 관헌으로부터 임명된 도헌(都憲: 都社長) · 향약(鄕約: 社長) 등과 같이 갑자기 세력을 얻어 이제 다시 한민에 대해 부정불법한 위압(威壓)을 가하는 일이 발생하였다. 때문에 우리 파출소에 이것의 구제를 호소하여 온 자가 이번 열흘 동안 수 건에 이른다. 대체로 이들 청국 관헌의 행동에 대해 엄히 탄압을 가하는 것이 아니라면, 이상의 상태는 자진해서 폐지하여 없애는 것이 당연하다. 아래에 4~5개의 실례를 들어보겠다.

(1) 11월 22일 학성촌(鶴城村) 수비대[회령대안(會寧對岸) 사기동(沙器洞) 수비대로부터 분대(分隊)하였음. 순보 제4호 제3항에 상세히 기재하였음]의 청병 2명이 향약(鄕約)과 함께 동촌(同村) 사장(社長)인 이형준(李亨俊)에게 조(粟)와 그 외 물품을 징수하는 것을 알렸는데, 이형준이 "각호(戶)로부터 징수한다고 하면 학성촌 수비대에서 그에 상당한 시가(時價)를 지불할 때는 매각 희망자가 있을 테지만, 그런데도 부당한 저가(低價)를 지불하고 징집한다고 하는 것은 불법"이라고 말을 아직 끝내지 않았는데, 청병 2명이 순식간에 이형준을 밀어 쓰러뜨리고 난타하여 가벼운 상처를 입힌 채 그 장소를 떠남. 그 후 동촌에서 어떠한 것도 징수되지 않았다고 함.

(2) 11월 23일 앞의 동촌(同村) 청국 수비병 2명은 곤봉을 가지고 동촌(同村) 김화일(金化一)의 집에 이르러 마침 거기에 있던 김화경(金化京) · 이춘수(李春水)를 구타하고(부

상당하지 않음) 말하기를 "단발에 검은 옷을 입은 자는 이를 때려죽여야 한다"라고 말하며 떠나라고 말했음. 이 때문에 동(同) 지방에 있는 단발에 검은 옷을 입은 한인(주로 일진회원)은 대부분 청병의 폭행을 두려워하여 다른 지방으로 피난해 있는 상태라고 함.

(3) 11월 25일 두도구(頭道溝) 파판소부(派辦所附) 청병 3명은 동지(同地) 하촌(下村)의 한인 아무개의 집에 이르러 그 안방에 들어가 부인을 희롱하자, 이웃집 한인 권봉산(權鳳山)이 청병에게 그 불가함을 말했음. 이에 1명의 청병은 곤봉으로 권봉산을 구타한 후, 파판소로 데리고 가 우차(牛車) 1량을 끌고 오라고 강요하였지만, 권봉산은 우차를 소지하지 않고 있다고 대답하였음. 이에 청병은 크게 화를 내며 또다시 곤봉으로 권봉산을 구타한 후 이를 방치하였음. 단 모두 창상(創傷)에 이르지 않았음.

(4) 위와 같은 날 동지(同地)의 청병 3명이 동촌(同村)에 이르러 한인 아무개로부터 우차(牛車) 1량을 징수하고, 다른 한인의 집에서 소 1두(頭)를 무단으로 끌고 가려고 함으로 그 소의 주인이 불법행위인 것을 따졌으나, 청병 1명은 곤봉으로 소의 주인을 구타하고 억지로 그 소를 끌고 가 같은 지역에서 1리 반의 지역에 짐을 운반하게 하면서 임금을 조금도 지불하지 않고 우차와 함께 반환하였음.

(5) 11월 26일 두도구(頭道溝) 파판소원(派辦所員)이 평강수북사(平崗水北社) 장경촌(長京村)에서 호구조사 때, 한민(韓民) 아무개가 "한인 호구조사는 이미 일본 및 한국 관리로부터 받았으면 다시 받을 필요가 없다"고 말하며 쉽게 응하지 않자, 청병은 주먹과 곤봉으로 아무개를 구타함(창상은 없음). 또한 동촌(同村)의 연장자인 아무개(70세)가 호구조사에 편의를 주지 않는다고 하며 얼굴에 침을 뱉고 떠났음.

(6) 종성간도(鍾城間島) 청국 도헌(都憲: 都社長) 현덕승(玄德勝)은 전순(前旬) 이래 대랍자(大拉子)·국자가(局子街) 등의 청국 관헌에 출입하고 있는바, 귀택(歸宅) 후 다음과 같은 의미의 고시를 하였음. 이르기를 종성간도 각 사(社)의 수많은 인민 중 은밀히 풍설을 날조하고 일진회와 행동을 같이하는 자는 향병(鄕兵)이 즉시 잡아서 보내게 해야 한다고 하였음. 또한 동인(同人)은 각 사의 청국 향약에게 청국 정부와 일본 정부와의 교섭

후, 통감부 파출소 및 헌병대가 며칠 안으로 전부 철수한다면 안심하고 청국 도헌의 명에 따를 것이고, 만약 통감부 파출소로부터 명을 받는 도사장 또는 사장의 명에 따르는 것이 있다면 처분해야 한다고 한 적이 있다고 함. 사실 조사 중이지만, 그의 전후 행동으로 추측하면 사실일 것이라고 믿을 수 있음. 이밖에 또한 청국 관헌에서는 이번 각 사 향약에게 아래의 영달(令達)을 했다는 풍설이 있음. 사실인 것으로 판단됨.

1. 세금은 종전대로 청·한인으로부터 징수할 것. 단 세율은 1일경(日耕: 약 천 평)마다 한화(韓貨) 220문(일화로 36전 6리강)으로 함.
1. 세금 불납자(不納者)는 보고할 것.
1. 일진회원으로 향약(鄕約)의 직무 방해를 하는 자는 보고할 것.
1. 각 사(社)의 민배(民排: 인민에 대한 금품 분담을 말함)는 종전대로 실행할 것.
1. 호구조사를 행할 것.

위 결과임. 종래 한민으로부터 징세·징금(徵金)은 징수에 종사하는 당사자에 있어서 다소 주저하는 기색이 있지만, 근래는 다소 강경하게 징수하고, 다소 일이 얼크러지는 것과 같은 것은 조금도 염두에 두지 않는 것 같음.

3. 청국 관민의 우리 관민에 대한 태도

청국 관민의 우리에 대한 교제 상황은 표면으로는 친화적이지만, 교섭에 관한 태도는 강경한 체하고 또 거만하다. 이번 열흘간[旬間]에 있어서도 진(陳)·오(吳)는 서한으로 이전에 동불사(銅佛寺)에 주재시킨 우리 헌병분견소(憲兵分遣所)의 철거를 요구하여 오거나, 혹은 한국 순검을 보고 난민(亂民)으로 간주해야 할 것이라고 칭한 것과 같이 그 일례가 있다. 본직(本職)은 또한 서한으로 모두 그 요구를 거척(拒斥)하여 두었다. 그 상세는 이미 전보와 함께 서면보고 한 것과 같다. 천보산(天寶山) 봉금(封禁)을 위해 11월 25일 진(陳) 독판은 부하 참모과 사사(司事) 이영성(李榮成) 외 1명에게 청병 약 14명을 붙여 동산(同山)에 파견하여 시굴 중인 공사를 정지시키고, 나카노[中野]의 고용에 관계되는 공사장 인부를 모두 추방하고 일본인 퇴거를 강요하였다. 다음 날인 26일, 공사용 화약·폭약·

공구 및 광재(礦滓)가 들어있는 가마니 등을 동소(同所) 묘내(廟內)로 압수하여 봉인하고, 갱구는 판자로 이를 폐색(閉塞)하였으며, 갱구 및 일본인 숙사 앞에 보초를 배치하여 재차 일본인의 철수를 강요하였다. 또 여전히 당일 입산하려고 하는 중화공사(中和公司) 사무원에게 위의 이영성은 몸소 총을 겨누고 위협하여 그 입산을 거절하였다. 위와 같이 봉금을 실시함을 명목으로 하여, 동산(同山)에서와 같은 일을 할 수 없다는 것은 일찍이 본직으로부터 서면 또는 구두로 진과 오에게 절실히 경고를 하였고, 당시 진과 오는 명확히 이를 승낙했음에도 불구하고 앞에서 기술한 것 같은 실황이므로 즉시 서한으로 그 배신의 이유 여하를 조회했지만 아직 회답을 받지 못하였다. 또 이영성은 압수한 화약·폭약이 있는 곳이 마적에게 탐지될 수 있기 때문에 약탈당할 수도 있다는 것을 걱정하여, 신속히 동산(同山)의 처분을 완료하려고 끊임없이 일본인(현재 사무원 2명, 갱부 6명이 잔류함)에게 퇴거를 강요하고 있다. 그러나 일본인은 중화공사 혹은 일본 관헌의 명이 없다면 철수하지 않을 것을 주장하기 때문에 이영성은 매우 이를 초조해하며 어떤 지휘를 바라고 있는 것 같이 현재 쌍방 대치 상태에 있다. 전순(前旬)에 보고한 반출 도중 청국 관헌으로부터 차압당한 광재는 해방되어 12월 1일 회령으로 반송(搬送)될 것이라고 한다.

4. 길림(吉林)과 국자가(局子街) 간의 전선(電線)

지난 9월 이래 청국 관헌에서 가설에 착수한 길림(吉林)·국자가(局子街) 간의 전선 공사는 며칠 안으로 그 공사를 마치고 돌아오는 청력(淸曆) 11월 1일부터 개통 예정으로, 이에 종사해야 할 기술원 등은 이미 국자가에 도착하여 있다고 한다.

5. 국경 경계석 조사

『길림통지(吉林通志)』에 기재된 무산간도(茂山間島) 지방의 국경 경계석[메이지 20년 감계담판(勘界談判) 후 청국에서 임의로 건설한 것] 유무를 확인하기 위해 조사할 목적으로 약 2주간 예정으로 이달 24일 사무관 스즈키 신타로[鈴木信太郎]를 무산 지방에 파견하였다.

6.

11월 24일 해당 용정촌(龍井村) 인민을 촌내(村內) 성교회당(聖教會堂)에 모아 무라이[村井] 일등군의(一等軍醫)로 하여금 위생상 강화(講話)하게 하고, 그것으로써 토민(土民)에게 위생상의 감념(感念)을 환기시키는 것에 힘쓰도록 하고 있다.

이상 보고드립니다.

부속(附屬) 1. 간도파출소 관내의 청국 파판소(派辦所) 배치표

[별표] 파판소배치표(派辦所配置表)

- 설치 월일: 11월 7일
- 명칭: 육도구(六道溝) 파판소(派辦所)
- 사무소 위치: 동량사(東良社) 용정촌(龍井村)
- 파판관(派辦官)의 관씨명(官氏名): 교섭과장 증기수(曾紀壽)
- 대동 병사 수: 10명(吉强軍 병졸)
- 적요(摘要): 그 외 종복(從僕) 1, 통역 1, 서기 1.

- 설치 월일: 11월 9일
- 명칭: 광제욕(光霽峪) 회경가(懷慶街) 파판소
- 사무소 위치: 개태사(開泰社) 호천가(湖川街)
- 파판관의 관씨명: 길림변무(吉林邊務) 사무원 왕장령(王長齡)
- 대동 병사 수: 없음
- 적요: 없음
- 설치 월일: 11월 9일
- 명칭: 월랑사(月郎社) 파판소
- 사무소 위치: 월랑사(月郎社) 수북촌(水北村)
- 파판관의 관씨명: 길림변무 사무원 성교예(成交禮)

• 대동 병사 수: 10명(길강군 병졸)
• 적요: 그 외 서기 1, 종복 1, 통역 1.

• 설치 월일: 11월 10일
• 명칭: 두이 · 삼도구(頭二 · 三道溝) 파판소
• 사무소 위치: 두도구가(頭道溝街)
• 파판관의 관씨명: 동지함 분성 후보 지현(同知銜 分省 候補 知縣) 여홍달(呂鴻達)
• 대동 병사 수: 8명(길강군 병졸)
• 적요: 그 외 종복 1.

• 설치 월일: 11월 10일
• 명칭: 동성용가(東盛湧街) 파판소
• 사무소 위치: 동성용가
• 파판관의 관씨명: 문윤언(文潤彦)
• 대동 병사 수: 10명(길강군 병졸)
• 적요: 그 외 서기 1, 통역 1, 종복 1.

• 설치 월일: 11월 13일
• 명칭: 대랍자(大拉子) 파판소
• 사무소 위치: 대랍자 병영 내
• 파판관의 관씨명: 화묘관(和妙官) 부회란(傅廻瀾)
• 대동 병사 수: 10명(길강군 병졸)
• 적요: 그 외 서기 1, 통역 4.

• 설치 월일: 11월 14일
• 명칭: 주파길림화호흑구변무계사소파변(奏派吉林火胡黑溝邊務稽查所派弁)
• 사무소 위치: 사기동(砂器洞) 병영 내
• 파판관의 관씨명: 손체안(孫棣安)

• 대동 병사 수: 없음

• 적요: 그 외 서기 1.

[비고] 본 표 외, 토문자(土門子) · 백초구(白草溝) · 왕청(王靑) · 합마당(哈螞塘) · 양수천자(凉水泉子) 등에도 파판소를 설치했다는 설이 있지만 확실하지 않다. 또한 동불사가(銅佛寺街)에 보병참령(步兵參領) 류계방(留繼芳)을 파견하여, 11월 10일경부터 파판소를 개설하였지만 류계방은 동가(同街) 인민의 배척을 당해 다른 지역으로 옮겼고 아직 그 후임자는 없다.

11. 전송(前送) 간도 관내 호구조사표 중 누락(漏落) 개소(個所) 보고 사본의 추송(追送)

- **원문제목** 前送間島管內戶口調査表中漏落個所報告寫本의追送(原案1冊)
- **날짜** 융희 2년(1908) 1월 9일
- **발신** 통감부 부통감(統監府副統監) 소네 아라스케[曾禰荒助]
- **수신** 내각총리대신(內閣總理大臣) 이완용(李完用)

작년 12월 11일, 송부하여 드린 사이토[齊藤] 파출소장이 보고한 통파서(統派庶) 제18호 부속 호구조사표 중, 탈루 부분을 발견하였다는 것을 별지와 같이 동(同)파출소장으로부터 추신이 있으므로 우선 위 사본을 송부합니다.

메이지 41년(1908) 1월 9일

부통감 자작 소네 아라스케

태자소사 내각총리대신 이완용 각하

부(附). 간도 관내 호구조사 누락분 추보(追報)의 건

- 날짜: 융희 원년(1907) 12월 26일
- 발신: 간도파출소장 사이토 스에지로
- 수신: 통감부 부통감 소네 아라스케

통파서(統派庶) 제25호

보고(報告)

메이지 40년(1907) 12월 26일

통감부 파출소장 사이토 스에지로

부통감 자작 소네 아라스케 귀하

지난달 27일 자 통파서(統派庶) 제18호로 관내 호구조사표를 진달(進達)하였으나, 해당 표 중 온성간도(穩城間島) 내 탈루 부분을 발견하였으므로 헌병 분대장의 보고서 사본을 함께 첨부하여 바로 별표를 송부합니다.

부(附)의 속(屬). 간도 관내 호구조사 누락분 추보(追報)

- 날짜: 융희 원년(1907) 12월 24일
- 발신: 간도헌병분대장 사카이노 다케노신
- 수신: 간도파출소장 사이토 스에지로

간헌경(間憲警) 제63호

호구조사에 관한 보고

메이지 40년(1907) 12월 24일

간도헌병분대장 사카이노 다케노신

통감부 파출소장 사이토 스에지로 귀하

메이지 40년(1907) 11월 19일 간헌경(間憲警) 제51호로 호구조사가 종료된 것을 호구조사표와 함께 첨부하여 보고드렸으나, 온성간도(穩城間島) 내 별표[67]와 같이 탈루한 부분이 있음을 발견하였으므로 이점 보고드립니다.

---

67 호구조사표 별표가 원안(原案)에 안 보임.

12. 간도 관내 일반상황 보고사항의 통보

- **원문제목** 間島管內一般狀況報告事項의通報(原案1册)
- **날짜** 융희 2년(1908) 1월 11일
- **발신** 통감부 부통감(統監府副統監) 소네 아라스케[曾禰荒助]
- **수신** 내각총리대신(內閣總理大臣) 이완용(李完用)

작년 12월 1일부터 10일에 이르는 간도지방 일반상황에 관하여 별지와 같이 사이토[齋藤] 파출소장으로부터 보고가 있으므로 참고를 위해 사본을 송부합니다.

메이지 41년(1908) 1월 11일
통감대리 부통감 자작 소네 아라스케
태자소사 내각총리대신 이완용 각하

부(附). 간도 관내 일반상황 「순보」

- 날짜: 융희 원년(1907) 12월 17일
- 발신: 간도파출소장 사이토 스에지로
- 수신: 통감부 부통감 소네 아라스케

통파순(統派旬) 제12호
순보(旬報) 12월 1일부터 동(同) 10일까지

메이지 40년(1907) 12월 17일
통감부 파출소장 사이토 스에지로
부통감 자작 소네 아라스케 귀하

1. 지방 일반상황

본순(本旬)에 이르러서는 청국 관헌은 점점 더 영토주의를 확장하고 방약무인한 행동을 일부러 하였기 때문에, 지방 민심이 극심하게 소요되어 일반적으로 불안한 생각을 야기시켰습니다.

2. 청국 관민의 한국민에 대한 불법 폭압행위

청국 관헌은 영토주의를 확장하여 일면으로는 한민을 위압하고, 일면으로는 이를 회유하는 계책을 취하면서 행정을 치밀하게 하려고 합니다. 특히 일진회에 대한 압박의 정도를 높여 폭행 능욕에 이르지 않는 것이 없어서, 지방 한민으로부터의 고소가 날로 많이 더해갑니다. 그 사실의 중대한 것은 이미 전보로 보고하였습니다.

3. 청국 관민의 우리 관민에 대한 태도

청국 관리의 우리에 대한 교제는 여전히 친화적이지만, 그들과 우리의 교섭사건에 관한 태도는 점차 거만하고, 또 매우 완강한 체하기에 이르렀습니다. 우리 신민(臣民)에게는 천보산(天寶山)을 제외하고, 폭력으로 이에 임한 사실은 없지만, 본순(本旬)에 들어 다음과 같은 조치를 행하였습니다. 올해 9월 초순부터 일상(日商) 아카하기 오리기치[赤萩織吉]와 청인 호상증(胡常增)과는 협동하여 칠도구(七道溝) 깊은 곳에서 목재 벌채에 종사하였는데, 12월 4일 돌연 호상증이 청병 때문에 잡혀 대랍자(大拉子) 관헌에게 인치되었습니다. 이에 따라 동산(同山)에서 용역 중인 청국 인부 16명은 크게 두려워하며 하산하였고, 또 동(同) 지방에서 벌목에 종사하고 있던 한인도 인치를 두려워하여 일동(一同) 철수하였습니다. 그 후 호상증은 아직 방면되지 않았지만, 아카하기는 이에 관계없이 사업을 계속하였고, 특별히 청병의 저지를 받지 않았습니다. 또한 청국 관헌에게는 일본인(我邦人)이 국자가(局子街) 지방에 들어오는 것을 염기(厭忌)하고 있는 것과 같이, 은밀히 동가(同街) 청국인에게 일본인 가옥을 대여하는 것을 금지한다는 소문이 있습니다. 또한 국자가 계사국(稽査局)에서는 자국인과 같이 일본인의 호구조사를 행합니다.

4. 소내(所內) 집무 상황

계절이 점차 혹한에 접어들어 업무 집행이 곤란한 때를 맞이하였습니다. 헌병대에서는 하사 이하의 전대만기(轉隊滿期) 때문에 그 과반은 전출 귀향하고, 보충원은 여전히 아직 이르지 않아 근소한 잔류원으로 총순(總巡) 이하 순검과 협력하여 용케도 몹시 번거롭고 바쁜 것을 참으며 근무에 열심히 노력하고 있지만, 앞에서 기술한 것과 같이 한민으로부터의 고소는 날마다 많은 수가 늘어나 밤낮으로 조금도 평온한 때가 없는 상태입니다. 총무과 및 감찰과 역시 몹시 번거롭고 바쁜 것이 극에 달하였고, 경무과는 지난번 총순 이하 증원을 얻었기 때문에 이를 각 분견소(分遣所)에 배치하여 헌병과 협동 근무를 시키고 있습니다. 조사과는 현재 출장 조사를 중지하고, 오로지 조사 보고서의 작성, 광석분석 종료 성적표 및 간도 내 지도의 제작, 기계 기구의 정리 등에 종사하고 있습니다.

5. 건축 공사 중지

한기(寒氣)가 늠렬(凜烈)하기 때문에 토공 건축 작업이 불가능하게 됨에 따라, 공사는 본순(本旬)에 있어서 모두 이를 보류하였다. 단, 방한에 필요한 설비는 얼마간 이를 완료하는 것이 좋습니다.

이상 보고드립니다.

13. 한국 순검 피구(被拘)사건 및 현덕승 행패 건으로 청국 관헌과의 교섭 전말 보고 사본의 송부

- **원문제목** 韓國巡檢被拘事件및玄德勝行悖件으로淸國官憲과의交涉顚末報告寫本의送付(原案1册)
- **날짜** 융희 2년(1908) 1월 13일
- **발신** 통감부 부통감(統監府副統監) 소네 아라스케[曾禰荒助]
- **수신** 내각총리대신(內閣總理大臣) 이완용(李完用)

회령간도(會寧間島)에서 청병이 귀국 순검을 병영 내에 구인한 건 및 귀국인(貴國人) 현덕승(玄德勝)이란 자가 종성간도(鍾城間島)에서 청국 측으로부터 총향약(總鄕約)을 명령받고, 항상 청국 복장을 하고서 그 지방을 배회하며 양민을 괴롭히는 취지의 고소를 접하였습니다. 파출소에서 헌병을 파견하여 사실 취조를 위해 현덕승을 소환하려고 하자, 청국 관헌은 병사 십수 명을 데리고 길을 장악하고 통행하지 못하게 한 건 등에 관하여 사이토[齋藤] 파출소장과 진소상(陳昭常) 간에 교섭한 전말은 별지와 같이 동(同) 파출소장으로부터 보고가 있었으므로 참고를 위해 사본을 송부합니다.

메이지 41년(1908) 1월 13일
통감대리 부통감 자작 소네 아라스케
태자소사 내각총리대신 이완용 각하

부(附) 1. 동상(同上) 건에 대한 특보
- 날짜: 융희 원년(1907) 12월 24일
- 발신: 간도파출소장 사이토 스에지로
- 수신: 통감부 부통감 소네 아라스케

통파비(統派秘) 제18호
특보(特報)

메이지 40년(1907) 12월 24일
통감부 파출소장 사이토 스에지로
부통감 자작 소네 아라스케 귀하

회령간도(會寧間島)에서 청병이 해당 파출소부(派出所附) 한국 순검에게 폭행을 가하고, 또 이를 병영 내에 구인한 건 및 본건에 관해 구스노[楠野] 사무관을 보내어 진소상(陳昭常) 대리인 왕국침(王國琛)과 회견하고 반복변론(反覆辯論)한 끝에 해당 순검을 석방시키고 기타 청병의 폭행에 대해 항의를 하게 한 건은 일단 왕전(往電) 제60호로 보고하였는데, 그때 구스노 사무관이 건넨 각서는 별지 제1호와 같고, 이에 대한 왕국침의 답서는 별지 제2호와 같습니다. 또 종성간도(鍾城間島)에서 한인 현덕승(玄德勝)이라는 자가 청국 측으로부터 총향약(總鄕約)을 명 받아 항상 청국 복장을 하고 그 지방을 배회하며 양민을 괴롭힌다는 취지로 한민으로부터의 고소가 나왔으므로, 히라다[平田] 헌병소위를 보내어 해당 파출소로 소환하여 사실 취조를 하려고 하였는데, 청국 관헌은 병사 수십 명을 데리고 길을 장악하고 통행하지 못하게 한 건은 일단 왕전 제59호로 보고하였습니다. 진소상은 이달 16일 부하 관리로 하여금 본관(本官) 앞으로 별지 제3호와 같은 서한을 가져오게 하였는데, 이와 엇갈려 본관은 이미 구스노 사무관을 파견하여 해당 건에 대하여 진소상과 교섭 중이므로, 다시금 위 서한에 대한 훈령을 내려 사실과 다른 점을 지적하고, 이를 반박하며 변론한 끝에, 현덕승의 면직을 조건으로 그를 석방하는 것으로 결정하고, 일단 본건을 낙착시킨 건도 또한 왕전 제65호로 보고한 것과 같습니다. 그때 구스노 사무관이 건넨 각서는 별지 제4호와 같고, 이에 대한 청국 측의 답서는 별지 제5호와 같습니다. 본관은 위 제3호 서한의 회답을 겸하여 별지 제6호와 같은 조회서에 순검에 관한 해당 지방의 취조 사본과 함께 현덕승의 범행에 대해 참고해야 할 서류의 사본, 즉 별지 제7호부터 별지 제9호를 첨부하였습니다. 그때가 23일, 오쿠무라[奧村] 헌병대위 · 야마자키[山崎] 통역생으로 하여금 진소상에 교부하게 하고, 현덕승의 범죄에 대해 공평하게 심리(審理)하고 싶다는 취지를 통고(通告)하였는데, 이점 보고드립니다.

부(附). 1 속(屬) 1. 위 건에 관한 각서

- 날짜: 융희 원년(1907) 12월 15일
- 발신: 간도파출소 사무관 구스노 슌조
- 수신: 독판길림변무 진소상, 방판 오록정

【별지 제1호】

메이지 40년(1907) 12월 15일 구스노[楠野] 사무관이 진(陳) 독판·오(吳) 방판에게 수교(手交)한 각서

각서(覺書)

1. 메이지 40년(1907) 12월 13일 귀국 병원(兵員)은 회령간도(會寧間島) 강성촌(江城村) 부근에서 우적동(禹跡洞)에 있는 우리 헌병분견소(分遣所)에 배속되어있는 한국 순검 전태선(全泰善)의 대검(帶劍)을 빼앗고, 동인(同人)을 사기동(砂器洞) 병영에 인치 구류하였다. 위 한국 순검은 사이토[齋藤] 파출소장이 대동한 한국 관리인 것은 누차 성명(聲明)하여 둔 바로, 제복을 착용한 교제국(交際國)의 관리를 이유 없이 인치했을 뿐만 아니라, 그 도중 우리 헌병이 그 이유를 물으며 순검을 인도하고 그 대검을 반환할 것을 요구하였지만 이에 응하지 않았고, 오히려 헌병의 배후에서 총을 가지고 들이댐에 따라 우리 헌병은 무모한 충돌을 피해 그 인도에 맡기고 대장을 면담하려고 사기동 병영에 이르렀는데 문을 닫고 응하지 않았다. 이상은 국제통의(國際通義)상 거의 볼 수 없는 포만무법(暴慢無法)의 행위라고 확신한다. 따라서 귀관 등은 이와 같은 폭병(暴兵) 및 그 지휘관을 엄중히 처벌하고 또한 본건에 대해 적당한 선후(善後) 수단을 취해야 할 것.

2. 귀국 병원(兵員)이 종래 인민으로부터 여러 종류의 물건을 무상으로 징발을 한 것에 대해서는 귀관 등과 초대면일 때에 귀관 등이 장래 이와 같은 일은 없을 것이라고 확언한 바 있다. 그런데도 오늘날 여전히 그 행적을 끊지 못한 것은 다음의 사례에 비추어 명백하다. 귀관들은 무엇으로 엄히 이를 금절(禁絶)할 수 있는가?

(1) 11월 22일 영화사(永和社) 학성촌(鶴城村)에 사는 이형준(李亨俊)이 동촌(同村) 김

화일(金化一) 집에 이르렀을 때, 청국 관리가 향약(鄕約) 김경순(金京順) 및 청병 2명을 데리고 들어와 그에게 강성촌(江城村) 각호(戶)에서 조(粟)와 기타의 물자를 징수할 것을 알렸음. 이에 이형준은 각호에서 징수하더라도 상당하는 대가로 매각(賣却) 희망자로부터 매입해야 하고, 부당한 염가(廉價)로 매입하는 것과 같은 것은 불법이라고 말했음. 말이 아직 끝나지도 않았는데 청병 2명은 이형준을 쓰러뜨리고 이를 구타하여 오른쪽 눈 위아래에 찰과상을 입혔음.

(2) 11월 27일 충화사(忠化社) 상평동(尙平洞)에서 사기동(砂器洞) 계사소(稽査所)의 청병 3명이 통역과 함께 와, 향약(鄕約)에게 명하여 각호(戶)에서 조(粟)·보리·대두 각 4승(升)·섶나무 5속(束)씩을 징수하고, 징수에 응하지 않으면 그 호주(戶主)를 구타할 것이라고 협박함. 대가(代價)를 지불하지 않고 섶나무 158속, 조 11말[斗], 대두·보리 각 10말, 간장 10완(椀)을 징수하였음.

(3) 12월 7일 문화사(文化社) 소주동(小珠洞)에도 청병이 와 향약(鄕約)에게 명하여 섶나무 64속(束), 조(粟) 5말[斗], 보리 5말을 징발하여 사기동(砂器洞) 계사소(稽査所)로 송부하였음.

(4) 12월 9일 문화사(文化社) 우적동(禹跡洞)에서 같은 식의 징발을 하였음.

3. 일진회의 성질·조직 등에 대해서는 귀관 등에 초대면 때에 여러 차례 설명한 것과 같다. 그런데도 근래에 이르러 귀국 관리와 병원(兵員) 등은 매우 심한 박해를 일진회 회원에게 가한 것이 사실이다. 즉 11월 22일, 학성(鶴城) 일진지회 사무소의 가주(家主)를 청병 2명으로 사기동(砂器洞) 병영에 동행시켜 그 가옥을 해당 사무소에 대여한 것을 힐책하였다. 그 후 12월 2일, 청병 4명이 동 지회 사무소에 와서 그 문패를 파기하고, 사무소에 갑자기 뛰어 들어와 지회장(支會長)을 모욕하였다. 그 밖에도 여러 차례 곤봉을 휴대한 귀국 병사가 7~8명씩 동촌(同村)에 와서, 일진회원이 아니라도 단발을 하고 있는 자는 눈에 띄는 대로 때려죽여야 한다고 말하며 각호(戶)를 수색하였고, 이 때문에 위 지회는 그 사무소를 12월 3일 우적동(禹跡洞)으로 이전하였다. 또한 12월 12일, 동(同) 지방 학성촌(鶴城村)에서 귀국 병사는 일진회 지회장을 구타하여 부상을 입혀 보행할 수 없는 지경에 이르렀는데도, 그를 우차(牛車)에 태우고 다른 서기 및 촌장 등과 함께 그를 사기동 병영 내에 인도 구류하였다. 한국인이 단발을 하는 것에 대해서는 이것은 실제로 한

국 황제 폐하가 조칙을 발표하였기 때문에 한민으로서는 실로 정당한 행위이다. 그런데도 귀국 병사는 단발한 자를 보고 일본당(日本黨)이라고 하며, 구타하고 박해를 하는 것과 같은 것은 일본인에 대해 적의(敵意)를 가지는 것이다. 교제국 관리인 귀관 등은 무엇 때문에 이러한 단속을 하지 않는 것인가?

4. 종성간도(鍾城間島) 상천평(上泉坪) 양생학당(養生學堂)에서 한인 생도에게 귀국 관리가 변발(弁髮)을 강요한 사건에 대해서는 12월 12일 자 조회한 것과 같다. 위에 대해 본관(本官)은 사이토[齋藤] 파출소장의 명을 받아, 이에 이를 항의하였다.

메이지 40년(1907) 12월 15일
길림변무독판공서(吉林邊務督辦公署)에서
통감부파출소부 구스노 슌조

부(附) 1 속(屬) 2. 동상(同上) 각서에 대한 회답

- 날짜: 융희 원년(1907) 12월 15일
- 발신: 독판길림변무 진소상, 방판 오록정
  대리 왕국침(王國琛)
- 수신: 간도파출소장 사이토 스에지로

【별지 제2호】

답서(答書)

한국 순검(巡檢)을 병영(兵營)에 구류한 일을 조사하고 처리한 일에 대해 말씀드린다. 이 일은 한국 순검이 한 일을 알지 못한 데서 기인한 것이라고 생각한다. 그래서 이곳에서는 모두 해당 지방에 한국 순검이 있다는 것을 알지 못하였으므로, 해당 지방의 군대도 자연히 알지 못하였다. 만일 한국 순검을 구류한 일이 있었다면 반드시 특별한 사건이 있었을 것이고, 결코 아무 이유 없이 구류할 리는 없으니, 마땅히 분명히 조사하여 참작하여 처리하겠다. 오늘 오후에 사람을 보내 알리니, 해당 순검을 석방하거나 혹은 사이토(齋藤) 대좌(大佐)에게 보내어 처리하겠다. 이후로는 즉시 각 군대에 통지하여 만일 군복[68]을 착용한 순검이 법을 어기는 일이 있다면 구류할 필요 없이 즉시 사이토 대좌에게 보내 처리하도록 하여 두 나라의 우호 관계를 유지하겠다.

(1) 다시 이 사건을 조사하여 과연 청국 군대의 잘못이 있다면 장차 해당 군관(軍官)을 처벌할 것이다. 만일 다른 일이 있다면 마땅히 다시 의논하겠다.

(2) 분명히 조사하기를 기다려 다시 어떻게 처리하였는지 알리겠다. 만약 군대가 불법을 저지른 사건이 있다면 마땅히 처벌하겠다.

(3) 다시 일진회(一進會)가 법을 어기는 사건이 발생한다면, 이곳에서 중국민과 같은 법을 적용하여 처리할 것이다. 만약 본분을 지키며 사는 자는 반드시 선량한 중국민, 한국민과 똑같이 보호할 것이다. 저 일본인 복장을 하고 머리를 자른 자들도 일반 국민과 똑같이 대하여 모두 박해하지 않을 것이다. 다시 일진회가 지방 행정에 간여하거나 우리나라(청국)의 주권을 방해하는 사건을 일으키지 않는다면 마땅히 선량한 일반 국민과 동일하게 여길 것이다. 교회에 문패(門牌)를 세우는 등의 일은 모두 훼손하지 않을 것이다. 만약 일진회의 이름을 빙자하여 대중을 미혹하게 하고 사건을 일으킨다면 이러한 기준을 적용하지 않을 것이다.

(4) 사이토 대좌의 자세한 답장을 기다린다.

광서 33년(1907) 11월 11일

길림변무수동판사급진독판대리인(吉林邊務隨同辦事及陳督辦代理人) 왕국침(王國琛)

부(附) 1 속(屬) 3. 위 건 중 현덕승(玄德勝) 체포에 대한 항의

- 날짜: 융희 원년(1907) 12월 16일
- 발신: 독판길림변무 진소상
- 수신: 간도파출소장 사이토 스에지로

68 원문에는 '군안(軍眼)'으로 되어 있으나 이는 '군복(軍服)'의 오자로 보인다.

【별지 제3호】

삼가 아룁니다. 오늘 인경가 파판처(憐慶街派辦處) 사무원(事務員) 왕장령(王長齡)과 관대(管帶) 문진중(門振中)의 보고를 받아 보니, "10일 신각(申刻)[69]에 귀국(일본) 헌병 2명이 총향약(總鄕約) 현덕승을 삼도골패(三道骨牌)로 체포해 와서 해사(該社)에서 기다리고 있던 귀국 관리 히라다 간지로[平田緘次郞]와 함께 현덕승을 육도구(六道溝)로 데리고 가려고 하였습니다. 왕 위원(왕장령) 등이 이치에 근거하여 저지하였는데, 귀국 관원과 병사 등이 따르지 않았을 뿐만 아니라 도리어 손에 창(槍)을 들고 겨누었으니 무력을 쓰려고 한 것입니다. 왕 위원이 두세 차례 권유하며 힘껏 보증하였는데도 모두 오해를 풀지 않았습니다" 하였습니다.

귀 대좌(大佐)가 이곳에 와서 단지 한국민을 보호하기만 할 뿐, 지방의 일체 사정에 간여할 수 없다는 것은 이미 두세 번 문서로 통지하였습니다. 영원보(寧遠堡) 총향약 현덕승은 비록 원적(原籍)은 한국인이지만 오래전에 머리를 깎아 변발(辮髮)하고 귀화하였으므로 실로 청국민과 다를 것이 없습니다. 더구나 현덕승은 일찍이 우리나라(청국)의 부 경력(府經歷) 직함을 역임하였으며, 아울러 지방관이 해처(該處)의 총향약 직임을 맡긴 것은 귀 대좌께서도 전에 들었을 것이라 생각합니다. 상황이 어떠한지를 막론하고 모두 갑자기 이러한 무리한 행동을 해서는 안 됩니다. 이에 특별히 본처의 번역관(繙譯官) 범은부(范恩溥)에게 문서를 가지고 가서 직접 귀 대좌를 뵙고 즉각 삼도골패에 주둔하는 귀국(일본)의 관원과 병사가 체포해 간 현덕승을 즉시 석방하도록 신칙하여 양국의 우호가 손상되지 않기를 매우 간절히 바랍니다. 내내 평안하시기를 기원합니다.

11월 12일
이름은 따로 갖춥니다.

부(附) 1 속(屬) 4. 동상(同上) 현덕승(玄德勝) 건에 대한 각서

- 날짜: 융희 원년(1907) 12월 17일
- 발신: 간도파출소 사무관 구스노 슌조

---

69 오후 3~5시 사이를 말한다.

- 수신: 독판길림변무 진소상 대리 왕국침(王國琛)

【별지 제4호】

메이지 40년(1907) 12월 17일 국자가(局子街) 남영(南營)에서 구스노 슌조 사무관이 진독판대리자(陳督辦代理者) 왕국침(王國琛)에게 교부한 각서

각서(覺書)

1. 한인 현덕승(玄德勝: 이 자는 지난 10월 사이토 파출소장이 종성간도에 이르렀을 때 스스로 한인이라고 밝히고 소장을 맞이한 자임)은 종성간도의 광료(廣遼)한 지역에 걸쳐 한인을 협박하고 금전을 강탈한 혐의가 있다. 때문에 동(同) 지방 한인이 보호를 호소하여 옴에 따라 사실 취조를 위해 히라다[平田] 헌병 소위가 현덕승을 파출소에 동행시키려 했더니, 이에 대응하여 동(同) 지방 수비대장 문진중(門振中), 파판소원(派辦所員) 왕장령(王長齡) 두 사람이 귀국 병사 십수 명을 인솔하여 이를 가로막아 헌병으로 하여금 직무를 집행할 수 없게 하였다.

2. 칠도구(七道溝)에서 일본인 · 청인의 협동 벌목 사업을 금지하는 것은 불법이다.

3. 산발자(散髮者)를 두만강 대안(對岸)에 추방시키고 있는 것은 어떠한 이유에 근거하는가?

4. 이달 15일자 각서에 기상(記上)한 한국 순검 전태선(全泰善)을 불법으로 인치한 청국병 및 대장은 어떻게 처벌할 것인가? 신속히 처벌이 있기를 바란다.

5. 위 동상(同上)에 기상(記上)한 일진지회장(一進支會長)을 신속히 석방해야 할 것이다. 또 들은 바에 의하면 동인(同人)은 오늘 17일 아침에는 지부아문(知府衙門) 내에서 기아(饑餓) 때문에 거의 사람의 말을 할 기력이 없다고 한다. 매우 옳지 않은 결정이라고 할 것이다.

메이지 40년(1907) 12월 17일
길림변무독판공서에서
통감부파출소부 구스노 슌조

부(附) 1 속(屬) 5. 동상(同上) 각서에 대한 회답

- 날짜: 융희 원년(1907) 12월 17일
- 발신: 독판길림변무 진소상 대리인 왕국침
- 수신: 간도파출소 사무관 구스노 슌조

【별지 제5호】

답서(答書)

1. 총향약(總鄕約) 현덕승(玄德勝): 만일 부당한 행위가 있었다면 당연히 길림독판과 길림방판 및 지방관이 처리할 것이니, 간도파출소에서 직접 신문(訊問)하는 것은 허락할 수 없다. 현덕승을 석방하는 것이 두 나라가 우호하는 방도이지만, 이곳[길림변무공서]에서 현덕승을 조사하여 인민에게 해를 끼치는 일이 있었으면 고시하고, 실행한 일이 사실이 아닌 말로 인하여 귀 통감부에서 파견한 인원의 정당한 행동에 손해를 입힌 것이 있으며, 아울러 인민의 재물을 강제로 취한 등의 일에 확실한 증거가 있다면 당연히 그가 가진 향약의 직임을 면직할 것이다. 또한 승전(承傳)하여 일진회(一進會)에 대하여 다시 함부로 고시(告示), 광고(廣告) 등을 내지 못하도록 신칙할 것이며, 근거가 없는 말로 대중을 미혹시켜 우리 행정권에 손해를 입혔다면 이곳에서 반드시 현덕승이 다시 고시를 내어 일진회를 방해하는 것을 금지하여 허락하지 않을 것이다. 아울러 마땅히 각 하속(下屬)에게 알려 근거 없는 말을 퍼뜨려 귀 통감부와 현재 연길(延吉)에 있는 귀 헌병의 명예를 침해하지 못하게 할 것이다. 그러니 간도파출소에서도 헌병과 소속 인원을 엄하게 경계하여 우리 관원과 병사의 정당한 행위와 행정과 사법의 일을 방해하지 못하게 하여 다른 사단이 생기지 못하게 해야 한다.

2. 칠도구(七道溝) 일대의 벌목: 독판과 방판이 이곳에 도착하여 곧바로 화룡욕부(和龍峪府) 경력(經歷) 장(張)에게 유시하여 봉금(封禁)한 형송배(形松背) 일대 지방의 산림은 관 소유의 삼림으로 귀속되었으므로 모두 관부에서 주관해야 한다고 하였다. 그 산은 원래 관 소유의 산이므로 이렇게 봉금한 것이다. 일인(日人)과 청인(淸人)이 협동하여 벌목한 사건은 이후로는 자연히 모두 금지한다. 만약 이전에 알지 못하고 금령을 범하여 〈벌목하여〉 이미 산 밖으로 운반한 것은 임시로 운반하여 판매하는 것을 허락하고 저지하

지 않는다. 화룡욕부 경력이 중국의 목공(木工)을 구류한 일은 조사하여 별다른 사정이 없다면 그날로 석방하도록 명하겠다. 지금 봉금하였으므로 중국인이든 외국인이든 막론하고 모두 사적으로 벌목하지 못한다. 경계에 대한 일이 해결되기를 기다려 다시 의논하겠다.

3. 단발(斷髮)한 자를 쫓아내어 도문강(圖們江)으로 보내는 일: 이곳에는 지금 이러한 명령이 없으므로 조사한 후에 다시 알리겠다.

4. 계사처(稽査處) 지역에서 순검(巡檢) 복장을 한 한인이 칼을 지니고서 우리 병사의 신체를 베어 상처를 내는 불법적인 행동이 있었다. 해당 지방의 본국 관원과 병사가 그 사람을 구류하고 그날로 이곳으로 보내 다스리도록 하였다. 길림 독판과 방판이 조사하니 그 사람은 모두 월간(越墾)한 한인이 아니어서 이미 사이토(齊藤) 대좌(大佐)에게 보냈으니 그 곳에서 다스리고, 아울러 해당 관변(官弁)과 병졸을 급히 보내 책임지고 넘겨 달라.

5. 현재 연길청(延吉廳) 내에 잠시 구류하고 있는 월간한 한국인 1명은 그가 칼을 지니고 사람을 다치게 한 일이 있었으므로 즉시 풀어 주지 못하겠다. 반드시 확실하게 조사한 후에 죄를 면해 줄지 벌을 줄지 결정할 수 있을 것이다. 지금 그가 굶주리는 일은 없으며 만일 차역(差役)이 이와 같은 부당한 행위를 한다면 마땅히 엄하게 책임을 묻겠다.

광서 33년(1907) 11월 13일
길림변무 수동판사관(吉林邊務隨同辦事官) 진 독판(陳督辦)의 대리인 왕국침(王國琛)

부(附) 2. 동상(同上) 왕국침(王國琛) 회한(回翰, 별지 제5호)에 대한 항의

- 날짜: 융희 원년(1907) 12월 23일
- 발신: 간도파출소장 사이토 스에지로
- 수신: 독판길림변무 진소상

【별지 제6호】

서한을 보내어 말씀드립니다. 아뢸 말씀은 범(范) 번역관으로부터 교부받은 청력(淸曆) 11월 13일 자 귀 서한을 확실히 접수하였습니다. 귀 서한의 요지에 관해서는 그때 이미 귀관의 허락으로 고용된 구스노 순조[楠野俊成] 사무관으로부터 반복변명(反覆辨明)한 것에 대해 새삼 회답이 필요 없다고 인정하였습니다. 다만 구스노 사무관이 제출한 각서에 대한 귀관의 대리 왕국침(王國琛) 씨의 답서 중에는 본직(本職)에 있어서 용인할 수 없는 점도 있으므로, 미리 양해해 주시기를 바랍니다. 귀국 병원이 해당 파출소 순검에게 폭행을 가하고 또 이를 구류한 건에 관하여 귀관이 정당한 처치가 나와 신속히 이를 석방시킬 수 있다면 심히 다행인 것입니다. 위에 대해 본직은 가장 공평하게 가장 신중하게, 거듭 해당 순검의 취조를 명하였는데, 그 결과는 당초 촌민(村民)에 대해 취조한 사실과 부합하고, 순검이 먼저 검을 빼 귀국 병원(兵員)에게 저항했다는 사실은 전혀 〈사실〉 무근이라고 인정해서 해당 순검을 방면하였습니다. 향약(鄉約) 현덕승(玄德勝)의 건에 관해서는 본직은 교의(交誼)를 중히 여겨 이 석방을 명하였으므로 약속대로 귀관에 있어서 공평 신중히 심문해주시기 바랍니다. 이에 겸하여 우리 헌병에서 취조를 한 별지 보고서 사본 및 현덕승이 낸 고시문 사본과 앞에 기술한 순검의 취조서 사본을 참고를 위해 보여드립니다. 또한 오쿠무라[奧村] 헌병대위, 야마자키[山崎] 통역을 보냈으므로 별지에 관해 의의라도 있다면 충분히 질문하여 심리(審理)의 정곡을 기하고 싶습니다. 이 건에 대해 위와 같이 여쭙고 고견을 듣고자 합니다. 드림.

메이지 40년(1907) 12월 23일
통감부 파출소장 사이토 스에지로
길림변무독판 진소상 각하

부(附) 2 속(屬) 1. 동상(同上) 제6호 서한에 첨부한 한경(韓警) 인치사건 조사서

- 날짜: 융희 원년(1907) 12월 14일

【별지 제7호의 1】

순검 인치사건에 관한 헌병의 보고 발췌

순검 인치사건에 관하여, 12월 14일 촌민(村民)에 대해 그 사실을 취조한 바, 다음과 같습니다.

1. 순검이 강역촌(江域村)에 간 것은 12월 12일 오전 11시경으로, 오후 2시경 학성촌(鶴城村) 일진지회 협의원 박규언(朴奎彦)의 집에 들러 지회장의 부상을 검사하려고 하였지만, 박규언은 이미 청병으로부터 사기동(砂器洞) 병영에 인치된 후였기 때문에 동가(同家)를 나와 귀로에 올랐다.

2. 돌아오는 길에 학성촌(鶴城村) 서남단 약 2정(丁)인 곳에 왔는데, 청병 6명이 총을 가지고 뛰어와 아무 말 없이 순검을 인치하려고 하였다. 6명은 순검을 구타하여 끝내 넘어뜨렸고, 1명의 청병은 순검의 패도(佩刀)를 뽑았다. 이 실상은 학성촌 소아(小兒) 등 수명이 실제로 보았던 바로서 촌민(村民)의 말과 일치한다. 또한 청병이 나온 것은 강역촌(江域村)에 거주하는 청국 향약(鄕約) 김경순(金京順)으로부터 동촌(同村)에 순검 1명이 무엇인가 조사를 위해 온 것을 청병에게 밀고함에 기인한다고 한다.

3. 그 후 2~3명의 청병이 순검을 일으켜 세워 강역촌(江域村) 방면으로 데리고 갔고, 이어 학성촌(鶴城村) 수비대에 인치하였다. 그 도중에 순검은 영화사(永化社) 사장 이형준(李亨俊)을 만났으므로, 이 상황을 우적동(禹跡洞) 헌병 파견소에 통지해 달라고 부탁하였고, 사장은 동촌민(同村民) 박태금(朴泰金)으로 하여금 송언촌장(松堰村長)의 부(父) 성렬(成烈)에게 명하여 급히 알리게 하였다. 이형준이 만났을 때 순검이 모자와 칼을 청병에게 빼앗기고 있었다는 것은 동인(同人)이 실제로 인정하는 바이다.

메이지 40년(1907) 12월 14일

부(附) 2 속(屬) 2. 동상(同上) 제6호 서한에 첨부한 한국 순검 전태선(全泰善) 청취서

- 날짜: 융희 원년(1907) 12월 16일

【별지 제7호의 2】

청취서(聽取書)

원적: 한국 평안북도 순천군(順川郡) 활면(活面) 송포전동(松浦全洞) 평민 상섭(尙燮)의 차남

당시 간도 통감부 파출소 경무과 부속 우적동(禹跡洞) 헌병파견소 순검 전태선(全泰善) 27세

위 사람이 메이지 40년(1907) 12월 13일, 청국 관헌으로 인하여 사기동(砂器洞) 계사소(稽査所)에 인치된 건에 대해, 12월 16일 해당 분대에 출두, 다음과 같이 공술을 하였다.

1. 12월 13일 오전 9시, 나는 우적동(禹跡洞) 헌병파견소 헌병 상등병 세키야마 다츠지로[關山辰次郞]로부터, 촌락 순찰을 겸하여 그 전날 학성촌(鶴城村) 일진회 지회장 박우영(朴禹英), 동서기(同書記) 남병환(南軿煥) 및 촌장 김종락(金鍾洛) 등이 학성촌 주둔 청병 때문에 구타당했는지 사실 취조를 위해 출장 가야 한다는 명을 받아, 같은 날 오전 10시 30분경 우적동을 출발하여 학성촌에 갔고, 또 강역촌(江域村)을 순찰하고 돌아오는 길이었다. 오후 2시 30분경 학성촌을 통과할 때 동촌(同村) 청국 수비대의 병영에서 북방 약 8정(丁) 정도 떨어진 곳에서 청국 관병 6명을 만났다.
1. 그런데 그 관병 6명은 2열 행진으로 나를 향하여 왔다. 선두 2명이 갑자기 나를 향해 멈추라고 하기에 내가 멈추었고, 군도(軍刀)를 보여 달라고 말하기에 나는 군도를 보여주는 것은 불가능하다고 대답하였으나, 청병은 바로 그가 가지고 있는 총으로 내 칼자루를 잡고 있는 왼쪽 손등을 구타하고, 계속해서 오른쪽 팔꿈치를 구타하였다.
1. 앞에서 말씀드린 대로 나는 칼을 빼앗겨서는 안 된다고 생각하여 왼손으로 칼자루를 붙잡고 있었다. 그러자 다른 4명의 청병도 와서 좌우에서 나를 난타하였고, 마침내 1명의 병사가 나의 어께를 집고 뒤로 나자빠지게 나를 넘어뜨렸다. 그리고 1명의 병사는 내가 열심히 휘두르고 있던 왼손의 엄지손가락을 부러지도록 힘을 주어 칼의 몸체만을 탈취하였다. 그런데 그때는 내가 정확히 뒤로 나자빠지게 넘어져 그 아래에서 군도(軍刀)를 빼어든 것을 억지로 잡았기 때문에 칼집(刀鞘)은 거의 구부러지고 군도의 몸체도 구부러졌다. 또한 칼끝이 부러진 것은 칼의 몸체를 청병이 지팡이 대신으로 했기 때문에 그 모양으로 부러진 것이다. 이때 칼집의 오목한 부분 및 칼의 몸체 전부를 가리켰다.
1. 그리고 그 청병 등은 내 칼의 몸체[刀身]를 탈취하자 구타를 멈추었다. 이에 내가 일어나자 청병 1명은 한어(韓語)로 오늘 내가 간 곳을 물었으므로, 나는 강역촌(江域村) 방면을 순찰하고 동촌(同村) 촌장의 집에 들러 지금 돌아가는 도중이라고 말하였다. 그러자 청병은 꼭 나에게 동촌 촌장 이진문(李鎭文)의 집까지 안내하라고 하

였기에 나는 당신들 때문에 구타당하여 신체 여러 곳이 아픈 것을 참을 수 없어 이에 동행할 수 없다고 답하였으나, 청병 등은 내 손을 강제로 끌고 이진문 집에 데리고 갔다.

1. 청병은 그 이후 이진문(李鎭文) 집에 도착해 너의 집에 학성촌장(鶴城村長) 김종락(金鍾洛)이 잠복해 있는 것 아니냐고 힐문하자 이진문은 내 집에 없다고 답하였다. 그러자 청병 1명은 오른손으로 이진문의 왼쪽 뺨 구타하고 1명은 나에게서 탈취한 칼의 몸체로 이진문의 허리 부분을 구타하였다. 그 후 가택 수색을 하였으나 김종락이 없었으므로 나와 이진문을 데리고 김종락 집에 도착하였던바, 김종락의 집에는 아무도 없었다. 그래서 그 부근 56채를 가택 수색하였음에도 김종락이 없었기 때문에, 이진문은 귀가를 허락받고 나만 학성촌에 주둔하는 청국 병영으로 데리고 갔다.

1. 같은 날 오후 4시 학성촌(鶴城村) 병영에 도착하자 청병 1명이 나를 향해 왜 너는 단발(斷髮)을 하고 있냐고 묻기에, 나는 순검이기 때문에 단발을 했다고 답하였다. 아울러 순검은 어떤 행동을 하느냐고 묻기에, 나는 한국민을 보호하는 것이 직무라고 말하자, 소국민(小國民)의 보호라는 것이 무엇이냐고 말하면서 그대로 약 40분 정도 그 병영에 붙잡아 두었다. 그다음에는 4명의 청병이 데리러 와 사기동(砂器洞) 계사소(稽査所)로 향하였다. 도중에 우적동(禹跡洞)을 통과할 때, 헌병 파견소 앞으로 갔기 때문에 나는 공복이니 여기에 들러 식사를 하겠다고 말하자, 청병은 이와 같은 일은 할 수 없다고 말했다. 그 소리를 듣고 파견소의 헌병 상등병 세키야마 다쓰지로[關山辰次郎] 씨가 나왔고, 내가 칼을 가지고 있지 않았기 때문에 칼은 어떻게 했냐고 묻기에 나는 이 청병에게 빼앗겼다고 말하였다. 그러자 세키야마 상등병은 그 칼은 순검의 칼이기 때문에 본인에게 반환하라고 청병에게 말하였지만, 청병이 반환하지 않았기 때문에 동(同) 상등병은 그 칼을 되찾으려고 하였다. 그러자 청병 3명은 동(同) 상등병에게 총을 들이대고 당장에라도 발포하려고 했기 때문에 손을 놓았으므로 청병 등은 나를 강제로 사기동에 데리고 갔다.

1. 같은 날 오후 6시경 사기동(砂器洞) 병영에 도착했다. 식후 동(同) 7시경, 파판소(派辦所)에 데리고 가 동소(同所) 사무원 손체안(孫棣安)의 취조를 받았다. 맨 처음 손체안은 나를 향해 한국인 통역으로 "너는 무슨 목적으로 단발을 하였냐?"고 묻기에, 나는 "순검이 되기 위해서 단발을 했다"고 답하였다. 그러자 "어느 곳의 명령에 따라

순검이라고 하느냐?"고 묻기에, 한국 경무청의 명령에 따른다고 답하자, 손체안은 다시 당시 상관의 성명을 물었기 때문에 상관은 이경재(李庚在)라고 답하였다. 그러자 "너는 관복을 입지도 않고 왜 칼을 뽑고 우리 군인의 의복을 파기했냐?"고 묻기에, 나는 손체안을 향해 "귀관은 무슨 말을 하는가? 오늘 나는 순찰을 마치고 돌아가는 길에 귀국 병사 6명을 만났고, 무법으로 갑자기 나를 구타하고 6명이 총동원하여 내 군도(軍刀)를 탈취하였기 때문이다. 나는 결코 검을 뽑은 적이 없다. 신속히 귀국 병사에 대해 엄중한 취조가 있어야 한다"고 답하였다. 그러자 손체안은 큰 소리로 2~3회 뭔가로 나를 위협한 후, 감시 청병에게 명하여 외투·상의·도대(刀帶)·칼집[刀鞘]·호적(呼笛) 등을 강제로 빼앗았고, 또 사령서(辭令書)를 제출해야 한다고 명하였기 때문에 단의(短衣) 호주머니에서 사령서를 제출하였다.

1. 그런데도 나를 감시하고 있던 청병 중 3명은 나를 뒷짐결박하고, 위로 매달아 손으로 나를 난타하였다. 그때 일진회 지회장 박우영(朴禹英), 동(同) 서기 남병환(南丙煥) 및 학성촌장(鶴城村長) 김종락(金鍾洛) 3명도 나와 똑같이 포박되어 매달아 올려졌다. 약 1시간 후 손체안(孫棣安) 및 학성촌 수비대장 진홍향(陳鴻鄕)과 청병 8명이 와서 우리들을 포박한 채 우차(牛車) 4대에 각 1명의 감시병을 붙이고, 손체안 및 진홍향은 승마, 남은 4명의 병사는 도보로, 오후 9시 30분경 사기동(砂器洞) 병영을 출발, 서래동(西來洞)에 이르러 1박, 다음 날 14일 대랍자(大拉子) 병영에 도착하여 1박, 다음 날 15일에 동성가(東盛街) 병영에 이르러서 같은 날 오후 11시경 동지(同地)를 출발, 16일 오후 2시경 국자가(局子街) 남영에 도착, 동(同) 7시경 우리들 4명의 포승을 풀어 주었다. 아울러 사기동 출발 당시 외투 및 모자를 반환하여 주었다.

1. 오후 2시경 남영에서 양복을 입은 30살 남짓한 대장이 나를 불러내어 한국인 통역으로 하여금 대검(帶劍)할 것을 명하였는데, 나의 이전에 탈취한 검을 돌려주었기 때문에 나는 대검하였다. 그러자 맨 처음 너는 왜 단발(斷髮)을 하고 있냐고 묻기에, 나는 순검이기 때문에 단발을 하였다고 답하니, 너는 어느 곳의 명령으로 순검이 되었느냐고 묻기에, 경무청의 명령으로 순검이 되었다고 답하였다. 그러자 칼을 뽑는 것[拔劍]은 어떤 경우에 하느냐고 물었기 때문에, 나는 전부터 상관으로부터 가르침을 받은 것은 인민 보호 상 부득이한 경우 및 자신의 신체를 방환(防患)함에 다른 수단이 없는 경우에 칼을 뽑아도 지장이 없다고 가르침을 받았다고 답하였다. 그러자

그렇다면 왜 너는 칼을 뽑고 우리 병사의 의복을 찢었냐고 물어서, 나는 결코 칼을 뽑은 적이 없다. 그리고 내가 학성(鶴城)을 통과할 때 귀국 병사 6명을 만났고, 무법으로 귀국 병사는 갑자기 나를 구타하고 또 칼을 탈취한 것이므로 엄중하게 취조 받아야 한다고 답하였다. 그러자 대장은 이것으로 취조할 일은 없기 때문에 지금부터 용정촌(龍井村)에 부하를 붙여 데려다 주겠다고 말하고, 관리 1명 · 통역생 1명 · 승마병 2명으로 나를 지붕이 없는 마차에 태워 해당 용정촌으로 보낸 것이다.

전태선(全泰善)이 위 공술한 것에 대해 통역이 독문(讀聞)해준 바, 틀림없으므로 신청으로 서명 날인하였다.

메이지 40년(1907) 12월 16일
간도헌병분대육군헌병조장(島憲兵分隊陸軍憲兵曹長) 오카모토 유지로[岡本勇次郎]로부터
통역(通譯) 야마네 주료[山根仲亮]

부(附) 2 속(屬) 3. 동상(同上) 제6호 서한에 첨부한 순검 전태선(全泰善) 인치사건 증인의 취조서

- 날짜: 융희 원년(1907) 12월 17일

【별지 제7호의 3】

취조서(聽取書)

영화사(永和社) 학성촌(鶴城村) 사장(社長) 이형준(李亨俊) 당(當) 44세

위 사람은 우적동(禹跡洞) 파출소에 복무한 순검 전태선(全泰善)이 청병으로부터 폭행을 당한 건에 대해 메이지 40년(1907) 12월 17일 오후 2시 본직(本職)의 통지에 의해 출두하여 다음과 같이 진술을 하였다.

1. 메이지 40년(1907) 12월 13일 오후 11시, 우리 쪽에 순검 전태선(全泰善)이 와서 일진회 지회장의 집은 어느 쪽이냐고 물어, 그때 마침 일진회 지회장 박우영(朴禹英)

이 임시로 잠시 신세를 지는 집의 아이가 와 있었기 때문에 그 아이에게 안내하라고 말하였고, 순검은 함께 갔다. 그리고 이후 순검은 강역촌(江域村)에 이르렀고 돌아오는 길 오후 3시경, 학성촌(鶴城村) 부근에서 갑자기 청병 4명이 달려옴과 동시에 도망치는 순검을 추적하여 마침내 그를 길 위에서 붙잡았고, 총으로 둔부를 찌르거나 또는 발로 차서 순검은 그 자리에서 쓰러졌다.

1. 그 후 청병 2명이 와서 도합 6명이 강역촌(江域村)으로 데리고 가 동지(同地) 촌장 김종락(金鍾洛)을 수사하려고 하였지만 부재하였기에 순검을 학성촌(鶴城村) 수비대에 데리고 가는 도중, 내 집 앞을 통과하였으므로, 나는 순검 전태선에게 귀관은 왜 모자와 칼 등은 없느냐고 물었는데, 순검 전태선은 나에게 청병으로부터 난타당했을 뿐 아니라 이와 같이 칼과 모자를 빼앗겼으므로 이 상황을 헌병파견소에 급히 알려 달라고 말하였기에 다른 인민에게 주변 일대 파견소에 급히 알리게 하였다. 나는 순검을 청병이 데리고 간 후에 수비대로 갔는데, 머지않아 청병이 순검을 사기동(砂器洞) 수비대로 데리고 간 것이다.
1. 나는 청병이 순검을 난타한 처음부터 목격한 것은 아니지만, 순검이 청병으로부터 난폭한 짓을 당했을 때는 동네 아이들이 이를 보았고, 순검은 청병에게 조금이라도 저항하지 않았다고 말했다.
1. 청병이 순검에 대한 폭행의 원인을 내가 생각건대, 강역촌(江域村) 향약(鄕約) 김경순(金京順)이 학성촌(鶴城村) 수비대의 명에 따라 촌민으로부터 조[粟]와 금전을 징수하는 것을 어느 날 순검이 취조하러 갔고, 또 12월 13일도 다시 순검이 동촌(同村)에 뭔가 취조하러 왔음을 향약 김경순이 즉시 학성촌 수비대에 순검이 와 있는 것을 밀고하여 청병 4명이 달려와 순검을 붙잡고 폭행한 것이라고 사료된다.

위 진술을 녹취함.

메이지 40년(1907) 12월 17일

부(附) 2 속(屬) 4. 동상(同上) 제6호 서한에 첨부한 현덕승(玄德勝) 죄상 조사서
- 날짜: 융희 원년(1907) 11월 13일

【별지 제8호의 1】

현덕승(玄德勝)의 전권강(田券講) 시행에 관한 보고

제청사(霽晴社) 사장 김희렬(金希烈), 제하사(霽霞社) 사장 김두신(金斗信), 월랑사(月朗社) 사장 손종철(孫宗哲) 등이 청국 십사도헌(十社都憲) 현덕승(玄德勝)으로부터 각 사(社)가 각기 100원(圓)씩 징수한 고소사건에 대해 명을 받아 메이지 40년(1907) 11월 9일 제청사에, 동(同) 10일 제(하)사에, 동 11일 월랑사에 순검 최태욱(崔泰郁)과 함께 출장, 취조한 바는 다음과 같다.

1. 제청사(霽晴社)의 사항

광무(光武) 10년(작년) 음력 10월 17일 정오 12시경, 청국 십사도헌(十社都憲) 현덕승(玄德勝)은 동사(同社) 대장동촌(大獐洞村) 청국 현 사장 한충임(韓忠任, 25세) 집에 왔고, 오후 5시가 지날 때쯤 한충임 사장이 동행하여 이웃집인 박도일(朴道日, 26세) 집에 당도하였다. 그리고는 당사(當社) 인민으로부터 전지권(田地券)을 가지고 오게 하여 전권강(田券講: 각자 소유의 전지권을 거둬들이고, 각 본인 소유지의 동서남북에 인접한 토지 소유자의 성명을 일일이 訊問하는 것을 말함)을 해야 한다고 말함에 따라, 한충임 사장은 이를 패두(牌頭: 小使) 장남점(張南点, 42세)에게 명하여 사내(社內) 각 통수(統首: 통수란 10家 혹은 15家 이내 한 사람이 있어서 각 가의 용무를 처리하는 자)에게 전하게 하였다. 이날 각 인민 등은 박도일의 집에서 오후 7시경부터 전지권을 가지고 와 모였고, 전지권을 현덕승 도헌에게 제출하였는데, 집합자는 촌내 통수두민(統首頭民, 촌내 유력가) 외에 20명 정도에 달했다. 오후 11시경 현덕승 도헌은 각 인민에게 전권강을 해야 한다는 것을 알렸다. 인민 등은 전권강을 한다면 동서남북에 대한 토지 소유자가 누구인지를 알 수 없는 자가 많으므로 현덕승 도헌에게 전권강을 그만두기를 원하였는데, 현덕승은 그렇다면 돈을 내야 한다고 하였다. 이에 인민 등은 어느 정도 돈을 내야 가능한지 물었는데, 현덕승은 돈 200원

을 가지고 와야 한다고 하였다. 그러면 이를 그만두겠다고 말하자, 인민 등은 애원하며 돈 100원으로 사면(赦免)해줄 것을 청했고, 마침내 현덕승 도헌은 그 청을 받아들여 당일 밤 오전 2시경까지 돈 100원을 자택에 지참해야 한다고 말하고, 밤 오후 12시경 말을 타고 귀갓길에 올랐다. 그 후 인민 등이 서로 모여 1통(統)에 각 5원씩을 수금하고, 20통으로부터 100원을 모아 동사(同社) 부단평촌(富端坪村) 이두영(李斗永, 33세), 동사 대장동촌(大獐洞村) 한명여(韓明汝, 49세), 동촌(同村) 오현백(吳玄伯, 52세), 동촌 양학선(梁學善, 25세), 동사 부서평촌(富瑞坪村) 박사근(朴士根, 29세), 동촌 신성룡(申成龍, 33세) 등 6명이 가지고 가게 하였다. 현금 100원을 박사근이 휴대하게 하고, 6명이 동행해서 다음 날인 18일 오전 5시경 광종사(光宗社) 적와평촌(赤瓦坪村) 현덕승 도헌(都憲) 집에 이르렀는데, 현덕승은 출타하고 없었기 때문에 잠시 기다렸다. 현덕승은 동시(同時) 30분경 광제욕(光霽峪) 청국 관아에서 돌아왔기 때문에 직접 만나서 돈 100원을 현덕승에게 건넸다. 그 후 사내(社內) 인민 등은 전권강 때문에 출금한 100원을 각 전지권 소유자로부터 전지(田地)의 과다에 따라 계산 징수하고, 앞서 출금한 각 통수(統首)등에게 반환하였다. 그 방법은 매 1일경(一日耕: 일일경이란 소로 하루에 경작할 수 있는 땅을 말함)에 한전(韓錢) 66문(文: 일본 11전)씩을 징집하였다. 당시 이 사건에 관련된 현 청국 제청사(霽晴社) 사장 한충임 및 동사 통수 이두영, 동(同) 신성룡, 동 한명여, 두민(頭民) 동사 대장동촌 이남규(李南圭, 54세), 동촌 최윤여(崔允汝, 51세), 동촌 방순응(方順應, 60세), 기타 동사 사장 김희렬(金希烈)등에게 사실을 확인하였는데 해당 사실이 틀림없음을 증언하였다.

2. 제하사(霽霞社)의 사항

청국 십사도헌(十社都憲) 현덕승(玄德勝)은 광무(光武) 10년(1906) 음력 9월 10일 정오 12시경, 현 청국 동사(同社) 사장으로 동사 시건평촌(詩建坪村)에 사는 한창성(韓昌成, 45세) 집으로 와서 한 사장에게 동사 내 각 인민으로부터 각자의 전지권(田地券)을 가지고 오게 할 것을 명하였다. 한창성 사장은 이를 동사 내 오둔갑장(五屯甲長) 악사평촌(岳沙坪村) 고련오(高連五, 36세), 중평촌(仲坪村) 전문경(田文京, 29세), 시건평촌(詩建坪村) 조준삼(趙俊三, 39세), 곡구미촌(曲口尾村) 최도여(崔道汝, 48세), 지풍현촌(芝風峴村) 방윤여(方允汝, 61세)에게 전하였다. 그리고 오둔갑장은 또 이를 각 인민에게 전하였는데, 다음 날인 9월 11일 정오 전쯤(시간 미상) 인민 등은 각자 전지권을 지참하고 한창성 사장 집에 모인 자가 대략 400여 명으로, 이때 현덕승 도헌은 각 인민으로부터 전지권을 수취하고 전권강(田劵講)을 해야 한다고 알렸다. 전지권 소유자를 1명씩 앞에 앉혀 놓고, 현덕승은 소유자의 전지권을 가지고 전지권에 기재되어 있는 동서남북에 인접한 소유자의 성명을 물었는데, 답할 수 있는 자가 있고 답할 수 없는 자가 있었다. 그렇게 2~3명을 강의하고서 현덕승은 전권강을 할 수 있는 자는 집에 돌아갈 수 있고, 할 수 없는 자는 돌아갈 수 없다고 하였고, 또 전지권은 현덕승 도헌이 몰수할 것이라고 알렸다. 이에 인민 등은 의논하여 돈 100원을 현덕승 도헌에게 보내는 것으로 정하고, 전권강을 그만둘 것을 두민(頭民) 동사 중평촌 주사윤(朱士允, 68세)을 통해서 한창성 사장이 현덕승 도헌에게 제의하였다. 현덕승은 이를 듣고 전권강을 중지하고 이전에 전권강을 한 2~3명에게 전지권을 돌려주었다. 또한 각 인민의 전권(田劵)도 반환하고 각 인민 등을 귀가시켰다. 그리고 현덕승은 다음 날 12일 귀가하였고, 그 후 현덕승에게 보내야 할 돈 100원을 모으기 위해 같은 달 14일(오후 시간 미상)에 동사 내 각 갑장(甲長)·두민 등은 동사 중평촌 김병현(金丙賢, 36세) 집에 서로 모여 전지권 소유자로부터 매 1일경에 56문(文: 日貨 9전 3리 남짓이 됨)씩을 수금하는 것으로 하고 같은 해 11월 6일까지 각 갑장은 수금하여 한창성 사장에게 돈 100원을 건넸고, 한창성 사장은 이를 같은 날 중에 현덕승 도헌 집에 가지고 갔다. 위 사실은 관계자 앞에서 기술한 한창성 사장 및 갑장 방윤여는 부재했지만, 그 밖에 사둔갑장(四屯甲長) 및 두민 동사 중평촌 남성강(南聖康, 67세), 동촌(同村) 주사윤(68세), 동촌 김우천(金友天, 55세), 그 밖에 각 인민으로부터 확인하였다.

3. 월랑사(月朗社)의 사항

광무 10년(1906) 음력 9월 2일경(시간 미상) 현덕승(玄都憲)은 전 청국 월랑사(月朗社) 사장 수남촌(水南村) 조화룡(曹化龍, 36세)의 집에 와, 사내(社內) 일반 인민의 전권강(田劵講)을 해야 하므로 각자 전지권(田地劵)을 가지고 내일 3일 아침 일찍부터 모여야 한다는 것을 명함에 따라, 조화룡 사장은 동사(同社) 갑장(甲長) 김풍선동(金風先童, 25年)에게 이를 전하였고, 김풍선동 갑장은 각 인민에게 전달하였다. 그리고 다음 날 2일 오전 7시경부터 전지권을 지참한 인민 등은 조화룡 사장의 집에 모인 자가 100여 명에 달하였다. 오전 9시경에 이르자 현덕승 도헌은 인민으로부터 전지권을 몰수한 후, 일일이 전지권 소유자에게 전권강을 하였고, 이를 마친 것은 오후 8시경이었다. 그리고 전권강을 할 수 있는 자는 집에 돌아갈 수 있었지만, 그때 전권강을 할 수 없는 자는 동사 수북촌(水北村) 엄병권(嚴秉權, 36세), 동촌(同村) 오민영(吳敏英, 48세), 동촌 박성근(朴成根, 46세), 동촌 오민협(吳敏俠, 36세), 동촌 최봉세(崔奉世, 36세), 동촌 최준상(崔俊相, 42세), 기동촌(箕洞村) 박양능(朴陽能, 50세), 동촌 김원오(金元五, 35세), 동촌 김용준(金龍俊, 26세), 동촌 김명오(金明五, 53세), 동촌 최윤원(崔尹元, 35세) 등 11명이었다. 현덕승 도헌은 이상 11명에게 전권강을 할 수 없기 때문에 각 전지권 소유자가 아닐 것이며, 따라서 전지권을 몰수한 후 달라자(達羅子)[70]의 청국 관헌에게 인도해야 하고, 또 이와 같이 형편이 되지 않는 자는 편달(鞭撻)을 가해야 한다고 하였다. 데리고 온 도비두(都碑頭: 小使) 광종사(光宗社) 학성촌(鶴城村) 거주 김양룡(金陽龍, 24세)으로 하여금, 청병이 외출 때 가지고 있는 것과 같은 모양인 견고한 길이 3척(尺) 정도로 손에 드는 부분은 1척 정도까지는 둥글고, 그보다 앞은 삼각형을 한 두께 1촌(寸) 2~3분(分) 정도의 봉(棒)으로 현덕승 도헌은 그 인민 등을 마당으로 끌어내 지면에 엎드리게 하고, 둔부 이하를 나체로 하여 둔부에 태(笞) 20에서 30 정도씩을 가하였다. 그리고 11명 중 박양능·김명오·김용준·박성근·최준상 등 5명은 노인 혹은 상중(喪中)이었기 때문에 구타를 면하였고, 다른 6명은 심하게 구타를 당했고, 맞은 곳은 모두 자흑색이 되고 부어올랐다. 그중에도 최봉세와 같은 사람은 일어설 수 없을 정도로 둔부 출혈이 났다. 그런데도 현덕승은 그들 11명을 모아서 조화룡 사장이 곳간으로 사용하는 온돌실에 들어가게 하고, 밖에서 문을 닫고 1명의 감수자(監守者: 전에 편달한 자)를 두었다. 그리고 이 온돌의 일가(一家) 중에서 감금당한 자들이 서로 궁리하여 박양능을 내세웠다. 그러면 돈을 조달하여 현덕승 도헌에게 보낼 것이라고 감수자에게 말을 전하여 현덕승 도헌에게 청하였는데, 현덕승은 이를 허락하고 박양능을 방금(放禁)하였다. 박양능은 오전 3시경 일화(日貨) 120원(韓貨 720냥)을 조달하여 와, 현덕승에게 일동의 사면을 청하였다. 그러나 현덕승 도헌은 총 200원을 조달해야 한다고 강요했지만, 박양능은 도저히 이 이상은 조달할 수 없기 때문에 애원하였는데, 현덕승 도헌은 마침내 그 청을 받아들여 120원을 수수(收受)하였다. 그리고 감금자는 다음

---

70 화룡현 소재지에 있는 대랍자(大拉子)의 다른 이름이다.

날 4일 오전 8시경에 이르러 간신히 풀려나 전지권을 돌려받고 귀가하였다. 현덕승은 그 날 오후 1시경 귀갓길에 올랐다. 그리고 현덕승에게 보낸 돈 120원은 11명이 부담하여 각자 출금하고 지출한 박양능에게 반환하였다고 한다. 위 사실의 관계자인 청국 전 사장 조화룡, 동(同) 갑장 김선동은 부재하여 확인할 수 없었지만, 각 인민 등이 아는 바로, 피해자 11명 및 현 사장 손종철(孫宗哲), 그 밖에 두민(頭民) 등에게 사실 틀림없음을 확인하였다.

메이지 40년(1907) 11월 13일

부(附) 2 속(屬) 5. 동상(同上) 제6호 서한에 첨부한 현덕승(玄德勝) 범죄[罪犯] 보고 발췌
- 날짜: 융희 원년(1907) 12월 21일

【별지 제8호의 2】
현덕승(玄德勝)에 관한 보고 발췌

1. 양생학당(養生學堂) 학생 광종사(光宗社) 하천평(下泉坪) 박중송(朴重松, 16세) 및 광소사(光昭社) 몽기동(蒙基洞) 남형국(南衡國, 20세) 2명은 어제 오후 3시 이동춘(李同春)의 명에 따라 현덕승(玄德勝)의 비행을 고소할 서면을 받아, 대랍자(大拉子)를 향해 출발하는 도중 만진기(滿振基)에서 숙박하려고 했을 때, 광종사 삼동평(三洞坪) 갑장(甲長) 강명환(姜明環)이란 자가 말을 타고 학생 2명을 찾아왔다. 오후 6시경 만진기에서 만났고 자신은 이동춘으로부터 현덕승의 비행을 고소하는 서면을 가지고 돌아오라는 명을 받았기 때문에 해당 서면을 건네 달라고 말하였다. 학생들은 처음에는 강명환의 말을 믿지 않았지만 마침내 그에게 속아 해당 서면을 건네준바, 자신은 말을 탔기 때문에 지금부터 이동춘에게 돌아가므로 너희들은 동소(同所)에서 1박하고 내일 돌아오라고 말하고 오후 6시 30분경에 돌아갔다고 한다.

2. 학생 2명은 다음 날 21일 오전 12시경 이동춘에게 돌아왔고, 그 이야기를 한바, 이동춘은 크게 화를 내고 학생들의 어리석음을 개탄했다고 한다.

3. 어제 오후 3시 20분 국자가(局子街)에 가기 위해 출발한 이동춘은 도중 호천가(湖川

街) 왕장령(王長齡)에게 들렀는데 그때 문진중(門振中)도 마침 그곳에 와 있었다. 이번에 그대가 국자가(局子街) 청관(淸官)에 현덕승(玄德勝)의 비행을 고소하는 것은 자신들에게 맡기고 2, 3일간 기다려 달라고 하였고, 문진중은 왕장령과 함께 여러 가지로 믿었기 때문에 이동춘은 결국 문진중과 왕장령의 청을 승낙하고 오후 12시경에 귀가하였다고 한다.

4. 문진중은 그 후 국자가로 갔다고 한다.

이상의 것은 본직(本職)이 양생학당 학생으로부터 들어 아는 바이다.

메이지 40년(1907) 12월 21일

부(附) 2 속(屬) 6. 동상(同上) 제6호 서한에 첨부한 현덕승(玄德勝) 방견(放遣) 후의 동태 보고 발췌

- 날짜: 융희 원년(1907) 12월 19일

【별지 제8호의 3】

현덕승(玄德勝) 방견(放遣) 후의 상황 보고 발췌

1. 현덕승(玄德勝)은 헌병파견소에서 방견(放遣) 후 즉시 청병 임시출장소인 채상권(蔡尙權)의 집에 이르렀고, 이때 왕장령(王長齡)과 문진중(門振中)도 같은 장소에 마침 있었다. 현덕승에게 무사하다고 하며 축하하는 모습이었고, 그 후 하천평(下泉坪) 주민들도 채상권의 집에 이르러 똑같이 그 무사를 축하하는 모양이었다.

2. 또한 양생학당(養生學堂) 교장 이동춘(李同春)은 학생 약 20명을 데리고 채상권의 집에 이르러 현덕승에게 그 무사함을 축하하였다. 현덕승이 말하기를 "내가 이번에 헌병분견소에 유치된 것은 전적으로 너의 학당 때문이다. 그런데도 너는 왜 오늘까지 분견소에 나의 무고한 죄의 소장을 제출하지 않았느냐. 이와 같은 의리를 모르는 너에게는 면회할 필요가 없다"라고 하며 그 인사를 사절하였기 때문에 이동춘은 크게 분노하여 주먹으로 현덕승을 구타하려고 하였지만 현덕승은 이를 피하였기 때문에 이동춘은 잘못해

서 벽을 쳐서 도리어 그 오른 주먹에 부상을 입었다. 이때 학생들도 현덕승의 말에 분노하여 이동춘에게 동정을 보내고, 각 상의를 벗어 현덕승에게 던지려고 하였지만 마침 그 자리에 있던 청·한인이 제지하여 결국 구타에 이르지 않고 그쳤다. 그러나 이동춘은 분노를 참지 못하고 현덕승에게 "너는 이전에 제청사(霽晴社)·제하사(霽霞社)·월랑사(月朗社)에서 인민으로부터 돈 300여 원을 수뢰했을 뿐만 아니라, 근래 국자가(局子街)에 학생을 데리고 갔을 때도 청국 관헌으로부터 학생의 의복료로 받은 돈 200여 원을 착복하였다. 그뿐만 아니라 그때 왕복 여비도 부족하다고 하며 학당으로 돌아온 후 학생 각 1명으로부터 돈 1원 20전씩을 징수하였다. 또한 대랍자(大拉子) 청국 관헌에게 과다한 돈을 맡겼고, 자신에게 나쁜 일이 있다고 소송을 제기하는 것도 수리되지 않도록 취급되었다고 운동하고, 너의 비행은 너무 많아서 일일이 셀 수가 없다. 또 네가 도헌(都憲)이 된 것은 전적으로 나의 운동에 의해 취직한 것임에도 불구하고, 지금은 도리어 그 은혜를 잊고 나에게 지금 이와 같은 폭언을 내뱉는 것은 무례하기 짝이 없다. 이에 나는 내일 즉시 국자가로 가 너의 종래 비행을 청국 관헌에게 고소하고, 너의 도헌을 면직하도록 청할 것이니 아래를 기억해라. 만약 국자가 청국 관헌에서 청을 들어주지 않을 때는 길림 순검에 고소하고, 여전히 목적을 달성하지 못할 때는 북경 정부에 고소할 것이다"라고 말하였는데, 현덕승은 이에 대해 냉각(冷却)한 태도로 멋대로 하라고 답하였다. 이에 이동춘은 크게 불만인 상태로 학생을 데리고 양생학당으로 돌아왔다.

3. 현덕승은 오후 2시 30분경 채상권의 집을 나와 광제욕(光霽峪) 청국 병영에 이르러 십 수 분간이 지나 동(同) 병영을 나와 귀갓길에 올랐다.

4. 이동춘은 채상권의 집에서 학당으로 돌아온 후, 학생 아버지 수 명을 모아 현덕승의 말이 무례함을 이야기하고, 이것 때문에 현덕승 도헌의 직(職)을 면직당하도록 내일 20일 국자가에 갈 것이고, 만약 국자가 청국 관헌에서 목적을 이루지 못하면 길림에 가고, 길림에서 역시 목적을 이루지 못하면 북경까지도 갈 결심이라고 이야기하였다. 학생 아버지들은 크게 동정을 표하고, 만약 현덕승이 도헌을 면직할 수 있다면 그 운동에 필요한 여비 같은 것은 몇 1,000원을 필요로 하는 것도 마다하지 않고 자신들 인민이 부담해야 한다고 답하였다. 그리고 이동춘은 다음 날 국자가에 가려고 하였지만 소지한 돈이 10원에 불과하여 여비가 부족해서 이동춘 처제의 남편인 광종사(光宗社) 사장 이명우(李明雨)의 집에 처를 보내어 돈 5원을 빌렸다고 한다.

메이지 40년(1907) 12월 19일 하천평(下泉坪)에서

부(附) 2 속(屬) 7. 동상(同上) 제6호 서한에 첨부한 현덕승(玄德勝)의 고시문 사본
- 날짜: 융희 원년(1907) 11월 21일

【별지 제9호】

청국 도헌(都憲) 현덕승(玄德勝) 고시 사본

화룡욕가(和龍峪街) 향약(鄕約) 겸 영원보(寧遠堡) 총향약(總鄕約) 현덕승(玄德勝)이 금일 명령을 받들어 훈령을 발표한다. 영원보 각 사(社)의 수많은 인민 중에 일부러 헛소문을 퍼뜨려 제멋대로 구는 자가 있으니, 일진회원이면 본사 향갑(鄕甲)이 즉시 잡아서 보내되, 만약 압송되지 않으려 하거든 본도소(本都所)에 바로 알리고, 여러 가지 사건을 예전대로 시행하여 각별히 틀림이나 어김이 없게 함이 마땅하다.

광서(光緖) 33년(1907) 10월 16일
광덕사(光德社)

14. 간도파출소 관내 일반상황 보고 사본의 송부

- **원문제목** 間島派出所管內一般狀況報告寫本의送付(原案1册)
- **날짜** 융희 2년(1908) 1월 14일
- **발신** 통감부 부통감(統監府副統監) 소네 아라스케[曾禰荒助]
- **수신** 내각총리대신(內閣總理大臣) 이완용(李完用)

메이지 40년(1907) 12월 11일부터 같은 달 20일까지 간도지방 일반상황에 관해 사이토[齋藤] 파출소장으로부터 별지와 같은 보고가 있으므로 해당 사본을 송부합니다.

메이지 41년(1908) 1월 14일
통감대리 부통감 자작 소네 아라스케
태자소사 내각총리대신 이완용 각하

부(附). 간도 관내 일반상황「순보」
- 날짜: 융희 원년(1907) 12월 26일
- 발신: 간도파출소장 사이토 스에지로
- 수신: 통감부 부통감 소네 아라스케

통파순(統派旬) 제13호
순보(旬報)
12월 11일부터 동월 20일까지

메이지 40년(1907) 12월 26일
통감부 파출소장 사이토 스에지로
부통감 자작 소네 아라스케 귀하

1. 지방 일반상황

청국 관헌 및 청병의 불법행위는 본순(本旬) 들어 더욱 심해졌다. 혹은 한민을 큰 소리로 위협하고, 혹은 무상징발을 하고, 혹은 이유 없이 한국민을 구타하고, 혹은 단발(斷髮) 한인을 두만강 이남으로 추방하고, 혹은 일진회원을 무법으로 체포하는 등 한때 크게 지방 민심을 소요(騷擾)시키고 질서를 교란(攪)시켰지만, 우리는 매사에 그 불법을 항의하고 교섭을 이루어 각종 문제를 해결한 결과(천보산사건, 칠도구 오지의 일인·청인 공동 목재 벌채 금지사건은 별개로 하고), 순말(旬末)에는 인심이 다소 잠잠해졌다.

2. 청국 관민의 한국민에 대한 불법 폭압행위

본순(本旬)에 들어 청국 관민이 한국 인민에게 가한 불법 폭압이 거듭된 사실은 다음과 같다.

(1) 단발 한인을 추방한 사실: 12월 13일 오전 11시경, 회령간도(會寧間島) 사기동(砂器洞)에 있는 파판소 사무장 손체안(孫棣安)은 청국 도향약(都鄉約) 1명, 향약(鄉約) 4명을 해당 사무소에 초치(招致)하여 회령간도에 거주하는 산발(散髮) 한인, 일진회원 및 통감부 파출소에서 임명한 도사장(都社長)·사장·촌장 등을 두만강 우안(右岸)으로 추방할 것을 명함에 따라 학성촌(鶴城村) 거주 향약 맹순학(孟順學) 및 강역촌(江域村) 향약 김경순(金京順) 2명은 즉시 손체안의 명을 촌민에게 전달하였음(다른 향약은 아직 해당 명령을 촌민에게 전하지 않았음). 그런데 단발자(斷髮者), 일진회원 등은 전날 온 청병에게 구타당하고, 또 자주 가택을 수색당했을 뿐만 아니라, 현재 같은 날 학성촌 일진회 지회장, 동(同) 서기, 강역촌 촌장 등이 청국 관헌에게 무법으로 구인된 것을 알고 더욱 크게 두려워하여, 혹은 도문강(圖們江) 우안으로, 혹은 다른 곳으로 도망쳤음. 본건에 대해서는 즉시 헌병소위 모리카와 토루[森川亨]를 동지(同地)에 파견하여, 한편으로는 청국 관헌의 불법행위를 방지하고, 또 한편으로는 한민에서 설명하여 보이며 그 복귀에 힘쓴 결과, 13일 이후 도망친 한민은 17~18일에 모두 귀가하였고, 진심으로 우리 관헌의 보호를 감사해함.

(2) 청관(清官)의 무상징발 사실: 이달 초순에 무산간도(茂山間島) 숭화사(崇化社) 대옥석동[大玉石洞] (복사평 헌병분견소에서 동남쪽 약 10리)에 설치한 파판소 소장 양중월(梁中

月)은 약 39명의 병사를 인솔하여, 한편으로 위력을 보이고, 한편으로 호수(戶數)·인구·가축·지번 등의 조사에 종사함. 그 숙박 및 식량 등에 대해서는 전부 이것을 인민에게 명하고 하나도 그 대가를 지불하지 않았기 때문에, 인민은 매우 곤란을 느끼고 있었다고 함.

(3) 일진회원이 체포 수금(囚禁)된 사실: 12월 12일 학성촌(鶴城村) 일진지회장 박우영(朴禹英), 동(同)서기 남병환(南軿煥)은 청병의 징세(徵稅)를 방해한다는 이유로 청병에게 구타당함. 남병환은 부상을 입지 않았지만 박우영은 양팔과 등 부분에 창상을 당하였음. 다음 날 학성 수비대장 진홍향(陳鴻鄉)은 병사 4명을 데리고 와 두 사람을 인치하고(박우영은 부상 때문에 보행을 견디지 못하여 牛車로 운반하였음), 손체안(孫棣安)이 여러 가지 심문을 하고 포박한 뒤, 그날 밤 그 지역을 출발하여 대랍자(大拉子)·동성용가(東盛湧街)를 지나, 16일 국자가(局子街) 남영에 송치하였음. 위에 대해서는 구스노[楠野] 사무관을 남영에 파견하여 항의를 제기하여, 서기 남병환만은 이달 17일에 방환(放還)하였음.

(4) 강역촌(江域村) 촌장이 인치된 사실: 동(同)촌장은 이전에 청병의 향약(鄉約)으로 근무했음에도 불구, 일·한(日·韓) 관리에게 복종했다고 하여 청병이 그를 체포하고, 사기동(砂器洞) 병영에 인치하여 태(笞) 20대에 처한 뒤, 그를 위 일진지회장과 같이 국자가(局子街) 남영에 송치시켰지만, 전 항(項)의 남병환(南軿煥) 서기와 동시에 석방되었음.

3. 청국 관민의 우리 관민에 대한 태도

전순(前旬) 이래 청국 관헌에서는 병기(兵器)를 사용하지 않는 범위에서 마음껏 폭력을 휘둘러 우리에게 부딪히려고 하는 것과 같이, 본순(本旬) 들어 우리 관민에 대해 다음에 기술한 불법행위를 행하였다.

(1) 현덕승(玄德勝)사건: 왕전(往電) 제59호로 대강 보고하고, 다시 특보 제18호로 상세히 보고하였음.

(2) 한국 순검 인치사건: 왕전(往電) 제60호 및 특보 제18호로 보고를 마쳤음.

(3) 일본인의 수출물 과세(課稅) 건: 12월 17일 해당 용정촌(龍井村) 금성상회(金城商會) 지배인 아사이 히코이치[淺井彦市]가 조(粟) 수십 석(石)을 중국[支那] 마차 10량(輛)에 적재하고 회령(會寧)으로 운반하던 도중, 신흥평(新興坪)에 이르자 동

지(同地) 청국 세무국원 곽수산(郭壽山)이 종래 관례에 반하여(종래는 일본인의 곡물 수출에는 과세하지 않았음) 아사이로부터 수출세를 징수하려고 그 통행을 막았기에, 아사이는 그 보호를 동지 헌병에게 신청하였음. 이에 헌병은 동국(同局)에 이르러 그 이유를 물었는데, 곽수산은 어느 나라 사람임을 묻지 않고, 이 지역을 통과하는 곡물 수출자에게는 징세한다고 답을 하였기 때문에, 헌병은 그것이 구례(舊例)에 반하는 것임을 따졌음. 곽수산은 귀관이 우리가 징세를 하는 데 방해를 하는 것이라면, 대랍자(大拉子) 청국 관헌을 동행시키라고 강요하였고, 동(同) 헌병은 그럴 필요가 없다고 답을 하였는데도, 그는 억지로 동행시키려고 무법임에도 동 헌병의 손을 잡아끌고 가려고 하였음. 이에 동 헌병은 그 손을 뿌리치고 그 행위가 불법임을 논하고 무사히 아사이를 통과시켰음. 본건에 대해서는 실제 일본인의 수출물에 대해 징세하지 않는 것은 종래의 관례로 하고, 실제로 9월 13일 헌병으로 하여금 동국 징세 방법을 조사시켰을 때도 국원(局員) 왕진(王振)은 동 헌병에게 일본인의 수출물에는 과세하지 않는다는 방침이라고 분명히 말하였음. 이에 동국(同局)에는 신흥평 분견소 헌병으로 하여금 만약 종래 관례에 반하여 과세한다고 하면, 그 취지를 우리 파출소에 통지해야 한다는 뜻을 제기하여 두었음.

4. 천보산(天寶山)의 현상(現狀)

천보산 상황은 전순(前旬)과 다를 바 없다(往電 제63호 상태임).

5. 길림(吉林)·국자가(局子街) 간의 전신(電信)

11월 1일(淸曆)부터 개통한다는 내용을 보고한 길림 · 훈춘 · 국자가 간의 전신(電信)은 겨우 11월 16일(음력 12월 20일)에 이르러 통신사무를 개시하였다.

6. 도문강(圖們江)의 결빙

본순(本旬)은 차가운 기운이 대단히 심하여 하천이 완전히 빙결(氷結)되었다. 지금 도문강(圖們江) 결빙기(結氷期)에 대해 조사하는 바는 다음과 같다.

(1) 최초로 조금 빙결된 것은 11월 15일.

(2) 양안(兩岸) 빙결로 인마(人馬)의 교통을 차단한 것은 12월 15일.

(3) 유수(流水)가 완전히 빙결되고(얼음의 두께가 평균 약 1尺) 인마가 빙상(氷上)을 통과하기에 이른 것은 12월 18일.

7. 소내(所內) 집무 상황

청국 관민의 폭위(暴威)가 날로 증가함에 따라 한민이 질고(疾苦)를 호소하는 일이 나날이 보다 많아지고, 이것 때문에 소수의 소원(所員)을 한편으로 현장에 출장시키고, 또 한편으로 변무공서(邊務公署: 陳昭常이 주재하는 관아)[71]에서 교섭하게 하는 등, 총무과·감찰과·경무과·헌병대 모두 전순(前旬)에 배(倍)로 곤란하고 매우 바쁘다. 조사과는 전순에 이어 조사 보고서 작성, 기계 기구의 정리, 지도 제작 등에 종사하고 있다.

이상 보고드립니다.

---

71 1907년 8월 일본이 용정에 통감부 임시 간도파출소를 세우고 간도 지역의 귀속이 미결 상태라는 핑계를 내세워 연변 지역을 차지하려 하자, 청 정부는 이에 대한 대응으로 변무공서를 세우고 간도에 대한 기득권과 통치권 확보를 위해 나섰다. 먼저 일본의 파출소 진출에 적절히 대처하지 못한 길강군(吉强軍) 통령 호전갑(胡殿甲)과 연길청 지부 완충식(阮忠植), 그리고 길림영무처 총판 여준(余濬) 등 지방관들을 파직시키고 파출소 관헌이 두만강을 건널 때 저항한 영관(營官) 진린새(陳麟璽)를 길강군 통령으로, 도빈(陶彬)을 연길청 지부로 임명하였다. 그리고 간도에 대한 군비를 강화하고 파출소와의 교섭을 길림성 정부에서 관여한다는 입지에서 국자가에 길림변무공서(吉林邊務公署)를 설치하고 1907년 10월에는 부통령 진소상(陳昭常)을 간도변무독판(間島邊務督辦)으로, 협도통 오록정(吳祿貞)을 방판(幇辦)으로 임명하였다. 진소상은 구미를 순회한 적이 있고 영어를 해독할 정도의 신식관료였고, 오록정도 일본 유학생 출신이었다. 청 정부가 이들을 간도변무의 책임자로 임명한 것은 간도 문제 해결에서의 국제법이 갖는 영향을 감안했기 때문으로 보인다.

15. 백두산 감계(勘界) 문제에 관한 주한 청국공사의 공문 차람(借覽) 요청

- **원문제목** 白頭山勘界問題에關한駐韓淸國公使의公文借覽要請(原案1冊)
- **날짜** 융희 2년(1908) 1월 19일
- **발신** 통감부 부통감(統監府副統監) 소네 아라스케[曾禰荒助]
- **수신** 내각총리대신(內閣總理大臣) 이완용(李完用)

기밀통발(機密統發) 제81호

서한을 보내어 말씀드립니다. 아뢸 말씀은 귀국 정부가 소장하고 있는 조회집(照會集) 중에 광서(光緖) 14년(1888) 4월 28일 자로 당시 경성(京城) 주재 청국 공사 원세개(袁世凱)[72]가 조(趙) 외무대신(外務大臣)[73]에게(어제 귀 독판이 내방하여 면담한 바에 의하면) "백두산 감계(勘界)의 일[74]은 조선 국왕이 이전의 감계 교섭에 동의하지 않는다고 하면서 귀

72 원세개(袁世凱, 1859~1916)는 청말의 무관, 군인이며 중화민국의 초대 대총통, 중화제국의 황제이다. 동학혁명 때 조선 주재 공사로 청의 세력 부식에 진력하였고, 청일전쟁을 유발하였다. 1898년 무술변법을 일으켜 서태후의 총애를 받아 군기처 대신과 외무부 상서의 요직을 역임하였다. 서태후 사후 실각하여 은퇴하였다가, 1911년 신해혁명이 일어나자 다시 기용되어 총리대신의 자리에 앉아 실권을 잡았으며, 난징 정부의 양보를 받아 청나라 황제의 퇴위와 동시에 임시 대총통이 되었다. 그 뒤 제국주의 열강의 지지를 배경으로 혁명의 성과를 무력하게 하였으며, 1913년의 제2혁명을 무력으로 진압하였다. 1915년 1월, 일본의 21개조의 요구를 수락하여 1915년에 황제로 즉위하였으나, 이로 인한 중국 민족주의의 고양과 반제(反帝) 토위안(討袁)의 기세가 제3혁명으로 폭발하였다. 이듬해 혁명 진행 중인 그해 6월에 죽었다.

73 당시의 외부대신 조병식(趙秉式, 1823~1907)을 말한다. 1858년(철종 9) 정시문과에 병과로 급제한 후, 성균관 대사성, 강화부 유수, 충청도관찰사, 대사헌, 예조판서, 형조판서 등 주요 요직을 거쳤고, 1887년 외부독판이 되어 이듬해 러시아의 베베르(Veber, K. I.)와 조러육로통상장정(朝俄陸路通商章程)을 체결하기도 하였다. 1889년 함경도관찰사로 있으면서 방곡령을 선포하였고, 동학교도를 탄압하여 동학농민운동의 원인을 제공하였다. 이후로는 황국협회를 배후에서 조종하며 독립협회 타도에 앞장섰다.

74 '감계(勘界)'란 실지 측량 조사로 변경을 확정하는 일을 말한다. 조선과 청국은 1885년과 1887년 두 차례에 걸쳐 본격적인 영유권 협상을 전개했지만, 양측의 주장은 평행선을 달려 타결되지 못한 채 미해결 상태로 남아 있었다. 하지만 청일전쟁을 계기로 영유권을 둘러싼 조청 간의 논의는 새로운 전환기를 맞이하게 되었다. 조선에 대한 청국 세력의 후퇴, 청국의 횡포에 대한 간도 거주 조선인들의 보호 요청과 영유권 주

국 황제께 전주(轉奏)하여 조사한 뒤에 별도로 감계할 것을 명령해달라고 청하였습니다. 이중하(李重夏)[75]는 일찍 가는 것이 편하겠지만, 귀국 위원을 오래 기다리게 하면 비용을 허비시키기 때문에 내부의 복답(覆答)을 가지고 파견해야 할 것입니다. 청컨대 귀관께서 상신(上申)하여 회답을 얻고자 한다는 희망에 따라 조속히 이홍장(李鴻章)[76]에게 전보한

장, 의화단사건을 계기로 러시아의 중국 동북부 진출로 인해 동아시아 국제질서는 변화하기 시작했다. 조선정부도 청국에 대해 적극적으로 '토문=송화강 상류'라는 논리를 근거로 간도에 대한 영유권을 주장했다. 그러나 러일전쟁에서의 일본의 승리를 계기로 간도 문제는 다시 새로운 국면을 맞이했다. 일본은 러일전쟁 도중에 처음으로 간도 문제에 개입할 의사를 표명했다. 러일전쟁의 승리는 일본의 간도 문제 개입을 현실적으로 만들었다. 한국주차사령부, 통감부, 일본외무성 등은 경쟁적으로 간도 문제에 개입하며 간도가 조선의 영토라는 근거를 찾아내어 장래 간도를 일본 영토로 편입하겠다는 의도를 보이었다(이규수, 2006,「일본의 간도영유권에 대한 인식과 통감부 임시간도파출소」,『담론』9(1), 참조).

75 이중하(李重夏, 1846~1917)의 본관은 전주(全州)이고, 자는 후경(厚卿), 호는 규당(圭堂)·탄재(坦齋)이다. 1882년(고종 19) 증광문과에 병과로 급제, 홍문관교리가 되었고, 1885년 공조참의·안변부사가 되었다. 안변부사 재직 시 토문감계사(土門勘界使)가 되어 청국 측 대표 덕옥(德玉)·가원계(賈元桂)·진영(秦瑛) 등과 백두산에서 백두산정계비와 토문강지계(土門江地界)를 심사하였다. 국경 문제를 놓고 담판을 벌였으나 견해차가 심한데다 청국 측이 강압적인 태도로 나와 회담은 실패하였다. 1886년 덕원항감리(德源港監理)가 되었다가 1887년 다시 토문감계사가 되어 회담을 재개했는데, 청국 측이 조선 측의 주장을 거절, 위협하자 "내 머리는 자를 수 있을지언정 국경은 줄일 수 없다"며 끝내 양보하지 않았다. 1890년 이조참의, 1894년 외무부협판·의정부도헌이 되었고, 동학운동이 일어나자 경상도선무사(慶尙道宣撫使)·영월영천안핵사(寧越永川按覈使)·경상도위무사(慶尙道慰撫使)로 진압에 앞장섰다. 그해 말 김홍집 내각의 내무부협판이 되어 갑오농민운동 때 중요한 역할을 하였으나, 이듬해 김홍집 내각이 무너지고 지방제도가 개편되자 대구부관찰사로 임명되었다. 관찰사 재직 시 을미의병 봉기로 많은 관리가 희생되었으나 이중하는 민심을 얻어 무사하였다. 1898년 만민공동회(萬民共同會)의 요구로 성립된 중추원에서, 무기명투표로 11명의 대신후보자를 선출할 때, 2위로 천거되기도 하였다. 1903년 외무부협판 칙임2등(勅任二等)이 되어 문헌비고찬집당상(文獻備考纂輯堂上)을 맡았다. 그 뒤 평안남도관찰사·경상북도관찰사·궁내부특진관을 거쳐 장례원경(掌禮院卿)이 되었다. 1909년 일진회(一進會)가 대한제국과 일본의 '정합방론(政合邦論)'을 주장하자 민영소(閔泳韶)·김종한(金宗漢) 등과 국시유세단(國是遊說團)을 조직하여 그해 12월 5일 원각사(圓覺社)에서 임시국민대연설회를 열고, 그 주장이 부당함을 공격하였다. 또, 1910년 규장각제학으로 일제의 강점에 극렬히 반대하였다. 지방관리 재직시 청렴하고 강직한 인품으로 이름이 높았다.

76 이홍장(李鴻章, 1823~1901)은 청말의 정치가로 자는 소전(少荃), 호는 점보(漸甫), 시호는 문충(文忠)이다. 1847년 진사에 합격, 1862년 증국번(曾國藩)의 추천으로 강소순무사(江蘇巡撫使)가 되어 태평군(太平軍)의 진압에 공을 세웠고, 후에 각지에서 일어나자 염비(念匪)·회비(回匪) 등의 난을 평정하여 청조 멸망에서 구해냈다. 1870년 직례총독(直隸總督) 겸 북양 대신(北洋大臣)·내각태학사(內閣太學士) 등을 역임하는 동안 지부조약(芝罘條約), 1895년에 시모노세키 조약[下關條約], 1896년의 청로밀약(淸露密約), 1900년 의화단(義和團)사건의 베이징 조약[北京條約] 등 다난한 외교 절충에 공을 세웠다. 한편 1863년 외국어 학교의 설립, 1867년 병기창(兵器廠)의 창설, 육해군(陸海軍)의 편성, 유학생의 파견 등 중국의 근대화에 노력하였다. 1880년 한국 관제 개혁 후에 청인(淸人) 마건상(馬建常) 등 3인을 천거하여 정치·외교·관세(關稅) 각처에 고문을 두게 하여 한국은 완전히 이홍장의 절제를 받게 되었다. 말년에 숙의백(肅毅伯)에 피봉되고

바, 다음과 같은 답전이 있었으므로 보여드립니다. 백두산 감계의 일은 한국이 만약 별도의 의견이 있다면 장차 총리아문(總理衙門)으로 옮겨 명백히 처리할 것입니다"라고 운운한 조회를 한 사실이 기재되어 있는 내용입니다만, 위는 현재 북경에서 교섭 중인 간도 문제에 관한 담판상, 극히 필요한 증거 서류라고 인정됨으로 해당 원본을 매우 빨리 보내어 주시기를 바랍니다. 이 건에 대해 여쭙고 고견을 듣고자 합니다. 드림.

[추신] 본문의 서류는 매우 시급[至急]을 요하므로 만약 본서(本書)를 찾지 못하신다면, 먼저 등본만이라도 번거로우시겠지만 속히 보내주시기를 바랍니다.

메이지 41년(1908) 1월 19일

통감대리 부통감 자작 소네 아라스케

태자소사 내각총리대신 이완용 각하

사후 공작(公爵)이 추증되었다.

16. 간도 관내 일반상황 보고 사본의 송부

- **원문제목** 間島管內一般狀況報告寫本의送付(原案1册)
- **날짜** 융희 2년(1908) 1월 27일
- **발신** 통감부 부통감(統監府副統監) 소네 아라스케[曾禰荒助]
- **수신** 내각총리대신(內閣總理大臣) 이완용(李完用)

별지 간도파출소 순보(旬報) 제14호 사본, 참고를 위해 송부합니다.

메이지 41년(1908) 1월 27일
통감대리 부통감 자작 소네 아라스케
태자소사 내각총리대신 이완용 각하

부(附). 간도 관내 일반상황「순보」
- 날짜: 융희 2년(1908) 1월 9일
- 발신: 간도파출소장 사이토 스에지로
- 수신: 통감부 부통감 소네 아라스케

통파순(統派旬) 제14호
순보(旬報)
12월 21일부터 동월(同月) 31일까지

메이지 41년(1908) 1월 9일
통감부 파출소장 사이토 스에지로
부통감 자작 소네 아라스케 귀하

1. 지방 일반상황

본순(本旬)은 지방 일반은 비교적 평온하였다. 아마도 청국 관헌은 우리의 강경한 태도와 신중한 조치에 대해 종래의 그들의 위압적 주의가 유리하지 않음을 깨닫고 점차 그 태도를 고치어 각 지방 관리로 하여금 행동을 신중하게 하려는 것이기 때문일 것이다. 현재 길림에 출장 중인 오록정(吳祿貞)은 동지(同地)에 순회하러 올 서(徐) 총독(總督)[77]을 회견하고 간도의 각종 문제에 대해 지시를 청한다고 말하니, 그가 귀환 후 시설은 크게 주의를 요해야 한다.

2. 청국 관헌의 동정(動靜)

전기(前期)와 같이 오록정(吳祿貞)은 서(徐) 총독을 회견하기 위해 12월 16일 국자가(局子街)를 출발하여 동(同) 23일 길림에 도착하였다. 진소상(陳昭常)은 이번에 훈춘부도통(琿春副都統)을 겸하게 되어, 오록정의 귀환을 기다려 동지(同地)에 출장을 가야 한다고 하였다. 그리고 오래 동지에 머무를 것인지, 혹은 일시 출장인지는 오록정 귀환 뒤 확정된다고 하였다. 종래 길강군(吉强軍) 중영(中營)이라고 칭하여 오던 국자가 서남쪽 약 2,000m에 있는 남영(南營)은 이달 22일경부터 변무공서(邊務公署)로 개칭하여 그 편액(扁額)을 걸었고, 순검 인치사건은 청국 관헌에서 손체안(孫棣安: 사기동 파판소장) 이하의 불법행위를 인정하고, 손체안은 면직에, 청병 중 1명은 1개월분 감봉에, 그 외 3명은 각 태형(笞刑) 20대에 처해졌다. 손체안의 후임자 손부귀(孫富貴)라는 자가 이달 26일 사기동에 도착하였다.

---

77 동삼성총독(東三省總督) 서세창(徐世昌, 1855~1939)을 말한다. 서세창은 하남성 출신으로 청년시절 원세개(袁世凱)와 의형제를 맺은 인연으로 1897년 북양군의 실력자가 된 원세개의 막료로서 일하게 되었고, 그의 밑에서 계속 승진하였다. 1904년 북경의 치안을 맡은 경부상서(警部尙書)가 되고, 1907년에는 흠차대신(欽差大臣)에 임명되어 만주 3성(헤이룽장성, 지린성, 랴오닝성)의 총독 겸 3성을 관할하는 장군에 임명되었다. 여기서 서세창은 외국과의 통상을 활성화하고 철도를 부설하는 등의 조치를 취해 이곳에 세력을 뻗히려는 러시아와 일본의 세력을 막아내려 노력하였다. 신해혁명 후 서세창은 군자대신(軍諮大臣), 국무경(國務卿)을 거쳐 1918년에는 국회선거를 통해 총통까지 올랐다.

3. 청국 관민의 한국 신민에 대한 불법 폭압행위

청국 관헌이 채택한 유일한 이기(利器)라고 하는 폭위(暴威)적 압박도 우리가 주도하는 주의(注意) 하에서는 이것이 쓰일 여지가 적다. 따라서 시도하면 따라서 항의함으로써, 동(同) 관헌에서도 그 후 크게 경계를 가하여 온 결과, 본순(本旬) 간에는 거의 전혀 불법 폭압한 사실이 없었다. 아래에 기술한 두 건과 같은 것은 전순(前旬)에 발생한 건으로 본순 들어 이를 탐지한 것이다.

(1) 12월 18일 사기동(砂器洞) 병영의 청병 2명은 인화사(仁化社) 남호기촌(南湖基村) 황인선(黃仁善)이라는 자의 집에 이르러, 동인(同人)이 보리를 절구에 넣고 절굿공이로 찧고 있는 것을 보고 술을 양조하는 것이라고 하고, 동인을 동촌(同村) 최정화(崔丁華)라는 자의 집으로 연행함. 또 동가(同家)를 수색하여 그 선반 위에 있는 누룩을 발견하고는 술을 밀조(密造)하려고 한다며 동인들을 인솔하려고 함. 청병은 한화(韓貨) 100냥을 내면 이를 면한다고 말하였고, 마침내 두 사람이 일화(日貨) 10원씩을 받고 떠났음.

(2) 대랍자(大拉子) 파판소 사무소장 부회란(傅廻瀾)은 이달 초순 화룡사(和龍社) 사장 채명오(蔡明吾: 當所에서 사장으로 임명한 자) 및 한인 박순언(朴旬彦) 두 사람을 초치(招致)하여 청국 사장에 임명하였음. 또한 변발(弁髮)과 청국 복장을 하라고 권유하였음. 위 사실을 탐지하였으므로 12월 27일 모리카와[森川] 헌병중위를 해당 파판소에 보내어 우리 파출소에서 임명한 사장에게 다시 청국 사장을 명하는 것이 불편하다는 것 및 타국인에게 자국 풍속을 요망하는 것이 불법인 것을 경고하였음. 또 위는 과연 상관의 명령에서 나온 것인지 아닌지를 확인하였는데, 부회란은 이러한 일들은 완전히 자기 혼자 생각하고 진(陳) 독판(督辦)의 명령이 아님을 변명하였음. 또한 채명오를 청국 사장으로 명한 것을 취소하고, 두 사람에게 청국 풍속을 요망한 것을 중지할 것을 승낙하였음.

4. 청국 관헌의 우리 관민에 대한 태도

청국 관헌의 우리 관민에 대한 태도는 따로 이변(異變)을 인정하지 않지만 본순(本旬) 들어 새롭게 아래 두 건이 발생하였다.

(1) 우편 체송인(遞送人)에 관한 건: 특보로 보고를 마쳤음.

(2) 아사이[淺井] 상회(商會) 대 낭복순(朗福順)사건: 전보(電報)로 상세히 보고하였음. 천보산(天寶山)의 청국 주둔병은 이달 들어 5명이 증가하였지만, 일본인에게는 오히려 이전에 비해 완화되어 가는 상황임.

5. 본순(本旬) 말의 간도 주재 일본인의 호수·인구 및 직업별

별지 제1호 표와 같다.

6. 지방 위생 및 시료(施療, 무료 치료) 상황

지방 일반의 위생 상황은 한기(寒氣)가 늠렬(凜烈)함에 따라 전염성 질병도 거의 절멸하여 대체로 양호한 상태이고, 헌병대부(憲兵隊附) 군의(軍醫)로 하여금 토민에게 시료(施療)와 시약(施藥)을 하게 하는 것 및 동관(同官)이 다루는 40년(1907) 8월 24일부터 12월 26일까지 총환자 수는 별지 제2호 표와 같다.

7. 청병 보충원(補充員)의 도착

이달 24일 보충 헌병이 도착하였다.

8. 향후 순보(旬報)를 멈추고 월보(月報)로 대신하려고 함

종래 제출하여 온 순보(旬報)는 올해까지로 이를 멈추고, 이후 대신하여 월보(月報)로서 하려고 한다.

<일본인 호수(戶數)·인구표>

- 용정촌(龍井村): 호수(戶數) 19, 인구 남자 48, 여자 28, 계 76.
- 동성용가(東盛湧街): 호수 2, 인구 남자 1, 여자 1, 계 2.

- 국자가(局子街): 호수 7, 인구 남자 8, 여자 14, 계 22.
- 동불사(銅佛寺): 호수 1, 인구 남자 없음, 여자 3, 계 3.
- 천보산(天寶山): 호수 없음, 인구 남자 10, 여자 없음, 계 10
- 합계, 호수 29, 인구 남자 67, 여자 46, 계 113.

[비고] 파출소원 · 헌병대원 · 우편국원 및 고용인은 게재하지 않았음.

<일본인 직업별표>

- 잡화점: 용정촌 3, 동성용가 없음, 국자가 2, 동불사 없음, 천보산 없음, 계 5.
- 청부업(請負業): 용정촌 1, 동성용가 없음, 국자가 없음, 동불사 없음, 천보산 없음, 계 1.
- 요리점: 용정촌 4, 동성용가 없음, 국자가 4, 동불사 1, 천보산 없음, 계 9.
- 음식점: 용정촌 5, 동성용가 없음, 국자가 없음, 동불사 없음, 천보산 없음, 계 5.
- 과자 제조 판매업: 용정촌 2, 동성용가 없음, 국자가 없음, 동불사 없음, 천보산 없음, 계 2.
- 목수직[大工職]: 용정촌 13, 동성용가 · 국자가 · 동불사 · 천보산 없음, 계 13.
- 미장이[左官職]: 용정촌 1, 동성용가 · 국자가 · 동불사 · 천보산 없음, 계 1.
- 톱장이[木挽職]: 용정촌 3, 동성용가 · 국자가 · 동불사 · 천보산 없음, 계 3.
- 요리인(料理人): 용정촌 3, 동성용가 · 국자가 · 동불사 · 천보산 없음, 계 3.
- 재봉직: 용정촌 1, 동성용가 · 국자가 · 동불사 · 천보산 없음, 계 1.
- 이발업: 용정촌 1, 동성용가 · 국자가 · 동불사 · 천보산 없음, 계 1.
- 운송업: 용정촌 1, 동성용가 · 국자가 · 동불사 · 천보산 없음, 계 1.
- 고용인[雇人]: 용정촌 10, 동성용가 · 국자가 · 동불사 · 천보산 없음, 계 10.
- 매약업(賣藥業): 용정촌 없음, 동성용 1, 국자가 3, 동불사 · 천보산 없음, 계 4.
- 광산사무원: 용정촌 없음, 동성용가 없음, 국자가 없음, 동불사 없음, 천보산 4, 계 4.
- 갱부: 용정촌 · 동성용가 · 국자가 · 동불사 없음, 천보산 6, 계 6.
- 예기(藝妓): 용정촌 6, 동성용가 · 국자가 · 동불사 · 천보산 없음, 계 6.
- 작부(酌婦): 용정촌 14, 동성용가 없음, 국자가 10, 동불사 2, 천보산 없음, 계 26.
- 기타: 용정촌 8, 동성용가 1, 국자가 3, 동불사 · 천보산 없음, 계 12.
- 합계, 용정촌 76, 동성용가 2, 국자가 22, 동불사 3, 천보산 10, 계 113.

[비고] 본표 중 기타는 아내[妻] 또는 아직 직업이 없는 자임.

<메이지 40년 8월 24일부터 12월 26일까지 환자표>

- 새 환자 수: 일인 76, 한인 1,141, 청인 242, 계 1,459.

[비고]

1. 본 표 중 일인 구획원(區劃員) 수는 파출소 헌병대 이외 이주민 환자이다.
2. 본 표 중 최다 질병은 외피병(外被病) 및 안병(眼病)으로 이병(耳病)·영양기병(榮養器病)이 그다음이다.
3. 경증으로 일시성(一時性) 질병은 본 표에 게재하지 않았다.

17. 간도 관내 일반상황 보고 사본의 송부

- **원문제목** 間島管內一般狀況報告寫本의送付(原案1册)
- **날짜** 융희 2년(1908) 2월 24일
- **발신** 통감부 부통감(統監府副統監) 소네 아라스케[曾禰荒助]
- **수신** 내각총리대신(內閣總理大臣) 이완용(李完用)

기밀통발(機密統發) 제244호

삼가 아뢰옵니다. 아뢸 말씀은 올해 1월 1일부터 동월 31일까지 간도 상황으로, 해당 부 파출소장대리(派出所長代理) 시노다 지사쿠[篠田治策][78]로부터 별지 사본과 같은 보고가 왔으므로 참고를 위해 송부합니다. 드림.

메이지 41년(1908) 2월 24일
소네[曾禰] 부통감
이(李) 내각총리대신 각하

부(附). 간도 관내 일반상황 「월보」

- 날짜: 융희 2년(1908) 2월 7일

---

78 시노다 지사쿠[篠田治策, 1872~1946]는 일본의 법학자이자 관료이다. 시즈오카현(静岡縣) 출신으로 1899년에 동경제국대학 법과대학 법률학과를 졸업했다. 변호사로 활동하다가 1904년 러일전쟁이 발발하자 육군성 국제법사무촉탁으로 임명되어 제3군의 국제법 담당 고문으로 종군하고, 여순요새사령부 고문을 겸직하였다. 1907년 통감부임시간도파출소의 설치가 결정됨에 따라 사이토 중좌의 요청으로 한국 통감부의 촉탁이 되어 간도파출소의 총무과장이 되었다. 1910년 이후에는 평안남도 총무부장·내무부장을 지내다가 1919년 평안남도지사에 임명되었다. 평안남도지사로 재직한 1923년까지 러일전쟁에서의 전시국제법 연구 등으로 법학박사를 수여받았다. 도지사 퇴임 후 1932년 이왕직 장관에 임명되었다가 1940년 경성제국대학 총장을 맡아 1944년까지 재직하였다.

- 발신: 간도파출소장대리 시노다 지사쿠
- 수신: 통감부 부통감 소네 아라스케

통파월보(統派月報) 제1호

월보(月報)

1월 1일부터 동월 31일까지

메이지 41년(1908) 2월 7일

통감부 파출소장대리 총무과장 시노다 지사쿠

부통감 자작 소네 아라스케 귀하

1. 지방 일반상황

지방은 일반적으로 평온하다. 이달은 음력 세밑[歲末]으로 청·한인은 모두 월년(越年) 준비에 바쁜 것 같다. 각 시가(市街) 및 시장은 이달 초부터 매우 성황으로, 이를 예년과 비교하면 매우 번성하다. 한·청인의 말에 의하면 예년 세밑에는 마적, 기타 강·절도 피해를 듣지 않은 적이 없었는데, 올해는 이러한 풍문이 전혀 없어 안온한 세밑이라고 한다. 예년에는 연말에 이르면 간도 내 청·한인은 월년 준비를 위해 북한 지방에 조(粟)를 매출(賣出)하는 것을 관례로 하였는데, 올해는 각지의 우역(牛疫) 유행 때문에 많은 폐우(斃牛)가 발생하여 그 운반력이 떨어져 예년과 같은 수출을 보지 못했다. 그러나 우리 일·한 관리가 와서 재임한 이래 지방 물자의 구매가 증가하였고, 또 국자가(局子街) 지방에서도 다수의 청병이 증가되었기 때문에 구매력이 현저하게 늘어나 지방은 일반적으로 그 이택(利澤)을 받고 있는 것 같다. 그러나 또 한편으로는 이 세밑의 징세·징금(徵金)의 시기를 이용하여 청국 관·공리의 부당한 징수가 행해졌고, 그중에는 전혀 징세자 자격이 없는 자까지 한국 인민으로부터 징금하는 일이 있다.

2. 청국 관헌의 한국민에 대한 불법행위

청국 관헌의 한국민에 대한 태도가 약간 신중해진 것은 각지에서 인정하는 바이다. 이중 하나는 청국 관헌에서 우리 파출소를 꺼리는 것이고, 또 하나는 한인을 회유하여 자국 치정(治政)에 귀복(歸服) 시키려고 하는 결과일 것이다. 그러나 수년간 이어져 온 폭정압학(暴政壓虐)은 쉽게 제거할 수 없었고, 여전히 이달 동안에도 아래 수 건이 발생한 일이 있다.

(1) 폭학(暴虐) 사실

① 종성간도(鍾城間島) 광덕사(光德社) 광동촌(光洞村) 이경선(李京先) 집에 체재하고 있는 주상(酒商) 청국인 조한신(趙漢臣)은 이경선의 이웃집인 천(千) 아무개의 아내 이가(李哥)와 간통하고 있었음. 천의 이웃집에 사는 한인 이기선(李基先)은 어느 날 이를 이웃 사람에게 이야기한 적이 있음을 이가는 전해 듣고 조한신에게 알렸으므로 조한신은 이기선에 대해 적잖이 감정을 해치고 있었음. 그런데 조한신은 이기선에게 술값으로 한전(韓錢) 24냥의 받을 돈이 있었기 때문에, 1월 13일 이를 독촉하여 19냥 여를 수령하고 잔금 4량 반여의 부족에 대해서 이기선과 말다툼을 하였고, 조한신은 크게 화를 내며 귀가하였음. 같은 날 조한신은 오래된 대차(貸借) 관계를 호천포(湖川浦) 파판소에 고소하고, 또한 전날 밤 이기선이 작은 도끼를 가지고 우리 침실에 몰래 들어와서 자신은 실외로 도망쳤고, 물건 하나도 얻지 못하고 물러갔지만 아마도 절도할 생각이지 않았냐고 알림. 이에 1월 16일 파판소에서 청병 4명이 이기선 집에 이르러 동인(同人)을 체포하였음. 같은 날 파판소 소장 왕장령(王長齡)은 부재하였으므로, 서기 왕유림(王維霖)에게 본건의 취조를 하고 이기선은 조한신의 고소와 같이 야간에 침입한 적이 없다고 진술했으나, 왕유림은 사실을 속인다고 하며 청병 수명을 지휘하여 길이 3척(尺) 정도의 삼각형 봉으로 이기선의 둔부를 수백 회 구타해서 좌우 후퇴부(後腿部)에 각 길이 약 3촌(寸) 중 5분(分), 깊이 약 1분의 검상(劍傷)과 오른쪽 후퇴부에 1전(錢) 동화(銅貨) 크기의 타박상을 입히는 고문을 시도하였음. 그러나 모두 사실무근으로, 결국 이를 방환(放還)하고 이기선은 현재 자택에서 병상 중에 있음. 본건은 왕전(往電) 제23호로 대강 보고하였고, 동시에 진소상(陳昭常)에게 엄중히 조회해 둔바, 그 후 왕유림 사무관은 태(笞) 30에 처해지고 면

직되었다고 함.

② 사도구(四道溝)에 거주하는 한인 김기홍(金基鴻)이라는 자가 지금으로부터 4년 전, 청국인 노왕군(老王君)으로부터 조(粟) 7섬을 빌리고 아직 갚지 않고 무산간도(茂山間島)로 도주하였음. 그 후 사망하였는데 올해 1월 8일 노왕군의 의형(義兄) 정대정(鄭大廷)은 갑자기 청병 2명(총은 휴대하지 않았지만 군복을 착용하고 있었음)을 김기홍의 친족인 이증형(李曾亨) 집으로 데리고 와, 김기홍 대신 조를 갚지 않으면 너의 장남 이왕(李王)을 전하여 국자가(局子街) 청국 관헌에게 데리고 가 고문할 것이라고 강박(强迫)하였음. 이증형은 장남의 몸을 걱정하여 청화(淸貨) 19적(吊:日貨 약 7원)과 아편 4량(兩) 1전(錢)을 주고 그 포박을 면하였음. 그런데 다음 날 정대정은 이왕과 김기홍의 유복자를 국자가에 데리고 가 노총(老總: 司獄吏의 이름)에게 인도하였고, 노총은 두 사람을 수일간 여관에 숙박시켜 두고, 이후 두 사람에게 김기홍은 청인으로부터 조 7섬을 빌렸으므로 이에 이자를 더하여 총 14섬을 갚아야 하고, 또 너희들은 패소자라면 돈 100적을 당소(當所)에 납부해야 한다고 선고하였음. 이에 두 사람은 여관 주인에게 의뢰하여 납부금을 40적으로 감하여 납부하는 것의 승낙을 얻었음. 그리고 당장은 소지금(所持金)이 없었기 때문에 값어치 4원 정도의 은가락지 1개와 돈 2적 반을 납부하고, 나머지는 여관 주인의 보증으로 추후에 납부하는 것으로 하여 1월 14일 국자가를 출발해서 집으로 돌아왔음. 본건에 대해서는 노총에게 사실 최조 중임.

(2) 징세·징금(徵金)

① 1월 13일 동량상리사(東良上里社) 가전촌(柯田村)에서 국빈(局貧)하여 따르기 어렵다고 백방으로 애원하고 돈 27원(元)을 내고 사면받았음. 본건은 헌병에서 피해자 및 향약(鄕約) 허진세(許眞世)를 취조하고, 사기동(砂器洞) 파판소 소장 손부귀(孫富貴)에게 통지하여 청병의 처분을 요구한 바임. 이보다 앞서 손부귀도 본건의 취조에 착수하였지만 가해자가 판명되지 않았다는 취지를 회답하여 왔음. 그러나 가해자는 견장(肩章)이 있는 청병 복장을 하고 대검하고 있었을 뿐만 아니라, 1명은 왕(王), 1명은 배(裵)라고 칭했다고 이야기함에 따라 청병임에 틀림없을 것임. 이에 손부귀에게는 다시 조사를 요구하였음.

② 회령간도(會寧間島) 영화사(永和社)의 청국이 임명한 향약(鄕約) 김경순(金京順)과 동(同) 맹순학(孟順學, 모두 한인)은 여러 종류의 체당금[立替金]이 있다고 하여, 사내(社

內) 한민에게 합계 한화(韓貨) 2,700냥(日貨 450圓)을 배당하고 이를 징수시키려고 하였음. 그 체당 명목은 다음과 같음. 청국 관헌에서 고시를 붙이기 위해 출장 온 청병의 비각임(飛脚賃: 출장비), 청병 물건 운반을 위해 인민의 우차(牛車)를 사용한 임금 미지급으로 인한 체당금, 청국 관헌에 납부하는 정미대금(精米代: 향약에서 타지로부터의 정미를 구입한 대가를 체당 지불하지만 청국 관헌에서 상당 대금을 지불하지 않음에 따라 생긴 그 부족금) 청국 관헌에 입부(入付)하는 닭과 달걀 대금, 위 체당금이 있는 것은 인민은 전혀 이를 모르고 있음. 이에 헌병으로 하여금 위 향약에게 청국 관헌 혹은 청병의 미지급 또는 부족분은 동(同) 관헌에게 추구(追求)하였음. 인자가(人子街) 무민부(撫民府) 사환[小使]이라고 칭하는 청인 3명이 한인 이영수(李永洙) 집에 와 조금 양주(釀酒)한 것을 인지하고 고시 양식의 것을 내밀며 무면허로 주조(酒造)한 것은 본 고시에 위배하는 것이라고 하였음. 당시 동가(同家)에 우연히 있었던 한인 김현오(金賢五) 외 1명도 공범이 되었음. 3명에게 청화(清貨) 300적(吊)을 출금(出金)하라고 강요하였고, 3명은 이에 응하지 않았음. 그러자 즉시 김현오를 포박하여 청화 4냥을 내게 하고, 여전히 300적의 출금을 명하였음. 위 고소에 의해 헌병을 출장시켰는데 위 3명은 크게 두려워하여 이미 징수한 돈까지도 이를 투기(投棄)하고 도주하였음.

③ 1월 12일 두도구(頭道溝)에 거주하는 청국 향약(鄉約) 재옥희(才玉喜)의 패두(牌頭: 사환과 같은 자) 유덕산(劉德山) 외 1명(모두 청인)은 수남사(水南社) 반포강촌(飯飽江村) 한국민 일반에게 연돌세(烟突稅)로 일화(日貨) 5원(圓) 60전(錢), 조(粟) 6석(石)을 징수하였음. 본건은 관례에 없는 징수로 인정하여 헌병을 출장시켜 징수금을 각자에게 반환하게 하였음.

④ 1월 2일 사기(砂器) 계사처(稽查處)의 청병 3명이 충화사(忠化社) 대동촌(大洞村) 한인 문석언(文碩彥) 집에 와 청국 관헌의 허가 없이 산림을 벌채하여 숯구이[炭燒]를 한 것은 괘씸하다고 하며, 문석언을 동촌(同村) 청국 향약(鄉約) 허진세(許眞世)의 집으로 동행시켰음. 허진세는 청병에게 돈을 낸다면 사면될 것이라고 청하게 하였는데, 청병은 300원(元)을 내라고 하였고, 문석언은 인민으로부터 징수하지 말아야 함과 아무런 증거 없이 단지 체당[立替]이라는 구실 하에 인민으로부터 징수하는 것이 불법임을 논하였기 때문에 본인들은 그 징수를 중지하였음.

⑤ 종성간도(鍾城間島)에서 총향약(總鄉約) 현덕승(玄德勝) 이하가 연말 징수한 것으

로 판명된 분(分)으로, 제하사(霽霞社)·개운사(開雲社)·개태사(開泰社)에 한화(韓貨) 2,402냥이 있음. 그리고 그 징수 명목은 다음과 같았음. 청병 교대에 필요한 비용, 도우제(禱雨祭)에 필요한 비용, 청국 관청에 왕복할 때 필요한 비용, 청병 물품 운반에 체당[立替]한 비용, 오품항대(五品項戴)의 축하연에 필요한 비용, 청국 관리 접대에 필요한 비용. 위는 또한 다른 사(社)에서도 징수하는지를 수색 중임.

3. 청국 관헌의 우리 관민에 대한 태도

청국 관헌의 우리 관민에 대한 태도는 여전히 변화가 없었다. 특히 우리 파출소에 대해서는 항상 친화적이다. 다만 청국 하급 관리 일부 및 청국 병원(兵員)이 한국 관민에 대한 포만(暴慢)적 태도, 일본 상인에 대한 횡포(橫暴)적 행위는 아직도 때때로 연출되고 있다. 그 한두 건의 예를 들면, 다음과 같다.

(1) 1월 2일 국자가(局子街) 헌병분견소(憲兵分遣所) 배속 순검 김상필(金相弼)은 시가(市街) 순찰 중 청국인 1명이 한국인이 판매하는 방한두건을 절취(窃取)하여 도주하는 것을 보고 이를 체포하여 분견소에 인치하려고 할 때, 청국 계사소(稽查所) 앞에 경병(警兵)에게 그 인치를 방해받아 결국 범인은 도망쳐 가버렸음. 본건은 계사소 소장이 이미 불법행위를 사과하고 엄중하게 처분할 것을 언명(言明)하였지만, 또한 소원(所員)을 파견하여 진소상(陳昭常)에게 구두로 주의를 촉구하였음.

(2) 1월 11일 국자가(局子街) 거주 일본인 약종상(藥種商) 무라카미 이사부마[村上猪三馬]의 집에 청국인 이(李) 아무개가 들어와 동거자인 사카마루[坂丸] 도모[79]가 일본에서 돌아왔는지 아닌지를 물었음. 생각건대 사카마루 도모는 청국인 쌍림(雙林)이라는 자의 첩으로서, 근래 그동안 불화를 일으키어 쌍림은 종적을 감추고 이 아무개로 하여금 도모의 귀국을 묻게 한 것임. 무라카미는 도모로부터 쌍림의 행방수색을 의뢰받았고, 또 도모를 동정하고 있어 이 아무개에게 네가 관여할 바가 아니라고 대답하였음. 〈그러자〉 이

79 서술상 사카마루 도모[坂丸トモ]가 인명으로 생각되기도 하나 일본어 '도모[供: とも]'의 뜻에는 '하녀'란 의미도 가지고 있다.

아무개는 크게 화를 내고 서로 논쟁을 야기하였고, 이 아무개는 주먹으로 무라카미의 얼굴 부분을 치고 입술과 이 부분에 가벼운 상처를 입혔음. 국자가 헌병분견소(憲兵分遣所)에서는 헌병을 출장시켰는데, 이 아무개는 이미 도주하고 행방불명이었지만, 경무국 순변(巡弁) 유진방(劉鎭芳)이 경병(警兵) 2명을 데리고 무라카미 집에 왔으므로, 그 경위를 알린바, 유진방은 범인을 체포하고 상당의 처벌을 할 것이라고 말하고 물러났음. 덧붙여서 본건에 대해서 진소상(陳昭常)에게 서면 조회한 것은 비보(秘報) 제2호로 보고를 마쳤음.

4. 한국민의 상황

올해는 농산물의 풍작에 더하여 마적, 강·절도 피해가 적었고, 또 파출소의 보호에 의해 무상징발, 부당한 징세 등을 면하여 청국 관·공리의 주구(誅求)를 당하는 일이 적은 등, 일반적으로 매우 기뻐하고 크게 우리 파출소를 신뢰하고 있지만, 한국인으로서 청국공리(公吏)에게 임명받은 자 및 친청(親淸) 한인으로서 특히 일진회와 반대의 주의(主意)를 가지고 설립한 연의회(捐義會) 회원들은 우리 시설을 방해하고 동포를 희롱하며, 청국 관리·병원(兵員)에게 못지않은 불법(앞에서 기술한 현덕승 및 그 밖의 향약의 징세금 등이 그 예증임)을 제멋대로 저지르고 있다. 연의회는 현재 포염(浦鹽)[80]에 있는 이범윤(李範允) 등과 훨씬 서로 밀접하게 연락을 취하여 더욱 그 당세(黨勢)의 확장에 힘쓰고, 음력 정월 20일을 기하여 삼포사(三浦社) 내에서 회원 집회를 개최하려고 하는 기미가 있다. 그리고 지난 음력 10월 25일경, 회원 방병기(方秉起)라는 자가 동(同) 회원이 연서한 청원서를 휴대하고 길림순무(吉林巡撫)의 허락을 받으러 출발한 사실이 있다(往電 제9호 참조). 그 청원서의 주지(主旨)는 회원 일동은 간도에 있는 일한 양국 관헌에게 복종할 뜻이 없고, 오래 은혜를 입은 청국 관헌에게 복종하려 하며, 만약 일한 양국 관헌에게서 불법 처치를 받으려고 하는 것과 같은 경우는 청국 관헌에서 충분한 보호를 받고 싶다고 말함에 따라, 동회(同會) 내정(內情)에 대해서는 현재 엄밀히 내탐(內偵) 중이다. 또한 북한 패잔(敗殘) 폭도가 두만강을 넘어 무산간도(茂山間島)에 숨어든다는 풍설이 있어, 이에 일반 여객(旅客)에 대해 주의 시찰 중인바, 이달 28일 상의사(尙義社) 용연평촌(龍淵坪村)에서

80 블라디보스토크의 한문식 이름이다.

약품 행상이라고 칭하는 한국인 송태은(宋泰殷, 45세)이라는 자를 붙잡았다. 동인(同人)은 경성군(鏡城郡) 용성사(龍城社) 동촌(東村) 사람으로 1월 5일 이래 간도에 숨어들어 대랍자(大拉子)·국자가(局子街)·동불사(銅佛寺) 지방을 배회하며 단지 약 알 5개를 판매한 것이라고 하나, 아래 주의(主意) 말을 하며 인민의 동요를 시도하고 있었다.

1. 일·미가 개전(開戰)했다는 것.
   한국 황제 폐하는 일본군에 대해 한국 의병을 조직할 생각을 하신다는 것.
1. 간도에 있는 한민이 일본 관아를 신뢰하지 않으면 일본 관아는 머지않아 철수하게 될 것.
   본인은 대개 폭도 측의 간첩이 아니라고 하여 현재 취조 중이다.

5. 청국 관헌의 동정(動靜)

길림에 출장 중인 오록정(吳祿貞)은 이달 15일 돌아왔고, 진소상(陳昭常)은 겸임지 훈춘(琿春)으로 머지않아 출발할 것이다. 그리고 이쪽저쪽 어느 쪽에 주수(駐守)할지는 미정이라고 한다. 이달 31일 새로 국자가(局子街)에 도착하는 순병(巡兵) 110명은 이를 훈춘 및 연길청(延吉廳) 관내에 배치할 것이라고 하지만, 결국 청국 측에서는 더욱 이 지방의 관할권을 공고(鞏固)히 하려고 할 것이라고 예상한다.

이상 보고드립니다.

18. 간도 관내 일반상황 보고 사본의 송부

- **원문제목** 間島管內一般狀況報告寫本의送付(原案1册)
- **날짜** 융희 2년(1908) 3월 23일
- **발신** 통감부 부통감(統監府副統監) 소네 아라스케[曾禰荒助]
- **수신** 내각총리대신(內閣總理大臣) 이완용(李完用)

기밀통발(機密統發) 제386호

간도에 있는 시노다[篠田] 파출소장대리가 월보(月報) 통파월보(統派月報) 제2호 사본을 참고를 위해 송부합니다.

메이지 41년(1908) 3월 23일
통감대리 부통감 자작 소네 아라스케
태자소사 내각총리대신 이완용 각하

부(附). 간도 관내 일반상황「월보」

- 날짜: 융희 2년(1908) 3월 7일
- 발신: 간도파출소장대리 시노다 지사쿠
- 수신: 통감부 부통감 소네 아라스케

통파월보(統派月報) 제2호

월보(月報)

2월 1일부터 2월 29일까지

메이지 41년(1908) 3월 7일

통감부 파출소장대리 총무과장 시노다 지사쿠

부통감 자작 소네 아라스케 귀하

1. 지방 일반상황

이달은 청 · 한인의 정월에 해당하므로 상반 기간은 지극히 무사 평온하게 경과하였지만, 하반기에 이르러서는 각 지방에서 길강군(吉强軍)의 이동, 길림에서 청병의 증견(增遣) 및 2~3개 지방에서 청국 관리 · 병원(兵員)의 폭행 등 다소 인심의 동요를 야기하였다.

2. 청국 관헌의 동정(動靜)

국자가(局子街)에 있는 변무공서(邊務公署)에서는 속속 지방 문무 관리를 전직, 면직하고 이를 대신하여 다소 신교육을 받은 인물로 하여금 힘껏 종래의 폐정(弊政)을 개선하는 것에 부심하고 있는 듯하다. 특히 근래 청국 관리는 청 · 한인의 쟁송(争訟)에 대해 애써 공평과 신중을 기하고, 또 수회(收賄)를 경계하여 한인을 회유하며, 또한 우리의 항의를 면하려고 힘쓰고 있다. 그러나 지방 관리 중에는 그 시비를 논하지 않고 자국인을 보호하여 충분한 사실 조사 없이 한인을 고문한다. 고문에서 얻은 허위의 진술이지만 자국인에게 이익이 있는 것 같은 재판을 하고서 으쓱해 하는 것이어서 종래 폐정은 역시 아직 쉽게 제거할 수 없었다. 그들은 이와 같이 한쪽으로 지방행정에 마음을 씀과 동시에, 또 한쪽으로는 병원(兵員)을 증가시켜 순병(巡兵)을 배치함으로써 방비를 엄밀히 하여 한민을 위복(威服)시키고 우리를 압박하려고 하는 태도를 보인다. 길림변무독판겸훈춘부도통(吉林邊務督辦兼琿春副都統) 진소상(陳昭常)은 이달 17일 국자가를 출발하여 훈춘(琿春)으로 향했다. 그리고 약 1개월 체재 후 다시 귀국(歸局)한다고 한다. 이번에 새로 길림에서 도착하는 병원은 장교 5명, 하사 이하 저기에 136명이고, 아울러 음력 3월경에는 10영(營)의 병원이 새로 올 것이라고 전해진다. 종래 여기 산둔(散屯)하고 있던 길강군(吉强軍)의 거의 전부를 운추암현(雲秋岩峴)에 집합시켰다. 위는 연습을 위해서라거나, 혹은 해산을 위해서라고 한다. 또는 병원의 분산을 막기 위해 각 주요지에 집합시키기 위해서라고도 한다. 여러 설이 있고 확실한 것은 없으며, 현재 내탐 중이다. 지난달 31일 국자가에 도착한 110명의 순병(巡兵)은 그 후 동지(同地)에 머물며 옛 순병들과 함께 경찰 근무에 복무하고 있다. 그리고 이들 새 순병은 머지않아 각지 파판소에 분파한다는 설이 있다.

3. 청국 관민이 한국민에 가한 불법행위

(1) 2월 20일 평강(平崗) 수남사(水南社) 대오도구(大五道溝)에 거주하는 한인 전만성(全萬成, 56세) 및 그 아들 전융군(全戎君, 16세) 두 사람은 우차(牛車) 대차(貸借) 상에서 오도구(五道溝)에 거주하는 청국인 반상(潘祥, 35세)과 말다툼 끝에 동인(同人) 및 그 동생 노사(老士)에게 구타당했다. 전만성은 부상은 없었지만 전신에 통증을 느껴 병상에 누웠고, 전융군은 후두부(后頭部)에 타박상을 입었다. 당일 오도구(五道溝) 지방을 순회 중이었던 두도구(頭道溝) 분견소(分遣所) 헌병 및 순검은 동지(同地) 한인 전제익(全齊翼)으로부터 고소를 받아 가해자·피해자 양자에게 일단 그 사실을 들었지만, 청어(淸語)가 통하지 않았기 때문에 가해자의 진술을 이해할 수가 없어서 가해자·피해자 양자에게 두도구 분견소에 출두를 요구하였다. 양자 모두 즉시 승낙하고 반상은 헌병과 동행했지만, 전 씨 부자는 신체 통증 때문에 보행이 어려워 나중에 우차로 왔다. 전 씨 부자는 도중 1박하고 다음 날 분견소에 출두하려고 하는 도중에 청병이 억지로 전 씨 부자를 파판소에 구인하고, 전 씨 부자가 청인의 옷을 찢고 또 구타한 적이 있다고 하여 두 사람의 양손을 묶고 신문(訊問)할 때 여러 차례 구타하였다. 위 건에 대해 헌병분견소 소장은 파판소 소장을 면회하고 수차 교섭한 결과, 2월 27일 두 사람의 인도를 받았고, 반상은 동(同) 22일 취조 후 방견(放遣)하였다.

(2) 2월 22일 화호리구(火狐狸溝: 회령의 대안 사기동에 있음) 파판소 소장 손부귀(孫符貴)는 영화사(永化社) 사장에게 통감부 파출소에서 받은 사장 임명의 사령장을 가지고 오라고 하고, 4~5일 맡아두겠다고 하며 빼앗았다. 또 대랍자(大拉子) 분방청(分防廳) 통역 최충의(崔忠義)는 손부귀의 명이라고 하며 회령간도(會寧間島) 총향약(總鄕約) 박성록(朴成祿)과 동행하여 2월 23일 인화사(仁化社) 사장 조영삼(趙永三) 집에 와서 동일하게 그 사령장을 빼앗았다. 위의 건에 대해 신흥평(新興坪) 분견소 헌병으로 하여금 손부귀에게 회견을 요구하고 그 불법을 말하였다. 위 사령장을 본인에게 반환할 것을 교섭한 바, 사령장은 이미

보고를 위해 국자가(局子街)에 송부하여서, 근일 반드시 반환시키겠다고 답하였다.

(3) 2월 25일 두도구(頭道溝) 파판소의 청병 및 동지(同地) 경무 제4분국(分局) 순병(巡兵) 등 총 10명(그중 8명은 총기[81] 휴대, 2명은 곤봉 휴대)은 평강(平崗) 하리사(下里社) 동고성자(東古城子)에 이르러 갑자기 2회 발포를 하고, 동촌(同村) 한인 김택룡(金澤龍) 외 3명을 곤봉으로 난타, 그들을 포박하여 두도구 파판소로 구인하였다. 포박의 원인은 〈다음과 같다.〉 위 4명은 3년 전 오도구(五道溝)에 거주하는 청국인 원(袁) 아무개와 한화(韓貨) 100냥으로 한국식 6칸[間] 가옥을 건조할 것을 약속하고 40냥의 착수금을 받아 건축 재료를 원 아무개의 이웃 땅에 운반하였는데, 원 아무개는 그 재료를 보고 10칸 가옥을 건축하기에는 부족하다고 말하였다. 김택룡 등은 최초 약속은 6칸이었다고 주장하였고, 담판은 끝내 성립되지 않아 가옥 건축을 중지하고 착수금 40냥을 원 아무개에게 반납하였다. 그 후 원 아무개는 앞서 김택룡 등이 운반하여 둔 재료를 가지고 임의로 자기 가옥을 건축하였지만, 당시 청인의 압박이 매우 심하였기 때문에 김택룡 등은 후환이 두려워 이에 이의를 제기하지 못하고 그대로 있었다. 그런데 근래에 이르러 한민은 통감부 파출소의 보호를 순조롭게 얻을 수 있게 됨으로써, 그 보호를 신뢰하여 2월 20일에 이르러 원 아무개에게 재료비 및 그 운반비 지불을 청구하였다. 만약 이에 응하지 않으면 파출소에 고소할 것이라고 제기하여 원 아무개는 지불을 승낙하였다. 그 대가에 대해 담판하던 중, 두도구 파판소에 학위(虐僞) 고소를 하였고, 결국 청병이 출장하여 포박하기에 이르렀다. 그리고 파판소에서는 최초 원 아무개는 착수금으로 청화(淸貨) 17적(吊)과 조(粟) 1말[斗]을 김택룡 이하 4명에게 건넸고, 계약이 깨졌을 때 10적은 반환받았지만 7적과 조 1말은 반환받지 못했다면, 그 반환을 받지 못한 분은 바로 재료비 및 운반비에 충당하여 계산하고 이미 끝난 것을 오늘 다시 중복하여 청구하는 것이라는 원 아무개의 제기를 받아들여, 김택룡에게 고문을 가하고 끝내 원 아무개의 제기대로 진술시켰다. 현재 김택룡은 고문 때 구타를 당해 둔부(臀部) 및 좌우 대퇴의 후부(後部) 3곳에 울혈(鬱血) 타박상을 입었고, 다른 3명은 둔부에 경미한 타박흔을 입었다. 본건은 분견소 소장이 파판소에 교섭 후, 2월 27일 김택룡 이하 4명의 인도를 받았고, 일단 사실 취조하고 당일 귀가시켰다.

(4) 앞의 동(同) 파판소 청병 및 동지(同地) 순병은 또 같은 날 동고성자(東古城子) 한

81 원문에 나오는 '銑器'는 '銃器'의 오기로 보여 수정하였다.

인 장순보(張順甫) 집에 와 부근에서 2회 발포하고 동인(同人)을 구타, 포박하여 그를 두도구(頭道溝) 파판소로 구인하였다. 구인 원인은 장순보가 지금으로부터 9년 전, 청국인 장옥진(張玉鎭)으로부터 소 6마리[頭]를 약탈당하였고, 그 후 반환을 요구하였지만 장옥진은 이에 응하지 않고 일이 지연되어 오늘에 이르렀는데, 근래에 이르러 장옥진이 다른 곳으로 이전하려 하는 낌새임에 따라, 장순보는 그 이전을 방지할 목적으로 장옥진 소유의 말 어미와 새끼 2마리를 압류하였고, 장옥진의 동생이 이를 두도구 파판소에 고소함에 따른 것이다. 장순보를 포박할 때 동지(同地) 일진회원 임명진(任明進)은 그 불법을 따졌는데, 청병들은 또 동인을 구타, 포박하여 인치하였고, 도중에 이를 방견(放遣)하였다. 위는 앞에 기술한 김택룡(金澤龍) 등의 인도를 받았을 때와 마찬가지로 인도를 요구하였지만, 파판소 소장은 이를 거절하였고, 또 동소(同所) 서기 및 청병들은 장순보를 취조할 때 9년 전 누군가에게 소를 탈취당한 것을 지금에 이르러 장옥진의 소행이라고 하며 도리어 동인 소유의 말을 약탈한 것은 부당하다고 하면서 장순보의 양다리를 들고 고문을 가하였다. 그러나 동인은 굴하지 않고 사실을 주장하였기 때문에, 동 파판소에서는 29일 결국 국자가(局子街)로 송치시켰다. 다만 동인은 국자가에서 일단 취조를 받고 방환(放還)되었다.

(5) 대랍자(大拉子) 파판소 소장 부회란(傅廻瀾)은 한인 정행언(鄭行彦) 외 3명에게 작년 음력 10월 11일부터 동(同) 19일까지 동안에 칠도구(七道溝) 산림에서 벌채한 수목 중, 이미 제재(製材)한 오분판(五分板) 328매와 소나무 통나무[松丸太] 63개를 벌채 금지 위범(違犯)으로 올해 1월 27일 동 산림 내에서 압류하였다. 또한 한인 안영국(安永國) 외 1명이 작년 음력 10월 12일부터 동 11일까지 동안에 전(前) 동 산림에서 벌채한 수목 중, 이미 제재한 오분판 421매와 소나무 통나무 7개를 동 산림 내에서 전과 같은 이유하에 압류하였다. 그런데 부회란은 화룡사(和龍社) 사장 채명오(蔡明伍)에게 명하여 위 압류 판을 매각하려고 하였지만, 도무지 구매자가 없었기 때문에 자신이 한인에게 판 1매를 한화(韓貨) 30문(文)에 매각하려고 하였고, 또 정행언에게서 압류한 판 중 120매는 대랍자로 운반하여 이를 몰수한다고 하고서 파판소에서 임의로 처분하여 이미 그 10매를 상판(床板)으로 사용하였다. 본건은 2월 28일 헌병 조장(曹長)[82]을 파견하여 부회란을 면

82 일본 옛 육군 하사관 계급의 맨 위. 한국의 상사에 해당

회하고, 그 부당함을 책(責)하여 속히 각 본인에게 반환할 것을 교섭하였는데, 부회란은 결국 120매의 판을 제외하고 현재 산림 중에 있는 판재(板材)는 압류를 해제하겠지만, 그 기일은 현재 국자가(局子街) 상관의 의견을 묻는 중이어서 어떤 지령(指令)이 있을 때까지는 미리 정하기 어렵다고 답하였다. 이에 조장은 산림 중에 임목(林木)은 당연히 각 본인의 소유로 하고, 귀소(貴所)에서 압류할 것이 없다면, 만약 이후 각 소유주에게 운반에 착수하더라도 방해를 하는 일이 없기를 바란다는 뜻을 알리고 귀소(歸所)하였다. 이상 여러 건은 통파비보(統派秘報) 제6·7·8호로 특보한 것과 같이 엄중하게 변무공서(邊務公署)에 항의하였다.

4. 청국 관민의 우리 관민에 대한 태도

청국 관헌에서는 행정을 은밀하게 하여 곱절로 영토주의를 공고(鞏固)히 하고, 군비를 엄히 하여 우리를 위협하려고 한다. 그 태도가 매우 포만하고, 방약무인(傍若無人)한 행동을 전혀 꺼리지 않으며, 조금도 우리 파출소의 존재를 개의치 않는 듯한 태도이다. 이 달 동안 아래의 행위가 있었다.

(1) 2월 9일 학성(鶴城) 파판소 사무원 이영성(李榮成)은 청병 15명을 지휘하여 우적동(禹跡洞)에서 우리 헌병이 촌민에게 명하여 회령(會寧) 가도(街道) 위에 세운 이정표를 뽑거나, 혹은 도끼로 이를 베어 넘어뜨려 가지고 갔다. 당시 헌병이 이를 보고 해당 표목(標木)을 가지고 가려고 하는 청병 1명과 동행하여 이영성의 해당 행위가 불법임을 책(責)하고 원상 복구할 것을 교섭하였는데, 이영성은 상관의 명이 있는 것이 아니라면 응하기 어렵다고 답하였다. 또한 이영성은 이 외에도 2월 29일 엽총과 대검을 휴대한 청병 5명을 지휘하여, 영화사(永和社) 미전동(米田洞: 회령 가도 상으로 三屯이라고도 칭함)에 세워져 있는 이정표 2개를 뽑아 갔다.

(2) 앞에서 기술한 청인 반상(潘祥) 대 전만성(全萬成) 사건에 관하여 청국 관헌에서는 우리 헌병이 반상을 임의 동행한 것을 오해하고 본인을 구인(拘引)한 것이라고 하며 당소(當所)에 강경한 조회를 하여 왔다. 따라서 이에 대해서는 임의 동행시킨 것으로, 결코 우리 관헌에서 청인을 구인한 것이 아니라고 회답하였다.

(3) 2월 2일 국자가(局子街) 요리점 다카기 고지로[高木小次郎] 집에 청병 복장을 한 자 도합 5명이 말로는 유흥(遊興)이라 빙자하고 들어와서, 장부 선반 위에 놓아둔 빈 상자를 손궤 금고[手提金櫃]로 오인하고 이를 빼앗아 도주하려고 함에 따라, 그들을 체포하려고 하였더니, 동가(同家)의 이케다 다쓰지로[池田辰次郎]를 곤봉으로 구타하여 창상을 입히고 그 종적을 감추었다.

(4) 1월 30일 국자가(局子街)의 광지(廣池) 요리점에서 동가(同家) 작부(酌婦)의 회중시계를 절취한 것은 청병의 소행인 것으로 2월 3일에 판명되었다. 해당[該] 시계를 피해자에게 반환하고, 또 청화(淸貨) 10적(吊)을 손해배상으로 본인에게 교부(交付)하여 사건을 낙착(落着)하려고 하였지만, 우리는 가해자의 정당한 처분을 요구하였다. 앞에 기술한 두 건에 대해서는 왕전(往電) 제21호로 보고한 것과 같다. 진소상(陳昭常)에게 속히 범인을 수색하여 상당한 처분이 있기를 바란다고 조회를 하였다. 우리 관헌 소재지 및 부근의 청국인은 점차 우리를 신용하여 청국인으로서 자국인 혹은 한국인에 대한 계쟁(係爭)사건을 우리에게 고소하여 오는 자가 매일 증가하는 상황이다. 그리고 청국인은 대부분의 경우 우리 설유(說諭)에 따르지만, 만약 따르지 않을 때는 청국 관헌에게 인도할 것이라고 타이르면 그들은 크게 두려워하고, 특히 채무 관계 등에 대해서는 원고·피고 모두 그 이송을 싫어하고 꺼리는 상황이다. 여기 청국 관헌에게 이송될 때는 사실 심문에 고문을 받을 뿐만 아니라, 원고·피고 모두 회뢰(賄賂)와 기타 잡비를 요하고, 또 공공연히 재판 비용을 징수할 수 있는 등, 자칫하면 소위 비용 예(例)가 될 두려움이 있었기 때문이다. 그러나 우리 관헌과 거리가 먼 곳에 있는 청국인은 우리를 신용하는 것이 부족하고 쉽게 우리의 설유에 따르지 않을 뿐만 아니라, 우리가 한민 보호에 충분히 미치지 못함을 기화(奇貨)로 삼아 한국민에게 불법행위를 하는 것은 여러 차례 들어 아는 바이다. 따라서 이러한 종류의 지방에 대해서는 힘써 순회를 늘리고 있다.

5. 한국 신민의 정황(情況)

(1) 한국민은 점점 더 우리를 신뢰하고 자국인 및 청국인에 대해 여러 가지 소송을 하는 것이 나날이 많아지고 있다. 이달 동안 한국인의 청국인에 대한 소송사건 중에는 수년 전의 채무 관계가 있다. 그리고 위의 사건은 모두 종래 청국인의 압박에 의해 소송할

길 없어 소위 울며 겨자 먹기로 오늘에 이른 것으로, 지금은 우리 파출소의 보호를 받을 수 있게 됨에 따라 소송을 하러 오는 것이다. 위와 같은 사건에 대해서는 우리로서는 수년 이전의 소사(小事) 이유를 가지고 청·한인 간에 일을 늘리는 것의 불리함을 인정하고, 제법 쌍방에 설유(說諭)하여 시담(示談)하도록 노력하고 있지만, 청국 지방관에서는 수년 전 청국 관헌의 포악무도한 사적(事跡)이 폭로되는 것을 두려워하여, 이런 종류의 한인에게는 압학(壓虐)을 가해서 청국인에 대한 고소·고발이 속출하는 것을 방지하려고 하는 분위기이다. 한민 중 친청파(親淸派) 집회인 연의회(捐義會)는 뒤에서 청국 관헌의 원조를 받아 당세(黨勢) 확장에 힘쓰고, 우리 시설에 방해를 시도하고 있다.

(2) 위에 기술한 완미자(頑迷者)에게 시세(時勢) 및 파출소 설치의 주지(主旨) 등을 설명하고 상당히 회유에 노력하고 있지만, 급속한 주효(奏效)는 기대하기 어렵다. 지난달에 보고한 동불사가(銅佛寺街) 지방에서 거짓말[造言]을 퍼뜨렸던 송태은(宋泰殷)은 국자가(局子街) 지방에서도 북한에서 머지않아 의병이 간도에 진입한다면 지금부터 총기를 가진 엽사(獵師)들과 친하게 지내는 것이 상책이라고 하는 등의 풍설[謠言]을 퍼뜨리고 있다. 그러나 취조 결과 동인(同人)은 동불사·국자가 부근 외 다른 지방에서는 풍설을 퍼뜨린 증적(證跡)이 없다. 또한 본인은 실제 약종상(藥種商)이라고 하고, 깊이 인심에 영향을 주지 않는 등에서 임기(臨機) 처분으로 간도 밖으로 퇴거를 명하고, 회령(會寧) 및 위 본인의 본적지 헌병에게 위 내용을 통지하였다.

6. 소내 집무 상황

2월 7일 소장은 스즈키[鈴木] 촉탁 등을 데리고 상경함에 따라 총무과장이 소장 사무를 대리한다. 소장 부재 중에는 되도록 청국 관헌과의 항의를 피하고 모든 일에 신중한 태도를 취하여 그들로 하여금 적어도 편승할 기회가 없도록 하는 것을 기하고 있다. 소장 상경에 대해. 총무과에서는 간도의 파출소 개시 이래 올해 1월 말까지 집무 개황 보고서를, 조사과에서는 작년 9월 이래의 조사 보고서를 작성하여 제출하였다. 조사과는 과장 오가와[小川]와 촉탁과원 1명이 해촉되어, 현재 총무과장이 조사과장을 겸임하고 있다.

이상 보고드립니다.

19. 간도 관내 일반상황 보고 사본의 송부

- **원문제목** 間島管內一般狀況報告寫本의送付(原案1册)
- **날짜** 융희 2년(1908) 4월 21일
- **발신** 통감부 통감(統監府統監) 이토 히로부미[伊藤博文]
- **수신** 내각총리대신(內閣總理大臣) 이완용(李完用)

기밀통발(機密統發) 제451호

간도에 있는 시노다[篠田] 파출소장대리가 월보(月報) 통파월보(統派月報) 제3호 사본, 별지를 송부합니다.

메이지 41년(1908) 4월 21일
통감공작 이토 히로부미
태자소사 내각총리대신 이완용 각하

부(附). 간도파출소 관내 일반상황 월보

- 날짜: 융희 2년(1908) 4월 7일
- 발신: 간도파출소장대리 시노다 지사쿠
- 수신: 통감부 부통감 소네 아라스케

통파월보(統派月報) 제3호
월보(月報)

메이지 41년(1908) 4월 7일
통감부 파출소장대리 총무과장 시노다 지사쿠
통감대리 부통감 자작 소네 아라스케 귀하

1. 지방 일반상황

이달 동안에 지방 일반 정황은 대체로 평온하다. 그러나 지난달에 이어 길림에서 청병 및 순병이 국자가(局子街)에 도착하자 길강군(吉强軍)의 이동이 멈추는 등, 여전히 다소 지방 인심에 영향을 미치고 있는 듯하다.

2. 청국 관헌의 동정(動靜)

청국 관헌에서는 이달 들어 다시 새로 훈련 병원(兵員) 약 200명(往電 제38호), 순병(巡兵) 약 100명(왕전 제41호)을 길림으로부터 증견(增遣)하고, 한쪽으로 길강군(吉强軍) 장교 이하 노후자(老朽者)를 도태하여 그 쇄신을 꾀하며, 주둔지를 감하여 이것의 병합을 행하였다. 대신에 새로 오는 병사 혹은 순병에게 종래 관행인 관리의 뇌물수수[取賄]를 엄칙(嚴飭)하고, 무명의 징세·징금(徵金)을 엄금(嚴禁)하여, 힘써 지방행정의 개선을 꾀하고 민심의 수람(收攬)에 부심하고 있는 듯하다.

3. 청국 관헌의 불법행위

(1) 3월 8일 밤, 순방대 마대 관대(巡防隊馬隊管隊) 왕정서(王廷瑞)와 변무공서 계사위원(邊務公署稽査委員) 이영성(李榮成)은 오록정(吳祿貞)의 명이라고 하며 해당 용정촌(龍井村)에서 회령(會寧)으로 통하는 도로 위에 세워져 있는 이정표를 뽑았음. 이에 대해 오록정과 교섭한 결과, 변무공서에서 청국 지명과 한국 지명을 병기(倂記)한 이정표를 다시 세우도록 하는 것으로 협정하였음(특보 제12호로 보고 완료).

(2) 3월 14일 해당 용정촌(龍井村)에서 한인과 청국인 간에 싸움을 할 때 육도구(六道溝) 파판소 소속 순장(巡長) 이하 89명이 나왔고, 그중 순장 1명·순병 4명은 이유 없이 검을 뽑아 한인을 칼등으로 구타하고 부상을 입혔음. 본건은 변무공서(邊務公署)에 교섭한 결과, 동서(同署)에서 원(員)을 파견하여 정탐하였는데, 칼을 뺀 사실이 현저하여 동서에서 순장을 면직하고, 그 외 순병을 계칙(戒飭)하는 것으로 사건을 낙착(落着)하였음(往電 제39·40, 44호로 보고 완료).

(3) 종성간도(鍾城間島) 광제욕(光霽峪) 주둔병은 3월 9일 교대할 때 개운사(開運社)에서 콩[大豆] 120말[斗]·보리 40말 및 우차(牛車) 8량(輛)을 징발하고, 대가를 지불하지 않고 출발하였음. 또한 개운사 외 각 사(社)에서 총계 38량의 우차를 징발하여 왕복 3일을 사용한 것에 대해 청화(淸貨) 24적(吊)[日貨 9圓 14전錢]을 지불했을 뿐이었기 때문에 인민은 그 소액에 분노하고 있음. 본건은 국자가(局子街) 분견(分遣)의 오쿠무라[奧村] 헌병대위로 하여금 변무공서(邊務公署)에 교섭하게 하였음.

4. 청국 관헌의 우리 관헌에 대한 태도

청국 관헌에서는 근래 때때로 사실을 날조하거나, 혹은 이를 과대하여 우리를 중상모략하려고 하는 분위기가 있다. 그 두드러진 사건을 들면 다음과 같다.

(1) 작년 9월 수신사(守信社)에서 청국인 국지(鞠智)가 기르는 말이 한국인 이창구(李昌求) 소유의 조[粟]를 먹어 분쟁이 발생한 사건이 있음. 피해자가 두도구(頭道溝) 분견소(分遣所)에 고소하여 취조 중인 바임. 위 사건에 대해 동사(同社) 허래성(虛來城) 거주 안성문(安聖文)이라는 자가 국지와 이창구 사이에 서서 두도구 분견소에서 화해[示談]시킬 것을 명받았다고 하며, 이창구의 부재를 틈타 그 아내에게 국지가 이창구에게 부상 치료비 및 조의 손해배상으로 한화(韓貨) 300문(文) 및 조 한승(韓升) 1석(石) 6말[斗]을 변상할 것을 설명해 주고 고소 취하를 강요하였지만, 이창구의 아내는 이를 믿지 않고 쉽게 승낙하지 않았음에도 불구하고 여러 가지 협박하는 언사(言辭)를 쓰며 억지로 승낙하게 하였음. 위 안성문의 소행은 전혀 분견소가 아는 바가 아니었기 때문에, 본인을 취조할 필요가 있어 두도구 헌병분견소로 동행하여 취조 중, 안성문은 도주하였음. 그 때문에 그 후 동소(同所)에서는 여러 차례 헌병과 한국 순검을 파견하여 안성문의 집에 그 재부(在否)를 물었음. 그 후 올해에 이르러 분견소에서 1월 12일 및 2월 3일 헌병과 순검을 파견하여 다시 안성문의 소재를 수색하게 하였는데, 안성문의 가족은 그 번거롭고 귀찮음을 피하기 위해서인지 안성문의 조카 왕영길(王永吉)이 안성문의 아내와 딸 추괴(醜怪)를 두도구 파판소에 데리고 갔음. 2월 14일 한인 이은영(李殷永: 두도구 파견 당 파출소 소속 書記郎)과 한국 순검 김연택(金連澤) 2명은 안성문을 수색한다고 하며 딸 추괴를 데리고

나와 대전자(大甸子)라고 하는 벌판에서 동인(同人)을 강간했다고 소송을 당했음. 파출소에서는 국자가(局子街) 변무공서(邊務公署)에 보고하였고, 공서는 정탐을 하지 않고 대단히 불확실한 사실을 가지고 이은영·김연택 2명이 강간한 것이라고 인정하여 우리 파출소에 교섭하여 왔음. 본건에 대해서는 지극히 엄밀하게 취조 중이지만 오늘까지 취조한 결과에 의하면 피해자라고 하는 추괴와 청국 측 증인들의 말이 일치하지 않고, 강간 사실이 거의 인정하기 어려움. 특히 이은영의 경우는 전혀 혐의를 품을 여지가 없는 듯함.

(2) 이달 초 한인 허영(許榮)·황용원(黃用元)·박윤희(朴允熙) 등은 동량사(東梁社) 하전동(下田洞) 입구 및 서작동(西作洞)에서 일진지회와 소학교를 설립하였음. 그 비용으로 기부금을 모집하였는데 인민의 어리석음을 틈타 다소 협박해서는 안 되는 언동(言動)을 쓴 사건임.

위 건에 대해서도 청국 관헌에서는 그 사실을 자세히 조사하지 않았고, 위 허영 이하를 한국 순검이라고 해서 우리 파출소의 명령에 따라 금전 강탈을 했다고 함. 특히 2~3명의 청국인에게 기부금이 모일 때까지 억지로 돈을 빌린 사실에 대해서는 혹은 청인을 냉실(冷室)에 감금했다고 하고, 혹은 구타 창상(創傷)을 가했다고 하며, 충분히 그 진상을 구명하지 않고 우리에게 교섭하여 왔음. 본건은 헌병대에서 취조한 결과 위 허영 이하의 범죄를 인정하고 이를 경성(鏡城) 재판소에 송치하였음(특보 제13·14호로 보고 완료).

5. 한국민의 상황

청국 관헌에서는 사소한 사건에도 병력을 사용하고 인민을 국자가(局子街) 관헌에 동행 또는 인치하여 취조를 하는 관습이 있다. 특히 한국인에 대해서는 죄의 유무에 관계없이 종래 가혹한 취급을 하여 왔기 때문에 한국인은 청국 관헌에 동행하거나 혹은 인치되는 것을 두려워하는 것이 매우 심하였다. 우리 관헌의 보호에 의지해 이러한 동행 혹은 인치를 면하려고 하는 자가 날마다 증가하는 상황이다. 그러나 청국 관헌에서 근래 시설, 특히 병영의 신축, 병원(兵員)·순병의 증견(增遣) 등은 다소 한국인의 마음을 동요시켜 과연 현재와 같이 오랫동안 우리의 보호를 신뢰할 수 있는지 없는지에 대해 기우를 품고 있는 듯하다. 특히 청국 관헌 및 그 군대의 소재지 혹은 그 부근에 거주하는 한국인에게는 이러한 감정이 더욱 깊어 보인다. 친청파(親淸派)의 집합인 연의회(捐義會)는 그 후 쇠해져 번창해지지 않고, 이달 동안 거의 움츠러든 상태에 있다. 이 동회(同會) 부회장 박만수(朴萬秀)는 관위(官位) 매매 협의로 우리에게 소환되어 가택 수색을 받았고, 회장 김병남(金秉南)도 시세(時勢)에 유해(有害)한 행동을 한 혐의가 있어 가택 수색을 받았으므로, 회원들은 일반적으로 우리의 주목을 두려워하지 않을 수 없었다. 그리고 김병남은 지난달부터 이미 도주하여 현재 회령(會寧) 지방에 숨어 있는 흔적이 있다.

6. 위생 상태

이달 들어 따뜻한 기운이 조금 더해지고 해빙기에 가까워졌기 때문에 해당 촌내 대청결법(大淸潔法)을 시행하고, 또한 천연두 발생을 고려하여 파출소원 · 헌병대원 · 우편국원 및 거주 일본인에게 종두를 실시하였다.

7. 두만강 해빙

두만강은 현재 양안(兩岸) 4~5척(尺) 내지 5~6간(間)의 곳까지 해빙되었고, 중류(中流)는 빙상(氷上)의 유수(流水)가 약 1척 정도에 달하여 도강(渡江)은 매우 위험하다. 또한 4월 초에 이르면 일시 교통이 두절할 우려가 있기 때문에, 회령(會寧) 대안(對岸)의 도선장(渡船場)은 도선을 편리하게 하기 위하여 우적동(禹跡洞) 파견소(派遣所)의 헌병에게 명하여 부근 촌민을 통솔해서 쇄빙(碎氷)에 종사하게 하고 있다.

8. 거주 일본인[本邦人]의 증가

일본인은 점차 증가하는 경향이지만 아직 뚜렷한 발전을 보이지 않고, 상업은 일반적으로 침정(沈靜)하여 일본인을 고객으로 하는 상업은 그 유지가 곤란한 상황이다. 이달 말 조사에 의하면 간도 내에서 일본인의 호수(戶數) · 인구 · 직업별 등은 별지와 같다.

이상 보고드립니다.

【별지 사본】

<일본인 호수(戶數)·인구표>

- 용정동(龍井洞): 호수(戶數) 30, 인구 남 70, 여 47, 계 117.
- 국자가(局子街): 호수 8, 인구 남 9, 여 18, 계 27.
- 천보산(天寶山): 호수 없음, 인구 남 9, 여 없음, 계 9.
- 동불사가(銅佛寺街): 호수 1, 인구 남 없음, 여 1, 계 1.
- 신흥평(新興坪): 호수 1, 인구 남 1, 여 없음, 계 1.
- 합계 호수 40, 인구 남 89, 여 66, 계 155.

[비고] 통감부 파출소원 · 헌병대원 · 우편국원 및 그 고용인[傭人]은 제외하였다.

<일본인 직업별표>

- 잡화점, 용정촌(龍井村) 3, 국자가(局子街) 2, 천보산(天寶山) · 동불사(銅佛寺) · 신흥평(新興坪) 없음, 계 5.
- 청부업(請負業): 용정촌 1, 국자가 · 천보산 · 동불사 · 신흥평 없음, 계 1.
- 요리점: 용정촌 7, 국자가 4, 천보산 · 동불사 · 신흥평 없음, 계 11.
- 음식점: 용정촌 3, 국자가 · 천보산 · 동불사 · 신흥평 없음, 계 3.
- 과자제조업: 용정촌 1, 국자가 · 천보산 · 동불사 · 신흥평 없음, 계 1.
- 목수직[大工職]: 용정촌 14, 국자가 · 천보산 · 동불사 · 신흥평 없음, 계 14.
- 철공직(鐵工職): 용정촌 2, 국자가 · 천보산 · 동불사 · 신흥평 없음, 계 2.
- 요리인(料理人): 용정촌 3, 국자가 · 천보산 · 동불사 · 신흥평 없음, 계 3.
- 운송업: 용정촌 1, 국자가 · 천보산 · 동불사 · 신흥평 없음, 계 1.
- 톱장이[木挽業]: 용정촌 2, 국자가 · 천보산 · 동불사 · 신흥평 없음, 계 2.
- 주조업(酒造業): 용정촌 1, 국자가 · 천보산 · 동불사 · 신흥평 없음, 계 1.
- 고기 판매업[肉販賣業]: 용정촌 1, 국자가 · 천보산 · 동불사 · 신흥평 없음, 계 1.
- 대중목욕탕업[湯屋業]: 용정촌 1, 국자가 · 천보산 · 동불사 · 신흥평 없음, 계 1.
- 여관(旅舘): 용정촌 2, 국자가 · 천보산 · 동불사 · 신흥평 없음, 계 2.
- 두부제조업: 용정촌 1, 국자가 · 천보산 · 동불사 · 신흥평 없음, 계 1.
- 유희업(遊戱業): 용정촌 2, 국자가 · 천보산 · 동불사 · 신흥평 없음, 계 2.

- 광산 사무원: 용정촌 2, 국자가 없음, 천보산 3, 동불사 · 신흥평 없음, 계 5.
- 갱부: 용정촌 · 국자가 없음, 천보산 6, 동불사 · 신흥평 없음, 계 6.
- 예기(藝妓): 용정촌 7, 국자가 · 천보산 · 동불사 · 신흥평 없음, 계 7.
- 작부(酌婦): 용정촌 16, 국자가 13, 천보산 · 동불사 · 신흥평 없음, 계 29.
- 중거(仲居)[83]: 용정촌 1, 국자가 · 천보산 · 동불사 · 신흥평 없음, 계 1.
- 이발업: 용정촌 1, 국자가 · 천보산 · 동불사 · 신흥평 없음, 계 1.
- 매약업(賣藥業): 용정촌 없음, 국자가 1, 천보산 · 동불사 · 신흥평 없음, 계 1.
- 고용인[雇人]: 용정촌 16, 국자가 · 천보산 · 동불사 없음, 신흥평 1, 계 17.
- 기타: 용정촌 29, 국자가 7, 천보산 없음, 동불사 1, 신흥평 없음, 계 37.
- 합계: 용정촌 117, 국자가 27, 천보산 9, 동불사 1, 신흥평 1, 계 155.

[비고] 본표 중 기타가 있는 것은 아내[妻] 및 무업(無業)으로 다른 사람과 동거하는 남녀를 가리킨다.

83 요릿집 등에서 손님을 접대하거나 잔심부름을 하는 여성을 말한다.

20. 간도 관내 일반상황 보고 사본의 송부

- **원문제목** 間島管內一般狀況報告寫本의送付(原案1冊)
- **날짜** 융희 2년(1908) 5월 21일
- **발신** 통감부 통감(統監府統監) 이토 히로부미[伊藤博文]
- **수신** 내각총리대신(內閣總理大臣) 이완용(李完用)

기밀통발(機密統發) 제587호

시노다[篠田] 통감부임시간도파출소장대리(統監府臨時間島派出所長代理)가 월보(月報) 통파월보(統派月報) 제4호 사본, 별지를 송부합니다.

메이지 41년(1908) 5월 21일
통감공작 이토 히로부미
태자소사 내각총리대신 이완용 각하

부(附). 간도 관내 일반상황「월보」

- 날짜: 융희 2년(1908) 5월 6일
- 발신: 간도파출소장대리 시노다 지사쿠
- 수신: 통감부 통감 이토 히로부미

통파월보(統派月報) 제4호
월보 4월 1일부터 동(同) 30일

메이지 41년(1908) 5월 6일
통감부 임시간도파출소 소장대리 총무과장 시노다 지사쿠
통감공작 이토 히로부미 귀하

1. 지방 일반상황

이달 동안 지방 정황은 대체로 평온하다. 무산간도(茂山間島)에 소수의 폭도가 숨어 들어왔고, 이범윤(李範允)[84]이 북한의 폭도들과 훨씬 서로 밀접하게 연락을 취하며 일을 일으키려고 하는 흔적이 있다고 하여 다소 인심의 동요를 보이지만, 이것도 남부 및 동북부에서의 작은 부분에 그치어, 내부 간도에서는 전혀 조금도 영향을 보이지 않는다. 각각 안심하고 살고 있다.

2. 청국 관헌의 태도

청국 관헌에서는 점점 더 영토주의를 확실하고 공고히 하기 위해서인지, 지난달에 이어 국자가(局子街) 변무공서(邊務公署)에 근접하여 제1·제2·제3영(營)의 병사(兵舍) 건축에 착수하였다. 또한 무산간도(茂山間島)·회령간도(會寧間島) 등에도 또 건축 준비 중이다. 그 밖에 병원(兵員)의 증치(增置), 도로의 개수, 교량의 가설, 둔전병 모집 등, 크게 그 지반을 굳히는 것에 힘쓰고 있다.

---

84 이범윤(李範允, 1856~1940)은 일제강점기 권업회 총재, 의군부 총재, 신민부 고문 등을 역임한 독립운동가로 대한제국의 법부대신 및 주로공사(駐露公使)였던 이범진(李範晉)이 친척이다. 1902년 6월 간도시찰원, 1903년 7월 간도관리사(間島管理使)가 되어 간도지방의 한인보호에 힘썼다. 특히 사포대(私砲隊)를 조직하고 연발총을 비치하여 군사훈련을 시켰으며, 모아산(帽兒山)·마안산(馬鞍山) 및 두도구(頭道溝) 등에 병영을 설치하였다. 그래서 한인의 지위는 향상되었고 청국의 조세징수에서 벗어나게 되었다. 1904년 러일전쟁 중에는 500여 명의 부대를 이끌고 참전하여 일본군과 교전하였다. 이범윤의 부대는 사포대를 중심으로 이뤄졌고, 구한국군과 의병 출신들이 포함되어 있어 항일의식이 투철하였다. 1905년 청국 측의 강력한 철수 요구를 받은 정부로부터 소환명령이 내려졌으나, 소환에 응하지 않고 청국령을 떠나 노령 연해주로 근거지를 옮겼다. 노령의 노보키옙스크[煙秋]에서 부하들의 생계문제를 해결하면서 창의회(彰義會)를 조직, 부대를 재정비하였다. 노령에는 이미 많은 지도자들이 활동하고 있었는데 이범윤이 동의회(同義會) 부총장에 추대되었다. 1907년을 전후로 노령 내에서 확고한 위치를 점하여 가장 유력한 지도자의 한 사람이 되었다. 한인지도자의 최고 영수이며 자산가인 최재형(崔才亨)과 결의형제하고 최재형의 원조로 대부대의 의병부대를 편성하였다. 러시아와 청국을 통한 일본의 끈질긴 간섭에도 불구하고 3,000명의 부대원으로 1908년부터 국내진공작전을 폈다. 안중근(安重根)·전덕제(全德濟)·엄인섭(嚴仁燮) 등이 100명 내외의 소부대를 이끌고 작전을 펼쳐, 갑산·혜산진·무산·회령 등 국경일대의 일제기관을 공격하였다.

3. 청국 관헌의 한국민에게 가하는 불법행위

청국 관리가 다년간 관행인 폭려(暴戾)·압학(壓虐)·수회(收賄)·징발 등의 불법행위도 우리 보호하에 있는 한민에게는 마침내 이를 마음대로 할 수 없음을 알고, 근래 크게 그 수가 감해졌다. 그러나 파출소에서 거리가 먼 변방 지역에 거주하는 한민에 대해서는 우리의 보호가 충분하지 못함을 기화(奇貨)로 하여 여전히 지금도 때때로 이러한 불법행위가 연출되고 있음을 본다. (1) 왕전(往電) 제51호로 보고를 마친 서간도(西間島)에 거주하는 한인에게 변발·역복(易服)[85]을 강제한 건. (2) 종성간도(鍾城間島) 상천평촌(上泉坪村)에 있는 양생학당(養生學堂)[86]의 교사 한국인 이동춘(李同春)[87]은 4월 19일 대랍자(大拉子) 경정청(經政廳)에 갔고 동(同) 21일 학교로 돌아왔다. 〈그리고〉 학생 일동에게 이제부터 10일마다 치발(薙髮)하고 변발을 해야 할 것을 가르쳤다. 만약 받아들이지 않

---

85 '치발역복(薙髮易服)'이라고도 한다. 치발역복이란 머리나 옷차림새를 만주족(滿洲族)처럼 해야 한다면서 다른 이민족에게 강요한 청조의 민족동화 정책이다. 청이 간도 지역에 대한 봉금(封禁)을 풀고 실질적인 관리에 들어가면서 조선인들에게도 '치발역복'과 '귀화입적'을 강요하였고 이에 조선인들은 강하게 반발하였다.

86 양정학당(養正學堂)이라고도 한다. 1907년 3월에 이동춘(李同春)이 설립하였다. 이동춘은 이후 1908년 연길 소영자촌에 김립(金立)·김하석(金夏錫)·윤해(尹海)·계봉우(桂奉瑀)·장기영(張基永) 등 독립운동가들의 협력을 받아 광성서숙(光成書塾)을 설립하였다. 그 후 광성 서숙은 1911년에 남학생 82명, 여학생 24명으로 발전하였다. 이를 기반으로 1911년 3월 러시아에 체류하고 있던 이종호와 김립이 간도의 독립군 양성을 위한 학교를 설립하면서 공식 학교로 인정을 받게 되었다. 1912년에 이동휘(李東輝)가 소영자에 와서 광성서숙에 중학부를 설치하였다. 이후 광성서숙은 광성중학이라 개칭되었다. 이동휘는 독립운동가이자 근대 교육의 초석을 놓은 인물 중의 하나로 인정받았다. 광성서숙은 민족 독립 인재를 양성하는 곳이었다. 이에 사람들은 이 학교를 '독립군 학교'라 부르기도 했다. 교장은 이동휘가 맡았고 김하석·김립·윤해·계봉우·김상호·오영선 등 독립운동가들과 진보적 지식인들이 각기 학과목을 맡았다. 이동휘는 동북 지역에 교육열이 일 것을 예견하고 사립학교 교과서의 공백을 메우기 위해 교재 편찬에 노력을 기울였다.

87 이동춘(李同春, 1873~1940)은 함경남도 회령 출신의 독립운동가이다. 1894년 청나라의 위안스카이[袁世凱]가 서울에 주재할 때 통역관을 지내면서 고종의 신임을 얻었다. 1907년 양정학당을 세우는 등 구국 운동을 전개하다가 일제의 감시가 심해지자 1909년 동만주(東滿洲)로 망명하였다. 이후 이동춘은 1909년 5월 연길 변방 공서 교섭과 번역관으로 임명되었고, 국자가에 간민 교육회를 창립하였다. 이때 한국 교포의 토지를 몰수하는 중국 법령이 공포되자 총통 위안스카이를 찾아가 철회를 요구, 개간민들의 토지 소유를 합법화하였다. 이동춘을 비롯한 박문영·이봉우 등은 1910년 10월 정식으로 간민모범학당을 설립하였고, 그 뒤 연변 각지에 70여 개의 중학교·소학교를 설립하였다. 1913년 4월 김약연 등과 연길에 간민회(墾民會)를 창립하였다. 또한 1914년에는 간민들이 개인 신분으로 입적 수속을 할 수 있으며 정식으로 국가의 법률 보호를 받을 수 있게 하였다. 1940년 10월 68세 나이에 용정에서 병사하였다.

는 자는 지급품(모자·의복·신발·서적)을 반납하게 하고 퇴학시킬 것이라고 협박하였다. 또한 학생들에게 해당 학교와의 관계를 끊으면 각 집에 1년에 청화(淸貨) 수백 량(兩)의 징세를 청국 관헌에서 부과하게 할 것이라고 협박하였다. 아마도 해당 학당 학생 중에는 이전에 강제되어 변발을 한 자도 있고, 아직 응하지 않은 자도 있을 것이다. 또한 한 번 변발을 한 자도 그 후 치발하지 않기 때문에 점차 청국 변발의 형태를 잃은 자도 있어서 이때 모두 변발시키려고 한 듯하다. 또한 청관(淸官) 허덕유(許德洧)는 동 학당에 와서 학생의 부형(父兄), 청국이 임명한 총향약(總鄕約)·향약 등을 모으고, 학생들을 향해 "종성간도는 훈춘(琿春) 부속 지역으로 한국 영토가 아니라 중국 영토이다. 따라서 너희들은 열심히 중국 법률 및 중국 언어를 공부해야 하고, 또 장차 입신(立身)하려면 중국 서적을 구독해야 한다"며 운운(云云)하는 강연을 했다(특보 제15호 보고 완료).

4. 청국 관헌의 우리 관민에 대한 태도

청국 관리의 우리에 대한 태도는 친호(親好)적으로, 표면적으로는 아무 이상이 없다고 판단된다. 이달 동안 일본인[本邦人] 대(對) 청국 병원(兵員) 간에 아래의 작은 싸움이 있었다(특보 제18호로 보고 완료).

5. 한국 신민의 상황

한국민은 청국 관헌의 근래 시설, 즉 병영 건축, 도로 개수(改修) 내지 모병(募兵) 등으로 청국 관헌을 신뢰하는 생각이 두터움을 더하는 양상에 있다. 그리고 우리 관헌에서는 소위 현 상태를 유지하면서 전혀 아무런 활동이 없기 때문에, 그 진의(眞意)가 있는 바에 대해 의심을 품고 있는 듯하다. 지난번 길림순무(吉林巡撫) 곁으로 갔다고 하는 연의회(捐義會) 평의원(評議員) 방병기(方秉起)는 이달 8, 9일경 귀환했음을 들었다. 취조를 위해 헌병 및 순사를 은밀히 파견하였지만, 본인이 도주한 후여서 끝내 그 목적을 달성하지 못하였다. 그리고 동인(同人)은 현재 이범윤(李範允) 곁에 숨어 있다는 소문이 있다. 무산간도(茂山間島)에 숨어든 폭도는 대안(對岸)인 무산군(茂山郡)에서 도강(渡江)하여 도피하여 온 듯하다. 4월 21일 덕화사(德化社) 산양동(山陽洞: 복사평 헌병분견소와 거리가 약 2里 반) 산중에 집합하여, 부근에 사람을 파견해서 수렵자(狩獵者)를 소집(嘯集)하고, 또 병기(兵器)를 수집하려고 하였다. 또한 복사평 분견소를 습격하려고 한 형세가 있었다. 이에 해당 지역 헌병대에서는 무산수비대에 정찰대 파견을 의뢰한바, 동일(同日) 하사 이하 14명을 파견하여 해당 병(兵)과 헌병으로 산양동 및 그 부근을 정찰하였지만, 폭도의 흔적은 보지 못했다. 또한 특별히 습래(襲來)의 상황이 없음에 따라 4월 23일 정찰대는 복사평에서 철수하고 귀대(歸隊)하였다. 그 후 복사평 및 부근 인민은 헌병에 협력하여 야경(夜警)을 두고 경계하고 있지만 폭도가 출현할 기미는 없었다. 또한 해당 방면에는 폭도의 진상을 내탐하기 위해 히라다[平田] 헌병중위를 파견하였다. 훈춘(琿春) 방면에서는 이범윤이 모주(謀主)가 되어 전 경성진영대(京城鎭營隊)[88]의 정위(正尉)[89]·부위(副尉)[90] 등도 가맹하고 있으므로, 북한계(北韓界) 방면에 주둔한 일본군을 습격하려고 기획을 하고 있다고 한다. 그리고 이범윤은 그 동생 이범신(李範信)이라는 자가 이전에 재미(在米) 한국공사관의 통역생이었던 적이 있어 그 연고로 말미암아 미국에서 소총 2,500정(挺)을 구매하였고, 머지않아 수령(受領)할 것이라는 전설(傳說)이 있다.

---

88 1895년(고종 32) 7월 삼도통제영(三道統制營)이 폐지되면서 연달아 각도에 소속된 병영(兵營)·수영(水營)·진영(鎭營)·진보(鎭堡)의 수륙군(水陸軍)이 폐지되었다. 같은 해 9월 육군 편제 강령(陸軍編制綱領)을 반포하여 중앙군은 친위대(親衛隊), 지방군은 진위대(鎭衛隊)로 양립하는 것을 원칙으로 하였다. 친위대는 2개 대대(각 대대 4개 중대, 총 8개 중대), 진위대는 2개 대대(각 대대 2개 중대, 총 4개 중대)를 설치하였다. 이것은 우선 중앙군을 복원시키는 데 중점을 둔 것이라고 할 수 있다. 1896년(건양 1) 1월에는 친위대 1개 대대를 증설하여 총 3개 대대에 정원을 증강하였다. 아관파천(俄館播遷) 후 중앙의 친위대가 연대로 개편되었으며, 지방에서는 '○○지방대'라는 명칭으로 구식 군졸을 편성함에 따라 진위대와 함께 또 하나의 지방군이 되었다. 고종이 환궁한 직후인 1897년(광무 1) 3월에는 친위대에서 정예군을 선발하여 시위대(侍衛隊)라고 명명하였다. 시위대는 러시아식 훈련을 받고 러시아식 군제로 편성된 정예 부대로서 국왕의 친군임과 동시에 중앙군의 주력 부대가 되었다. 1898년(광무 2) 7월 고종은 친위대를 3개 대대로 증편하고, 시위대에는 포병 1개 중대를 배속시켜 전력을 크게 증강시켰다. 시위대의 경우 보병 2개 대대(2,000여 명), 포병 1개 중대(200여 명), 기병 1개 대대(400여 명)로 확대 개편되는데, 이것은 1904년 러일 전쟁으로 일제의 침략이 심화될 때까지 대한제국 군제의 전형인 기본 편제가 되었다. 1899년(광무 3) 6월에는 황제권을 군사적 측면에서 강화하기 위하여 원수부(元帥府)를 설치하였다. 이 원수부는 강력한 군령권(軍令權)을 행사할 수 있는 기구였다. 황제를 대원수로 하고 황태자를 원수로 하는 조직이었으므로 군사뿐만 아니라 정치적으로도 매우 중요한 역할을 담당하였다. 그러나 1904년(광무 8) 러일전쟁 후 대한제국은 일제의 통제하에 들어감으로써 시련을 맞게 되었다. 1905년(광무 9) 을사늑약 체결 이후 일제의 압박은 가중되었으며, 1907년(융희 1) 7월 고종은 그들의 압력으로 인하여 군국대사(軍國大事)를 황태자에게 양위하고 말았다. 같은 해 7월 한일 신협약(정미7조약) 후 일제는 대한제국의 군대를 해산시켰다.

89 3품의 위관급으로 시위대, 진위대의 중대장을 맡는 직책이다. 지금의 대위와 같다.

90 6품의 위관급으로 시위대, 진위대의 소대장을 맡는 직책이다. 지금의 중위와 같다.

다만 구매처, 운반 방법, 도착 시기 및 도착지 등은 모두 미상이다. 또한 이범윤은 간도에서 일·한 측 주장이 관철되어 한국 영토로 되는 것에 대해서는 러시아 관헌의 원조를 받아 폭동을 일으킬 것이며, 러시아 관헌과는 이미 그 교섭이 원숙(圓熟)하였다고 성언(聲言)하고 있다고 한다. 요컨대 이범윤은 폭도와 서로 밀접하게 연락을 취하고, 폭도도 점차 북방으로 도망쳐 와 이범윤의 거주지인 러시아령 종왕령(宗王嶺) 지방에 집합하려고 하는 형세인 것은 의심할 여지가 없는 듯하다.

6. 두만강의 해빙(解氷)

지난달 하순 이래 일부 해빙이 있었고, 이달 7~8일경까지는 일시 교통을 두절하였지만 간도에서 회령(會寧)으로 통하는 도선장(渡船場)만은 헌병에서 부근 촌민을 통솔하여 쇄빙(碎氷)에 종사하게 해서 아직 교통을 차단하기에 이르지 않았다.

7. 기후

기후는 점차 따뜻하고 화창해지고 있다. 이달 중 측정한 해당 지역의 기온은 섭씨로 아래의 온도를 보인다.

- 최고 온도 27도(度) 7분(分), 최저 온도 영하 7도 5분, 최고평균 온도 15도 0분 5, 최저평균 온도 1도 8분, 고저(高低) 평균 온도 6도 7분 8, 이상.

21. 간도에 있는 한국 관리 숙사(宿舍) 건설에 대한 설계서·도안 등 송부 및 동(同)경비의 지출 통고

- **원문제목** 在間島韓國官吏宿舍建設에對한設計書·圖案等送付및同經費의支出通告(原案1冊)
- **날짜** 융희 2년(1908) 5월 25일
- **발신** 통감부 통감(統監府統監) 이토 히로부미[伊藤博文]
- **수신** 내각총리대신(內閣總理大臣) 이완용(李完用)

기밀통발(機密統發) 제601호

간도에 있는 귀국 관리 숙사(宿舍) 건설 건에 대해서 별지 사본과 같이 이유서, 개산설계서(概算設計書) 및 도안을 구비하여 시노다[篠田] 파출소장대리가 품신(稟申)하여 왔습니다. 위는 부득이한 설비라고 인정되는 것에 대해서는 귀 대신 각하께서도 승인한 후 건설에 필요한 경비 지출을 처리해주시기 바랍니다. 별지를 함께 첨부하여 이 건에 대해 말씀드립니다.

메이지 41년(1908) 5월 25일
통감공작 이토 히로부미
태자소사 내각총리대신 이완용 각하

부(附). 간도에 있는 한국 관리 숙사 건설에 관한 설계서 등 진달(進達)의 건

- 날짜: 융희 2년(1908) 5월 13일
- 발신: 간도파출소장대리 시노다 지사쿠
- 수신: 통감부 통감 이토 히로부미

통파서(統派庶) 제463호

<한국 관리 숙사(宿舍) 건설 건에 대한 신청>

메이지 41년(1908) 5월 13일

통감부 임시간도파출소장대리 시노다 지사쿠

통감공작 이토 히로부미 귀하

당소(當所)의 경시겸내부서기관(警視兼內部書記官) 최기남(崔基南) 이하 한국 관리 다수는 종래 해당 지역에서 한인 가옥을 빌려 숙사(宿舍)로 충용(充用)하고 있었습니다. 그러나 해당 가옥은 이번에 간도 소학교(間島小學校) 교사(校舍)로 충용하기로 결정된 것에 관련하여서, 조만간 개교 준비할 단계에 이를 것입니다. 그렇기에 부득이 다른 곳으로 이전하지 않으면 안 되는 사정이지만, 원래 소수인 한인 가옥은 이미 해당 소원(所員)·헌병에서 차용하였고, 또 근래 일·한인 내주자(來住者)가 다수가 되어 이들이 모두 한인 가옥의 일부를 빌려 거주하고 있는 현황이므로, 이미 다른 곳에 빌려 들어갈 만한 적당한 건물은 하나도 없습니다. 이에 이때 별지 개산설계서(槪算設計書)에 근거하여 한국식의 가(假) 숙사 5동(棟)을 급히 건설할 필요가 있으므로, 위 신영(新營)에 필요한 경비 지출 방안을 한국 정부에 협의해 주시기 부탁드립니다. 약도(略圖)를 함께 첨부하여 이 건을 신청합니다.

[추신] 본건에 관해서는 해당 소장이 경성(京城)에 체재 중이어서, 내부 당국자에게 은밀히 의논해 두었으므로 이 점 덧붙여 말씀드립니다.

부(附)의 속(屬). 동상(同上) 개산(槪算) 설계서

〈개산 설계서〉

일금 4,613원(圓)

내역

금 3,795원, 숙사(宿舍) 5동(棟) 건축비.

단 건평(建坪) 115평, 1평에 금 33원.

금 352원, 문 · 울타리[門柵], 우물 설비비.

금 466원, 부지 매입비.

단 면적 2,330평, 1평에 평균 20전(錢).

22. 간도 관내 일반상황 월보 사본의 송부

- **원문제목** 間島管內一般狀況月報寫本의送付(原案2冊)
- **날짜** 융희 2년(1908) 7월 2일
- **발신** 통감부 통감(統監府統監) 이토 히로부미[伊藤博文]
- **수신** 내각총리대신(內閣總理大臣) 이완용(李完用)

기밀통발(機密統發) 제792호

사이토[齋藤] 임시간도파출소장(臨時間島派出所長)이 월보(月報), 통파월보(統派月報) 제5호 사본, 별지를 송부합니다.

메이지 41년(1908) 7월 2일
통감공작 이토 히로부미
태자소사 내각총리대신 이완용 각하

부(附). 간도 관내 일반상황 「월보」

- 날짜: 융희 2년(1908) 6월 7일
- 발신: 간도파출소장 사이토 스에지로
- 수신: 통감부 통감 이토 히로부미

통파월보(統派月報) 제5호
월보(月報)
5월 1일부터 동(同) 31일까지

메이지 41년(1908) 6월 7일

통감부임시간도파출소장 사이토 스에지로
통감공작 이토 히로부미 귀하

1. 지방 일반상황

이달 동안 지방은 일반적으로 평온하다. 청·한인 대부분은 경종(耕種)에 여념이 없고 각기 안심하고 살고 있는 상황이다.

2. 청국 관헌의 시설·증병(增兵) 및 군대의 행동

청국 관헌에서는 국자가(局子街)에 우편국을 설치하여 5월 7, 8일경부터 사무를 개시하였다. 또한 종래 전보국(電報局)의 사무를 확장하여 현자기(現字機) 1대를 2대로 증가하여 사용하고 있다. 국자가 경무학당(警務學堂)을 졸업한 순병 20명은 5월 21일 국자가·동불사가(銅佛寺街)·토문자(土門子)·두도구(頭道溝)·동성용(東盛湧)·냉수천자(冷水泉子)·백초구(百草溝)·훈춘(琿春)의 각 경무분국에 배속하였다. 5월 1일 길림변무공정제일영영전대대관(吉林邊務工程第一營營前隊隊官) 가조왕(架藻王) 이하 장교 2명, 하사 이하 81명, 동월 3일 길림변무공정제일영후대대관(吉林邊務工程第一營後隊隊官) 고채(高菜) 이하 장교 3명, 하사무장(司務長) 1명, 하사 이하 77명, 모두 길림에서 국자가에 도착하였다(전보 제52호·전보 제54호로 보고 완료). 다만 이 중 후대(後隊)는 5월 8일에, 전대(前隊) 중 약 50명은 13일에 훈춘을 향해 국자가를 출발하였다. 이상 외, 공정대(工程隊) 약 100명은 5월 12일에, 둔전병 약 300명은 동월 19일에, 공정대 약 100명은 동월 25일에 길림에서 국자가에 도착했다는 소문이 있지만 탐구(探究)한 결과 사실이 확실하지 않다. 5월 28일 길림에서 소총 약 500정, 탄약 약 6,000발이 마대(馬隊) 25명의 호위로 국자가에 도착하였다. 돈화현(敦化縣) 및 타요자(駝腰子: 동불사에서 서쪽으로 약 30리 거리) 지방에서의 마적 토벌을 위해서라고 하며, 국자가 주둔 마대 관대(管帶)[91] 왕정서(王廷瑞)와 서

91 관대(管帶)는 청대의 군사직관(軍事職官)의 명칭이다. 순방영(巡訪營)과 육군경찰대(陸軍警察隊)가 2개 영(營)을 통할하는 장관을 '관대'라고 부르기도 하고, 해군의 함장을 '관대'라고 부르기도 하였다.

좌성자(西左城子) 주둔 마대 초관(哨官) 이하 26명이 5월 21일 동불사를 출발하였다.

3. 청국 관헌의 한국 관리 및 인민에 대한 불법행위

청국 관헌에서는 서간도(西間島)에 거주하는 한인에게 역복(易服)·변발을 강제한 사실이 있다(특보 제30호·전보 제51호로 보고 완료). 회령간도(會寧間島) 문화사(文化社) 남상동(南尙洞) 거주 한인 나형권(羅亨權)이 설치한 도선장(渡船場)에 대해 청국 관헌에서는 병력으로 이곳의 치선(置船)을 금지하였다(전보 제68호로 보고 완료). 평강(平崗) 하리사(下里社) 유정평촌(柳亭坪村: 용정촌에서 서쪽으로 약 2리 거리) 부근 36개 촌의 촌민은 동촌(同村)에 학교를 설립하려고 청인 양태희(楊泰禧)의 소유지를 빌리는 계약을 하였는데, 양태희는 올해 4월 10일 두도구(頭道溝) 파판소 소장 왕장령(王長齡)의 명으로 한인에게 토지의 매각 및 대여를 금지했다고 하며, 이전 계약을 취소하고 그 소요(所要) 토지를 대여하지 않음에 따라, 촌민은 다시 그 이웃 촌인 용천동(龍泉洞) 한인 지여안(池汝安)의 소유지를 매입하여 신축 계획을 하였는데, 동촌에 거주하는 청국이 임명한 사장 한인 강선달(姜先達)이 지여안에게 매매 계약을 취소할 것을 교사(敎唆)하였다. 그러나 본건에 대해서는 헌병을 파견하여 그들의 방해를 배제하였으므로, 이번에 겨우 신축공사에 착수할 수 있었다. 5월 19일 국자가(局子街) 분주(分駐)의 한국 순사[92] 김상필(金相弼)은 촌락을 순회할 때, 국자가 남쪽 수남사(水南社) 용성촌(龍成村)에 다수의 청·한인이 집합하여 있는 것을 보고, 현장에 있는 청국이 임명한 총향약(總鄕約) 한인 이수광(李秀光)에게 그 사유를 물은 것이 원인이 되어 김 순사와 이 향약이 말다툼을 하였는데, 이수광은 이를 급히 청국 관헌에게 고소한 듯하다. 동일(同日) 경무총국 순장(巡長) 1명, 순병 2명이 김 순사의 숙사(宿舍)에 이르러 인민의 고소가 있다고 하며 김 순사에게 동행을 요구하였다. 동(同) 순사는 이를 거부하였는데 순장은 김상필의 손목 등을 잡아 옥실(屋室) 위에서 끌어 내렸고, 김 순사를 경무총국으로 데리고 갔다. 경무총국에서는 국장 청산(淸山)이 김

---

92 통감부는 간도 거주 한인의 보호라는 명분과 한인을 보다 효율적으로 통치하고 저항을 줄이기 위해 한국인을 경찰관으로 임명하였다. 파출소 설립 당시 한국 경찰의 수는 총순(摠巡) 이하 20명에 불과하였지만, 1908년 9월 7일 경시(警視) 1명, 순사 12명을 증파하고, 1909년 8월 10일에 또 경부(警部) 이하 20명을 증원하여 총 63명에 달하게 되었다(강창석, 1990, 「통감부 연구-間島 정책을 중심으로」, 영남대학교 사학과 박사학위논문, 74쪽).

순사에게 인민으로부터 고소가 있음에 따라 변무공서(邊務公署)로 가게 될 것이라고 통고하였다. 김 순사는 이를 승낙하지 않고 어떤 고소인지, 그 고소 사실과 고소자의 성명을 알려줄 것을 요구하였는데, 그 사실 및 성명은 오늘 밤 변무공서에서 조회할 것임으로, 어떤 통지가 있을 때까지 귀청(歸廳)하고 있으라고 하며 그대로 김 순사를 귀환시켰다. 다음 날인 20일 김 순사는 경무총국 앞을 통과하는데 1명의 순장과 3명이 이를 추적하였고, 다시 김 순사를 동행하려고 하자 김 순사는 이를 거부하였는데, 순병(巡兵) 등은 김 순사의 팔다리를 잡고 그를 메고서 경무총국 안으로 데리고 가 그를 내려놓았다. 이때 김 순사는 국자가 분견소 헌병이 그 문 앞을 통과하는 것을 보고 원조를 요구하였으므로, 동 헌병은 즉시 동 총국 안에 들어가 김 순사를 방환(放還)하게 하고 동행하여 귀소(歸所)하였다(전보 제68호로 보고 완료). 본건, 김 순사 강제 동행의 건에 대해 진소상(陳昭常)은 김 순사 때문에 청국 행정을 어지럽힌 것이라고 하며 경무총국장에게 명하여 인치시키려고 하였던 것이라 하고, 그로 인해서 총국장 청산 및 그 감독자인 지부(知府) 도빈(陶彬)은 헌병을 이유 없이 국내(局內)로 들여 김 순사를 인도한 혐의에 대해서, 각각 기과(記過: 징벌)[93]의 처분을 받았다. 5월 20일 회령가도(會寧街道) 상 회령간도(會寧間島) 학성촌(鶴城村)에서 거리 서북쪽 약 400미터 지역에서 한인 박삼규(朴三奎)라는 자가 일본 부인(婦人) 4명과 그 휴대 짐을 우차(牛車) 3량(輛)에 태우고 회령 방면에서 오는데, 청국 순병 1명이 우차 4량을 감독하러 오는 것을 만났다. 때마침 순병은 박삼규가 이끄는 우차를 길가로 비키게 하였고, 또한 뒤에서 2량의 우차가 왔기 때문에 그대로 비켜 있으라고 말을 남기고 떠났는데, 박삼규는 후속 우차를 보지 못하고 여행을 서둘렀기 때문에, 앞 4량의 우차를 지나감과 동시에 전진하였다. 그러자 순병이 돌아와 왜 자신의 말에 따르지 않느냐고 하며 박삼규를 구타하였다. 그 후 학성촌 방면에서 순병 3명, 통역 1명이 추적하여 와서 박삼규를 학성촌 계사소(稽査所)에 인치하려고 하였다. 동인(同人)은 이를 거부함에 따라 순병 등은 박삼규의 양손과 두발(頭髮)을 잡고 억지로 그를 인치하려고 하였고, 또 주먹과 몽둥이로 박삼규를 구타하여 경상을 입혔다. 이때 우편호위(郵便護衛) 헌병이 와 이를 봄에 따라, 억지로 박삼규를 방환(放還)시키고 우차와 함께 무사히 통과시켰다(전보 제68호로 보고 완료). 5월 16일 경성간도(鏡城間島) 광제욕(光霽峪) 주

93 관리로서 가벼운 잘못이 있는 자를 말로 나무라고 그 내용을 문부에 적어 두던 일.

둔 청병 3명이 하천평촌(下泉坪村) 파견 한국 순사의 숙사(宿舍)로 들어와 청국 영토 내에 있으면서 한국 경찰 관리의 직무를 집행하는 것은 불법이라고 말하였다. 또한 병영에 동(同) 순사를 동행하려고 한다는 정보를 받고 하천평 분견소 헌병은 현장에 출장하였는데, 청병은 매약(賣藥)을 위해 들어왔다고 변명하며 물러났다. 다음 날 청병 2명이 동지(同地) 감찰과 파견원의 허락하에 와서, 신을 신은 채로 실내에 들어오고 귀환할 때 발을 들어 문을 차는 등 능욕(凌辱)을 가하고 돌아갔다. 앞의 수 건은 헌병대위 오쿠무라 메구미[奧村惠]로 하여금 변무공서에게 장래 단속과 불법행위자의 처분을 요구하였는데, 진소상의 대리자 왕국침(王國琛)은 사실 취조를 하고 상당한 처분을 하겠다고 답하였다.

4. 청병 및 청인 대(對) 일본인[本邦人]의 분쟁

5월 9일 관(官), 성명 미상의 청병 2명이 국자가(局子街) 요리점 다카기[高木] 집에 와서 돈 1원(圓)으로 유흥을 요구하였는데, 동점(同店)에서는 이를 응하지 않았고, 동거인 이케다 다쓰지로[池田辰次郎]는 이들을 실외로 내쫓았다. 청병은 화를 내었고, 그중 1명은 장작[薪]으로 이케다의 두부(頭部)를 구타하여 부상을 입히고 도망하였다. 본건은 국자가 분견소(分遣所)에서 임검(臨檢)하고 변무공서(邊務公署)에게 속히 가해자를 수색하여 상당한 처분이 있기를 바란다고 요구하였다. 5월 16일 경성전신보선구국(鏡城電信保線區局)에 근무하는 도쿠다 신타로[德田新太郎]는 청국인 두유화(杜有化)와 동량(東良) 하리사(下里社) 성교촌(聖教村)의 논 가운데 좁은 길 위에서 만났는데, 해소(該所)에서 건설하고 있던 전신주(電信柱)의 지선(支線)이 절단되어있는 것을 보고, 도쿠다는 두유화에게 한어(韓語)로 본도(本道)가 아닌 작은 길을 통행하는 것으로 인해 이와 같이 지선이 절단되기에 이를 수 있다고 말하였다. 두유화는 언어가 통하지 않았기 때문에 공연히 사람의 통행을 방해한다고 오해하고 서로 밀친 결과, 쌍방이 거의 동시에 가지고 있던 지팡이로 구타하고 도쿠다는 두유화의 두부에 경상을 입히었다. 본건은 쌍방을 설유(說諭)하고, 도쿠다를 간도 우편국장(郵便局長)에게, 두유화를 육도구(六道溝) 파판소로 인도하여 무사히 사건을 완료하였다.

5. 한국민의 상태

한민의 대부분은 청국 관헌이 근래 시설, 즉 병영의 건축·도로의 개수(改修) 내지 모병(募兵) 등을 하기 때문에 잠시 청국 관헌을 신뢰하는 생각이 두터움을 더하는 경향이 있다. 그리고 우리에 대해서는 소위 현 상태를 유지하면서 전혀 아무런 활동이 없는 것을 보고, 그 진의(眞意)가 있는 바에 대해서 다소 의심을 품고 있는 것 같지만, 파출소 관제(官制)의 발포(發布), 청사(廳舍) 건축의 실행 등은 확실히 이들 한인의 기우를 일소하고, 오랫동안 우리의 보호를 받을 수 있다고 하는 신념을 깊게 하게 한 듯하다. 그 결과라고도 볼 수 있는 현저한 현상은 다음과 같다.

(1) 한국 내지에서 이주민 및 출가자(出稼者)의 증가.

(2) 당지(當地) 및 부근 촌락에서의 가옥 건축의 폭증.

(3) 토지 구매자의 증가.

위는 한인 일반의 상황이지만 그중에는 현 정부의 시설에 반대하고 결국 일본에 속아 토지를 병탄(併呑) 당하는 것이라고 하며 우리에게 분개하고 있는 자가 있다. 이들 무리는 청국의 비호에 기대어 그 병탄을 면하는 것을 상책(上策)이라고 하며 청국 관헌에게 아부하고, 또 그 시기를 기다리기 위해 학교를 일으키어 인심을 수람(收攬)하는 방법을 얻는 것을 상례로 한다.

또한 간도에 통감부 파출소를 설치하는 건에 대해서도 일본은 결코 한국을 위하는 것이 아니고, 명분을 한민 보호에 빌렸으나 사실은 간도를 점령하고 또 동삼성(東三省)을 노리는 것이라고 믿고 있는 것 같다. 이들에 관해 아래의 사실이 있다.

<서상은(徐相誾)·백남수(白南秀) 등의 건>

위는 특보 제19호, 전보 제58호로 보고 한 바가 있음. 여전히 서상은 이하는 봉천(奉天)에 있는 한인 길성익(吉星翼)이라는 자와 서로 밀접하게 연락을 취하고 있는 것 같음. 이번에 동인(同人)으로부터 서(徐)·황(黃)·김(金)·이(李) 앞으로 「재미국대한인 대동보국회[94] 장정(在米國大韓人 大同保國會 章程)」이라고 제목을 붙인 소책자를 각 1부씩 청국 우편에 맡겨 송부하여 온 사실이 있음. 또한 한국에서는 아직도 은밀하게 관직 매매를 하여 판 자[賣者]는 이를 가지고 이득을 보고, 산 자[買者]는 이를 얻어 명예로 함. 함경북도 경성(鏡城) 서문(西門) 밖에 거주하는 강수진(姜壽鎭)이라는 자가 관직 위조 사령(辭令) 49매를 휴대하고, 무산간도(茂山間島)에 와 이를 매각하려고 하였고, 도사장(都社長) 남규강(南奎綱)에게 의심을 받아 복사평(伏沙坪) 헌병분견소에 고발당하였음. 복사평 분견소에서 취조한 바에 의하면 해당 사령은 경성 서문 외 한인 최후경(崔厚卿)이라는 자가 위조하고, 강수진은 최후경으로부터 이익을 양분(二分)하는 약속으로 매각을 의뢰받은 것임. 강수진의 자백에 의하면 사령의 매매가격은 1매에 좌수(坐首)는 20원(圓), 유사(有司)는 15원, 색장(色掌)은 10원, 양사(養士)는 5원, 대동향소(大同鄕所)는 3원이 시세라고 함. 본건은 강수진을 5월 5일 경성(鏡城) 재판소에 송치하였고, 또한 최후경의 체포에 대해서는 경성 헌병분견소에 조회하였음.

6. 소원(所員)의 동정

본관(本官)이 21일 귀임(歸任)하였기 때문에, 동(同) 22일 촉탁(囑託) 시노다 지사쿠[篠田治策]는 소장 대리를 사임하였다. 촉탁 스즈키 신타로[鈴木信太郎], 한국 내부 건설관 최기남(崔基南)은 이도구(二道溝) 방면 조사를 위해, 헌병 중위 히라다 데쓰지로[平田鐵治

---

94 대동보국회(大同保國會)는 1907년 3월 2일 미국 샌프란시스코에서 조직된 독립운동단체이다. 장경(張景)·김우제(金愚濟)·이병호(李秉浩)·문양목(文讓穆)·장인환(張仁煥)·유홍조·김미리사(차미리사)·윤응오 등의 발기로 설립되었다. 중심인물인 장경은 본래 1903년 9월 안창호의 지도로 조직된 상항친목회(桑港親睦會)의 발기인이었다. 친목회가 1905년 4월 공립협회(共立協會)로 바뀌어진 뒤 안창호와 장경 사이에 충돌이 일어나 장경이 중심이 되어 공립협회에서 분리, 대동교육회를 조직하였다. 그러나 대동교육회는 교육진흥에만 목적을 둔 까닭에 공립협회의 정치적 운동에 비해 활동이 미약하여서, 1907년 3월, 일제의 국권침탈이 강화되고 있던 시대적 상황에 부응해 정치적 운동을 지향하면서 대동보국회로 확대, 개편하였다. 초대 중앙회장으로 이병호가, 중앙총무에는 장경이 선임되었으며, 백일규·문양목 등도 회장을 역임하였다. 1908년 3월 21일 일제에 의해 한국외부고문으로 나왔던 미국인 스티븐스(Stevens, D. W.)가 워싱턴으로 가는 도중 샌프란시스코에 들러 일제의 보호정치를 지지하는 발언을 하였다. 이에 교민들은 공동회를 개최하고 총대위원(總大委員) 문양목 등이 스티븐스를 방문, 항의하였다. 그러나 그가 계속 자신의 주장을 굽히지 않자 이 회의 회원이던 장인환은 3월 23일 그를 저격하였다. 1910년 2월 대동보국회는 국민회와 통합되어 발전적으로 해체되었으며, 대동보국회와 국민회의 통합체로서 대한인국민회가 출범하였다.

郎]는 동 방면 정찰을 위해 헌병 수명을 데리고 왕복 20일 예정으로 5월 29일 당지(當地)를 출발하였다. 신임(新任) 일등군의(一等軍醫) 오노 주니치[小野純一]는 5월 16일 부임하였고, 동 20일 전임자 무라이[村井] 군의정(軍醫正)에게 사무 인계를 받았다. 무라이 군의정은 26일 신임지(新任地)로 출발하였다.

7. 신청(新廳) 건축 업무

금년도 임시비를 가지고 건축할 청사(廳舍) 등에 대해서는 오가와[小川] 고원(雇員)이 부임 후 상세히 조사하게 한바, 당지(當地)에서 여러 종류의 불편이 있기 때문에 재료가 싸지 않아서 2층 건물 청사(약 165평) 및 부속 가옥 1동(棟)과 소장 관사에 필요한 응접소(應接所)만을 건축하는 것으로 하고, 전부 도급공사[請負工事]로 맡기고 다음 달 일찍 기공(起工), 오는 10월 하순에 준공할 것이다. 상세한 것은 머지않아 보고할 것이다.

8. 5월 말에 간도 거주 일본인[本邦人] 인수(人數) 조사는 다음과 같다.

<간도 거주 일본인 호수(戶數)·인구수>

- 용정촌(龍井村): 호수 30, 인구 남 70, 여 47, 계 117.
- 국자가(局子街): 호수 14, 인구 남 16, 여 22, 계 38.
- 천보산(天寶山): 호수 1, 인구 남 9, 여 없음, 계 9.
- 동불사(銅佛寺): 호수 2, 인구 남 2, 여 3, 계 5.
- 하천평(下泉坪): 호수 1, 인구 남 1, 여 없음, 계 1.
- 신흥평(新興坪): 호수 2, 인구 남 2, 여 1, 계 3.
- 두도구(頭道溝): 호수 1, 인구 남 1, 여 1, 계 2.
- 합계: 호수 51, 인구 남 101, 여 74, 계 175.

[비고] 통감부임시간도파출소원 · 헌병대원 · 우편국원 및 그 고용인[傭人]은 본표에 기록하지 않았다.

23. 간도에 있는 한인 보호를 위한 헌병 파견대 증설에 수반한 한국인 주사(主事) 및 순사 등 증파 요청

- **원문제목** 在間島韓人保護를爲한憲兵派遣隊增設에隨伴한韓國人主事及巡査等增派要請(原案2冊)
- **날짜** 융희 2년(1908) 7월 13일
- **발신** 통감부 통감(統監府統監) 이토 히로부미[伊藤博文]
- **수신** 내각총리대신(內閣總理大臣) 이완용(李完用)

기밀통발(機密統發) 제879호

간도에 있는 귀국인 보호를 더욱 주도면밀히 하기 위해 종래 헌병분견소(憲兵分遣所) 8개소 외 새로 백초구(百草溝)·팔도구(八道溝)·걸만동(傑滿洞)[95]·동경대(東京臺) 4개소에 분견소 신설을 하는 건에 대해서는 위 4개소에 배치할 한국 주사(主事) 4명, 순사 12명을 귀 내부에서 증견(增遣)하여 주시기를 바랍니다. 그리고 위 주사와 순사는 일본어를 할 수 있는 자를 필요로 하므로 덧붙여 말씀드립니다.

메이지 41년(1908) 7월 13일
통감공작 이토 히로부미
태자소사 내각총리대신 이완용 각하

95 원문에는 설만동(偰滿洞)으로 되어 있으나 걸만동(傑滿洞)의 오기임으로 바로 고침.

24. 간도지방 구역 개칭에 대한 간도파출소 보고 사본의 송부

- **원문제목** 間島地方區域改稱에대한間島派出所報告寫本의送付(原案2册)
- **날짜** 융희 2년(1908) 7월 31일
- **발신** 통감부 부통감(統監府副統監) 소네 아라스케[曾禰荒助]
- **수신** 내각총리대신(內閣總理大臣) 이완용(李完用)

기밀통발(機密統發) 제953호

간도에 있는 사이토[齋藤] 파출소장이 특보 통파밀(統派密) 제37호 사본을 송부합니다.

메이지 41년(1908). 7월 31일

부통감 자작 소네 아라스케

태자소사 내각총리대신 이완용 각하

부(附). 간도지방 구역 개칭 건의 보고

- 날짜: 융희 2년(1908) 7월 7일
- 발신: 간도파출소장 사이토 스에지로
- 수신: 통감부 통감 이토 히로부미

통파밀(統派密) 제37호

메이지 41년(1908) 7월 7일

통감부임시간도파출소장 사이토 스에지로

통감공작 이토 히로부미 귀하

종래 당 파출소가 관계하는 지방을 양분하여 백두산에서 노야령(老爺嶺)으로 이어지는 남북 산맥 이동(以東)을 동간도(東間島), 이서(以西)를 서간도(西間島)라고 호칭하여 왔지만, 한인은 압록강 대안(對岸)을 일반적으로 서간도라고 합니다.[96] 따라서 해당 파출소에서 호칭하는 서간도와 교착(交錯)하여 오해를 낳기 쉬운 우려가 있으므로, 파출소가 관계를 가지는 간도 전부를 이후 동간도라고 총칭(總稱)하고, 종래 호칭한 동간도를 동간도 동부, 서간도를 동간도 서부라고 개칭하고자 합니다. 이에 이 건에 대해 상신(上申)합니다.

---

96 1712년 목극등(穆克登)의 백두산정계비 설치와 '동위토문(東爲土門)'의 '토문강' 해석은 공통적으로 간도의 지역을 설정하는 데 있어서 중요한 기준이 되었다. 한국과 일본은 공통적으로 토문강과 두만강을 서로 다른 강으로 해석하였다. 한국주차군사령부의 1906년「간도지도」에 의하면 토문강은 두만강 북쪽에서 동류하여 해란하, 포이합도하와 합류하고 다시 두만강과 합류한다. 따라서 토문강 이남과 두만강 이북 지역을 간도로 인식하였다. 장지연의「간도지도」는 토문강을 송화강에 유입되는 오도백하로 인식하여 토문강의 동쪽 지역을 간도로 인식, 가장 넓은 지역을 지도에 표현하였다. 임시간도파출소 역시 간도를 동간도와 서간도로 표현하고, 두만강-백두산-송화강-노부령을 경계로 하는 지역의 안쪽으로 인식하였다. 이후의 일본지리연구회와 중국 참모본부의 지도에도 동간도와 서간도가 등장하는데, 이 두 지도의 동간도는 임시간도파출소의 1907년「간도지도」의 동간도와 서간도를 모두 아우르는 영역이었고, 압록강 상류 대안을 서간도로 확대해서 표현하였다. 이는 간도 공간에 대한 인식이 '간도[동간도+서간도(두만강 북쪽 일대)]'에서 '동간도(간도)와 서간도(압록강 상류 북쪽 일대)'로 점차 확장되었음을 말해주는 사례이다. 이러한 간도 공간의 범위는 일본과 중국 모두의 공통된 인식이었다(문상명,「20세기 초 지도로 본 간도의 역사적·지역적 범위와 한인 이주자」,『만주연구』29, 2020, 191~192쪽 참조).

25. 간도 관내 일반상황 월보 사본의 송부

- **원문제목** 間島管內一般狀況月報寫本의送付(原案2冊)
- **날짜** 융희 2년(1908) 8월 4일
- **발신** 통감부 부통감(統監府副統監) 소네 아라스케[曾禰荒助]
- **수신** 내각총리대신(內閣總理大臣) 이완용(李完用)

기밀통발(機密統發) 제965호

간도에 있는 사이토[齋藤] 파출소장이 월보(月報), 통파월보(統派月報) 제6호 사본, 참고를 위하여 송부합니다.

메이지 41년(1908) 8월 4일
통감대리 부통감 자작 소네 아라스케
태자소사 내각총리대신 이완용 각하

부(附). 간도 관내 일반상황「월보」

- 날짜: 융희 2년(1908) 7월 8일
- 발신: 간도파출소장 사이토 스에지로
- 수신: 통감부 통감 이토 히로부미

통파월(統派月) 제6호
6월분 월보
6월 1일부터 동(同) 30일까지

메이지 41년(1908) 7월 8일

통감부임시간도파출소장 사이토 스에지로

통감공작 이토 히로부미 귀하

1. 지방 일반상황

이달 동안 지방은 일반적으로 평온하여 토민(土民)의 대부분은 이미 경종(耕種)을 끝내고 각각 그 업(業)을 쉬고 있는 상황이다. 이달 동안 폭도에 관해서는 얻은 바가 없다. 그러나 간도에서는 여전히 이범윤(李範允)의 옛 부하 사졸(士卒)들이 거주하고 있고, 한국 내지(內地) 혹은 러사아령[露領] 방면에서 패찬(敗竄)한 폭도가 도망쳐 들어올 우려가 있기 때문에, 이들에 관해서는 항상 시찰과 경계를 엄중히 실시하고 있다. 마적에 대해서는 국자가(局子街) 북쪽 방면 영고탑(寧古塔) 가도(街道) 상 및 동불사가(銅佛寺街) 서북방면 길림 가도상에는 때때로 출몰한 적이 있는 분위기지만, 그때마다 청국 관헌에서 토벌대를 파견하여 이를 소탕하기 때문에 당소(當所) 부근 지방에서는 전혀 이들의 피해를 들어본 적이 없고 매우 평온하다.

2. 청국 관헌의 시설 및 그 군대의 행동

청국 관헌의 시설은 두 배 또 그 두 배, 행정 기능의 발전에 힘을 다하고, 그로 인해 영토주의의 기초를 공고히 하는 것에 부심하고 있다. 즉 각지에 파판소를 증설함에 따라 이전에 길림에서 증파(增派)시킨 순경 및 국자가(局子街)에서 새로 훈련시킨 헌병 또는 순경을 각지에 분파하고, 또 이들 관헌과 군대를 연락하기 위해 약간 거리마다 체기병(遞騎兵)을 배치하여서, 그로 인해 보고 전령(傳令)을 속달로 제공한다. 혹은 국자가에 장대한 병영을 둘 청사(廳舍)의 건축을 서두르거나, 혹은 각지의 파판소 또는 병영 수축(修築)을 행하여, 하나는 청·한민의 신뢰를 이어나감과 동시에 그 행정 조직을 완전히 하기 위해 노력하고 있다. 청국 군대의 행동은 다음과 같다.

(1) 6월 14일 국자가(局子街) 주둔 보병 제12표(標) 제2영(營) 소속의 장교 1명, 하사 이하 약 40명은 동간도(東間島)의 서부 한녕구(漢寧溝) 주둔병으로, 순방대(巡防隊) 보대

(步隊) 초관(哨官) 이하 23명은 동불사가(銅佛寺街)로 귀환하여 주둔시킴.

(2) 6월 24일 청국 헌병 반장 소승표(邵勝標) 이하 5명은 국자가(局子街)에서 사기동(沙器洞) 병영에 도착함.

(3) 온성간도(穩城間島) 삼조동(三朝洞: 지점 미상)에 청병 약 50명이 새로 주둔했다는 소문이 있어 사실 취조 중.

(4) 노야령(老爺嶺) 및 장재령(張財嶺)에는 공정대(工程隊) 제1영(營)의 각 1개 부대가 도로 개수(改修)에 종사하고 있음. 그 방폭(迈幅)은 우마차(牛馬車)의 통행에 지장이 없는 정도이지만, 그 공사는 일시적인 것에 지나지 않는다고 함.

(5) 이달 동안 길림에서 액목색(額木索)·영길탑(寧吉塔)을 거쳐 훈춘(琿春)에 도착한 청국 군대는 여러 종류의 정보를 종합하면 약 2영(營)의 청병이 도착한 것은 사실이라고 인정됨. 그 보병은 제1표(標)로, 그 외 공병대 순경 등이 있음.

(6) 또한 이달 중 길림에서 돈화현(敦化縣)에 도착하여 주둔한 일. 보병 제1표 제1영 전부인 듯함. 현재 옛 병영 및 시내 민가에 숙박하고 있고, 해당 1영은 혹은 훈춘(琿春)에서 병영의 낙성(落成)을 기다려 동지(同地)를 향할 것이라고 하거나, 혹은 돈화 및 부근 지방에 분배 주둔할 것이라고도 함. 앞의 소문은 어쩌면 사실이 아니라고 믿어짐.

3. 청국 관헌의 한국 관리 및 인민에 대한 불법행위

(1) 청국 관헌에서 동간도 서부(종래 서간도로 보고한 것) 지방에 거주하는 한민에게 치발(薙髮)·역복(易服)을 강제한 사실에 대해 취조하기 위해 지난달 중 파견한 촉탁 사무원 스즈키 신타로[鈴木信太郎]와 헌병 일행은 이달 19일 귀착(歸着)함. 그 보고에 의하면 동지(同地) 한녕구(漢寧溝) 파판소 소장 두보현(竇寶賢)은 그 부하 관리 및 병원(兵員)을 파견하여 한가(韓家) 각호(戶)에 대해 치발·역복을 강제하고 명에 따르지 않는 자는 신속히 해당 지역에서 퇴거시킬 것이라고 강요하였음. 또한 동시에 귀화(歸化) 원서에 날인하게 한 것은 전적으로 명확한 사실임. 스즈키 사무관은 당시 두보현 파판소장을 회견하고 한민에게 치발·역복을 강제하는 것은 불법인 것을 설명한바, 그 후로는 위 강제는 거의 이를 시행하는 일이 없었고, 전적으로 청국 관헌의 한민에 대한 태도가 일변한 것은 여기에 우리 관리를 파견한 결과임에 틀림없다고 하여, 동(同) 지방 두민(頭民) 2명이

일부러 파출소에 출두해서 거주 한민을 대표하여 진사(陳謝)의 뜻을 표하고, 또 헌병분견소의 신설을 간원(懇願)하였음(往電 제75호로 보고 완료).

(2) 회령간도(會寧間島) 문화사(文化社) 남상동(南尙洞)에서 한인 나형권(羅亨權)이 설치한 도선장(渡船場)에 대해 청국 관헌에서 병력을 이용하여 이를 금지하였지만, 이는 옛 관례 및 선후장정(善後章程) 제6조에 위반하는 매우 불법적인 처치로 우리 파출소로서 결코 묵과할 수 없는 일이므로, 진소상(陳昭常)에게 이를 항의함과 동시에, 또 한편으로 도선장에는 보호를 위해 우리 헌병을 파견하여 그 영업을 계속하게 한바, 진소상은 일단 정부에 보고하고 그 지휘를 받아 회답해야 하기 때문에 잠시 도선을 중지하기를 바란다고 답하였음. 나는 관례와 명령에 따라 잠시라도 이를 중지하게 할 이유가 없다고 성명(聲明)하였지만, 이 교섭 중 특히 화평(和平)을 중히 여겨 도선을 보류시키고, 진소상에게는 특별히 사카이노[境野] 헌병소좌를 파견하여 한국 관헌이 도항업을 허가한 종래의 관례와 그 밖의 이유를 상세히 설명하게 해서 재차 숙고를 요구하였음. 그러나 도저히 타협할 방법이 없었기 때문에 6월 24일부터 다시 도항을 개시하게 하였는데, 진소상은 새로 편성한 헌병 5명을 사기동(沙器洞)에 파견하여 도선을 금지시키고, 해당 헌병은 도선장에서 통행인에게 승선을 금지하거나, 혹은 몽둥이를 치켜들어 이를 위협하거나, 혹은 뱃사공(선원)에게 출선(出船)을 금지하고, 심지어는 승선하려고 하는 우차(牛車) 인부를 구타하는 일이 있었음. 보호를 위해 현장에 파견되어 있던 우리 헌병은 이유를 가지고 이를 타일렀지만 수긍하지 않았음. 이 때문에 청국 헌병이 닻을 매어 놓고 있던 배의 밧줄[舟綱]을 부여잡아 배를 이안(離岸) 못하게 하려고 하면, 우리 헌병은 그 밧줄을 끌어당겨 출선(出船)시키려고 하였음. 또한 청국 헌병이 소 끄는 줄[牽綱]을 잡고 승선(乘船) 못하게 하려고 하면, 우리 헌병도 그 끄는 줄들을 잡아 이를 놓아주려고 하는 것과 같이, 양쪽 모두 힘으로 서로 싸워 어쨌든 도선(渡船)의 목적을 달성하였음(往電 제68호·제70호·제74호·제77호로 보고 완료).

(3) 지난달 보고한 평강(平崗) 하리사(下里社) 유정평촌(柳井平村)에 동지(同地) 민(民)들이 학교를 설립하려고 할 때, 청국 관헌은 이 설립을 방해하였지만 본관(本官)은 헌병을 파견하여 그 방해를 배제하고 신축공사에 착수하게 한바, 두도구(頭道溝) 파판소 소장은 때때로 순경과 병사 수명을 현장에 파견하여 공사를 중지시키려고 백방으로 방해를 시도하였음. 그러나 공사 중에는 우리가 항상 헌병을 파견하여 적당한 보호를 하고,

또 한 편으로 도사장(都社長)·교사 등에게 명하여 공사를 속히 완료하도록 힘쓰게 한바, 이달 하순에 이르러 완전히 준공을 알리고 즉시 개교하기에 이르렀음. 생각건대 청국 관헌이 이와 같이 학교 설립을 방해하는 것은 그 원인이 여러 가지가 있겠지만, 간도를 완전한 자국 영토로 하여 설립에 자국 관헌의 허가를 받지 않으면 안 되는데, 설립자는 이러한 행동을 하지 않았기 때문에 중지시키려는 것이라는 이유가 하나의 원인인 듯함. 위 학교가 건축을 완료하고 개교를 할 수 있기까지는 전적으로 우리 파출소의 보호에 기인한 것이라고 하며, 개교 후 학교 설립에 간여한 도사장·사장 및 두민(頭民) 등이 교사 및 학생과 함께 감사의 뜻을 표하기 위해서 우리 파출소에 출두하였음(往電 제77호 보고 완료).

(4) 길림순무(吉林巡撫)는 종래 관첩(官帖) 2적(吊) 500문(文)의 비율로 유통하여 온 길림 은원(銀元) 1원(圓)을 이후 2적 800문의 비율로 통용하게 할 것이라는 명령을 내렸음. 도(陶) 지부(知府)는 만약 청한 상민(商民)에게 위 명에 위반하는 자는 처벌할 것이라고 고시하였음. 이 때문에 간접적으로 한전(韓錢)에 대한 비율에 영향을 주어, 실제로 이달 22일 경성간도(鏡城間島) 호천포가(湖川浦街) 시장에서 동가(同街) 파판소 소속 청병 2~3명이 한상인(韓商人)에게 한전 50문인 목면사(木綿糸) 1권(卷)을 구매하고, 그 대가(代價)로 길림 소은화(小銀貨) 1개를 지불하고, 이를 한전 70문으로 사용하려고 하며 20문의 거스름돈을 받으려고 하였음. 하지만 한상인은 해당 은화는 한전 50문 이상으로는 적용하지 않는다고 하며, 이를 거부함에 따라 청병과 분쟁을 야기하였을 때, 어쩌다 동가(同街)를 순회 중인 한국 순사는 해당 한상인에게 부당하다고 사료되면 매매하지 않는 것이 좋다고 타일렀는데, 청병은 이를 보고 분노하며 한상인과 한국 순사를 가지고 있던 목봉(木棒)으로 수차례 구타하였고, 이 때문에 한국 순사는 경미한 부상을 입기에 이르렀음. 동행한 헌병은 이를 제지하고, 즉시 동소(同所) 파판소원에게 청병의 불법을 힐문하였는데, 길림 은화의 한전에 대한 시세는 명령에 의하여 병사가 말한 것 같이 상관이 규정한 것이라고 하였음. 또한 한국 순사를 구타한 것에 대해서는 구타하지 않았다고 변명했다는 보고를 접하였으므로, 본직(本職)이 사카이노[境野] 헌병소좌를 파견하여 진소상(陳昭常)에게 은원의 시가(市價) 여하에 관계없이 명령에 어긋나는 것, 특히 한인까지도 처벌하려고 하는 것은 옳지 않다는 것과 순사를 구타한 것에 관해 엄중하게 교섭하게 하였는데, 진소상의 대리자 왕국침(王國琛)은 은원에 대한 관첩의 시세는 길림순무가 이를 정하는 것이지만, 청국 화폐에 대한 한전의 시세는 정한 적이 없어서, 이에 조사

한 후 병사들에게는 부당한 시세를 사용하는 것을 경계하게 하고, 또 한국 순사는 관리로서 이를 인정하지 않지만, 그러나 가령 보통 한인이라도 구타하는 것은 옳지 않으므로 취조한 후 처벌할 것이라고 답변하였음(往電 제7호 보고 완료).

(5) 6월 18일 경성간도(鏡城間島) 광종사(光宗社) 삼포촌(三浦村) 거주 한인 황민홍(黃敏弘)의 어머니 남씨(南氏, 60세)는 그 외 2명의 부인(婦人)과 동지(同地) 광풍사(光風社) 문암동(文岩洞)을 통행할 때, 호천포가(湖川浦街) 파판소 소속 청병 2명이 이유 없이 남씨를 구타하고, 또 총검으로 남씨의 두발(頭髮)의 결사(結絲)를 잘라 머릿속의 월자(月子)[97] 2개(代價 2원 80전 정도)를 약탈하였으며, 또한 총검을 휘둘러 남씨의 왼쪽 어깨와 식지(食指)에 가벼운 상처를 입혔음. 본건에 관해서도 사카이노[境野] 헌병소좌가 진소상(陳昭常)의 대리자 왕국침(王國琛)을 회견했을 때, 위 청병의 불법행위에 대해 처분을 요구하게 하였고, 취조 후 상당한 처벌을 할 것이라고 답하였음.

4. 청국 순경 및 청인 대(對) 일본인[本邦人]의 분쟁

(1) 6월 21일 밤, 국자가(局子街)에서 청국 순경은 이유 없이 통행하는 일본인[本邦人] 2명에게 누구냐고 묻고, 또 총검을 들이대며 그 통행을 방해함에 따라 해당 일본인과 충돌하여 분쟁을 야기하였고, 또 그 분쟁 중 그 부근에서 총을 쏜 것이 순경의 행위라고 확인되었음. 따라서 본직(本職)은 오쿠무라[奧村] 헌병대위로 하여금 진소상(陳昭常)에게 순경이 가로(街路)에서 공연히 통행자에게 누구냐고 묻고, 특히 총검을 들이대었는데, 이에 대한 일 같은 것은 완전히 경찰 상의 본의(本義)에 어긋나는 불법이므로, 이후 일절 통행자에게 누구냐고 묻는 것을 금지하고, 또 가능한 한 총기 휴대를 보류하라고 엄중히 교섭하게 한바, 진소상은 이후 누구냐고 묻는 것은 일본인에게는 절대 이를 행하지 않고, 일반 청·한인에 대해서는 야간에 늦게 통행하고 또 거동이 수상하다고 인정되는 자에 한해 누구냐고 물을 것, 순사에게는 총을 휴대하게 하지만 탄약은 휴대하지 않도록 할 것을 명언(言明)하였음. 그렇지만 앞에 기술한 총을 쏜 자가 순경인 것은 이를 부인하였음.

(2) 6월 16일 해당 용정촌(龍井村) 동단(東端)의 밭[畑地]에서 청인 2명은 짐마차 2량

---

97 예전에 여자들의 머리숱이 많아 보이라고 덧 넣었던 딴머리

(輛)을 몰고 이를 통과하려고 하였을 때, 밭 소유자인 한민이 이를 보고 그 통과를 거부한 것이 원인이 되어 서로 싸움이 야기되었음. 그때 일본인[本邦人] 직공(職工) 1명이 이를 중재하며 제지하려고 개입하였는데, 서로 언어가 통하지 않았기 때문에 청인들은 일본인 직공이 한인을 원조한다고 오인하고 해당 직공을 구타함에 따라 서로 구타하고 부상을 당한 사건이 있음. 사건은 경미하고 또 쌍방에서 화해를 희망함에 따라 우리 헌병에서 설유(說諭)하고 방견(放遣)하였으나, 다음 날 17일 해당 지역 파판소로부터 위 청인은 종래의 대도(大道)를 통행하는 것에 대해 이를 저해하였고, 또 먼저 한인이 덤벼들고 뒤이어 일본인 수명이 청인을 구타하여 중상을 입혔다면, 가해자에게 상당한 처분이 있기를 바란다고 요구하여 왔음. 위에 대해서는 우리 파출소에서 야마모토[山本] 촉탁 통역관을 해당 파판소에 파견하여 통로는 종래 도로가 아니고 완전히 밭인 점, 서로 구타하였고 청인이 먼저 덤벼든 점 및 서로 가벼운 상처를 입은 점, 그리고 본건은 청인의 간청으로 이미 화해하고 끝났다고 답하며 본건을 낙착(落着)하였음.

5. 한민의 상태

한국민이 우리 파출소를 신뢰하는 정도는 근래 더욱 두터움을 더하고 있는 것 같다. 우리가 임명한 도사장(都社長)·사장 등은 종래 몇 배로 직무에 열심이고, 한민은 일반적으로 성의를 가지고 우리에게 의지하는 경향이 있다. 특히 전항(前項)의 학교 설립 및 그 공사에 대한 청국 관헌의 방해를 배제하고 그 목적을 달성하게 된 것, 또 청국 관헌이 두만강에서 한인의 도선(渡船) 개시를 방해하고 있는 것에 대해 우리는 힘껏 그 도선을 보호하고 있는 것과 같은 건은 모두 한민으로 하여금 청국 관헌이 한인의 교육 및 교통을 저해하는 자들이라는 감념(感念)을 일으킨 것에 반해, 우리 관헌은 한민의 발달 및 이익을 보호하는 자들이라는 감념을 깊게 하였다. 위와 같은 일 등은 오히려 한민의 신뢰 정도를 심후(深厚)하게 한 것이라고 믿어진다. 따라서 당지(當地)에서 거리가 먼 벽지에서는 우리 헌병분견소의 설치를 청원하여 오는 자가 많아져 한민 신뢰의 정도가 일반적으로 증가했음을 짐작하기에 이르렀다.

6. 지방 일반 위생 상황

당 소재지에서는 해빙 시(時) 이후 그때그때 청결법(淸潔法)을 힘써 행하였고, 또 부근 지방에 대해서도 가능한 한 헌병·순사 순회를 기회로 하여 위생상의 주의(注意)를 고취하여 오고 있다. 아울러 일반 위생상에 관한 상황은 대체로 양호하고 유행성 질병 등은 없다.

7. 소원(所員)의 동정

5월 29일부터 동간도(東間島) 서부지방에 출장 간 촉탁 사무관 스즈키 신타로[鈴木信太郞]와 헌병 등 일행은 이달 19일에 돌아왔다. 사무관 시노다 지사쿠[篠田治策]는 어용상경(御用 上京)을 명받고 다카기[高木] 속원(屬員)을 데리고 이달 21일 출발하였다. 다른 소원(所員) 일동은 매우 건전하여, 일손이 모자란 중에도 번거롭고 바쁜 임무에 부지런히 힘쓰고, 매우 바쁘게 일하고 있다.

8. 신청사(新廳舍) 건축 작업 공정(工程)

신청사(新廳舍) 및 부속 건물은 모두 이달 초순부터 착수하여 이미 토공(土工) 작업을 완료하였다. 착수 이래 다행히 날씨가 쾌청하여 공사의 진척에 도움이 되는 것이 많았다.

이상 보고드립니다.

26. 러시아 블라디보스토크[海蔘威]에서의 배일적(排日的) 한글 신문 간행에 대한 파출소장 보고 사본의 송부

- **원문제목** 露國海蔘威에서의排日的韓字新聞刊行에對한派出所長報告寫本의送付(原案2冊)
- **날짜** 융희 2년(1908) 8월 13일
- **발신** 통감부 부통감(統監府副統監) 소네 아라스케[曾禰荒助]
- **수신** 내각총리대신(內閣總理大臣) 이완용(李完用)

기밀통발(機密統發) 제1017호

이번 블라디보스토크[浦鹽斯德]에서 배일적(排日的) 한글[韓字] 일간신문이 창간된 내용으로 사이토[齋藤] 간도파출소장으로부터 별지 사본과 같은 보고가 있으므로 참고를 위해 통첩(通牒)합니다.

메이지 41년(1908) 8월 13일
통감대리 부통감 자작 소네 아라스케
태자소사 내각총리대신 이완용 각하

부(附). 블라디보스토크[浦鹽斯德]에서 간행되는 배일적(排日的) 한글 신문에 관한 보고
- 날짜: 융희 2년(1908) 7월 29일
- 발신: 간도파출소장 사이토 스에지로
- 수신: 통감부 부통감 소네 아라스케

통파밀보(統派密報) 제24호
특보(特報)

메이지 41년(1908) 7월 29일

통감부 임시간도파출소장 사이토 스에지로

부통감 자작 소네 아라스케 귀하

러시아력 6월 24일(우리 7월 7일) 발간 블라디보스토크[浦鹽] 『달료까야 오끄라이나(Далекая окраина)』 신문지 잡보란(雜報欄)에 다음과 같은 기사가 게재되어 있으므로 참고하시도록 보고드립니다. 6월 하순 블라디보스토크[浦鹽斯德]에서 「대동공보」(한국통신)[98]라고 이름 붙인 한글[韓字] 일간신문이 발행될 것입니다. 그 대강의 모양은 호놀룰루에서 발행하는 한글 신문과 같은 식으로, 한국에서 일본의 감화(感化)에 반대해야 하는 교훈을 주는 것을 주로 하고, 한국의 현재 상태에 정통한 퇴직 육군 대좌 미하일로프(К.Ф. Михайлов) 씨가 그 기사를 주재한다고 합니다.

---

98 1908년 6월 블라디보스토크 한국국민회의 기관지로 창간된 신문이다. 사장에 차석보(車錫甫), 편집인에 유진율(兪鎭律), 주필에 윤필봉(尹弼鳳)이 참여하고, 발행인의 명의를 러시아의 퇴역장성이며 변호사였던 미하일로프로 하여 매주 일요일과 수요일 2회씩 발간하였다. 자주독립정신과 국권회복을 고취하는 논설과 기사가 매호마다 실려 해외에 거류하는 동포뿐만 아니라 국내의 독자에게도 커다란 감명과 영향을 주었으며, 특히 1909년 안중근(安重根)이 이토 히로부미를 포살할 때, 이곳에서 모의가 극비리에 이루어진 것으로도 유명하다. 한때 안중근도 『대동공보』에 기사를 기고하여 애국심을 고취하기도 하였다. 그러나 이후 일제 당국의 심한 탄압과 재정난으로 휴간하는 일도 많았는데, 1909년에는 유진율이 러시아에 귀화하여 니콜라이 유가이라는 이름으로 발행인 명의를 바꾸고 주필에 이강(李剛)이 취임하였고, 1910년에는 거부이자 독립운동가인 최재형(崔在亨)이 사장에 취임하여 부사장에 이상운(李尙雲), 총무에 김규섭(金奎燮), 재무에 차석보, 편집 겸 발행인에 유진율로 임원을 교체하였다. 1910년 8월 18일 『대동신보』로 제호를 바꾸면서 지령을 이어갔으나, 일제의 외교적 농간에 의해 동년 9월 10일 러시아 총독의 명령에 따라 정간되었다.

27. 간도에 있는 한국 관리 숙사(宿舍) 건축에 소요되는 경비 지출 독촉

- **원문제목** 在間島韓國官吏宿舍建築에所要되는經費支出催促(原案2册)
- **날짜** 융희 2년(1908) 8월 22일
- **발신** 통감부 부통감(統監府副統監) 소네 아라스케[曾禰荒助]
- **수신** 내각총리대신(內閣總理大臣) 이완용(李完用)

기밀통발(機密統發) 제1066호

5월 25일자 기밀통발 제601호로 말씀드린 간도에 있는 귀국 관리 숙사(宿舍) 건설에 필요한 경비 지출 건에 관하여 사이토[齋藤] 파출소장이 독촉하는 사정도 있으므로 급히 부디 회답해주시기를 바라며 이 건에 대해 말씀드립니다.

메이지 41년(1908) 8월 22일
통감대리 부통감 자작 소네 아라스케
태자소사 내각총리대신 이완용 각하

28. 간도 관내 일반상황 월보 사본의 송부

- **원문제목** 間島管內一般狀況月報寫本의送付(原案2冊)
- **날짜** 융희 2년(1908) 8월 일
- **발신** 통감부 부통감 소네 아라스케
- **수신** 내각총리대신 이완용(李完用)

기밀통발(機密統發) 제1103호

간도에 있는 사이토[齋藤] 파출소장의 월보(月報), 통파월보(統派月報) 제7호 사본을 참고하시도록 송부합니다.

메이지 41년(1908) 8월 일
통감대리 부통감 자작 소네 아라스케
태자소사 내각총리대신 이완용 각하

부(附). 간도 관내 일반상황 「월보」
- 날짜: 융희 2년(1908) 8월 7일
- 발신: 간도파출소장 사이토 스에지로
- 수신: 통감부 부통감 소네 아라스케

통파월보(統派月報) 제7호
월보(7월 1일부터 31일까지)

메이지 41년(1908) 8월 7일
통감부 임시간도파출소장 사이토 스에지로
부통감 자작 소네 아라스케 귀하

1. 지방 일반의 상황

본월 사이 청국 관헌에서는 간도 밖으로 곡류의 수출을 금지하는 사건[99]도 있었고, 또 경흥지방에 출동했던 폭도들에 관해서는 그 주력이 경비가 취약한 간도로 내습할 것이라는 풍설도 있어서 한때 지방 민심에 불안의 상태를 보이기도 했지만, 이후 폭도들의 행동이 진척되지 않으면서 내습의 풍설도 희미해졌기 때문에 일반 민심이 날로 차분해져 가고 있다.

2. 청국 관헌의 시설 및 그 군대의 행동

본월 사이 청국 관헌의 시설, 군사 및 군용품의 도착, 기타에 관해서 다소 주의가 필요한 건은 다음과 같다.

1) 7월 2일, 연길청지부(延吉廳知府) 도빈(陶彬)이 별지의 사본과 같이 간도 밖으로 곡물의 수출을 금지한다는 뜻의 고시를 발포하고 당일부터 이를 실시한 일.
2) 7월 8일, 연길청 외방(外防) 화룡욕(和龍峪) 경력(經歷) 허덕유(許德侑)가 우리 파출소에서 임명한 회령간도 도사장(都社長) 및 사장(社長)의 근로에 보답하기 위해 당해 각 사의 한민들로부터 금전을 갹출시키고 있었던 것을 이때에 갹출을 금지하는 고시를 발포한 일.
3) 7월 2일, 헌병 20명과 호병(護兵: 大官의 경호에 충당하는 병사) 24명이 길림에서 변무공서(邊務公署)에 도착한 일.
4) 7월 16일, 길림변무공서의원(吉林邊務公署醫院) 개설을 위해 의관(醫官)으로서 정군의(正軍醫: 우리의 3등 軍醫正에 상당)인 이(李) 아무개 외에 군의(軍醫) 1명이 약제

99 진소상의 명령으로 연길청에서 1908년 7월 2일부로 간도에서의 미곡 수출을 금지한 사건을 말한다. 간도는 농업지로 곡물을 함경북도에 수출하고 소금, 건어물 및 일용품을 해당 지역으로부터 수입했다. 따라서 간도 한인은 물론 함경북도 인민에게 미치는 손해가 많았다. 간도파출소에서는 한청통상조약 제6조에 근거해서 이유 없는 방곡령의 철폐를 요구하였는데, 결국 진소상이 일단 공표한 고시는 체면상 취소할 수 없었지만 수출을 저지하지 않도록 부하에게 시달한다고 해서 사실상 해금되었다.

및 위생재료 12상자와 함께 길림에서 변무공서로 도착한 일.

5) 7월 13일, 돈화현(敦化縣)에서 장교 1명, 하사 이하 21명이 동불사가(銅佛寺街) 병영에 도착한 일.

6) 7월 20일, 군용복(軍用服)과 소총탄약(수량 미상)이 마차 6량으로 길림에서 변무공서로 도착한 일.

7) 7월 23일, 길림변무독판(吉林邊務督辦) 겸 훈춘부도통(琿春副都統)인 진소상(陳昭常)이 길림순무(吉林巡撫)로 전임의 명을 받았다는 일. 다만 진소상은 길림변무독판을 겸임하고, 협판(協辦) 오록정(吳祿貞)은 훈춘부도통을 대리한다는 설이 있지만 확실하지는 않음.

3. 청국 관헌의 한민에 대한 불법행위

1) 곡물수출금지의 고시에 관한 건: 본건에 대해서는 왕전(往電) 제87호·제88호·제90호·제94호·제95호·제98호·제99호로써 자세히 보고되었음.

2) 청국 관헌의 불법징세: 청국 관리는 지금도 때때로 부정의 징세를 하는 경우가 있음. 실제로 동성용(東盛湧) 세무국 덕판(德辦) 강진복(康振馥)은 7월 10일 지풍사(智豊社) 하촌(下村) 지방에서 한민 7명으로부터 우마(牛馬) 매매세로 38원을 부정으로 징세하였음. 그 징수의 방법은 각 촌락을 순회하며 우마의 사양가(飼養家)에 대해 납세표(우마를 매매할 때 세금을 납부한 買主에게 청국 관헌이 내려주는 납세필의 증명서)를 제출하게 하고, 곧바로 이것을 빼앗아 납세표에 기재된 매매가를 물어서 만일 그 사양주가 매매가를 잊어버렸거나 혹 그 표에 기재된 금액과 사양주가 주장하는 금액과 차이가 날 때는 그 표를 가짜로 보고 다시 새로이 우마의 매매세를 징수하거나 또는 위표(僞票) 휴대의 벌금으로 적당히 그 금액을 할당하였으며, 만일 여기에 응하지 않으면 곧바로 고책(拷責)을 가하여 강제로 징수하는 것이었음. 이에 대하여 한민으로부터 소송이 들어왔으므로 7월 11일 모리카와[森川] 헌병 중위를 해당 지역으로 파견시켜 엄중히 교섭시켰던바, 강진복은 마침내 자기의 행동의 부당함을 인정하고, 중위의 면전에서 이전에 징수한 금액 전부를 각 피징수자에게 반환하였음.

3) 청병의 불법행위: 본월 사이에 문지(聞知)한 청병의 불법행위는 다음과 같다.

(1) 6월 30일, 소속 부대 이름을 알지 못하는 청병 14명이 국자가(局子街)에서 종성간도(鐘城間島)를 거쳐 훈춘 지방을 향해 통과하는 도중에 삼포사(三浦社) 삼합리(三合里)에서 14명 중 13명이 모두 칼을 뽑아들고 멋대로 동촌(同村)의 한인 가옥(9戶) 집 문을 열어 집 안을 엿보거나, 혹은 부인(婦人)의 손을 잡아끌거나, 또는 아이들을 끌어내는 등 여러 가지 못된 짓을 해서 촌민들을 공포에 떨게 함.

(2) 7월 6일 종성간도 하도평촌(下島坪村)에서 청병 3명은 닭과 계란을 매집하여 귀가하는 도중에 있던 한 한인에게 닭을 팔 것을 요구하였는데, 한인이 여기에 응하지 않자 청병 1명이 휴대한 목봉으로 한인을 구타하였음. 이에 한인은 크게 두려워 닭 3마리와 계란 20개를 한전(韓錢) 550문(文)의 약속으로 매각하였는데, 청병은 한전 400문에 상당하는 청전(淸錢)을 지불했을 뿐이고 도망가 버렸음. 피해자의 소송에 따라 하천평(下泉坪)의 헌병분견소장은 곧바로 광제욕(光霽峪) 병영대장 진구달(陳九達)과 교섭한바, 진구달은 여러 가지로 곡비(曲庇)하며 쉽게 응하지 않았지만, 결국 병졸을 대신하여 그 잔금 150문을 지불하고, 또한 병졸에 대해서는 취조하여 이에 상당하는 처분을 내릴 것이라고 답하였음.

(3) 7월 14일, 광제욕 병영의 청병 2명이 하천평에서 한 한인의 밭에 들어가 경작물을 밟아 못쓰게 하자 한인은 조용히 이를 제지하려 하였는데, 청병 1명이 신고 있던 신발을 벗어 동인(同人)의 배와 머리를 구타하여 가벼운 상처를 입었음. 피해자의 소송에 따라 하천평 헌병분견소 반장이 대장인 진구달에 대해 경고해 두었음. 이상 청병의 불법행위에 대해서는 오쿠무라[奧村] 헌병 대위로 하여금 변무공서에 그 사실을 통고시켜 장래를 경고하게 두었음.

4. 청국병과 일본 헌병과의 쟁투사건

분의(紛議) 중인 두만강 도선장(渡船場)에서 7월 2일 청국 헌병 및 병졸 10명과 일본 헌병 5명은 나룻배를 건너냐 마느냐 하는 일로 해서 한바탕 작은 쟁투를 야기하여 피아간에 3~4명이 함께 경미한 타박상을 입은 일이 있었다. 본건에 관하여 본관은 7월 3일 친히 진소상(陳昭常)과 회견하여 엄중하게 교섭했던바, 진소상은 양국 정부 간에 본건에 관한 협의가 성립할 때까지 난폭하게 도선(渡船)을 저지하지 않을 것이며, 현장에서 일본 헌병과 충돌을 야기하지 않도록 충분히 훈유(訓諭)를 더할 것이라고 명언(明言)하였다. 그리고 이곳 도선장에는 그 후 히라타[平田] 헌병 중위 이하 10명을 증파하여 청병의 방해 없이 도선을 속행시키고 있다. 청병에서도 그 후 감히 크게 방해를 가하는 일은 없다(往電 제79호 · 제80호 · 제82호 · 제83호).

5. 폭도에 관한 건

금회 폭도(의병)가 경흥(慶興) 지방에서 출동하고, 다음으로 회령(會寧) 부근에서 출현한 것에 대해서 청 · 한민(淸韓民)은 일반적으로 폭도를 우세한 것으로 여기어 간도에도 침입해 올 것이란 근심을 품으며 일시 불안한 상태에 있다. 하지만 이후 폭도들의 행동이 진척되지 않고 토벌대와 만나는 때는 언제나 금세 무너지고 흩어지니 하나도 불안할 것이 없었다. 이러한 실정을 전해들은 사람들은 점차로 폭도에 대한 위구심을 떨쳐내어 불안한 마음이 하루하루 옅어지고 있는 것 같다. 그러나 폭도들의 목적은 일부는 경흥 지방에서 남하하여 무산(茂山) 및 갑산(甲山) 지방으로 향하고, 다른 유력한 일부는 우리 경비가 박약한 간도로 습격할 수 있다는 풍설이 있다. 또한 수괴인 이범윤(李範允)은 훈춘아문(琿春衙門)에 있으면서 간도로 진출하기 위해 길을 깔아달라고 신청했다고 하는 설(거절되었다고 함)은 사실로서 인민들 사이에서 풍문이 돌고 있고, 폭도는 뒤에서 러시아 · 청국 양국 관헌의 원조를 받고 있을 것이라는 추측도 있으며, 한국 내에서 우리 수비대가 아직 폭도를 섬멸하기에 이르지 못하는 등의 여러 원인으로 인해 혹시 유력한 폭도가 습격할지도 모른다는 근심은 지금도 여전히 완전하게 제거된 것은 아니어서 다소 불안한 생각을 품는 것이 일반적이다. 금회 폭도는 일본인과 일진회원(一進會員)을 살해하는 것을 목적으로 한다고 표방하고 있기 때문에 청국인은 대체로 폭도에 대해 냉담하여 깊이 근심하지 않는다. 또한 한인이라 하더라도 청국 관헌 또는 동(同) 군대의 주둔지에 거주하고 있는 자는 깊이 근심하지 않는다. 하지만 일진회원 또는 일본인이 주재하는 지방에 거주하는 한인은 일층 폭도에 대해 공포를 느끼고 있다. 그러나 당지 부근의 한민과 같은 경우는 깊이 우리의 은혜를 입고 우리의 시설을 덕택으로 여기고 있어서 크게 우리에게 동정을 표하고 있으며, 폭도에 대해서 자위상 또는 파출소 경비를 위해 촌민이 협동하여 주야 경계에 소홀함이 없는 것 같다. 현재 용정촌(龍井村)을 중심으로 부근 2리의 지방[동양하리사(東良下里社)·지일사(智逸社)·동성용사(東盛湧社)]에 거주하는 한인은 위와 같은 목적으로 각촌(各村)·각호(各戶)를 1조(組)로 하여 조에 조합장(組合長)을 두어 촌장·사장과 협력하여 조합·촌민을 지도하고, 여관을 순검하여 출입인을 감사(監査)하며, 야경(夜警)을 두거나 또는 순찰자를 두어 주야로 폭도 및 간첩의 배회와 침습에 대해 엄중히 경계하고 있다. 일반 한인은 옛날 이범윤이 간도관리사(間島管理使)로서 왔을 때 그 횡포에 시달렸고, 또 이범윤이 물러난 후 그 관계자는 청국 관헌으로부터 가혹한 대우를 받으며 상당한 고난을 맛본 적이 있다.[100] 따라서 그 대부분이 충심으로 이범윤과 그 부하들인 폭도에게 동정하는 일이 없고, 심히 그 침입을 기혐(忌嫌)하고 있지만, 폭도의 세력이 강대해지기에 이르거나 혹은 우리에 대한 종래의 신뢰를 버리어 폭도에게 아부하는 자가 생길 것이라고 예측할 수 있다. 특히 친러숭청파가 많은 종성간도(鐘城間島)에 거주하는 한민과 같은 경우는 향후 폭도세력의 강약에 따라서 그 태도가 쉽게 판단되기 어려운 상태이다. 폭도 출동 후 금일에 이르기까지는 아직 간도에 침입한 형적은 없다. 그러나 7월 13일에는 총기를 휴대한 수상한 풍채의 5명이 종성간도 걸만동(傑滿洞) 지방에서 배회하였고, 동월 11일경에는 온성간도(穩城間島) 양수천자(凉水泉子) 부근에서 총기를 휴대한 폭도 같은 자 약 십 수명이 배회했다는 말이 있다. 그 후에 종적을 찾은 바가 없어 과연 사실인지 아닌지는 분명하지 않지만, 일반적으로 폭도에 대한 수색 및 경계에 대해서는 가장 엄중하게 실시하고 있다. 청국 관헌은 폭도의 간도 침입을 방지하기 위하여 일반적으로 경계하고 있는 것은 사실이지만, 그 경계는 확실하지 않은 것 같다. 또한 금회 폭도 출동 후 금일까지에 있어서 경비를 살펴보면 다음과 같다.

---

100 1902년 5월 고종황제의 칙령을 받고 간도 시찰사로 임명을 받아 두만강을 건너 간도로 들어간 이범윤은 간도이주민의 호구를 조사하고 오랜 시간 조선인들이 청의 압박과 착취, 약탈을 입고 있음을 정부에 보고하였다. 이에 고종은 1903년 8월, 간도 주민에 대한 관리 차원에서 이범윤을 북간도관리사로 임명하여 조선인들을 관리하게 하였다. 북간도관리사가 된 이범윤은 청에 조선인의 세금 징수와 치발역복을 정지시켜 줄 것을 요청하였고, 또한 고종황제에게는 군대를 파견해 줄 것을 요청하기도 하였다. 그리고 간도의 한인들로부터 세금을 징수하기 시작하였고, 징수한 세금은 장병을 조직하고 무기를 사들이는 등 자체적으로 청에 대항하는 활동을 진행하였다. 각 지역에 훈령과 통문을 발송하여 간도조선인을 관리하고 있음을 조선인들에게 인지시켰고, 청에게도 정상적인 활동임을 보여주었다. 이범윤은 스스로 포병과 장병을 양성하여 갈등이 있는 청인 지역을 관리하기도 하였다. 이에 청은「중한변계선후장정(中韓邊界善後章程)」을 통해 이범윤을 소환할 것을 요구하였지만, 대한제국은 1904년 말에 이르러서야 겨우 이범윤의 간도에서의 활동을 중단시켰다.

(1) 변무공서 및 종성간도 광제욕 병영에서 훈춘 또는 경흥지방으로 간첩을 파견하여 폭도들의 동정을 탐사시키는 점.

(2) 광제욕 병영에서는 2~3명씩 정찰병을 두만강 연안 및 부근 촌락에 보내고 있는 점.

(3) 회령간도 사기동 병영에서는 두만강 좌령(左嶺)으로 보초를 증파하여 경계하고 있는 점.

(4) 동불사가 병영에서는 하사 또는 순장(巡長)이 지휘하는 병졸 3명 내지 5명을 순찰을 위해 주야 2회로 부근 촌락에 보내고 있는 점.

(5) 동성용가 순중영(巡中營)에서는 금회 다시 야간에 보초를 두어 무등(無燈)으로 통행하는 자를 검문하고, 또 주야로 하사가 지휘하는 수 명의 순라병(巡邏兵)을 보내고 있는 점.

(6) 종성간도 학성촌[鶴城村](하천평에서 동남 방향으로 약 1리 거리)에 약 100명, 온성간도 가야하[嘎呀河][101](하천평에서 북쪽으로 약 10리 거리)에 약 60명의 청병을 배치하여 전적으로 폭도의 침입에 대비하고 있는 점. 요약하자면 청국 관헌에서는 폭도의 침입에 대해 경계하고 있는 것은 사실이지만, 야간의 순라(巡邏) 등은 확실하게 행하고 있지 않는 모양이어서 그 경계는 신뢰하기에 충분치 않음. 그렇지만 만일 폭도가 침입하면 신속히 이들을 간도 밖으로 구축하는 것에 힘쓸 것이고, 우리 토벌대의 월강(越江)을 예방하는 행동을 취할 것임.

---

101 가야하[嘎呀河]는 길림성 왕청현 노송령에서 발원해서 해란강과 합쳐 두만강으로 흘러드는 지류 하천이다. 도문과 왕청을 경유하여 흐르는 가야하는 고대로부터 영고탑(寧古塔)과 훈춘(琿春)을 잇는 역참로(驛站路)에 위치하고 있다. 대부분 길림성 연변조선족자치주의 주요 도시인 왕청현 관내를 경유한다. 왕청현 일대는 북옥저(北沃沮)의 터전이었고, 고구려와 발해의 영토에 속한 지역이다. 특히 발해국이 상경용천부에서 동경용원부로 가는데 반드시 거쳐야 하는 교통의 요로이자 일본으로 향하는 국제노선인 일본도(日本道)가 지나가는 곳이다. 조선 효종 때 청의 요구에 의해 흑룡강 일대를 침범하는 러시아 세력을 저지하기 위해 두 차례나 출병했던 나선정벌(羅禪征伐) 당시 조선군의 이동 경로 역시 왕청의 가야하를 거슬러 노송령, 영고탑으로 향했던 경로와 일치한다. 신류(申瀏, 1619~1680)의 『북정록(北征錄)』에 가야하를 거슬러 이동했다는 기록이 보인다. 또한 일제강점기에 배고픔과 일제의 만행을 피해 한반도에서 만주로 향했던 한민족의 이주 경로와도 부합되는데, 가야하의 물줄기를 거슬러 목단강, 송화강, 흑룡강 일대로 이동하면서 수전(水田)을 경작하고 정착하였다.

6. 용정촌(龍井村) 부근에서의 농황(農況) 일반

용정촌 관측 기상표에 의해 농업상 커다란 관계를 가진 온도 및 강우량은 다음과 같다.

- 제일순(第一旬): 평균 온도 17.4도, 최고 온도(2일) 30.0도, 최저 온도(4일) 9.0도, 강우 횟수 5회, 강우량 23.6mm
- 제이순(第二旬): 평균 온도 19.2도, 최고 온도(13일) 32.5도, 최저 온도(11일) 8.5도, 강우 횟수 6회, 강우량 8.3mm
- 제삼순(第三旬): 평균 온도 23.0도, 최고 온도(31일) 35.5도, 최저 온도(23일) 12.0도, 강우 횟수 10회, 강우량 30.5mm
- 7월 중 평균 온도 19.6도, 동(同) 적산온도(積算溫度)[102] 608.0도, 동 강우총량 62.4mm

위에 의해서 이것을 회령 관측의 1907년 동 기간에서의 온도 및 강우량과 비교하니, 작물이 가장 온도와 수분을 필요로 하는 생장기에 해당한다. 게다가 6월 10일 이후부터 7월 3일에 이르는 24일간 가뭄이 계속되어 우량이 겨우 0.2mm(6월 20일 0.1mm, 동 26일 0.1mm)에 불과하였다. 그러나 이러한 한발(旱魃) 중에 내린 소량의 강우는 오히려 작물 생리상 피해를 입히는 것이 크기 때문에 어리고 연약한 작물의 생육에 불량한 영향을 미친다. 7월 상순에 강우가 비교적 많았다고 하지만 중순에 들어가자 강우 횟수가 많았음에도 불구하고 우량은 겨우 8.3mm를 보이어 겨우 표토(表土) 1~2촌(寸)의 깊이를 적실 뿐 아직 하층토에 미치는 것에는 이르지 못하였다. 고온청천(高溫淸天)하게 되어 작물은 다시 다소의 피해를 입었기 때문에 작물 생육의 상황은 더디고, 논밭[圃場]의 각 작물에

102 기후와 식생 또는 토양의 관계를 나타내는 기후지수의 하나로서 0℃ 이상인 일평균기온의 평균치를 연간 합산한 값으로 토양지리학에서는 10℃ 이상의 적산치를 이용한다. 또한 적산온도는 농작물의 생육에 필요한 열량을 나타낼 때 이용되기도 한다. 이때 일평균기온은 해당 작물이 활동할 수 있는 최저 온도(기준 온도)이상의 것만을 택한다. 최저 온도는 작물에 따라 다르지만 가을채소와 같이 저온에서도 자라는 것은 5℃, 일반적인 온대지방의 여름철 작물은 10℃, 고온을 필요로 하는 작물은 15℃라고 한다. 작물별 적산온도의 최솟값은 감자 1,000℃, 보리 1,600℃, 벼 2,500℃이다.

'뽑힌 싹[拔苗]'이 많은 것이 산견(散見)된다. 전적으로 이것들은 전후 2회의 기후에서 기인한 것이다. 그러나 이러한 기후에서 경토(耕土)가 깊고 습지가 많은 계곡은 오히려 양호하다는 결과를 얻어 소허리(小許里) 지방과 같은 곳에서는 농민들이 환희하는 상황에 있다. 7월 하순에 들어서면 기온이 점차로 상승하는 것에 더해서 흐린 날이 계속되고 강우도 빈번해져 우량이 실로 30.5mm(1회 평균 3.05mm)를 보인다. 각 작물의 생육이 점차로 회복되어 현저한 신장을 보기에 이른 다음으로 이후의 기후가 순조로움을 얻으면 농황(農況)은 평년작을 거둘 것이라고 감히 확신할 수 있을 것이다.

7. 자혜병원(慈惠病院)에서의 환자 진료상황

본월 간에 자혜병원[103]에서 시료(施療)를 받은 신환자(新患者)는 총계 791명으로서 전월에 비해 52명이 증가하여 점점 더 성황을 보인다. 멀리서 온 환자로서 당 용정촌에서 숙박하는 자는 늘 끊이지 않는 실정이다. 신환자의 국적 및 남녀별 구분은 다음과 같다.

〈남녀별 구별〉

- 남(男): 일본인 51명, 한국인 396명, 청국인 50명, 합계 497명
- 여(女): 일본인 35명, 한국인 245명, 청국인 14명, 합계 294명
- 계(計): 일본인 86명, 한국인 641명, 청국인 64명, 합계 791명

질병 중에 말라리아[麻剌里亞][104]는 전월과 거의 같은 모양인데 최다수로서 69명을 헤

103 간도 자혜병원은 1907년 8월 일본군의 무라이 도시오[村井壽夫]가 재만 한인·일본인 치료를 위해 용정에 설립한 병원이다. 간도 자혜병원은 간도 지역 이주 한인 보호와 위생 생활을 지원한다는 구실로 설립되었다. 이는 이주 한인들을 자국민이라는 명분을 내세우기 위해서, 식민 통치를 마치 한국인에게 근대적인 복지 시혜를 베풀었다는 선전·홍보하기 위함이었다.

104 말라리아는 우리나라에서 '학질' 또는 '학'이라고 알려진 열병이다. 대부분 열대 지역에서 발생하며, 세계 인구의 40%인 20억 명이 그 오염 지역에서 생활하고 있다. 말라리아의 병원체는 말라리아 원충이며 모기가 옮긴다. 4종의 원충이 있는데, 그중에서 열대열 말라리아원충(Plasmodium falciparum)이라는 원충에 의한 열대열 말라리아인 악성 말라리아는 발열이 불규칙하고 임상 증세가 다양하여 독감, 불명열 등으로 오진하기 쉽다. 또한 적기에 말라리아로 진단, 치료되지 못하면 뇌성 말라리아라는 치명적인 결말을 초래할 수 있다.

아린다. 다음으로 장염[腸加答兒: 장카타르][105] 환자를 다수로 하고 있다. 말라리아는 한인에게서 발병하는 것은 전부 격일로 열이 나고 발작은 정규적인데 오한전율(惡寒戰慄)로 시작되어 비종(脾腫)을 건드리는 일이 많다. 한인들은 이것을 '복진(腹震)'이라고 칭한다.

8. 본월 중 경무과(警務課)에서 취급된 경찰사고는 별지와 같다.

9. 소원(所員)의 동정

7월 17일 간도헌병분견대장 헌병 소좌 사카이노 다케노신[境野竹之進]에게 당 파출소 경찰 사무를, 동대(同隊) 일등군의(一等軍醫) 오노 주니치[小野純一]에게 당 파출소 위생 사무를 촉탁(囑託)시켰다. 소원 일동은 매우 건전하게 임무에 부지런히 힘쓰고 있다.

이상 보고드립니다.

부속(附屬) 1. 연길청 지부(延吉廳知府) 도빈(陶彬)이 고시(告示)한 양곡(粮穀)을 국경 밖으로 내보내는 것을 금지한다는 명령

[별지]

흠가오품함 상대화령(欽加五品銜賞戴花翎) 양판길림변무교섭 겸 전성영무처사의서(勷辦吉林邊務交涉兼全省營務處事宜署) 연길무민부 겸 이사부(延吉撫民府兼理事府) 도빈(陶彬)이 양곡을 국경 밖으로 운반하는 것을 엄금한다.

살펴보니, 연길청의 작년 추수는 비록 평년작(平年作)이라고는 하지만, 본 고장에서 나는 양곡으로는 본 지역의 수요를 겨우 공급할 정도인데, 현재 본 고장이 날이 갈수록 더욱 번성하여 군인과 민간인이 모여들고 있으니 필요한 양곡이 반드시 많을 것이다. 전에 간사한 상인이 내지(內地)의 양곡을 사서 국경 밖으로 내보내 양곡의 가격이 날이 갈수

105 장점막의 염증을 말하며, 급성과 만성으로 나눠진다. 급성장염은 어떤 연 층에도 자주 일어나는 질환이다. 원인은 세균, 바이러스, 독물, 식물알러지 등 여러 가지. 갑자기 발병하고 복명(腹鳴), 복부불쾌감, 복통, 설사 등의 복부증상외에 갈증, 전신권태감, 근육통 등 전신증상을 수반하는 일이 많다. 만성장염은 급성장염의 요법이 부적당하기 때문에 일어나는 일이 많다. 요독증, 문맥울혈 등이 원인으로 되는 경우도 있다.

록 비싸져서 군인과 민간인이 모두 영향을 받았으므로 일찍이 금지를 공표한 내용이 당안(檔案)의 기록에 있다.

이번에 각 처를 조사해 보니, 예전처럼 무지한 상인이 있어 제멋대로 곡식을 사서 국경 밖으로 운반하고 있으니, 이는 실로 금령을 어기는 것이다. 마땅히 재차 금령을 내려 엄금한다는 뜻을 보이노니, 상인과 백성 등은 모두 잘 알아서 지금 거듭 금령을 내린 이후로는 너희들 양곡을 저장하고 있는 집에서는 본 지역에서만 내다 팔고, 상인과 백성을 막론하고 곡식을 국경 밖으로 내다 팔아서는 안 된다. 혹시라도 불초(不肖)한 상인과 백성이 공공을 이익을 염두에 두지 않고 자신의 이익만을 도모하여 양곡을 판매하여 국경 밖으로 운반하는 자는 각 해당하는 곳의 순경(巡警)과 향약(鄕約), 지보(地保)[106]가 그때마다 저지할 것이며, 만일 복종하지 않는다면 즉시 판매하고 운반한 사람과 판매한 곡식을 모두 호송해 온 다음 법에 따라 징계할 것이다. 본 이사부(理事府)는 가르친 이후에 처벌하려 하니, 고시한 내용을 살피지 못하였다고 말하지 말라. 각기 금령을 준수하고 어기지 말도록 특별히 고시한다.

위의 유시를 널리 알리라.

광서 34년 6월 초4일

고시를 첨부한다.

부속(附屬) 2. 7월 중 간도파출소 관내 경찰사고표(事故表)

[별지]

메이지 41년(1908) 7월 1일부터 동년 7월 31일까지의 경찰사고표

사항과 건수

• 구타 8건

- 1건은 원고 청국인 남자 1인, 피고 한인 남자 2인. 피고에게 설유(說諭).

---

106 청대와 중화민국 초기 지방 관청의 업무를 도와 자잘한 일들을 처리하던 사람들을 가리킨다. 하나 혹은 몇 개의 마을을 담당하면서 지방 관청과 인민들 사이의 일종의 중개자 역할을 수행했다.

- 1건은 원고 한인 남자 1인, 피고 일본인 남자 1인. 피고에게 설유.
- 1건은 일·청인 남자 각 1인. 쟁투(爭鬪). 일본인은 설유하고 청국인은 청국 관헌에게 인도함.
- 1건은 청·한인 남자 각 1인. 쟁투. 한인은 설유하고 청국인은 청국 관헌에게 인도함.
- 1건은 청·한인 남자 각 1인. 쟁투. 한인은 설유하고 청국인은 청국 관헌에게 인도함.
- 1건은 원고 한인 남자 1인, 피고 청국인 남자 1인. 피고에게 설유.
- 1건은 원고 일본인 남자 1인, 피고 청국인 남자 1인. 청국 관헌과 교섭.
- 1건은 원고 한인 남자 1인, 피고 한인 남자 2인. 피고에게 설유.

• 과실창상(過失創傷) 1건
- 원고 한인 남자 1인, 피고 청인 남자 1인. 피고에게 설유하여 합의[示談]를 끝냄.

• 토지소유권에 관한 분쟁 2건
- 1건은 원고 한인 남자 1인, 피고 청국인 남자 1인. 피고에게 설유하여 합의를 끝냄.
- 1건은 원고 한인 남자 1인. 피고에 대해서는 청국 관헌과 교섭.

• 구매한 병마(病馬)의 반환에서 분쟁이 발생한 일 1건
- 원고 한인 남자 1인, 피고 청국인 남자 1인. 쌍방 설유하여 합의를 끝냄.

• 함부로 타인의 집에 들어가고 또 금전을 강청한 일 2건
- 1건은 원고 한인 남자 1인, 피고 청국인 남자 1인. 피고에게 설유.
- 1건은 원고 한인 남자 2인, 피고 청국인 남자 1인. 피고는 청국 관헌에게 인도함.

• 소[牛] 1두를 습득하고 반환에 응하지 않은 일 1건
- 원고 한인 남자 1인, 피고 청국인 남자 1인. 청국 관헌과 교섭하여 반환받음.

• 외설 행위를 했다고 하는 일 1건
- 원고 한인 여자 2인, 피고 청국인 남자 1인. 피고는 청국 관헌에게 인도함.

• 소작료에 관한 쟁론 2건
- 1건은 원고 한인 남자 1인, 피고 청국인 남자 1인. 피고에게 설유.
- 1건은 원고 한인 남자 1인, 피고 청국인 남자 1인. 피고에 대해서는 청국 관헌과 교섭.

• 유실물을 습득하고 부당한 금전을 요구하며 반환에 응하지 않은 일 1건
- 유실자는 한인 남자 1인, 습득자는 청국인 남자 1인. 습득자에게 설유하여 반환시킴.

• 부정 징세 2건

- 1건은 피징세자 한인 남자 7인, 징세자 청국 관리 1인. 청국 관리에게 설유하여 반환시킴.
- 1건은 원고 한인 남자 1인, 피고 청국 관헌. 동(同) 관헌과 교섭한 후 징세를 못하게 함.

• 부정 매수(買收) 1건
- 원고 한인 남자 1인, 피고 청병(淸兵) 3인. 청병에 대해서는 청국 관헌과 교섭함.

• 농작물을 황폐케 하고 또 지주를 구타했던 일 1건
- 피해자 한인 남자 1인, 가해자 청병 3인. 청병에 대해서는 청국 관헌과 교섭함.

• 만취해서 거세게 금전을 차입한다고 한 일 1건
- 원고 한인 남자 1인, 피고 일본인 남자 1인. 피고에게 설유.

• 규정의 우차임(牛車賃)을 지불하지 않은 일 1건
- 원고 한인 남자 1인, 피고 일본인 남자 1인. 피고에게 설유하여 지불케 함.

• 거주계(居住屆)를 소홀히 한 일 1건
- 일본인 여자 1인. 설유하여 신고[屆出]하게 함.

• 방곡령(防穀令)을 위해 좁쌀[粟]을 적재한 우차임을 지불되게 한 일 1건
- 피해자 한인 남자 1인. 청국 관헌과 교섭.

• 일용임(日傭賃)의 지불을 소홀히 한 일 4건
- 1건은 원고 한인 남자 1인, 피고 한인 남자 1인. 피고에게 설유.
- 1건은 원고 한인 남자 1인, 피고 청국 관헌. 동(同) 관헌과 교섭 중.
- 1건은 원고 한인 남자 1인, 피고 일본인 남자 1인. 피고에게 설유하여 지불케 함.
- 1건은 원고 청국인 남자 1인, 피고 일본인 남자 1인. 피고에게 설유하여 지불케 함.

• 폭도의 의심이 있는 일 1건
- 한인 남자 1인. 증거 불충분으로 방견(放遣).

• 폭도 간첩의 의심이 있는 일 3건
- 각 건 모두 혐의자는 한국인 남자 각 1인. 증거 불충분으로 방견.

• 금전거래에 관해 분쟁을 낳은 일 2건
- 1건은 원고 한인 남자 1인, 피고 한인 남자 1인. 피고에게 설유.
- 1건은 원고 한인 남자 1인, 피고 한인 남자 1인. 피고에게 설유.

• 재혼에 관한 분쟁 1건

- 원고 한인 여자 1인, 피고 한인 남자 2인. 원고 · 피고 쌍방에게 설유.

• 쟁론 1건

- 원고 청국인 남자 1인, 피고 한인 남자 1인. 원고 · 피고 쌍방에게 설유.

• 폭행 1건

- 원고 한국 순사(巡查) 1인, 피고 일본인 남자 1인. 피고에게 설유.

• 한국 순사의 제지를 따르지 않은 일 1건

- 일본인 남자 설유.

• 만취하여 타인의 의복을 찢은 일 1건

- 원고 한인 남자 1인, 피고 한인 남자 1인. 피고에게 설유하여 손해를 배상하게 함.

• 무신고로 불꽃[烟花]을 쏘아 올린 일 1건

- 일본인 남자 1인 설유.

• 쟁투 1건

- 일본인 남자 4인 설유.

• 야간 가택에 침입하여 부녀(婦女)를 구타한 일 1건

- 원고 한인 여자 1인, 피고 한인 남자 1인. 피고에게 설유.

• 연령 사기 1건

- 일본인 여자 1인 설유.

• 심야에 떠들썩했던 일 2건

- 2건 모두 일본인 남자 각 1인. 설유.

• 채무불이행 3건

- 1건은 원고 한인 남자 1인, 피고 일본인 남자 1인. 피고에게 설유하여 지불케 함.

- 1건은 원고 청국인 남자 1인, 피고 일본인 남자 1인. 피고에게 설유하여 지불케 함.

- 1건은 원고 일본인 1인, 피고 일본인 여자 1인. 피고에게 설유.

• 자위단의 조직에 반대한 일 1건

- 한인 남자 1인 설유.

• 검시(檢屍) 1건

- 한인 남자 1인. 아편중독

• 가축을 방사하여 농작물에 손해를 입힌 일 1건

- 원고 한인 남자 1인, 피고 청국인 남자 1인. 피고에게 설유하여 합의를 끝냄.
- 공동 상이익(商利益) 분배 상에서 쟁론한 일 1건
- 한인 남자 2인. 쌍방에게 설유.
- 가축을 습득한 일 3건
- 1건은 소 1두. 2건은 말 2두. 유실자 불명으로 각 습득주에게 보관시킴.
- 여관[宿屋] 영업을 출원한 일 1건
- 한인 남자 1인에게 허가.
- 도우(屠牛) 검사를 청원한 일 1건
- 위와 같음.
- 불결한 장소를 청소하지 않은 일 11건
- 한인 남자 9인, 여자 2인에게 설유.
- 시장 도로를 매입하는 건에 대한 청원 2건
- 한인 남자 각 1인. 설유하여 청원을 각하함.
- 통행을 방해한 일 3건
- 한인 남자 3인. 설유.
- 만취하여 쟁론한 일 5건
- 한인 남자 5인. 설유.
- 군집 중에 말을 몰은 일 5건
- 한인 남자 5인. 설유.
- 부랑(浮浪) 혐의가 있는 일 9건
- 한인 남자 9인. 설유.
- 가로에서 방뇨한 일 1건
- 한인 남자 1인. 설유.
- 가축을 방사한 일 17건
- 한인 남자 17인. 설유.
- 북한 폭도 침입의 풍설을 두려워하여 타촌(他村)으로 피난가게 한 일 4건
- 한인 남자 4인. 설유.

합계 122건

29. 간도 관내 일반상황 보고 사본의 송부

- **원문제목** 間島管內一般狀況報告寫本의送付(原案2冊)
- **날짜** 융희 2년(1908) 9월 30일
- **발신** 통감부 부통감 소네 아라스케
- **수신** 내각총리대신 이완용(李完用)

기밀통발(機密統發) 제1284호

사이토[齋藤] 통감부 임시간도파출소장의 월보(月報), 통파월보(統派月報) 제8호 사본을 별지와 같이 송부합니다.

메이지 41년(1908) 9월 30일
통감대리 부통감 자작 소네 아라스케
태자소사 내각총리대신 이완용 각하

부(附). 간도 관내 일반상황「월보」
- 날짜: 융희 2년(1908) 9월 8일
- 발신: 간도파출소장 사이토 스에지로
- 수신: 통감부 부통감 소네 아라스케

통파월보(統派月報) 제8호
월보

메이지 41년(1908) 9월 8일
통감부 임시간도파출소장 사이토 스에지로
통감대리 부통감 자작 소네 아라스케 귀하

1. 지방 일반의 상황

청국 관헌에 의해 포고된 곡류 수출의 금지는 우리의 엄중한 항의로 본월 12일, 마침내 이것을 해제시켰고, 더욱이 본관은 위의 곡물 수출의 금지에 대해 제1호와 같이 수출에 지장이 없다는 취지의 고시(告示)를 하였다. 또한 두만강 연안에 출동한 폭한(暴漢)의 일부가 간도로 진입해 왔지만, 우리의 주밀한 경계로 인해 하나도 이루지 못하고 궤산(潰散)되었기 때문에 민심은 점차 안도되어 우리를 신뢰한다는 생각이 더욱 깊어진 것 같다. 게다가 본월에 들어서부터는 날씨가 순조로워 오곡(五穀)이 풍양(豊壤)하니 인민이 크게 기뻐하는 상황이다.

2. 청국 관헌의 동정

1) 금회 길림서리순무(吉林署理巡撫)로 전임된 변무독판 진소상(陳昭常)은 변무계사관(邊務稽査官) 왕무원(王茂元)과 변무판사관(邊務辦事官) 왕국침(王國琛)을 데리고, 본월 19일 국자가(局子街)를 출발하여 영고탑(寧古塔)을 지나 봉천(奉天)으로 향하고 있음(往電 제113호에서 보고 마침).

2) 변무공서 협판 오록정(吳祿貞)은 군사회의(軍事會議)에 열석하기 위해 3월 중 봉천으로 출장을 갔는데, 그 후 쿠안청쯔[寬城子]·하얼빈[哈爾濱]·블라디보스토크[浦鹽]·훈춘[琿春]을 거쳐 본월 8일 귀임할 것임(往電 제104호로써 보고 마침). 그리고 오록정은 금회 전임하는 것으로 됨. 그 후임자는 봉천 동삼성 독련처(督練處) 병비처(兵備處) 총판(總辦)인 부양좌(傅良佐)[107]가 된다는데, 그는 제3기 유학생으로서 우리 사관학교를 졸업하였고 올해 35세라고 함.

3) 7월 중순 변무공서에 도착한 청국 정군의(正軍醫) 이하 4명은 본월부터 동서(同署) 내에 의무실을 개설함.

---

107 부양좌(傅良佐, 1873~1924)는 호남성 건주청(乾州廳) 사람으로 자는 청절(清節)이다. 청말민초(清末民初)의 군관으로 무술정변 후, 북양무비학당(北洋武備學堂)에 입학했다. 1902년, 일본으로 유학하여 육군사관학교(陸軍士官學校) 제3기에 입학하였고, 귀국 후 북양근기군대(北洋近畿軍隊)에 입대했다. 그 후 동삼성독련처(東三省督練處) 총참의(總參議), 북경육군부(北京陸軍部) 과장(科長)을 지냈다.

4) 본월 11일, 종성간도 시건평(時建坪)에 청국 파판소(派辦所)를 개설하고, 국자가에서 청병 25명을 파견하였음.

5) 본월 9일, 국자가에서 청병 약 30명을 종성간도 마파(馬派) 파판소로 파견하였음. 위의 2항은 대안(對岸)에 있는 한국 폭도에 대한 경계를 위한 것이라고 칭함. 또한 이외에 폭도 경계를 위해서라 칭하며, 7월 21일 이래 양수천자(凉水泉子)에서 온성간도 가야하[嘎呀河]로 장교 이하 약 41명, 종성간도 학성평(鶴城坪)에 장교 이하 약 82명을 주둔시키고 있음. 다만 폭도가 지난번 종성간도로 진입하여 그 후 흑산령(黑山嶺) 산중에서 방황할 때, 청병은 아무런 조치를 하지 않았음을 본다면 폭도 경계 때문이라는 것은 단지 구실에 지나지 않는 것으로 사료됨.

3. 청국 관헌의 불법행위

1) 우리 관헌에 대한 사례

(1) 증파된 헌병의 내입(來入)을 저지한 건: 본월 3일 금회 증파된 헌병 21명은 회령간도 학성 계사소(鶴城稽查所) 앞을 통과하려 했는데, 동(同) 소장 이영성(李榮成)이 조회(照會) 없이 헌병이 자신들의 아문(衙門) 앞을 통과할 수 없다면서 일행을 저지하였음. 당시 우적동(禹跡洞) 분견소에 출장 중인 헌병 중위 모리카와 도루[森川亨]는 사전에 이런 일이 있을 것을 예기하고 동소(同所) 앞까지 그 일행을 인솔하여 갔기 때문에 이영성에게 그 이유가 없음을 밝혔던 바이나, 이영성은 다시 휴대화물을 적재한 우차(牛車)를 일람하고, 헌병도 화물도 모두 되돌릴 것을 요구함. 모리카와 중위는 절대적으로 이를 거부하고 담론을 몇 시간동안 한 후에 그 일행을 통과시킬 수 있었음. 이후 동(同) 계사소에서는 통행인 및 그 화물에 대해 일층 엄중한 검문을 실시하고 있음.

(2) 우리의 병기·탄약을 억류한 건: 금회 한국 내부(內部)에서 우리 파출소에 있는 한국 경찰 관리에게 지급하기 위한 소총 30정과 탄약 9천 발을 송부하여 왔음. 그 총기·탄약을 우차 4량에 적재하고 회령경찰서에서 근무하는 순사와 우적동 분견소 헌병이 호위하여 본월에 학성 계사소 앞을 통과하게 하였는데, 동(同) 소장 이영성이 그 통과를 막음. 우리 헌병이 그 병기가 의심스런 것이 아니라고 변명하였음에도 불구하고, 그는 부하들을 지휘하여 강제로 그 총기·탄약을 우차에서 내리어 계사소 안에 억류하였음. 이에

따라 당시 우적동에 출장 중인 모리카와 중위는 이영성에게 그 불법성을 힐책하였는데, 이영성은 타국의 영토로 병기·탄약을 수입하는 것은 만국공법에 위반되는 것이라 하며, "만일 이것을 필요로 한다면 우리 관헌에게 조회(照會)하지 않으면 안 된다. 그런데 아직 아무런 조회도 없기 때문에 이것을 억류하는 것이다"고 함. 모리카와 중위는 당(當) 지방 일대가 소속이 정해지지 않아 일반의 국제관례를 바탕으로 할 수밖에 없음을 말하고 그 인도를 요구했지만, 이영성은 응하지 않음. 따라서 중위는 어떠한 담판으로도 그 효과가 없음을 인식하고, 인솔한 헌병에게 병기·탄약을 다시 우차에 적재시키는 것으로 하였는데, 계사소의 순목(巡目)이 순경 3명을 지휘하여 집총장전(執銃裝塡)시키고 중위 등에게 총을 들이대기에 이르렀음. 따라서 모리카와 중위는 이튿날 5일, 당소(當所)에서 파견된 통역생과 동행하여 다시 교섭을 되풀이하였지만, 이영성은 완강히 응하지 않음. 중위 등은 도저히 교섭이 무익함을 인식하고 물러서려고 하였는데, 이때 이 담판을 듣고 있던 길림변무공정(吉林邊務工程) 제일영(第一營) 관대(管帶)인 이문조(李文藻)가 이영성에게 반환의 지당함을 설득한 결과, 간신히 병기를 인도받았음. 본건에 대해서는 엄중한 항의를 신청하였고, 또한 오쿠무라[奧村] 헌병 대위로 하여금 상세하게 그 부당함을 밝혀내어 이영성의 처분을 요구함(往電 제106호로서 이미 보고를 마침).

(3) 우리 우편물을 검사하려고 했다는 건: 본월 10일, 간도우편국[108] 체송인(遞送人)이 우편물을 체송하고 회령에서 귀국(歸局)하는 도중, 두만강 도선장에서 청국 헌병 및 순경이 그 우편물을 검사하려하기에 우송인(郵送人)이 이를 거절하였고, 해당 헌병 등은 우송인을 2~3차 구타하였음. 이 분쟁 중 같은 곳에서 감시를 위해 출장 중이던 우적동 헌병은 현장에 임하여 그 분쟁을 제지하고 무사히 우편물을 체송시키었음. 위 사건에

108 1907년 일제의 통감부 임시간도파출소가 설치되면서 그 부속기관으로 처음 설치되었다. 1909년 간도협약으로 간도파출소가 철수하고 일본 총영사관과 그 분국이 설치되었으며, 1910년 8월 용정 국자가 일본 영사분관에 분국이 설치되면서 본격적으로 업무를 개시하였다. 1910년 국자가(局子街)에 우편 취급소가 설치되면서 우편 연락의 빈도수가 증가하여 일제로서는 이전보다 한층 나은 통신망을 구축할 수 있었다. 1912년 12월에는 용정과 회령 간 전화가 개통되어 더욱 긴밀한 연락망을 확보할 수 있었다. 주 기능인 우편 전신 업무 외에도 회령, 청진 등지와 거래하는 상인의 대부분이 간도 우체국을 통해 환 업무를 처리하면서 1910년대 초중반까지 환 거래를 위한 필수 기관으로서 금융 기관의 역할을 통신 기관과 겸하여 담당하였으나, 1917년 용정 지역에 조선은행 용정 출장소가 설립되어 환 거래를 비롯한 금융 업무를 전담하게 되면서 금융 기관으로서의 역할과 비중은 크게 줄어들게 되었다.

대하여 헌병 중사[軍曹]를 사기동(砂器洞) 파판소로 보내어 그 불법을 질책하니, 동(同) 파판소장은 그곳 체송인이 상의를 벗고 있었기 때문에 자기편 헌병들이 우편물인 것을 인식할 수 없어서 보통화물로 믿고 검사를 한 것이고, 언어도 충분히 통하지 않았기 때문에 분쟁이 발생한 것이라고 변명함. 따라서 헌병은 체송인이 만일 진짜로 제규(制規)의 복장을 하고 있지 않았더라도 그 우편물이라는 것은 겉포장에 문자를 명기하고 있고, 또 귀국 헌병들도 항상 이것을 목격하고 있던 것이 분명할 테니 그것이 우편물임을 알지 못할 이유가 없을 것이라고 하며 장래 충분히 주의를 줄 것을 요구하였음. 아울러 본월 12일 국자가 분견소의 오쿠무라 헌병 대위를 변무공서로 보내서 진소상(陳昭常)의 대리자 증기수(曾紀壽)와 회견하고 해당 헌병 · 순경의 처분을 요구하니, 증기수는 "귀국에서 현상유지를 깨트렸다. 병기 · 탄약 등을 수입하는 것은 불법이다. 특히 근래 이범윤(李範允) 일파의 폭도들이 은밀히 병기의 수입을 계획할지도 모른다. 저들을 막기 위해서 들어오는 모든 화물을 검사하라고 한 것은 또한 진소상 독판으로부터의 명령이다. 금회의 것도 그 명령에 준거하여 우편물을 검사시킨 것이므로 처벌의 요구에 응할 수 없다"고 말함. 결국 금후에는 우편물만은 검사를 하지 않을 것이라고 말함. 오쿠무라 대위는 우편물은 물론, 일본인의 화물은 모두 검사를 받을 이유가 없으며, 장래 검사에도 응할 수 없다고 알림.

(4) 우리 헌병분견소의 신설을 방해한 건: 금회 종성간도 걸만동(傑滿洞)에 분견소를 설치하고 본월 24일 헌병 상등병 5명을 부임시키려 하였는데, 그 도중에 마파(馬派)의 북쪽 약 20정(丁) 지점에서 마파 파판소장 성우예(成友禮)가 병사 17명을 거느리고 왔음. 각 병사들은 모두 총을 장전하고서, 10명은 도로의 한쪽에 정렬하고, 7명은 도로를 막아 우리 헌병 일행의 행진을 가로막음. 그리고 성우예는 필담으로 어디에 가느냐고 물음. 상등병은 걸만동에 간다고 답했던바, 성우예는 "우리 상사로부터 아무런 통지가 없었으니 통행을 할 수가 없다"고 하며 그 행진을 저지함. 상등병 등은 이에 고려할 바 없이 강하게 통과하겠다고 하자, 청병 등은 그 앞에 서서 가로막고 통과시키지 않음. 또한 마파 파판소로 동행해 줄 것을 요구했지만 상등병은 이를 엄중히 거절하고 노상에서 휴식하며, 걸만동에 먼저 도착하였던 한국 순사와 통역 등을 불러들여서 이치를 따지며 그 통행을 방해할 이유가 없는 점을 설명함. 결국 성우예는 이튿날 국자가의 상사에게 보고하고 다시 교섭하러 오겠다고 알리며 돌아가니, 상등병 등은 겨우 걸만동에 도착할 수 있

었음. 본건은 본월 30일, 오쿠무라 대위로 하여금 병력으로써 우리에게 방해를 가하는 것이 불법인 점에 대해 변무공서에 항의했던바, 오록정은 병 때문에 관모(關某)라는 자를 대리로 하여 회견을 하였음. 대위는 "우리 헌병은 아무리 병력으로써 협박해도 상관의 명령이 아닌 이상은 철퇴라는 것은 없을 것이다. 만일 이의가 있다고 하면 우리 파출소와 교섭하거나, 또는 우리 정부에게 항의를 신청하는 방법을 강구해야 할 것이다. 직접적으로 출장한 군사를 향해서 철퇴를 압박하는 것과 같은 일은 쓸데없이 사단을 일으킬 뿐이다"라고 말하니, 관(關)은 "귀소(貴所)에서 금회 걸만동에 분견소를 신설하려고 하는 건에 대해 서(徐) 총독에게 보고한바, 서 총독으로부터는 그것을 철퇴시켜야 한다는 명령을 받았다. 따라서 반드시 철퇴를 요구하지 않을 수 없다"고 주장함. 따라서 오쿠무라 대위는 오정록이 병을 회복한 후에 재교섭할 수 있으므로, 그때까지 걸만동에서 귀국 파판소가 병력을 사용하는 것과 같은 폭력을 결코 행하지 말 것을 엄중하게 훈계해야 된다고 요구하였음.

2) 한국 관민에 대한 사례

(1) 한국민이 자국국기를 게양하는 것을 방해한 건: 본월 14일은 한국 기원절(紀元節)에 해당되기 때문에 회령간도 우적동 부근의 한민은 매호(戶)마다 한국 국기를 게양하여 축의(祝意)를 표하였음. 그런데 같은 날 오후 9시경, 사기동 파판소장 손부귀(孫符貴)가 병사들을 거닐고 와서, 문화사(文化社) 남상동(南尙洞)에 이르러 각호의 한국 국기를 뽑아내고, 또 촌민들에게 "너희들은 어째서 우리 영토에서 한국 국기를 게양하는 것이냐"고 따져 물음. 촌민 등은 당일은 한국의 개국 기원절이기 때문에 게양하는 것이라고 답하였지만, 손부귀는 "이후 다시 이와 같이 무례한 짓을 하면 상당한 처분을 내리겠다"고 하고, 이미 뽑아낸 국기를 가지고 그대로 사기동으로 돌아감. 본건에 대해서는 본월 22일, 오쿠무라 헌병 대위가 변무공서로 가서 오록정과 회견하고 항의를 신청하였던바, 오록정은 이 사건에 관해서는 "이미 손부귀로부터 보고를 접하였기 때문에, 나는 그것이 불법이라는 점을 훈계하였고, 또 장래에 이와 같은 일이 없도록 엄계(嚴戒)하였다"고 답하였음. 또한 금회 무라타[村田] 통감부 좌관(統監附左官) 및 아카시[明石][109] 헌병

109 아카시 모토지로[明石元二郎, 1864~1919] 헌병대장을 말한다. 아카시 모토지로는 후쿠오카현 출신으로 일

대장의 순시 때, 연도(沿道)의 한민들이 환영을 위해 매호 한국 국기를 게양하였는데, 회령간도 학성 계사소장 이영성은 순경을 부근 촌락에 보내어 국기를 철거하고, 또 마침 그 자리에 있던 한민 지일용(池日龍)·홍군평(洪君平)·허중오(許仲五) 등 3명을 계사소로 동행시켜, 3명에 대해 금 후 결코 한국 국기를 게양하지 말라고 설유하고 그것을 서약하게 함. 같은 날 이영성은 학성 촌주인 한민 이기남(李基南)·박도일(朴道一) 두 사람을 계사소로 소환하여 말하길, "너희들은 촌의 두민(頭民)이라고도 칭할 수 있는 사람이니, 오늘 촌민에게 국기를 게양하지 말라고 설유하라"하고, 또 동인(同人) 등으로 하여금 금 후 촌민에게 국기를 게양치 못하게 하겠다는 서약을 시켜 방환함. 또한 영화사(永化社) 미전동(米田洞) 지방에는 대랍자(大拉子)에서 순경을 파견시켜 한국 국기를 게양하는 한민을 감시시키고 있음. 실제로 당일 동지(同地)의 촌민은 "우리들도 국기를 걸어 경의를 표할 것"으로 예상되었지만, 학성 지방의 한민이 국기를 걸어 연행되었다는 말을 전해 들었고, 또 청국 순경이 이 지방으로 와서 국기를 거는 것을 감시하고 있었기 때문에, 후난(後難)을 두려워해 게양하지 않았다는 말이 있음. 위와 같은 건에 대해서 우적동 분견소에 출장 중인 모리카와 헌병 중위는 본월 26일에 이영성과 회견하고 그 무례함을 비난하였는데, 이영성은 "이 땅은 우리 영토이고, 한민은 우리 영토에 와서 땅을 갈아 쌀을 먹고 물을 마시는 자이다. 한민이라도 우리 국민과 다르지 않아 우리의 보호를 받는데, 우리의 허가 없이 국기를 게양하는 것은 무례한 짓이므로 그 게양을 금지시키는 것이다"라고 답하였음. 따라서 중위는 이 땅의 소속이 미정(未定)한 관계로 분쟁 중인 점, 한민은 우리

본 육군사관학교와 육군대학교를 졸업하였다. 육군대학교 졸업 후 독일로 유학하였고, 미국-스페인 전쟁의 마닐라 관전 무관을 거쳐, 1901년에 프랑스 주재 무관, 1902년에는 러시아 공사관 소속 육군 무관이 되었다. 러시아 공사관 시절 영국 비밀 정보부의 스파이인 시드니 레일리와 친구가 되어 레일리로부터 러시아 군사 동향에 관련된 정보와 뤼순 요새 도면 등을 넘겨받았다. 러일전쟁 발발 후에는 중립국 스웨덴을 본거지로 활동하면서 야마가타 아리토모(山縣有朋)의 지원을 받으며 러시아혁명 지원 공작을 획책하였다. 러시아, 독일, 영국 등지에서 레닌, 가폰 신부, 크로포트킨, 콘니 칠리아쿠스, 플레하노프, 슬르베, 막심 고리키 등 수많은 인사와 접촉하며 러시아 내분 공작을 펼쳤다. 이토 히로부미는 아카시 혼자 일본군 10개 사단의 일을 했다고 찬양하였다. 이후 아카시는 1907년 10월 한국주차헌병대장으로 부임해 왕산(旺山) 허위(許蔿) 의병장을 직접 신문하는 등 의병탄압에 앞장섰고, 이듬해 12월에는 일제 침략군인 이른바 한국주차군의 참모장을 겸직했다. 경술국치 직전인 1910년 6월 데라우치 마사다케(寺內正毅)가 한국 통감으로 부임, 헌병대를 헌병대사령부로 확대 개편할 때, 초대 헌병대사령관이 되어 무단통치의 기틀을 다졌고, 1914년 4월까지 재임하며 한민족의 암흑기를 철저하게 강요했다. 1918년 대장으로 진급되고 데라우치 총리에 의하여 타이완 총독으로 임명되었으나 총독직을 맡은지 1년 후 지병으로 사망하였다.

파출소에서 보호해야 할 사람인 점, 어느 쪽 국민이라도 자국의 축제일, 또는 기타의 축일에 국기를 게양하는 것은 자유라는 점 등을 설명하고, 장래 방해를 가하는 일이 없을 것을 요구하였음.

(2) 한민에게 강제로 청국 국기를 게양시킨 건: 금회 오록정이 종성간도 및 회령간도 지방을 순시한다고 하자, 대랍자 경력청(經歷廳) 허덕유(許德洧)는 아래의 영달서(令達書)를 발포하고 자국 임명의 향약(鄉約) 등으로 하여금 그것을 관내 촌민에게 전달함.

[영달서(번역)]

8월 초5일, 오록정 총판이 순열(巡閱)하려는 것에 대하여 각 화·한(華韓) 인민에게 유시함. 반드시 호(戶)마다 용기(龍旗)[110]를 게양하는 데에 실수가 없어야 함. 이것 때문에 때에 앞서서 그 뜻을 전유(傳諭)하니 따르지 않는 일이 없게 함. 또한 특별히 유시하는 것은 한민으로 하여금 재차 일본 국기의 게양을 허락하지 않은 것임. 만일 게양하는 자가 있다면 나포한 뒤에 공서(公署)에서 징벌을 행하겠다고 했는데, 사전에 알지 못했다고 해서 피할 수 없음. 8월 초2일에 전유됨.

대체로 위의 영달서는 청국 국기를 게양하고 일본 국기의 게양을 금지하였을 뿐만 아니라, 향약 등의 촌민에게 유시한 바에 의하면, 일본 국기는 물론이고 한국 국기도 게양할 수 없었다고 전해짐. 또한 사기동 파출소장 손부귀 및 학성 계사처장 이영성은 부하인 병졸과 순경을 연도의 각 촌락에 파견시켜 한민에 대하여 음력 8월 6일까지는 청국 국기를 제조하고 청국 대관이 통과할 때에 이것을 게양하여 환영의 뜻을 표하게 하였고, 만일 명령에 따르지 않는 자는 두만강 밖으로 방축(放逐)할 것이라고 협박함. 위의 상황으로 인해 한민 등은 크게 두려워하며, 혹은 황색의 베[布] 또는 종이[紙]를 매입하였고,

---

110 청국 국기인 황룡기(黃龍旗)를 말한다. 중국에 근대 서구적 개념의 국기가 없었던 시절, 삼각형의 황룡기가 비공식적 선기(船旗)로 정부 및 해군 선박에서 사용되었고, 일부 해외 공관에서도 사용되기도 하였다. 1840년 아편전쟁 이후 서양 열강들과의 교류가 늘면서 국기의 필요성을 느낀 청국 정부는 이홍장(李鴻章)에게 국기의 도안 설계를 맡겼다. 여러 차례의 공모를 거쳐 팔괘기(八卦旗), 황룡기(黃龍旗), 기린기(麒麟旗), 호표기(虎豹旗) 등 다양한 방안이 제시되었고, 자희태후(慈禧太后: 서태후)의 최종 선정으로 황룡기가 국기로 선택되었다. 황룡기는 북양수사(北洋水師)의 해군기이기도 하였다.

8월 30일은 이미 연도 각호에서 청국 국기를 게양하기에 이름. 따라서 본월 31일 우리 파출소에서는 소원(所員)·헌병·순사 등 8명으로 구성된 1대(隊)를 구성하여, 칠도구(七道溝) 부근부터 신흥평(新興坪)에 이르는 사이에 있는 연도 한민에 대하여, 이상과 같은 강박에 응하여 청국기를 게양할 이유가 없다는 뜻을 유시하였는데, 한민 등은 크게 그것이 비행임을 깨달음. 모두들 청국 관헌의 협박 때문에 후난(後難)의 두려움이 여의치 않아 게양하는 것으로 되었지만, 그 기를 소지하고 있으면 다시 협박을 받아 게양하게 될 것이므로 파출소에 영치시키고 임의로 그 기를 차출하는 것으로 함으로써, 일행은 당일 포제(布製) 57기, 지제(紙製) 110기의 청국 국기를 영치하여 돌아왔음. 위의 일행은 9월 1일 대랍자 관헌에게 들러서 청국 관헌의 불법행위에 대해 교섭할 것임(往電 제121호에서 대강 보고를 마침).

(3) 두만강 도선장에서 한민의 도선을 방해한 건: 본월 16일, 회령간도 두만강의 신설 도선장에 한인 5명이 와서 도선을 하려고 하는데, 동장(同場)을 감시하는 청국 헌병 1명이 그 승선을 저지하고 종래의 상류 도선장으로 가라고 지시함. 따라서 우리 쪽 감시인인 우적동 분견소의 헌병은 청병을 향해 그 불법성을 꾸짖고, 한인에게 그가 원하는 도선장에서 도선하게 하였음. 이에 쌍방 간에 분쟁이 일어나 서로 구타하는 데에 이름. 이때 마침 교통 때문에 회령에서 두만강 우안(右岸)에 도착해 있던 공병(工兵) 2명이 그 쟁투를 보고, 우리 헌병에게 조력하려고 함에 따라 헌병은 재삼 그것을 멈추려 하였음에도 무위로 되어 그 쟁투를 차마 보지 않을 수 없었는데, 두 사람은 마침내 청병 헌병의 등 쪽을 손에 넣어 총으로 1~2회 가볍게 때림. 이 기세에 놀란 청국 헌병은 상류 도선장을 향해 도망갔음. 이 쟁투에서 우리 헌병은 머리 쪽에 조흔상(爪痕傷)을 입었음(往電 제111호로서 대강 보고를 마침).

(4) 종성간도에서 청병이 난동을 부린 건: 본월 6일, 종성간도 광제욕(光霽峪) 병영의 청병 1명이 한인 정치눌(鄭致訥)의 오이밭[瓜畑]에 들어가 오이를 훔치려고 함에, 치눌은 그것을 알아차리고 청병을 꾸짖었더니 청병은 도주하고 맘. 이때 치눌의 장남 운세(雲世)가 와서 그 청병을 하천평(下泉坪) 헌병분견소로 동행시키려고 그 부근에 있었더니, 다른 4~5명의 청병이 각각 손에 곤봉 또는 땔감 모양의 나무를 휴대하고 그 발자취를 좇아 분견소에 이르러서 우리 헌병의 제지하던 때에 1~2회 운세를 구타함. 그 후 청병 약 10명이 다시 치눌의 원두막으로 가서 치눌에게 호파(胡派)를 나가라고 압박하고, 장남

운세의 소재를 찾음. 그 1명이 휴대한 몽둥이를 가지고 치눌을 구타하였고, 또 다른 청병 2명은 그때 원두막의 소요를 알아차리고 현장에 임하였던 한국 순사를 구타하여 양인에게 타박상을 입히었다고 함. 본건에 대해서는 본월 10일부로 우리 파출소에서 진소상에게 항의를 신청하고, 병원(兵員)의 단결하여 폭행을 감행한 것에 대해서 엄중한 처분을 요구하였음(特報 제26호로서 보고를 마침).

4. 한국민의 상황

종래 한국민이 청국 관헌의 시설에 대해 반항하는 것과 같은 행동을 하려 했던 것은 한 번도 본 바가 없었는데, 요즘에는 걸핏하면 기회를 만들어서 청국 관헌의 압박에서 탈출하려고 하는 것 같다. 실제로 본월 12일 이후 국자가 부근의 한민 300여 명이 연서(連署)하여 청국 관헌이 임명한 총향약(總鄕約) 이하는 인민의 복리를 도모하지 않을 뿐만 아니라 오히려 유해하다면 폐지시켜야 한다고 하며, 그 고소를 변무공서에 제기하였다. 동서(同署)에서는 여기에 대해 수차례 설유(說諭)를 가하였지만 한민은 거기에 복종하지 않았고, 마침내 본월 15일 총향약 이성보(李星甫)를 면직시키는 데에 이르렀다.

5. 폭도의 상황

폭도는 본월 27일 종성군(鍾城郡) 북창평촌(北蒼坪村) 부근에서 와서 간평(間坪)에서 점심을 먹고, 전부 삼봉사(三峯社) 미령(米嶺)에서 배로 두만강을 건넜다. 그리고 28일은 간도 개문사(開文社) 산동(蒜洞)에서 숙박하고, 이튿날 29일은 날이 밝기 전에 동지(同地)를 출발하여 화호리구령(火狐狸溝嶺)을 지나 천불치산(天佛致山)[111] 안으로 들어갔다. 그

111 연변 삼합진 북쪽에 위치한 산으로 원래 '천불붙이'로 불리었다. '천불붙이'는 원시림이 빼곡히 들어선 산을 농토를 빼앗긴 함경도 이주민들이 화전을 일구어 개간했다는 사실에서 유래된 지명이다. 이를 한자로 옮기는 과정에서 일본인들이 '천불치산(天佛致山)' 또는 '천불지산(天佛旨山)'으로 표기했다. 이는 연변 증봉산을 '덴노후지산(天皇富士山)'으로 명명한 것과 마찬가지로, 원래의 지명을 교묘히 바꾸어 자기들의 구미에 맞게 왜곡해서 표기한 것이란 주장이 있다. 즉, 천불치산의 지명은 일본 일왕의 시조가 하늘에서 강림하였다는 설에서 비롯되었다는 것이다(허성윤, 「천불붙이와 천불지산」, 『연변일보』, 2018.07.04.).

인원은 약 80~90명으로서, 70여 정의 총기를 휴대하고 있는 것 같다. 일설에 의하면 폭도는 한국 내지의 경계가 엄중한 까닭에 간도로 건너와 무산(茂山) 지방으로 향할 계획이라고 하며, 목하 정찰 중이다.

6. 지방조합

전월 월보(月報)에서 보고된 지방조합은 그 성적이 자못 양호하며, 순찰(巡察)·야경(夜警) 등도 역시 충분히 목적에 부합하여 크게 지방의 평안을 도와주고 있다.

7. 소내(所內)의 상황

17일, 소장은 고등관 일동을 소집하여 별지와 같은 훈시를 내주었다(제2호). 상경 중이던 사무관 시노다 지사쿠[篠田治策], 촉(囑) 다카기 시즈에[高木靜枝]는 본월 16일에 귀임하였다. 촉탁 기사 오타 아쓰시[太田篤]는 시노다 사무관과 동행하여 부임하였다. 사무관 구스노 슌조[楠野俊成]는 왕복을 제한 2주간의 청원휴가로 20일 당지를 출발하여 귀성(歸省)의 길에 올랐다. 소원(所員) 일반에게 건강하게 사무에 면려토록 본월 중에 헌병분견소를 동경대(東京台)·팔도구(八道溝)·걸만동(傑滿洞) 세 곳에 신설하였다. 27일 한국 황제의 즉위 예식일 축하회를 열어, 한국 도사장(都社長)·사장·촌장 등을 초대하였다. 또한 당시 순시 체류 중인 무라타[村田]·아카시[明石] 두 소장을 열석시키었다.

8. 청사 건축 공사

신청사의 건축 공사는 착착 진척되어 목하 8할 정도를 완성시켰다.

9. 본월 사이 취급된 경찰사고는 별지와 같음(제3호)

이상 보고를 올립니다.

부속 1. 고시(告示)

제1호 고시

일본 통감부 간도파출소장 사이토 스에지로는 다음과 같이 고시한다. 최근 곡량(穀粮)을 수출할 수 없게 되어 무역통상이 완전히 막히니, 간도에 재주(在住)하는 한국 인민이 단지 경제상 다대한 영향을 받을 뿐만 아니라, 자생보명(資生保命)상으로 하루도 빠질 수 없는 어(魚)·염(鹽) 등까지 수시로 궁핍해지기에 이르러서, 멀고 가까운 각 사의 촌장(村長)과 두민(頭民) 등이 우리 파출소에 와서 이런 폐단을 막아줄 것을 호소하는 자가 날이 갈수록 자못 많아졌다. 본래 간도는 농경을 주로 하는 지역이어서, 그 생산한 곡류를 오로지 두만강 대안의 여러 군읍(郡邑)에 수출하고, 일상의 필수가 되는 어·염·의(衣)·면(綿) 및 기타 기재와 교환하거나, 혹은 또 그 지역의 친척·고구(故舊)와 서로 농사가 잘되고 못 된 것을 융통함으로써 성가모생(成家謀生)하는 상태에 있었다. 그런데 저번 곡류 수출의 자유를 상실하고 나서는 도처에서 놀라고 당황하지 않을 수가 없어서, 이것을 바르게 처리해 고쳐[善措匡濟] 줄 것을 청원하기에 이르렀다. 이것들은 본직(本職)이 실로 깊이 헤아린 바이다. 대체로 본직이 임명을 받아 이 지역에 다다른 이래, 밤낮으로 노심초사[日夜焦思]하며 오로지 그대들 한국 인민을 보호하고, 조차간(造次間)이라도 그 복리의 증진을 기도하지 않은 적이 없었으며, 적어도 그대들 인민의 기쁨과 슬픔[休戚]에 관해서는 대소를 논하지 않고 결코 소홀히 방치한 적이 없다. 본래 곡류의 판매 운출은 각인(各人)의 자유에 속하는 것이기 때문에, 스스로 그 수출 공급을 도모하는 것이 당연하다. 만일 중도에 저지가 있거나 혹은 불법적 압수에 놓일 때는 적절하고도 신속하게 자세한 사유를 가지고 우리 파출소에 고소하면 본직이 정당하게 진력하여 구호에 몸소 임할 것이므로, 그대들 한국 인민인 자들은 안도할 수 있을 것이다. 따라서 이를 알리기 위해서 간곡히 특시(特示)한다.

메이지 41년(1908) 8월 일

융희 2년(1908) 8월 일

부속 2. 훈시(訓示)

제2호 훈시

우리들이 한인 보호의 명을 받들어 지난해 이곳 간도에 부임한 지도 이제 바야흐로 만 1년이 되려 한다. 그 도착했을 당시에는 청국 관헌은 오로지 우리의 철퇴만을 요구하였고, 그다음에는 병위(兵威)를 보이며 한인을 협박하고, 또한 우리 시설을 저지시키려 하였다. 그럼에도 우리들은 이들의 방해를 제거하였고, 부지런히 보호의 열매를 거두기를 급급하여 국위를 발양시키는 일을 기하였다. 우리 시설에 대한 타인의 방해는 지금도 한둘이 아니지만, 대세에 있어서는 앞날에 기우(杞憂)를 품을 정도는 아닌 것 같다. 한편 한인의 의향을 통찰해 보면, 우리들의 부임 이전에 있어서는 그들이 소유하고 있는 인류의 자유와 권리를 무시당하며 압박과 학대를 받는 것이 심했다. 실로 형언할 수 없는 고경(苦境)에서 신음하고 있었으나 우리의 보호에 의해 구제된 것으로, 이것을 작년의 오늘과 비교하면 하늘과 땅 차이도 이만저만한 것이 아니다. 이를 본직(本職)이 한인 대표자 어느 누구에게 질문하여도 그 답하는 바는 한결 같았으며, 가장 친청(親淸)[112]적인 사상을 가진 한인이라도 역시 또 그 무언(誣言)을 사양하지 않으면 안 될 것으로 믿는다. 간도의 소속이 정해지지 않았다는 것은 지금도 마찬가지이지만, 일청(日淸) 관헌이 함께 이 땅에 있다. 한인이 그 압박과 학대를 받는 것이 심한 시대에 있을 때는 당연히 우리의 인자한 보호 아래에서 추향(趨向)하지만, 일조비경(一朝悲境)을 탈출한 때에는 눈앞의 세력에 영합하여 이권을 좇는 일이 없지 않다. 즉, 근래 한인 중에는 때때로 청국 측의 세력이 강대해짐에 따라 할 수 없이 그들에게 복종한다고 공언하는 자가 있다고 들었다. 품성이 열등한 무리에서 특히 피할 수 없는 바이다. 그리고 우리의 경쟁자는 가령 하나의 사소한 일이라도 이용할 수 있는 것은 이를 반드시 이용하여 자기의 편의에 도움이 되도록 힘쓰고 있다. 따라서 우리들은 변방의 미개한 인민에게 다가가 그 인심을 수람(收攬)하는 데에 있어서 모름지기 그들의 미묘한 심리에도 주의를 게을리하지 않았다. 어리석

---

112 고려대학교 아세아문제연구소 편, 『구한국외교관계문서』 8(間島案), 105쪽에는 '親情'으로 되어 있으나, 위의 사이토 스에지로의 훈시와 동일한 문서를 수록한 국사편찬위원회 편, 『통감부문서』 3권('間道派出所赴任 一週年에 즈음한 訓示')에는 '親淸'으로 기록되어 있다. 문맥의 관계상, 그리고 원문을 대조한 결과 '親淸'이 맞는 것으로 확인되어 이를 수정하였다.

은 자는 이를 가르치고, 어리석지 않은 자는 이를 가르치는 일에 힘쓰는 것과 함께 늘 관용과 위엄을 적절하게 펼치니, 소위 은혜와 위엄을 함께 행하는 것이라고 생각한다. 결코 피보호자로 하여금 은혜에 부끄럽게 적어도 우리에 대해 멸시하는 마음이 헛되게 생겨나지 않도록 하는 것에 항상 주의하고 중요시하며, 늘 위엄을 지니고 기선을 잡아 타인의 협박에 개의치 않도록 유의해야 한다. 이것을 위해서 각 지방에 주재하는 헌병 반장은 특히 빈틈없는 주의로써 한·청인에 대한 각오가 필요하다. 본직은 작년 8월 회령을 출발하기에 앞서서, 그리고 동년 10월 청국 정부가 차츰 다수의 군대를 간도에 파견시키는 때를 맞아 일동에게 훈시한 바가 있다. 이후 여러 사람이 그 주지(主旨)를 잘 준수하고, 사(私)를 버리고 공(公)에 힘쓰며, 추위와 더위에 싸우고 곤고(困苦)와 결핍도 참아서 그 성적을 가량(佳良)되게 한 것은 내가 확인한 바이다. 그렇지만 우리들의 임무는 지금에야 겨우 제1기를 성공시킨 것에 지나지 않는다. 제2기의 임무가 있다는 것이다. 생각건대 본기(本期)에서는 한층 더 인심을 수람하고, 시설 경영의 기초를 굳건히 하며, 또 더 나가 그 범위를 확장시키지 않으면 안 된다. 전진(前進)의 길은 여전히 요원하니, 다시 약간의 기간을 경과시키지 않으면 완전한 성공을 기대하기 어렵다. 여러분들의 임무가 중차대하다고 하겠다. 더구나 우리들은 열국환시(列國環視)의 사이에 서서 외연(巍然)하게 그 임무를 맞이하고 있다. 그 일거수일투족은 곧바로 외교상에 영향을 미친다. 그리고 청국 측은 근래 자칫하면 우리를 향해 폭력을 행사할 수 있다. 여러분들은 현재의 상황에 비추어서 더욱 사려를 다하여 일에 임하고, 일본 고유의 심원고상(深遠高尙)한 지조에 입각하여 눈앞의 다른 세력을 고려하는 일이 없이 불굴불요(不屈不撓)의 정신으로 더욱더 국위를 신장시키기를 바란다.

메이지 41년(1908) 8월 17일

통감부 임시간도파출소장 사이토 스에지로

부속 3. 경찰사고표

제3호 본월 사이에 취급된 경찰사고

【사항: 집세[家賃]를 편취한 일】 건수 1. [적요(摘要)] 원·피고 모두 한인 남자. 편취한 금액 15원을 원고에게 반환시킴.

【사항: 판목의 대가를 지불하지 않은 일】 건수 1. 원고 한인 남자. 피고 일본인 남자. 처분을 헌병대에 의탁함.

【사항: 소[牛]를 잃어버린 일】 건수 1. 원·피고 모두 한인 남자. 증거불충분으로 설유(說諭).

【사항: 구타당한 일】 건수 2. 1건은 원·피고 모두 한인 남자. 국자가 분견소로 인도. 1건은 설유.

【사항: 우리 시정(施政)에 유해한 행동이 있던 일】 1건. 북도소(北都所) 도사장 채용의(蔡龍義)의 보고에 따라 순사·헌병을 파견하여 설유.

【사항: 영업의 출원】 1건. 청원자 한인 남자 1명. 허가함.

【사항: 폭도 간첩으로 의심되는 자에 대한 보석을 출원한 일】 1건. 청원자 한인 남자 11명. 피고 이록송(李祿松)을 보석.

【사항: 경지(耕地) 때문에 분쟁이 일어난 일】 1건. 원·피고 모두 한인. 설유하여 화해.

【사항: 소 2두를 편취한 일】 1건. 원·피고 모두 한인. 피고를 취조하고 경성(鏡城) 재판소로 압송.

【사항: 각 사장(社長)의 부과(賦課)에 반대한 일】 2건. 한인.

【사항: 집세를 지불하지 않고 도주한 일】 2건. 2건 모두 원고 한인 남자 1명, 일본인 남자 1명. 처분을 헌병대에게 위탁.

【사항: 혼인을 위약한 일】 1건. 원·피고 모두 한인. 화해[示談]를 마침.

【사항: 채무불이행】 1건. 원·피고 모두 한인. 경성 관찰사에게 보고 마침.

【사항: 4년 전에 말과 경지를 빼앗긴 일】 1건. 원·피고 모두 한인. 원고의 무고로 밝혀짐에 따라 피고를 방견(放遣).

【사항: 고임(雇賃)을 지불하지 않은 일】 1건. 원·피고 모두 한인. 우적동 분견소에 교부.

【사항: 청관(淸官)에게 우세(牛稅)의 불법징수를 당한 일】 1건. 동성용(東盛湧) 사장 김석균(金錫均) 및 박문순(朴文順)의 보고에 따라 헌병대에게 위탁.

【사항: 우마(牛馬)의 방사가 원인이 되어 구타당한 일】 1건. 원고 한인. 피고 청인.

【사항: 매매금[媒介金] 250냥을 편취당한 일】 1건. 원·피고 모두 한인. 두도구(頭道溝) 헌병분견소에 교부.

【사항: 도우(屠牛) 검사를 출원한 일】 4건. 허가.

【사항: 부랑(浮浪)의 혐의가 있는 일】 남자 6명.

【사항: 취광(醉狂)한 일】 남자 4명.

【사항: 가축을 방사한 일】 남자 2명. 청국인.

【사항: 군집한 장소에서 말을 달리게 한 일】 남자 1명.

【사항: 불결한 장소를 청소하지 않은 일】 남자 25명. 여자 7명.

30. 간도 관내 일반상황 보고 사본의 송부

- **원문제목** 間島管內一般狀況報告寫本의送付(原案2冊)
- **날짜** 융희 2년(1908) 10월 24일
- **발신** 통감부 부통감 소네 아라스케
- **수신** 내각총리대신 이완용(李完用)

기밀통발(機密統發) 제1422호

사이토[齋藤] 통감부 임시간도파출소장의 월보(月報), 통파월보(統派月報) 제9호 사본을 별지로 참고하시도록 송부합니다.

메이지 41년(1908) 10월 24일
통감대리 부통감 자작 소네 아라스케
태자소사 내각총리대신 이완용 각하

부(附). 간도 관내 일반상황「월보」

- 날짜: 융희 2년(1908) 10월 8일
- 발신: 간도파출소장 사이토 스에지로
- 수신: 통감부 부통감 소네 아라스케

통파월보(統派月報) 제9호
월보(9월 1일부터 동월 30일까지)
메이지 41년(1908) 10월 8일
통감부 임시간도파출소장 사이토 스에지로
통감대리 부통감 자작 소네 아라스케 귀하

1. 지방 일반의 상황

최근 청국 관헌은 매우 난폭하고 오만해져 방약무인(傍若無人)한 태도가 많다. 끝까지 병원(兵員)의 무리를 믿고 폭력을 함부로 써서 우리 시설을 방해하며, 그 영토주의(領土主義)의 확장에 힘쓰고 있는 것 같다. 본월에 들어서 저들의 폭행은 각지에서 빈출(頻出)하니, 크게 지방의 안녕을 해치고 인심이 점차 동요된다.

2. 청국 관헌의 동정

길림변무 방판(幫辦) 오록정은 전임을 명받아 본월 21일 국자가(局子街)를 출발하여 봉천으로 향했다. 그리고 그 후임자인 부양좌(傅良佐)가 본월 15일에 부임하였다. 회령(會寧)의 대안(對岸)에 있는 사기동 파판소장 손부귀(孫符貴)는 협참령(協參領)으로 승진하여, 길림 육군 제1표(第一標) 제2영장(第二營長)으로서 본월 27일 부임의 길에 올랐다. 한국 내지의 폭도에 대비하기 위한 것이라고 말하고 8월 중순 이래 종성간도의 월랑사(月朗社)·마파(馬派) 제하사(霽霞社)·시건평(時建坪)에 주둔시켜둔 청병(清兵)은 본월 23일로써 전부 철수하였다. 다만 마파 파판소는 종래대로 존치되었다. 또한 위와 똑같은 목적으로 종성간도 학성평(鶴城坪)에 주둔한 청병도 머지않아 철수할 것이라는 설이 있는데, 아직 실시하기에 이르지는 않았다. 일설에는 이상은 철수가 아니라 교대를 위해서라고 말하기도 하지만, 교대병이 가는 모양이 없다. 9월 26일, 동불사가(銅佛寺街) 주둔의 청국 수비대 보병 초장(哨長) 이하 24명은 무산간도를 향해 출발하였다. 이후 길림에 주둔하기 위해서라지만, 동불사가로의 교대병은 머지않아 길림에서 오게 될 것이다. 조양(朝陽)·하곡(河谷)·팔도구(八道溝)에는 8월 중순부터 헌병대관 주두산(周斗山) 이하 헌병 4명이 주둔하고 있었던 바이나, 금회 다시 파판소를 설치하고, 본월 27일 처장겸리교섭사의진선수비(處長兼理交涉事宜儘先守備) 양경룡(楊景龍; 대위 상당) 이하 청병·순경 5명 및 한국어 통역(청인) 1명이 도착하였다. 헌병은 철수하는 모양이다. 9월 중순 길림으로부터 청국 헌병 장교 5명이 국자가에 도착하였다는 설이 있다. 또한 본월 21일 종성간도 광제욕(光霽峪)에 새로이 헌병 6명을 배치하였다.

3. 청국 관헌의 불법행위

(1) 청관 이영성(李榮成)이 한국 순사를 포박한 건(往電 제124호로 보고 마침).

(2) 육도구(六道溝) 파판소의 순경 등 폭행의 건(往電 제126호로 보고 마침).

(3) 회령간도에서의 청병 폭행의 건(往電 제127호로 보고 마침).

(4) 청병이 우리 헌병이 압송 중이던 폭도를 탈취한 건(往電 제128호로 보고 마침).

(5) 종성간도에서의 청병 폭행의 건(往電 제130호부터 제132호까지로 보고 마침).

(6) 국자가에서 우리 헌병 상등병이 순찰을 위해 말을 타고 국자가 남측 뒷골목을 통과할 때, 도로가 진창이어서 간신히 인가(人家)의 토벽을 따라 한쪽의 통로가 있는 곳으로만 진행하게 되었는데, 여기서 한 청병과 조우하였음. 그런데 이 청병이 불법적으로 돌연 양손을 써서 상등병의 승마(乘馬)를 진창 속에 들여 넣었음. 따라서 상등병은 왜 말을 밀었느냐고 힐책하니, 청병은 무슨 일이냐고 말하면서 주먹을 올려서 상등병의 왼쪽 넓적다리[大腿部]를 구타하고 여러 가지 욕을 지껄여댔음. 상등병은 말에서 내리어 취조를 하려고 오른발을 지상에 내리자마자, 청병은 그 두 다리를 잡아 상등병을 넘어뜨림. 게다가 때마침 1명의 청병이 더 와서 앞의 청병을 도와 상등병이 차고 있던 권총을 빼앗아 도주하였음. 국자가 분견소에서는 이를 급보로 접하고, 오쿠무라[奧村] 헌병 대위 이하 우리 헌병이 청병의 귀로에 맞는 여러 지점을 장악하고 경계하였음. 나중에 온 청병이 지나는 길임을 알게 되어 그를 체포하고 변무공서로 데리고 갔음. 그 병사의 이름을 신문할 것을 요구하였더니, 변무공서에서는 일본 헌병과 쟁투한 청병은 없다고 하며 우리의 요구에 응하지 않음. 결국 요령부득으로 귀소(歸所)하였음. 또한 오쿠무라 대위는 방판 부양좌와 회견하여 조속히 이번 쟁투병(爭鬪兵)을 수출(搜出)하고 권총을 반환시켜 줄 것을 요구하였더니, 일본 헌병과 쟁투한 것은 청병이 아니라면서 보통의 청인일 것이라고 변명함. 목하 교섭 중임.

4. 한민의 상황

한민은 파출소의 설치로 인해서 청국 관공리의 무상징발 · 부당징세 · 청국 병원(兵員)의 폭행능욕 등이 있는 불법행위를 받는 것이 현저하게 감소되었기 때문에, 한민 일반에게 더욱더 우리 파출소가 신뢰받게 되었다. 특히 우리가 임명한 도사장·사장·촌장 등은 열심히 지방 공익에 진력하여 그 효적(效績) 역시 적지 않다. 그러나 이번 종성간도 도사장 등이 청국 관헌에게 나포되어 감금된 일로 인해 다소 지방의 민심을 동요시켜서, 크게 우리의 보호를 위험시하고, 표면상 청국 관헌에게 아부하는 것이 도리어 안전하다는 생각을 하기에 이르렀다고 한다. 따라서 사카이노[境野] 헌병 소좌를 종성간도 방면으로 보내어 민심의 진무(鎭撫)에 힘쓰고 있다.

5. 폭도의 상황

지난달 사이 간도에 숨어든 폭도는 천불치산(天佛致山)에서 전부 흩어졌다. 또한 우리 헌병이 폭도가 은닉한 다수의 병기·탄약·피복·서적 등을 압수한 결과, 대부분 또다시 일어날 수 없는 데에 이른 것 같다. 체포된 폭도의 말에 의하면, 그 대장인 박창규(朴昌奎)는 부하 약 25명을 거느리고 평강(平崗: 頭道溝 방면)에 이르렀다고 하고, 하산(下山)한 기타는 삼삼오오 해산하였다고 한다. 그 후 수색하였더니 총기를 휴대한 폭도 10여 명이 종성간도 국사령(國師嶺)을 지나 국자가에서 훈춘으로 통하는 통로를 횡단하여, 국자가 지방 약 3리의 산 중으로 들어간 형적이 있었다. 또한 그 소수는 천불치산 서남쪽 함박동(咸朴洞) 부근 산 중에서 먹을 것을 구한 사실도 있었다. 기타 같은 산 서남쪽 평강(平崗) 상리사(上里社) 청산동(靑山洞) 은광(銀鑛)에서 폭도 4명을 발견하여, 동사(同社) 사장 외 한인 2명이 그중 2명을 체포하였고, 우리 헌병 특무조장(特務曹長)이 거느리는 수색대가 천불치산 동남쪽 서래동(西來洞) 부근에서 그 1명을 체포하였다. 하천평(下泉坪) 분견소의 한국 순사·주사 등은 동(同) 지방에서 도합 3명을 체포하였다. 이것으로 보아 폭도들이 각 방면으로 향하여 흩어졌다는 것은 사실인 것으로 판단할 수 있다. 그렇지만 본월 초순, 연추(煙秋)[113] 지방에서 돌아온 종성간도 광소사(光昭社) 사장 김학준(金學俊)과 양

---

113 연추(煙秋=連秋=延秋) 러시아 연해주의 대표적인 한인 마을로 얀치헤(Янчихе=Цуканово)와 노보끼옙스꼬예(Новокиевское=Краскино)에 위치하였다. 1868년 처음으로 한인 정착이 이루어진 이래, 1885년 237가구 1,623명, 1906년 300가구 1,900여 명, 1914년 400가구 2,000여 명으로 인구가 늘어났다. 안중근이 1908년 '同義會'라는 의병부대를 조직해 국내 진공작전을 전개하고, 또 1909년 동지 11명과 '동의단지회'를 결성한 것으로도 유명한 대표적인 해외 독립운동 기지였다.

수천자(涼水泉子) 지방으로 파견된 한인 밀정의 말에 따르면, 이범윤(李範允)과 최(崔) 아무개라는 두 사람이 총원 약 2천 명을 두 파로 나누어, 일부는 한국 내지로, 다른 일부는 간도로 내습할 것이라는 계획을 꾸미고 있다는 내용이 위의 두 지방에서 소문이 돌고 있었다. 또한 개태사(開泰社) 호천가(湖川街) 촌장인 김홍석(金弘錫)의 내보(內報)에 따르면, 본월 하순 훈춘 지방에서 온 한인 1명은 간도 방면에 침입한 폭도 중의 약간 명이 이미 종성간도 월랑사(月朗社) 마파[馬坡](하천평의 북쪽 약 6리)의 북쪽 산 중에 잠닉하여 후속 부대의 도착을 기다리고 있다는 내용을 동(同) 지방에서 문지(聞知)하였다고 한다. 이에 따라 수색 중이다.

6. 용정촌(龍井村) 부근의 농황(農況) 일반

당소(當所) 관측기상표에 의한 본월 중의 온도 및 강우량은 다음과 같다.

- 제일순(第一旬)의 평균 온도는 17.9도로, 최고 온도(7일) 25.5도, 최저 온도(2일) 9.5도, 강우횟수 3회, 강우량은 9.47mm이다.
- 제이순(第二旬)의 평균 온도는 14.2도로, 최고 온도(18일) 24.0도, 최저 온도(16일) 4.0도, 강우횟수 8회, 강우량 69.90mm이다.
- 제삼순(第三旬)의 평균 온도는 12.1도로, 최고 온도(26일) 24.5도, 최저 온도(24일) 0.3도, 강우횟수 8회, 강우량 30.10mm이다.

본월 평균 온도는 14.7도, 본월 적산온도(積算溫度)는 442도, 본월 강우횟수는 19회, 본월 강우총량은 109.47mm, 본월 쾌청일수는 4일, 본월 반쾌청일수는 4일, 본월 담천(曇天)일수는 22일이고, 본월 25일에 서리가 내렸다. 이에 의하면 9월에서 적산온도 442도, 평균 온도 14.7도, 강우량 109.47mm를 보이고, 기온이 차차로 하강하여 여러 작물의 성숙을 촉진하게 하는 경향이 있지만, 제이순(第二旬)에 이르러 급격한 기온 변화는 기장[黍]·수수[高粱]와 같이 이미 완숙된 것에는 영향이 매우 적었어도, 기타의 여러 작물에는 좋지 않았다. 게다가 담천일수가 22일에 달하고, 강우가 빈번하게 왔으며, 맑은 날이 겨우 4일에 지나지 않기 때문에 다소 성숙을 불완전하게 만들었다. 벼[水稻]와 같은 경우는 불임실(不稔實)로 되어서 이삭이 나오는 것이 많았고, 게다가 강우 때문에 논바닥에 탈립(脫粒)되는 것이 있었다. 기장·수수·밤[栗] 등을 거둬들이는 일은 그 건조를 좋지 못하게 하였다. 이상과 같기 때문에 8월 예상했던 평년작 이상의 호황은 이에 그 1.2할의 감수(減收)가 있을 것이고, 올해의 농황은 그래서 혹은 평년작에도 달하지 못할 수 있을 것이다.

7. 소원(所員)의 동정(動靜)

소원 일동은 불순한 기후임에도 불구하고 일반적으로 건강하여 능히 근무에 힘을 다하고 있다. 조사과원(調査課員)인 핫타[八田] 기사(技師)와 마에다[前田] 기수(技手)는 본월 3일부터 12일에 이르는 10일간, 지방 농황 일반시찰 겸 채소 재배, 특용작물 재배 및 농산(農産) 제조 조사를 위해 두도구(頭道溝) 방면으로 출장을 나갔다. 오타[太田] 기사는 본월 5일부터 광산 조사를 위해 동불사(銅佛寺) 방면으로 출장 나가 11일 귀소(歸所)하였고, 15일부터 다시 회령간도 방면으로 출장 나가 23일에 귀소하였다. 야마자키[山崎] 통역생은 본월 5일부터 경제사정 조사를 위해 길림 훈춘 지방으로 출장을 나갔다. 당소(當所)에 증원된 내부주사(內部主事) 2명과 한국 순사 8명은 본월 6일 도착하였다.

8. 신청사(新廳舍)의 건축 공정

신청사의 건축은 거의 완성되었다.

9. 경찰사고

본월 중에 취급된 경찰사고는 다음 표와 같다.

【사항: 내란율(內亂律)】 건수 7. [적요] 3건은 피고 한국인 남자 3명. 취조한 뒤 편의수단으로 종성 수비대로 인도함. 1건은 피고 한인 남자 2명. 취조한 뒤 함흥지방재판소로 압송 도중 청국 관헌에게 강탈됨. 3건은 피고 한인 남자 각 1명. 취조를 마쳤지만 청

국 관헌과의 관계상, 아직 송치하지 못함.

【사항: 소녀 유괴】 건수 2. [적요] 1건은 원고 한국인 여자 1명. 피고 한국인 남자 3명. 취조 중. 1건은 원고 일본인 남자 1명과 여자 1명. 피고 일본인 남자 1명. 피고 소재지인 종성 경찰서로 이첩함.

【사항: 금전 대차(貸借)에 관한 논쟁】 건수 7. [적요] 3건은 원·피고 모두 한국인 남자 각 3명. 원·피고 쌍방을 설유(說諭)하고 시담(示談)을 마침. 1건은 원고 한인 남자 1명. 피고 일본인 남자 1명. 피고에게 설유하여 지불하게 함. 1건은 원고 한인 남자 1명. 피고 일본인 남자 1명. 피고의 행방불명에 대해 조사 중. 1건은 원고 청국인 남자 2명. 피고 일본인 여자 1명. 피고에게 설유하여 지불하게 함. 1건은 원고 청국인 남자 1명. 피고에게 설유하여 지불하게 함.

【사항: 절도】 건수 1. [적요] 원고자 일본인 남자 1명. 피고 청국인 남자 1명. 피고는 취조한 뒤에 청국 관헌에게 인도함.

【사항: 음주 폭행한 일】 건수 2. 2건 모두 원·피고 한인 남자 각 1명. 피고에게 설유하고 시담.

【사항: 호송 중에 피고인을 빼앗은 일】 건수 2. [적요] 1건은 호송자 한국 순사 1명. 탈취자 청국 순경 6명. 청국 관헌과 교섭함. 1건은 호송자 헌병 2명. 탈취자 청국 병사 약 60명. 청국 관헌과 교섭함.

【사항: 가택침입 및 구타】 건수 1. [적요] 원고자 한국인 주사 1명, 순사 1명. 가해자 청국 순경 및 청병 십수명. 청국 관헌과 교섭함.

【사항: 계약불이행 및 구타】 건수 1. [적요] 원고 한인 남자 1명. 피고 청국인 남자 1명. 피고에게 설유하고 시담을 마침.

【사항: 타인의 닭을 잡아먹은 일】 건수 1. [적요] 원고 한국인. 피고 일본인 남자 4명. 피고에게 설유하고 대금을 지불해 시담을 마침.

【사항: 기물 기훼(棄毁)】 건수 1. [적요] 원고 한인. 피고 한인 남자 1명. 피고에게 설유하여 시담을 마침.

【사항: 사장(社長)의 보수금 각출에 응하지 않은 일】 건수 1. [적요] 한국인. 설유하여 따름.

【사항: 맡겨 놓은 가축을 반환하지 않은 일】 건수 1. [적요] 원고 한인 여자 1명. 피고 한

인 남자 1명. 원·피고에게 설유하여 시담을 마침.

【사항: 불법징세】 건수 1. 원고 한인 남자 5명. 피고 청국 관리. 청국 관헌과 교섭을 마침.

【사항: 쟁론】 건수 1. [적요] 한국인 남자 1명. 동(同) 여자 1명. 쌍방을 설유.

【사항: 기부금 강제】 건수 1. 한인 승려 3명. 설유.

【사항: 마필(馬匹) 교환에 대한 쟁론】 건수 2. [적요] 1건은 한인 남자 2명. 설유하여 시담을 마침. 1건은 한인 남자 2명. 위와 같음.

【사항: 구타】 건수 5. [적요] 1건은 원고 한국 순사 1명. 피고 청국인 남자 2명. 청국 관헌과 교섭. 1건은 원고 한국인 남자 1명. 피고 청병 3명. 위와 같음. 1건은 원고 한인 남자 1명. 피고 청인 남자 1명. 청국인이 도주한 것에 대해 조사 중. 1건은 한인 남자 각 1명. 쌍방에게 설유. 1건은 피해자 한인 남자 1명. 가해자 청인 남자 4명. 가해자 행방불명 조사 중.

【사항: 구타·창상(創傷) 및 나포(拿捕)】 건수 1. [적요] 피해자 일본 헌병 3명, 한국 주사 1명. 피나포자 한국 순사 1명, 한인 남자 2명. 가해자 청병 수십명. 청국 관헌과 교섭하여 순사는 방환시켰지만, 한인 남자 2명은 미방환.

【사항: 불법나포】 건수 1. [적요] 피나포자 한인 남자 2명. 나포자 청병 8명. 청국 관헌과 교섭.

【사항: 익사】 건수 1. [적요] 헌병 1명. 간도 분대에서 검시(檢屍)함.

【사항: 습득물】 건수 1. [적요] 습득품 시계 1개. 신고자 한인 남자 1명. 물품 보관 중.

합계 41건.

31. 간도 관내 일반상황 보고 사본의 송부

- **원문제목** 間島管內一般狀況報告寫本의送付(原案2冊)
- **날짜** 융희 2년(1908) 11월 26일
- **발신** 통감부 통감 이토 히로부미(伊藤博文)
- **수신** 내각총리대신 이완용(李完用)

기밀통발(機密統發) 제1593호

사이토[齋藤] 통감부 임시간도파출소장의 월보(月報), 통파월보(統派月報) 제10호 사본을 별지로 참고하시도록 송부합니다.

메이지 41년(1908) 11월 26일
통감공작 이토 히로부미
태자소사 내각총리대신 이완용 각하

부(附). 간도 관내 일반상황 「월보」
- 날짜: 융희 2년(1908) 11월 10일
- 발신: 간도파출소장 사이토 스에지로
- 수신: 통감부 부통감 소네 아라스케

통파월보(統派月報) 제10호
월보(10월 1일부터 동월 31일까지)

메이지 41년(1908) 11월 10일
통감부 임시간도파출소장 사이토 스에지로
통감대리 부통감 자작 소네 아라스케 귀하

1. 지방 일반의 상황

오록정의 전임 전후부터 일변된 청국 관헌의 태도는 본월에 들어서부터 그 횡포가 더욱 심하게 도를 더하고 있다. 우리를 위해 진력하는 한인을 무법으로 체포하거나, 우리에게서 임명된 도사장·사장 등을 나포·구금하는 등 난폭하고 낭자함이 이를 데 없어 크게 지방의 안녕을 교란시키고 있었는데, 본월 중순 우적동에서의 충돌 이후, 청국 관헌은 갑자기 그 태도를 바꾸어 지극히 신중하게 되었다. 헌병·순경 등도 역시 크게 그 행동을 삼가기에 이르렀기 때문에, 청·한인 일반에서 우리를 경외하기에 이르러 점차 민심의 동요를 회복하게 되었다. 마적(馬賊)의 상황에 대해서 들을 수 있던 것을 종합하면, 본월 중순 합막당(蛤蟆塘)[114]부터 영고탑(寧古塔) 부근에 걸쳐, 마적 약 70~80명의 단체가 나타났고, 점차 창궐을 더없이 하였다. 따라서 길림에서 순방대(巡防隊) 제독 아무개가 영고탑으로 출장하여 이를 토벌하였다. 또한 중순경, 길림가도(吉林街道) 위 액목색(額木索)의 서쪽 장광재령(張廣財嶺)에 마적 약 40명의 단체가 배회하여, 변무공서에서 전로통령(前路統領) 부덕(富德)을 파견해서 토벌 중이라고 한다.

2. 청국 관헌의 동정

청국 관헌에 있어서는 우리 헌병이 지방에 배치되면, 동일 지역 또는 그 부근에 다수의 청병 또는 순경을 배치하여 암암리에 우리 헌병을 위압하고, 또 한인이 우리 시정(施政)을 따르지 못하게 방해한다고 하는 방침을 가지고 있던 것 같다. 실제로 8월 중 신설된 팔도구(八道溝)·동경대(東京台)·걸만동(傑滿洞)의 각 우리 분견소에 대해서, 팔도구에는 약 8명의 순경 및 헌병을, 동경대에는 약 30명의 청병을, 걸만동에 대해서는 마파[馬派](걸만동 북쪽 약 30정 거리)에 약 20명의 청병을 새로이 배치하였는데, 위와 같은 목적을 달성하기 위한 것 같다. 또한 월간 청병의 이동 등은 다음의 기록과 같다.

(1) 본월 7일, 국자가에서 종성간도 월랑사(月朗社) 마파(馬坡) 수남촌(水南村: 걸만동 남

---

114 흑룡강 동남쪽 경박호(鏡泊湖)에서 북서쪽으로 50km 떨어진 산림이 우거지고 야생동물이 풍부한 작은 하천의 하류에 위치한다.

쪽 약 30정 거리)으로 초장(哨長) 부진폐(傅進陛) 및 병졸 20명이 도착하여 주둔함.

(2) 같은 날 또 국자가에서 동사(同社) 시건평(詩建坪: 하천평 북쪽 약 3리 거리)으로 십장(什長) 장규일(蔣奎一)·창전황(彰殿璜) 이하 병졸 20명이 도착하여 주둔함. 다만 앞의 두 지점에는 본년 8월 이래로 청병이 주둔하고 있었지만 잠시 철수하였고, 금회 다시 파주(派駐)하는 것임.

(3) 본월 13일, 길림에서 공정대(工程隊) 오장(伍長) 이하 14명이 국자가에 도착함. 또한 밀정의 보고에 의하면, 본월 13일에 공정대 약 300명, 15일에 같은 부대 약 200명이 국자가에 도착하였다는데, 아직 확인 중임. 이후 국자가에서 배회하는 공정대병에 주의하니, 실제로 좌·우·전의 3개 공정대가 주둔하고 있는 것 같음.

(4) 본월 16일, 길림가도(吉林街道) 상의 오호항자(五虎項子)에서 길림전로(吉林前路) 좌초(左哨) 제2영(第二營) 보대(步隊) 초장(哨長) 범모(范某) 이하 21명이 동불사가에 도착하여 동가(同街)의 경비에 임함. 아마도 동불사가에 주둔하는 초장 이하 24명이 무산간도로 옮겨가기에, 그 교대로 하여 래주(來駐)한 것 같음.

(5) 한인 밀정의 보고에 의하면 방판(幫辦) 부양좌(傅良佐)는 서(徐) 총독에게 전보하여 국자가에 포병(砲兵)을 파견시켜 줄 것을 요청하였다고 함. 그리고 그 수는 3영(三營)이라고 함.

(6) 국자가 무민부 겸 이사부(撫民府兼理事府)의 서쪽 옆에 연길금연분국(延吉禁烟分局) 및 길림계연분회(吉林戒烟分會)라는 것을 신설하고, 동지(同地)에 있던 청부황무국(清賦荒務局)은 길림으로 철수시킴.

(7) 본월 17일, 길림순방대(吉林巡防隊) 마대(馬隊) 20명이 호위하여, 길림 방면에서 소총 약간(약 300정을 넘지 않음)과 탄약 4상자(1상자에 약 1만발 입)를 국자가에 도착시킴.

3. 청국 관헌이 한민에게 가한 불법행위

(1) 지난달 26일, 무산간도의 산계사(山溪社) 동경대(東京台)에 사는 한인 백문극(白文極)과 동사(同社) 상방천항(上防川項)의 한인 박희철(朴禧哲) 두 명은 돌연 청병에게 포박당해 함께 무산간도 길지(吉地)의 청국 병영에 인치구금(引致拘禁)되었음. 그리고 박희철은 29일 국자가로 향해 송치되었음. 포박의 원인에 대해서 청병 및 길지 주재 청어(清語)

통역이 말한 바에 의하면, 백문극은 동경대의 우리 헌병분견소에 자기 소유의 가옥을 매각했다고 하는 이유에서, 박희철은 동지(同地)에 헌병분견소를 개설시키려는 것을 파출소에 청원했다는 이유에 의한 것이라고 함. 더욱이 청국 헌병 등은 백문국과 함께 우리가 임명한 동지(同地)의 채(蔡) 사장도 체포하려고 하였지만, 당시 외출 중이어서 체포를 면할 수 있었다고 함. 이후 채 사장은 그 체포가 두려워 가족과 함께 무산군 아래로 피난해 있었던 바, 금회 가족만 귀가시켰음. 또한 본월 1일 백금사(白金社) 광대진(廣大津)에 사는 일진지회장(一進支會長) 송승철(宋昇哲)도 분견소 설치의 청원자라고 하여 청병에게 포박당함. 위의 백문극·박희철·송승철 중, 백문극은 본월 14일 방환(放還)되었고, 박희철은 본월 1일 국자가로 호송 중에 도주하였으며, 송승철은 같은 날 인치(引致) 도중에 방환되었다고 함.

(2) 본월 4일 우리가 임명한 용지사(龍池社) 사장 진석준(陳錫駿)과 지풍사(智豊社) 사장 박만수(朴萬秀)도 청국 관헌과 보병에 의해서 돌연 가택을 습격당해 포박된 뒤 국자가로 인치되어버림. 그 포박의 이유는 사내(社內) 인민에게서 보수금을 징수했다고 하는 이유인 것 같음. 보수금이란 것은 사장 등이 밤낮으로 공사(公事)에 분주하기 때문에 사내 인민이 약간의 돈을 갹출하여 그 비용에 보태고, 또 그 노고에 보답한다고 하여 우리 파출소의 인가를 얻은 것임. 위의 사장의 인도에 대해서는 9월 16일 구인(拘引)되어진 종성간도 도사장 이의영(李義英), 사장 김희열(金希烈)과 함께 우리로부터의 수차례 엄중한 교섭의 결과, 10월 말 모두 방환되어짐.

(3) 광제욕(光霽峪)의 청병 2명이 10월 12일 광덕사(光德社) 원동(原洞)에 거주하는 한인 김집완(金什完)의 닭 한 마리를 가져간다고 하니, 김집완이 이를 거절함에 따라, 김집완과 마침 현장에 있던 동지(同地)의 중정서숙(中正書塾) 교사 등을 구타하여 부상을 입히었음(往電 제149호로서 보고 마침).

(4) 왕전(往電) 제150호 및 제151호로써 보고된 종성간도 고간도(古間島: 일명 古島)[115]

115 함경북도 벽성면 서촌동 앞을 흐르는 두만강 대안의 모래 사주 지역을 '고간도(古間島)'라고 불렀다. 이 지역은 두만강이 곡류하는 부분으로 물줄기의 흔적을 통해 본래 두만강 사이에 형성되었던 모래톱(사주)이었던 것으로 추정된다. 『함경남북도래거안(咸鏡南北道來去案)』 중 1903년 6월 6일 함경북도 교계관 김병약(金炳若)이 외부대신에게 보낸 보고 제6호에 따르면 "종성 대안의 고간도는 종성민이 몇백 년 동안 개척한 땅인데 청국의 광제욕(光霽峪)이 잡(卡)을 설치한 지면과 연륙되어 청에 빼앗긴지 10여 년이 되어 종성

의 한인 이보철(李輔喆) 등이 곡물 운반을 위해 가교(架橋)한 것을 청국 관헌이 철거를 명령했던 사건의 상세한 이야기는 다음과 같음. 종성간도의 두만강 중류에 있는 '고간도'라고 하는 곳은 토지가 풍양(豊壤)하여 종성 한민의 약 반수가 이곳에서 경작함. 그리고 이곳에서 곡물을 수확하는 때에는 두만강 우안(右岸)에서 고도(古島)로 가교하여 곡물을 운반하는 것을 종래의 관례로 삼음. 따라서 본년도 종성(鍾城) 거주 이보철 외 14명은 폭 1칸 정도의 목교(木橋)를 가설하여 그 운반을 편리하게 하였음. 또한 두만강의 좌안(左岸)에도 위의 섬과 똑같은 관계의 경작자가 있어서, 고도에서 두만강 좌안으로 연장 약 20미터의 목교를 가설하였음. 이 목교는 본월 16일에 준공되어 도선(渡船)이 필요 없이 곡물을 운반할 수 있도록 하였는데, 같은 날 광제욕 병영에 주둔하는 청국 헌병이 가교자(架橋者)인 이보철을 병영으로 동행시켰음. 청관(清官) 모(某)는 이보철을 향해 이 가교의 철거를 명령하자, 이보철은 약 20년 이래의 구관(舊慣)에 따라 가교한 것이어서, 본년에 한해 철거를 명령할 이유가 없음을 변론했지만, 청관은 구관이 아니라며 질책함. 이보철은 1~2개월의 유예를 요청하였지만, 청관은 이를 허락하지 않고, 오늘부터 2일 이내로(17일, 18일) 수확물을 전부 운반할 것이며, 만일 그렇지 않으면 이후에는 운반시킬 수 없다고 명하고 귀환시켰음. 이보철은 귀환 후, 관계 한인과 모여 협의를 이루었지만, 지정기일 안에 도저히 운반을 마칠 것으로 예상되지 않는다며 가교의 존속을 희망함에 따라, 그 보호를 종성 헌병분견소에 출원함. 따라서 동소(同所)에서 하천평(下泉坪) 헌병분견소와 협의를 위해 헌병 상등병을 파견하기로 함에 따라, 도노타니[殿谷] 헌병 대위는 그들과 회견하고 본건을 종성 수비대 및 동지(同地) 경찰관에게 알리고, 19일 이른 아침에 종성과 하천평에서 순찰 헌병을 보내 청병이 과연 어떠한 행동을 할지를 시찰할 것

민들이 억울해하므로 청국공사에게 전조(轉照)하여 판힐(辦詰)하고 고간도를 환원받기 원한다"는 청원이 있었다. 한편 지금까지 간도 지명의 어원과 지역적 범위에 대해 명확하게 밝혀지지는 않았지만 간도의 명칭이 '사잇섬'에서 유래했다는 설이 유력하다. 사잇섬은 안수길의 소설 『북간도』에 잘 묘사되어 있다. 안수길은 함경남도 함흥 출생으로 1922년 용정으로 이주했다. 그는 출생지와 이주 공간의 경험을 통해 당시 한인의 이주를 누구보다도 생생하고 정확하게 이해하고 있었다. 그의 소설에 등장하는 사잇섬에 대한 내용은 다음과 같다. "사잇섬이란 이곳, 종성부 중에서 동쪽으로 십리쯤 떨어진 이 동네 앞을 흐르는 두만강 흐름 속에 있는 섬이다. …(중략)… '사잇섬농사'란 여기 가서 농사를 짓는다는 말이었다. 그러나 그것은 겉에 내세우는 표방에 지나지 않았다. 불모의 섬에서 어떻게 곡식이 나랴? 그러므로 사잇섬에 가서 농사를 짓는다는 건 핑계에 지나지 않는 것이었고 사실은 대안인 청국 땅에 건너가는 것이었다."(문상명, 2020, 「20세기 초 지도로 본 간도의 역사적·지역적 범위와 한인 이주자」, 『만주연구』 29, 참조)

이라고 약속함. 19일 이른 아침, 하천평 분견소에서 특무조장(特務曹長) 호리우치 기쿠마쓰[堀內菊松] 외 상등병 4명을 가교점(架橋點)으로 출장시키니, 종성에서는 수비대 병졸 8명, 헌병분견소 상등병 2명, 보조헌병 약간 명 및 동지(同地) 주재 일본 순사 2명과 한인 순사 2명을 우안(右岸) 및 고도(古島)로 출장 보냈음. 광제욕에서는 청병 3명, 청 헌병 1명을 우안 및 고도로 출장 보냄. 그렇지만 쌍방 별로 아무런 시위가 없었고, 또 교섭하는 것도 없이 종일토록 곡물의 운반을 감시하다가 밤이 되어 청병 등이 귀영한 후, 우리 쪽도 전부 철수하였음. 이튿날인 20일, 하천평 분견소에서는 헌병 2명, 종성에서는 헌병·보병 약간 명을 다시 가교 부근으로 출장시켰고, 광제욕에서는 청병·헌병 도합 7명을 좌안 및 고도로 출장시켰지만, 그날 또한 서로 종일토록 경계만 하고 있었을 뿐 아무런 일도 없었음. 그 후에도 피아간에 약간 명씩의 감수병(監守兵)을 보내 경계하고 있지만 이상은 없었고, 한인은 장애 없이 운반에 종사하고 있음. 종성 수비대장 우마시마[馬島] 보병 중위는 "가교를 승인했던 것이라면 충분히 보호해야할 것"이라고 하고, 19일 8명의 병졸을 보내겠다는 뜻을 호리우치 특무조장에게 문지(聞知)시켰다는 것으로써, 동(同) 중위와 회견한 사실을 확인했던 바임. 중위는 이보철을 불러 청관과 문답한 요령(要領)을 듣고서, 교량은 철거할 수 없으며 청국 관헌에 의해 지정된 기간 안에 곡물을 운반할 필요도 없다는 말을 들려주었음. 따라서 만약 피아(彼我)가 반목하는 사달을 일으킬지도 모르는 우려를 우리 쪽에서는 하천평의 분견소에 명하여 가능한 한 분잡(紛雜)을 일으키지 않는 것에 주의해야 한다는 뜻을 전달하였음. 본건에 대해서는 시노다[篠田] 사무관을 종성에 파견하여 구관(舊慣)을 조사시키고(조사보고는 특보 제35호로써 진달함), 또한 10월 23일 오쿠무라[奧村] 대위를 부양좌(傅良佐)와 회견시켜서 구관에 의해 가교된 것을 철거시키려는 것이 부당한 점, 이보철을 병영에 동행시킨 것이 불법인 점, 그리고 청병에게 불법행위가 없도록 하기 위해서 충분히 계칙(戒飭)을 가해 줄 것을 희망한다는 뜻을 말하게 했음. 부양좌는 본건에 관해서는 파판소 사무원 진(陳)으로부터 2일간에 운반을 마치고 철교(撤橋)해야 한다고 명령했다는 이야기를 들었는데, [그 후에] 어찌해야 되는지 물어왔기에, 수확물을 전부 운반한 후에 철교시키는 것이 좋겠다는 뜻을 지령하였다고 함. 또한 가교가 종래의 관례인지 아닌지에 대해 사무원을 파견해 취조 중인데, 만일 관례가 된다고 하면 겨울까지 철교시켜도 좋다고 함. 그렇지만 어지간히 수확을 마쳤으면 곧바로 철교하는 식으로 조치할 것을 희망한다는 뜻을 사이토 소장에게 전해 주기 바란다고 함. 또한 병사들의 행동에 대해서는 결코 불온한 행위를 하지 못하게 할 것이니, 귀국 병사들에 대해서도 주의시켜달라고 말하였음. 따라서 오쿠무라 대위는 이를 수락하였음. 한편 본건은 대안(對岸)인 종성에서 생긴 일이어서 우리 파출소의 의지대로 행할 수 없는 것도 있을 것이므로 웬만하면 구관에 따라 겨울까지 철교시키지 않는 것이 가장 좋을 것이란 뜻을 알리었음. 해당 교량은 그 후 자연히 파손되었고, 현재 한민은 도선(渡船)에 의해 곡물을 운반하고 있어, 결국 평온하게 낙착되었음.

(5) 본월 9일 개태사(開泰社) 호천포(湖川浦) 하소촌(下所村)의 촌장 김홍석(金弘錫)은 질녀(姪女)가 출가(出嫁)하게 되어, 이것을 축하해주기 위해 금 2원을 품속에 넣고 동지(同地)를 향해 가던 도중에, 와량(瓦樑)[116]에서 청병 2명, 통역 1명과 마주치게 됨. 서로 이런저런 담화를 나누다가 김홍석은 우리 파출소의 촌장인 것도 이야기하였더니, 청병은 김홍석의 신체를 뒤져 금 2원을 강탈하고, 또 구타를 가하여 우측 흉부에 타박상을 입히고서 도주하였음. 본건에 대해 12일 도노타니 대위를 광제욕 병영으로 보내 교섭한 결과, 헌병 수반 정칙저(程則著)란 자가 사실을 조사하겠다고 답하였음.

4. 청병 등이 우리 헌병에게 가한 폭행

(1) 우적동에서의 건(往電 제14호 및 특보 제31호 · 제32호로서 보고 마침.)

(2) 국자가에서의 건(往電 제141호 및 특보 제33호로서 보고 마침.)

5. 폭도의 상황

폭도에 관한 여러 종류의 정보를 종합하자면, 현재 그 주력은 연추(烟秋) 부근에 있는 것 같다. 그리고 이[李範允]와 최(崔) 두 사람은 겨울철 결빙기를 기다려 일부는 북한으로 진입하고, 일부는 간도에 진입하여 우리 파출소를 습격할 것이라고 공언하였다. 그것들을 준비하며 현재 줄기차게 패거리의 모집, 총기 구매, 피복 제작 등등에 분주하고 있는 것 같다. 다만 정말로 실행될 수 있을지 아닌지는 판명되지 않는다.

---

116 화룡욕에 있는 부락 이름.

6. 신청사(新廳舍)의 공사

청사 신축 공사는 청부인과의 계약 기간 내에 전부 준공되었다. 파출소에서는 총무장관의 전보에 의거해 준공검사위원을 임명해서 그들이 검사를 하게하고, 제1회 계약분을 본월 23일에, 제2회분을 24일에 수령하여 동월(同月) 29일부터 신청사에서 사무를 취급한다.

7. 소원(所員)의 동정

소원 일반은 건강하게 사무에 열심히 힘쓰고 있다. 한국 내부(內部)에서 파견되어진 경시(警視) 강근도(姜根道)가 본월 3일 부임하였고, 기사(技師) 핫타 기치헤이[八田吉平], 기사 촉탁 오타 아쓰시[太田篤], 통역관 촉탁 야마모토 사다키요[山本貞淸]는 지질 및 농산물 조사를 위해 본월 8일 출발, 훈춘 방면으로 출장가서 23일에 귀소(歸所)하였다. 내부에서 배속되어진 회계관리 주사 이쿠노 에이메이[生野盈明][117] 외 1명은 본월 8일 부임하였고, 사무관 구스노 슌조[楠野俊成]는 본월 12일에 귀임(歸任)하였다. 한국 내부 주사 손범철(孫範哲) 외 1명은 16일 부임하였고, 경제사정 조사를 위해 길림·훈춘 지방에 출장을 명받은 통역생 야마자키 세이이치로[山崎誠一郎]는 당지와 길림과의 교통 불편으로 인해서 귀임하였다. 청사 건축 공사 감독을 위해 파견되었다고 하는 통감부 고원(雇員) 고가와 이치마쓰[小川一松]는 본월 28일 통감부로 귀환되었고, 기타 마사스미[喜田正澄]에게 본월 13일부로서 기수(技手)의 사무를 촉탁하였다.

8. 농황(農況)

일반 기상표에 따른 본월 중의 온도 및 강우량을 보면 다음과 같다.

---

117 『간도안』에는 '坐野盈明'으로 표기되고 있으나, 당시의 『관보』나 『승정원일기』 등의 자료에는 '生野盈明'이라는 인명이 나오고 있으므로 이를 고쳐 표기함.

- 제일순(第一旬): 평균 온도 10.3도, 최고 온도(3일) 22.5도, 최저 온도(7일) 0.2도, 강수 횟수 4회, 강수량 5.45mm
- 제이순(第二旬): 평균 온도 10.7도, 최고 온도(16일) 23.0도, 최저 온도(12일) 1.0도, 강수 횟수 1회, 강수량 0.70mm
- 제삼순(第三旬): 평균 온도 4.9도, 최고 온도(31일) 21.5도, 최저 온도(31일) -8.5도, 강수 횟수 4회, 강수량 5.2mm
- 월평균 온도 8.6도, 최고 온도 23.0도, 최저 온도 −8.5도, 강수 횟수 9회, 강수량 11.35mm

【비고】 적산온도 264.5도, 쾌청일수 9일, 반쾌청일수 13일, 담천일수 9일.

덧붙여서 작년 10월에서의 기상 관측표를 보면,

- 제일순(第一旬): 평균 온도 10.2도, 최고 온도(10일) 22.08도, 최저 온도(8일) 0.5도, 강우 횟수 7회, 강수량 9.5mm
- 제이순(第二旬): 평균 온도 8.3도, 최고 온도(19일) 19.0도, 최저 온도(13일) 3.0도, 강수 횟수 0회, 강수량 0.0mm
- 제삼순(第三旬): 평균 온도 5.2도, 최고 온도(29일) 15.5도, 최저 온도(31일) -5.0도, 강수 횟수 4회, 강수량 6.7mm
- 월평균 온도 7.8도, 10일[최고 온도] 22.0도, [최저 온도] −5.0도, 강수 횟수 11회, 강수량 15.8mm

【비고】 적산온도 242.2도. 즉 작년과 비교해서는 [작년이] 평균 온도에서 0.7도 높고, 적산온도에서는 22.3도가 높음. 강수량에서는 4.55mm가 적음. 마침 여러 작물의 수확기에 즈음하여 곡초(穀草)가 모두 충분하게 건조됨. 따라서 전월에서의 다소의 결함을 보충할 수 있는 가장 안성맞춤의 시간임.

지금 작년과 올해의 보통작물의 평예(坪刈)[118] 시험성적(1반보 환산)을 비교하면 다음과 같다.

118 농작물의 작황을 검사할 때 평균적으로 된 곳의 한 평 내지 몇 평을 베어 전체의 소출을 셈하는 방법.

(1) 벼농사[水稻: 중위에 속하는 것]

- 메이지 40년(1907): 1평(坪)의 본수(本數)[119] 790본. 줄기 길이[稈長] 27촌. 1반(反)의 경엽(莖葉) 무게 62貫 400. 벼[籾] 수량 1,875. 현미 수량 1,036. 벼와 현미와의 백분비례 55.0. 현미 1승(升) 중량 37.3돈쭝[匁]
- 메이지 41년(1908): 1평의 본수 730본. 줄기 길이 34촌. 1반의 경엽 무게 82관 800. 벼 수량 2,400. 현미 수량 1,350. 벼와 현미와의 백분비례 56.2. 현미 1승 중량 38.8돈쭝.

(2) 밤[栗: 우량에 속하는 것]

- 메이지 40년(1907): 줄기 길이 51촌. 경엽 중량 150관 900. 수량 3석(石) 525. 1승 중량 320돈쭝. 이삭 길이 9촌.
- 메이지 41년(1908): 줄기 길이 51촌. 경엽 중량 134관 100. 수량 1석 770. 1승 중량 322돈쭝. 이삭 길이 7촌.

(3) 수수[高粱: 중위에 속하는 것]

- 메이지 40년(1907): 줄기 길이 77촌. 경엽 중량 238관 500. 수량 2석 460. 곡실(穀實) 1승 중량 346.3돈쭝.
- 메이지 41년(1908): 줄기 길이 75촌. 경엽 중량 121관 500. 수량 1석 950. 곡실 1승 중량 334.0돈쭝.

(4) 콩[大豆: 중위에 속하는 것]

- 메이지 40년(1907): 줄기 길이 22촌. 경엽 중량 45관 600. 수량 1석 110. 1승 중량 375.7돈쭝.
- 메이지 41년(1908): 줄기 길이 18촌. 경엽 중량 31관 500. 수량 0.9석. 1승 중량 350.0돈쭝.

---

119 식물체나 줄기 또는 뿌리의 개체 수. 벼의 경우 모를 길러서 논에 옮겨 심을 때 한꺼번에 3~4개체씩 모아서 심는데, 그때의 개체 수를 주수라고 하고 주수에 모인 낱개의 개체를 본수라고 한다.

(5) 기장[黍: 중위에 속하는 것]

- 메이지 40년(1907): 수량 1석 470. 1승 중량 338.8돈쭝.
- 메이지 41년(1908): 수량 1석 500. 1승 중량 360.0돈쭝.

즉, 벼와 기장을 제하면 모두 작년에 비해 다소의 감수(減收)를 보인다.

9. 위생상태

월간 당촌(當村) 부근에서 전염병의 발생을 보았다. 그러나 유행병으로 기재할 정도의 질환은 아니고 안전한 상태에 있다. 본월 5·6·7일 3일간 용정촌(龍井村) 전반에서 추계 청결법이 실시되었다. 당시 강풍으로 인해서 전혀 청결의 정도에 이르지 못했기 때문에 이후 헌병·순사로 하여금 독려시키고 있다고 한다. 소불동(小佛洞)에 사는 한인 유아(幼兒)의 일부에게 종두(種痘)를 시행하여 잘 되었다. 자혜병원(慈惠病院)에서 본월 사이 시료(施療)받은 신환자는 총 562명으로서, 전월에 비해 조금 증가되었다. 전기(前記) 신환자를 국적별로 구분하면 다음과 같다. 청국인은 종전에 비해 갑자기 증가되었는데, 일본인은 58명, 한인은 387명, 청국인은 117명이다.

10. 경찰사고

본월 중에 취급된 경찰사고는 별표와 같다.

<경찰사고>

【사항: 채무불이행 도주】 건수 2. [적요] 1건은 원·피고 모두 한인 각 남자 1명. 피고에게 설유(說諭)하여 이행시킴. 1건은 원·피고 모두 한인 각 남자 1명. 신흥평(新興坪) 분견소로 처분시킴.

【사항: 구타 창상(創傷)】 건수 2. [적요] 2건 모두 한인 남자 1명. 설유하여 방환.

【사항: 차가임(借家賃) 미지불】 건수 1. [적요] 원고 한인. 피고 청국인. 설유하여 지불하게 함.

【사항: 인부임(人夫賃) 미지불】 건수 1. [적요] 원고 한인. 피고 일본인 여자. 피고에게 설유하여 지불하게 함.

【사항: 우차임(牛車賃) 미지불】 건수 1. [적요] 원고 한인. 피고 일본인. 위와 같음.

【사항: 소녀가 개에게 물린 것에 대한 쟁론】 건수 1. [적요] 원고 한인. 피고 청국인. 설유.

【사항: 마필(馬匹) 대금 미지불】 건수 1. [적요] 원·피고 모두 한인. 피고에게 설유.

【사항: 기물 파괴】 건수 1. [적요] 원고 한인. 피고 청국인. 피고에게 설유하여 변상시킴.

【사항: 여물[秣] 대금 미지불】 건수 1. [적요] 원고 한인. 피고 청국인. 피고에게 설유하여 시담(示談)시킴.

【사항: 도우(屠牛) 검사 청원】 건수 8. [적요] 허가.

합계 19건.

32. 간도파출소 관내에 대한의원 분원 설치의 종용

- **원문제목** 間島派出所管內에大韓醫院分院設置의慫慂(原案2冊)
- **날짜** 융희 3년(1909) 2월 9일
- **발신** 통감부 통감 이토 히로부미
- **수신** 내각총리대신 이완용(李完用)

기밀통발(機密統發) 제157호

간도 자혜병원(慈惠病院)은 통감부 파출소가 창설시킨 것으로서, 헌병대 부속 군의관이 담임하여 시료를 하는데, 그 성적이 제법 볼만 한 것이 있습니다. 그리고 이제는 사업 확장의 필요를 인정하여서, 대한의원(大韓醫院)의 분원을 파출소 소재지에 설치할지, 혹은 다른 상당한 방법을 세워서 환자 치료의 방법을 강구해야할지를 조치해주시기 바랍니다. 이상 말씀드립니다.

메이지 42년(1909) 2월 9일
통감공작 이토 히로부미
태자소사 내각총리대신 이완용 각하

33. 간도 관내에 한인 보호를 위하여 설치한 도사장·사장 등에 대한 보수 및 사무비 지불 요구

- **원문제목** 間島管內에韓人保護를爲하여設置한都社長·社長等의報酬及事務費의支辨要求(原案2冊)
- **날짜** 융희 3년(1909) 2월 9일
- **발신** 통감부 통감 이토 히로부미
- **수신** 내각총리대신 이완용(李完用)

기밀통발(機密統發) 제159호

통감부 임시간도파출소에서는 귀국 신민 보호의 임무를 실시하고, 사정(事情) 소통을 위해 도사장(都社長)·사장(社長)·촌장(村長) 등의 하급기관을 구성하였습니다. 이에 대한 보수 및 사무비는 본래 지방비로써 지불해야 할 것이지만, 아직 지방비 징수의 방법도 없었으므로 당분간 좌기의 금액을 국고(國庫)에서 지불하는 것으로 처리해 주시기 바랍니다.

- 일금 5천 8백 80원(年額)

〈내역〉

- 9백 60원: 도사장 4인분, 1인 월액 20원
- 4천 9백 20원: 사장 41인분, 1인 월액 10원

이상 말씀드립니다.

메이지 42년(1909) 2월 9일

통감공작 이토 히로부미

태자소사 내각총리대신 이완용 각하

34. 간도 관내 일반상황 보고 사본의 송부

- **원문제목** 間島管內一般狀況報告寫本의送付(原案2冊)
- **날짜** 융희 3년(1909) 2월 23일
- **발신** 통감부 부통감 소네 아라스케
- **수신** 내각총리대신 이완용(李完用)

기밀통발(機密統發) 제235호

사이토[齋藤] 간도파출소장의 월보(月報), 통파월보(統派月報) 제12호 사본을 별지로 참고하시도록 송부합니다.

메이지 42년(1909) 2월 23일
통감대리 부통감 자작 소네 아라스케
태자소사 내각총리대신 이완용 각하

부(附). 간도파출소 관내 일반상황「월보」
- 날짜: 융희 3년(1909) 1월 9일
- 발신: 간도파출소장 사이토 스에지로
- 수신: 통감부 통감 이토 히로부미

통파월보(統派月報) 제12호
월보(12월 1일부터 동월 31일까지)

메이지 42년(1909) 1월 9일
통감부 임시간도파출소장 사이토 스에지로
통감공작 이토 히로부미 귀하

1. 지방 일반의 상황

지난달 이래로 평안한 지방의 상황은 본월에 들어서도 여전히 그 상태를 유지하여 인민이 안도하고 모두 그 생업에 힘쓰고 있다.

2. 청국 관헌의 시설 및 병원(兵員)의 행동

(1) 12월 3일 월랑사(月朗社) 마파(馬坡) 북촌에 청국 헌병 파견소를 설치함. 헌병 반장 우동대(于東岱) 외 상등병 4명이 국자가(局子街)에서 도착, 4일부터 사무를 개시하고 있음.

(2) 본월 12일 국자가로부터 두도구(頭道溝) 서고성자(西古城子) 병영이 길이 4척, 세로 3척, 가로 3척의 상자에 들어간 탄약을 송부 받았음.

(3) 본월 19일 방판(幇辦) 부양좌(傅良佐)는 두도구 · 동불사(銅佛寺) · 동성용(東盛湧) · 국자가 등에 분주(分駐)된 순방대(巡防隊)를 남영(南營)에 집합시켜서 점호(點呼)를 행한 후, 다음의 훈시를 하였음. "본년도 바야흐로 저물고 있다. 본년 중에는 최초로 아무 일도 없었다. 그리고 내년 봄이 아니라면 아무 일도 할 수 없을 것이다. 그렇지만 방심할 일이 아니다. 각 병사들은 동시에 복장을 풀고 취침할 것이 아니라 반드시 반수(半數)는 옷을 입은 채로 잠자리에 들고, 또 불침번을 세워서 불시에 생기는 일에 대비해야 한다. 일본인 및 일본 병사들이 왕래하는 연도에 있는 자는 능히 여기에 주의하고, 병사의 증파나 병기 · 탄약 등의 운반에 대해서는 특히 유의할 필요가 있다"고 운운.

3. 청국 관헌의 부당징세

청국 관공리(官公吏)의 부당징세는 우리의 정당한 항의와 엄밀한 감시를 꺼리어 현저히 감소하고 있지만, 아직 완전히 그 자취를 감추는 것에 이르지는 않아서, 본월 사이 다음에 기록한 것과 같은 사실이 있다. 회령간도 사기동(沙器洞) 파판소 및 영화사(永化社)의 학성 계사소(鶴城稽查所)를 신축하기 위하여 인화사(仁化社) · 영화사의 한민으로부터 대공(大工) · 인부(人夫) · 조짚[粟稈] 등을 징수하고, 이에 상당하는 임전(賃錢)의 대가를 지불하지 않았다. 이에 따라 한민은 이를 청구하였더니 청관은 조세 징수 때 상쇄하겠다고 말하였다. 그러나 그 기간에 이르러도 조세와 임전은 별물(別物)이라며 지불에 응하지 않았고, 마침내 그것 등의 제 비용을 향약(鄕約)에게 명하여 '민배(民排)'[120]로 징수하였다. 한민이 거부하며 징수에 응하지 않는 것에 대해서는 향약은 청국에서 명령된 일이고, 이러한 명령에 수긍하지 않는 것은 엄벌할 것이라고 위협하며 강하게 민배에 응하도록 하였다. 그 액수는 매호 일화(日貨)로 50전에서 2원 50전까지 된다. 본건에 대해서 본월 10일 히라다[平田] 헌병 중위에게 대랍자(大拉子) 경력청(經歷廳)의 허덕유(許德侑)와 교섭하게 하였더니, 허덕유는 "조세는 내가 관계하는 바이어서 취조 상 상당한 조치를 하였지만, 인부·대공·기타의 임전에 대해서는 내가 아는 바가 없다"고 답하였다. 따라서 12월 8일 오쿠무라[奧村] 헌병 대위로 하여금 국자가 변무공서와 교섭하게 하였더니, 동서(同署)에서는 실지(實地)에 대한 사실의 조사를 하겠다고 회답하여 왔다.

4. 폭도에 관한 건

폭도에 관해서는 늘 경계를 게을리하지 않는데, 본월 15일경 종성간도 용지사(龍池社) 와량동(瓦梁洞) 부근을 배회하던 폭도 이대유(李大孺: 53세)가 동사(同社) 금점동(金店洞) 양방언(梁方彦) 집에 잠복하고 있다는 것을 문지(聞知)하고, 하천평의 헌병과 순사를 동지(同地)에 출장시켜 그를 체포하였다. 이 폭도는 함경남도 북청군 나하대(羅荷坮)에 거주하는 자로서, 박선달(朴先達)의 부하로 가담하여 지난 8월 27일 종성군에서 간도로 침입한 자이다. 그리고 용지사 지방을 배회하고 있던 목적은 동(同) 지방 농민에게 폭도에 가입할 것을 권유하는 한편으로, 금전·곡물을 강청하기 위함이었다. 무산간도 선화사(宣化社) 강장동(康庄洞)에서는 본월 24일 새벽에 폭도 약 40명이 들어와서 같은 날 밤 동지(同地)에서 숙박하였다. 촌민들이 그들을 연동구(淵洞口: 강장동에서 동북쪽으로 약 1리 거리)에 주재하는 청병에게 밀고함에 따라 청병이 출장하였고, 이후 폭도가 휴대하던 무기 및 탄약, 기타 피복 등의 잡품을 압수하고서 이들을 해방시키었다(往電 제1호로 보고 마침). 이들 폭도는 이범윤(李範允)의 부하들로서, 블라디보스토크[浦鹽]에서 와서 한국 내지로 가려던 도중, 무산군(茂山郡) 하면구(下面口)에서 일본 헌병과 마주쳐 교전한 후에

---

120 도향약(都鄕約)·향약(鄕約) 등이 자신의 보수 이외에 징수하는 금전이나 물품을 일컬음.

도 멈추지 않고 당지(當地)로 들어왔던 자들이라고 한다. 위 폭도들의 행위에 대해서는 현재 엄중하게 수색 중이다.

5. 우역(牛疫)의 조사

지난달 사이부터 화룡사(和龍社) 대유전동(大楡田洞) 및 평강남사(平崗南社) 지방에 우역이 발생하였다. 일시 병세가 더없이 창궐하여 다수의 폐우(斃牛)를 나오게 했기 때문에, 여러 번 헌병과 한국 순사를 출장시켜 이들이 예방 및 소독방법을 한민에게 지시하고 여행(勵行)시킨 결과, 본월에 이르러 병세가 조금 쇠퇴해진 것 같다. 월간에 있던 폐우의 수는 다음과 같다.

- 평강수남사(平崗水南社: 용정에서 서남쪽으로 약 4리 떨어진 지방): 본월에서의 폐우의 수 19두. 현재 병에 걸린 소는 없음.
- 동양하리사(東良下里社: 용정촌 지방): 본월에서의 폐우의 수 2두. 현재 병에 걸린 소는 없음.
- 화룡사 대유전동(용정촌에서 동남쪽으로 5리 거리): 본월에서의 폐우의 수 11두. 현재 병에 걸린 소는 없음.
- 화룡사 남구범동(南溝范洞): 본월에서의 폐우의 수 4두. 현재 병에 걸린 소는 없음.

합계 36두.

6. 기상 개황

본월에서의 기상 개황은 다음과 같다.

- 제일순(第一旬): 평균 온도 －11.2도, 최고 온도(5일) -2.0도, 최저 온도(3일) -27.5도, 강설회수 1회, 강수량 3.4mm
- 제이순(第二旬): 평균 온도 －10.1도, 최고 온도(15일) 4.5도, 최저 온도(20일) -21.5도, 강설회수 0, 강수량 0
- 제삼순(第三旬): 평균 온도 －10.3도, 최고 온도(21일·27일) 0.0도, 최저 온도(24일)

-20.5도, 강설회수 1회, 강수량 0.5mm

- 월평균 온도 −10.5도, 최고 온도 4.5도, 최저 온도 −27.5도, 강설회수 2회, 강수량 3.9mm, 적산온도 −326.4도, 쾌청일수 8일, 반쾌청일수 20일, 담천일수 3일.

작년의 기상표에 의거하면,

- 제일순(第一旬): 평균 온도 −13.4도, 최고 온도(9일) -0.5도, 최저 온도(4일·5일) -29.0도, 강설회수 2회, 강수량 0.5mm
- 제이순(第二旬): 평균 온도 −15.7도, 최고 온도(12일) -3.0도, 최저 온도(19일) -30.5도, 강설회수 3회, 강수량 6.0mm
- 제삼순(第三旬): 평균 온도 −17.2도, 최고 온도(24일) 2.0도, 최저 온도(23일) -29.0도, 강설회수 2회, 강수량 2.3mm
- 월평균 온도 −15.4도, 최고 온도 2.0도, 최저 온도 −30.5도, 강설회수 7회, 강수량 8.8mm, 적산온도 −462.4도, 쾌청일수 12일, 반쾌청일수 15일, 담천일수 4일.

위의 두 표를 대조하면, 평균 최고·최저 온도에서 본년은 작년보다 훨씬 높고, 강설량에서도 적다. 더욱이 적산온도에서는 136.0도가 높음을 보인다. 담천일수는 큰 차이가 없지만 대체로 작년보다 기온이 높다.

7. 지방 위생 상태 및 환자 시료 상황

본월 간에 전염병으로서 기재할 수 있는 질환은 당 용정촌 부근에서는 전무하여 안전한 상태에 있지만, 신흥평(新興坪) 및 동불사(銅佛寺) 지방에서는 열성(熱性) 유행병이 발생했다는 보고가 있었다. 따라서 각 분견소에 대해서 군의(軍醫)로 하여금 이것을 박멸·예방할 방법에 주의를 더하도록 두었더니, 그 후 만연했다는 보고를 접하였다. 본월 사이 시료(施療)한 신(新) 환자 총수는 360명으로서, 평균 1일의 신 환자 12명과 구 환자를 합하면 매일의 내원자는 항시 20명 이상으로 계산된다. 신 환자를 국적별로 구분하면 다음과 같다. 일본인 47명, 한인 365명, 청국인 48명.

8. 소내(所內) 집무의 상황

소원(所員) 일반의 건강은 능히 엄한(嚴寒)을 참고 바쁜 업무를 견디며 열심히 사무에 종사하고 있다. 본직은 한민 보호의 취지 및 그 수단 등에 대해서는 각원(各員)들에게 항시 훈시하는 바이지만, 이번에 특히 한민과 직접 마주하는 각 분견소 헌병에게 능히 본관의 의도를 철저히 함과 더불어, 직접 각 지방의 상황을 들을 필요에 의해서 본월 12일부터 3일간 각 분견소장을 소집하여 회의를 열었다. 여기서 일장의 훈시를 하였고, 또한 여러 가지의 자문을 받았다(본 회의에 관한 상세한 보고는 추후에 메이지 41년도 개황 보고서 안에 상기하여 제출할 것임).

9. 경찰사고

본월 사이에 취급된 경찰사고는 별표와 같다.

메이지 41년(1908) 12월 1일부터 동년 12월 31일까지

경찰사고표

【사항: 방마(放馬) 보호】 건수 1. [적요] 고삐 풀려 달아난 말[放馬] 1두가 헌병 분대 마구간[廐舍]으로 뛰어 들어 옴에 따라 보호 중인 바, 사주(飼主)를 판명하여 인도함.

【사항: 채무 관계】 건수 7. [적요] 1건은 원고 한인 여자 1명, 피고 한인 남자 1명. 피고에게 설유하여 이행시킴. 1건은 원고 한인 남자 1명, 피고 청국인 남자 1명. 피고에게 설유하여 이행시킴. 1건은 원고 청국인 남자 1명, 피고 일본인 남자 1명. 피고에게 설유하여 이행시킴. 1건은 원고 한인, 피고 일본인. 피고에게 설유하여 이행시킴. 1건은 원고 한인, 피고 일본인. 원고의 주장이 사실에 반하기 때문에 설유한 뒤 시담(示談)시킴. 1건은 원고·피고 모두 한인. 원고·피고에게 설유하여 시담시킴. 1건은 원고·피고 모두 한인. 증거 불충분으로 설유하여 시담시킴.

【사항: 학교 설립 반대】 건수 1. [적요] 반대자는 한인 남자 3명. 설유하여 승복.

【사항: 구타 창상】 건수 2. [적요] 2건 모두 피해자 한인 남자 각 1명, 가해자 한인 남자 각 1명. 쌍방 설유하여 화해시킴.

【사항: 구타 창상 겸 계약 불이행】 건수 1. [적요] 피해자 한인 남자 1명. 가해자에게 설유하여 화해시킴.

【사항: 구타】 건수 2. [적요] 1건은 피해자 한인, 가해자 청국인. 가해자에게 설유함. 1건은 청국 향약 한인 남자 1명. 가해자 수명에게 설유함.

【사항: 부녀 유괴】 건수 1. [적요] 원고·피고 모두 한인. 유괴한 부녀자를 원고에게 반환시키고 피고에게 설유.

【사항: 만취 후 쟁론】 건수 3. [적요] 1건은 쌍방 모두 한인. 설유. 1건은 청국인 남자 3명. 설유. 1건은 청국인 남자 2명. 청국 관헌에게 인도함.

【사항: 통행 방해】 건수 3. [적요] 1건은 한인 남자 1명. 우차(牛車)를 가로에 횡으로 둔 것을 설유하여 끌고 가게 함. 2건은 청국인 남자 3명. 가로에 마차를 횡으로 둔 것을 설유하여 끌고 가게 함.

【사항: 가로에서 방뇨한 자】 건수 2. [적요] 2건 모두 일본인. 설유.

【사항: 도박】 건수 2. [적요] 1건은 한인 남자 4명. 미벌(微罰) 처분에 붙이어 설유. 1건은 한인 남자 2명, 일본인 남자 1명. 회령경찰서로 이첩.

【사항: 병든 소를 타인에게 매각시키려고 한 자】 건수 1. [적요] 한인 3명. 설유하고 자택에서 격리시킴.

【사항: 내란율(內亂律)】 건수 1. [적요] 한인. 취조 중.

【사항: 모인(冒認)】 건수 1. [적요] 원고 한인 여자 1명, 피고 한인 남자 1명. 허위의 고소이므로 원고에게 설유.

【사항: 폐사한 소를 방기한 일】 건수 2. [적요] 1건은 한인 남자 1명. 설유하여 매몰시킴. 1건은 방기자 불명이므로 분대(分隊)에서 소각함.

【사항: 무효 지권(地券)으로 그 대가를 취한 일】 건수 1. [적요] 원고·피고 모두 한인. 피고에게 설유한 뒤 변상시킴.

【사항: 협박】 건수 1. [적요] 원고 한인 남자 1명, 피고 한인 남자 2명. 원고의 주장이 사실에 반하기 때문에 원고에게 설유.

【사항: 불법징세】 건수 1. [적요] 원고 한인 남자 1명, 피고 청국인 남자 1명. 원고의 주장이 허위이므로 설유.

【사항: 불법행위】 건수 1. [적요] 원고 한인 남자 2명·여자 1명. 피고가 청국 관헌이므

로 해당 관헌과 교섭.

【사항: 사장(社長) 사임】 건수 4. [적요] 설유를 받아들여 계속 복무함.

【사항: 습득물】 건수 2. [적요] 1건은 유실자 한인, 습득자 한인. 취조한 뒤 습득한 20전을 반환시킴. 1건은 유실자·습득자 모두 한인. 취조한 뒤 습득한 목재를 반환시킴.

【사항: 사기 미수】 건수 1. [적요] 원고 한인, 피고 청국인. 취조 중.

【사항: 부정 징발】 건수 1. [적요] 원고 한인 수명, 피고 청국 관리 2명. 청국 관헌과 교섭함.

【사항: 물품 약탈】 건수 1. [적요] 원고 한인, 피고 청국인. 청국 관헌과 교섭한 뒤 약탈물을 반환시킴.

【사항: 도우(屠牛) 검사】 건수 17. [적요] 검사 판매 허가.

합계 건수 58건.

35. 간도파출소 관내 일반상황 보고 사본의 송부

- **원문제목** 間島派出所管內一般狀況報告寫本의送付(原案2冊)
- **날짜** 융희 3년(1909) 4월 5일
- **발신** 통감부 부통감 소네 아라스케
- **수신** 내각총리대신 이완용(李完用)

기밀통발(機密統發) 제504호

시노다[篠田] 통감부 임시간도파출소장 대리의 월보(月報), 통파월보(統派月報) 제2호 사본을 별지로 참고하시도록 송부합니다.

메이지 42년(1909) 4월 5일
통감대리 부통감 자작 소네 아라스케
태자소사 내각총리대신 이완용 각하

부(附). 간도파출소 관내 일반상황「월보」

- 날짜: 융희 3년(1909) 3월 10일
- 발신: 간도파출소장 대리 시노다 지사쿠
- 수신: 통감부 부통감 소네 아라스케

통파월보(統派月報) 제2호
월보(2월 1일부터 2월 28일까지)

메이지 42년(1909) 3월 10일
통감부 임시간도파출소장 대리 시노다 지사쿠
통감 대리 부통감 자작 소네 아라스케 귀하

1. 지방 일반의 상황

지방 일반은 평온하다. 종성 헌병의 현덕승(玄德勝) 체포사건 및 용정촌에서의 청한 양국인의 분쟁사건, 혹은 청국 공리(公吏)의 부당징세, 또는 후미진 곳[僻隅]에 있는 청국 지방관헌이 우리의 호구조사를 방해하는 등의 건은 피아(彼我)의 공평한 교섭으로 인해 사단이 빈번하게 일어나지는 않으므로, 한민 일동은 안도하는 상태에 있다.

2. 청국 관헌의 동정

(1) 본월 2일 방판 부양좌(傅良佐)는 봉천을 향해 출발하였는데, 그 용건은 변무공서에서 본년도 예산을 협의하고, 또 작년도의 결산 보고를 하기 위해서라고 함. 서원(署員) 아무개의 말에 의하면, 변무공서에서 작년도 중에 간도 경영을 위해 필요했던 경비는 약 40만 량이라고 함. 부양좌는 3월 중순에 귀서(歸署)할 예정이라 함.

(2) 본월 12일, 소총 180정이 길림에서 국자가 변무공서에 도착하였음.

(3) 청국 관헌에서 국자가 내에 건축 중인 8개의 순경 파출소는 전부 낙성됨. 본월 22일부터 1개 처에 3명씩 순경을 배치하고, 각 소에 1명씩 보초를 세움.

3. 청국 관헌의 불법행위와 부당징세

(1) 용정촌에서의 청·한인 분규의 건: 왕전(往電) 제8·9호로서 기보(旣報)된 바와 같음. 본월 16일 오전 9시 15분경, 청국인 1명이 간도 용정촌 시장 잡화상 한인 임서안(林西安) 집에서 일화(日貨) 70원, 청화(淸貨) 340적(吊) (금액은 피해자의 고소에 의함)을 절취하여 도주한 것을 임서안의 처(妻)가 곧바로 눈치채고, 이를 출타 중인 임서안과 가까운 이웃의 한민에게 고함. 또한 시장에서 보초 중이던 한국 순사 김병옥(金秉玉)에게 고소하였으므로, 동(同) 순사 및 6~7명의 한국인은 그 범인을 수색하여 같은 시장의 청국인 가옥에서 해당 범인을 발견하였음. 따라서 김 순사는 그를 본소(本所)에 인치(引致)시키려 하였는데, 다른 1명의 청국인이 식칼을 휘두르며 그 인치를 방해함. 따라서 김 순사는 그를 뒤에서 껴안고 피해자 및 다른 한국인 등은 청국인을 집밖으로 나가게 하였더니, 범

인은 절취한 돈 가운데 일화 59원을 땅 위에 떨어트림. 한국인은 범인을 착각한 것이 아니었음을 알고 더욱더 그 소행을 미워하여 김 순사의 제지에도 불구하고 그 범인을 구타하였음. 김 순사는 그 구타를 제지하고 범인을 인치시키려 하였는데, 육도구(六道溝) 청국 파판소의 순경 6명과 부근의 청국인 십수 명이 몰려와서 그 인치를 방해하고 범인을 탈취하려고 하여 이에 한바탕 분쟁을 야기시킴. 이때 동소(同所)와 근접한 우리 헌병 숙사에서는 상등병 스가와라 젠스케[管原善助] 1명이 잔류하고 있어 이 분쟁을 듣고 현장으로 급히 달려갔더니, 한국 순사 유동열(劉東烈)도 내회(來會)하여 함께 청국 순경 등이 범인을 탈취하려는 것을 제지하였던바, 순경 1명이 칼을 꺼내들어 당시 집합한 청국인에게 구타하라고 연호하였더니, 약 30명의 청국인 등이 각각 옆에 쌓여 있는 장작을 손에 들고 한국 순사, 우리 헌병 및 한국민에게 덤벼들었음. 이때 유동열 순사는 순경 무진성(武振聲)으로부터 칼등으로 오른쪽 어깨를 구타당하고, 김병옥 순사와 스가와라 상등병은 불의에 청국인으로부터 장작으로 후방에서 등 쪽을 구타당하여 모두 가벼운 정도의 타박상을 입었음. 여기서 순사·헌병 등은 다수의 폭행 청국인을 향해 이들을 체포하려 하였는데, 이 기회를 틈타 순경 등은 범인을 급속히 파판소 안으로 탈취해갔음. 이런 상황을 방관하고 있던 한국인은 청국 순경과 청국인의 폭행에 분개하여 그 수십 명은 손 또는 장작으로 〈청국인과 싸움을 벌였고, 촌각 동안에〉[121] 한국인 박시운(朴時運) 외 6명은 청국인 때문에 가벼운 타박상을 입었으며, 또 청국인 왕유청(王有淸)·진대성(陳大盛)은 한국인 때문에 모두 머리를 구타당해 좌창(挫創)을 입었음. 기타 수명의 청국인은 가벼운 타박상을 입었음. 간도분대에서는 시장에서의 청·한인의 쟁투에 의해 헌병 및 한국 순사가 부상당하였다는 급보를 듣고, 즉시 헌병 군조(軍曹) 다쓰카미 겐스케[立上源助] 외 상등병 8명 및 한국 순사 6명을 현장에 급파시켰고, 헌병 중위 모리카와 토루[森川亨]와 헌병 조장(曹長) 다구마 류키치[田熊柳吉]도 잇따라서 출장하였는데, 헌병 등이 출장하였을 때에는 이미 쟁투는 그치고, 범인은 파판소 안으로 탈취해갔던 뒤였음. 헌병 등이 파판소에 이르자 순경 6~7명(이중 4명이 착검)이 정문에서 경계하며 입문(入門)을 거부함에 따라, 범인의 인도를 요구하였더니 순장(巡長)이 나와서 '만만(漫漫)'이라고 부르

121 국사편찬위원회 편, 『통감부문서』 6권 1. 憲兵隊機密報告(憲機 제508호) 원문에 실린 일부 문장이 『간도안』에서는 빠져있어서 이를 보충하였다.

짓음. 또한 범인이 소내(所內)에 있지 않다고 고하기에 할 수 없이 우리 헌병 등은 잠시 입씨름하며 순장 등과 다투었는데, 순장은 결국 '보라'고 외치며 스스로 안내해서 각 방을 순람시키려 하였음. 따라서 헌병 4명, 한국 순사 3명은 순장을 따라서 각 방을 순람하였지만, 결국 범인을 찾아내지 못함. 다만 파판소에서는 범인 탈취 후 곧바로 동소(同所) 뒷문에서부터 그 범인을 동성용(東盛湧) 방향으로 송치한 형적이 있음. 범인이 파판소에 있지 않다는 것을 일반 한인이 알게 되고, 파판소에서는 도적을 도주시켰다고 하여 크게 격양되어 여러 무리의 한국인이 파판소 내외를 수색하고 있을 바로 그때, 동처(同處)에서 일본어 통역 진탁장(陳琢章)이 자택에서 파판소 뒷문으로 들어왔음. 다수의 한인 등은 진탁장이 범인을 도주시킨 자라고 하여 서로 시끄럽게 떠들며 추적하여 왔으므로, 헌병 상등병 기타지마 하루키치[北島晴吉]가 그를 뒷문 안에서 붙잡아 문답 중이었음. 격양된 한인 등은 우리 헌병이 제지하는 틈을 엿보아 진탁장을 뒷문 밖으로 밀어내고 그를 들이받았기 때문에 진탁장은 토제(土堤) 아래로 굴러 떨어졌는데, 제방 아래에 모여 있던 한국인은 다시 진탁장을 구타하거나 혹은 발로 걷어차는 등 폭행을 가하였음. 이에 따라 기타지마 상등병 외 1명은 이를 제지하고 한민의 폭행을 방제(防制)하면서 진탁장을 파판소 정문으로 연행하였는데, 이때 모리카와 중위는 정문에 있었기 때문에 진탁장을 보호하여 동소(同所) 안으로 들어가게 하였음. 진탁장은 타박상을 입고 있어서 곧바로 일등군의(一等軍醫) 오노 주니치[小野純一]에게 진료시켰던바, 좌측 정강이뼈 하단부 전면에 가벼운 정도의 피하출혈이 있었고, 기타 좌측 어깨뼈 사이, 좌측 갈비뼈, 좌측 허리 및 좌우 허벅지 등 수 삼개 처에서의 통증을 호소했지만, 종창(腫脹)·출혈 등의 가벼운 정도의 타박상을 입고 있었음. 진탁장은 구타당할 때에 2회 각혈(咯血)하였다고 말하지만, 군의(軍醫)의 검안에 의하면 내부에 이상을 인지하지 못했다고 함. 또한 이보다 앞서 파판소장 공재랑(龔才朗)은 우리 헌병과 순사가 파판소 안으로 들어오고, 다수의 한민들이 떠들썩하게 할 즈음에 사태가 쉽지 않겠다고 하여 우리 파출소에 와서 그 진정을 요구하였음. 본건에 대해서 본월 17일 방판대리(幫辦代理) 도빈(陶彬)은 통역과 공재랑 파판소장을 거느리고 교섭을 위해 본소(本所)로 와서, 다수의 헌병이 자신들의 파판소 안으로 침입한 것이 불법이라는 점과 진탁장 통역을 구타한 것은 최초 일본 헌병이라는 점 등 청국 측이 조사한 사실을 말하고, 또한 헌병에 대한 처분을 요구함. 따라서 본소(本所)에서는 헌병이 파판소 안으로 들어간 것은 순장의 유도에 의해 들어간 것이라는 점, 그리고 당시까지의 조사에 의하면 헌병이 구타했다는 사실을 인지하지 못했다는 점을 고하였더니, 결국 도빈은 또다시 조사를 진행하여 정당한 처분이 있기를 바란다고 요구함. 또한 우리 쪽에서는 본 사건이 당초 우리 헌병 및 순사를 구타한 순경과 청국인을 조사하여 상당한 처분이 있기 바란다고 요구한 것이고, 아울러 금회와 같이 분요(紛擾)를 야기한 것은 우리가 청·한국 범인을 동행인치(同行引致)하려고 하면 항상 청국 측에서 폭력으로써 이를 탈취하려고 한 것에 기인한 것이므로, 청국인에 대해서는 일단 취조한 뒤 귀아(貴衙)에게 인도하겠으니 동행인치를 방해하지 않도록 부하에게 훈령이 있게 해달라고 제언하였음. 도빈은 일단 취조라고 하여도 청국의 사법권에 관계하는 것이므로 일이 중대할 뿐 아니라 부양좌(傅良佐) 방판이 부재하여서 분명하게 답하기 어렵다고 답변하였음. 본건에서 진탁장 통역을 구타한 것이 우리 헌병인지 아닌지는 취조하고 있는데, 최초 동인(同人)이 다수의 한인에게 추적당하며 뒷문 안으로 들어 왔을 때, 기타지마 상등병은 진탁장이 범인을 도주시킨 자라고 믿어서 흉부를 옴짝 못하게 한 사실이 있지만, 기타 헌병에게서 진탁장을 구타한 사실을 인지하지 못함.

(2) 호구조사 방해의 건: 본월 12일 걸만동 분견소 헌병 상등병과 한국 순사 1명은 호구조사를 위해 종성간도 합수평(合水坪)으로 가서 조사에 착수하였는데, 학성평(鶴城坪) 수비대장 장운량(張運良)이 와서 당 지방은 본관의 관할구역 내이므로 상사(上司)의 명령이 있지 않으면 호구조사를 실시할 수 없다고 하며 우리의 조사를 방해함. 따라서 헌병은 호구조사의 건은 피아(彼我)의 상사에서 이미 교섭을 마치었으므로 방해받을 이유가 없고, 만일 우리 조사에 이의가 있다면 그 뜻을 상관에게 보고하라고 말했더니, 장운량은 이를 막고 다시 총기를 휴대한 청병 15명과 총기를 휴대하지 않은 청병 약 40명을 지휘하여 길을 막고서 조사를 실시하지 못하게 함. 이에 따라 헌병은 장운량을 향해 그 부당성을 비난하였지만 요령(要領)을 얻지 못하였고, 또 장운량과 동행하여 마파(馬派) 파판소로 가서 소장 성우례(成友禮)와 회견하여 장운량이 호구조사를 방해할 이유가 없다는 점을 비난하였더니, 성우례는 합수평 부근은 장운량의 관할구여서 당 파판소에서 관계할 수 없다고 함. 또한 상사로부터 호구조사에 관해 아직 아무런 명령이 없었다고 말함. 따라서 헌병은 크게 싸워봤자 이익이 없음을 깨닫고, 일단 동지(同地)의 호구조사를 중지하고 귀소(歸所)하였음. 지난달 하순 복사평(伏沙坪) 분견소에서 헌병과 한국 순사 각 1명을 호구조사를 위해 무산간도 숭화사(崇化社) 지방으로 출장보내었던 바,

동사(同社)의 옥석동(玉石洞)에 있는 회의성(會議城) 용병(회의성이란 것은 청국 관헌의 감독하에 청국인으로 조직된 自衛營임) 약 30명이 길지(吉地) 파판소장의 명이라고 하여 호구조사의 중지를 요구하였음. 더구나 청국 향약(鄕約)은 인민들에게 만일 일본 헌병의 호구조사에 응하는 자가 있으면 청국 관헌으로부터 엄벌에 처할 것이라고 하며 위협하였음. 이에 따라 인민들은 우리 조사를 받는 것을 피하여, 우리 헌병·순사는 그 목적을 달성할 수 없었고, 할 수 없이 일단 귀소(歸所)하였음. 위의 건에 관해 복사평 분견소장은 교섭을 위해 파판소장과의 면담을 요구했지만, 동인(同人)은 병을 핑계로 면담을 사절함. 호구조사에 관해서는 상사의 지시를 앙청하기 위해 약 일주일 동안 조사를 유예시켜 줄 것을 요구받음. 본월 8일 사카이노[境野] 소좌가 국자가로 출장갈 때, 도빈(陶彬) 지부(知府)와 회견하여 본건에 관해 교섭했던 바, 도빈은 길지 파판소로부터 아직 아무런 보고를 접하지 못했지만, 장래 방해를 가하지 못하게 엄명하겠다고 답하였음.

(3) 불법 징금(徵金)에 관한 건: 작년 11월 하순경, 무산간도 길지 파판소장은 한국 내지(內地) 주민으로서 간도 땅 안에서 토지를 소유한 자는 간도 땅 안으로 이주하여 경작하지 않을 때에는 토지의 소유를 금지하고, 만일 간도 땅 안에서 거주하지 않고 또 경작하지 않는 자는 토지를 방기한 것으로 간주하여 청국의 관유지(官有地)로 할 것임을 고시함. 아울러 청국이 임명한 향약으로 하여금 고시의 의미를 간도 내지의 토지소유자에게 고지시키게 함. 각 토지소유자는 이 고시를 알고서 커다란 공황이 와서, 혹은 간도 내로 이주할 것을 맹세하거나, 혹은 토지를 방기하기로 결심하거나, 혹은 그 처분 방법을 무산(茂山) 군수에게 호소하는 자가 있음. 그런데 이 고시는 어떠한 이유였는지 12월 8일경 철회되었음. 그리고 토지 1일경(日耕)에 대해 지세(地稅) 외에 다시 2원 45전을 1회 수납시키고, 종전과 같이 간도 땅 안에 거주하지 않아도 그 토지를 소유하고 또 경작하는 것을 인가한다는 뜻을 향약으로 하여금 토지소유자에게 고지시키고 또 징금(徵金)하였음. 또한 청국 관헌에서는 한국 내지에 있는 한인으로서 간도 땅 안에 토지를 소유하고 있는 자에 대해 간도 내의 한민과 똑같이 여러 종류의 부과(賦課)를 하고, 또 징집(徵集)을 행하고 있음. 그리고 그 부과 및 징수 중에는 부당하다고 인정되는 것이 있음. 복사평 분견소에서 무산 군수에게 맡기어 취조한 바에 의하면, 작년 중에 한국 내지 거주자가 청국 관헌으로부터 징수당한 금액 총계는 무산읍(茂山邑)이 82원 이상, 무산군 북면(北面)이 43원 이상이며, 기타로 조[粟]·보리[麥]·기장[黍]·짚[稈]·땔감[薪] 등의 현품 징

수가 다량 있었고, 대가(代價)는 아직 지불받지 못하였다고 함. 본건에 관해 사카이노[境野] 소좌의 무산간도 순시(巡視) 때인 본월 26일, 길지 파판소에 이르러 소장과 회견하고, 간도 땅 안에 거주하고 있지 않으면 토지의 소유를 금지하는 건에 대해 교섭하였던바, "일시 그런 의미의 고시를 내었던 것은 사실이지만, 여러 가지 사정이 있어서 이를 철회하였다. 그러나 그 철회의 조건으로서 금 2원 45전을 수납할 것을 인민에게 명하였던 일은 없다. 만일 명해졌다면 이는 향약 등의 부정행위이기 때문에, 취조한 뒤 그 결과를 복사평 분견소로 통지하겠다"고 답하였음. 또한 간도에 토지를 소유한 한국 내지 거주의 한민에 대한 불법 징금 및 대가 미지불의 건에 대해서도 충분히 취조한 뒤에 이것 또한 그 결과를 복사평 분견소로 통지하겠다고 답하였음. 회령간도 도사장(都社長)의 조사에 의하면, 청국 관헌이 동(同) 간도 6사(社)에서 쌀 · 보리 · 좁쌀 · 닭 · 땔감 등의 대가 및 인부(人夫) · 우차임(牛車賃) 등의 미지불에 속하는 것이 약 한전(韓錢) 1만 9천 133냥(兩)이라고 함.

4. 청국 관헌의 한민에 대한 태도

청국 관헌의 한민에 대한 태도는 날이 갈수록 신중을 더하는 것 같다. 종래 청 · 한인의 분쟁사건 등에서는 언제나 한민에 대해 그 옳고 그름을 논하지 않고 압박을 가해 온 것이 사실이지만, 근래는 이것들에 대해서 다소 공평한 취급을 하기에 이르렀다. 그 사례로서 볼 수 있는 것은 다음과 같다.

(1) 본월 3일, 두도구(頭道溝) 중촌(中村)에 사는 한인 채관묵(蔡官默)이란 자가 용건이 있어 청인 곽봉해(郭鳳海) 집에 갔는데, 그 집의 고용인인 청인 호청원(胡淸元)이란 자가 채관묵의 모자를 땅 위로 내던지고 발로 밟아 찢어 놓음. 따라서 채관묵은 크게 그 행위에 분개하여 격투를 벌였는데, 현장에 있던 청 · 한인의 중재로 무사히 귀가하였음. 그런데 그 후 호청원은 도끼를 들고 채관묵의 집으로 가서, 본건을 일 · 한 관헌에게 고소하는 것과 같은 일이 있으면 이 도끼로 살해할 것이라고 강박하였고, 이를 이웃 한인들이 달래어 귀가시켰음. 본건은 채관묵에 의해 두도구의 우리 헌병분견소로 고소됨에 따라, 분견소장이 동(同) 파판소와 교섭한 결과, 호청원은 태형(笞刑) 50대에 처해졌고, 또 모자

의 손해배상으로서 금 1원을 채관묵에게 지불하게 함.

(2) 무산간도 산계사(山溪社) 사초동(莎草洞)에 거주하는 박윤희(朴允熙)는 동지(同地)의 청인 주경삼(朱京三)으로부터 재작년 6월경 보리[大麥] 7승(升)을 빌리어 그대로 다른 곳에 가서 금회에 귀촌하였는데, 주경삼 외 2명의 청국인이 박윤희를 구타하여 창상(創傷)을 입히고, 또 피복을 파기하였음. 동경대(東京台) 우리 헌병분견소에서는 위 가해자 청인 3명을 인치하여 취조한 뒤, 동지의 순방대(巡防隊)로 인도하고 범인의 처분을 요구하였더니, 동대(同隊)에서는 취조 뒤, 본월 10일 주경삼을 태형 50대, 그 밖의 2명의 청국인도 각각 태형을 가하였음. 또한 피복 배상으로서 3명으로부터 6원을 피해자에게 지급하게 함.

5. 현덕승(玄德勝) 체포에 관한 건

위 사건에 관해서는 왕전(往電) 제10호 및 통파밀(統派密) 제4호로 보고했던 것과 같은데, 청국 관헌은 그 후 앙갚음으로 우리 도사장(都社長)·사장(社長)을 포박하겠다고 공언한 자가 있었다. 그들에게 적지 않은 공포심을 일으키게 하려 했지만, 우리로부터 이와 같은 거동이 나올 것이란 무분별함을 충고해 두었더니, 그 후로 아무런 이상함을 보지 못했다. 또한 헌병대에서 검사장(檢事長)에게 제출했던 현덕승의 범죄조서(犯罪調書) 중 중대한 사실은 다음과 같은데, 한국 형법 제200조 제8항 기타에 해당한다.

(1) 청국 총향약(總鄕約) 현덕승[종성간도 광종사(光宗社) 적와평촌(赤瓦坪村) 거주 31세]은 늘 청국 관헌에게 아부하고, 그 직권을 남용하여 민재(民財)를 늑탈하며, 동포인 한민을 능학(凌虐)하는 등 한민에게 사갈시(蛇蝎視)되고 있는 자임. 한민은 현덕승의 비행을 미워하여 그를 관(官)에 고소하려고도 했지만, 후난(後難)이 두려워 침묵하고 있기 때문에 그는 점점 더 횡포가 심해졌고, 한민은 한을 품으며 그 압박에 굴종하고 있음. 또한 현덕승은 언제나 청·한인을 사주하여 우리 파출소의 시설에 유해한 행동을 하고 있는 자임,

(2) 현덕승은 재작년인 메이지 40년(1907), 전권강(田券講: 地券을 고치는 일)을 칭하며 한민에게 부당한 금전을 강징(强徵)한 일이 있음. 동년 12월 히라타[平田] 헌병 소위를 종성간도로 파견하여 사실 취조를 한 뒤, 현덕승을 간도분대로 동행시키려고 하였더니, 청국 관헌이 병력으로써 그 동행을 방해하고 현덕승을 옹호해서 마침내 동행의 목적을 달성할 수 없었음. 결국 청국 관헌에게 엄중히 처벌하고, 또 총향약을 면직시킬 것을 조

건으로 하여 현덕승을 방환(放還)한 사실이 있음. 이후 현덕승은 다소의 반성을 하였다지만, 청국 관헌에서는 처벌하지 않았고, 또 면직되지도 않았기 때문에 현덕승의 횡포는 그치지 않았고, 인민들의 원성은 끊이지 않았음. 그리고 우리 헌병이 그를 체포한 것은 헛되이 청국 관헌과의 분쟁을 야기한 것에 지나지 않았고, 그를 한국 내지에서 체포한다고 하여 끊임없이 주의하고 있음에도, 현덕승은 경계를 더해서 용이하게 도강(渡江)하였음. 꾸물거리며 그 목적을 달성할 수 없게 되었기 때문에, 종성수비대 및 동지(同地)의 헌병분견소에서 그 체포 방법을 의뢰해 두었다고 함.

(3) 한력(韓曆) 광무(光武) 10년(1906) 7월(메이지 39년 8월)경 현덕승은 청국 총향약이 되기 위하여 화룡욕(和龍峪) 청관(淸官) 장조기(張兆猉)에게 한화(韓貨) 8천 4백 냥의 뇌물을 바치었음. 그리고 위 8천 4백 냥 중 900냥은 종성간도 제청사(霽晴社)에서, 360냥은 제하사(霽霞社)에서, 684냥은 월랑사(月朗社)에서 징수함. 또한 800냥은 종성(鍾城) 사는 이보철(李輔喆)에게서 차입하였음. 각 사(社)에서 징수하는 방법은 '전권강(田劵講)'이라 칭하는 지권(地劵)을 조사한다고 하여 인민으로부터 지권을 제출하게 하고, 토지 1일경(日耕)에 한화 6냥[122]을 가져오지 않으면 지권을 빼앗겠다고 강박(强迫)하여 각 사의 향약으로 하여금 집금(集金)시켰던 것임. 월랑사에서 그 집금에 응하지 않은 자 6명이 있었는데, 현덕승은 동행시킨 패두(牌頭) 김양용(金陽龍)에게 명하여 그 6명을 동사(同社) 향약 조화룡(曹化龍) 집에 감금시키었음. 피감자 중에 박양능(朴陽能)이란 자가 그 고통을 참지 못하고 나와 간신히 동사(同社)의 할부액(割賦額)을 조달하여 현덕승에게 송부하니 6명이 함께 방금(放禁)되어 짐. 다만 이때 패두 김양용은 다시 6명을 감금하고 구타를 가해서 강제로 50냥을 출금시킨 사실이 있지만, 현덕승은 위는 패두가 한 일로서 자기가 한 일이 아니라고 함. 그리고 출금된 금액은 현덕승으로부터 각 출금자에게 반환시켰고, 패두는 해고시켰다고 진술됨.

(4) 광무 10년(1906) 12월 27일(메이지 40년 1월)경 종성간도 광종사(光宗社) 하천평(下泉坪)에 사는 청국 임명의 향약 김명극(金明極)이 향약의 연급(年給)으로서 사내(社內) 각 호에 좁쌀[粟] 2두, 청관(淸官)의 접대비용으로서 좁쌀 1두씩을 징수하는 것으로 하였더

---

122 『간도안』에는 600냥으로 되어 있으나, 국사편찬위원회 편, 『통감부문서』 6권 1. 憲兵隊機密報告(憲機 제507호) 원문에는 6냥으로 기록되어 있어 이를 수정함.

니, 동지(同地)에 사는 이명우(李明雨)가 청관의 접대비를 지출하는 것을 거부하며 그 징수에 응하지 않았음. 이에 현덕승은 이명우를 제박(制縛)하여 자택으로 연행해서, 새끼손가락만한 크기의 채찍으로 이명우를 십수 회 구타하고, 또 그를 이웃집인 최도헌(崔道憲)의 집에 감금하였음. 다만 하천평의 한민 등이 현덕승에게 이명우의 석방을 애원함으로써 현덕승은 이명우를 1일간 감금한 후 석방시킴.

(5) 한력 융희(隆熙) 원년(1907) 및 동(同) 2년(1908) 중, 종성간도 광제욕(光霽峪) 주둔 청병의 교대 즈음에 화물 운반을 위해 우차(牛車) 97량을 사역하였는데, 청국 관헌에서는 위의 우차임(牛車賃)에 대한 금액을 지불하지 않아서 합계 한화(韓貨) 1천 9백 40냥이 부족하다고 하며, 이것을 종성간도 10사(社)에 분부(分賦)하여 징수함. 다만 위에 대해서는 청국 관헌에게서 운반임으로서 우차 1량당 1적(吊)의 비율로 지불받았지만, 그 부족액은 인민으로부터 징수하라는 명을 받아 징수하였다고 변명함.

(6) 융희 2년(1908) 2월경, 청국 관헌으로부터 종성간도 6개 도선장(渡船場)의 도선영업권과 종성간도 고도(古島)의 경작권을 매득함. 도선업자에게 총계 한화 4천 1백 10냥, 고도 소작인에게 총계 7천 8백 냥을 징수함. 그중 9천 6백 냥을 대납자(大拉子) 청국 관헌에 납부하고, 2천 3백 10냥은 자기의 소득으로 하였음.

(7) 융희 원년(1907) 7월경, 소송 때문에 종성간도 사장 7명과 함께 국자가 관헌에게 갔었는데, 그 왕복 여비와 체재비용으로 10사(社) 한민에게 한화 8백 냥을 징수하였음. 이상과 같이 현덕승은 단지 불법의 징수를 한 것뿐만 아니라 청국 관헌에게 아부하여 도선권과 경작권을 얻고, 동(同) 관헌과 인민 사이에 있으면서 앉아서 사리(私利)를 영위하였음. 자연히 도선임과 경작료 등이 싸지 않게 되는 등 인민은 그 가렴(苛斂)에 견디지 못해서 일반적으로 현덕승을 질시하고 있었음.

(8) 현덕승은 메이지 40년(1907) 11월 중순, 통감부 파출소원과 헌병이 근일 간도를 철수할 것이라고 하여, 현재 사용하는 가옥을 매각 중이라는 근거 없는 헛소문을 퍼트려 한국민에게 의혹을 품게 하고, 우리 시정에 유해한 행동을 한 사실이 있음. 청국 관헌의 뜻을 돌리기 위해서 광종사(光宗社) 상천평(上泉坪) 양생학당(養生學堂)의 한인 생도들에게 변발과 청국 복장을 강제하여 생도 약 40명에게 변발을 시켰던 사실이 있음.[123] 또한

---

123 청 정부는 간도파출소가 보통학교를 설립하는 등의 수단으로 한인 교육기관을 장악하고 권한을 확대하

종성간도 한민으로서 일진회원(一進會員)인 자는 체포하겠다는 뜻의 고시를 내었고, 그 것을 강박하였던 사실이 있음. 위에 대하여 현덕승은 통감부에 대해 유해한 헛소문을 퍼트린 사실이 없고, 양생학당 생도들을 변발시킨 것은 자신이 아니라 학당장인 이동춘(李同春)이라고 변명함. 일진회원이 된 자는 체포하겠다는 뜻의 고시를 내었던 것은 사실이지만, 방판 오록정의 명이었다고 변명함.

(9) 기타 올해(1908) 9월 16일 종성간도 하천평에서 청병의 폭동이 일어나 한국 내부(內部) 주사 송의식(宋義植)이 중상을, 우리 헌병 및 한국 순사가 경상을 입었음. 또한 도사장 이의영(李義英)과 사장 김희열(金希烈)을 포박했던 사건과 같이 완전히 현덕승이 해당 청병을 지도하였던 것은 공연한 사실로서 현재 증거 수집 중임.

6. 지방 위생 상태

1월 하순부터 무산간도의 일부에서 마마[痘疾][124]가 발생하여 본월 중순 환자가 50여 명에 달하였다. 따라서 두묘(痘苗)[125]를 송부하여 분견소원은 무산분원(茂山分院)에서 우두를 접종[種痘]시켰고, 아울러 토인용(土人用) 두묘도 송부해 두었다. 두도구(頭道溝) 관내에서도 다소의 환자가 발생되었다고 하는데, 아직 확실한 보고가 없다. 당 소재지 부근에서는 유행병 · 전염병의 발생을 확인하였다.

는 것에 맞서, 한인 자녀들이 청인과 동등한 교육을 받을 수 있다고 규정하고, 치발역복(薙髮易服)한 한인들이 설립한 민족학교에 대한 지원을 실시하였다. 1908년 3월 오록정은 이동춘이 1907년 3월에 화룡욕에 설립한 양생[양정]학당을 관립학당으로 승격시키고 교사 증축비와 운영경비를 보조하여 주었다. 청 정부의 이러한 조치는 후에 간민교육회(墾民教育會)가 설립되어 청 정부의 승인 하에 활동을 전개할 수 있는 원인의 하나로 되었다.

124 급성 전염병의 하나로 천연두(天然痘) · 마마(媽媽)라고도 한다. 열이 몹시 오르고 온몸에 붉은 구슬이 나타나며 심하면 콩알만큼씩 곪아서 얽은 자국이 생긴다. 역신(疫神) 또는 두신(痘神)이라고도 하며 포창(疱瘡), 두질(痘疾), 시두(時痘), 역질(疫疾)로도 불렸다.

125 천연두를 예방하기 위하여 우두를 놓는 데 원료가 되는 약이다. 제너가 맨 처음에 사용한 것은 우두였으나, 현재는 두창(痘瘡) 환자에서 소 등(等)에 이식(移植)해서 얻은 병독물(病毒物)로, 약화된 두창 바이러스의 부유액(浮游液)을 쓴다.

7. 본월 간의 기상 개황

- 제일순(第一旬): 평균 온도 −9.9도, 최고 온도(1일) 4.0도, 최저 온도(6일) -22.0도, 강수 횟수 2회, 강수량 0.6mm
- 제이순(第二旬): 평균 온도 −10.1도, 최고 온도(14일) 2.0도, 최저 온도(18일) -20.3도, 강수 횟수 3회, 강수량 4.3mm
- 제삼순(第三旬): 평균 온도 −9.8도, 최고 온도(28일) 4.0도, 최저 온도(23일) -20.4도, 강수 횟수 1회, 강수량 0.4mm
- 월평균 온도 −9.9도, 최고 온도(1일 · 28일) 4.0도, 최저 온도(6일) -22.0도, 강수 횟수 6회, 강수량 5.3mm, 적산온도 −279.4도, 쾌청일수 4일, 담천일수 3일

작년 본월의 기상표에 의하면

- 제일순(第一旬): 평균 온도 −14.7도, 최고 온도(1일) -4.5도, 최저 온도(4일) -26.5도, 강수 횟수 0, 강수량 0
- 제이순(第二旬): 평균 온도 −11.1도, 최고 온도(20일) 3.0도, 최저 온도(11일) -25.5도, 강수 횟수 0, 강수량 0
- 제삼순(第三旬): 평균 온도 −6.7도, 최고 온도(28일) 4.0도, 최저 온도(24일) -22.5도, 강수 횟수 2회, 강수량 1.8mm
- 월평균 온도 −10.8도, 최고 온도(28일) 4.0도, 최저 온도(4일) -26.5도, 강수 횟수 2회, 강수량 1.8mm, 적산온도 −325.8도, 쾌청일수 19일, 담천일수 2일

위의 표와 대조하면, 본년은 작년에 비해 적산온도와 최고 온도에서 상당히 높은 것이 보인다. 최고 온도는 큰 차이가 없지만 여전히 제일순에서는 크게 온청(溫晴)하고, 강수 횟수 및 그 양에서는 작년보다 많다.

8. 소원(所員)의 동정

소장 사이토 스에지로[齋藤季治郎], 기사(技師) 핫타 기치헤이[八田吉平], 속(屬) 나이토

마사오[內藤正雄]는 상경(上京)을 명받았고, 촉탁 곤도 신이치[近藤信一]는 귀성(歸省)을 청원한 것이 허가되어, 모두 본월 9일 경성(京城) 출발의 보고가 있었다. 내부(內部) 고원 하기야 다메치카[萩屋爲親]는 본부 부임을 명받아 본월 14일 당지를 출발하였다. 내부 주사 이구민(李求敏)은 병환 중이었는데 본월 23일 사망하였다.

9. 경찰사고

본월 사이에 취급된 경찰사고는

별표와 같다.

메이지 42년(1909) 2월 중 경찰사고표

간도헌병분대

◎ 구분: 한국 형법 위반

【사항: 내란율(內亂律)】 건수 1. [적요] 1건은 피고 한인 남자 1명. 함흥지방재판소로 송치.

【사항: 절도】 건수 4. [적요] 1건은 피해자 일본인 남자 1명, 피고 한인 여자 1명. 가벼운 죄이므로 방견(放遣). 3건은 원·피고 모두 한인 남자 각 1명. 종성재판소지부로 송치.

【사항: 전채(錢債) 위반】 건수 1. [적요] 피고 모두 한인 남자 각 1명. 피고는 회령 헌병 분견소의 보조원이었으므로 1건 서류는 동소(同所)로 회송함.

◎ 구분: 일본 징병령(徵兵令) 위반

【사항: 이유 없이 신체검사를 받지 않은 일】 건수 1. [적요] 피고 일본인 남자 1명. 청진 이사청(淸津理事廳)으로 송치.

◎ 구분: 검증(檢證)

【사항: 화재】 건수 3. [적요] 1건은 한인 가옥 1채. 간도 분견대에서 검증. 1건은 일본인 가옥 1채. 위와 같음. 1건은 청국인 가옥 1채로서 일본인에게서 차가(借家)한 집. 국자가 분견소에서 검증.

◎ 구분: 청국 관헌과의 교섭

【사항: 범인을 불법으로 빼앗은 일】 건수 1. [적요] 원고 한인 남자 1명, 피고 청국인 남자 1명. 청국 관헌과 교섭.

【사항: 채무를 모두 마쳤지만 또 채무가 있다고 강하게 청구한 일】 건수 1. [적요] 원고 한인 남자 1명, 피고 청국인 남자 1명. 청국 관헌과 교섭.

【사항: 폭행】 건수 1. [적요] 피해자 일본인 남자 1명, 피고 청국인 남자 4명. 청국 관헌과 교섭.

◎ 구분: 설유(說諭)

【사항: 소작인의 수확한 전부를 빼앗은 일】 건수 1. [적요] 원고 한인 남자 1명, 피고 청국인 남자 1명. 피고를 설유하여 반환시킴.

【사항: 채무관계】 건수 6. [적요] 5건은 원·피고 모두 한인 남자 각 1명. 쌍방 설유하여 시담(示談)시킴. 1건은 원·피고 모두 일본인 남자 각 1명. 위와 같음.

【사항: 쟁투(爭鬪)한 일】 건수 3. [적요] 1건은 원고 한인 남자 3명, 피고 청국인 남자 3명. 설유함. 1건은 원고 한인 남자 1명, 피고 청국인 남자 1명. 위와 같음. 1건은 원·피고 모두 한인 남자 각 1명. 위와 같음.

【사항: 학교 설립에 반대한 일】 건수 1. [적요] 피고 한인 남자 1명. 설유.

【사항: 역우(疫牛) 전염에 관한 손해배상의 건】 건수 1. [적요] 원고 한인 남자 1명, 피고 한인 남자 2명. 피고에게 설유하여 시담시킴.

【사항: 역우(疫牛)의 고기를 판매한 일】 건수 1. [적요] 피고 한인 남자 1명. 설유.

【사항: 인부임(人夫賃)을 지불하지 않은 일】 건수 1. [적요] 원고 한인 남자 1명, 피고 일본인 남자 1명. 설유한 뒤 지불시킴.

【사항: 이혼한 처를 강제로 복귀시키려 한 일】 건수 1. [적요] 원·피고 모두 한인 남자 각 1명. 피고에게 설유.

【사항: 역사(疫死)한 소를 투기(投棄)한 일】 건수 1. [적요] 한인 남자 1명. 설유한 뒤 소각시킴.

【사항: 물품대금을 지불하지 않은 일】 건수 1. [적요] 원·피고 모두 한인 남자 1명. 피고에게 설유하여 대금을 지불케 함.

【사항: 타인 전지(田地)의 세금 불납을 틈타 범인(犯人)의 전지를 빼앗으려고 한 일】 건수 1. [적요] 원 · 피고 모두 한인 남자 각 1명. 피고에게 설유.

【사항: 약값을 부당하게 청구한 일】 건수 1. [적요] 원 · 피고 모두 한인 남자 각 1명. 피고에게 설유.

【사항: 폭행】 건수 1. [적요] 원 · 피고 모두 한인 남자 각 2명. 쌍방에게 설유.

【사항: 결혼을 강요한 일】 건수 1. [적요] 원 · 피고 모두 한인 남자 1명. 원고에게 설유.

【사항: 쟁론】 건수 1. [적요] 원 · 피고 모두 한인 남자 각 1명. 쌍방 설유.

【사항: 간통한 일】 건수 1. [적요] 원고 한인 남자, 피고 한인 여자. 피고에게 설유.

【사항: 타인의 우차(牛車)를 빼앗은 일】 건수 1. [적요] 원고 한인 남자 3명, 피고 청국인 남자 3명. 피고에게 설유하여 우차를 반환케 함.

【사항: 허가 없이 요리업을 영업한 일】 건수 2. [적요] 1건은 일본인 남자 1명, 동(同) 여자 3명. 설유. 1건은 일본인 여자 2명. 설유.

【사항: 음주를 강청한 일】 건수 1. [적요] 원 · 피고 모두 한인 남자 각 1명. 피고에게 설유.

【사항: 도박】 건수 2. [적요] 1건은 일본인 남자 4명. 가벼운 죄로 풀어줌. 1건은 한인 남자 4명. 가벼운 죄여서 설유하고 풀어줌.

【사항: 무단 외출하여 귀가를 거부한 일】 건수 1. [적요] 한인 여자 1명. 설유하고 귀가시킴.

【사항: 소[牛] 매매대금을 지불하지 않은 일】 건수 2. [적요] 원고 한인 남자 1명, 피고 청국인 남자 1명. 피고에게 설유하여 지불시킴.

◎ 구분: 구호(救護)

【사항: 정신병에 걸린 일】 건수 1. [적요] 일본인 여자 1명. 원적지(原籍地)로 송환.

◎ 구분: 도난

【사항: 도난을 당한 일】 건수 2. [적요] 2건 모두 피해자 일본인 남자 각 1명.

합계 48건.

36. 간도 관내 일반상황 보고 사본의 송부

- **원문제목** 間島管內一般狀況報告寫本의送付(原案2冊)
- **날짜** 융희 3년(1909) 4월 17일
- **발신** 통감부 부통감 소네 아라스케
- **수신** 내각총리대신 이완용(李完用)

기밀통발(機密統發) 제614호

시노다[篠田] 간도파출소장 대리의 월보(月報), 통파월보(統派月報) 제1호 사본을 별지로 참고하시도록 송부합니다.

메이지 42년(1909) 4월 17일
통감대리 부통감 자작 소네 아라스케
태자소사 내각총리대신 이완용 각하

[추신] 별지 말엽의 경찰사고별 표는 3월분 월보를 송부할 때 첨부하여 보내겠습니다.

부(附). 간도 관내 일반상황「월보」

- 날짜: 융희 3년(1909) 2월 9일
- 발신: 간도파출소장 대리 시노다 지사쿠
- 수신: 통감공작 이토 히로부미

통파월보(統派月報) 제1호

메이지 42년(1909) 2월 9일

통감부 임시간도파출소장 대리 시노다 지사쿠
통감공작 이토 히로부미 귀하

월보(1월 1일부터 1월 31일까지)

1. 지방 일반의 상황

본월 사이 지방 일반은 평온하여 지난달에서의 상황과 큰 차이가 없다. 여는 때처럼 2~3건의 청국 관리의 불법행위와 소수 폭도의 왕래는 모두 관계 지방의 인심에 다소의 불안을 품게 하지만 간도 전반의 치안에는 현격한 영향을 미치지 않는다.

2. 청국 관헌의 시행 및 군대의 이동

(1) 본월 3일 이후, 종성간도 광제욕(光霽峪) 병영에서 병졸 3명, 헌병 1명을 광종사(光宗社) 암동(岩洞: 종성 대안 하천평 북쪽 약 1리 반)으로 파견시킴.

(2) 작년 12월 말, 양수천자(凉水泉子) 순경국에서 종성간도 마파(馬派) 합수평(合水坪: 걸만동 동북쪽 약 4리)에 순경분국(巡警分局)을 설치하고, 순장(巡長) 1명과 순경 8명을 파견하였음.

(3) 작년 12월 31일, 종성간도 제청사(霽晴社) 부서평(富瑞坪: 하천평에서 북쪽 약 2리 반 거리)에 보대(步隊) 상등병 이하 10명을 파견하였음. 이상의 각 항에 대해 오쿠무라[奧村] 헌병 대위로 하여금 본월 12일 변무공서에 위 파견의 이유를 규명토록 하였더니, 부양좌(傅良佐) 방판은 두만강 결빙으로 인해 한국 내지(內地)에서 폭도가 침입하는 것을 경계하기 위해서 일시 배치한 것이라 하였고, 해빙 이후에는 곧바로 철수할 것이라고 답변하였음.

(4) 본월 19일, 길림에서 순방마대(巡防馬隊) 20명을 호위하여 길림 관첩(官帖) 20만 적(吊)을 변무공서로 송부하여 왔음.

(5) 본월 20일, 길림에서 보병 12명이 호위하며 마차 8량으로 탄약기(탄약을 삽입하는 혁대) 30상자, 소총 82정, 소형 삽[圓匙] 32정, 천막 및 기타 여러 기구 약간을 적재하고,

길림에서 국자가를 거쳐 훈춘으로 향함.

3. 청국 관공리(官公吏)의 불법행위 및 부당징세

(1) 1월 1일, 문루구사(門樓溝社) 한인 이봉손(李鳳孫: 14세), 동(同) 김성남(金成男: 15세) 2명은 동불사(銅佛寺)의 우리 헌병분견소에 신년축하[年賀]를 하러 왔다가 돌아가는 길에 동불사 서쪽 끝에서 2명의 청병과 조우함. 어디에 갔었냐고 묻기에 일본헌병분견소에 갔다고 답했더니, 청병은 시비를 말하지 않고 돌연 이봉손·김성남 2명을 구타하였음. 우리 분견소의 잡역부인 한인 임봉순(林鳳順)이 이를 알고 피해자를 구조하기 위해 현장으로 달려갔더니, 그 청병들은 길가에 있는 몽둥이로 임봉순을 구타하고, 또 급보를 듣고 현장에 임한 한국 순사도 2명의 청병에게 구타당했음. 한국 순사는 그 청병과 싸우며 끝까지 피해자의 보호에 힘썼으나, 부근 민가에 모여 있던 다수의 청병이 나와서 2명의 청병과 가세하게 됨. 이때 분견소장 호리우치[堀內] 특무조장은 헌병 3명을 거느리고 현장에 출장하였는데, 청병 등은 이를 알고 모두 민가로 달아났음. 따라서 호리우치 분견소장은 폭행 청병을 취조하려고 하였더니, 동지(同地) 경찰국장이 달려와서 온편(穩便)한 처분을 요구함. 한편 폭행병은 동지의 주둔병으로서 통령(統領) 부덕(富德)의 부하였는데, 부덕은 마적(馬賊) 토벌을 위해 출장하여 부재중이라며 귀환을 기다려 조치시키겠다고 간청함에 따라, 호리우치 분견소장은 부덕의 귀환 후 회견할 것을 약속하고 철수하였음. 본월 18일 부덕 통령이 귀환함에 따라, 분견소장은 그와 회견을 요구하며 항의를 표시하였더니, 부덕은 병졸 폭행의 건은 잔류하였던 부하로부터 보고를 받았기 때문에 오늘 아침에 이미 태형 40대에 처하였다고 답하였음. 따라서 분견소장은 이것이 사실인지 아닌지를 다시 탐정하였던바, 부덕의 말이 틀리지 않았기에 본 사건을 종료하였음. 본건에 대해서는 부덕의 귀환 전, 한편으로 오쿠무라 대위로 하여금 부양좌 방판에게 항의를 표시하게 하였던바, 부양좌는 종래 누누이 훈시를 내리어 병사들의 폭행을 계칙하여 두었고, 금회의 폭행은 부덕의 귀환을 기다려 그 취조를 명하였으니 엄중하게 처분될 것이라고 답하였음.

(2) 본월 4일 회령간도 충화사(忠化社) 대동(大洞)에서 한민 등이 사냥을 나가 암사슴[牝鹿] 1마리를 몰아내며 막 포획하려고 할 때, 대동에 주둔하는 청국 순경분국의 순경

등이 이를 포획하여 마음대로 처분하였음. 한민 등은 그 행위에 분개하여 해당 사슴의 가죽·머리·뼈·꼬리 및 잉태하고 있다면 그 태아까지도 반환하라고 분국에 요구하였더니, 분국에서는 사슴의 고기는 이미 부근 촌민에게 분여하였고, 다른 것들은 방기하여서 현물을 반환할 수 없으므로 그 대가로 사냥꾼에게 청화(淸貨) 1적(吊)을 부여하겠으며, 만일 태아를 발견하면 반환하겠다고 설유(說諭)했지만, 한민 등은 여기에 따르지 않음. 대동 촌장 외 3명으로부터 우적동 우리 헌병분견소에 해당 분국의 조치가 부당하다고 하여 고소하러 왔기 때문에, 본월 10일 히라타[平田] 헌병 중위는 사기동 파판소장 대리 백(白) 헌병장과 교섭하였음. 백(白)은 본건에 대해 사실 취조를 위해 대동에 출장하여 한민의 신고를 듣고서, 이미 잃어버린 사슴 고기와 태아에 대해서는 상당하는 대가를 지불하고, 사슴의 가죽은 반환시키는 것으로 설유했지만, 한민 등은 태아의 반환을 요구하지 않는다면 다른 것들은 필요하지 않다고 하며 완강하게 설유에 따르지 않았기 때문에 일단 귀소(歸所)하였다고 답하였음. 따라서 중위는 태아는 고가(高價)이기 때문에 한민이 이것의 반환을 독촉하는 것이므로 상당한 대가를 지불해서 한민의 임의 승낙을 받도록 해야 한다고 경고하였음. 그러나 대동 순경분국장은 본건에 관계하는 전여덕(全汝德)·김운일(金雲逸)·전제성(全濟成) 3인을 소환하여, 해당 건에 대해서 백(白) 파판소장 대리에게 본 사실을 신고한 것은 무례한 일이라고 하고서, 전여덕의 양쪽 종아리에 태형 60대를 가하고, 김운일은 소년, 전제성은 노인이기 때문에 면제한다고 하여 귀가시키었음. 위 분국장의 불법행위에 대해서는 다시 김운일·전제성 두 사람으로부터 우적동 분견소에 고소하여 온 것이 있기 때문에, 히라타 중위는 사기동 파판소장을 대동하고 대동으로 출장하여 사실의 조사를 하였더니, 전여덕(33세)은 좌우 허벅지에 질병으로 휴업하고 있었음. 우측 다리는 5주일, 좌측 다리는 2주일이 필요한 중상을 입어 몸져누우며 신음하고 있었음. 따라서 중위는 분국장에게 그 불법을 질책하였더니, 국장은 청국에서는 사냥꾼이 짐승을 쫓았지만 아직 확실하게 포획하지 못한 사이에는 누군가가 그것을 얻었으면 마음대로 하는데, 한인 등은 자국의 관습만을 중요시해 아직 획득하지 못한 사이에 우리 순경이 이것을 총살했다는 것을 부당하다고 하고 그 환부(還附)를 요구하기를 그치지 않기 때문에 저들을 구타한 것이라고 답하였음. 따라서 중위는 여러 가지 국장의 행위가 불법인 점과 책임을 면할 수 없다는 점을 알리고 귀소(歸所)하였음. 본건에 대해 1월 28일 오쿠무라 대위로 하여금 부양좌 방판과 교섭하게 하였던바, 부양좌는 사기동 파판소장의 보고에 따라 사금 가축과 기타 현물의 전부를 한민에게 반환시키고, 또한 대동 분국장을 면직시키며, 파판소장을 엄칙(嚴飭)하겠다고 답하였음.

(3) 본월 1일, 용지사(龍池社) 장동(獐洞)에 사는 청국 임명의 촌장 곽광의(郭廣義) 외 3명은 동사(同社) 내의 한민으로부터 연지(烟地) 1일경(一日耕)에 대해 청화(淸貨) 1적(吊) 70문(文)씩을 징수하였다고 함. 신흥평(新興坪) 분견소에서 위 3명을 소환하여 징수의 이유를 밝혀내었더니, 동성용상호공의회(東盛湧商戶公議會)의 비용으로서 동회(同會)에서 공사에 소비하고, 그 약간은 청국 관헌으로부터 지불을 받았지만, 아직 부족액 청화 5천 750적 820문이 있기 때문에 청국 관헌의 인가를 받아 징수한 것이라고 주장하였음. 그리고 그 공비(公費)의 종별을 취조하였더니 다음과 같음. 청화 716적 90문은 진소상(陳昭常) 전임(轉任) 때의 여비, 250적은 측도기사 조(趙) 모에게 기증한 기(旗)와 장대[竿]의 비용, 69적 630문은 청국 관리의 동성용(東盛湧)에서의 숙박료, 36적은 범죄사건에 필요한 제비용, 360적은 보초를 설치할 당시의 차가료(借家料), 4천 100적은 공의회(公議會)의 제 비용, 219적은 공의회 잡비, 합계 청화 5천 750적 820문임. 신흥평 분견소에서는 위 징수금은 공의회라는 명목 아래에 촌장 등이 불법으로 징수한 것이라고 인식하고, 청국 관헌과 교섭한 상에 있지 않다면 징수하는 것을 허락하지 않는다고 설유하였더니, 곽광의 등은 징수를 중지하고 일단 청국 관헌에게 보고하겠다고 하고 귀가하였음.

(4) 본월 15일, 동성용 민세분국(民稅分局) 서기 마충기(馬忠起) 외 2명은 용지사(龍池社) 금동(金洞)에서 우마매매세(牛馬買賣稅)로서 새로 매입하거나 또는 교환하는 우마(牛馬)에 대해, 그 대가 100냥에 대해 500문의 비율로 세금을 징수하였음. 위에 대하여 신흥평 헌병분견소에서는 과연 정당한 징세였느냐 아니냐를 위 3명을 동행하여 취체(取締)하였더니, 광서(光緖) 34년(1908) 5월 7일(메이지 41년 6월 5일) 국자가지부(局子街知府) 도빈(陶彬)이 발의한 「우마 매매에 대한 징세」라고 기재된 고시문을 휴대하였을 뿐이고, 그 징세리(徵稅吏)라는 자격 및 징수금의 비율 등이 판명되지 않았기 때문에, 이것들의 진상이 확인되지 않으면 징수금을 허락할 수 없다고 하고 당일까지 징수된 금액을 인민에게 환부할 것을 요구하였음. 이에 대해 마충기는 이미 징수된 금액은 국자가로 송부를 마치어서 소지한 것이 없다고 주장함. 이에 다시 당일 징수된 금액의 반환을 요구하였더니, 이것을 승낙하여 청화(淸貨) 43냥 30문을 제출하였기에, 우리가 임명한 촌장을 소환하여 이것을 각 출금자에게 반환시키었더니, 마충기는 다시 도빈 지부의 명을 받아 오겠

다고 하고 귀환하였음. 이상 2건은 변무공서에서 사실을 조사하고, 만일 불법 징수의 사실이 있다면 엄중하게 처분하겠다고 답함.

4. 청국 관헌에서 우리 호구조사(戶口調査)를 방해한 건

왕전(往電) 제5호로써 보고된 것과 같다. 작년 말부터 각지 헌병분견소에 명하여 한인에 대한 제2회 호구조사를 실시하도록 하였는데, 청국 관헌에서는 이 호구조사를 청국의 행정에 간섭하여 현상을 깨트리는 것이라고 우리 조사를 방해하였다. 그렇지만 그 방해의 방법은 매우 온편(穩便)하여서 사단을 야기하는 것과 같은 것은 아니다. 본월 사이 각지에서 발생한 호구조사에 관한 분쟁을 열거하면 다음과 같다.

(1) 본월 4일, 우적동 헌병분견소의 헌병 1명은 한국 순사 1명과 함께 사기동에서 한인의 호구조사를 하고 있었는데, 동지(同地)의 파판소장이 헌병·순경·통역을 이끌고 와서 부양좌 방판의 명이라고 하며 호구조사의 중지를 요구하였음. 따라서 상등병은 호구조사는 상관의 명에 의해 행하는 것이므로 요구에 응하기 어렵다고 하며 이를 거절했더니, 파판소장은 같은 날 우적동 분견소에서 히라타[平田] 중위을 방문하여, "일본 헌병의 호구조사는 청국의 행정을 무시하는 행위이고, 한민은 이것 때문에 위구심(危懼心)을 품고 있으니 중지해 달라"고 진술하였음. 따라서 중위는 호구조사는 한민 보호 상 필요하다는 사유를 말하고, 한민은 결코 위구심을 품고 있지 않다고 답변하였던바, 파판소장은 결국 상사(上司)에 보고하여 어떤 지휘를 기다릴 것이고, 그때까지는 조사의 방해를 하지 않겠다고 답하고 귀소(歸所)하였음.

(2) 본월 23일, 동성용사(東盛湧社) 서흥촌(瑞興村)에서 헌병 상등병 2명, 한국 순사 1명이 호구조사를 실시하던 중, 동성용가 순변(巡弁) 및 병졸 4명이 국자가 변무공서의 명이라고 하여 그 중지를 요구함. 또한 장전된 권총을 들고 한민을 쫓아 해산시켜, 우리 조사에 응하지 못하도록 하였음. 본건에 대해 이튿날 24일 모리카와[森川] 헌병 중위를 동촌(同村)에 출장시켜 순변 이하에 대해 그 방해의 이유가 없는 점을 설시(說示)하게 하였더니, 순변 등은 서흥촌장(瑞興村長)이 호구조사를 행하고, 다른 마을은 상관으로부터 어떤 명령이 있기까지 3일 간 그 조사를 중지시켜 달라고 요구하였지만 중위는 이

를 거절하고 조사를 속행시키었음. 본건 호구조사의 건에 대해서는 6월 6일 육도구(六道溝) 파판소장 공재랑(龔才朗)이 방판의 대리로서 본소에 내방하여, 호구조사가 필요하다면 수첩에 필기하는 것에 그치고, 문패를 거는 것은 금지시켜 달라고 요구함에 따라, 우리들로서는 문패를 거는 것은 당분간 보류하기로 하고 승낙하였음. 그런데 본월 11일 도빈(陶彬) 지부(知府)가 또 방판의 대리로서 내방하여 호구조사의 이유를 질문한 것에 대해, 금회의 호구조사는 재작년 호구조사 실시 후 그 이동을 조사하는 것으로서, 한민 보호의 일단으로 하여 필요한 것이고, 청국 행정과 아무런 관계가 없으며, 또 현상 유지를 파괴하는 것이 아니라는 뜻을 설명함. 그렇지만 그 후 여전히 각지에서 방해가 빈출함에 따라, 본월 28일 다시 오쿠무라[奧村] 헌병 대위에게 명하여 부양좌 방판에게 항의하도록 하였던바, 방판은 "귀소(貴所)에서의 호구조사의 건은 당국에게 보고하여 청훈(請訓) 중에 있는데 근일 중 답전이 있을 것이다. 그리고 호구조사를 방해한 것에 대해서는 명령한 것이 없다. 이와 같이 작은 사건에서 서로 충돌하는 것은 피해야 할 것인데, 각 파판소에 명하여 방해하지 말도록 하겠다"라고 답하였음.

5. 한국민의 상황

종래 청국 관공리의 압박을 두려워하여 무조건 굴욕을 감수해 왔던 한민도 우리 파출소의 설치 이후 크게 그 보호를 신뢰하며, 또한 옛날과 같이 청국 관헌의 불법행위를 감수하지 않는다. 근래에 이르러 점차 자기의 권리를 자각하고, 서로 단결하여 청국 관리의 폭려(暴戾)에 반항하는 기세를 보인다. 본월 간에 발생한 2~3건의 사례를 열거하면 다음과 같다.

(1) 두도구(頭道溝)의 청국 세무서 청어(淸語) 통역인 한인 나창화(羅昌和: 31세)는 청국 관헌의 위세를 믿고 항상 청국 관리에게 아부하며 그 폭려를 방조하고 한민을 괴롭힌 일이 한두 번이 아니었는데, 한민은 후일의 복수를 두려워하여 이것을 공표하지 못하고 한을 삼키며 침묵하고 있던 바였음. 결국 1월 19일 평강사(平崗社) 내의 촌민 약 60명이 단결하여 나창화를 포박하고, 그 죄상을 갖추어 우리 파출소로 인치하여 왔음. 본건은 취조 결과, 나창화가 청국 관리에게 아부하여 그 불법행위를 방조하고, 한민을 협박·침해

하고 있었던 사실이 판명되었기 때문에, 본월 29일 함흥지방재판소로 송치하였음.

(2) 종성간도 개태사(開泰社) 호천포(湖川浦)의 촌장(파출소 임명) 김홍석(金弘錫) 등은 청국 도향약(都鄕約) 현덕승(玄德勝) 이하 향약 이화관(李化官) 등이 부정 징금(徵金)을 사민(社民)에게 부과한 것에 분개하여, 1월 24일 사민 200여 명이 단결해서 회경가(懷慶街) 청국 파판소로 몰려들어 도향약 이하의 불법을 힐문하고 그 처벌을 요구하였음. 그리고 만일 동(同) 파판소에서 상당하는 처벌을 집행하지 않을 때는 국자가의 상급 관아에 소송하여 끝까지 그 목적을 수행할 것이라고 압박하였음. 그러나 이날은 동(同) 파판소장이 부재하였기 때문에 소원(所員)으로부터 다음 날인 25일에 출두하라는 설유를 듣고 철수하게 됨. 다음 날 25일 한민 약 70명이 약속대로 파판소로 몰려갔지만, 마찬가지로 소장은 부재중이었기 때문에 일동은 이튿날인 26일을 약속하고 사고 없이 철수함. 26일 총원 약 160~170명의 한민이 동(同) 파판소로 몰려들었고, 그중 총대 4명이 소내(所內)에 들어가 도향약 이하의 불법행위를 고소하였음. 이에 소장은 문밖으로 나와 문 앞에서 모여 있던 인민에게 도향약 등의 종래에 있어서의 불법행위는 취조한 뒤에 상당하는 조치를 할 것이지만, 우선 자신부터 청화 50냥을 주겠으니 해산하라고 설유하였으나 한민 등은 따르지 않음. 개태사의 인민 일반은 "겨우 50냥의 돈을 받는 것과 같이 된다면, 겨울날 3일을 소비해서 당 파판소를 번거롭게 할 필요가 없다. 종래에 납부한 여러 세금에 대해서도 규정 이외에 부과를 하였고, 또 매년 근거해야 할 표준 없이 결국 도향약 이하의 사복을 채우는 것에 불과한 것이었다면 그 과반의 징수금은 반환하고, 또 현하(現下)에 있어서의 불법징세도 금지시켜야 한다. 만일 적당한 처분이 없을 시에는 국자가 관헌에게 갈 것이다"고 하며 쉽게 해산할 모양이 아니었기 때문에, 파판소장은 다시 총대 4인과 회견을 하였고, 일반 인민은 일몰(日沒)에 이르러 임의 해산하였음. 당일 파판소장은 총대 4인에게 다음과 같이 말하며 향약 등의 처분을 예고하였음. "종래 파판소의 조치는 합당하지 않기 때문에 금일(今日)과 같은 실수를 낳았다. 이후 충분히 취체(取締)를 하겠다. 향약 이화관이 종래에 부정하게 징수한 금액은 청화 2천 냥 이상에 달한다. 지금 이것을 본인에게 반환시키는 것은 어려운 일에 속한다. 따라서 상당하는 벌금을 부과시켰다. 또한 이화관은 곧바로 면직시키는 것이 당연한데, 또한 상사에게 보고하고 상사의 의견에 따라 처벌할 것이다"라고 하였음. 그리고 우선 다음과 같이 조치시킴. ① 지금 향약 이화관이 징수하고 있는 불법 징금을 금함. ② 이화관을 벌금 청화 50냥

에 처함. 다만 향약 이화관에 대해서만 처분함. 도향약 현덕승에 대해서 처분을 가하지 않는 것은 종래 불법징세·징금에 대해서 이화관에게 일절의 책임을 지우는 것에 따른 것임. 한민은 총대 등의 보고로 이상의 제 조건을 수용하고 본건을 낙착시켰음.

(3) 회령간도 인화사(仁化社)의 두민(頭民)이 발기함. 회령간도 6사(社)의 사장·두민 등 20명이 사기동에서 집회하여 작년 12월 30일부터 본년 1월 2일에 걸쳐 민회(民會)를 개최하였음. 이 민회 개최에서 주의할 것은 청국 관헌 및 공리(公吏)의 부당한 징금에 응하지 않을 것과 종래 청국 관헌의 부당한 지불에 대한 부족액의 보전에 대해 협의하여 결국 다음과 같이 결의하였다는 것임. ① 각 사에서 청국이 임명한 향약에 대해서, 최근 부당하게 징수된 태가전(駄價錢)·고시전(告示錢)·점인전(點印錢)·도소곡(都所穀) 등의 반환을 요구할 것. ② 장래에는 불법인 징금·징세에 응하지 않을 것. ③ 종래의 '민배(民排)'를 폐지함. 또한 청국 관헌의 지불 부족액에 대해서는 각 사에서 각기 별도로 동(同) 관헌에게 청구할 것.

6. 폭도의 상황

지난달 하순 무산군에서 두만강을 건너 무산간도로 침입한 폭도는 선화사(宣化社) 강장동(康庄洞)에서 청병에게 무기를 압수당하고 여러 방면으로 궤산(潰散)하였음. 이 중 32명은 본월 초 무산간도에서 도주하여 간도 내부로 침입하였고, 약 26명은 여러 조(組)로 갈라져 두도구(頭道溝) 서남 방면에서 국자가 동북쪽 백초구(百草溝)로 나왔으며, 6명은 평강상리사(平崗上里社) 지방을 배회하고 있던 것을 두도구 분견소에서 본월 24일 그 4명을 체포하여, 30일 함흥지방재판소로 송치하였음. 이들 폭도의 자백에 의하면, 일행은 도합 52명으로서 폭도 수괴는 방덕형(方德亨)의 부하임. 음력 11월 19일 연추(煙秋)를 출발하여 훈춘 부근에서 간도로 들어왔고, 국자가 북부에서 동불사 서부에 걸친 산속을 통과하여, 무산간도에서 무산군으로 들어가 동군(同郡)에서 일본 헌병과 충돌하였고, 다시 무산간도로 도주한 다음에 삼삼오오 연추 지방으로 복귀하기 위해 간도 내부로 들어온 것이라고 함. 그 목적으로 하는 바는 무산·삼수(三水) 지방으로 가서, 동(同) 지방에서의 폭도와 합동하여 무산군 삼사목재소(三社木材所)를 습격하여 무기를 탈취하고, 동(同) 지방의 인심을 선동하여 다시 남진하는 계획이었다고 함. 또한 별도로 본월 9일, 걸만동 분견소에서 작년 10월 이후 간도 동북부 방면을 배회한 30여 명의 부하를 지휘하고 있던 폭도의 수괴 오상원(吳相元: 64세)을 체포하였음. 오상원은 작년 음력 5월 중순부터 이범윤(李範允)의 부하로 들어가 군사(軍師)로 추대되어, 6월경 약 200명의 폭도를 경원으로 진출시킴. 또한 7월경에는 약 100명의 폭도를 종성군으로 진출시켰다는 것임. 그 후 연추 지방 및 온성간도 백초구(百草溝) 지방에서 폭도의 모집에 진력하고 있었다는 것임(往電 제4호로써 이미 보고를 마침). 오상원의 체포 이후, 부하들은 여러 방면으로 흩어져서, 간도 동북부의 치안 유지에 다대한 효과를 이루었음.

7. 지방 위생 상황

전염병 · 유행병으로서 특기할 만한 병증은 당 용정촌 부근에서는 확인되지 않는다. 지난달 신흥평과 동불사 부근에서 발생된 전염병도 점차 감소되어, 현재 신흥평 부근에서 2명의 환자가 있다. 본월 사이 시료받은 환자 총수는 282명으로 전월에 비해 감소되었다. 신환자(新患者)를 국적별로 나누면 다음과 같다.

- 일본인 37명
- 한인 203명
- 청국인 42명
- 합계 282명

8. 월간의 기상 개황

- 제일순(第一旬): 평균 온도 －13.2도, 최고 온도(2일) 2.2도, 최저 온도(9 · 10일) -25.0도, 강수 횟수 0회, 강수량 0mm
- 제이순(第二旬): 평균 온도 －18.9도, 최고 온도(13일) -10.5도, 최저 온도(16일) -32.5도, 강수 횟수 1회, 강수량 5.6mm
- 제삼순(第三旬): 평균 온도 －14.1도, 최고 온도(24일) -0.5도, 최저 온도(21일) -31.0도, 강수 횟수 1회, 강수량 0.06mm

- 월평균 온도 －15.4도, 최고 온도(2일) 2.2도, 최저 온도(16일) -32.5도, 강수 횟수 2회, 강수량 5.66mm,
- 적산온도 －476.4도, 쾌청일수 13일, 반쾌청일수 15일, 담천일수 3일

작년 본월의 기상표에 의거하면,
- 제일순(第一旬): 평균 온도 －16.9도, 최고 온도(4일) -4.8도, 최저 온도(7일) -31.5도, 강수 횟수 0회, 강수량 0mm
- 제이순(第二旬): 평균 온도 －16.2도, 최고 온도(13일) -2.5도, 최저 온도(17일) -31.5도, 강수 횟수 5회, 강수량 0.8mm
- 제삼순(第三旬): 평균 온도 －16.7도, 최고 온도(31일) -4.0도, 최저 온도(7·17일) -31.5도, 강수 횟수 8회, 강수량 3.2mm
- 적산온도 －515.4도, 쾌청일수 15일, 반쾌청일수 13일, 담천일수 4일

위 두 표를 대조하면, 적산온도·평균 온도에서 본년은 훨씬 작년보다 높고, 강설회수도 역시 적다. 최저 온도에서 4도 7분이 높은 것이 보이고, 쾌청·담천일수는 거의 큰 차이를 알지 못하겠지만, 본년은 제이순에서 크게 작년보다 한랭하다. 요컨대 그 대체에 있어서 본년은 작년보다 기온이 높다. 그렇지만 각 순(旬)에서의 온도 변화는 작년보다 크다.

9. 소원(所員)의 동정

본월 10일, 각 분견소에 배속된 한국 내부(內部) 주사(主事)를 소집하여 각 지방의 상황을 들었다. 따라서 소장 대리로부터 집무의 주의사항[心得]에 대한 훈시가 있었고, 또한 회계주임으로부터 회계 사무에 대해 지시하는 바가 있었다. 소장 사이토 스에지로는 출경(出京)을 명받아, 속(屬) 나이토 마사오[內藤正雄]를 데리고 본월 11일 당지를 출발하였다. 기사 핫타 기치헤이[八田吉平]는 수원권업모범농장에 출장을 명받아, 촉탁 곤도 신이치[近藤信一]를 데리고 본월 20일 당지를 출발하였다.

10. 경찰사고

본월 간 취급된 경찰사고는 별표와 같다.[126]

이상 보고드립니다.

126 경찰사고표(警察事故表)는 884호 공문(公文)으로 5월 24일에 추송(追送)되어 왔음.

37. 간도 관내 일반상황 「월보」 사본의 송부

- **원문제목** 間島管內一般狀況月報寫本의送付(原案2冊)
- **날짜** 융희 3년(1909) 4월 22일
- **발신** 통감부 부통감 소네 아라스케
- **수신** 내각총리대신 이완용(李完用)

기밀통발(機密統發) 제654호

시노다[篠田] 통감부 임시간도파출소장 대리의 월보(月報), 통파월보(統派月報) 제3호 사본을 별지로 송부합니다.

메이지 42년(1909) 4월 22일
통감대리 부통감 자작 소네 아라스케
태자소사 내각총리대신 이완용 각하

부(附). 간도 관내 일반상황 「월보」

- 날짜: 융희 3년(1909) 4월 8일
- 발신: 간도파출소장 대리 시노다 지사쿠
- 수신: 통감부 부통감 소네 아라스케

통파월보(統派月報) 제3호
월보(3월 1일부터 3월 31일까지)

메이지 42년(1909) 4월 8일
통감부 임시간도파출소장 대리 시노다 지사쿠
통감대리 부통감 자작 소네 아라스케 귀하

1. 지방 일반의 상황

월간 지방 일반은 대체로 평온하여서 한민은 모두 안도하는 상태에 있다.

2. 청국 관헌의 시설

(1) 청국 관헌에서는 금회 식염(食鹽)을 관영전매(官營專賣)로 하여, 국자가 동단에 연길관영총점(延吉官營總店)이란 것을 설치하고, 장개우(張介祐)란 자를 위원으로 하여 불하를 하고 있음. 위의 염 전매법을 청국 관헌에서 실시하는 것에 있어서 한민은 그것으로 인해 몹시 손해를 입고 있고, 또 이 법의 시행은 현상 유지의 약속에 반하는 것이기 때문에 이를 취소해야 함. 만일 취소하지 않는다면 한민은 이런 명령을 준수할 의무가 없다는 뜻으로써 도빈(陶彬) 지부(知府)와 교섭해야 했으므로, 구스노[楠野] 사무관을 국자가로 보내었음. 교섭의 요령은 왕전(往電) 제16호로 보고됨.

(2) 종래 국자가에 개설되어 있던 변무순경학당(邊務巡警學堂)은 이를 폐쇄하고, 금회 다시 같은 곳에 순경연습소(巡警練習所)를 설치함.

3. 청국 관헌의 불법행위와 부당 징수

(1) 우리가 임명한 사장(社長)을 인치(引致)한 건: 본월 15일, 화룡사(和龍社) 사장 채명오(蔡明伍)와 장남 채동준(蔡東俊) 두 사람을 태납자(太拉子) 관헌으로 소환시킨 다음, 국자가 연길청으로 인치시키었음. 인치시킨 이유는 〈다음과 같음.〉 작년 9월경, 화룡사 대유전동(大楡田洞) 손(孫) 아무개 집에 1명의 폭도가 와서 여비를 대여해 줄 것을 요구하고, 그 대가로 유전동 산중의 모 지점에 총기 1정을 은닉해 두고 있으니, 그것을 건네주겠다고 말함. 이에 따라 손 아무개는 공포에 떤 나머지 약간의 돈을 폭도에게 주고 물러나게 한 후, 그 지점을 수색하여 총기 1정을 얻어 가지고 돌아가 이를 간직해 두었음. 그 후 손 아무개와 대유전동의 청년 수 명은 그 총을 휴대하고 유전동 산중에 거주하는 한인 아무개 집에 가서, 자신들을 폭도라고 칭하고, 가인(家人)을 협박하여 돼지 1마리를 탈취하였음. 이튿날 아침에 피해자가 대유전동 청년 등의 소행이란 것을 깨닫게 되자,

결국 청년 등으로부터 돼지값으로 한화(韓貨) 20냥을 피해자에게 지불케 하여 시담(示談)한 사실이 있음. 화룡사 사장 채명오의 장남 채동준은 위 사실을 탐지하고, 손 아무개와 청년 등을 불러 모아 그 불법행위를 꾸짖고서 폭도로서 통감부 파출소에 고소하겠다고 협박하고, 이 사건에서 사용된 총기와 한화(韓貨) 100냥을 내놓게 해서 이를 수령하였음. 그런데 전부터 채명오 대신에 사장의 직을 얻고 싶어 했던 동사(同社) 장재촌(藏財村)의 한인 박순언(朴順彥)이 청국 관헌에게 채명오 부자가 몰래 총기를 은닉하고 있다고 밀고함에 따라서, 마침내 인치되기에 이른 것이라고 함. 본건에 대해서는 국자가 분견소장 오쿠무라[奧村] 대위에게 명하여, 도빈 지부와 회견해서 속히 채명오 사장의 방환을 요구하게 하였음. 또한 대유전동 청년 등과 채동준의 부정행위에 대해서는 아직 정사(精査) 중임.

(2) 물자 징발에 관한 건: 본월 사이 회령간도 사기동(砂器洞) 수비대에서 태화사(泰和社) 한민으로부터 징수한 물자에 대해, 청국 관헌의 지불 금액과 시가(時價)를 대조하니 다음의 표와 같음.

- 땔나무[薪]: 수량 322속(束), 시가 한화(韓貨) 1백냥 62문, 매상액(買上額) 33냥 60문, 시가에 대한 부족액 67냥 2문
- 조[粟]: 수량 한승(韓升) 7두(斗), 시가 한화 10냥 50문, 매상액 8냥 40문, 시가에 대한 부족액 2냥 10문
- 팥[小豆]: 수량 한승 5두, 시가 한화 6냥, 매상액 6냥, 시가에 대한 부족액 없음
- 콩[大豆]: 수량 한승 6두, 시가 한화 3냥 97문, 매상액 2냥 17문, 시가에 대한 부족액 1냥 80문,
- 합계: 시가 121냥 9문, 매상액 50냥 17문, 시가에 대한 부족액 70냥 92문

본표 외에 본년 2월 중 사기동 파판소에서 평화사(平化社)·태화사(泰和社)로부터 징수한 물자에 대해서는 아직 대가(代價)의 지불을 하지 않았고, 또 본월 23일 동(同) 파판소에서 인화사(仁化社)로부터 부당하게 우차(牛車) 6량을 징발·사역시키려고 했던 것을 동(同) 사장이 우적동 분견소로 고소함에 따라, 교섭의 결과로 우차의 징발을 중지시키고 중국 마차를 사용하게 함. 이들과 같은 물자의 강징(强徵), 대금의 미지급에 대해 본월

17일 오쿠무라 헌병 대위로 하여금 도빈 지부와 교섭토록 하였더니, 장래는 시가로써 구매시킬 것을 언명하고, 과거에서의 미불금은 관계 관리의 교대, 증거 서류의 인멸 등에 의해 조사가 곤란하다는 뜻을 진술함에 따라, 오쿠무라 대위는 장래에 관한 희망을 말하고 귀환하였음.

(3) 호구조사 방해의 건: 2월 21일 이후 걸만동 헌병분견소에서 온성간도 화련동(花連洞)·우자구(虞子溝)·복심자(福心子) 지방 한민의 호구조사를 실시하였는데, 동월(同月) 27일 복심자에서 한 한인이 우리 조사를 받는 것을 기피하는 자가 있기에 헌병은 그 잘못된 생각을 타일렀더니, 청국 순경 4명이 와서 "전에 합수평(合水坪) 지방에서 우리 상관은 너희 헌병의 호구조사를 거절한 일이 있었으니, 이 지방에서도 조사를 할 필요가 없다"라고 하며, 혹은 한인을 위협하고, 혹은 손을 흔들어 우리 조사를 방해하였음. 따라서 헌병은 "호구조사의 건은 이미 피아(彼我) 상관들 사이에서 교섭을 마치어 방해를 받을 이유가 없다"라고 하며 그 방해를 배제한 채 강하게 조사를 수행하고, 같은 날 밤 복심자에서 숙박하였음. 이튿날인 28일, 청병 약 20명이 와서 전날과 같이 우리 조사를 방해함에 따라, 우리 헌병은 합수평 순경국장을 동행하여 마파(馬派) 파판소장과 회견하고 교섭하였더니, 호구조사의 건에 대해서는 "귀 분견소와 교섭 중이니 잠시 보류시켜라"라고 요구함에 따라, 동(同) 상등병은 그 요구를 수용하고 일단 귀소(歸所)하였음. 본건에 대해 도빈은 "일본 헌병의 한민에 대한 호구조사는 금지시키라는 순무(巡撫)로부터의 명령이 도달하였기 때문에, 공연히 이 조사에 편의를 제공할 수가 없고, 또 이것을 승인할 수가 없다. 그렇지만 완력에 호소하는 데까지 방해할 의지는 없으므로 지방 관리·병원(兵員)으로 하여금 이 조사에 깊이 관계하지 않도록 조처하겠다"라고 말하였음.

4. 고간도(古間島)의 경작에 관한 분규의 건

종성간도의 고도(古島)는 광종사(光宗社) 적와평(赤瓦坪)에 사는 청국 향약 현덕승(玄德勝)이란 자가 청국 관헌에게 세금을 납부하여 경작권을 얻고, 다시 소작료를 징수하여 종성 한민에게 경작시킨 사례가 있다. 본년 2월 중, 현덕승은 범죄로 인해 종성 헌병분견소에 체포되었고, 현재 함흥에서 구속 중이기 때문에, 청국 관헌에서 본년은 고간도를 종성 한민에게 경작시키지 않고, 간도 내의 거주민에게 경작시키려 한다는 풍설이 일어나서 종성 한민은 적지 않게 공황을 겪고 있다. 또한 본년 초, 대랍자(大拉子) 경력청(經歷廳)으로부터 통역 청국인 유전충(劉全忠)을 종성간도로 파견하였는데, 유전충은 일서(一書)를 관계된 종성의 한민에게 주고, "본년에도 고도를 경작하려는지 안 하려는지, 경작하려고 한다면 협의할 요건이 있으니 적와평촌까지 와주기 바라고, 만일 대답이 없다면 간도 지역 내의 한민에게 경작시키게 할 수밖에 없다. 또한 협의하지 않고 그대로 방임한다면 경작하려 하지 않는 것으로 양지하겠다"고 하는 의미를 통지하였다. 종성의 한민은 적와평으로 가서 유전충과 회견하려고 하였지만, 지난번 현덕승이 종성에서 체포되었던 예가 있었기 때문에, 어쩌면 그것과 반대로 청관에게 간도 안에서 체포될 수도 있다는 것을 염려하여 적와평으로 가지 않고, 거듭하여 한민 김광석(金光錫) 외 6명이 연서(連署)해서 경작에 관한 소장(訴狀)을 하천평 헌병분견소로 제출하였다. 그 대강의 요지는 다음과 같다. "고도는 30년 전 종성군민들이 한국의 강토로 인정하고 개간하였지만, 10여 년을 청관(淸官)에게 빼앗기었고, 이후 '연지세(烟地稅)'라고 하여 1년에 한화(韓貨) 700냥을 청국 관헌에게 납부하고 경작을 허가받고 있었다. 그 후 5년, 즉 광무(光武) 5년(1901)에는 고도의 '연지세'가 한화 7천 냥의 납부를 필요로 하였기 때문에, 당시 종성에 거주하는 신학염(申學廉)이란 자가 1인으로서 고도 전부의 토지를 청국 관헌에게 매득하는 것으로 하였더니, 종성경무서(鍾城警務署)에서 근무하는 총순(總巡) 송의식(宋義植)이 1인의 매득은 불리하다고 하여 청국과 교섭한 결과, '연지세'를 한화 3천 5백 냥으로 감하고, 여전히 종성의 한민 일동에게 경작시키는 것으로 되었다. 그 후 광무 10년(1906)에 이르러 '연지세'는 한화 7천 2백 냥으로 등귀하였고, 작년은 다시 한화 7천 8백 냥으로 등귀하였다. 최초 고도를 개간했던 당시는 경지 면적이 약 80여 결(結: 1결은 한국의 10日耕)이었지만, 수류(水流)의 변천에 따라 토지가 붕해(崩解)하여 현재는 40여 결의 면적일 뿐만 아니라, 그 안에 사원용(寺院用) 토지 3결 반이 있기 때문에, 종성 한민의 경작면적은 겨우 36결 반(약 13정보)에 불과하다. 위와 같이 토지의 면적 감소에도 불구하고 '연지세'가 고등(高騰)하는 것은 불법이다. 특히 본년은 경작을 금지한다는 말이 있다. 경작을 할 수가 없다면 종성 한민은 일반의 생활에 곤란하기 때문에, 종래와 같이 경작하고 세금은 무세(無稅)로 하든가, 아니면 한화 3천 5백 냥의 세액으로 복구하는 식으로 청국 관헌과 교섭하고 있다"라고 운운하였다. 본건이 만일 정말로 경작을 금지하는 것과 같이 된다면, 종성의 한민은 생활의 도(道)를 잃을 뿐만 아니라, 광무 8년(1904) 청한 교계관(交界官)이 협정한 선후장정(善後章程) 제8조에도 "고도는 종성 한민에게 경작시킨다"는 뜻의 협약이 있었기 때문에, 본월 16일 구스노[楠野] 사무관을 국자가로 파견하여 방판대리 도빈과 교섭하게 하였다. 이에 대해서 도빈은 "종성 인민으로부터 새로운 사정이 제기되지 않는 한에서는 대랍자 관헌에서 경작을 금지하는 명령을 내릴 이유가 없다. 또한 '연지세'의 고등에 대해서는 사실을 잘 취조하라"라고 말하였다. 따라서 위의 요령을 종성 한민에게 전달하였더니, 한민은 크게 안도하고 있다.

5. 한민의 상황

종래 청국 관민의 난폭한 압학(壓虐)에 대해서 절대복종의 상태에 있던 한민도 우리의 보호가 확실하게 보급됨에 따라, 구태에 안주하지 않고 점차 저들의 포학(暴虐)에 반항하고 권리의 주장에 힘쓰는 기세를 보였다. 그 일례를 들자면, 3월 5일 평강상리사(平崗上里社) 삼도구(三道溝) 토자산자(兔子山子) 부근의 한민 약 50명이 단결하여 두도구(頭道溝) 파판소로 가서 청병의 불법행위에 대해 고소한 바가 있었다. 그 요지는 다음과 같다. 삼도구 지방 주둔의 청병과 무산간도 주둔의 청병이 서로 왕래하는 연도(沿道)에 당하여, 종래 청병으로부터 우차(牛車)·인부(人夫) 및 기타의 징발을 받는 일이 많았는데, 청병은 그때마다 임은(賃銀)을 지불하지 않고, 이에 더하여 만일 명령에 따르지 않으면 사정의 여하에 관계없이 홀연히 폭행을 가함에 따라, 인민은 일반적으로 곤란을 겪고 있다. 따라서 종래의 징발물에 대해서는 상당하는 대가를 지불하고, 금 후에는 엄중히 단속해 달라고 운운한 것이다. 파판소장은 일일이 그 진정을 청취하고, 그 소송한 바가 과연 사실이라고 하면 크게 동정을 표한다고 말하였다. 그리고 만일 청병에게서 진정한 것과 같은 비행이 있었다면 그 요구에 응할 것임을 약속하였다. 더욱이 연도에서는 함부로 징발을 허락지 않겠다는 뜻의 고시(告示)를 낼 것이라고 답함에 따라 한민은 이의 없이 일동 귀촌하였다.

3월 8일, 동경대(東京台) 순방소장은 부하 병사를 파견하여 무산간도 산계사(山溪社) 하광포(下廣浦) 촌장 김영기(金永基) 외 1명을 인치하였다. 그 이유는 동촌(同村) 매호(每戶)에 대하여 땔감 실을 우차(牛車) 1대씩을 납부하라는 명령이 있었는데, 촌민이 이에 응하지 않았기 때문이라고 한다. 같은 날 하광포 촌민 약 30명은 소장의 조치에 분개하며 순방소(巡防所)로 몰려가서, 김 촌장 인치가 불법인 점과 땔감의 납부에는 상당하는 대가를 지불해야 한다는 점에 대해 교섭하였더니, 소장은 그들과 회견하고 다음의 건을 약속하였다.

① 김 촌장 외 1명에 대해서는 부하에게 명하여 임의동행을 요구하도록 한 것이지만, 만일 공력을 사용하여 인치하였다고 하면 부하를 계칙(戒飭)하겠다는 것.

② 땔감은 상당하는 시가로서 매수하겠다는 것.

위에 대해 촌민 일동은 만족하고 철수하였다. 또한 한국 내지에 있는 한민은 우리 파출소의 보호가 확실하다는 것을 문지(聞知)하고, 또 때가 점차 경작기에 가까워진 것에 따라 근래 간도 내로 이주하는 자가 매우 많다. 시험 삼아 본월 6일부터 12일에 이르는 1주일간, 이들 한민이 회령 방면에서 들어오는 자만을 우적동에서 조사한 것이 다음과 같다.

- 남자 97명, 여자 101명, 합계 198명

위는 대개 경성(鏡城)·명천(明川)·길주(吉州)·부령(富寧) 부근의 사람이다. 그리고 이주자는 지금 역시 계속되고 있다. 그 경로는 함경북도 지방 사람은 두만강을 넘어서 간도로 들어오고, 함경남도 지방의 사람은 원산에서 웅기만(雄基灣)으로 상륙하는 사람들이 많다고 한다. 따라서 각 방면의 이주자를 종합하면 매우 다수에 오를 것이라고 한다.

6. 지방 위생 상태

지방 토인(土人) 사이에서 유행성 감기가 발생하고 있지만, 경과가 양호하여 다수를 범하는 데에 이르지 않고, 현재 안전한 상태에 있다. 본월 초순을 기하여 용정촌에 춘계 청결법을 실시하였다. 위생위원은 전 촌을 순시하며 검사를 행하였다. 월간 자혜병원에서 치료받은 새로운 환자 총계는 495명으로서, 전 월에 비해 140명이 증가하였다. 새로운 환자를 국적으로 구별하면 다음과 같다.

- 일본인 57명, 한인 356명, 청국인 82명

7. 본월 간 기상 개황

- 상순(上旬): 평균 온도 －4.3도, 최고 온도(10일) 8.5도, 최저 온도(1·4·8일) -15.0도, 강우 횟수 1회, 강수량 1.0mm
- 중순(中旬): 평균 온도 －7.2도, 최고 온도(20일) 4.5도, 최저 온도(15·17일) -18.0도, 강우 횟수 1회, 강수량 0.7mm
- 하순(下旬): 평균 온도 －1.9도, 최고 온도(30·31일) 11.0도, 최저 온도(22일) -15.0도, 강우 횟수 3회, 강수량 14.9mm
- 평균 온도 －4.5도, 최고 온도(30·31일) 11.0도, 최저 온도(15·17일) -18.0도, 강우 횟수 5회, 강수량 15.6mm, 적산온도 －135.3도, 쾌청일수 9일, 담천일수 6일

작년 3월의 기상을 보면,
- 상순: 평균 온도 －9.3도, 최고 온도(5일) 2.0도, 최저 온도(8일) -24.0도, 강수 횟수 3회, 강수량 4.6mm
- 중순: 평균 온도 －4.5도, 최고 온도(14일) 5.0도, 최저 온도(12일) -13.5도, 강수 횟수 2회, 강수량 2.9mm
- 하순: 평균 온도 －0.8도, 최고 온도(31일) 16.0도, 최저 온도(21일) -11.0도, 강수 횟수 4회, 강수량 5.6mm
- 월평균 온도 －4.3도, 최고 온도(31일) 16.0도, 최저 온도(8일) -24.0도, 강수 횟수 9회, 강수량 13.0mm, 적산온도 －128.2도, 쾌청일수 8일, 담천일수 4일

위의 두 표를 대조하니, 적산온도·평균 온도·최고 온도에서 본년은 작년에 비해 기온이 낮고, 담천일수 및 강수량에서 작년보다 많음을 보인다. 다만 최저 온도가 조금 높고, 강수 횟수가 작년보다 약간 적었지만, 요컨대 본년은 작년보다 기온이 낮다.

8. 소원(所員)의 동정

반도[阪東] 고원(雇員)은 경제사정 조사를 위해 부산의 출장을 명받고 본월 2일 출발하

였다. 당소(當所)에서 근무하는 내부(內部) 주사 손범철(孫範哲)은 회령군수로 전임을 명받아 3월 7일 출발하였다. 수원과 도쿄에 출장 중인 핫타[八田] 기사 및 핫타 기사의 수원 출장의 수행을 명받은 다음에 청원귀성(請願歸省) 중에 있던 곤도[近藤] 촉탁은 본월 28일 귀임하였다.

9. 경찰사고

본월 사이 취급된 경찰사고는 별표와 같다.

메이지 42년(1909) 3월 중 경찰사고표 (간도헌병분대)

◎ 구분: 설유(說諭)

【사항: 관사(官私)에 사기를 쳐서 재물을 취한 일】 건수 2. [적요] 2건 모두 피고 한인 남자 각 1명. 피고에게 설유하여 재물을 반환시킴.

【사항: 5리(厘)짜리 동화(銅貨)에 도은(鍍銀)한 것을 수수(受收)하여 사용하려 한 일】 건수 1. [적요] 피고 한인 남자 1명. 설유.

【사항: 금전(金錢) 강청(强請)】 건수 1. [적요] 피해자 한인 남자 1명, 가해자 한인남자 3명. 가해자의 행위 불명에 대해 수색 중.

【사항: 가옥 난입】 건수 1. [적요] 원고·피고 모두 한인 남자 1명. 피고에게 설유.

【사항: 도박】 건수 1. [적요] 피고 한인 남자 5명. 설유.

【사항: 부당하게 약값을 청구한 일】 건수 1. [적요] 원고·피고 모두 한인 남자 각 1명. 쌍방 설유하여 시담(示談)시킴.

【사항: 과부(寡婦)를 빼앗으려고 한 일】 건수 1. [적요] 원고 한인 남자 1명, 피고 한인 남자 2명. 피고가 도주하여 행방불명이므로 수색 중.

【사항: 역우(疫牛)의 사체를 노상에 투기한 일】 건수 2. [적요] 2건 모두 한인 남자 각 1명. 설유한 뒤 매몰시킴.

【사항: 만취하여 가로에서 고성방가한 일】 건수 1. [적요] 한인 남자 4명. 설유.

【사항: 가로에서 만취하여 떠들썩하게 한 일】 건수 1. [적요] 한인 남자 1명. 설유.

【사항: 결혼 위약(違約)】 건수 1. [적요] 원고·피고 모두 한인 남자 1명. 쌍방 설유하여

시담시킴.

【사항: 쟁론(爭論)】 건수 5. [적요] 2건은 각 한인 남자 2명. 쌍방에 설유. 1건은 원고·피고 모두 한인 남자 1명. 쌍방에 설유. 2건은 각 한인 남자 1명, 청국인 남자 1명. 각 쌍방에 설유.

【사항: 구타】 건수 3. [적요] 3건 모두 원고·피고 한인 남자 각 1명. 피고에게 설유.

【사항: 채무관계】 건수 18건. [적요] 1건은 원고 한인 남자 1명, 피고 청국인 남자 1명. 피고에게 설유하여 시담시킴. 1건은 원고·피고 모두 일본인 남자 1명. 피고에게 설유하여 시담시킴. 1건은 원고·피고 모두 한인 남자 각 1명. 쌍방에 설유하여 시담시킴. 15건은 원고·피고 모두 한인 남자 각 1명. 피고에게 설유하여 시담시킴.

【사항: 청국 병사의 불법 징발】 건수 2. [적요] 1건은 원고 한인 남자 1명, 피고 청국 관헌. 청국 관헌에서 부당한 임전(賃錢)으로 우차(牛車)를 사역시키려 한 것에 대해 피고에게 경고·중지시킴.

◎ 구분: 검증

【사항: 화재】 건수 2. [적요] 1건은 일본인 거주 가옥 온돌에서 발화하여 곧바로 진화. 침구 소실(燒失). 이 손해 견적금이 약 1원. 간도 분대에서 검증. 1건은 일본인 거주 가옥 쥐구멍에서 발화, 곧바로 진화. 천장 소실. 이 손해 견적금이 약 2원. 간도 분대에서 검증. 기타 2건은 모두 청국인 소유 가옥에서 발화. 각 1동 소실. 청국 관헌에서 검증.

◎ 구분: 습득물

【사항: 방마(放馬)】 건수 1. [적요] 한국 말 1두 소유자에게 인도함.

【사항: 유실물 습득】 건수 1. [적요] 습득자 한인 남자 1명. 습득품 돈지갑 1개, 전당표 2매. 유실자에게 반환.

합계 45건.

38. 1월분 일반상황 「월보」 중 누락된 경찰사고표 사본의 추송

- **원문제목** 一月分一般狀況月報中漏落된警察事故表寫本의追送(原案2冊)
- **날짜** 융희 3년(1909) 5월 24일
- **발신** 통감부 부통감 소네 아라스케
- **수신** 내각총리대신 이완용(李完用)

기밀통발(機密統發) 제884호

기밀통발 제614호 추서(追書) 경찰사고표를 별지로 송부합니다.

메이지 42년(1909) 5월 24일
통감대리 부통감 자작 소네 아라스케
태자소사 내각총리대신 이완용 각하

메이지 42년(1909) 1월 1일부터 동년(同年) 1월 31일까지

경찰사고표[127]

◎ 구분: 한국 형법 위반

【사항: 내란율(內亂律)】 건수 4. [적요] 2건은 피고 각 한인 남자 1명. 함흥지방재판소 검사국으로 송치함. 1건은 피고 한인 남자 4명. 함흥지방재판소 검사국으로 송치함. 1건은 피고 한인 남자 1명. 함흥지방재판소 검사국으로 송치함.

【사항: 국권괴손율(國權壞損律)】 건수 1. [적요] 원고·피고 한인 남자 2명. 1명은 증거불

127 4월 17일부 614호 공문 중의 1월분 경찰사고표로서 추송되어 온 것임.

충분으로 방환, 1명은 함흥지방재판소로 송치.

【사항: 관문서(官文書) 위조 행사, 사기 취재(取財)】 건수 1. [적요] 원고·피고 모두 한인 남자 1명. 증거불충분으로 방환함.

◎ 구분: 일본 형법 위반

【사항: 사기 취재】 건수 1. [적요] 원고 일본인 남자 1명, 피고 일본인 남자 3명. 피고 중 1명이 당지(當地) 거주자여서 조사. 2명은 청진 거주자여서 당지 경찰서로 이첩함.

◎ 구분: 검증(檢證)

【사항: 실화(失火)】 건수 2. [적요] 2건 모두 일본인. 가옥이 반소(半燒)에 이르지 않음. 원인은 과실. 헌병대에서 검증. (이외 1건은 청국 파판소 사무소에서 실화. 반소에 이르지 않음)

【사항: 도난】 건수 1. [적요] 피고자 일본인 남자 1명. 헌병대에서 검증.

◎ 구분: 검시(檢視)

【사항: 익사】 건수 1. [적요] 한인 여자 1명. 헌병대에서 검시.

◎ 구분: 청국 관헌에 교섭

【사항: 청국 관리의 불법행위】 건수 1. [적요] 원고 한인 남자 3명, 피고 청국 순변(巡弁)[128] 1명. 원고가 잡은 사슴을 불법으로 탈취함에 따라 청국 관헌에 교섭함.

【사항: 불법으로 한인을 체포·감금한 일】 건수 1. [적요] 원고 한인 남자 1명, 피고 청국인 남자 1명. 청국 관헌에 교섭하여 해산시킴.

【사항: 청국 공리(公吏)의 불법 징수】 건수 1. [적요] 원고 종성간도 한국민, 피고 청국 향약(鄕約). 청국 관헌에 교섭함.

【사항: 청국 관리의 불법 징금】 건수 1. [적요] 청국 세무국장 및 청국인 남자 1명. 한인 3명에 대해 불법으로 벌금을 과함에 따라 교섭한 뒤에 반환시킴.

【사항: 청국병의 불법 징발】 건수 1. [적요] 원고 한인 남자 1명, 피고 청국병 3명. 한인

---

128 공원(工員)의 신변 보호 및 전신 시설 보호를 목적으로 세운 사람

을 강제하여 우마(牛馬)를 징발시키려 함에 따라 청국 관헌에 교섭함.

【사항: 사육하는 우마로 타인의 작물을 먹게 한 일】 건수 1. [적요] 청국인 남자 1명이 사육하는 우마가 한인 남자 1명의 작물을 먹은 손해배상의 소송 제기에 따라 청국 관헌에 교섭하여 배상시킴.

【사항: 청국병의 폭행】 건수 1. [적요] 피해자 한인 남자 3명과 순사 1명, 가해자 청병 2명. 청국 관헌에 교섭.

【사항: 청국인이 한인을 구타한 일】 건수 1. [적요] 원고 한인 남자 1명, 피고 청국인 남자 1명. 청국 관헌에 교섭함.

【사항: 한인에 대한 우리의 호구조사를 방해한 일】 건수 5. [적요] 1건은 간도분견대, 1건은 걸만동, 1건은 신흥평, 1건은 우적동, 1건은 복사평(伏沙坪) 분견소. 각 관내 청국 관헌에서 방해하려고 하였고, 모두 교섭을 마침.

◎ 구분: 설유

【사항: 절도】 건수 2. [적요] 1건은 청국인 남자 1명. 증거 불충분으로 방환. 1건은 피고 한인 남자 1명, 한인 여자 1명. 증거 불충분으로 방환함.

【사항: 도박】 건수 1. [적요] 피고 한인 남자 3명. 설유.

【사항: 가로에 방뇨한 일】 건수 3. 2건은 청국인 남자 각 1명. 1건은 한인 남자 1명. 설유.

【사항: 통행 방해】 건수 5. [적요] 1건은 한인 남자 1명. 3건은 청국인 남자 각 1명. 1건은 청·한인 남자 각 1명. 설유.

【사항: 연돌(煙突) 파손을 수선하지 않은 일】 건수 1. [적요] 한인 남자 1명. 설유에 더하여 수선시킴.

【사항: 폭행 협박】 건수 1. [적요] 피해자 한인 남자 1명, 가해자 한인 남자 4명. 쌍방이 친족이기 때문에 가해자에게 설유.

【사항: 채무 관계】 건수 9. [적요] 4건은 원고·피고 모두 한인 남자 각 1명. 피고에게 설유하여 지불하게 함. 2건은 원고 한인 남자 1명, 피고 청국인 남자 1명. 피고 청국인에게 설유하고 지불하게 함. 2건은 원고·피고 모두 일본인 남자 각 1명. 원고의 설유 청원에 대해 피고의 답변서를 구하여 원고에게 우송(郵送)함. 1건은 원고 한인 남자 1명, 피고 일본인 남자 1명. 피고에게 설유하여 지불하게 함. 1건은 원고 한인 남자 1명, 피

고 일본인 남자 2명. 피고에게 설유하여 지불하게 함.

【사항: 결혼 위약】 건수 2. [적요] 원고 · 피고 모두 한인 남자 각 1명. 매개자(媒介者) 한인 남자 1명. 원고의 고소가 부당함에 따라 원고에게 설유.

【사항: 역사(疫死)한 소를 방기한 일】 건수 2. [적요] 1건은 안인 남자 1명. 1건은 한인 남자 5명. 설유.

【사항: 부랑자가 타인의 가택에서 숙박을 강요한 일】건수 1. [적요] 청국인 남자 1명이 한인 가택에 와서 숙박을 요구한 일. 청국인에게 설유.

【사항: 떠들썩하게 말다툼한 일】 건수 1. [적요] 원고 한인 남자 1명, 피고 청국인 남자 1명. 식염(食鹽) 매매 상에서 언쟁한 일. 쌍방에게 설유함.

【사항: 만취한 일을 반성하지 않은 일】 건수 2. [적요] 한인 남자 1명. 설유.

【사항: 타인의 처(妻)를 강제로 떠맡으려 한 일】 건수 1. [적요] 원고 · 피고 모두 한인 남자 각 1명. 피고에게 설유.

【사항: 우리의 시정(施政)에 대해 방해를 한 일】 건수 2. [적요] 2건 모두 한인 남자 각 1명. 설유한 뒤 방환.

【사항: 구타】 건수 2. [적요] 원고 한인 남자 1명, 피고 청국인 남자 3명. 피고에게 설유.

【사항: 무고(誣告)한 일】 건수 1. [적요] 원고 한인 남자 1명, 피고 청 · 한인 남자 각 1명. 무고한 청 · 한인에게 설유함.

◎ 구분: 인명 구호

【사항: 구호】 건수 1. [적요] 한인 남자 1명이 만취하여 설중(雪中)에 넘어져 동사(凍死) 되려고 하는 것을 헌병이 구호함.

◎ 구분: 습득품

【사항: 방마(放馬)】 건수 2. [적요] 2건 모두 방마(放馬) 각 1마리. 분대에 계류 중. 소유자 판명으로 인도함.

【사항: 유실물 습득】 건수 1. [적요] 도리우치 모자[鳥打帽: 플랫캡] 1개 습득 신고. 간도 헌병대에서 보관.

합계 61건.

39. 간도파출소 관내 일반상황「월보」사본의 송부

- **원문제목** 間島派出所管內一般狀況月報寫本의送付(原案2冊)
- **날짜** 융희 3년(1909) 7월 9일
- **발신** 통감부 통감 소네 아라스케[曾禰荒助]
- **수신** 내각총리대신 이완용(李完用)

기밀통발 제1240호

사이토[齋藤] 간도파출소장의 월보(月報), 통파월보(統派月報) 제5호 사본을 별지로 참고하시도록 송부합니다.

메이지 42년(1909) 7월 9일
통감 자작 소네 아라스케
태자소사 내각총리대신 이완용 각하

부(附). 간도파출소 관내 일반상황「월보」

- 날짜: 융희 3년(1909) 6월 10일
- 발신: 간도파출소장 사이토 스에지로
- 수신: 통감부 통감 이토 히로부미

통파월보(統派月報) 제5호

메이지 42년(1909) 6월 10일
통감부 임시간도파출소장 사이토 스에지로
통감공작 이토 히로부미 귀하

월보(5월 1일부터 동월 31일까지)

1. 지방 일반의 상황

본월은 회령간도에서의 청국 순경의 한민에 대한 포학(暴虐)사건 및 동지(同地) 고령진(高嶺鎮) 도선장에서의 불법 발화(發火)사건 등을 시작으로, 각 지방 청국 관리의 불법행위·부당징세 등에 관해서 4~5건의 사건이 있어서, 다소 지방 일부의 안녕을 해치었다. 그렇지만 이들 사건의 발생과 더불어 우리는 항상 기회를 놓치지 않고 적당한 조치를 취해서 청관(淸官)의 횡포를 제지함으로써 한민의 보호에 노력하고 있기 때문에, 일반 한민들이 우리를 신뢰하는 생각은 나날이 심후(深厚)함을 더하고 있다. 특히 종래에 일정한 보수가 없었던 도사장(都社長)·사장(社長) 등에 대하여, 본월부터 유급(有給)으로 하여서 일층 공사(公事)에 진력하도록 하였고, 또 본관이 24일부터 29일에 걸쳐 각 지방을 순시하였던 것은 크게 우리 시정상에 이로움이 있게 한 것이라고 생각된다. 이에 반하여 청국 관민은 근래 침정(沈靜)한 상태여서 새로운 시설이라고 생각할 것이 없으며, 한민 또한 날로 이것을 소척(疎斥)하려고 하는 경향이 있다. 그렇지만 신임 총판 오록정(吳祿貞)이 부임하면 크게 활동을 시도하게 될 것이란 것은 청국 관민들이 일반적으로 기대하는 바이다.

2. 청국 관헌의 시설 및 병원(兵員)의 이동(異動)

(1) 국자가 변무공서에서는 5월 초순부터 국자가에 모집사무소를 두고, 조양하곡(朝陽河谷)·삼도만아(三道灣兒) 둔전영병(屯田營兵)의 모집에 착수한바, 예정된 인원에 도달하였기에 본월 20일 해당 사무소를 폐쇄하였음.

(2) 변무공서에서는 본월 15일부터 화호리구령(火狐狸溝嶺)에 공정대병(工程隊兵)을 파견하여 이 고개에서 막영(幕營)시키면서 회령가도(會寧街道) 상에서의 고개 이남의 도로를 수리시키고 있음. 해당 공정대는 동월 15일부터 23일까지 준비 작업에 종사하고, 동월 24일부터 수리 공사에 착수하여 6월 1일에 고개 정상부터 북쪽으로 200m, 남쪽으로 약 600m까지의 수리를 준공시킴. 공사의 모양은 현재의 도로 요철을 평탄하게 하는 것에 불과함. 또한 작업 인원은 그날그날 많고 적은 이동(異動)이 있지만, 대체로 250명

내외임(往電 제30호로 보고 마침).

(3) 변무공서 방판(幫辦) 부양좌(傅良佐)는 봉천독련처(奉天督練處) 총판(總辦)으로 전임되고, 후임으로서 전 방판 협도통(協都統) 오록정이 독판(督辦)으로 이임되어 부임한다고 함. 변무공서원의 말에 따르면 오록정은 6월 초순 국자가에 도착할 예정이라고 함. 동불사가(銅佛寺街)에 주둔하는 길림전로순방(吉林前路巡防) 제1영 통령(統領) 부덕(富德)은 근일 중에 다른 곳으로 전임되고, 전 길강군(吉强軍) 통령 호전갑(胡殿甲)이 오록정과 함께 부임한다는 설이 있음. 다만 호전갑이 부덕의 후임으로 될지, 혹은 다른 관직을 가질지는 알지 못함. 국자가 및 훈춘의 관염국(官鹽局) 판리(辦理)에 왕학군(王鶴群)이란 자가 국자가로 부임함. 동인(同人)의 말에 따르면, 간도지방에서 판매할 관염은 영구(營口)에서 블라디보스토크[浦鹽]로 회송(回送)하고, 동지(同地)에서 훈춘과 국자가로 육송(陸送)하는 것이라고 함. 왕학군은 이런 관염 수령을 위해 본월 18일 훈춘을 거쳐 블라디보스토크를 향해 출발하였음. 본월 1일 광제욕(光霽峪) 청병 40여 명은 고용 기간 만료로 인하여 각자 고향을 향해 귀환하였음. 또한 같은 날 사기동(沙器洞) 주둔 청병 28명도 만기 귀성함. 이에 대한 보충을 위해 본월 28일 광제욕에서 청병 28명이 사기동으로 향해 갔음. 본월 5일 국자가 주둔의 청병 배장(排長)·연장(連長)[129] 이하 46명이 만기제대가 되어 동불사가를 〈거쳐〉 길림 방면을 향해 통과하였음. 본월 7일 국자가 주둔의 청병 보장(保長)·배장 이하 75명이 만기제대가 되어 같은 날 동불사가에서 숙박하고, 이튿날 길림 방면을 향해 출발하였음. 이상 만기의 보충원은 불일내로 길림에서 내착할 것이라는 말이 있음.

3. 청국 관헌의 불법행위와 부당징세

(1) 한국 내지에 거주하는 한인으로서 간도 내에 경작지를 가진 자의 도강(渡江)을 방해한 건: 본월 23일 회령경찰서에서 청국 관헌 용역인 두만강 고령진(高嶺鎭)의 도선부(渡船夫)를 인치하였는데, 학성 계사소장(鶴城稽查所長) 이영성(李榮成)은 이에 대한 보복으로서 한국 내지에 거주하고 간도에 경작지를 가진 한민의 도강을 금지시키겠다고 선언하고, 그 소유자의 조사에 착수함. 이로써 한국 내지에 있으면서 간도에 토지를 가

129 '배장(排長)'은 소대장, '연장(連長)'은 중대장이다.

진 한인은 일시 공황을 초래함.

(2) 본관(本官)이 귀임할 때, 연도의 한민이 국기를 세워 환영코자 한 것에 대해 방해를 가한 건: 본월 11일 본관 귀임 때, 회령간도에서 동지(同地)의 학교 교원·생도 및 일반 한민 등이 국기를 세우고 또 환영코자 하였더니, 이영성 학성 계사소장은 순경을 파견하여 환영할 필요가 없는 점을 유시하였음. 그러나 당일 학교 교원 이형국(李亨國) 및 생도, 기타 약간의 한민은 그 유시에 불복하고 출영(出迎)하였음. 이영성은 이형국의 권유로 생겨난 일이라고 하여 동인(同人)을 계사소로 초치하고, 순경의 말에 불복하고 다른 한인으로 하여 강제로 출영하게 한 것은 잘못된 일이라고 하면서, 해당 학교가 소유한 영전(營田)을 몰수하고, 또 너를 한국 내지로 퇴거시키겠다고 하면서 위협하였음. 13일 동지(同地)의 한민 20여 명은 이영성 계사소장이 있는 곳으로 가서 이형국을 석방시켜 달라고 탄원하였더니, 이영성은 장래 청국 관헌의 명령에 복종하고, 일·한 관헌의 명령에 복종치 않겠다는 보증서를 차출하면 석방시키겠다고 하며 쉽게 석방할 모양이 아니었음. 따라서 한인 등은 이영성의 말에 따라 보증서를 차출하고 이형국을 데리고 돌아감. 본건에 대해 본월 15일 히라타[平田] 헌병 중위는 이영성과 회견하고 그 불법을 힐책하였더니, 이영성은 "한인 아무개가 계사소로 와서 일본 헌병과 한국 순사 등이 민의(民意)를 반하여 국기를 게양시켰고, 또 출영을 압박하여 촌내를 시끄럽게 하였다고 알려왔기 때문에, 순경을 파견해서 민의를 반하여 환영할 필요가 없다는 점을 인민에게 유시시키려 한 것에 불과하다. 이형국은 학교 교원임에도 불구하고, 인민에게 출영을 강요한 것과 같은 부당행위를 하였음에 따라, 장래 이와 같은 일이 있으면 간도에서 퇴거해야 할 것이라고 말했지만, 보증서를 차출시켰다는 것과 같은 사실은 전혀 없었다"라고 변명함.

(3) 우적동 분견소에서 호출한 교원·생도·두민(頭民) 등을 청관(淸官)이 도중에서 저지한 건: 본월 21일, 우적동 분견소에서 본관으로부터 삼둔학교(三屯學校)에 증여된 과자류를 수여시키기 위해 한국 주사(主事)에게 명하고, 주사는 도사장·사장에게 명하여 학교 교원 및 생도 총대·두민 등 각 1명을 호출시키도록 하였더니, 청국 관헌의 질시가 두려워 출두하지 않았음. 따라서 동 분견소에서는 헌병 상등병 및 한국 순사를 파견하여 임의출두를 요구하였더니, 교원 등은 크게 기뻐하며 곧바로 출발함. 헌병·순사를 뒤따라 학성 계사소 앞에 왔을 때, 동소(同所)에서 보초를 서던 순경은 교원 등이 우적동 분견소로 출두하는 것을 저지함에 따라, 상등병 등은 계사소장과 면회하여 한민의 임의출

두를 무슨 이유로 방해하느냐고 질책하였더니, 이영성은 "우리 영토인 간도의 거주민을 우리 관헌에 하나의 조회 없이 일본 관헌에 출두시키려는 것은 부당하다. 따라서 우리 관아 앞을 통과시킬 수 없다"고 답변함. 이에 따라 상등병 등은 무리하게 동행할 필요가 없음을 인정하여, 본인 등에게는 추후 소환할 것을 알리고 그대로 귀소(歸所)함.

(4) 회령가도(會寧街道) 상의 교량 수리를 방해한 건: 지난달 29일부터 오늘에 걸쳐, 우적동 분견소에서 한민에게 유시하여 회령가도 상 학성(鶴城) 이북의 도로를 수리시키려 하였더니, 공사 중 이영성은 공사장에 출두하여 있는 우리가 임명한 사장을 계사소로 소환하여, "목하 농사일이 다망한 때라면 공사를 중지해야 한다. 3일 내로는 우리 공병(工兵)이 와서 수리할 예정이다"라고 말하였음. 본월 4일 히라타[平田] 헌병 중위는 본건에 관해 사기동(砂器洞) 파판소장 소승표(邵勝標) 및 이영성과 회견하여 교섭하였더니, "인민은 농기(農期) 때문에 출역을 좋아하지 않을 뿐만 아니라, 본월 9일에 이르면 우리 공병이 와서 도로를 수리할 예정이라서 중지시키게 하였다"라고 변명함. 대체로 소승표와 이영성 등은 우리 헌병이 한민에게 명하여 도로를 수리시킴으로써 청국의 행정에 간섭한 것이라고 믿고, 매번 방해를 시도한 것임. 그 후 본월 9일에 이르러서도 청국 관헌에서는 공병을 파견하여 도로의 수리를 하지 않았기 때문에, 히라타 중위는 청국 관헌을 고려하지 않고 삼둔(三屯) 부근의 한민에게 유시하여 동지(同地) 남쪽의 계천(溪川)에 가교(架橋)하고, 또 도로의 수리를 하게 하였음. 같은 날 오후 대랍자(大拉子) 경력청(經歷廳)의 허덕유(許德侑)와 이영성 계사소장, 기타 순경과 마대(馬隊) 등 약 14~15명이 와서, "도로 수리는 우리 공병에서 할 것이니 중지시켜라"라고 당시 출장 중이던 우리 헌병에게 요구하였지만, 우리 헌병은 이에 응하지 않음. 피차 논쟁 끝에 일몰(日沒)에 이르게 됨에 따라 공사를 중지시키고 귀소하였음.

(5) 천보산(天寶山) 주둔의 청병 순경 등이 동산(同山)에 거주하는 일본인에게 송달된 화물을 개봉한 건: 본월 9일, 천보산에 거주하는 중화공사(中和公司) 사무원에 대하여 용정촌에 있는 중화공사로부터 화물·편지 등을 송부하였더니, 동산(同山)에 주둔한 청병 및 순경 등이 해당 화물을 열어 검사함. 또한 몇 통의 편지를 신문지에 싸서 일봉(一封)으로 해서 그 위에 발송자 및 수신자의 성명도 알게 하였는데, 그 겉봉을 개봉하여 내봉(內封)한 편지의 출처를 필기하였음. 이러한 불법의 개봉은 때때로 행해져, 실제로 지난 14일에 같은 모양의 포장지를 파손하고 편지의 출처를 검사했던 일이 있었음. 이상의 제

건(諸件)은 본월 30일, 오타[太田] 헌병 대위로 하여금 방판 대리 도빈(陶彬)에게 교섭시켰던바, 도빈은 우리 뜻을 받았고, 과연 이상의 사실이 있다면 각각 주의하겠다고 답함.

(6) 일본 매약상(賣藥商) 소유의 모르핀(morphine)[130]을 차압한 건: 왕전(往電) 제36호로서 보고를 마침.

(7) 고령진(高嶺鎭) 도선장에서 청한 순경 사격의 건: 왕전 제33호·제34호 및 특보비(特報秘) 제7호로서 보고를 마침.

(8) 한민에게 폭행을 가한 건: 본월 3일 회령간도 충화사(忠化社) 대동(大洞: 우적동에서 서남쪽으로 약 3리 거리)에서 동지(同地)의 한인 전형석(全亨石)과 김윤규(金尹奎) 두 명이 논밭을 갈다가 휴식 중에 담배를 피려고 밭두둑에서 나뭇가지를 불태웠는데, 바람으로 인해 지초(芝草)에 불길이 번졌음. 두 명은 이를 막으려고 하였지만, 그 효과는 없었고, 마침내 약 19여 정보의 산야(山野)를 소진시키는 데에 이름. 같은 날 밤 대동에 주둔하는 청국 순경이 와서 두 명을 동지(同地)의 순경분국으로 연행하여, 금회 산야에 방화(放火)의 금령(禁令)을 발포했음에도 불구하고 이를 위반한 것은 잘못한 일이라고 질책함. 전형석 등은 이런 금령의 발포가 있었는지 알지 못했을 뿐만 아니라, 고의로 방화한 것이 아니었다고 백방으로 변명했지만 용서되지 않았음. 순변(巡弁)은 수 명의 순경에게 명하여 전형석을 눕혀놓고 머리와 다리를 붙잡아 수십 회 구타시킴. 결국 전형석으로부터 보증인을 정한 보증서를 요구하고 석방함. 대동의 한민 등은 실제로 금령을 받지 않았던 모양이어서, 그 금령을 전달하지 않은 것은 완전히 청국이 임명한 향약 허억(許億)의 죄였다고 하며, 전제권(全濟權)·김운일(金雲一)·김명여(金明汝) 외 6명은 허억을 피해자 집으로 연행하여 피해의 상처가 완치될 때까지 간호할 것을 승낙받음. 그러고 나서 김운일은 허억에 대하여, 그가 일찍이 자신의 부친 이하 5명이 향약의 직분을 방해했다고 태랍자(太拉子) 관헌에게 고소하려 한 사실이 있었음을 포착하여 그 잘못됨을 꾸짖고 쟁론한 뒤 허억의 얼굴을 구타하여 경미한 타박상을 입히게 하였음. 대동 순경분국에서는 한민에 의해 향약이 피해자 집에 연행되어 갔음을 알았기 때문인지, 순장(巡長) 이하 4명과 한어(韓語) 통역 1명이 전형석의 집으로 가서 당시 그 자리에 있던 한민에 대하여 도

---

130 모르핀(morphine)은 아편계 진통 의약품으로 동물과 식물에 자연적으로 존재하는 알칼로이드(alkaloid) 물질이다. 중추 신경계(CNS)에 직접 작용하여 통증을 줄인다. 모르핀은 중독과 남용의 가능성이 높다.

주하는 자는 사격할 것이라고 협박하고 집 밖에서 2발의 사격을 하였으며, 허억의 지시에 따라 전제권 · 김명여 이하 7명을 인치함. 그리고 그 인치의 때에 순경 등은 한민을 신발로 차거나 혹은 총검 등으로 구타하는 등 폭행을 가하였음. 또한 위의 한민 등을 분국으로 인치한 후, 순변은 순경에게 명하여 김명여에게 태형 10대를 가하여 타박상을 입히게 함. 그러나 그 한민 등을 인치한 이유로 해서 순경 측에서는 최초 순경 등이 향약 보호 및 사실 조사를 위해 전형석 집으로 갔더니, 한민 등이 반항하며 순경을 향해 투석하여 다수의 부상자를 나오게 했을 뿐만 아니라, 휴대한 소총까지도 파손시킴에 따라 인치한 것이라고 변명하였지만, 우리 쪽에서 그 피해를 조사하였더니 위는 심히 의심이 갔음. 또한 종래의 예를 비추어 보아도 한인이 병기를 휴대한 순경 등에게 저항하는 것과 같은 사실은 거의 인정하기 힘든 일이었음. 한민 측의 부상은 전형석이 좌우 뒤쪽 다리에 길이 약 12㎝, 폭 6㎝의 타박상 각 1개씩을 입었고, 김명여는 오른쪽 뒷다리에 길이 10㎝, 폭 8㎝의 타박상과 오른쪽 손바닥에 길이 약 2㎝, 폭 1㎝의 창상을 입었으며, 김제권은 순경에게 총으로 구타당했다고 하지만 부상에는 이르지 않음. 본건에 대해 본월 5일 사실 조사를 위해 히라타 중위를 대동으로 파견하였더니, 사기동 파판소장도 동지(同地)로 출장하였기 때문에, 히라타는 소승표(邵勝標)와 함께 각 관계자를 조사하여 관계 한인과 향약과의 사이를 조정하고, 소승표에게 교섭하여 인치한 한인을 석방시킴. 또한 불법으로 한인을 구타한 순변 이하의 처분을 요구함.

본월 9일 국자가에서 사기동으로 식량 운반을 호위한 청병 5명이 신흥평(新興坪) 북쪽 약 1리 반의 지점에서 도로가 깊은 흙탕이 되어 마차의 진행이 자유롭지 못하게 되었을 때 부근에서 경작하고 있던 한인 김활남(金活南)이란 자를 강제하여 우차(牛車)를 가져오게 함. 그리고 그 식량을 신흥평까지 운반시키고서는 임은(賃銀)을 지불하지 않고 지나갔다고 함에 따라, 김활남은 이를 청구하였더니 청병 등은 그를 구타하였음. 신흥평 분견소에서는 피해자의 고소에 따라 청병을 취조했더니, 청병 등은 "당지(當地)는 청국의 영토이기 때문에 청인에게서 한인을 사역하는 것은 자유이고, 또 우리 청병은 일본헌병의 취조를 받을 이유가 없다"라고 주장하며 성명을 고하지 않았음. 이때 마침 태랍자 경력청장 허덕유(許德洧)가 동지(同地)를 통과함에 따라 그와 교섭토록 하였더니, 군인에 관한 건은 직접 사기동 파판소와 교섭토록 하라고 답함에 따라, 신흥평 분견소에서 우적동 분견소로 교섭을 의뢰하여 사기동 파판소에서 백(白) 헌병 반장이 신흥평으로 출장해서 사건을 처리하는 것으로 정리됨. 이튿날 백 헌병장은 신흥평 분견소로 출두하여 시마다[島田] 분견소장과 협의한 뒤, 백으로부터 김활남에 대한 사역임(使役賃)으로 해서 청화(淸貨) 2적(吊)을 지불하고, 청병을 엄중히 훈계할 것을 약속하고 귀소하였음.

(9) 청국 관헌의 부당징세의 건: 본월 10일 용지사(龍池社) 금동(金洞)에 동성용(東盛湧) 순경영(巡警營) 제5구장 주영청(周永淸)이란 자가 와서, '순경비(巡警費)'라고 칭하고 징금(徵金)한다고 하여, 신흥평 분견소장과 그 이유를 조사하였더니, 주영청이 말하길, "본년은 윤월(閏月)이 있지만 상관으로부터 받는 경비는 예년과 다름이 없고, 그 부족액은 자기 스스로 부담하지 않으면 안 된다. 따라서 연길청지부(延吉廳知府)에 청원하여 허가를 얻어 징수하는 것이다"라고 답하였음. 따라서 분견소장은 "그 '순경비'라는 것이 과연 정당한 세금인지 아닌지, 또 그것이 정당한 세금이라도 우리가 지금 곧바로 용인하기 어려운 사정이 있으니, 각 상사(上司)에게 보고하여 상사의 협의에 의해 징세의 시비를 결정하고, 그 연후에 징수할 것은 징수하라"고 요구하였음. 그러자 주영청은 이를 받아들이고 귀환함. 그런데 각 상사의 협의가 아직 결말나기도 전인 본월 16일, 주영청은 다시 순경 및 향약 등 도합 3명으로 화룡사(和龍社) 장재촌(藏財村) 이하 10개소로부터 '순경비'라고 칭하며 한화(韓貨) 498냥 62문을 징수하였음. 위 징금은 당시 우연히 지방 순회 중이던 한국 순사 이재기(李載基)가 이를 탐지하였으므로, 직접 주영청과 교섭하여 그 잘못됨을 비난하였음. 그러자 주영청도 이에 복종하고 각 징금을 피징수자에게 환부시킴. 또한 근래 청국 관헌에서는 동불사(銅佛寺)·두도구(頭道溝)·동성용(東盛湧) 지방에서 '산해세(山海稅)'의 징수를 여행(勵行)하고 있음. 대체로 '산해세'라는 것은 농산물(製油·製糸·製麻), 해산물(어류), 산산물(山產物: 獸皮類)에 대한 징세임. 두도구 세무분국장 주묵림(周墨林)이 동지(同地)의 우리 헌병분견소장과 담화한 바에 따르면, '산해세'는 종래에도 일반 인민으로부터 징수해왔으나, 금회 다시 당국으로부터 징세를 여행하라는 명령이 있어 징세하는 것이라고 함. 위의 징세를 여행하고자 하는 취지인지, 본월 중순 연길청(延吉廳) 향연국(餉捐局) 승판위원(承辦委員) 서정(署程)의 서명으로서 '산해세'를 징수할 뜻을 다시 각지의 청·한인 일반에게 고시함. '산해세' 징수에 대해서는 우리는 종래부터의 관례에 의한 징세라고 인정하지 않고, 절대로 그 징세를 배제시키려고 하는 기세를 보이고 있음에 따라, 청국 관헌에서는 우리 관헌을 꺼리어 한민으로부터의 징세에 다소 주저하고 있는 것 같음.

4. 한민의 상황

종래 간도에 재주하는 한민은 항상 청국 관민으로 인해 가지고 있는 권리를 유린당하고, 재산은 물론 생명의 안전조차 보장할 수 없는 상태에 있었지만, 파출소 설치 이래로 일반 한민은 신체 · 재산에 대해 확실한 보호를 받을 수 있게 되었다. 따라서 이들 보호의 주도함을 전해 듣고, 멀리 한국 내지로부터 이주해 오는 한인들이 근래 더욱더 많다. 그런데 종래부터의 거주자는 점차 영주할 목적을 세우고, 서로 협동하여 청국인으로부터 토지를 매수하는 일이 날로 증가하는 상황이다. 토지를 매수하는 데에는 먼저 매도 청국인과 매매의 내약(內約)을 맺고, 합자자(合資者) 중에 한 명의 한인이 매수명의인(買受名義人)이 되어 청의변발(淸衣辮髮) 차림으로 청국이 임명한 향약과 함께 국자가 연길청에 신고하여 미리 인가를 받고 매도증서와 대금수수를 끝낸다. 그리고 매수명의인(買受名義人) 등이 다시 연길청에 출두하여 그 증서에 지부(知府)의 증표를 받으면, 이것으로 비로소 소유권 이전의 등기를 종료하는 것이다. 위의 토지의 매매에서 등기료라고 인정해야 할 비용은 일정한 표준이 없는 것 같다. 또한 대체로 고가(高價)여서, 최근 조사한 바에 따르면 최소액의 비용으로 매매의 수속을 끝냈다고 하는 것도 매매가격에 대해 등기, 기타의 수수료로 아래의 비용이 필요하다.

<등기·기타의 수수료 비용표>

- 종별: 황지(荒地), 지적(地積): 160일경(日耕), 매매가격: 1,000적(吊), 등기 · 기타 수수료: 150적
- 종별: 밭[畑], 지적: 1일경, 매매가격: 1,000적, 등기 · 기타 수수료: 150적
- 종별: 밭, 지적: 30일경, 매매가격: 3,600적, 등기 · 기타 수수료: 500적
- 종별: 황지, 지적: 370일경, 매매가격: 3,600적, 등기 · 기타 수수료: 150적

위에 대해 우리 파출소에서는 한인의 토지매매를 발전의 현상으로 인식하고, 이를 보호할 목적으로써 한인이 청국인으로부터 토지를 매수하는 자는 각 당사자에게서 매매계약증서를 조제(調製)하고, 또 지권(地券)의 수수(授受)를 끝내면, 그 사본에 본계약(本契約) 증서와 본지권(本地券)을 첨부하여 당소(當所)에 신고해서 총증(總證)을 받아야 비로

소 매매의 수속을 완료하는 것으로 하여, 점차 한인으로 하여금 이 수속에 의거하게 할 방침이다.

5. 위생 상태

소원(所員) 일반이 건강하여 특기할 질환자가 없다. 토인(土人) 간에는 다소 홍역[痲疹]의 발생이 있었고, 또 말라리아[痲剌里亞] 환자는 점차 증가의 경향이 있다. 월간 자혜병원(慈惠病院)에서 종두(種痘)를 시행한 한인이 약 4백 명을 넘었고, 더욱이 하천평·걸만동·국자가의 각 헌병분견소원, 한국 관리, 학교 생도, 토인의 일부 등에도 종두시켰다. 본월 간에 시료한 신환자의 총계는 634명인데, 평균 1일의 신환자 20여 명에 상당한다. 국적별로 나누어 보면 다음과 같다.

- 한인 514명, 청국인 53명, 일본인 67명

6. 월간 기상 개황

- 제일순(第一旬): 평균기온 12.1도, 최고기온(2일) 28.5도, 최저기온(5일) 2.0도, 강수 횟수 6회, 강수량 24.6mm
- 제이순(第二旬): 평균기온 11.1도, 최고기온(13일) 26.0도, 최저기온(12일) 1.1도, 강수 횟수 5회, 강수량 13.9mm
- 제삼순(第三旬): 평균기온 15.0도, 최고기온(30일) 35.0도, 최저기온(22일) 4.0도, 강수 횟수 7회, 강수량 16.7mm
- 월평균기온 12.7도, 최고기온(30일) 35.0도, 최저기온(12일) 1.1도, 강수 횟수 18회, 강수량 55.2mm, 적산온도 397.6도, 쾌청일수 1일, 담천일수 21일, 강수일수 16일

작년 본월의 기상은

- 제일순(第一旬): 평균 온도 10.2도, 최고 온도(1·6·8일) 23.5도, 최저 온도(6일) -1.0도, 강수 횟수 4회, 강수량 7.9mm

- 제이순(第二旬): 평균 온도 9.8도, 최고 온도(15일) 22.0도, 최저 온도(12일) -2.5도, 강수 횟수 8회, 강수량 44.3mm
- 제삼순(第三旬): 평균 온도 13.2도, 최고 온도(31일) 27.0도, 최저 온도(22일) 5.5도, 강수 횟수 6회, 강수량 22.5mm
- 월평균 온도 11.1도, 최고 온도(31일) 27.0도, 최저 온도(12일) -2.5도, 강수 횟수 18회, 강수량 74.7mm. 적산온도 345.8도, 쾌청일수 2일, 담천일수 14일, 강수일수 15일

위의 두 표를 대조하면, 본년은 작년에 비해 적산온도에서 51.8도, 평균 온도에서 1.6도, 최고 온도에서 8도, 게다가 최저 온도에서 3.6도가 높음을 본다. 강수 횟수는 똑같지만 강수량은 작년보다 19.5mm 적다. 그렇지만 담천일수는 작년에 비해 7일이 많다. 또한 작년은 2회의 강설이 있었지만, 본년은 이를 보지 못했다. 요컨대 기온이 작년에 비해 높은 것은 농작물의 생육 순경(順境)에 있었다.

7. 소내(所內)의 상황

오쿠무라[奧村] 헌병 대위의 후임 오타[太田] 대위가 본월 2일 부임하였다. 경제사정조사를 위해 부산에 출장을 명받은 다음 청원으로 귀성 중인 통역생 반도 스에조[阪東末三]는 본월 2일 귀소하였다. 본관(本官)은 본월 7일 청진에 도착하여 동월 11일 귀임하였다. 귀임 도중에 있어서의 소견 및 연도 도민의 환영 등에 관한 건은 왕전(往電) 제28호로써 기보(旣報)하였다. 이튿날인 12일 환영을 위해 내촌(來村) 중이었던 도사장·사장 등을 모아, 평소 능히 공사(公事)에 진력한 공로에 대해 그 상으로서 각각 물품을 증여하고, 마친 후에는 일장의 훈시를 하였다. 같은 날 총무과장 시노다 지사쿠[篠田治策]의 소장 대리의 직을 해촉하였다. 당지에 건축 중인 간도보통학교(間島普通學校)[131] 교사(校舍)

131 통감부파출소는 반일민족교육을 단속하고 친일학교를 중심으로 한 한인사회를 구축하기 위해 학교시설을 한인 보호의 명목에 포함시켰다. 파출소는 먼저 반일지사 이상설(李相卨)이 설립한 간도지방의 첫 근대적 민족교육기관인 서전서숙(瑞甸書塾)을 방해하여 폐교시키고, 일진회 간도지부장 윤병갑(尹丙甲)을 사주하여 교사를 구입한 다음 한국정부에 파출소 소재지에 학교를 설립할 것을 요청하였다. 이에 한국정부 학부(學部)는 일본인 교감 1명, 한국인 교사 2명을 파견하여 서전서숙 구지에 파출소 사무관을 명예교장으로

의 공사 감독 방안에 대해 학부(學部)로부터의 의뢰가 있어서, 소원(所員)에게 명하여 이것의 감독에 종사시켰다. 백두산에 출장 중인 기사 오타 아츠시[太田篤] 일행은 20일 귀소하였다. 청관(淸官)이 일본 상인의 소유에 관계된 (모르핀) 몰수의 건에 대해 도빈(陶彬)과의 교섭을 위해 시노다 총무과장을 국자가로 출장시켰다. 본관은 24일부터 하천평·국자가·걸만동·동불사 지방을 순시하고, 29일 귀소하였다. 본월부터 도사장·사장의 일부를 유급(有給)으로 하였다.

8. 본월 간에 취급한 경찰사고

본월 13일 회령가도 상의 화호리구령(火狐狸溝嶺)에서, 당소(當所)로부터 복사평(伏沙坪)으로 부임하는 내부서기(內部書記) 이성교(李成敎)가 청국인 2명과 조우하여 소지하던 시계를 달라고 강요하는 것을 거절하였다. 이에 청국인 등이 강탈하려고 함에 따라 이성교는 놀라 휴대품을 버리고 도주하였더니, 청국인 등은 후방에서 권총 1발을 쏘았다. 다만 명중하지는 않았다. 유기한 휴대품은 청국인에게 습득되어진 것 같다. 그 후 현장을 수색하였지만 발견되지 않았다. 그리고 그 유기품은 사령서(새로운 主事에 임명된 복사평 분견소 재직 南奎綱의 辭令書)에 금 10원, 모포, 한복 등 피해금액이 12여 원이다. 검증은 우적동 분견소에서 이를 행하였다.

본월 30일 오후 11시 40분, 당촌(當村) 시장의 한인 최도순(崔道順)·오운서(吳雲瑞) 공유 가옥 뒤편에서 실화(失火)하여, 동야(同夜) 오전 1시 5분에 진화되었다. 발화의 원인은 미상인데, 위 공유 가옥의 뒤편 소로(小路) 상에 쌓아 둔 조짚[粟稈]에서 발화한 것이라면, 통행인에게서 연초의 취각(吹殼)을 버리었거나, 혹은 누군가가 방화한 것으로 추측되어, 실화의 사실을 인정 못한다. 손해는 전소 5호, 반소 2호, 파괴 1호로서, 총평수 94평, 약 2천 5백 원이다. 아울러 이외의 사고는 별표와 같다.

하는 간도보통학교(間島普通學校)를 설립하였다. 1908년 7월 1일에 개교식을 거행하고 각종 교과목의 수업을 시작하였는데, 73명의 학생들을 상대로 수신·국어·산술·일본어·도화·체조·이화학·지리·역사 등을 교수하였다. 그 후 통감부파출소는 보통학교와 더불어 사립학교의 설립을 장려하여 1907년에 신진학교(新進學校)·노동학교(魯東學校), 1908년에는 삼애학교(三愛學校)·교향서숙(敎鄕書塾)·동신학교(東信學校)·은황학교(恩皇學校)·동흥학교(東興學校)·남양학교(南陽學校) 등 50여 학교의 개교를 인가하였다.

메이지 42년(1909) 5월 중 경찰사고표

◎ 구분: 일본 형법 위반

【사항: 절도】 건수 1. [적요] 1건은 피고 일본인 남자 1명. 청진이사청 검사 사무취급으로 송치함.

◎ 구분: 설유(說諭)

【사항: 절도】 건수 3. [적요] 1건은 피고 한인 남자 1명, 피해자 한인 남자 1명. 멍석[蓆] 3매 절취. 손해를 배상케 하고 설유하여 방견(放遣). 1건은 피고 한인 남자 1명, 피해자 한인 남자 1명. 소[牛] 1두를 절취하여 도주하려는 것을 발견한 일. 설유하여 방견. 1건은 피고 청국인 남자 1명, 피해자 한인 남자 1명. 미수에 대해 설유하여 방견.

【사항: 괴대(拐帶)】 건수 1. [적요] 원고·피고 모두 일본인 남자 각 1명. 피고에게 설유.

【사항: 채무관계】 건수 8. [적요] 1건은 원고·피고 모두 일본인 남자 1명. 피고에게 설유하여 지불케 함. 1건은 원고·피고 모두 한인 남자 각 1명. 피고에게 설유하여 지불케 함. 1건은 원고·피고 모두 한인 남자 각 1명. 피고 부재에 대해 조치 연기함. 1건은 원고·피고 모두 한인 남자 각 1명. 쌍방 설유하여 시담(示談)시킴. 1건은 원고·피고 모두 한인 남자 각 1명. 피고에게 설유하여 지불케 함. 1건은 원고 한인 남자 1명, 피고 일본인 남자 1명. 피고에게 설유하여 지불케 함. 1건은 원고·피고 모두 한인 남자 각 1명. 피고에게 설유하여 지불케 함. 1건은 원고·피고 모두 한인 남자 각 1명. 피고에게 설유하여 지불케 함. 1건은 원고·피고 모두 한인 남자 각 1명. 피고에게 설유하여 지불케 함.

【사항: 손해배상】 건수 2. [적요] 1건은 원고 한인 남자 1명, 피고 청국인 남자 1명. 피고에게 설유하여 배상시킴. 1건은 원고·피고 모두 한인 남자 1명. 피고에게 설유하고 그 일부를 배상시킴.

【사항: 쟁투】 건수 6. [적요] 1건은 일본인 남자 1명, 한인 남자 1명. 당사자 쌍방 모두 설유. 1건은 한인 남자 3명. 당사자 쌍방 모두 설유. 1건은 한인 남자 1명, 청국인 남자 1명. 당사자 쌍방 모두 설유. 1건은 한인 여자 2명. 당사자 쌍방 모두 설유. 1건은 한인 남자 2명. 당사자 쌍방 모두 설유. 1건은 한인 남자 2명. 당사자 쌍방 모두 설유. 1건은 한인 남자 2명. 당사자 쌍방 모두 설유.

【사항: 쟁론】 건수 3. [적요] 1건은 한인 남자 1명, 일본인 남자 1명. 당사자 쌍방 모두 설유. 1건은 원고 한인 남자 1명, 피고 일본인 남자 1명. 쌍방 모두 설유. 1건은 원고·피고 모두 한인 남자 각 1명. 쌍방 모두 설유.

【사항: 상해죄】 건수 4. [적요] 1건은 원고·피고 모두 일본인 남자 각 1명. 피고에게 설유. 1건은 원고 한인 남자 1명, 피고 한인 남자 3명. 피고에게 설유. 1건은 원고 한인 남자 4명, 피고 청국인 남자 2명. 쌍방에게 설유. 1건은 원고 한인 남자 1명, 피고 청국인 남자 1명. 피고에게 설유.

【사항: 전염병 말을 방사(放飼)한 일】 건수 1. [적요] 1건은 한인 남자 1명. 설유에 더하여 박살(撲殺)하고 매몰시킴.

【사항: 위조화폐를 행사하려고 한 일】 건수 2. [적요] 1건은 청국인 남자 1명. 위조에 관계된 러시아 10루블 지폐를 사용하려고 한 일. 설유(지폐는 분대에 영치). 1건은 한인 남자 1명. 위조에 관계된 러시아 10루블 지폐를 사용하려고 한 일. 설유(지폐는 분대에 영치).

【사항: 가택 침입】 건수 3. [적요] 1건은 원고·피고 모두 한인 남자 각 1명. 피고에게 설유. 1건은 원고 한인 남자 1명, 피고 일본인 남자 1명. 피고에게 설유. 1건은 원고 한인 남자 1명, 피고 일본인 남자 1명. 피고에게 설유.

【사항: 소재 수사(搜查)】 건수 3. [적요] 1건은 일본인 남자 1명, 동(同) 여자 1명. 행방불명[行衛不明]인 이유로써 보호를 청원한 일. 2건은 일본인 여자 각 1명. 행방불명인 이유로써 보호를 청원한 일.

【사항: 모르핀을 주사하거나 또는 아편 담배[阿片煙]를 흡인한 일】 건수 2. [적요] 1건은 한인 남자 1명. 모르핀의 주사를 상습한 일. 설유(주사기는 분대에 영치함). 1건은 한인 남자 1명. 아편을 흡입한 일을 인정하여 설유.

【사항: 만취한 일】 건수 2. [적요] 1건은 청국인 남자 1명. 설유. 1건은 원고·피고 모두 한인 남자 각 1명. 피고에게 설유.

【사항: 사람을 사역하고 임금을 지불하지 않은 일】 건수 1. [적요] 원고 한인 남자 1명, 피고 일본인 남자 1명. 피고에게 설유하여 지불케 함.

【사항: 계약 기간 내 사우(飼牛)의 반환을 청구한 일】 건수 1. [적요] 원고·피고 모두 한인 남자 각 1명. 원고에게 설유.

【사항: 토지매매 후 약정 이외의 청구를 한 일】 건수 1. [적요] 원고 한인 남자 3명, 피고

청국인 남자 1명. 피고에게 설유.

【사항: 타인의 소유권을 침해한 일】 건수 1. [적요] 원고 한인 남자 1명, 피고 청국인 남자 1명. 피고에게 설유.

【사항: 이혼을 요구한 일】 건수 1. [적요] 원고 한인 여자 1명, 피고 한인 남자 1명. 원고에게 설유.

【사항: 무고(誣告)한 일】 건수 2. [적요] 1건은 원고 한인 남자 1명, 피고 청국인 남자 1명. 원고에게 설유. 1건은 원고 한인 남자 1명, 피고 한인 남자 1명 · 동 여자 1명. 원고에게 설유.

【사항: 연지(畑地) 대차(貸借)에 관한 일】 건수 1. [적요] 원고 한인 남자 1명, 피고 한인 남자 1명 및 청국인 여자 1명. 피고에게 설유.

【사항: 부녀자를 유괴하고자 한 일】 건수 1. [적요] 원고 · 피고 모두 한인 남자 각 1명. 피고에게 설유.

【사항: 작부(酌婦)가 도주해 버린 일】 건수 1. [적요] 원고 일본인 남자 1명, 피고 동(同) 여자 1명. 피고에게 설유.

【사항: 학대를 받아 소송한 일】 건수 1. [적요] 원고 일본인 여자 1명, 피고 동 여자 1명. 피고에게 설유.

【사항: 부주의 때문에 실화(失火)로 될 뻔한 일】 건수 1. [적요] 일본인 남자 1명. 설유.

【사항: 숙박을 강요하고 또 폭행한 일】 건수 1. [적요] 원고 한인 남자 1명, 피고 청국인 남자 1명. 피고에게 설유.

【사항: 타인의 담을 넘어 폭행한 일】 건수 1. [적요] 원고 · 피고 모두 한인 남자 각 1명. 피고에게 설유.

◎ 구분: 청국 관헌에게 교섭한 일

【사항: 쟁론 및 구타】 건수 1. [적요] 원고 한인 남자 1명, 피고 청국인 남자 1명. 청국 관헌에게 교섭하여 피고를 인도함.

【사항: 절도】 건수 1. [적요] 피해자 한인 남자 1명, 피고 청국인 남자 1명. 청국 관헌에 교섭하여 피고를 인도함.

【사항: 소[牛] 매매대금을 지불하지 않은 일】 건수 1. [적요] 원고 한인 남자 1명, 피고

청국인 남자 1명. 청국 관헌에 교섭하여 피고를 인도함.

【사항: 강간미수】 건수 1. [적요] 피해자 한인 여자 1명, 가해자 청국인 남자 1명. 청국 관헌에 교섭하여 피고를 인도함.

【사항: 불법으로 한인을 인치(引致)시킨 일】 건수 1. [적요] 피해자 한인 남자 1명, 가해자 청국 순경 1명. 〈청국〉 관헌에 교섭하여 피해자를 방환시킴.

【사항: 상해죄】 건수 1. [적요] 원고 청국인 남자 1명, 피고 한인 남자 1명. 피고는 청국 관헌에서 인치시킴으로써 신병 인도 방법을 교섭.

◎ 구분: 검증

【사항: 출화(出火)】 건수 1. [적요] 한인 가옥에서 출화. 전소 5호, 반소 2호, 파괴 1호. 원인은 방화의 의심이 있음. 간도분대에서 검증.

【사항: 강도】 건수 1. [적요] 피해자 한인 내부(內部) 주사의 서기. 우적동 분견소에서 검증.

◎ 구분: 검시(檢視)

【사항: 자살 미수】 건수 1. [적요] 한인 여자 1명. 간도분대에서 검시함.

◎ 구분: 인명 구호

【사항: 익사하려고 한 일】 건수 1. [적요] 한인 여자 1명. 하중(河中)에서 익사하려고 하는 것을 헌병 상등병이 발견, 구호한 뒤 어머니에게 인도함.

◎ 구분: 도난 신고

【사항: 도난 신고】 건수 1. [적요] 피해자 일본인 여자 1명. 수색 중.

◎ 구분: 도우(屠牛) 신고

【사항: 도우 검사 신고】 건수 8. [적요] 검사한 뒤 허가.

합계 74건.

40. 간도파출소 관내 일반상황「월보」사본의 송부

- **원문제목** 間島派出所管內一般狀況月報寫本의送付(原案2冊)
- **날짜** 융희 3년(1909) 8월 7일
- **발신** 통감부 통감 소네 아라스케[曾禰荒助]
- **수신** 내각총리대신 이완용(李完用)

기밀통발 제142호

사이토[齋藤] 간도파출소장의 월보(月報), 통파월보(統派月報) 제6호 사본을 별지로 송부합니다.

메이지 42년(1909) 8월 7일
통감 자작 소네 아라스케
태자소사 내각총리대신 이완용 각하

부(附). 간도파출소 관내 일반상황「월보」
- 날짜: 융희 3년(1909) 7월 10일
- 발신: 간도파출소장 사이토 스에지로
- 수신: 통감부 통감 소네 아라스케

통파월보(統派月報) 제6호

메이지 42년(1909) 7월 10일
통감부 임시간도파출소장 사이토 스에지로
통감 자작 소네 아라스케 귀하
월보(6월 1일부터 동월 30일까지)

1. 지방 일반의 상황

월간 각지 모두 청국 관민의 현저한 불법행위 없이 대체로 평온하다. 기후 역시 순조로워, 본월 중순 강우로 인해 경지를 유실한 종성간도·회령간도 일부(전자는 畑地 약 173日耕, 후자는 약 36日耕)를 제외하고는 경작물의 생육이 좋아서 풍양(豊穰)을 예상한다. 한민은 일반적으로 안도하는 상태에 있다. 청국인은 신임 독판 오록정(吳祿貞)이 대병(大兵)을 거느리고 부임한다는 풍설을 믿어 일반적으로 희색(喜色)을 띠고 있었지만, 사실은 풍설에 반하여 겨우 십 수 명의 부하를 대동하고 왔을 뿐이어서 크게 실망한 상태이다. 청국인 중에는 금회의 오록정의 부임으로써, 간도가 청국의 영토로 확정될 것이라는 풍설이 있기도 하였지만, 한인은 최초부터 이런 풍설을 믿는 자가 없었고, 더욱더 우리의 보호를 신뢰하며 귀복(歸服)하고 있다.

2. 청국 관헌의 동정

(1) 청국 공정대(工程隊) 도로 수리의 상황: 5월 중순부터 청국 공정대에서 착수한 회령가도 상 화호리구령(火狐狸溝嶺) 이남 도로의 수리 공사는 점차 남진하여 동령(同嶺) 북록부터 학성(鶴城)에 이르는 약 10km의 사이, 제소(諸所) 합계 약 5km의 공사를 준공시킴. 현재 학성 및 미전동(米田洞: 三屯)에 막영(幕營)하며, 전원을 2부로 나누어 작업을 실시하고 있음. 도로의 모양은 지세(地勢)로 인해 도중(道中)을 3m 내지 7m로 하고, 대석(大石)을 제거하고 토사(土砂)를 깔아 노면을 평탄하게 하며, 양측 또는 한쪽에 배수구를 설치하고, 드물게 도로를 가로지르는 암거(暗渠)를 축조한 개소(個所)가 있음. 교량은 크고 작은 것 도합 18개소가 있음. 청화(淸貨) 3천 적(吊)으로 청국인에게 청부시킨 것으로서 전부 거의 준공됨. 교량의 길이는 6척 내지 25~26척으로서, 모두 두께 3촌, 길이 9척의 교판(橋板)을 사용하여 구조는 대체로 견실함. 현재 공사에 종사하고 있는 인원은 장교 4명, 하사 이하 약 1백 명임.

(2) 오록정 내임의 상황: 신임 독판 오록정은 본월 27일 길림에서 동불사가를 거쳐 국자가 변무공서에 도착함. 오록정 부임의 때는 다수의 병사를 대동할 것이라고 청국인 사이에서만 오로지 행해지는 떠들썩한 소문이 있었지만, 사실은 이와 반대로 대동자는 전

통령 호전갑(胡殿甲)과 영관[佐官] 2명, 문관, 종자(從者)를 합해 10여 명만으로 하였고, 달리 대동한 병사는 없었음. 또한 어느 쪽 방면으로도 왔다는 형적이 없음. 호위병은 전구마대(前驅馬隊) 65기(騎), 헌병 장교 이하 10기, 후구보대(後驅步隊) 약 140명, 공정대 약 130명 및 열외 측회반(測繪班) 학생 18명으로, 모두 국자가 남영(南營) 주둔병이 도중부터 호위에 복무한 자들임. 또한 길림, 국자가 사이에서의 호위는 연도(沿道) 각지 주둔병이 복무하는 것으로 하였다고 함. 오록정 일행의 화물로는 마차가 겨우 6량 도착했을 뿐으로, 병기·탄약으로 인식되는 것은 없음. 청국 관민의 출영은 성대하여서, 연길청원·변무공서원·국자가 각 관공서원·각지 파판소장 및 학교 교사·생도·상민 등 합계 3백 명[132]에 달함. 한민으로서 출영을 하려는 자는 드물어서, 겨우 수 명이 청국인 사이에 섞여 있는 것을 인식했을 뿐임. 청국이 임명한 향약으로 변발청장(辮髮淸裝)한 한인 박관운(朴官雲)은 동성용사(東盛湧社) 대호문(大滸門)의 이남극(李南極) 등과 함께 지방 관민 60여 명을 선동하여, 오록정에 대한 환영사를 바쳐 비호를 앙청하려고 하는 청원서를 제출하려고 했음. 그러나 국자가의 우리 헌병분견소에서는 한인의 그런 행동을 외국에 아부하려는 것으로 인식하고, 이남극을 파출소로 동행시킴으로써 다른 한민 등은 마침내 박관운의 선동에 응하지 않음. 박관운 등의 기도는 결국 성립에 이르지 못하고 그치게 됨.

3. 청국 관민의 불법행위

청국 관민의 한국 관민을 대하는 상태는 날로 온화해져, 종래와 같은 패려(悖戾)한 행동은 적지만, 아직 근절에 이르지는 않아서 종종 불법의 행위가 이루어지는 경우가 있다. 특히 청국 관민은 한국 일반 인민을 대하는 것보다 한국 관리를 대하는 데에서 감정을 상하고 있는 것 같아, 자칫하면 그 사이 분쟁을 야기하는 일이 있다. 대체로 청국 관민은 한국 관리를 일본의 위세를 빌려 오만한 태도를 가진 자로 인식하기 때문일 것이다. 본월 간에 발생한 청국 관민의 불법행위를 열거하면 다음과 같다.

132 위의 『간도안』에는 3명으로 되어 있으나, 같은 내용을 수록한 국사편찬위원회 편, 『통감부문서』 6권 1. 憲兵隊機密報告(憲機 제1405호) 원문에는 300명으로 되어 있어 이를 수정함.

(1) 한국 순사와 청국인과의 쟁투: 본월 13일 용정촌 내 통로 위에서, 청국인 양록(楊祿)이란 자의 짐마차[荷馬車]가 한국인 송관홍(宋寬弘) 소유 논밭의 수수 담장[高粱垣]과 충돌하여 그 일부를 파손시킴. 송관홍이 이를 보고 비난하며 양록과 담판하던 중, 근방에 있던 청국인 악충승(岳忠勝)이란 자가 여기에 관계하며, 송관홍과의 담판을 인수하고 양록을 물러나게 했음. 피해자 송관홍은 악충승에게 수리를 요구하였더니, 악충승은 쉽게 여기에 응하지 않아 서로 쟁론하던 중, 때마침 순찰 중이던 한국 순사 김병옥(金秉玉)이 지나는 길에 악충승에게 피해자의 요구에 응하여 수리해 주라고 설유(說諭)를 가했던 바, 결국 악충승이 여기에 응함으로써 순사는 일단 현장을 떠났음. 그러나 악충승은 담의 수리를 하지 않았을 뿐만 아니라 송관홍에 대해 욕설을 하여 송관홍은 재차 김 순사에게 소송을 제기하였음. 따라서 순사는 다시 현장에 임하여 악충승에 대해 설유를 가한 바, 악충승은 도리어 역정을 내며 주먹으로 김 순사의 뺨을 때리고, 또 그 상의(上衣) 첫 번째 금 단추 부분을 잡고 강제로 당겨서 옷깃 부분을 파손시킨 것을 김 순사도 악충승의 뺨을 구타하며 그 폭행을 제지시킴. 이 쟁투를 듣고서 부근에 있던 청국인 십 수 명이 몰려와서 악충승에 가세하여 김 순사를 밀어 차고, 혹은 패도(佩刀)를 빼앗으려고 함에 따라, 김 순사는 길가의 작은 돌을 집어 악충승의 머리를 구타해서 부상을 입히었음. 이때 한인 이원길(李源吉)이란 자가 김 순사의 호루라기를 꺼내어 불음에 따라, 부근에 있던 우리 헌병 및 일·한인 수십 명이 곧바로 뛰어와서 그 쟁투를 제지함. 악충승은 우리 헌병으로부터 출장한 청국 순경에게 인도하였음. 이 쟁투에서 악충승은 김 순사의 구타에 의해 머리 왼쪽 관자놀이에 길이 4*cm*의 타박상을 입었음. 육군 일등군의(一等軍醫) 오노 주니치[小野純一]의 검안에 의하면, 총기의 충돌에 의해 입은 상처로 보이며 휴업 3일이 필요하다고 함. 위의 상처에 관해 육도구(六道溝) 파판소에서는 순사가 발검하여 베려고 한 것이라고 하여, 국자가로부터 청국 군의(軍醫)의 출장을 요구하여 검안시키었음. 그 군의는 총기의 외상으로 판단된다는 뜻으로 검진하는 데 동의하였음. 따라서 동(同) 파판소에서는 다시 순사의 발검을 운운하며 우리에게 교섭하러 왔지만, 발검한 사실이 없음은 확실했기 때문에 우리로서는 이를 부인함.

(2) 청국 관헌의 한인에 대한 불법 처분: 본월 22일 동불사 동쪽 용연평(龍淵坪)에서 한인 안형서(安亨瑞)란 자(한국 주사의 고용인)가 청국인 왕사원(王士遠) 소유 전답 안의 이랑길[畝道]을 통행하였더니, 때마침 그 밭을 경작 중인 청국인 3명이 그 통행을 제지함.

이로 인하여 서로 쟁론하고 구타하더니, 결국 청국인으로부터 동불사의 청국 파판소에 고소됨. 동(同) 파판소에서는 곧바로 청병 5명을 용연평에 파견해서 안형서 및 당시 동소(同所)에 있던 한인 임봉순(林鳳順: 분견소 잡역부) 두 명을 포박하여 파판소로 인치하고, 별도로 취조도 하지 않고 즉시 안형서를 태형 40대, 임봉순을 태형 50대에 처하고 방견함. 동불사 분견소에서는 이 소식을 듣고 곧바로 파판소로 가서 소장에게 회견을 요구했던바, 문 앞에서 착검·집총한 청병 7~8명이 있고, 파판소장은 회견을 바라지 않는다고 칭하며 회견을 거절하려 함. 그러나 강하게 면회를 요구하여 교섭하였음에도 명백한 답변을 얻지 못하고 귀소하였음. 같은 날 분견소장 요시다[吉田] 헌병 중위가 출장하여 현장을 조사하였더니, 이랑길은 종래의 통행로인 것이 명료하였으므로, 다시 파판소장에게 회견을 요구하고, 청국인의 비행 및 파판소의 불법 조치에 대해 힐문하는 바가 있었음. 소장은 "월강(越江)한 한민은 청국 관헌에서 처분하는 것이 정당하다"라고 하고, 또 "임봉순과 같은 자들은 성질이 표독하고, 평소 청국인과 싸우기를 좋아하는 극히 불량한 무리이기 때문에, 장래를 응징하기 위해서 태형을 행했다"라고 변명하며 그 잘못을 깨닫지 못함. 따라서 동(同) 중위는 본건을 상관에게 보고하여 어떤 지시를 기다리겠다는 뜻을 말하고 귀소하였음. 본건은 방판 대리 도빈에게 교섭하여 관계 비행자의 처벌을 요구함.

(3) 청병의 불법행위: 본월 21일 우적동 동쪽 길가에서 사기동 주둔 청병인 장묵림(張默林) 외 3명이 고(故) 한국 주사 이구민(李求敏)의 송덕표(頌德標)를 뽑아낸 것에 원인하여, 우적동 배속의 한국 순사 박면희(朴冕熙)는 이를 추적하여 청병을 불렀더니, 청병은 돌연 주먹으로 박 순사의 가슴을 내지르고, 다른 2명도 덤벼들었다고 함. 이때 헌병 상등병이 현장에 뒤따라가 장묵림을 우적동 분견소 내로 동행시킴에 따라, 동(同) 분견소에서는 장묵림의 불법행위를 책망하였더니 장묵림은 이를 부인함. 이에 따라 히라타[平田] 헌병 중위는 다시 사기동 파판소에 교섭하여 가해자의 처벌을 요구함.

4. 한민의 상황

시일의 경과와 함께 우리 한민 보호의 기초가 더욱더 공고해 짐을 더해서, 청국인의 압박과 주구(誅求)도 점차 그 형적을 지우기에 이르렀다. 모두가 안녕한 경우에 있어서 일반적으로 발전의 상황을 보인다. 따라서 우리는 다시 보호에 한 걸음 나아가, 학교의 건설을 장려하고, 식산흥업의 길을 가르치며, 또 근검저축의 미풍을 양성시키고자 한다. 한국 내지에 있는 한민도 간도에서의 한민 보호의 확실함을 문지(聞知)하고, 이주하여 오는 자가 날로 증가하는 상황이다. 금년 1월부터 4월 1일까지에 한국 내지에서 간도(동간도 동부)로 이주한 한인의 호구·인구를 조사하였더니 다음과 같다.

- 이주자(한국 내지에서 간도로) 호수 342호, 인구 남자 932명, 여자 742명, 합계 1,674명

본표 외에 백초구(百草溝)·왕청(汪靑) 지방에 100여 호의 이주자가 있지만 조사가 완료되지 못했다. 이주자는 농업이 가장 많고, 상업 및 기타의 노역을 목적으로 하는 자는 적다. 그리고 대다수는 영주(永住)의 각오로 일가가 모두 이주하였다. 대개 청국인의 소작(小作)을 하는 것이 보통이지만, 개중에는 독립 또는 공동으로 해서 청국인으로부터 토지를 매수하여 자작(自作)을 하는 자도 있다. 청국인은 근래 한인의 이주자가 많아짐으로써 토지의 매매가 행해지고, 또 소작인의 결핍을 보지 않기 때문에 일반적으로 환영하는 모습이다. 한인 중에는 지금 역시도 드물게 변발청장(辮髮淸裝)하는 자가 있는데, 이를 파출소 개설 당시에 비교하면 현저하게 그 수가 감소된 것이라고 하지만, 아직 근절되는 데까지 이르지 않았다. 본월 1일이 조사에 의하면 동간도 동부에 살고 있는 한인으로서 변발·청장을 한 자의 호수·인구는 다음과 같다.

- 변발·청장 한인 호수 112호, 인구 남자 150명, 여자 37명, 합계 187명

변발·청장을 한 이유를 조사하였더니 대략 다음과 같다.

(1) 토지의 소유권을 얻기 위해
(2) 청국의 관리·공리·병졸·통역·용인(傭人) 등으로 되기 위해
(3) 청국의 처(妻) 또는 양자로 되기 위해
(4) 청국 관헌에게 아부하기 위해

위 중에서 토지 소유권을 얻기 위해 변발·역복(易服)하는 자(전월 보고에 상세히 기록)가

가장 많고, 청국의 공리·통역 등이 그다음, 청국 관헌에 아부하는 목적의 것이 가장 적다. 그렇지만 파출소 개설 이래로 변발·역복자가 다시 한복으로 고치는 자 중에는 이런 종류의 아부자가 가장 많다고 한다. 변발·역복은 주로 자기의 이익에 기초하여 하는 것이기 때문에, 예컨대 청장(淸裝)을 입었다고 하더라도 우리의 시설에 반항하는 것과 같은 행동을 하는 자는 지극히 드물다. 한인의 말에 따르면 변발·역복의 시기는 금일부터 대략 40년 전으로서, 가장 많이 생긴 것이 지금부터 12년 전에서 4년 전까지라고 한다.

5. 호구조사에 관한 건

본년 1월부터 5월에 걸쳐 동간도 동부의 청·한인의 호구조사를 실시하였더니, 그 총수가 대체로 다음과 같았다(추가로 詳報할 예정).

- 지역: 동간도, 국별: 청국, 호수(戶數) 3,900호, 인구 남(男) 17,198명, 여(女) 10,173명, 합계 27,371명.
- 지역: 동부, 국별: 한국, 호수 16,101호, 인구 남 47,171명, 여 35,828명, 합계 82,999명.
- 총계, 호수 20,001호, 인구 남 64,369명, 여 46,001명, 합계 110,370명.

단, 청·한인 중에는 관리 및 병원(兵員)을 포함하지 않음.

호구조사에 즈음하여 청·한인의 감상을 추찰하면, 청국 인민은 일반적으로 냉담하지만 청국 관헌은 우리의 호구조사를 자국의 행정에 간섭하는 것으로 몹시 이를 기혐하는 모양이다. 또한 일반 한인은 호적부에 등록됨으로써, 비로소 국민의 자격을 갖는 것처럼 믿어서 기꺼이 우리 조사에 응했지만, 청국 관헌 소재 지방에서의 한인은 청국 관헌을 꺼리어 우리 조사를 피하려고 하는 풍조가 있었다. 호구조사 중 청국 관헌으로부터 각 지방에서 조사의 중지, 또는 문패 게시 금지의 요구를 받았고, 게다가 종성간도 일원·온성간도 춘화사(春華社)·무산간도 남부 지방에서는 매우 심한 방해를 받았지만, 결국 이를 배제하고 조사를 수행하였다. 그러나 청국 관헌에서 행한 방해의 수단으로서는 한인을 협박하여 출타시키거나, 또는 조사 중 집합한 한인을 해산시키는 등 우리가 조사할 방법을 막게 하였고, 심지어는 한인을 구타하여 우리의 질문에 답할 바가 없게 하는 데에 이르렀다. 금회 실시한 호구조사는 우리 파출소의 한민 보호의 취지를 벽원(僻遠)의 땅에까지 투철(透徹)시켰다는 효과가 있었다. 그러나 대체로 한인은 청국인에 비해 거주 가옥 및 기타의 경영 등에서 전부 소규모이어서, 자칫하면 유식(遊食)을 일로 하는 자가 많다.

6. 위생 상태

(1) 소원(所員)의 상태: 월간 소원의 환자 총수는 5명으로서 모두 경병(輕病) 환자일 뿐이고, 특기할 질환이 없이 일반적으로 건강한 상태에 있음.

(2) 지방의 상황: 홍역[麻疹]은 각 부락에서도 다소의 유행이 있음. 말라리아[麻剌利亞] 환자는 전월에 비해 현저하게 증가하였음. 본월 동경대(東京台) 및 신흥평(新興坪) 분견소원 및 동지(同地) 한인의 일부에 종두(種痘)를 시료하였음.

(3) 환자 시료(施療)의 상황: 본월 간 시료한 신환자 총계는 780명으로 전월에 비해 146명이 증가함. 1일의 신환자가 60여 명이 넘는 일이 있음. 신환자를 국적으로 구별하면 다음과 같음

- 한인 631명, 청국인 75명, 일본인 74명

7. 본월의 기상 개황

- 제일순(第一旬): 평균기온 17.4도, 최고기온(4일) 32.0도, 최저기온(6일) 5.5도, 강수 횟수 6회, 강수량 14.0mm
- 제이순(第二旬): 평균기온 16.5도, 최고기온(12일) 27.5도, 최저기온(17일) 7.0도, 강수 횟수 10회, 강수량 28.2mm
- 제삼순(第三旬): 평균기온 18.5도, 최고기온(23일) 30.5도, 최저기온(28일) 11.5도, 강수 횟수 7회, 강수량 18.4mm
- 월평균기온 17.5도, 최고기온(4일) 32.0도, 최저기온(6일) 5.5도, 강수 횟수 23회, 강수량 60.6mm, 적산온도 524.5도, 쾌청일수 0일, 담천일수 14일, 강수일수 17일.

작년 본월의 기상은

- 제일순(第一旬): 평균기온 16.9도, 최고기온(3일) 32.0도, 최저기온(7일) 8.0도, 강수 횟수 4회, 강수량 65.4mm
- 제이순(第二旬): 평균기온 17.4도, 최고기온(17일) 30.0도, 최저기온(11일) 5.5도, 강수 횟수 1회, 강수량 0.1mm
- 제삼순(第三旬): 평균기온 20.0도, 최고기온(22일) 36.0도, 최저기온(22일) 9.5도, 강수 횟수 1회, 강수량 0.1mm
- 월평균기온 18.1도, 최고기온(22일) 36.0도, 최저기온(11일) 5.5도, 강수 횟수 6회, 강수량 65.6mm, 적산온도 546.8도, 쾌청일수 5일, 담천일수 5일, 강수일수 6일.

위의 두 표를 대조하니, 본년은 적산온도에서 22.3도, 평균기온에서 0.6도가 낮음을 보인다. 최고기온도 역시 4도가 낮음을 보이고, 강수량에서 5mm가 적지만, 담천일수와 함께 강수일수가 매우 작년보다 많다. 쾌청일은 전혀 없고, 또 본월 1회의 강설(降雪)이 있었다. 요컨대 기온은 본월에 있어서는 작년보다 낮지만, 강수와 함께 기온은 작년보다 순화(順和)하기 때문에 농작물의 발아·생육 등에 모두 순조로운 환경에 있다.

8. 소원(所員)의 동정 및 집무의 상황

고원 자이만 세이조[財滿精三]는 바라는 바에 따라 본월 1일부로써 해고하였다. 구스노[楠野] 사무관에게 회계 사무 협의를 위해 출경(出京)을 명하여, 16일에 출발케 하였다. 촉탁 가메이 기쿠지로[龜井菊治郎]는 □월 □일부로 월급 110원을 받았다. 본월 6일 본관은 당지를 출발하여 무산간도 방면을 순시하고, 12일 두도구를 거쳐 귀소하였다. 금회와 전회의 순시에서 각지의 도사장 이하 한민에 대해 별지 제1호의 훈시를, 한인 학교에 대해서는 대강 별지 제2호의 훈회(訓誨)를 하였다. 그리고 각각 다소의 보조금을 부여해 주었다. 각지 한민의 상태는 대체로 전항 한민의 상황에서 기재한 것과 같이 충심으로 우리의 보호를 신뢰하여 매우 안도하는 모양을 본다. 그럼에도 우리가 한민 보호에 기하는 바는 저들이 소극적인 것에 있지 않고, 다시 나가 적극적으로 보호를 가하지 않으면 안 되는 것이기 때문에, 귀래하여 소원에 대해 별지 제3호의 훈시를 하였다. 차제에 일층 더 노력 · 분려(奮勵)하는 것이 필요하다는 뜻을 간유(懇諭)하였다.

9. 경찰사고

본월 간에 취급된 경찰사고는 아래 표와 같다.

메이지 42년(1909) 6월 중 경찰사고표

간도헌병분대

◎ 구분: 일본 형법 위반

【사항: 괴대(拐帶) 및 사기취재(詐欺取財)】 건수 1. [적요] 피고 일본인 남자 1명. 회령경찰서에 교부.

◎ 구분: 한국 형법 위범

【사항: 간인부녀율(姦人婦女律)】 건수 1. [적요] 피고 한인 남자 1명, 피해자 일본인 여자 1명. 함흥지방재판소로 송치

◎ 구분: 설유(說諭)

【사항: 청국 병영 앞에서 밀매음(密賣淫)을 한 일】 건수 1. [적요] 피고 일본인 여자 1명. 설유.

【사항: 사술(邪術)로써 사람의 화복(禍福)을 망언하려고 한 일】 건수 1. [적요] 피고 한인 남자 3명. 설유한 뒤 사술용 서적 10책을 버리게 함.

【사항: 유부녀와 간통한 일】 건수 1. [적요] 피고 한인 남자 1명. 설유.

【사항: 간통의 매개를 한 일】 건수 1. [적요] 피고 한인 남자 2명. 설유.

【사항: 부녀자 유괴】 건수 2. [적요] 2건 모두 원고 · 피고 한인 남자 각 1명. 1건은 피고에게 설유한 뒤 부녀자를 원고에게 인도시킴. 1건은 피고의 도주로 부재하여 수색 중.

【사항: 유실물 극류(剋留)】 건수 1. [적요] 피고 한인 남자 1명. 설유한 뒤 극류품을 유실

자에게 반환시킴.

【사항: 절도 및 유실물 극류】 건수 1. [적요] 피고 한인 남자 1명, 설유한 뒤 장물과 극류품을 피해자에게 반환시킴.

【사항: 절도】 건수 5. [적요] 1건은 피고 한인 남자 1명, 원고 한인 남자 5명. 경미하여 설유하고 방견함. 1건은 피고 청국인 남자 1명. 청국 관헌에 인도함. 1건은 원고·피고 모두 한인 남자 각 1명. 피고는 한국 내지로 도주하여 조회 중. 1건은 피고 한인 남자 1명. 장물을 소비하였으므로 배상시킨 뒤 설유하여 방견. 1건은 피고 청국인 남자 2명, 원고 한인 남자 1명. 피고는 도주. 소재 불명으로 수색 중.

【사항: 채무관계】 건수 15. [적요] 5건은 원고·피고 모두 한인 남자 각 1명. 피고에게 설유하여 채무를 이행시킴. 3건은 원고·피고 모두 한인 남자 각 1명. 쌍방에게 설유하고 시담(示談)시킴. 1건은 원고 한인 남자 3명, 피고 한인 남자 1명. 피고에게 설유하고 시담시킴. 2건은 원고·피고 모두 한인 남자 각 1명. 피고에게 설유하고 시담시킴. 1건은 원고 한인 남자 1명, 피고 일본인 남자 1명. 피고에게 설유하여 채무를 이행시킴. 1건은 원고·피고 모두 한인 남자 각 1명. 원고의 부당 청구에 대해 설유. 1건은 원고·피고 모두 일본인 남자 각 1명. 피고에게 설유하여 채무를 이행시킴. 1건은 원고 청국인 남자 2명, 피고 일본인 남자 1명. 피고에게 설유하여 채무를 이행시킴.

【사항: 구투(毆鬪)】 건수 4. [적요] 1건은 원고·피고 모두 한인 남자 각 1명. 피고에게 설유하여 손해를 배상시킴. 1건은 원고·피고 모두 한인 남자 각 1명. 쌍방에게 설유. 1건은 한인 남자 3명. 서로 간에 싸우고 때린 것을 사실로 인정하여 설유. 1건은 한인 남자 1명, 일본인 남자 1명. 서로 간에 싸운 것은 사실로 인정하여 설유.

【사항: 손해배상 요구】 건수 1. [적요] 원고·피고 모두 한인 남자 각 1명. 원고의 부당 요구에 대해 설유.

【사항: 가족의 부양을 소홀히 한 일】 건수 1. [적요] 원고 한인 남자 1명, 피고 한인 남자 1명. 피고에게 설유하여 부양하게 함.

【사항: 가택에 침입하려고 한 일】 건수 1. 피고 일본인 남자 1명. 설유하고 방견.

【사항: 도박】 건수 1. [적요] 피고 한인 남자 4명. 설유하고 방견.

【사항: 청국 관리의 유임 청원서에 타인을 강청하여 연서(連署)시킨 일】 건수 1. [적요] 피고 한인 남자 5명. 설유.

【사항: 쟁론】 건수 6. [적요] 2건은 당사자가 한인 남자 2명. 쌍방에게 설유한 뒤 화해시킴. 1건은 당사자 한인 남자 3명. 쌍방에게 설유한 뒤 화해시킴. 1건은 원고·피고 모두 한인 남자 각 1명. 피고에게 설유한 뒤 화해시킴. 1건은 당사자 일본인 남자 1명, 청국인 남자 1명. 쌍방에게 설유한 뒤 화해시킴. 1건은 당사자 한인 남자 1명, 청국인 남자 1명. 쌍방에게 설유한 뒤 화해시킴.

【사항: 토지 소유권을 침해한 일】 건수 1. [적요] 원고 한인 남자 1명, 피고 청국인 남자 1명. 교섭한 뒤 한인의 소유로 확정함.

◎ 구분: 청국 관헌에 교섭

【사항: 부당징세를 한 일】 건수 2. [적요] 2건 모두 원고 한인 남자 1명, 피고 청국 세무국 관리. 산해세(山海稅)를 부당하게 징수하려고 한 일.

【사항: 구타】 건수 1. [적요] 피해자 한인 남자 2명. 청국 관헌에서 함부로 태형을 가한 일.

【사항: 구투(毆鬪)】 건수 4. [적요] 1건은 원고 한인 남자 1명, 피고 청국인 남자 2명. 피고를 청국 관헌에 인도함. 1건은 원고 한인 남자 1명, 피고 청국인 남자 2명. 피고를 청국 관헌에 인도함. 1건은 원고 한인 남자 1명, 피고 청국 관리 1명. 1건은 원고 한인 남자 1명, 피고 청국인 남자 수명.

【사항: 목재를 불법으로 몰수한 일】 건수 1. [적요] 피해자 한인 남자 1명. 청국 관헌에서 벌채 금지의 제령을 위반했다고 몰수한 일.

【사항: 불법의 징발을 한 일】 건수 1. [적요] 청국 순방대에서 한인으로부터 잡곡·땔감을 징수하고 상당하는 대금을 지불하지 않은 일.

【사항: 채무관계】 건수 1. [적요] 원고 한인 남자 1명, 피고 청국인 남자 1명. 피고를 청국 관헌에 인도함.

◎ 구분: 검시(檢視)

【사항: 변사(變死)】 건수 3. [적요] 1건은 한인 여자 1명. 강물에 투신·익사한 일. 1건은 한인 남자 1명. 아편을 다량으로 복용하여 자살한 일. 1건은 한인 남자 1명. 중독사(中毒死)한 일. 이상 3건 모두 간도분대에서 검시.

◎ 구분: 검증

【사항: 출화(出火)】 건수 1. [적요] 구송허사(九松墟社) 팔도구(八道溝) 서곡촌(西谷村) 한인 가옥 1호가 반소(半燒). 원인은 실화. 팔도구 분견소에서 검증.

【사항: 도난】 건수 1. 피해자 일본인 남자 1명. 카네킨[金巾] 6필을 절취당해 간도분대에서 검증.

◎ 구분: 보호

【사항: 인명구조】 건수 1. [적요] 한인 남자 1명이 강물에 빠져 익사하려는 것을 헌병이 발견하여 구조.

◎ 구분: 신고

【사항: 도난 신고】 건수 1. [적요] 피해자 이론인 1명. 탁상시계 1개를 절취당한 일.

합계 63건.

부속(附屬) 1. 사이토[齋藤] 파출소장의 훈유(訓諭) 개요(관내 부락민에게)

제1호 별지: 소장 순회 때 사장(社長)·촌장(村長)·두민(頭民) 등에게 훈유한 개요

본관(本官)은 금회 간도 각지의 민정시찰의 길에 오르며 오늘 당지에 도착한바, 사장·촌장을 비롯한 다수의 두민 등이 노정의 원근에도 불구하고 이처럼 와서 환영의 예를 다하는 데에 충심으로 깊은 감사를 이기지 못하는 바이다. 처음 한국 황제 폐하의 의탁으로 말미암아 재작년 당국에서 본관을 파견하고, 간도에 재주(在住)하는 한민 보호의 중임을 내려주어 이 땅에 내주(來駐)하게 한 이래로, 적어도 그대들 한민의 기쁨과 슬픔에 관해서는 일의 크고 작음을 묻지 않고 오로지 필요한 시설을 소홀히 하지 않은 결과, 세월의 경과와 함께 모든 일들이 시작될 수 있었다. 따라서 그대들이 이전에 있어서 타국인의 압박을 받고, 부당한 가세(苛稅) 등에 신음한 일이 있었다는 것은 늘 각지로부터의 보고로 접했던 바인데, 더구나 실지(實地)에서 몸소 현황을 시찰하려고 하여 금회 친히 순회하는 것으로 하였더니, 각지의 상황이 예상 이상으로 양호한 모양을 나타내서, 일반의 한인들이 도처에서 모두 발전을 안도하는 안색이 있음을 보니 참으로 유쾌한 감이 든

다. 이 기회에 있어서 보호의 시설에 관해 다시 그대들에게 훈고(訓告)하여 위안분려(慰安奮勵)의 정도를 촉진시키려고 한다. 이것은 다른 데에 있지 않다. 본관이 연도(沿道) 한민의 생활 상태를 보니, 그것이 다른 국민에 비해 아직 크게 뒤떨어지는 것이 있음을 불쌍히 여기노라. 대저 사람이 이 세상에 처하여 그 희망이 하나도 만족치 않더라도, 요컨대 어느 누구도 자기의 재산을 많게 하고 자손의 번영을 바라지 않는 일은 없을 것이다. 그렇지만 그대들이 이 목적을 달성시키려면 처음부터 유타안일(遊惰安逸)을 탐하는 것을 허락하지 말고, 반드시 착실·근면하게 그 직업에 충실해야 함이 필요하다. 이전에 본관이 일본에서 귀임하던 때, 각 사장 등의 노고에 보답한다는 뜻으로 그들에게 회중시계를 상여(賞與)하였다. 본래 본관의 의중에서 말하자면, 단순히 사장 등에 한정하지 않고, 널리 촌장·두민 등에게도 똑같이 수여하려는 정신이었지만, 유감스럽게도 한정된 수이고, 또 일반의 많은 사람에게 나누어 주기 어려운 사정이 있는 까닭에, 그대들의 대표자로 하여 그대들 다수의 여망으로 추대된 사장 그 사람에게 수여함으로써, 본관이 그대들 일반의 평안과 근심에 권권(拳拳)하는 뜻을 조금이나마 표시하려고 했던 점이 있었다. 그리고 이 시계의 증유(贈遺)는 결코 이것을 저들의 장난감이 되게 하려고 한 것이 아니며, 또한 그 기계의 정교함을 관람시키려 한 것도 아니다. 즉 1일이 얼마만큼의 시간으로 하고, 이 시간이 한번 가면 다시 돌아오지 않음으로, 능히 시간의 귀중함을 깨닫게 하려고 하였다. 가령 1시간·반시간이 작다고 하지만, 이것을 유리하게 선용(善用)시키면 언제나 유타(遊惰)를 경계하고 근면을 으뜸으로 해서, 시시각각 재산의 풍요를 기도하고, 의복을 미려하게 하며, 가옥을 굉장(宏壯)케 하여 자손 번영의 기초를 만들게 할 것이라고 사민(社民)에게 주지시키려고 하는 데에 있었다. 그대들은 그때 그런 일을 이해해 달라. 이에 한마디 덧붙이고자 하면 재산 저축의 좋은 관습을 양성시켜야 한다는 데에 있다. 저축이란 것은 일상의 낭비를 삼가고 그때그때의 생산액을 축적·증식하는 것을 일컫는다. 기왕의 무질서한 경우에 있어서는 가옥의 굉장함과 재산의 부요함이 도리어 타인의 폭욕(暴慾)한 강탈을 부르는 원인이 되기 때문에, 사람들이 조금도 저축의 이익을 알지 못했다. 인습(因襲)의 폐로 자포자기로 흘러, 조식(粗食)에 만족하고 폐의(敝衣)에 안도하며, 완전히 진취의 활기를 잃어버리는 데에 이르렀음은 실로 가련한 상태의 하나였다. 지금이야말로 그대들 생명재산의 보호를 위해서는 우리 통감부 파출소에 있는 일·한의 관리, 헌병과 함께 극력으로 그대들의 안녕행복(安寧幸福)을 증진시키는 데에 노력하고 있기 때문에, 그대들은 약간의 위구심도 품을 필요가 없다. 평소의 마음을 평안히 하여 그 업에 힘쓰고 쓸데없는 지출을 버려서 우리 파출소 관리의 좋은 예를 본받아 일반에 저금의 풍속을 길러 장래 다복한 경애(境涯)에서 즐길 것을 기대하는 바이다. 본관이 그 옷을 미려하게 하고, 그 집을 굉장케 하라고 쓴 것은 결코 사치의 악풍을 권하고 있는 것이 아니다. 즉, 인간의 당연한 희망을 정당하게 달성하는 양책(良策)을 강구하지 않으면 안 된다고 쓴 것이다. 그리하여 식산흥업(殖産興業)으로 능히 그 자신을 부유하게 하고 그 자손을 번영시켜서, 이 문명의 세계에서 서식하며 세운(世運)의 진보와 병행하고, 결코 타인에게 일착(一着)을 뒤지지 않으려고 한다면, 반드시 지식이 있는 사람이 되지 않으면 안 된다. 지식은 배워서 이를 획득하는 것이다. 연령이 이미 노쇠한 무리는 지금 다시 말해도 별 수 없으니, 이 무리를 위해서는 때때로 필요한 훈계를 내려주면 될 것이다. 그렇지만 연령이 아직 어리고 앞길에 희망을 갖고 있는 청년자제는 모두 신속히 배움으로 나가, 옛것을 익히고 새것을 알아서, 각자 그 천부(天賦)의 기능을 발달시키는 일에 힘써야 한다. 본관은 이를 위하여 각지에 완전한 학교를 신설할 필요를 느끼자마자 가장 공을 들였지만, 백폐(百廢)를 일시에 들기 어려움은 여러 가지로 면치 못했던바, 이제야 간도에 있어서 모범적 학교로 하여 작년 용정촌에 하나를 설립하고 지금 그 신교사(新校舍) 건축의 공사 중에 있다. 이밖에 인간의 가장 귀중한 생명 구제를 위하여, 기술이 우수한 군의(軍醫)를 초빙해서 무료시약(無料施藥)하였다. 그 은혜를 입어 질병의 액(厄)을 면하게 한 것이 한민 중에 이미 무려 1만여 명에 달한다. 아울러 농작(農作)에서 가장 긴요한 것이 소[牛]인데, 본래 간도지방의 우역(牛疫)이 누차 발생하여, 그때마다 한민의 피해가 적지 않았음을 불쌍히 여겼다. 이제야 수의(獸醫)를 초빙하는 중인데, 불일간 도착하여 그 구료(救療)를 개시하는 운에 이를 것이다. 또한 용정촌에 농사시험장을 개설하여, 어떤 곡류가 가장 간도의 지질에 적합하고, 똑같은 간도 생산의 곡물 중에서도 어떤 게 가장 수확이 많은지, 결국 재주 한민을 이롭게 하는 최량의 곡종(穀種)을 선택할 것이다. 예를 들면 똑같은 1경지의 면적으로써 종래 2~3석의 수확에 그치던 것이 늘어나 십 수석의 수확으로 된다. 게다가 가격에서 논하자면 기왕의 10원의 생산액에 불과하던 것이 능히 100원의 수입을 얻는 데에 이를 수 있어서 현재 그 택종(擇種) 등의 시험 중에 있다. 머지않아 시험의 성과에 비추어 그대들에게 그 양종(良種)을 나누어 주려고 하려는 것은 물론이요, 본년 추확(秋穫) 때에는 간도 농산물의 종류를 수집하여 소위 공진회(共進會)처럼 각자의 산출품을 품평하고, 우등품에 대해서는 특별히 상여(賞與)의 금품을 하부하려고 하는 계획도 있다. 이를 요약하면 이상으로 서설(絮說)한 것처럼, 본관은 간도 재주의 한민 보호를 위하여 그간 받아온 압박 또는 부당한 가세(苛稅) 등은 단호하게 이를 배제하겠다. 그대들을 고통의 처지로부터 구원해서 평안한 경지로 지도·추만(指導推挽)할 방법에 고심하여, 알고서 익히지 않음이 없고, 익히고서 시행하지 않음이 없도록 하겠다. 그대들은 이를 더욱 신뢰하고 안도하여, 각각 그 업에 힘써 일층 안녕행복(安寧幸福)의 증진을 기도해야 할 것이다. 아울러 수시로 필요한 시설은 당지에서 근무하는 분견소장에게 훈령을 지시하여, 그 기의(機宜)를 그르치지 않도록 하겠다. 그대들이 만일 의의(疑義)가 있으면 나아가 묻고, 청원이 있으면 와서 소송하라. 모든 의구(疑懼)한 마음을 버리고, 한뜻으로 우리 파출소의 시설에 의지함으로써 각자 정당한 행복을 추구하는 계획을 세우라. 오늘 친히 면회하는 기회를 이용하여 약간 보호 시설의 개요를 훈고(訓告)하였다. 이상과 같음.

부속(附屬) 2. 사이토 파출소장의 훈유 개요(학교 생도에게)

제2호: 소장 순회 때 학교 생도에 대하여 훈유한 개요

본직은 금회 간도지방의 시찰 도중, 오늘 당지에 도착한바, 그대들 유년의 학교 생도에 이르기까지 걸터앉아 환영해 주는 것이 진실로 기특하기 짝이 없다. 본직은 이렇게 그대들과 면회하는 기회를 이용하여 그대들 장래의 소양을 위해 한 마디 말하려는 바가 있겠다. 애당초 그대들이 날마다 학교에 출입하여 급급히 학문을 닦는 이유는 대체로 우선 제일로 자기의 몸을 닦고 집안을 가지런히 하는 데에 있는 것이 목적이라 해도 좋을 것이다. 그렇지만 능히 마음에 새겨두어라. 헛되이 호언장담하고, 부화경조(浮華輕躁)로 달리는 도배(徒輩)들에 이르러서는 세상을 위해 또는 자기를 위해 백해무익하다. 게다가 그 힘써 배우는 바의 것, 이를 실행하지 않으면 아무런 연찬(硏鑽)의 효과도 없다. 학교의 교사는 모두 마땅히 행하고 마땅히 해야 할 과목을 가르치는 것에 있기 때문에, 그대들은 그 훈계에 따라 그 가르쳐 주는 것을 배우며, 배운 이상은 반드시 이것의 실천궁행(實踐躬行)을 기하지 않으면 안 된다. 비유하자면 학교의 교사는 그대들을 위해 맛있는 성찬을 그대들에게 제공하는 사람이다. 그대들이 잘 이것을 씹어서 그 맛을 터득해야 할 필

요가 있다. 가령 선미(善美)한 향응과 만나도, 그대들이 구태여 삼키지 않는다면 어찌 그 감미(甘味)를 맛볼 수 있겠는가? 들은 바의 문자 끝에 있지 않고, 읽은 바의 서적 위에 있지도 않으니, 반드시 이를 궁행(躬行)함에 이르러서야 비로소 학교의 이익이 있음은 마치 향응을 먹고 난 이후에 그 맛있음을 알 수 있는 것과 같다. 그대들은 잠깐 사이라도 이를 잊어서는 안 된다. 또한 그대들은 매일 통학하는 학교 외에 별도로 하나의 학교가 있음을 아는가? 그것은 다른 데에 있지 아니하다. 즉, 그대들의 가정이 그것이다. 가정에는 자애로운 부모가 있고 형자(兄姊)가 있을 것이다. 부모형자는 모두 그대들의 선행양위(善行良爲)를 간독하게 지도할 것이고, 바꿔 말하면 이 역시 그대들에게 맛있는 성찬을 제공하는 적당한 교사가 아닌가? 고어(古語)에 이르길, "제자(弟子)가 들어가서는 효(孝)하고, 나와서는 공손[弟]하라"고 했다.[133] 그대들은 힘써 학교에 배우는 것과 함께 가정에서의 수업도 게을리하면 안 된다. 이와 같이 내외(內外) 모든 배움에 힘써서 결코 나태해지지 않는다면, 마침내 능히 수신제가(修身齊家)의 목적을 달성할 수 있는 것은 물론, 이 개명(開明)의 세상에 처해서 당연한 안녕행복(安寧幸福)을 향수할 것이라는 것은 의심할 필요가 없다. 본직이 언제나 간도 한민의 자제를 위한 완전한 학교의 설비를 바라는 마음이 간절하다고 하더라도, 일에는 순서가 있어서, 도저히 각 지방에서 일시에 그 설립을 바랄 수는 없는 일이다. 따라서 먼저 모범적 학교의 하나로서 용정촌에 이를 창설하여, 현재 그 신교사(新校舍)의 건축 중에 있다. 그대들이 만일 자진하여 완전한 학술을 닦으려고 한다면, 당분간 용정의 학교로 내학(來學)하여도 무방하다. 이에 본직은 평소 교육을 중히 여기는 미지(微志)를 표하기 위해, 얼마 안 되는 약간의 금액을 이 학교에 기부코자 한다. 만일 학교 필수의 비용에 충당되어서 교육에 보탬이 된다면 특히 만족하는 바이다. 그대들 생도를 위해 일편(一片)의 훈유(訓諭)를 준 것이 이와 같다.

---

133 『논어』 학이편 6장의 "제자가 들어가서는 효하고 나와서는 공손하며, 행실을 삼가고 말을 성실하게 하며, 널리 사람들을 사랑하되 어진 이를 친히 해야 하니, 이것을 행하고 나서도 여력이 있을 경우에는 학문을 하라[弟子入則孝, 出則弟, 謹而信, 汎愛衆, 而親仁, 行有餘力, 則以學文]"는 말을 인용한 것이다.

부속(附屬) 3. 사이토 파출소장의 훈시(파출소 직원에게)

제3호 훈시

한인 보호의 임무는 그 제1기로부터 바야흐로 제2기에 들어서려 하는 것과 거기에 대한 일반의 방침에 대해 작년 두 차례(8월 12일) 훈령한 바가 있었다. 이를 개언(槪言)하자면, 제1기에서는 주로 폭력의 압박과 가열한 주구(誅求)를 면하려고 노력하였고, 제2기에서는 보호의 주지를 한층 깊이 인심(人心)에 투철(透徹)시킬 뿐만 아니라, 교육·위생의 관념도 함양하는 것을 계획하였다. 또한 도사장·사장·촌장 등 보호에 관한 지방기관의 조직을 기하였다. 그리하여 이번에 친히 각지를 순시하였더니, 대체로 예기의 성과를 얻은 것을 확인했음은 크게 만족하는 바이다. 이는 필경 제관(諸官) 모두가 소정의 방침을 고수하여 국궁분려(鞠躬奮勵)하고, 지성봉공(至誠奉公)하며, 잘 인내하여 그 직무에 종사한 결과에 있었던 것이다. 그렇지만 각지에서의 보호의 효과와 은위(恩威) 침투의 정도는 한결같지 않았다. 기타 일반적으로도 여전히 우리가 시설에 진력해야 할 여지가 광대함을 확인하였다. 본관은 작년 8월 훈시에서 항상 위엄을 갖추고 기선을 잡아서 타인의 협박에 개의치 말 것과 또 같은 해 말 분견소장 회의에 즈음하여 피보호자의 이익을 증진시켜 번로(煩勞)를 싫어하지 않게 간절히 지도의 열매를 거둘 것을 주의하라고 하였다. 따라서 이제야 장래를 향해서는 종래의 보호수단을 더욱더 엄밀하게 추행(推行)하는 것과 함께, 더욱 나아가 경제상의 점에 대해서도 지도유원(指導誘援)하는 것이 필요하다는 것을 깨달았다. 무릇 당 지방에서 한인 보호의 임무를 완성시키는 데에는 반드시 먼저 청국 관민의 상태를 두루 살피는 것이 긴요하다. 이것은 본관이 이전에 특별히 훈시했던 '기선을 잡으라'는 의의(意義)에서 가장 밀접한 관계를 갖는 것에 의함이다. 이를 기왕의 상태에 비추어 보면, 우리 관헌은 확실하게 청국 관헌의 기선을 잡았고, 저들은 단지 우리의 행위를 모방하는 데에 불과하다는 견해가 있다. 그런데 한인에 이르러서는 크게 그 상태가 다르다. 도리어 청국인에게 기선을 잡히지 않았나 한다. 인습(因襲)이 오래되고 또 부득이한 이유라고 하지만, 거주 생활의 정도, 농공상업, 기타 운수·교통의 사업에 이르기까지, 청국인을 능가하는 것이 단 하나도 없다는 것은 매우 민망한 일이 아닐 수 없다. 다행히 우리의 보호가 해를 거듭하며 그 효과가 점차 널리 미치고, 내주자(來住者)는 따라서 또 그 수가 증가하고 있다. 하지만 그 생활 상태를 개선하고, 제산(製

産) 능력을 발달시키는 데 있지 않으면, 도저히 청국인과 길항(拮抗)할 수 있는 경지에 달하기가 어렵다. 이 때문에 본관은 이전에 학교를 일으키고, 농사시험장을 세우며, 또 지방을 순시할 즈음에 주로 도사장 이하 인민들에 대해 보호의 실제(實際)를 적설(摘說)하면서 자세히 간유(懇諭)했던 바가 있다는 것을 제관(諸官)들이 숙지하는 바라면, 소위 '기선을 잡는다'는 계획에서 빠진 바가 없다는 점을 기억하라. 그렇지만 이를 실지에서 적응하여 그 성과를 거두려면 제관들의 정려(精勵)를 진력하는 데에 기대하지 않으면 안 된다는 것은 물론이다. 특히 지방 일반에 보급시키기 위해서는 주로 각 분견소 근무자의 진력에 의뢰하지 않을 수 없다. 따라서 직접 부연(敷衍) 실시하는 책임에 임하는 자는 힘써서 인민과 접촉하는 기회를 거듭하고, 시기를 보아 상회(商會) 혹은 농회(農會)를 조직하게 하거나, 또는 도화물품(圖畫物品)을 지시하여 우선 지능의 계발(啓發)을 꾀하고, 이어서 근면분발(勤勉奮發)의 기질을 양성하는 것을 기약하지 않으면 안 된다. 기타 종래의 보호수단을 일층 엄밀하게 추진하려면, 될 수 있는 한 지방 순회의 횟수를 증가시키는 것이 긴요하다. 각지의 상태는 각 소관 주임의 보고에 의하거나, 혹은 특별히 이원(吏員)을 파견하여 주찰(周察)하고, 상황에 따라 적당한 획책(劃策)을 안시(按施)한다면, 말할 것도 없이 실수가 없음을 기약하는 바이겠지만, 적어도 인민의 복리에 관해서 해당 관리의 의견이 존재하고 있다면, 그것을 구신(具申)하는 것에 주저하지 말기를 바란다. 이를 요약하자면 재작년 부임 도중에 화호리구령(火狐狸溝嶺)에서 동행하는 제관들에 대해 현지를 지시하며 강화(講話)·훈시(訓示)한 여러 사항은 이제는 착착 현실화되어 청진(淸津)이 개항 다음으로 자유무역항으로 되고, 청진-쓰루가[敦賀] 항로까지도 가까운 장래에 개시될 것이다.[134] 즉, 당 방면의 기운은 지지부진한 것 같지만 실은 쾌속의 발

---

134 1907년 2월 동경에서 비밀리에 창설사무소를 설치하여 사이토 소장으로 중심으로 하는 파출소의 인적 구성을 마친 간도파출소는 그 해 8월 6일 회령에서 요원들을 집합시키고, 8월 18일 쓰루하라(鶴原) 총무장관의 명을 받은 후 이튿날 두만강을 건너 간도로 진입하였다. 20일 육도구(六道溝)를 향하여 전진하다가 화호리구령(火狐狸溝嶺) 정상에서 사이토 소장이 행했다고 하는 훈시를 좀 더 옮겨 보면, "간도의 교통은 훈춘·길림·영고탑·청진과 이어지는 4대 통로를 간선(幹線)으로 삼고, 그 밖에 수많은 소통로(小通路)를 가진다. 장래를 상상할 때는 청진을 기점으로 하여 완전한 철도를 부설하고, 간도를 횡단하여 이를 길림으로 관통시키지 않으면 안 된다. 더욱이 츠루가[敦賀] 항으로부터 직항로를 개시할 때는 북만주와 우리나라와의 거리는 극히 단축되어, 수출입화물은 자연스럽게 이 철도에 의지하게 될 것임은 일목요연하다. 따라서 간도는 물론 북만주의 개발을 기약하여 기다릴 것이며, 특히 일본의 서해안이 대단하게 발달할 것이다"(『역주 통감부임시간도파출소기요』, 동북아역사재단, 143쪽)라고 하였다. 파출소 개설 이후 일본 츠루가 항으로부

전을 이루어 가고 있다고 하겠고, 또 이로써 약간은 위로할 만했다. 제관들은 각기 힘써 주기 바란다.

이에 이번 지방 순시에 맞춰 도사장 이하에게 훈시한 요령의 필기를 첨부하여 훈시한다.

메이지 42년(1909) 6월 21일

통감부 임시간도파출소장 사이토 스에지로

터 직항로를 청진에 연결하고, 청진 기점으로 간도를 횡단하여 길림을 관통하는 철도를 부설하면 일본의 서해안이 발달할 것이라고 한 것은 파출소의 주 임무가 한인 보호 뿐 아니라 일본제국의 이익을 위해 움직인다는 사실을 은연 중에 나타낸 발언이라고 하겠다. 아울러 사이토 소장은 자신들이 머문 화호리구령에 대해 "이 고개는 토요토미 히데요시의 정한군(征韓軍) 효장(驍將) 가토 기요마사[加藤淸正]가 그 군을 전진시킨 최전(最前)의 지방으로, 이른바 오랑카이[兀良哈: 오랑캐]라 기록된 곳이 바로 이곳이다"라고 하여 간도가 역사적으로 일본군이 진입했던 곳임을 인식시켰다. 간도파출소가 한인들을 보호하고 한국과 청국 사이 감계를 한국 측에 유리하게 전개하는 모습을 보이기는 했지만, 종국에 그들이 바란 것은 일본의 이익이었음을 보여주는 사례라고 하겠다.

41. 통감부 간도파출소 폐지에 대한 통고

- **원문제목** 統監府間島派出所廢止에對한通告(原案2册)
- **날짜** 융희 3년(1909) 10월 27일
- **발신** 통감부 참여관(參與官) 이시즈카 에이조[石塚英藏]
- **수신** 내각총리대신 이완용(李完用)

통발 제666호

통감부 간도파출소는 오는 11월 1일까지 폐지하는 것으로 내정하였습니다. 이 점 유념하시도록 통지합니다.

메이지 42년(1909) 10월 27일
임시통감부 총무장관 사무취급
통감부 참여관 이시즈카 에이조
태자소사 내각총리대신 이완용 각하

42. 일청협약 체결로 인한 간도총영사관 개설 통고

- **원문제목** 日淸協約締結로因한間島總領事館開設通告(原案2冊)
- **날짜** 융희 3년(1909) 11월 1일
- **발신** 통감부 통감 소네 아라스케[曾禰荒助]
- **수신** 내각총리대신 이완용(李完用)

통발 제674호

도문강(圖們江) 북쪽 일대의 개간지, 소위 '간도'라고 칭하는 지역은 종래 한청 양국의 소속이 정해지지 않았기 때문에, 제국정부는 몇 해 전 임시로 통감부 간도파출소를 설치하여 오로지 그 지방 재류(在留) 한국민의 보호를 담당하게 하였던 바가 있습니다. 제국정부는 동지(同地)의 소속을 조속히 결정할 필요가 있음을 인정하고, 이후 청국 정부와 교섭·협의 끝에, 본년 9월 4일로써 별지 사본과 같이 동지에 관한 협약의 체결을 완료하였습니다.[135] 그 결과로서 본월 1일까지 통감부 간도파출소를 폐지하고, 동월 2일부터 재간도 제국 총영사관 및 동(同) 분관을 개설하여 재류 한국민의 보호·관리를 담임하는 것

---

135 1909년 9월 청국과 일본이 간도 영유권 등에 관하여 맺은 간도협약(間島協約)을 말한다. 청일, 러일 양대 전쟁을 거치면서 동아시아의 정세가 급변하고, 한국이 일본의 보호국이 되면서 간도에 대한 중한의 교섭은 일중 양국 간의 외교문제로 전환되었다. 이러한 가운데 일본 통감부는 간도파출소를 설치하였으며, 이에 대해 중국 측은 영토 주권의 침해라는 이유로 강렬한 이의를 제기하였다. 당시 조선통감부는 간도가 한국의 영토임을 천명하고, 따라서 간도 문제에 대한 일본 정부의 단호한 결심을 요구하였다. 그러나 중일 간에 만주에 관한 여러 중요한 교섭이 교착상태에 있었으며, 이를 원만히 해결하는 일은 만주에서 일본의 장래를 위한 기반을 확립하는 것이 최대의 긴급 현안으로 간주되었다. 1908년 4월 7일, 일본 정부는 주중공사를 밀사로 보내 국경 분쟁에서 조선민의 보호를 담보로 청국과 교섭하도록 하였으며, 간도 문제는 부득이할 경우 도문강을 국경으로 하도록 지시하였다. 이러한 가운데 1909년 2월 6일, 일본 주중공사 이주인 히코키치[伊集院彥吉]는 청조 외무부에 '동삼성(東三省) 6안(案)'을 제출하고, 동북에서 일본의 철도부설권 및 광산권의 확대를 대가로 간도의 중국 영유권을 인정할 수 있다는 뜻을 전하였다. 결국 청조는 일본의 요구를 수용하는 대가로 간도에 대한 영유권을 획득할 수 있었다.

으로 하였으니, 양지하시도록 이 점 말씀드립니다.

추가하여 본문의 내용은 귀국 관보(官報)로써 일반 고시하는 방법을 서둘러 조치하였습니다. 이 점 말씀드립니다.

메이지 42년(1909) 11월 1일
통감 자작 소네 아라스케
태자소사 내각총리대신 이완용 각하

부(附) 1. 일청협약 조관 사본(일문 번역문)

융희 3년(1909) 9월 4일

대일본국 정부와 대청국 정부는 선린의 우호에 비추어 도문강(圖們江)이 청한 양국의 국경임을 서로 확인하고, 아울러 타협의 정신으로 일체의 변법(辦法)을 상정(商定)함으로써, 청한 양국의 변민(邊民)으로 하여금 영원히 치안의 경복(慶福)을 향수하게 하도록 하여, 이에 다음의 조관(條款)을 체결한다.

제1조 일청 양국 정부는 도문강을 청한 양국의 국경으로 하고, 강의 발원 지방에서는 정계비를 기점으로 하여 석을수(石乙水)로써 양국의 경계로 할 것을 성명(聲明)한다.

제2조 청국 정부는 본 협약 체결 후, 될 수 있는 한 속히 좌기(左記)한 각지를 외국인의 거주 및 무역을 위해 개방해야 한다. 일본국 정부는 이들 지역에 영사관 또는 영사분관을 작설(酌設)할 것이다. 개방의 기일은 따로 이를 정한다. 용정촌(龍井村) · 국자가(局子街) · 두도구(頭道溝) · 백초구(百草溝).

제3조 청국 정부는 종래와 같이 도문강 북쪽의 간지(墾地)에서 한민의 거주를 승준(承准)한다. 그 지역의 경계는 별도(別圖)로써 이를 표시한다.

제4조 도문강 북쪽 지방 잡거지(雜居地) 구역 내의 간지에 거주하는 한민은 청국 법권(法權)에 복종하며 청국 지방관의 관할 재판으로 돌려보낸다. 청국 관헌은 위의

한민을 청국민과 똑같이 대우해야 하며, 납세 및 기타 일체의 행정상의 처분도 청국민과 똑같아야 한다. 위 한민에 관계하는 민사·형사 일체의 소송사건은 청국 관헌에서 청국의 법률에 비추어 공평하게 재판해야 한다. 일본국 영사관 또는 그 위임을 받은 관리는 자유롭게 법정에 입회할 수 있다. 단 인명(人命)에 관하는 중안(重案)에 대해서는 마땅히 먼저 일본국 영사관에게 조지(照知)해야 하는 것으로 한다. 일본국 영사관에서 만약 법률을 살피지 않고 판단된 조목이 있음을 확인했을 때에는 공정한 재판을 기하기 위해 따로 관리를 파견하여 복심(覆審)할 것을 청국에 청구할 수 있다.

제5조 도문강 북쪽 잡거 구역 내에서의 한민 소유의 토지·가옥은 청국 정부에서 청국 인민의 재산과 똑같이 완전하게 보호하여야 한다. 또한 그 강 연안에서는 장소를 택하여 도선(渡船)을 설치하고, 쌍방 인민의 왕래는 자유롭게 한다. 단, 병기(兵器)를 휴대한 자는 공문 또는 호조(護照) 없이는 월경(越境)할 수 없다. 잡거 구역 내에서 산출된 미곡은 한민의 판운(販運)을 허가하지만, 흉년에 처해서는 이를 금지할 수 있다. 시초(柴草)는 구례에 따라 처리해야 한다.

제6조 청국 정부는 장래 길장철도(吉長鐵道)[136]를 연길 남경(南境)으로 연장하여 한국

---

136 길장철도(吉長鐵道)는 만주 제일의 부원인 길림성을 관통하는 노선으로 이미 그 부설에 관해서는 1902년 7월 동청철도 이사회와 청국 정부 간에 길장철도에 관한 예비협정이 체결되었다. 러일전쟁 이후 1905년 12월 청일 간에 '일청만주선후조약에 관한 협정'을 체결하고, 이 철도를 일본의 차관으로 부설하기로 결정하였다. 1907년 4월 15일에 체결된 '신봉(新奉) 및 길장철도에 관한 협약'에서 중국은 일본이 부설하는 신민부(新民府)-봉천부(奉天府) 간의 철도를 매입하기로 하고, 금액은 일화 166만 엔으로 정하여 이를 천진에 있는 일본의 정금은행(正金銀行)에 불입하며, 소요 자금의 절반을 만철로부터 차입하기로 결정하였다. 이 조약의 세목조약은 1909년 8월 18일에 만철과 청조 우전부 사이에 체결되었는데, 여기서 상환 기간을 25개년으로 하고 5년 거치 20년 상환으로 정하였으며, 일본인 기사장 및 회계주임의 고용을 명시하였다. 이 철도는 1910년 5월에 착공하여 1912년 10월에 준공되어 영업을 개시하였으며, 이후 1917년 10월에 만철에게 경영을 위임하였다. 이후 길장철도의 연장선상에서 길회철도(吉會鐵道)의 부설이 논의되었다. 길림(吉林)-돈화(敦化) 간의 길돈선 210km가 1926년 6월에 착공하여 1928년 10월에 완성되었고, 돈화와 도문(圖們)을 연결하는 돈도선 1933년 2월에 완공되었다. 돈도선의 완성으로 사실상 길회철도의 전 노선이 완성되었고, 이와 함께 도문에서 조선의 웅기, 나진, 청진 등에 이르는 신 노선도 부설되어, 이를 통해 일본은 꿈에 그리던 일만 간의 최단 노선을 마침내 실현할 수 있게 되었다. 오사카를 기점으로 해서 쓰루가[敦賀]부터 해로로 청진(혹은 나진)에 이르고, 다시 길회선을 타고 장춘에 이르는 거리를 대련 경유와 비교하면 660~730km의 거리를 단축시키는 것이었다. 수송 시간에 있어서도 약 20시간이 단축되었다(김지환, 2005, 「間島協約과 日本의 吉會鐵道 부설」, 『중국사연구』 34, 중국사학회, 263~266쪽 참조).

회령(會寧)에서의 한국 철도와 연락해야 하며, 그 일체의 방법은 길장철도와 일률로 해야 한다. 설립 시기는 청국 정부에서 형편을 참작하여, 일본국 정부와 상의한 뒤에 이를 정한다.

제7조 본 협약은 조인 후 곧바로 효력을 발생한다. 통감부 파출소와 문무(文武)의 각원(各員)은 될 수 있는 한 속히 철수를 개시하고 2개월로써 완료해야 한다.

일본국 정부는 2개월 이내에 제2조 소개(所開)의 통상지에 영사관을 개설해야 한다.

위의 증거로서 아래에 적는 이름은 각기 그 본국 정부로부터 상당하는 위임을 받고, 일본문 및 한문으로써 작성한 각 2통을 본 협약에서 기명 · 조인하는 것으로 한다.

메이지 42년(1909) 9월 4일
선통 원년(1909) 7월 20일
북경(北京)에서
대일본국 특명전권공사(特命全權公使) 이주인 히코키치(伊集院彦吉)[137] (官印)
대청국 흠명외무부상서회판대신(欽命外務部尚書會辦大臣) 양돈언(梁敦彦) (花押)

부(附) 2. 同上(한문 번역문)

융희 3년(1909년 9월 4일)

대일본 정부와 대청국 정부는 선린(善隣)의 교의(交誼)를 바탕으로 일본과 중국은 도문강(圖們江)을 중국과 한국 양국의 경계라는 것을 분명히 확인하며, 아울러 이와 관련

137 이주인 히코키치[伊集院彦吉, 1964~1924]는 사쓰마번에서 태어나 1890년 동경제국대학을 졸업하고 같은 해 외무성에 들어갔다. 1893년, 지부(芝罘) 부영사를 지냈고, 그 후 영국에서 공사관 서기관, 한국에서 부산 영사, 인천 영사를 지냈다. 1901년 톈진 영사(후에 총영사), 1904년 우장(牛莊) 영사를 겸임하였고, 1908년 영국 대사관에서 참사관으로 근무하였다. 1908년 청나라 공사, 1916년 이탈리아 특명 전권대사, 1919년 파리 강화 회의 전권 위원을 지내고, 1920년 남작(男爵) 작위를 받았다. 1921년 일본 외무성 정보부 부장, 1922년 관동장관(關東長官) 을 지내고, 1923년 9월 제2차 야마모토 내각에서 외무대신이 되었다.

한 일체의 처리를 타협하여 의논하여 정하여 중국과 한국의 변경 지방 백성들이 영원히 서로 편안하게 지내며 함께 행복을 향유하도록 하기 위하여 다음 나열한 각 조항을 제정한다.

제1조 일본과 중국 양국 정부는 도문강을 중국과 한국 양국의 국경으로 삼는다는 것을 공개적으로 천명하고 도문강이 발원하는 지역은 정계비(定界碑)부터 시작하여 석을수(石乙水)를 경계로 삼는다.

제2조 중국 정부는 본 조약이 체결된 후에 속히 아래에 기록한 각 처를 개방하여 각국의 사람이 거주하고 무역할 수 있게 한다. 일본국 정부는 각 해당 개방한 지역(개항장)에 영사관(領事館) 또는 영사관의 분관(分館)을 설립할 수 있으며, 해당 지역을 개방할 날짜는 별도로 정한다. 용정촌(龍井村), 국자가(局子街), 두도구(頭道溝), 백초구(百草溝).

제3조 중국 정부는 도문강 이북의 개간한 지역에 거주하는 한국민을 그대로 인정하며, 그 지역의 사방 경계는 별도의 지도를 첨부한다.

제4조 도문강 이북의 중국인과 한국인이 함께 거주하는 구역 안의 개간한 지역에 거주하는 한국민은 중국의 법에 복종하며 중국 지방관이 관할하는 재판에 귀속된다. 중국 관리는 마땅히 해당 한국민을 중국민과 똑같이 대하며, 응당 납부해야 할 세금과 일체의 행정상의 처분도 역시 중국민과 똑같이 한다. 해당 한국민의 민사(民事), 형사(刑事)와 관련된 일체의 소송 안건은 응당 중국 관원이 중국 법률에 따라 공정하게 심판한다. 일본국 영사관(領事官) 및 영사관이 파견한 관리는 편의에 따라 재판정에 와서 심리를 방청할 수 있다. 오직 인명에 관련된 중요한 안건에 대해서만 먼저 일본국 영사관에 통보한다. 법정에서 심리를 방청할 때 일본국 영사관이 법률을 살펴보지 않고도 지적할 수 있는 점(사안)이 있으면 중국에 별도의 관원을 파견하여 사건을 다시 심리하여 판결을 공정하게 하기를 청할 수 있다.

제5조 도문강 이북의 중국인과 한국민이 섞여 사는 구역 안에 사는 한국민의 토지와 가옥 등의 재산은 중국 정부가 중국인의 재산과 마찬가지로 똑같이 보호한다. 아울러 도문강 연안에 지역을 택하여 배를 설치하여 중국과 한국 인민이 편의

대로 왕래하게 한다. 다만 호조(護照)나 공문(公文)이 없으면 병기(兵器)를 가지고 국경을 넘을 수 없다. 중국인과 한국인이 섞여 사는 구역 안에서 생산한 미곡(米穀)은 한국민만이 국경 밖으로 판매할 수 있지만, 만일 흉년을 만나면 국경 밖으로 판매하는 것을 금지할 수 있다. 땔감은 전례에 따라 처리한다.

제6조 중국 정부는 장래에 길장철로(吉長鐵路)를 연길(延吉) 남쪽 국경까지 연장하여 한국 회령(會寧) 지방에 있는 한국의 철로와 연결한다. 그에 관한 일체의 방법은 길장 철도와 똑같이 처리하며, 건설하는 시기에 관해서는 중국 정부가 형편을 참작하여 다시 일본 정부와 상의하여 정한다.

제7조 본 협약을 체결한 후 본 협약의 각 조항을 즉시 실행한다. 해당 지역에 있는 일본 통감부 파출소 및 문관(文官)과 무관(武官)은 또한 즉시 속히 철거하되 2개월 내에 청나라에서 철거한다. 일본국 정부는 제2조에서 개항하기로 한 지역에 또한 2개월 내에 영사관을 설립한다. 이를 위하여 양국의 대신(大臣)은 각기 본국 정부의 합당한 위임을 받아 일본문과 한문 각 2본을 준비하여 즉시 이 조약에 서명하고 날인하여 믿음을 보인다.

대일본국 특명 전권공사 이주인 히코키치(官印)
대청국 흠명 외무부상서 회판대신 양돈언(花押)
메이지 42년 9월 4일
선통 원년 7월 20일
북경(北京)

統別往復案 통별왕복안

1. 간도 거주 한국민 보호책의 대청 교섭 요청

- **원문제목** 間島居住韓民保護策의對淸交涉要請(往復案1冊)
- **날짜** 1906년(광무 10) 11월 18일
- **발신** 의정부 참정대신(議政府 叅政大臣) 박제순(朴齊純)[1]
- **수신** 통감부 통감(統監府 統監) 이토 히로부미[伊藤博文]

조회(照會) 제102호

우리나라와 만주의 변계 일안(一案)은 전에 주경(駐京) 청국 공사와 번갈아 교섭하여 인원을 파견하고 조사하기를 청했습니다. 일찍이 다 끝내지 못한 안건은 한청조약[2] 제12항에 의거하여 "변방 백성으로 국경을 넘어 개간한 자는 그 생업을 편안케 하도록 하고 〈그들이〉 생명과 재산을 보호할 수 있도록 허락한다" 등의 〈규정에〉 기인합니다. 현재의 형편 아래 간도에 거주하는 백성이 때로 마적 및 무뢰배에게 피해 입고, 침범과 학대를 받는 것에 한탄하며, 해당 백성들이 간절히 보호를 요청하는 것이 끊이지 않으나 〈

---

1 박제순(朴齊純, 1958~1916)의 본관은 반남(潘南), 호는 평재(平齋)이고, 참정 박홍수(朴洪壽)의 아들이다. 조선 말기에 성균관 대사성, 호조참판, 이조참판, 농상공부대신 등을 역임하였다. 대한제국기에는 외부대신, 육군 참장, 의정부 참정대신, 내부대신 등을 지냈는데, 특히 외부대신은 1896년부터 1905년까지 수차례 역임하며 한청조약, 간도행정관리권 교섭, 경흥·의주 개방 단행과 같은 주요한 외교교섭을 주도했다. 1905년 결국 11월 일본 특명전권공사 하야시 곤스케[林權助]와 을사늑약을 체결하여 '을사오적'으로 지탄받았다. 이후 일제강점기에는 자작의 작위를 받았으며, 중추원 고문, 이문회(以文會) 회장, 가정박람회(家庭博覽會) 명예고문 등으로 활동하였다. 박제순의 이상과 같은 활동은 「일제강점하 반민족행위 진상규명에 관한 특별법」 제2조에 해당하는 친일반민족행위로 규정되어 친일반민족행위자로 그 이름을 올리게 되었다.

2 1899년(광무 3) 대한제국의 외부대신 박제순과 대청국 흠차전권대신 서수봉(徐壽朋) 사이에 체결한 전문 14관(款)의 통상조약으로 '한청통상조약(韓淸通商條約)'이라고도 한다. 내용은 양국이 서로 균등한 자격으로 거류민의 신분과 재산을 보호하며 이를 위해 전권대사(전권위원)를 교환하고 총영사관을 설치하도록 약정하였다. 아울러 개항한 지역에서만 무역하도록 정하고 범법이 발생할 때에는 양국 영사관을 통해 조회하여 그 국법에 따라 처벌하도록 규정하였다.

이것은〉 외교와 관계된 일입니다. 귀 통감은 특별히 해당 거주민의 정세와 형편을 유념하셔서 귀국 정부에서 관원을 파견하여 미리 가서 거주민을 안무하는 일로 청국 정부에 전달하여 상의하시기를 요청합니다.

대한광무 10년(1906) 11월 18일
의정부 참정대신 박제순
대일본 통감 후작 이토 히로부미 각하

2. 간도 화룡욕에 거주하는 한국민 송환을 요청한 사실의 유무와 당시 상황에 대한 상세한 사항을 요청

- **원문제목** 間島和龍峪居生韓民送還要請事實의有無와當時狀況의詳示要請(往復案1冊)
- **날짜** 1907년(융희 원년) 10월 2일
- **발신** 통감부 총리대리(統監府 統監代) 하세가와 요시미치[長谷川好道]
- **수신** 내각총리대신(內閣 總理大臣) 이완용(李完用)

기밀통비발(機密統秘發) 제41호

간도 문제에 대해 조회한 일[爲照會事]에 관한 사항임. 청국 정부는 광서 원년(1875)에 한민(韓民)이 국경을 넘어 개간한 것에 대해, 그때 길림장군(吉林將軍)은 이들을 돈화현(敦化縣)의 관할에 귀속시켰습니다. 귀 국왕전하[高宗]는 그 신민이 화룡욕(和龍峪) 지방에 이르러 개간하였다는 이유로 청국적(淸國籍)에 편제하는 것을 좋지 않은[不便] 것이라 하고, 귀국으로 송환하라고 간청한 사실이 있었다는 것에 대해 설명하였습니다. 이는 귀국이 화룡욕 일대를 청국령로 인정한 증거라고 주장한 것입니다. 과연 위와 같은 사실의 유무를 외무부 대신[박동(朴董)]에게 조사할 것을 조회합니다. 긴급[至急]히 위 사실의 유무와 당시의 정황을 회신[回照]해 줄 것을 조회하니, 살펴 헤아려[照亮] 주시기를 요청합니다.

메이지 40년(1907) 10월 2일

통감대리 한국주차군 사령관 자작 하세가와 요시미치

내각총리대신 이완용 각하

3. 위의 건 사실의 부인

- **원문제목** 上件事實의否認(往復案1冊)
- **날짜** 1907년(융희 원년) 10월 8일
- **발신** 내각총리대신(內閣 總理大臣) 이완용(李完用)
- **수신** 통감부 통감(統監府 統監) 이토 히로부미[伊藤博文]

조복(照覆) 제124호

기밀 제41호 귀 부[統監府]가 보내온 문서를 받았습니다. "간도 문제를 조회한 일에 대한 사항에 관하여 청국 정부는 광서 원년(1875)에 한민이 국경을 넘어 개간한 것에 대해, 그때 길림장군(吉林將軍)은 이들을 돈화현(敦化縣)의 관할에 귀속시켰습니다. 귀 국왕전하(高宗)는 그 신민이 화룡욕(和龍峪) 지방에 이르러 개간하였다는 이유로 청국적(淸國籍)에 편제하는 것을 좋지 않은 것이라 하고, 귀국으로 송환하라고 간청한 사실이 있었다는 것에 대해 설명하였습니다. 이는 귀국이 화룡욕 일대를 청국령로 인정한 증거라고 주장한 것입니다. 과연 위와 같은 사실 유무를 외무부 대신[박동(朴董)]에게 조사할 것을 조회합니다. 긴급히 위 사실의 유무와 당시의 정황을 회신해 줄 것을 조회한다"라는 것입니다. 이에 근거하여 여러 해의 문서[檔案]를 거슬러 올라가 상세히 검토[溯考]하니, 광서 원년에 화룡욕 지역에 이르러 개간한 본국 인민의 송환을 간청하였다는 것은 본래 없는 사실일뿐더러, 청국 정부로부터 왕복한 문안에 처음부터 화룡욕이라는 글자가 없었으니, 많은 변론이 필요 없어 이에 조회에 회답합니다. 살펴 헤아리신[照亮] 후, 귀국 외무성에 이를 상세히 전달[轉詳]하시기를 요청합니다.

융희 원년(1907) 10월 8일
내각총리대신 이완용
총감 공작 이토 히로부미 각하

4. 간도 상황 보고서 제출의 건

- **원문제목** 間島狀況報告書呈覽의件(往復案1冊)
- **날짜** 1907년(융희 원년) 10월 8일
- **발신** 통감부 통감(統監府 統監) 이토 히로부미[伊藤博文]
- **수신** 내각총리대신(內閣 總理大臣) 이완용(李完用)

기밀통발(機密統發) 제448호

간도에 있는 통감부[當府] 파출소장 사이토 스에지로[齋藤季治郎]에게 이 지방 일반의 상황에 관해서 별지와 같은 보고가 있어, 참고하기 위하여 이에 등사(謄寫)하여 송부합니다.

메이지 40년(1907) 11월 18일
총감 공작 이토 히로부미 각하
내각총리대신 이완용 각하

부(附). 위와 같은[上同] 보고서
- 날짜 : 융희 원년(1907년 11월 5일)
- 발신 : 통감부 간도파출소장 사이토 스에지로
- 수신 : 통감부 통감 이토 히로부미

순보(旬報)
10월 21일부터 10월[同] 31일까지

메이지 40년(1907) 11월 5일

통감부 파출소장 사이토 스에지로

통감공작 이토 히로부미

1. 지방 일반의 상황

이번 10일[本旬] 동안은 지방이 보통 같이[一般] 평온하여, 농가는 곡물을 타작하고 부식물의 저장과 한겨울 지낼 양식을 준비하는데 급급함.

기후는 적당[順適]하여, 이번 열흘간 기온의 최저는 섭씨 영하 6도, 최고는 15도 5분이니 평년에 비해 아주 따뜻하다고 함.

한국민(韓國民)은 우리 파출소에 대해 신뢰함이 날로 증가하는 상황임. 일반적으로 하는 말이 해마다 청국 관민에게 여러 종류의 가혹한 세금을 내고 불법적으로 돈을 빼앗기거나 징발을 당하여 언제나 고통을 당했다고 함. 올해는 일본 관아가 설치되어 청국 관민이 한국인에 대한 태도를 일변한 결과, 그 세금의 종류와 세액도 감해지고, 또 물건을 징발해 갈 때는 다소의 대가를 지급 받음. 이는 큰 은택을 받은 것이라고 함. 또한 한민은 이 기회에 일보 진전하여 청국 관헌에게는 세금을 전혀 납부하지 않고 징발에도 응하지 않으며 적극적으로 우리의 보호를 받고자 희망하는 것이 일반적임. 또한 우리가 파출소를 설치하려는 의도를 점차로 원근에서 철저하게 수용함. 한국인 중에는 멀리 떨어져 있음에도 불구하고 멀리서부터 와서 고소를 제출하는 자가 있었음. 이번 열흘 가운데 첫 번째 사례, 원고와 피고가 모두 훈춘(琿春)에 거주하는 자인데, 구타로 창상을 입혀 고소했으나 해당 지방은 우리 관할 밖이라 타일러 귀가하게 하였음. 두 번째 사례, 원고는 함경북도 명천군(明川郡)에 거주하는 자이고, 피고 중 한명과 범죄가 이뤄진 장소가 러시아 영토[露領]였으나, 공범혐의자 한 명은 간도 화전사(鏵田社)에 거주[現住]하기 때문에 고소된 강도·살인사건임. 조사 결과 증빙이 충분치 못함으로써 공범혐의자를 방환하였으나 〈이 사건들로 인해〉 한민이 우리 관헌을 신뢰함이 날로 점차 두터워지고 또 먼 땅까지 미친 것으로 인정됨.

2. 청국 관민이 한국민에 대하여 <저지른> 불법 포악한 행위

청국 관민이 한국민에 대해 우리[일본] 관헌을 꺼려[忌憚] 종래보다는 현저히 온화한 상태로 서로 대우하지만, 감정은 아직 융화하지 못하여 왕왕 업신여겨[輕侮] 협박하며, 불법 행위를 가하는 일이 있음. 또 이번 10일은 청국 관헌에서 곡물 수출의 탈세자를 검거하기 위하여 각처 주요한 도로 위에 곤봉을 휴대한 징세 관리를 내보내 두었음. 한민 중에 용이하게 납세할 수 없는 자는 쟁의(爭議)를 벌이고, 한민 가운데 우리의 보호를 와서 구하는 자가 있으나, 이와 같은 일은 종래의 관습에 의거한 것이라고 설명하여 처리하였음.

이번 10일 동안 주장된 불법 폭압에 대한 사항 한두 가지를 거론하면 다음과 같음.

(갑) 10월 22일, 종성간도(鍾城間島) 하천평(下泉坪)에서, 이 지역 광제욕(光霽峪) 병영의 청병(淸兵) 대장 문진중(門振中)은 병졸 12명을 통솔하여 지휘하였는데, 모든 집에 병사를 보내 인민을 강제하여 땔나무·조·피·수수 등을 징발하고자 하였음. 한국민은 매년 마찬가지로 대가 없는 징발로 지급하였는데, 〈일본 파출소가 생긴 뒤에는〉 용이하게 이에 불응하였음. 청병은 노하여 한국민 한 사람을 구타하였음. 또한 촌민 중에 이와 같은 징발을 면하기 위해 "같은 땅에 주재하는 우리 감찰과 출장소원[한국관리]에게 청병의 징발에 응하지 말라는 명이 있었다"라고 말한 자가 있었음. 청병은 동 출장소에 대하여 심한 악감정을 품어, 같은 날에 청병 2명이 진흙 발로 동 출장소에 침입하여 출장소의 현판을 땅 위에 내동댕이치고 하늘을 향하여 한번 총을 쏘고 즉시 도주하였음. 그 뒤에 수차례를 왔으나 우리 헌병이 보호하고 있음을 보고 즉시 도망갔음. 이러한 보고를 접하고, 본관은 즉시 구스노 슌조[楠野俊成] 사무관을 국자가(局子街)에 파견하여, 당일 같은 땅에 도착한 독판길림변무전성(督辦 吉林邊務 全省) 각군익장(各軍翼長) 진소상(陳昭常)과 면회하고, 그 부하를 엄중히 단속할 일과 이에 대한 청국 관헌의 의견을 확실하게 하였더니, 진(소상)은 부하 육군 협도통(陸軍 協都統) 오록정(吳祿貞)과 같이 면회하고, "해당 지방의 청병은 군기가 없고, 또 비상(非常)하게 낮은 가격으로 물품을 구입하는 나쁜 관습이 있었으나, 이제부터는 모두 시가로 구입하라는 명령을 발하였다"고 하고, 회담 중 길강군총령(吉强軍統領) 호전갑(胡殿甲)을 불러서 즉시 이를 명령하였으며, 또 본건에 대하여는 즉시 참모관을 종성간도에 파견하여 조사한 후 사실이 있을 때는 앞의 문진중을

면직하고, 기타 처벌 후에 그 뜻을 회답하겠다고 분명히 말하였음. 그러나 부장 문진중은 다음 23일 금 7원 87전 5리를 전날 징발한 연료의 대가로 촌민 총대표에게 내어 지급하였기로, 촌민은 "전년[年年]과 같이 대가 없이 혹은 연말에 시가의 1/10의 지급을 받을 줄 예상하였더니, 이번에는 다음 날에 시가 2/10를 지급받았으니 의외다"라고 하고 이는 필경 일본 관헌의 영향이라 감사함에 감격한다고 말함.

(을) 10월 25일, 종성간도 해면사(海面社) 무사동(茂社洞)에 사는 소금판매업자 한국민 강상익(姜相益) 외 1명은, 소금을 한국말[馬] 한 필[3]에 싣고 국자가(局子街)에서 현미(玄米) 8태(馱)와 교환하여 귀가하던 중, 동성용가(東盛湧街) 거리 위의 해란하(海蘭河) 왼쪽 연안에서 청국의 징세 관리를 만나서 징세를 거절하였기 때문에 강(상익)을 동성용가세무서에 구류하였음. 그 후 징세 관리가 강에게 "보통의 세율에 따르면 쌀 1태에 한화(韓貨) 100문[일화(日貨) 약 16전 5리]을 징수할 터이나, 너는 탈세하고자 하였으니 1태에 한화 6냥을 납부하라"라고 하기로, 강은 감세하기를 요청하였더니, 징세 관리의 말이 "그러하면 총계 30냥을 납부하라"라고 말하기로, 강은 재차 감세를 요청하여 〈납부액이〉 24냥까지 되었으나, 강은 한청 전화(錢貨) 교환식에 따라 부득이하게 24냥 4전을 납부하고 증서를 받아서 귀가하였음.

3. 청국 관민의 우리에 대한 태도

청국 관민이 우리를 대하는 교섭 상황은 전과 다를 바 없이 친화적으로 상호 왕래함. 10월 25일 신임 지부(知府) 도빈(陶彬)은 전임 완충식(阮忠植)을 송별하기 위하여 10월 25일 국자가(局子街)에 갔음. 앞서 10월 24일 부임한 독판길림변무전성각군익장 진소상 및 육군협도통 오녹정을 방문하였는데, 〈여기서 그들은〉 능히 친호의 뜻을 표함. 그 잡담 중에 저들은 "장래 교섭사건은 상호 공평하게 조사하고 원만히 해결하고, 만약 인민이 소요하는 일이 있을 때는 상호 불명예가 된다"라는 뜻을 말하기에, "이는 평소 본관이 희망하는 것이다"라고 하고, "귀 관에서도 충분히 귀국 병사와 인민이 한국인에 대한 폭행

---

3 「원안」에는 8마리라고 하였다. 1태(馱)는 36관(貫), 즉 135kg이므로 소금과 교환한 현미 8태를 8마리에 나눠싣고 왔을 것이 분명하다.

과 업신여김[凌虐]을 단속하라"라는 뜻을 전달하고 유쾌하게 말하고 갔음.

아울러 또한 2~3개의 일 처리를 보니, 이를 종래에 비하면 다소 문명적인 조치를 취하고자 하는 것 같음. 가령 청병의 폭행사건에 대하여 우리 경고에 따라 즉시 장교를 파송하여 그 사실을 조사한 일, 혹은 종래 청병은 자못 무상으로 인민물자를 징발하였으나 이를 금지하고 상당한 대가로 이를 구입하라 명령한 일임. 그러나 이 문명적인 태도가 하급자까지 능히 그 취지를 관철했는지 여부는 지금 갑자기 결단하기 어려운 상태로 있음.

청국민은 진소상 일행의 도래에 대한 태도를 냉정하게 하여 일반 민심이 현저하게 변한 것이 인정됨. 그러나 〈그들의 도래가〉 해당 지방 청국민의 의사를 강하게 하는 일과, 변두리 땅에 관련된 청국·한국인으로 하여금 전쟁의 유무를 기우로 만드는 등 다소의 영향이 없지는 않을 것으로 사료됨.

요약하건대 진(소상)의 도래 일이 오래되지 않아서 아직 조금도 〈특이하게〉 보이는 행동이 없고, 그가 인솔한 병졸도 해당 지역 부근의 소문[風說]과 같이 많은 수가 아니어서 장교 21명, 하사 이하 360명임. 그러나 이들 전체의 수는 10월 18일부터 24일까지 여러 차례 나누어서 도착하였기에 자연이 생소한 일임. 현재는 따로 한·청국인 사이에서 깊은 반영을 주지 않지만, 이후의 행동 및 후속 병사의 유무 등은 크게 민심에 관계되는 것이 있을 듯함.

4. 용정촌(龍井村)의 번성

용정촌과 그 부근에서는 청국 관헌에 의한 징세가 없고 또 거주의 안전과 장래의 발전을 예상하여 멀고 가까운 곳에 있는 한국인 중에 이곳으로 가옥을 신축하고 옮겨오는 자가 날로 증가함. 올해 8월 이곳 파출소 개설 당시에는 한국인 가옥이 98호였으나 지금은 155호임. 이외에도 일본인 소유 가옥이 8호에 달함. 오는 봄에 이르러서는 한층 이주자의 증가를 보이게 될 것은 필연적인 상황임.

5. 조사 사무의 진행

이전 열흘 동안에 무산(茂山)간도·회령(會寧)간도 및 흑산령(黑山嶺)산맥에 대한 지질

조사를 시행하고 있던 오가와[小川] 기사(技師) 일행이 10월 22일 잠시 돌아왔고, 또 같은 방면의 농상조사 중에 있는 핫타[八田] 농학사(農學士) 일행도 10월 23일 일차로 돌아왔음. 다시 오가와 기사 일행은 삼도두(三道頭) 부근의 전심호(轉心湖) 탄갱(炭抗) 조사를 위하여 10월 28일에 해당 지역을 출발하여 조사한 후 31일에 돌아왔고, 핫타 농학사 일행은 26일부터 31일까지 종성(鍾城)간도 방면의 농상조사를 마침. 기타는 지금까지 모집한 광물의 분석과 간도 안의 평면지도 제작에 착수하였음.

6. 지방 일반의 위생

이전 열흘(10.11-20) 동안에 한국인 1명의 장티푸스(腸室扶斯, 染病) 환자가 발생했기로, 그 후 한층 위생을 고려하여 청결법을 독려하게 하였으나, 이번 열흘(10.21-31) 용정촌에 3명의 해당 질병 환자와 1명의 같은 질병 의사(擬似)환자가 발생하여 현재 치료 중임. 일본인은 아직 이에 걸린 자가 없으며, 전파력이 심하지 않은 것으로 인식되지만, 위생방역의 방법을 정함이 필요하다고 사료되기 때문에, 해당 파출소원 및 헌병장교와 군의 등으로써 위생위원을 조직하고 충분히 예방하고 준비함.

위를 보고함.

5. 궁내부 승문원 보존 한청 국경관계 교섭문서의 목록을 작성하여 발송할 것을 요청

- **원문제목** 宮內部承文院保存韓淸國境關係交涉文書의目錄製送要請(往復案 1冊)
- **날짜** 1907년(융희 원년) 11월 20일
- **발신** 통감부 총무장관(統監府 總務長官) 쓰루하라 사다키치[鶴原定吉]
- **수신** 내각총리대신(內閣 總理大臣) 이완용(李完用)

기밀통발(機密統發) 제454호

귀국 궁내부(宮內府) 승문원(承文院)에 보존하고 있는 승문원 계하(啓下)·자문책(咨文冊), 즉 옛날 한청 양국 사이에 왕복한 외교문서 중에서 국경 문제에 관한 것은 이번 간도 문제에 대해 정밀하고 세세하게 조사할 필요가 있다고 하는 제국 외무성으로부터의 통지가 있으니, 긴급[至急]히 조사하신 후에 현존문서의 목록을 작성하여 송부해 주실 것을 요청합니다. 살펴 헤아려 주시기를 바랍니다.

메이지 40년(1907) 11월 24일
통감부 총무장관 쓰루하라 사다키치
내각총리대신 이완용 각하

6. 간도 사정 보고서 공람에 대한 회답[謝答]

- **원문제목** 間島事情報告書供覽에對한謝答(往復案1冊)
- **날짜** 융희 원년(1907년 11월 26일)
- **발신** 내각총리대신(內閣 總理大臣) 이완용(李完用)
- **수신** 통감부 통감(統監府 統監) 이토 히로부미[伊藤博文]

조복(照覆) 제192호

간도에 있는 귀부 파출소장 사이토 스에지로[齋藤季治郞]가 이 지방 상황에 관한 보고를 등사하여 송부한 일로서 기밀 제2448호로 귀 부에서 보내온 문서를 접수[接閱]하였습니다. 해당 관원이 파견되어 주둔하고 있는 동 지역의 궁핍한 사람들을 편안하게 어루만져 주시는 것은 매우 바쁘고 번거로운 일입니다. 실로 한국민의 행복이므로 깊은 감사를 드리며 조회에 회답하니, 살펴 헤아려 주시기를 바랍니다.

융희 원년(1907) 11월 26일
태자소사 내각총리대신 이완용
총감 공작 이토 히로부미 각하

7. 국경관계 승문원문서의 유실과 현존 문서를 기록해 보낸 것에 대한 건

- **원문제목** 國境關係承文院文書의遺失과現存文書錄送의件(往復案1冊)
- **날짜** 1907년(융희 원년) 11월 27일
- **발신** 내각총리대신(內閣 總理大臣) 이완용(李完用)
- **수신** 통감부 총무장관(統監府 總務長官) 쓰루하라 사다키치[鶴原定吉]

함복(函覆) 제196호

승문원(承文院)에 보존하고 있는 승문원 계하(啓下)·자문책(咨文冊), 즉 옛날 한청 양국 사이에 왕복한 외교문서 중에 이번 간도 문제에 관한 현존문서의 목록을 작성하여 송부한 일로서 제454호로 귀 부에서 보내온 문서를 접수[接閱]하였습니다. 이를 조사하니 이전 승문원이 보존하던 계하·자문책 중에 참고할 만한 것은 이미 잃어버려[闕失] 찾아 얻을 수 없고, 경계에 대한 조사[勘界] 사항은 청국 정부에 송치한 공문이 현존 책자 중에 기록된 것이 있습니다. 기타 옛날 한청 양국 사이 왕복한 문안[同文彙考]을 거슬러 살펴보면[溯閱], 강희 50년(1711)에 양국 정부가 서로 관원을 파견하여 백두산(白頭山) 분수령(分水嶺) 위에 정계비(定界碑)[4]를 세울 때에 왕복한 공문이 이미 있기에 아울러 별지에

---

4 1712년(숙종 38) 백두산 2,200m 지점에 세운 조선과 청국 사이의 국경선을 표시한 비석이다. 당시 청나라의 오라총관(烏喇摠管) 목극등(穆克登) 등과 조선 관원들의 현지답사로 세워졌다. 당시 압록강·두만강을 사이에 두고 조선과 청국 두 나라 사이에 자주 분쟁사건이 일어났다. 거의 빈 땅으로 되어 있던 이 지역에 인삼을 캐는 사람, 사냥하는 사람들이 자주 내왕하며 때로 충돌을 일으켜서 말썽이 되었다. 이에 1711년에는 목극등이 압록강 대안 현지에 와서 조선의 참핵사(參覈使)와 함께 범법 월경 현장을 검핵(檢覈)한 일도 있었다. 그런데 이듬해에는 청에서 이러한 범법 월경사건들을 문제 삼아, 백두산에 올라가 국경을 정하려는 계획이 진행되었다. 거기에는 청나라 왕실의 발상지로 인정하는 백두산을 청나라의 영역 안에 넣으려는 저의도 있었던 것이다. 1712년 2월, 목극등을 백두산에 보내 변경을 사정(查定)하려 하니 협조해 달라는 공문을 조선 정부에 보냈다. 이어 4월에는 목극등 일행이 두도구(頭道溝)에서 압록강을 거슬러 올라와 후주(厚州)에 도착하였다. 청국의 공문을 받은 조선 정부에서는 접반사(接伴使) 박권(朴權)을 보내 함경감사 이선부(李善溥)와 함께 가서 맞이하도록 하였다. 혜산진에서부터 산간 험지를 10일간이나 강

등사하고 부록으로 붙여 답신하니, 살펴 헤아려 주시기를 바랍니다.

융희 원년(1907) 11월 27일[5]

태자소사 내각총리대신 이완용

통감부 총무장관 쓰루하라 사다키치 각하

부(附) 1. 백두산(白頭山) 경계(境界) 조사에 대한 조관(照管) 요청

- 날짜: 숙종 38년(1712년, 강희 51년) 2월 7일(음력)
- 발신: 청국 예부(禮部)
- 수신: 조선 정부

행군해 5월 15일 백두산 천지(天池)가에 이르게 되었다. 일행은 거기서 내려와 동남쪽으로 4km 지점인 2,200m고지 분수령에 정계비를 세웠다. 애초 국경 사정(査定) 문제가 일어날 때, 조선 정부의 의견은 백두산 정상을 경계로 하여 남북으로 갈라 정한다는 것이었다. 그러나 국경을 사정하는 임무를 띠고 나아갔던 접반사 박권과 함경감사 이선부는 늙고 허약한 몸으로 험한 길을 갈 수 없다고 하여 중간에서 뒤떨어졌다. 조선 관원으로는 접반사 군관 이의복(李義復), 순찰사 군관 조태상(趙台相), 거산찰방(居山察訪) 허량(許樑), 나난만호(羅暖萬戶) 박도상(朴道常), 역관(譯官) 김응헌(金應瀗)·김경문(金慶門) 등 6인만이 동행하였다. 따라서 모든 것은 청나라의 파견관 대표인 목극등의 의사대로 진행되었다. 결국 목극등이 애초 의도한 대로, 백두산 정상에서, 동남쪽으로 내려와서 두 물이 '人'자 모양으로 흐르는 분수령 위의 호랑이가 엎드린 모양 같은 바위를 그대로 비석의 귀부(龜趺)로 삼고 높이 약67㎝, 폭 약45㎝ 정도의 정계비를 세우게 되었다. 그 비에는 '대청(大淸)'이라는 두 글자를 머리에 크게 쓰고, 그 아래에 "오라총관 목극등이 황제의 뜻을 받들어 변경을 답사해 이곳에 와서 살펴보니 서쪽은 압록이 되고 동쪽은 토문(土門)이 되므로 분수령 위에 돌에 새겨 기록한다. 강희 51년 5월 15일(烏喇摠管穆克登 奉旨査邊 至此審視 西爲鴨綠 東爲土門 故於分水嶺上 勒石爲記 康熙五十一年五月十五日)"이라는 사실을 기록하였다. 이어 청국인 수행원으로 필첩식(筆貼式) 소이창(蘇爾昌), 통관(通官) 이가(二哥)를 적고 아래에 조선 관원 6인의 이름도 함께 새겼다. 비를 세운 후 일행은 다시 지세를 살피며 무산으로 내려가서 각기 헤어졌다. 이때 목극등은 다시 조선 관원들에게 "토문강의 수원이 되는 물길이 중간에 땅속으로 들어가서 경계를 확인할 수 없는 곳에는 여기저기에 돌 또는 흙으로 돈대(墩臺)를 쌓아 아래쪽 강물까지 연결해 범법 월경하는 일이 없도록 할 것"을 부탁하였다. 한·중 두 나라의 경계선이 비로소 그어진 셈이다. 그 뒤 1881년(고종 18) 청나라에서 길림장군(吉林將軍) 명안(銘安), 흠차대신(欽差大臣) 오대징(吳大徵)을 보내어 간도의 개척에 착수하였다. 그러자 1883년 조선 측은 어윤중(魚允中)·김우식(金禹軾)을 보내어 정계비를 조사하게 하고, 9월에 안변부사 이중하(李重夏), 종사관 조창식(趙昌植)을 보내어 조선의 영토임을 주장했으나 아무런 해결을 보지 못하였다. 그 뒤 1909년 일제는 남만철도의 안봉선(安奉線) 개축 문제로 청나라와 흥정해 남만주의 철도부설권을 얻는 대가로 간도 지방을 넘겨주고 말았다. 그런데 이 백두산정계비는 1931년 9월 만주사변이 일어난 직후에 없어지고 말았다.

5 원문에는 12월 27일로 되어 있으나 기안 일자가 11월 27일이므로 11월로 수정하였다.

예부(禮部)가 백두산 경계를 조사하는 일에 대해 본국이 조관(照管)하라고 통지하는 자문(咨文)

강희(康熙) 50년(1711, 숙종37) 8월 4일에 태학사(太學士) 온달(溫達) 등이 주문(奏文)을 올린 뒤 유지(諭旨)를 받들었는데, 그 내용은 다음과 같습니다. "올해 목극등(穆克登)[6] 등이 봉황성(鳳凰城)에서 장백산(長白山)까지 우리 변경(邊境)을 조사하려 했으나, 길은 멀고 홍수가 나서 그곳에 도착하지 못했다. 내년 봄에 얼음이 녹는 시기를 기다려 담당할 관원을 별도로 파견하여 목극등과 같이 의주(義州)의 강원(江源)에서부터 작은 선박(小船)을 만들어 강을 거슬러 올라가도록 하라. 만일 작은 선박으로 전진하기 어려운 경우에는 즉시 육로(陸路)를 통해 토문강(土門江)으로 가서 우리 지역을 조사하라. 이번에 가는 것은 특별히 우리 변경을 조사하기 위한 것이니, 조선국(朝鮮國)과는 관계가 없는 일이다. 다만 우리 변경 내에서 길이 멀고 지역이 너무 험하여 혹 중도에 길이 막힌다면 조선국으로 하여금 약간 보살피게 하여라. 이러한 사정과 이유에 대해 예부는 조선국에서 올해 세공(歲貢)을 바치러 온 관원(官員)에게 알리고 그로 하여금 자문(咨文)을 베껴 가져가서 조선 국왕에게 올리도록 하라."

조선국에서 세공을 바치러 온 정사(正使) 여산군(礪山君) 이방(李枋) 등에게 알리고 그로 하여금 자문을 베껴 가져가서 조선 국왕에게 올리게 하는 외에, 곧장 마땅히 조선 국

---

6 목극등(穆克登, 1664~1735)은 푸차 하라(富察氏) 출신의 만주 양황기인(鑲黃旗人)이다. 1664년 길림 우라가(烏喇街)에서 출생하였고, 1684년 강희제의 시위(侍衛), 1698년에는 타생오랍총관아문의 총관(總管)이 되었다. 강희제는 백두산을 만주족의 발상지로 여겨 관심을 가지고 있었고, 1677년에는 백두산을 장백산지신(長白山之神)에 봉하여 내대신 우머너(吳木訥)로 하여금 제를 지내도록 하기도 하였다. 이후 강희제는 전국적인 지리지 편찬 사업을 추진하면서 백두산 지구에 대한 자체적인 지리 조사와 더불어 조선에 대해 사계(査界)를 비공식적으로 계속 요구하였다. 1712년, 강희제는 예부에 명하여 조선 정부에 공문을 보내어 합동으로 장백산 지구의 변계를 조사하자는 내용으로 정식 자문을 보내어 협조를 당부했고, 이에 따라 목극등은 접반사 박권 및 함경감사 이선부 등과 혜산진에서 회동한 뒤, 접반사 군관 이의복(李義復), 순찰사 군관 조태상(趙台相), 거산찰방(居山察訪) 허량(許樑), 나난만호(羅暖萬戶) 박도상(朴道常), 역관(譯官) 김응헌(金應瀗)·김경문(金慶門) 등과 함께 백두산을 조사하였다. 조사 이후 목극등은 백두산 천지 동남쪽 4km, 해발 2,200m 지점에 백두산정계비를 세웠다. 이후 목극등은 1719년, 길림부도통(吉林副都統)에 제수되었고, 이듬해, 길림 오라가의 팔기병전봉통령(八旗兵前鋒統領)에 제수되었다. 1732년에는 신강(新疆)으로 출병하여 알타이 지방 일대를 수비하였으며, 내무대신에 임명되었다. 1735년에 과로사하여, 옹정제는 그를 광록대부(光祿大夫)로 추서했다.

왕에게 통지해야 합니다. 이에 마땅히 자문을 보내니, 살펴보시고 시행해 주십시오.

운운.

강희 51년(1712) 2월 7일.

부(附) 2. 백두산 경계를 답사하여 정하는 데 대한 편리한 방법을 제의함

- 날짜: 숙종 38년(1712년, 강희 51년) 5월 7일(음력)
- 발신: 조선국(朝鮮國) 접반사(接伴使) 박권(朴權)
  함경도 관찰사(咸鏡道觀察使) 이선부(李善溥)
- 수신: 청국(淸國) 흠차 오라총관(欽差烏喇摠管) 목극등(穆克登)

접반사가 백산(白山)에 함께 가기를 청하는 첩(帖)

조선국 접반사인 의정부 우참찬(議政府右參贊) 박권(朴權)과 함경도 관찰사 이선부(李善溥)가 삼가 재배(再拜)하고 흠차대인 오라총관 합하(閤下)께 상서(上書)합니다.

삼가 아룁니다. 대인께서 황명(皇命)을 받들어 먼 나라에 오시는 동안 산과 내를 두루 지나느라 험조함을 모두 경험하였습니다. 그런데도 뜻과 기운은 갈수록 더욱 굳세져 게을리하지 않고 용맹하게 전진하니, 나랏일에 최선을 다하는 의리와 쉼 없는 충성은 실로 공경하고 감탄하는 마음이 들게 합니다. 직(職) 등은 외람되이 대인을 접대하는 책임을 맡아 대인의 모습을 직접 뵙게 되니, 감히 정성과 마음을 다하여 우리 임금께서 존경하는 뜻을 받들지 않을 수 없습니다. 그러나 궁벽한 변방 고을이라 물자가 부족하여 접대하고 모시는 일이 모양을 갖추지 못해 밤낮으로 불안해하며 오직 하집사(下執事)께 죄를 얻을까 두려워하였습니다. 그런데 뜻밖에도 합하께서 깊이 우리의 사정을 돌아보고 불쌍히 여겨 지나치게 절약하고 아끼게 하고는 음식을 모두 합하의 주방에서 마련하게 하여 털끝만큼도 우리나라를 번거롭게 하지 않으시니, 감격스러운 마음이 들면서도 부끄러운 마음도 깊기만 합니다.

합하께서 압록강과 토문강의 수원(水源)을 살피기 위해 장차 백두산 정상으로 행차하려 하신다고 전해 들었는데, 직 등은 이에 대해 지극한 우려를 금할 수 없습니다. 장백산

정상에 있는 큰 못의 물이 넘쳐 서쪽으로 흘러내려 압록강 상류가 됩니다. 그런데 산 아래부터 정상까지는 그 사이가 몇백 리인데, 모두 깎아지른 듯한 절벽과 험하고 깊은 골짜기입니다. 사냥꾼과 화전민도 겨우 지나갈 수 있으니 촉도(蜀道)와 정형(井陘)으로도 그곳의 험난함을 비교하기 어렵습니다. 지금 합하께서 천금같이 귀한 몸으로 헤아릴 수 없는 지역에 가벼이 가신다면 비록 신명의 보호가 있더라도 필시 도중에 곤란한 일을 당하실 것이니, 이것이 직 등이 불안하고 걱정하는 이유입니다.

살펴보건대 이번에 두 나라의 경계를 살피는 일은 실로 황상께서 우리나라를 염려하여 간악한 백성들이 국경을 넘어 사달을 만드는 폐단을 막고자 해서 하는 것입니다. 그러니 대인께서 반드시 직접 살펴보고자 하시는 것은 직분으로 보면 당연합니다. 다만 산길이 저렇게 험악하니 귀한 몸으로 험함을 무릅쓰는 것도 매우 곤란할 것입니다. 나라를 생각하는 정성은 비록 간절하더라도 위험을 경계하는 것도 중요하니 합하께서 이에 대해 신중히 생각하지 않을 수 있겠습니까.

문득 떠오르는 한 가지 방도가 있는데, 매우 외람되어 죄를 피할 길이 없다는 것을 알면서도 망령되이 합하(閤下)께서 인자한 마음으로 너그러이 용서해 주실 것이라 믿고 이렇게 아룁니다. 이번에 합하의 행차에 단지 필첩식(筆帖式)과 대통관(大通官) 각 1원(員)과 갑군(甲軍) 20명만을 거느리고 왔을 뿐이니 지극히 간소하다고 할 만합니다. 그러나 타고 온 말과 양식을 싣고 온 말을 합하면 38필인데, 말에 모두 견부(牽夫)가 있으며, 합하를 모시고 갈 우리나라 관원도 5, 6명이나 되고, 또 각기 말을 타고 견부와 종인(從人)이 있고 길을 안내할 사람과 길을 열어줄 사람까지 함께 계산하면 그 수가 거의 70여 명이 될 것입니다. 한 사람이 각기 15일 치의 식량을 가지고 간다면 길은 험한데 말은 약해서 짐을 무겁게 실을 수 없을 것이고, 만약 말이 갈 수 없는 길에서는 장차 사람이 지고 가야 할 것이니, 응당 데리고 가야 할 말은 80여 필, 사람은 300여 명이 될 것입니다. 장백산은 크고 높기가 조선에서 으뜸이어서 비록 한여름이 되어도 얼음과 눈이 녹지 않습니다. 더구나 연일 비가 와서 이미 장마가 될 조짐이 있으니, 만약 산골짜기에서 갑자기 세찬 비바람을 만난다면 수많은 사람과 말이 필시 다치고 죽는 근심을 면치 못할 것입니다. 삼가 보건대 합하께서 거쳐 온 연로에 어질다는 소문이 널리 퍼졌으니, 한 가지 일이라도 백성에게 폐를 끼칠까, 한 사람이라도 다칠까 걱정하시는 것은 백성을 어린아이처럼 보살피는 황상의 인자함을 본받아서 그러하신 것입니다. 이번에 만약 불행하여 만에 하나라도 이런 일이 생긴다면 측은하게 여기는 합하의 마음에도 차마 못할 일일 뿐만 아니라 백성이 다칠까 염려하는 황상의 정사에도 해가 되지 않겠습니까.

직 등이 한 가지 의견이 있습니다. 압록강은 산정의 큰 못에서 발원하여 물길이 연속되고 골짜기가 분명한 것은 현명한 자가 아니라도 한 번 보면 알 수 있습니다. 합하께서 혹시 수행원 가운데 걸음이 빠르고 명민한 사람 두세 사람을 선발하여 우리나라의 역관(譯官)과 길을 아는 사람과 함께 가서 살펴보게 하고, 또 화사(畫師)에게 그림으로 그려오게 한다면 강의 근원과 산경(山逕)을 눈앞에서 분명히 알 수 있을 것입니다. 이것을 가지고 돌아가서 아뢰는 것도 안 될 것은 없을 듯한데, 합하께서 어떻게 생각하실지 모르겠습니다.

또 합하께서는 직 등에게 합하를 수행하지 말고 먼저 무산(茂山)으로 가서 기다리라고 하셨다고 들었습니다. 이는 필시 합하께서 직 등이 노쇠하고 병약한 모습을 불쌍히 여기셔서 이렇게 곡진히 걱정하는 말씀을 하신 것입니다. 그러나 직 등은 이미 흠차의 행차를 접대하라는 우리 임금의 명을 받았는데 편안한 곳에 있으면서 합하 혼자만 험한 길을 떠나시게 한다면 이는 실로 의리상 감히 할 수 없는 일입니다. 삼가 바라건대 합하께서는 굽어살펴 특별히 직 등 한 사람이 모시고 갈 수 있도록 허락해 주신다면 천만다행이겠습니다.

강희 51년(1712) 5월 7일

부(附) 3. 토문강 상류 경계에 목책(木柵)을 세우자는 제의

- 날짜: 숙종 38년(1712년, 강희 51년) 5월 28일(음력)
- 발신: 청국 흠차 오라총관 목극등
- 수신: 조선국 접반사 박권
  함경도 관찰사 이선부

칙사(勅使)가 책(柵)을 세우는 일의 편리 여부를 문의한 자문

황지(皇旨)를 받들어 변지(邊地)를 조사하는 대인(大人) 목극등 등이 조선의 접반사와 관찰사에게 자문을 보낸다.

변지를 조사하는 일로 내가 직접 장백산에 이르러 살펴보니 압록강과 토문강 두 강이 모두 백산의 근저(根底)에서 발원하여 동쪽과 서쪽 두 갈래로 나뉘어 흐르고 있었다. 원래 강 북쪽을 대국(大國)의 지경으로, 강 남쪽을 조선의 경내로 삼은 것은 이미 여러 해가 되었으므로 논의할 것도 못 되는 외에, 두 강이 발원하는 분수령(分水嶺) 가운데에 비를 세웠다. 토문강의 원류로부터 물길을 따라 내려와 살펴보니, 강물이 수십 리를 흐르다가 물의 흔적이 보이지 않고 바위틈을 따라 지하로 흐르다가 백 리쯤 되는 곳에서 비로소 큰 물줄기가 드러나서 무산(茂山)으로 흘러간다. 강 양쪽 언덕에는 풀은 드물고 땅은 평평하여 사람들이 변경의 경계인 줄 모르기 때문에 국경을 넘나들면서 집을 지어서 길이 복잡하게 얽혀 있다. 그러므로 이 문제에 대하여 접반사와 관찰사와 함께 상의하여 무산과 혜산(惠山)에 가까운 강물이 보이지 않는 지역에 무엇이든지 세워 견고히 지켜 뭇사람에게 변경에 경계가 있는 줄을 알아 감히 국경을 넘어 사달을 일으키지 못하게 한다면 황제가 백성을 진념하는 지극한 뜻에 부응할 수 있을 것이며, 또한 너희와 우리 양쪽 변경이 무사할 것이다.

이를 상의하기 위하여 자문을 보낸다.

강희 51년(1712) 5월 28일

부(附) 4. 토문강 상류 경계에 목책(木柵)을 세우는 것에 동의하고 설립 절차를 확인함

- 날짜: 숙종 38년(1712년, 강희 51년) 6월 2일(음력)
- 발신: 조선국 접반사 박권
  함경도 관찰사 이선부
- 수신: 청국 흠차 오라총관 목극등

목책(木柵)을 설치하는 것이 적절한지에 대한 정문[設柵便宜呈文]

조선국 접반사인 의정부 우참찬 박권과 함경도 관찰사 이선부가 삼가 경계를 살펴 정하고 책(柵)을 세워 표지하여 훗날의 폐단을 막는 일로 삼가 정문을 올립니다.

삼가 아룁니다. 여러 대인께서 공경히 황명을 받들어 우리나라에 왕림하여 험난함을 두루 겪으면서 두 나라의 경계를 분명히 조사하고 분수령 위에 비석을 세워 표지로 삼았습니다. 그리고 또 토문강의 원류(源流)가 눈에 보이지 않고 땅속으로 흘러서 명백하지 못한 것을 염려하여 이미 도본(圖本)에 친히 〈경계를〉 지시하시고, 〈강이 땅속으로 흐르는 곳에〉 목책을 설치하는 것이 적절한지 여부에 대해서도 다시 직접 물어보시고 나서도 상세하지 못한 점이 있을까 염려하여 이렇게 자문을 보내 다시 물으셨습니다. 대인께서 백성을 똑같이 사랑하는 황상의 어짐을 본받고 우리나라에 문제가 생길까 염려하여 이와 같이 자세히 물으시니 감격스러운 마음을 무어라 형용할 수 없습니다.

얼마 전에 합하께서 목책을 설치하는 것이 적절한지에 대해 물으시기에 직 등은 목책은 오랫동안 유지할 수 있는 계책은 아니라고 여겨서 흙을 쌓거나 혹은 돌을 모아 쌓거나 혹은 목책을 세우거나 하되, 농한기가 되면 공사를 시작하겠다는 뜻과 대국인이 공사를 감독할지 여부에 대해 우러러 여쭈었습니다.[7] 대인께서는 "이미 경계를 정한 뒤이니 표지를 세울 때에는 대국인이 와서 감독하는 일은 없을 듯하고 농민을 공사에 차출하지 말라. 또 하루가 급한 일은 아니니 감사(監司)가 주관하여 편리할 때 공사를 시작하되 비록 2, 3년 후에 공사를 마치더라도 무방할 것이다. 매년 절사(節使)가 올 때 거행하는 상황을 통관(通官)에게 말하여 나에게 전달되도록 한다면 황상께 전달할 방법이 없지 않을 것이다"라고 말씀하셨습니다. 그러므로 직 등은 물러난 후에 이러한 뜻으로 국왕에게 장계로 보고하였습니다. 자문에서 말씀하신 두 나라 국경이 무사할 방도는 이것 외에는 달리 아뢸 것이 없습니다. 또한 감히 회답하는 자문을 보낼 수 없으므로 삼가 정문으로 우

---

7 1712년 조선과 청은 압록강과 토문강이 갈라지는 지점에 백두산 정계비를 세웠다. 토문강의 상류 물줄기가 바닥이 마른 건천(乾川)이라는 사실 때문에 청의 대표인 목극등은 정계비와 토문강의 물줄기를 잇는 울타리를 쌓기를 요구했다. 『숙종실록』의 기록을 보면 이 해 8월 석퇴(돌무더기)·토퇴(흙무더기)·목책(나무울타리)으로 조선과 청의 국경선을 만들었다. 이 울타리의 존재는 1885년 토문감계사 이중하가 중국 측 관리와 직접 백두산정계비를 답사하면서 다시 세상에 알려졌다.

러러 답합니다.

삼가 바라건대 합하께서 곡진히 인자하게 살펴 주신다면 매우 다행이겠습니다. 이에 응당 정문을 보냅니다. 이상입니다.

강희 51년(1712) 6월 2일.

부(附) 5. 도문강(圖們江) 상류 경계를 홍토수(紅土水)로 정하자는 주장

- 날짜: 고종 24년 8월 19일(1887년 10월 5일)
- 발신: 조선 국왕
- 수신: 청국 예부(禮部)

감계(勘界)한 일을 요약하여 보고하니, 살펴보고 황제에게 보고해 주기를 청하는 일로 북경 예부에 보낸 자문

광서(光緖) 12년(1886) 10월 6일, 북양대신(北洋大臣)[이홍장(李鴻章)]의 다음과 같은 자문을 받았습니다.

재차 덕원 부사(德源府使) 이중하(李重夏)를 보내 토문[8] 감계사(土門勘界使)로 삼고 봄이 되기를 기다려 가서 다시 조사하라고 신칙하였습니다. 이에 올해 6월 27일에 받은 감계사 이중하의 장계(狀啓)에 "3월 29일에 덕원부에서 출발, 4월 5일에 회령부(會寧府)에 도착하여 길림(吉林)에서 파견한 관원인 독리상무(督理商務) 진영(秦煐)과 만나 대도문강(大圖們江)의 발원(發源)인 홍단하(洪丹河)[9]와 홍토산수(紅土山水) 두 강에 대해 누차 변론하였고, 비로소 22일에 함께 장백산(長白山)에 들어가 먼저 홍단하의 발원지를 살펴

---

8 이하 '토문(土門)'과 '도문(圖們)'이 혼용되어 서술되고 있다.

9 홍단하(紅丹河)는 홍단수(紅端水) 또는 소홍단수(小紅端水)로도 불린다. 양강도 삼지연시 북포태산(北胞胎山, 2,289m) 서북쪽 기슭에서 발원하여 대홍단군 대홍단읍에서 두만강에 유입하는 하천이다. 제2차 감계회담(1887년) 당시 청은 북포태산에서 발원하는 두만강의 지류인 이곳 홍단수를 국경으로 주장했다가 조선 대표인 이중하의 논리에 밀리자 홍토수의 남쪽 지류인 석을수(石乙水)를 경계로 삼자고 수정 제의하였다.

보니 본국의 내지이고, 또한 『일통여도(一統輿圖)』[10]와 『대청회전(大淸會典)』[11]과도 일치하지 않으므로 재차 홍토산수의 발원을 끝까지 조사하여 정계비를 세운 곳까지 이르러 산과 물의 형편을 두루 조사하고 돌아왔습니다. 삼가 생각건대 총서(總署)의 주의(奏議) 중 총론하면 대도문강을 확실하게 증거로 삼아서 계한(界限)이 저절로 분명하게 하는 데 있으니 이 일어(一語)가 바로 요강(要領)의 핵심입니다. 지금 이미 강의 발원지를 두루 조사하고서 나서 『흠정대청회전(欽定大淸會典)』 및 『일통여도』를 가지고 갈래를 좇아 비추어 증명해 보면 홍토수가 대도문강이 된다는 것은 분명하여 의심할 여지가 없는데, 진영은 홍토수와 정계비의 거리가 상당히 멀고 또 분수령(分水嶺)과 접하지 않는다는 이유로 별도로 석을수(石乙水)라는 한 줄기의 물을 찾아내 석을수로 경계를 정하기를 요구하였습니다. 석을수는 무산부(茂山府)의 장파(長坡)에서 홍토수를 따라 80리를 거슬러 올라가서 홍토산(紅土山)에 10여 리 못 미친 곳에서 동남쪽으로 흘러 홍토수에 들어가는 것으로 그 근원은 소백산(小白山) 동남쪽의 기슭 30리쯤에서 나오니, 바로 소수(小水)입니다. 그러나 강의 길이는 꽤 길어서 『일통여도(一統輿圖)』에도 실려 있습니다. 진영은 석을수를 경계로 하자고 주장하고 이중하는 홍토수를 경계로 하자고 주장하여 양쪽이 서로 양보하지 않아 끝내 결론을 내지 못하였습니다. 이에 다시 상의하여 이번 감계(勘界)에서는 무산에서부터 강을 따라 백두산의 장산령(長山嶺) 서쪽의 홍토수와 석을수가 합류하는 곳까지 조목조목 살펴보니 모두 다른 의문이 없었으므로 홍토수와 석을수가 합류하는 곳은 조사하여 정하였습니다. 위에서 정하지 못한 부분인 홍토수와 석을수에 대해서는 모여서 그곳을 그린 그림에 인장을 찍어 진영에게 조회를 보내 총서에 올려 재가를 받도록 청하였습니다. 사실대로 장계를 올립니다" 하였습니다.

이를 살피건대 도문강의 경계 지역에 대해서는 전에 이미 조사하였으나 분명하지 않은 것은 강물의 발원지가 서로 어긋나서 헷갈리는 것이므로 강물의 근원을 조사하여 거

---

10 1863년에 청의 호임익(胡林翼)이 편찬한 지도이다. 청의 판도를 중심으로 전 아시아에 걸친 강역(疆域)의 지도이며, 이연소와 왕사역이 수정하였다. 전 31권으로 이루어졌다.

11 중국 청나라의 제도와 전례(典禮)를 모아 엮은 책. 1690년에 강희제의 명에 따라 이상아(伊桑阿), 왕희(王熙) 등이 편찬하였다. 162권이었으나 1764년에 수정하여 100권으로 간행하였다. 회전의 형식은 큰 틀에서 『명회전』을 따랐다. 그 내용은 부원별로 정해진 관원의 수와 업무, 그리고 시기에 따른 변화과정 등으로 이루어져 있다.

듭 이전의 경계를 밝히면 됩니다. 이번에 다시 조사할 때 홍단수를 경계로 해야 한다는 설은 다시 논변할 필요가 없으며, 홍토수와 석을수가 합류하는 곳 아래로는 다행히 이미 살펴 정하였으니 홍토수와 석을수가 합류하는 곳 위의 홍토수와 석을수의 발원에 대해서는 여전히 협의하지 못하였습니다. 삼가 『흠정황조통전(欽定皇朝通典)』[12]을 살펴보니 "길림(吉林)과 조선은 도문강을 경계로 한다" 하였고, 『황조일통여지전도(皇朝一統輿地全圖)』[13]에서는 장백산 앞 압록강과 도문강 사이의 물이 없는 곳에는 점(點)으로 그려 경계를 표시하였습니다. 『성경통지(盛京通誌)』[14]에는 "오라(烏喇)는 영고탑(寧古塔) 관할이다"라고 하였고, 또 말하기를 "남쪽으로 장백산에 이르는데 그 남쪽은 조선 땅이다"라고 하였습니다. 이번에 조사해 보니, 홍토산수는 장백산 동쪽 산기슭에서 흘러나오는데, 그곳이 처음 발원하는 곳으로 여지전도와 통전에 실려 있는 대도문강과 서로 부합하며, 또한 분수령의 정계비가 서 있는 곳과도 서로 조응합니다. 석을수는 소백산 동남쪽 산기슭에서 흘러나와 두 번째 물줄기가 되니 장백산과 매우 멉니다. 이곳을 경계로 삼는 것이 타당한지의 여부를 따져봐야 할 것입니다.

유민(流民)을 안착시키는 일은 더욱 시급한 일이므로 아울러 천조(天朝)가 격외의 은혜를 베풀어 주어 살 곳을 잃지 않게 되면 매우 다행이겠습니다. 이에 경계를 조사하여 날인한 지도 1장과 회담을 기록한 공문을 요약한 책자 1권을 갖추어 조회를 보냅니다.

---

12 1767년(건륭 32)에 청나라 초부터 건륭 말까지의 전장 제도를 기술한 책이다. 『통전(通典)』, 『속통전(續通典)』과 같이, 식화전(食貨典)부터 변방전(邊防典)까지 9문(門)으로 나뉘어 검색이 쉽게 구성되었다. 청 멸망 뒤에 『청통전(淸通典)』으로 개칭되었다.

13 황조일통여지전도의 원도는 1832년(道光 12) 동방립(董方立), 이조락(李兆洛)에 의해 8권의 지도첩으로 제작되었고, 이후로도 수차례에 걸쳐 간행되었다. 원도는 북경도서관에 소장되어 있다. 8본의 방안지도를 20.6×14.1cm 크기의 한 권에 수록하여 총 8권 (64본)의 지도첩으로 되어 만들었다. 청대에 제작된 전국적 지도들 중에서 가장 많은 지명과 산수(山水)명을 표기하고 있는 지도로 평가된다.

14 『성경통지』는 만주에 대해 종합적으로 정리한 지리서이다. 청에서 동병충(董秉忠), 손성(孫成) 등이 처음 성경지(盛京志)를 펴낸 것은 1684년(숙종 10)이었다. 그 뒤 이 책은 여요증(呂耀曾: 1734년, 옹정12년, 34권), 왕하(王河: 1736년, 건륭원년, 48권), 아계(阿桂: 1778년 건륭43년, 130권) 등에 의해 수정본이 만들어졌다. 수정본들 사이에 약간의 편차가 있다. 일반적으로는 첫머리에 여지전도를 비롯한 여러 장의 지도가 붙어 있고, 그 뒤로 전모(典謨), 경성(京城), 단묘(壇廟), 산릉(山陵), 궁전(宮殿), 원유(苑囿), 건치연혁(建置沿革), 성야(星野), 강역(疆域), 산천(山川), 성지(城池), 관애(關隘), 역참(驛站), 공서(公署), 직관(職官), 학교(學校), 선거(選擧), 호구(戶口), 전부(田賦), 풍속(風俗), 사사(祠祀), 물산(物産), 고적(古蹟), 제왕(帝王), 명환(名宦), 인물(人物), 효의(孝義), 열녀(烈女), 은일(隱逸), 유우(流寓), 방기(方伎), 선석(仙釋), 예문(藝文), 잡지(雜志) 등의 여러 항목이 이어진다.

번거롭게 비오니 부당(部堂)[15]의 대인(大人)께서는 살펴보시고 황제께 보고하여 결정 시행하되 공평하고 합당하게 해 주십시오. 은혜를 베풀어 주시기 바랍니다. 이를 위하여 자문을 보내니, 살펴 시행해 주시기 바랍니다.

이상 예부에 자문을 보냅니다.

광서(光緖) 13년(1887) 8월 19일

부(附) 5의 1. 위와 같은 건

- 날짜: 고종 24년 8월 19일(1887년 10월 5일)
- 발신: 조선 국왕
- 수신: 청국 흠차 북양통상아문대신(欽差北洋通商衙門大臣) [이홍장(李鴻章)]

감계(勘界)한 일을 요약하여 보고하니, 살펴보고 황제에게 보고해 주기를 청하는 일로 북양아문(北洋衙門)에 보낸 자문

광서(光緖) 12년(1886년) 10월 6일, 북양대신(北洋大臣)[이홍장(李鴻章)]의 다음과 같은 자문을 받았습니다.

재차 덕원 부사(德源府使) 이중하(李重夏)를 보내 토문 감계사(土門勘界使)로 삼고 봄이 되기를 기다려 가서 다시 조사하라고 신칙하였습니다. 이에 올해 6월 27일에 받은 감계사 이중하의 장계(狀啓)에 "3월 29일에 덕원부에서 출발하여 4월 5일에 회령부(會寧府)에 도착하여, 길림(吉林)에서 파견한 관원인 독리상무(督理商務) 진영(秦煐)과 만나 대도문강(大圖們江)의 발원(發源)인 홍단하(洪丹河)와 홍토산수(紅土山水) 두 강에 대해 누차 변론하였고, 비로소 22일에 함께 장백산(長白山, 백두산)에 들어가 먼저 홍단하의 발원지를 살펴보니 본국의 내지이므로 또한 『일통여도(一統輿圖)』와 『대청회전(大淸會典)』과 일치하지 않으므로 재차 홍토산수의 발원을 끝까지 조사하여 정계비를 세운 곳

15 부당(部堂)은 중국 각부(各部)의 상서(尙書)와 시랑(侍郎)을 가리키는 말이다. 여기서는 청국 예부 상서와 시랑을 말한다고 하겠다.

까지 이르러 산과 물의 형편을 두루 조사하고 돌아왔습니다. 삼가 생각건대 총서(總署)의 주의(奏議) 중 총론하면 대도문강을 확실하게 증거로 삼아서 계한(界限)이 저절로 분명하게 하는 데 있으니 이 일어(一語)가 바로 요강(要領)의 핵심입니다. 지금 이미 강의 발원지를 두루 조사하고서 나서 『흠정대청회전(欽定大清會典)』 및 『일통여도』를 가지고 逐派 비추어 증명해 보면 홍토수가 대도문강이 된다는 것은 분명하여 의심할 여지가 없는데, 진영은 홍토수와 정계비의 거리가 상당히 멀고 또 분수령(分水嶺)과 접하지 않는다는 이유로 별도로 석을수(石乙水)라는 한 줄기의 물을 찾아내 석을수로 경계를 정하기를 요구하였습니다. 석을수는 무산부(茂山府)의 장파(長坡)에서 홍토수를 따라 80리를 거슬러 올라가서 홍토산(紅土山)에 10여 리 못 미친 곳에서 동남쪽으로 흘러 홍토수에 들어가는 것으로 그 근원은 소백산(小白山) 동남쪽의 기슭 30리쯤에서 나오니, 바로 소수(小水)입니다. 그러나 강의 길이는 꽤 길어서 『일통여도(一統輿圖)』에도 실려 있습니다. 진영은 석을수를 경계로 하자고 주장하고 이중하는 홍토수를 경계로 하자고 주장하여 양쪽이 서로 양보하지 않아 끝내 결론을 내지 못하였습니다. 이에 다시 상의하여 이번 감계(勘界)에서는 무산에서부터 강을 따라 장백산(長白山, 백두산)의 장산령(長山嶺) 서쪽의 홍토수와 석을수가 합류하는 곳까지 조목조목 살펴보니 모두 다른 의문이 없었으므로 홍토수와 석을수가 합류하는 곳은 조사하여 정하였습니다. 위에서 정하지 못한 부분인 홍토수와 석을수에 대해서는 모여서 그곳을 그린 그림에 인장을 찍어 진영에게 조회를 보내 총서에 올려 재가를 받도록 청하였습니다. 사실대로 장계를 올립니다" 하였습니다.

이를 살피건대 도문강의 경계 지역에 대해서는 전에 이미 조사하였으나 분명하지 않은 것은 강물의 발원지가 서로 어긋나서 헷갈리는 것이므로 강물의 근원을 조사하여 거듭 이전의 경계를 밝히면 됩니다. 이번에 다시 조사할 때 홍단수를 경계로 해야 한다는 설은 다시 논변할 필요가 없으며, 홍토수와 석을수가 합류하는 곳 아래로는 다행히 이미 살펴 정하였으니 홍토수와 석을수가 합류하는 곳 위의 홍토수와 석을수의 발원에 대해서는 여전히 협의하지 못하였습니다. 삼가 『흠정황조통전(欽定皇朝通典)』을 살펴보니 "길림(吉林)과 조선은 도문강을 경계로 한다" 하였고, 『황조일통여지전도(皇朝一統輿地全圖)』에서는 장백산 앞 압록강과 도문강 사이의 물이 없는 곳에는 점(點)으로 그려 경계를 표시하였습니다. 『성경통지(盛京通誌)』에는 "오라(烏喇)는 영고탑(寧古塔) 관할이다"라고 하였고, 또 말하기를 "남쪽으로 장백산에 이르는데 그 남쪽은 조선 땅이다" 하였습니다. 이번에 조사해 보니, 홍토산수는 장백산 동쪽 산기슭에서 흘러나오는데, 그곳이 처음 발원하는 곳으로 여지전도와 통전에 실려 있는 대도문강과 서로 부합하며 또한 분수령의 정계비가 서 있는 곳과도 서로 조응합니다. 석을수는 소백산 동남쪽 산기슭에서 흘러나와 두 번째 물줄기가 되니 장백산과 매우 멉니다. 이곳을 경계로 삼는 것이 옳고 그른지는 따져봐야 할 것입니다.

유민(流民)을 안착시키는 일은 더욱 시급한 일이므로 아울러 천조(天朝)가 격외의 은혜를 베풀어 주어 살 곳을 잃지 않게 되면 매우 다행이겠습니다. 이에 경계를 조사하여 날인한 지도 1장과 회담을 기록한 공문을 요약한 책자 1권을 갖추어 조회를 보냅니다. 번거롭게 비오니 부당(部堂)의 대인(大人)께서는 살펴보시고 황제께 보고하여 결정 시행하되 공평하고 합당하게 해 주십시오. 은혜를 베풀어 주시기 바랍니다. 이를 위하여 자문을 보내니, 살펴 시행해 주시기 바랍니다.

이상 흠차 북양통상대신아문(欽差北洋通商大臣衙門)에 자문을 보냅니다.

광서(光緖) 13년(1887) 8월 19일

부(附) 6. 토문강(土門江) 상류 경계를 석을수(石乙水)로 정하는 것에 대한 재고 요청

- 날짜: 고종 25년 4월 20일(1888년 5월 30일)
- 발신: 조선 국왕
- 수신: 청국 흠차 북양통상아문대신 [이홍장]

도문강(圖們江) 발원지의 경계를 조사한 상황을 상세히 보고하여 공평하게 처리하는 일로 북양 대신 아문에 보내는 자문

광서(光緖) 14년(1888) 3월 5일에 귀 대신[이홍장(李鴻章)]이 보낸 자문에 다음과 같이 말하였습니다.

"광서 14년 1월 11일에 총리아문(總理衙門)의 자문을 받으니, 다음과 같은 내용이었습니다. '전에 길림 장군(吉林將軍)의 다음과 같은 자문을 받았습니다. 「조선과 길림이 회동하여 도문강(圖們江)의 경계를 조사하는 한 가지 사안은, 현재 조사해 보니 석을수(石乙水)가 홍토수(紅土水)와 모여 흐르는 곳이 대도문강(大圖們江)이 되는 것은 분명합니다. 소백산(小白山)부터 압록강(鴨綠江)의 상원(上源)까지 측량하니 서로의 거리가 42리이므로, 서쪽으로 흐르는 것은 압록강이 되고 동쪽으로 흐르는 것은 토문강(土們江)이 된다는 말과 오히려 하나하나 부합됩니다. 그러므로 이곳을 경계 지역으로 정하고 아울러 경계를 표시하는 패(牌)를 세워야 합니다.」 이미 전의 자문을 베껴 쓰고 아울러 경계를 표시하는 패를 세우는 데 대한 주접(奏摺) 1건과 지도 1장을 작년 10월 21일에 귀 대신에게 자문으로 보내 살펴보시도록 하였습니다. 이에 12월 14일에 길림 장군 희원(希元)이 상주(上奏)한, 상유(上諭)에서 지시한 바에 따라 관원을 파견하여 다시 길림의 도문강 경계 지역을 조사하는 일에 대해 지도를 그리고 부연 설명을 첨부하여 황제께서 결정해 주시기를 청하여 강계(疆界)를 바로잡자는 내용을 군기처(軍機處)에서 초록(鈔錄)하여 보냈습니다. 그리고 백성을 안주시키는 일에 대한 주접 1통은 광서 13년(1887) 12월 13일에 '해당 아문에 알리고 지도도 함께 보내라'는 주비(硃批)를 받들었습니다. 원래의 주접을 초록하고 유지(諭旨)도 기록하여 아울러 조회(照會)를 보냅니다. 지도 1장은 귀 대신에게 신속하게 자문을 보내 살펴보도록 하며, 조선 국왕에게 자문을 전달하여 살펴보고 길림 장군이 주달한 각 사항에 따라 적합한 관원을 파견하여 해당하는 곳(도문강)으로 가서 〈본국에서 파견한 관원과〉 만나 처리하고 일을 마치면 이어 상황을 자문으로 보내 보관하도록 해야 합니다"라는 내용의 자문을 본각(태화각) 작대신(爵大臣: 이홍장)이 받았습니다. [이상 군기처 자문]

이에 보존하여 살펴보아야 할 지도를 제외하고 마땅히 조선 국왕에게 자문을 보내어 살펴보기를 청합니다. 신속히 적합한 관원을 파견하여 길림에서 파견한 위원과 만나 신속히 처리하고 지체하지 말며 일을 마치면 사실대로 자문을 보내 황제에게 주달하기를 청하기를 간절히 요청합니다. [이상 이홍장 자문]

이에 원래 파견한 감계사(勘界使) 이중하(李重夏)를 신칙하여 도문강으로 가서 적합하게 처리하도록 하였습니다. 이어 이중하의 장계(狀啓)를 보니, "신이 작년에 길림에서 파견한 관원인 진영(秦煐), 덕왕(德王) 등과 회동하여 재차 도문강(圖們江)의 원류를 조사하기 위하여 무산부(茂山府)를 경유하여 강을 따라 100여 리를 가서 장백산(백두산)에 들어가 조사하고 정하면서 홍토산수(紅土山水)와 석을수(石乙水)에 관하여 달을 넘겨 가며

논변하였으나 끝내 결론을 내지 못하였습니다. 이전에 재차 조사한 상황은 상세히 장계하였습니다. 이번에 내무부(內務府)의 관문(關文)을 보니, '북양대신의 자문에 따라 신에게 가서 처리하라는 교지를 받들었다'는 내용이었습니다. 신은 북양대신에게 온 자문 중에 길림 장군이 석을수로 경계를 정하자고 황제에게 주청한 것에 대해 감히 과연 어떠한 근거가 있는지 모르겠습니다. 그러나 신이 주장하는 홍토산수는 이 자료(회전도설, 일통여도)와 하나하나 부합합니다. 삼가 『대청회전(大淸會典)』을 살펴보니 '대도문강(大圖們江)은 장백산 동쪽 산기슭에서 흘러나와 두 개의 물줄기가 합하여 동쪽으로 흐른다'고 분명히 실려 있습니다. 지금 홍토수(紅土水)는 장백산(長白山, 백두산) 동쪽 기슭에서 흘러나와 원래 천지(天池)의 물과 합쳐져 동쪽으로 흐르며, 이 외에는 동쪽 기슭으로 흐르는 물은 더는 없습니다. 또한 『일통여도(一統輿圖)』를 살펴보니, 대도문강의 시작 지점[頭源]과 압록강(鴨綠江)의 시작 지점 사이의 강이 없는 곳에는 점선으로 표지하여 경계가 분명합니다. 이전에 정계비(定界碑)를 답사해 보니, 퇴(堆)는 홍토수 위쪽의 강물이 없는 곳에 있었으니, 바로 『일통여도』의 표지와 서로 부합합니다. 그러므로 홍토수가 대도문강의 시작 지점이라는 것은 분명하여 의심할 점이 없습니다. 석을수는 발원지가 장백산이 아닌 소백산이므로, 시작 지점이 아니고 바로 두 번째 지점입니다. 『일통여도』와 『대청회전』에도 모두 근거할 만한 내용이 없습니다. 신은 장백산의 홍토수 위쪽에 패(牌)를 세우도록 신청(申請)하여 『일통여도』와 『대청회전』에 부합하게 하고 국경의 경계를 분명하게 하는 것이 실로 사리에 합당하다고 여깁니다. 신은 명을 받든 날 곧바로 출발하여야 하지만, 이미 실재의 상황을 분명히 알고 있으므로 아무 말도 아뢰지 않고 대번 출발할 수 없습니다. 황공한 마음으로 대죄합니다"라고 하였습니다. 작년 8월에 도문강 경계 지역에 관한 일로 귀 대신에게 자문을 보내어 황제께 주달해 주기를 청하였는데, 이번에 보내온 자문을 보니 '길림 장군이 주청한 대로 시행하였다' 하고, 조선이 전에 보낸 자문에 대해서는 결정하여 회답해 주지 않으시니 매우 아쉽습니다. 지난번에 길림에서 파견한 관원[秦煐 등]과 이중하가 회동하여 조사할 때, 도문강 일대를 따라 100여 리를 거슬러 올라가 장백산에 들어가 조사하여 정하면서 홍토산수와 석을수가 합류하는 곳에 대해 각기 자기 의견을 고집하여 결론을 내지 못하였으므로, 길림과 조선이 각기 자문으로 아뢰어 황제의 유지를 청한 이유입니다.

공손히 『흠정황조통전(欽定皇朝通典)』과 『문헌통고(文獻通考)』[16]를 살펴보니, 똑같이 '길림과 조선은 도문강을 경계로 삼는다'라고 분명히 실려 있으며, 또한 『흠정회전도설(欽定會典圖說)』에도 '대도문강은 장백산 동쪽 기슭에서 흘러나온다' 등의 말이 분명히 실려 있습니다. 지금 수원(水源)을 끝까지 찾아서 예전에 정한 경계를 다시 밝히고자 한다면 마땅히 장백산 동쪽 기슭에서부터 경계를 정해야 합니다. 그러나 길림 장군의 주접(奏摺)에는 소백산에서부터 경계를 정하여 석을수를 따라서 비(碑)를 세워야 공평할 듯하다는 등의 말이 있습니다. 길림 장군의 주접 내에서도 역시 『황조통전』, 『문헌통고』, 『흠정대명회전도설』을 인용하여 증거로 삼고 있는데도 마침내 장백산을 버리고 소백산을 경계로 삼고자 하니, 그의 말은 이미 서로 모순입니다. 이제 만약 다시 조사하고자 한다면 『일통여도』와 『대청회전』을 따라 반드시 장백산에서 흘러나온 도문강의 시작 지점을 경계로 정한다면 정계비는 당연히 홍토산수에 세워야 하고, 석을수에 세우면 안 된다는 것에 대해서는 많은 변론을 하지 않아도 매우 분명합니다. 또한 홍토산수와 석을수 사이는 수십 리의 사람이 살지 않는 산과 황무지에 지나지 않습니다. 삼가 생각건대 '넓은 하늘 아래가 모두 왕의 땅이다'라고 하였으니, 어찌 이 구구한 얼마 되지 않는 땅 때문에 속방(屬邦)이 자기 영토를 보전하지 못하게 할 수 있겠습니까. 지금 해당 배신(陪臣) 이중하가 감히 대번에 출발하지 못하고 재차 실재 형편을 아뢰었는데, 만약 또다시 강제로 그곳으로 보내 억지로 출발시켜 일을 처리하게 한다면 어떻게 해당 배신의 마음을 복종시킬 수 있겠습니까? 또한 작년에 올린 자문에 이 일의 전말을 남김없이 상세하게 기술하였는데 지금 만약 길림 장군이 주청한 대로 황지를 받들었다는 이유로 감히 다시 사실을 아뢰지 못하고 두려운 마음에 마지못해 따른다면 이 또한 지성으로 대국을 섬기는

16 중국 송말(宋末), 원초(元初)의 학자 마단림(馬端臨)이 저작한 제도와 문물사(文物史)에 관한 저서로 총 348권으로 이루어져있다. 높은 정치가의 견식과 역사가의 정신으로 전후 20년에 걸쳐 완성하여 1319년에 간행하였다. 당대 두우(杜佑) 저작인 『통전(通典)』, 송대 정초(鄭樵) 저작인 『통지(通志)』와 아울러 3통(三通)이라 불린다. 3통의 특징은 『통전』은 예(禮)에 자세하고, 『통지』는 기전(紀傳)이 대부분이지만, 본서는 주로 경제·제도에 대해 기술하였다. 또, 앞의 둘이 당대까지의 기술인 데 대하여 본서는 남송의 영종(寧宗: 재위 1194~1224) 대까지 기술하여 당·송의 변혁기를 포함하고 있는 점이 가장 중요하다. 체제는 전부(田賦)·전폐(錢幣)·호구(戶口)·직역(職役)·정각(征榷)·시적(市糴)·토공(土貢)·국용(國用)·선거(選擧)·학교(學校)·직관(職官)·교사(郊社)·종묘(宗廟)·왕례(王禮)·악(樂)·병(兵)·형(刑)·경적(經籍)·제계(帝系)·봉건(封建)·상위(象緯)·물이(物異)·여지(輿地)·사예(四裔) 등 24항목으로 되어 있다.

의리는 아닐 것입니다. 그러므로 재차 귀 대신에게 자문을 보내 도문강의 수원 지역의 경계를 조사한 상황을 상세히 전하여 황제에게 주달하여 검토한 후에 가부를 결정하여 공평하고 합당하게 처리해 주시기를 청하니, 즉시 답변해 주시어 조속히 지시를 따를 수 있게 된다면 참으로 은혜를 베풀어 주시는 것입니다. 이에 자문을 보냅니다.

이상 자문.

흠차 북양통상대신아문(欽差北洋通商大臣衙門)

광서 14년(1888) 4월 20일

8. 간도 상황 보고서 제출의 건

- **원문제목** 間島狀況報告書呈覽의件(往復案1冊)
- **날짜** 1907년(융희 원년) 11월 28일
- **발신** 통감부 통감(統監府 統監) 이토 히로부미[伊藤博文]
- **수신** 내각총리대신(內閣 總理大臣) 이완용(李完用)

기밀통발(機密統發) 제500호

간도지방 일반상황에 관하여, 사이토[齋藤] 파출소장으로부터 별지와 같이 보고가 있었기에 참고를 위하여 등사하여 송부하니, 살펴 헤아려 주시기를 바랍니다.

메이지 40년(1907) 11월 28일
통감공작 이토 히로부미
내각총리대신 이완용 각하

부(附). 위와 같은[上同] 보고서

- 날짜 : 융희 원년(1907년 11월 13일)
- 발신 : 통감부 총무장관 쓰루하라 사다키치
- 수신 : 통감부 통감 이토 히로부미

통파보(統派旬) 제9호
순보(旬報) 11월 1일부터 11월 10일까지

메이지 40년 11월 13일
통감부 파출소장 사이토 스에지로
통감공작 이토 히로부미 귀하[殿]

1. 지방 일반의 상황

이곳[當地] 용정촌(龍井村)에서 거리가 서쪽으로 약 반리(里)[5韓里: 2km] 되는 분방촌(粉房村)에서 청국인 살해사건이 있었음. 그 원인과 가해자는 아직 판명되지 않았으나, 피해자는 한국인 부락 안에 홀로 사는 사람으로 한국인 중에서도 다소의 혐의자가 있어, 청국 관헌에서는 관리를 보내어 그 혐의자를 조사하는 등의 일로 인하여 같은 촌 및 부근의 청국인 · 한국인은 일시에 적지 않은 의구심을 야기하였음.

한국인(韓國人)은 더욱더 우리를 신뢰하고, 우리 파출소의 설치에 의거하여 생명재산의 안전을 얻는 일을 크게 기뻐하는 것이 일반의 상황임. 즉 분방촌에 관련된 청국인 살해사건과 같은 경우, 파출소 설치 이전에 〈이러한 일이〉 생겼다면, 부근의 한국민은 혐의자로써 청국 관헌에 체포 · 구금되어 맞고 심문을 당하며, 〈청국 관헌이〉 다소의 속죄금을 요구하였을 것임. 이번에 사실조사를 위하여 촌민 6명을 청국 관헌이 승낙을 받아 동행하여 일차 조사를 받은 후 귀가를 허가한 일은 〈이전과는〉 전혀 다른 예에 속하였으니, 이는 필경 우리 파출소를 어렵게 여기고 꺼렸다는 것 외에는 다른 바가 없음. 파출소 설치를 위하여 유형무형의 은택을 받는 일이 많고 큰 것을 같은 촌 및 부근의 한국민이 일반적으로 칭찬하여 말하고 있음. 또 이번 10일 동안 여러 산간 벽오지에 호구 조사와 민정시찰을 위하여 관병을 파견하였더니 한국민은 어느 사람이나 파출소 설치의 취지를 이해하고 성심으로 헌병을 기쁘게 맞이하는 상황임.

2. 청국 관민이 한국민(韓國民)에 대한 불법폭압의 행위

청국 관민이 한국민에 대한 점차 종래의 태도를 바꾸어서 표면으로는 온화하게 향하는 듯함. 가령 이번 10일 동안 용지사(龍知社) 소유전동(小楡田洞)에서 청국인 정수덕(井樹德)이라는 자가 해마다의 관례라 말하며 청국 관헌에 납입한다하고 땔나무와 그 운반에 필요한 소와 수레를 징발하고자 하여 각호에 배당하여 징발하려 하였는데, 한국인은 이에 불응하였음. 정수덕은 겨우 한 촌민을 위협하고 다른 곳으로 갔음.

또 용지사 영동(英洞)에서는 청국의 징세 관리 3명이 와서 토지 약 1파상(把晌)[약 1천균(均)]과 가옥 1호에 한화로 200문(文)[신화(新貨) 33전(錢) 5리(厘) 정도]을 납부하라는 문서를 돌려도 한국인은 이에 불응하니, 징세 관리가 어떠한 종류의 횡포를 가함이 없이 떠났다고 함. 청국인 및 징세 관리가 한국인에 대하여 이상과 같이 온화한 태도를 나타내는 것은 이전에는 없던 드문 광경이라 함.

그러나 일반적으로 위와 같은 상황이 될 수가 없고, 왕왕 한국인에 대하여 불법 행위를 가하여 지방의 안녕을 해하는 일이 적지 않아서, 이달 8일 통파비(統派秘) 제7호로써 특보한 청국 군대의 복장을 한 지방단련용(地方團練勇)[지방진위대병(地方鎭衛隊兵)과 같은 자]이 한국인 김유일(金有日) 등에게 행한 불법 체포·구타·절도 등과 같은 사례가 있었음.

3. 청국 관민이 우리에게 대하는 태도

청국 관리가 우리에 대한 교제의 상황은 전과 다름없이 친화적으로 상호 왕래하니, 11월 3일 천장절에 진소상(陳昭常) 이하 5품 이상의 고등관리 10명이 우리 초대에 응하여 와서 축배를 들며 즐거움을 다하고 사례하였음. 종래 진소상과 그 청국 병사가 올 때에 종종 소문을 내는 청국·한국 사람은 이와 같이 친밀하여 왕래하는 상황을 목격하거나 전해 듣고 일청 양국 사이의 관계가 불화하다고 하는 예전에 가졌던 회의와 불안의 생각 등을 한층 없애는 것 같았음.

독판(督辦) 진소상은 11월 초순 말에 해당 지역에 파판소(派辦所)를 설치하고, 부하 교섭과장 증기수(曾紀壽)를 주재케 하여 통역 및 청국 병사 11명을 부속하였음. 또한 동성용가(東盛湧街)·추유구(樞揄溝)·대랍자(大拉子) 등에 파판소를 설치하였다고 함. 이는 종래 엉성하고 느린 행정을 면밀하게 하는 것임. 우리 파출소가 한국민을 보호하는데 대항하여 한국민을 회유하는 정책을 채택하는 것으로 보임.

또한 파판소 설치를 위하여 알린 글을 특보(特報)함.

청국 관민과 일본상인의 관계에 대해서는 종래 어떠한 사항도 없었음. 이번 10일 동안 국자가(局子街)에 있는 약상(藥商) 다나베 게이조[田邊啓藏]라 하는 자는 그가 거주하는 집에서 새로 온 청국 병사 4명과 싸워서, 게이조는 미약한 상처를 입고, 또 소유한 솥 외에 4개의 가구(피해 금액은 9원 68전)를 훼손당했음. 그 원인은 다음과 같음. 처음에 청국 병사들이 게이조의 집에 들어가서 그 사람의 처와 동거하는 일본인 부인(婦人) 2명을 매춘부[賣謠婦]로 오인하여 해당 부인 등이 물러나기를 청하였으나 순순히 퇴거를 받아들이지 않기에 해당 부인 등이 외출해 버림. 이때 게이조가 귀가하여 그 상황을 목격하고 〈청국 병사에게〉 조용히 물러나길 청하였지만 청국 병사는 불응할 뿐이었음. 그 중 한명이 도리어 게이조의 거실에 들어가자, 게이조는 분노하여 이들을 축출하기 위하여 손으로 청병을 구타하였음. 해당 병사는 곤봉으로 대응하고, 다른 병사 3명도 이를 도와서 손과 곤봉으로 게이조를 때렸음. 게이조도 봉으로 이를 대응하여 몇 분을 싸웠음. 병사들은 드디어 방 안에 있던 기물을 손에 닿는 대로 던져버리고 집에서 도주하였음.

본 건에 대해 〈파출소는〉 국자가(局子街)에 있는 헌병대위 간다 죠헤이[神田長平]에게 협도통(協都統) 오록정(吳祿貞)과 직접 만나게 하여 사실을 알리게 하고, 재발방지를 약속했음. 또한 기물의 손해에 대하여는 상당하는 배상을 하게 함으로써 일을 완료하였음.

4. 천장절(天長節)의 축하와 개청식(開廳式)의 거행

11월 3일 천장절의 축하를 겸병하여 건축 중인 바라크(barrack: 막사)식의 임시 사무소가 낙성되었기에 개청식을 거행하였음. 이를 위하여 종성(鏡城)·청진(淸津)·회령(會寧) 지방에서 초대한 일본 관민 14명과 해당 지방의 도사장(都社長)·사장(社長)·촌장(村長) 등 명망 있는 한국민 약 100여 명, 진소상 독판 이하의 지부(知府) 통령(統領) 등 10명 등이 참석하였음. 이 지방에서는 미증유의 성대한 축제로서 이 축전을 마쳤음.

5. 거류 일본 상인의 상황

거류하는 일본 상인은 이번 10일 동안 갑자기 증가하였음. 해당 지역의 상황에 희망이 있어 멀리 안동현(安東縣) 지방에서 들어온 사람 10여 명이 있음. 해당 지역의 상황을 보면, 〈이후로도〉 많은 사람이 올 것 같다고 말함.

거류하는 우리나라 상인은 10월 상순 말에 남녀 합계로 100명[용정촌 65명, 국자가 22명, 천보산 11명, 동성용 2명]으로 증가했음. 모두 상업에 진력하여 일본인으로서 체면을 유지하였음. 그중에서 불민(不敏)한 자가 있으나, 대개는 근신하여 부정의 행위로서 우리 지역에 해가 되는 행위를 하는 자는 없음.

위와 같이 보고함.

9. 위의 보고서를 접수해 열람하고 회답함

- **원문제목** 同上報告書接閱回答(往復案1冊)
- **날짜** 1907년(융희 원년) 12월 6일
- **발신** 내각총리대신(內閣 總理大臣) 이완용(李完用)
- **수신** 통감부 부통감(統監府 副統監) 소네 아라스케[曾禰荒助]

조복(照覆) 제207호

간도지방 일반상황에 관한 사이토[齋藤] 파출소장의 보고를 참고하기 위하여 등사하여 송부한 한 가지 일로서, 기밀 제500호로 귀부에서 보내온 글을 접수하였습니다. 이에 따라 두루 살피고 이에 조회에 회답하니 살펴 헤아려 주시기를 바랍니다.

융희 원년(1907) 12월 6일
태자소사 내각총리대신 이완용
통감대리 부통감 자작 소네 아라스케 각하

10. 간도 청병 폭행사건과 도사장 등의 임명에 관한 보고서 제출의 건

- **원문제목** 間島清兵暴行事件과都社長等任命에관한報告書呈覽의件(往復案 1冊)
- **날짜** 1907년(융희 원년) 12월 6일
- **발신** 통감부 부통감(統監府 副統監) 소네 아라스케[曾禰荒助]
- **수신** 내각총리대신(內閣 總理大臣) 이완용(李完用)

기밀통비(機密統秘) 제541호

간도 사이토[齋藤] 파출소장에게 청병폭행사건에 대하여 청국 관헌과 교섭의 전망 및 도사장 이하 임명 건에 관하여 별지로 보고가 있기에 참고를 위하여 이에 등사하여 송부합니다.

메이지 40년(1907) 12월 6일
통감대리 부통감 자작 소네 아라스케
내각총리대신 이완용 각하

부(附) 1. 위와 같은[上同] 청병 폭행사건 보고서

- 날짜: 1907년(융희 원년) 11월 7일
- 발신: 통감부 간도파출소장 사이토 스에지로
- 수신: 통감부 통감 이토 히로부미

통파비(統派秘) 제7호
특보(特報)

종래 청국 관헌과의 교섭에 관한 건은 순보에 게재하였으나, 이후는 총괄하여 특보로 보고하라 하시기에 이에 첨부하여 보고함.

메이지 40년 11월 7일
통감부 파출소장 사이토 스에지로
통감공작 이토 히로부미 귀하

1. 지난 10월 23일은 한국 전 황제[光武]의 계천기원절이었음. 동성용가(東盛涌街)의 한국인 한재신(韓在信)[일진회 지부장]은 같은 날 한국 태극기를 자택에 걸었는데, 청국 병사가 와서 이를 탈취하고 간 것을 정소(呈訴)하였기에, 같은 달 29일 국자가(局子街) 헌병 분견소 안에 파견하여 둔 야마사키[山崎] 통역생에게 별지 제1호와 같이 훈령하고, 구두로써 도(陶) 지부(知府)에게 조회하게 하였음.

2. 전에 청국병사폭행 건에 대하여 전(前) 지부 완충식(阮忠植)에게 조회한 건에 관하여(10월 23일 순보로 보고하였음) 신(新) 지부 도빈(陶彬)에게 별지 제2호와 같이 회답이 왔음. 이 회답은 전일 호전갑(胡殿甲) 통령의 회답과 동일하게(10월 23일 순보로 보고하였음) 청국 병사가 한국인을 구타하여 부상을 입고 혹은 죽음에 이르게 한 폭행 및 그 처분에 관련된 것으로, 〈이것에 대한 청나라 측의〉 어떠한 변명도 없기 때문에 〈다시〉 진소상에게 조회하겠음.

3. 11월 6일 왕전(往電) 제23호로써 이미 보고한 청국 병사 폭행에 관한 사실임. 지난달 19일 오전 9시경, 사도구하촌(四道溝下村)에 주재한 한국인 김유일(金有日)이 이웃집 이병수(李秉秀)의 안뜰에서 청국인 곽성군(郭成君)과 금전을 빌려주고 갚는 일과 관련하여 싸울 때, 사도구(四道溝) 중촌(中村)에 있는 청국 병사 1명이 와서 위 김유일을 영문에 끌고 갔음. 같은 날 점등 후에 이르러 재차 청국 병사 8명이 와서 이병수에게 그의 안뜰에서 "김유일 · 곽성군 양인이 싸울 때 이를 중재하지 않은 것을 〈보아〉 너도 또한 김과 동류이다"라고 하고, 그를 지상에 엎드리게 하여 휴대한 곤봉으로 수십 회 대퇴후부를 구타하여 부상당하게 한 후, "너는 일진회원일 것이니 그 증표를 수색하겠다"라고 말

하며 실내로 함부로 들어가 수색하였음. 피해자가 말한 것에 따르면 이 청나라 병사는 실내의 반짇고리 안에 있는 일화 1원 지폐 5매, 러시아 화폐[露貨] 1루블 지폐 6매, 청화 1적(吊) 지표 21매, 3적 지표 1매, 5적 지표 1매를 약탈하고 떠났다고 함. 이외로 다시 한국인 김정화(金鼎和)·이여강(李汝康) 2명을 영문으로 끌고 가서 포박한 상태로 구류하고, 또한 31일에 김유일의 아버지를 끌고 가서 구류하였음.

이번 달 1일, 사도구 하촌 한국인 이춘화(李春化)의 집에서 군용 땔나무를 운반하기 위하여 이춘화의 손자인 이동국(李東國) 및 같은 촌에 살고 있는 한국인 김문길(金文吉)·이사재(李四才) 3명을 명령에 복종하지 않으면 구타한다고 협박하고, 무상으로 하루 동안 땔나무 운반에 사역하였음. 또한 계속 〈그들의 노동력을〉 사용하고자 하였기에, 두도구(頭道溝)의 우리 헌병 분견소에 정소(呈訴)하고, 또 〈이러한 일을〉 계속하여 이 노역에 복종의 가부를 묻기로, 우리 헌병은 무상 노역에 복종하지 말라는 뜻으로 교유(教諭)함. 위 사도구 중촌에 주둔하고 있던 청병은 실제로 청국 군대에 속한 자가 아니고, 그 지방으로 편성한 호향병(護鄉兵)과 같은 자라 말하지만, 청병과 동일한 복장과 총기를 휴대하였으므로 청병으로 인식하고 있음. 이번 달 6일에 별지 제3호와 같이 진소상에게 조회하였음.

동상(同上) 속(屬) 1. 빼앗아간 태극기의 반환 및 태극기를 빼앗아간 청병을 처벌하는 것과 관련된 교섭 요지 훈령

- 날짜 : 융희 원년(1907년 10월 29일)
- 발신 : 통감부 간도파출소장 사이토 스에지로
- 수신 : 통감부 간도파출소 촉탁 야마사키 세이이치로

사(寫) 제1호

훈령(訓令)

메이지 40년(1907) 10월 29일

통감부 간도파출소장 사이토 스에지로

촉탁 야마사키 세이이치로 귀하

1. 귀관은 도빈 지부를 방문하여 온화한 태도로써 다음 기록된 요지를 전달하고 그 회답을 보고하는 것이 가함.

다음 기록

동성용가에 사는 한국 신민 한재신은 이번 달 23일이 한국 황제 계천기원절이기 때문에 축하하는 뜻을 표하기 위하여 한국 태극기를 게양하였는데, 동성용가의 귀국병사가 이를 빼앗아갔다는 내용의 정소(呈訴)가 있었음. 지난날 도 지부가 본관을 내방하였을 때, 구두로 이를 고지하고 또 상세한 조사를 하겠다는 뜻을 서로 약속하였고, 다시 조사를 마쳐도 위와 같은 사실이 정확함. 교제하는 국가 사이의 상호 국기를 경중하게 하는 것은 말이 필요하지 않아도 아는 일이겠으니, 신속하게 그 빼앗아간 국기를 돌려주고 그 폭력을 행사한 병사를 처벌하여 장래 다시 이러한 품행이 없도록 귀국 관헌에서 충분히 단속하시기를 바람.

동상(同上) 속(屬) 2. 청병(淸兵) 폭행 건의 해명

- 날짜: 융희 원년 음력 9월 26일(1907년 11월 1일)
- 발신: 이사부 지부 도빈
- 수신: 통감부 간도파출소장 사이토 스에지로

사(寫) 제2호

삼가 회답합니다. 전(前) 이사부 지부(理事府知府) 완충식(阮忠植)이 중력(中曆) 9월 6일에 보낸 공함(公函)에 따르면, 중력 9월 1일과 3일 등에 동성용가(東盛湧街)와 광종사(光宗社) 등처에서 병변(兵弁)이 한인(韓人)과 교섭한 각 조항은 이미 길강군 통령(吉强軍統領) 호전갑(胡殿甲)의 회답 문서에 상세히 밝혔습니다. 전 지부 완충식이 보낸 공함에 또 이르기를, "국자가(局子街) 북영(北營)에 포박해 둔 한인 등에 대한 내용입니다. 본부(本府)는 이 지역을 관할하므로 지역을 보호하고 지키기 위해 순경(巡警)을 설치하고 그에 필요한 경향(警餉)은 모두 민간에 토지의 면적에 따라 균등하게 배당하였습니다. 이전에 동성용가의 순경 분국(巡警分局)에서 순병(巡兵)을 파견하여 화첨자(花尖子) 지방에 가서 한인이 응당 납부해야 할 경향을 재촉하여 거두도록 하였는데, 갑자기 한인 주성룡(朱聖龍), 오문옥(吳文玉) 등이 나와서 저지하였으므로 해당 순병이 어찌하지 못하고 돌아왔습니다. 동성용가 파판소(派辦所)의 순변(巡弁)이 다시 가서 경향을 납부하도록 깨우쳐 주었는데도 여전히 기꺼이 납부하려 하지 않았습니다. 이에 비로소 그들을 포박하여 큰 수레에 실어 연길청(延吉廳)이 있는 국자가의 순경 총국(巡警總局)으로 호송해 왔습니다. 순경 총국의 국장이 또 좋은 말로 권하고 깨우쳐 주자 주성룡 등이 차례로 바쳤으므로, 즉시 풀어주었습니다"라고 하였습니다. 한인이 본청(연길청)의 경내에 산 지 여러 해 되었는데, 이전에는 모두 청인과 다르게 여기지 않았습니다. 만일 과연 불법행위를 하며 공익에 항거한다면, 본부(이사부)는 이 지방을 다스리는 책임이 있으므로 또한 너그러이 용서하지 못할 것입니다. 이렇게 회답합니다. 날마다 평안하시기를 기원합니다.

화력(華曆) 9월 26일
독판 길림변무 진소상
사이토 중좌 각하

동상(同上) 속(屬) 3. 청병폭행사실과 이 청병의 엄벌 및 손해배상 요구

- 날짜: 1907년(융희 원년) 11월 6일
- 발신 : 통감부 간도파출소장 사이토 스에지로
- 수신 : 독판 길림변무 진소상

삼가 아룀. 본직(本職)은 귀국 병사의 폭행에 관련하여 아래의 사실을 귀관에게 고백하며, 귀관의 고려를 필요로 한 광영(光榮)이 있음. 지난달 28일 오전 9시경, 사도구 하촌에 살고 있는 한국 신민 김유일이 이웃집 이병수의 안뜰에서 귀국 신민 곽성군과 싸울 때, 사도구 중촌에 주둔한 귀국 병사 1명이 와서 앞의 김유일을 둔영에 끌고 감. 같은 날 점등 후에 이르러 재차 병정 8명이 와서 이병수에게 "너의 안뜰에서 김·곽 두 사람이 싸울 때, 이를 중재하지 않은 것을 〈보아〉 너도 또한 김의 동류이다"라고 하며 그를 지상에 포복하게 하고 휴대한 곤봉으로 수십 회 대퇴부 뒤를 구타하여 부상케 하였을 뿐만 아니라, "너는 일진회원일 것이니 그 증표를 수색한다"고 말하며 실내로 함부로 들어가 수색하였음. 피해자의 말에 의하면, 해당 청병은 이때 실내의 반짇고리 안에 있는 일화 1원 지폐 5매, 러시아 화폐[露貨] 1루블 지폐 6매, 청화 1적(吊) 지표 21매, 3적 지표 1매, 5적 지표 1매를 약탈하였을 뿐 아니라, 이때에 다시 김정화·이여강 2명을 둔영에 끌고 가서 포박한 채로 2일간 구류하고, 31일에 다시 김유일의 가친을 끌고 가서 구류하였음. 이외 사도구 중촌에 주재하는 귀국 병사는 이번 달 1일 사도구 하촌 한국인 이춘화에게 둔영에 땔 나무를 운반하기 위하여 소 수레를 징발하고자 하였으나, 소 수레가 없기로 같은 사람의 손자인 이동국 및 같은 촌에 살고 있는 한국인 김문길·이사재 3명을 협박하여 땔나무 운반에 사역한 일이 있음.

위 사실 중에 김유일과 귀국 신민 곽성군의 쟁투사건은 책임이 있는 귀국 관헌의 조사에 따라 김유일에게 과연 범죄가 있다고 하면 본직이 〈그에〉 상당하게 처분하겠으니 속히 호송하기 바람. 싸움에 관계가 없는 이병수를 구타하여 부상케 하고, 또 그의 가택에 함부로 들어가고, 또 무고하게 김정화·이여강 및 김유일의 아버지를 둔영에 구류한 일, 또 다른 한국민을 협박하여 무상으로 노역에 사역한 일은 불법행위에 해당하며 한국 신민의 권리를 무시하는 일이 다대(多大)한 것이니 그 책임자를 엄중히 처벌하고, 또한 장래에 재차 이러한 사건이 야기되지 않도록 충분히 귀국 병사를 계칙(戒飭)하시며, 또 피해자에 대해서 상당한 배상을 하시라는 내용으로 이에 조회하니 조량하시기를 바람.

메이지 40년 11월 6일
통감부 간도파출소장 사이토 스에지로
독판 길림변무전성 각군익장 진소상

부(附) 2. 도사장(都社長) 등 임명 상황 보고서

- 날짜: 1907년(융희 원년) 11월 9일
- 발신: 통감부 간도파출소장 사이토 스에지로
- 수신: 통감부 통감 이토 히로부미

통파비(統派秘) 제8호
특보(特報)

메이지 40년(1907) 11월 9일
통감부 파출소장 사이토 스에지로
통감공작 이토 히로부미 귀하

8월 23일 부임한 후로, 10월 11일까지 임명한 도사장·사장·촌장의 성명이 별지와 같기에 이에 보고함. 또한 10월 11일 이후는 이전에 전보한 것과 같이 일시적으로 임명을 중지하였음. 다만 이 임명의 필요를 감동(感動)한 것은 해당 파출소와 지방 한국민 〈사이〉 연락을 보전하여 민정(民情)을 알기 위해서임. 〈이런 직책이〉 행정기관임에도 〈아직〉 부재한 곳은 10월 14일 발송한 전보와 같고, 또한 일반적인 정황에 의거하여 시기를 봐서 아직 〈그 직책이〉 임명되지 않은 곳을 임명하여, 순차적으로 간도 전 지역에 〈설치가〉 미치도록 하기에 이에 〈현존하는 명단을〉 첨부하여 보고함.

동상(同上) 속(屬). 도사장 등 명단

<도사장 이하 인명표(人名表)>

무산간도(茂山間島) 도사장(都社長)	남규강(南奎綱)
숭화사(崇化社)사장	최규은(崔規垠)
1소 장사청곡(長沙淸曲)촌장	석재형(石載衡)
2소 하면강구(下面江口)촌장	김창진(金昌鎭)
3소 마전곡(麻田曲)촌장	최양길(崔陽吉)
4소 간탄(間灘)촌장	조병묵(趙秉默)
5소 임전곡(荏田曲)촌장	여문규(呂文圭)
6소 남석곡(南夕曲)촌장	김병오(金柄五)
7소 옥석동(玉石洞)촌장	김이종(金履種)

덕화사(德化社)사장	최성익(崔成翼)
포항리(浦項里)촌장	민창익(閔昌翼)
조동1리(鳥洞一里)촌장	유방형(劉芳亨)

조동2리(鳥洞二里)촌장	박중범(朴中範)
산양동(山陽洞)촌장	김상렬(金尙烈)
길지(吉地)촌장	박형식(朴亨植)
복동(福洞)촌장	차명진(車明振)
강역(江域)촌장	황룡언(黃龍彦)
남평(南坪)촌장	최기항(崔基恒)
유동(柳洞)촌장	지약위(池若渭)
용연(龍淵)촌장	박동희(朴東禧)
남전동(南田洞)촌장	박태회(朴泰會)
상화사(上化社)사장	정사헌(鄭厶憲)
대동구(大洞口)촌장	이치명(李治明)
망봉(望峰)촌장	백낙선(白樂善)
백암평(朴岩坪)촌장	김택규(金澤圭)
근전곡(芹田曲)촌장	김양협(金良冾)
송구미(松口尾)촌장	허명(許明)
경성(鏡城)촌장	주상언(朱相彦)
측동(測洞)촌장	김택정(金澤正)
산계사(山溪社)사장	한태근(韓泰根)
태극평(太極坪)촌장	채응묵(蔡應默)
동경태(東京抬)촌장	장익현(張益鉉)
사초동(莎草洞)촌장	김광수(金光洙)
풍양동(豊陽洞)촌장	김형기(金亨基)
안작(安作)촌장	오승준(吳承濬)
하광포(下廣浦)촌장	양완식(楊完植)
자미내(自味內)촌장	김광운(金光云)
선화사(宣化社)사장	최사구(崔仕九)

1소 한수구(漢水口)촌장	이완순(李完順)
2소 산양곡(山陽曲) 촌장	안학봉(安學奉)
3소 연동언하(囦洞堰下)촌장	황송경(黃松景)
4소 연동내(囦洞內)촌장	강명호(姜明浩)
5소 행암(杏岩)촌장	김병현(金秉鉉)
6소 강좌동(康座洞)촌장	조희운(趙希云)
7소 만릉동(萬陵洞)촌장	이희순(李稀旬)
8소 희풍동(希豊洞)촌장	조민순(趙民順)
백금사(白金社)사장	이양림(李陽林)
종성간도 도사장	이희영(李義英)
개문사(開門社)사장	천병호(千秉浩)
향린동(香麟洞)촌장	유효락(劉孝洛)
지방곡(地方曲)촌장	윤명렬(尹明烈)
사동구(寺洞口)촌장	석언홍(石彦弘)
사동(寺洞)촌장	이병준(李炳俊)
석봉(石峰)촌장	김석봉(金石鳳)
탄전(灘前)촌장	김연강(金連姜)
가도(柯島)촌장	박양명(朴良明)
산동(蒜洞)촌장	김효섭(金孝涉)
대인동(大仁洞)촌장	이언칠(李彦七)
상탄(上灘)촌장	김명원(金明元)
개운사(開運社)사장	유창환(兪蒼煥)
부녕(富寧)촌장	김성률(金成律)
종성(種成)촌장	채하범(蔡夏範)
후덕동(厚德洞)촌장	강명현(姜明賢)
응야동(鷹野洞)촌장	진대언(陳大彦)

채수동(彩樹洞)촌장	김언칠(金彦七)
개태사(開泰社)	최진오(崔鎭五)
행평(杏坪)촌장	유홍규(兪洪圭)
호천포하소(胡川浦下所)촌장	김홍석(金弘錫)
호천포하소(同上 所)촌장	한수학(韓秀學)
만진기(滿振基)촌장	채정옥(蔡丁玉)
호천장리(胡川場里)촌장	임정옥(林貞玉)
광풍사(光風社)사장	정준렬(鄭俊烈)
대암동(大岩洞)촌장	방인행(方仁行)
장대평(場坮坪)촌장	김화서(金化瑞)
모동하소(茅洞下所)촌장	박운행(朴雲行)
모동상소[同 上所]촌장	채동은(蔡東恩)
광소사(光昭社)사장	전학준(全學俊)
대천평(大泉坪)촌장	방정선(方鼎善)
몽기동(蒙基洞)촌장	주구례(朱九禮)
광종사(光宗社)사장	이명우(李明雨)
소천평(小泉枰)촌장	이유준(李有俊)
삼동포(三洞浦)촌장	박정헌(朴鼎憲)
남몽기동(南蒙基洞)촌장	정명언(鄭明彦)
추성(崔城)촌장	장수보(張守寶)
고도(古島)촌장	최태익(崔泰益)
고와동(古瓦洞)촌장	김사유(金仕裕)
광덕사(光德社)사장	한일환(韓日煥)
영소암(咏嘯岩)촌장	김회옥(金懷玉)

후동(厚洞)촌장	천도원(千道元)
세은장(細隱嶂)촌장	장문봉(張文鳳)
옥포동(玉浦洞)촌장	조희열(趙希烈)
남동(南洞)촌장	최인현(崔仁賢)
북동(北洞)촌장	양윤석(梁允石)
천목동(梼木洞)촌장	한치종(韓致宗)
제청사(霽晴社)사장	김희열(金希烈)
부서평(富瑞坪)촌장	최룡서(崔龍瑞)
소주동(素柱洞)촌장	남리화(南利化)
백룡(白龍)촌장	이두영(李斗永)
오룡동(五龍洞)촌장	석치운(石致雲)
복전동(福田洞)촌장	허성문(許成文)
염통현(廉通峴)촌장	박량욱(朴良旭)
대장동(大獐洞)촌장	유원준(兪元濬)
남장동(南獐洞)촌장	김서화(金瑞化)
제하사(霽霞社)사장	김두신(金斗信)
옥사평(獄社坪)촌장	김석헌(金石憲)
후지동(厚地洞)촌장	현원극(玄元極)
시건평(詩建坪)촌장	방언홍(方彦弘)
곡구미(曲口尾)촌장	최도예(崔道禮)
목주동(木周洞)촌장	최화윤(崔化允)
지풍현(芝風峴)촌장	김호유(金浩裕)
송동(松洞)촌장	박정일(朴正一)
월랑사(月朗社)사장	손종철(孫宗哲)
수북(水北)촌장	최계호(崔季浩)

하소(下所)촌장	김한일(金漢逸)
기동(箕洞)촌장	박양능(朴良能)
미동(尾洞)촌장	김택신(金澤信)

북도소(北都所)도사장	채룡희(蔡龍羲)
동량사(東良社)사장	최민섭(崔敏燮)
용정(龍井)촌장	이종봉(李種鳳)

화전사(樺田社)사장	주성룡(朱聖龍)
삼향(三鄕)[登龍洞·下屯田村·中屯田村·上屯田村·柳田村] 촌장	안국언(安國彦)
지일(智逸)사장	박문순(朴文順)
동량상리(東良上里)사장	윤상현(尹相鉉)
문루구(門樓溝)사장	박기평(朴基坪)
삼포(三浦)사장	김치만(金致萬)
평강상리(平岡上里)사장	채동환(蔡東奐)
평강하리(平岡下里)사장	윤상헌(尹相憲)
화룡(和龍)사장	채명옥(蔡明玉)
용지(龍池)사장	진석준(陳錫俊)
장암(獐岩)사장	조창기(趙昌基)
동성용(東盛湧)사장	김석균(金錫均)
연동(沿東)사장	문장조(文章調)
지풍(智豊)사장	박만수(朴萬秀)
정집강(廷集崗)사장	김기훈(金基薰)
평강수남(平崗水南)사장	한종현(韓宗顯)
구송허(九松墟)사장	임성문(林成文)
북강수남(北江水南)사장	김용운(金龍雲)
회령간도 도사장	김채영(金埰榮)
영화사(泳化社)사장	이형준(李亨俊)

소동곡(小洞曲)촌장	윤경서(尹京瑞)
강역동어구(江域洞於口)촌장	문성렬(文成烈)
강역동측(江域洞測)촌장	김종락(金宗洛)
미전곡(米田曲)촌장	박장춘(朴長春)
학성(學城)촌장	나용연(羅龍淵)
송언(松堰)촌장	이극열(李極烈)
문화사(文化社)사장	홍희건(洪希健)
난주동(蘭珠洞)촌장	박운실(朴云實)
순동(蓴洞)촌장	박서홍(朴瑞弘)
유적동(幽寂洞)촌장	윤재학(尹載學)
남상동(南尙洞)촌장	허경식(許景植)
인화사(仁化社)사장	조영삼(趙永三)
사기동하향(四奇洞下鄕)촌장	허산(許珊)
사기동상향(四奇洞上鄕)촌장	허병권(許秉權)
태화사(泰化社)사장	이능용(李能鎔)
공암(孔岩)촌장	방문헌(方文憲)
시암(矢岩)촌장	정병락(鄭秉洛)
도태리(道泰里)촌장	김문화(金文化)
초평(草枰)촌장	허문백(許文伯)
학서동(鶴栖洞)촌장	문명언(文明彦)
부소(釜所)촌장	허선(許楦)
소거리(所巨里)촌장	김상권(金相權)
증산동(甑山洞)촌장	이능용(李能鎔)
강포덕(江浦德)촌장	임상준(林相俊)

경화사(敬化社)사장	김여학(金餘學)
서래동(西來洞)촌장	황학문(黃鶴文)
서막동(西幕洞)촌장	남규벽(南奎碧)
서래동중소(西來洞中所)촌장	최병화(崔秉化)
서래동상소(西來洞上所)촌장	정백옥(鄭白玉)
충화사(忠化社)사장	김제권(金濟權)
사동(沙洞)촌장	김제형(金濟亨)
연전(椽田)촌장	최영익(崔永益)
대동(大洞)촌장	전맹석(全孟錫)
세외동(世外洞)촌장	최병석(崔秉錫)
남평동(南坪洞)촌장	지완규(池完圭)
소동(小洞)촌장	전중선(全中先)
합전(蛤田)촌장	김병욱(金秉旭)
합동(蛤洞)촌장	최광현(崔光鉉)
평화사(平化社)사장	임병준(任秉俊)
야동(斜洞)촌장	이증훈(李曾勳)
대소동(大蘇洞)촌장	한남철(韓南哲)
소소동(小蘇洞)촌장	최영열(崔永烈)
청토전(青土田)촌장	조민헌(曺敏憲)

비고

1. 무산간도 안의 백금사의 촌장은 임명이 완료되지 않음.
2. 종성간도는 전부 임명을 완료함.
3. 북도소는 사장은 전부 임명을 마쳤고, 촌장은 동량사 및 화전사에 각각 1개 촌장이 임명되고, 〈그 외에는〉 전부 임명하지 못함.
4. 회령간도는 전부 임명을 완료함.

11. 청병 폭행사건에 관한 교섭상황 보고서 제출의 건

- **원문제목** 清兵暴行事件에關한交涉狀況報告書提出의件(往復案1冊)
- **날짜** 1907년(융희 원년) 11월 11일
- **발신** 통감부 간도파출소장(統監府 間島派出所長) 사이토 스에지로
- **수신** 통감부 통감(統監府統監) 이토 히로부미

통파비(통파비(統派秘)) 제9호

특보(特報)

메이지 40년(1907) 11월 11일

통감부 간도파출소장 사이토 스에지로

통감공작 이토 히로부미 귀하

청병 폭행사건에 관하여, 저번에 일본 관헌이 누누이 청국 관헌에 대하여 문서 혹은 구두로써 조회하였습니다. 1월 15일 순보 호외 및 그달 8일 특보 제7호로써 보고한 것과 같이 전 통령 호전갑(胡殿甲)과 현 지부 도빈(陶彬)으로부터 회답이 있었으나, 그 회답은 폭행의 책임과 장래의 단속책에 관하여 어떠한 언급이 없어서 심히 요령(要領)을 할 수 없겠으므로, 다시 이달 11일에 독판길림변무 진소상에 대하여 별지와 같이 조회 하였기에 이에 보고합니다.

부(附). 위 건의 교섭 상황

- 날짜: 1907년(융희 원년) 11월 10일
- 발신: 통감부 간도파출소장 사이토 스에지로
- 수신: 독판 길림변무 진소상

[별지]

삼가 아룀. 본직(本職)은 지난 10월 6일 및 10월 12일에 전(前) 무민(撫民) 겸 이사부 완충식(阮忠植) 씨에 대하여 다음과 같은 여러 사건을 조회하였음.

1. 한국 신민 김명극(金明克) 등을 장구하게 귀국 옥사에 가둬놓는 것은 부당하다는 사건(10월 6일).
2. 동성용가(東盛湧街)의 귀국 병사가 10월 7일 화전사(樺田社)에서 한국 신민 주운달(朱運達)을 총기와 목편으로 구타하여 부상케 한 일과 10월 9일 광종사(光宗社) 하천평촌(下泉坪村)에서 귀국 병사 약 10명이 한국 신민 이홍수(李鴻洙)를 곤봉 혹은 철봉으로 난타하여 죽음에 임박하게 한 일, 국자가(局子街) 북영(北營)의 귀국 병사 4명이 한국 신민 주성룡(朱聖龍) 및 오문옥(吳文玉) 두 사람을 포박하여 국자가 북영에 구류한 사건(10월 12일).

또한 전(前) 길강군통령 호전갑 씨에 대해서도 10월 16일에 다음과 같은 건을 조회하였음.

1. 10월 7일 동성용가의 귀국 병사가 한국 신민 한재신(韓在信)을 곤봉과 채찍으로 구타하여 부상케 한 일과 회령간도 사기동(砂器洞)에 주재하고 있는 귀국 병사가 심히 낮은 가격으로 식품과 땔나무, 숯 등을 한국 신민으로부터 징발한 사건.
2. 앞에 기록한 10월 12일에 전 완충식 지부에게 조회한 것과 동일한 사건.

위에 기록한 것 외에 당 파출소원 야마자키 세이이치로[山崎誠一郎]를 파송하여 현임 지부 도빈 씨에게 구두로써 다음과 같은 사건을 조회하였음.

1. 한국 신민 한재신이 10월 23일 한국 대황제 폐하의 계천기원절의 축의(祝意)를 표하기 위하여 한국 국기를 게양하였더니 동성용가의 귀국 병사가 이를 빼앗아 없앤 사건.

이상을 조회하던 중에 음력 9월 12일 호전갑 씨와 9월 26일 도빈 씨로부터 회답을 접했음. 위 호전갑 씨의 회답의 요지는 한재신 등 구타사건에 관하여 "이달 7일 동성용의 우리나라 병사와 한국민 한재신, 김정헌(金正憲) 2명 사이 식량[糧草]을 사는 일로 인하여 한재신 등이 옛날에 제 분수를 편안히 지키지 않고 한국민을 고동(鼓動)케 하여 식량을 팔지 않으며, 우리 병사와 더불어 맞먹으려 하고 귀 관청의 명령을 받는다고 사칭하니, 당일에 즉시 한재신, 김정헌 두 사람을 따로 묶어 왔습니다. 심문을 명백하게 하였고 판별해 처리하는 일을 타당하게 한 후에 놓아 풀어주었으니, 그들로 하여금 그 생업을 안정케 한 이후로 이와 같은 일이 다시 없도록 하게 한 것입니다. 한재신 등이 이미 책망을 달게 여기고 죄를 인정하며 감히 재범하지 않겠다고 하였으니, 귀 관헌에서 번거롭게 치문(致問)할 것이 있겠습니까?"라고 하였음.

부정하게 징발한 사건에 관해서는 "이달 7일에 동성용가의 본국(本國: 청국) 병원(兵員)이 한국민 한재신, 김정헌 2명에게 식량을 구입하려고 하자, 한재신 등이 여전히 분수를 모르고 한국민들을 선동하여 본국 병원 등에게 식량을 팔지 않으려고 하면서 귀관(貴官)의 명령을 받들었다는 있지도 않은 말을 하였습니다. 당일 즉시 한재신과 김정헌 2인을 데리고 가 명백하게 조사한 후에 타당하게 처리한 후 풀어주어 돌려보냈습니다. 그들이 생업에 안주하면서 이후로 다시 이러한 일을 하지 않게끔 하였으며, 한재신 등도 이미 기꺼운 마음으로 죄를 인정하고 다시 죄를 범하지 않겠다고 하였으므로 번거롭게 귀관이 치문하지 않아도 됩니다. 부정하게 징발한 사건에 관해서는 또한 회령(會寧)에 주재하는 본국 병원이 식품과 연료를 징수한 일에 대해서는 본 통령(統領: 길강군 통령 호전갑)이 이미 분명히 가목(價目)을 조사하였는데 상당히 공평하였습니다. 현재 국자가(局子街)의 좁쌀[小米子]은 매 섬의 값이 본국 관첩(官帖) 16적(吊)이고, 계사처(稽查處)의 좁쌀은 매 섬의 값이 12적 800이며, 국자가의 연로는 매 짐[梱]의 값이 전(錢) 12문(文)이며, 회령에서는 매 짐의 값이 20문으로 값이 상당히 저렴하지 않습니다. 회령 부근 일대의 한국민들이 광서 10년(1884, 고종 21)에 마적(馬賊)의 소요(騷擾)를 받고서는 군대를 파견하여 보호해 줄 것을 간청하였습니다. 군대에 필요한 일체의 식량은 각 한국민의 가호(家戶)에 균등하게 나누어 부과하겠다고 원하면서 값은 시가(時價)를 비교하여 저렴한 쪽으로 정하기로 하여 서로 20여 년을 그대로 하였지만 모두 다른 말을 하지 않았습니다. 귀관은 한국민의 생명, 재산, 권리를 본국이 매우 심하게 침해하고 있다고 하였지만 이 말에 대해서는 매우 유감스럽습니다. 한국민들이 자기 나라에서는 살아갈 방도가 없어서 국경을 넘어 이곳에 와서 농사지으며 살고 있으니, 본국으로부터 받은 은혜가 적지 않습니다. 본국 역시도 경계[畛域]를 구분하지 않고 화민(華民)에 비추어 똑같이 보호하여 지금까지 휴양생식(休養生息)한 지 20여 년이 되었습니다. 한국민 역시 모두 본업을 즐기며 편안히 살면서 거의 자기 나라를 잊었습니다. 또한 본국의 역대 대황제(大皇帝)께서도 매양 작은 나라를 회유(懷柔)하는 유시(諭示)를 내려 '근래 인국(人國)이 외족(外族)을 학대하고 힘없고 약한 자를 속이는 것은 매우 부끄러운 일이니, 어찌 기국(己國)이 도리어 약소국을 학대해서야 되겠는가.'라고 하셨습니다. 그러니 귀관이 들은 것은 많은 사람의 말을 들은 것이 아니고 중간에서 시비를 뒤집으려고 농간을 부리는 분수에 만족하지 못하는 한국민 한두 사람의 말을 듣고는 귀관이 마침내 그것을 사실이라고 여겼으니, 한국민에게 속은 것이 아니겠는가."라고 하였으며, 전(前) 지부(知府)의 후임자인 도빈(陶彬) 씨의 회답 요지는 "국자가 북영(北營)으로 포박해 온 한국민 등에 대한 내용입니다. 본부(本府)는 이 지역을 관할하므로 지역을 보호하고 지키기 위해 순경(巡警)을 설치하고 그에 필요한 경향(警餉)은 모두 민간에 토지의 면적에 따라 균등하게 배당하였습니다. 이전에 동성용가의 순경 분국(巡警分局)에서 순병(巡兵)을 파견하여 화첨자(花尖子) 지역에 가서 한국민이 응당 납부해야 할 경향을 재촉하여 거두도록 하였는데, 갑자기 한국민 주성룡(朱聖龍), 오문옥(吳文玉) 등이 나와서 저지하였으므로 해당 순병이 어찌하지 못하고 순경 분국으로 돌아왔습니다. 동성용가 파판소의 순변(巡弁)이 다시 가서 경향을 납부하도록 깨우쳐 주었는데도 여전히 기꺼이 납부하려 하지 않았습니다. 이에 비로소 그들을 포박하여 큰 수레에 실어 연길청(延吉廳)이 있는 국자가의 순경 총국으로 호송해 왔습니다. 순경 총국의 국장이 또 좋은 말로 권하고 깨우쳐 주자 주성룡 등이 차례로 바쳤으므로 즉시 풀어 주었습니다"라고 하며, 부당한 구류와 귀국 병사의 폭행 책임에 관한 본직의 조회에 대해서는 아무런 회답이 없음.

또한 호 통령은 사기동에 관한 징발은 판매목록이 자못 저렴하지 않다고 하거나, 혹은 판매물품이 시가에 비교하여 싸다고 말함. 또 본직이 한두 사람의 한국인의 말에 속은 것 같다고 하나, 본직은 결코 한국인의 말을 불신하고 가장 공평하고 엄밀하게 조사한 후 사실을 확정해온 사람이니 호 통령의 말은 타당하지 않음.

귀관(진소상)은 이번 이 땅에 부임하여 문무 제반 사무를 통할하시는 중에, 이전에 기록한 여러 사건에 대한 귀관의 고려를 무겁게 걱정하며, 이 사건을 해결할 절실하고 공정한 귀관의 조속한 회답을 앙망함. 그리고 또 지난 구스노[楠野] 사무관을 파견하여 구두로서 조회해온 종성간도 하천평촌에 관한 귀국 병사 폭행의 건에 대하여 특별히 장교를 파견하여 상세하게 조사한 것은 깊이 감사하는 바임. 본건에 대하여 오록정(吳祿貞) 각하는 야마자키[山崎] 씨를 소개하며 양쪽이 다 결점이 있으므로 서로 조화롭게 결정하자는 통고가 있었으나, 만약 한국민의 비행이 있으면 이로부터 본직이 이것을 엄칙(嚴飭)할 것이고, 귀 병사의 폭행은 귀관에서 공명정대하게 처치하여 양국 교제의 정의로 성실히 해결할 것을 믿으니, 어떠한 회답이 있기를 바라며 이에 조회함.

메이지 40년(1907) 11월 10일
통감부 파출소장 사이토 스에지로
독판 길림변무 진소상 각하

12. 청병 폭행사건 교섭 전말보고서 제출의 건

- **원문제목** 淸兵暴行事件交涉顚末報告書轉呈의件(往復案1冊)
- **날짜** 융희 원년(1907년 12월 9일)
- **발신** 통감부 부통감(統監府 副統監) 소네 아라스케[曾禰荒助]
- **수신** 내각총리대신(內閣 總理大臣) 이완용(李完用)

기밀통발(機密統發) 제554호

사도구(四道溝) 하촌(下村)에 관련된 청병 폭행사건 및 종선간도 하평촌(下坪村)에 관련된 청병 폭행사건에 대하여 진소상과 〈진행한〉 교섭의 전말이 별지와 같은 사이토[齋藤] 파출소장으로부터 보고가 있기에 참고를 위하여 이에 등사하여 송부합니다.

메이지 40년(1907) 12월 9일
통감대리 부통감 자작 소네 아라스케
내각총리대신 이완용 각하

부(附). 위와 같은[上同] 교섭 전말 보고서
- 날짜: 1907년(융희 원년) 11월 19일
- 발신: 통감부 간도파출소장 사이토 스에지로
- 수신: 통감부 통감 이토 히로부미

통파비(統派秘)) 제11호
특보(特報)

메이지 40년 11월 19일

통감부 파출소장 사이토 스에지로
통감공작 이토 히로부미 귀하

지난날 사도구 하촌에 관련된 청국 병사 폭행사건(11월 8일 특보로써 보고하였음) 및 종성간도 하평촌에 관련된 청병 폭행사건(11월 5일 순보로써 보고하였음)으로 진소상에 대하여 조회하였더니, 이번 달 13일에 별지와 같이 조사복명서를 첨부한 회답이 있었음. 이 회답은 전적으로 범행의 사실을 부인하고, 성실한 조사가 없기 때문에 지난 16일 진소상과 회견할 때, "전연 사실을 부인하는 것은 자못 의심스럽다. 특히 경석령(耿錫齡) 참모관 조사서 제2항 중에 문관대(門管帶)가 총성을 듣고 놀랐음에도 불구하고 심히 이 원인을 탐사함이 없던 일은 지방 경비의 직임에 있는 책임을 다하지 않은 것이며, 또한 경(耿) 참모관도 역시 막연하여 어떠한 조사가 없었다. 그리고 제2항 중에, 한국민 이홍수 구타사건은 오후 6시에 일이다. 당시에 일광이 아직 있었음에도 불구하고 달빛이 없다고 재차 조사를 하지 아니한 것은 명백히 조사의 불실을 보여주는 것이며, 기타 〈사항에서도〉 귀관은 단련회인(團練會人)은 관병이 아니라고 주장하나, 항상 병기를 가지고 무장한 이상 나는 이 사람을 귀국의 병사로 인지한다. 그러므로 해당 병사는 김유일(金有日)의 가택을 떠난 후 다시 이병수(李秉秀)의 가택에 도달하여 폭행하였고, 이에 관한 조사서 중에, 쟁투는 김유일의 가택 안에서 한 것이기 때문에 이병수의 가택 안에서 어떠한 이상 정황을 보일 이유가 없다고 변명함은 가치가 없는 것이다"라고 지적하며 질책하였더니, 진·오 등은 종래 길강군의 군기가 없었던 일을 말하면서 이들을 제어하는 일이 어렵고, 또한 새롭게 온 병사 중에서 보병에는 5~6년을 경과한 자가 〈있다고〉 하였음. 지난날 국자가(局子街) 일본인 약종 상점 안에서 폭행하였다는 조회를 받고 엄중히 조사하여도 아직 누가 저지른 일인지 명료하지 않아서 크게 우리의 면목에 관계되었기로, 날이 지나지 않아 병사(兵舍)를 수선하고 민가의 사영(私營)으로부터 이를 수용하면 이것을 따라서 단속할 수 있겠고, 또 내년이 되면 길강군을 차례로 해산하고 좋은 병사와 교환하여 십분 장래를 경계할 일로 주의하겠다고 하였음.

동상(同上) 속(屬). 청병(淸兵) 폭행사건의 부인과 교섭 거절

- 날짜: 융희 원년 10월 8일(1907년 11월 13일)

- 발신: 독판길림변무 진소상
- 수신: 통감부 간도파출소장 사이토 스에지로

삼가 회답합니다.

지난 10월 2일에 귀 중좌가 보낸 공함(公函)을 받았는데, 본국 병원(兵員)이 곤봉(棍棒)으로 한국민 이병수(李秉秀)를 구타하고 아울러 집안에 들어가 재물을 약탈한 일과 또한 김정화(金鼎和), 이여강(李汝康), 김유일(金有日)의 아비를 군영(軍營)으로 데려와 구류한 각각의 사항과 또한 본국의 병원이 한국민 이춘화(李春化)의 집에 이르러 이동국(李東國), 김문길(金文吉), 이사재(李四才) 등에게 땔감을 운반하게 한 건에 대한 것이었습니다.

적임자[妥員]를 파견하여 조사하게 하니, 다음과 같이 보고하였습니다. "사도구(四道溝) 하촌(下村)의 중국민 곽성군(郭成君)이 한국민 김유일의 집에 빚을 받으러 갔다가 서로 구타하였으며, 김유일의 이웃에 사는 이병수가 집안으로 들어와 흉악한 짓을 도와 곽성군의 머리를 때려 상처가 났습니다. 당시에 하촌의 단련회(團練會) 사람 6~7명도 싸움이 났다는 소식을 듣고 와서 보고서는 모두 곽성군을 위해 불평하였습니다. 그래서 이병수를 구타하여 여러 사람의 분함을 풀고자 하였는데, 실제로는 주먹으로 구타하였고 모두 곤봉을 사용하지는 않았습니다. 당시에 곽성군의 상처가 중하였기 때문에 마침내 이병수를 하촌의 단련국(團練局)으로 데려가 감금하였으나 실로 엄하게 압송하지는 않았습니다. 김유일의 집에서 싸움이 일어났기 때문에 하촌의 단련회 사람들도 이병수의 집에는 들어가지 않았으니 어떻게 이병수 집의 바느질 광주리 안에 있는 전첩(錢帖), 은원(銀元) 등을 빼앗아 갈 수 있었겠습니까? 심지어 관병(官兵)이 이병수의 집에 들어가 구타하고 수색하였다고까지 하였는데, 조금도 관련이 없습니다. 아울러 관병이 한국민 이춘화의 집에 가서 땔감을 운반하게 하였다는 일은 두 차례 방문 조사를 하였으나 실로 그러한 일은 없었습니다."

조사보고에 따르면 여러 사람이 공평하지 못한 데 분노하여 주먹으로 이병수를 구타한 것은 바로 하촌의 단련회 사람들이니 실로 관병이 아닙니다. 또한 김유일과 곽성군이 싸운 일은 김유일의 집에서 일어났으니 이병수 집에 있는 전첩과 은원표(銀元票)를 관병에게 약탈당했을 리가 결코 없습니다. 관병이 한국민에게 땔감을 운반하도록 하였다는 일은 비교적 가벼운 일이지만 또한 털끝만큼도 실제 근거가 없습니다. 이는 귀 중좌가 보낸 공함에서 관병이 폭행하였다는 각각의 사건은 전혀 근거 없는 헛된 말이거나 아니면 사실에 착오가 있는 것이니 자연히 다시 의논할 필요가 없습니다.

본 독판과 방판(幫辦)은 본디 지방을 보고하고 병민(兵民)을 단속[管束] 할 책임이 있으므로 관병이 평민을 폭행하는 것을 용인할 리가 결코 없습니다. 만일 법을 어기는 무리가 있다면 본 독판과 방판이 조사하여 실제 근거가 있으면 앞으로 엄하게 징치할 것입니다. 그러나 만약 이후에 다시 근거 없는 말로 귀 파출소에 고하는 한국민이 있더라도 응당 묻지 않는 것이 옳을 듯합니다. 현재 한국민이 밀집하여 살고 있는 곳에는 본처[吉林邊務公署]가 모두 사무원(事務員)을 파견하였으므로 즉각 본처에 보고하지 않음이 없으니, 본 독판과 방판이 전례를 살펴 처리할 것이고, 다시 귀 중좌에게 대신 보고하는 수고를 끼치지 않을 것입니다.

또한 전에 말한 본국 관대(管帶) 문진중(門振中)이 병사를 인솔하고 삼도골패(三道骨牌)-즉 귀국(일본) 사람들이 하전평촌(下田坪村)이라고 일컫는 곳이다-에 가서 폭행하였다는 각 사항에 대해서는 전에 이미 합당한 관원을 파견하여 분명히 조사하였습니다. 그가 이르기를, "관대 문진중이 9월 16일 상오(上午) 10점 종(鐘)에 병졸 10명을 인솔하고 둔소(屯所)를 찾아 한 차례 순시한 후 즉시 영사(營舍)로 귀환하였고, 모두 김해룡(金海龍)의 문 앞을 지나가지 않았습니다. 총을 쏘고 문패(門牌)를 떼어내고 구타한 각각의 일은 모두 있지 않은 일입니다. 그러므로 이 일은 모두 김해룡 등의 거짓말입니다"라고 하였습니다. 이에 두 차례 관원을 파견하여 조사하여 보고한 문서 모두를 각각 일부분을 베껴서 올려보내니 살펴보시기 바랍니다.

재차 이달 5일에 다시 귀하의 공함을 받았는데, 각각의 사항을 신임 통령(統領) 진소상과 신임 청승(廳丞) 도빈(陶彬)에게 조사하여 처리하도록 신칙하였습니다. 대개 이러한 예전의 사안은 응당 해당 관할하는 관원이 처리하여 결말을 지을 것이고, 어떻게 처리하는지는 해당 관원 등이 앞으로 응당 보고하여 오면 본 독판과 방판이 종합하여 결정할 것입니다. 이후에 귀 중좌도 다시 번거롭게 공함으로 알리지 마십시오.

결론적으로 말하자면, 귀 중좌가 이 지역에 온 것은 본국 정부와 외무부가 모두 승인하지 않은 일입니다. 본 독판이 정부의 명을 받아 특별히 온 것은 이 지역을 정돈하여 다스리기 위해서이니, 지방의 작은 일을 귀 중좌와 번다하게 논변하는 것은 온당치 못합니다. 다만, 귀 중좌가 이미 이 지방에 와서 머물고 있으므로, 피차간에 주고받을 것은 단지 주객의 교제에 대하여 논하는 것이 마땅할 듯합니다. 모든 이 지방의 중좌와 무관한 긴요한 안건은 본디 해당 관할하는 관원이 처리하여 보고할 것이니, 귀 중좌가 수고롭게 정신을 많이 소비할 필요는 없습니다. 특별히 이렇게 답장을 보내니 살피기 바랍니다. 내내 평안하시기를 기원합니다.

10월 8일
이름은 따로 갖춥니다[名別具].[17]

동상(同上) 속(屬)의 부(附) 1. 청병 폭행사건 조사 복명서(復命書)

- 날짜: 융희 원년 10월 6일 (1907년 11월 11일)
- 발신: 길림변무공서 차변(吉林邊務公署差弁) 심안춘(沈晏春)
- 수신: 독판길림변무 진소상

보고합니다. 삼가 차변(差弁)은 이달 3일에 파견 명령을 받았는데, 사도구(四道溝) 하촌(下村)의 중국민 곽성군(郭成君)과 한국민 김유일(金有日)이 싸운 일을 몰래 살피는 일이었습니다. 차변이 명령을 받은 날 즉시 해당 하촌으로 가서 분명히 살피고 몰래 조사한 바는 다음과 같았습니다.

한국민 김유일이 곽성군에게 술값을 빌렸는데, 곽성군이 김유일의 집에 가서 여러 차례 갚으라고 요구하였습니다. 한국민 이병수(李秉秀)는 김유일의 이웃에 거주하고 있었습니다. 곽성군이 술값을 갚으라고 김유일과 언쟁을 벌이다가 서로 싸우게 되자, 이병수가 시끄러운 소리를 듣고는 즉시 김유일의 집으로 가서 곽성군과 김유일이 싸우는 것을 보고는 김유일을 도와서 함께 곽성군의 머리가 때려 피가 났는데 상처가 매우 심했습니다.

마침 구타할 때에 하촌 단련회(團練會)가 싸움이 났다는 소식을 듣고는 함께 모여 있던 6~7명이 가서 곽성군의 머리가 피투성이인 것을 보고는 곧바로 화를 내면서 이유를 물어보고서 비로소 이병수가 김유일과 합세하여 주먹질을 했다는 것을 알았습니다. 여

17 '名單具'·'名箋肅'·'名別肅'·'名正肅'·'名別泐' 등으로 쓴 것이 있는데, 바로 밖의 다른 명부첩과 관련되어 있으며, 본래 서명의 원본이 따로 있다(https://cafe.daum.net/hanho101/)

러 사람들이 자기와 관계없는 일인데 싸움을 말리지도 않고, 또 합세하여 주먹질을 하여 곽 아무개를 때려 상해를 입혀 여러 사람의 미움을 산 데 대해 한스럽게 여겼습니다. 그래서 이병수에게 주먹과 발로 때려 여러 사람의 분한 마음을 풀고자 하였는데, 모두 목봉(木棒)을 사용하지는 않았고, 그를 땅에 엎드리게 하고 때렸습니다. 곽성군의 상처가 매우 심하여 어쩔 수 없이 이병수를 하촌의 단련국(團練局)으로 데리고 가 감금하였으나 엄하게 압송하지는 않았습니다.

먼저 보내온 공함에서 말한 관병이 이병수의 집에 들어가 샅샅이 수색하여 바느질 광주리에 있던 전첩(錢帖)과 은원표(銀元票)를 모두 약탈하여 갔다는 일은 김유일의 집에서 싸울 때 이병수가 김유일을 도와 함께 때렸으니 이병수의 집과는 털끝만큼도 관련이 없는데 어떻게 이병수의 집에 가서 수색했겠습니까? 관병이 이병수의 집을 수색하여 돈을 약탈해 간 일은 실제로 없었습니다.

차변은 이 일이 재물과 관련이 있다는 것을 사실로 여기고 더 조사하기 위해 아울러 여러 사람에게 물었으나 그런 일은 없다고 하였습니다. 이병수의 처가 자기 남편이 잡혀가는 다급한 상황이 되자 일본인에게 달려가 울며 호소하면서 자기 집이 약탈당했다고 거짓말을 하여 일본인이 분개하도록 한 것입니다. 그런데 일본인이 조사해 보지도 않고서 곧바로 이러한 공함을 보낸 것입니다.

현재는 같은 마을의 중국인 조득붕(趙得朋)이 중간에서 조정하여 이병수에게 돈 5적(吊)을 내어 곽성군에게 주어 상처를 치료할 비용으로 쓰게 하고서 마무리 지었습니다. 이것이 차변이 조사한 실제 사정입니다.

병원(兵員)이 한국민 이춘화(李春化)의 집에 가서 이춘화의 아들인 이동국(李東國)과 김문길(金文吉), 이사재(李四才)에게 땔감을 운반하는 일을 시켰다는 일은 두 차례 방문하여 조사하였으나, 모두 그런 일이 없었다고 하였으니 아울러 밝힙니다. 살펴 시행해 주시기를 바랍니다.

광서 33년(1907) 10월 6일 올림

차변 심안춘(沈晏春) 삼가 아룀.

동상(同上) 속(屬)의 부(附) 2. 청병(淸兵)사건 조사 복명서

- 날짜: 융희 원년 9월 23일(1907년 10월 29일)
- 발신: 이등 참모관(二等參謀官) 경석령(耿錫齡)
- 수신: 독판길림변무 진소상

이등 참모관 경석령이 조사하여 보고합니다.

9월 19일 광제욕(光霽峪)에 가서 사건을 조사하라는 명을 받고 당일로 즉시 광제욕으로 가서 비밀리에 조사하고 23일에 돌아와 맡은 일을 완료하였습니다. 삼가 조사한 각 내용을 조목별로 다음과 같이 보고합니다.

1. 관대(管帶) 문진중(門振中)이 병사를 거느리고 감찰과원(監察課員) 김해룡(金海龍)의 공소(公所)에서 소동을 일으킨 일

관대 문진중은 9월 16일 상오 10점 종이 쳤을 때 병사 10명을 거느리고[그 중에는 십장(什長) 1명도 있었음] 삼도골패촌(三道骨牌村)[바로 한인들이 하천평촌(下泉坪村)이라고도 혼용하여 부름] 남쪽 동구로 들어가 둔소(屯所)를 순시(巡視)하였습니다. 한국인 통사(通事) 이희록(李喜祿)에게 들러 잠시 걸음을 멈추었고, 또 중국민 노덕산(盧德山)[함께 거주하는 세 사람은 이(李), 조(趙) 등임]과 광종사(光宗社) 향약(鄉約)[사장(社長)은 한국민] 김병한(金炳漢) 등에게 들러 모두 잠시 머물렀다가 즉시 밖으로 나와 한 바퀴 둘러보고서 마침내 다른 길을 경유하여 영(營)으로 돌아왔습니다. 부근의 마을 사람들에게 두루 물어보니, 관병이 김해룡의 공소에 와서 살펴보았으나 보지 못하였고, 또한 소요가 있었다는 일도 듣지 못했다고 하였습니다. 김해룡의 공소에 와서 살펴보았으니 어찌 소요가 있을 리가 있겠습니까? 어떤 사람들은 김해룡이 관병이 둔소를 조사할 때를 틈타서 소요사건을 날조하였다고도 하는데, 역시 알 수 없습니다. 종합하자면 관병이 김해룡의 공소에 와서 소요를 일으켰다는 것은 아마도 일진회(一進會) 사람이 머무는 곳에서 벗어나지 않습니다. 관대 문진중이 당시에 지나간 길을 아래에 그림으로 나열합니다.

〈그림 1〉삼도골패[하천평촌]의 약도

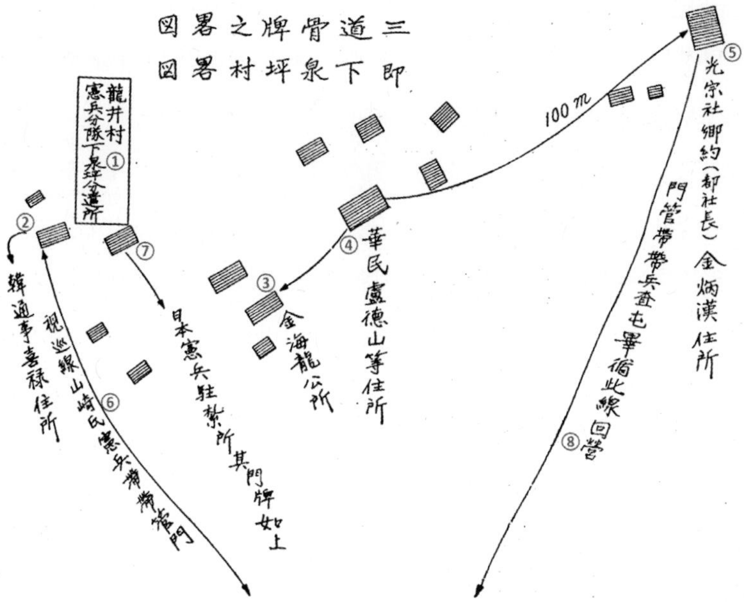

① 용정촌 헌병분대(龍井村憲兵分隊) 하천평 분견소(下泉坪分遣所)

② 한국인 통사(通事) 이희록(李喜祿)의 집

③ 김해룡(金海龍)의 공소(公所)

④ 화민(華民) 노덕산(盧德山) 등의 집

⑤ 광종사(光宗社) 향약(鄕約) 김병한(金炳漢)의 집

⑥ 병사를 거느린 관대(管帶) 문진중(門振中)과 헌병 야마자키(山崎) 씨가 순시한 길

⑦ 일본 헌병 주재소이며, 문패는 위와 같다.

⑧ 관대(管帶) 문진중(門振中)이 병사를 거느리고 둔소(屯所) 순시를 마치고 이 길을 따라 영으로 돌아감

2. 관대 문진중이 병사 약간 명을 거느리고 한인을 구타한 일이 있었는지 여부

관대 문진중이 병사를 거느리고 한국민을 구타한 일에 대해 사람들에게 물어보니 모두 없었다고 하였습니다. 당시 관대 문진중은 병사를 거느리고 둔소를 조사하였는데, 김해룡의 공소 뒤쪽에 있는 길을 거쳤으며 관장(官長)과 병정이 모두 편안히 통과하였고

다른 일은 없었습니다.

한인이 구타를 당했다는 일은 생각해 보니 9월 3일의 일인데, 이날 관대 문진중은 부대 전체의 병정을 인솔하여 광제욕(光霽峪)에서 90리 거리인 알하하(嘎呀河)로 가서 호비(鬍匪)를 소탕했고, 당일에는 병영으로 돌아오지 못하였습니다. 이날 새벽 8점 종이 쳤을 때 갑자기 몇 사람이 한국민 이홍수(李鴻洙)의 집안에 들어와 이홍수를 구타하고, 그러고 나서는 즉시 떠났습니다. 이날 달이 뜨지 않아서 대면해서도 서로 얼굴을 보지 못하였고, 아울러 그들이 간 방향도 보지 못하였으니, 구타한 자가 한국인인지 중국인인지 어떻게 알겠습니까? 그런데 바로 중국 관병(官兵)이라고 하고, 또 관대 문진중이 병사를 거느리고 구타하였다고 하니 부회(附會)하려는 의도를 면치 못하였습니다.

3. 한국인에게서 땔감을 강제로 징집한 일이 있었는지 여부

광제욕에 주둔하는 군대가 사용하는 땔깜과 식량은 전부터 으레 광제욕의 한국인이 공급하고 정한 가격에 비추어 돈을 지급하였습니다. 주재하는 군대가 조목별로 나열한 것을 모두 합아여 광제욕의 도패두(都牌頭) 최병칠(崔丙七)에게 지급하면, 도패두가 조목별로 각 사(社)의 패두(牌頭)에게 전달합니다. 각 사의 패두는 다시 조목을 가지고 본사에 사는 주민에게 가서 조목에 기록한 수량에 비추어 각 가호에서 징집하는데, 매 가호마다 내는 수량은 같지 않습니다. 땔감의 가격과 크기의 비교는 뒤에 기록합니다.

모시(毛柴)는 나뭇가지와 풀 따위이고, 곡초(穀草)는 조짚, 출개(秫稭)는 수숫대인데, 이상 세 종류는 종류마다 100개가 중국 돈 2적, 한국 돈 5적으로, 모두 군영에서 주는 시초 등의 값에 달려 있습니다. 세 종류의 이달 시가는 모시는 100개당 중국 은원(銀圓) 6원(元) 5분(分), 전(錢) 15적이며, 각각의 합이 전 150문입니다. 곡초는 100개당 중국 은원 1원 5각(角) 5분, 전 3적 750문이고, 각각의 합이 전 37문 5분입니다. 출개는 100개당 중국 은원 1원, 전 2적 500문, 각각의 합이 전 25문입니다. 이 시가는 영내에서 정한 가격보다 조금 높지만, 시장에서 파는 땔감을 영내에 파는 시초와 비교해 보면 대략 몇 배나 크고, 시가도 영내에서 주는 가격과 비교하면 역시 몇 배나 됩니다. 요약하면 가격의 높고 낮음을 계산해 보면 역시 땔감의 많고 적음에 따라 달라지므로 합리적입니다.

4. 병정이 김해룡의 문패를 함부로 떼어낸 일이 있었는지 여부

관대 문진중이 병사를 거느리고 둔소를 조사한 이후에 모두 길을 따라 순행하였고, 김해룡의 공소 근처에 가지 않았으니 어떻게 병정들이 함부로 문패를 떼어낸 일이 있을 수 있겠습니까. 다만 관병이 둔소로 들어갈 때 모두 그 문패가 여전히 걸려 있는 것을 보았는데 관병이 둔소를 살피는 일을 마치고 군영으로 돌아갈 때에는 그 문패는 벌써 철거되어 있었습니다. 어떤 사람은 김해룡이 직접 떼어 감추었다고 하지만, 실제 근거가 있는지는 조사하지 못하였습니다. 이에 김해룡 공소가 있는 집의 양식과 문패가 걸린 곳을 뒤에 도면으로 기록합니다.

〈그림 2〉 한인 김해룡 공소도(韓人金海龍公所圖)

5. 김해룡의 공소에 간 병정이 아무 이유 없이 총을 발사한 일이 있었는지 여부

관대 문진중이 둔소를 순시할 때 부근의 마을 사람들이 모두 총을 발사한 병정을 보지 못하였지만, 총소리는 많은 사람이 들었습니다. 총소리를 들은 시간은 바로 그날 상오 11점(點) 종(鐘)이었습니다. 이때 관대 문진중은 병사를 거느리고 마침 중국인 노덕산의 집에서 사건에 대해 묻고 있었습니다. 갑자기 귀를 울리는 총소리를 듣고서는 즉시 병정을 파견하여 물어보았지만 역시 총을 발사한 사람을 조사해 내지는 못하였습니다. 어떤

사람은 김해룡이 직접 총을 쏘았다고 하지만 역시 근거는 없습니다. 종합하자면 병정은 감히 마음대로 총을 발사하지 못하는 것임은 의심할 바가 없습니다. 대개 관대 문진중이 병정을 인솔하여 매번 출동할 때에는 그들이 휴대한 탄환은 모두 정해진 수효가 있으니 아침에 갈 때는 반드시 탄환의 수효를 살피고, 저녁에 병영으로 귀환해서도 곧바로 다시 한 차례 검사를 하여 탄환을 잃어버리는 문제를 예방합니다. 이때 인솔한 병정 10명은 문 관대 곁을 떠난 적이 없었고, 병영으로 귀환하여 탄환을 검사했을 때에도 역시 줄어든 수요가 없었으므로 그들이 둔소를 순시할 때 총을 발사한 일이 없었음을 알 수 있습니다.

이상 조사한 각 사항은 일진회원인 한국민 및 김해룡과 함께 일하는 여러 사람을 제외하고는 그 외에 본 지역에 사는 중국인과 한인은 똑같이 다른 말을 하지 않았다는 것이 실제 상황이고, 감히 조금이라도 관대 문진중을 위하여 숨기는 것이 아닙니다.

광서 33년(1907) 9월 23일 올림

13. 간도 사정 보고서 제출의 건

- **원문제목** 間島事情報告書轉呈의件(往復案1冊)
- **날짜** 1907년(융희 원년) 12월 13일
- **발신** 통감부 부통감(統監府 副統監) 소네 아라스케[曾禰荒助]
- **수신** 내각총리대신(內閣 總理大臣) 이완용(李完用)

기밀통발(機密統發) 제588호

간도에 있는 사이토[齋藤] 파출소장으로부터 별지와 같이 보고가 있으므로 참고를 위하여 이에 등사하여 송부하니, 조량하시기를 바랍니다.

메이지 40년(1907) 12월 13일
통감대리 부통감 자작 소네 아라스케
태자소사 내각총리대신 이완용 각하

부(附). 위와 같은[上同] 보고서

- 날짜 : 1907년(융희 원년) 11월 25일
- 발신 : 통감부 간도파출소장 사이토 스에지로
- 수신 : 통감부 통감 이토 히로부미

통파순(統派旬) 제10호 순보(旬報)

메이지 40년 11월 25일
통감부 간도파출소장 사이토 스에지로
통감공작 이토 히로부미 귀하

1. 지방 일반의 상황

본 10일 동안, 지방 일반은 평온하였음.

기후는 본 10일에 이르러 한기가 홀연 극렬하여, 10일 동안 최저가 열씨로 영하 22도에 이르렀으며, 평균 영도 2분에서 이내 12도 5분 사이를 올랐다 내려갔다 하며, 시야에 닿는 데까지 눈이 쌓여서 덮인 두만강의 양안은 강이 얼어 한때 교통이 두절되기까지 이르렀음.

이전 10일에 보고한 청국인 살해사건의 가해자는 한국민 4명이 공범이었음을 탐지하고, 11월 12일 그 2명을 체포하였더니, 다른 2명은 같은 날 청국 관헌에게 체포당했음. 가해자는 피해자의 인근 마을에 거주하는 사람인데, 그 〈살해〉 원인은 가해자 4명이 모두 일찍이 피해자로부터 돈을 빌렸는데, 피해자 청국인이 근래에 출발하여 산동성에 돌아가고자 하여 가해자들에게 빌린 돈의 반환을 독촉하게 되면서, 4명은 채권자[債主]인 피해자를 살해하고 그 빚을 보상하지 않을 것을 공모하였음. 피해자는 원래 술을 파는 상회를 영업하였기 때문에, 〈가해자들은〉 술을 먹기 위하여 그 집에 간 뒤, 돈을 빌려준 일을 쟁론하기 시작하며, 〈이후〉 4명이 난타하여 〈피해자를〉 죽음에 이르게 하였음. 범인을 검거한 뒤 지방 청 · 한국민들이 모두 다행이라고 말하였음.

2. 청국 관민이 한국민에 대한 불법폭력의 행위

청국 관민이 한국민에게 표면적으로는 온화하게 하는 실황이나, 이번 10일 동안 청국 관헌으로부터 임명된 향약 등이 작년보다 고액의 과세를 한국민에게 징집하고, 또한 청국 관헌에 납부한다 말하면서 무상으로 땔나무를 징발하며, 혹은 청국인이 그 소작인 되는 한국인을 구타하여 부상을 입히는 등의 불법폭력의 행위를 감행한 일이 여러 건이 있음.

3. 청국 관민이 우리 관민에 대한 태도

청국 관리와 우리의 교제 상황은, 의연하게 친화적으로 상호 왕래하는 지라, 11월 15일은 청국의 만수절이기 때문에 진 독판과 도 지부는 우리 고등관 전원을 초치했고, 본직 이하의 헌병과 장교 등 7명은 이에 응하여 국자가(局子街)지부 아문 안에서 〈벌어진〉 축하연에 참석하였음.

독판 진소상은 이전에 〈올린〉 순보에서 〈보고한 것〉처럼 파판소를 여러 곳에 설치한 것 외에 행동에 불만한 것이 없지만, 저들이 우리와 교섭하는 태도는 강경하고 오만하며, 두만강 이북부터 청국영토라 주장하는 등〈의 일〉(차례로 특보하였음)과, 특히 청국 병사 등이 한국민에 대한 불법하고 부정한 행위에 대해서는 매번 이를 인정하지 않고, 또 우리 요구에 대해서도 추호도 공명한 처리가 나온 것이 없음.

또 이번 달 13일, 나카노 지로[中野二郎]와 청국인 정광제(程光第)가 공동 경영하는 천보산 은광에서, 일본으로 반출코자 하는 광재(礦滓)[마차 8대에 적재]를 〈옮기는〉 도중 두만강 나루터[渡津場:고령진(高嶺鎮)]에서 사기동 병영 초관이 집류(執留)하게 하고, 그다음 날인 14일에는 천보산에 있는 정광제의 본가에 서면으로 그 고용한 사무원 및 일본인을 11월 24일까지 퇴거하도록 명하되 명령에 따르지 않으면 축출하겠다고 하였음. 청국 관헌이 이와 같이 처리를 한 이유는 정광제가 이전에 허가 없이 대보산을 채굴하였기 때문임. 〈이후〉 길림순무로부터 이 광산을 봉금케 했었음에도 불구하고 채굴하여 그 광석을 다른 곳에 운반하고자 함이 아주 아름답지 않다고 〈청국 관헌이〉 운운하였음.

광재(礦滓)를 집류한 것은 이번 달 16일 본직이 다른 요건으로 독판 진과 오록정을 회견할때에 해당 광재는 〈불법 채굴〉 이전에 이미 있었던 것이라는 점 등을 설명하고, 그 집류는 빠르게 해방하는 것이 정당하다는 뜻으로 언급하였더니, 진 · 오 두 사람은 본직과 사교를 고려하고 이를 해방하는 일로 서로 약속하였음. 그 후로 여권[護照]을 송부하였으나 소속이 정해지지 않은 토지에서 일본 상인이 저 청국 관헌으로부터 호조를 받을 이유가 없기로, 진에게 이를 반환하였으니 그 상세한 일은 이미 전보로 보고하였음.

4. 호구조사 완료

이전 9월부터 착수한 호구조사는 본 10일에 완료하였으니, 그 조사구역은 노야령(老爺嶺) 본산맥과 냉수천자(冷水泉子) 동쪽에 연달아 이어진 동(同) 산맥과 두만강 사이에 포함된 토지 일대임. 청국인의 호(戶)는 3,074호, 인구는 21,983인이며 한국민의 가(家)는 15,356호, 인구는 72,076인임. 그러나 이 조사는 여러 종류의 사정에서 아직 충분히 정확하지 않고 실제 인구는 보다 많을 것임. 그 조사 정황에 대한 상세한 것은 추후 특보하겠음.

5. 산업조사의 상황

오가와[小川] 조사과장은 이번 달 11일부터 두도구(頭道溝)·이도구(二道溝)·봉밀구(蜂蜜溝) 지방으로 출발하여 같은 달 16일에 도착하였음. 핫타[八田] 농학사는 같은 달 11일에 출발하여 흑산령(黑山嶺) 북쪽 산기슭 부근 지방을 순회하고, 같은 달 18일 도착하였음. 기타 〈인원〉은 종래 모집한 광물 분석과 간도 안의 평면지도제작에 종사하였음.

6. 지방 일반의 위생

해당 용정촌(龍井村)에 관한 염병(染病: 장티푸스) 환자는 4명 중 1명이 사망하고, 2명은 완치되고, 1명은 치료 중에 있음. 또한 의심환자 1명이 나왔으나, 일반적으로 만연(蔓延)하지는 않은 모양이며, 또 이미 와서 조직한 방역위원 등은 한마음으로 예방소독 등의 방법을 청하여 이를 실시하여 〈거기에〉 종사하고 있음. 또 근래 기온이 떨어지면서 〈전염병이〉 만연할 공황은 없음.

해당 지역 부근에 관련된 우역(牛疫)은 이미 현존하기 때문에, 촌민은 다른 지방에서 오는 우마의 숙박을 기피하고, 또 타지에서 우마를 보내는 것을 혐오하기 때문에 여행자에게는 불편이 감소되지는 않았음.

위 〈사안을〉 보고함.

14. 간도파출소원 김해용의 행위에 관한 교섭문서 제출의 건

- **원문제목** 間島派出所員金海龍行爲에關한交涉文書轉呈의件(往復案1冊)
- **날짜** 1907년(융희 원년) 12월 14일
- **발신** 통감부 부통감(統監府 副統監) 소네 아라스케[曾禰荒助]
- **수신** 내각총리대신(內閣 總理大臣) 이완용(李完用)

기밀통발(機密統發) 제586호

별지에 있는 간도 소재 당부(當府)의 파출소 감찰과원 김해룡(金海龍)의 행위에 관한 진소상 및 오록정의 조회와 이에 대한 사이토[齋藤] 파출소장의 회답을 등사하였음. 참고를 위하여 이에 송부합니다.

메이지 40년(1907) 12월 14일
부통감 자작 소네 아라스케
태자소사 내각총리대신 이완용 각하

부(附) 1. 김해룡 행위의 추궁과 銅佛寺街 헌병 분견소의 철거 요구

- 날짜: 융희 원년 10월 12일(1907년 11월 17일)
- 발신: 독판길림변무 진소상
  방판길림변무 오록정
- 수신: 통감부 간도파출소장 사이토 스에지로

삼가 아룁니다. 삼도골패(三道骨牌)에 거주하는 한인 김해룡(金海龍)이 말을 지어내어 사달을 만들고 제멋대로 위세를 부린 일에 대해 오랫동안 폐처(敝處:길림변무공서)에서 방문하여 조사하고 귀 중좌(中佐)를 대면하여 말씀드렸습니다. 이에 다시 화력(華曆) 이달

(11월) 4일, 5일, 6일 등에 다시 조사하였습니다. 제청사(霽晴社), 제하사(霽霞社), 월랑사(月郞社) 등에서 각처에 거주하는 한인들을 불러 모아 총향약(總鄕約) 현덕승(玄德勝)이 일찍이 한인들의 재물을 강제로 토색하였다고 하며 그대로 위에(상부에) 보고하게 하고, 관병(官兵)이 강제로 사건을 일으켰다고 날조하게 하면서 감히 타고난 양심을 저버리고 다른 사람의 말을 따르지 못하는 자들을 모욕하였습니다. 그때 월랑사에서 불러 모은 주민 중에 마침 엄병권(嚴丙權)과 오민영(吳敏永) 2명이 도착하지 않자, 즉시 그날 밤에 사람들을 이끌고 그들의 집으로 가서 두 사람을 꾸짖었습니다. 이와 같이 백성을 핍박하고 사실을 날조하여 남을 무함하는 일은 어떠한 관리를 막론하고 모두 감히 할 수 없습니다. 그런데 김해룡은 일개 시골 백성으로 감히 공공연히 이러한 일을 하였으니, 이러한 불법을 저지른 무리는 실로 치안을 혼란스럽게 하려는 의도가 있으므로 사실을 조사하고 나서 우리나라의 법률에 따라 엄하게 징계하여 잘못을 경계해야 합니다.

해당 한국 백성이 스스로 간도파출소의 위임을 받았다고 한다고 들었는데, 이 말이 사실인지 아닌지는 비록 나의 직분으로 깊이 알 수는 없으나, 결코 이러한 무뢰하고 간사한 백성이 우리나라 안에 있으면서 함부로 사법권을 행사하여 지방의 치안을 방해하도록 할 수는 없습니다.

또 조사해 보니, 동불사가(銅佛寺街)에 귀국의 헌병분견소(憲兵分遣所)를 새로 설치하였습니다. 이곳에는 한국 백성이 매우 적어 보호할 일이 없는데 다시 헌병을 파견하여 주둔시키니, 무슨 의도인지 모르겠습니다. 더구나 길강군(吉强軍)이 그곳에 주둔한 지 오래되어 방병(防兵)이 있으며, 본 독판(督辦)과 방판(幇判)이 이제 다시 파판처(派辦處)를 설치하였으므로 조사하고 보호하는 일체의 사건은 모두 귀국의 헌병이 대신 수고하게 하지 않을 것입니다. 속히 동불사가에 설치한 헌병분견소를 철거하여 의심하고 두려워하는 인민의 마음을 풀어주기를 바라며, 아울러 피차간에 오해하여 다른 일이 생기지 않는다면 매우 다행이겠습니다. 특별히 이를 위하여 서신을 보내 알립니다. 내내 평안하시기를 기원합니다.

10월 12일

이름은 따로 갖춥니다[名別具].

부(附) 2. 위 건에 대한 반박

- 날짜 : 1907년(융희 원년) 11월 22일
- 발신 : 통감부 간도파출소장 사이토 스에지로
- 수신 : 독판 길림변무 진소상, 방판 길림변무 오록정

조회하는 일로 이번 달 17일(10월 12일) 보낸 서한에 대하여 다음과 같이 회답함.

보내신 서한을 접준(接准)하니, "삼도골패(三道骨牌)에 거주하는 한인 김해룡(金海龍)이 말을 지어내어 사달을 만들고 제멋대로 위세를 부린 일에 대해 오랫동안 이곳[吉林邊務公署]에서 방문하여 조사하고 귀 중좌(中佐)를 대면하여 말씀드렸습니다. 이에 다시 화력(華曆) 이달(11월) 4일, 5일, 6일 등에 다시 조사하였습니다. 제청사(霽晴社), 제하사(霽霞社), 월랑사(月郎社) 등에서 각처에 거주하는 한인들을 불러 모아 총향약(總鄉約) 현덕승(玄德勝)이 일찍이 한인들의 재물을 강제로 토색하였다고 하며 그대로 위에(상부에) 보고하게 하고, 관병(官兵)이 강제로 사건을 일으켰다고 날조하게 하면서 감히 타고난 양심을 저버리고 다른 사람의 말을 따르지 못하는 자들을 모욕하였습니다. 그때 월랑사에서 불러 모은 주민 중에 마침 엄병권(嚴丙權)과 오민영(吳敏永) 2명이 도착하지 않자, 즉시 그날 밤에 사람들을 이끌고 그들의 집으로 가서 두 사람을 꾸짖었습니다. 이와 같이 백성을 핍박하고 사실을 날조하여 남을 무함하는 일은 어떠한 관리를 막론하고 모두 감히 할 수 없습니다. 그런데 김해룡은 일개 시골 백성으로 감히 공공연히 이러한 일을 하였으니, 이러한 불법을 저지른 무리는 실로 치안을 혼란스럽게 하려는 의도가 있으므로 사실을 조사하고 나서 우리나라의 법률에 따라 엄하게 징계하여 잘못을 경계해야 합니다. 해당 한국 백성이 스스로 간도파출소의 위임을 받았다고 한다고 들었는데, 이 말이 사실인지 아닌지는 비록 나의 직분으로 깊이 알 수는 없으나, 결코 이러한 무뢰하고 간사한 백성이 우리나라 안에 있으면서 함부로 사법권을 행사하여 지방의 치안을 방해하도록 할 수는 없습니다"라는 등의 이유가 있겠지만, 김해룡은 한국 내부서기관으로 현재 당파출소에 배속한 고등관임. 전 길림영무처(吉林營務處) 총판 여준(余濬) 각하와 전 길강군 통령 호전갑(胡殿甲) 씨 및 전 무민 겸 이사부 완충식(阮忠植) 씨도 9월 29일 공문 중에 분명히 말하였을 뿐만 아니라, 10월 24일 구스노[楠野] 사무관이 귀 두 분 관원과 회견하였을 때에도 분명히 말하였으므로 귀관 등도 이미 숙지하였다는 것은 확실히

의심 없는 일인데, 같은 사람을 지목하여 무뢰한 사람으로 칭하는 것은 국제예의상 심히 유감스럽다는 것을 인정함. 그러나 총향약(總鄉約) 현덕승(玄德勝)의 건에 관해서는 해당 지방 한국민의 정소(呈訴)에 의거하여, 본직이 위의 김해룡 및 헌병에게 명하여 사실을 조사하게 하였더니, 현덕승은 전술한 각 사(社)에서 전권(田券)을 개정한다 칭하고 인민을 집합시켰고, 인민이 인근 땅의 관계를 알지 못하는 것은 안 된다고 하면서 혹은 이것으로 협박하고, 혹 이를 구타하며 금 320원을 수뢰한 일이 실로 있었음. 김해룡은 본직의 명을 받아 앞서 기록한 사실을 조사하였기로 한국 관리로서 정당히 직무를 행하였는데, 귀관 등은 이를 지목하여 무뢰한 백성이라 하고 귀국 법률에 의거하여 엄중히 징벌하겠다고 말하였음. 〈또한〉 귀국 국경 안에서 치안을 해하는 이와 같은 자는 교류하고 있는 국가의 권리를 무시하고 조약에 위반하였다고 하고 한국민으로 하여금 귀국 법권에 복종하라고 하였을 뿐만 아니라, 이 지방의 소속문제에 관련하여 귀국과 아국 정부 사이에서 교섭을 거듭하고 있음에도 불구하고, 귀국 영토로 단정하니 일이 심히 중대하기로 본직은 이에 귀하가 보낸 서한의 주지는 결코 감수할 수 없는 일임을 성명(聲明)함.

또 우리 헌병은 본직이 한국민 보호의 임무를 수행하는 데 필요하다고 믿는 지점에 분견하는 자인데 귀관 등의 간섭은 불가한 것으로 생각되며, 또 동불사(銅佛寺) 분견소(分遣所)는 결코 새로 배치하지 않았음. 해당 지역에는 10월 10일, 즉 귀관 등이 도착 전에 분견소를 배치한 것이고, 지난 16일 회견할 때에도 귀관 등에게 어떠한 말도 없었다가 그다음 날인 17일 돌연 해당 지역은 한국민이 극소수라고 운운하는 이유로 〈분견소의〉 철퇴를 요구하였으나, 같은 지역 일대에는 한국민의 거주가 적지 않기 때문에 이러한 한국민의 보호를 위해 해당 지역에 헌병을 나누어 주둔함이 필요하기로 이에 회답함.

메이지 40년(1907) 11월 22일
통감부 파출소장 사이토 스에지로
독판 길림변무 진소상 각하
방판 길림변무 오록정 각하

15. 간도 사정(청병폭행 및 도사장 임명) 교섭 전말보고서를 접수해 열람하고 회답함

- **원문제목** 間島事情(清兵暴行및都社長任命)交涉顚末報告書接閱回答(往復案1冊)
- **날짜** 융희 원년(1907년 12월 17일)
- **발신** 내각총리대신(內閣 總理大臣) 이완용(李完用)
- **수신** 통감부 부통감(統監府 副統監) 소네 아라스케[曾禰荒助]

조복(照覆) 제224호

간도에 있었던 청병폭행 건에 대하여 청국 관헌과 교섭한 전말 및 도사장 이하 임명건과 청병사건에 대하여 진소상과 교섭한 전말에 관한 사이토[齋藤] 파출소장의 보고를 참고하시길 바라며 등사 송부한 1건, 〈그리고 귀관에서〉 보낸 기밀 제541호 및 제554호 문서를 접수하여 열람하고 이에 조회에 회답하니, 조량하시기를 바랍니다.

융희 원년(1907) 12월 17일

태자소감 내각총리대신 이완용

총감대리 부통감 자작 소네 아라스케 각하

16. 간도 호구조사 보고서 제출의 건

- **원문제목** 間島戶口調査報告書呈閱의件(往復案1冊)
- **날짜** 1907년(융희 원년) 12월 19일
- **발신** 통감부 부통감(統監府 副統監) 소네 아라스케[曾禰荒助]
- **수신** 내각총리대신(內閣 總理大臣) 이완용(李完用)

기밀통발(機密統發) 제611호

간도에 있는 사이토[齋藤] 파출소장으로부터 호구조사 건에 관하여 별지와 같이 보고가 있기로 참고를 위하여 이에 등사하여 송부합니다.

메이지 40년(1907) 12월 19일
총감대리 부통감 자작 소네 아라스케
태자소사 내각총리대신 이완용 각하

부(附). 위와 같은[上同] 보고서 진달의 건

- 날짜: 1907년(융희 원년) 11월 27일
- 발신 : 통감부 간도파출소장 사이토 스에지로
- 수신 : 통감부 통감 이토 히로부미

통파서(統派庶) 제18호
호구조사표 진달

메이지 40년(1907) 11월 27일
통감부 파출소장 사이토 스에지로
통감공작 이토 히로부미 귀하

올해 9월 9일 이래로 부하 헌병 및 순검으로 하여금 관내 호구조사에 종사하게 하온 바, 이번 달 7일에 그 조사를 완료하고 헌병대장으로부터 보고가 있었으므로 등사하여 별책 호구조사표를 첨부하여 진달함.

다시 말해 별책은 한국인 촌장·사장 등으로부터 제정한 일부의 호구 수와 서로 다른 점이 적지 않음. 실수(實數)는 오히려 그 이상으로 추정되며 정확한 조사는 다른 날을 기약함.

부(附)의 속(屬). 호구조사에 관한 보고서

- 날짜 : 1907년(융희 원년) 11월 19일
- 발신 : 통감부 간도헌병분대장 사카야 다케노신[境野竹之進]
- 수신 : 통감부 간도파출소장 사이토 스에지로

간헌경(間憲警) 제55호

호구조사 완료에 관한 보고

메이지 40년(1907) 11월 19일

간도 헌병분대장 사카야 다케노신

통감부 파출소장 사이토 스에지로 귀하

1.

호구조사는 9월 9일부터 착수하여 11월 7일에 완료하였음. 이번 조사의 목적은 간도의 구역 안에 관련된 주민의 총호수·총인구의 개략적인 수를 알고자 한 것으로 각호·각인에 대한 정밀한 조사는 다른 날로 넘김.

2.

그 조사구역은 노야령(老爺嶺)의 본산맥(本山脉)과 냉수천자(冷水泉子) 동쪽에 연달아

이어진 노야령 산맥 지류와 두만강 사이에 포함된 토지 일체이며, 이로써 그 조사의 지구로 하였음.

3.

조사방법은 대개 헌병 상등병 1명 혹은 2명에다가 순검 1명을 붙여 1조로 함. 우선 기존의 사(社)에서 촌(村)을 확정하고, 촌에서는 호수 및 인구를 확실히 알아 이를 계합할 방침을 취하였으나, 다수는 사(社)의 구획이 불분명함. 따라서 사내에 관련된 촌수도 일정함이 없어서 동일한 땅이라도 청국인이 부르는 명칭과 한국인이 부르는 명칭이 상이하며, 청국인과 한국인이 같이 부르는 명칭이라도 동음이자(同音異字)가 있음. 또 그 호수·인구는 본래 전혀 한 번도 조사한 일이 없어서 이를 촌의 연장자·식자라 칭하는 사람에게 심문하였으나, 그 답이 각 사람마다 같지 않아서 하나도 신빙할 수 없었기에 각 호에 〈직접〉 조사한 것도 있으며, 혹은 여러 사람의 말에 의거하여 추측하고 적당히 계산하는 경우도 있음.

특히 냉수천자로부터 영고탑(寧古塔)에 이르는 방면 중에는 당시에 마적이 횡행하여 위험하였기 때문에 실지조사가 불가능하였고, 해당 지방의 정황을 알고 있는 청·한국인을 대상으로 그 개략적인 수를 듣고 계산하였기에 하나하나 그 정확성을 기약하기 어려웠음.

4.

위 방법에 의거하여 계산한 것, 사(社)의 수, 촌의 수, 호의 수, 인구의 개략적인 수는 다음과 같음.

사의 수 (社數)	국적 구별 (國別)	촌수	호수	인구		
				남	여	합계
50	청(淸)	209	3,047	13,623	8,360	21,983
	한(韓)	529	15,356	39,523	32,553	72,076

그런즉 청 · 한국인이 흩어져 있는 등분(等分)은 청국인이 한국인에 비하여 그 호수와 인구수가 모두 적으며 지방에 따라 다음과 같은 비례임.

지방 구별	국적별	호수 백분위 비례	인구 백분위 비례	적요
도문강(圖們江) 좌안	한(韓)	99약	99.5약	무산(茂山) · 회령(會寧) · 종성간도(鍾城間島) 전체
	청(淸)	1강	5강	
해란하(海蘭河) 하맹(河孟)	한(韓)	85강	72강	평강상리(平崗上里) · 평강하리(平崗下里) · 평강수남(平崗水南) · 동량하리(東良下里) · 지일(智逸) · 화전(樺田) · 동성용사(東盛湧社) 이상의 7개 사
	청(淸)	15약	28약	
흡천파통하(洽泉巴通河) 하맹(河孟)	한(韓)	63강	54약	해란하와 흡천파통하의 분수령 이북(온성간도를 포함)
	청(淸)	37강	46강	
조사구역 내 평균	한(韓)	72강	77약	북도소(北都所) · 무산간도(茂山間島) · 종성간도(鍾城間島) · 회령간도(會寧間島) · 온성간도(穩城間島) 등으로 제4 항에 게재한 전 지구
	청(淸)	28강	23강	

5.

호구조사에 대한 청 · 한국인의 의향은 최초 통감부 파출소 설치의 뜻이 지방에 보급되지 못한 사이, 청한 모두 일반적인 위구심을 품고 이를 싫어하고 꺼려하는 상태가 있었더니, 그 후 파출소에서 사장 · 촌장을 임명하면서 그 편의를 얻고, 또한 파출소 설치의 의지가 점차 투철해지면서 한국인은 조사를 수용하였고, 청국인은 한두 지방을 제외하면 특별히 이를 싫어하고 꺼리는 상태는 없었음. 청국인에 대해서는 각호, 각인에게 하나하나 이를 조사하는 것은 피하였기 때문에 호수는 실제로 목격하는 것에 따르고, 인구는 그 추측하는 것을 계산하였으므로 따로 그 감정을 해하는 것은 없었음을 확인하였음.

6.

조사가 정확 정도는 앞서 기록한 것과 같은 조사 방법으로써 충분히 정확함을 기약하기는 어려우나, 그 대체의 호구수, 인구 및 청 · 한국인 분포의 상황을 개략적으로 알 수는 있음. 그러나 그 과오는 있다고 하더라도 극히 적은 것으로 추측하며, 그 상세한 내용은 별지 호구조사표와 같음.

7. 지방 일반의 상황

각지 일반의 정세는 온화하여 마적, 강도, 절도 등의 피해는 듣지 못하였음.

8. 청·한국인 생활의 상황

주민인 청 · 한국인은 모두 지식[人智]이 극히 낮아서 대개 농업에 종사함. 청국인은 도처에 대농적인 농업에 종사하며 또한 거주지 부근의 대지주가 될 뿐임. 저들은 모국 관헌의 위세를 빌려 옛날부터 한국인을 빈약한 나라의 인민이라 하고(일반 한민에 대하여 소국인이라고 호칭함) 경모(輕侮)하고 학대하며, 소작료 · 대금의 수취 등도 가혹하게 추구하는데, 심한 자는 자신 집에 오게 하여 낮에는 가사에 사역하고 밤에는 사가에 감금하는 일 등이 있음. 또한 〈청국인은〉 생활의 정도는 극히 낮으면서 일반적으로 부유함. 한국인은 청국인의 반대임. 대체로 소농 혹은 청국인의 소작인이며, 전 문단과 같이 지주와의 관계는 극히 무정할 뿐만 아니라 청국 관헌으로부터 각종의 유명무명의 가혹한 세금을 부과받음. 또한 그들에게 대우받는 것이 극히 가혹하여 자못 노예적 대우에 신음하며 조아린 머리를 들 여지가 없으나, 저들을 보호하는 자가 없어서 부득이 스스로 청국인을 대국민이라 호칭하고 순종하며 그 폭정을 감수함. 〈그러나 이들의〉 생계가 매우 낮아도 토지가 비옥하여 생산물이 풍부하기로 의식주에 곤란함이 적다는 것 때문에 도문강 이남으로부터 이주하는 사람이 더더욱 증가하고 있음.

9. 교육·위생의 상황

교육은 간간이 학방이 있지만 인구에 비하면 그 수가 극히 적으며, 또 취학 아동도 근소하고 여자의 교육에 대해서는 조금이라도 들은 것이 없음. 위생 지식은 대개 낮아서 공중위생은 그 베풀어진 것이 없고, 개인위생은 충분치 못하다고 말하는 것보다는 차라리 위생의 사상이 전무하다고 하는 것이 맞음.

전염병의 유행은 듣지 못하였으나 이는 전 문단과 같이 민도가 매우 낮은 주민이어서 혹 이것이 있다고 능히 안다고 하기 어려움. 일반상황으로 보면 이들에게 나쁜 병은 없지만, 해란하구맹(海蘭河口孟)에는 일반 우역(牛疫)이 유행하여 그 세가 창궐하기 때문에 북도소(北都所), 평강하리사(平崗下里社) 및 그 근처 주민은 가축의 병을 염려하여 수십 리 떨어진 산에 건강한 소 여러 마리를 전염병을 피하기 위해 옮겨서 기르는 경우가 있음.

10. 일진회(一進會) 및 이와 유사한 회의 상황

일진회는 여러 지회를 설치하였으니 그 수가 열 몇 개에 달하고, 한국인에 대하여 자유권의(自由權義)를 설명하여 애국심을 고취함. 이것을 들어보니, 한국인들이 매번 그 주장하는 것은 이전부터 인정하지 않던 청국 관민의 모진 억압을 제거하라는 것으로서, 일반〈사람은〉 환희하여 이를 환영하고 입회하는 자가 하루하루 더욱 증가하는 경향이 있음(아직 그 회원 수는 상세하게 알지는 못함). 만약 저들의 주장을 실행하여 청국 관민으로부터 받는 방해를 극력 제거하는 일을 얻으면 간도에 관한 한국 주민의 과반은 입회할 것이 상상하기 어렵지 않음. 이와 반대로 청국 관민은 일진회의 광고, 특히 청국주재소에 무상으로 땔나무, 석탄, 조, 소, 수레, 말 등의 징발에 응할 의무가 없다는 것〈을 소개하는 광고〉에 대해 청국 관헌이 종래처럼 그것을 경리(經理)의 방법으로 전부 타파할 것임. 또한 청국민은 주객전도하는 데 이를까 우려하여 현재 감정을 해하는 것과 같이하니, 10월 상순에 청병이 종성간도 광종사(光宗社) 하천평(下泉坪)의 일진회 지회장과 그 지회에 폭행을 가하였음은 전부 앞서 기록한 광고의 반응으로 생각됨. 일진회와 유사한 모임은 종성간도에 천도교(天道教) · 시천교(侍天教) · 연의회(捐義會) 등이 있으나, 앞의 2개는 미미하고 부진하여 따로 기록할 것이 없지만, 연의회는 회원이 약 270명이 있음. 그 주의는 아동교육, 인지개발, 구폐타파, 국리민복을 표방하였으나, 저들은 가족에 이르기까지 대개 청국의 풍속을 하고 있으며 청국풍의 관헌에 아첨하고, 저들의 성세를 빌려 한국인을 모질게 억압함. 또한 한국인 중에 개화된 백성이라 자부하나 이번 통감부파출소 설치 이래로 일 · 한의 관리가 저들을 대우함이 공평하고 두텁고 야박하게 대우함이 없어서 저들은 종래부터 뿌리내리게 한 근거도 소용없게 될 것이라 우려하고, 배일친청(排日親淸)의 상황이 있기를 생각하기로, 앞으로 한층 주의가 요구될 것으로 사료됨.

11. 회의성(會議城)의 상황

각 지방에 회의성(壯丁團과 같은 것)이라 칭하는 것이 있으니, 그 목적은 청국 관헌의 보호가 충분하지 못함에 따라 지방과 관련된 마적·도적의 경비와 방어를 자임한 자들임. 그 규모는 장소에 따라 대소가 있으나 10명 내지 20명의 장정이니 청국인만 모집하고, 병기를 주어서 일정의 가옥에 머물게 하였으니, 그 설립은 청국 관헌의 인가를 받고 그 비용은 청·한국인이 부담해 왔음. 그런즉 저들 장정단이 도적을 막고 야간 경비한다는 것은 명분일 뿐이요, 그 실제는 지방에 있는 한국인에 대하여 경찰관리와 같이 행세하여 한국인으로부터 재물을 강제로 뺏거나 혹은 지방에 세력이 있는 청국인의 사족이 되어 한국인을 학대하는 등의 일을 항시적인 일로 하되, 한국인은 적지 않은 비용을 부담하니 이는 즉 황포한 자를 부양하는 상황임. 그러므로 앞으로 이 회의성은 충분한 주의가 필요할 것으로 생각함.

17. 간도 한국경찰관(신파) 철수요구에 관한 교섭 왕복서 제출의 건

- **원문제목** 間島韓國警察官(新波)撤收要求에關한交涉往復書呈覽의件(往復案 1冊)
- **날짜** 융희 원년(1907년) 12월 20일
- **발신** 통감부 부통감(統監府 副統監) 소네 아라스케[曾禰荒助]
- **수신** 내각총리대신(內閣 總理大臣) 이완용(李完用)

기밀통발(機密統發) 제618호

진소상 및 오록정에게 간도에 있는 귀국의 경찰관을 철거하라는 요구에 대한 건에 관하여, 사이토[齋藤] 파출소장에게 별지와 같이 보고가 있어서 참고를 위하여 이에 등사하여 송부합니다.

메이지 40년(1907) 12월 24일
통감대리 부통감 자작 소네 아라스케
태자소사 내각총리대신 이완용 각하

부(附). 위의 교섭을 위해 왕복한 서신을 보고하는 건
- 날짜: 융희 원년(1907년) 12월 1일
- 발신: 통감부 간도파출소장 사이토 스에지로
- 수신: 통감부 통감 이토 히로부미

통파비(統派秘) 제14호
특보(特報)

메이지 40년(1907) 12월 1일
통감부 파출소장 사이토 스에지로
통감공작 이토 히로부미 귀하

진소상·오록정으로부터 당 지역에 파견한 한국경찰관 철거 청구에 관한 공문으로써 조회한 건과 이에 대하여 회답한 요지는 이미 전보(電報) 제44호로써 보고하였음. 그 전문을 별지와 같이 보고함.

다시 왕전(往電) 제45호로써 보고한 것과 같이, 본건에 관하여 11월 29일 진소상의 부하 길림변무 교섭과(吉林邊務交涉科)의 증기수(曾紀壽)가 본관(本官)을 내방하고, 진소상의 조회문을 주지하는 것 외에도, 종래의 순검은 알고 있으나 새로 도착한 자는 아직 공문으로도 접하여 아는 것이 없으니 어떠한 사유가 있는지 질문하였기에, 본관은 진소상의 조회에 대해서는 이미 공문으로서 회답하였다고 하고, 이번에 해당 지역에 도착한 자는 한국 정부에서 인원 찬택(撰擇)에 필요하며 또는 그들은 개인적인 사유로 향리(鄕里)를 계속 방문하다가 지연되어 이번에 도착한 것에 불과하다는 뜻으로 대답하였으니 조량하시기를 바람.

부속(附屬) 1. 한국경찰관의 철수요구와 천보산 광산 봉금 실행 언명

- 날짜: 융희 원년 10월 22일(1907년 11월 27일)
- 발신: 독판길림변무 진소상 외 1인
- 수신: 통감부 간도파출소장 사이토 스에지로

삼가 아룁니다. 지난번에 조사해 보니 이복(異服)을 입고 칼을 찬 한국민(韓國民) 30여 인이 이달 10일 전후로 계속 와서 육도구(六道溝)에 모였습니다. 아울러 거리에서 밤낮으로 순라(巡邏) 등의 일을 하면서 갖가지로 이치에 어긋나는 일을 하므로, 듣고는 매우 놀랐습니다. 육두구 파판소(六道溝派辦所) 사무원이 대면하여 보고하기를, “이미 그들의 우두머리인 이경재(李庚在), 원병희(元炳喜) 등 여러 사람을 만났는데, 그들이 지닌 명함에 ‘총순(總巡)’ 등의 글자가 씌어 있었으니 이상한 일입니다. 그리고 그들이 내준 광고(廣告)를 살펴보니 경무과(警務課)라고 크게 씌어 있었다”고 하였으니, 또한 귀 중좌의 소속인 듯합니다. 귀 중좌가 이곳에 온 것에 대해 제국 정부는 아직 승인하지 않았고, 현재 바로 두 나라 정부가 교섭하고 있는 상황이니 귀 중좌는 마땅히 본분을 지키면서 대기하고 있어야 합니다. 또한 경찰은 국가를 통치하는 권력입니다. 저 한국은 이미 완전한 통치권이 없는데 어찌 다시 감히 다른 나라의 권리를 침해할 수 있단 말입니까.

귀 중좌가 한국의 이름을 빌려 우리 제국 경내(境內)에서 통치권을 행사하려 하면서 이러한 이치에 맞지 않는 행동을 하니, 스스로 문명국이라 인정하는 자라면 이러한 일을 하지는 않을 듯합니다. 본 독판과 방판은 지방을 지키고 주권을 유지할 책임을 지고 있으므로 정부와 독무(督撫)의 명령만을 받들어 행하고 우리의 주권을 인정하는 것을 알 뿐입니다. 이전부터 한국민을 직접 관할하여 통치하던 기존의 사례를 그대로 따르므로 귀 중좌가 이곳에 왔다는 이유로 그러한 방침을 바꿀 수는 없습니다. 이러한 국법을 모르는 한국민이 있다면 당연히 난민(亂民)으로 여기지만, 저들이 귀 중좌의 소속 관리라고 한 점을 생각하고 교제를 온전히 하는 도리를 생각하여 먼저 알리지 않을 수 없습니다. 바라건대 귀 중좌는 며칠 내로 속히 해당 한국민을 철수시켜 본국으로 쫓아 보내서 피차간의 교의를 상하는 일을 면하기를 바랍니다. 만약 그대로 머뭇거리면서 물리치지 않는다면 이는 바로 우리 제국의 주권을 침해하고 지방의 치안을 어지럽게 하려는 것이므로, 본 독판과 방판은 책임이 있으므로 결코 너그럽게 용서하기는 어려울 것입니다.

그저께 저녁 무렵 접수한 답신을 보고 일체의 사실을 모두 알았습니다. 천보산(天寶山)은 독무의 명령을 받아 봉금(封禁)한 지역이고 그곳에 있는 광산(鑛産)도 금물(禁物)이므로 어느 나라의 국민을 막론하고 모두 사사로이 채굴할 수 없습니다. 본 독판과 방판이 실제로 봉금의 책임을 행하고 있으므로 결코 귀국의 상인이라는 이유로 우리의 권력을 스스로 무너뜨릴 수 없습니다. 훗날 우리 독무의 허가와 귀국 상인의 채굴 여부는 별도의 문제이니 지금 그것을 유지할 필요는 없습니다. 이 일로 아룁니다. 평안하시기를 기원합니다.

10월 22일

이름은 따로 갖춥니다[名別具].

부속(附屬) 2. 위 건의 해명 및 거부

- 날짜: 1907년(융희 원년) 11월 29일
- 발신: 통감부 간도파출소장 사이토 스에지로
- 수신: 독판 길림변무 진소상 외 1인

삼가 아룀. 청국〈에서 보낸〉 10월 22일 서한에 대하여 다음과 같이 회답함.

귀하께서 보내신 서한에, 소위 이상한 옷[異服]을 입고 칼[刀]을 찬 한국인이라 한 자는 한국경찰관(계급에 따라 총순, 권임, 순검의 관명이 있음)을 가리킨 것이나, 이들 관리는 통감에서 우리 통감부파출소에 배속하여, 본직의 지휘 아래 집무하는 사람임. 본직이 한국민 보호의 임무를 띠고 이 지역에 와서 소수의 헌병 및 한국경찰관을 대동하는 것은 전에 북경주찰제국공사(北京駐劄帝國公使)[임시대리 아베 모리타로(阿部守太郎)]로부터 귀국 정부에 밝혔을 뿐만 아니라, 길림주재 제국영사[시마카와 기사부로(島川毅三郎)]로부터 길림 순무[주가보(朱家寶)]에게 올해 9월 30일〈에 보낸〉 공문 중에도 그 뜻을 기재하였기로, 귀국 정부는 이미 숙지한 것임. 이들 경찰관은 모두 본직의 명령에 의거하여 행동하고, 이 본직과 진퇴를 같이하는 자들이기에 본직은 결코 귀하의 뜻에 응하여 이를 귀환하게 하는 것은 불가능함. 귀관 등은 바로 지금 양국 정부 사이에 교섭 중이기 때문에 본직이 이 땅에 있는 일을 승인하는 여부의 문제처럼 〈이 문제를〉 말하시나, 결코 그렇지 않음. 그 교섭〈내용〉에 속한 것은 이 지방 일대가 청한 양국 중 어느 나라에 속하였는가 하는 중요한 문제인데, 귀관 등은 귀국 정부 및 독무의 명령이라 칭하며 이 지방 일대를 귀국의 영토라고 전단하고, 또 관례라 하면서 한민을 통할하며 완전한 주권을 행사하고자 하는 터라, 본직은 이번 달 16일 공고문에 관련된 건으로 귀관 등과 회견한 뒤에 귀관 등이 밝혀 말한 것에 의하여 이미 한국경찰을 배치하는 것을 제국 정부에 보고하였음. 제국 정부는 현재 북경에서 귀국 정부와 다시 교섭하는 중이요, 본직은 스스로 집행할 지금 이후의 방침에 어떠한 종류의 훈령이든 기다리고 있으니, 보내오신 서한에 주지와 같은 것도 또한 그 교섭에 의거하여 해결할 문제이고, 본직에 행동에 대해서 이의가 있으시면 귀관 등은 이를 귀국 정부에 보고하여 귀국 정부로부터 제국 정부에 조회(照會)하게 하는 것이 지당한 것으로 생각함. 또 본직은 양국의 심후한 교제와 귀관 등의 교의를 중히 하며, 보내오신 서한의 주지도 다시 상세하게 이토[伊藤] 통감에게 전보하였기에 이에 회답함.

메이지 40년(1907) 11월 29일
통감부 파출소장 사이토 스에지로
독판 길림변무 진소상 각하
방판 길림변무 오록정 각하

18. 간도 사정 보고서 제568호 및 588호를 접수해 열람하고 회답함

- **원문제목** 間島事情報告書第五八六號및五八八號接閱回答(往復案1冊)
- **날짜** 1907년(융희 원년) 12월 21일
- **발신** 내각총리대신(內閣 總理大臣) 이완용(李完用)
- **수신** 통감부 부통감(統監府 副統監) 소네 아라스케[曾禰荒助]

조복(照覆) 제232호

간도에 있는 귀부 파출소 감찰과원 김해룡의 행위에 관하여 청국 무관이 보내온 조회와 사이토[齋藤] 파출소장의 회답을 등사한 건과 해당 지방 상황에 관한 동 파출소장의 보고를 참고하시길 바라며 1부 송부하고, 기밀 제586호와 제588호인 청국에서 보내온 문서[貴來文]를 바로 이어서 열람하여 이에 조회에 답하니, 조량하시기를 바랍니다.

융희 원년(1907) 12월 21일

태자소사 내각총리대신 이완용

통감대리 부통감 소네 아라스케 각하

19. 간도 상황 보고서 제출의 건

- **원문제목** 間島狀況報告書轉呈의件(往復案1冊)
- **날짜** 1907년(융희 원년) 12월 23일
- **발신** 통감부 부통감(統監府 副統監) 소네 아라스케[曾禰荒助]
- **수신** 내각총리대신(內閣總理大臣) 이완용(李完用)

기밀통발(機密統發) 제624호

간도 안의 일반상황에 관하여 별표와 같이 사이토[齋藤] 파출소장에게 보고가 있기로 참고를 위하여 등사하여 송부합니다.

메이지 40년(1907) 12월 23일
통감대리 부통감 소네 아라스케
태자소사 내각총리대신 이완용 각하

부(附). 위와 같은[上同] 상황을 담은 보고서

- 날짜: 1907년(융희 원년) 12월 6일
- 발신 : 통감부 간도파출소장 사이토 스에지로
- 수신 : 통감부 통감 이토 히로부미

통파순(統派旬) 제11호
순보(旬報)

메이지 40년(1907) 12월 6일
통감부 파출소장 사이토 스에지로
통감공작 이토 히로부미 귀하

1. 지방 일반상황

본 10일 동안 천보산(天寶山)사건과 청국 관민의 한국민에 대한 불법폭압의 행위는 여러 건이 있고, 기타 지방에 관한 민심의 불안을 야기케 하는 일은 감소하지 않은 것으로 인정함.

2. 청국 관민이 한국민에 대한 불법폭압의 행위

지난 11월 23일, 통파비보(統派秘報) 제10호로써 보고한 진 독판 · 오 방판이 한 고시(告示)와 그 파판처(派辦處)를 별지와 같이 각지에 설치하여 그 지방에 관련된 종래의 행정을 엄밀히 하고, 청 · 한국인에 대하여 한층 그 통치의 실제를 분명하게 한 결과, 그 하급 청병 등에 이르기까지 왕왕 한국민에 대하여 불법폭압을 감행하는데 이르렀음. 또 청국 관헌에게 임명된 도헌(都憲)[도사장(都社長)], 향약(鄉約)[사장] 등은 급히 세력을 얻고 재차 한국민에 대하여 불법 위압을 가하는 자가 생기기에 우리 파출소에 대하여 이 구제를 고소하는 것이 이번 10일 사이 수 건에 달하였으니, 대개 저 청국 관헌의 행동에 대하여 엄히 탄압을 가하지 않으면 이상의 상태는 더욱 진전되어 저지할 수 없게 될 것이기에 〈이를 증명하기 위한〉 아래 4~5개의 실례를 제시함.

(1) 11월 22일, 학성촌(鶴城村) 수비대[회령(會寧) 대안(對岸)의 사기동(砂器洞) 수비대로부터 분파함. 순보 제4호 제3항에 상세히 기록하였음]의 청병 2명이 향약과 함께 같은 촌의 사장인 이향준(李享俊)에게 조(粟)와 기타 물품을 징수하는 뜻을 통고하였더니, 이향준이 "각호에서 징수하겠으나 학성촌 수비대에서 시가에 상응하는 〈금액을〉 주지 않을 때에는 매각하지 말라고 하였으니, 부당하게 낮은 가격을 주고 징집하고자 하면 불법"이라고 하는 말이 끝나기도 전에 청병 두 사람이 홀연 이향준을 넘어뜨리고 난타하여 미약한 상해를 입히고 그 장소에서 도주한 뒤에 같은 촌에서 어떠한 물품도 징수함이 없다고 함.

(2) 11월 23일, 앞의 동촌(同村) 청국 수비대 병사 2명은 곤봉을 휴대하고 같은 촌의 김화일(金化一)의 집에 이르러 김화경(金化京) · 이춘수(李春水)를 구타하고(부상을 입히지는 않았음) 말하되, "단발머리에 검은색 옷을 입은 자는 구타하겠다"라고 하며 다른 곳으

로 갔다고 함. 이로써 동 지방에 단발을 하고 검은 옷을 입은 한인(일진회원이 많음)은 청병의 폭행을 두려워하고 다른 지방으로 피난하는 상황임.

(3) 11월 25일, 두도구(頭道溝) 파판소(派辦所)에 속한 청병 3명이 같은 지역 하촌(下村)의 한인 아무개의 집에 이르러 그 안방으로 들어가 부인을 희롱하자, 이웃집 한인 권봉산(權鳳山)이 청병에 대하여 그 불가함을 말하였더니, 한 사람의 청병이 곤봉으로 권을 구타한 후에 파판소로 끌고 가면서, 소 수레 1량을 끌고 오라고 하였으나, 권은 소 수레를 가지고 있지 않다고 하였더니, 청병은 대노하여 또 곤봉으로 권을 구타한 후에 이를 방치하였음, 다만 어떤 사람도 창상에 이르지는 않았음.

(4) 위와 같은 날, 같은 지역에서 청병 3명이 같은 촌에 이르러 한인 아무개로부터 소 수레 1량을 징발하고, 다른 한국인 집에서 소 1필을 무단으로 빼앗아 끌고 가기에, 그 소 주인은 그 행위의 불법성을 따져 물었는데, 청병 1명이 곤봉으로 소 주인을 구타하고 강제로 그 소를 빼앗아가서 같은 지방에서 15리 〈거리에 있는〉 땅까지 화물을 운반하면서 조금도 대금을 지급하지 않고 〈이후〉 수레와 소를 반환하였음.

(5) 11월 26일, 두도구 파판소 인원이 평강수북사(平崗水北社) 장경촌(長京村)에서 호구조사를 할 때, 한민 아무개가 "한인의 호구조사는 이미 일본 및 한국 관리에게 받았기 때문에 재차 받을 필요가 없다"하고 불응하니, 청병은 곤봉 및 손으로 아무개를 구타함(창상은 없음). 그리고 같은 촌의 연장자 아무개(70세)가 호구조사의 편의를 주지 않는다면서 〈그의〉 얼굴에 침을 뱉고 도주하였음.

(6) 종성간도 청국 도헌(都憲: 都社長) 현덕승은 이전 10일에 와서 대랍자(大拉子)·국자가(局子街) 등에 〈있는〉 청국 관헌에 출입하고, 집에 돌아온 후에 위의 뜻을 고시하여 말하기를 "종성간도 각사의 수많은 사람 중에 요망한 말을 꾸며 만들고 일진회와 행동을 같이하는 자는 향병(鄕兵)으로 하여금 즉시 체포하게 하여 보내는 것이 가하다"라고 하였음. 그리고 그는 각 사의 청국 향약에 청국 정부와 일본 정부의 교섭에 따라 통감부 파출소 및 헌병대는 불일내(不日內)로 전부 철거케 되니 안도하고 청국 관헌의 명령에 복종하라고 하면서, 만약 통감부 파출소로부터 명령을 받는 도사장·사장의 명에 따르는 일이 있으면 처분이 있을 것이라고 전한 일이 있기에, 사실을 조사 중에 있음. 그러나 그의 전후 행동으로부터 추측하면 사실이라 믿어짐. 이상에 논한 것 외에 또한 청국 관헌에서는 현재 각 사 향약에게 다음과 같은 명령을 전달하였다고 하는 소문이 있기에 알아보았

더니 사실이라고 인정하였음.

1. 세금은 이전대로 청 · 한국인으로부터 징수한다. 다만 세율은 하루 경작지 생산량(약 1,000평)으로 한화로는 금 210문(일화로는 36전 6리)으로 한다.
1. 세금을 납부하지 않는 자는 보고할 것.
1. 일진회원으로서 향약의 직무를 방해하는 자는 보고할 것.
1. 각 사의 백성에게 배당한 것[民排](인민에 대한 금품의 분담을 말함)은 종전과 같이 실행하는 것이 가함.
1. 호구조사를 행할 것.

위 결과로 생각해 보니 종래 한민으로부터 세금을 징수하는 것은 징수에 종사하는 당사자는 다소간에 주저하는 것 같았으나, 근래에는 점점 강경하게 징수하여 다소의 분운(紛紜)이 일어나도 〈그것을〉 추호도 돌이켜 생각하는 것이 없음.

3. 청국 관민이 우리 관민에 대한 태도

청국 관리가 우리와 교제하는 상황은 표면적으로는 친화적이지만, 교섭에서는 강경한 태도를 꾸미고 또 오만함. 본 10일 사이에도 진 · 오는 서간(書柬)으로 전에 동불사에 주재한 우리 헌병 분견소의 철거를 요구하거나 혹은 한국 순검을 지목하여 난민으로 볼 자라 말하는 것이 그 한 예임. 본직은 또한 서간으로 모두 그 요구를 거절하였는데, 그 상세한 것은 이미 전보와 서면으로 보고한 것과 같음.

천보산(天寶山) 봉금을 위하여 11월 25일, 진 독판은 그 부하 참모과 사사(司事) 이영성(李榮成) 외 1명에다 청병 약 14명을 붙여 천보산에 파견하여 시굴 중인 공사를 정지하게 하고, 나카노[中野]에게 고용된 인부[工夫]도 모두 쫓아내고 일본인의 퇴거를 요구하였음. 다음 날 26일에는 공사용도의 화약 · 폭약 · 공구 및 광재(礦滓) 가마니 등을 같은 곳의 묘(廟) 안에 압수 · 봉인하고, 광산입구는 판으로 폐쇄하며, 입구 및 일본인 숙소 앞에는 보초를 배치하고서 재차 일본인의 철퇴를 요구하였음. 또한 당일 입산하고자 하는 중화공사(中和公司) 사무원에게 위 이영성은 스스로 총을 들고 협박하여 그의 입산을 거절하였음.

위와 같이 봉금을 실시함을 말하고, 천보산에 관련된 일본인에 대하여 병력을 이용해서 그 사업을 방해하는 일이 불가하다는 것은 일찍이 본직이 서면 혹은 구두로써 진·오에게 절절히 경고하였던 바임. 그 당시 진·오는 명확하게 이를 승낙하였음에도 불구하고, 위에 기록한 것과 같은 실황으로써 〈그들이〉 배신한 이유를 서간으로 조회하였더니 아직 회답이 없음.

또 이영성은 압수한 화약·폭약을 놓은 곳이 마적이 탐지하여 약탈할까 염려된다고 속히 천보산의 처분을 완료하라며 간절히 일본인(현재 사무원 2명 및 광부 6명이 잔류하고 있음)에게 퇴거를 요구하였으나, 일본인은 중화공사 혹 일본 관헌이 없으면 철퇴하지 않는다는 것을 주장함. 이영성은 크게 이를 애타게 생각하여 아무런 지휘라도 바라고 있는 모양인데, 현재 양쪽이 대치하고 있는 상태임. 이전 순보에서 보고한 반출 도중 청국 관헌으로부터 집류(執留)된 광재는 해방되어 12월 1일 회령으로 반송하였음.

4. 길림 및 국자가(局子街) 사이의 전선(電線)

9월 이래 청국 관헌에서 가설에 착수한 길림-국자가 사이의 전보선(電報線) 공사는 날이 지나지 않아 그 공사를 준공하여 돌아오는 청력(清曆) 11월 1일로부터 개통할 예정임. 이에 종사할 기술원 등은 이미 국자가에 도착하였다고 함.

5. 국경 경계석의 조사

『길림통지(吉林通志)』에 기재된 무산간도 지방에 관한 국경 경계석(메이지 20년[1887], 감계담판 후에 청국에서 임의로 건설한 것) 유무를 조사할 목적으로 약 2주간의 예정으로 이번 달 24일 사무관 스즈키 신타로[鈴木信太郎]를 무산 지방에 파견하였음.

6.

11월 20일 용정촌 인민을 촌 안의 성교회당(聖教會堂)에 집합시켜서 무라이[村井] 일

등 군의로 하여금 위생 강의[講話]를 하여 토착민으로 하여금 위생상의 관념을 환기하게 하는 일을 진력하게 하였음.

이상 보고함.

부속(附屬). 청국(淸國) 파판소(派辦所) 배치표

파판소(派辦所) 배치표

설치일	명칭	위치	파변관의 관씨명	대동한 병사 수	摘要
11.7	육도구 파판소사무소	동량사 용정촌	교섭과장 증기수	10명 (길강군병졸)	이외에 종복 1명, 통역 1명, 서기 1명
11.9	광제욕 회경가 파판소사무소	개태사 호천사	길림변무사무원 왕장령	없음	없음
11.9	월랑사 파판소사무소	월랑사 수북촌	길림변무사무원 성문례	10명 (길강군병졸)	이외에 서기 1명, 종복 1명, 통역 1명
11.11	두이·삼도구 파판소사무소	두도구가	동지함승성후보지현 여홍달	8명 (길강군병졸)	이외에 종복 1명
11.11	동성용가 파판소사무소	동성용가	지윤언	10명 (길강군병졸)	이외에 서기 1명, 통역 1명, 종복 1명
11.13	대랍자 파판소사무소	대랍자 병영 안	지현관 부회란	10명 (길강군병졸)	이외에 서기 1명, 통역 1명
11.14	주파길림 화호리구 주파길림 계사소 변무 파판소사무소	사기동 병영 안	손체안	없음	이외에 통역 1명

[비고] 본표 이외에 토문자(土門子)·백초구(白草溝)·왕청(王靑)·합막당(哈嗼塘)·양수천자(凉水泉子) 등에도 파판소를 배치한다는 설이 있으나 확실하지 않고, 또 동불사가(銅佛寺街)에 보병참령 유계방(留繼芳)을 파견하여 11월 10일경으로부터 파판소를 개설하였으나 유계방은 동불사가 인민의 배척을 받아 다른 곳으로 전임하였음. 그 대체자는 아직 없음.

20. 호구조사 및 경찰관 철거 청구건과 일반상황에 관한 보고서를 접수해 열람하고 회답함

- **원문제목** 戶口調査및警察官撤去請求件과一般狀況에關한報告書接閱回答(往復案1冊)
- **날짜** 1907년(융희 원년) 12월 27일
- **발신** 내각총리대신(內閣 總理大臣) 이완용(李完用)
- **수신** 통감부 부통감(統監府 副統監) 소네 아라스케[曾禰荒助]

조복(照覆) 제258호

간도 호구조사 건과 경찰관 철퇴 청구와 〈관련하여 문서를〉 왕복한 건, 일반상황에 대한 사이토[齋藤] 파출소장의 보고를 참고를 위하여 등사하여 송부하는 일은 제611호·618호·624호로 온 조회를 받아 고르고 상세하게 살피었던바, 호구조사표는 내부(內部)로 전치(轉致)하여 고열(考閱)하게 하였음. 이에 조회에 회답하니 조량하시기를 바랍니다.

융희 원년(1907) 12월 28일
태자소사 내각총리대신 이완용
통감대리 부통감 소네 아라스케 각하

21. 간도 호구조사표 누락분 추가 제출의 건

- **원문제목** 間島戶口調査表漏落分追加呈閱의件(往復案1冊)
- **날짜** 융희 2년(1908) 1월 9일
- **발신** 통감부 부통감(統監府 副統監) 소네 아라스케[曾禰荒助]
- **수신** 내각총리대신(內閣 總理大臣) 이완용(李完用)

기밀통발(機密統發) 제23호

작년 12월 11일에 송부한 사이토[齋藤] 파출소장 보고 통파서(統派庶) 제18호에 부속된 호구조사표 중에 탈루된 몇 개 부분을 발견하였고, 별지와 같이 사이토 파출소장의 추신(追伸)이 있기에 이를 등사하여 송부하니 조량하시기를 바랍니다.

메이지 41년(1908) 1월 9일
부통감 자작 소네 아라스케
태자소사 내각총리대신 이완용 각하

부(附). 호구조사 누락분 추가 보충 건.
- 날짜: 1907년(융희 원년) 12월 26일
- 발신: 통감부 간도파출소장 사이토 스에지로
- 수신: 통감부 부통감 소네 아라스케

통파서(統派庶) 제25호
보고(報告)

메이지 40년(1907) 12월 26일

통감부 파출소장 사이토 스에지로
부통감 자작 소네 아라스케 귀하

지난달 27일 통파서(統派庶) 제18호로써 관내 호구조사표를 진달하였으나, 해당 표의 온성간도 항목에서 탈루 된 몇 개 부분을 발견하였으므로 헌병 분대장의 별표 보고서를 등사하여 송부합니다.

부(附)의 속(屬). 온성간도 호구조사표 중에서 누락된 부분의 추가 보충 건
- 날짜: 1907년(융희 원년) 12월 24일
- 발신: 간도 헌병 분대장 사카야 다케노신
- 수신: 통감부 간도파출소장 사이토 스에지로

간헌경(間憲警) 제63호
호구조사에 관한 보고

메이지 40년(1907) 12월 24일
간도 헌병 분대장 사카야 다케노신
통감부 간도파출소장 사이토 스에지로 귀하

메이지 40년 11월 9일, 관헌경(官憲警) 제51호로써 호구조사결과로 호구조사표를 첨부 보고했으나, 온성간도 안의 별표와 같이 탈루가 발견되었기에 이에 보고함.

22. 위의 것을 접수해 열람하고 회답함

- **원문제목** 同上接閱回答(往復案1冊)
- **날짜** 융희 2년(1908) 1월 11일
- **발신** 내각총리대신(內閣 總理大臣) 이완용(李完用)
- **수신** 통감부 부통감(統監府 副統監) 소네 아라스케[曾禰荒助]

조복(照覆) 제3호

간도 호구조사표 중에서 탈루를 발견한 것을 추가로 고쳐서 별표로 송부한 건으로 기밀 제23호 조회를 접수함. 해당 별표를 내부(內部)로 송부하여 대비하고 참고하게 하였기에 이제 조회에 회답하니 조량하시기를 바랍니다.

융희 2년(1908) 1월 12일
태자소사 내각총리대신 이완용
통감대리 부통감 자작 소네 아라스케 각하

23. 간도 상황 보고서 제출의 건

- **원문제목** 間島狀況報告書呈閱의件(往復案1冊)
- **날짜** 융희 2년(1908) 1월 11일
- **발신** 통감부 부통감(統監府副統監) 소네 아라스케[曾禰荒助]
- **수신** 내각총리대신(內閣總理大臣) 이완용(李完用)

기밀통발(機密統發) 제40호

작년 12월 1일에서 10일까지 간도지방 일반의 상황에 관하여 별지와 같이 사이토[齋藤] 파출소장에게 보고가 있어서, 귀하의 참고를 위하여 이에 송부하니 조량하시기를 바랍니다.

메이지 41년(1908) 1월 11일.
통감대리 부통감 자작 소네 아라스케
태자소사 내각총리대신 이완용 각하

부(附). 위와 같은[上同] 보고서

- 날짜: 1907년(융희 원년) 12월 17일
- 발신: 통감부 간도파출소장 사이토 스에지로
- 수신: 통감부 부통감 소네 아라스케

통파순(統派旬) 제12호
순보(旬報) 12월 1일부터 동(同) 10일까지

메이지 40년(1907) 12월 17일

통감부 파출소장 사이토 스에지로
부통감 자작 소네 아라스케 귀하

1. 지방 일반의 상황

본 10일에 이르러 청국 관헌이 영토주의를 점점 더 확장하여 방약무인한 행동을 감행하기에 지방 민심을 심히 소요하게 하여, 일반적으로 불안한 생각을 야기함.

2. 청국 관민이 한국민에 대한 불법폭압의 행위

청국 관헌은 영토주의를 확장하여 한편으로 한국민을 위압(威壓)하고, 한편으로는 이를 회유할 책략을 채용하면서 행정을 엄밀히 함. 일진회에 대한 압박의 정도를 더하여 폭행과 능욕이 지극하지 않음이 없으므로 지방 한국민으로부터 고소[訴告]가 날로 증가함. 그 사실의 중대함은 이미 전보로 보고하였음.

3. 청국 관민이 일본 관민에 대한 태도

청국 관리와 우리의 교제는 의연하게 친화적이지만, 우리와 저들이 교섭하는 사건은 점점 거만하고 또 자못 강경하게 장식함. 우리 신민에게는 천보산을 제한한 것 이외에 폭력으로써 처리하는 사실은 비록 없지만, 이번 10일에 있어 다음과 같이 조치하였음.

올해 9월 상순[初旬]부터 일본 상인 아카하기 오리기치[赤荻織吉]와 청국인 호상증(胡常增)이 협동하여 칠도구(七道溝) 오지에서 목재 벌채에 종사하였는데, 12월 4일에 돌연히 호상증이 청병에게 잡혀서 대랍자(大拉子) 관헌에게 인도되었음. 위에 의하여 해당 산에 고용된 청국인 16명은 겁을 먹어 하산하고, 또 같은 지역에서 벌목에 종사하여 거주하던 한국인도 인도될까 두려워하여 일동 폐업하였음. 그 후 호상증은 우선 방면되었으나 아카하기는 호를 상관하지 않고 사업을 계속하였는데 별도로 청병의 저지는 없었음.

또한 청국 관헌은 우리나라 사람이 국자가 지방에 들어가는 것을 꺼려 하는 것과 같이, 비밀리에 국자가 청국인에 대하여 일본인에게 가옥을 대여하는 것을 금지하라고 운운하였음.

또한 국자가 계사국(稽査局)에서는 자국인과 같이 일본인의 호구조사를 행하였음.

4. 파출소 안의 집무 상황

사철 절기[時候]가 점점 몹시 추워져서 업무집행이 곤란한 때를 맞아 헌병대에서는 하사 이하의 부대를 교체하는 것이 만기가 되어서 그 과반수는 전출되어 귀향하고, 보충인원은 아직 도착하지 않아 단지 잔류 인원이 총순 이하 순검과 협력하여 능히 번망(繁忙)함을 감내하고, 근면하게 임무에 면려하고 있음. 앞에 기록한 것과 같이 한국민의 고소가 날로 증가하여 밤에도 쉬는 시간이 없음. 총무과 및 감찰과도 역시 극히 번망함.

경무과는 과거 총순 이하의 증원을 얻어서 이를 각 분견소에 배치하여 헌병과 협동근무하고 있음. 조사과는 당장 출장조사를 중지하고 오로지 조사보고서의 제조와 숫돌[礪石] 분석 마무리, 성적표 및 간도 안의 지도 제조, 기계기구의 정리 등에 종사하고 있음.

5. 건축 공사 중지

한기가 살을 엘 듯하여 토공 건축 작업을 할 수 없어서 공사는 본 10일에 대개 중지함. 다만 방한에 필요한 설비는 점차 완성하고자 함.

이상 보고함.

24. 간도 한국 순검 구인 및 현덕승 소환방해사건에 관한 교섭시말보고서 제출의 건

- **원문제목** 間島韓國巡檢拘引및玄德勝召喚放害事件에關한交涉始末報告書呈覽의件(往復案1冊)
- **날짜** 융희 2년(1908) 1월 13일
- **발신** 통감부 부통감(統監府副統監) 소네 아라스케
- **수신** 내각총리대신(內閣總理大臣) 이완용(李完用)

기밀통발(機密統發) 제47호

회령간도에 있는 청병이 귀국 순검을 병영 안으로 잡아끌고 간 건 및 귀국인 현덕승(玄德勝)이라는 자가 종성간도에 있는 청국 측으로부터 총향약(總鄕約)을 명받고, 항상 청나라 복장으로 그 지방을 배회하며 양민을 고통스럽게 했다는 뜻의 고소를 접하고, 파출소에서 헌병을 보내어 사실을 취조하기 위하여 그 사람을 소환하고자 하였더니, 청국 관헌이 병사 수십 명을 이끌고 그 길을 막으며 통행하지 못하게 했던 건에 관하여 사이토[齋藤] 파출소장과 진소상(陳昭常) 사이에 교섭한 전말을 별지와 같은 사이토 파출소장으로부터 보고가 있기에 참고하기 위하여 이에 송부합니다.

메이지 41년(1908) 1월 13일
총리대리 부통감 자작 소네 아라스케
태자소사 내각총리대신 이완용 각하

부(附) 1. 위와 같은[上同] 보고서

- 날짜: 1907년(융희 원년) 12월 24일
- 발신: 통감부 간도파출소장 사이토 스에지로
- 수신: 통감부 부통감 소네 아라스케

통파비보(統派秘報) 제18호

특보(特報)

메이지 40년(1907) 12월 24일
통감부 파출소장 사이토 스에지로
부통감 자작 소네 아라스케 귀하

회령간도에서 청병이 당 파출소에 소속된 한국 순검에 대하여 폭행을 가하고, 또 그를 병영 안으로 잡아끌고 간 건 및 본건에 대하여 구스노 슌조[楠野俊成] 사무관을 시켜 진소상(陳昭常)의 대리자 왕국침(王國琛)과 회견하고 반복 변론한 결과, 해당 순검을 석방시킨 것과 기타 청병의 폭행에 대하여 항의한 건은 함부로 처리하지 않고 왕전(往電) 제60호로써 보고하였음. 그때 구스노 사무관이 손으로 전해준 각서는 별지 제1호와 같고, 이에 대한 왕의 답서는 별지 제2호와 같음. 또한 종성간도에서 한국인 현덕승이라는 자가 청국 측으로부터 총향약(總鄕約)을 임명받고, 늘 청나라 복장을 입으면서 그 지방을 배회하며 양민을 힘들게 한 일로 한국민의 고소가 나온 것에 대하여 히라타[平田] 헌병 소위를 시켜 〈현덕승을〉 당 파출소로 소환하여 해당 사실을 취조하고자 하였는데, 청국 관헌은 병사 십여 명을 이끌고 길을 막아 통행하지 못하게 한 건은 함부로 처리하지 않고 왕전 제59호로 보고하였음. 〈이에〉 진소상은 이번 달 16일 부하 관리로 하여금 본관 앞으로 별지 제3호와 같이 서간을 보내왔으나, 이와 달리 본관은 이미 구스노 사무관을 파견하여 해당 사건에 대하여 진소상에게 교섭함으로써 다시 위와 같은 서간에 대한 명령을 준 사실과 서로 다른 점을 지적하여 이를 반박하고 변론한 끝에 현덕승의 면직을 조건으로 삼아 그를 해방할 일을 결정하였음. 하나로 정리하면 먼저 본 사건을 결론내린 건도 또한 왕전 제65호로 보고한 것과 같이, 그 사이 구스노에게 손으로 건낸 각서는 별지 제4호와 같고, 이에 대한 청국 측의 답서는 별지 제5호와 같으며, 본관이 위 제3호 서한의 회답을 겸하여 별지 제6호와 같이 조회서에 순검에 관한 우리 측 취조문서의 필사본과 아울러 현덕수의 범행에 대해 참고할 만한 서한류를 필사한 문서, 즉 별지 제7호부터 별지 제9호를 첨부하여 지난 23일 오쿠무라[奧村] 헌병 대위, 야마자키 세이치로[山崎誠一郎] 통역생으로 하여금 진소상에게 교부하게 하고, 현덕승의 범행에 대하여 공평하게 심리하라는 요지를 통고하였으므로 이에 보고함.

부(附)의 속(屬) 1. 청국관병 불법행위에 대한 항의각서

- 날짜: 1907년(융희 원년) 12월 15일
- 발신: 통감부 간도파출소장 사이토 스에지로
- 수신: 독판 길림변무 진소상 외 1인

[별지 제1호]

메이지 40년(1907) 12월 15일 구스노[楠野] 사무관이 진 독판과 오 방판에게 손으로 전달한 각서

각서

1. 메이지 40년 12월 13일, 귀국 병사는 회령간도 강성촌(江城村) 부근에 있는 우적동(禹跡洞) 우리 헌병 분견소에 배속된 한국 순검 전태선(全泰善)의 대검(帶劍)을 탈취하고, 그를 사기동(砂器洞) 병영으로 인치(引致)하여 구류하였음.

위 한국 순검은 사이토[齋藤] 파출소장이 대동한 한국 관리라는 점은 여러 번 성명한 것인데, 제복을 착용한 교제국(交際國)의 관리를 무리하게 인치했을 뿐 아니라, 그 도중에 우리 헌병이 그 이유를 묻고 순검을 인도하여 대검을 반환할 것을 요구하여도 이에 불응하고 도리어 헌병의 배후에서 총으로 대응하였기에, 우리 헌병은 무모한 충돌을 피하고자 그 인치에 임하고, 〈청국의〉 대장과 면담하고자 사기동 병영에 도착함. 〈그쪽에서〉 역시 문을 열고 응하지 않는 이상, 〈이러한 행위는〉 국제통의(國際通義) 상 태만하게 볼 수 없는 폭력적이고 오만하며 무탈(無脫)한 행위라고 믿어짐. 귀관 등은 이과 같은 폭행과 그 지휘관을 엄중히 처벌하고 또한 본건에 대하여 적당하고 좋은 후속 조치를 채택함이 옳음.

2. 귀국 병사가 종래 인민에게 물건을 무상으로 징발하는 일에 대하여, 귀관 등은 〈나를〉 처음 볼 때에 귀관이 장래에 이와 같은 일은 없을 것이라 확언하였을 터인데, 오늘 또한 그 행적을 끊지 못한 것은 다음과 같은 사례를 비춰보아 명확함. 귀관 등은 이를 어떻게 엄금하지 않았는가?

(1) 11월 22일, 영화사(永化社) 학성촌(鶴城村)에 거주하는 이형준(李享俊)은 동촌(同村)의 김화일(金化一) 집에 도착하여 있을 때에 청국 관리가 향약(鄕約) 김경순(金京順) 및 청병 2명을 데리고 와서 이형준에게 강역촌 각호에서 조(粟)와 기타 물자를 징수할 뜻이 있음을 말하니, 이경준은 각호에서 징수하지 않고, 〈물자에〉 상당하는 대가로 매각을 희망하는 〈사람〉에게서 매수하는데 부당한 염가로 매수하는 것은 불법이라고 말함. 말이 끝나기도 전에 청병 2명은 이형준을 눌러 넘어뜨리고 그를 구타하여 오른쪽 눈 상하로 부상을 입혔음.

(2) 11월 27일, 충화사(忠化社) 남평동(南坪洞)에 있는 사기동(砂器洞) 계사소(稽查所)의 청병 3명은 통역과 같이 와서, 향약에게 명령하여 각호에서 조·대맥·대두를 각 4승, 땔나무 5속을 징수하고, 징수에 응하지 않으면 그 호주(戶主)를 구타해도 좋다고 하며 협박하여 대가를 변상하지 않고 땔나무 158속, 조 11말, 대두·대맥 각 10말, 간장 10완(碗)을 징수하였음.

(3) 12월 7일, 문화사(文化社) 소진동(小陳洞)에도 청병이 와서 향약에게 명하여 섶나무 64속, 조 5말, 대맥 5말을 징발하고 사기동 계사소에 송부하였음.

(4) 11월 9일, 문화사 우적동(禹跡洞)에서 같은 부류의 징발을 행하였음.

3. 일진회의 성질·조직 등에 대해서는 귀관 등과 처음 대면할 때에 누누이 설명했던 것과 같이, 근래에 이르러 귀국 관리 및 병사 등이 유달리 심한 박해를 일진회 회원에게 가하는 사실이 있음. 즉 11월 22일, 학성(鶴城) 일진지회 사무소의 가주(家主)를 청병 2명이 사기동 병영으로 동행시켜 그 가옥을 일진회 사무소에 대여했음을 질책한 뒤, 12월 2일에 청병 4명이 같은 지회 사무소에 와서 그 표찰을 파기하고 사무소 안으로 함부로 들어와서 지회장을 모욕하였음. 기타 여러 번 곤봉을 휴대한 귀국 병사가 7~8명씩 같은 촌에 와서 일진회원이 아니라도 단발한 사람을 보면 다음에는 구타한다고 말하고 각호를 수색하였기 때문에 위 지회는 그 사무소를 12월 3일 우적동으로 이전하였음.

또 12월 12일, 같은 지방 학성촌에서 귀국 병사는 일진회 지회장을 구타하고 부상을 입혀서 〈그가〉 걸을 수도 없게 되어, 그를 소 수레에 태우고 다른 서기 및 촌장등과 같이 그를 사기동 병영 안으로 인치 구류하였음.

한국인이 단발한 일은 실로 한국 황제 폐하로부터 조칙을 발한 것에서 〈기인한 것으로서〉 한국은 진정으로 정당한 행위이거늘, 그럼에도 귀국 병사가 단발한 사람을 지목하여 일본당(日本黨)이라 하여 구타하고 박해하는 것은 일본인에 대하여 적의가 있는 것이니, 교친 국가의 관리된 귀관 등은 어떠한 이유로 이를 □□게 집행[執務]하는가?

4. 종성간도 상천평(上泉坪) 양정학당(養正學堂)에 있는 한국인 학생에 대하여, 귀국 관리가 강제로 변발하게 만든 사건에 대해서는 12월 12일의 조회와 같음.

위에 대하여 본관은 사이토[齋藤] 파출소장의 명을 받아서 이에 이러한 내용을 항의함.

메이지 40년(1907) 12월 15일
길림변무독판공서에서
통감부 파출소 부(附) 구스노 슌조

부(附)의 속(屬) 2. 위와 같은[上同] 항의 각서

- 날짜: 1907년(융희 원년) 12월 17일
- 발신: 통감부 간도파출소 사무관 구스노 슌조
- 수신: 독판 길림변무 대리 왕국침

[별지 제4호]

메이지 40년(1907) 12월 17일

국자가(局子街) 남영(南營)에 있는 구시노[楠野] 사무관이 진 독판의 대리인 왕국침(王國琛)에게 교부한 각서

각서

1. 한국인 현덕승(玄德勝)[이 사람은 지난 10일 사이토 파출소장이 종성간도에 도착할 때 한국인이라 자칭하고 소장을 맞이한 자임]이 종성간도의 광영성(廣迎城)에 이르러 한국인을 위협하여 금전을 강취함으로써 같은 지방 한국인으로부터 보호해달라는 소장이 나옴. 사실을 취조하기 위하여 히라타[平田] 헌병 소위는 현덕승을 파출소에 동행하게 하려 했으나, 해당 지역 수비대장 문진중(門振中), 파판소 대원 왕장령(王長齡) 두 사람이 병사를 이끌

고 이를 막아 헌병으로 하여금 직무를 집행할 수 없게 하였음.

2. 칠도구(七道溝)에서 일·청국인의 협동 벌목 사업을 금지하는 것은 불법임.

3. 산발한 사람을 두만강 대안(對岸)으로 추방하는 것은 어떠한 이유에 기반한 것인가?

4. 이번 달 15일, 부록된 각서에 기재된 한국 순검 전태선(全泰善)을 불법적으로 인치한 청국 병사 및 대장은 어떻게 처벌하였는가? 신속히 처벌바람.

5. 위에서 기록한 일진회 대장을 신속히 석방하길 바람. 또한 소문에 의거하면 해당인은 같은 달 17일 아침에 지부아문 안에서 기아 때문에 자못 말할 기력도 없다고 하니, 매우 불편함.

메이지 40년(1907) 12월 17일

길림 변무 독판 공서에서

통감부 간도파출소장 구스노 슌조

부(附)의 속(屬) 3. 순검사건 및 현덕승사건의 공평한 처리를 요구

- 날짜 : 1907년(융희 원년) 12월 23일
- 발신 : 간도파출소장 사이토 스에지로
- 수신 : 독판 길림변무 진소상

[별지 제6호]

서한으로써 삼가 아룀. 범(范) 번역관을 통해 교부받은 청력(淸曆) 11월 12일 귀 서한은 접수하였음. 귀하의 서한 요지에 관해서는 그때 이미 귀관이 허락한 구스노[楠野] 사무관으로부터 〈귀관이〉 반복 변명한 것에 대해 지금 다시 회답이 필요하지 않은 것으로 인식함. 다만 구스노 사무관이 제언한 각서에 대하여 귀관의 대리인 왕국침(王國琛) 씨의 답서에는 본직이 용인[認容]할 수 없는 점이 많으니, 미리 먼저 그것을 조량하시길 바람.

귀국 병사가 당 파출소 순검에 대하여 폭행을 가하고, 또 그를 구류한 건에 대하여 귀관이 정당하게 처치하여 속히 그를 석방되게 한 것은 다감(多感)한 바가 있음. 그러나 위 〈사건〉에 대하여 본직은 공평하고 신중하게 다시 해당 순검의 취조를 명하였는데, 그 결과는 당초 촌민에 대한 취조 사실과 부합하여, 순검이 먼저 발검하고 귀 병사에게 저항하였다는 사실은 전혀 〈사실〉무근이라 인정되어 해당 순검을 방면하였음.

향약 현덕승 건에 대해서는, 본직은 교의(交誼)의 무거움을 〈감안하여〉 그를 해방한다고 명하였으므로 약속과 같이 귀 관청에서 공평하고 신중하게 심문하시기를 요구함. 겸하여 우리 헌병이 취조한 별지보고서를 필사한 것과 현(玄)이 낸 고시문을 필사한 것, 아울러 전술한 순검의 취조서를 필사한 것을 참고를 위하여 〈보내니〉, 귀하께서 보는 것에 도움이 되길 바람. 또 오쿠무라[奧村] 헌병 대위와 야마자키[山崎] 통역을 파견하였으므로 〈귀하께서 가진〉 별지에 관련된 의의(疑意)도 없지 않을 것이니, 〈귀하가〉 충분히 질문하여 심리의 정확함을 기하시길 바라며 이에 조회함.

메이지 40년(1907) 12월 23일
통감부 간도파출소장 사이토 스에지로
독판 길림변무 진소상 각하

부(附)의 속(屬) 4. 순검인치사건 보고서 발췌

- 날짜: 1907년(융희 원년) 12월 14일

[별지 제7호의 1]

순검인치사건(巡檢引致事件)에 관한 헌병의 보고 발췌

순검인치사건에 관하여, 12월 14일 촌민에게 그 사실을 취조한 것이 다음과 같음.

1. 순검이 강역촌(江域村)에 온 것은 12월 13일 오전 11시경으로, 오후 2시경 학성촌(鶴城村) 일진지회 협회원 박규언(朴奎彦)의 집에 도착하여 지회장의 부상을 검사하고자 했으나, 지회장은 청병으로부터 이미 사기동 병영으로 인치된 뒤여서, 그 집을 나가 돌아왔음.

2. 돌아오는 길에 학성촌 서남단으로 약 2정(丁) 정도 거리에 온 즉, 청병 6명이 총을 휴대하고 치달아 와서 단 한마디 말도 없이 순검을 인치하고자 하고, 6명이 차례로 순검

을 구타하며 이윽고 넘어뜨렸고, 1명의 청병은 순검의 패도를 탈취하였음.

이 상황은 학성촌 어린아이 등 여러 명이 현장에서 확인한 것이며, 촌민의 말이 일치함. 또한 청병이 나온 것은 강역촌에 주둔한 청국 향약 김경순(金京順)으로부터 〈증언이 있었고〉, 같은 촌에서 순검 1명이 어떠한 조사를 하러 왔다고 청병에게 밀고하였다는 자도 있음.

3. 그 후 2~3명의 청병이 순검을 끌고 강역촌 방면에 데리고 가서 학성수비대로 인치할 때에 그 도중에 순검은 영화사장(永化社長) 이형준(李享俊)을 만나 이 일의 상황을 우적동(禹跡洞) 헌병 파견소에 통지하여 달라고 부탁하니, 사장은 강역촌민 박태금(朴泰金)으로 하여금 송언촌장(松堰村長) 문성렬(文成烈)에 명하여 급보하게 하였음.

이형준과 만났을 때 순검이 모자와 칼을 청병에게 빼앗긴 것은 이형준이 현장에서 인지하였음.

메이지 40년(1907) 12월 14일

부(附)의 속(屬) 5. 순검 전태선(全泰善) 취조서

- 날짜: 1907년(융희 원년) 12월 16일
- 발신: 간도헌병분대 조장 오카모토 소지로[岡本曾次郎]
- 수신: 간도파출소 순검 전태선(全泰善)

[별지 제7호의 2]

청취서

원적(原籍): 한국 평안북도 순천군 활면 송포전동 평민 전상섭(全尙燮)의 차남

당시 간도 통감부 파출소 경무과 우적동 헌병 파견소 순검 전태선(全泰善) 27세

위 사람은 메이지 40년(1907) 12월 13일 청국 관헌에게 사기동(砂器洞) 계사소(稽查所)로 인치된 건에 대하여 12월 16일, 해당 분대로 출두하여 다음과 같이 진술함.

1. 12월 13일 오전 9시에 나는 우적동 헌병 파견소 헌병 상등병 세키야마 다츠지로[關

山辰太郎]로부터, 촌락 순회를 겸하여 그 전날 학성촌 일진지회장 박우영(朴禹英), 동회(同會) 서기 남병환(南斗+并煥) 및 학성촌 촌장 김종락(金鍾洛) 등이 학성촌 주둔 청병에게 구타를 당한 사실을 조사하기 위하여 출장하라는 명을 받고, 같은 날 오전 10시 30분경에 우적동을 출발하여 학성촌에 갔으며, 상세히 강역촌을 순찰하고 귀로에 올랐음. 오후 □시 23분경[18]에 학성촌을 통과할 때, 학성촌 청국수비대의 병영에서 북쪽으로 약 8정 떨어져 있는 곳에서 청국 관병 6명이 출현하였음.

1. 그리고 관병 6명은 2열로 행진하며 나에게 향해 왔음. 선두의 2명은 돌연 나를 향하여 멈추라 하였기에 내가 멈추었더니, 군도(軍刀)를 보고자 한다고 하기에 나는 군도를 보여줄 수 없다고 답함. 〈그러자〉 청병은 바로 그들이 휴대한 총으로 나의 칼자루를 때리고 또 손을 때리기를 계속하며 팔꿈치를 구타하였음.

1. 앞서 진술한 것처럼 나는 칼을 뺏길 수 없다고 생각하고 손으로 칼자루를 잡으니, 다른 4명의 청병도 좌우로 와서 난타함. 병사 1명은 나를 엎드리게 하였고, 〈다른〉 병사 1명은 내가 힘을 다해 잡은 왼손을 열고 도신(刀身)만 탈취하였음. 그때 내가 엎드려져 군도를 잡은 것을 보고 억지로 빼앗았기 때문에, 칼집[刀鞘]은 거의 끊어지고 군도도 구부러졌음. 그 칼끝[刀尖]이 잘린 것은 청병이 지팡이를 대신하여 사용했기 때문임.

이때 칼집이 패인 부분과 도신 전부를 증거로 보임.

1. 그리고 저 청병들이 나의 도신을 탈취하고 구타를 멈추었기에 내가 기립하자, 청병 1명은 한국어로 오늘 나의 행처(行處)를 물음. 나는 강역촌 방면을 순찰하고 강역촌장 집에 갔다가 지금 돌아가는 길이라 말함. 청병은 나와 같이하지 않을 수 없다며 촌장 이진문(李鎭文)의 집을 가리키라고 말하므로, 나는 너희들에게 구타를 당해 온몸이 아파서 동행할 수 없다고 답하니, 청병들은 나의 손을 강제로 잡아끌어 이진문의 집으로 데리고 갔음.

1. 청병은 이진문의 집에 도착하여 너희 집에 학성촌장 김종락(金鍾洛)이 잠복하고 있는지 따져 물으니, 이진문은 〈그런 사람은〉 우리 집에 없다는 뜻으로 답함. 청병 1명은 오른손으로 이진문의 왼쪽뺨을 구타하고, 한 명은 우리에게 탈취한 도신으로 이

18 앞의 「원안」에는 오후 2시 30분경으로 기록됨.

진문의 허리를 구타하였음. 그 뒤에 가택을 수색하였으나 김종락이 없었기 때문에, 나와 이진문을 대동하고 김종락의 거처에 이르렀음. 김의 집에서는 어떠한 사람도 없었고, 그 부근 5~6개의 가택을 수색해도 김종락이 없었으므로 이(李)는 귀가하는 것을 허락하였고, 나만 학성촌 주둔 청국 병영에 데리고 갔음.

1. 같은 날 오후 4시에 학성촌 병영에 도착하니, 청병 1명이 나에게 너는 어떠한 이유로 단발하였는가를 질문하니, 나는 순검이어서 단발했다고 답함. 또 순검은 어떠한 행동을 하는 사람인지 물어봐서 나는 한국민을 보호하는 것이 직무라고 하였음. 〈이에〉 소국 백성의 보호는 무엇을 말함이냐 하고, 약 40분 〈동안〉 그 병영에 머물게 하다가, 이번에는 4명의 청병에게 이끌려 사기동 계사소(稽査所)로 향함. 도중에 우적동을 통과할 때 청국 파판소 앞으로 가는 터라, 나는 공복이니 이곳에 들어가 요기하고 싶다 하였는데, 청병이 그 같은 일은 할 수 없다 말하는 소리를 들음. 파견소의 헌병 상등병 세키야마 다츠지로[關山辰太郎] 씨가 나와서 내가 칼을 가지고 있지 않은 것을 보고, 칼은 어디에 두었는가라고 물었기 때문에, 나는 이 청병에게 탈취당했다고 말함. 세키야마[關山] 상등병은 이 칼은 순검의 칼이니 본인에게 반환하라고 함. 청병이 반환하지 않으므로 세키야마 상등병이 그 도신을 취하고자 하였으나, 청병 3인은 세키야마 상등병에게 총을 대고 발포[發火]하려고 하여, 〈세키야마 상등병〉은 손을 놓음. 청병들은 나를 강제로 사기동에 데리고 갔음.

1. 같은 날 오후 6시경에 사기동 병영에 도착함. 식후 오후 7시경 파판소로 가서 동소(同所) 사무원 손체안(孫棣安)의 취조를 받음. 처음 손(孫)은 나에게 한국인 통역을 통해 너는 어떠한 목적으로 단발하였느냐 물었기 때문에, 나는 순검이어서 단발하였다고 말함. 어느 곳의 명령에 의거하여 순검에 임명되었느냐라고 물었음. 〈이에〉 한국경무청의 명령에 의하였다고 답함. 손은 다시 당시 상관의 성명을 물어보니, 상관은 이경재(李庚在)라고 답하였음. 〈이에 손은〉 너는 관복을 입으면서 어떠한 이유로 발검하여 우리 군인의 피복을 파기하였느냐 물어보기 때문에 나는 손에게 "귀관은 무슨 말을 하는가? 오늘 나는 순찰을 종료하고 귀로에서 귀국 병사 6명이 출현하여 무법으로 돌연히 나를 구타하고 6명이 함께 나의 도검을 탈취하였으니 나는 결코 발검한 일이 없다. 속히 귀국 병사에 대해 엄중히 취조하라"고 답하였음. 〈이에〉 손은 큰 소리로 2~3번 나를 위협한 후, 감시하는 청병에게 명령하여 외투·상의·칼끈

[刀帶]·칼집[刀鞘]·호루라기[呼笛] 등을 압수하고, 또한 사령서(辭令書)를 차출하라 명하기에, 단의(短衣)의 호주머니에서 사령서를 꺼내 제출하였음.

1. 그리고 나를 감시하는 청병 중에 3명이 나의 손을 뒤로 포박하고, 위에 매달아 나를 구타함. 그 사이 일진회 지회장 박우영, 서기 남병환 및 학성촌장 김종락 3명도 나와 같이 결박되어 위에 매달렸음. 약 1시간 후에 손(孫)과 학성촌 수비대장 진학경, 청병 8명이 와서 우리들을 포박한 채로 소 수레 4대에 각각 1명의 감시병을 붙여 〈태우고〉, 손과 진은 승마하고 나머지 병사 4명은 도보로써 오후 9시 30분경에 사기병영을 출발하여 서래동(西來洞)에 도착해서 하루 묵음. 다음 날 14일 대랍자(大拉子) 병영에 도착하여 하루 묵고, 다음 날 15일 동성용가(東盛湧街) 병영에 도달함. 같은 날 오후 11시경에 동 지역을 출발하여 16일 오전 2시경 국자가(局子街) 남쪽 병영에 도착하여 오전 7시경에 우리들 4명 포승줄을 풀어주고, 처음 사기동 출발할 때 〈빼앗은〉 우리의 외투 및 모자를 반환하였음.

1. 오후 2시경 남영에서 양복을 입은 나이는 30살 된 대장이 나를 호출하여 한국인 통역을 통해 검을 찰 것을 명함. 전에 빼앗은 검을 돌려주었기 때문에 내가 검을 찼음. 〈직후에 묻기를〉 처음에 너는 어떠한 이유로 단발하였느냐고 하니, 나는 순검이라 단발했다고 말했음. 〈다시〉 너는 어떠한 곳의 명령으로 순검이 되었느냐고 〈물어봐서〉 경무청 명령으로 순검이 되었다고 말하였음. 〈이후〉 발검은 어떠한 경우에 하느냐고 〈물어보니〉, 나는 상관의 명령에 따라 인민 보호상 부득이한 경우 및 자위상 방어함에 다른 수단이 없는 경우에 발검하여 〈앞서 상황과는〉 무관하다는 뜻으로 답하였음. 〈그러자 대장이〉 그러하면 어떠한 이유로 너는 발검하여 우리나라 군인의 피복을 파괴하였느냐 묻기에, 나는 결코 발검한 일이 없다. 내가 학성을 통과할 때 귀국 병사 6명을 만났고, 무법으로 귀국 병사가 돌연히 나를 구타하고 또 검을 탈취하였으니 엄중하게 취조하라고 답하였음. 〈그러자〉 대장은 이것은 취조할 것이 없으니, 단지 지금부터 용정촌에 부하를 붙여 〈돌려〉보낼 것이라 함. 관리 1명, 통역생 1명, 승마병 2명으로 나를 지붕 없는 마차에 태워 용정촌으로 보냈음.

전태선(全泰善)

위 진술은 통역을 통해 읽고 들을 때에 틀린 부분이 없다는 것을 〈확인하고〉 서명하고 도장을 찍음.

메이지 40년(1907) 12월 16일
통감부 간도헌병분대 조장 오카모토 소지로[岡本曾次郎]
통역 야마네 나카료[山根仲亮]

부(附)의 속(屬) 6. 전태선 순검사건에 관한 학성촌 사장 이형준의 진술서

- 날짜: 1907년(융희 원년) 12월 17일

[별지 제7호의 3]

청취서

영화사(永和社) 학성촌(鶴城村) 사장(社長) 이형준(李亨俊) 44세

위 사람은 우적동 파견소에 복무하는 순검 전태선(全泰善)이 청병에게 폭행을 당한 건에 대하여 메이지 40년(1907) 12월 17일 오후 2시에 본직의 통지에 의하여 다음과 같이 진술함.

1. 메이지 40년(1907) 12월 13일 오전 11시경에 순검 전태선이 와서 일진지회장의 집이 어디에 있냐고 묻는데, 마침 그때 일진지회장 박우영(朴禹英)이 임시로 지내는 집의 아동이 와서 그 아동에게 〈집의 위치를〉 가리켜 달라고 말함. 순검과 같이 갔음. 그 후 순검은 강역촌에 도착하여 돌아가는 길에 오후 3시경, 학성촌 부근에서 돌연히 청병 4명이 달려왔고, 동시에 〈청병은〉 도주하는 순검을 추적하여 이윽고 그를 길 위에서 포박하며 총으로 볼기 부위를 때리고 또 그를 발로 차서 순경은 그 자리에서 쓰러짐.
1. 그 후 청병 2명이 와서 모두 6명이 〈되었고, 그들이 순검을〉 강역촌에 끌고 가서, 동 지역 촌장 김종락(金鍾洛)을 수색해도 있지 않자, 순검을 학성촌 수비대로 데리고 가는 도중에 우리 집을 통과함에 따라, 나는 순검 전태선을 향하여 귀관은 어떠한 이유로 모자 및 검이 없냐고 물어보았음. 순검 전태선은 우리를 향하여 청병에게 구타를

당하고 검과 모자를 빼앗겼으니 그 상황을 헌병 파견소에 급보하기를 청하기에, 다른 인민으로 하여금 한편으로 파견소에 급보하고, 나는 순검을 청병이 데리고 간 후에 수비대에 도착함. 얼마 지나지 않아 청병이 순검을 사기동 수비대로 데리고 갔음.

1. 나는 청병이 순검을 난타하는 것을 처음부터 목격하지는 못하였으나, 순검이 청병에게 난폭하게 당할 때 촌의 어린아이가 이를 보았고, 〈그 아이는〉 또 순검이 청병에 대하여 저항한 일이 적지 않았다고 말하였음.
1. 청병이 순검에게 폭행한 원인을 내가 생각해보니, 강역촌 향약 김경순(金京順)이 학성촌 수비대의 명에 의거하여 촌민에게 조[粟]와 금전을 징수하므로 어느 날 순검이 취조하러 온 것이고, 또한 12월 13일도 재차 순검이 강역촌에 누구를 취조하러 온 것을 〈알고〉 향약 김경순이 바로 학성수비대에 순검이 와있다는 것을 밀고하면서 청병 4명이 달려 와서 순검을 포박하고 폭행한 것으로 생각함.

위 진술을 기록함.
메이지 40년(1907) 12월 17일.

부(附)의 속(屬) 7. 현덕승의 전권강(田券講)을 빙자한 불법 징금(徵金)에 대한 보고

- 날짜 : 1907년(융희 원년) 11월 13일

[별지 제8의 1]

현덕승(玄德勝)의 전권강(田券講) 시행에 관한 보고

제청사(霽晴社) 사장 김희렬(金希烈), 제하사(霽霞社) 사장 김두신(金斗信), 월랑사(月朗社) 사장 손종철(孫宗哲) 등은 청국 십사도헌(十社都憲) 현덕승(玄德勝)으로부터 각 사에서 각각 100원(圓)의 금액을 징수당하여 고소한 사건에 대해 명을 받아 메이지 40년(1907) 11월 9일 제청사, 같은 달 10일 제하사, 같은 달 11일 월랑사에 순검 최태욱(崔泰郁)과 같이 출장하여 취조한 것이 다음과 같음.

1. 제청사(霽晴社)의 사실

광무 10년[1906](작년) 음력 10월 17일 정오 12시경에 청국 십사도헌 현덕승은 제청사 대장동촌(大獐洞村) 청국 현(現) 사장 한충임(韓忠任, 25세)이 머무는 곳에 와서, 오후 5시경 한 사장과 같이 이웃집 박도일(朴道日, 26세)이 있는 곳에 가서, 해당 사의 인민에게 토지문권(田地文券)을 전권강(田券講)[전권강은 각자 소유한 전지권(田地券)을 취하여 각각 본인 소유의 땅 동서남북에 인접한 토지소유자의 성명을 하나하나 신문하는 것을 말함]으로 하는 것이 옳다고 말함에 따라, 한 사장은 이를 패두(牌頭)[소사(小使) 장남점(張南點, 42세)]에게 명하여 사(社) 안의 각 통수(統首)[통수 1인이 10가(家) 혹은 15가 이내의 각 가를 주관하는 자]에게 전하여 이날 각 인민들이 박도일 집에 오후 7시경부터 전지권을 가지고 모이도록 함. 전지권은 현(玄) 도헌에게 차출되었는데, 집합한 사람들은 촌내 통수, 두민(頭民: 촌내의 유력자), 기타 20명에 달하였음. 오후 10시경, 현 도헌은 각 인민에게 전권강을 할 뜻을 고하니, 인민들은 전권강을 하면 동서남북으로 토지소유자가 누구인지 알 수 없는 자가 많다고 현 도헌에게 전권강을 멈추기를 원하였더니, 현덕승은 그러하면 돈을 내는 것이 좋다고 하였음. 인민들이 어느 정도의 돈을 내면 되냐고 물으니, 현덕승은 200원을 가져오면 이를 그만두겠다고 말하였음. 인민들은 애원하여 금 100원으로 사면(赦免)하기를 요청하니, 이윽고 현덕승은 그 요청을 들어주어 그날 밤 오전 2시경까지 금 100원을 자기 집에 가져오라 말하고, 이날 밤 12시경에 말을 타고 귀가하는 길에 올랐음. 그 후 인민들이 서로 모여 1통(統) 당 각자 5원씩을 모아서 10통에 100원을 모으자고 하여, 동사(同社) 부서평촌(富瑞坪村)의 이두승(李斗承, 33세), 동사 대장동촌의 한명여(韓明汝, 49세), 같은 마을의 오현백(吳玄百, 52세), 양학선(梁學善, 25세) 동사 부서평촌의 박사근(朴士根, 29세), 신성룡(申成龍, 33세) 6명이 가지고 갔는데, 현금 100원은 박사근이 휴대하고, 6명이 동행하여 다음 날 8일 오전 5시경에 광종사(光宗社) 적와평촌(赤瓦坪村) 도헌(都憲)의 집에 이르렀음. 현덕승은 출타로 부재중이어서 〈6명이〉 잠시 앉아서 기다리니, 현덕승은 같은 시간 30분경 광제욕(光霽峪) 청국 관아에서 돌아와서, 〈그들은 서로〉 면접한 뒤에 100원을 현덕승에게 전해주었음.

그 후 사내(社內) 인민들은 전권강으로 출금한 100원을 각 전지권 소유자로부터 전지의 다과를 계산하여 징수하였고, 먼저 출금한 각 통수들에게 반환하기로 함. 그 방법은

1일경(日耕)[1일경은 소(牛)로 하루에 경작하는 토지를 말함]마다 한화로 66문(文)[일화로 11전(錢)]을 징수하였음.

당시 해당 사건에 관련된 현 청국 제청사 사장 한충임 및 제청사의 통수 이두승, 제청사 신성룡, 한명여, 두민(頭民)인 제청사 대장동촌 이남규(李南圭, 54세), 대장동촌 최윤여(崔允汝, 51세), 대장동촌 방순응(方順應, 60세), 기타 제청사의 사장 김희열(金希烈) 등에 대하여 사실을 확실히 물어보니, 해당 사실에 대해 서로 다른 점이 없음을 증명하였음.

2. 제하사(霽霞社)의 사항

청국 십사도헌 현덕승은 광무 10년 음력 9월 10일 정오 12시경, 현 청국 제하사 사장인 동사 시건평촌(詩建坪村)의 한창성(韓昌成, 45세)의 거처에 와서, 한 사장에게 동사 안의 각 인민으로부터 각자 전지권을 가지고 오라는 일을 명하였음. 한 사장은 이를 동사 안의 오둔갑장(五屯甲長)인 악사평촌(岳沙坪村)의 고운오(高運五, 36세), 중평촌(仲坪村)의 전문경(田文京, 29세) 시건평촌의 조환삼(趙煥三, 39세), 곡구미촌(曲口尾村)의 최도여(崔道汝, 48세), 지봉현촌(芝鳳峴村)의 방윤여(方允汝, 61)에게 전하고, 오둔갑장은 또 이것을 각 인민에게 전하였음. 다음 날 9월 11일 정오 이전(시간은 미상) 즈음에, 인민들은 각자 전지권을 가지고 와서 한 사장의 집에 모인 자가 무릇 400여 명이니, 이때 현 도헌은 각 인민으로부터 전지권을 받고 전권강을 한다고 고하며, 전지권 소유자를 한 명씩 자기 앞에 앉힘. 현은 소유자의 전지권을 가지고 전지권에 기재된 동서남북에 인접한 소유자 성명을 물은즉, 답하는 자도 있고 답하지 못하는 자도 있었음. 2~3명을 강한 후에 현은 전권강을 해서 답하는 자는 귀가하게 하고, 하지 못한 자는 돌아가지 못하게 하였음. 또한 전지권은 현 도헌이 수취하는 옳다고 하였음. 인민들은 상의한 뒤에 100원을 현 도헌에게 주는 것으로 정하고, 전권강을 멈출 것을 두민(頭民)인 제하사 중평촌의 주사윤(朱士允, 68세)을 매개[紹介]로 하여 현 도헌에게 제청하였음. 현은 이것을 듣고 전권강을 중지하고, 전에 전지강을 한 2~3인의 전지권을 돌려주었음. 또한 각 인민의 전권도 반환하였으며, 각 인민을 귀가하게 하였음. 현이 다음 날 12일 귀가한 뒤, 현에게 보낼 금액 100원을 모으기 위하여 같은 달 14일(오후, 시간미상)에 제하사 안에 각 갑장(甲長)과 두민들은 제하사 중평촌의 김병현(金丙賢, 36세) 거처에 모여서, 전지권 소유자로부터 1일경마다 56문(일화로 9전 3리여)

씩 금액을 모았고, 같은 해 11월 6일까지 각 갑장은 금액을 모은 뒤 한 사장에게 100원을 전하였음. 한 사장은 이를 같은 달 중으로 현 도헌의 집에 가지고 갔음.

위 일은 관계자인 전술한 한 사장 및 갑장 방윤여가 부재하여 〈확인하지 못하였지만〉, 기타 4명의 둔갑장 및 두민, 제하사 중평촌의 남정(南庭, 67세), 중평촌의 주사윤(朱士允, 68세), 중평촌의 김우천(金又天, 55세), 기타 인민으로부터 확증 받음.

3. 월랑사(月朗社)의 사실

광무 10년 음력 9월 2일경(시간 미상) 현덕승은 청국 월랑사 사장인 수남촌(水南村)의 조화룡(曺化龍, 36세) 집에 와서, 사내(社內) 일반 인민의 전권강을 한다는 것에 의거하여, 각자 전지권을 가지고 오라 하여 다음 날 3일 이른 아침부터 모이도록 명하였음. 조 사장은 동사 갑장(甲長)인 김선동(金先童, 25세)에게 이를 전하고, 김 갑장은 각 인민에게 전달하여 다음 날 4일 오전 7시경부터 전지권을 가지고 온 인민은 조 사장 집에 모인 자가 100여 명에 달함. 오전 8시경에 이르러 현 도헌은 인민으로부터 전지권을 수취하여 하나하나 전지권 소유자에게 전권강을 행하고, 이를 오후 8시경에 종료하였음. 전권강을 해서 답한 사람은 귀가를 허락하고, 답하지 못한 사람은 동사 수북촌(水北村)의 엄병권(嚴秉權, 36세)과 같은 마을의 오민영(吳敏英, 48세), 박성근(朴成根, 46세), 오경협(吳敬俠, 36세), 최봉세(崔奉世, 36세), 최준상(崔俊相, 42세), 기동촌(箕洞村)의 박양순(朴陽純, 50세)과 같은 마을의 김원오(金元五, 35세), 김용준(金龍俊, 36세), 김명오(金明五, 53세), 최윤원(崔尹元, 35세)으로 11명이었음. 현 도헌은 이상 11명에게 전권강을 능히 하지 못하니 각자 토지[田地]의 소유자가 아니라는 이유로 전지권을 수취한 뒤 달라자(達羅子) 청국 관헌에게 인치하는 것이 좋다 하였음. 또한 현 도헌은 이와 같은 불합격자는 편달(鞭撻)을 가한다고 하며, 데려 온 도패두(都牌頭)[소사(小使)]인 광종사(光宗社) 학성촌(鶴城村)에 사는 김양용(金陽龍, 24)으로 하여금, 청병이 출타할 때 휴대하는 것과 같은 견고하고 길이가 3여 척, 그 자루는 1척에 원형이며, 그 끝은 삼각형으로 두께가 1척 3분이 되는 곤봉으로, 그 인민들을 마루 아래에 끌어내어 지면에 엎드리게 하고 둔부 이하를 벗기고, 둔부를 20 혹은 30대씩 때리게 하였음. 11명 중에 박양순·김명오·김용준·박성근·최준상 등 5명은 노인 혹은 상중이었기 때문에 구타를 면하고, 기타 6명은 심하게 구타를 당하여, 맞은 곳이 모두 보라색 아니면 검은색이요, 그중에서 최봉세와 같은 자는 설 수도 없으며 둔부가 출혈하기에 이르렀음. 그러나 현은 이들 모두 11명을 합하여 조 사장이 물품을 저장하여 두는 온실에 들이고, 바깥에서 창문을 닫고 한명의 감시자[監守者](전의 편달을 든 사람)를 두었음. 이 온돌 한 방 안에 감금된 자들이 모두 서로 모의하여 박양순을 풀어주면 금액을 현덕승에게 준다고 하고 감수자에게 말하여, 현 도헌에게 요청하니, 현은 이를 허락하여 박양순을 방금하였고, 박양순은 오후 3시경에 일화로 120원(한화로 720냥)을 주선하여 현에게 일동의 사면을 빌었으나, 현은 도합 200원을 가져오라 하고 다그쳤음. 박양순은 도저히 이 수량 이상은 변통할 수 없다는 것으로 애원하니, 현 도헌은 이윽고 그 청을 따라 120원을 수수하고, 감금한 자는 다음 날 오전 8시경에 이르러 겨우 감옥을 열어 전지권을 돌려주고 귀가하게 하였음. 현은 그날 오후 1시경에 귀가길에 올랐음. 현에게 준 금액 120원은 11명이 부담하여 각자 스스로 내서 지출한 박양순에게 반환하였다고 함.

위 사실에 대하여, 관계자인 청국 전 사장 조화룡, 갑장인 김봉선은 부재하여 확실치 않다고 하나, 각 인민들이 알고 있다는 점, 피해자 11명 및 현 사장인 손종철과 기타 두민〈이 말한〉 사실이 서로 다른 것이 없다는 것을 확증 받음.

메이지 40년(1907) 11월 13일

부(附)의 속(屬) 8. 현덕승 비행 고발의 좌절 경위 보고

- 날짜 : 1907년(융희 원년) 12월 21일

[별지 제8의 2]

현덕승에 관한 보고의 발췌

1. 양생학당(養生學堂) 학생인 광종사(光宗社) 하천평촌(下泉坪村)의 박중송(朴重松, 16세) 및 광소사(光昭社) 몽기동(蒙基洞)의 남형국(南衡國, 20세) 2명은 어제 오후 3시, 이동춘(李同春)의 명령에 의하여, 현덕승의 비행을 고소하는 서면을 받아 태랍자(太拉子)를 향하여 출발하는 도중, 만진기(滿振基)에서 숙박하고자 할 때에, 광종사 삼동평촌(三洞平

村) 갑장 강명환(姜明環)이라 이름 하는 사람이 말을 타고 학생 2명을 찾아왔음. 오후 5시경, 만진기에서 만나 자기는 이동춘에게서 현의 비행을 고소할 서면을 가지고 돌아오라는 명을 받았으니 해당 서면을 돌려달라고 말함. 학생들은 처음에는 강명환의 말을 불신하였으나 이윽고 그에게 속아서 해당 서면을 주니, 자기는 말을 탔기 때문에 지금 이동춘 거처로 돌아갈 터이니, 군들은 하루 밤 자고 다음 날 돌아오라 말하고, 오후 6시 30분경에 돌아갔음.

2. 학생 2명은 다음 날 21일 오전 12시 이동춘의 거처에 도착하여 그 대화를 말하니, 이동춘은 크게 노하여 그 학생의 어리석음을 개탄하였음.

3. 어제 오후 3시 20분에 국자가(局子街)에 가기 위해 출발한 이동춘은 도중에 호천가(胡川街)의 왕장령(王長齡)의 거처에 도착함. 그때 문진중(門振中)도 나타나서, 그대가 이번에 국자가 청나라 관리에게 현의 비행을 고소할 일이라면, 자신들에게 맡기고 3일만 기다리라고 하였음. 문진중은 왕장령과 같이 종종 청을 넣어 부탁한 일이 있었기 때문에 이동춘은 이윽고 왕과 문의 요청을 승낙하고 오후 2시경에 귀가하였음.

4. 문진중은 그 후 국자가에 갔음.

이상의 일은 본직이 양생학당 학생에게 들은 것임.

메이지 40년(1907) 12월 21일

부(附)의 속(屬) 9. 현덕승 석방 후의 행태와 이동춘의 결심에 관한 보고

- 날짜 : 융희 원년(1907년 12월 21일)

[별지 제8의 3]

현덕승을 놓아준 후 상황보고 발췌

1. 현덕승은 헌병 분견소에서 놓아준 후 바로 청병 임시 출장소가 된 채상권(蔡尙權)의 집에 갔는데, 이때 왕장령과 문진중도 같은 곳에서 회합하여 현에게 무사함을 축하하는 모양이었음. 그 후 하천평촌 주민들도 채상권의 집에 가서 모두 그 무사함을 축하하는 모양임.

2. 또한 양생학당 교장인 이동춘(李同春)은 학생 약 20명을 이끌고 채상권의 집에 가서 현에게 그 무사함을 축하했음. 현이 말하기를 "자기가 이번 헌병 분견소에 유치된 것은 모두 너의 학당 때문인데, 너는 어떠한 이유로 오늘까지 분견소에서 나의 면죄를 〈요구하는〉 소장을 제출하지 않았나? 이와 같은 의리를 갖추지 못한 너는 면회할 필요가 없다"고 하고, 그 인사를 사절함으로써 이동춘은 크게 분노하여 주먹으로 현을 구타하니 현은 이를 피하였고, 이에 이는 벽을 잘못 쳐서 도리어 그 오른 주먹이 부상을 입었음. 이때 학생들도 현의 말에 분노하고 이에게 동정을 표하여 각각 상의를 벗고 현을 때리고자 했으나, 회합한 청·한국인에게 제재를 받아 이윽고 구타에 이르지는 못하고 그만두었음. 이는 분노를 끊지 못하고 현에 대하여 "너는 저번에 제청사·제하사·월랑사에서 인민에게서 300여 원을 수뢰(收賂)했을 뿐만 아니라, 지난날 국자가에서 학생을 데리고 갈 때에도 청국 관헌이 학생의 피복료로 준 금 200여 원을 착복하였다. 그뿐만 아니라 그때 왕복 여비도 부족하다며 귀환 후에는 학생 한 명당 금액 1원 20전씩 징수하고, 또 대랍자의 청국 관헌에게 과다한 금을 주어 자기에 대하여 안 좋은 일이 있었다며 소장을 내는 자가 있어도 수리하지 않도록 취급해 달라고 작당[運動]한 일도 있으니 너의 비행은 하나하나 말할 겨를이 없다. 또 네가 도헌에 임명되었을 때는 모두 나의 운동에 의하여 취직했음에도 불구하고, 지금 도리어 그 은혜를 잊고 나에게 이와 같은 폭언을 토하니, 아주 마음에 들지 않다. 나는 내일 곧바로 국자가(局子街)로 가서 너의 종래 비행을 청국 관헌에게 호소하여, 너의 도헌〈직〉을 벗게 할 것을 제출할 터이니, 이로써 모두 알게 하리라. 만약 국자가 청국 관헌이 듣지 않으면 길림순무에게 소를 낼 것이요, 또 〈여기서도〉 그 목적을 달성하지 못할 때에는 북경정부에 소를 내겠다"라고 말하였음. 현은 이에 대하여 차가운 태도로써 "의향대로 하라"라고 하니, 이는 크게 불만스러운 상태로 학생을 이끌고 양생학당에 돌아왔음.

3. 현은 오후 2시 30분경 채상권의 집을 나와 광제욕 청국 관헌에 이르렀고, 수분 뒤에 병영을 나와 귀갓길에 올랐음.

4. 이동춘은 채상권의 집에서 학당으로 돌아온 후, 학생의 부형 여러 명을 모으고, 현의 발언의 불평함을 말하며, 이를 통해 현 도헌의 직을 면하게 할 일로 다음 날 20일 국자가에 갈 것이요, 만약 국자가 청국 관헌에서 목적을 달성하지 못하면 길림에 가고, 또한 길림에서 목적을 달성하지 못하면 북경까지 갈 결심을 말함. 학생의 아버지들은 크게 동정을 표하면서, 만약 현의 도헌 면직을 이루면, 그 운동에 필요한 여비와 같은 것은 몇 천 원이 필요하더라도 불사하고 자기 인민들이 부담하겠다고 답하였다고 함. 이동춘은 다음 날 국자가에 가려는데 소지금이 불과 10원이라 하여, 여비 부족으로 매부인 광종사 사장 이명우(李明雨) 집에 처를 보내 금 5원을 빌려 왔음.

메이지 40년(1907) 12월 19일 하천평에서

25. 간도 상황 보고서 제출의 건

- **원문제목** 間島狀況報告書呈覽의件(往復案1冊)
- **날짜** 융희 2년(1908) 1월 14일
- **발신** 통감부 부통감(統監府副統監) 소네 아라스케[曾禰荒助]
- **수신** 내각총리대신(內閣總理大臣) 이완용(李完用)

기밀통발(機密統發) 제50호

메이지 40년(1907) 12월 11일로 같은 달 20일까지 간도지방 일반의 상황에 관하여 사이토[齋藤] 파출소장으로부터 별지와 같이 보고가 있기에 이에 등사하여 송부합니다.

메이지 41년(1908) 1월 14일
통감대리 부통감 자작 소네 아라스케
태자소사 내각총리대신 이완용 각하

부(附). 위와 같은[上同] 보고서

- 날짜: 1907년(융희 원년) 12월 26일
- 발신: 통감부 간도파출소장 사이토 스에지로
- 수신: 통감부 부통감 소네 아라스케

통파순(統派旬) 제13호
순보(旬報)
12월 11일부터 같은 달 20일까지

메이지 40년(1907) 12월 26일

통감부 파출소장 사이토 스에지로
부통감 자작 소네 아라스케 귀하

1. 지방 일반의 상황

청국 관헌 및 청병의 불법행위는 본월 중순[本旬]에 들어서 더욱더 심해지니, 혹 한국민을 공갈하며, 혹은 무상징발을 하기도 하고, 혹은 무고하게 한민을 구타하며, 또는 단발한 한국민을 두만강 이남으로 추방하고, 혹은 일진회원을 법적 근거 없이 체포하는 등, 한때 크게 지방 민심을 소요케 하여 질서를 문란하게 하였음. 우리는 매사에 그러한 불법에 항의하고 교섭에 나아가 각종 문제를 해결한 결과[천보산(天寶山)사건, 칠도구(七道九) 오지의 일인·청국인 공동의 목재 벌채를 금지한 사건은 별도로 하고], 중순 말[旬末]에는 인심이 점점 조용[沈靜]하게 돌아갔음.

2. 청국 관민의 한국민에 대한 불법폭압 행위

본월 중순에 청국 관민이 한국 인민에게 가한 불법폭압의 중대한 사건은 다음과 같음.

(1) 단발한 한국민을 추방한 사실: 12월 13일 오전 11시경에 회령간도 사기동(砂器洞)에 있는 파판소의 사무장 손체안(孫棣安)은 청국 도향약(都鄕約) 1명과 향약(鄕約) 4명을 해당 사무소로 초치하여 회령간도에 주재하는 산발한 한국인, 일진회원 및 통감부파출소가 임명한 도사장(都社長)·사장(社長)·촌장 등을 두만강 우안(右岸)으로 추방함이 가하다고 명령하였음. 〈이에〉 학성촌(鶴城村)에 사는 향약 맹순학(孟順學) 및 강역촌(江域村) 향약 김경순(金京順) 2명은 바로 손의 명령을 촌민에게 전달(다른 향약은 해당 명령을 촌민에게 우선 전달하지 않았음)하였음. 그러나 단발한 사람, 일진회원 등은 전날 왔던 청병에게 구타를 받았고 누누이 가택을 수색 당했을 뿐만 아니라, 현재는 학성촌의 일진지회장과 일진지회 서기, 강역촌 촌장 등이 청국 관헌에게 무법으로 구인(拘引)되는 것을 알고 크게 겁을 먹어 혹은 두만강 우안으로, 혹은 다른 지역으로 도망갔음.

본건에 대하여 바로 헌병 소위 모리카와 도루[森川享]를 같은 지역에 파견하여, 한편으로 청국 관헌의 불법행위를 방지하고, 〈다른〉 한편으로는 한국민에게 설명해 보임으로써 그 복귀에 매우 힘쓴 결과, 13일 도망간 한민은 17일, 18일에 모두 귀가하여 진심으로 우리 관헌의 보호에 감사해함.

(2) 청나라 관리가 무상징발한 사실: 이번 달 초순에 무산간도 숭화사(崇化社) 대옥석동[大玉石洞](복사평(伏沙坪) 헌병분견소에서 남쪽으로 약 10리 거리에 있음)에 설치된 파판소장 양중월(梁中月)은 약 39명의 병사를 인솔하여 한편으로 위력을 보이면서, 〈다른〉 한편으로 호수(戶數), 인구, 가축, 지권 등의 조사에 종사하고, 그 숙박 및 식량 등은 모두 인민에게 명령하며 그 대가를 하나도 지급하지 않음으로써 인민은 적지 않은 곤란을 느끼고 있다고 함.

(3) 일진회원을 체포하고 가둔 사실: 12월 12일 학성촌(鶴城村) 일진회장(一進會長) 박우영(朴禹英)과 동(同)서기 남병환(南軿煥)은 청병의 징세를 방해한다는 이유로 청병에게 구타를 입었음. 남병환은 부상치 않았으나 박우영은 양팔과 등에 창상을 입었고, 다음 날 학성수비대장 진홍경(陳鴻卿)이 병사 4명을 이끌고 와서 두 사람을 인치(박은 부상을 입어 보행을 감당할 수 없어서 소 수레로 운반하였음)함. 손체안이 여러 가지 심문을 하였고, 포박한 뒤에 같은 날 밤 학성촌을 출발하여 대랍자(大納子) 동성용가(東盛湧街)를 경유하여 16일 국자가 남영에 송치되었음. 위에 대하여 구스노 슌조[楠野俊成] 사무관을 남영에 파견하여 항의를 제출하자 서기 남병환은 이번 달 17일에 방환하게 되었음.

(4) 강역촌장(江域村長)을 잡아간 사실: 강역촌장은 이전에 청국의 향약으로 근무하였음에도 불구하고, 일·한 관리에게 복종한다고 하여 청병은 그를 체포한 뒤에 사기동 병영에 인치하여 태형 20대에 처하고, 위의 일진회장과 같이 국자가 남영에 송치하였는데, 위 항목의 남 서기와 같은 때에 방환하게 되었음.

3. 청국 관민의 우리 관민에 대한 태도

이전 초순에 왔던 청국 관헌은 병기를 사용하지 않는 범위에서 폭력을 다함으로써 우리가 당한 것과 같이, 본월 중순에 들어서 우리 관민에게 다음 기록한 불법행위를 하였음.

(1) 현덕승사건: 왕전(往電) 제59호로 이미 보고하였고, 다시 특보 제18호로 상세히 보

고하였음.

(2) 한국 순검 인치사건: 왕전 제60호 및 특보 제18호로 보고하였음.

(3) 일본인의 수출물에 과세(課稅)한 건: 12월 27일, 해당 용정촌(龍井村) 금성(金城)상회 지배인인 아사이 히코이치[淺井彦市]가 조[粟] 수십 석을 중국 마차에 적재하고 회령으로 향하여 운반하는 도중, 신흥평(新興坪)에 이르렀는데, 같은 지역의 청국 세무국원 곽수산(郭壽山)이 종래 관례에 반하여(종래는 일본인의 곡물수출에는 과세하지 않았음) 아사이[淺井]를 시작으로 징수하고자 하고 그 통행을 금지하였음. 〈이에〉 아사이는 그 보호를 같은 지역 헌병에게 청함에 따라, 헌병은 세무국으로 가서 그 이유를 질문하니, 곽은 어느 나라 사람인지를 불문하고 이 지역을 통과하는 곡물 수출자에 대해서 징수한다는 뜻으로 답하자, 헌병은 그것이 구례(舊例)에 반한다고 따져 물었음. 곽은 귀관이 우리 징세를 방해하는 자이니 대랍자(大拉子) 청국 관헌에게 같이 가자고 핍박하였음. 〈이에〉 동 헌병은 그것이 불필요한 것이라고 답하였는데도 곽수산은 강제로 동행하고자 하여 무법하게 동 헌병의 손을 잡아끌고 가고자 하였기 때문에, 헌병은 그 손을 휘둘러 풀고 그 행위의 불법함을 논하며 무사하게 아사이[淺井]를 통과시켰음.

본건에 대하여, 일본인의 수출물품에 대해 징수하지 않는 것은 종래 관례로, 당장 9월 13일 헌병으로 하여금 계사국(稽査局)이 징세하는 방법을 조사할 때에도, 국원인 왕진(王振)은 동 헌병에 대하여 일본인의 수출물품에는 과세하지 않는 것이 방침이라 분명히 말한 적이 있음. 같은 국에는 신흥평 분견소로 하여금 만약 종래 관례에 반하여 과세하고자 한다면 그 뜻을 우리 파출소에 통지하는 것이 옳다고 한 일로 서한을 보냈음.

4. 천보산(天寶山)의 현 상황

천보산의 상황은 이전 초순과 다른 것이 없음(왕전 제63호의 상황)

5. 길림·국자가 사이의 전신(電信)

11월 1일[청력(淸曆)]부터 개통하겠다고 보고한 길림·혼춘·국자가 사이의 전신은 가까스로 11월 26일(양력 12월 22일)에 이르러 통신사무를 개시하였음.

6. 두만강의 결빙

본월 중순은 한기가 한계까지 이르러 하천이 모두 얼었음. 두만강의 결빙기에 대하여 조사한 사실은 다음과 같음.

(1) 처음으로 겨우 언 것은 11월 15일.

(2) 양안(兩岸)이 얼어서 인마(人馬)의 교통을 끊은 것은 12월 15일.

(3) 유수(流水)가 모두 얼어서(얼음의 두께가 평균 약 1척), 인마가 얼음 위로 통과하기에 이른 것은 12월 18일.

7. 파출소 내부[所內]의 상황

청국 관민의 거칠고 사나운 기세가 날로 증가함에 따라, 한국민이 질고(疾苦)를 소장으로 내는 사람이 날로 많아지기 때문에, 소수의 파출소원을 현지에 출장시키고, 한편으로는 변무공서(邊務公署)[진소상(陳昭常)이 주재한 관아]에서 교섭하는 등 총무과 · 감찰과 · 경무과 · 헌병대가 모두 이전 초순보다는 곤란과 바쁜 것이 배로 늘어났음. 조사과는 이전 초순부터 계속하고 있는 조사보고서의 제작, 기계기구의 정리, 지도의 제조 등에 종사하고 있음.

위와 같이 보고함.

26. 백두산 감계에 관한 대청사(원세개) 조회의 송시 요청

- **원문제목** 勘界에關한對淸使(元世凱)照會의送示要請(往復案 1冊)
- **날짜** 융희 2년(1908) 1월 19일
- **발신** 통감부 부통감(統監府副統監) 소네 아라스케[曾禰荒助]
- **수신** 내각총리대신(內閣總理大臣) 이완용(李完用)

기밀통발(機密統發) 第81호

조회함. 귀국 정부가 소장한 조회록 중에서 광서 14년(1888) 4월 28일 자로, 당시 경성에 주재한 청국공사 원세계(袁世凱)로부터 조병식(趙秉式) 외부대신(外部大臣)에게 〈보낸 조회문에는〉 "어제 귀 독판이 내방하여 면담한 바에 따르면, '백두산 감계의 일은 조선 국왕이 이전의 감계교섭을 승인하지 아니하였기 때문에 귀국 황제에게 전주(轉奏)하여 조사한 후에 따로 감계를 명령하시길 청합니다. 이중하(李重夏)는 일찍 가는 것이 편치 않겠으나, 귀국 위원을 오래 기다리게 하여 비용을 헛되이 쓰게 되니, 내부의 복답(覆答)을 기다린 후에 파견하겠다고 하였습니다. 청컨대 귀관이 상품(上稟)하셔서 회답을 얻고자 합니다'라는 귀하의 희망[貴望]에 의거하여, 조속히 이홍장(李鴻章)에게 전보하였더니 다음과 같이 회전(回電)이 접도하였습니다. 즉, 귀하가 보시는 것의 요지는 '백두산 감계의 일은 한국이 만약 다른 뜻이 있다면, 마땅히 총리아문으로 옮겨 명백하게 처판(處辨)하겠다'는 것입니다" 운운한 조회를 행한 사실이 기재되어 있는데, 위는 지금 북경에서 교섭 중에 있는 간도 문제에 대한 담판 상에 지극히 필요한 증거서류로 생각되오니, 해당 원본을 지급히 회송하시기를 바람. 또한 본 문서류는 아주 긴급함을 필요로 하니, 만약 원본을 찾아내는 것이 어렵거든 우선 등사본이라도 신속히 송부하여 주시기를 바랍니다.

메이지 41년(1908) 1월 19일
총리대리 부통감 자작 소네 아라스케
태자소사 내각총리대신 이완용 각하

27. 위의 사본 초록을 보내는 회답

- **원문제목** 同上寫本抄送回答(往復案1冊)
- **날짜** 융희 2년(1908) 1월 20일
- **발신** 내각총리대신(內閣總理大臣) 이완용(李完用)
- **수신** 통감부 부통감(統監府副統監) 소네 아라스케[曾禰荒助]

조복(照覆) 제7호

백두산 감계의 일로, 광서 14년(1888) 4월 28일 당시 경성주재 청국공사 원세개(袁世凱)로부터 조 외무부 독판에 대한 공문의 원본을 시급히 송부하는 일을 〈담은〉 기밀 제81호 문서를 접수함. 해당 원문은 아직 찾아내지 못하였고, 따로 등사본이 준비된 것이 있어 먼저 이 초록을 보내니 조량하시길 바랍니다.

융희 2년(1908) 1월 20일
태자소사 내각총리대신 이완용
통감대리 부통감 자작 소네 아라스케 각하

부(附). 위와 같은[上同] 조회(照會) 사본(寫本)
- 날짜: 고종 25년 4월 28일 (1888년 6월 7일)
- 발신: 청국 흠명 주찰조선총리교섭통상사의 원세개
- 수신: 독판교섭통상사무 조병식

삼가 아룁니다. 어제 귀 독판이 본서(本署)에 와서 〈나를〉 만나 말하기를, "백산(白山)의 국경 경계를 조사하는 일[勘界]에 대해 국왕(國王)은 전의 조사가 (사실과) 부합하지 않다고 생각하고 장차 자문을 보내 황제에게 아뢰어 주기를 청하려고 합니다. 살펴보고 별도로 조사하게 한다면 해당 감계사(勘界使) 이중하(李重夏)가 일찍 출발하여 오랫동안 대기하면서 많은 비용을 허비하는 것은 온당치 않으므로 예부(禮部)와 총리아문(總理衙門)의 회답 자문을 받은 후에 다시 기일을 정하여 파견할 생각입니다. 여쭈어 지시해 주시기를 부탁드립니다" 하였습니다. 마땅히 즉시 사실대로 문화전 태학사(文華殿太學士) 이홍장(李[鴻章])에게 보고하고 살펴 지시해 주기를 청하였습니다. 지금 중당(中堂)-태학사 이홍장-의 전보에서 운운하였습니다. 즉시 원래의 전보를 베껴 첨부하오니 살피시기 바랍니다. 이렇게 아룁니다. 대감의 평안을 빕니다.

이외에 전보 1통을 첨부합니다.

우제(愚弟) 원세개 드림

4월 28일

원세개[袁道], 백두산[白山]의 감계(勘界)에 대해서 만약 조선[韓]이 별도의 의사가 있다면 마땅히 총서(總署)에 자문을 보내 상세히 조사해서 처리하도록 하라. 이홍장(李鴻章). 17일 하오(下午) 10점(點) 전보 총 25자.

28. 간도 사정 보고서 제출의 건

- **원문제목** 間島事情報告書呈覽의件(往復案1冊)
- **날짜** 융희 2년(1908) 1월 27일
- **발신** 통감부 부통감(統監府副統監) 소네 아라스케[曾禰荒助]
- **수신** 내각총리대신(內閣總理大臣) 이완용(李完用)

기밀통발(機密統發) 제124호

별지에 간도파출소 순보 제14호를 등사하여 참고하시기를 바라면서 이에 송부합니다.

메이지 41년(1908) 1월 27일
통감대리 부통감 자작 소네 아라스케
태자소사 내각총리대신 이완용 각하

부(附). 위와 같은[上同] 보고서
- 날짜: 융희 2년(1908) 1월 9일
- 발신: 통감부 간도파출소장 사이토 스에지로
- 수신: 통감부 부통감 소네 아라스케

통파순(統派旬) 제14호
순보(旬報)
12월 21일부터 같은 달 31일까지

메이지 41년(1908) 1월 9일
통감부 파출소장 사이토 스에지로
부통감 자작 소네 아라스케 귀하

1. 지방 일반의 상황

본월 하순은 지방 일반이 비교적 평온하니, 대체로 청국 관헌이 우리의 강경한 태도와 신중한 조치에 대하여 종래 저들의 위압적인 주장[主義]의 불리함을 깨닫고 그 태도를 점차 고쳐서 각 지방 관리로 하여금 그 행동을 신중하게 했기 때문일 것임.

현재 길림에 출장한 오록정(吳祿貞)은 동 지역 순회 차 온 서세창(徐世昌) 총독과 회견한 후에, 간도와 관련된 각종 문제에 대한 지시를 바란다고 말하니, 그가 돌아간 뒤의 조치[施設]에 크게 주의해야 할 것임.

2. 청국 관헌의 동정

전술한 것과 같이 오록정은 서 총독과 회견하기 위하여 12월 16일에 국자가(局子街)에서 출발하여 23일 길림에 도착하였음. 진소상(陳昭常)은 이번에 혼춘부도통(琿春副都統)을 겸임하고, 오록정의 귀환을 기다렸다가 같은 지역으로 출장하였음. 또 영구히 동일 지역에 출장할지, 혹은 일시적인 출장일지는 오가 귀환하는 것을 기다리지 않으면 확정하기 어렵다고 함. 종래 길강군(吉强軍) 중영(中營)이라 부르던, 국자가 서남쪽 방향의 약 2천 미터에 있는 남영(南營)은 이번 달 12일경부터 변무공서(邊務公署)라고 개칭하고, 그 편액을 걸었음.

순검 인치사건은, 청국 관헌이 손체안(孫棣安)[사기동(砂器洞) 파판소장]의 불법행위를 인정하여 손을 면직하고, 청병 1인은 1개월 감봉[罰俸]에 처하며, 기타 3명은 각각 태형 20대에 처하였음. 손체안의 후임자 손부귀(孫富貴)가 이번 달 26일 사기동에 도착하였음.

3. 청국 관민의 한국 신민에 대한 불법폭압의 행위

청국 관헌의 유일한 권력[利器]으로 알고 채용하였던 폭력[暴威]적인 압박도 우리의 조밀한 주의 하에 이를 시행할 여지가 적음. 방종하여 〈그 압박을〉 시행하면, 〈우리가〉 즉각 항의함으로써 동 관헌에서도 이후 크게 경계를 더한 결과, 본월 하순 사이에는 거의 불법폭압의 사실이 전무함. 아래에 기록한 것과 같은 2건은 이전 중순에 나온 일로,

본월 하순에 탐지한 것임.

(1) 12월 18일, 사기동 병영의 청병 2명은 인화사(仁化社) 남호기촌(南湖基村) 황인선(黃仁善)의 집에 이르러, 해당인의 보리[大麥] 절굿공이를 보고 술을 밀조한다고 하면서, 해당인을 남호기촌에 살고 있는 최정화(崔丁華)의 집에 데리고 갔음. 또한 최정화의 집를 수색하여 그 선반 위에 있는 누룩을 발견하고서 술을 밀조한다고 말하며 그들을 잡아끌고 가고자 하였음. 〈그러면서〉 청병은 한화 100냥을 주면 면해 주겠다 말하고 두 사람으로부터 일화 10원씩 차출하여 돌아갔음.

(2) 대랍자(大拉子) 파판소 사무소장 부회란(傅廻瀾)은 이달 초순에 화룡사(和龍社) 사장(社長) 채명오(蔡明吾)[대랍자 파판소에서 사장으로 임명된 자] 및 한국인 박순언(朴旬彦) 두 사람을 초치하여 청국 사장으로 임명하고, 또 변발하고 청나라 복장을 입으라고 권유하였음.

위의 사실을 탐지하여 12월 27일에 모리카와 토루[森川亨] 헌병 중위를 해당 파판소 소장에게 파견하여, 우리 파출소에서 임명한 사장에게 다시 청국 사장을 임명하는 일이 합당하지 않은 것과 다른 나라 사람에게 자국의 풍속을 요구하는 일의 불법함을 경고하고, 또 위와 같은 사실은 과연 상관의 명령이 나온 것인지 아닌지 확실히 물어보았음. 〈이에 파판소장은〉 이 일은 모두 자신 개인이 생각한 것이고, 진 독판의 명령이 아니었음을 변명함. 또한 채명오를 청국 사장으로 임명한 것을 회수하여 소멸시키며 두 사람에게 청국의 풍속을 요구하는 일을 정지하기를 승낙하였음.

4. 청국 관헌이 우리 관민에게 대하는 태도

청국 관헌이 우리 관민에게 대하는 태도는 별로 변한 것이 없다고 생각되나, 본월 하순에 들어와 아래 늘어놓은 〈것과 같이〉 2건이 생겼음.

(1) 우편체송인(郵便遞送人)에 대한 건: 특보로 보고하였음.

(2) 아사이[淺井] 상회에 대한 복순(福順)사건: 전보로 상세히 보고하였음.

천보산에 있는 청국 주둔병은 본 10일에 들어서 5명을 증가하였으나, 일본인에게는 도리어 전자에 비해 온화한 상황임.

5. 본원 하순 말에 간도에 있는 일본인의 호구, 인구 및 직업은 별지 제1호표와 같음.

6. 지방위생 및 무료 진료[施療]의 상황

지방 일반의 위생 상황은 한기가 홀연 극렬한 것에 반해, 전염병도 거의 절감하여 대개 평온한 상태에 있음. 현병대 부속 군의(軍醫)로 하여금 토착민에게 의료와 의약을 베풀게 하였음. 해당 관원을 취조한 바, 〈메이지〉 40년(1907) 8월 24일부터 12월 22일까지 환자 수는 별지 제2호표와 같음.

7. 헌병 보충 인원의 도착

10월 24일 보충된 헌병이 도착하였음.

8. 향후에는 순보(旬報)를 정지하고 월보(月報)로 대체하겠음.

종래 제출하던 순보는 이번 연도에 한하여 이를 정지하고, 이후로는 월보로 대체함.

부(附)의 속(屬) 1. 일본인 호수·인구조사표

<제1별표> 일본인 호수·인구표

지명	호수	인구		계
		남	녀	
용정촌(龍井村)	19	48	28	76
동성용가(東盛湧街)	2	1	1	2
국자가(局子街)	7	8	14	22
동불사(銅佛寺)	1		3	3
천보산(天寶山)		10		10
합계	29	69	46	113

비고: 파출소원, 헌병대원, 우편국원 및 고용인을 포함함.

부(附)의 속(屬) 2. 위와 같은[上同] 직업조사표

일본인 직업별표

지명·인원 수 / 직업	용정촌	동성용가	국자가	동불사	천보산	합계
잡화점	3		2			5
청부업	1					1
요리점	4		4	1		9
음식점	5					5
과자제조판매점	2					2
도편수[大工職]	13					13
미장이[左官職]	1					1
나무꾼[木挽職]	3					3
요리인	3					3
재봉직	1					1
이발업	1					1
운송업	1					1
고용인	10					10
매약업		1	3			4
광산사무원					4	4
광부[坑夫]					6	6
예기	6					6
작부	14		10	2		26
기타	8	1	3			12
합계	76	2	22	3	10	113

비고: 본표에서 기타라고 한 것은 〈직업자의〉 처(妻)나 직업이 없는 자임.

부(附)의 속(屬) 3. 전염병 환자 수 조사표

메이지 40년(1907) 8월 24일부터 12월 26일까지

<제2별표> 환자표

구분	일본인	한국인	청국인	합계
새로운 환자 수	67	1,141	242	1,459

비고: 1. 본표 안에서 일본인 환자 수는 파출소 · 헌병대 이외의 이주민 환자이다.

2. 본표 안에서 가장 많은 질병은 피부병[外被病] 및 눈병이며, 귓병 · 소화기병[榮養器病]이 다음이다.

3. 경증으로써 일시적인 질병은 본표에 올리지 않았다.

29. 간도 사정 보고서 제출의 건

- **원문제목** 間島事情報告書呈覽의件(往復案1冊)
- **날짜** 융희 2년(1908) 2월 24일
- **발신** 통감부 부통감(統監府副統監) 소네 아라스케[曾禰荒助]
- **수신** 내각총리대신(內閣總理大臣) 이완용(李完用)

기밀통발(機密統發) 제244호

삼가 아룀. 올해 1월 1일부터 같은 달 31일까지 간도의 상황을 당 파출소장 대리 시노다 지사쿠[篠田治策]에게 별지와 같이 보고가 도착하였기에, 참고하시길 바라며 이에 송부합니다.

메이지 41년(1908) 2월 24일
통감부 부통감 소네 아라스케
내각총리대신 이완용(李完用) 각하

부(附). 위와 같은[上同] 보고서

- 날짜: 융희 2년(1908) 2월 7일
- 발신: 통감부 간도파출소장대리 시노다 지사쿠
- 수신: 통감부 부통감 소네 아라스케

통파월보(統派月報) 제1호

월보(月報)

1월 1일부터 같은 달 31일까지

메이지 41년(1908) 2월 7일

통감부 파출소장대리 총무과장 시노다 지사쿠

부통감 자작 소네 아라스케 귀하

1. 지방 일반의 상황

지방 일반이 평온하고, 이번 달은 음력으로 연말이기 때문에, 청 · 한국인은 해를 넘길 준비로 바쁜 것 같음. 각 시가(市街) 및 시장은 이번 달 초부터 자못 성황임. 이를 예년에 비하면 극히 크고 성대함. 청 · 한국인의 말에 의하면, 예년 연말에는 마적, 기타 강도와 도적의 피해를 듣지 않은 적이 없었으나, 올해는 이들의 소문이 전혀 없고 안온한 연말이라 함.

예년 연말에 이르면 간도 안의 청 · 한국인은 해를 넘길 준비를 하기 위하여 북한 지방에 조(粟)를 의례히 팔았음. 올해는 각지에 우역(牛疫)이 유행하여 폐사한 소가 많아서 그 운반력이 모자라므로, 예년과 같은 수출은 보지 못하였으나, 우리 일 · 한 관리가 온 이래로 지방의 물자 구매가 증가하고 또 국자가(局子街) 지방에서도 다수의 청병이 증가하면서 현저하게 구매력이 증가하여 지방은 일반적으로 그 이익과 혜택을 입는 것 같음. 〈그러나〉 또 한편으로는 이 해의 말에 있는 징세 · 징금(徵金)의 시기를 이용하여, 청국 관공리가 부당한 징수를 행하는 와중에는 징세자로서 전혀 자격이 없는 자까지 한국 인민으로부터 징세하는 경우가 있다고 함.

2. 청국 관헌의 한국민에 대한 불법행위

(1) 청국 관헌의 한국민에 대한 태도는 점차 신중하게 되는 것이 각지에서 인지되는 바임. 그 하나는 청국 관헌이 우리 파출소를 꺼려하는 것이며, 하나는 한국인을 회유하여 자국의 정치[治政]로 귀복(歸服) 시키려고 한 결과에서 나온 것임. 그러나 수년 이래로 폭정과 압제와 학대[壓虐]는 용이하게 제거할 수 없어서, 일찍이 이번 달 사이에도 다음의 여러 건의 일이 있었음.

(가) 종성간도 광덕사(光德社) 광동촌(光洞村)의 이경선(李京先)의 거처에 체재하는 주

상(酒商) 청국인 조한신(趙漢臣)은 이(李)의 이웃집 천모(千某)의 아내 이가(李哥)와 간통함. 천(千)의 이웃집에 있는 한국인 이기선(李基先)이 간혹 〈간통하는 행위를〉 본 것을 인근의 사람에게 말하여 이가는 소문을 듣고, 조한신에게 고함으로써 조(趙)는 이기선에게 적지 않은 감정을 가지게 되었음. 조는 이기선에게 술값으로 한전 24냥을 빌려주었고, 1월 13일에 이기선를 독촉하여 19냥 여를 수령하고, 잔액 4냥 반여를 부족하다고 하여 이기선과 극론하다가 크게 노하고 귀가하였음.

같은 날 조한신은 위의 채무·채권[貸借] 관계를 호산포(湖川浦) 파판소에 고소하고, 또한 전날 밤 이기선이 작은 도끼로 우리 침실에 몰래 오기에 자기는 실외로 도주하여 〈이기선은〉 물건 하나도 얻지 못하고 돌아갔으나, 〈그럼에도 그 행위는〉 아마 절도라고 고함으로써, 1월 16일 파판소에서 청병 4명이 이기선의 거처로 와서 동인을 체포하였음. 같은 날 파판소장 왕장령(王長齡)이 부재하여 서기인 왕유림(王維霖)이 본건을 취조하니, 이기선은 조한신의 고소와 같이 밤사이에 침입한 일이 없다고 진술하였으나, 왕은 사실을 거짓으로 숨긴다 하며 청병 여러 명을 지휘하여 3척 길이의 삼각형 곤봉으로 이기선의 대퇴후부를 수백 회 구타하여 좌우 후퇴부에 각각 길이 3촌 5분, 깊이 약 1분의 창상과 아울러 왼쪽 후퇴부에 약 1전 동화 〈크기의〉 타박상을 입게 함. 고문을 시행해도 〈범죄〉 사실이 전혀 없자 끝내 그를 방환하니, 이기선은 현재 자신의 집에서 병상 중에 있음.

본건은 왕전 제13호로 이미 보고하였거니와 동시에 진소상에게 엄중히 조회하였더니, 그 후 왕 사무관은 태형 30대에 처하고 면직되었다고 함.

(나) 사도구(四道溝)에 사는 한국인 김기홍(金基鴻)이라는 자가 지금부터 4년 전에 청국인 노왕군(老王君)에게 조[粟] 7섬[俵]을 빌리고는 이를 갚지 않고 무산간도로 도주하여 그 후 사망에 이르렀음.

그런데 올해 1월 8일에 노의 의형인 정대정(鄭大廷)이 돌연히 청병 2명(총은 휴대하지 않았으나 군복을 착용하였음)을 김의 친족인 이증형(李曾亨)의 거처로 데리고 와서, 김기홍 대신에 조[粟]를 갚지 않으면 너의 장남 옥(玉)을 국자가 청국 관헌에게 데리고 가서 고문에 붙이겠다 강하게 협박하니, 이(李)는 장남의 몸을 생각하여 청화 19적(吊)[일화(日貨)로 약 7원(圓)]과 아편 4량 1전을 주고 그 포박을 면하였으나, 다음 날 정은 이옥[19]과 김의

19 원문에는 왕(王)으로 되어있으나 앞의 이증형(李曾亨)의 장남 이옥(李玉)을 말하는 것 같음.

유복자를 국자가에 데리고 가서 노덕(老德)[사옥리(司獄吏)의 이름]에게 인도함. 노덕은 두 사람을 수일 동안 주막에 숙박하게 한 뒤에, 두 사람에게 김기홍은 청국인에게 조 7섬을 빌렸으니, 이에 이자를 더하면 도합 40섬을 보상하는 것이 맞고, 또한 너희들은 패소한 사람이니 금액 100적(吊)을 당소(當所)에 납부하는 것이 옳다고 언급하였음. 두 사람은 주막 주인에게 의뢰하여 납부금을 40적으로 감하여 납부할 것을 승낙 받고, 현재는 소지금이 없으니 가치가 4원 정도인 은가락지 1개와 금 2적 반을 납부하였으며, 나머지는 주막 주인의 보증으로 추후 납부하기로 〈한 뒤,〉 1월 13일 국자가에서 출발하여 귀가하였음.

본건에 대해서는 노덕에게 사실을 취조하는 중임.

(2) 세금 징수[徵稅徵金]

(가) 1월 13일, 동량상리사(東良上里社) 임전촌(林田村)에서 국자가 무민부(撫民府)의 소사(小使)라고 칭하는 청국인 3명이 한국인 이영수(李永洙)의 거처로 와서, 조금 술을 빚는 것을 인지하고 고시(告示)한 모양임. 면허 없이 주조하는 것은 본래 고시에 위배되는 것이라 하고, 당시 같은 집에 거주하던 한국인 김현오(金賢五) 외 1명도 공범이라 하여 청화 300적(吊)를 내라고 협박했으나 3명은 이에 불응함. 다만 김현오를 포박하고 청화 4냥을 내놓게 하고, 거기에 300적의 금액을 내도록 명하였음.

위와 같은 소(訴)를 접하고, 헌병을 출장 보내니, 3명은 크게 놀라 이미 징수한 돈까지 던져버리고 도망하였음.

(나) 1월 12일, 두도구(頭道溝)에 주재한 청국 향약 재옥희(才玉喜)의 패두(牌頭)[소사(小使)와 같은 것] 유덕산(劉德山) 외 1명(모두 청국인)은 수남사(水南社) 반포강촌(飯鮑江村)의 한국민 일반에 대하여, 굴뚝세[烟突稅]라고 하고 일화 5원 60전, 조 6섬[石]을 징수하였음.

본건은 관례에 없는 징수로 인지하고, 헌병을 출장 보내어 징수금을 각 사람들에게 반환하게 하였음.

(다) 1월 2일, 사기동(砂器洞) 계사소(稽查所)의 청병 3명이 충화사(忠化社) 대동촌(大洞村)의 한국인 문석언(文碩彦)의 거처에 와서 청국 관헌의 허가 없이 산림을 벌채하고 숯을 피운 것[炭燒]은 타당하지 못하다고 하며 문(文)을 대동촌 청국 향약 허진세(許眞世)의 집에 동행하게 함. 허(許)는 청병에게 "돈을 내면 사면해주시는가"라고 청한즉, 청

병은 300원(元)을 내라 하니, 문은 가난하여 응하기 어렵다는 뜻을 〈보이고〉 백방 애원하여 27원(圓)을 내고 사면되었음.

본건은 헌병에서 피해자 및 향약 허진세를 취조 후에 사기동 파판소장 손부귀(孫富貴)에게 통지하여 청병의 처분을 요구한 것임. 이보다 먼저 손(孫)도 본건의 취조에 착수하였지만, 가해자를 판명하지 못하였다는 취지로 회답하였으나, 가해자는 견장이 있는 청병의 복장을 입고 검을 찼을 뿐만 아니라, 1명은 왕(王), 1명은 배(裵)라 칭하였던 것에 의하면 청병과 다르지 않을 것이므로, 손에게는 다시 조사할 것을 요구하였음.

(라) 회령간도 영화사(永化社)의 청국에서 임명한 향약 김경순(金京順) 및 향약 맹순학(孟順學)[모두 한국인]은 여러 종의 환용금(換用金)이 있다고 하고, 사내(社內) 한국민에게 합계 한화(韓貨) 2,700냥[일화(日貨) 450원]을 분배하여 징수하고자 함. 그 환용 명목은 다음과 같음.

- 청국 관헌에서 고시(告示)를 붙이기[貼付] 위하여 출장해서 온 청병의 파발[飛脚] 요금
- 청병이 화물 운반을 위하여 인민의 소 수레를 사용한 비용을 갚지 않아서 〈생긴〉 그 환용금(換用金)
- 청국 관헌에게 납부할 정미대(精米代)[향약이 타인에게 정미(精米)를 구입하고 그 대가를 금액으로 바꾸어 지불한 것도 청국 관헌에서 상당한 대금을 지불하지 않아서 생긴 그 부족금액]

위 환용금이 있다는 것은 인민은 이를 전혀 알지 못했기 때문에, 헌병으로 하여금 위 향약에 대하여 청국 관헌 혹은 청병이 지불하지 않았거나 또는 부족한 것은 이들 관헌에게 받아내야지 인민으로부터 징수해서는 안 된다는 것과 아울러 어떠한 증거가 없이 단순히 환용하였다는 구실 아래 인민에게 징수하는 것의 불법임을 타이르니, 본인들은 그 징수를 중지하였음.

(마) 종성간도에 있는 총향약 현덕승(玄德勝) 이하가 연말에 징수한 것으로 판명된 것은 제하사 · 개운사 · 개태사에서의 한화 2,400냥이 있음. 그 징수 명목은 다음과 같음.

- 청병 교대에 필요한 비용

- 기우제에 필요한 비용
- 청국 관헌이 왕복할 때에 필요한 비용
- 오품정대(五品頂戴)[20]의 축하연에 필요한 비용
- 청국 관리의 접대에 필요한 비용

위는 일상적으로 다른 사(社)에서도 징수한 것으로써 수색 중임.

3. 청국 관헌의 우리 관민에 대한 태도

청국 관헌의 우리 관민에게 대한 태도는 의연하게 변화가 없고, 특히 우리 파출소에 대해서는 항상 친화적임. 오직 청국 하급관리 일부와 청국 병사가 한국 관민에 대해서는 폭력적이고 오만한 태도를 〈하고〉, 일본 상인에 대한 횡포적인 행위는 지금도 항상 시시 때때로 연출되니, 그 한두 사례를 제시하건대 〈다음과 같음〉.

(1) 1월 2일 국자가 헌병 분견소에 배속된 순검 김상필(金相弼)은 시장 거리를 순찰 중에 청국인 1명이 한국인이 판매하는 방한두건을 절취 · 도주하는 것을 확인하고, 이를 단속하여 분견소에 인치하고자 할 때, 청국계사소 앞에서 경비병에게 그 인치를 방해받아 이윽고 범인이 도주하게 되었음.

본건은 계사소장이 이미 불법행위를 사과하고, 엄중하게 처벌하겠다는 뜻을 분명히 말하였으나, 오히려 그 인원을 보내어 진소상에게 구두로 주의할 것을 재촉하였음.

(2) 1월 11일 국자가에 사는 일본인 약종상(藥種商) 무라카미 이사부마[村上猪三馬]의 거처에 청국인 이모(李某)가 들어와서, 동거인인 사카마루[坂丸] 도모에게 일본에서 돌아왔는지 아닌지를 물음. 대체로 사카마루 도모는 청국인 쌍림(雙林)이라는 자의 첩임. 근래 그사이 불화가 생겨 쌍림은 종적을 감추었고, 이모로 하여금 도모의 귀국을 물었던 것임.

---

20 '정대(頂戴)'는 청국 관원이 쓰는 모자로 관직 품계에 따라 그 모양이 구별되었다. 또한 관에 달린 보석은 1품에 홍옥[루비], 2품에 산호, 3품에 남옥[사파이어], 4품에 청금석, 5품에 수정을 쓰는 등 차이가 있었고, 모자 뒤에 드리우는 깃털[花翎]도 엄격히 규제되었다.

무라카미는 도모로부터 쌍림의 행방[行衛]을 수색할 것을 의뢰받았고, 또한 〈그는〉 도모를 동정하고 있어서 이모에게 너와는 무관[不關]한 일이라고 답하였음. 이에 이모는 크게 노하여 쟁론이 상호 야기되었고, 이(李)는 주먹으로 무라카미의 얼굴 부위를 때려서 입술과 치아 부분이 미상을 입었음.

국자가 헌병 분견소에서는 헌병을 출장케 하니, 이는 이미 도주하여 행방이 분명하지 않았음. 그러나 경무국 순변인 유진방(劉鎭芳)이 경비병 2명을 이끌고 무라카미의 거처에 와서 그 시말을 고하였더니, 유는 범인을 체포하면 상당한 처벌을 하겠다고 말하고 인사하고 떠났음. 일찍이 본건에 대하여 서면 조회한 내용은 비보(秘報) 제2호로써 보고하였음.

4. 한국민의 상황

올해는 농산물의 풍작에 더하여 마적 · 강도 · 절도의 피해가 적고, 또한 파출소의 보호로 인해 무상징발이나 부당한 징세 등을 면하게 되어 관공리에게 주구를 입는 일도 적어서, 일반이 환희하고 크게 우리 파출소를 신뢰함. 그러나 한국인으로서 청국 공리(公吏)에 임명된 자와 친청(親淸) 한국인으로, 특히 일진회와 반대의 주의를 가지고 설립한 연의회(捐義會) 회원들은 우리의 시책[設施]을 방해하고, 동포를 청국 관리 · 병원에게 근거 없이 고소[虛搆]하는 등 불법을 마음대로 함(앞서 기록한 현덕승 및 기타 향약의 징세 · 징금 등이 그 예임).

연의회(捐義會)는 지금 포염(浦鹽: 블라디보스토크)에 있는 이범윤(李範允) 등과 멀리 기맥(氣脈)을 통해서, 대체로 그 당세를 확장하는 것에 힘쓰고, 음력 정월 20일로 기하여 삼포사(三浦社) 안의 회원 집회를 개최하려는 일이 있었음. 지난 음력 10월 25일경에 회원 방병기(方秉起)라는 자가 연의회 회원이 연서한 청원서를 휴대하고 길림순무처로 출발한 사실이 있으니(왕전 제9호를 참고하여 보십시오), 그 청원서의 주지는 회원 일동은 간도에 있는 일 · 한 양국 관헌에게 복종할 뜻이 없고, 영구히 은혜를 입은 청국 관헌에게 복종할 것인데, 만일 일 · 한국 관헌에게 불법의 처치를 받는 경우 청국 관헌에서 충분한 보호를 달라고 한 것이었음.

동회(同會) 내정(內情)에 대해서는 현재 엄밀히 정탐 중임.

북한〈지역의〉 패잔(敗殘)한 폭도가 두만강을 넘어 무산간도에 들어갔다는 풍설이 있으므로, 이에 일반 여행객을 대상으로 주의 시찰 중임. 이번 달 28일, 상의사(尙義社) 용연평촌(龍淵坪村)에서 약품행상이라 칭하는 한국인 송태은(宋太殷, 45세)이라는 자를 단속하였음. 그는 경성군(鏡城郡) 용성사(龍城社) 동촌(東村) 사람으로, 1월 5일 이래 간도에 들어가서 대랍자(大拉子)·국자가(局子街)·동불사(銅佛寺) 지방을 배회하고, 단지 약환[藥粒] 5개를 판매했을 뿐, 아래의 주의하는 말을 하여 인심의 동요를 시도하던 사람이었음.

1. 일본과 미국이 개전한다는 것
1. 한국 황제 폐하는 일본군에 대한 한국 의병을 조직하라는 분부가 있었다는 것
1. 간도에 있는 한국민이 일본 관아를 신뢰하지 않으면, 일본 관아는 하루도 되지 않아 철퇴할 것이라는 것

본인은 아마도 폭도 측의 간첩인 것 같아서 지금 취조 중임.

5. 청국 관헌의 동정

길림에 출장 중에 있는 오록정은 이번 달 15일 귀환[歸來]하였고, 진소상은 겸임지인 혼춘으로 머지않아 출발할 터이나, 그가 어디에 주재할지는 미정임.

이번 달 31일 새롭게 국자가에 도착한 순병 110명은 혼춘 및 연길 관청 안에 배치할 것이나, 중요한 것은 청국 측에서는 더욱 이 지방의 관할권을 견고케 하는 것이라 생각함.

위와 같이 보고함.

30. 간도 사정 보고서 제출의 건

- **원문제목** 間島事情報告書呈覽의件(往復案1冊)
- **날짜** 융희 2년(1908) 3월 23일
- **발신** 통감부 부통감(統監府副統監) 소네 아라스케[曾禰荒助]
- **수신** 내각총리대신(內閣總理大臣) 이완용(李完用)

기밀통발(機密統發) 제386호

간도 주재 시노다[篠田] 파출소장대리의 월보(月報). 통파월보(統派月報) 제2호를 등사하여, 참고를 위하여 이에 송부합니다.

메이지 41년(1908) 3월 23일
통감대리 부통감 자작 소네 아라스케
태자소사 내각총리대신 이완용 각하

부(附). 위와 같은[同上] 보고서

- 날짜: 융희 2년(1908) 3월 7일
- 발신: 통감부 간도파출소장 대리 시노다 지사쿠
- 수신: 통감부 부통감 소네 아라스케

통파월보(統派月報) 제2호

월보(月報)

2월 1일부터 29일까지

메이지 41년(1908) 3월 7일

통감부 파출소장 대리 총무과장 시노다 지사쿠
부통감 자작 소네 아라스케 귀하

1. 지방 일반의 상황

이번 달은 청·한국인에게는 정월에 해당함. 〈이번 달〉 상반기는 지극히 평온하고 무사하게 경과하였으나, 하반기에 이르러 각 지방에 있는 길강군(吉强軍)의 이상 동향이 있고, 길림에서 청병이 증진하였으며, 또한 2~3개 지방에서 청국 관리·병사의 폭행 등으로 다소 인심의 동요가 야기되었음.

2. 청국 관헌의 동정

국자가(局子街)에 있는 변무공서(邊務公署)에서는 속속히 지방 문무관리를 전직·면직[轉免]하고, 이를 진행할 때 다소 신교육(新教育)을 갖춘 인물을 채용하여 종래의 폐정을 개선하고자 힘과 마음을 다하였음. 특히 근래 청국 관리는 청·한국인의 쟁송에 있어 공평과 신중을 힘써 기약하고, 또 뇌물수수를 엄금하여 한국인을 회유하고 우리의 항의를 면하고자 하였음.

그러나 지방 관리 중에는 그 옳고 그름을 논하지 않고 자국인을 보호하고, 사실의 조사를 하지 않은 채 한국인을 고문[拷責]하며, 고문으로 얻은 허위 진술로 자국인의 이익이 있는 재판을 하는 것을 자랑[得意]하는 사람도 있어서 종래의 폐정은 이처럼 쉽게 제거할 수 없음.

저들은 이와 같이 한편으로 지방행정에 대비[用意]함과 동시에, 다른 한편으로는 병사를 증가하고 순병(巡兵)을 배치하며 방비를 엄중히 하여 한국민을 위력으로 굴복시키고 우리를 압박하고자 하는 태도를 보이고 있음.

길림변무독판 겸 혼춘(琿春) 부통령 진소상은 이번 달 17일에 국자가에서 출발하여 혼춘으로 향하여 약 1개월 동안 체류한 후 다시 국(局)으로 돌아온다고 함.

이번에 새롭게 길림에서 도착한 병사는 장교 5명, 하사 이하 136명이며, 또한 음력 3월경에는 10영(營)의 병사가 새롭게 온다는 〈소식이〉 전해졌음.

종래에는 각 지방에 흩어져 주둔하던 〈병사를 이번에는〉 거의 모두를 운추암현(雲秋岩峴)에 집합시켰는데, 〈청은〉 그것이 연습하기 위함이라 말하거나 혹은 해산하기 위함이라 말하고, 또는 병력의 분산을 방지하기 위하여 중요한 지역에 집합시킨 것이라 말하는데, 그 설명들이 일정하지 못하여 현재 염탐 중임.

지난 31일 국자가에 도착한 110명의 순병은 원래 같은 지역에 있던 옛 순병과 같이 경찰근무에 종사하고 있으나, 이들 새로운 순병은 머지않아 각지의 파판소에 분파한다는 설이 있음.

3. 청국 관민의 한국민에 대한 불법행위

(가) 2월 20일에 평강(平崗) 수남사(水南社) 대오도구(大五道溝)에 사는 한국인 전만성(全萬成, 56세) 및 그 아들 전계군(全戒君, 16세) 두 사람은 소 수레를 차대[貸借]하는 것을 오도구에 사는 청국인 반상(潘祥, 35세)과 구두로 논한 끝에, 반상과 그 동생인 노사(老士)에게 구타를 당하여, 만성은 부상은 없으나 전신에 통증을 느끼며 병상에 누워 있고, 계군은 후두부에 타박상을 입었음.

당일에 오도구 지방을 순회중인 두도구(頭道溝) 분견소 헌병 및 순검은 동 지역 한국인 전제익(全齊翼)의 소를 받고, 가해자 두 사람에게 그 사실을 일단 진술[供招] 받았으나, 청나라 말이 통하지 않아서 가해자의 진술을 해석하지 못했고, 가해자 두 사람에게 두도구 분견소 출두를 요구하였음. 〈이에〉 두 사람 모두 바로 승낙하고, 반(潘)은 헌병과 동행하였으나, 전(全) 부자는 몸이 아파 보행하기 어려워서 추후에 소 수레로 왔음. 전 부자는 〈분견소를 오는〉 도중에 하루를 묵었고, 다음 날 분견소에 출두하는 도중에 청병이 강제로 전 부자를 파판소로 끌고 갔음. 〈청병은〉 전 부자가 청국인의 옷을 풀어 헤치고 또 구타한 사람이라고 하여, 두 사람의 두 손을 묶고 심문할 때에도 누누이 구타하였음.

위 건에 대하여 헌병 분견소장은 파판소장과 면회하고, 누차 교섭한 결과로 2월 20일에 두 사람을 인도받고 반(潘)은 같은 달 22일에 취조한 뒤 놓아 보냈음.

(나) 2월 22일 화호리구(火狐狸溝)[회령의 대안(對岸)으로 사기동(砂器洞)에 있음] 파판소장 손부귀(孫富貴)는 영화사(永化社) 사장(社長)에게 통감부 파출소에서 받은 사장 임명의 사령(辭令)을 가지고 오게 하여, 4~5일을 유치(留置)한 후 이를 탈취하였음.

또한 대랍자(大拉子) 분방청(分防廳)의 통역 최충의(崔忠義)는 손부귀의 명령이라고 하여 회령간도 총향약 박성록(朴成祿)과 동행하여, 2월 23일 인화사(仁化社) 사장 조영삼(趙永三)의 거처에 이르러 같이 그 사령을 탈취하였음.

위에 대하여, 신흥평(新興坪) 분견소 헌병으로 하여금 손(孫)에게 회견을 요구하여 그 불법성을 말하고, 사령을 본인에게 반환하라는 뜻으로 교섭함. 사령은 이미 〈상부에〉 보고하기 위하여 국자가에 송부하였으니 가까운 시일로 반드시 반환한다고 답하였음.

(다) 2월 25일, 두도구(頭道溝) 파판소 부근의 청병 및 같은 지역 경무(警務) 제4분국 순병으로 총 10명(이중 8명은 총기를 휴대하고 2명은 곤봉을 휴대하였음)은 평강(平崗) 하리사(下里社) 동고성자(東古城子)에 이르러 돌연 2회 발포하고, 동고성자 사람 김택룡(金澤龍) 외 3명을 곤봉으로 구타하며, 이들을 포박한 뒤에 두도구 파판소에 잡아 가두었음.

포박한 원인은, 위 4명이 3년 전에 오도구에 사는 청국인 원모(袁某)와 한화 100냥으로 한국식 6칸의 가옥을 건축하기로 약속하고, 40냥의 착수금[手附金]을 수취하여 건축재료를 원의 인근지역으로 운반하였는데, 원은 그 재료를 보고 10칸의 가옥을 짓기에는 부족하다고 말함. 김택룡 등은 최초의 약속은 6칸이었다고 주장하며 담판하다가, 끝내 조정하지 못하고 가옥의 건축을 중단하고 착수금[手附金] 40냥은 원에게 송부하였음. 그 후 원은 전에 김택룡 등이 운반하여 둔 재료로써 임의로 자기 가옥을 건축하였으나, 당시 청국인의 압박이 심하여 김택룡 등은 뒤에 벌어질 곤란한 상황을 꺼려서 이에 조정신청[故障]을 거듭 내지 않고 그대로 두었음.

그런데 근래에 이르러 한국민은 통감부 파출소의 보호를 누릴 수 있게 되면서, 그 보호를 신뢰함. 2월 20일에 이르러 원에게 재료가격 및 그 운반비용이 지급되지 않았음을 청구하되, 이에 불응하면 파출소에 소를 낸다고 말하니, 원은 그것의 지불을 승낙하고 그 대가를 담판하던 중에, 두도구 파판소에 허위고소하고 이윽고 청병이 출장하여 포박함에 이른 것임.

그런데 파판소에서는 최초로 원은 착수금으로 청화 17적(吊)과 조[粟] 1두를 김 이하 4명에게 주었고, 대화가 깨질 적에 10적은 반환받았으나, 7적과 조 1두는 반환받지 못하였으니, 그 반환 받지 못한 것은 즉각 재료가격 및 운반비용으로 충당하여 계산이 이미 종료되었는데 지금 다시 거듭 청구한다고 하며, 원의 고소를 취하고 김택룡에게 고문을 가하여 끝내 원의 신청대로 진술하게 함. 현재 김택룡은 고문당할 때 구타를 받아 둔부 및 좌우 대퇴의 후부 3 부분에 피가 맺힌 타박상을 입고, 다른 3명은 국부에 경미한 타박 흔적을 얻었음.

본건은 분견소장이 파판소에 교섭한 뒤에, 2월 27일에 김 이하 4명을 인도받았고, 일단 사실을 취조한 뒤에 그날 귀가하게 하였음.

(라) 전 두도구 파판소의 청병 및 같은 지역의 순병은, 다시 같은 날 동고성자의 한국인 장순보(張順甫)의 거처에 이르러, 부근에서 2번 발포하고 장순보를 구타 포박한 뒤에 그를 두도구 파판소로 끌고 갔음.

끌고 간 원인은 장순보가 지금부터 9년 전에 청국인 장옥진(張玉鎭)에게 소 6마리를 약탈당하고 그때부터 반환을 요구하였으나, 옥진이 이에 불응하고 세월이 지나 오늘에 이르렀는데, 근경에 장순보가 다른 곳으로 이사[移轉]하려는 목적으로 옥진의 소유인 어미, 새끼 말 2마리를 억류하니, 옥진의 동생이 이를 두도구 파판소에 고소했기 때문임. 순보가 포박될 때, 같은 지역의 일진회원 임명진(任明進)은 그 불법을 힐책하니, 청병들은 다시 임명진을 구타 포박한 뒤에 인치하다가 이를 놓아 돌려보냈음.

위는 전술[前記]한 김택룡 등을 인도할 때와 마찬가지로 인도할 것을 요구하였으나, 파판소장은 이를 거절하였음. 또한 파판소 서기 및 청병들은 순보를 취조할 때에 9년 전에 어떤 이가 소를 탈취한 것을 지금에서야 옥진의 소행이라 하고, 도리어 옥진의 소유 마필을 약탈한 것은 부당하다 하였음. 〈그들이〉 순보의 두 다리를 곤봉으로 누르고 고문을 가했어도 순보는 굴하지 않고 사실을 주장하여, 파판소에서는 29일에 이윽고 국자가에 송치하였음. 다만 순보는 국자가에서 일단 취조를 받고 방환되었음.

(마) 대랍자(大拉子) 파판소장 부회란(傅廻瀾)은 한국인 정행언(鄭行彦) 외 3명에게 작년 음력 10월 11일부터 같은 달 19일 근간에 칠도구(七道溝) 산림에서 벌채한 목재 중에서 이미 재목(材木)으로 만든 오분판(五分板) 375매와 아울러 껍질을 벗긴 소나무 63그루를 벌채 금지를 위반하였다고 하여 올해 1월 27일 칠도구 산림 안에서 차압하였음. 또한 한국인 앙영국(安永國) 외 1명이 작년 음력 10월 12일부터 같은 해 11월 11일까지 이전에 이 산림에서 벌채한 수목 안에서 이미 재목으로 만든 오분판 421매와 껍질을 벗긴 소나무 7그루를 산림 안에서 앞서 제시한 것과 같은[前樣] 이유로 차압하였음. 그리고 부회란은 화룡사(和龍社) 사장 채명오(蔡明五)에게 명하여 위에 차압한 판(板)을 매각하고자 하였으나, 구매자가 없자 부(傅)는 제멋대로 한국인에게 판 1매 당 한화 30문으로 매

각하고자 하였음. 또한 정행언으로부터 압수한 판중에서 120매는 대랍자로 운반하여 이를 몰수한 것이라 말하면서 파판소에 임의로 처분하여 그 10매는 마루 널빤지로 이미 사용하였음.

본건은 2월 28일에 헌병조장을 보내어 부(傅)와 회견하고, 그 부당함을 책망하며 속히 각 본인에게 반환하라고 교섭함. 부는 결국 120매의 판을 제하고 지금 산림 안에 있는 판재는 차압을 해제할 것이나, 그 기일은 현재 국자가 상관의 의견을 따른다고 하면서 어떠한 지령이 있을 때까지는 예정하기 어렵다고 답하였음. 그래서 조장은 산림 안에 있는 재목은 당연히 각 본인의 소유이므로 귀 파판소에서 압수하는 것이 불가하다고 하였고, 이후로 각 소유주가 운반에 착수하더라도 방해하지 않을 것을 바란다는 뜻으로 말하고 돌아왔음.

이상 여러 건은 통파비보(統派秘報) 제6·제7·제8호로써 특보한 것과 같이 엄중하게 변무공서에 항의해두었음.

4. 청국 관민의 우리 관민에 대한 태도

청국 관민에서는 행정을 은밀히 함으로써 영토주의를 공고히 하고, 군비를 엄하게 하여 우리에게 큰소리치려고 하니[恫喝], 그 태도가 자못 사납고 거만하여 방약무인의 모습을 감히 꺼리지 않으며, 우리 파출소의 존재를 전혀 개의치 않는 태도를 보이는 것과 같은 것이 이번 달 사이에 다음과 같은 행위가 있었음.

(가) 2월 9일에 학성(鶴城) 파판소 사무원 이영성(李榮成)은 청병 15명을 지휘하여, 우적동(禹跡洞)에서 우리 헌병이 촌민에게 명하여 회령가도 위에 설치한 이정표를 뽑거나 도끼로 그것을 베어 넘어뜨려 가지고 갔음.

당시 헌병에서 이를 인지하고, 표목을 가져간 청병 1명과 동행하여 이영성의 해당 행위의 불법 됨을 책망하고, 원상 복귀시키라 교섭하였으나 이영성은 상관의 명이 있지 않으면 응하기 어렵다고 답하였음.

또한 이영성은 위 〈행위〉 외에도, 2월 28일 엽총과 검을 찬 청병 5명을 지휘하여 영화사(永化社) 번동(番洞)[회령가도 상으로 '삼모(三毛)'라고도 칭함]에 세워 놓은 이정표 2개를 뽑아 갔음.

(나) 앞의 (가)의 청국인 반상(潘祥)과 이영성사건에 관하여, 청국 관헌에서는 우리 헌병이 반상을 임의동행한 것을 오해하고 본인을 구인(拘引)한 것으로 알아 우리 파출소[當所]에게 강경하게 조회하였음. 이에 대해서는 임의동행한 것이지 결코 우리 관헌이 청국인을 구인한 것은 아니라는 내용으로 회답하였음.

(다) 2월 2일 국자가 요리점 다카기 고지로[高木小次郎]의 거처에 청국인 복장을 한 사람 총 4명이 말로는 유흥(遊興)이라 빙자하고 들어와서, 장부 선반 위에 있던 빈 상자[空簿]를 휴대금고[手提金櫃]로 오인하고 이를 탈취하고 도주함. 〈그리고〉 이를 체포하고자 했던 이 집의 이케다 타츠지로[池田辰次郎]를 곤봉으로 구타하여 창상을 입게 하고 그 종적을 감추었음.

(라) 1월 30일 국자가 광지(廣池) 요리점에서 이 집 작부(酌婦)의 회중시계를 절취한 것은 청병의 행위임을 2월 3일에 이르러 판명함. 해당 시계를 피해자에게 반환하고, 청화 10적(吊)을 피해 배상으로 본인에게 교부하여 사건을 마무리[落着]하고자 하였으나, 우리는 가해자의 정당한 처분을 요구하였음.

앞의 (다)와 (라)의 2건에 대하여, 왕전 제21호로써 보고하였거니와 진소상에게 속히 범인을 수색하여 상당한 처분이 있어야 한다는 내용으로 조회하였음. 우리 관헌 소재지 및 부근의 청국인은 점차 우리를 신용하여 청국인과 자국인 혹은 〈청국인과〉 한국인이 관련된 분쟁사건을 우리에게 고소하는 일이 날로 증가하는 상황임. 청국인은 대부분 우리의 타이름[說諭]에 따르지만, 만약 따르지 않을 때는 청국 관헌에 인도하겠다는 〈우리의〉 말을 들으면 저들은 크게 두려워함. 특히 채무관계에 대한 것은 원고와 피고 모두 그 이송을 싫어하고 꺼리는 상황이니, 이는 청국 관헌에 이송하여 사실을 심문할 때에 고문을 당할 뿐만 아니라 원고와 피고에게 〈청국 관헌이〉 모두 뇌물과 기타 잡비를 요구하며, 또한 공공연하게 재판비용을 징수하는 등, 움직이면 소위 비용이 있기 때문에 두려워하는 것임.

그러나 우리 관헌과 먼 곳에 떨어져 사는 청국인은 우리를 신용하는 것이 가벼워서, 쉽게 우리의 타이름에 불복할 뿐만 아니라, 우리가 한국민 보호의 충분하지 못함을 기회[奇貨]로 알고 한국민에게 불법행위를 하는 것은 누누이 들은 것이기 때문에, 이러한 지방에 대해서는 노력하여 순회를 많이 하고 있음.

5. 한국 신민의 정황

한국 신민은 우리를 더더욱 신뢰하여, 자국인 및 청국인에 대해 종종 소(訴)를 내는 사람이 날로 많아지고 있음. 이번 달 사이 한국인이 청국인에게 소송한 사건 중에는 수년 전에 있던 채무관계도 있는데, 그것은 어떠한 것이든지 종래에는 청국인의 압박에 의하여 소송할 도리가 없어서 소위 흐느껴 울고 어찌할 바를 모르다가 현재까지 이른 것이며, 지금은 우리 파출소에 보호를 받을 수 있게 되면서 소를 낸 것임.

위와 같은 사건에 대해 우리는 수년 전에 있던 작은 일로 청·한국인 사이에 일을 크게 만드는 것[滋生]은 불리하다고 생각하며, 아무쪼록 양쪽을 설득하여 분쟁을 해결하도록[示談] 노력하고 있지만, 청국 지방관에서는 수년 전에 있었던 이들 청국 관헌의 포악무도한 행적[事跡]이 폭로될까 두려워함. 이중 한국인에 대해서는 학대[暴虐]를 가하여 청국인에 대한 고소고발의 속출을 막으려고 하는 모양임.

한국민 중에서 친청파가 집합한 연의회(捐義會)는 청국 관헌의 원조를 몰래 받아 당세의 확장에 노력하여 우리의 시책[施設]에 방해를 시도하니, 이와 같은 완고하고 무식한 놈들에 대해서는 시세(時勢) 및 파출소 설치의 주지 등을 설명하여 아무쪼록 회유하도록 노력하나, 바르게 효과가 나타나리라 기대하는 것은 어려움.

지난달 보고한 동불사가 지방에서 헛소문[造言]을 낸 송태은(宋泰殷)은, 국자가 지방에서도 북한으로부터 머지않아 의병이 간도에 진입할 것이니 이제부터 총기를 소유한 엽사들과 친해지는 것이 좋다는 등의 요언을 내었음. 취조한 결과 송태은은 동불사·국자가 부근 외에 다른 지방에서는 요언을 낸 흔적[證跡]이 없고, 또한 본인은 실제 약종상이어서 심히 인심에 영향을 주지는 못하였다 말하기에, 임기응변의 처분으로 간도 바깥으로 퇴거할 것을 명하고, 회령 및 위 본인의 본적지의 헌병에 위와 같은 내용으로 통지하였음.

6. 파출소내[所內] 집무상황

2월 7일에 소장이 스즈키[鈴木] 촉탁 등을 따라 상경하여, 총무과장이 소장의 사무를 대리함. 소장 부재중에는 청국 관헌과 항쟁을 면피하고 여러 일에 신중한 태도를 취하여 저들로 하여금 틈을 탈 기회가 없도록 기약하겠음.

소장이 상경함에 따라 총무과에서는 간도에 파출소를 개시한 이래 올해 1월 말까지의 집무 개황의 보고서를, 조사과에서는 작년 9월 이래의 조사보고서를 작성하여 제출하였음. 조사과는 과장 오가와[小川]·촉탁과원 1명을 해촉하고, 현재는 총무과장이 조사과장을 겸임함.

위를 보고함.

31. 간도 사정 보고서 제출의 건

- **원문제목** 間島事情報告書呈覽의件(往復案1冊)
- **날짜** 융희 2년(1908) 4월 21일
- **발신** 통감부 통감(統監府統監) 이토 히로부미[伊藤博文]
- **수신** 내각총리대신(內閣總理大臣) 이완용(李完用)

기밀통발(機密統發) 제451호

간도 주재 시노다[篠田] 파출소장대리의 월보(月報). 통파월보(統派月報) 제3호의 별지를 등사하여 이에 송부합니다.

메이지 41년(1908) 4월 21일
통감공작 이토 히로부미
태자소사 내각총리대신 이완용 각하

부(附). 위와 같은[上同] 보고서

- 날짜: 융희 2년(1908) 4월 7일
- 발신: 통감부 간도파출소장 대리 시노다 지사쿠
- 수신: 통감부 부통감 소네 아라스케

통파월보(統派月報) 제3호

통감부 파출소장대리 시노다 지사쿠
통감대리 부통감 자작 소네 아라스케

1. 지방 일반의 상황

이번 달 사이에 지방 일반의 정황은 대체로 평온하나, 저번 달부터 계속해서 길림에서 청병 및 순병이 국자가(局子街)에 들어온 일과 길강군(吉强軍)의 이동이 멈추는 등의 일은 여전히 다소 지방 인심에 영향을 미치는 것 같음.

2. 청국 관헌의 동정

청국 관헌에서는 이번 달 들어서 다시 새롭게 훈련을 받은 병사 약 200명(왕전 제35호), 순병 약 100명(왕전 제41호)을 길림에서 증파[增遣]하여, 한편으로 길강군 장교 이하의 노후한 자를 도태시켜 그 쇄신을 도모하고, 주둔지를 □[21]하여 이것의 병합을 행했음. 대체된 새로운 병사 혹은 순병으로 종래의 관행이었던 관리의 뇌물수수를 엄칙하고, 명목 없는 징세금을 엄금하는 것에 힘써서 지방행정의 개선을 도모했고, 민심을 거두는 것[收攬]에 열심인 것 같음.

3. 청국 관헌의 불법행위

(가) 3월 8일 밤에 순방대(巡防隊) 마대관대(馬隊管帶) 왕정서(王廷瑞)와 변무공서(邊務公署) 계사위원(稽査委員) 이영성(李榮成)은 오록정의 명령이라 하고 용정촌(龍井村)에서 회령으로 통하는 도로 위에 설치한 이정표를 뽑아 갔음.

위에 대해 오록정에게 교섭한 결과, 변무공서에서 청국지명과 한국지명을 병기한 이정표를 다시 세우게 하기로 협정하였음(특보 제12호로 보고하였음).

(나) 3월 14일, 용정촌에서 한국인과 청국인이 쟁투할 때, 육도구(六道溝) 파판소에 소속된 순장 이하 8~9명이 나왔는데, 그중에서 순장 1명과 순병 4명은 이유 없이 발검하여 한국인을 칼등으로 구타하여 부상케 하였음.

본건은 변무공서에 교섭한 결과, 변무공서에서 파견 인원을 정밀히 검사하니, 발검한

21 「왕복안」에서는 탈자되어 있으나 「원안」에는 "주둔지를 감(減)하여"로 되어 있다.

사실이 현저하다는 것에 이르러 동서에서는 순장을 면직하고, 기타 순병을 계칙(戒飭)하여 일이 이윽고 완료되었음(왕전 제39호 · 제40호 · 제44호로 보고하였음).

(다) 종성간도 광제욕(光霽浴) 주둔병사는 3월 9일 교대할 때, 개운사(開運社)에서 콩[大豆] 120두, 보리[麥] 40두와 소 수레 8량을 징발하고 대가를 지불치 않고 출발하였음. 또한 개운사 이외 각 사(社)에서 모두 합하여 38량의 소 수레를 징발하여 왕복 3일을 사용한 것이 청화(淸貨) 24적(吊)[일화(日貨) 9원 14전]을 지불할 뿐이어서, 인민은 그 소액〈을 받은 것〉에 분노하였음.

본건은 국자가에 분견한 오쿠무라 메구미[奧村惠] 헌병대위로 하여금 변무공서에 교섭하도록 하였음.

4. 청국 관헌의 우리 관헌에 대한 태도

청국 관헌은 근래 왕왕 사실을 꾸미고[揑造], 혹은 이를 과장하여 우리를 비방하려고 한다는 소문이 있으니, 그 현저한 것을 들면 다음과 같음.

(가) 작년 9월에 수신사(守信社)에 사는 청국인 국지(鞠智)가 기르는 말이 한국인 이창구(李昌求)의 소유 곡식을 먹어서 분쟁이 생긴 사실이 있었음. 피해자가 두도구(頭道溝) 분견소에 고소하여 취조중임. 위 사건에 대하여 수신사의 허래성(虛來城)에 살고 있는 안성문(安聖文)이라는 자가 국지와 이창구 사이에 서서 두도구 분견소로부터 분쟁을 해결[示談]하라는 취지의 명령을 받았다고 하고, 이창구가 부재함을 틈타 그 처에게 국지로부터 이창구의 부상에 대한 치료비와 곡식의 손해배상으로 한화 300문(文) 및 조[粟] 한승(韓升) 1석 6두를 변상할 것이라는 이야기를 들려주고 고소를 취소[繳下]하라고 핍박하였으나, 이창구의 처는 이를 불신하여 쉽게 승낙하지 않으려고 했음. 그럼에도 불구하고 〈안성문이〉 종종 협박의 언사를 써서 〈처가〉 강제로 승낙하게 하였음.

위 안성문의 행위는 전혀 분견소가 관여[關知]한 것이 아니었기 때문에, 본인을 취조할 필요가 있어서 두도구 헌병 분견소에 동행하여 취조하는 도중에 안성문은 도주하였고, 그 후 분견소에서는 누차 헌병 및 한국순검을 파견하여 안성문의 가택에 그가 있는지 여부를 물었음. 그 후 올해에 이르러 분견소에서 1월 12일 및 2월 3일에 헌병과 순검을 보내어 다시 안성문의 소재를 수색하니, 안성문의 가족은 그 번거로움을 피하기 위하여 안의 생질 왕영길(王永吉)이 안의 처와 그 딸 추괴(醜怪)를 두도구 파판소로 데리고 갔음. 〈이후〉 2월 14일, 한국인 이은영(李殷永)[두도구에 파견한 당 파출소 서기랑(書記郎)] 및 한국 순검 김연택(金連擇) 2명이 안성문을 수색한다 말하고 딸 추괴를 대동한 채 출발하였는데, 〈그들이 이후〉 대전자(大甸子)라 부르는 들판에서 추괴을 강간하였다는 소가 제출되어서 파판소에서는 국자가 변무공서에 보고함. 공서는 세밀한 조사를 수행하지 않고 극히 불확실한 사실로 이은영 · 김연택 2명이 강간한 것으로 인정하고, 우리 파출소에 교섭하였음.

본건에 대해서는 극히 엄밀하게 취조하였으나, 오늘까지 취조한 결과에 의거하면 피해자라 칭하는 추괴 및 청국 변경의 증인들의 말이 일치하지 못하여 강간한 사실을 거의 인정하기 어렵고, 특히 〈사실의 진상이 명백한〉 이은영 〈사례〉처럼, 〈이 사례에서는〉 전혀 혐의를 잡을 여지가 없는 것 같음.

(나) 이번 달에 비로소 한국인 허영(許榮) · 황용원(黃用元) · 박윤희(朴允熙) 등은 동량사(東梁社) 하전동구(下田洞口) 및 서작동(西作洞)에서 일진지회와 같이 소학교를 설립하고 그 비용으로 기부금을 모금하는데, 인민의 어리석음 때문에 다소 협박과 같은 언동을 사용한 사건이 있음.

위 사건에 대해서도 청국 관헌에서는 그 사실의 정밀한 조사를 하지 않고, 위 허영 이하를 한국의 순검이라고 하며 우리 파출소의 명령에 의거하여 금전을 강제로 색출한 자라 〈주장하였고〉, 특히 2~3명의 청국인에게 기부금이 모금될 때까지 강제로 금전을 빌린[借受] 사실에 대해서는 혹은 〈그들이〉 청국인을 냉방[冷室]에 감금하였다거나, 혹은 구타하고 창상을 가하였다고 하여, 능히 그 진상을 끝까지 파보지 않고 우리에게 교섭하였음.

본건은 헌병대에서 취조한 결과, 위 허형 이하의 범죄를 인정하여 이들을 경성재판소에 송치하였음(특보 제13호 · 제14호로 보고하였음).

5. 한국민의 상황

청국 관헌에서는 매우 사소한 사건까지도 병력을 사용하여 인민을 국자가 관헌에 동행하거나, 또는 인치하여 취조하는 관습이 있고, 특히 한국인에게는 죄의 유무를 불구하고 종래 가혹하게 단속함으로써 한국인은 청국 관헌과 동행하거나 혹은 인치를 당하는 것에 공포가 심함. 〈따라서〉 우리 관헌의 보호에 의뢰하여 이들 동행 혹은 인치를 면하고자 하는 자가 날로 증가하는 상황임.

그러나 청국 관헌이 근래에 시행하는 것, 특히 병영 신축, 병원(兵員)·순병(巡兵)의 증견(增遣) 등은 다소 한국인의 마음을 움직여서, 과연 지금처럼 영구히 우리의 보호에 의뢰할 수 있을지 없을지 기우를 품는 것과 같이, 청국 관헌 및 군대의 소재 지역과 그 부근에 살고 있는 한국인에게 이러한 감정이 한층 심하게 보임.

친청파가 집합한 연의회(捐義會)는 그 후 쇠미[萎靡]해지고 부진하여, 이번 달 사이에는 특히 숨을 죽인 상태임. 이 연의회의 부회장인 박만수(朴萬秀)는 관위(官位) 매매의 혐의가 있어서 소환하여 가택수색을 행하였고, 회장인 김병남(金秉南)에게도 시세에 해를 끼치는 행동을 한 혐의가 있다는 이유로 가택수색을 행함으로써 회원들 일반이 우리의 주목을 두려워함. 따라서 김병남은 저번 달부터 이미 도주하여 현재 회령지방에 숨어서 거주하는 형편[形跡]임.

6. 위생의 상태

이번 달에 들어서 온화한 기후가 점점 증가하여 해빙기에 가까워지니, 당촌(當村) 안의 대청소를 행하고, 일찍이 천연두의 발생을 고려하여 파출소원·헌병대원·우체국원 및 거주하는 일본인에 대하여 종두(種痘)를 실시하였음.

7. 두만강의 해빙

두만강은 현재 양안(兩岸)에 4~5척 내지 5~6칸의 거리[間所]까지 해빙되었고, 중류는 얼음 위로 흐르는 물이 약 1척쯤에 달하여 도강하는 것이 자못 위험함.

더욱이 4월 초에 이르면 일시 교통이 두절될 우려가 있어서, 회령 대안(對岸)에 있는 도선장(渡船場)은 도선을 다시 하기 위하여 우적동(禹跡洞) 파견소의 헌병에게 명하여 부근의 촌민을 감독하여 쇄빙에 종사하고 〈거기〉 머물도록 하였음.

8. 거주하는 일본인[本邦人]의 증가

일본인은 점차 증가하는 경향이나, 아직 현저한 발전을 발견하기 어렵고, 상업은 일반적으로 가라앉고 조용해짐. 일본인을 단골로 하는 상업은 그 유지가 곤란한 상황임.

이번 달 말의 조사에 의하면 간도 안에 사는 일본인의 호수·인구·직업별 등이 별지와 같음.

위를 보고함.

부(附)의 속(屬) 1. 일본인 호구 조사표

[별지 사본] 일본인 호수·인구표

지명	호수	인구		계
		남	녀	
용정촌(龍井村)	30	70	47	147
국자가(局子街)	8	9	18	35
천보산(天寶山)		9		9
동불사가(銅佛寺街)	1		1	2
신흥평(新興坪)	1	1		2
합계	40	89	66	195

비고: 통감부파출소원 · 헌병대원 · 우체국원 및 그 고용인을 제함.

부(附)의 속(屬) 2. 일본인 직업 조사표

일본인 직업 조사표

지명·인원 수 / 구별	용정촌(龍井村)	국자가(局子街)	천보산(天寶山)	동불사가(銅佛寺街)	신흥평(新興坪)	합계
잡화점	3	2				5
청부업	1					1

요리점	7	4				11
음식점	3					3
과자제조판매점	1					1
도편수[大工職]	14					14
철공직	2					2
요리인	3					3
운송업	1					1
나무꾼[木挽職]	2					2
주조업	1					1
육류판매업	1					1
목욕탕	1					1
여관	2					2
두육제조업	1					1
유희업[遊戱業]	2					2
광산사무원	2		3			5
광부[坑夫]			6			6
예기	7					7
작부	16	13				29
유곽하녀[仲居]	1					1
이발업	1					1
매약업		1				1
고용인	16				1	17
기타	29	7		1		37
합계	117	27	9	1	1	155

비고: 본표에서 기타라고 하는 것은 아내[妻], 혹은 직업이 없는 사람으로 동거하는 남녀를 가리키는 것이다.

32. 간도 사정 보고서 제출의 건

- **원문제목** 間島事情報告書呈覽의件(往復案1冊)
- **날짜** 융희 2년(1908) 5월 21일
- **발신** 통감부 통감(統監府統監) 이토 히로부미[伊藤博文]
- **수신** 내각총리대신(內閣總理大臣) 이완용(李完用)

기밀통파(機密統派) 제578호

시노다[篠田] 통감부 임시 간도파출소장 대리의 월보(月報). 통파월보(統派月報) 제4호와 등사해온 별지를 송부합니다.

메이지 41년(1908) 5월 21일
통감공작 이토 히로부미
태자소사 내각총리대신 이완용 각하

부(附). 위와 같은[上同] 보고서
- 날짜: 융희 2년(1908) 5월 6일
- 발신: 통감부 간도파출소장 대리 시노다 지사쿠
- 수신: 통감부 통감 이토 히로부미

통파월보(統派月報) 제4호
월보(月報)
4월 1일부터 같은 달 30일까지

메이지 41년(1908) 5월 6일
통감부임시간도파출소장 대리 총무과장 시노다 지사쿠
통감공작 이토 히로부미 귀하

1. 지방 일반의 상황

이번 달 지방의 정황은 대개 평온하나, 무산간도에 소수의 폭도가 들어왔고, 이범윤(李範允)이 북한의 폭도들과 요행히 연락[氣脈]이 통하여 거사하고자 하는 흔적이 있다고 하여 다소 인심의 동요를 보았음. 그러나 이는 남부 및 북부에 있는 적은 부분에 그치었고, 내부 간도에서는 어떠한 영향을 보지 못하여 각각 그 터에서 안거하고 있음.

2. 청국 관헌의 태도

청국 관헌에서는 더더욱 영토주의를 확실하고 공고히 하기 위하여 지난달에 이어서 국자가(局子街) 변무공서(邊務公署)에 근접하여 제1, 제2, 제3영의 병사 건축에 착수함. 또한 무산간도 · 회령간도 등에도 건축이 준비 중이며, 기타 병원의 증치와 도로의 개수, 교량의 가설과 둔전병의 모집 등으로 크게 그 입장을 견고하게 하는 것을 노력하고 있음.

3. 청국 관헌이 한국민에게 가한 불법행위

청국 관리가 다년 동안 관습적으로 행한 포악한 행위[暴戾], 억압과 학대[壓虐], 뇌물수수[收賄], 징발 등 불법행위도 우리 보호 아래 있는 한국민에 대해서는 끝내 이것을 뜻대로 할 수 없음을 알고, 근래에는 그 수가 크게 감소되었음. 그러나 파출소와 거리가 조금 먼 곳의 변두리[邊陬地]에 사는 한국민에 대해서는 우리의 보호가 충분하지 못함을 기회[奇貨]로 하여, 오히려 지금도 왕왕 이들이 불법행위를 연출함을 알고 있음.

(가) 왕전(往電) 제51호로 보고했던 서간도에 살고 있는 한국인에게 변발과 복장을 바꿀 것을 강제한 사건.

(나) 종성간도 상천평촌(上泉坪村)에 있는 양정학당(養正學堂)의 교사 한국인 이동춘(李同春)은 4월 19일 대랍자(大拉子) 경정청(經政廳)에 달려갔다가, 같은 달 21일에 귀교하여 학생 일동에게 지금 10일부터 매양 머리를 바싹 깎고[薙髮] 변발을 하라고 타이르고, 만약 응하지 않는 사람은 지급품(모자·의복·신발·서적)을 반납하게 하고 퇴학시키겠다고 협박하였음. 또한 학생들에게 해당 학교와 관계를 끊으면 각자의 집에 1년에 청화 수백 냥의 징세를 청국 관헌에게 부과하게 한다고 협박하였음.

대개 해당 학당의 학생 중에는 이전에 강제로 변발한 자도 있었으나, 아직 응하지 않은 사람도 있었고, 또한 한번 변발한 사람도 그 후에는 머리를 깎지 않아서 점차 청국변발의 형태를 잃어가는 자도 있었기 때문에 이 기회에 모두 변발하게 한 것 같음.

게다가 청관(淸官) 허덕유(許德洧)는 양정학당에 도달하여 학생들의 부형, 청국에서 임명한 총향약·향약 등을 모으고, 학생들에게 "종성간도는 혼춘(琿春)에 부속된 땅이다. 한국영토가 아니요 중국의 영토이다. 그러므로 너희들은 열심히 중국의 법률과 중국의 언어를 공부하고, 또 장래 입신하고자 한다면 중국의 서적을 강독하라"는 강연을 하였음(특보 제15호로 보고하였음).

4. 청국 관헌의 우리 관민에 대한 태도

청국 관헌이 우리를 대하는 태도는 친호적임. 표면적으로는 어떠한 이상도 있는 것을 알지 못하나, 이번 달 사이 일본인[本邦人]에 대해서 청국 병사 사이에 다음과 같은 작은 분쟁이 있었음(특보 제18호로써 보고하였음).

5. 한국신민(韓國臣民)의 상황

한국민은 청국 관헌의 근래 시책[施設], 즉 병영의 건축, 도로의 개수 내지 모병 등으로써 청국 관헌을 신뢰하는 생각이 더욱 증가하고 있다는 생각[觀念]임. 우리 관헌에 있어서는 소위 현상유지로 다시 하등의 활동이 없기 때문에, 그 진의(眞意)를 가진 것에 대해 의심하는 생각을 가지고 있는 자가 있는 것 같음.

저번에 길림순무(吉林巡撫) 밑으로 갔다고 칭하던 연의회(捐義會) 평의원 방병기(方秉

起)가 이번 달 8~9일경에 귀환하였다는 것을 듣고, 취조하기 위하여 헌병 및 순사를 몰래 파견하였으나, 본인이 도주한 뒤여서 마침내 그 목적을 달성하지 못함. 그 사람은 현재 이범윤(李範允)의 거처에 숨어 있다는 설이 있음.

무산간도에 들어왔던 폭도는 대안(對岸)인 무산군(茂山郡)에서 도강하여 숨어들어온 것 같은데, 4월 21일 덕화사(德化社) 산양동(山陽洞)[복사평(伏沙坪) 헌병분견소에서 약 2리 반의 거리] 산중에 집합하여서 부근에 사람을 파견하여 수렵자(狩獵者)를 소집하고, 병기를 수집코자 하였으며, 또한 복사평 분견소를 습격하고자 하는 형세가 있음.

그런고로 당지(當地)의 헌병대는 무산수비대에 정찰대의 파견을 의뢰함. 같은 날 하사 이하 14명을 파견하여 해당 병사와 헌병으로 산양동 및 〈그〉 부근을 정찰하였으나, 폭도의 흔적은 확인하지 못함. 또한 특별한 습격의 모양이 없어서, 4월 23일 정찰대는 복사평을 경유하여 귀대하였음.

그 후로 복사평 및 부근 촌락의 인민을 헌병과 협력하여 야경(夜警)으로 두어서 경계하였으나, 폭도 출현의 상태는 없었음. 그리고 해당 방면에는 폭도의 진상을 비밀리에 탐색하기 위하여 히라다[平田] 헌병중위를 파견하였음.

혼춘 방면에서는 이범윤이 음모의 주도자[謀主]가 되었음. 전 경성(京城) 진영대(鎭營隊)의 정위(正尉)·부위(副尉) 등도 가담[加盟]하여, 북한 경계 방면에 주둔한 일본군을 습격하려 한다는 기도가 있음.

그런데 이범윤은 그 동생 이범신(李範信)이라는 자가 이전에 미국 주재 한국공사관 통역생으로 있었기 때문에, 이로 말미암아 미국으로부터 소총 2,500정을 구매하여 머지않아 수령한다는 소문이 전해지고 있음. 다만 구매하고 운반하는 방법과 도착 시기 및 도착 지역 등은 모두 미상임.

또한 이범윤은 간도가 일·한 측의 주장이 관철되어 〈그곳이〉 한국의 영토로 된다면, 러시아[露國] 관헌의 원조를 얻어 폭동을 일으키겠다고 하고, 러시아 관헌과는 이미 교섭이 날로 익어간다는 뜻으로 성명하였음. 요컨대, 이범윤은 폭도와 연락을 통하고, 폭도도 점차 북방에 몰래 들어와서 이범윤의 거주지인 러시아 영토 종왕령(宗王嶺) 지방에 집합하고자 하는 형세가 있음은 의심할 바가 없을 것 같음.

6. 두만강의 해빙

지난달 하순 이래로 일부 해빙이 있어서, 이번 달 7~8일경까지는 일시 교통이 두절되었으나, 간도로부터 회령에 통하는 도선장만큼은 헌병이 부근 촌민을 감독하여 쇄빙에 종사하게 하여 이윽고 교통이 단절되는 것에는 이르지 않게 하였음.

7. 기후

기후는 점차 온화해짐. 이번 달에 측정한 당지(當地)의 기온은 섭씨로 아래에 온도를 표시하였음. 최고 온도는 27도 7분, 최저 온도는 영하 7도 5분이며, 최고 평균 온도는 15도 0분 5, 최저 평균 온도는 1도 8분임. 고저(高低)의 평균 온도는 6도 7분 8임. 이상임.

33. 간도 주재 한국 관리 숙사 건설의 승인과 경비 지출방법 강구 요청

- **원문제목** 間島駐在韓國官吏宿舍建設의承認과同經費支出方法講究要請(往復案1冊)
- **날짜** 융희 2년(1908) 5월 25일
- **발신** 통감부 통감(統監府統監) 이토 히로부미[伊藤博文]
- **수신** 내각총리대신(內閣總理大臣) 이완용(李完用)

기밀통발(機密統發) 제601호

간도에 있는 귀국 관리의 숙사(宿舍) 건설 건에 대하여 별지에 쓴 것과 같은 이유서, 개산설계서(概算設計書), 그리고 도안(圖案)을 구비한 시노다[篠田] 파출소장으로부터의 품청(稟請)이 있었음. 이는 부득이한 설비로 인지하였으니, 귀 대신 각하께서도 승인하신 뒤에 건설에 필요한 경비지출방법을 처변(處辨)하시기 바라며, 이에 별지를 별부(別付)하여 조회합니다.

메이지 41년(1908) 5월 25일
통감공작 이토 히로부미
태자소사 내각총리대신 이완용 각하

34. 간도 사정 보고서 제출의 건

- **원문제목** 間島事情報告書呈覽의件(往復案2冊)
- **날짜** 융희 2년(1908) 7월 2일
- **발신** 통감부 통감(統監府統監) 이토 히로부미[伊藤博文]
- **수신** 내각총리대신(內閣總理大臣) 이완용(李完用)

기밀통발(機密統發) 제792호

사이토[齋藤] 임시간도파출소장의 월보(月報), 통파월보(統派月報) 제5호를 별지에 등사하여 이에 송부합니다.

메이지 41년(1908) 7월 2일
통감공작 이토 히로부미
태자소사 내각총리대신 이완용 각하

부(附). 위와 같은[上同] 보고서

- 날짜: 융희 2년(1908) 6월 7일
- 발신: 통감부 간도파출소장 사이토 스에지로
- 수신: 통감부 통감 이토 히로부미

통파월보(統派月報) **제5호**

월보(月報)

5월 1일부터 같은 달 31일까지

메이지 41년(1908) 6월 7일
통감부 임시파출소장 사이토 스에지로
통감공작 이토 히로부미 귀하

1. 지방 일반의 상황

이번 달 사이에 지방 일반은 평온하고, 다수의 청 · 한국인은 경작하고 파종하여 다른 생각이 없이 각자 그 생업을 안정케 하고 있음[各其安堵].

2. 청국 관헌의 시설(施設), 증병(增兵) 및 군대의 행동

청국 관헌은 국자가(局子街)에 우편국을 설치하여 5월 7~8일경부터 사무를 개시함. 아울러 종래의 전보국(電報局) 업무를 확장하고, 모스 부호(Morse Code) 수신기[現字機]의 1대[坐]를 2대로 늘려서 사용함.

국자가(局子街) 경무학당(警務學堂)을 졸업한 순병 20명은 5월 21일, 국자가(局子街) · 동불사가(銅佛寺街) · 토문자(土門子) · 두도구(頭道溝) · 동성용(東盛湧) · 냉수천자(冷水泉子) · 백초구(百草溝) · 혼춘(琿春)의 각 경무분국에 배치되었음.

5월 1일에 길림변무공정 제1영(營) 전대(前隊) 대관(隊官) 가조왕(架藻王) 이하 장교 2명과 하사 이하 81명, 같은 달 3일에 길림변무공정 제1영 후대(後隊) 대관 고채(高菜) 이하 77명이 모두 길림에서 국자가로 도착하였음(전보 제53호, 전보 제54호로 보고하였음).

다만 이중 후대는 5월 8일에, 전대 중에서 약 50명은 13일에 혼춘으로 향하여 국자가를 출발하였음. 이상 외에 공정대(工程隊) 약 100명은 5월 12일에, 둔전병 약 300명은 같은 달 19일에, 공정대 약 100명은 같은 달 25일에, 길림으로부터 국자가에 도착하였다는 설이 있으나 확인[探求]한 결과 사실은 확실하지 않음.

5월 25일에 길림에서 소총 약 500정, 탄약 약 6,000발을 마대(馬隊) 25명이 호위하여 국자가에 도착하였음. 돈화현(敦化縣) 및 타요자(駝腰子)[동불사에서 서북 방면으로 약 30리 거리] 지방에 있는 마적을 토벌한다 말하고, 국자가에 주둔 〈중인〉 마대(馬隊) 관대(管帶) 왕정서(王廷瑞)와 같이 서고성자(西古城子)에 주둔하고 있는 마대 초관(哨關) 이하 26명이 5월 21일에 동불사를 출발하였음.

3. 청국 관헌이 한국 관리 및 인민에게 대하는 불법행위

청국 관헌은 서간도에 살고 있는 한국인에게 복장을 바꾸고 변발을 할 것을 강제한 사실이 있음(특보 제30호, 전보 제51호로 보고하였음).

회령간도 문화사(文化社) 남상동(南尙洞)에 사는 한국인 나형권(羅亨權)이 설치한 나루터에 대하여 청국 관헌은 병력으로 이곳에서 배를 대는 일을 금지하였음(전보 제68호로 보고하였음).

평강(平崗) 하리사(下里社) 유형평촌(柳亨坪村)[용정촌에서 서쪽 방향으로 약 2리 거리] 부근 36명의 촌민은 유형평촌에 학교를 설립하고자 하여 청국인 양태희(梁泰禧)의 소유지를 차입하기로 계약하였는데, 양은 올해 4월 10일에 두도구(頭道溝) 파판소장 왕장령(王長齡)의 명으로 한국인에게 토지[地段]의 매각이나 대여를 금한다고 하며, 이전의 계약을 취소[繳消]하고 그 필요한 토지를 대여하지 않았음. 이에 촌민은 다시 그 인근 촌인 용천동(龍泉洞)의 한국인 심여안(沈汝安)의 소유지를 매입하여 신축을 계획하였는데, 용천동에 사는 청국에서 임명한 사장인 한국인 강선달(姜先達)은 심여안에게 매매 계약을 취소[繳消]하라고 교사하였음. 그러나 본건에 대해서는 헌병을 파견하여 하등의 방해를 배제함으로써 이번에 겨우 신축 공사에 착수할 수 있었음. 5월 19일, 국자가에 분주(分駐) 중인 한국 순사 김상필(金相弼)이 촌락을 순회할 때, 국자가 남쪽의 수남사(水南社) 용성촌(龍成村)에 다수의 청·한국인이 모이는 것을 인지하고, 현장에 있던 청국에서 임명한 총향약(總鄕約) 한국인 이수광(李秀光)에게 그 이유를 질문하였는데, 〈그것으로〉 말미암아 김 순사와 이 향약은 서로 다투어 힐난하다가, 이수광은 그를 무고하여 청국 관헌에게 고소한 것 같음. 같은 날에 경무총국의 순장 1명과 순병 2명이 김 순사의 숙사(宿舍)에 이르러 인민의 고소가 있다고 하고 김 순사에게 동행하기를 요구하자 김 순사가 이를 거절하니, 순장은 김의 손목을 포박하여 숙사에서 끌고 내려와 김 순사를 경무총국에 데리고 갔음.

경무총국에서 국장 청산(淸山)은 김 순사에게 인민으로부터 고소가 있었기 때문에 변무공서(邊務公署)에 가야 한다고 말함. 김 순사는 이를 승낙하지 않고 어떠한 고소이며 그 고소의 사실과 고소자의 성명을 말하라고 요구함. 〈이에 청산은〉 그 사실 및 성명은 오늘 밤 변무공서에서 문초할 것이니 어떠한 통지가 있기까지 돌아가 머물고 있으라고 하여 그대로 김 순사를 귀환시켰음.

다음 날 20일에 김 순사가 변무총국 앞을 통과하는데, 1명의 순장 및 3명의 순병은 그를 추적하여 다시 김 순사를 동행시키고자 하였음. 김 순사가 이를 거절하니 곧바로 순병들이 김의 수족을 포박하여 그를 어깨에 메고 경무국 안으로 데리고 가서 그를 가두었음. 이에 김 순사는 국자가 분견소 헌병이 〈경무국의〉 뒷문 앞을 통과하는 것을 알고 원조를 구하자, 헌병은 바로 총국 안으로 들어와 김 순사를 반환하게 하고 〈그와〉 동행하여 〈이후〉 분견소로 돌아왔음(전보 제68호로 특보하였음). 본건, 〈즉〉 김 순사를 강제로 동행하게 한 건에 대해 진소상은 김 순사가 청국의 행정을 문란하게 하여 경무총국장에게 명하여 인치하게 한 것이라고 함. 따라서 총국장 청산 및 그 감독자인 지부 도빈(陶彬)은 헌병을 이유 없이 국 안으로 들여서 김 순사를 인도한 것에 의거하여 따로 잘못을 기록(징벌)하는 처분을 받았음.

5월 21일, 회령가도에 있는 회령국도(會寧局島) 학성촌(鶴城村)에서 서북 방면으로 약 400미터 거리에서 한국인 박삼규(朴三奎)라는 자가 일본인 부인 4명 및 그 휴대 하물을 소 수레 3량에 실고 회령 방면에서 오고 있었는데, 〈이 때〉 청국 순병 1명이 소 수레 4량을 감독하며 오는 것을 만났음. 순병은 박삼규가 끌고 오는 소 수레를 도로 곁으로 피해 두라고 하고, 아울러 이후로 〈다른〉 2량의 소 수레가 올 터이니 그대로 〈박삼규의 수레는〉 피해 가는 것이 옳다고 말하고 지나쳐 감. 박은 뒤에 오는 소 수레가 보이지 않고 여행길이 급하여서, 이전의 4량의 소 수레가 지나감과 동시에 전진함. 〈이에〉 순병이 돌아와서 무슨 이유로 자기의 말에 따르지 않았느냐고 하면서 박삼규를 구타하였음.

그 후 학성촌 방면에서 순병 3명과 통역 1명이 따라와서 박을 학성촌 계사소(稽査所)에 인치하고자 하니, 박은 이를 거절함. 순병들은 박의 두 손과 머리카락을 잡고 강제로 그를 인치하고자 하며, 또한 손과 곤봉으로 박을 구타하여 경상을 입게 하였음. 이때 우편 호위 헌병이 왔다가 이를 발견하고, 강제로 박을 방환하게 하여 소 수레와 같이 무사 통과하였음(전보 제68호로 특별히 고하였음).

5월 16일, 종성간도 광제욕에 주둔한 청병 3명이 하천평촌에 파견된 한국 순사 숙사에 들어와서 청국 영토 안에서 한국경찰관리가 직무를 집행하는 것은 불법이라고 말함. 또한 병영으로 한국 순사를 동행하고자 한다는 보고를 얻고, 하천평촌 분견소 헌병이 현장에 출장하니, 청병은 약을 팔기 위하여 들어왔다 변명하고 이윽고 떠나갔음.

다음 날 청병 2명이 광제욕 감찰과 파견원의 거처로 들어와서 흙 묻은 발로 거실에 들어왔다가 귀환할 때에 발을 들어 문을 차는 등, 능욕을 가하고 돌아갔음.

앞의 여러 사건은 헌병 대위 오쿠무라 메구미[奧村惠]로 하여금 변무공서에 대하여 장래 감독과 불법행위자의 처분을 요구하니, 진소상(陳昭常)의 대리자인 왕국침(王國琛)은 사실을 취조한 뒤에 〈그에〉 상당한 처분을 하겠다고 답하였음.

4. 청병 및 청국인의 일본인[本邦人]에 대한 분쟁

5월 9일에 관직과 성명 불상인 청병 2명이 국자가 요리점 다카기[高木] 집에 도착하여 1원(圓)으로 유흥을 구하니, 요리점에서는 이를 불응하고, 동거인인 이케다 다츠지로[池田辰次郎]가 그들을 집 바깥으로 쫓아냄. 이에 청병은 노하여 그 1명이 장작으로 이케다의 머리 부분을 구타하여 부상케 하고 도망하였음.

본건은 국자가 분견소에서 탐색하고 살펴서, 변무공서에 빠르게 가해자를 수색하여 〈죄에〉 상당하는 처분을 내리라고 요구하였음.

5월 16일에 경성(鏡城) 전신보선구국(電信保線區局)에 근무하는 도쿠다 신타로[德田新太郎]가 청국인 두유화(杜有化)와 동량하리사(東良下里社) 성교촌(聖教村)의 밭머리에서 만났는데, 해당 장소에 건설되어 있던 전신주의 지선이 절단되어 있는 것을 보고, 도쿠다[德田]는 두(杜)에게 한국말로 본래 길과 관계없는 작은 도로로 지나다니면 이와 같이 지선이 절단되는데 이른다고 말함. 두(杜)는 언어가 통하지 않아서 〈도쿠다가〉 공연하게 사람의 통행을 방해하는 것이라 오해하고 서로 헐뜯은 결과, 양쪽이 거의 동시에 휴대한 몽둥이로 〈서로를〉 구타하였고, 도쿠다는 두의 머리 부분에 경상을 입혔음.

본건은 양쪽을 타이른 후에 도쿠다는 간도 우편국장에게, 두는 육도구(六道溝) 파판소로 인도하여 무사히 〈사건을〉 마무리 지었음.

5. 한국민의 상태

한국민의 다수는 청국 관헌의 근래 시설, 즉 병영의 건축, 도로의 개수 내지, 병사의 모집 등으로써 일시 청국 관헌을 신뢰하는 생각이 두터움을 더하고 있고, 우리에게는 소위 현상유지〈의 태도〉를 지키며 아울러 하등의 활동이 없는 것을 보고, 그 진의가 무엇인지 다소 의심을 가지고 있는 듯함. 그러나 파판소[22] 관제(官制)의 발포와 청사의 건축 등은 확실히 이들 한국인의 기우를 일소하고, 영구히 우리의 보호를 받으려는 신념을 증가시킨 것 같으니, 그 결과로 볼만한 현저한 현상이 다음과 같음.

(가) 한국 내지로부터 이주민과 농사를 짓는 자가 증가하였음.

(나) 당지(當地) 및 부근 촌락에 있는 가옥 건축이 증진되었음.

(다) 토지 매매자가 증가하였음.

위는 한국인 일반의 상황이나 그중에는 현 정부의 시설(施設)에 반대하고 결국 일본에 속아서 토지를 병탄당한다고 하여 분개하는 자도 있음. 이들 무리는 청국의 비호에 의거하여 그 병탄을 면하는 것이 상책이라고 하여 청국 관헌에게 아부하고, 또한 적절한 시기를 기다리기 위하여 학교를 세우고 인심을 거두는 방법을 내는 것이 일상적임.

또한 간도에 통감부 파출소를 설치하는 건도 일본은 결코 한국을 위하여 계획한 것이 아니며, 명분을 한국민 보호를 구실삼아 실제로는 간도를 점령하고, 또 동삼성(東三省)을 엿본다고 믿는 것 같음.

이들과 관련하여 아래의 사실이 있음.

<서상은(徐相誾)·백남수(白南秀)의 사건>

위는 특보 제19호, 전보 제58호로 특별히 고하였거니와, 또한 서(徐) 이하는 아래 봉천(奉天)의 한국인 길성익(吉星翼)이라는 자와 연락을 통한 것 같음. 이번에 길성익이 서(徐)·황(黃)·김(金)·이(李)의 거처에 「재미 대한인 대동보국회(大同保國會) 장정」이라 제목한 소책자를 각 1부씩, 청국 우편에 의탁하여 송부해서 온 사실이 있음.

또한 한국에서는 이번에 더욱 사사로이 관직의 매매를 행하여, 〈관직을〉 판 자는 이로써 이득을 얻고, 산 자는 관직을 얻어 명예로 삼음. 함경북도 경성(鏡城) 서문 밖에 사는

---

22 「원안」에는 '파출소'로 되어 있다. 따라서 파판소는 파출소의 오기로 보임.

강수진(姜壽鎭)은 관직을 위조한 사령(辭令) 49매를 휴대하고 무산간도에 도착하여 이를 매각하고자 하였는데, 도사장 남규강(南奎綱)이 〈이를〉 괴이하게 여기어 복사평(伏沙坪) 헌병 분견소에 고발하였음.

복사평 분견소에서 취조한 것에 의거하면, 해당 사령은 경성 서문 밖에 〈사는〉 한국인 최후경(崔厚卿)이라는 자가 위조하였고, 강은 최에게 이익을 반으로 나누자고 약속한 뒤에 매각하는 일을 의뢰받은 것이라고 함.

강의 자백에 의거하면, 사령(辭令)의 매매가격은 1장에 좌수(座首)는 20원, 유사(有司)는 15원, 색장(色掌)은 10원, 양사(養士)는 5원, 대동향소(大同鄕所)는 3원에 상당하다고 하였음. 본건은 강수진을 5월 5일 경성재판소에 송치하고, 또 최후경의 체포방법에 대한 것은 경성헌병분견소에 조회하였음.

6. 파출소원[所員]의 동정

본관은 21일에 임무지에 복귀하였으므로 같은 달 22일에 촉탁했던 시노다 지사쿠[篠田治策] 소장대리를 임무해제하였음. 촉탁 스즈키 신타로[鈴木信太郎]와 한국 내부 서기관 최기남(崔基南)은 이도구(二道溝) 방면을 조사하라고 하였고, 헌병 중위 히라다 데쓰지로[平田鐵次郎]는 같은 방면을 정찰하기 위하여 헌병 몇 명을 이끌고 왕복 20일을 예정으로 하여 5월 29일 당지를 출발하였음. 신임 1등 군의(軍醫) 오노 주니치[小野純一]가 5월 16일에 부임하여 같은 달 20일에 전임자인 무라이[村井] 군의정(軍醫正)으로부터 사무를 인계받음. 무라이 군의정은 26일 새로운 임지를 향하여 출발하였음.

7. 신청사의 건축업무

올해 임시비용으로써 건축할 신청사 등에 대해서는 오가와[小川] 고원(雇員)이 부임한 뒤에 상세한 조사를 해옴. 당지(當地)에 있는 여러 종류의 불편함으로 인해 재료가 비싸서, 2층 청사(약 165평) 및 부속사 1가(家)와 아울러 소장 관사에 필요한 응접소만 건축할 것인데, 전부 도급 공사에 붙여서 다음 달 사이에 기공하여 오는 10월 하순에 준공할 것으로 예상됨. 상세한 사항은 바로 보고하겠음.

8. 5월 말에 간도에 사는 일본인[本邦人]의 조사는 다음과 같음.

간도에 사는 일본인 호수·인구표

지명	호수	인구		계
		남	녀	
용정촌(龍井村)	30	70	47	117
국자가(局子街)	14	16	22	38
천보산(天寶山)	1	9	0	9
동불사(銅佛寺)	2	2	3	5
평천평(平泉枰)	1	1	0	1
신흥평(新興坪)	2	2	1	3
두도구(頭道溝)	1	1	1	2
합계	51	101	74	175

비고: 통감부 임시 간도파출소원, 헌병대원, 우편국원 및 그 고용인은 본표에 게재하지 않음.

35. 간도 헌병분견소 증설 및 배치 주사·순사의 증파 요청

- **원문제목** 間島憲兵分遣所增設및配置主事·巡查의增派要請(往復案2冊)
- **날짜** 융희 2년(1908) 7월 13일
- **발신** 통감부 통감(統監府統監) 이토 히로부미[伊藤博文]
- **수신** 내각총리대신(內閣總理大臣) 이완용(李完用)

기밀(機密) 제879호

간도에 있는 귀국인의 보호를 한층 조밀하게 하기 위하여 종래의 헌병분견소 8개소 이외에 다시 백추구(百草溝)·팔도구(八道溝)·설만동(偰滿洞)·동경대(東京臺)의 4개소에 분견소를 신설하였습니다. 위 4개소에 배치할 한국 주사 4명·순사 12명을 귀 내부(內部)에서 증견(增遣)해 주시길 바라며, 위 주사와 순사는 일본어가 통하는 자가 필요하니 조량하여 주시길 바랍니다.

메이지 41년(1908) 7월 13일
통감공작 이토 히로부미
태자소사 내각총리대신 이완용 각하

36. 동·서간도 명칭 개정 신청서 제출의 건

- **원문제목** 東·西間島名稱改定申請書轉呈의件(往復案2冊)
- **날짜** 융희 2년(1908) 7월 31일
- **발신** 통감부 부통감(統監府副統監) 소네 아라스케[曾禰荒助]
- **수신** 통감부 통감(統監府統監) 이토 히로부미[伊藤博文]

기밀통발(機密統發) 제953호

간도에 있는 사이토[齋藤] 파출소장의 특보. 통파밀(統派密) 제37호를 등사하여 이에 송부합니다.

메이지 41년(1908) 7월 31일
부통감 자작 소네 아라스케
태자소사 내각총리대신 이완용 각하

부(附). 위와 같은[上同] 신청서

- 날짜: 융희 2년(1908) 7월 7일
- 발신: 통감부 부통감 소네 아라스케
- 수신: 통감부 통감 이토 히로부미

통파밀(統派密) 제37호

메이지 41년(1908) 7월 7일
통감부 간도파출소장 사이토 스에지로
통감공작 이토 히로부미 귀하

종래 당 파출소의 관계된 지방을 2분하였음. 〈그것은〉 백두산에서 노야령(老爺嶺)에 연한 남북의 산맥 이동(以東)을 동간도(東間島)로, 이서(以西)를 서간도(西間島)로 호칭[稱號]한 것에 유래하였는데, 한국인은 압록강 대안(對岸)을 일반적으로 서간도라 칭해서 종래 당 파출소에서 호칭[稱號]하는 서간도와 서로 착오를 만들기 쉽다는 우려가 없지 않았음. 파출소의 관계가 있는 간도 전부를 이후 동간도라 총칭하고, 종래 호칭하던 동간도를 동간도 동부, 서간도를 동간도 서부로 개칭하였기에 이에 신청함.

37. 간도 사정 보고서 제출의 건

- **원문제목** 間島事情報告書轉呈의件(往復案2冊)
- **날짜** 융희 2년(1908) 8월 4일
- **발신** 통감부 부통감(統監府副統監) 소네 아라스케[曾禰荒助]
- **수신** 통감부 통감(統監府統監) 이토 히로부미[伊藤博文]

기밀통발(機密統發) 제956호

간도에 있는 파출소장의 월보. 통파월보(統派月報) 제6호를 등사하여 참고하시길 바라며 이에 송부합니다.

메이지 41년(1908) 8월 4일
통감대리 부통감 자작 소네 아라스케
태자소사 내각총리대신 이완용 각하

부(附). 위와 같은[上同] 보고서
- 날짜: 융희 2년(1908) 7월 8일
- 발신: 통감부 간도파출소장 사이토 스에지로
- 수신: 통감부 통감 이토 히로부미

통파월보(統派月報) 제6호

6월분 월보
6월 1일부터 같은 달 30일까지

메이지 41년(1908) 7월 8일
통감부 임시 간도파출소장 사이토 스에지로
통감공작 이토 히로부미 귀하

1. 지방 일반의 상황

이번 달 사이에 지방 일반은 평온하여, 다수의 토착민은 경작과 파종을 이미 마치고, 각자 그 생업을 안정하게 하는 상황임.

이번 달 사이 폭도에 대하여 따로 들은 것은 없으나, 간도에는 또한 이범윤의 옛날 부하였던 사졸(士卒)들이 살고 있고, 한국 내지(內地) 혹은 러시아 영토[露領] 방면으로 패하여 숨어들어간 폭도가 도망해올 우려가 없지 않기 때문에 이들에 관해서는 항상 시찰 및 경계를 엄중히 실시하였음.

마적(馬賊)에 대해서는 국자가(局子街) 북방 영고탑(寧古塔) 도로상 및 동불사(銅佛寺) 북방 길림 도로상에서 시시때때로 출몰하나, 전부 청국 관헌에서 토벌대를 파견하여 이를 소탕함으로써, 우리 파출소 부근 지방에는 전혀 이들에게 입은 피해를 들은 것이 없고, 평온함.

2. 청국 관헌의 시설(施設) 및 그 군대의 행동

청국 관헌에서의 시설은 갑절이나 그 행정기능의 발전에 힘을 다하여, 영토주의의 기초를 공고하게 하는 것에 열심임. 즉 각 파판소를 증설함에 따라 곧바로 길림으로부터 증파하였고, 국자가에서 새로 훈련한 헌병 또는 순경을 각지에 분파함. 또한 그 관헌이 군대로 연락함에 약간의 거리에 매번 기병을 배치해서 보고와 전령이 빠르게 도달하는 것에 이바지하고, 혹은 국자가에 장대한 병영을 건축하여 매일 청사의 건축으로 분주하며, 혹은 각지의 파판소 또는 병영수축을 행함. 〈그 목적의〉 하나는 한국민의 신뢰를 얻어냄과 동시에 그 행정조직의 완전함〈을 갖추는 것에〉 노력하는 것임.

청국 군대의 행정은 다음과 같음.

(1) 6월 14일, 국자가 주둔 보병 제12표 제2영대 소속 장교 1명, 하사 이하 약 14명은 동간도 서부 한요구(漢窰溝)로 향하여 출발하고, 이에 교대한 한요구 주둔병은 순방대 보대 초관 이하 23명이 동불사가에 귀환하여 주둔하였음.

(2) 6월 24일, 청국 헌병 반장 소승표(邵勝標) 이하 5명은 국자가에서 사기동 병영에 도착하였음

(3) 온성간도 삼조동(三朝洞)[지점 미상]에 청병 약 50명이 주둔한다는 설이 있어서 사실을 조사 중에 있음.

(4) 노야령(老爺嶺) 및 장재령(張財嶺)에는 공정대(工程隊) 제1영의 각 1개 부대가 통로 개수(改修)에 종사함. 그 도로 폭은 우마차로 통행하기에는 거리낌이 없을 만하나, 그 공사는 한시적인 것에 불과하다고 함.

(5) 이번 달 사이 길림에서 액목색(額木索)·영고탑을 경유하여 혼춘(琿春)에 도착한 청국 군대는 여러 종류의 정보를 종합하면 약 2영의 청병이 도착한 사실이 인지됨. 그 보병은 제1표(標)이고, 이외에 공병대와 순경 등이 있음.

(6) 또한 이번 달 중에 길림에서 돈화현에 와서 주둔한 자는 보병 제1표 제1영이 전부이나, 현재 옛 영 및 시내의 민가에 숙박하는데, 해당 1영은 혹은 훈춘에 있는 병영의 낙성을 기다렸다가 혼춘을 향한다고 말하고, 혹은 돈화 및 부근 지방에 분배되어 주둔한다는 말이 있음. 앞의 설이 사실일 것이라 믿어짐.

3. 청국 관헌의 한국 관리 및 인민에 대한 불법행위

(1) 청국 관헌이 동간도 서부(종래 서간도로 보고하였던 곳) 지방에 주재하는 한국민에 대하여 머리를 바싹 깎고[薙髮] 복장을 바꿀 것을 강제한 사실을 취조하기 위하여 지난달 중에 파견한 촉탁 사무관 스즈키 신타로[鈴木信太郎]와 헌병 일행이 이번 달 19일에 돌아옴. 그 보고에 의거하면 한요구(漢窰溝) 파판소장 두보현(竇寶賢)은 그 부하 관리 및 병사를 파견하여 한국인 집 각소에 대하여 머리를 깎고 복장을 바꿀 것을 강제로 명하고, 따르지 않는 자는 속히 해당 지방에서 퇴거하라고 핍박하며, 또한 동시에 귀화를 원한다는 문서에 날인하게 한 일은 전부 명확한 사실임.

스즈키[鈴木] 사무관은 당시 두보현 파판소장과 회견하고, 한국민에 대하여 머리를 깎

고 복장을 바꾸는 것을 강제하는 것은 불법이라고 설명하였더니, 그 후에는 위와 같은 강제는 거의 그것을 시행하지 못하여, 완전히 청국 관헌의 한국민에 대한 태도가 일변하였음. 이것은 일본 관리를 파견한 결과에 다름 아니라고, 같은 지방의 유력자[頭民] 2명이 파출소에 출두하여 거주하는 한국민을 대표해서 감사를 전하는 뜻을 표함. 또한 헌병 분견소의 신설을 간절히 바랐음(왕전 제75호로 보고하였음).

(2) 회령간도 문화사(文化社) 남상동(南尙洞)에서 한국인 나형권(羅亨權)이 설치한 나루터에 대하여 청국 관헌이 병력을 써서 이를 금지하였으나, 이는 옛 관례와 선후장정(善後章程) 제6조를 위반한 것이니, 우리 파출소가 결단코[斷定] 묵과할 수 없는 것으로써, 한편으로는 진소상에게 이를 항의하고, 〈다른〉 한편으로 나루터를 보호하기 위하여 우리 헌병을 파견하여 그 영업을 계속하게 함. 진소상은 일단 정부에 보고하여 그 지휘를 받아 회답할 터이니 일시적으로 도선을 중지하게 해달라는 뜻으로 답하였으나, 우리는 가령 한때라도 이를 중지할 이유가 없다는 뜻의 성명을 하였음. 그러나 이 교섭을 하는 도중에는 특히 평화를 중시하여 〈일단〉 도선은 정지하게 하고, 진소상에게는 특별히 헌병 소수를 파견하여 한국 관헌이 도선업을 허가한 종래의 관례와 기타 이유를 상세하게 설명하게 하여 재차 숙려할 것을 요구하였음. 그러나 도저히 타협[妥帖]의 길이 없었기에 6월 24일 다시 도선을 개시하게 하였더니, 진소상은 새로 편성한 헌병 5명을 사기동(砂器洞)에 파견하여 도선을 금지하게 함. 〈또한〉 해당 헌병은 나루터에서 통행인에게 승선을 금지하는 사이, 곤봉을 휘둘러 위협하고, 혹은 뱃사공에게 출선을 금지하며, 심하면 승선하고자 하는 소 수레 인부를 구타한 일이 있었음. 〈그들을〉 보호하기 위하여 현장에 파견한 우리 헌병은 이치로 그들을 회유하였으나 요구를 들어주지 않았고 청국 헌병은 계류한 배에 끊을 묶어서 배가 해안을 벗어나지 못하게 함. 우리 헌병은 그 끈을 당겨 출선(出船)하고자 하니, 또한 청국 헌병이 〈여기에 대응하여, 둘의 모습이〉 소를 끄는 줄[牽繩]을 가지고 이를 놓아주는 것과 같이, 양편에서 서로 다투다가 결국에는 〈우리가〉 도선의 목적을 달성하였음(왕전 제68호, 제70호, 제74호, 제77호로 보고하였음).

(3) 저번 달에 보고했던 〈일로서〉 평강(平崗) 하리사(下里社) 유정평촌(柳亭坪村)의 한국인들이 학교를 설립하고자 할 때, 청국 관헌은 이 설립을 방해하였으나, 본관은 헌병을 파견하여 그 방해를 배제하고, 신축 공사에 착수하게 하였음. 〈이에〉 두도구(頭道溝) 파판소장은 순경과 병사 수 명을 현장에 파견하여 공사를 중지하게 하고, 백방으로 방해

를 시도하였으나, 공사 중에 우리가 헌병을 끊이지 않게 파견하여 적당하게 보호하고, 또 한편으로 도사장·교사 등에게 명하여 공사를 속히 완료하도록 힘쓰게 함. 이번 달 하순에 이르러 모두 준공을 고하고, 아울러 개교하는 것에 이르렀음. 대개 청국 관헌이 이처럼 학교 설립을 방해한 것은 그 원인이 〈예전에도〉 종종 있었으나, 간도를 완전한 자국 영토라고 하여 〈학교〉 설립에 자국 관헌의 허가를 받지 않으면 안 되는데, 설립자는 이번에 〈허가를〉 받지 않았음으로 공사를 중지하게 하고자 한 이유가 한 원인이 된 것 같음. 위 학교의 건축을 마치고 개교할 수 있었던 것은 모두 우리 파출소의 보호로 인한 것이었다고 하여, 개교 후에 학교 설립에 관여한 도사장·사장 및 마을 유력자[頭民] 등은 교사 및 학생과 함께 감사의 뜻을 표하기 위하여 우리 파출소에 출두하였음(왕전 제77호로 보고하였음).

(4) 길림순무는 종래 관첩(官帖)[길림 지폐] 2적(吊)에 500문(文)의 비율로 유통하여 왔는데, 길림 은원(銀元) 1원(圓)을 지금 이후로 2적(吊)에 800문(文)의 비율로 통용하게 한다는 명령을 내리고, 도(陶) 지부는 만일 청한의 상인으로 위의 명을 어기는 자는 벌하겠다고 고시하였음. 이로 인하여 간접적으로 한전(韓錢)에 대한 비율에 영향을 미침. 이에 이번 달 27일 경성간도 호천포가(湖川浦街) 시장에서 호천포가 파판소 부속된 청병 2~3명은 한국 상인에게 한전 50문의 목면(木綿)[경(京)1권]을 구매하고, 그 대가로 길림 소은화(小銀貨) 1개를 지불하여 이를 한전 70문으로써 사용하고자 하고 20문의 잔돈을 얻고자 하였음. 그러나 한국 상인은 해당 은화는 한전으로 50문 이상으로는 통용되지 않는다고 하여 이를 거절함으로써 청병과 분쟁을 야기할 때, 우연히 호천포가를 순행 중이던 한국 순사는 해당 한국 상인에 대하여 부당하다고 생각할 지경이면 매매하지 않은 것만 못하다고 설득함. 청병은 이를 보고 분노하여 한국 상인 및 한국 순사를 휴대한 목봉으로 수회 구타하여 한국 순사는 가벼운 상처를 입은 데에 이르렀음. 〈이에〉 동행하던 헌병은 이를 그만두게 하고, 바로 호천포가 파판소원에게 청병의 불법을 힐난하여 물은 즉, 〈그 청병은〉 길림 은화가 한전에 대해 〈갖는〉 시세(市勢)는 명령에 따라 병사가 떠나는 것과 같이, 상관으로부터 규정이 있었다고 말하였음. 또한 한국 순사를 구타한 일에 대해서는 〈청병이〉 그를 구타하지 않았다고 변명하였다는 내용의 보고를 접하였음. 〈이에〉 본직은 구스노[楠野] 헌병 소좌를 파견하여 진소상에게 은원(銀元)의 시가를 어떻게 정하지도 않고서 〈그〉 명령을 위배하는 자는 특히 한국인까지도 처벌하려 한 일이 타당하지 못하다는 것과 순사를 구타한 일에 관하여 엄중하게 교섭함. 진(陳)의 대리자인 왕

국침(王國琛)은 은원에 대한 관첩의 시세는 길림순무로부터 이를 정하였으나, 청국 화폐에 대한 한전의 시세는 정한 일이 없다고 조사한 후, 병사들에게는 부당한 시세로 〈돈을〉 사용하는 것을 경계시키고, 또 한국 순사는 관리로 인정하지는 못하겠으나, 가령 보통의 한국인이라도 구타하는 것은 타당하지 못한 것으로써, 〈일의 정황을〉 조사한 후 처벌하겠다고 답변하였음(왕전 제77호로 보고하였음).

(5) 6월 18일, 종성간도 광종사(光宗社) 삼포촌(三浦村)에 거주하는 한국인 황민홍(黃敏弘)의 어머니 남(南)씨(60세)는 다른 2명의 부인과 종성간도 광풍사(光風社) 문암동(文岩洞)을 통행할 때에, 호천포가 파판소에 소속된 청병 2명이 말도 안하고 남씨를 구타하며, 또 총검으로 남씨의 두발에 묶인 실을 자르고, 머리 위에 덧머리[月子] 2개(가격은 2원 80전 치)를 약탈하고, 또한 총검을 휘둘러 남씨의 왼쪽 어깨와 집게손가락에 경미한 부상을 입게 했음.

본건에 관해서도, 사카이노[境野] 헌병 소좌가 진(陳)의 대리자 왕국침과 회견하고, 청병의 불법행위에 대하여 처분을 요구하니, 조사한 뒤에 〈죄에〉 상당한 처벌을 하겠다는 내용으로 답하였음.

4. 청국 순경 및 청국인과 일본인[本邦人]의 분쟁

(1) 6월 21일 밤, 국자가에서 청국 순경은 말하지 않고 통행하는 일본인 2명에게 "너는 누구냐"라고 하고, 또 총검을 대어서 그 통행을 방해하여 해당 일본인과 충돌하여 분쟁을 야기하였음. 또한 이 분쟁 중에 그 부근에서 총을 발사한 자가 있었는데 〈이를〉 순경의 행위로 인식하여, 본직은 오쿠무라[奧村] 헌병 대위로 하여금 진소상에게 순경이 가로에서 무단하게 통행자를 어떤 사람인지 〈묻고〉 총검을 대어서 그를 대한 것과 같은 것은 전부 경찰의 본의에도 어긋나고 불법이 되는 것이니, 지금부터 일절 통행자에게 어떤 사람이냐 〈묻는〉 일을 금지하고, 또한 아무쪼록 총기의 휴대를 정지할 것으로 엄중히 교섭하였음. 〈이에〉 진은 이제 곧 어떤 사람인지 〈묻는 행위는〉 일본인에 대해서는 절대적으로 이를 행하지 않고, 일반 청·한국인에 대해서는 야심해진 후에 통행하고 또 거동이 괴이하다고 인지된 사람에 한해 어떤 사람이냐 〈물을 것이며〉, 순사가 총을 휴대하게 하였으나 탄약은 휴대하지 못하게 했다는 것을 분명히 말하였지만, 앞서 기록한 총을 발사

한 자가 순경이었다는 것은 인정하지 않았음.

(2) 6월 16일, 용정촌 동쪽 부근의 전지(田地) 안에서 청국인 두 사람이 짐마차 2량을 끌고 그곳을 통행하고자 할 때에, 전지의 소유자인 한국민이 이를 알고 그 통과를 막은 것에 원인하여 서로 쟁투를 야기하였을 때, 일본인[本邦人] 직공 1명이 이를 중재·저지하고자 하여 〈전지로〉 들어가니, 서로 언어가 통하지 않아서 청국인들은 일본 직공이 한국인을 도우려는 것으로 오인하고 해당 직공을 구타하여, 〈결국〉 서로 구타하게 되어 부상을 입은 일이 있었음. 사건[事體]이 경미하고 또한 쌍방에서 화해를 희망하여 우리 헌병이 타이르고 놓아줌. 다음 날 17일에 이곳 파판소로부터 위 청국인은 예부터 대로를 통행하였는데, 이를 저애하고 또 한국인이 먼저 치고 다음으로 일본인[本邦人] 여러 명이 청국인을 구타하여 중상을 입게 한 것인데 가해자에 대하여 상당한 처분을 하라고 요구하였음.

위에 대해서는 우리 파출소에서 야마모토[山本] 촉탁 통역관을 해당 파판소에 파견하여 통로는 예부터 도로에 있지 않고 모두 전지였다는 사실과 피아 구타에 청국인이 먼저 때렸다는 사실 및 상호 경미한 부상을 입었는데 본건은 청국인의 간청으로 이미 화해하였다는 내용으로 답하여 본건을 마무리하였음.

5. 한국민의 상태

한국민이 우리 파출소를 신뢰하는 정도는 근래 한층 증가한 것 같음. 우리가 임명한 도사장·사장 등은 종래에 비해 몇 배로 직무에 열심이고, 한국인 일반이 성의로 우리에게 의뢰하는 경향이 있음. 특히 전 항목에 있어서 학교 설립 및 그 공사에 대한 청국 관헌의 방해를 배제하고 그 목적을 달성하게 한 것과 또한 청국 관헌이 두만강에 있는 한국인의 나루터 개시를 방해한 것에 대해 우리가 극력으로 그 도선을 보호한 것과 같은 건은 모두 한국인으로 하여금 청국 관헌이 한국인의 교육 및 교통을 저애하는 자라는 생각을 일으키지 않을 수 없었음. 반대로 우리 관헌은 한국민의 발달 및 이익을 보호하는 자라는 생각을 깊게 하였을지니, 위와 같은 일은 오히려 한국민이 신뢰하는 정도를 깊고 두텁게 하였던 것으로 믿어짐. 따라서 당지(當地)와 거리가 있는 먼 지방에서는 우리 헌병 분견소의 설치를 청원하러 오는 자가 많으니, 한국민의 신뢰 정도가 일반적으로 증가함은 이를 미루어 보아 알 수 있음.

6. 지방 일반의 위생 상황

해당 〈파출소〉 소재지에서는 해빙기 이래로 청결법을 독려하여 실행하고, 또한 부근 지방에 있어서도 가급적으로 최대한 헌병·순사를 순회하게 하여 위생상의 주의를 고취하였음. 일반 위생 상의 상황은 대체로 양호하여 유행하는 질병들은 없음.

7. 파출소원[所員]의 정황

5월 29일부터 동간도 서부지방에 출장한 촉탁 사무원 스즈키 신타로[鈴木信太郎]와 헌병 등 일행은 이번 달 18일에 돌아왔음. 사무관 시노다 지사쿠[篠田治策]는 일이 있어 상경을 명령 받고, 다카기[高木] 속(屬)을 거느리고 이번 달 21일에 출발하였음. 다른 파출소원[所員]은 자못 건전하고, 소수의 인원이 번거롭고 바쁜 사무에 매우 부지런히 바쁘게 일하고 있음[鞅掌].

8. 신청사 건축 작업 공정

신청사 및 부속 가옥은 하여튼지 이번 달 초순부터 착수하여 이미 토공 작업을 완료함. 착수 이래로 다행히 날씨가 맑아서 공사 진보에 도움이 되는 일이 많았음.

위를 보고함. 이상.

38. 간도 사정 보고서 제출의 건

- **원문제목** 間島事情報告書轉呈의件(往復案2冊)
- **날짜** 융희 2년(1908) 8월 9일
- **발신** 통감부 부통감(統監府 副統監) 소네 아라스케[曾禰荒助]
- **수신** 통감부 통감(統監府 統監) 이토 히로부미[伊藤博文]

기밀통발(機密統發) 제1103호

간도에 있는 사이토[齋藤] 파출소장의 월보(月報), 통파월보(統派月報) 제7호를 등사하여 참고하시길 바라며 이에 송부합니다.

메이지 41년(1908) 8월 9일
통감대리 부통감 자작 소네 아라스케
태자소사 내각총리대신 이완용 각하

부(附). 위와 같은[上同] 보고서
- 날짜: 융희 2년(1908) 8월 7일
- 발신: 간도파출소장 사이토 스에지로
- 수신: 통감부 부통감 소네 아라스케

통파월보(統派月報) 제7호
월보(月報)
7월 1일부터 같은 달 31일까지

메이지 41년(1908) 8월 7일
통감부 임시 간도파출소장 사이토 스에지로
부통감 자작 소네 아라스케 귀하

1. 지방 일반의 상황

이번 달에 청국 관헌에서 간도 바깥으로 곡류 수출을 금지한 사건이 있음. 또한 경흥 지방에 나타난[出動] 폭도에 관해서는 그 주력이 경비가 박약한 간도에 습격해 온다는 소문이 있어서 일시적으로 지방 민심이 불안의 상태를 드러냈으나, 이후로 폭도의 행동이 심하지 않아서 습격해온다는 소문도 점차 박약해짐으로, 일반 민심이 날로 차분[沈靜]해졌음.

2. 청국 관헌의 시설 및 그 군대의 행동

이번 달 청국 관헌의 시설, 병사와 군용품의 도착, 기타 〈사항〉에 대해서, 다소 주의가 필요한 사건은 다음과 같음.

(1) 7월 2일, 연길청(延吉廳) 지부 도빈(陶彬)은 별지에 등사한 것과 같이, 간도 바깥으로 곡물의 수출을 금지하는 뜻의 고시를 발포(發布)하여, 바로 그날부터 이것을 실시한 일.

(2) 7월 8일, 연길청 분방(分防) 화룡욕(和龍峪) 경력청(經歷廳)의 허덕유(許德洧)가 우리 파출소에서 임명한 회령간도 도사장 및 사장의 근로를 보답하기 위하여 해당[當該] 각 사의 한국민이 금액을 각출[據出]하고자 하는데, 이 각출을 금지하는 고시를 발포한 일.

(3) 7월 2일, 헌병 20명 및 호병(護兵)[대관(大官)을 경위하는데 충당된 병사] 24명이 길림에서 변무공서에 도착한 일.

(4) 7월 16일, 길림 변무공서 의원(吉林邊務公署醫院)을 개설하기 위하여 의관(醫官)으로서 정군의(正軍醫)[우리 3등 군의정에 상당함] 이모(李某) 외에 군의(軍醫) 1명과 더불어 약제 및 위생재료 12상자가 길림에서 변무공서에 도착한 일.

(5) 7월 13일, 돈화현(敦化縣)으로부터 장교 1명, 하사 21명이 동불사가(銅佛寺街) 병

영에 도착한 일

(6) 7월 20일, 군용 은(銀)[23]과 소총 탄약(인원수[員數]는 미상)을 마차 6량(輛)으로 〈실어서〉 길림에서 변무공서에 도착한 일.

(7) 7월 23일, 길림변무독판 겸 혼춘(琿春) 부도통 진소상(陳昭常)은 길림순무(吉林巡務)로 전임하라는 명을 받았는데, 다만 진(陳)은 길림변무독판(吉林邊務督辦)을 겸섭(兼攝)하고, 협판(協辦) 오록정(吳祿貞)은 혼춘 부도통을 대리한다는 설이 있으나 확실치 않음.

3. 청국 관헌의 한국민에 대한 불법행위

(1) 곡물 수출 금지 고시에 관한 일

본건에 대해서는 왕전(往電) 제87호, 제88호, 제90호, 제94호, 제95호, 제98호, 제99호로써 상세하게 보고하였음.

(2) 청국 관헌의 불법징세

청국 관리는 지금도 왕왕 부정한 징세를 하는 자가 있음. 이번에 동성용(東盛湧) 세무국 총판 강진복(康振馥)은 7월 10일 지풍사(智豊社) 하촌(下村) 지방에서 한국민 7명에게 우마(牛馬) 매매세로 하여 금액 38원을 부정하게 징수하였음.

그 징수 방법은, 각 촌락을 순회하여 우마를 사육[飼養]하는 집에 대해 납세표(우마를 매매할 때에 청국 관헌에서 내려온 세금을 납부하고, 구매자가 납세한 증거)를 제출하게 하여, 바로 이를 취하고, 그 납세표에 기재된 매매가를 물어보아 만약 그 사육하는 주인이 매매가를 잊어버리거나, 혹 그 표에 기재된 금액과 사육하는 주인이 신청한 금액이 서로 어긋날 때는 해당 표를 위조품이라 보고 다시 우마의 매매세를 징수하며, 또는 위조된 표를 휴대하였다는 〈명목〉의 벌금으로 하여 적당[適宜]한 금액을 비감(比減)하는데, 만약 이에 불응하면 바로 고문[拷責]을 가하여 강제로 징수하였음.

위에 대하여 한국민의 소가 제출되었으므로 7월 11일, 모리카와 토루[森川享] 헌병중위를 해당 지역에 파견하여 엄중하게 교섭하게 함. 강(康)은 이윽고 자기의 행위가 부당함을 인정하고, 모리카와 중위 면전에서 이미 징수한 금액 전부를 각 징수를 당한 자들

---

23 「원안」에는 군용복(軍用服)으로 기록됨.

에게 반환하였음.

(3) 청병의 불법행위

이번 달 동안 들어 알게 된 청병의 불법행위는 다음과 같음.

(가) 6월 30일, 소속된 부대 명칭이 불명확한 청병 14명은 국자가(局子街)에서 종성간도를 경유하여 혼춘(琿春)지방으로 향해 가는 중에, 삼포사(三浦社) 삼합리(三合里)에서 14명 중에 13명이 모두 발검하고 함부로 삼합리의 한국인 가옥(9호)의 집 문[戶扉]을 열고 거실 안을 엿보며, 어떤 이는 부인의 손을 끌고, 또는 아동을 끌고 가는 등 종종 난리를 더하여 촌민을 공포케 했음.

(나) 7월 6일, 종성간도 하천평촌(下泉坪村)에서 청병 3명은 닭과 계란을 사고 귀가하던 도중에 있던 어느 한국인에게 닭 일부를 요구하였으나, 한국인이 이에 불응함으로 청병 1명이 휴대한 목봉으로 한국인을 구타하니, 한국인은 크게 두려워하여 닭 3마리[首] 및 계란 20개를 한전(韓錢) 550문〈을 주겠다는〉 약속으로 매각함. 청병은 한전 400문에 상당한 청전(淸錢)을 지불하고 도주하였음. 피해자의 소에 의거하여 하천평 헌병 분견소장은 바로 광제욕 병영대장 진구달(陳九達)에게 교섭함. 진(陳)은 종종 〈남을〉 비호[曲庇]하여 쉽게 〈교섭에〉 응하지 아니하였으나, 결국은 병졸에 대해 그 나머지 금액인 150문을 지불하게 하고, 또한 병졸에 대해서는 조사한 이후 〈죄에〉 상당하게 처분할 뜻이라고 답하였음.

(다) 7월 14일, 광제욕 병영의 청병 2명은 하천평에서 어느 한국인의 전지(田地)로 들어가 경작물을 밟았는데, 한국인이 평온하게 이를 제지하고자 하였으나 청병 1명은 신은 신발을 벗어 그 한국인의 등과 머리를 구타하여 미미한 부상을 입게 하였음. 피해자의 소로써 하천평 헌병분견소 반장이 대장 진구달에게 경고하였음.

이상 청병의 불법행위에 대해서는 오쿠무라 메구미[奧村惠] 헌병대위로 하여금 변무공서에 그 사실을 고하고 장래를 경고함.

4. 청국 병사와 우리 헌병의 쟁투사건

분분하게 토의 중인 두만강 나루터에서 7월 2일 청국 헌병 및 병사 10명과 우리 헌병 5명이 도선의 여부를 두고 한바탕 작은 쟁투를 야기하여, 피아 3~4명이 모두 경미한 타박상을 입기에 이름. 본 사건에 관하여 본관은 7월 3일 친히 진소상과 회견하고 엄중히 교섭하였음. 진소상은 당국 정부에서 본건에 관하여 협의가 성립하기까지는 난폭하게 도선을 저지하지는 않을 것과 현장에서 우리 헌병과 충돌을 일으키지 않도록 충분히 훈유(訓諭)를 더하겠다는 뜻으로 명백하게 말하였음. 해당 나루터에서는 그 후 히라타[平田] 헌병 중위 이하 10명을 증파하여 청병의 방해를 배제하고 도선을 속행하게 하였으며, 청병도 그 후로 감히 크게 방해를 가하는 일은 없었음(왕전 제79호, 제80호, 제82호, 제83호).

5. 폭도에 관한 건

이번에 폭도가 경흥지방에 나타나고, 다음으로 회령 부근에 나타난 것에 대해서는 청·한국민은 일반적으로 폭도가 우세한 쪽이라고 하여 〈그들이〉 간도에도 침입해 올 것이라는 불안[懸念]을 품어서 일시적으로 불안한 상태가 있었음. 그러나 이후 폭도의 행동이 심하지 않고, 우리 토벌대와 조우하면 언제나 빠르게 궤멸되어 하나도 되는 일이 없었으므로, 이러한 실정을 전해들은 자는 점차 폭도에 대한 위구심을 없애고 불안한 생각은 날로 박약해졌음. 그러나 폭도의 목적은 일부가 경흥지방으로 남하하여 무산·갑산 지방으로 향하고, 다른 유력한 일부는 우리 경비가 박약한 간도를 습격할 것이라는 소문이 있음. 또한 수괴인 이범윤(李範允)이 혼춘아문(琿春衙門)에 있으면서 간도로 진출하기 위하여 길을 빌린다고 신청하였다는 설(거절되었다고 함)은 사실인데, 인민 사이에 소문을 들으니 폭도는 몰래 러시아·청국 당국 관헌의 원조를 받는다고 추측되며, 한국 내지에 있는 우리 수비대가 폭도를 우선적으로 진멸하지 못하였던 것 등의 여러 원인으로 인하여, 혹여 유력한 폭도가 습격해올지 알 수 없다는 불안은 아직 완전히 없어지지 않아서 다소 불안한 생각도 있는 것이 일반의 상태임.

이번 폭도는 일본인[本邦人] 및 일진회원(一進會員)을 죽이는 것을 목적인 것처럼 표방한 결과, 청국인은 대개 폭도에 대하여 냉담하여 심히 불안해하는 상황은 아니고, 비록 한국인이라도 청국 관헌 혹은 청국 군대가 있는 곳에 거주하는 사람은 심히 불안해하는 상황이 아니나, 일진회원 및 일본인[本邦人]이 살고 있는 지방에 거주하는 한국인은 한층 폭도에 대해 공포를 가지고 있음. 그러나 해당 지역[當地] 부근 한민과 같이 심하게 우리 은혜를 입고, 우리의 시설을 덕으로 여기는 자는 크게 우리에게 동정을 표하고,

폭도에 대해서 자위상 〈목적과〉 우리 파출소를 경비하기 위하여 촌민이 협동하여 주야 경계에 태만하지 않고 있음. 현재 용정촌을 중심으로 하여 부근 2리의 지방[동양하리(東良下里), 지일사(智逸社), 동성용가(東盛湧街)]에 사는 한국민은 이상의 목적으로 각 촌에서 10호를 1조로 하고, 조에 조합장을 설치하여 촌장·사장과 협력해 조합촌민을 지도하고, 여관을 순검하고 출입 인사를 살피고 조사하며, 야간 경계를 두었음. 또한 순찰자를 설치하여 주야 간의 폭도 및 간첩이 배회하는 것과 아울러 습격에 대하여 엄중하게 경계하였음.

일반 한국민은 과거 이범윤이 간도관리사(間島管理使)로 부임[來莅]하였을 때, 그 횡포에 놓여 있었고[懸], 또한 이범윤이 물러난 뒤에 그 관계자는 청국 관헌에게 혹독한 대우를 받아 비상한 곤란을 맛본 일로써, 그 대부분은 충심[衷心]으로 이(李)와 그 부하인 폭도에게 동정하는 자가 없음. 심히 그 침입을 꺼리고 걱정하지만, 폭도의 세력이 강대해지면 혹여 우리에 대한 종래의 신뢰를 버리고 폭도에 아부하는 자가 생길지도 모르며, 특히 친러·숭청파(親露崇淸派)가 많은 종성간도에 사는 한국민은 향후 폭도세력의 강약에 따라 그 태도를 쉽게 판단하기 어려운 상황임. 폭도가 출현한 후로 오늘에 이르기까지는 아직 간도에 침입한 자취[形跡]는 없으나, 7월 13일에는 총기를 휴대한 이상자 5명이 종성간도 걸만동(傑滿洞) 지방을 배회하고, 또한 같은 달 11일경 온성간도 양수천자(凉水泉子) 부근에서 총기를 휴대한 폭도 같은 자 약 10명이 배회하였다는 설이 있었음. 그 후 종적을 찾을 길이 없으니 과연 사실인지는 불명확하나, 일반 폭도에 대한 수색 및 경계에 대해서는 더욱 강력하고 엄중히 실시하였음.

청국 관헌은 폭도가 간도에 침입하는 것을 방지하기 위하여 일반적으로 경계한 것은 사실이나, 그 경계는 확실하지 못한 것 같음. 또한 이번 폭도 출현 후로 지금까지 있던 경비를 보면 다음과 같음.

(1) 변무공서 및 종성간도 광제욕 병영에서 혼춘 또는 경흥지방에 간첩을 파견하여 폭도의 동정을 조사하게 한 일.
(2) 광제욕 병영에서 2~3명씩 정찰병을 두만강 연안 및 부근 촌락에 보내어 둔 일.
(3) 회령간도 사기동 병영에서 두만강 좌안(左岸)에 보초를 설치하여 경계한 일.
(4) 동불사가 병영에서 하사 혹은 순장이 지휘하는 병졸 3명 내지 5명을 순찰을 위해

주야 2회로 부근 촌락에 보내어 경계한 일.

(5) 동성용가 순중영(巡中營)에서 이번에 다시 야간 보초를 설치하여 등불 없이 통행하는 자를 누구냐고 〈묻고〉, 또 주야로 하사가 지휘하는 여러 명의 순라병(巡邏兵)을 보내어 거하게 한 일.

(6) 종성간도 학성촌[鶴城村](하천평에서 남동쪽으로 약 1리 거리)에 약 100명, 온성간도 알하하[嘎呀河](하천평에서 북쪽으로 약 10리 거리)에 약 60명의 청병을 새로 배치하여, 오로지 폭도의 침입을 방비하기 위해 거하는 것. 요컨대 청국 관헌에서는 폭도의 침입을 경계하여 거주함은 사실이나, 야간 순라 등은 확실하게 행하고 있지 않은 모양으로, 그 경계는 신뢰도가 부족함. 그러나 만약 폭도가 침입하면 속히 이를 간도 바깥으로 축출하는 것에 힘써서 우리 토벌대의 월강을 예방하는 행동에 집중하고 있음.

6. 용정촌 부근에 있는 농사현황[農況] 일반

용정촌 관측 기상표에서 농업에 크게 관계가 있는 온도 및 강우량을 보면 다음과 같음.

순별	평균 온도	최고 온도	최저 온도	강우 횟수	강우량
제1순	17도 4	(2일) 30도 0	(4일) 9도 0	5	23mm 6
제2순	19.2	(13일) 32.5	(11일) 8.5	6	8.3
제3순	22.0	(31일) 35.5	(23일) 12.0	10	30.5

7월 중 평균 온도 : 9.6도
7월 중 누계[積算]온도 : 608.0도
7월 중 강우 총량 : 62.4mm

위에 대하여, 이를 회령에서 관측한 〈메이지〉 40년(1907) 이 시기 사이의 온도 및 강우량과 비교하니, 작물이 가장 온도와 수분을 필요로 하는 생장기를 맞이했을 뿐만 아니라 6월 10일 이래 7월 3일에 이르기까지 20일 동안 가뭄[旱氣]이 이어져서, 강우량이 겨우 0.2밀리미터(6월 20일 0.1mm, 같은 달 26일에는 0.1mm)에 불과하였음. 가뭄 중에 소량의 강우는 도리어 작물 생리 상 피해를 입게 하는 일이 많아서, 어리고 약한 작물의 생육에 좋지 않은 영향을 줌. 7월 상순의 강우는 비교적 많았지만 중순에 들어서 강우 횟수가 많음에도 불구하고 강우량은 겨우 3밀리미터에 그쳐서, 단지 표토(表土)의 1~2촌의 깊이만을 적시고, 아직 하층토에 미치는 것에 이르지는 못함. 〈날씨가〉 맑아진 후에 작물은 재차 다소의 피해를 입어서 작물 생육의 상황이 부진[遲緩]하고 논밭[圃場]의 각 작물에 '뽑힌 싹[拔苗]'이 많은 것이 드물게 보임. 이들은 전후 2회의 날씨에 기인한 것이지만, 그러나 이와 같은 기후에서 경토(耕土)가 깊은 습지나 계곡은 도리어 양호한 결과를 얻어 소허리(小許里) 지방과 같은 농민은 환희하는 상황임.

7월 하순에 들어서 기온이 차례로 증가하며 흐린 날이 계속 이어지고, 강우가 빈번하여 강우량이 실제로 30.5밀리미터(1회 평균 3.05밀리미터)를 보여서, 각 작물의 생육이 점차 회복되어 현저히 신장함을 보는 것에 이르고, 이후 날씨가 순해서 농황은 평년작을 얻는 것은 어렵지 않음.

7. 자혜병원(慈惠病院)에 있는 환자의 진료상황

이번 달 사이 자혜병원에서 진료[施療]한 새로운 환자의 총계가 791명인데, 저번 달에 비해 52명이 증가하여 더욱 바빠졌고, 멀리서 온 환자로서 당(當) 용정촌(龍井村)에 숙박하는 사람 또한 끊이지 않는 상황임.

새로운 환자의 국적별, 남녀별 〈비율〉은 다음과 같음.

국적별 남녀별	일본	한국	청	계
남	51	396	50	497
녀	35	245	14	294
계	86	641	64	791

비고: 질병 중에 말라리아[麻剌里亞]는 지난달과 거의 비슷한 모양으로, 최대 숫자인 69명으로 계산됨. 다음에 장염[腸加答兒] 환자가 많음. 말라리아는 한국인에게서 발병되는 경우는 전부 날을 걸러 열이 나고, 발작은 정규적임. 추워 떠는 것으로 시작하여 비장이 비정상적으로 붓는 것[脾腫]에 약한 사람이 많아서, 한국인은 이를 '복학(腹瘧)'이라고도 칭함.

8. 이번 달 안에 경무과에서 처리한 경찰사건은 별표와 같음.

9. 파출소원[所員]의 동정

7월 17일, 간도 헌병 분대장 헌병소좌 사카이노 다케노신[境野竹之進]에게 해당 파출소 경찰사무를, 같은 부대의 1등 군의(軍醫) 오노 주니치[小野純一]에게는 해당 파출소 위생사무를 촉탁함. 파출소원 일동은 자못 건전하여 해당 직무에 정려하고 있음.

위를 보고함.

부(附)의 속(屬) 1. 간도 방곡 고시(間島防穀告示)

- 날짜: 융희 2년 6월 4일(1908년 7월 2일)

[별지(別紙)]

흠가오품함 상대화령(欽加五品銜賞戴花翎) 양판길림변무교섭 겸 전성영무처사의서(勷辦吉林邊務交涉兼全省營務處事宜署) 연길무민부 겸 이사부(延吉撫民府兼理事府) 도빈(陶彬)이 양곡을 국경 밖으로 운반하는 것을 엄금한다.

살펴보니, 연길청의 작년 추수는 비록 평년작(平年作)이라고는 하지만, 본 고장에서 나는 양곡으로는 본 지역의 수요를 겨우 공급할 정도인데, 현재 본 고장이 날이 갈수록 더욱 번성하여 군인과 민간인이 모여들고 있으니 필요한 양곡이 반드시 많을 것이다. 전에 간사한 상인이 내지(內地)의 양곡을 사서 국경 밖으로 내보내 양곡의 가격이 날이 갈수록 비싸져서 군인과 민간인이 모두 영향을 받았으므로 일찍이 금지를 공표한 내용이 당안(檔案)의 기록에 있다.

이번에 각 처를 조사해 보니, 예전처럼 무지한 상인이 있어 제멋대로 곡식을 사서 국경 밖으로 운반하고 있으니, 이는 실로 금령을 어기는 것이다. 마땅히 재차 금령을 내려 엄금한다는 뜻을 보이노니, 상인과 백성 등은 모두 잘 알아서 지금 거듭 금령을 내린 이후로는 너희들 양곡을 저장하고 있는 집에서는 본 지역에서만 내다 팔고, 상인과 백성을 막론하고 곡식을 국경 밖으로 내다 팔아서는 안 된다. 혹시라도 불초(不肖)한 상인과 백성이 공공을 이익을 염두에 두지 않고 자신의 이익만을 도모하여 양곡을 판매하여 국경 밖으로 운반하는 자는 각 해당하는 곳의 순경(巡警)과 향약(鄕約), 지보(地保)[24]가 그때마다 저지할 것이며, 만일 복종하지 않는다면 즉시 판매하고 운반한 사람과 판매한 곡식을 모두 호송해 온 다음 법에 따라 징계할 것이다. 본 이사부(理事府)는 가르친 이후에 처벌하려 하니, 고시한 내용을 살피지 못하였다고 말하지 말라. 각기 금령을 준수하고 어기지 말도록 특별히 고시한다.

위의 유시를 널리 알리라.

광서 34년 6월 4일

고시를 첨부한다.

부(附)의 속(屬) 2. 경찰사건표

메이지 41년 7월 1일부터 같은 년 7월 31일까지

경찰사고표

사항	건수	적요
구타	8	1건은 원고 청국인 남자 1명, 피고 한국인 남자 2명, 피고를 타이름. 1건은 원고 한국인 남자 1명, 피고 일본인[本邦人] 남자 1명, 피고를 타이름. 1건은 일·청국인 남자 각 1명, 쟁투, 일본인은 타이르고 청국인은 청국 관헌에게 인도함. 1건은 청·한국인 남자 각 1명, 쟁투, 한국인은 타이르고 청국인은 청국 관헌에게 인도함. 1건은 청·한국인 남자 각 1명, 쟁투, 한국인은 타이르고 청국인은 청국 관헌에게 인도함. 1건은 원고 한국인 남자 1명, 피고 청국인 남자 1명, 피고를 타이름. 1건은 원고 일본인 남자 1명, 피고는 청국인 남자 1명, 청국 관헌과 교섭. 1건은 원고 한국인 남자 1명, 피고 한국인 남자 2명, 피고를 타이름.

24 지보(地保)는 청조와 중화민국 초기에 지방에서 관청의 업무를 도와 치안 등의 일을 담당하던 사람을 가리킨다.

과실로 창상을 입힘	1	원고 한국인 남자 1명, 피고 청국인 남자 1명, 피고에게 타이르고 서로 분쟁을 해결하게 함[示談].
토지소유권에 관한 분쟁	2	1건은 원고 한국인 남자 1명, 피고 청국인 남자 1명, 피고에게 타이르고 서로 분쟁을 해결하게 함[示談]. 1건은 원고 한국인 남자 1명, 피고에 대하여 청국 관헌과 교섭.
구매한 병든 말을 반려한 것에서 분쟁이 생긴 것	1	원고 한국인 남자 1명, 피고 청국인 남자 1명, 쌍방을 타이르고 서로 분쟁을 해결하게 함[示談].
다른 집에 함부로 들어가고 또 금전을 강제로 청한 것	2	1건은 원고 한국인 남자 1명, 피고 청국인 남자 1명, 피고를 타이름. 1건은 원고 한국인 남자 2명, 피고 청국인 남자 1명, 피고는 청국 관헌에게 인도.
소 1마리를 습득하고 반환하지 않으려고 한 것	1	원고 한국인 남자 1명, 피고 청국인 남자 1명 청국 관헌에 교섭하여 반환하게 함.
외설적인 행위를 하고자 한 것	1	원고 한국인 여자 2명, 피고 청국인 남자 1명, 피고는 청국 관헌에게 인도함.
소작료에 관한 분쟁	2	1건은 원고 한국인 남자 1명, 피고 청국인 남자 1명, 피고를 타이름. 1건은 원고 한국인 남자 1명, 피고 청국인 남자 1명, 피고에 대하여 청국 관헌에게 교섭.
부정한 징세	2	1건은 징세를 당한 한국인 남자 7명, 징세를 한 청국 관리 1명, 청국 관리에게 타이르게하여 반환하게 하였음.. 1건은 원고 한국인 남자 1명, 피고 청국 관헌, 청국 관헌과 교섭한 후 징세를 정지함.
부정한 매수	1	원고 한국인 남자 1명, 피고 청병 3명, 청병에 대해서는 청국 관헌에 교섭함.
작물을 훼손하고 또 지주를 구타한 것	1	피해자 한국인 남자 1명, 가해자 청병 3명, 청병에 대해서는 청국 관헌에 교섭함.
만취[酩酊]한 후에 강제로 금전을 빌리고자 한 것	1	원고 한국인 남자 1, 피고 일본인 남자 1명, 피고를 타이름.
규정된 우거 사용료를 지불하지 않은 것	1	원고 한국인 남자 1, 피고 일본인 남자 1명, 피고를 타이르고 지불하게 하였음.
거주신고를 태만하게 한 것	1	일본인 여자 1명, 타일러 신고하게 하였음.
방곡령으로 곡식을 적재한 우거를 지불한 것	1	피해자 한국인 남자 1명, 청국 관헌에게 교섭.

일용임금의 지불을 게으르게 한 것	4	1건은 원고 한국인 남자 1명, 피고 한국인 남자 1명 피고를 타이름. 1건은 원고 한국인 남자 1명, 피고 청국 관헌, 중국 관헌과 교섭중. 1건은 원고 한국인 남자 1명, 피고 일본인 남자 1명, 피고를 타일러 지불하게 하였음. 1건은 (원고 탈락) 청국인 남자 1명, 피고 일본인 남자 1명, 피고를 타일러 지불하게 하였음.
폭도라는 의심이 있는 자	1	한국인 남자 1명, 증거가 불충분하여 놓아 보냄.
폭도의 간첩이라는 의심이 있는 자	3	각 건은 혐의자가 모두 한국인 남자, 증거가 불분명하여 놓아 보냄.
폭도와 몰래 통했다는 의심이 있는 자	3	각 건 모두 한국인 남자, 증거가 불충분하여 놓아 보냄.
금전을 주고 받은 것과 관련하여 분쟁이 생긴 것	2	1건은 원고 한국인 남자 1명, 피고 한국인 남자 1명 피고를 타이름. 1건은 원고 한국인 남자 1명, 피고 한국인 남자 1명 피고를 타이름.
재혼과 관련된 분쟁	1	원고 한국인 여자 1명, 피고 한국인 남자 2명, 원고·피고 양쪽을 타이름.
쟁론	1	원고 청국인 남자 1명, 피고 한국인 남자 1명, 원고·피고 양쪽을 타이름.
폭행	1	원고 한국 순사 1명, 피고 일본인 남자 1명, 원고·피고 양쪽을 타이름.
한국 순사의 제지에 응하지 않은 것	1	일본인 남자 1명, 타이름.
만취[酩酊]한 후에 다른 사람의 의복을 파손한 것	1	원고 한국인 남자 1명, 피고 한국인 남자 1명, 피고를 타이른 뒤에 손해를 배상하게 함.
신고 없이 폭죽[烟花]을 쏜[打揚] 것	1	일본인 남자 1명, 타이름.
쟁투	1	일본인 남자 4명, 타이름.
야간에 가택에 침입하여 부녀를 구타한 것	1	원고 한국인 여자 1명, 피고 한국인 남자 1명, 피고를 타이름.
연령사칭	1	일본인 여자 1명, 타이름.
심야에 떠들었던 것	2	2건은 모두 일본인 남자 각 1명씩, 타이름.
책무불이행	3	1건은 원고 한국인 남자 1명, 피고 한국인 남자 1명, 피고를 타이르고 지불하게 함. 1건은 원고 청국인 남자 1명, 피고 일본인 남자 1명, 피고를 타이르고 지불하게 함. 1건은 원고 일본인 여자 (글자 탈락), 피고 일본인 여자 1명, 피고를 타이름.
자위단 조직 및 그것에 대한 것	1	한국인 남자 1명, 타이름.
검시(檢屍)	1	한국인 남자 1명, 아편 중독.
가축을 방사하여 농작물에 손해를 준 것	1	원고 한국인 남자 1명, 피고 청국인 남자 1명, 피고를 타일러 서로 분쟁을 해결하게 함[示談].

승마하여 유아를 부상하게 한 것	2	1건은 원고 한국인 남자 1명, 피고 한국인 남자 1명, 피고를 타일러 치료금을 지급하고 서로 분쟁을 해결하게 함[示談]. 1건은 원고 한국인 남자 1명, 피고 한국인 남자 1명, 피고를 타일러 서로 분쟁을 해결하게 함[示談].
공동의 상업 이익을 분배하는 것으로부터 쟁론한 것	1	한국인 남자 2명, 양쪽을 타이름.
가축을 습득한 것	3	1건은 소 1두, 2건은 말 2두, 잃어버린 사람이 분명하지 않아서 각각 습득한 사람에게 보관하게 하였음.
숙박영업을 청원한 것	1	한국인 남자 1명, 허가
도우(屠牛) 검사를 청원한 것	1	위와 동일
불결한 장소를 청소하지 않은 것	11	한국인 남자 9명, 여자 2명, 타이름.
시장도로를 사는 건에 대한 청원	2	한국인 각자 21명, 타이른 뒤에 청원을 각하함.
통행을 방해한 것	3	한국인 남자 3명, 타이름.
만취[酩酊]한 후에 쟁론한 것	5	한국인 남자 3명, 타이름.
무리가 모여 있는데 말을 달린 것	5	한국인 남자 5명, 타이름.
범랑(泛浪)하였다는 의심이 있는 자	9	한국인 남자 9명, 타이름.
도로 위에 방뇨한 것	1	한국인 남자 1명, 타이름.
가축을 방사한 것	17	한국인 남자 17명, 타이름.
북한 폭도 침입의 소문을 두려워하여 다른 촌으로 피난하고자 한 것	4	한국인 남자 4명, 타이름.
합계	122	

39. 배일한어신문(포염사덕에서) 창간에 관한 신고서 제출의 건

- **원문제목** 排日韓語新聞(浦鹽斯德에서)創刊에關한報告書轉呈의件(往復案2冊)
- **날짜** 융희 2년(1908) 8월 13일
- **발신** 통감부 부통감(統監府 副統監) 소네 아라스케[曾禰荒助]
- **수신** 내각총리대신(內閣總理大臣) 이완용(李完用)

기밀통발(機密統發) 제1017호

이번에 블라디보스토크[浦鹽斯德]에서 반일[排日] 한국어판[韓字] 일간신문을 창간하였다는 내용으로 사이토[齋藤] 간도파출소장으로부터 별지로 등사한 것과 같이 보고가 있으므로 참고하시기 바라며 이에 통보합니다.

메이지 41년(1908) 8월 13일
통감대리 부통감 자작 소네 아라스케
태자소사 내각총리대신 이완용 각하

부(附). 위와 같은[上同] 보고서

- 날짜 : 융희 2년(1908) 7월 29일
- 발신 : 간도파출소장 사이토 스에지로
- 수신 : 통감부 부통감 소네 아라스케

통파밀보(統派密報 제24호)
특보(特報)

메이지 41년(1908) 7월 29일

통감부 임시 간도파출소장 사이토 스에지로

부통감 자작 소네 아라스케 귀하

러시아력[露曆]으로 6월 24일(우리 7월 7일) 발간한 『포염(浦鹽) 달료까야 오끄라이나(Далекая окраина)』 신문지의 잡보란 안에 다음과 같은 기사 게재가 있어서 참고하시길 바라며 이에 보고함.

6월 하순, 블라디보스토크[浦鹽斯德]에서 『데-돈곤보-』[대동공보(大同公報)](한국통신)이라 이름한 한국어판[韓字] 일간신문을 발행함. 그 체재는 '호놀루'에서 발행하는 한국어판[韓字] 신문과 같은 모양으로, 한국에서의 일본의 감화에 반대하는 교훈을 주는 것을 위주로 하고, 한국 현재[現時]의 상황에 정통한 퇴직 육군 대좌 미하일로프(К.Ф. Михайлов) 씨(氏)가 그 기사를 주재한 것이라 함.

40. 간도 한국관리 숙사 건축비의 지출 독촉

- **원문제목** 間島韓國官吏宿舍建築費의支發催促(往復案2冊)
- **날짜** 융희 2년(1908) 8월 22일
- **발신** 통감부 부통감(統監府 副統監) 소네 아라스케[曾禰荒助]
- **수신** 내각총리대신(內閣總理大臣) 이완용(李完用)

기밀통발(機密統發) 제1066호

5월 25일 기밀통발(機密統發) 제601호로써 조회하였거니와, 간도 주재 귀국 관리 숙사 건설에 필요한 경비 지출 건에 관하여, 사이토[齋藤] 파출소장이 독촉하는 일도 있으니, 어떠한 회답을 지급히 보고 널리 알리기[示明] 바랍니다.

메이지 41년(1908) 8월 22일
통감대리 부통감 자작 소네 아라스케
태자소사 내각총리대신 이완용 각하

41. 간도 헌병분견소 배치 주사 및 순사의 증파와 회계사무사 담당원 추가파견 통보

- **원문제목** 間島憲兵分遣所配置主事및巡査의增派와會計事務事擔員添派通報 (往復案2冊)
- **날짜** 융희 2년(1908) 8월 29일
- **발신** 내각총리대신(內閣總理大臣) 이완용(李完用)
- **수신** 통감부 부통감(統監府 副統監) 소네 아라스케[曾禰荒助]

조복(照覆) 제390호

간도에 있는 본국인의 보호를 한층 조밀하게 하기 위해 신설한 헌병분견소 4개소에 배치할 주사와 순사를 증견할 일로 기밀 제879호로 귀부에 조회를 접수[接准]하여 내부로 공문을 발송[行文]하였습니다. 현재 답신 문서[覆文]를 접하니, 이번에 통감부에서 간도에 신설한 헌병분견소 4개소에 배치할 주사와 순사를 증견하는 일에 관하여, 저번 달 16일 부비발조회(附秘發照會) 제500호로써 귀하가 보낸 조회는 접수하였습니다. 위는 귀하에게 받은 문서[來文]로 보인 것과 같이 4명의 주사와 12명의 순사는 일어를 숙지한 자를 선택하여 이미 하나하나 임명을 완료하여 바로 해당 지역에 파견할 것입니다. 이 취지를 통감부에서 회답[覆牒]하시기를 바라며, 이에 조회하니 조량하시기를 바랍니다. 또한 동일 지역에서 해당 부가 관장하는 회계 사무는 지금까지 사이토[齋藤] 통감부가 해당 지역 출장소장에게 위촉하였으나, 미리 위〈와 같은 직능을〉 해촉하는 일로 파출소장의 조회를 접하였으니, 이번 회계 사무를 전담할 사람으로 일본인 주사 및 고원(雇員) 각 1명을 파견하기로 결정하였습니다. 이도 바로 임명한 뒤에 출발하게 하겠습니다. 아울러 통감부에 통보하시길 바라며 이에 신첨(申添)하며, 이러한 일들로 인하여 이 회답 문서[照覆]를 준수하니, 조량하시기를 바랍니다.

융희 2년(1908) 8월 29일
태자소사 내각총리대신 이완용
통감대리 부통감 자작 소네 아라스케 각하

42. 간도 사정 보고서 제출의 건

- **원문제목** 間島事情報告書呈覽의件(往復案2冊)
- **날짜** 융희 2년(1908) 9월 30일
- **발신** 통감부 부통감(統監府 副統監) 소네 아라스케[曾禰荒助]
- **수신** 내각총리대신(內閣總理大臣) 이완용(李完用)

기밀통발(機密統發) 제1248호

사이토[齋藤] 통감부 임시 간도파출소장의 월보(月報), 통파월보(統派月報) 제8호를 별지에 등사하여 이에 송부합니다.

메이지 41년(1908) 9월 30일
통감대리 부통감 자작 소네 아라스케
태자소사 내각총리대신 이완용 각하

부(附). 위와 같은[上同] 월보

- 날짜 : 융희 2년(1908년 9월 8일)
- 발신 : 통감부 간도파출소장 사이토 스에지로
- 수신 : 통감부 부통감 소네 아라스케

통파월보(統派月報) 제8호
월보

메이지 41년(1908) 9월 8일
통감부 임시 간도파출소장 사이토 스에지로
통감대리 부통감 자작 소네 아라스케

1. 지방 일반의 상황

청국 관헌이 포고한 곡류 수출의 금지는 우리의 엄중한 항의에 의해 이번 달 12일 말에 이를 해제하였음. 또한 본관은 위 곡류 수출 금지는 제1호와 같이 〈일반적인〉 수출과는 관계가 없다는 내용으로 고시하였음. 또한 두만강 연안에 출현[出動]하는 폭도의 일부는 간도에 들어왔으나, 우리의 조밀한 경계로 인해 〈그들이〉 이룬 일이 하나도 없고 〈이내〉 뿔뿔이 흩어져 민심이 점점 안도하여 우리를 신뢰하는 생각이 다시 두텁고 심해졌음. 이번 달에 들어서 기후가 순하고, 오곡이 풍성하여 인민이 크게 기뻐하는 상태에 있음.

2. 청국 관헌의 동정

(가) 이번 길림서리순무로 전임한 변무독판 진소상은 변무판사관 왕무원(王茂元) 및 변무판사관 왕국침(王國琛)을 데리고, 이번 달 19일에 국자가를 출발하여 영고탑을 경유하여 봉천으로 향했음(왕전(往電) 제113호로 보고하였음).

(나) 변무공서 협판 오록정은 군사회의에 참석하기 위하여 3월 중 봉천에 출장 중이었으나, 그 뒤로 관성자(寬城子) · 하얼빈[哈爾賓] · 블라디보스토크[浦鹽] · 혼춘(琿春)을 경유하여 이번 달 8일에 귀임하였음(왕전 제104호로 보고하였음).

그런데 오(吳)는 이번에 전임하고, 그 후임자는 봉천(奉天) 동삼성(東三省) 독련처(督練處) 병비처(兵備處) 총판(總辦) 부양좌(傅良佐)라고 함. 부(傅)는 제3기 유학생으로 우리 사관학교를 졸업하고 올해 35세라고 함.

(다) 7월 중순에 변무공서에 도착한 청국 정군의(正軍醫) 이하 4명은 이번 달부터 같은 변무공서 안에 의무실을 개설하였음.

(라) 이번 달 11일, 종성간도 시건평(詩建坪)에 청국 파판소를 개설하고, 국자가(局子街)에서 청병 25명을 파견하였음.

(마) 이번 달 9일, 국자가에서 청병 약 30명을 종성간도 마파(馬派) 파판소에 파견하였음.

위 2항은 맞은 편 연안에 있는 한국 폭도를 경계하기 위함이라고 함. 또한 그것 외에 폭도를 경계한다 말하고, 7월 21일 이후로 양수천자(凉水泉子)에서 온성간도 알하하(嘎呀河)에 장교 이하 약 41명, 온성간도 학성평(鶴城坪)에 장교 이하 약 82명을 주둔시켰음. 다만 폭도가 지난번에 종성간도에 진입하여 그 후 흑산령(黑山嶺) 산중에 방황할 때에 청병이 하등의 조치를 한 것을 보지 못하였음. 폭도를 경계한다고 하는 것은 단지 구실에 불과한 것으로 사료됨.

3. 청국 관헌의 불법행위

(가) 우리 관헌에 대한 사례

(1) 우리가 증파한 헌병이 들어오는 것을 저지한 사건

이번 달 3일에 이번에 증파한 헌병 21명은 회령간도 학성(鶴城) 계사처(稽査處) 앞을 통과하고자 했는데, 이곳 소장인 이영성(李榮成)은 조회 없이 자신들의 아문 앞을 헌병이 통과할 수 없다고 하고, 가는 것을 저지하고자 하였음.

당시 우적동(禹跡洞) 분견소에 출장하였던 헌병 중위 모리카와 토루[森川享]는 미리 이러한 일이 있을 것을 예상하고, 분견소 앞에서 해당 일행을 인솔함에 이르러서야 이영성에게 그 이유〈의 근거가〉 없다는 것을 변론하니, 이영성은 다시 휴대화물을 적재한 소수레를 한번 보고, 헌병과 화물을 같이 끌고 돌아가라고 요구함. 그러나 모리카와[森川] 중위는 절대적으로 그 요구를 거부하고, 담론을 수차례 나눈 뒤 해당 일행을 통과하게 하였음.

이후 학성 계사소에서는 통행인 및 그 화물에 대해 한층 엄중하게 검문을 실시하였음.

(2) 우리의 병기·탄약을 억류한 사건

이번에 한국 내부(內部)에서 우리 파출소에 부속된 한국경찰관리에게 지급하기 위하여 소총 30정 및 탄약 9,000발을 송부함. 이 총기·탄약은 소 수레 4량(輛)에 적재하여 회령경찰서 순사 및 우적동 분견소 헌병이 호위하여, 이번 달 4일 학성 계사소 앞을 통과하고자 하였음.

그러나 학성 계사처의 장(長)인 이영성은 그 통과를 거절하니, 우리 헌병은 해당 병기가 괴이한 물건이 아니라는 뜻을 변명하였으나, 수긍하지 않고 부하를 지휘하여 강제로

해당 병기·탄약을 소 수레에서 내려 계사소 안으로 억류하였음.

위에 대하여, 당시 우적동에 출장하였던 모리카와 중위는 이영성에게 그 불법을 힐책함. 이에 이영성은 타국의 영토에 병기·탄약을 수입하는 것은 만국공법에 위반하는 것이고, 만약 이것이 필요하다면 우리 관헌에 조회하지 않으면 안 될 것인데, 하등의 조회도 전혀 없었으므로 이를 억류한다고 말하였음. 〈이에〉 모리카와 중위는 해당 지방 일대는 소속이 아직 정해지지 않았으니 일반적인 국제관례에 근거하는 것이 없다고 말하고, 그 인도를 요구하였으나 李는 불응하였음. 모리카와 중위는 어떠한 담판을 하더라도 그 효과가 없음을 인지하고, 인솔한 헌병으로 하여금 병기·탄약을 재차 소 수레에 적재하고자 하였는데, 계사소 순목(巡目)이 순경 3명을 지휘하여 엽총을 장전하고, 중위 일행에게 총을 겨누는 데에 이르렀음.

모리카와 중위는 이튿날 5일 당소(當所)에 도착한 통역생과 동행하여 다시 교섭을 중개하였으나, 이영성은 완고히 거부하고 응하지 아니하였기 때문에 중위 일행은 도저히 교섭하는 것이 무익하다는 것을 인지하고 돌아가고자 함. 이때 해당 담판을 방청하였던 길림변무공정 제1영 관대 이문조(李文藻)가 이영성에게 반환하는 것이 지당하다고 설명한 결과, 겨우 병기를 인도받았음. 본건에 대해서는 엄중한 항의를 제출하고 또한 오쿠무라[奧村] 헌병대위로 하여금 상세하게 그 부당함을 조사[覈]하여 이영성의 처분을 요구하였음(왕전 제106호로 대략 보고하였음).

(3) 우리 우편물을 검사하고자 한 사건

이번 달 10일, 간도 우편국 체송인(遞送人)이 우편물을 체송하고 회령에서 우편국으로 돌아가는 길에, 두만강 나루터에서 청국 헌병 및 순경은 그 우편물을 검사하고자 하여, 체송인은 이를 거절하니, 해당 헌병들은 체송인을 2~3회 구타하였음.

이 분쟁 중에 같은 장소를 감시하기 위하여 출장한 우적동 헌병은 현장에 임하여 그 분쟁을 제지하고 무사하게 우편물을 발송[遞送]하게 하였음.

위 사건에 대하여, 헌병 군조(軍曹)를 사기동(砂器洞) 파판소에 보내어 그 불법성을 따지니, 사기동 파판소장은 당시 체송인은 상의를 벗어서 우리 헌병은 우편물을 인식할 수 없었고, 보통 화물로 믿고 검사하고자 한 것인데 언어가 충분히 통하지 않아서 분쟁이 생겼다고 변명[辨疏]하였음. 〈이에〉 헌병은 체송인이 만약 진짜로 규정[制規]한 복장을 하지 않았다고 하더라도, 그 우편물은 표지[外裝]에 〈그 내용물이〉 명기되었으며, 또한 귀국 헌병도 항상 이를 목격하였을 것인데, 그 우편물을 몰랐을 리가 없다고 말하고 앞으로는 충분히 주의를 가하라고 요구하였음.

또한 이번 달 12일 국자가 분견된 오쿠무라 헌병대위를 변무공서에 보내어 진소상의 대리자인 증기수(曾紀壽)와 회견하고 해당 헌병·순경의 처분을 요구함. 증(曾)은 귀국에서 현상유지를 깨고 병기·탄약 등을 수입하는 것은 불법이며, 특히 근래 이범윤 일파의 폭도는 몰래 병기의 수입을 도모할지도 모르니, 이것들을 방지하기 위하여 들어오는 모든 화물을 검사하라는 진소상의 명령이 이미 있어서 이번 일도 해당 명령에 준거하여 우편물을 검사한 것이라 처벌의 요구에 응하기 어렵다고 말하였음. 결국에 이번 이후로 우편물은 검사를 하지 않겠다고 말했지만, 오쿠무라 대위는 우편물은 물론이요 우리나라 사람의 화물은 무릇 검사를 받을 이유가 없으니 장래 조사에 응할 수 없다고 고하였음.

(4) 우리 헌병 분견소의 신설을 방해한 사건

이번 종성간도 걸만동(傑滿洞)에 분견소를 신설하고, 이번 달 24일 헌병 상등병 5명을 부임하게 함. 그 도중 마파(馬派)의 북방으로 약 20정 지점에서 마파 파판소장 성우례(成友禮)가 병사 17명을 끌고 왔음. 각 병사들은 모두 총을 장전하였는데, 〈그〉 안의 10명은 도로 한 측을 정렬하게 하고, 7명은 도로를 막아 우리 헌병 일행의 행진을 막으며, 성우례는 필담으로 어떠한 곳으로 가느냐 물으니, 상등병은 걸만동에 간다는 내용으로 답함. 성(成)은 우리 상사에게 하등의 통지가 없으니 통행할 수 없다고 하고 그 진입을 저지하였음.

상등병 일행은 위〈와 같은 상황〉을 고려하지 않고 억지로 통과하고자 하니, 청병들은 그 앞을 서서 막아 통과하지 못하게 하고, 또한 마파 파판소로 동행하자고 요구하였음. 상등병은 이를 엄격하게 거절하고, 도로 위에서 휴식하며 걸만동에 먼저 도착한 한국 순무 및 통역을 호출하여 이치를 다하여 그 통행을 방해할 이유가 없음을 설명하였음. 결국 성우례는 다음 날 국자가의 상사에게 보고하여 다시 교섭하러 왔다고 〈상등병 일행에게〉 고하고 돌아가면서 상등병 일행은 겨우 걸만동에 도착할 수 있었음.

본건은 이번 달 30일 오쿠무라 대위로 하여금 병력으로 우리에게 방해를 가한 불법된 점에 대하여 변무공서에 항의했음. 오록정은 병이 있어서 관모(關某) 대리자와 회견하였음. 〈이때〉 오쿠무라 대위는 우리 헌병은, 어떠한 병력으로 협박하더라도 상관의 명령이 없는 이상 절대 철퇴하지 않을 것이며, 만약 다른 의논이 있으면 우리 파출소에 교섭하던지 또는 우리 정부에 항의를 제출하는 방법을 구하는 것이 옳거늘, 직접적으로 파견[出張]된 병사들[兵員]에게 향하여 철퇴하라 협박하는 것과 같은 것은 쓸데없이 사단을 자생시킬 뿐이라고 말하였음. 〈이에〉 관(關)은 귀 파출소에서 이번 걸만동에 분견소를 신설한 사건에 대하여 서세창(徐世昌) 총독에게 보고하였더니, 서 총독으로부터 이를 철퇴하게 하는 것이 가하다는 명을 받았기 때문에 불가불 철퇴를 요구하지 않을 수 없었다고 주장함. 오쿠무라 대위는 오록정의 병이 회복된 후 재차 교섭할 것이니 걸만동에서 귀국 파판소가 병령을 써서 폭행을 감히 하지 못하도록 엄중하게 훈계해달라고 요구하였음.

(나) 한국 관민에 대한 사례

(1) 한국민이 자국 국기를 게양하는 것을 방해한 사건

이번 달 14일은 한국 기원절(紀元節)이었기 때문에, 회령간도 우적동 부근 한국민은 각호에 한국 국기를 게양하고 축의를 표하였음. 같은 날 오후 9시경 사기동 파판소장 손부귀(孫符貴)는 병사를 이끌고 문화사(文化社) 남상동(南尙洞)에 이르러 각호의 한국 국기를 뽑아 없애고, 또 촌민에게 너희들은 어떠한 이유로 우리 영토에서 한국 국기를 게양하였느냐고 힐문하였음. 촌민들은 오늘은 한국 개국기원절이어서 게양하였다는 내용으로 답함. 손부귀는 오후에 다시 이와 같은 부당한 일이 있으면 〈그에〉 상당하게 처분하겠다고 하고, 이미 뽑아 없앤 국기를 가지고 이윽고 사기동으로 돌아갔음.

본건에 대해서는 이번 달 22일, 오쿠무라 헌병대위가 변무공서에 이르러 오록정과 회견하고 항의를 제출하였음. 오록정은 본 사건에 관해 이미 손(孫)으로부터 보고를 접하였고, 자신이 그 불법된 일을 훈계하고, 또한 앞으로 이러한 일이 없도록 엄히 경계를 가하겠다고 답하였음.

또한 이번에 무라타[村田] 통감부 무관 및 아카시[明石] 헌병대장이 순시할 때, 〈그〉 길에 접해있던 한국민은 환영하기 위하여 각호에 한국 국기를 게양하였는데, 회령간도 학성촌 계사소장 이영성은 순경을 부근 촌락에 파견하여 국기를 철거하게 하고, 또한 소중한 한국민 지일룡(池日龍)·홍군평(洪君平)·허중오(許中五) 3명을 계사소로 동행하여 3명에게 이후로 결코 한국 국기를 게양하지 말라고 타이르고 이를 서약하게 했음.

같은 날 이영성은 학성촌에 사는 한국민 이기남(李基南)·박도일(朴道一) 두 사람을 계사소로 소환하여 말하기를, "너희들은 촌의 유력자[頭民]라 불리는 자들인데, 오늘 촌

민에게 국기를 게양하게 하는 것은 타당하지 않으니, 이후 촌민에게 국기를 걸지 말게 하라"고 타이르고, 또한 이들에게 이후로 촌민에게 국기를 게양하게 하지 않겠다고 서약하게 하고 방환시켰음.

그리고 영화사(永化社) 미전동(米田洞) 지방에는 대랍자(大拉子)에서 순경을 파견하여 한국 국기를 게양하는 한국민을 감시했음. 실제로 당일 미전동의 촌민은 우리들도 국기를 걸어서 경의를 표했을 터이지만, 학성(鶴城) 지방의 한국민이 국기를 걸다가 인도를 당하였다는 소식을 전해들은 데다가 청국 순경이 이 지방에 와서 국기를 건 자를 감시한다는 것을 〈들으니〉 뒷날의 고난이 꺼려져 〈국기를〉 게양하지 못했다고 말하였음.

이상의 사건에 대하여 우적동 분견소에 출장한 모리카와 헌병중위는 이번 달 26일 이영성과 회견하고 〈그 조치의〉 타당하지 못한 점을 책망하니, 이영성은 "이 땅은 우리 영토인데 한국민이 우리 영토에 와서 땅을 경작하고 쌀을 먹으며 물을 마시는 것은 비록 〈그들이〉 한국민이라 할지라도 우리 국민과 다를 바가 없기 때문이다. 그런데 우리의 보호를 향유하면서 우리 허가 없이 국기를 게양하는 것이 타당하지 못하기 때문에, 그 게양을 금지하였다"고 답하였음.

중위는 이 땅의 소속이 〈어딘지는〉 아직 정해지지 않아서 분쟁[係爭] 중이라는 것과, 한국민은 우리 파출소에서 보호한다는 것, 어떤 국민이든지 자국의 축제일 또는 기타 축일에 국기를 게양하는 것은 자유라는 것을 설명하고 장래 방해를 가하지 않기를 요구하였음.

(2) 한국민을 강제하여 청국 국기를 걸게 한 사건

이번 오록정이 종성간도 및 회령간도 지방을 순시한다 말하고, 대랍자(大拉子) 경력청(經歷廳) 허덕유(許德洧)는 다음 기록된 영달서(令達書)를 내어, 자국에서 임명한 향약들에게 이를 관내 촌민에게 전하게 하였음.

[영달서](번역문)

8월 5일 오(록정) 총판이 순열하는 것에 대해, 각 중국[華]·한국 인민에게 유시하노라. 각호에 용기(龍旗)를 반드시 게양하는데 착오가 없게 할 것인데, 이로 말미암아 먼저 그 뜻(旨)을 전달[傳諭]하니, 〈그것을〉 이를 준수하여 틀림없게 하는 것이 옳다. 또한 이를 특별히 유시한 것은 한국민으로 하여금 다시 일본 국기를 거는 것을 허가하지 않는 것이며, 게양자가 만약 있다면 나포한 뒤 공서에서 처벌[懲辦]하겠다. 〈이러한 조치를〉 예상하지 못하였다는 이유로 〈죄를〉 면하지는 못할 것이다. 8월초 2일 전달[傳諭].

무릇 위 영달서는 청국 국기를 걸고, 일본 국기를 거는 것을 금지할 뿐이지만, 향약들이 촌민에게 말한 것에 의거하면 일본 국기는 물론이요 한국 국기도 게양하지 말라고 하였다고 전함.

또한 회령간도에서는, 사기동 파판소장 손부귀 및 학성 계사처장 이영성이 부하 병졸 및 순경을 길에 연한 각 촌락에 파견하여 한국민에게 음력 8월 6일 청국 국기를 만들어서 청국 대관이 통과할 때에 이를 게양하여 환영의 뜻을 표하는 것이 가하되, 만약 명령에 따르지 않는 자는 두만강 바깥으로 추방하겠다고 협박하였음.

위 상황으로 인하여 한국민들은 크게 두려워하여 혹자는 황색포, 혹은 종이를 구매하여 8월 30일에는 이미 길 근처 각호에 청국 국기를 게양하기에 이르렀음.

이번 달 31일, 우리 파출소에서는 파출소원[所員]·헌병·순사 등 8명으로 이루어진 1대를 조직하여, 칠도구(七道溝) 부근에서 신흥평(新興坪)에 이르는 사이에 있는 한국민에게 이상과 같은 강박에 응하여 청국 국기를 걸 이유가 없다는 뜻을 말하였음. 한국민은 그 잘못을 크게 깨닫고, 어느 때든지 청국 관헌에 협박에 의하여 뒷날의 고난을 걱정하여 여의치 않게 〈청국 국기를〉 게양한 것인데, 해당 국기를 소지하면 재차 협박당하여 게양하게 될 것이니, 파출소로 넘겨준다고 하고 임의로 해당 국기를 차출함. 〈파출소에서 파견한〉 일행은 당일 포(布)로 제작된 57기, 종이로 제작된 50개의 청국 국기를 가지고 돌아왔음.

위 일행은 9월 1일 대랍자(大拉子) 관헌에 들어가 청국 관헌의 불법행위에 대하여 교섭하였음(왕전 제121호로 대략 보고하였음).

(3) 두만강 나루터에서 한국민의 도선을 방해한 사건

이번 달 16일, 회령간도 두만강에 신설한 나루터에 한국인 5명이 와서 도선하고자 함. 같은 장소를 감시하는 청국 관헌 1명은 그 승선을 저지하고 종래〈부터 사용하던〉 상류의 나루터로 가라고 지시하였음.

우리〈측〉 감시〈자인〉 우적동 분견소 헌병은 청국 관헌에게 그〈들의 행위〉의 불법성을 힐난하고, 한국인에게는 그가 바라는 나루터에서 도선하게 해주자, 이에 쌍방 사이에 분쟁이 일어나 상호 구타하는 데에 이르렀음.

이때 마침 교통하기 위하여 회령에서 두만강 좌안에 도착하고 있던 공병 2명이 이 쟁투를 보고, 우리 헌병을 조력하고자 하였음. 헌병은 재차, 삼차 멈추고자 하였으나 무단한 이 쟁투를 보는 것을 참지 못하여 두 사람은 이윽고 청병 헌병의 등을 총으로 1~2회 가볍게 쳤음. 이들의 기세를 두려워하여 청국 헌병은 상류 나루터로 도주하였음.

이 쟁투에서 우리 헌병은 이마 부위에 상처를 입었음(왕전 제111호로 대략 보고하였음).

(4) 종성간도에서의 청국병의 난폭[亂暴]한 사건

6월 6일, 종성간도 광제욕(光霽峪) 병영의 청병 1명은 한국인 정치눌(鄭致訥)의 오이밭[苽田]에 들어가 오이[苽]를 훔치고자 하니, 치눌이 이를 알고 청병을 꾸짖자, 곧 청병은 도주코자 하였음. 이때에 치눌의 장자인 세운(世雲)이 와서 해당 청병과 하천평(下泉坪) 헌병 분견소에 동행하니, 그 부근에 있는 다른 4~5명의 청병이 각각 손에 곤봉 혹은 장작과 같은 나무를 휴대하고, 그 행적을 좇아 분견소에 이르러서 우리 헌병이 제지하는 사이에 1~2회 세운을 구타하였음.

그 후 청병 약 10명이 다시 치눌의 원두막[番小屋]에 이르러 치눌에게 오이[胡苽]를 내놓으라고 핍박하며, 장자 세운의 소재를 물음. 그중 한 명은 휴대한 봉으로 치눌을 구타하고, 또 다른 청병 2명은 이때 원두막의 소요를 알고 현장에 도착한 한국 순사를 구타하여, 두 사람에게 타박상을 입혔음.

본건에 대해서 이번 달 10일 우리 파출소원으로부터 진소상에게 항의를 제출하여, 병사들이 단결하여 폭행을 감행한 것에 대해 엄중히 처분할 것을 요구하였음(특보 제26호로 보고하였음).

4. 한국민의 상태

종래의 한국민은 청국 관헌의 시설에 대하여 반대하는 것과 같은 행동을 한 것을 한 번도 본적이 없었는데, 요사이는 문득 기회를 타서 청국 관헌의 압박에서 탈출하고자 하는 것 같음. 실제로 이번 달 12일 이래로 국자가 부근 한국민 300여 명은 연서하여 청국 관헌이 임명한 총향약(總鄕約) · 향약(鄕約)의 폐지운동을 개시함. 총향약 이하는 인민의 복리를 도모하지 않을뿐더러 도리어 해가 되니 폐지해야 한다고 하며 그 고소를 변무공서에 제기하였음. 변무공서에서는 이에 대하여 여러 번 타일렀으나, 한국민은 이에 복종하지 않고 이윽고 이번 달 15일에 총향약 이성보(李成甫)를 면직하게 하는 데에 이르렀음.

5. 폭도의 상황

폭도는 이번 달 27일 종성군 북창평촌(北蒼坪村) 부근에서 와서 간평(間坪)에서 점심을 먹고, 전부 삼봉사(三峰社) 미령(米嶺)에서 배로 두만강을 건넜음.

그리하여 28일은 간도 개문사(開文社) 산동(蒜洞)에 숙박하고, 다음 날 28일은 미명(未明)에 같은 지역에서 출발하여 화호리구령(火狐狸溝嶺)을 거쳐 천불치산(天佛致山) 가운데로 들어가니, 그 인원은 약 80~90명인데, 70여정의 총기를 휴대한 것 같다고 함.

일설에 의거하면, 폭도는 한국 내지의 경계가 엄중하여 간도로 넘어와 무산 방면으로 향할 계획이라 하니, 현재 정탐 중에 있음.

6. 지방조합

지난달 월보로써 보고한 지방조합은 그 성적이 자못 양호함. 순찰·야경(夜警) 등도 또한 양호하고 목적에 부합하여 크게 지방의 평안을 도와주고 있음.

7. 파출소 내[所內]의 상황

17일, 소장은 고등관 일동을 소집하고 별지와 같이 훈시를 주었음(제2호).

상경 중인 사무관 시노다 지사쿠[篠田治策], 속(屬) 다카기 시즈에[高木靜枝]는 이번 달 16일 근무지로 돌아왔음. 촉탁기사 오타 아쓰시[太田篤]는 시노다 사무관과 같이 돌아와 부임하였음. 사무관 구스노 슌조[楠野俊成]는 왕복 시간을 제외한 2주 동안의 청원휴가를 주어서, 20일에 당지(當地)를 출발하여 귀성하는 길에 있다고 함.

이번 달 중에 헌병 분견소를 동경대(東京台)·팔도구(八道溝)·걸만동(傑滿洞) 3개소에 신설하였음.

27일 한국 황제의 즉위 예식일에 축하회를 열고, 한국 도사장·사장·촌장 등을 초대하였으며, 더욱이 당시 순시 체재 중인 무라타[村田]·아카시[明石] 두 소장(小將)이 참석[列席]하였음.

8. 청사 건축공사

신청사의 건축공사는 착착 진척되어, 현재 이미 80% 공사가 이루어졌음.

9. 이번 달 사이 관리한 경찰사고는 별지와 같음(제3호).

위를 보고함.

부(附)의 속(屬) 1. 방곡(防穀) 거부 고시

- 날짜: 융희 2년(1908) 8월 일
- 발신: 간도파출소장 사이토 스에지로
- 수신: 간도 재유한국인(在留韓國人)

제1호

고시(告示)

대일본 통감부 간도파출소장 사이토 스에지로는 이에 고시하노라. 최근 곡량(穀粮)을 수출할 수가 없어서 무역 통상이 전부 옹색하여져 간도에 사는 한국민이 단지 경제상으로 큰 영향을 받을 뿐만 아니라, 자생보명(資生保命)에 있어 하루라도 모자라서는 안 되는 어류·소금 등도 수시로 궁핍하기에 이르러, 원근의 각사(各社) 촌장·두민(頭民) 등이 우리 파출소에 이러한 폐단을 막을 내용으로 호소[來訴]하는 일이 날마다 자못 많다. 간도는 예부터 농경을 위주로 하는 지역이다. 거기서 생산되는 곡류를 모두 두만강 대안(對岸)의 여러 군읍에 수출하여 일상에 필수적인 어류·소금·의복[衣錦] 및 기타 기구·재료와 교환하거나, 혹은 해당 지역의 친척·친구[故舊]와 상호 간에 모든 물건들을 융통하여서, 가문을 이루고 생을 도모하는 상태에 있었다. 이번 곡류 수출의 자유를 잃어서 도처에 경황하지 않은 곳이 없으니, 〈한국민은〉 이를 잘 조처해달라는 내용으로 〈우리에게〉 청원함에 이르렀다. 이는 본직이 실로 깊이 헤아릴 것인데, 하물며 본직이 임무를 받고 이 땅에 부임한 이래 낮밤으로 노심초사[焦思]하여 오로지 너희들 한국 인민을 보호하여 잠시 사이[造次間]라도 그 복리의 증진을 기도하지 않은 적이 없었다. 어떻게 해서라도 너희들 인민의 기쁨과 걱정[休戚]에 관해서는 일의 대소를 문제 삼지 않을 것이고, 결코 등한하거나 방치하지 않을 것이다. 본래 곡류의 판매와 운송은 각 개인의 자유에 속한 것이니, 지금부터 그 수출과 공급을 도모하는데 만약 도중[中路]에 저지[阻遏] 당하거나, 혹은 불법적인 압수에 처할 때에는 속히 상세하고 명확한 사유를 우리 파출소로 고소하면, 본직이 정당하게 힘을 다하여 구호에 자임할 터이다. 너희들 한국 인민은 안도해도 괜찮다. 이를 모두에게 알리기 위하여 절절하게 특별히 고시하노라.

메이지 41년(1908) 8월 일

융희 2년(1908) 8월 일

부(附)의 속(屬) 2. 파출소원에 대한 훈시

- 날짜: 융희 2년(1908) 8월 17일
- 발신: 간도파출소장 사이토 스에지로
- 수신: 간도파출소 직원[同所所員]

제2호

훈시(訓示)

우리가 한국인 보호의 명을 받아, 작년 간도에 부임한 때로부터 지금 장장 1년이 되었다. 그 부임할 당시에 청국 관헌은 오직 우리의 철퇴를 요구하고, 다음으로 군사적으로 위협[兵威]하여 한국인을 협박하며, 또한 우리 시설(施設)을 저지하고자 하였으나, 우리들은 이러한 방해들을 배제하여 부지런히 보호의 결실을 행하고, 급급하게 국위(國威)를 발양코자 기약하였다. 우리 시설에 대한 남들의 방해는 지금도 한둘이 아니지만, 그러나 대세에 있어 앞으로 기우를 품을 일은 없다.

한국인의 의향을 살펴보니, 우리들의 부임 이전에는 저들이 가진 인류로서의 자유와 권리를 무시 받아 압박을 입은 일이 심하여, 실로 말하지 못할 고통스러운 지경에 신음하였었지만, 우리 보호에 의거하여 구제받으니, 이것을 작년 오늘에 비하면 그 차이가

하늘과 땅의 차이일 뿐만이 아니다. 이 본직이 한국인 대표자 누구에게든지 질문하더라도 그 대답이 한결같으니, 가장 친청(親淸) 사상을 가진 한국인이라도 〈위와 같은 내용이〉 또한 속이는 말이 아님을 믿을 수 있다.

간도의 소속이 아직 정해지지 않은 것은 어제나 오늘이나 같고, 일청의 관헌이 이 땅에 공존하여 한국인은 그 억압과 학대[壓虐]를 받는 것이 심한 시대이니 당연히 우리의 인자[慈仁]한 보호 아래로 올지라도, 〈그들은〉 하루아침에 비통한 지경을 탈출하기 위해 눈앞의 세력에 아부하고 이익에 달려가는 것이다. 즉 근래 한국인 중에 왕왕 청국 편의 세력이 강대하여 부득이하게 그들에게 붙어 따르지 않을 수 없다고 공언하는 것을 들어보니, 품성이 열등한 무리에게는 〈이러한 행위가〉 자못 면치 못할 것이다. 우리들의 경쟁자는 가령 하나의 사소한 일이라도, 일의 이익을 얻는 자는 반드시 이를 이용하여 자기의 편리[利便]를 키우는 일을 노력하기 때문에 우리들은 변두리 미개한 인민에게 이르러, 그 인심을 거두는 것에 자못 이들의 미소한 심리에도 주의를 태만히 하지 않아서, 어리석은 자는 가르치고, 어리석지 않은 자는 인도하는 일에 힘써야 할 것이다. 또한 너그러움과 엄한 것에 올바름을 얻어, 소위 은혜와 위엄이 모두 행해질 것을 유념하고, 결코 피보호자로 하여금 은혜에 익숙해져 우리에게 가볍고 업신여기는 마음이 생기지 못하도록, 〈여러분은〉 마음에 유념[懸]하는 것이 가하다. 이를 위하여 각 지방에 주둔한 헌병 반장은 특히 빈틈없는 주의를 기울여서 한·청국인에 대한 굳은 마음을 가지는 것이 필요하다.

본직은 작년 8월 회령에서의 출발 때와 올해 10월 청국 정부가 점점 다수의 군대를 간도에 파견하는 때를 맞아 일동에게 훈시했었다. 그로부터 제군[諸子]들은 극히 그 주지(主旨)를 따라서 사사로움을 버리고 공적인 것에 힘써, 추위·더위와 싸우고 곤고하고 결핍한 것을 인내하여 그 성적이 가량(佳良)한 것은 내가 확인하였다. 그러나 우리들의 임무는 지금에 다만 그 제1기를 성적으로 마친 것에 불과하고, 제2기 초에 있는 바이다. 대개 본기에 처하여 한층 인심을 얻음으로써 시설과 경영의 기초를 공고하게 하고, 또한 전진하여 그 범위를 확장하지 않을 수 없다. 전도가 요원하여 다시 약간의 시기를 거치지 않으면 완전한 성공을 기약하기 어려우니, 제군들의 임무는 중차대한 것이다. 그러나 우리들은 열국이 둘러보는 사이에 서서, 높고 뛰어난 인격[巍然]이 그 임무에 합당한 자이며, 그 거동 하나하나는 바로 외교상 영향을 미친다. 청국 측은 근래에 우리에 대해 빈번히 도발하여 병력을 사용하고자 하니, 제군들은 현재 상황을 성찰하고, 다시 사려를 다하여 일에 마주함에 제국 고유의 심원하고 고상한 지조에 기초하여 눈앞의 다른 세력을 고려하지 말고 굽히지 않음으로써 더욱 국위를 신장할 것을 기약할지어다.

메이지 41년(1908) 8월 17일
통감부임시간도파출소장 사이토 스에지로

부(附)의 속(屬) 3. 경찰사건표

제3호 이번 달 관리한 경찰사고

사항	건수	적요
집세를 편취한 것	1	원·피고 모두 한국인 남자인데, 편취한 금액 15원을 원고에게 반환함.
판의 대가를 지불하지 않은 것	1	원고 한국인 남자, 피고 일본인 남자, 처분을 헌병대에 유탁함.
소를 잃어버린 것	1	원·피고 모두 한국인 남자인데 증거가 명확하지 않아 타이름.
구타한 것	2	1건은 우너·피고 모두 한국인 남자인데, 국자가 분견소에 인도하고 1건은 타이름.
우리 시정에 유해한 행동이 있는 자	1	북도소 도사장 채(蔡龍義)의 보고로부터 순사헌병을 파견하여 타이름.
영업의 청원	1	청원자 한국인 남자 1, 허가
폭도의 간첩이라는 의심이 있는 자에 대하여 보석[保放]을 청원한 것	1	청원자 한국인 남자 11, 피고 이록성(李祿松)을 보석[保放]함.
경지의 일로 인하여 다툼을 일으킨 것	1	원·피고 한국인, 타일러 화해시킴.
소 2마리를 편취한 것	1	원·피고 하인, 피고를 취조하여 경성재판소에 압송함.
각 사장의 부과에 반대한 것	2	한국인
집세를 지불하지 않고 도주한 것	2	2건이 모두 원고는 한국인 남자 1, 일본인 남자 1, 처분을 헌병대에 위탁함.
혼인을 거짓으로 약속한 것	1	원·피고 모두 한국인인데, 서로 분쟁에 합의함.
책무불이행	1	원·피고 모두 한국인인데, 경성경찰사에 보고함.
4년 전에 소와 말, 경지를 빼앗은 것	1	원·피고 모두 한국인인데, 원고가 무고한 것으로 피고를 방면함.

고용임금을 지불하지 않은 것	1	원·피고 모두 한국인인데, 우적동(禹跡洞) 분견소에 교부함.
청관이 우세(牛稅)를 불법으로 징수한 것	1	동성용(東盛湧) 사장 김석균(金錫均) 및 박문순(朴文順)의 보고로부터 헌병대을 헌병대에 위탁함.
소와 말을 방사한 것으로 인하여 구타한 것	1	원고 한국인, 피고 청국인
매개금 250량을 편취한 것	1	원고·피고 모두 한국인, 두도구(頭道溝) 분견소에 교부함.
도우(屠牛) 검사를 청원한 것	4	허가
부랑자의 혐의가 있는 자	남자 6명	
술에 취해 마구 덤빈[醉狂] 자	남자 4명	
가축을 방사한 자	남자 2명	청국인
군집한 장소에서 말을 몬 자	남자 1명	
불결한 장소를 청소하지 않은 자	남자 25명 여자 7명	

43. 간도 사정 보고서 제출의 건

- **원문제목** 間島事情報告書呈覽의件(往復案2冊)
- **날짜** 융희 2년(1908) 10월 8일
- **발신** 통감부 통감(統監府 統監) 이토 히로부미[伊藤博文]
- **수신** 내각총리대신(內閣 總理大臣) 이완용(李完用)

기밀통발(機密統發) 제1422호

사이토[齋藤] 통감부 임시 간도파출소장의 월보(月報), 통파월보(統派月報) 제9호를 별지에 등사하여 이에 송부하니 참고하시길 바랍니다.

메이지 41년(1908) 10월 24일
통감대리 부통감 자작 소네 아라스케
태자소사 내각총리대신 이완용

부(附). 위와 같은[上同] 보고서
- 날짜: 융희 2년(1908) 10월 8일
- 발신: 통감부 간도파출소장 사이토 스에지로
- 수신: 통감부 부통감 소네 아라스케

통파월보(統派月報) 제9호
월보 9월 1일부터 같은 달 30일까지

메이지 41년(1908) 10월 8일
통감부 임시 간도파출소장 사이토 스에지로
통감대리 부통감 자작 소네 아라스케 귀하

1. 지방 일반의 상황

근래 청국 관헌은 자못 사납고 거만하여 방약무인한 태도가 많고, 어느 때든지 병사의 숫자가 많은 것을 믿고 폭력을 행사하여 우리의 시설을 방해하고, 그 영토주의를 확장하는 것에 노력함. 이번 달에 들어와서 저들의 폭행은 각지에 자주 나와 크게 지방의 안녕을 해하며 인심이 점점 동요하고 있음.

2. 청국 관헌의 동정

길림변무방판 오록정은 전임(轉任)을 명령받고, 이번 달 21일에 국자가(局子街)를 출발하여 봉천으로 향했음. 그 후임자 부양좌(傅良佐)는 이번 달 15일에 도착했음.

회령 대안(對岸)에 있는 사기동(砂器洞) 출장소장 손부귀(孫符貴)는 협찬령(協叅領)으로 승진하여 길림육군 제1표 제2영장으로 이번 달 27일에 부임의 길에 올랐음.

한국 내지의 폭도를 방비한다고 말하고, 8월 중순 이래로 종성간도 월랑사(月朗社) · 마파(馬派) · 제하사(霽霞社) · 시건평(時建坪)에 주둔하였던 청병은 이번 달 23일로써 전부 돌아갔음. 다만 마파 파판소는 종래대로 존치하고 있음.

또한 전과 같은 목적으로 종성간도 학성평(鶴城坪)에 주둔한 청병도 머지않아 돌아간다는 설이 있으나, 아직 실시함에 이르지는 않았음. 일설에는 이상은 철수가 아니라 교대하는 것이라고도 하나, 교대 병력은 도착하지 않은 모양임.

9월 26일, 동불사가(銅佛寺街)에 주둔한 청국 수비대 보병초장 부(富) 이하 24명은 무산간도를 향하여 출발하였는데, 이후 길지(吉地)[25]에 주둔한다고 함.

동불사가의 교대 병력은 머지않아 길림에서 왔음.

조양(朝陽) · 하곡(河谷) · 팔도구(八道溝)에는 8월 중순부터 헌병대관 주두산(周斗山) 이하 헌병 4명이 주둔하였는데, 이번에 다시 파판소를 설치하고 10월 27일에 처장겸리교섭사의진선수비(處長兼理交涉事宜儘先守備) 양경룡(楊景龍)[대위에 상당] 이하 청병과 순경 4명 및 한어 통역(청국인) 1명이 도착하고, 헌병은 귀환할 모양임.

---

25 '길지(吉地)'는 '길림(吉林)'의 오자로 보인다.

9월 중순 길림으로부터 청국 관헌 장교 5명이 국자가에 도착한다는 설이 있음.
또한 이번 달 21일, 종성간도 광제욕(光霽峪)에 새로 헌병 6명을 배치하였음.

3. 청국 관헌의 불법행위

(1) 청국 관리 이영성(李榮成)이 한국 순사를 포박한 건, 왕전(往電) 제124호로 보고하였음.
(2) 육도구(六道溝) 파판소의 순경 등이 폭행한 건, 왕전 제126호로 보고하였음.
(3) 회령간도에서 청병이 폭행한 건, 왕전 제127호로 보고하였음.
(4) 청병이 우리 헌병이 압송하는 중에 폭도를 탈취한 건, 왕전 제128호로 보고하였음.
(5) 종성간도에 있는 청병의 폭행 건, 왕전 제130 내지 제132호로 보고하였음.
(6) 국자가에서 우리 헌병과 청병이 쟁투한 건

이번 달 9일, 국자가 분견소의 헌병 상등병은 순찰하기 위하여 승마하고 국자가 남쪽편을 통과할 때에 도로가 진창이 되어 겨우 인가의 토벽을 따라가는 한쪽 통로만 있을 뿐이었음. 해당 장소를 나아가는데, 한 청병과 조우하였음. 그리고 해당 청병은 불법적으로 돌연히 두 손으로 상등병의 승마를 진창 속에 눌러버리니, 상등병은 어떠한 이유로 말을 압박하느냐 힐난함. 청병은 무슨 내용을 말하면서 주먹을 올려 상등병의 좌측 대퇴부를 구타하고, 여러 가지로 욕하고 꾸짖으니, 상등병은 하마(下馬)하여 이를 취조하고자 하여 오른발을 지상으로 내린 즉, 청병은 그의 두 다리를 걸어서 상등병을 넘어뜨렸고, 재차 1명의 청병이 와서 이전 청병을 도와 상등병이 찬 권총을 탈취하고 도주하였음.

국자가 분견소에서는 이 급보를 접하고, 오쿠무라 메구미[奧村惠] 헌병대위 이하 우리 헌병은 청병의 귀로에 해당하는 여러 지점을 막고 경계하였음. 뒤에 온 청병이 지나갔음을 확인하고, 그를 포박하여 변무공서에 이르러 해당 병사의 성명(氏名)을 조사할 것을 요구함. 변무공서에서는 일본 헌병과 쟁투한 청병이 없다고 하고, 우리의 요구에 불응하여 결국 요령부득하고 돌아왔음.

또 오쿠무라[奧村] 대위는 방판 부양좌(傅良佐)와 회견하고, 속히 그 쟁투한 병사를 찾아내고, 권총을 돌려보내라는 것을 요구함. 일본헌병과 싸운 자는 청병이 아니고 보통의 청국인이라며 변명[弁疏]하여 현재 교섭 중임.

4. 한국민의 상황

한국민은 파출소가 설치되면서부터 청국 관공리의 무상징발과 부당한 징세, 청국 병사의 폭행과 능욕 등의 불법행위를 당하던 것이 현저히 감소하므로, 한국민 일반이 더욱 우리 파출소를 신뢰함. 특히 우리가 임명한 도사장·사장·촌장 등은 열심히 지방 공익에 진력하여 그 효과를 쌓은 것이 적지 않았지만, 이번에 종성간도의 도사장들이 청국 관헌에게 나포와 구금을 당하면서 다소 지방의 민심이 동요되며 크게 우리의 보호가 위협받자, 〈한국민들은〉 표면적으로 청국 관헌에게 아부하는 것이 도리어 안전한 줄로 생각함에 이르렀음. 그리하여 사카이노[境野] 헌병 소좌를 종성간도 방면에 파견하여 민심의 진무에 노력하고 있음.

5. 폭도의 상황

지난달 간도에 들어온 폭도는 천불치산(天佛致山)에서 전부 흩어지고, 또한 우리 헌병이 폭도가 은닉한 다수 병기·탄약·피복·서류 등을 압수한 결과로, 자못 재기[更起]할 수 없는 데에 이르렀음. 체포한 폭도의 말에 의거하면, 그 대장인 박창규(朴昌奎)는 부하 약 25명을 인솔하여 평강[平岡: 두도구(頭道溝) 방면]에 간다고 말하고 하산하였으며, 기타 〈인원〉은 삼삼오오 해산하였다고 함.

그 후 수색하니, 총기를 휴대한 폭도 10여 명은 종성간도 국사령(國師嶺)을 지나서 국자가에서 혼춘으로 통하는 통로를 횡단하여 국자가 북쪽으로 약 3리 〈거리에 있는〉 산중에 들어간 흔적이 있고, 또한 그 소수는 천불치산 서남쪽 함박동(咸朴洞) 부근 산중에서 먹을 것을 구한 사실이 있었음. 그 외에 같은 산 서남쪽의 평강 상리사(上里社) 청소동(靑小洞) 은광에서 폭도 4명을 발견하여, 상리사의 사장 외 한국인 2명이 그 안에서 2명을 체포하고, 우리 헌병 특무조장이 인솔한 수색대는 천불치산 동남쪽 서래동(西來洞) 부근에서 그

1명을 체포하였으며, 우리 하천평(下泉坪) 분견소의 한국 순사·주사 등은 이 지방에서 도합 3명을 체포하였은즉, 폭도가 각 방면을 향하여 흩어지는 것이 사실임은 확실함.

그러나 이번 달 초순 연추(烟秋) 지방으로부터 돌아온 종성간도 광조사(光昭社) 사장 김학준(金學俊) 및 양수천자(凉水泉子) 지방에 파견한 한국인 밀정의 말에 의거하면, 이범윤 및 최모(崔某) 두 사람은 총원 약 2,000명을 두 파로 나누어 일부는 한국 내지로, 다른 일부는 간도로 습격하려는 계획을 하고 있다는 소문이 양쪽 지방에 있음.

또한 종성간도 개태사(開泰社) 호천가(湖川街)의 촌장 김홍석(金弘錫)의 내부 보고에 의거하면, 이번 달 하순 혼춘 지방에서 온 한 명의 한국인은 간도 방면에 침입한 폭도 안의 약간의 인원이 임의로 종성간도 월랑사 마파[馬派](하천평촌(下泉坪村) 북쪽으로 약 6리) 북쪽의 산중에 숨어서 후속부대의 도착을 기다린다는 내용을 이 지방에서 문지(聞知)하였다고 함. 〈이에〉 수색 중에 있음.

6. 용정촌(龍井村) 부근의 농사현황[農況] 일반

해당 장소[當所]가 관측한 기후표에 의거한 이번 달 중의 온도 및 강우량은 다음과 같음.

순별	평균 온도	최고 온도	최저 온도	강우 횟수	강우량
제1순(旬)	17.9	(7일) 25.5	(2일) 9.5	3	9.47
제2순	14.2	(18일) 24.0	(16일) 4.0	8	69.90
제3순	12.1	(26일) 24.5	(24일) 0.3	8	30.10

이번 달 평균 온도 : 14.7도

이번 달 누계[積算] 온도 : 442도

이번 달 강우 횟수 : 19회

이번 달 강우 총량 : 109.47밀리[糎]

이번 달 쾌청한 날 : 4일

이번 달 반쯤 갠 날 : 4일

이번 달 흐린 날 : 22일

이번 달 25일 서리가 내림

이에 의하면, 9월에 누계[積算] 온도는 442도이며 평균 온도는 14.7도, 강우량은 109.47밀리미터[粍]임. 기온이 점차 하강하여 여러 작물의 성숙을 촉진하게 하는 경향이 있으나, 제2순에 이르러 급격히 기온이 변화하여, 기장·고량과 같이 완숙한 것은 영향이 매우 적었지만, 기타 여러 작물에는 그렇지 않았음. 흐린 날 수가 22일에 달하고, 강우가 빈번히 있었으며, 맑은 날이 겨우 4일에 불과하여 〈작물이〉 충분하게 성숙한 것이 완전치 못하였고, 논벼[水稻]와 같은 것은 실로 여물지 않아 그대로 서 있는 것들이 많음. 강우로 인하여 논밭에서 이삭이 떨어진 것도 있고, 기장과 고량, 조 등을 거두어들인 것은 그것을 건조시키기가 좋지 않았음. 이상과 같이 8월에 예상하였던 평년작 이상의 호황은 이에 그 1~2할의 감수가 있을 것이어서 본년의 농황은 혹여 평년작에 달하지 못할 듯함.

7. 파출소원[所員]의 동정

파출소원[所員] 일동은 불순한 기후임에도 불구하고 일반적으로 건강하여 능히 근무에 힘쓰고 있음. 조사과원 핫타[八田] 기사·마에다[前田] 기수는 이번 달 3일부터 12일까지 10일 사이에 지방 농사형편 일반을 시찰하고, 아울러 채소[蔬菜] 재배, 특용작물 재배 및 농산(農産) 제조를 조사하기 위하여 동불사(銅佛寺) 방면에 출장하여 11일에 돌아왔으며, 15일부터 다시 회령간도 방면으로 출장하여 23일에 돌아왔음. 야마자키 세이이치로[山崎誠一郎] 통역생은 이번 달 5일부터 경제사정을 조사하기 위하여 길림·혼춘 지방에 출장하였음. 해당 파출소[當所]에 증원된 내부(內部) 주사 2명, 한국 순사 8명은 이번 달 6일에 도착하였음.

8. 신청사의 건축 공정

신청사의 건축은 거의 완성되었음.

9. 경찰사고

이번 달 사이 처리한 경찰사고는 아래 표와 같음.

사항	건수	요점[摘要]
내란 사건	7	3건은 피고 한국인 남자 3명, 취조한 뒤에 편의수단으로 종성수비대에 인도함. 1건은 피고 한국인 남자 2명, 취조한 뒤에 함흥지방재판소에 압송하는 도중에 청국 관헌에게 강탈당함. 3건은 피고 한국인 남자 각 1명, 취조한 결과 청국 관헌과의 관계상 우선 송치하지는 않았음.
소녀 유괴	2	1건은 원고 한국인 여자 1명, 피고 한국인 남자 3명, 취조 중 1건은 원고 일본인 남자 1명, 여자 1명, 피고인 일본인 남자 1명, 피고의 소재지인 종성경찰서에 이첩함.
금전 대차와 관련된 쟁론	7	3건은 원·피고 모두 한국인 남자 각 3명, 원·피고 양방을 타일러 서로 분쟁 해결에 합의함. 1건은 원고 한국인 남자 1명, 피고 일본인 남자 1명, 피고를 타일러 지불하게 함. 1건은 원고 한국인 남자 1명, 피고 일본인 남자 1명, 피고의 행방이 불명하여 수색 중 1건은 원고 청국인 남자 2명, 피고 일본인 여자 1명, 피고를 타일러 지불하게 함. 1건은 원고 청국인 남자 1명, 피고 일본인 남자 1명, 피고를 타일러 지불하게 함.
절도	1	피해자 일본인 1명, 피고 청국인 남자 1명, 피고는 취조한 뒤에 청국 관헌에게 인도함.
만취[酩酊] 폭행한 것	2	2건 모두 원고·피고 한국인 남자 각 1명, 피고를 타일러 서로 분쟁 해결에 합의함.
호송 중에 피고인을 뺏긴 것	2	1건은 호송자 한국관리 순사 1명, 탈취자 청국 순경 6명, 청국 관헌에 교섭함. 1건은 호송자 헌병 2명, 탈취자 청국병 약 60명, 청국 관헌에 교섭함.
가택침입 및 구타	1	피해자 한국인 주사 1명, 순사 1명, 가해자 청국순경 및 청병 십 수명, 청국 관헌에 교섭함.
계약불이행 및 구타	1	원고 한국인 남자 1명, 피고 청국인 남자 1명, 피고를 타일러 서로 분쟁 해결에 합의함.
타인의 닭을 먹은 것	1	원고 한국인, 피고 일본인 남자 4명, 피고를 타일러 대금을 지불하여 분쟁을 해결하게 함[示談].
기물 버리고 훼손한 것	1	원고 한국인, 피고 한국인 남자 1명, 피고를 타일러 서로 분쟁 해결에 합의함.

사장의 보수금 거출에 응하지 않은 것	1	한국인, 타이름.
빌린 가축을 돌려주지 않은 것	1	원고 한국인 여자 1명, 피고 한국인 남자 1명, 원·피고를 타일러 서로 분쟁 해결에 합의함.
불법징세	1	원고 한국인 남자 5명, 피고 청국 관리, 청국 관헌에 교섭함.
쟁론	1	한국인 남자 1, 한국인 여자 1명, 양쪽을 타이름.
기부금 강제	1	한국인 승려 3명, 타이름.
마필 교환에 대한 쟁론	2	1건은 한국인 남자 2명, 타일러 서로 분쟁에 해결에 합의함. 1건은 한국인 남자 2명, 위와 같음.
구타	5	1건은 원고 한국 순사 1명, 피고 청국인 남자 2명, 청국 관헌에 교섭함. 1건은 원고 한국인 남자 1명, 피고 청병 3명, 위와 같이 결정함. 1건은 원고 한국인 남자 1명, 피고 청국인 남자 1명, 청국인은 도주하여 수색 중 1건은 한국인 남자 각 1명, 양쪽을 타이름. 1건은 피해자 한국인 남자 1명, 가해자 청국인 남자 4명, 가해자 행방이 불명하여 수색 중
구타, 창상 및 나포	1	피해자 일본 헌병 3명, 한국 주사 1명, 나포를 당한 자 한국 순사 1명, 한국인 남자 2명, 가해자 청병 수십 명, 청국 관헌에 교섭하여 순사는 방환하게 하였으나 한국인 남자 2명은 아직 방환하지 못하였음.
불법나포	1	나포당한 자 한국인 남자 2명, 나포자 청병 8명, 청국 관헌에게 교섭
익사	1	헌병 1명, 간도분대에서 검시
습득물	1	습득품 시계 1개, 청원자 한국인 남자 1명, 물품 보관 중
합계	41	

44. 간도 사정 보고서 제출의 건

- **원문제목** 間島事情報告書呈覽의件(往復案2冊)
- **날짜** 융희 2년(1908) 11월 26일
- **발신** 통감부 통감(統監府 統監) 이토 히로부미[伊藤博文]
- **수신** 내각총리대신(內閣 總理大臣) 이완용(李完用)

기밀통발(機密統發) 제156호

사이토[齋藤] 통감부 임시 간도파출소장의 월보(月報), 통파월보(統派月報) 제10호를 별지에 등사하여 참고하시길 바라며 이에 송부합니다.

메이지 41년(1908) 11월 26일
통감공작 이토 히로부미
태자소사 내각총리대신 이완용 각하

부(附). 위와 같은[上同] 보고서

- 날짜 : 융희 2년(1908) 11월 10일
- 발신 : 통감부 간도파출소장 사이토 스에지로
- 수신 : 통감부 부통감 소네 아라스케

통파월보(統派月報) 제10호

월보(月報)

10월 1일부터 같은 달 31일까지

메이지 41년(1908) 11월 10일

통감부 임시 간도파출소장 사이토 스에지로[齋藤季治郎]
통감대리 부통감 자작 소네 아라스케 귀하

1. 지방 일반의 상황

오록정의 전임 전후를 〈기점으로〉 일변하여 청국 관헌의 태도는 이번 달로 들어서 그 횡포가 다시 심해짐. 우리를 위해 진력하는 한국인을 무법적으로 포박하고, 우리가 임명한 도사장·사장 등을 나포하고 가두는 등 난폭·낭자함이 미치지 못한 곳이 없어 지방의 안녕을 크게 어지럽게 하였음. 이번 달 중순 우적동(禹跡洞)에서 충돌한 이래로, 청국 관헌은 갑작스럽게 그 태도를 바꾸어 극히 신중해지며, 청국 경찰들도 또한 크게 그 행동을 엄숙하게 함으로써 청·한국인이 우리를 외경함에 이르니, 점차 민심의 동요가 회복되었음.

마적(馬賊)의 상황에 대한 소문을 종합하니, 이번 달 중순에 합막당(哈嗼塘)에서 영고탑 부근에 잇따라 마적 약 70~80명의 단체가 나타나 점점 창궐하여 길림에서 순방대 제독 모(某)가 영고탑으로 출장하여 토벌하였음. 또한 이달 중순경에 길림가도(吉林街道)가에 액목색(額木索)의 서쪽 장광재령(張廣財嶺)에 마적 약 40명의 단체가 배회하여 변무공서에서 전로통령(前路統領) 부덕(富德)을 파견하여 토벌하는 중임.

2. 청국 관헌의 동정

청국 관헌은 우리의 헌병을 지방에 배치하면 동일 지역 그 부근에 다수의 청병 혹은 순경을 배치하여 암암리에 우리 헌병을 위압함. 또한 한국인이 우리의 시정(施政)을 좋게 생각하는 것을 방해하고자 하는 방침을 가진 것 같음. 이에 8월 중에 신설한 팔도구(八道溝)·동경대(東京台)·걸만동(傑滿洞)의 각 우리 분견소에 대하여 팔도구[26]에는 약 8명의 순경 및 헌병을, 동경대에는 약 30명의 청병을, 걸만동에는 마파[馬派](걸만동에서 서북쪽으로 약 30정(丁) 거리)에 약 20명의 청병을 새로 배치하여 이상의 목적을 달성코자

26 원문에는 '동경대'로 기록되어 있으나 이는 '팔도구'의 오기로 보인다. 「원안」에도 동경대가 아니라 팔도구로 기록되어 있다.

하는 것 같음. 이번 달 사이 청병의 이상행동 등은 다음 기록과 같음.

(가) 이번 달 7일, 국자가(局子街)에서 종성간도 월랑사(月朗社) 마파(馬派) 수남촌[水南村](걸만동 남쪽 약 30정 거리)에 초장(哨長) 부진승(傅進陞) 외 병졸 20명이 도착하여 주둔하였음.

(나) 같은 날 또한 국자가에서 월랑사 시건평[詩建坪](하천평(下泉坪) 북쪽 약 3리 거리)에 십장(什長) 장규일(蔣奎一)과 십장 창전황(彰殿璜) 이하 병졸 20명이 도착하여 주둔하였음. 다만 전 2항목에 〈적힌〉 지점에는 올해 8월 이래로 청국병이 주둔하였다가 일단 돌아갔고, 이번에 다시 주둔한 것임.

(다) 이번 달 13일 길림에서 공정대 오장(伍長) 이하 14명이 국자가에 도착하였음.

또한 밀정의 보고에 의거하면, 이번 달 13일에 공정대 약 300명과 15일 같은 부대 약 200명이 국자가에 도착한 것이 확실하다고 함, 이후 국자가에 배회하는 공정대병을 정찰[注意]하였는데, 확실히 좌(左) · 우(右) · 전(前)의 3개 공정대가 주둔한 것 같음.

(라) 이번 달 16일, 길림가도의 오호정자(五虎項子)에서 길림전로(吉林前路) 좌초(左哨) 제2영대 초장 범모(范某) 이하 21명이 동불사가(銅佛寺街)에 도착하여, 경비에 임하였음. 대체로 동불사가에 주둔한 초장 이하 24명이 무산간도로 전임하여, 그 교대로 와서 주둔한 것 같음.

(마) 밀정 한국인의 보고에 의거하면, 방판 부양좌(傅良佐)는 서세창(徐世昌) 총독에 전보하여 국자가에 포병을 파견할 것을 요구하였는데, 그 수는 3영(營)이라 함.

(바) 국자가 무민부(撫民府) 겸 이사부(理事府) 서쪽 인근에 연길금연분국(延吉禁烟分局) 및 길림계연분회(吉林戒烟分會)라는 것을 신설하고, 같은 지역에 있던 청부황무국(清賦荒務局)은 길림으로 철수함.

(사) 이번 달 17일, 길림순방대(吉林巡防隊) 마대 20명이 호위하여 길림 방면으로부터 소총 약간(약300정에 불과), 탄약 4상자(1상자에 약 1만발이 들어있음)를 국자가에 도착시킴.

3. 청국 관헌이 한국민에 가한 불법행위

(가) 지난 26일, 무산간도 산계사(山溪社) 동경대에 사는 한국인 백문극(白文極)과 산계

사 상방천항(上防川項)의 한국인 박희철(朴禧哲) 두 명은 돌연히 청병에게 포박을 당하여 모두 무산간도 길림의 청국 병영에 인치·구금됨. 박희철은 29일 국자가로 송치되었음.

포박 원인은 청병 및 길림주재 청어 통역이 말한 것에 의하면, 백문극은 동경대에 자기 소유 가옥을 매각하였다 말한 것 때문이고, 박희철은 이 지역에 헌병 분견소를 개설할 것을 파출소에 청원한 것 때문이라 함.

더욱이 청국 헌병들은 백(白)과 같이 우리가 임명한 같은 지역 채(蔡)사장도 체포하고자 하였으나, 당시에 출타 중이어서 체포를 면하였고, 이후 채사장은 그 체포를 두려워하여 가족과 같이 무산군(茂山郡) 아래로 피난해 거주하다가, 이번에 가족만 귀가하게 하였음.

또한 이번 달 1일, 백금사(白金社) 광대택(廣大澤)에 사는 일진지회장 송승철(宋昇哲)도 분견소 설치를 청원한 것으로 청국 병사에게 포박을 당했음. 위 백(白)·박(朴)·송(宋) 중에서 백은 이번 달 14일 놓아주고, 박은 이번 달 1일 국자가로 호송하던 중에 도망했으며, 송은 같은 날 인치(引致)하는 중에 풀어주었음.

(나) 이번 달 4일, 우리가 임명한 용지사(龍池社) 사장 진석준(陳錫駿) 및 지풍사(智豊社) 사장 박만수(朴萬秀)도 청국 헌병 및 보병에게 돌연하게 가택을 습격당하고 포박된 후 국자가에 인치되었음.

위〈를〉 포박한 이유는 사(社) 안의 인민에게 보수금을 징수하고자 했던 것인데, 보수금이라는 것은 사장들이 밤낮으로 공사에 분주하여 사(社) 안의 인민이 약간의 금액을 거출하여 그 비용을 대주며, 또한 그 수고를 보상하고자 하여 우리 파출소의 인가를 얻은 것임.

위 사장의 인도에 대하여 9월 15일 구인한 종성간도 도사장 이의영(李義英)·사장 김희열(金希烈)의 인도 청구와 더불어, 우리가 수차 엄중하게 교섭한 결과로, 10월 말에 모두 풀어주었음.

(다) 광제욕(光霽峪)의 청병 2명은 10월 12일 광덕사(光德社) 원동(原洞)에 사는 한국인 김집완(金什完)의 닭 1마리를 가지고 가고자 함. 김(金)이 이를 막자, 김과 현장에 있던 같은 곳 중정서숙(中正書塾)의 교사 등을 구타하여 부상케 하였음(왕전(往電) 제149호로 보고하였음).

(라) 왕전 제150호 및 제151호로써 보고한 종성간도 고유도(古有島)[27][일명 고도(古島)]

27 「원안」에는 고간도(古間島)로 기록되어 있음.

에 한국인 이보철(李輔喆) 등이 곡물을 운반하고자 다리를 놓은 것을 청국 관헌이 이를 철거하라고 명령한 사건의 상세한 내용은 다음과 같음. 종성간도 두만강 사이에 〈이 섬이〉 있어서 '고유도'라고 칭하니, 토지가 기름져 종성 한국민의 대략 반 정도는 해당 지역에서 경작함. 그런데 해당 지역에서 곡물을 거두어들일 때, 두만강 우안에서 고도에 다리를 놓아 곡물을 운반하는 것이 종래부터 관례화되었으므로, 올해도 종성에 사는 한국인 이보철 외 14명은 폭으로 약 1칸 되는 나무다리를 놓아서 그 운반을 편하게 하고, 또한 이 두만강 좌안에도 고도와 같은 관계에 〈놓인〉 경작자가 있어서 고도에서 두만강 좌안에 길이 약 20미터의 나무다리를 가설하였으니, 위 가교는 이번 달 16일에 준공되어 도선의 필요 없이 곡물을 운반함에 이른 것임. 〈그런데〉 같은 날 광제욕 병영에 주둔한 청국 헌병은 가교자 이보철을 병영에 동행시켰고, 청관 모(某)는 이보철에게 해당 가교의 철거를 명령하였음.

이보철은 약 20년 〈동안〉 내려온 옛 관습에 따라 가교한 것인데, 올해에 꼭 철거를 명할 이유가 없다고 변론하였으나, 청관은 〈그러한〉 옛 관습은 있지 않다고 질책함. 이보철은 1~2개월 정도 기한을 물려 달라고 요청하였으나, 청관은 이를 불허하고 같은 날부터 2일 이내로(17·18일) 수확물을 다 운반하되, 만약 그렇지 못하면 이후로는 운반하지 말라 명하고 귀환하였음.

이보철의 귀환 후에 관계 있는 한국인과 회동하여 협의하였으나, 지정한 기일 안으로 도저히 운반을 마칠 가망이 없다고 하고, 가교의 존속을 희망하여 그 보호를 종성 헌병 분견소에 청원하였음.

위 〈사실〉에 의거하여 같은 곳에서 하천평(下泉坪) 헌병 분견소와 상의하기 위하여 헌병 상등병을 파견함. 가이타니[亥谷][28] 헌병 대위는 그들과 회견하고, 본건을 종성수비대 및 같은 곳 경찰관에게 고하여, 18일 이른 아침에 종성 및 하천평에서 순경·헌병을 내어 청병이 과연 어떠한 행동을 할지 시찰할 것을 기약하였음.

19일 이른 아침 하천평 분견소에서 특무조장 호리우치 기쿠마츠[堀内菊松] 외 상등병 4명을 가교 지점에 출장하게 함. 종성에서는 수비대 병졸 8명, 헌병 분견소 상등병 2명, 보조 헌병 약간 명과 하천평 분견소에 주재하는 일본 순사·한국 순사 2명이 우안 및 고

28 「원안」에는 도노타니[殿谷] 헌병 대위로 기록되어 있음.

도에 출장하였음. 청병 3명과 청 헌병 1명이 좌안 및 고도에 출장하였으나, 양편이 별도로 어떠한 행위를 하는 것이 없고 또한 교섭하는 사항도 없었으며 종일 곡물의 운반을 감시하다가 밤에 이르러 청병들이 귀영한 후에 우리도 전부 철수하였음.

다음 날 20일, 하천평 분견소에서는 헌병 2명, 종성에서는 헌병·보병 약간 명을 다시 가교 부근에 출장시키고, 광제욕에서는 청병·헌병 도합 7명이 좌안과 고도에 출장하였으나, 또한 상호 종일 경계할 뿐이요, 어떠한 일이 없고 그 뒤로도 피아가 약간 명씩 감시병[監守兵]을 내어 경계하였으나 이상이 없었음. 한국인은 장애[故障] 없이 운반에 종사하였음.

종성 수비대장 우마시마[馬島] 보병중위는 가교를 승인한 것이면 충분히 보호하는 것이 옳다고 하여 19일 8명의 병졸을 내겠다는 뜻을 호리우치 특무조장에게 들어서 알게[聞知]함으로써, 우마시마 중위와 회견하고 사실을 확정함. 우마시마 중위는 이보철을 불러 청관과 문답한 요점[要領]을 듣고, 교량은 철거해서는 안 되며, 청국 관헌이 지정한 기간 안에 곡물을 운반하는 것이 필요치 않다고 말하였음.

만약 저들과 우리가 고집[確執]하여 사단을 야기할까 우려하여, 우리 쪽에서는 하천평 분견소에 명하여, 노력하여 분잡(紛雜)을 일으키지 않도록 주의하라고 하였음.

위 건에 대해서는, 시노다 지사쿠[篠田治策] 사무관을 종성에 파견하여 옛 관례를 조사하게 하였음(조사보고는 특보 제35호로 보고하였음).

또한 10월 23일, 오쿠무라 메구미[奧村惠] 헌병대위를 부양좌(傅良佐)와 회견하게 하고, 옛 관례에 의거하여 가교한 것을 철거하게 한 것은 부당하다는 것, 이보철을 병영에 동행한 것은 불법된 일이라는 것, 또한 청병의 불법행위가 없도록 충분히 계칙을 가할 것을 희망한다는 내용을 진술하였음. 〈이에〉 부(傅)는 본건에 관해서는 파판소 사무원 진(陳)으로부터 2일 사이 운반을 마치고 철거하라고 명하였으나 어떻게 하는 것이 괜찮을지 〈질문 받았으나〉, 수확물을 전부 운반한 후에는 다리를 철거하는 것이 가하다는 뜻으로 지령(指令)하였고, 또한 가교와 종례의 관례의 〈관련성〉 유무에 대해서는 파견소원[派員]을 취조하는 중인데, 만약 관례가 있다면 올 겨울까지 다리를 철거하지 않아도 좋으며, 그렇지 않으면 아무쪼록 수확을 마치거든 바로 다리를 철거하도록 조치[措辦]하기를 바란다는 내용으로 사이토[齋藤] 소장에게 전하였음. 또한 병사의 행동에 대해서는 결코 불온한 행동을 하지 못하게 하겠으니 귀국의 병사도 주의하라고 말함. 오쿠무라[奧村] 헌병대위는 이를 이해하고, 또 본건은 대안(對岸)인 종성에서 나왔기 때문에 우리 파출소의 의지대로 행하지 못한 것도 있을 터이니, 아무쪼록 옛 관례에 따라 겨울 말까지 다리를 철거하지 않을 것을 믿는다는 내용으로 고하였음.

해당 교량은 그 후 자연적으로 파손되고, 지금 한국민은 도선에 의지하여 곡물을 운반하게 되는 결과로 평온하게 결정[落着]되었음.

(마) 이번 달 8일, 개태사(開泰社) 호천포(湖川浦) 하소촌(下所村) 촌장 김홍석(金弘錫)은 질녀가 출가하게 되자, 이를 축하하기 위하여 현금 2원(圓)을 품고 이곳을 향하여 가는 도중, 와량(瓦樑)에서 청병 2명 · 통역 1명과 회견함. 상호 종종 담화를 나누다가 김은 우리 파출소의 촌장이라고 말함. 청병은 김의 신체를 뒤져서 현금 2원을 강탈하고, 또 구타를 가하여 오른쪽 퇴부(腿部)에 타박상을 입게 하고 도주하였음.

위 건에 대하여 12일, 도노타니[藤谷] 대위가 광제욕영(光霽峪營)에 이르러 교섭한 결과, 헌병 수반 정칙저(程則著)라고 하는 자가 사실을 조사하겠다고 답하였음.

4. 청병 등이 우리 헌병에게 가한 폭행

(가) 우적동(禹跡洞)에 있었던 사건(왕전(往電) 제140호 및 특보 제31호 · 제32호로 보고하였음).

(나) 국자가(局子街)에 있었던 사건(왕전 제141호 및 특보 제33호로 보고하였음).

5. 폭도의 상황

폭도에 관련된 여러 종류의 정보를 종합하니, 현재 그 주력은 연추(烟秋) 부근에 있고, 이(李) · 최(崔) 2명은 이번 겨울 결빙기를 기다려서 일부는 북한으로 진입하고, 일부는 간도에 진입하여 우리 파출소를 습격하고자 한다고 공언[聲言]함. 이를 준비하기 위하여 현재 빈번히 당여의 모집, 총기의 매매, 피복의 제작 등에 분주한 것 같으나, 다만 과연 실행할 것인지는 판명하지 못하였음.

6. 신청사의 공사

청사 신축 공사는 도급인과 계약한 기간 안에 전부가 준공됨. 파출소에서는 총무장관

(쓰루하라 사다키치[鶴原定吉])의 전보(電報)에 기반하여 준공검사위원을 임명해서 이를 조사하게하고, 제1회 계약금을 이번 달 23일로, 제2회금을 같은 달 24일로 영수하였고, 같은 달 28일부터 신청사에서 사무를 집행하였음.

7. 파출소원[所員]의 동정

파출소원[所員] 일반이 건강하여 사무에 힘쓰고 있음. 한국 내부(內部)로부터 파견된 경시(警視) 강도근(姜道根)은 이번 달 3일에 도착하였음. 기사 핫타 기치헤이[八田吉平], 기사 촉탁 오타 아츠시(太田篤), 통역관 촉탁 야마테 기요시[山貞淸]는 지질 및 농산물을 조사하기 위하여 이번 달 6일에 출발하여 혼춘 방면으로 출장하였다가 23일 돌아왔음. 내부에서 배속된 회계관리주사 이쿠노 에이메이[生野盈明] 이외 고용인 1명이 이번 달 8일에 부임하였음. 사무관 구스노 슌조[楠野俊成]는 이번 달 12일에 돌아왔음. 한국 내부 주사 손범철(孫範鐵) 외 1명은 16일에 부임하였음.

경제사정을 조사하기 위하여 길림·혼춘 지방에 출장을 명한 통역생 야마자키 세이이치로[山崎誠一郎]는 해당 지역과 길림 사이의 교통이 불편하여, 귀로를 동청철도(東淸鐵道)를 따라 블라디보스토크항[浦鹽港]을 경유하여 18일에 귀임함. 청사 건축 공사를 감독하기 위하여 파견한 통감부 고원 고가와 이치마쓰[山川一松]는 이번 달 28일에 통감부로 향하여 귀환하였음. 기타 마사스미[喜田正證]에게 이번 달 13일 기수(技手)의 사무를 촉탁하였음.

8. 농사현황[農況] 일반

기상관측표에 의한 이번 달의 온도 및 강우량을 보면 다음과 같음.

순별	평균 온도	최고 온도	최저 온도	강우 횟수	강우량
제1순(旬)	10.3	(3일) 22.5	(7일) 0.3	4	5.45
제2순	10.7	(16일) 23.0	(12일) 1.0	1	0.70

제3순	4.9	(21일) 21.5	(31일) 영하 8.5	4	5.20
한 달[月]	8.6	23.0	영하 8.5	9	11.35

비고: 누계[積算] 온도 264.5/쾌청한 날 수 9/반쯤 갠 날 수 13/흐린 날 수 9

이것에 근거하여 작년 10월의 기상관측표를 보면,

순별	평균 온도	최고 온도	최저 온도	강우 횟수	강우량
제1순(旬)	10.2	(10일) 22.0	(8일) 0.5	7	9.5
제2순	8.3	(19일) 19.0	(13일) 영하 3.0	0	0.0
제3순	5.2	(29일) 15.5	(31일) 영하 5.0	4	6.3
한 달[月]	7.8	(10일) 22.0	영하 5.0	11	15.8

비고: 누계[積算] 온도 242.2도

즉, 작년에 비하면 평균 온도도 0.7도가 높고, 누계 온도도 22.3도 높으며 강수량도 4.55밀리미터[粴]가 적음. 마침 여러 작물의 수확기여서 곡초(穀草)가 모두 충분히 건조되었기 때문에 이전 달에 있었던 결함을 다소 보충할 수 있는 아주 좋은 기회임. 지금에 작년 및 올해의 보통작물 평예(坪刈) 시험 성적(1反步로 환산)을 비교하면 다음과 같음.

1. 논 벼[水稻] [중간(中位)에 속한 것]

연도	1평당 줄기 수[本數]	줄기 길이	1반(反)당 줄기잎 [莖葉]의 무게	겉겨[籾]의 수확량	현미 수확량	겉겨-현미와의 백분비례	현미 1승(升) 중량
메이지 40년	790	촌(寸) 27	관(貫) 62,400	1,875	1,036	55.0	문(匁) 37.3
메이지 41년	730	34	82,800	2,400	1,350	56.2	38.8

2. 조(우량한 것)

연도	줄기 길이	줄기와 잎[莖葉] 중량	수량	1승(升) 중량	이삭 길이
메이지 40년	촌(寸) 51	관(貫) 150,900	석(石) 3,525	문(匁) 320	촌(寸) 9
메이지 41년	51	134,100	1,770	322	7

3. 고량(중위에 속한 것)

연도	줄기 길이	줄기와 잎[莖葉] 중량	수량	실곡[穀實] 1승(升) 중량
메이지 40년	77	238,500	2,460	346.3
메이지 41년	75	121,500	1,950	334.0

4. 대두(중위에 속한 것)

연도	줄기 길이	줄기와 잎[莖葉] 중량	수량	1승(升) 중량
메이지 40년	촌(寸) 22	45,600	석(石) 1,110	375.7
메이지 41년	18	31,500	0,900	350.0

5. 기장(중위에 속한 것)

연도	수량	1승(升) 중량
메이지 40년	1,470	338.8
메이지 41년	1,500	360.0

즉, 논벼와 기장을 제하면, 모두 작년에 비해 다소 적은 수확을 보임.

9. 위생상황

이번 달 사이 해당 촌[當村] 부근에서 전염병의 발생을 발견하였으나, 또한 유행병으로 기재할 〈정도의〉 질환이 아니요, 안전한 상태에 있음. 이번 달 5·6·7일 3일 동안, 용정촌(龍井村) 전반에 추계 청소법을 실시하였으나, 당시 맹풍으로 인해 전혀 〈목적한〉 청소의 정도에 이르지 못하여서 이후 헌병·순사로 하여금 독려하게 함. 소불동(小佛洞) 주재 한국인 유아 일부에게 종두(種痘)를 실시하였는데 효과가 좋음. 자혜병원(慈惠病院)에서 이번 달 사이에 진료한 새로운 환자의 총수가 562명이니, 이전 달에 비해 조금 증가하였음.

앞서 기록한 새로운 환자는 국적별표에 따르면 다음과 같은데, 청국인은 종전에 피해 조금 증가하였음.

- 일본인[本邦人] 58명
- 한국인 387명
- 청국인 117명

10. 경찰사고

이번 달 사이 처리한 경찰사고는 별표와 같음.

사항	건수	적요
채무불이행하고 도주	2	1건은 원·피고 모두 한국인 각 남자 1명, 피고에게 타이르고 이행하게 함. 1건은 원·피고 모두 한국인 각 남자 1명, 신흥평(新興坪) 분견소에서 처분하게 함.
구타 창상	2	2건 모두 한국인 남자 1명, 타이르고 방환 함.
집세 빌리고 지불하지 않음	1	원고 한국인, 피고 청국인, 타이른 뒤에 지불하게 함.
인부 임금 지불하지 않음	1	원고 한국인, 피고 일본인 여성, 피고에게 타이르고 지불하게 함.
마차 비용 지불하지 않음	1	원고 한국인, 피고 일본인, 저번 달에 판결함.
소녀가 개에게 물린 것에 대한 쟁론	1	원고 한국인, 피고 청국인, 타이름.
마필 대금 지불하지 않음	1	원·피고 모두 한국인, 피고에게 타이름.
기물파괴	1	원고 한국인, 피고 청국인, 피고에게 타이르고 변상하게 함.
말먹이 값을 지불하지 않음	1	원고 한국인, 피고 청국인, 피고에게 타일러 합의함.
도우(屠牛) 검사 청원	8	허가
합계	19	

45. 의료기관 설치 요청

- **원문제목** 醫療機關設治要請(往復案2冊)
- **날짜** 융희 3년(1909) 2월 9일
- **발신** 통감부 통감(統監府 統監) 이토 히로부미[伊藤博文]
- **수신** 내각총리대신(內閣 總理大臣) 이완용(李完用)

기밀통발(機密統發) 제157호

간도의 자혜병원(慈惠病院)은 통감부 파출소가 창설한 것인데, 헌병대 부속된 군의가 담임하여 진료[施療]하였습니다. 그 성적이 자못 볼만한 것이 있습니다. 현재 사업 확장의 필요를 인식하였으니, 대한의원(大韓醫院)의 분원을 파출소 소재지에 설치하시든지, 혹은 다른 〈위 조치에〉 상당하는 방법을 세워 환자 치료의 방법을 강구하시도록 조처[措辦]하시기를 요구합니다.

메이지 42년(1909) 2월 9일
통감공작 이토 히로부미
태자소사 내각총리대신 이완용 각하

46. 도사장·사장 등 보수의 국고 부담 요청

- **원문제목** 都社長·社長等報酬의國庫負擔要請(往復案2冊)
- **날짜** 융희 3년(1909) 2월 9일
- **발신** 통감부 통감(統監府 統監) 이토 히로부미[伊藤博文]
- **수신** 내각총리대신(內閣 總理大臣) 이완용(李完用)

기밀통발(機密統發) 제159호

통감부 임시 간도파출소에서는 귀국 백성의 보호임무를 실시하고, 사정을 소통하기 위하여 도사장·사장·촌장 등의 하급 기관을 구성하였습니다. 이에 대한 보수 및 사무비용은 원래 지방비로서 지불[支辦]할 성격[性質]이지만, 지방에서 징수할 방법이 우선 없으니, 지금에는 다음 기록한 금액을 국고에서 지불하시도록 조처[措辦]하시기를 요구합니다.

1. 금액 5,880원(圓)(연간 비용[年額])

〈명세〉

금액[金] 960원: 도사장 4인 항목, 1인 당 월급[月額] 20원.

금액 4,920원: 사장 41인 항목, 1인 당 월급 10원.

위를 제출함.

메이지 42년(1909) 2월 9일

통감공작 이토 히로부미

태자소사 내각총리대신 이완용 각하

47. 간도 사정 보고서 제출의 건(왕복안 2책)

- **원문제목** 間島事情報告書呈覽의件(往復案 2冊)
- **날짜** 융희 3년(1909) 2월 23일
- **발신** 통감부 부통감(統監府副統監) 소네 아라스케[曾禰荒助]
- **수신** 내각총리대신(内閣總理大臣) 이완용(李完用)

기밀통발(機密統發) 제235호

사이토[齋藤] 간도파출소장(間島派出所長)의 월보(月報)인 통파월보(統派月報) 제12호를 별지로 등사하여 참고하시기 위하여 이에 송부합니다.

메이지 42년(1909) 2월 23일
통감부 부통감 자작 소네 아라스케
태자소사 내각총리대신 이완용 각하

부(附). 동상보고서

- 날짜: 융희 3년(1909) 1월 9일
- 발신: 간도파출소장 사이토 스에지로
- 수신: 통감부 통감 이토 히로부미

통파월보(統派月報) 제12호

월보 12월 1일부터 동월 31일까지.

메이지 42년(1909) 1월 9일
통감부 임시간도파출소장 사이토 스에지로
통감공작 이토 히로부미 귀하

1. 지방 일반의 상황

지난달 이래로 평안하던 지방의 상황은 이번 달에 들어서도 의연히 그 상태를 유지·지속하여 인민이 안도하여 모두 본업에 힘쓰고 있음.

2. 청국 관헌의 시설 및 병원(兵員)의 행동

(가) 12월 3일에 월랑사(月朗社) 마파(馬派) 수북촌(水北村)에서 청국 관헌 파견소를 설치하고, 헌병 반장 우동대(于東岱) 외 상등병 4명이 국자가로부터 와서 같은 달 4일에 사무를 개시하였음.

(나) 본월 12일, 국자가에서 두도구(頭道溝) 서고성자(西古城子) 병영에 장4척·종3척·횡3척되는 상자에 넣은 탄약을 송부함.

(다) 본월 19일에 방판(幇辦) 부양좌(傅良佐)는 두도구(頭道溝)·동불사(銅佛寺)·동성용(東盛湧)·국자가(局子街) 등에 나눠 주둔한 순방대(巡防隊)를 남영(南營)에 집합하고 점호(點呼)를 행한 뒤, 다음의 훈시를 하였음.

> "올해도 벌써 저물었고 올해는 별다른 일이 없는지라, 내년 봄을 기대하지 않으면 무슨 일이든 이루기 어려울 것이다. 그러나 방심하지 말고 각 병사는 함께 복장을 해제하고 취침에 들지 말며, 반드시 절반은 옷을 입은 채로 취침하라. 또한 불침번(不寢番)을 두어 불시의 일을 대비하는 것이 옳다. 일본인과 일본병사가 왕래하는 도로에 접한 자는 이를 충분히 주의하여 병사의 증파와 병기·탄약 등의 운반에 대하여는 특히 유의함을 요한다" 운운하였음.

3. 청국 관헌의 부당징세(不當徵稅)

청국 관공리(官公吏)의 부당징세는 우리의 정당한 항의와 엄밀한 감시를 꺼려하여 현저히 감소하였으나 아직 그 자취를 모두 끊기에 이르지는 못하여 이달 중에 다음의 사실이 있음. 회령간도 사기동(沙器洞) 파판소 및 영화사(永化社)의 학성 계사소(鶴城稽查所)

를 신축하기 위하여, 인화사(仁化社)·영화사(永化社)의 한국인으로부터 목수·인부·속간(粟稈) 등을 징수하고 상당한 임금·대가를 지불하지 않으므로, 한국인이 이를 청구한즉, 청국 관리는 조세 징수 시에 상쇄하겠다 말함. 〈그러나〉 그때에 이르러서는 조세와 임금은 구별이 있다 하여 지불하지 않고, 결국 이들 제비용을 향약에 명하여 '민배(民排)'로 징수함. 한국인이 징수를 거부하고 응하지 아니하는 자에 대해서는 향약은 청국에서 명한 것이니 부응하고 명에 따르지 아니하는 자는 엄벌함이 가하다고 위협하고 강제로 백성에게 배당하는 데에 응하게 하여 그 액수가 한 집(每戶)에 일화 50전에서 2원 50전에 이른다고 함.

본건에 대하여 본월 10일에 히라다[平田] 헌병 중위로 하여금 태랍자(太拉子) 경력청(經歷廳) 허덕유(許德洧)에게 교섭한즉, 허덕유는 조세는 우리 소관이므로 조사한 다음에 상당한 처치를 하겠으나 인부·목수 기타 임금에 대해서는 우리가 알 바 아니라고 답하였음.

그런고로 12월 8일에 오쿠무라[奧村] 헌병대위로 하여금 국자가(局子街) 변무공서(邊務公署)에 교섭한즉, 동서(同署)에서는 실지에 대하여 사실의 조사를 하겠다고 회답하였음.

4. 폭도에 관한 건

폭도에 관하여는 항상 경계를 게을리하지 아니하나 본월 15일경에 종성간도 용지사(龍池社) 와량동(瓦梁洞) 부근을 배회하는 폭도 이대유(李大儒, 53세)가 동사 금점동(金店洞) 양방언(梁方彥) 집에 잠복함을 탐문해 알아채고 하천평(下泉坪)의 헌병·순사가 동지에 출장하여 이를 체포하였는데, 그 폭도는 함경남도(咸鏡南道) 북청국(北靑郡) 나하대(羅荷坮)에 거주하는 자로, 박선달(朴先達) 부하에 가입하여 지난 8월 27일 종성군으로 간도에 침입한 자임. 용지사 지방을 배회한 목적은 동 지방의 농민에 대하여 폭도에 가입함을 권유하고 또 금전과 곡물을 강청하기 위함이라고 운운.

무산간도 선화사(宣化社) 강장동(康庄洞)에 본월 24일 새벽에 폭도 약 40명이 들어와서 같은 날 밤, 같은 곳에 숙박함. 촌민이 이를 연동구[淵洞口](동장동(東庄洞)에서 약 1리 떨어진 거리) 주재 청국 병사에게 밀고함으로 청국 병사가 출장을 온 다음에 폭도가 휴대한 무기와 탄약 기타 피복 등 잡품을 압수하고 이들을 놓아줌(왕전 제1호로 이미 보고함).

그 폭도는 이범윤(李範允)의 부하로 블라디보스토크[浦鹽]에서 와서 한국 내지에 이르고자 하는 도중, 무산군(茂山郡) 하면구(下面口)에서 일본 헌병과 만나 교전한 다음, 부득이 이곳에 들어온 자라고 함. 위의 폭도의 행위에 대하여는 현재 엄중히 수색하는 중.

5. 우역(牛疫)의 조사

전월간으로부터 화룡사(和龍社) 대유전동(大楡田洞) 및 평강수남사(平崗水南社) 지방에 우역이 발생하여 한때 병세가 지극히 창궐하여 다수의 폐우(斃牛)가 나옴으로써 누누이 헌병과 한국인 순사를 출장케 하여 이에 예방 및 소독방법을 한국인에게 지시하여 장려케 한 결과, 이번 달에 이르러 병세가 점점 감소하였는데 이달에 있는 폐우(斃牛)의 수는 다음과 같음.

우역 발생 지방(牛疫發生地方)	이달에 폐사한 소의 수	현재 감염병에 걸린 소의 수
평강수남사(平崗水南社, 龍井村을 距한 西南 約 四十里地方)	19	없음
동량하남사(東良下里社, 龍井村地方)	2	없음
화룡사대유전동(和龍社大楡田洞, 龍井村을 距한 東南 約 五里地方)	11	없음
동남구범동(同南溝范洞)	4	없음
합계	36	

6. 기상 개황

본월에 있는 기상 개황은 다음과 같음.

순별	평균 온도	최고 온도	최저 온도	강설(降雪) 횟수	강수량
제1순(旬)	(1)11.2	(1) (5일) 2.0	(1) (3일) 27.5	1	3.4
제2순	(1) 10.1	(15일) 4.5	(1) (20일) 21.5	0	0

제3순	(1) 10.3	(21일 (27일) 0.0	(1) (24일) 20.5	1	0.5
한 달[月]	10.5	4.5	(1) 27.5	2	3.9

적산온도(積算溫度) -326.4도

쾌청일수(快晴日數) 8일

반청일(半晴日) 20일

담천일수(曇天日數) 3일

작년의 기상표에 따르면,

순별	평균 온도	최고 온도	최저 온도	강설 횟수	강수량
제1순	(1)13.4	(1) (9일) 0.5	(1) (4,5일) 29.0	2	0.5
제2순	(1) 15.7	(1) (12일) 3.0	(1) (19일) 30.5	3	6.0
제3순	(1) 17.2	(24일) 2.0	(1) (23일) 29.0	2	2.3
한 달[月]	(1) 15.4	2.0	(1) 30.5	7	8.8

적산온도(積算溫度) -762.4도

쾌청일수(快晴日數) 12일

반청일(半晴日) 15일

담천일수(曇天日數) 4일

위의 두 표를 대조한즉, 평균·최고·최저 온도가 올해는 작년보다 상당히 높으며, 강설량도 적고 오히려 적산온도는 136.0도의 높이를 보임. 흐린 날 수는 큰 차이가 없었으나 대개 작년보다 기온이 높았음.

7. 지방의 위생 상태와 환자의 시료(施療) 상황

이번 달에 전염병으로 기재할 질환은 당 용정촌(龍井村) 부근에는 전혀 없어서 안전한 상태로 있으나, 신흥평 및 동불사 지방에 열성유행병(熱性流行病)이 발생한 보고가 있으므로 각 분견소에 대하여 군의로 하여금 이를 박멸·예방하는 쪽에 주의를 주었더니 그 후 만연한 보고를 접하지 아니하였음.

이번 달에 시료한 신규 환자의 총수가 360명인 바, 평균 하루에 신규 환자는 12명이요, 기존 환자를 합하여 매일 내원하는 자가 항상 50명 이상을 더하는데, 신규 환자를 국적별로 나누면 다음과 같음.

일본인[本邦人] 47명
한인 365명
청국인 48명

8. 관할 내 집무 상황

파출소 관원 모두가 건강하여 혹한을 참아내고 번잡한 업무를 참으며 열심히 사무에 종사함. 본직(本職)은 한국인 보호의 취지와 그 수단 등에 대하여는 각 인원에 대하여 항상 훈시하는 바인데, 이번에 특히 한민에 직접 관계가 있는 각각의 분견소 헌병에게 능히 본관의 의사를 철저하게 하여, 모두 각 지방의 상황을 들을 필요가 있으므로 이번 달 11일부터 3일간 각 분견소장을 소집해 회의를 열고 일장 훈시를 하고 또 여러 가지 자문을 하였음(본회의에 관한 상세한 보고는 추후 41년 개황보고서에 상세히 기술해 제출할 것임).

9. 경찰사고(警察事故)

이번 달 처리한 경찰사고는 별표와 같음.

부(附)의 속(屬). 경찰사건표

메이지 41년(1908) 12월 1일부터 동년 12월 31일까지

경찰사고표(警察事故表)

사항	건수	요점[摘要]
풀려난 말[放馬] 보호	1	풀려난 말 한 마리가 헌병분대 마구간에 들어와 보호 중이었는데 주인이 판명됨으로 인도함.
채무관계	7	1건은 원고 한인 여자 1명, 피고 한인 남자 1명, 피고에 타이르고 이행하게 함. 1건은 원고 한인 남자 1명, 피고 청국인 남자 1명, 피고에 타이르고 이행하게 함. 1건은 원고 청국인 남자 1명, 피고 일본인 남자 1명, 피고에 타이르고 이행하게 함. 1건은 원고 한인, 피고 일본인, 피고에 타이르고 이행하게 함. 1건은 원고 한인, 피고 일본인, 원고의 신청이 사실에 반하므로 타이르고 서로 분쟁을 해결하게 함[示談]. 1건은 원고·피고 모두 한인, 원고·피고에게 타이르고 서로 분쟁을 해결하게 함[示談]. 1건은 원고·피고 모두 한인, 증거가 불완전함으로 타이르고 서로 분쟁을 해결하게 함[示談].
학교 설립 반대	1	반대자 한인 남자 3명, 설유에 따름.
구타·상해	2	2건 모두 피고해자 한인 남자 각 1명, 가해자 한인 남자 각 1명, 쌍방 설유·화해하게 함.
구타·상해 및 계약불이행	1	피해자 한인 남자 1명, 가해자에 설유·화해하게 함.
구타	2	1건은 피해자 한인, 가해자 청국인, 가해자에게 타이름. 1건은 청국 향약 한인 남자 1명, 가해자 수명에 타이름.
부녀 유괴	1	원고·피고 모두 한인, 유괴한 부녀를 원고에게 돌려보내고 피고에 타이름.
만취하여 말다툼[爭論]	33	1건은 쌍방 모두 한인, 타이름. 1건은 청국인 남자 3명, 타이름. 1건은 청국인 2명, 청국 관헌에 연행함.
통행방해	3	1건은 한인 남자 1명, 우마차를 거리에 가로질러 둠으로 타이르고 끌고 가게 함. 2건은 청국인 남자 3명, 길거리에 마차를 가로질러 둠으로 타이르고 끌고 가게 함.
노상방뇨	2	2건은 모두 일본인, 타이름.

도박	2	1건은 한인 남자 4명, 징죄처분에 대해 타이름. 1건은 한인 남자 2명, 일본인 남자 1명, 회령경찰서(會寧警察署)에 이첩함.
병든 소를 매각하려고 한 자	1	한인 3명, 설유하여 자택에서 떨어지게 함.
내란율	1	한인, 협조 중
남의 것을 자기 것으로 속임[冒認]	1	원고 한인 여자 1명, 피고 한인 남자 1명, 허위 고소를 하여 원고에게 타이름.
죽은 소를 버린 자	2	1건은 한인 남자 1명, 설유하여 매몰하게 함. 1건은 버린 자가 불분명하여 분대(分隊)에서 소각함.
무효지권으로 기타 다른 물건을 얻은 자	1	원고·피고 한인, 피고에 타이른 후 변상하게 함.
협박	1	원고 한인 남자 1명, 피고 동 2명, 원고의 신청이 사실이 변하여 원고에 타이름.
불법징세	1	원고 한인 남자 3명, 피고 청국인 남자 1명, 한인 남자 1명, 원고의 신청이 허위임으로 타이름.
불법행위	1	원고 한인 남자 2명, 여자 1명, 피고가 청국 관헌이므로 해당 관헌에 교섭함.
사장 사임	4	설유에 승복하여 계속 복무함.
습득물	2	1건은 유실자 한인, 습득자 한인, 취조한 후 습득 20전을 반환하게 함. 1건은 유실자·습득자 모두 한인, 취조한 후 습득 재목을 반환하게 함.
사기미수	1	원고 한인, 피고 청국인, 취조 중.
부정 징발	1	원고 한인 수명, 피고 청국 관리 2명, 청국 관헌에 교섭함.
물품 약탈	1	원고 한인, 피고 청국인, 청국 관헌에 교섭한 후 약탈물을 반환하게 함.
도축장 검사	17	검사 판매를 허가함.
합계	58	

48. 간도 사정 보고서 제출의 건

- **원문제목** 間島事情報告書呈覽의件(往復案2册)
- **날짜** 융희 3년(1909) 4월 5일
- **발신** 통감부 부통감(統監府副統監) 소네 아라스케[曾禰荒助]
- **수신** 내각총리대신(內閣總理大臣) 이완용(李完用)

기밀통발 제504호

시노다 지사쿠[篠田治策] 통감부 임시간도파출소장 대리의 월보인 통파월보(統派月報) 제2호를 별지 등사하여 참고하시라고 이에 송부합니다.

메이지 42년(1909) 4월 5일
통감대리 부통감 자작 소네 아라스케
태자소사 내각총리대신 이완용 각하

부(附). 동상(同上) 보고서
- 날짜: 융희 3년(1909) 3월 10일
- 발신: 통감부 간도파출소장 대리 시노다 지사쿠
- 수신: 통감부 부통감 소네 아라스케

통파월보 제2호(統派月報第二號)
월보(月報)
2월 1일부터 동월 28일까지

메이지 42년(1909) 3월 10일

통감부 간도파출소장 대리 시노다 지사쿠
통감부 부통감 소네 아라스케 귀하

1. 지방 일반의 상황

지방 일반은 고요하고 평온함. 종성 헌병의 현덕승(玄德勝) 체포사건 및 용정촌에 사는 청한 양국인의 분쟁사건과 혹은 청국 관공리의 부당징세, 또는 후미진 곳에 있는 청국지방관헌이 우리의 호구조사를 방해하는 등의 일은 서로 공평한 교섭을 거쳐 사달을 일으키는 일에 이르지 아니하고 한민 일동이 안도하는 상태에 있음.

2. 청국 관헌의 동정

(가) 이번 달 2일, 방판 부양좌(傅良佐)는 봉천을 향해 출발하였는데, 그 이유는 변무공서에 있는 본년도의 예산을 협의하고, 또 작년도에 있었던 결산보고를 하기 위함이라 함. 동 서원(署員)인 누군가의 말을 듣자면 동서에서 작년에 간도경영에 필요한 경비는 약 40만 냥이라고 함. 부(傅)는 3월 중순에 귀소할 예정이라 함.

(나) 이번 달 12일에 소총 180정이 길림으로부터 국자가(局子街) 변무공서에 도착하였음.

(다) 청국 관헌이 국자가 내에 건축하던 8개의 순경파출소는 전부가 낙성(洛成)되어 이번 달 22일부터 한 곳에 3명씩 순경을 배치하고, 각각에 한 명씩 보초를 세움.

3. 청국 관헌의 불법행위 및 부당징세

(가) 용정촌에 있는 청 · 한인의 분규 건

왕전 제8 · 9호로써 이미 보고함과 같음. 이번 달 16일 오전 9시 15분경에 청국인 한 명이 간도 용정촌 시장 잡화상인 한인 임사안(林四安)의 집에서 일화 70원 · 청화 314적(吊)[금액은 피해자의 고소에 따름]을 절취하여 도주함을 임사안의 부인이 발견하여 이를 바깥에 외출 중이었던 임사안 및 이웃 한민에게 알리고, 또 시장에 보초를 서던 한국 순사 김병옥(金秉玉)에게 호소함으로써 김 순사와 6~7명의 한국인이 이를 수색한즉, 용정촌 시장의 청국인 가옥에서 해당 범인을 발견하였음.

김 순사는 이를 본소에 연행하고자 하였는데, 다른 한 명의 청국인이 식칼[厨刀]을 휘둘러 그의 연행을 방해함으로써 김 순사는 그를 뒤쫓아 잡음. 피해자 및 다른 한인 등은 범인을 집 밖으로 끌어내고자 했는데, 범인은 절취금 중 일화 59원을 땅바닥에 떨어뜨렸음.

한국인은 범인이 틀림없다고 인지하고 더욱더 그에게 분하게 여겨 김 순사의 제지를 따르지 않고 해당 범인을 구타하는지라, 김 순사는 그 구타를 제지하고 그 범인을 연행하고자 하였는데, 육도구(六道溝)의 청국 파판소 순경 6명과 부근의 청국인 십수 명이 모여들어 그 연행을 방해하고 범인을 빼앗고자 함으로써 이에 한바탕 소란을 일으켰음.

이때 이 장소에 가까이 우리 헌병의 숙사(宿舍)에는 상등병 스가와라 젠스케[管原善助]라는 자가 한 명이 잔류해 있었는데, 이 소란을 듣고 현장에 급히 달려갔고, 한국 순사 유병렬(劉秉烈)도 나와서 만났음. 둘이 함께 청국 순사 등의 범인을 탈취하고자 함을 제지하자, 순사 한 명은 칼을 뽑아들고 당시 모여든 청국인에 대하여 구타하라고 연호함에, 약 30명의 청국인 등은 근처에 쌓여있던 땔나무를 들고 한국 순사와 우리 헌병 및 한국민을 구타하였음.

이때 유 순사는 순경 무진성(武振聲)에게 칼등으로 오른쪽 어깨를 구타당하고, 김 순사와 스가하라 상등병은 청국인에게 땔나무로 배를 구타당하여 거의 모두 가벼운 타박상을 입음. 이에 대하여 순사·헌병 등은 다수 폭행하는 청국인을 향하여 이들을 체포하고자 하였는데, 이틈을 타 순경 등은 그 범인을 급히 파판소 내로 탈취하고 돌아갔음.

이 상황을 곁에서 지켜보던 한국인은 청국 순경과 청국인의 폭행을 분하게 여겨 그 수십 명은 손 또는 땔나무로 청국인 …(중간 탈락)… 박시운(朴時運) 외 6명은 청국인으로 인해 가벼운 타박상을 입었고, 또 청국인 왕유청(王有淸)·진대성(陳大盛)은 한국인으로 인하여 거의 모두 머리 부분에 구타를 당하여 경상을 입음. 그 외 수 명의 청국인은 가벼운 타박상을 입었음.

간도 분대(分隊)에서는 시장에서 청국인의 쟁투로 인하여 헌병 및 한국 순사가 부상당하였다는 급보를 듣고, 곧바로 헌병군조(憲兵軍曹) 다쓰카미 겐스케[立上源助] 외 상등병 8명 및 한국 순사 6명을 현장에 급히 보내고, 헌병 중위 모리카와 도루[森川亨] 및 헌병 조장 다구마 류키치[田熊柳吉]도 연달아 출장을 하였음. 헌병 등이 출장한 때는 이미 싸움을 그만두고 범인은 파판소 내로 도망간 뒤였기 때문에, 헌병 등이 파판소에 이르렀을 때는 순경 6~7명은(그 중 4명은 칼을 참) 표문에 있으면서 경계하면서 문에 들어가는 것을 거부함. 범인의 인도를 요구한즉 순장이 나와서 '만만(漫漫)'하다고 하며, 또 범인이 소내에 없다는 뜻으로 알려옴에 우리 헌병 등은 잠시 힐문하여 순장 등과 말다툼을 하였음. 순장은 마침내 방문[看看]하라고 하고, 스스로 인도하여 각 방을 돌아보게 함으로써 헌병 4명과 한국 순사 3명이 순장을 따라서 각 방을 돌아보았으나, 결국 범인을 확인하지는 못하였음.

다만 파판소에서는 범인을 탈취한 다음 곧바로 동소 뒷문으로 그 범인을 동성용(東盛湧) 방향으로 보낸 흔적이 있음. 범인이 파판소에 없다는 것을 일반 한인이 알게 되었으나, 파판소에서는 도적을 도주하게 하였다 하여 크게 격앙되어 여러 무리의 한국인은 파판소 내외를 수색하는 사이, 동소의 일어[29] 통역 진탁장(陳琢章)이 자기 집에서부터 파판소 안쪽 문에 들어가는 것을 우연히 목격함. 다수의 한인 등은 진(陳)이 범인을 도주하게 한 자라고 하여 서로 소란을 피우면서 따라감으로써 헌병 상등병 기타지마 하루키치[北島晴吉]는 그를 뒷문 안에서 연행해 문답 중이었음. 격앙된 한인 등은 우리 헌병이 제지하는 틈을 엿보고 진을 이문 밖으로 끌어내어 그를 구타하자, 진은 흙제방 아래로 떨어져 버림. 제방 아래에 모인 한국인은 다시 진을 구타하여 어떤 자는 발로 차는 등 폭행을 가함으로써 기타지마 상등병 외 1명은 이를 제지하고 한민의 폭행을 막으면서 진을 파판소 앞문으로 데리고 갔음. 이때 모리카와 중위는 앞문에 있다가 진을 보호하여 동소 내로 들어갔음.

진은 타박상을 입은 것에 대하여 곧바로 일등 군의(軍醫) 오노 주니치[小野純一]에게 진료를 보였는데, 좌경골(左脛骨) 하단부 앞쪽에 가벼운 피하일혈(皮下溢血)이 있고, 기타 좌견비간부(左肩脾間部)·좌계늑부(左季肋部)·좌요부급좌대퇴(左腰部及左大腿)에 동통(疼痛)을 느꼈으나, 몸이 붓고 배가 팽팽해지는 종창일혈(腫脹溢血)이 없어 가벼운 타박상을 입었던 것임. 진은 구타를 당할 때에 2회 각혈한 일이 있다고 하였으나, 군의의 검안에 따르면 내부에 이상이 확인되지 않는다고 함.

또 이보다 앞서 파판소장 공재랑(龔才朗)은 우리 헌병 및 순사가 파판소 내에 들어오

---

29 원문에는 '목어(目語)'로 기록되어 있으나, '일어(日語)'의 오자로 보임. 「원안」에도 일어로 기록되어 있음.

고 다수 한민의 소란이 있었을 때에 사태가 용이하지 못함으로 우리 파출소에 와서 그 진정을 요구하였음. 본건에 대하여 이번 달 17일에 방판대리 도빈(陶彬)은 통역 및 공(龔) 파판소장을 데리고 교섭하기 위하여 본소에 와서 말하기를, 청국 측이 조사한 사실을 진술하고 그 헌병에 대한 처분을 요구함. 본소에서는 헌병이 파판소 내에 들어온 것은 순장의 유도에 의해 들어온 것이고, 또 당시까지의 조사에 의하면 아직 헌병이 구타한 사실을 인정하지 못한 일임을 알리니, 결국 도(陶)는 또다시 조사를 진행하여 정당한 처분을 요구함. 또한 우리는 본 사건의 처음에 우리 헌병과 순사를 구타한 순경 등 청국인을 조사하여 상당한 처분을 요구하였음.

더욱이 이번과 같이 소란을 야기함은 우리가 청한 양국의 범죄인을 동행·연행하고자 하면 항상 청국 측에서 폭력으로 이를 탈취하고자 함에 기인하기 때문에, 청국인에 대해서는 일단 조사한 후에 귀 관서에 인도할 터이니 동행·연행을 방해하지 않도록 부하에 훈령하라고 제안함. 도(陶)는 일단 취조라도 청국 사법권에 관계하는 일이면 사건이 중대할 뿐만 아니라, 부양좌(傅良佐) 방판이 없으므로 곧바로 확답하기 어렵다고 답변하였음.

이번 사건의 진(陳) 통역을 구타한 것은 우리 헌병인지 아닌지 조사하였는데, 최초 동인(同人)이 다수 한인에게 쫓겨 뒷문 안에 들어왔을 때 기타지마 상등병은 진이 범인을 도주하게 한 자로 믿고 흉부(胸部)를 끌어 잡은 사실이 있으나, 기타 헌병이 진(陳)을 구타한 사실은 확인되지 않았음.

(나) 호구조사를 방해한 일

이번 달 12일에 걸만동[30] 헌병분견소 헌병 상등병 및 한국 순사 1명은 호구조사를 하기 위하여 종성간도 합수평(合手坪)에 이르러 조사에 착수하였음. 학성평(鶴城坪) 수비대장 장운량(張運良)이 와서 이 지방은 본관의 관할구역 내인데, 상사의 명령이 없으면 호구조사를 실시하게 할 수 없다고 하며 우리의 조사를 방해함. 헌병은 호구조사의 일은 서로의 상사에서 이미 교섭을 끝냈으므로, 방해를 할 이유가 없으니, 만약 우리가 하는 조사에 이의가 있으면 그 뜻을 상관에게 보고하라고 하였음. 장(張)은 이를 막아서고, 더욱더 총기를 휴대한 청병 15명 및 총기를 휴대하지 않은 청병 약 40명을 지휘하여 길을 막고 조사를 실시하지 못하게 함으로, 헌병은 장(張)에게 그 부당함을 꾸짖으려 했으

---

30 '걸만동(傑滿洞)'과 '걸비동(傑備洞)'이 혼용되어 사용됨. 이상·이하 같음.

나 요령이 없었으므로 장(張)과 동행하여 마파(馬派) 파판소에 이르러 소장 성우례(成友禮)와 회견하고, 장(張)이 호구조사를 방해할 이유가 없음을 꾸짖음. 성(成)은 합수평(合水坪) 부근은 장의 관할구역인즉, 해당 파판소에서 관계하기 어려우며, 또 상사로부터 호구조사에 관하여 아직 어떠한 명령이 없었다고 진술함. 헌병은 심쟁(深爭)의 이익이 없음을 확인하고, 동지의 호구조사를 중지하고 돌아옴.

지난달 하순에 복사평(伏沙坪) 분견소에서 헌병 및 한국 순사 각 1명을 호구조사하기 위하여 무산간도 숭화사(崇化社) 지방에 출장을 시켰는데, 동사(同社) 옥석동(玉石洞)에서 회의성병(會議城兵)[회의성(會議城)은 청국 관헌의 감독 하에 청국인으로 조직한 자위단임] 약 30명이 길지(吉地) 파판소장의 명이라 하여 호구조사의 중지를 요구함. 더욱이 청국 향약은 인민에게 만약 일본 헌병의 호구조사에 응하면 청국 관헌으로부터 엄벌에 처해질 것이라고 위협함으로써, 인민은 우리에게 조사 받기를 피하여 우리 헌병·순사는 그 목적을 달성하기 어려웠으므로 어쩔 수 없이 돌아왔다고 함. 위 건에 관하여 복사평 분견소장은 교섭을 위해 파판소장에게 면담을 요구했더니, 파판소장은 병을 핑계로 면담을 사절하며, 호구조사에 관하여는 상사의 지시를 청할 터이니 일주일 간 조사를 중지하라고 요구하였음.

이번 달 8일 사카이노 다케노신(境野竹之進) 소좌가 국자가(局子街)에 출장했을 때에, 도빈(陶彬) 지부와 회견하고 본건에 관하여 교섭하였는데, 〈도빈은〉 길지파판소로부터 어떠한 보고도 아직 접수하지 못하였지만, 장래 방해하지 못하도록 엄명하겠다고 답하였음.

(다) 불법 징금(徵金)에 관한 건

작년 11월 하순 경에 무산간도 길림 파판소장은 한국지역의 주민으로 간도지방 내에 이주하여 경작하는 일을 하지 않으면 토지의 소유를 금지하고, 만약 간도 땅 안에 거주하지 아니하거나 또는 경작하지 아니하는 자는 토지를 포기한 자로 간주하여 청국관유지로 할 뜻을 고시함. 나아가 청국에서 임명한 향약으로 하여금 그 고시의 의미를 간도 내의 토지소유자에게 고지케 하였음.

각 토지소유자는 이 고시를 알고는 크게 불안하여 혹은 간도 내로 이주하기를 맹세하거나, 혹은 그 처분 방법을 무산군수(茂山郡守)에게 소(訴)를 제기하는 자가 있음.

그런데 이 고시는 어떠한 이유인지 12월 8일경에 철거되고, 토지의 하루 경작에 대하여 지세 외에 다시 금 2원 45전을 한번 수납하면 종전과 같이 간도지방 내에 거주하지 않아도 그 토지를 소유하고 또 경작을 인가할 뜻으로 향약으로 하여금 토지소유자에게 고지하게 하고 또 세금을 징수하였음.

또한 청국 관헌은 한국 내지에 있는 한인에게 간도지방 내의 토지를 소유한 자에 대하여 간도 내 한민과 동일하게 여러 종류의 세를 부과하며 또 징세 등을 행함. 부과 및 징수 중에는 부당하다고 생각할 자가 있으므로 복사평분견소(伏沙坪分遣所)에서는 무산군수에게 부탁하여 조사함. 이에 따르면 작년 중에 있는 한국 내지 거주자 중에 청국 관헌에게 징수를 당한 금액 총계가 무산읍에서 82원 여, 무산군 북면(北面)에서 43원 여임. 기타 조(粟)·보리(麥)·땔나무(薪) 등의 현품 징수도 많았으나, 대가는 아직 지불받지 못하였음.

본건에 관하여 사카이노 소좌가 무산간도를 순시할 때인 이번 달 26일, 길지(吉地) 파판소에 이르러 소장과 회견하고, 간도지방 내에 거주하지 않으면 토지의 소유를 금지하는 건에 대하여 교섭한바, 한때 그러한 의미의 고시를 낸 것은 사실이나 여러 종류의 사정이 있어서 이를 철회하였고, 그 철회조건으로 금 2원 45전을 수납하는 일로 인민에게 명한 일은 없다고 함. 만약 명했으면 이는 향약 등의 부정한 행위이기 때문에 조사한 후에 그 결과를 복사평 분견소에 통지하겠다고 답하였음. 또한 간도에 토지를 소유하고 있으면서 한국 내지에 거주하는 한민에 대한 불법징세 및 대가의 미지불에 대하여도 충분히 이를 조사한 다음 다시 그 결과를 복사평 분견소에 통지하겠다고 답하였음.

회령간도 도사장의 조사에 따르면 청국 관헌이 동(同) 간도 6사(社)에서 쌀·보리·조·닭·땔나무 등의 대금 및 인부·우마차의 대가를 지불하지 않은 것에 속한 것이 약 한전 19,133냥이라고 함.

4. 청국 관헌의 한민에 대한 태도

청국 관헌의 한민에 대한 태도는 하루하루 신중해지는 것과 같음. 종래 청·한인 사이의 분쟁사건 등에 대해서는 늘 한민에게 그 이유를 막론하고 압박을 가하던 일인데, 근래에는 이러한 일에 대해서 다소 공평한 처리를 함에 이름. 그 사례로 볼만한 것은 〈다음과 같음.〉

(가) 이번 달 3일에 두도구(頭道溝) 중촌(中村)에 거주하는 한인 채관묵(蔡官默)이 볼일이 있어서 청국인 곽봉해(郭鳳海)의 집에 이르자, 그 집 고용인인 청국인 호청원(胡清元)이라는 이름을 쓰는 자가 채(蔡)의 모자가 추한 것을 보고 이를 욕하며 더욱 그 모자를 땅바닥에 내팽개치고 발로 밟아댐. 채는 그 행위에 크게 분노하여 싸우고자 하였으나 현장에 있는 청·한인의 중재로 아무 일 없이 집으로 돌아갔음. 그런데 그 후 호(胡)는 도끼를 들고 채의 집에 이르러 본건을 일·한 관헌에게 고소하면 이 도끼로 살해하겠다고 강박하고, 한인에게 용서를 빌게 하고 집으로 돌아갔음. 본건은 채가 두도구 분견소에 소를 냄으로써 분견소장은 동지 파판소에 교섭한 결과로 호는 태 50대에 처하고, 모자의 손해배상으로 금 1원을 채에게 지불케 하였음.

(나) 무산간도 산계사(山溪社) 사초동(莎草洞)에 거주하는 한인 박윤희(朴允熙)는 동지(同地) 청국인 주경삼(朱京三)에게 작년 6월경에 대맥 7승을 빌리고 그대로 다른 곳에 갔다가 이번에 돌아왔는데, 주경삼 외 2인의 청국인이 박(朴)을 구타하여 상처를 입히고, 또 그 의복을 훼손시킴. 동경대(東京台) 우리 헌병분견소에서는 위 가해자 청국인 3명을 연행·조사한 뒤에 동지 순방대로 연행하여 범인의 처분을 요구하였음. 동대에서는 조사를 한 후에 이번 달 10일에 주경삼을 태 50대로, 그 외의 2명의 청국인도 각각 태형을 가하고, 또 의류의 배상금으로 3명으로부터 6원을 피해자에게 지불하게 하였음.

5. 현덕승(玄德勝) 체포에 관한 건

위의 사건에 관해서는 왕전(往電) 제7호 및 통파밀(統派密) 제4호로 보고한 것과 같음. 청국 관헌은 그 후 복수적으로 우리 도사장(都社長)·사장(社長)을 포박한다고 공언하는 자가 있었음. 그들에게 적지 않은 공포심을 일으키기 때문에, 우리들이 그러한 일은 망상에서 나온 것이라고 충고하였더니, 그 후에 어떠한 이상을 보지 못하였음.

아울러 헌병분대에서 검사장에게 제출한 현덕승(玄德勝)의 범죄 조사 중에 중대한 사실은 다음과 같은데, 한국 형법 제200조 제8항 기타에 해당함.

(가) 청국 총향약(總鄕約) 현덕승[종성간도 광종사(光宗社) 적와평(赤瓦坪) 거주, 31세]은 항상 청국 관헌에게 아부하고, 그 직권을 남용하여 백성의 재산을 강제로 빼앗고, 동포인

한민을 침범해 학대하는 등 한민이 뱀과 전갈처럼 보는 자임. 한민은 현덕승의 비행을 혐오해서 이를 관아에 고발하고자 하였으나, 뒷날을 두려워하여 입을 다물고 말을 하지 못하였으므로 현덕승은 날로 횡폭하게 굴었으며, 한민은 한을 삼키고 그 압박에 굴종하였음. 또한 현덕승은 청국인을 사주하여 우리가 파출소를 설치하는 데에 유해한 행동을 일삼은 자임.

(나) 현덕승은 작년 전권강(田券講)[지권(地券) 고치는 일]이라 칭하고, 한민으로부터 부당한 금전을 강제로 징수한 일이 있으며, 같은 해 12월 히라타[平田] 헌병 소위를 종성간도에 파견하여 사실을 조사한 뒤에 현덕승을 간도분대에 동행하고자 하자, 청국 관헌은 병력으로써 그 동행을 방해하고 현덕승을 옹호하여 마침내 동행의 목적을 달성하지 못하고, 결국 청국 관헌에게 엄중히 처벌하고 총향약(總鄕約)을 면직하겠다는 조건으로 현덕승을 풀어준 일이 있음. 그 이후로 현덕승은 다소의 반성을 하였으나, 청국 관헌은 그를 처벌치 않고 또 면직하지 않았으므로, 현덕승의 횡포가 그치지 않아 인민의 원성이 끊이지 않았음. 그러나 우리 헌병이 그를 체포하면 단지 청국 관헌과 소란을 야기함에 지나지 않으므로, 그를 한국 내지에서 체포하고자 하였음. 단연코 조심해야 했지만, 현덕승은 이를 경계하여 쉽사리 도강(渡江)하지 않았음. 〈따라서〉 시간이 지남에 따라 그 목적을 달성하기 어려워져서 종성수비대 및 내지의 헌병분견소에 그 체포방법을 의뢰하였음.

(다) 한력 광무 10년(1906) 7월[메이지 39년 8월]경에, 현덕승은 청국 총향약이 되기 위하여 화룡욕(和龍峪) 청국 관리 장조기(張兆淇)에게 한화 8,400냥을 뇌물로 증여하였음. 이 8,400냥 중에 900냥은 종성간도 제청사(霽晴社)로부터, 360냥은 제하사(霽霞社)로부터, 680냥은 월랑사(月朗社)로부터 징수하고, 또한 800냥을 종성에 거주하는 이보철(李輔喆)로부터 빌렸음. 각 사로부터 징수한 방법은 '전권강(田券講)'이라고 칭하여 지권(地券) 조사를 하는 것임. 인민으로부터 지권을 제출하게 하고 토지 일일경(一日耕)에 대하여 한화 600냥을 가져오지 않으면 지권을 몰수한다고 강박하여, 각 사 향약으로 하여금 돈을 모집하게 한 자임. 월랑사에서는 그 모집금에 불응한 자가 6명이 있는데 ,현덕승은 동행한 패두(牌頭) 김양룡(金陽龍)에게 명하여 그 6명을 동사 향약 조화룡(曹化龍)의 집에 감금한 다음, 피감금자 중 박양능(朴陽能)이 그 고통을 참지 못하고 나와서 겨우 동사의 부담액을 변통하여 현덕승에게 보내주고 모두 감금을 면하였음. 또 이때 패두 김양룡은 다시 6명을 감금하고 다시 구타를 가하여 강제로 50냥을 납부하게 한 사실이 있으나, 현덕승은 위의

일은 패두가 한 짓이지 자기가 한 일이 아니라고 하였음. 그런 다음에 출금케 한 금액은 현덕승으로부터 각 출금자에게 반환하고 패두는 해고하겠다고 진술하였음.

(라) 광무 10년(1906) 12월 27일[메이지 40년 1월] 경, 종성간도 광종사(光宗社) 하천평(下泉坪)에 거주하는 청국 임명의 향약 김명극(金明極)이 향약의 연봉으로 사내 각호에 조[粟] 2두, 청국 관리의 접대비용으로 조 1두씩을 징수하고자 하였는데, 같은 곳에 거주하는 이명우(李明雨)가 청국 관리의 접대비용을 지출하는 것을 거부하고 그 징수에 불응한 바, 현덕승은 이명우를 포박하고 자택에 대동하여 새끼손가락만한 채찍으로 이명우를 십수 회 구타하고, 또 그를 이웃집 최도헌(崔道憲)의 집에 감금하였음. 또 하천평 한민 등은 현덕승에게 이명우의 석방을 애원함으로써 현덕승은 이명우를 하루 동안 감금한 다음 풀어주었음.

(마) 한력 융희 원년(1907) 및 동 2년(1908) 중, 종성간도 광제욕(光霽峪)에 주둔한 청국 병사가 교대할 때에 화물을 운반하기 위하여 우마차 97량(輛)을 부렸는데, 청국 관헌은 위의 우마차 운임에 대해 전액을 지불하지 않아서 합계 한화 1,940냥이 부족하다고 이를 종성간도 10사에 나누어 부과하여 징수하였음. 다만 이에 대하여 현덕승은 청국 관헌으로부터 운반비로 우마차 1량에 대하여 청국 운임 1적(吊)의 비율로 지불받았으나, 그 부족액은 인민에게 징수하라는 명을 받아 징수하였다는 뜻으로 변명하였음.

(바) 융희 2년(1908) 2월경에 청국 관헌으로부터 종성간도 6개 도선장(渡船場)의 도선 영업권 및 종성간도 고도(古島)에 경작권을 사서 얻었는데, 도선업자로부터 총계 한화 4,110냥, 고도 소작인으로부터 총계 7,800냥을 징수하여 그중 9,600냥을 태랍자(太拉子)의 청국 관헌에게 납부하고 2,310냥은 자기의 소유로 하였음.

(사) 융희 원년(1907) 7월경에 소송하기 위해 종성간도 사장 7명과 함께 국자가(局子街) 관헌에게 갈 때, 그 왕복 여비 및 체제비용으로 10사 한민에게 한화 800냥을 징수하였음.

이상과 같이 현덕승은 단순히 불법적으로 징수를 했을 뿐만 아니라 청국 관헌에게 아부하여 도선권 및 경작권을 얻고, 동 관헌과 인민 사이에 있으면서 사사로운 이익을 추구하였음. 자연히 도선의 운임과 경작비용 등이 청렴하지 않은 등, 인민은 그의 가렴주구에 참지 못하고 일반인들이 현덕승을 질시하였음.

(아) 현덕승은 메이지 40년(1907) 11월 중순에 통감부 파출소원 및 헌병이 최근에 간

도를 철수하려고 하여 현재 사용한 가옥을 매각 중이라고 근거 없는 뜬소문을 퍼뜨려서 한국민에게 의혹을 품게 하여 우리 시정에 유해한 행동을 한 사실이 있음. 청국 관헌의 뜻을 따르기 위하여 광종사 상천평 양정학당(養正學堂) 한인 생도에게 변발과 청국 복장을 강제하여 생도 약 40명에게 변발을 시켰던 사실이 있음. 또한 종성간도 한민으로서 일진회원(一進會員)이 된 자는 체포하겠다는 뜻을 알려주고 이를 강박한 사실이 있음. 이상에 대하여 현덕승은 통감부에 대하여 유해한 뜬소문을 발설한 적이 없고 양정학당의 생도를 변발케 한 것은 현덕승에게 있지 않고 그 학장(學長) 이동춘(李同春)의 행위라고 변명하였으며, 일진회원인 자는 체포하겠다고 한 뜻을 알려준 것은 사실이지만 방판 오록정(吳祿貞)의 명이라고 변명하였음.

(자) 기타 작년 9월 16일, 종성간도 하천평에서 청국 병사가 폭동을 일으켜 한국 내부 주사 송의식(宋義植)에게 중상을, 우리 헌병 및 한국 순사에게 경상을 입게 하고, 또 도사장(都社長) 이의영(李義英), 사장 김희열(金希烈)을 포박한 사건과 같이 모두 현덕승이 그 청국 병사를 지도함은 공연한 사실이기 때문에 현재 증거를 수집 중임.

6. 지방의 위생상태

1월 하순부터 무산간도 일부에 천연두[痘瘡]가 발생하여 이번 달 중순에 환자가 50여 명에 달함. 두묘(痘苗)를 송부하여 분견소원은 무산분원에서 종두케 하고, 또한 원주민용 두묘도 송부하였음. 두도구 관내에도 다소의 두창 환자가 발생하였다고 하나, 아직 확실한 보고가 없음. 당소 부근에서는 유행병 · 전염병의 발생을 확인하지 못하였음.

7. 이번 달 사이의 기상 개황

순별	평균 온도	최고 온도	최저 온도	강수 횟수	강수량
제1순	-9.9	(1일)4.0	(6일) -22.0	2	0.6
제2순	-10.1	(14일)2.0	(18일) -20.3	3	4.3
제3순	-9.8	(28일)4.0	(23일) -20.4	1	0.4
월	-9.9	(1일 · 28일)4.0	(6일) -22.0	6	5.3

적산온도 -279.4도
쾌청일 수 4일
흐린 날 수 3일

작년 이번 달의 기상표에 따르면

순별	평균 온도	최고 온도	최저 온도	강수 횟수	강수량
제1순	-14.7	(1일) -4.5	(4일) -26.5	0	0
제2순	-2.1	(20일) 3.0	(11일) -25.5	0	0
제3순	-6.7	(28일) 4.0	(24일) -22.5	2	1.8
월	-10.8	(28일) 4.0	(4일) -26.5	2	1.8

적산온도 -325.8도
쾌청일 수 19일
흐린 날 수 2일

위의 두 표를 대조하면 올해는 작년에 비해서 적산온도와 최저 온도에서 큰 차이가 보임. 최고 온도는 큰 차이가 없음. 더욱이 제1순에는 크게 온난하였고 강수 회수와 그 양에서는 작년보다 큼.

8. 소속 구성원의 동정

소장 사이토 스에지로[齋藤季治郎], 기사 핫타 기치헤이[八田吉平], 속(屬) 나이토 마사오[內藤正雄]는 상경을 명받고, 촉탁 곤도 신이치[近藤信一]는 귀성 청원을 허가받아 모두 이번 달 9일에 경성으로 출발한다는 보고가 있었음. 내부(內部) 고원 하기야 다메치카[萩屋爲親]는 본부 부임을 명받아 이번 달 14일에 현지를 출발하였음. 내부주사 이구민(李求敏)은 와병 중이었는데, 이번 달 23일에 사망하였음.

9. 경찰사고

이번 달 안에 처리한 경찰사고는 다음의 표와 같음.

부(附)의 속(屬). 경찰사고표

메이지 42년(1909) 2월 중 경찰사고표(간도헌병분대)

구분	사항	건수	적요(摘要)
한국 형법위반	내란율	1	1건은 피고 한인 남자 1명, 함흥지방재판소에 송치.
	절도	4	1건은 피해자 일본인 남자 1명, 피고 한인 여자 1명, 가벼운 죄이므로 놓아줌. 3건은 원고·피고 모두 한인 남자 각 1명, 경성재판소(鏡城裁判所) 지부에 송치함.
	채무관계 위반[錢債有違犯]	1	원고·피고 모두 한인 남자 각 1명, 피고는 회령헌병분견소 보조원이므로 일건 서류는 동소(同所)에 회송함.
일본 헌병령 위범	이유없이 신체검사를 받지 않은 자	1	피고 일본인 남자 1명, 청진이사청에 송치함.
검증	출화(出火)	3	1건은 한인 가옥 하나, 간도분대에서 검증. 1건은 일본인 가옥 하나, 위와 같음. 1건은 청국인 가옥 하나인데 일본인이 빌린 것, 국자가분견소에서 검증.
청국 관헌에 교섭	범인을 불법으로 빼앗은 자	1	원고 한인 남자 1명, 피고 청국인 남자 1명, 청국 관헌에 교섭.
	채무를 모두 갚았는데 또 채무가 있다고 강제로 청구한 자	1	원고 한인 남자 1명, 피고 청국인 남자 1명, 청국 관헌에 교섭.
	폭행	1	피해자 일본인 남자 1명, 피고 청국인 남자 4명, 청국 관헌에 교섭.
설유(說諭)	소작인이 수확한 전부를 뺏은 자	1	원고 한인 남자 1명, 피고 청국인 남자 1명, 피고를 설유 후 반환하게 함.
	채무관계	6	5건은 원고·피고 모두 한인 남자 각 1명, 쌍방에게 설유 후 서로 분쟁을 해결하게 함[示談]. 1건은 원고·피고 모두 일본인 남자 1명, 위와 같음.
	싸운 자	3	1건은 원고 한인 남자 3명, 피고 청국인 남자 3명, 타이름. 1건은 원고 한인 남자 1명, 피고 청국인 남자 1명, 위와 같음. 1건은 원고·피고 모두 한인 남자 각 1명, 위와 같음.

	학교설립에 반대한 자	1	피고 한인 남자 1명, 타이름.
	우역 전염에 관한 손해배상 건	1	원고 한인 남자 1명, 피고 한인 남자 2명, 피고에 설유 후 서로 분쟁을 해결하게 함[示談].
	우역 걸린 소고기를 판매한 자	1	피고 한인 남자 1명, 타이름.
	우역 걸린 소를 먹은 자	1	한인 남자 2명, 타이름.
	인부의 임금을 지불하지 않은 자	1	원고 한인 남자 1명, 피고 일본인 남자 1명, 타이른 후 지불하게 함.
	이혼한 처를 강제로 복귀시키려던 자	1	원고·피고 모두 한인 남자 각 1명, 피고에 타이름.
	우역 걸린 소를 버린 자	1	한인 남자 1명, 타이른 후 소각하게 함.
	물품대금을 지불하지 않은 자	1	원고·피고 모두 한인 남자 1명, 피고에 설유하여 대금을 지불하게 함.
	타인이 논밭 세금을 내지 않은 것을 이용해 범인의 땅을 뺏으려던 자	1	원고·피고 모두 한인 남자 각 1명, 피고에 타이름.
	약값을 부당하게 청구한 자	1	원고·피고 모두 한인 남자 각 1명, 피고에 타이름.
	폭행	1	원고·피고 모두 한인 남자 각 2명, 쌍방에게 타이름.
	결혼을 강요한 자	1	원고·피고 모두 한인 남자 각 1명, 원고에 타이름.
	말다툼	1	원고·피고 모두 한인 남자 각 1명, 쌍방에게 타이름.
	간통한 자	1	원고 한인 남자 1명, 피고 한인 여자 1명, 피고에게 타이름.
	타인의 우마차를 뺏은 자	1	원고 한인 남자 3명, 피고 청국인 남자 3명, 피고를 설유하여 우마차를 반환하게 함.
	허가없이 요리업을 경영한 자	2	1건은 일본인 남자 1명, 동 여자 3명, 타이름. 1건은 일본인 여자 2명, 타이름.
	음주를 강요한 자	1	원고·피고 모두 한인 남자 각 1명, 피고에게 타이름.
	도박	2	1건은 일본인 남자 4명, 미죄이므로 풀어줌. 1건은 한인 남자 4명, 미죄이므로 타이른 후 풀어줌.
	무단으로 지역을 벗어나 귀가를 거부한 자	1	한인 여자 1명, 타이른 후 귀가하게 함.
	소 매매대금을 지불하지 않은 자	1	원고 한인 남자 1명, 피고 청국인 남자 1명, 피고에게 타이른 후 지불하게 함.
구호	정신병에 걸린 자	1	일본인 여자 1명, 원적지에 송환.
도난	도난당한 자	2	2건 모두 피해자 일본인 남자 각 1명.
합계		48	

49. 간도 사정 보고서 제출의 건

- **원문제목** 間島事情報告書呈覽의件(往復案2冊)
- **날짜** 융희3년(1909) 4월 17일
- **발신** 통감부 부통감(統監府副統監) 소네 아라스케[曾禰荒助]
- **수신** 내각총리대신(內閣總理大臣) 이완용(李完用)

기밀통발(機密統發) 제614호

시노다 지사쿠[篠田治策] 간도파출소장대리 월보, 통파월보(統派月報) 제1호를 등사한 별지를 참고하시게 하기 위해 여기에 송부하오니 조량하시기 바랍니다.

메이지 42년(1909) 4월 17일
통감대리 부통감 자작 소네 아라스케
태자소사 내각총리대신 이완용 각하

부(附). 동상 보고서
- 날짜: 융희 3년(1909) 2월 9일
- 발신: 통감부 간도파출소장 대리 시노다 지사쿠
- 수신: 통감부 통감 이토 히로부미

통파월보(統派月報) 제1호
월보(月報)
1월 1일부터 1월 31일까지

메이지 42년(1909) 2월 9일

통감부 임시간도파출소장 대리 시노다 지사쿠
통감공작 이토 히로부미 귀하

1. 지방 일반민의 상황

이번 달 중, 지방이 일반적으로 평온하여 지난달에 있었던 상황과 큰 차이가 없음. 의례히 두 셋의 청국 관공리의 불법행위와 소수 폭도의 내왕은 모두 관계 지방 일부의 인심에 다소간 불안을 품게 하였지만, 간도의 전반적인 치안에는 별반 영향을 미치지 않았음.

2. 청국 관헌의 시설 및 군대의 이동

(가) 이번 달 3일 이래, 종성간도 광제욕 병영으로부터 병졸 3명 · 헌병 1명을 광종사(光宗社) 암동(岩洞)[종성대안 하천평의 지방 약 1리반의 거리]에 파견하였음.

(나) 작년 12월 말에 양수천자(凉水泉子) 순경국으로부터 종성간도 마파(馬派) 합수평(合水坪)[걸만동의 동북 방향으로 약 1리의 거리]에 순경분국을 설치하고 순장 1명 · 순경 8명을 파견하였음.

(다) 작년 12월 31일에 종성간도 제청사(霽晴社) 부서평(富瑞坪)[하천평(下泉坪)에서 북방으로 약 2리 반의 거리]에 보병 상등병 이하 10명을 파견하였음.

이상 각 항에 대하여 오쿠무라[奧村] 헌병대위로 하여금 이번 달 12일, 변무공서에 위에서 언급한 파견의 이유를 힐문한즉, 부양좌[傅良佐] 방판은 두만강이 얼어붙어 한국 내지에 있는 폭도가 침입하는 것을 경계하고자 일시적으로 배치한 것이므로 해빙 후에는 곧바로 철수하겠다고 답하였음.

(라) 이번 달 19일, 길림으로부터 순방마대 20명이 호위하고 길림의 관첩(官帖) 20만 적(吊)을 변무공서에 송부하였음.

(마) 이번 달 20일, 길림으로부터 보병 20명이 호위하고 마차 8량(輛)에 탄약기(彈藥器)[탄약을 넣은 혁대] 30상자, 소총 82정, 원시(圓匙) 32정, 천막 및 기타 여러 기구 약간을 적재하고 길림으로부터 국자가를 거쳐 혼춘으로 향하였음.

3. 청국 관공리의 불법행위 및 부당징세

(가) 1월 1일에 문루구사(門樓溝社)의 한인 이봉손(李鳳孫, 14세), 동 김성남(金成男, 15세) 두 명은 동불사(銅佛寺)의 우리 헌병 분견소에 신년 축하를 하려고 왔다가 돌아가는 길에 동불사 서쪽에서 두 명의 청국 병사를 만났음. 어느 곳에 갔다 오는 것인지 물어서 일본 헌병분견소에 갔다 온다는 것으로 답하였는데, 청국 병사는 이유나 시비를 말하지도 않고 돌연히 이와 김 2명을 구타하였음. 우리 분견소의 잡역부 한인 임봉순(林鳳順)이 이를 알고 피해자를 구하기 위해 현장에 급히 달려갔더니, 그 청국 병사는 길옆에 있는 몽둥이로 임봉순을 구타하고, 또 급보를 듣고 현장에 달려온 한국 순사도 2명의 청국 병사에게 구타를 당하였음. 한국 순사가 그 청국 병사에게 대항하여 싸우며 피해자의 보호에 노력하자, 부근의 민가에 모여 있던 다수의 청국 병사가 와서 2명의 청국 병사를 도우려고 하였음. 이때 분견소장 호리우치 기쿠마쓰[堀內菊松] 특무조장은 헌병 3명을 거느리고 현장에 출장하였더니, 청병 등은 이를 알고 모두 민가로 달아났음. 따라서 호리우치 분견소장이 폭행을 휘두른 청국 병사를 취조하고자 하였으나, 그곳의 경찰국장이 급히 와서 온건하고 원만한 처리를 요구함. 또한 폭행 병사는 그곳의 주둔병으로 통령(統領) 부덕(富德)의 부하인데, 부덕은 마적을 토벌하기 위해 출장하여 현재는 없으므로 돌아오기를 기다려 처벌케 하겠다고 간청하였으므로, 호리우치 분견소장은 부덕의 귀환 후에 회견함을 약속하고 돌아왔음.

이번 달 18일에 부덕 통령이 귀환하였으므로 분견소장은 이에 회견을 요구하고 항의를 신청하였음. 부덕은 병졸 폭행의 사건은 부하 잔류자의 보고를 받고, 오늘 아침에 이미 태 40대에 처하였다는 뜻으로 답하였음. 분견소장은 이의 실제 여부를 다시 탐정한 바, 부덕의 말에 틀림이 없으므로 본건을 종결시켰음.

본건에 대해서는 부덕의 귀환 전에 한편으로 오쿠무라[奧村] 대위로 하여금 부양좌 방판에게 항의를 신청한바, 부(傅)[31]는 종래 누누이 훈시를 내려 병사의 폭행을 경계하고 타일렀는데 이번 폭행은 부덕의 귀환을 기다려 그 조사를 명하여 엄중히 처분하겠다고

31 원문에는 부덕(富德)을 뜻하는 '부(富)'로 나오나, 문맥상 부양좌(傅良佐)를 뜻하는 '부(傅)'가 맞으므로 이에 고치었음.

답하였음.

(나) 이번 달 4일, 회령간도 충화사(忠化社) 대동(大洞)에서 한민 등이 사냥을 나가 암사슴 한 마리를 추적해서 장차 포획하고자 할 때에 대동에 주둔한 청국 순경분군의 순경 등은 이를 포획하여 마음대로 처분하였음. 한민 등은 이러한 행위에 분개하여 그 사슴 가죽과 머리뼈, 꼬리, 그리고 그 사슴이 임신한 상태였으므로 그 태아까지 반환하라고 그 분국에 요구한즉, 분국에서는 사슴고기는 부근 촌민에게 이미 나눠주었고 나머지는 버렸으니 현물을 반환할 수 없으므로 그 대신 보상으로 사냥꾼에게 청화 1(吊)씩 부여할 터이요, 만약 태아를 발견하면 반환할 것으로 말하였음. 그러나 한민 등은 이에 따르지 않고 대동촌장(大洞村長) 외의 3명이 우적동(禹跡洞)의 우리 헌병분견소에 그 분국의 처치를 부당하다고 고소함. 이에 이번 달 10일, 히라타[平田] 헌병중위는 사기동 파판소장대리 백(白) 헌병장(憲兵長)에게 교섭한즉, 백은 본건에 대하여 사실을 조사하기 위하여 대동에 출장하여 한민의 신고를 듣고, 이미 상실한 사슴고기와 태아에 대해서는 상당한 대가를 지불하고 사슴 가죽은 반환케 하라고 하였으나, 한민은 태아의 반환을 요구하지 않으면 다른 것은 필요없다고 하며, 완강히 설유(說諭)에 따르지 않음으로 일단 귀소하였다고 답하였음. 동 중위는 태아는 고가이기 때문에 한민이 이의 반환을 요구하는 것이므로, 상당한 대가를 지불하여 한민으로 하여금 임의로 승낙케 하라고 경고하였음.

그런데 대동 순경분국장은 본건에 관계한 한인 전여덕(全汝德)·김운일(金雲逸)·전제성(全濟成) 3명을 소환하여 그 사건에 대하여 백 파판소장대리에게 본 사실을 신고한 것은 타당하지 않았다고 하여, 전여덕의 양쪽 넓적다리[大腿部]에 태형 60대을 가함. 김(金)은 소년(少年)이고, 전(全)은 노년이기 때문에 면제하고 귀가하게 하였음.

이상과 같은 분국장의 불법행위에 대해서는 다시 김운일·전제성 두 명이 우적동 분견소에 고소함으로써 히라타 중위는 사기동 파판소장을 대동하고 대동에 출장하여 사실을 조사함. 전여덕(33세)은 좌우 뒷허벅지에 질병으로 쉬고 있었는데, 오른쪽은 5주일, 왼쪽은 2주일을 요하는 중상을 입고 침상에서 신음하고 있는지라, 동 중위는 분국장에게 그 불법을 꾸짖자, 국장은 청국에서는 사냥꾼이 짐승을 쫓아 아직 확실하게 포획하지 않은 사이에 누구든지 이를 마음대로 잡을 수 있거늘, 한인 등은 자기의 습관만 중하게 여기고 아직 포획하지도 않은 사이에 우리 순경이 이를 총살함을 부당하다고 하며 그 환부를 요구하기를 그치지 않으므로 이를 구타하였다는 뜻으로 답하였음. 동 중위는 여러 가지

국장의 행위의 불법된 일과 책임을 면치 못할 일을 고하고 귀소하였음.

본건에 대하여 1월 28일에 오쿠무라 대위로 하여금 부양좌 방판에게 교섭하게 한바, 부량좌는 사기동 파판소장의 보고에 따라 사슴가죽과 기타 현존물의 전부를 한민에게 반환케 하고, 또 대동 분국장을 면직하고 파판소장을 엄히 계칙하였다고 답하였음.

(다) 이번 달 1일, 용지사(龍池社) 장동(獐洞)에 거주하는 청국인 임명 촌장 곽광의(郭廣義) 외 3명은 동사 내의 한민으로부터 밭 1일경(청국식)에 대하여 청화 1적(吊) 70문(文) 씩 징수하고자 하였음.

신흥평(新興坪) 분견소에서 위의 3명을 소환하여 징수하는 이유를 힐문하자, 동성용상호공의회(東盛湧商戶公議會)의 비용으로 동회에서 공적인 일에 소비하고, 그 약간은 청국 관헌으로부터 지불받았으나 더욱 부족한 액은 청화 5,750적 820문이 있으므로, 청국 관헌의 인가를 얻어 징수하는 뜻으로 제출하는지라, 이후 그 공적 소비의 종별을 취조한즉, 다음과 같음.

- 청화 716적 90문: 진소상(陳昭常) 전임 때 여비
- 동 250적: 측도기사(測圖技師) 조모(趙某)에 기증한 기(旗) 등의 비용
- 동 69적 630문: 청국 관리의 동성용에서 체재하는 숙박료
- 동 36적: 범죄사건에 필요한 여러 비용
- 동 360적: 보초를 설치한 당시의 가옥임대료
- 동 4,100적: 공의회 제비용
- 동 219적: 공의회 잡비

합계금 청화 5,750적 820문

신흥평 분견소에서는 위의 징수금은 공의회(公議會)라는 명목하에 촌장 등이 불법으로 징수한 것으로 인정하였으니 청국 관헌에 교섭한 후가 아니면 징수금을 허락지 아니할 뜻을 말한즉, 곽 등은 징수를 중지하고 일차 청국 관헌에게 보고한다고 하고 귀택하였음.

(라) 이번 달 15일 동성용 민세분국(民稅分局) 서기인 마충기(馬忠起) 외 2명은 용지사(龍池社) 금동(金洞)에서 우마 매매세로서 새로 매입한 것이나 또는 교환하는 우마에 대

해서 그 대금 100냥에 대해 500문의 비례로 세금을 징수하였음.

이상에 대해서 신흥평 헌병분견소에서는 과연 정당한 징세였는가의 여부를 위 3명과 동행하여 취조한즉, 광서 34(1908)년 5월 7일(메이지 41년)에 국자가 지부(知府) 도빈(陶彬)이 낸 우마 매매에 대해서 징세할 뜻을 기재한 고시문을 휴대할 뿐이요, 그 징수원이 된 자격 및 징수금의 비례 등이 판명되지 않았고 이들의 진상이 정확하지 않으므로 징수를 불허할 것이며, 당일까지 징수한 돈을 인민에게 환부하라고 요구하였음. 이에 마(馬)는 이미 자기가 징수한 돈은 국자가에 송부하였고 〈자신은〉 가지고 있지 않다고 함으로, 다시 당일 징수한 돈의 반환을 요구하였더니 이를 받아들이고 청화 43적(吊) 30문을 제출하였으므로, 우리가 임명한 촌장을 소환하여 이를 각각의 출자금에게 반환하게 함. 마는 다시 도빈 지부의 명을 받아 오겠다고 하고 귀환하였음.

이상의 두 건은 변무공서(邊務公署)에서 사실을 조사하여 만약 불법징수한 사실이 있으면 엄중히 처분할 것이라고 하였음.

4. 청국 관헌이 우리의 호구조사를 방해한 건

왕전(往電) 제5호로 보고하였음. 작년 말부터 각지 헌병분견소에 명하여 한인에 대한 제2회 호구조사를 실시하게 하였는데, 청국 관헌은 이 호구조사를 청국 행정에 간섭하여 현상을 파괴하는 것이라고 하여 우리 조사를 방해하였음. 그러나 그 방해의 방법은 자못 온건하고 원만하여 사건이 일어나는 것과 같은 일은 없음. 이번 달 사이에 각지에서 발생한 호구조사에 관한 소란함을 들면 다음과 같음.

(가) 이번 달 4일, 우적동(禹跡洞) 헌병분견소 헌병 1명은 한국 순사 1명과 함께 사기동에서 한인의 호구조사 중, 동지 파판소장이 헌병·순경·통역을 이끌고 와서, 부양좌방판의 명이라고 하고 호구조사의 중지를 요구하였음.

상등병은 호구조사는 상관의 명에 따라 행하는 것이기 때문에 요구에 응하기 어렵다고 이를 거절하였음. 파판소장은 같은 날 우적동분견소에 히라타 중위를 찾아와 만나고, 일본 헌병의 호구조사는 청국의 행정을 무시하는 행위요, 한민은 이로 인하여 위구심을 품을 터이니 중지하라고 진술하였기 때문에, 히라타 중위는 호구조사는 한민 보호를 위해 필요한 사유를 진술하고, 한민은 결코 위구심을 품지 아니하는 뜻을 변론하였음. 파판소장은 결국 상사에 보고하여 어떠한 지휘를 기다린 다음, 그때까지는 조사의 방해를 행하지 않겠다고 답한 다음 돌아갔음.

(나) 이번 달 13일 동성용사(東盛湧社) 서흥촌(瑞興村)에서 헌병 상등병 2명 · 한국 순사 1명이 호구조사를 실시하는 중에 동성용가 순병 및 병졸 4명이 국자자 변무공서의 명이라고 하면서 조사 중지를 요구하였음. 또한 장전한 권총을 꺼내 한민을 쫓아버렸기 때문에 우리의 호구조사를 응하지 못하게 하였음.

본건에 대해 다음 날 24일 모리카와 도루[森川亨] 헌병 중위를 그 마을에 출장을 보내 순변 이하에 대해서 그 방해하는 이유가 없다는 사실을 설득케 하였는데, 순변 등은 서흥촌만 호구조사를 행하고 다른 마을은 상관에게서 어떠한 명령이 있기 전까지 3일간 그 조사를 중지하게 하라고 요구하였음. 그러나 동 중위는 이를 거절하고 조사를 속행하게 하였음.

본건의 호구조사 건에 대해서는 이번 달 6일에 육도구 파판소장 공재랑(龔才朗)이 방판의 대리로 본소에 내방하여, 호구조사를 필요로 할 것이면 수첩에 필기만 하고 문패를 거는 일은 금지하게 할 뜻을 요구함. 이에 우리는 문패를 거는 일은 현재 정지할 뜻으로 승낙하였음. 이후 이번 달 11일에 도 지부가 또 방판대리로 내방해서 호구조사를 질문한 것에 대해, 이번의 호구조사는 재작년 호구조사를 실시한 후 이동을 조사는 것이므로 한민 보호의 하나로 필요한 것이요, 청국의 행정과 어떠한 관계가 없고 또 현상 유지를 어그러뜨리는 것이 아닌 뜻으로 설명하였음. 그러나 그 후에도 여전히 각지에서는 방해가 빈번함으로 이번 달 28일에 다시 오쿠무라 헌병 대위에게 명해서 부양좌 방판에게 항의하게 하였던바, 방판은 귀소에서의 호구조사의 건은 모처에 보고하여 청훈(請訓) 중이므로 가까운 시일 내에 전보로 회신할 것이라고 하나, 호구조사를 방해하는 일에 대해서는 명령한 일이 없고, 이러한 작은 사건으로 서로 충돌하는 것은 애석한 일이니, 각 파판소에 명하여 방해하지 않게 하겠다고 답변하였음.

5. 한국민의 상태

종래 청국 관공리의 압박을 몹시 두려워하여 절대 굴욕을 달게 받던 한민도 우리 파출소의 설치 이래로 크게 그 보호를 믿어서 옛날과 같이 청국 관헌의 불법행위를 감수하지 않고, 근래에 이르러 점차 자기의 권리를 자각하며, 서로 단결하여 청국 관리의 난폭함에 반항하고자 하는 기세를 보임. 이달 사이에 발생한 두셋의 사례를 열거하면 다음과 같음.

(가) 두도구 청국 세무서 청어통역 한인 나창화(羅昌和, 32세)는 청국 관헌의 위력을 빙자하여 항상 청국 관리에게 아부하고, 그 난폭함을 방조하며, 한민을 괴롭히는 일이 한두 번에 그치지 않았으나, 한인은 후일 보복을 두려워하여 이를 거론하지 못하고 울분을 삼키고 함묵해버렸는데, 드디어 1월 19일 평강사(平崗社) 내 촌민 약 60명이 단결하여 나창화를 포박하고 그 죄상을 자세히 갖춰 우리 파출소에 연행하여 왔음.

본건은 조사 결과, 나창화가 청국 관리에게 아부하여 그 불법행위를 방조하고, 한민을 협박·침해한 사실이 판명됨으로써, 이달 29일 함흥지방재판소(咸興地方裁判所)에 송치하였음.

(나) 종성간도 개봉사(開泰社)의 호천포촌장(湖川浦村長)[파출소 임명] 김홍석(金弘錫) 등은 청국 도향약(都鄉約) 현덕승 이하 향약 이화관(李化官) 등이 부정 징금(徵金)을 사민에게 부과함을 분하게 여겨, 1월 24일에 사민 200명이 단결하여 회경가(懷慶街) 청국 파판소로 압송하여 가서 도향약 이하의 불법을 힐문하고 그 처벌을 요구하였음. 〈그리고〉 만약 동 파판소에서 상당한 처치를 집행하지 않으면 국자가 상급 관아에 소를 내겠다고 하고, 어떤 곳에 이르기까지라도 그 목적을 수행하겠다고 압박하였음.

그날은 동 파판소장이 자리에 없었기 때문에 소속원으로부터 다음 25일에 출두할 뜻을 말하고 귀환하도록 하였음.

다음 날 25일, 한민 약 70명이 약조한 바와 같이 파판소에 왔으나, 역시 소장이 부재하였기 때문에 일동이 다음 날 26일로 약속하고 아무 일 없이 귀환하였음.

26일, 총원 약 160명의 한민이 동 파판소에 옴. 총대(總代) 4명이 소내로 들어가 도향약 이하의 불법행위를 읍소한즉, 소장은 문밖으로 나가 문 앞에 집합한 인민에 대하여 도향약의 종래의 불법행위는 조사한 후 상당한 처치를 할 터이지만, 우선 자기가 청화 50냥을 줄 터이니 해산하라고 설득했으나 한민 등은 따르지 않음. 개봉사의 인민 모두는 겨우 50냥을 받기 위해 엄동설한의 추운 3일을 낭비하면서 당 파판소에 성가시게 할 필요가 없으며, 종래 납부한 모든 세금에 대해서도 규정 이상의 부과를 하고, 또 매년 근거할 표준이 없음은 요컨대 도향약 이하의 사사로운 호주머니를 채우는데 지나지 않으므로 그 과분한 징세를 돌려주고, 또 현재의 불법징세도 금지하되 만약 적당한 처분이 없으면 국자가 관헌에게 다그치겠다고 하였음. 쉽사리 해산할 기색이 없으므로 파판소장은 다시 총대 4명과 회견을 마치고 일반 인민은 해가 지고 나서야 각자 흩어졌음.

당일 파판소장은 총대 4명에게 다음과 같이 진술하고 향약 등의 처분을 예고하였음.

"종래 파판소장의 처치가 적당하지 않아 오늘날과 같은 추태가 생겼으니 이후에는 충분한 관리를 하겠다. 향약 이화관이 종래 부정하게 징수한 금액은 청화 2,000냥 이상에 달하였으니, 지금 이를 본인에게 반환하도록 하는 것은 어려운 일이다. 따라서 상당한 벌금을 부과하겠다. 또한 이화관은 면직이 당연하나, 이 또한 상사에게 보고하여 상사의 의견이 따라 벌줘야 할 터이니 우선 다음과 같이 처벌하겠다."

(1) 현재 향약 이화관이 징수하던 불법징세를 금함.

(2) 이화관을 벌금 청화 50냥에 처함.

단 향약 이화관에 대하여만 처분하고, 도향약 현덕승에 대해서 처분을 가하지 않은 것은 종래의 불법징세에 대해 모든 책임을 이(李)에게 부과한 것임.

한민은 총대 등의 보고에 따라 이상의 제 조건을 다하고 본건을 일단락 함.

(다) 회령간도 인화사(仁化社) 두민(頭民)의 발기로 동 간도 6사의 사장·두민 등 20명이 사기동에 모여, 작년 12월 30일로부터 이달 1월 2일에 이르기까지 민회(民會)를 개최함. 해당 민회 개최의 주된 의의는 청국 관헌 및 공리의 부당징세에 응하지 아니할 일, 또 종래 청국 관헌의 부당 지불에 대한 부족액의 보충에 대하여 협의하고, 결국에 다음의 여러 건을 결의하였음.

(1) 각사(各社)에서 청국임명의 향약에 대하여 최근 부당하게 징수한 태가전(馱價錢)·고시전(告示錢)·점인전(點印錢)·도소곡(都所穀) 등의 반환을 요구할 것.

(2) 장래는 불법의 징세 징수에 응하지 않을 것.

(3) 종래의 민배(民排)를 폐지하고, 또 청국 관헌의 지불 부족액에 대해서는 각사에서 각기 별도로 동 관헌에게 청구할 것.

6. 폭도의 상황

지난달 하순에 무산군에서 두만강을 건너 무산간도에 침입한 폭도는 선화사(宣化社) 강장동(康庄洞)에서 청국 병사에게 무기를 압수당하고 사방으로 도망하던 중, 약 32명은 이번 달 초에 무산간도에서 북으로 도망하여 간도 내부에 침입하고, 약 26명은 여러 단체로 나누어 두도구 서남방면에서 국자가 동북방면 백화구(百草溝)에 나타났으며, 6명은 평강상리사(平崗上里社) 지방을 배회함으로, 두도구 분견소에서 이달 24일 그중 4명을 체포하고 30일 함흥지방재판소에 송치하였음.

그 폭도의 자백에 의하면 일행은 도합 52명으로, 폭도 수괴 방덕형(方德亨)의 부하가 되어 음력 11월 19일, 연추(烟秋)를 떠나 혼춘(琿春) 부근으로 간도에 들어와, 국자가 북부로 동불사 서부에 연접한 산 속을 통과하여 무산간도에서 무산군으로 들어가고, 동군에서 일본헌병과 충돌하여 다시 무산간도로 도망쳐 들어와, 삼삼오오 연추지방으로 복귀하기 위하여 간도 내부에 들어온 자라고 함.

그 목적한 바는 무산 삼수지방에 이르러 동 지방에 있는 폭도와 합동하고, 무산군 삼사목재소(三社木材所)[32]를 습격하여 무기를 탈취하고, 동 지방의 인심을 선동하며 다시 동진할 계획이라고 하였음.

또한 별도로 이달 9일, 걸만동(傑滿洞) 분견소에서 작년 10월 이래로 간도 동북부 방면을 배회하며 30여 명의 부하를 지휘하던 폭도 수괴 오상원(吳相元, 64세)을 체포하였음. 오상원은 작년 음력 5월 중순부터 이범윤의 부하로 들어가 군사(軍師)로 추천받아, 같은 해 6월경에 약 200명의 폭도를 경원(慶源)에 진출하게 하였고, 또 같은 해 7월경에는 약 100명의 폭도를 종성군에 진출케 한 일이 있으며, 그 후 연추지방 및 온성간도 백초구(百草溝) 지방에서 폭도의 모집에 진력하던 자임(왕전 제4호로 이미 개략 보고하였음).

오상원의 체포 이후 부하들은 여러 방면으로 흩어졌으며, 간도 동북부의 치안유지에 다대한 효과를 올렸음.

---

32 원문에는 '삼사본촌소(三社本村所)'로 되어있지만, 「원안」과 대조한 결과 '삼사목재소(三社木材所)'의 오기로 보여 수정하였음.

7. 지방 위생의 상태

전염병·유행병으로 특기할 병증은 당 용정촌 부근에는 이를 확인할 수 없고, 지난달 신흥평 및 동불사 부근에 발생한 전염병도 점차 감소해 현재 신흥평 부근에 2명의 환자가 있음.

이달 중 시료한 환자의 총수가 282명이니, 전 달에 비해 감소하였음.

신규 환자를 국적에 따라 나누면 다음과 같음.

- 일본인[本邦人] 37명
- 한인 203명
- 청국인 42명

합계 282명

8. 월간 기상 개황

순별	평균 온도	최고 온도	최저 온도	강수 횟수	강수량
제1순	-13.2	(2일) 2.2	(9·10일) -25.0	0	0
제2순	-18.9	(13일) -10.5	(16일) -32.5	1	5.6
제3순	-14.1	(24일) -0.5	(21일) -31.0	1	0.06
월	-5.4	(2일) 2.2	(16일) -32.5	2	5.66

적산온도 -476.4도

쾌청일 수 13일

반쯤 맑은 날 수 15일

흐린 날 수 3일

작년 이번달 기상표에 의하면

순별	평균 온도	최고 온도	최저 온도	강수 횟수	강수량
제1순	-16.9	(4일) -4.8	(7일) -31.5	0	0
제2순	-16.2	(13일) -2.5	(17일) -31.5	5	2.4

제3순	- 16.7	(31일) - 4.0	(23일) - 30.5	3	0.8
월	- 16.6	(13일) - 2.5	(10·17일) - 31.5	8	3.2

적산온도 -515.4도

쾌청일 수 15일

반쯤 맑은 날 수 13일

흐린 날 수 4일

위의 두 표를 대조하면 적산온도·평균 온도에서는 올해가 크게 작년보다 높고, 강설 횟수도 역시 적으며, 최저 온도는 4도 7분 높음을 보임. 쾌청·흐린 날 수는 거의 큰 차이를 보이지 않았으나, 올해는 중순쯤에 크게 작년보다 한랭하였음. 요컨대 대체적으로 올해는 작년보다 기온이 높지만 각 열흘의 온도 변화는 작년보다 컸음.

9. 소속 구성원의 동정

이번 달 11일, 각 분견소에 소속된 한국 내부(內部) 주사를 소집하여 각 지방의 정황을 듣고, 소장 대리로부터 주의사항[心得]에 대한 훈시가 있었음. 아울러 회계 주임으로부터 회계 사무에 대해서 지시한 바가 있었음. 소장 사이토 스에지로[齋藤季治郎]는 출경(出京)을 명받아 속(屬) 나이토 마사오[內藤正雄]를 데리고 이번 달 11일에 당지를 출발하였음. 기사 핫타 기치헤이[八田吉平]는 수원 권업모범장에 출장을 명받아, 촉탁 곤도 신이치[近藤信一]를 데리고 이달 20일에 당지를 출발하였음.

10. 경찰사고

이달 중에 처리한 경찰사고는 별표[33]와 같음.

이상을 보고합니다.

33 본표는 기밀통발 제884호 문서로 별도 처리되었음.

50. 간도 사정 보고서 제출의 건

- **원문제목** 間島事情報告書呈覽의件(往復案2册)
- **날짜** 융희 3년(1909) 4월 22일
- **발신** 통감부 부통감(統監府副統監) 소네 아라스케[曾禰荒助]
- **수신** 내각총리대신(內閣總理大臣) 이완용(李完用)

기밀통발(機密統發) 제654호

시노다 지사쿠[篠田治策] 통감부 임시간도파출소장 대리의 월보, 통파월보 제3호를 별지 등사하여 이에 송부합니다.

메이지 42년(1909) 4월 22일
통감대리 부통감 자작 소네 아라스케
태자소사 내각총리대신 이완용 각하

부. 동상 보고서

- 날짜: 융희 3년(1909) 4월 8일
- 발신: 통감부 간도파출소장 대리 시노다 지사쿠
- 수신: 통감부 부통감 소네 아라스케

통파월보(統派月報) 제3호
월보(月報)
3월 1일부터 동 31일

메이지 42년(1909) 4월 8일

통감부 임시간도파출소장대리 시노다 지사쿠
통감부 부통감 소네 아라스케 귀하

1. 지방 일반의 상황

월중 지방 일반이 대개 고요하고 편안하여, 한민이 모두 안도하는 상태로 있음.

2. 청국 관헌의 시설

(가) 청국 관헌은 지금 식염(食鹽)을 관영(官營) 전매로 하여, 국자가 동단에 연길관염총점(延吉官鹽總店)을 설치하고, 장개사(張介社)를 위원으로 하여 판매함.

위의 소금전매법을 청국 관헌이 실시함에 있어서는 한민은 이로 인하여 심한 손해를 당함. 이 법의 실행은 현상 유지의 약속에 반함이니 이를 철폐하지 않으면 한민은 이러한 명령을 따를 의무가 없다는 뜻으로 도빈(陶彬) 지부(知府)에게 교섭하기 위하여, 구스노 슌조[楠野俊成] 사무관을 국자가에 보냄. 교섭한 요령은 왕전 제16호로 이미 보고하였음.

(나) 종래 국자가에 개설하였던 변무순경학당(邊務巡警學堂)은 폐쇄하고, 이번에 다시 동가(同街)에 순경연습소를 설치하였음.

3. 청국 관헌의 불법행위 및 부당징수

(가) 우리가 임명한 사장(社長)을 연행한 건

이번 달 15일에 화룡사(和龍社) 사장 채명오(蔡明伍) 및 장남 채동준(蔡東俊) 두 명은 대랍자(大拉子) 관헌에 소환당하고, 이어서 국자가 연길청(延吉廳)에 연행을 당하였음.

연행을 당한 이유는 〈다음과 같음.〉 작년 9월경 화룡사(和龍社) 대유전동(大楡田洞) 손모(孫某)의 집에 1명의 폭도가 와서 여비의 대여를 요구하고, 그 대상(代償)으로 유전동(楡田洞) 안의 어느 지점에 총기 한 정을 은닉하였으니 이를 가지라고 하였음. 손은 두려운 나머지 약간의 돈을 폭도에게 주고 돌아가게 한 다음, 그 지점을 수색해서 총기 한 정을 얻어 가지고 돌아와 간직해 두었음.

그 후 손과 대유전동 소년 등 수 명은 그 총을 휴대하고, 유전동 산 속에 거주하는 한인의 어느 집에 이르러 자기 등은 폭도라고 칭하고, 집안 식구를 협박하여 돼지 한 마리를 탈취하였는데, 다음 날 아침 피해자가 대유전동 소년 등의 소행인 줄 알자, 마침내 소년 등에게 돼지 가격으로 한화 20냥을 피해자에게 지불하게 하고 분쟁을 해결한 사실이 있음.

화룡사(和龍社) 사장 채명오(蔡明伍)의 장남 채동준(蔡東俊)은 위의 사실을 탐지하고 손과 관계 소년 등을 소집하고 그 불법행위를 꾸짖으며 폭도라 하여 통감부 파출소에 고소한다고 협박하고, 그 사건에 사용한 총기와 한화 100냥을 차출케 하여 이를 수령함. 그런데 채명오를 대신해서 사장의 직을 얻으려고 하던 동사 장재촌(藏財村)의 한인 박순언(朴順彦)은 청국 관헌에게 채명오 부자가 총기를 사적으로 은닉한 일을 밀고함에 따라, 마침내 연행을 당하기에 이른 것임.

본 사건에 대해서는 국자가 분견소 오쿠모라 대위에게 명령하여 도 지부와 회견하고 속히 채 사장의 방환을 요구하게 하였으며, 또 대유전동 소년 등과 채동준의 부정행위에 대해서는 상세히 조사 중임.

(나) 물자 징발에 관한 건

이달 중 회령간도 사기동 수비대에서 태화사(泰化社) 한민으로부터 징수한 물자에 대해 청국 관헌의 지불액과 시가를 대조하면 다음의 표와 같음.

명칭	수량	시가	매상액	시가에 대한 부족액
땔감	32속	한화 100냥 62문	33냥 60문	67냥 2문
곡식	한승(韓升) 7두	한화 10냥 50문	8냥 40문	2냥 10문
소두(小豆)	한승(韓升) 5두	한화 6냥	6냥	-
대두(大豆)	한승(韓升)	한화 3냥 97문	2냥 17문	1냥 80문
계		121냥 9문	50냥 17문	70냥 90문

위의 표 외에 올해 2월 2일, 사기동 파판서에서 평화사(平化社)·태화사(泰化社)로부터 징수한 물자에 대해서는 아직 대가의 지불을 하지 않았음. 또한 이달 23일, 동파판소에서 인화사(仁化社)로부터 부당하게 우마차 6량을 징발·사역하고자 한 것을 동 촌장이 우적동 분견소에 고소함에 따라, 교섭한 결과로 우마차의 징발을 중지하고 중국 마차를

사용하게 하였음.

이상과 같이 물자의 강제 징발, 대금의 미지불에 대해 이달 17일에 오쿠무라 헌병대위로 하여금 도 지부에게 교섭하게 한즉, 장래에는 시가로 구매하게 함을 말로써 밝히고, 과거에 있었던 미지불금은 관계 관리의 교대로 증거 서류가 없어져 버리는 등에 따라 조사가 어려운 뜻을 진술하였으므로 오쿠모라 대위는 장래에 관한 희망을 말하고 귀환하였음.

(다) 호구조사 방해의 건

2월 21일 이래로 걸만동 헌병분견소에서 온성간도 화련동(花連洞)·오자구(虞子溝)·복심자(福心子) 지방의 한민의 호구조사를 실시하였음. 같은 달 27일 복심자에서 한 한인이 우리 조사를 받는데, 청국 순사 4명이 와서 전에 합수평(合水坪) 지방에서 우리 상관이 귀국 헌병의 호구조사를 거절한 일이 있으므로 이 지방에서도 조사할 수 없다고 하고, 한편으로는 한인을 위협하며 한편으로는 손을 휘둘러 우리 조사를 방해하였음.

따라서 헌병은 호구조사의 건은 서로 상관 사이에 교섭을 끝냈으므로 방해를 입을 이유가 없다고 하고, 그 방해를 배제하고 강하게 조사를 수행하고 그날 밤 복심자에서 숙박하였음.

다음 날 28일 청국 병사 약 20명이 와서 어제와 같이 우리 조사를 방해함으로, 우리 헌병은 합수평 순경국장을 동도(同道)하여 마파 파판소장을 회견하고 교섭한즉, 호구조사 건에 대해서는 귀 분견소와 교섭 중이니 잠시 정지하라고 요구함으로, 동 상등병은 그 요구를 받아들이고 우선 귀소하였음.

본건에 대하여 도(陶)는 일본 헌병의 한민에 대한 조사는 금지하라는 뜻으로 순무로부터의 명령이 도달하였으므로, 공연히 그 조사에 편의를 주기 어렵고, 또 이를 승인할 수 없으나, 다만 완력에 호소하기까지 방해를 할 뜻이 아니며, 지방 관리·병원으로 하여금 그 조사에 깊이 관계하지 않도록 조치할 뜻을 말하였음.

4. 고간도(古間島) 경작에 관한 분쟁의 건

종성간도 고도(古島)는 광종사(光宗社) 적와평(赤瓦坪)에 거주하는 청국 총향약 현덕승이 청국 관헌의 세금을 납부하고 경작권을 얻어, 다시 소작료를 징수하고 종성 한민에게 경작하게 한 전례가 있음. 올해 2월 중 현덕승은 범죄로 인해 종성헌병분견소에 체포되어 현재 함흥에 구금 중이기 때문에, 청국 관헌은 올해는 고도를 종성 한민에게 경작하게 하지 않고 간도 내 거주민에게 경작하게 하겠다는 풍설이 있어 종성 한민은 도처에서 황망해 함. 또한 이달 초에 대랍자(大拉子) 경력청(經歷廳)으로부터 통역 청인 유전충(劉仝忠)을 종성간도에 파견한바, 유(劉)는 일서(一書)를 관계 종성 한민에게 주고, 올해도 고도를 경작하겠는지 여부를 묻고, 경작하고자 하면 협의할 요건이 있으니 적와평(赤瓦坪)까지 오되, 만약 답변이 늦으면 간도 땅 내의 한민으로 하여금 경작하게 할지도 모른다고 함. 또한 협의하지 않고 마음대로 두면 경작을 할 수 없는 자로 간주하겠다는 취지를 통지하였음. 종성의 한민은 적와평에 가서 유와 회견하고자 하였으나, 지난번 현덕승이 종성에서 체포당한 전례가 있고, 혹은 이와 반대로 청관에게 간도 내에서 체포를 당할 일이 있음을 염려하여, 적와평에 가지 않고 두터운 인망이 있는 한민 전광석(仝光錫) 외 6명이 연서하여 경작에 관하여 소장을 하천평 헌병분견소에 제출하였는데 그 대요가 다음과 같음.

고도(古島)는 30년 전에 종성군민이 한민 강토로 인정하고 개간한 것인데, 10여 년을 청국 관리에게 빼앗기고 이후 '전지세(田地稅)'라고 하여 1개년에 한화 700냥을 청국 관헌에 납부하고 경작 허가를 얻은 것입니다. 그 후 5년, 즉 광무 5년(1901)에는 고도의 전지세 한화 7,000냥의 납부를 요구한 일이 있으므로, 당시 종성 거주 신학렴(申學廉)이 한 사람으로 고도 전체의 밭을 청국 관헌으로부터 매득하고자 하였으나, 종성경무서에 근무하는 총순 송의식(宋義植)이 한 사람의 취득을 불리하다고 보고 청국에 교섭한 결과, 전지세(畑地稅)를 한화 3,500냥에 감하고 전과 다름없이 종성 한민 일동이 경작하게 되었습니다. 그 후 광무 10년(1906)에 이르러 전지세가 한화 7,200냥으로 올랐고, 작년은 다시 한화 7,800냥으로 등귀하였습니다.

최초로 고도를 개간할 당시는 밭 면적이 약 80여 결[34](1결은 한국 10일경)이었으나, 수류(水流)의 변천에 따라 토지가 붕괴되어 현재는 40여 결의 면적일뿐더러, 그 안에는 사원용(寺院用) 밭 3결 반이 있으므로 종성 한민의 경작면적은 겨우 36결 반(약 30정보)에 불

---

34 원문에는 8,000여 결로 되어 있으나 이는 80여 결의 오자임.

과합니다. 이상과 같이 토지의 면적이 감소함에도 전지세의 고등(高騰)은 불법입니다. 특히 올해는 경작을 금한다는 설이 있습니다. 경작을 할 수 없으면 종성 한민은 일상생활이 곤란합니다. 종래와 같이 경작만 하고 세금은 무세로 한다든지, 혹은 한화 3,500냥의 세액으로 복구하도록 청국 관헌에 교섭해 주시기 바랍니다.

본건이 결국 경작을 금지하는 일로 된다면 종성 한민은 생활의 길을 잃을 뿐 아니라 광무 8년(1904) 청한교계관(淸韓交界官)이 협정한 선후장정(善後章程) 제8조에도 고도는 종성 한민으로 하여금 경작케 할 뜻으로 협약이 있으므로, 이달 16일에 구스노 슌조[楠野俊成]를 국자가에 파견하여 방판대리 도빈에게 교섭하게 함. 도는 종성인민으로부터 새로운 사정이 제출되지 않는 한 대랍자 관헌이 경작을 금지하는 명령을 내릴 이유가 없고, 또 전지세의 고등에 대해서는 사실을 우선 조사하겠다고 말하였음.

5. 한민의 상황

종래 청국 관민의 난폭함과 억압과 학대에 대해 절대복종의 상태에 있었던 한민도 우리 보호가 확실히 보급됨에 따라 역시 그러한 상태에 있는 것을 감수하지 않고 점차 이러한 학정에 반항하고 권리의 주장에 힘쓰는 기세가 있음. 그 한 예를 들어보면 다음과 같음.

3월 5일에 평강상리사(平崗上里社) 삼도구(三道溝) 아자산자(兒子山子) 부근의 한민 50명이 단결하여 두도구 파판소로 가서 청국 병사의 불법행위에 대해 소를 낸 것이 있음. 그 요지는 삼도구 지방에 주둔한 청국 병사와 무산간도에 주둔한 청국 병사가 서로 왕래하는 연도에서 종래 청국 병사로부터 우마차·인부·기타 징발을 당한 일이 많았는데, 청국 병사는 그때마다 돈을 지불하지 않았고, 여기에 더해 명령에 따르지 않으면 사정의 여하를 불문하고 느닷없이 폭행을 가하여 인민은 대체로 곤란하니 종래 징발물에 대해서는 상당한 대가를 지불하고 이제부터 엄중히 관리하라고 하였음.

파판소장 왕장령(王長齡)은 일일이 그 진정을 듣고 그 소를 낸 것이 과연 사실이면 크게 동정을 표할 것이오, 만약 청국 병사가 진정과 같이 비행이 있거든 그 요구에 응하기를 기대할 터이며, 또한 길가에서는 마구잡이로 징발을 불허할 뜻으로 고시를 내겠다고 답함으로써 한민은 이의가 없이 일동이 돌아왔음.

3월 8일 동경대 순방소장은 부하 병사를 파견하여 무산간도 산한사(山漢社) 하광포촌장(下廣浦村長) 김영기(金永基) 외 1명을 연행하였는데, 그 이유는 그 마을의 매호에 대해 땔감과 우마차 1개씩을 납부하라고 명령하였으나 마을 주민은 이에 따르지 않았기 때문이라고 하였음.

같은 날 하광포민 약 30명은 소장의 처치에 분노하여 순방소(巡防所)로 와서, 김 촌장 연행에 불법한 사실과 땔감의 납부에는 상당한 대가를 지불해야 하는 일에 대해 교섭하였는데, 소장은 이들과 회견하고 다음의 내용을 약속하였음.

(1) 김 촌장 및 1명에 대해서는 부하에게 명령하여 임의 동행을 요구할지라도 만약 공권력을 사용하여 연행하면 부하를 계칙할 것.

(2) 땔감은 적당한 시가로써 매수할 것.

이상에 대해 마을 주민 일동은 만족스럽게 알고 귀환하였음.

또한 한국 내지에 있는 한민은 우리 파출소의 보호가 확실함을 듣고 경작 시기에 점차 임박해 옴에 따라 근래 간도 내에 이주하는 자가 많았음. 시험 삼아 이달 6일부터 12일까지 일주일 간 이들 한민 중 회령 방면에 들어온 자만 우적동에서 조사하였더니 다음과 같았음. 남 97명, 여 101명 합 198명

이상은 흔히 경성(鏡城)·길주(吉州)·부령(富寧) 부근의 자인데 이주자는 지금도 계속되며, 그 경로는 함경북도 지방의 자는 두만강을 넘어서 간도에 들어오고, 함경남도 지방의 자는 원산에서 웅기만(雄基灣)에 상륙하는 자가 많기 때문에 각 방면의 이주자를 종합하면 더욱 다수에 이를 것임.

6. 지방 위생의 상태

지방 토인 사이에 유행성 감기가 발생하고 있는데, 경과가 양호해서 다수로 확대되지 않고 현재 안정 상태에 있음. 이달 초순을 기해 용정촌에 춘계청결법(春季淸潔法)을 실시하고, 위생위원은 모든 마을을 순시하여 검사를 행함. 한 달 동안 자혜병원에서 시료한 신규 환자의 총계는 495명인데, 지난달에 비해 140명이 증가함. 신규 환자를 국적에 따라 구분하면 다음과 같음.

본방인 57명, 한인 356명, 청국인 82명

7. 이달의 기상 개황

	평균 온도	최고 온도	최저 온도	강우 횟수	강수량
상순	-4.3	(10일) 8.5	(14·8일) -15.0		
중순	-7.2	(20일) 4.5	(15·17일) -18.1	1	0.7
하순	-1.9	(31·31일) 11.0	(22일) -15.0	3	14.9
월	-4.5	(30·31일) 11.0	(15·17일) -18.0	5	15.6

적산온도 -135.3

맑은 날 수 9일

흐린 날 수 6일

작년 3월의 기상을 보면

	평균 온도	최고 온도	최저 온도	강우 횟수	강수량
상순	-9.3	(5일) 2.0	(8일) -24.0	3	4.6
중순	-4.5	(14일) 5.0	(12일) -13.5	2	2.9
하순	-0.8	(31일) 16.0	(21일) -11.0	4	5.6
월	-4.3	(31일) 16.0	(8일) -24.0	9	13.0

적산온도 -128.2

맑은 날 수 8일

흐린 날 수 4일

이상의 두 표를 대조하면 적산온도·평균 온도·최고 온도는 작년에 비해 기온이 낮고 흐린 날 수와 강수량은 작년보다 많음을 보임. 다만 최저 온도가 조금 높고 강우 횟수가 작년보다 약간 적음. 요컨대 올해는 작년보다 기온이 낮음.

8. 소속원의 동정

반도[阪東] 고원(雇員)은 경제 사정을 조사하기 위하여 부산에 출장을 명령받고 이달 2일에 출발하였음. 당소에 근무하는 내부주사 손범철(孫範哲)은 회령군수로 전임하여 3월 7일에 출발하였음. 수원(水原) 및 도쿄에 출장 중인 핫타[八田] 기사는 수원에 출장을 명령받고, 청원 귀성 중에 있던 곤도 촉탁은 이달 28일에 귀임함.

9. 경찰사고

이달 사이 처리한 경찰사고는 다음의 표와 같음.

부(附)의 속(屬). 경찰사고표

메이지 42년(1909) 3월 중 경찰사고표(간도헌병분대)

구분	사항	건수	적요(摘要)
설유	관사(官私)를 사기로 재물을 얻은 자	2	2건 모두 피고 한인 남자 각 1명, 피고에 설유, 재물을 반환하게 함.
	5리(里) 동화(銅貨)에 은을 발라 사용하고자 한 자	1	피고 한인 남자 1명, 설유.
	돈을 강제로 청한 자	1	피해자 한인 남자 1명, 가해자 한인 남자 3명, 가해자의 행위가 불분명한 것에 대해 수색 중.
	가옥에 멋대로 들어간 자	1	원고·피고 모두 한인 남자 각 1명, 쌍방에게 설유 후 서로 분쟁을 해결하게 함[示談].
	도박	1	피고 한인 남자 5명, 설유.
	부당하게 약값을 청구한 자	1	원고·피고 모두 한인 남자 각 1명, 쌍방에게 설유 후 서로 분쟁을 해결하게 함[示談].
	과부를 겁탈하고자 한 자	1	원고 한인 남자 1명, 피고 한인 남자 2명, 피고는 도주하여 행위가 불분명함으로 수색 중.
	우역에 걸려 죽은 소를 길거리에 버린 자	2	2건 모두 한인 남자 각 1명, 설유 후 매몰.

	술에 취해 길거리에서 고성방가한 자	1	한인 남자 4명, 설유.
	술에 취해 길거리에서 시끄럽게 떠든 자	1	한인 남자 1명, 설유.
	혼인 위약	1	원고·피고 모두 한인 남자 각 1명, 쌍방에게 설유 후 서로 분쟁을 해결하게 함[示談].
	말다툼	5	2건은 각 건이 한인 남자 1명, 쌍방에게 설유. 1건은 원고·피고 모두 한인 남자 1명, 쌍방에게 설유. 2건은 각 건이 한인 남자 1명, 청국 남자 1명, 쌍방에게 설유.
	구타	3	3건 모두 원고·피고 한인 남자 각 1명, 피고에게 설유.
	채무관계	18	1건은 원고 한인남자 1명, 피고 청국인 남자 1명, 피고에게 설유 후 서로 분쟁을 해결하게 함[示談]. 1건은 원고·피고 모두 일본인 남자 1명, 피고에게 설유 후 서로 분쟁을 해결하게 함[示談]. 1건은 원고·피고 모두 한인 남자 각 1명, 쌍방에게 설유 후 서로 분쟁을 해결하게 함[示談]. 15건은 원고·피고 모두 한인 남자 1명, 피고에게 설유 후 서로 분쟁을 해결하게 함[示談].
	청국 병사의 불법 징발	2	1건은 원고 한인 남자 1명, 피고 청국 병사 1명, 한인을 강제로 우마차를 사역시키려고 하여 청국 관헌에 교섭. 1건은 원고 한인 남자 1명, 피고 청국 관헌, 청국 관헌이 부당한 임금으로 우마차를 사역시키려는 것에 대해 피고에 경고하고 중지하게 함.
검증	화재	2	1건은 일본인이 거주하는 가옥의 온돌에서 불이 나서 곧바로 진화하였으나 침구가 불에 탐, 이 손해 통계 금액이 약 1원, 간도분대에서 검증. 1건은 일본인이 거주하는 가옥의 아궁이에서 불이 나서 곧바로 진화하였으나 천정이 소실됨. 이 손해액이 약 2원, 간도분대에서 검증 다른 두 건은 모두 청국인 소유 헛간에서 불이 나 각각 1동이 소실됨, 청국 관헌이 검증.
습득물	고삐 풀린 말[放馬]	1	한국 말 한 마리, 소유자에게 인도.
	유실물 습득	1	습득자 한인 남자 1명, 습득품 돈주머니 한 개, 전당표지 2매, 유실자에게 반환.
합계		45	

51. 경찰사고표 추가 송부의 건

- **원문제목** 警察事故表追送의件(往復案2册)
- **날짜** 융희 3년(1909) 5월 24일
- **발신** 통감부 부통감(統監府副統監) 소네 아라스케[曾禰荒助]
- **수신** 내각총리대신(內閣總理大臣) 이완용(李完用)

기밀통발(機密統發) 제884호

기밀통발(機密統發) 제614호 추서(追書)한 경찰사고표를 이에 송부합니다.

메이지 42년(1909) 5월 24일
통감대리 부통감 자작 소네 아라스케
태자소사 내각총리대신 이완용 각하

부. 동상 사고표

메이지 41(42의 오기)년 1월 1일부터 같은해 1월 31일까지 경찰사고표

구분	사항	건수	적요(摘要)
한국형법 위반	내란율	4	2건은 피고 각 한인 남자 1명, 함흥지방재판소검사국에 송치함. 1건은 피고 한인 남자 4명, 함흥지방재판소검사국에 송치함. 1건은 피고 한인 남자 1명, 함흥지방재판소검사국에 송치함.
	국권괴손율	1	원고·피고 한인 남자 2명, 1명은 증거가 불확실하여 풀어주고 1명은 함흥지방재판소에 송치함.
	관문서 위조행사 사기 재물 취득	1	원고·피고 모두 한인 남자 1명, 증거가 불확실하여 풀어줌.
일본형법 위반	사기 재물 취득	1	원고 일본인 남자 1명, 피고 일본인 남자 3명, 피고 중 1명은 당지에 거주함으로 조사하고, 2명은 청진에 거주하는 자이므로 동지 경찰서에 이첩.

검증	실화	2	2건 모두 일본 가옥으로 절반이 타지 않았는데 원인은 과실, 헌병대에서 검사(이외의 1건은 청국파관소사무소로 실화, 절반까지 타지 않음).
	도난	1	피해자 일본인 남자 1명, 헌병대에서 검증.
검시	액사(縊死)	1	한인 여자 1명, 헌병대에서 검시
청국 관헌에 교섭	청국 관리의 불법행위	1	원고 한인 남자 3명, 피고 청국순변 1명, 원고가 얻어야 할 사금을 불법으로 탈취하였으므로 청국 관헌에 교섭.
	불법으로 한인을 체포·감금한 자	1	원고 한인 남자 1명, 피고 청국인 남자 1명, 청국 관헌에 교섭해 해방하게 함.
	청국공리의 불법징세	1	원고 종성간도(鍾城間島) 한국민, 피고 청국향약, 청국 관헌에 교섭함.
	청국 관리의 불법징세	1	청국세무국장 및 청국인 남자 1명, 한인 3명에 대해 불법으로 벌금을 부과함에 따라 교섭한 후 반환하게 함.
	청국 병사의 불법징발	1	원고 한인 남자 1명, 피고 청국 병사 3명, 한인을 강제하여 우마를 징발하고자 했으므로 청국 관헌에 교섭.
	사양(飼養) 우마로 타인의 작물을 먹인 자	1	청국인 남자 1명, 사양하는 우마로 한인 남자 1명의 작물을 먹게 하여 손해배상의 고소를 냈으므로 청국 관헌에 교섭하여 배상하게 함.
	청국 병사의 폭행	1	원고 한인 남자 1명, 피고 청국인 남자 1명, 청국 관헌에 교섭.
	청국인이 한인을 구타한 자	1	피해자 한인 남자 3명, 순사 1명, 가해자 청국 병사 2명, 청국 관헌에 교섭.
	한인에게 우리의 호구조사를 방해한 자		1건은 간도분대, 1건은 걸만동, 1건은 신흥평, 1건은 우적동, 1건은 복사평분견소 각 관내 청국 관헌에서 방해하고자 하여 모두 교섭함.
설유	절도	2	1건은 청국인 남자 1명, 증거가 불확실하여 풀어줌. 1건은 피고 한인 남자 1명 동 여자 1명, 증거가 불확실하여 풀어줌.
	도박	1	피고 한인 남자 3명, 설유.
	노상 방뇨	3	2건은 청국인 남자 각 1명, 설유. 1건은 한인 남자 1명, 설유.
	통행 방해	5	1건은 한인 남자 1명, 설유. 3건은 한인 남자 각 1명, 설유. 1건은 청국인·한인 남자 각 1명, 설유.
	굴뚝 파손을 수선하지 않은 자	1	한인 남자 1명, 설유를 하여 수선하게 함.
	폭행 협박	1	피해자 한인 남자 1명, 가해자 동 남자 4명, 쌍방이 친족이므로 가해자에게 설유.

	채무관계	9	4건은 원고·피고 모두 한인 남자 각 1명, 피고에 설유하여 지불하게 함. 2건은 원고 한인 남자 1명, 피고 청국인 남자 1명, 피고 청국인에게 성류 후 지불하게 함. 1건은 원고·피고 모두 일본인 남자 각 1명, 원고 설유 청원에 대해 피고의 답변서를 요구해 원고에게 우편으로 보냄. 1건은 원고 한인 남자 1명, 피고 일본인 남자 1명, 피고에게 설유하여 지불하게 함. 1건은 원고 한인 남자 1명, 피고 일본인 남자 1명, 피고에게 설유하여 지불하게 함.
	결혼위약	1	원고·피고 모두 한인 남자 각 1명, 매개자 한인 남자 1명, 원고의 고소가 부당함에 따라 원고에 설유.
	우역에 걸려 죽은 소를 버린 자	2	1건은 한인 남자 1명, 설유. 1건은 한인 남자 5명, 설유.
	부랑자에게 타인의 집에 숙박을 강요한 자	1	청국인 남자 1명, 한인 가택에 와서 숙박을 요구한 자, 청국인에 설유.
	시끄럽게 말싸움한 자	1	원고 한인 남자 1명, 피고 청국인 남자 1명, 식염 매매로 말싸움을 한 자, 쌍방에 설유.
	술에 취한 일을 반성하지 않은 자	1	한인 남자 1명, 설유.
	타인의 처를 강제로 취하려고 한 자	1	원고·피고 한인 남자 각 1명, 피고에 설유.
	우리 시정에 대해 방해한 자	2	2건 모두 한인 남자 각 1명, 설유 한 후 보내줌.
	구타	1	원고 한인 남자 1명, 피고 청국인 남자 3명, 피고에 설유.
	무고한 자	1	원고 한인 남자 1명, 피고 청국인·한인 남자 각 1명, 무고한 청국인·한인에 설유.
인명구호	구호	1	한인 남자 1명, 술에 취해 눈밭에 넘어져 동사하고자 함을 헌병이 구호.
습득물	방마(放馬)	2	2건 모두 방마 각 1마리, 분대에 계류 중이었는데 소유자가 판명되어 인도함.
	유실물습득	1	조타모자(鳥打帽子) 1개 습득을 광고하여 간도헌병대에서 보관.
합계		61	

52. 간도 사정 보고서 제출의 건

- **원문제목** 間島事情報告書呈覽의件(往復案2冊)
- **날짜** 융희 3년(1909) 7월 9일
- **발신** 통감부 통감(統監府統監) 소네 아라스케[曾禰荒助]
- **수신** 내각총리대신(內閣總理大臣) 이완용(李完用)

기밀통발(機密統發) 제1240호

사이토(齋藤) 간도파출소장의 월보, 통파월보(統派月報) 제5호를 별지와 같이 등사하니 참고하시라고 이에 송부합니다.

메이지 42년(1909) 7월 9일
통감 자작 소네 아라스케
태자소사 내각총리대신 이완용 각하

부. 동상 보고서

- 날짜: 융희 3년(1909) 6월 10일
- 발신: 간도파출소장 사이토 스에지로
- 수신: 통감부 통감 이토 히로부미

통파월보 제5호

월보

5월 1일부터 31일까지

메이지 42년(1909) 6월 10일

통감부임시간도파출소장 사이토 스에지로
통감공작 이토 히로부미 귀하

1. 지방 일반의 상황

이달은 회령간도에 있는 청국 순경이 한민에 대한 폭행사건과 그 지역 고령진도선장(高嶺鎭渡船場)에서의 불법 발화사건 등을 시작으로 각 지방의 청국 관리의 불법행위와 부당징세 등에 관한 너댓 건의 사건이 있어서 다소 지방 일부의 안녕을 해하였음.

그러나 위의 사건이 발생한 것과 관련해서 우리는 항상 기회를 잃지 않고 적당한 처치를 취하여 청국 관리의 횡폭함을 제압하고 한민 보호에 노력함으로, 일반 한민이 우리를 신뢰하는 마음은 날로 깊어지고, 종래 일정한 보수가 없던 도사장(都社長)·사장(社長) 등에게 이달부터 급료가 있어서 한층 공무에 진력하게 하였음. 본관이 24일부터 29일까지 각 지방을 순시했는데 크게 우리 시정에서 이익이 되는 것으로 확인됨.

이에 반해서 청국 관민은 근래 차분하고 조용한 상태로 새롭게 시설을 인가할 것이 없으며, 한민 또한 날로 이를 배척하는 경향이 있음. 그러나 신임 총판(總辦) 오록정(吳祿貞)이 착임하면 크게 활동을 시도할 것임을 청국 관민 일반이 기대하는 바라고 함.

2. 청국 관헌의 시설 및 병원(兵員)의 이동

(가) 국자가 변무공서에서는 5월 초순부터 국자가에 모집사무소를 두고 조양하곡(朝陽河谷)·삼도구아(三道溝兒) 둔전영병(屯田營兵)의 모집에 착수하였는데, 예정된 인원에 달했으므로 이달 20일에 그 사무소를 폐쇄하였음.

(나) 변무공서에서는 이달 15일부터 화호리구령(火狐狸溝嶺)[35]에 공정대병을 파견하여 그곳에 막사를 쳐 운영하고, 회령가도(會寧街道)의 동령(同嶺) 이남의 도로를 수선하게 하였음.

그 공정대는 동 15일부터 23일까지 준비하고, 동 24일부터 수선공사에 착수하여 5월

35 원문에는 '대호리구령(大狐狸溝嶺)'으로 되어 있으나, 이는 '화호리구령(火狐狸溝嶺)'의 오기이다.

내내 동령(同嶺) 정상에서 이북에 100미터, 남쪽에 약 600미터까지 수선을 준공하였음. 공사의 모양은 현재 도로의 울퉁불퉁한 것을 평평하게 하는 것에 불과하고, 또 작업 인원은 매일 다소의 이동이 있으므로 확실치 않거니와 대개 250명 내외임(왕전 제30호로 이미 보고).

(다) 변무공서 방판 부양좌는 봉천독련처(奉天督練處) 총판으로 옮겨갔고, 후임으로 전 방판협도통(幇辦協都統) 오록정이 독판에 승임 착임한다고 함. 변무공서원의 말에 의하면 오는 6월 초순 국자가에 도착할 예정이라고 함.

동불사가(銅佛寺街)에 주둔한 길림전로순방(吉林前路巡防) 제1영 통령 부덕(富德)은 가까운 시일 안에 다른 곳으로 전임하고, 전 길강군통령(吉强軍統領) 호전갑(胡殿甲)이 오록정과 함께 착임한다는 설이 있음.

국자가 및 혼춘의 관염국(官鹽局) 판리(辦理)에 왕학군(王鶴群)이라는 자가 국자가에 착임하였음.

동인의 말에 의하면 간도지방에서 판매할 관염(官鹽)은 영구(營口)로부터 블라디보스토크[浦鹽]에 회송하고, 그곳으로부터 혼춘 및 국자가에 육송한다고 함. 왕은 위의 관염을 수령하기 위하여 이달 18일에 혼춘을 경유하여 블라디보스토크로 향하여 출발하였음.

이달 1일에 광제욕 청병 40명은 고용기한 만료를 이유로 각자 고향으로 귀환하였음.

또 같은 날 사기동 주둔 청국 병사 28명도 만기 귀성(歸省)하고, 이를 보충하기 위하여 이달 28일에 광제욕으로부터 청국 병사 28명이 사기동(砂器洞)으로 건너왔음.

이달 5일 국자가 주둔 청국 병사 배장(排長)·연장(連長) 이하 46명이 만기 제대가 되어 동불사가(銅佛寺街)를 길림 방면으로 향하여 통과하였음.

이달 7일 국자가 주둔 청국 병사 보장(保長)·배장(排長) 이하 75명이 만기 제대가 되어 같은 날 동불사가에서 숙박하고, 다음 날 길림 방면을 향해 출발하였음.

이상 만기한 보충원은 조만간 길림에서 온다는 설이 있음.

3. 청국 관헌의 불법행위 및 부당징세

(가) 한국 내지에 거주하는 한인으로, 간도 내에 경작지를 갖고 있는 자의 도강을 방해한 건

이달 23일, 회령경찰서에서 청국 관헌 용역인 두만강 고령진(高嶺鎭)의 도선리(渡船吏)

를 연행함. 학성계사소장(鶴城稽查所長) 이영성(李榮成)은 이에 대한 보복으로 한국 내지에 거주하고 간도에 경작지를 갖고 있는 한민의 도강을 금지한다고 선언하여 그 소유자의 조사에 착수함으로써 한국 내지에 있는 간도 토지 소유의 한인은 한때 불안해하였음.

(나) 본관이 귀임할 때에 길가에 한민이 국기를 세워 환영하고자 한 것에 대해 방해를 가한 건

이달 11일 본관이 귀임할 때, 회령간도에서 그곳의 학교 교원 · 생도 및 일반 한민 등이 국기를 세우고 환영하고자 하였는데, 이(李) 학성계사소장은 순경을 파견하여 환영할 필요가 없는 일이라고 유시하여도, 당일 학교 교원 이형국(李亨國)과 생도 기타 약간의 한민은 그 유시를 불복하고 환영하러 나왔음. 이영성은 이형국의 권유에 따라 나왔다고 하여 동인을 계사소 불러들이고, 순경의 말에 불복하고 다른 한인으로 하여금 강제로 환영하러 나가게 하는 것은 타당하지 않다고 하며, 그 학교의 소유 학전(學田)을 몰수하고, 또 너희들을 한국 내지로 퇴거시키겠다고 협박하였음.

13일, 그곳 한민 20여 명은 이 계사소장의 집에 가서 이형국을 석방하라고 청원하였는데, 이(李)는 장래 청국 관헌의 명령에 복종하고 일 · 한 관헌의 명령에 복종하지 않겠다는 보증서를 써서 내면 석방하겠다고 함. 쉽사리 석방시켜 줄 것 같지 않음으로 한민 등은 이의 말에 따라 보증서를 제출하고 이형국을 데리고 돌아왔음.

본건에 대해서 이달 15일에 히라타 헌병 중위는 이영성과 회견하고 그 불법을 힐책한 즉, 이는 한인 아무개가 계사소(稽查所)에 와서 일본 헌병 및 한국 순사 등이 민의에 반해서 국기를 게양하게 하고, 또 마중 나가기를 다그쳐서 마을이 시끄럽고 어수선하다고 알려옴으로써, 순경을 파견하여 민의에 반하여 환영할 필요가 없는 일을 인민에게 유시(諭示)함에 불과하다고 하고, 이형국은 학교 교원임에도 불구하고 인민에게 환영을 강행케 함과 같은 부당행위를 함으로, 장래 이와 같은 일이 있으면 간도를 퇴거하라고 유시하였으나, 보증서를 쓰게 한 일이 전혀 없다고 변명하였음.

(다) 우적동 분견소에서 호출한 교원 · 생도 · 두민(頭民) 등을 청국 관리가 도중에 저지한 건

이달 21일, 우적동 분견소에서 본관이 삼둔학교(三屯學校)에 증여한 과자료(菓子料)를 수여하기 위하여 한국 주사(主事)에 명령하고, 주사는 도사장 · 사장에 명령하여 학교 교원 및 생도 · 총대 · 두민 등 각 한 명을 호출했는데, 청국 관헌의 질시를 두려워하여 출두하지 않으므로, 동 분견소에서 다시 헌병 상등병과 한국 순사를 파견하여 임의 출두를

요구함. 교원 등은 크게 기뻐하여 곧바로 출발하여 헌병·순사를 따라 학성계사소(鶴城稽査所) 앞에 왔을 때에 동소 병초(兵哨)의 순경이 교원 등이 우적동 분견소에 출두함을 저지함으로써, 상등병은 계사소장을 면회하고 한민의 임의 출두를 어째서 방해하느냐고 따짐. 이(李)는 우리 영토가 된 간도거주민을 우리 관헌에게 일차 조회함이 없이 일본 관헌에게 출두하게 하는 것은 부당한 것인지라, 따라서 우리 관아 앞을 통과하게 할 수 없다는 뜻으로 답변함. 상등병 등은 무리하게 동행할 필요가 없음을 인정하고, 본인 등에게는 추후 소환하겠다고 하고 귀소하였음.

(라) 회령가도(會寧街道)에 있는 교량의 수선을 방해한 건

지난달 29일부터 이달에 이르러 우적동 분견소에서 한민에게 말하여 회령가도의 학성(鶴城) 이북의 도로를 수선케 하였는데, 공사 중 이영성(李榮成)가 공사장에 출두해 있는 우리가 임명한 사장을 계사소로 불러 현재 농사가 바쁠 때이므로 공사를 중지해야 하며, 3일 내에 우리 공병이 와서 수선할 예정이라고 말함.

이달 4일, 히라타 헌병 중위는 이 일에 대해서 사기동 파판소장 소승표(邵勝標)와 이영성을 회견하여 교섭하였는데, 인민은 농번기의 출역을 좋아하지 아니할뿐더러 이달 9일에 이르면 우리 공병이 와서 도로를 수선할 터이므로 중지하게 하였다고 변명하였음. 그러나 소와 이 등은 우리 헌병이 한민에게 명령하여 도로를 수선하게 함으로써 청국의 행정에 간섭하는 것이라 믿고 매번 방해를 시도하였음.

그 후 이달 9일에 이르러서도 청국 관헌이 공병을 파견하여 도로의 수선을 하지 않자, 히라타 헌병 중위는 청국 관헌을 고려하지 않고 삼둔(三屯) 부군의 한민에게 말하여 그곳의 남쪽 계천(溪川)에 다리를 놓고, 또 도로의 수선을 함. 같은 날 오후에 태랍자(太拉子) 경력청(經歷廳) 허덕유(許德洧)와 이(李) 계사소장, 그리고 기타 순경과 마대(馬隊) 등 14~15명이 와서 도로 수선은 우리 공병이 할 것이니 중지하라며 당시 출장한 우리 헌병에게 요구하였으나, 우리 헌병은 이에 응하지 않고 서로 논쟁을 하다가 해가 지자 공사를 중지하고 돌아왔음.

(마) 천보산(天寶山) 주둔 청국 병사, 순경 등이 동산(同山)에 주재하는 일본인[本邦人]에 보내는 화물을 뜯은 건.

이달 9일, 천보산에 주재하는 중화공사 사무원에 대해서 용정촌의 중화공사로부터 화물·서신 등을 송부하였는데, 동산(同山)에 주둔하는 청국 병사와 순경 등이 그 화물을

열어 검사하였으며, 여러 개의 서신을 신문지에 싸서 한 봉으로 하고, 봉투 겉면에 발송자와 수신자의 성명도 확인하였는데, 그 봉투를 열어 봉투 속 서신의 출처를 필기하였음. 이러한 불법 열람은 자주 벌어지는 일이었는데, 실제로 지난달 14일에도 같은 모양의 포장지를 훼손하여 서신의 출처를 조사한 일이 있었음.

이상 여러 가지 건은 이달 30일에 오타[太田] 헌병대위로 하여금 방판대리 도빈(陶彬)에게 교섭하게 하였는데, 도(陶)는 우리의 뜻을 알아차리고 과연 이상의 사실이 있으면 각각 주의하도록 할 것이라고 답하였음.

(바) 일본 매약상의 소유의 모루히네[모르핀]를 압수한 건

왕전 제36호로 이미 보고하였음.

(사) 고령진 도선장에서의 청국 순경의 사격 건,

왕전 제33호 및 제34호와 특보비(特報秘) 제7호로 이미 보고하였음.

(아) 한민에게 폭행을 가한 건

이달 3일, 회령간도 충화사(忠化社) 대동(大洞)[우적동에서 서남쪽 약 40리 떨어짐]에서, 그곳 한인 전형석(全亨石)과 김윤규(金尹奎) 두 명이 밭가는 휴식 중 담배를 피우기 위하여 밭두둑에서 나뭇가지에 불을 피웠는데, 바람이 불어 지초(芝草)에 불이 붙었음. 두 사람은 이를 끄려하였지만 효과가 없었고, 결국 약 19여 정보의 산야를 태워버리기에 이르렀음.

그날 밤에 대동에 주둔하던 청국 순경이 와서 두 사람을 그곳 순경분국으로 연행하여, 이번에 산야에 방화하는 금령을 내렸음에도 불구하고 이를 범한 것은 적절하지 못하다고 질책하자, 전(全) 등은 그 금령의 발포가 있음을 알지 못했을 뿐만 아니라, 고의로 방화한 것은 아니라는 뜻으로 백방으로 변명하였음에도 받아들여지지 못함. 순변은 수 명의 순경에게 명령하여 전순석을 눕히고 머리와 다리를 결박하고 십수 회 구타하였고, 결국 전으로부터 보증인을 정하고 보증서를 받아 석방하였음.

대동 한민 등은 실제로 산야 방화의 금령을 받지 않았다는 뜻으로 그 금령을 전달치 않았음은 완전히 청국이 임명한 향약 허억(許億)의 죄라고 하고, 전제권(全濟權)·김운일(金雲一)·김명여(金明汝) 외 6명은 허억을 피해자의 집으로 대동하여 피해자의 부상이 온전히 나을 때까지 그 간호를 하도록 승낙받음. 이어서 김운일은 허(許)에 대해, 허가 예전에 김운일의 아버지 이하 5명이 향약의 직분을 방해한 이유로 태랍자 관헌에게 소를 낸 사실이 있으므로, 그 부당함을 꾸짖고 논쟁한 다음, 허의 얼굴을 구타하여 가벼운 타

박상을 입히게 하였음.

대동 순경분국에서는 한민으로부터 향약이 피해자의 집에 끌려간 것을 알고, 순경 이하 4명과 한어 통역 1명이 전형석의 집에 가서 당시 모인 한민에 대하여 도주하는 자는 사격하겠다고 협박하고 집 밖에서 두 발을 발사하고, 허의 지시에 따라 전제덕 · 김명여 이하 7명을 연행함. 그 연행할 당시 순경 등은 한민을 구둣발로 차고 때로는 총칼 등으로 구타하는 등 폭행을 가했음.

또 한민 등을 분국에 연행한 후에 순변은 순경에게 명령하여 김명여에게 태 10대를 가하고 타박상을 입혔음. 그런 다음 그 한인 등을 연행한 이유에 대해 순경 측에서는 최초 순경 등이 향약 보호 및 사실 조사를 하기 위해 전형석 집에 갔는데, 한민 등이 반항하여 순경에게 돌을 던지고 다수의 부상자가 나왔을 뿐만 아니라, 휴대한 소총까지도 훼손케 하였으므로 연행한 것이라고 변명하였음. 그러나 우리가 그 피해자를 조사하였는데, 위의 말은 심히 의심스럽고, 또 종래의 예에 비추어 보아도 한인이 병기를 휴대한 순경 등에 저항한 일은 대개 확인되지 못한 일들임.

한민 측의 부상은 전형석이 좌우 허벅지에 길이 약 12cm · 폭 1cm의 타박상을 각 1개씩 입었고, 김명여는 오른쪽 허벅지에 길이 10cm · 폭 8cm의 타박상, 그리고 오른쪽 손바닥에 길이 약 2cm · 폭 1cm의 부상을 입었음. 김제권은 순경에게 총으로 구타를 당하였다고 하지만 부상을 당하지는 않았음.

이번 건에 대해서 이달 5일에 사실을 조사하기 위하여 히라타 중위를 대동(大洞)에 파견하였는데, 사기동 파판소장도 그곳에 출장을 했으므로 히라타는 소(邵)와 함께 각 관계자를 조사하여 관계 한인과 향약 사이를 조정하고, 소와 교섭하여 연행한 한인을 석방하게 함. 또한 불법으로 한인을 구타한 순변 이하의 처분을 요구하였음.

이달 9일 국자가에서 사기동에 양식 운반 호위를 한 청국 병사 5명이 신흥평(新興坪) 북쪽 약 1리 반 떨어져 있는 지점에서 도로가 심하게 질척거려 화물을 실은 마차가 다니기 어려운 이유로, 부근에 경작하는 한인 김활남(金活南)이라는 이름을 쓰는 사람에게 강제로 우마차를 내놓게 해서 그 식량을 신흥평까지 운반하게 하고, 운반비는 지급하지 않고 지나감. 김은 운반비를 요구하였으나 청국 병사 등은 김을 구타하였음.

신흥평 분견소에서는 피해자의 고소에 따라 청국 병사를 조사하였는데, 청국 병사는 그곳 땅은 청국의 영토이므로 청국인이 한인을 사역하는 것은 자유이며, 또 우리 청국 병사는 일본 헌병에게 조사를 받을 이유가 없다며 성명을 알려주지 않았음. 이때 우연히 태랍자 경력청장 허덕유가 그곳을 통과하였으므로 그와 교섭하고자 하였으나, 군인에 관계되는 일은 직접 사기동 파판소에 교섭하라고 하였으므로, 신흥평 분견소에서 우적동 분견소로 교섭을 의뢰하였음. 그러자 사기동 파판소에서 백(白) 헌병 반장이 신흥평에 출장을 와서 사건을 처리하게 하였는데, 다음 날 10일 백 헌병장은 신흥평 분견소에 출두하여 시마다[島田] 분견소장과 협의한 후, 백으로부터 김에 대해 사역 임금으로 청화 2적(吊)을 지불하고 청국 병사는 엄중히 훈계하기로 약속하고 돌아갔음.

(자) 청국 관헌의 부당징세의 건

이달 10일, 용지사(龍池社) 금동(金洞)에 동성용(東盛湧) 순경영(巡警營) 제5구장 주영청(周永淸)이라는 자가 와서 순경비라 칭하고 돈을 징수함으로, 신흥평 분견소장과 그 이유를 힐문하자, 주영청이 말하기를 올해는 윤달이 있으나 상관으로부터 받는 경비는 예년과 다르지 않고, 그 부족액은 자기가 어쩔 수 없이 부담해야하기 때문에 연길청지부(延吉廳知府)에 청원해서 허가를 얻어 징수하는 것이라고 답변하였음.

분견소장은 그 순경비라는 것이 과연 정당한 세금인지 아닌지, 또 이를 정당한 과세라 하더라도 우리가 현재 직접 인정하기 어려운 사정이 있으니, 각 상사에게 보고하여 상사의 협의에 따라 징세의 시비를 결정한 연후에 징수할 것을 요구하였는데 주영청은 이를 받아들이고 돌아갔음. 그런 다음 각 상사의 협의를 거치기 전인 이달 16일, 주영청은 다시 순경 및 향약 등 도합 3명에게 화룡사(和龍社) 장재촌(藏財村) 이하 10개 지역에서 순경비라 칭하고 한화 498냥 62문을 징수하였음.

이상의 징수금은 당시 우연히 지방 순회 중인 한국 순사 이재기(李載基)가 이를 탐지하고, 직접 주영청에게 교섭하여 그 부당성을 꾸짖자, 주영청도 이를 받아들여 각 징수금을 피징수자에게 돌려주었음.

근래 청국 관헌은 동불사(銅佛寺) · 두도구(頭道溝) · 동성용(東盛湧) 지방에서 산해세(山海稅)의 징수를 행하기를 장려하였음.

대개 산해세는 농산물[제유(製油) · 제사(製糸) · 제마(製麻)] · 해산물(어류) · 산산물(山產物)[동물 가죽류] 등에 대한 징세임.

두도구 세무분국장 주묵림(周墨林)이 그곳의 우리 헌병 분견소장과 담화한 바에 따르면, 산해세는 종래에도 일반 인민에게 징수하였으나, 이번에 특히 모처로부터 징세를 장려하는 명령이 있어 징수하는 것이라고 하였음.

이상의 징세를 장려하고자 하는 것인지, 이달 중순 연길청 향연국(餉捐局) 승판위원(承辦委員) 서온(署穩)의 서명으로 산해세를 징수할 뜻을 다시 각지의 청·한인 일반에 고시하였음.

산해세의 징수에 대해서는 우리는 종래부터 관례에 따른 징수로 인정하지 않아 절대로 그 징세를 배제하고자 하는 기세를 보여주자, 청국 관헌은 우리 관헌을 꺼려 한민에게 징세에 다소 주저하는 것 같음.

4. 한민의 상황

종래 간도에 주재하는 한민은 항상 청국 관민에게 소유권리를 유린당하여, 재산은 물론 이요 생명의 안전도 보장하기 어려운 상태에 있었는데, 파출소 설치 이후 일반 한민은 신체·재산에 대해 확실한 보호를 받을 수 있게 됨. 이들 보호가 두루 미쳐 빈틈이 없음을 전해 듣고 멀리 한국 내지로부터 이주해 오는 한인이 근래 점점 많은데, 종래부터 거주하던 자는 점점 영주의 목적을 세우고, 서로 협동해 청인의 토지를 매수하는 자가 날로 증가함. 토지를 매수함에는 우선 매도하는 청인과 매매하는 약속을 맺고, 합자자(合資者) 중 한 한인이 매수명의자가 되어 청의변발(淸衣弁髮)을 가장하고, 청국 임명의 향약과 함께 국자가 연길청에 신청하여 미리 인가를 받아 매도증서 및 대금의 수수를 마치면, 매수명의인 등이 다시 연길청에 출두하여 그 증서에 지부(知府)의 증명도장을 받아야 비로소 소유권 이전의 등기를 마치게 됨. 위의 토지 매매에 대해 등기료라고 인정할 비용은 일정한 표준이 없고 또 대개 고가임. 최근 조사한 바에 따르면 최소의 비용으로 매매 절차를 마쳤다고 한 자도 매매가격에 대해 등기의 기타 수수료로 다음의 비용이 필요하였음.

등기 기타 수수료 비용표

종별	지적	매매대가	등기기타의 수수료
황무지[荒地]	161日耕	1000吊	150吊
화전[畑]	1日耕	1000吊	150吊
화전[畑]	30日耕	3600吊	500吊
황무지[荒地]	370日耕	3600吊	500吊

이상에 대해 우리 파출소에서는 한인의 토지매매로 발전의 현상을 파악하고 이를 보호할 목적으로, 한인이 청인의 토지를 매수하는 것은 각 당사자가 매매계약증서를 만들고, 또 지권(地券)의 수수를 마치면, 그 등사에 본 계약증서 및 본 지권을 첨부하여 해당 파출소에 청원하여 인증을 받아야 비로소 매매의 절차를 마치는 것으로 해서, 점차 한인으로 하여금 이 절차에 따르게 할 방침임.

5. 위생상태

소원(所員) 일반이 건강하여 특기할 질환자가 없음. 지역민은 간간이 홍역[麻疹]이 발생하고, 또 말라리아 환자는 점차 증가하는 경향이 있음. 월간 자혜병원(慈惠病院)에서 종두를 맞은 한인이 약 400명에 달하고, 또 하천평 · 걸만동 · 국자가 각 헌병분견소원 · 한국관리 · 학교생도 · 지역민의 일부 등도 종두케 하였음. 이달 동안 처치한 신규 환자의 총계는 634명인데, 하루 평균 신규 환자가 20여 명에 달함. 국적별은 다음과 같음.

- 한인 514명
- 청인 53명
- 일인 67명

6. 월간 기상 개표

순별	평균기온	최고 온도	최저 온도	강수 횟수	강수량
제1순	12.1	(2일) 28.5	(5일) 2.0	6	24.6
제2순	11.1	(13일) 26.0	(12일) 1.1	5	13.9
제3순	15.0	(30일) 35.0	(23일) 4.0	7	16.7
월	12.7	(30일) 35.0	(12일) 1.1	18	55.2

적산온도 397.6

맑은 날 수 1

흐린 날 수 21

강수일 수 16

작년 이달의 기상은

	평균 온도	최고 온도	최저 온도	강수 횟수	강수량
제1순	10.2	(1·6·8일) 23.5	(6일) - 1.0	4	7.9
제2순	9.8	(15일) 22.0	(12일) - 2.5	8	44.3
제3순	13.2	(31일) 27.0	(23일) 5.5	6	22.5
월	11.1	(31일) 27.0	(12일) - 2.5	18	74.7

적산온도 345.8

맑은 날 수 2

흐린 날 수 14

강수일수 15

위 두 표를 대조하면, 올해는 작년에 비해 적산온도가 51.8도, 평균 온도가 1.6도, 최고 온도가 8도, 또 최저 온도가 3.6도가 높고, 강수 회수는 같으나 강수량은 작년에 비해 19밀리 반이 적음.

그러나 흐린 날 수는 작년보다 7일이 많고, 또 역시 작년은 두 번의 눈이 내렸으나, 올해는 아직 내리지 않았음. 요컨대 기온이 작년에 비해 높은 것은 농작물의 생육이 순조로운 환경에 있는 것임.

7. 소내(所內)의 상황

오쿠무라[奧村] 헌병 대위의 후임으로 오타[太田] 대위가 이달 2일에 착임하였음. 경제 사정을 조사하기 위하여 부산에 출장을 명령받음에 따라 청원 귀성 중에 있던 통역생 반도 스에조[阪東末三]는 이달 2일에 귀임하였음.

본관은 이달 7일 청진에 도착하여 11일에 귀임하였음. 귀임 도중의 소견과 연도 관민의 환영 등에 관한 건은 왕전 제28호에 대강을 보고하였음.

다음 날 12일에 본관을 환영하기 위하여 온 도사장·사장 등을 모으고 평소에 능히 공사에 진력한 공로에 대해 그 보상으로 각각 물품을 증여하고 일장 훈시를 하였음.

같은 날 총무과장 시노다 지사쿠[篠田治策]를 소장대리에서 해촉하였음.

이곳에 건축 중인 간도보통학교(間島普通學校) 교사의 공사감독방법에 대해 학부로부터 의뢰가 있어서 소원(所員)에 명령하여 이 감독에 종사하게 하였음. 백두산에 출장 중인 기사 오타 아쓰시[太田篤] 일행은 20일에 돌아왔음. 청국 관리가 일본 상인이 소유하고 있는 모르핀(모루히네)을 몰수한 건에 대해, 도빈과 교섭하기 위해 시노다 총무과장을 국자가에 출장하게 하였음. 본관은 24일부터 하천평·국자가·걸만동·동불사 지방을 순시하고 29일에 돌아왔음. 이달부터 도사장·사장 일부에게 급여를 지급하기로 하였음.

8. 이달에 처리한 경찰사고

이달 13일, 회령가도의 화호리구령(火狐狸溝嶺)에서 복사평(伏沙坪)에 부임하는 내부 서기 이성교(李成教)는 청국인 두 명과 만나, 갖고 있던 시계를 달라고 강요받자 이를 거부하니, 청국인 등은 강제로 빼앗으려고 하였으므로 이성교는 놀라 휴대물을 버리고 도주하였음. 청국인 등은 뒤쪽에서 권총 한 발을 쏘았으나 명중하지 않았음.

버린 휴대물은 청국인이 습득한 것 같음. 그 후 현장을 수색해도 발견하지 못하였음.

그러나 그 유기물은 사령서(辭令書)[새로 주사에 임명된 복사평 분견소 재직 남규강(南奎綱)의 사령서], 금 10원, 모포, 한의(韓衣) 등인데, 피해금액이 총계 12원 여임. 검증은 우적동 분견소에서 행하였음.

이달 30일 오후 11시 40분에 그 마을 시장 한인 최도현(崔道賢)·오운서(吳雲瑞)의 공유가옥 내에서 불이 나서 그날 밤 새벽 1시 5분에 진화하였음. 발화의 원인은 자세히 알지 못하지만 위의 공유가옥의 뒷길에 쌓아둔 곡식과 볏짚에서 발화하였는데, 통행인이 담배꽁초를 버렸는지, 혹은 누군가 방화하였는지, 추측할 실화의 사실을 확인하지 못하였음.

손해 상황은 전소된 가옥 5호, 절반이 탄 2호, 파괴 1호인데, 총 평수는 94평에 약 2,500원임.

또 이외에 사고는 별표와 같음.

부의 속 경찰사고표

메이지 42년 5월 중 경찰사고

구분	사항	건수	적요(摘要)
일본법 위반	절도	1	1건은 피고 일본인 남자 1명, 청진이사청검사 사무취급에 송치함.
설유	절도	3	1건은 피고 한인 남자 1명, 피해자 한인 남자 1명, 돗자리[蓆] 3매 절취, 소해를 배상하게 하고 설유 후 풀어줌. 1건은 피고 한인 남자 1명, 피해자 한인 남자 1명, 소 한 마리를 절취해 도주하려는 것을 발견한 자라 설유 후 풀어줌. 1건은 피고 청국인 남자 1명, 피해자 한인 남자 1명, 미수에 대해 설유 후 풀어줌.
	위탁 받은 물건을 갖고 도망[拐帶]		원고·피고 모두 일본인 남자 각 1명, 피고에 설유.
	채무관계	8	1건은 원고·피고 모두 일본인 남자 1명, 피고에 설유 후 지불하게 함. 1건은 원고·피고 모두 한인 남자 각 1명, 피고에 설유 후 지불하게 함. 1건은 원고·피고 모두 한인 남자 각 1명, 피고가 부재하여 처리를 연기함. 1건은 원고·피고 모두 한인 남자 각 1명, 쌍방에게 피고에 설유 후 서로 분쟁을 해결하게 함[示談]. 1건은 원고·피고 모두 한인 남자 1명, 피고에게 설유 후 지불하게 함. 1건은 원고 한인 남자 1명, 피고 일본인 남자 1명, 피고에게 설유 후 지불하게 함. 1건은 원고·피고 모두 한인 남자 각 1명, 피고에게 설유 후 지불하게 함. 1건은 원고·피고 모두 한인 남자 각 1명, 피고에게 설유 후 지불하게 함.
	손해배상	2	1건은 원고 한인 남자 1명, 피고 청국인 남자 1명, 피고에게 설유·배상하게 함. 1건은 원고·피고 모두 한인 남자 각 1명, 피고에게 설유하여 그 일부를 배상하게 함.
	싸움	6	1건은 일본인 남자 1명, 한인 남자 1명, 당사자 쌍방에게 설유. 1건은 한인 남자 3명, 당사자 쌍방에게 설유. 1건은 한인 남자 1명, 청국인 남자 1명, 당사자 쌍방에게 설유. 1건은 한인 남자 3명, 당사자 쌍방에게 설유. 1건은 한인 남자 2명, 당사자 쌍방에게 설유. 1건은 한인 남자 2명, 당사자 쌍방에게 설유.

	상해죄	4	1건은 원고·피고 모두 일본인 남자 각 1명, 피고에게 설유. 1건은 원고 한인 남자 1명, 피고 한인 남자 3명, 피고에게 설유. 1건은 원고 한인 남자 4명, 피고 청국인 남자 2명, 쌍방에게 설유. 1건은 원고 한인 남자 1명, 피고 청국인 남자 1명, 피고에게 설유.
	전염병에 걸린 말을 풀어서 키운 자	1	1건은 한인 남자 1명, 설유하여 박멸 매몰하게 함.
	위조화폐를 사용하고자 한 자	2	1건은 한인 남자 1명, 위조한 러시아 10류(留) 지폐를 사용하고자 한 자, 설유(지폐는 분대에 영치). 1건은 한인 남자 1명, 위조한 러시아 10류(留) 지폐를 사용하고자 한 자, 설유(지폐는 분대에 영치).
	가택 침입	3	1건은 원고·피고 모두 한인 남자 각 1명, 피고에 타이름. 1건은 원고 한인 남자 1명, 피고 일본인 남자 1명, 피고에게 타이름. 1건은 원고 한인 남자 1명, 피고 일본인 남자 1명, 피고에게 타이름.
	소재 수색	3	1건은 일본인 남자 1명, 동 여자 1명, 행위 불명하기 때문에 보호를 출원함. 2건은 일본인 여자 각 1명, 행위 불명하기 때문에 보호를 출원함.
	「몰핀」을 주사하고 또는 아편연을 피운 자	2	1건은 한인 남자 1명, 「몰핀」 주사를 항상 투여한 자를 타이름(주사기는 분대에 영침함). 1건은 한인 남자 1명, 아편을 흡연함을 사실로 인정하여 타이름.
	술 주정꾼 술 주정꾼	2 2	1건은 청국인 남자 1명, 설유. 1건은 원고·피고 모두 한인 남자 각 1명, 피고에게 설유. 1건은 청국인 남자 1명, 설유. 1건은 원고·피고 모두 한인 남자 각 1명, 피고에게 설유.
	사람을 사역하고 임금을 주지 않은 자	1	원고 한인 남자 1명, 피고 일본인 남자 1명, 피고에 설유 후 지불하게 함.
	계약기간 내에 사육하는 소를 반환 청구	1	원고·피고 모두 한인 남자 각 1명, 원고에게 설유.
	토지 매매 후 약정 이외의 청구를 한 자	1	원고 한인 남자 3명, 피고 청국인 남자 1명, 피고에게 설유.
	타인의 소유권을 침해한 자	1	원고 한인 남자 1명, 피고 청국인 남자 1명, 피고에게 설유.
	이혼을 요구한 자	1	원고 한인 여자 1명, 피고 한인 남자 1명, 원고에게 설유.
	무고한 자	2	1건은 원고 한인 남자 1명, 피고 청국인 남자 1명, 원고에 설유. 1건은 원고 한인 남자 1명, 피고 한인 남자 1명·여자 1명, 무고에 설유.
	화전 대차에 관한 건	1	원고 한인 남자 1명, 피고 한인 남자 1명, 청국인 여자 1명, 피고에 설유.

	부녀를 유괴하려 한 자	1	원고·피고 모두 한인 남자 1명, 피고에게 설유.
	작부(酌婦) 도주	1	원고 일본인 남자 1명, 피고 동 여자 1명, 피고에게 설유.
	학대를 받아 소송을 낸 자	1	원고 일본인 여자 1명, 피고 동 여자 1명, 피고에게 설유.
	숙박을 강요하고 또 폭행을 한 자	1	원고 한인 남자 1명, 피고 청국인 남자 1명, 피고에게 설유.
	타인의 담을 넘어 폭행한 자	1	원고·피고 모두 한인 남자 각 1명,
청국 관헌에 교섭한 자	말싸움 및 구타	1	원고 한인 남자 1명, 피고 청국인 남자 1명, 청국 관헌에 교섭하여 피고를 인도함.
	절도	1	피해자 한인 남자 1명, 피고 청국인 남자 1명, 청국 관헌에 교섭하여 피고를 인도함.
	소 구매대금을 지불하지 않은 자	1	원고 한인 남자 1명, 피고 청국인 남자 1명, 청국 관헌에 교섭하여 피고를 인도함.
	강간 미수	1	피해자 한인 여자 1명, 가해자 청국인 남자 1명, 청국 관헌에 교섭하여 피고를 인도함.
	불법으로 한인을 연행한 자	1	피해자 한인 남자 1명, 가해자 청국순경 1명, 관헌에 교섭하여 피해자를 돌려 보냄.
	상해죄	1	원고 청국인 남자 1명, 피고 한인 남자 1명, 피고는 청국 관헌에 연행하였으므로 신병의 인도방법을 교섭함.
검증	출화	1	한인 가옥에서 불이 나서 전소된 집 5호, 반만 탄 집 2호, 파괴 1호, 원은 방화로 의심됨, 간도분대에서 검증
	강도	1	피해자 한인 내부주사의 서기, 우적동분견대에서 검증.
검시	자살 미수	1	한인 여자 1명, 간도분대에서 검시
인명구호	익사하고자 한 자	1	한인 여자 1명, 강 속에 빠져 익사하고자 했으나 헌병상등병이 발견하고 구호한 후 어머니께 인도함.
도난신고	도난신고	1	피해자 일본인 여자 1명, 수색 중
소 도축 청원	소 도축 검사 청원	8	검사한 후 허가
합계		70	

53. 간도 사정 보고서 제출의 건(왕복안 2책)

- **원문제목** 間島事情報告書呈覽의件(往復案2册)
- **날짜** 융희 3년(1909) 8월 7일
- **발신** 통감부 통감 소네 아라스케[曾禰荒助]
- **수신** 내각총리대신(內閣總理大臣) 이완용(李完用)

기밀통발(機密統發) 제1425호

사이토[齋藤] 간도파출소장(間島派出所長)의 월보, 통파월보(統派月報) 제6호를 별지에 등사하여 참고하시기 위하여 이에 송부합니다.

메이지 42년(1909) 8월 7일
통감 자작 소네 아라스케
태자소사 내각총리대신 이완용 각하

부(附). 동상 보고서

- 날짜: 융희 3년(1909) 7월 10일
- 발신: 통감부임시간도파출소장 사이토 스에지로
- 수신: 통감부 통감 소네 아라스케

통파월보(統派月報) 제6호
월보

메이지42년(1909) 7월 10일
통감부임시간도파출소장 사이토 스에지로
통감 자작 소네 아라스케 귀하

1. 지방 일반의 상황

월간 각지에 청국 관민의 현저한 불법행위가 없어 대개 평온하고, 기후 또한 온화하나 이달 중순에 강우로 인해 경작지가 소실된 종성간도·회령간도 일부(앞의 지역은 밭 약 173일경, 뒤의 지역은 약 36일경)를 제외하고는 경작물의 성장이 좋아 풍년을 기대하여 한민 일반이 안도하는 상황임.

청국인은 신임 독판 오록정(吳祿貞)이 대병을 이끌고 온다는 풍설을 믿고 일반적으로 기쁜 기색을 드러내었으나, 사실은 풍설과 반대로 오록정은 겨우 십수 명의 부하를 대동하고 왔기 때문에 크게 실망한 상태임.

청국인 중에는 이번 오록정의 부임으로 간도가 청국 영토로 확정된다는 풍설을 믿고 전하는 자가 있으나, 한인은 이와 같은 풍설을 믿는 자가 없고 더욱 우리의 보호를 믿고 따르고 있음.

2. 청국 관헌의 동정

(가) 청국 공정대(工程隊)의 도로수선 상황

5월 중순부터 청국 공정대가 착수한 회령가도의 화호리구령(火狐狸溝嶺) 이남의 도로 수선공사는 점차 남쪽으로 이어져, 동령의 북쪽 기슭에서 학성(鶴城)에 이르기까지 약 10킬로미터의 사이, 여러 곳의 합계 약 5킬로미터의 공사를 준공함. 현재 학성 및 미전동(米田洞)[삼둔(三屯)]에 숙소를 마련하고 전원을 두 부분으로 나누어 작업을 실시하는데, 공사의 모양은 지세에 따라 도폭을 3미터 내지 7미터로 하여 큰 돌을 제외하고 토사를 깔아 노면을 평탄하게 하고, 양측 혹은 한쪽에는 배수구를 만들고, 도로 옆쪽에 가끔 도랑을 축조한 개소가 있음. 교량은 크고 작은 도합 18개가 있음. 청화 3,000적(吊)으로 청국인에 청부하여 전부가 거의 준공되었음. 교량의 길이는 6척 내지 25~26척인데, 모두 3촌 두께의 29척 길이의 교판을 써서 구조가 대개 견고함. 현재 공사에 종사하고 있는 인원은 장교 4명, 하사 이하 약 100명임.

(나) 오록정 부임 상황

신임 독판 오록정은 이달 27일에 길림에서 동불사가(銅佛寺街)를 거쳐 국자가 변무공서에 도착하였음.

오록정이 착임했을 때 다수의 병사를 대동한다고 청국인 사이에 풍설이 성행하였으나, 사실은 이에 반해 대동한 자는 전 통령 호전갑(胡殿甲) 및 좌관 2명, 문관·종자(從者)를 합하여 10여 명일 뿐으로, 이외에 대동한 병사는 없고, 어느 방면으로도 온 흔적이 없음.

호위병은 앞쪽에 기마대(騎馬隊) 65기(騎), 헌병 장교 이하 10기, 뒤쪽에 기보대(騎步隊) 약 140명, 공정대(工程隊) 약 130명 및 열외 측량반 학생 18명인데, 국자가 남영 주둔병으로 도중에 호위에 참여한 자들임. 또한 길림과 국자가 사이의 호위는 도로에 접하는 각지의 주둔병으로 충원한 자들이라고 함.

오록정 일행의 화물은 마차로 겨우 여섯 량이 도착했을 뿐인데, 병기와 탄약이라 할 만한 것은 없었음.

청국 관민의 환영은 융숭했는데 연길청원, 병무공서원, 국자가 각지의 관공서원, 각지의 파판소장 및 학교 교사·생도·상민 등 합계 약 300명에 달했음.

청국이 임명한 향약으로 변발하고 청국 복식을 한 한인 박관운(朴官雲)은 동성용사(東盛湧社) 대호문(大滸門)의 이남극(李南極)과 함께 지방관민 60여 명을 선동하여 오록정에 대해 환영사를 바치고, 비호를 원하는 청원서를 제출하고자 하였으나, 국자가의 우리 헌병 분견소에서는 한인의 그 행동을 외국에 아부하는 것으로 파악하여 이남극을 파출소에 연행함으로써, 다른 한민 등은 결국 박관운의 선동에 따르지 않았고, 박관운 등의 기도는 마침내 성립되지 못하고 말았음.

3. 청국 관민의 불법행위

청국 관민의 한국 관민에 대한 상태는 날로 온화해져서, 종래와 같은 정도에 어긋나는 행동이 적지만, 가끔 불법행위를 행하는 일이 있음. 특히 청국 관민은 한국 일반 인민에 대하는 것보다 한국 관리에게 감정적으로 대하기 때문에 툭하면 분쟁을 야기하는 일이 있음. 대개 청국 관민은 한국 관리를 일본의 위세를 빌려 오만한 태도를 가진 자라고 보기 때문으로, 이달 사이에 발생한 청국 관민의 불법행위를 들면 다음과 같음.

(가) 한국 순사와 청국인 사이의 분투

이달 13일 용정촌 내 길에서 청국인 양록(楊祿)이라는 자의 화물이 한국인 송관홍(宋

寬弘)이 소유한 채마밭의 수수 담장[高粱垣]과 충돌하여 그 일부를 파괴하였으므로, 송관홍은 양록과 담판 중이었는데, 근처에 사는 청국인 악충승(岳忠勝)이 여기에 관계하여 송관홍의 담판을 인수받아 양록을 돌아가게 하였음.

피해자 송관홍은 악충승에게 수선을 요구하였지만 악충승이 쉽사리 이에 응하지 않아 서로 논쟁 중에, 우연히 순찰하던 한국 순사 김병옥(金秉玉)이 지나가다가 악충승에게 피해자의 요구에 응해 수선하라고 하였으나, 결국에 악충승은 이에 응하지 않음으로써, 순사는 일단 현장을 떠났음.

그런 다음 악충승은 담의 수선을 하지 않았을 뿐만 아니라, 송관홍에 대해 욕설로 희롱하였으므로, 송관홍은 재차 김병옥 순사에게 소를 제출하였음. 김병옥 순사는 다시 현장에 나가 악충승에게 말로 잘 타일렀으나, 악충승은 도리어 화를 내며 주먹으로 김병옥 순사의 뺨을 때리고, 또 그의 웃옷 단추 부분을 잡고 억지로 끌어당겨 저고리 앞섶을 훼손시킴으로써, 김병옥 순사도 악충승의 뺨을 구타하여 그 폭행을 제지하였음. 이 싸움을 듣고 부근에 있던 청국인 수십 명이 모여들어 악충승을 도와 김병옥 순사를 잡아 발로 차고, 또는 휴대하고 있던 칼을 빼앗으려고 하였으므로, 김병옥 순사는 도로 옆의 작은 돌을 주워 악충승의 머리를 구타하여 부상을 입히었음. 이때 한인 이원길(李源吉)이 김 순사의 호루라기[呼笛]를 꺼내들어 불자, 부근에 있던 우리 헌병 및 일·한인 수십 명이 달려와 그 싸움을 제지하고, 악충승은 우리 헌병에서 출장 나온 청국 순경에 연행되었음.

이 싸움으로 인해서 악충승은 김 순사의 구타에 의해 좌측 머리뼈에 길이 4센티미터의 타박상을 입었음.

육군 일등군의(一等軍醫) 오노 주니치(小野純一)의 검안에 따르면, 총기의 충돌로 인해 상처를 입은 것으로 확인되며, 휴업 3일을 요한다고 함. 위의 부상에 대해서 육도구 파판소에서는 순사가 칼을 뽑아 상처를 냈다고 하여, 국자가로부터 청국군의의 출장을 요구해 검안한즉, 그 군의는 총기의 외상이라고 검진하였음.

이에 따라 동 파판소에서는 다시 순사의 발검[拔刀] 운운하며 우리와 교섭하려고 하지만, 발검한 사실이 없음은 확실함으로 우리는 이를 받아들이지 않았음.

(나) 청국 관헌의 한인에 대한 불법 처분

이달 22일, 동불사 동쪽 용투평(龍鬪坪)에서 한인 안형서(安亨瑞)(한국 주사의 고용인)가 청인 왕사원(王士遠)이 소유한 밭 안에 있는 이랑을 통행하자, 우연히 그 밭을 경작 중이던 청인 3명이 그 통행을 막음. 이로 인해 서로 말싸움과 몸싸움을 하다가, 결국 청인이 그 건을 동불사의 청국 파판소에 고소하였음.

그 파판소에서는 다시 청국 병사 5명을 용투평에 파견하여, 안형서와 당시 그곳에 있던 한인 임봉순(林鳳順)[분견소 잡역부] 2명을 포박하여 파판소로 연행하였는데, 별도의 조사도 하지 않고 즉시 안형서를 태 40대에, 임봉순을 태 50대에 처하고 풀어주었음.

동불사 분견소에서는 이 소식을 듣고 다시 파판소로 가서 소장에게 회견을 요구하였는데, 문 앞에 착검집총(着劍執銃)한 청국 병사 7~8명이 파판소장은 회견을 좋아하지 않는다고 하면서 회견을 거절하고자 함. 〈거듭〉 면회를 요구하며 교섭했지만, 명백한 답변을 얻지 못하고 돌아왔음.

같은 날 분견소장 요시다[吉田] 헌병 중위가 출장 나가 현장을 조사하자, 이랑의 길은 종래 통행로가 된 일이 명백함으로, 다시 파판소장에게 회견을 요구하고 청국인의 비행 및 파판소장의 불법처치에 대해 힐문하였음. 이에 소장은 강을 건너온 한민은 청국 관헌이 처분하는 것이 정당하다고 하고, 또 임봉순은 성질이 모질고 사나워 평소에 청국인과 싸우길 좋아하는 매우 불량한 자이기 때문에, 장래를 응징하기 위해 태형을 행했다고 답변하였음. 그 잘못을 깨닫지 못하였으므로, 요시다 중위는 본건을 상관에게 보고하여 어떠한 지시를 기다릴 뜻을 알리고 돌아왔음.

본건은 방판대리 도빈과 교섭하여 관계 비행자의 처벌을 요구하였음.

(다) 청국 병사의 불법행위

이달 21일, 우적동 동쪽 길가에서 사기동(砂器洞) 주둔 청국 병사 장묵림(張默林) 외 3명은 고(故) 한국 주사 이구민(李求敏)의 송덕표(頌德標)를 빼버린 일로 인해, 우적동에 배속된 한국 순사 박면희(朴冕熙)가 이를 추적하여 청국 병사를 불렀음. 청국 병사는 갑자기 주먹으로 박 순사의 가슴을 때리고, 다른 두 명도 구타하고자 하였는데, 이때 헌병 상등병이 현장에 달려와 장묵림을 우적동 분견소 안으로 동행함. 동 분견소에서는 장묵림의 불법행위를 꾸짖자, 장묵림은 이를 인정하지 않았으므로 히라다[平田] 중위는 다시 사기동 파판소에 교섭하여 가해의 처벌을 요구하였음.

4. 한민의 상황

시일의 경과와 함께 우리가 한민 보호의 기초를 더욱 공고히 함으로써 청국인의 압박과 재물의 강요 등도 점차 그 모습을 감추고 있음. 모두가 안녕한 상황에 있으므로 일반으로 발전하였다고 말씀드리며, 우리는 다시 보호의 일보를 나아가 학교의 설립을 장려하고, 식산흥업의 길을 가르치며, 또 근검과 저축의 아름다운 풍속을 양성하고자 함.

한국 내지에 있는 한민도 간도에서의 한민 보호의 확실함을 듣고 이주·왕래·도착하는 자가 날로 증가하는 상황임. 올해 1월부터 4월 말까지 한국 내지에서 간도(동간도 동부)로 이주한 한인의 호구·인구를 조사하였는데, 이는 다음과 같음.

이주자	호수	인구		계
		남	녀	
한국 내지로부터 간도에	342	932	742	1,674

이 표 외에 백초구(百草溝)·왕청(汪靑) 지방에 100여 호의 이주자가 있으나, 아직 조사를 마치지 못하였음.

이주자는 농업이 가장 많고, 상업 및 기타 노동을 목적으로 하는 자는 적으며, 대부분 영주를 결심하고 일가가 모두 이주한 바임. 대개 청국인의 소작을 하고, 그중에는 독립 혹은 공동으로 청국인에게 토지를 매수하여 자작하는 자도 있음.

청국인은 근래 한인의 이주자가 많기 때문에 토지의 매매를 행하고, 또 소작인의 부족을 보지 않으므로, 일반적으로는 환영하는 상황임.

한인 중에는 지금도 여전히 변발하고 청국 복장을 한 자가 있음. 이는 파출소 개설 당시에 비하면 현저히 그 수가 감소하였으나, 아직 근절까지 이르지는 못하였음. 이달 말까지의 조사에 따르면, 동간도 동부에 거주하는 한인으로 변발·청장한 자의 호수·인구는 다음과 같음.

이주자	호수	인구		계
		남	녀	
한인	112	150	37	187

비고: 본표에는 학교 생도의 변발·청장자(淸裝者)를 포함하지 않았음.

변발·청장한 이유를 조사하였는데, 대개 다음과 같음.

(가) 토지소유권을 얻기 위함.
(나) 청국의 관리·공리·병졸·통역·고용인 등이 되고자 함.
(다) 청국인의 처 또는 양자가 되기 위함.
(라) 청국 관헌에 아부하기 위함.

이 가운데 토지소유권을 얻기 위해 변발하고 옷을 바꾼 자(지난달 월보에 상세히 기록)가 가장 많고, 청국의 공리·통역 등이 다음이며, 청국 관헌에게 아부를 목적으로 하는 자가 가장 적음. 또한 파출소 개설 이후, 머리를 깎고 옷을 바꿔 입은 자가 다시 한국식 옷으로 바꾼 자 중에는 이러한 종류의 아부자가 가장 많음.

머리를 깎고 옷을 바꾼 것은 자기의 이익에 따르는 것이기 때문에, 가령 청국 복장을 했어도 우리의 시설에 반항하는 행동을 하는 자는 거의 없음. 한인의 말에 따르면 머리를 깎고 옷을 바꾸게 된 처음은 지금부터 대개 40년 전인데, 가장 많은 시기는 지금부터 12년에서 4년 전이라고 함.

5. 호구조사에 관한 건

올해 1월부터 5월에 이르기까지 동간도 동부의 청국인·한인의 호구조사를 실시하였는데, 그 총수가 대개 다음과 같음(추후 자세히 보고하겠음).

이주자	국별	호수	인구		계
			남	녀	
동간도 동부	청	3,900	17,198	10,173	27,371
	한	16,101	47,171	35,828	82,999
총계		20,001	64,369	46,001	110,370

단 청국인·한인 중에는 관리와 병사를 포함시키지 않았음.

호구조사를 할 때에 청국인·한인의 감상을 생각해 보면, 청국 인민은 일반적으로 냉담하지만, 청국 관헌은 우리의 호구조사를 자국의 행정에 간섭하는 것이라고 하여 매우 이를 꺼려하는 기색이 있었고, 또 일반 한인은 호적부에 등록함으로써 비로소 국민된 자격을 얻는 것으로 믿어 기꺼이 우리의 조사에 응했지만, 청국 관헌이 소재하는 지방에 있는 한인은 청국 관헌을 두려워하여 우리 조사를 피하고자 한다는 소문이 있었음.

호구조사 중, 청국 관헌으로부터 각 지방에서의 조사 중지, 혹은 문패 게시 금지의 요구를 받음. 특히 종성간도 일대와 온성간도 춘화사(春華社), 무산간도 남부지방에서 더욱 심한 방해를 받았으나, 결국에 이를 배제하고 조사를 수행하였음. 그러나 청국 관헌이 행한 방해 수단은 한인을 협박하여 다른 곳으로 나가게 하고, 또는 조사 중 착심(着心)한 한인을 해산하게 하는 등, 우리로 하여금 조사에 방도가 없게 하였으며, 심지어 한인을 구타하여 우리의 질문에 답할 게 없게 하였음.

지금 실시한 호구조사는 우리 파출소에서 한민 보호의 취지를 벽원(僻遠)의 땅에까지 자리 잡게 한 효과가 있는데, 대개 한인은 청국인에 비해 거주 가옥 및 기타 경영 등이 대체로 소규모이고, 걸핏하면 놀고먹는 자가 많음.

6. 위생 상태

(가) 소원의 상태: 월간 소원의 환자 총수는 5명인데, 대개 가벼운 병증의 환자뿐이고, 특기할 만한 환자는 없음. 일반적으로 건강한 상태임.

(나) 지방 상태: 홍역[麻疹]은 각 부락에서 다소 유행함. 말라리아 환자는 지난달에 비해 현저히 증가하였음. 이달에 동경대 및 신흥평 헌병분견소와 그곳 한인 일부에게 종두를 실시하였음.

(다) 환자 시료의 상황: 이달 중에 한 시료는 신규 환자 총수 780명인데, 지난달에 비해 146명이 증가하고, 일일 신규환자가 60여 명에 달하는 일이 있음.

신규환자를 국적별로 보면 다음과 같음. 한인 631명, 청국인 75명, 일본인 74명.

7. 이달의 기상 개황

순별	평균기온	최고 온도	최저 온도	강수 횟수	강수량
제1순	17.4	(4일) 32.0	(6일) 5.5	6	14.0
제2순	16.5	(12일) 27.5	(17일) 7.0	10	28.2
제3순	18.5	(23일) 30.5	(28일) 11.5	7	18.4
월	17.5	(4일) 32.0	(6일) 5.5	23	60.6

적산온도 524.5

맑은 날 수 0

흐린 날 수 14

강수 횟수 17

작년 이달의 기상은

순별	평균 온도	최고 온도	최저 온도	강수 횟수	강수량
제1순	16.9	(3일) 32.0	(7일) 8.0	4	65.4
제2순	77.4	(17일) 30.0	(11일) 5.5	1	0.1
제3순	20.0	(22일) 36.0	(22일) 9.5	1	0.1
월	18.1	(22일) 36.0	(11일) 5.5	6	65.6

적산온도 546.8

맑은 날 수 5

흐린 날 수 5

비온날 수 6

위 두 표를 대조하면 올해 적산온도는 22.3도, 평균 온도는 0.6도의 낮음을 보여주고, 최고기온도 역시 4도 낮음을 보여줌. 강수량도 5밀리가 적으나, 흐린 날 수와 나란히 강수일수가 작년보다 많으며, 맑은 날은 전혀 없고, 또 이달에 한 번의 강설이 있었음. 요컨대 기온은 이달이 작년보다 낮으나, 강수와 기온은 작년보다 온화함으로, 농작물의 발아·생육 등이 대개 원만한 상황임.

8. 소원 동정 및 집무 상황

고원인 자이만 세이조[財滿精三]는 희망에 따라 이달 1일에 해고하였음. 구스노 슌조[楠野俊成] 사무관에게 회계 사무를 협의하기 위해 상경을 명하여, 16일에 출발하게 하였음. 촉탁 가메이 기쿠지로[龜井菊治郎]는 □월 □일부로 월 수당 110원을 받았음.

이달 6일에 본관은 당지를 출발하여 무산간도 방면을 순시하고, 12일에 두도구를 거쳐 돌아왔음. 이번과 지난번의 순시에서 각 지역의 도사장·사장 이하 한민에 대해 별지 제1호의 훈시를, 한인학교에 대해 별지 제2호의 훈회(訓誨)를 하고, 각각 다소의 보조금을 부여하였음. 각지 한민의 상태는 개략적으로 전항의 한민의 상황에 기재함과 같고, 충심으로 우리의 보호를 신뢰하여 자못 안도하는 상황이지만, 우리가 한민의 보호에 기대하는 바는 이처럼 소극적이지 않고, 더 나아가 적극적인 보호를 하지 않으면 안 되기 때문에, 돌아와서 소원에게 별지 제3호의 훈시를 하였음. 이때 더욱 노력하고 힘쓸 것을 요구하는 취지를 간절히 타일렀음.

9. 경찰사고

이달 처리한 경찰사고는 다음의 표와 같음.

메이지 42년(1909) 6월 중 경찰사고 간도헌병분대

구분	사항	건수	적요(摘要)
일본형법 위범	위탁받은 물건을 갖고 도망[拐帶] 및 사기로 재물 취득	1	피고 일본인 남자 1명, 회령경찰서에 교부.
한국형법 위범	간인부녀율(姦人婦女律)	1	피고 한인 남자 1명, 피해자 일본인 여자 1명, 함흥지방재판소에 송치.
설유	청국병영 앞에서 몰래 매음한 자	1	피고 일본인 여자 1명, 타이름.
	간사한 술수로 화복을 망언한 자	1	피고 한인 남자 3명, 설유 후 사술용 서적 10책을 태우게 함.
	유부녀를 간통한 자	1	피고 한인 남자 1명, 타이름.

간통을 매개한 자	1	피고 한인 남자 2명, 타이름.
부녀 유괴	2	2건 모두 원고·피고 한인 남자 각 1명, 1건은 피고에게 타이른 후 부인을 원고에게 인도하게하고, 1건은 피고 도주로 부재함으로 수색 중.
장물[剋留]	1	피고 한인 남자 1명, 타이른 후 장물품[剋留品]을 유실자에게 반환하게 함.
절도 및 장물[剋留]	1	피고 한인 남자 1명, 타이른 후 장품 및 장물품[剋留品]을 피해자에게 반환하게 함.
절도	5	1건은 피고 한인 남자 1명, 원고 한인 남자 5, 경미하므로 타이른 후 풀어줌. 1건은 피고 청국인 남자 1명, 청국 관헌에 인도. 1건은 원고·피고 모두 한인 남자 각 1명, 피고는 한국 내지에 도주했으므로 조회 중. 1건은 피고 한인 남자 1명, 장물을 소비하였으므로 배상하게 한 후 타이르고 풀어줌 1건은 피고 청국인 남자 2명, 원고 한인 남자 1명, 피고는 도주하여 소재불명이므로 수색 중.
채무관계	15	5건은 원고·피고 모두 한인 남자 각 1명, 피고에게 설유하여 채무를 이행하게 함. 3건은 원고·피고 모두 한인 남자 각 1명, 쌍방에게 타이르고 서로 분쟁을 해결하게 함[示談] 1건은 원고 한인 남자 3명, 피고 한인 남자 1명, 피고에게 타이르고 서로 분쟁을 해결하게 함[示談] 2건은 원고·피고 모두 한인 남자 각 1명, 피고에게 타이르고 서로 분쟁을 해결하게 함[示談]. 1건은 원고 한인 남자 1명, 피고 일본인 남자 1명, 피고에게 설유하여 채무를 이행하게 함. 1건은 원고·피고 모두 한인 남자 각 1명, 원고에게 청구가 부당하여 타이름. 1건은 원고·피고 모두 일본인 남자 각 1명, 피고에게 설유하여 채무를 이행하게 함. 1건은 원고 청국인 남자 2명, 피고 일본인 남자 1명, 피고에게 설유하여 채무를 이행하게 함.
싸움[毆鬪]	4	1건은 원고·피고 모두 한인 남자 각 1명, 피고에게 설유하여 손해를 배상하게 함. 1건은 원고·피고 모두 한인 남자 각 1명, 쌍방에게 타이름. 1건은 한인 남자 3명, 서로 구타한 사실을 인정하여 타이름. 1건은 한인 남자 1명, 일본인 남자 1명, 서로 구타한 사실을 인정하여 타이름.
손해배상요구	1	원고·피고 모두 한인 남자 각 1명, 원고의 요구가 부당함으로 타이름.

	가족의 부양을 하지 않은 자	1	원고 한인 남자 1명, 피고 한인 남자 1명, 피고에 설유하여 부양하게 함.
	가택에 침입하려던 자	1	피고 일본인 남자 1명, 타이른 후 보내줌.
	도박	1	피고 한인 남자 1명, 타이른 후 보내줌.
	청국 관리의 유주원서에 타인을 강제로 청해 연서하게 한 자	1	피고 한인 남자 5명, 타이름
	말싸움	6	2건은 당사자 한인 남자 2명, 쌍방에 타이른 후 화해하게 함. 1건은 당사자 한인 남자 3명, 쌍방에 타이른 후 화해하게 함. 1건은 원고·피고 모두 한인 남자 각 1명, 피고에 타이른 후 화해하게 함. 1건은 당사자 일본인 남자 1명, 청국인 남자 1명, 쌍방에 타이른 후 화해하게 함. 1건은 당사자 한인 남자 1명, 청국인 남자 1명, 쌍방에 타이른 후 화해하게 함.
청국 관헌에 교섭	토지소유권을 침해한 자	1	원고 한인 남자 1명, 피고 청국인 남자 1명, 교섭한 후 한인 소유로 확정함.
	부당징세를 한 자	2	2건 모두 원고 한인 남자 1명, 피고 청국세무국관리인데 산해세를 부당하게 징수하려 한 자.
	구타	1	피해자 한인 남자 2명, 청국 관헌이 멋대로 태형을 가한 자.
	싸움[毆鬪]	4	1건은 원고 한인 남자 1명, 피고 청국인 남자 2명, 피고를 청국 관헌에게 인도. 1건은 원고 한인 남자 1명, 피고 청국인 남자 2명, 피고를 청국 관헌에게 인도. 1건은 원고 한인 남자 1명, 피고 청국 관리 1명. 1건은 원고 한인 남자 1명, 피고 청국인 수 명.
	목재를 불법으로 몰수한 자	1	피해자 한인 남자 1명, 청국 관헌이 벌목금지의 제령 위반이라고 해서 몰수한 자.
	불법으로 징발한 자	1	청국순방대에서 한인으로부터 잡곡·땔감을 징수하고 상당한 대금을 지불하지 아니한 자.
	채무관계	1	원고 한인 남자 1명, 피고 청국 남자 1명, 피고를 청국 관헌이 인도함.
검시	변사	3	1건은 한인 여자 1명, 하수에 투신 익사한 자. 1건은 한인 남자 1명, 아편을 다량 복용하고 자살한 자. 1건은 한인 남자 1명, 중독하여 자살한 자, 이상 3건을 모두 간도분대에서 검시.

검증	출화	1	구송허사팔도구서곡촌(九松墟社八道溝西谷村) 한인의 가옥 1호 절반 타고 원인 실화, 팔도구분견소에서 검증.
	도난	1	피해자 일본인 남자 1명, 양목 6필을 절취하였는데 간도분대에서 검증.
보호	인명구조	1	한인 남자 1명, 강물에 빠져 익사하는 사람을 헌병이 발견하여 구조.
신고	도난신고	1	피해자 일본인 1명, 탁상시계 한 개를 절취한 자.
합계		63	

부의 속 1. 사장 등에게 훈유(訓諭)

[제1호 별지]

소장이 순회할 때 사장·촌장·두민 등에게 훈유한 개요

본관은 이번 간도 각지의 민정을 시찰하는 길에 올라 오늘 이곳에 도착하여, 사장·촌장을 비롯해 다수의 두민 등이 멀고 가까움에도 불구하고, 이처럼 와서 환영해주는 극진함에 충심으로 마음 깊이 감사함을 느끼고 있다.

한국 황제 폐하의 의탁에 따라 재작년 상부로부터 본관을 파견하여 간도에 거주하는 한민 보호의 중임을 맡아 이곳에 오게 되었다. 그 후로 진실로 한민의 안락과 근심 걱정에 대해서는 일의 크고 작음을 불문하고 한 마음으로 필요한 시설을 소홀히 않은 결과, 세월의 경과 함께 여러 일들이 그 줄기를 얻을 수 있었다. 이에 따라 너희들이 이전에 다른 나라 사람들에게 압박을 받아 부당한 화물세 등에 힘들었던 것들이 점차 그 폐단을 끊고 서서히 안녕의 경지에 이르는 일은 항상 각지로부터 보고를 접했지만, 특히 실지에서 현상을 자세히 직접 살펴보고자 하여 이번에 친히 순회한 것이다. 그런데 각지의 상황이 예상보다 훨씬 양호한 모습을 보여주어 일반 한민이 도처에 모두 발전하고 안도하는 기색이 있음을 보이니 진실로 유쾌한 마음이 없지 않다.

이 기회에 보호의 시설에 관해서 더욱 너희들에게 알려주어 위안을 삼게 하고 분연히 힘쓰게 하고자 하는바, 이는 다른 일에는 있지 않고 본관이 도로에 나온 한민의 생활 상태를 보아하니 이를 타국민에 비해서 더욱 많은 약자들이 있는 것이 가엽도다. 대장부가 이 세상에 살면서 그 희망이 하나 부족하나, 요컨대 누구든지 자기의 재산을 부유하게 하여 자손의 번영을 바라지 않는 자가 없을 것이라.

그리하여 너희들이 이 목적을 달성할 때에는 원래 유유자적하고 안일함을 탐하는 것을 용인하지 않고, 반드시 착실하고 성실하여 그 직업을 충실함을 요할 것이다. 이에 본관이 일본에서 귀임할 때, 각 사장 등의 노고에 보답하고자 하는 뜻으로 회중시계를 상으로 주려는 바이다. 본래 본관의 의중으로 말하면, 단순히 사장 등에 한정하지 않고 널리 촌장·두민 등에도 똑같이 주려고 하는 마음이었으나, 어찌하여도 유한한 숫자로 역시 일반 민중에게 나눠주기 어려운 사정이 있으므로 인해서 너희들의 대표자로 너희들 다수의 여망을 받는 사장에게 수여함으로써 본관이 너희들 일반의 안락과 근심 걱정에 늘 마음속에 품고 있는 뜻을 부족하나마 그대로 표시하고자 하는 것이다. 즉 하루가 몇 시간인데 이 시간은 한번 가면 다시 회복할 수 없기 때문에 마땅히 시간의 귀중한 일을 깨닫게 해서, 가령 한 시간, 반 시간의 작은 시간도 이를 유리하고 의미 있게 사용하여 항상 유유자적함을 경계하고, 근면함을 위주로 하여, 시시각각으로 재산의 넉넉함을 바라고 의복을 아름답게 하며, 가옥을 넓게 하여 자손 번영의 기초를 만들 일을 사장에게 주지케 하고자 함에 있으니, 너희들은 이를 해결할지어다.

또 이에 한마디 하고자 하는 것은 재산과 저축의 좋은 습관을 양성케 하고자 함이다. 저축이란 것은 항상 낭비를 삼가고 늘 생산액을 축적·증식함을 이르는 것이니, 지금까지 질서가 없던 경우에는 가옥의 확장·재산의 넉넉함이 도리어 다른 조급한 욕심과 억지로 빼앗으려는 원인이 된다. 사람들이 터럭만큼도 저축의 이익을 인정하지 않고 인습의 폐단으로 자포자기에 이르러, 거친 음식을 달게 먹고, 거친 의복에 편안함을 느껴 전혀 진취적인 활기가 없기에 이른 것은 실로 가련한 상태의 하나일 것이다. 그런데 지금 너희들의 생명과 재산을 보호하는 것은 우리 통감부파출소가 있어서 일본과 한국의 관리·헌병이 함께 노력하여 너희의 안녕과 행복을 증진하고자 노력하기 때문이니, 너희는 사소한 위구심을 품지 말고 평소에 마음을 편안히 하여 그 일을 부지런히 하고 쓸데없는 비용을 없애서 우리 파출소 관리의 좋은 예를 본받아 일반 저금의 분위기를 만들어서 장차 다행한 환경과 생애에 안락함을 기대할 수 있도다. 본관이 그 옷을 아름답게 하며 그 집을 확장하라는 것은 결코 사치의 악습을 권하는 것이 아니라, 오히려 인생의 당연한 희망을 정당히 달성하는 좋은 계획을 칭하지 않을 수 없다고 할 수 있도다. 그런 다음에 식산흥업하여 능히 그 몸을 부강하게 하고 그 자손을 번영하게 하여 그 문명세계에 서식하여 세운의 진보와 병행하여 감히 다른 것에 열등함을 느끼지 않고자 한다면, 반드시 지식이 있는 사람이 되지 않으면 안 될 것이다. 지식은 배워야 이를 지킬 수 있는지라, 연령이 이미 많은 무리는 지금에 다시 말해도 도움이 되지 않는다. 이들 무리는 때때로 필요한 훈계를 주는 것이 가하나 오히려 연소하여 앞길이 희망이 있는 청년 자제는 모두 배움에 서둘러 나아가 온고지식하여 각자 그 하늘에게 받은 기능을 발달하는 것에 힘써야 할 것이다. 본관은 이를 위하여 각지에 완전한 학교를 설비할 필요를 느낀 것이 절실하기 때문이다. 그러나 백 가지 폐단을 한꺼번에 행하기 어려움은 수없이 많은지라 지금 간도에 있는 모범적인 학교라고 하는 작년 용정촌에 한 학교를 세워 현재 새로운 교사를 건축 중에 있다.

그 외에 인생에서 가장 귀중한 생명을 구제하기 위해 기술이 우수한 군의(軍醫)를 초빙하여 무료로 약을 베풀어서 그 은혜를 입어 질병의 재앙에서 벗어나게 된 한민이 이미 무려 1만 여 명이 달하였도다. 또한 풍작에 제일 긴요한 것은 소인데 원래 간도지방에 우역이 누차 발생하여 그때마다 한민의 피해가 적지 않음을 불쌍히 여겨 지금 수의사를 고용 중인데 조만간 도착하여 그 치료를 개시하기에 이르렀도다.

또 용정촌에 농사시험장을 개설하고 어떤 곡식류던지 가장 간도의 땅에 적당하고 동일한 간도생 곡물 중에도 무엇이 가장 수확이 많은지, 결국 거주하는 한민을 이롭게 하는데 가장 좋은 곡식을 택해서 가령 같은 일경지(一耕地)의 면적이라도 종래 2~3석의 수확에 그치던 것을 늘려 십수 석의 수확이 되고, 가격으로 논하더라도 기왕 10원의 생산액을 불과하던 것을 능히 100원의 수입을 얻을 수 있게 하여, 현재 그 파종 등이 시험 중에 있다. 추후 시험의 성과에 효험에 따라 저들에게 그 양종을 나눠주고자 하는 것은 물론이다. 올해 가을에 거둘 간도농산물의 종류를 수집하여 소위 공진회(共進會) 때 각자 산출품을 품평하여 우등품에 대해서는 특히 상여금품을 하사할 계획이다.

이에 요컨대 이상 이미 말한 것과 같이 본관은 간도에 거주하는 한민을 보호하는 데에 위주로 하고 있는바, 그간 받아온 바의 압박 혹은 부당가세 등은 단연코 배제하겠다. 너희들을 고통의 지경에서 구원하여 안락한 경지로 지도하고 끌어주는 방법을 고심하여 배우고 알려주고 시행할 것을 기대할 것이니, 너희들은 각자 날로 신뢰와 안도를 하여 각자 자신의 업에 힘써서 더욱 안녕과 행복을 증진하게 기도할 수 있으며, 또한 수시로 필요한 시설은 당지에 근무하는 분견소장에게 훈령 · 지시하여 그 시기나 형편을 그치지 않게 할 것이다. 너희들이 만약 의심하는 바가 있으면 물어보고, 청원이 있거든 호소하게 하여 완전히 의심의 마음을 버리고 한 마음으로 우리 파출소의 시설에 의지하고 신뢰하게 함으로써 각자 정당한 행복을 꾀하리라. 오늘 친히 면회하는 기회를 이용하여 부족하나마 보호시설의 개요를 훈고한다.

부의 속 2. 학교 생도에게 훈유

제2호
소장 순회시, 학교 생도에게 한 훈유의 개요

본직은 이번 간도지방을 시찰하는 도중 오늘 당지에 도착하였다. 너희들 나이 어린 학교 생도에 이르기까지 모두 환영하는 것은 진실로 기특하도다. 본직은 이에 너희를 면회하는 기회를 이용해 너희의 장래의 주의를 위하여 한마디 하고자 한다. 대개 너희가 매일 학교에 등교하여 학업을 닦는 일에 골똘히 하는 것은 우선 자기의 몸을 수양하고 집을 바로 다스리고자 함에 있으니, 그 목적은 옳은지라. 그러나 능히 마음에 새겨 두어라. 헛되이 당치도 않은 말을 지껄이거나, 실속 없이 겉만 화려하게 가볍게 떠들썩하는 무리에 이르면, 세상과 자기 자신에게 전혀 이익이 없고, 백해가 있으며 특히 그 면학하는 바는 이를 실행하지 않으면, 어떠한 연구에도 효과가 없음이라. 학교의 교사는 누구든지 마땅히 행하고 마땅히 배워야 할 과목을 가르치기 때문에, 너희는 그 훈계를 받들어 가르쳐주는 것을 배우며 배운 다음에는 반드시 이를 실제로 몸소 이행함을 기대하지 않으면 안 된다. 비유컨대, 학교의 교사는 너희를 위하여 맛있는 요리를 너희에게 제공하는 자라. 너희는 마땅히 이를 씹어 그 맛을 얻어야 할 것이니, 가령 맛있는 향응을 마주하여도 너희가 감히 먹지 않으면 그 단맛을 어찌 얻겠느냐. 듣는 바의 문자 끝에 존재하지 않고, 읽는 바의 서적에도 존재하지 않으며, 반드시 이를 몸소 행함에 이르러야 비로소 수학의 이익이 있다는 것은 향응한 후에 그 좋은 맛을 아는 것과 흡사하니, 너희는 잠시라도 이를 잊어서는 안 될 것이다.

또 너희들은 매일 통학하는 학교 외에 별도로 하나의 학교 있음을 알고 있다. 이는 다른 곳에는 없는 일인데, 곧 너희 가정이 그것이다. 가정에는 자애로운 부모가 있고 형제가 있어서 부모 형제는 모두 너희의 선행과 어진 행위를 간절하고 도탑게 지도하고 있으니, 이 역시 너희에게 맛있는 요리를 제공하는 훌륭한 교사가 아니겠는가. 옛말에 이르기를 "제자(弟子)가 들어가서는 효(孝)하고, 나와서는 공손[弟]하라"라 하였으니 너희는 학교에서 배우고 또 가정의 수업을 게을리하지 말아야 한다.

이와 같이 내외로 모두 배움에 노력하여 감히 게으르지 않으면 마침내 수신제가의 목적을 달성하는 것은 물론이거니와, 이 개명의 세상에 있어서 당연히 안녕과 행복을 누릴 수 있는 것은 믿어 의심하지 않을 것이다.

본직은 항상 간도 한민의 자제를 위하여 완전한 학교를 설비하고자 하는 마음이 간절하지만, 일에는 순서가 있어서 도저히 각 지방의 일시적인 설립을 바라지 못하므로, 우선 모범적인 학교의 하나로 용정촌에 창설하여, 현재 그 새로운 학교 건물을 건축 중이다. 너희가 만약 완전한 학술을 배우고자 한다면 아직 용정학교에 와서 배우는 것도 무방할 것이다. 이에 본직은 평소 교육을 중요하게 여기는 속마음을 나타내기 위하여 사소하지만 약간의 금액을 이 학교에 기부하고자 하니, 만약 학교에 필수적인 비용에 충당해서 교육에 유익하면 특히 만족하겠다. 너희 생도를 위하여 한 조각 훈유를 내린다.

부의 속 3. 관하 소원에게 훈시

제3호

훈시

한인 보호의 임무는 그 제1기로부터 제2기에 들어섰고, 이에 대한 일반 방침에 대해 작년 두 번(8월 12일) 훈령한 바가 있다. 이를 개략적으로 말하면, 제1기에는 폭력의 압박, 가열한 주구를 면하게 하도록 노력하는 것을 위주로 하고, 제2기에는 보호의 주지를 한청 사람들 마음속에 투철하게 할 뿐만 아니라, 교육·위생의 관념도 함양하게 할 것을 계획하고, 또 도사장·사장·촌장 등 보호에 관한 지방 기관의 조직을 완전하게 하는 일을 기대하는 것이다. 이번에 친히 각지를 순시함에 대강 예상한 성과를 얻은 것은 크게 만족하는 바이다. 이 모두 필경 여러 관리들이 소정의 방침을 확실히 지켜서 존경하는 마음으로 몸을 굽히고 힘써 노력하여 지극한 정성으로 받들어 참고 견뎌 그 직무에 종사한 결과에 있는 바이라. 그러나 각지에 있는 보호의 효과와 은혜 및 은위가 침투한 정도가 한결같지 못하고, 기타 일반도 더욱 우리의 시설이 진력할 여지의 광대함을 인식할지라. 본관은 작년 8월 훈시에 항상 위엄을 지키고 기선을 제압하여 다른 협박을 개의치 아니할 일과 또 같은 해 말에 분견소장 회의 때에 보호자의 이익을 증진하고 번거로움과 수고로움을 싫어하지 않아서 간절히 지도하는 실제가 있었음에 주의하라 하였다. 따라서 장래에 대해서는 종래의 보호수단을 더욱 엄밀히 추진해 행함과 동시에, 더 나아가 경제적 관점에 대해서도 지도와 도움을 요하는 일의 간절함을 깨달은 것이라.

대체로 그곳에서 한인 보호의 임무를 완성함에는 반드시 청국 관민의 상태를 두루 살필 일이 간절하도다. 이에 본관이 앞서서 특히 훈시한 기선을 제압한다는 뜻에서 가장 밀접한 관계를 가진다. 기왕의 상태를 비추어 보면 우리 관헌은 확실히 청국 관헌의 기선을 제압하여 그들은 다만 우리의 행위를 모방함에 불과한 점이라. 그러나 한인에게는 크게 그 상태를 달리하여 도리어 청국인의 기선을 제압치 못하고, 인습이 오래되고 또 부득이함에 따라서 거주 생활의 정도, 농·공·상업 기타 운수·교통의 사업에 이르기까지 하나라도 청국인을 능가할 자가 있음을 보지 못함은 가장 근심스러운 부분이다. 다행히 우리의 보호가 해를 거듭하여 그 효과가 점차 흡족하여 내왕자 또한 그 수가 증가하나, 그 생활 상태를 개선하여 그 상품 제조 능력을 발달하게 하지 못하면, 도저히 청국인과 길항하여 얻을 지위에 도달하기 어려운지라. 그런고로 본관은 전에 학교를 세우고, 농사시험장을 설치하고, 또 지방을 순시할 때 도사장 이하 인민의 두목되는 자에게 보호의 실제를 적절하게 설명하며, 간절히 타이른 적이 있음은 여러 관리들이 알고 있을 뿐만 아니라, 소위 기선을 제압하는 계획의 차질이 없음을 기대하노라.

그러나 이를 실지에 적응하여 그 성과를 얻는 데에는 여러 관리의 힘을 다하여 부지런하게 노력하지 않으면 이루지 못할 것이다. 특히 지방 일반에게 보급하기 위해서는 주로 각 분견소에 근무하는 자들의 진력에 도움을 받지 않으면 안 된다. 따라서 직접 극연(劇衍)[36]하여 실시하는 책임이 있는 자는 부지런히 인민과 접촉하는 기회를 중히 여겨 시기를 보고 상회 혹은 농회를 조직하고, 또는 도서물품을 지시하여 우선 지식의 계발을 꾀

36 '극연(劇衍)'은 '부연(敷衍)'의 오자로 보인다.

하고, 부지런히 노력하고 분발의 기운을 양성할 일을 기대하지 않을 수 없다. 기타 종래의 보호수단을 더욱 엄밀히 추진함에는 가능한 한 지방순회의 수를 늘리는 일이 간절하도다.

대체로 각지의 상태는 각 소관 주임의 보고에 따라 혹은 특히 관리를 파견하여 두루 살펴서 상황에 따라 적절한 계획을 실시함은 원래 누락이 없기를 기대하는 바이지만, 어떠하든지 인민의 이익과 행복에 관해서 여러 관리의 의견이 있거든 이에 대해 말할 것을 주저하지 않기를 바라노라.

이에 요컨대, 재작년 부임 도중 화호리구령(火狐狸溝嶺)에서 동행하던 여러 관리에게 현지를 지시하여 강화(講話)·훈시(訓示)한 여러 사항은 지금 착착 현실화되고 있다. 청진이 개항한 다음에 자유무역항으로 삼고, 청진-쓰루가[敦賀] 항로도 가까운 시일 내에 개시하고자 한다. 즉 해당 방면의 분위기는 지지부진한 것과 같으나 실은 빠른 속도로 발전하고 있으니 부족하나마 자위하노라.

제군은 각각 힘쓸지어다. 이에 이번 지방순시에서 도사장 이하 훈시한 중요 사항의 필기를 덧붙여 훈시하노라.

메이지 42년(1909) 6월 21일

통감부 임시간도파출소장 사이토 스에지로

54. 간도파출소 폐지의 건

- **원문제목** 間島派出所廢止의件(往復案2册)
- **날짜** 융희 3년(1909) 10월 27일
- **발신** 통감부 총무장관 사무취급 참서관(統監府總務長官事務取扱參與官) 이시즈카 에이조[石塚英藏]
- **수신** 내각총리대신(內閣總理大臣) 이완용(李完用)

통발 제6668호

당부 간도파출소는 오는 11월 1일로 폐지하는 일로 내정하였으므로 이에 통보합니다.

메이지 42년(1909) 10월 27일
임시통감부 총무장관 사무취급 통감부참서관 이시즈카 에이조
태자소사 내각총리대신 이완용 각하

55. 간도 소속 협약의 제출 및 재류민 보호의 일본영사관 관할 통보와 동 협약 주지의 관보 고시 요청

- **원문제목** 間島所屬協約의呈覽및在留民保護의日領事管掌通報와同協約主旨의官報告示要請(往復案2册)
- **날짜** 융희 3년(1909) 11월 1일
- **발신** 통감부 통감 소네 아라스케[曾禰荒助]
- **수신** 내각총리대신(內閣總理大臣) 이완용(李完用)

통발 제677호

도문강 북쪽 일대의 간척지, 소위 간도라 칭하는 지역은 종래 한국·청국 두 국가의 소속이 아니었으므로, 제국 정부는 지난해에 통감부 간도파출소를 설치하고 오직 그 지방에 재류하는 한국민의 보호를 담당하게 하였는데, 제국 정부는 그 지역 소속을 속히 결정할 필요가 있다고 판단하고, 이후 청국 정부와 교섭 협의한 결과, 올해 9월 4일로 별지에 등사한 것과 같이 그 지역에 관한 협약을 마치고, 그 결과로 이달 1일로 통감부 간도파출소를 폐지하고, 같은 달 2일부터 재간도제국총영사관 및 동 분관을 개설하여 재류한민의 보호 관리를 담당하기로 정하였으므로 조량하시기 위하여 이에 조회합니다.

추신: 본문의 뜻을 귀국 관보에 일반 고시 방법으로 서둘러 처리하실 것을 요합니다.

메이지 42년(1909) 11월 1일
통감 자작 소네 아라스케
태자소사 내각총리대신 이완용 각하

56. 상건회답

- **원문제목** 上件回答(往復案2册)
- **날짜** 융희 3년(1909) 11월 9일
- **발신** 내각총리대신(內閣總理大臣) 이완용(李完用)
- **수신** 통감부 통감 소네 아라스케[曾禰荒助]

조복(照覆) 제428호[37]

도문강(圖們江) 북쪽 일대의 간척지 간도를 귀국정부에서 청국 정부와 교섭·협의한 결과, 그곳에 관한 협약을 체결하고 재간도 귀국 총영사관과 분관을 개설하여 재류하는 한국민을 보호·관리를 맡긴 일로 제6774호 귀 조회를 열람한바, 이를 비준하여 그 조약문을 관보에 이미 고시하였습니다. 이에 조복하오니 조량하시기 바랍니다.

융희 3년(1909) 11월 9일
태자소사 내각총리대신 이완용
통감 자작 소네 아라스케 각하

---

37 이 제428호 회답문의 기안과 결재서식이 다음과 같이 원문 위에 기록되어 있다.
융희 3년 11월 9일 기안 통감 서과장(書課長)㊞
문서과장(文書課長)㊞ 외사국장(外事局長)㊞ 과장(課長)㊞ 과원(課員)㊞㊞
총리대신(總理大臣)㊞ 서기관장(書記官長)㊞
위 개안(開案)을 처리하심을 바랍니다.

[원문]

統別原案

통별원안

1. 間島地方越境開墾韓民의 國籍問題로 韓淸兩國間交涉事實의 有無問議(原案1冊)

隆熙元年(西紀1907年 10月2日)
[發] 統監代理軍司令官 長谷川好道
[受] 內閣總理大臣 李完用

以書翰致啓上候, 陳者, 間島問題ニ關シ, 淸國政府ハ光緖元年韓民境ヲ踰ヘテ開墾シタルニ依リ, 時ノ吉林將軍ハ之ヲ敦化縣ノ管轄ニ歸セシメ候處, 貴國王殿下ハ其ノ臣民カ和龍峪地方ニ至リ開墾スルノ故ヲ以テ, 直ニ之ヲ淸國籍ニ列セラルルヲ不便トシ, 貴國ニ送還スル樣懇請セラレタル事實アル旨ヲ述ヘ, 此レ貴國カ和龍峪一帶ヲ淸國領ト認メタルノ證據ナリト主張致候ニ付, 果シテ右ノ事實アリタルヤ否, 外務大臣ヨリ取調方照會有之候, 就テハ至急右事實ノ有無竝ニ當時ノ情況詳細御回報相煩度, 此段照會得貴意候, 敬具.

明治四十年十月二日
統監代理韓國駐劄軍司令官子爵 長谷川好道
內閣總理大臣 李完用 閣下

2. 統監府間島派出所管內一般狀況報告事項의 通報(原案1册)

隆熙元年 (西紀1907年 11月18日)
[發] 統監府統監 伊藤博文
[受] 內閣總理大臣 李完用

在間島當府派出所長齋藤季治郎ヨリ, 同地方一般ノ狀況ニ關シ, 別紙ノ通報告有之候ニ付, 爲御參考寫及御送付候也.

明治四十年十一月十八日
統監公爵 伊藤博文
內閣總理大臣 李完用 閣下

附. 間島派出所管內一般狀況旬報

- 隆熙元年 (西紀1907年 11月5日)
- [發] 統監府間島派出所長 齋藤季治郎
- [受] 統監府統監 伊藤博文

統派旬第八號

旬報 自十月二十一日 至同三十一日
明治四十年十一月五日
統監府派出所長 齋藤季治郎
統監公爵 伊藤博文 殿

一, 地方一般ノ狀況

本旬間, 地方一般ニ平穩ニシテ, 農家ハ穀類ノ打穗, 副食物ノ貯藏等, 專ラ冬籠リノ準備ニ汲汲タリ, 氣候ハ適順ニシテ本旬間氣溫最低攝氏氷點下六度, 最高十五度五分, 之ヲ例年ニ比スルニ尤モ溫暖ノ方ナリト云フ, 韓國民ハ我派出所ニ對シ信賴日ニ厚キヲ加フルノ景況ナリ, 一般ノ唱フル處ニ據レハ, 例年ハ清國官民ヨリ諸種ノ苛稅, 不法ノ徵金·徵發等ニ誅求セラレ, 非常ニ苦痛ヲ感シタルモ, 本年ハ日本官衙ノ設置ニヨリ, 淸國官民ニ於テ韓人ニ對スル態度ヲ一變シタル結果, 其稅種·稅額モ尠ナク, 又タ物資ノ徵發ニハ多少ノ代價ノ支拂ヲ受クルヲ得ル等, 大ニ恩澤ヲ受クルニ至リタリト, 而シテ韓國民ハ此際更ニ一步ヲ進メテ清國官憲ニ全ク納稅セズ, 亦タ徵發ニモ應セザラシムル如ク積極的ニ我保護ヲ得ンコトヲ翹望シ居ルコト一般ノ狀態ナルカ如シ, 尙我派出所設置ノ趣旨漸次遠キニ徹底スルニ從ヒ, 韓人中ニハ遠隔ノ地ナルニモ拘ハラス之ヲ遠シトセスシテ來リ告訴ヲ提起スルモノアリ, 本旬ニ於テ, 一ハ, 原被告共琿春居住ノモノニシテ, 毆打創傷ノ訴ヲ爲シ來レリ, 然レトモ該地方ハ我管轄外ノ故ヲ以テ, 旨ヲ諭シテ歸家セシメタリ, 二ハ, 原告ハ咸鏡北道明川郡ノモノニシテ, 被告ノ一名及ヒ犯罪ノ地ハ露領ニアルモ, 共犯嫌疑者ノ一名間島鏵田社ニ現住スルノ故ヲ以テ告訴シ來リシ强盜殺人被告事件アリ, 取調ノ結果, 證憑不充分ナルヲ以テ, 共犯嫌疑者ハ之ヲ放還シタルモ, 韓民カ我官憲ニ信賴スル日ニ倍倍厚ク, 且遠キニ及ベルヲ認ムルヲ得.

二, 清國官民ノ韓國民ニ對スル不法暴壓ノ行爲

淸國官民ノ韓國民ニ對シテハ, 我官憲ヲ憚リ, 從來ヨリハ著シク緩和ノ狀態ヲ以テ遇シ居ルカ如キモ, 感情未タ融和セス, 往往之ヲ輕侮脅迫シ不法ノ行爲ヲ加フルコトアリ, 又タ本旬ハ清國官憲ニ於テ穀類輸出ノ脫稅者ヲ檢擧スルタメ, 各處主要ノ道路上ニ棍棒ヲ携帶スル徵稅吏ヲ出シ置キタルニ, 韓民中容易ニ納稅セサルモノアリテ爭議ヲ生シ, 韓民ヨリ我保護ヲ求メ來リシモノアリシモ, 如此ハ凡テ從前ノ慣習ニ據ルヘキ旨說諭シ置ケリ, 本旬間主ナル不法暴壓ノ事故一二ヲ擧グレバ左ノ如シ.

(イ)十月二十二日鍾城間島下泉坪ニ於テ, 同地ノ光霽峪兵營淸兵隊長門振中ハ兵卒十二名ヲ率ヒ來リ自ラ指揮ヲ爲シ, 家每ニ兵ヲ出張セシメ人民ヲ强制シテ薪柴·粟稗·高粱稗ヲ徵發セントシタリ, 韓民ハ例年ノ通リ無償徵發ナラント信シ, 容易ニ之ヲ應セサリシ處, 淸兵ハ怒リテ韓民一名ヲ毆打セリ, 而シテ村民中此ノ如キ徵發ヲ免カレンガ爲メ, 僞リテ同地ニ駐在セル我監察課出張所員(韓國官吏)ヨリ淸兵ノ徵發ニ應スベカラズト命ゼラレタリト言ヒ觸ラシタルモノアリテ, 淸兵ハ同出張所ニ對シ尠ナカラズ惡感ヲ懷キ, 同日遂ニ淸兵二名ハ土足ニテ同出張所ニ侵入シ, 且ツ出張所ノ門札ヲ取外ツシテ地上ニ投棄シ, 天ニ向ヒ一回ノ發銃ヲ爲シ立チ去レリ, 其後數回來リタルモ, 我憲兵ノ保護シ在ルヲ見テ直チニ立去レリ, 左ノ報告ニ接

シ, 本職ハ直チニ楠野事務官ヲ局子街ニ派遣シ, 當日同地ニ到著シタル督辦吉林邊務全省各軍翼長陳昭常ニ面會シ, 其部下ヲ嚴重ニ取締ルヘキコト及ヒ之ニ對スル清國官憲ノ意見ヲ確メシメタルニ, 陳ハ部下陸軍協都統吳祿貞ト共ニ面會シ, 當地方ノ清兵ハ從來軍紀ナク, 且非常ナル廉價ヲ以テ物品ヲ購入スルノ惡慣習アリ, 故ニ今後ハ總テ時價ニヨリ購入スヘク命令ヲ發スル考ナリトテ, 會談中吉强軍統領胡殿甲ヲ呼ヒ來ラシメ, 直ニ之ヲ命令セリ, 而シテ本件ニ付テハ置チニ參謀官ヲ鍾城間島ニ派遣シ調査シタル上事實アリタルトキハ右門振中ヲ免職シ, 其他ヲモ處罰ノ上, 其旨回答スベシト明言セリ, 然ルニ隊長門振中ハ翌二十三日, 金七圓九十七錢五厘ヲ前日徵發シタル燃料ノ代價トシテ村民總代ニ支拂ヒタリ, 村民ハ例年ノ通リ無償若クハ年末ニ時價一割位ノ支拂ヲ受クヘシト豫期シ居タルニ, 今回ハ翌日直チニ時價約二割ノ支拂ヲ受ケタルヲ以テ案外ノ思ヲ爲シ, 畢竟日本官憲ノ賜ナリト大ニ感謝シ居レリト云フ.

(ロ)十月廿五日鍾城間島海面社茂仕洞住食鹽販賣業韓人姜相益外一名ハ, 食鹽ヲ韓馬八頭ニ積載シ局子街ニ於テ玄米八駄ト交換シ歸家ノ途中, 東盛湧街道上海蘭河ノ左岸ニ於テ清國ノ徵稅吏ニ擁セラレ, 姜ハ納稅ヲ拒ミタルタメ東盛湧街稅務署ニ引致セラレタリ, 其後徵稅吏ハ姜ニ向ヒ, 普通ノ稅率ニヨレバ米一駄ニ付韓貨百文(日貨約十六錢五厘)ヲ徵收スベキ筈ナルモ, 汝ハ脫稅シタル爲メ一駄ニ付キ韓貨六兩ヲ納付スヘシト言渡シ, 姜ハ減稅ヲ乞ヒタルニ, 徵稅吏ハ然ラハ總計三十兩ヲ納付スヘシト云ヒ, 姜ハ更ニ減稅ヲ乞ヒタルニ終ニ二十四兩迄疑稅シ, 姜ハ端錢ノ都合ニヨリ二十四兩四錢ヲ納付シ納稅ノ證ヲ受ケ歸家シタリ.

三, 清國官民ノ我ニ對スル態度

清國官吏ノ我ニ對スル交際ノ狀況ハ依然親和的ニ相來往セリ, 即チ十月廿五日新任知府陶彬ハ, 舊知府阮忠植ト共ニ挨拶ノ爲メ來訪アリタルニ付キ, 本職ハ阮忠植見送リノタメ同廿六日局子街ニ赴キ, 序ヲ以テ十月二十四日著任セル督辦吉林邊務全省各軍翼長陳昭常及協都統吳祿貞ヲ訪問シタルニ, 能ク親好ノ意ヲ表シ, 其雜談中, 彼等ハ將來交涉事件ハ互ニ公平ニ調査シ圓滿ニ解決シ度, 若シ人民ヲシテ騷擾セシムルカ如キコトアルハ御互ノ不名譽ナル旨ヲ述ヘタリ, 右ハ素ヨリ本官ノ希望スル處ナレバ, 貴官ニ於テモ充分ニ貴國兵民ノ韓人ニ對スル暴行淩虐ヲ取締ラレ度旨ヲ答ヘ快ク辭去セリ, 尙二三ノ處置ヲ見ルニ, 之ヲ從來ニ此スレバ多少文明的ノ處置ヲ取リ居ルモノノ如シ, 例ヘハ清兵ノ暴行事件ニ就キ, 我警告ニヨリ直チニ將校ヲ派シテ其ノ事實ノ調査ヲ爲サシムルカ如キ, 或ハ從來清兵ハ殆ント無償ニテ人民ヨリ物資ヲ徵發シ居リタルモ, 之ヲ禁止シ相當ノ代價ニテ之ヲ購入スヘシト命令シタルカ如キ適例ナリ, 然レトモ此文明的態度ガ下級者迄能ク此趣旨ヲ貫徹シ得ヘキヤ否ヤハ, 目下ノ處テハ未タ遙カニ期シ難キ狀態ニアリ, 清國民ハ陳昭常一行ノ到來ニ對シ態度概シ冷靜ニシテ, 一般民心著シキ變態ヲ認メスト雖モ, 當地清國民ノ意思ヲ强クシタルコト及ヒ, 邊陬ノ地ニ於ケル清韓人ヲシテ戰爭ノ有無ヲ杞憂セシメタル等, 多少ノ影響ナキニアラズ, 要スルニ陳ノ到來日尙淺ク未ダ何等ノ見ルベキ行動ナキト, 其引率兵ガ當地附近ノ風說ノ如ク多數ナラズ, 將校二十一名, 下士以下三百七十六名ニシテ, 併カモ此全數ハ十月十八日以來廿四日迄ニ數次ニ來着セシタメ, 自然他ノ人目ヲ率クコト少ナカリシ等ハ, 目下ノ處, 別ニ清韓人ニ深キ反影ヲ與ヘザルモ, 今後ノ行動及後續兵ノ有無等ハ大ニ民心ニ關係スル處アル可シ.

四, 當龍井村ノ繁盛

當龍井村竝ニ附近ニテハ, 清國官憲ニ於テ徵稅セズ, 且居住ノ安全ナルト將來發展ノ豫想ヨリシテ, 遠近ノ韓人中當地ニ家屋ヲ新築シ移住シ來ル者日ニ增加ノ實況ナリ, 現ニ本年八月當派出所開設ノ當時ニ於テハ, 韓人家屋九十八戶ノ處, 目下百五十五戶外ニ日本人所有ノ家屋八戶ニ達シ, 來春ニ至レハ一層移住者ノ增加ヲ見ルハ必然ノ景況ナリ.

五, 調査事務ノ進行

前旬來茂山·會寧間島及黑山嶺山脈地質調査中ナリシ小川技師一行ハ十月二十二日一旦歸來シ, 又同方面ノ農業調査ナリシ八田農學士ノ一行モ同二十三日一旦歸來シ, 更ニ小川技師ノ一行ハ三道頭附近ノ轉心湖炭坑調査ノ爲メ十月二十八日當地ヲ出發シ調査ヲナシタル上, 三十一日歸來シ, 八田農學士ノ一行ハ, 二十六日ヨリ三十一日迄鍾城間島方面ノ農業調査ヲ爲シタリ, 其他此迄ニ蒐集シタル鑛物ノ分析, 併ニ間島內ノ平面地圖製作ニ著手シタリ.

六, 地方一般ノ衛生

前旬ニ於テ韓人一名ノ腸窒扶斯患者ヲ發生シタルニ付キ, 其後一層衛生上ニ顧慮シ淸潔法ヲ勵行セシメタルモ, 遂ニ本旬ニ於テ當龍井村ニ三名ノ該病患者ト一名ノ同病擬似患者ヲ發生シ目下治療中ニ屬ス, 未ダ日本人ニテ之ニ罹リタルモノナク, 且甚シキ傳播力ヲ認メサルモ, 此際周到ナル衛生·防疫ノ方法ヲ定ムルコトヲ要シ, 派出所員及憲兵將校竝ニ軍醫等ヲ以テ衛生委員ヲ組織シ, 充分ナル豫防設備ヲ爲サシメツヽアリ.

右報告候也.

3. 舊時韓淸兩國間往復外交文書中의 國境問題에 關한 部分의 調査回報依賴 (原案1冊)

隆熙元年 (西紀1907年 11月20日)
[發] 統監府總務長官 鶴原定吉
[受] 內閣總理大臣 李完用

貴國宮內府承文院ニ保存シアル同院啓下咨文册, 即チ舊時韓淸兩國間ニ往復セル外交文書中, 國境問題ニ關スルモノハ, 今回間島問題ニ關シ精細取調ノ必要アル旨, 帝國外務省ヨリ申越ノ次第有之候ニ付テハ, 至急御調査ノ上, 現存文書ノ目錄御調製御送付相成度, 此段及照會候也.

明治四十年十一月二十日
統監府總務長官 鶴原定吉
內閣總理大臣 李完用 閣下

4. 間島派出所管內一般狀況 및 韓淸人間紛爭問題報告事項의 通報(原案1册)

隆熙元年 (西紀1907年 11月28日)
[發] 統監府統監 伊藤博文
[受] 內閣總理大臣 李完用

間島地方一般ノ狀況ニ關シ, 齋藤派出所長ヨリ別紙ノ通報告有之候ニ付, 爲御參考寫及御送付候也.

明治四十年十一月二十八日
統監公爵 伊藤博文
內閣總理大臣 李完用 閣下

附1. 間島派出所管內一般狀況旬報

- 隆熙元年 (西紀1907年 11月13日)
- [發] 統監府間島派出所長 齋藤季治郎
- [受] 統監府統監 伊藤博文

統派旬第九號

旬報 自十一月一日至同十日
明治四十年十一月十三日
統監府派出所長 齋藤季治郎
統監公爵 伊藤博文 殿

一, 地方一般ノ狀況

當龍井村ヲ距ル西方約半里ナル粉房村ニ於テ淸國人殺害事件アリ, 其原因及ヒ加害者ハ未タ判明セサルモ, 被害者ハ韓人部落內ニ於ケル獨棲者ナルヲ以テ韓人中ニモ多少ノ嫌疑者アリ, 淸國官憲ニ於テハ官吏ヲ派シ其嫌疑者ヲ搜査スル等, 同村及附近淸韓人ハ一時尠カラザル危懼心ヲ惹起シタリ, 韓國人ハ益々我ヲ信頼シ, 我派出所ノ設置ニヨリ生命財産ノ安全ヲ得タルコトヲ大ニ喜ヒ居レルコト一般ノ態狀ナリ, 即チ粉房村ニ於ケル清人殺害事件ノ如キモ, 若シ之ヲ派出所設置以前ノ出來事ナリトセハ, 附近韓民ハ嫌疑者トシテ清國官憲ニ逮捕拘禁セラレ, 且ツ拷責ヲ受ケ少クモ多少ノ贖罪金ヲ要求セラルヘキモ, 今回ハ事實取調ノタメ村民六名清國官憲ニ承諾同行ヲ求メラレ, 一應取調ヲ受ケタル后歸宅ヲ許サレタルハ全ク異例ノ事ニ屬シ, 畢竟我派出所ヲ憚リタルニ外ナラズトシテ, 派出所設置ノ爲メ有形無形ノ恩澤ヲ亨クルコト多大ナリトハ, 同村及附近韓民ノ一般ニ稱道スル處ナリ, 尙ホ本旬間屢屢山間僻遠ノ地ニ戸口調査竝ニ民情視察ノタメ憲兵ヲ派遣シタルニ, 韓民ハ何レモ派出所設置ノ趣旨ヲ解シ居リ, 誠意憲兵ヲ好遇スルノ實況ナリ.

二, 淸國官民ノ韓國民ニ對スル不法暴壓ノ行爲

淸國官民ノ韓國民ニ對シテハ漸次從來ノ態度ヲ異ニシ, 表面緩和ニ趨クノ傾向ナリ, 例ヘハ本旬間龍知社小楡田洞ニ於テ, 淸國人井樹德ナルモノ, 例年ノ慣例ナリト稱シ, 淸國官憲ニ納入セントテ, 薪及其運搬ニ要スル牛車ヲ徵發セントシ各戸ニ割當テタルニ, 韓人ハ之ニ應セザリシニ, 井樹德ハ僅ニ一村民ヲ脅威シタルノミニテ同洞ヲ立去レリ, 又夕和龍社英洞ニ於テハ淸國徵稅吏三名來リ, 土地約一把晌(我約一千坪)幷ニ家屋一戸ニ付, 韓錢二百文(日貨三十三錢五厘餘)ヲ納付スヘシト觸レ廻リタルモ, 韓人ハ之ニ應セサリシニ, 徵稅吏ハ何等横暴ヲ加フルコトナク立チ去リタリト云フ, 淸國人及徵稅吏ニシテ, 韓人ニ對シ以上ノ如キ溫和ナル態度ニ出テタルハ稀ニ見ル處ナリト, 然レトモ一般右ノ如キ狀態ナル能ハス, 往往韓人ニ對シ不法ノ行爲ヲ加ヘ地方ノ安寧ヲ害スルコト尠シトセス, 本月八日付統派秘第七號[見附2以下]ヲ以テ特報シタル淸國兵ノ服裝ヲ爲シタル地方團練勇(護鄕兵ノ如キモノ)ガ, 韓人金有日等ニ加ヘタル不法逮捕毆打竝ニ竊盜等ノ如キ其一例ナリ.

三, 淸國官民ノ我ニ對スル態度

淸國官吏ノ我ニ對スル交際ノ狀況ハ依然親和的ニ相來往セリ, 十一月三日天長節祝賀ニ際シ, 陳昭常以下五品以上ノ高等官十名, 我招待ニ應シ來リテ祝盃ヲ擧ケ歡ヲ盡シテ辭去シタリ, 從來陳昭常竝ニ其淸國兵ノ來著ニ付種種憶說風評シタル淸韓人ハ, 此ノ如キ親密ナル來往ノ狀況ヲ目擊或ハ傳聞シ, 日淸兩國間ノ關係ニ付懷キ居リタル不安ノ念ヲ一層驅除シタルモノノ如シ, 督辦陳昭常ハ本旬末ニ於テ當地ニ派弁處ヲ設置シ, 部下交涉課長

曾紀壽ヲ駐在セシメ, 之ニ通譯及清兵十一名ヲ付屬セリ, 尙ホ東盛湧街樞楡溝·大拉子ニ派弁處ヲ設置セリト云フ, 盖シ從來粗慢ナル行政ヲ綿密ナラシメ, 當派出所ガ韓民ノ保護スルニ對抗シテ韓民懷柔策ヲ採ルモノト察セラル, 追テ派弁處設置ノ爲メニ出シタル告示文ハ特報スヘシ, 淸國官民ト日本商人トノ關係ニ付テハ從來何等事實ナカリシ處, 本旬中在局子街賣藥商田邊啓藏ナルモノ其居宅ニ於テ新來ノ淸國兵四名ト爭鬪シ, 啓藏ハ微傷ヲ負ヒ尙所有ノ釜外四點ノ家具(此損害金九圓六十八錢)ヲ毁損セラレタリ, 其原因ハ最初淸兵ハ啓藏方ニ入リ來リ, 同人妻竝ニ同居ノ本邦婦人二名ヲモツテ賣淫婦ト誤認シ, 該婦人等ヨリ退去ヲ求メラルルモ容易ニ退去ヲ肯ゼザリシ折柄, 外出中ノ啓藏歸宅シ此狀況ヲ見, 穩カニ退去ヲ促シタルモ淸兵ハ之ニ應セサリシノミナラズ, 其一名ハ反ツテ啓藏ノ居室ニ入リ來リタルヲ以テ, 同人ハ大ニ立腹シ之ヲ追拂ハンタメ手テ以テ淸兵ヲ毆打シタルニ, 淸兵ハ棍棒ヲ以テ之ニ手向ヒ, 他ノ淸兵三名モ之ニ助勢シ徒手又ハ棍棒ヲ以テ啓藏ニ打懸リ, 同人モ有合セノ棒ヲ以テ之ニ對抗シ若干分時鬪爭シタルニ, 淸兵ハ遂ニ同室內ニ在リタル器物ヲ手當リ次第投棄シタル儘, 同家ヨリ逃去リタリ, 本件ニ付テハ在局子街憲兵大尉神田長平ヲシテ, 直接ニ協都統吳祿貞ニ面會シ事實ヲ告ケ將來ノ取締ヲ求メ, 且器物ノ損害ニ對シテハ相當ノ賠償セシメラレタキ旨申込シ置ケリ.

四, 天長節ノ祝賀竝ニ開廳式ノ擧行

十一月三日天長節祝賀ヲ兼ネ, 併セテ建築中ノ「バラツク」的假事務所落成ニ付キ開廳式ヲ擧行セリ, 爲メニ鏡城·城津·會寧地方ヨリ招待シタル日本官民十四名竝ニ, 當地方ノ都社長·社長·村長名望アル韓民等約壹百名餘及ヒ, 陳督辦以下知府統領等十名來會シ, 此地方ニ於ケル未曾有ノ盛況ヲ以テ此祝典ヲ了レリ.

五, 居留日本商人ノ狀況

居留日本商人ハ本旬ニ至リ頓ニ增加セリ, 當地ノ景氣ヲ當テ込ミ遠ク安東縣地方ヨリ入リ來リシモノ十數名アリ, 尙當地ノ景況ニヨリ更ニ多數入リ込ムベシト云フ, 居留本邦商人ハ旬末ニ男女合計壹百名(龍井村六五, 局子街二二, 天寶山一一, 東盛湧二, 計一〇〇)ニ增加シ, 一般ニ斯業ニ勉勵シ日本人タルノ體面ヲ保チ, 中ニハ前科者ノ如キモノアルモ, 概ネ謹愼ニシテ不正ノ行爲ヲ以テ我施設ニ有害ナル行動ヲ爲ス如キモノナシ.

右報告候也.

附2. 韓淸人間紛爭事件에對한特報

- 隆熙元年 (西紀1907年 11月7日)
- [發] 間島派出所長 齋藤季治郎
- [受] 統監府統監 伊藤博文

統派秘第七號

特報

從來淸國官憲トノ交涉ニ關スル件ハ旬報ニ揭載シタリシガ, 以後ハ總テ特報ヲ以テ報告スルコトニ致シ候ニ付, 此段申添候也.

明治四十年十一月七日

統監府派出所長 齋藤季治郎

統監公爵 伊藤博文 殿

一, 去ル十月二十三日韓國前皇帝繼天紀元節ナリシトテ, 東盛湧街ノ韓人韓在信(一進會支部長)ハ今日韓國太極旗ヲ自宅ニ掲揚シタルニ, 淸國兵來リテ之ヲ奪取シ去リタル旨訴ヘ出テタルニ付, 同月廿九日局子街憲兵分遣所內ニ派遣シ置ケル山崎通譯生ニ別紙第一號ノ如ク訓令シ, 口頭ヲ以テ陶知府ニ照會セシメタリ.

二, 曩ニ淸國兵暴行ノ件ニ付, 前知府阮忠植ニ照會シ置キタル件ニ關シ(十月二十三日付旬報ニテ報告濟)新知府陶彬ヨリ別紙第二號ノ如ク回答シ來タレリ, 此回答ハ前日胡統領ノ回答ト同シク(十月二十三日付旬報ニテ全文ヲ報告セリ)淸國兵カ韓國人ヲ毆打シ, 或ハ負傷セシメ或ハ死ニ瀕セシメタル暴行及ヒ其處分ニ關シ, 何等ノ辨明ナキヲ以テ, 更ニ陳昭常ニ對シ照會ヲナス筈ナリ.

三, 十一月六日付往電第二十三號ヲ以テ概報シタル淸兵暴行ニ關スル事實ハ, 先月廿九日午前九時頃, 四道溝下村在住ノ韓國人金有日ハ, 隣家李秉秀ノ中庭ニ於テ淸國人郭成君ト金錢貸借上ノ事ヨリ爭鬪セシ際, 四道溝中村ニ屯在セル淸兵一名來リテ右金有日ヲ屯營ニ引致シ, 同日點燈後ニ至リ再ヒ淸國兵八名來リテ, 李秉秀ニ對シ汝ノ中庭ニ於テ金有日·郭成君ノ兩人ガ爭鬪セル際, 之ヲ仲裁セサリシハ汝モ亦金ノ同類ナラントテ同人ヲ地上ニ伏セシメ, 携ヘタル棍棒ヲ以テ八十四程大腿後部ヲ毆打シテ負傷セシメタル上, 汝ハ一進會員ナルベケレバ其證票ヲ捜索スト稱シ, 室內ニ闖入シテ捜索ヲナシタリ, 被害者ノ語ル處ニ依レハ, 此時清兵ハ室ノ一隅ノ針筐ノ中ニ入レ置キタル日貨一圓紙幣五枚·露貨一留紙幣六枚·清貨一吊紙票二十一枚·三吊紙票一枚·五吊紙票一枚ヲ掠奪シ去リタリト, 加之此時更ニ韓人金鼎和·李汝康ノ二名ヲ屯營ニ引致シ, 捕縛シタル儘二日間之ヲ拘禁シ, 尙三十一日ニ至リ金有日ノ父ヲ引致シテ拘禁シタリ, 本月一日四道溝下村韓國人李春化方ニ於テ, 屯營ニ薪ヲ運搬スル爲メ牛車ヲ徵發セントシタルモ, 牛車ナキ爲メ同人ノ孫李東國及同村在住ノ韓人金文吉·李四才ノ三名ヲ命令ニ從ハサレハ毆打スヘシト脅迫シ, 無償ニテ一日間薪ノ運搬ニ使役シ, 尙ホ引繼キ使用セントシタルヲ以テ, 頭道溝ナル我憲兵分遣所ニ訴ヘ出テ, 尙ホ引繼キ斯カル勞役ニ服スヘキカヲ問ヒタルヲ以テ, 我憲兵ハ無償ノ勞役ニ服スルニ及ハサル旨ヲ諭シタリ, 右四道溝中村ニ屯在セル清兵ハ, 其實清國軍隊ニ屬スルモノニアラズ, 其地方ニテ編成シアル護郷兵ノ如キモノナリト云フモノアルモ, 一見清兵ト同一ノ服裝ヲナシ銃器ヲ携帶シ居ルヲ以テ清兵ト認メ, 本月六日付ヲ以テ別紙第三號ノ如ク陳昭常ニ對シ照會シ置ケリ.

附 2屬1. 同上事實에對하여調査하라는訓令

- 隆熙元年 (西紀1907年 10月29日)
- [發] 間島派出所長 齋藤季治郎
- [受] 憲兵分遣所囑託 山崎誠一郎

訓令

明治四十年十月廿九日
統監府派出所長 齋藤季治郎
囑託 山崎誠一郎 殿

一, 貴官ハ陶知府ヲ訪問シ, 成ルヘク溫和的態度ヲ以テ左記要旨ヲ傳達シテ其回答ヲ報告セラルヘシ.

左記, 東盛湧街ニ住スル韓國臣民韓在信ハ, 本月二十三日韓國皇帝繼天紀元節ナルヲ以テ, 祝意ヲ表スル爲メ韓國太極旗ヲ揭揚シタルニ, 東盛湧街ノ貴國兵ハ之ヲ奪去シタル旨訴ヘアリシヲ以テ, 過日陶知府カ本官ヲ來訪シタル際, 口頭ヲ以テ之ヲ告示シ, 尙ホ詳細調査ヲナスベキ旨ヲ約シ置キ, 更ニ調査ヲ遂ケタルモ右ノ事實愈愈正確ナリ, 交際國間ニ於テ相互ニ國旗ヲ敬重スヘキモノタルハ諜諜ヲ要セサル義ナレバ, 速ニ其奪去シタル國旗ヲ還付シ其暴兵ヲ處罰シ, 將來再ヒ斯ノ如キ非行ナキ樣貴國官憲ニ於テ充分ニ取締アランコトヲ望ム.

附 2屬2. 韓·淸人間紛爭件에對한照會에解明하는回答

- 隆熙元年 (西紀1907年 11月1日)
- [發] 督辦吉林邊務 陳昭常
- [受] 間島派出所長 齋藤季治郎

敬覆者, 案准阮前府移交中曆九月初六日來函內開, 中曆九月初一·初三等日, 東盛湧光宗社等處兵弁與韓人交涉各節, 業經胡統領詳晰函覆在案, 來函又云, 局子街北營捕縛韓民等語, 査敝府轄境, 因保衛地面, 籌辦巡警, 所有警餉, 悉由民間按畝勻攤, 前經該處巡警分局飭派巡兵, 往花尖子地方催收韓民應納警餉, 突有韓民朱聖龍·吳文玉等, 出而攔阻, 該巡兵無奈回局, 巡弁復往開導, 尙不肯繳, 始用大車, 將伊等載送廳街總局, 局長又善言勸諭, 朱聖龍等先後繳納, 當即釋放矣, 韓人在廳境有年, 向來竝無歧視, 如果不法妄爲, 抗違公益, 敝府有地方之責, 亦不能曲爲寬貸也, 專覆, 即候日祉.

華曆九月廿六日
名正具
齋藤中佐 閣下

[日譯]

敬覆者, 中曆九月初六日付貴簡阮前府ノ移謀ニヨリ承知致候, 御申越ノ中曆九月初一·初三ノ日, 東盛湧光宗社ノ兵員ト韓人ト交涉シタル各節ニ就テハ, 已ニ胡統領ヨリ委細御回答ニ及ヒ候得バ, 御承知ノ事ト存候, 尙又局子街北營ニ於テ韓民ヲ捕縛シタル等ノ義, 調査ヲ遂ケタルニ, 敝府轄境地面ヲ保衛スル爲メ設置シタル巡警ニ關スル總テノ經費ハ, 悉ク民間ヨリ畝數ニ照ラシテ賦課徵收シ來リ候. 前キニ該所巡警分局ヨリ巡兵ヲ派シ, 花尖子地方ニ於テ韓民ヨリ警費ヲ徵收セントシタルニ, 韓民朱聖龍·吳文玉等出テテ攔阻シタルニヨリ, 該巡兵ハ是非ナク局ニ歸リ, 巡弁復タ往テ說諭シタルモ尙ホ徵收ニ應セス, 玆ニ始メテ大車ヲ用イ彼等ヲ載セ局子街總局ニ護送シ, 局長又善言朱聖龍等ヲ勸諭シ, 上納セシメテ後釋放致候, 韓人廳境ニアル數年ナレバ, 向來決シテ偏頗ナシ, 只不法公益ニ抗違スレハ, 敝府地方官ノ責トシテ亦曲テ寬貸シ能ハサル次第ニ候, 先ハ御回答旁, 日祉ヲ伺ヒ候.

附2屬3. 同上件에對한抗議

- 隆熙元年 (西紀1907年 11月6日)
- [發] 間島派出所長 齋藤季治郎
- [受] 督辦吉林邊務 陳昭常

以書翰致啓上候, 陳者, 本職ハ貴國兵員ノ暴行ニ關シ, 左ノ事實ヲ貴官ニ告白シ, 貴官ノ御考慮ヲ煩スノ光榮ヲ有シ候, 先月廿九日午前九時頃, 四道溝下村在住ノ韓國臣民金有日ハ, 隣家李秉秀ノ中庭ニ於テ貴國臣民郭成君ト爭鬪セシ際, 四道溝中村ニ屯在セル貴國兵員一名來リテ右金有日ヲ屯營ニ引致シ, 同日點燈後ニ至リ, 再ヒ貴國兵員八名來リテ, 李秉秀ニ對シ汝ノ中庭ニ於テ金·郭兩人カ爭鬪セル際之ヲ仲裁セサリシハ汝モ亦金ノ同類ナラント言ヒ, 同人ヲ地上ニ匍伏セシメ, 携ヘタル棍棒ヲ以テ數十回大腿後部ヲ毆打シテ負傷セシメタルノミナラズ. 汝ハ一進會員ナルベケレバ其證票ヲ搜索スト稱シ, 室內ニ闖入シ家宅內ノ搜索ヲ爲シタリ, 被害者ノ言ニヨレバ, 該兵員ハ此際室ノ一隅ナル針筐ノ中ニ置キタル日貨一圓紙幣五枚·露貨一留紙幣六枚·清貨一吊紙幣二十一枚·三吊紙幣一枚·五吊紙幣一枚ヲ掠奪セリト, 加之此時更ニ金鼎和·李汝康ノ二名ヲ屯營ニ引致シ, 捕縛シタル儘二日間之ヲ拘禁シ, 三十一日ニ至リ又金有日ノ父ヲ引致シテ拘禁シタリ, 右ノ外同村屯在ノ貴國兵員ハ本月一日四道溝下村韓國人李春化方ニ於テ, 屯營ニ薪ヲ運搬スル爲メ牛車ヲ徵發セントシタルモ, 牛車ナキ爲メ同人ノ孫李東國及同村在住ノ韓國人金文吉·李四才ノ三名ヲ脅迫シテ, 薪ノ運搬ニ使役シタルノ事實有之候, 右事實中, 金有日ガ貴國臣民郭成君ト爭鬪シタル件ハ, 責任アル貴國官憲ニ於テ調査ノ上, 金有日ニシテ犯罪アリトセバ, 本職ニ於テ相當處分ヲ加フベキニ付, 速ニ御引渡相成度, 爭鬪ニ關係ナキ李秉秀ヲ毆打負傷セシメ, 且ツ同人家宅ニ闖入シ, 或ハ故ナクシテ金鼎和·李汝康及金有日ノ父ヲ屯營ニ拘禁シ. 或ハ他ノ韓國民ヲ脅迫シテ無償ノ勞役ニ使役スルガ如キハ, 甚シキ不法ノ行爲ニシテ, 韓國臣民ノ權利ヲ無視スルコト大ナルモノニ候ヘバ, 其責任者ニ對シテハ嚴重ニ處罰ヲ加ヘ, 尙ホ將來再ヒ斯ノ如キ事件ヲ惹起セサル樣, 充分ニ貴國兵員ニ戒飭セラレ, 且ツ被害者ニ對シテハ相當ノ賠償相成度, 此段右御照會得貴意候, 敬具.

明治四十年十一月六日

統監府派出所長 齋藤季治郎

督辦吉林邊務全省各軍翼長 陳昭常 閣下

5. 間島派出所管內清兵暴行事件으로 清國官憲과의 交涉顚末 및 都社長以下 任命報告事項의 通報(原案1册)

隆熙元年 (西紀1907年 12月6日)
[發] 統監府副統監 曾禰荒助
[受] 內閣總理大臣 李完用

在間島齋藤派出所長ヨリ淸兵暴行ノ件ニ付キ, 淸國官憲ト交涉ノ顚末
及都社長以下任命ノ件ニ關シ, 別紙ノ通リ報告有之候ニ付, 爲御參考寫及
御送付候也.

明治四十年十二月六日
統監代理副統監子爵 曾禰荒助
內閣總理大臣 李完用 閣下

附 1. 同上件에對한特報

隆熙元年 (西紀1907年 11月11日)
[發] 間島派出所長 齋藤季治郞
- [受] 統監府統監 伊藤博文

統派秘第九號

特報

明治四十年十一月十一日
統監府派出所長 齋藤季治郞
統監公爵 伊藤博文 殿

淸兵暴行等ノ件ニ關シ, 曩キニ本官ヨリ屢屢淸國官憲ニ對シ書面若クハ口頭ヲ以テ及照會置キ候處, 十月十五日附旬報號外及ヒ本月八日附特報第七號ヲ以テ報告セシ如ク, 前統領胡殿甲併ニ現知府陶彬ヨリ回答アリシモ, 其回答ハ暴行ノ責任併ニ將來ノ取締等ニ關

シ, 何等言及スル處ナク甚ダ要領ヲ得サルニ付キ, 更ニ本月十日附ヲ以テ, 督辦吉林邊務陳昭常ニ對シ別紙ノ如ク照會致置候ニ付, 此段及報告候也, 以上.

附 1屬. 同上韓清人間의紛爭件에對한回答催促

- 隆熙元年 (西紀1907年 11月10日)
- [發] 間島派出所長 齋藤季治郎
- [受] 督辦吉林邊務 陳昭常

[別紙]

以書翰致啓上候, 陳ハ, 本職ハ曩ニ十月六日附及十月十二日附ヲ以テ, 前撫民兼理事府阮忠植氏ニ對シ左ノ諸件ヲ照會致シ置キ候.

一, 韓國臣民金明克等ヲ長ク貴國ノ獄舍ニ囚禁セラルルハ不當ナリトノ件(十月六日附).

二, 東盛湧街ノ貴國兵員ガ十月七日樺田社ニ於テ, 韓國臣民朱云達ヲ銃器又ハ木片ヲ以テ毆打負傷セシメタルコト及本月九日光宗社下泉坪村ニ於テ, 貴國兵員約十名ガ韓國臣民李鴻洙ヲ棍棒或ハ鐵拳ヲ以テ亂打シ死ニ瀕セシメタルコト幷ニ局子街北營ノ貴國兵員四名ガ韓國臣民朱聖龍及ヒ吳文玉ノ兩人ヲ捕縛シテ局子街北營ニ拘留シタル件(十月十二日附).

尙ホ前吉强軍統領胡殿甲氏ニ對シテモ, 十月十六日附ヲ以テ左ノ件ヲ照會致置キ候.

一, 十月七日東盛湧街ノ貴國兵員ガ, 韓國臣民韓在信等ヲ棍棒及ヒ鞭ヲ以テ毆打負傷セシメタルコト及ヒ, 會寧間島沙器洞駐在ノ貴國兵員ガ, 甚ダシキ廉價ヲ以テ食器及ヒ燃料ヲ韓國臣民ヨリ徵發シタル件.

二, 前記十月十二日附ヲ以テ前阮知府ニ照會シタルト同一ノ件.

右ノ外, 當派出所員山崎誠一郎ヲ派シ, 現任知府陶彬氏ニ對シ, 口頭ヲ以テ左ノ件ヲ照會致シ置キ候.

一, 韓國臣民韓在信ガ, 十月廿三日韓國前皇帝陛下ノ繼天紀元節祝意ヲ表スル爲メ韓國國旗ヲ掲揚シタルニ, 東盛湧街ノ貴國兵員ガ之ヲ奪去シタル件, 以上ノ照會ヲ爲シタル中, 陰曆九月十二日附ヲ以テ胡殿甲氏ヨリ, 同九月二十六日附ヲ以テ陶彬氏ヨリ, 回答ニ接シ候處, 胡殿甲氏回答ノ要旨ハ, 韓在信等毆打事件ニ關シ, 本月七日東盛湧敝國兵員與韓民韓在信·金正憲二名, 因購糧草之事, 韓在信等向不安分, 皷動韓民, 不賣糧草與敝國兵員等, 捏稱奉貴官命令, 當日即將韓在信·金正憲二人帶來, 詢問明白, 辦理妥當放回, 令安其業, 以後不准再有滋事情形, 韓在信等已甘心認罪, 不敢再犯, 可無煩貴官致問矣, 不正徵發ノ事件ニ關シテハ, 又會寧敝國駐紮兵員, 徵收食品·燃料, 本統領已査明價目, 頗爲均平, 現在局子街小米子每石値敝國官帖十六吊, 稽査處小米子每石値十二吊八百, 局子街燃料每梱値錢十二文, 會寧每梱値錢二十文, 價目頗不低廉, 査會寧附近一帶韓民, 於光緒十年, 受馬賊騷擾, 哀請派兵保護, 一切糧草, 情願由各韓戶均派, 價目較時價從廉, 相沿二十餘年, 皆無異說, 貴官以爲關於韓民之生命·財產·權利, 敝國侵害太甚, 此言甚有遺憾, 韓民在本國難謀生活, 越界來畊, 受惠不少, 敝國亦不分畛域, 照華民一例保護, 至今休養生息二十餘年, 韓民亦皆樂業安居, 幾忘本國, 且敝國歷代大皇帝每下懷柔小邦之諭, 深以近今人國虐待外族, 欺淩寡弱爲可耻, 豈己國反有虐待弱國等情, 至貴官所聞, 竝非得之多數人言, 乃不過一二不安分之韓民從中播弄是非, 貴官遂信以爲實, 無乃爲韓人所欺云云, ト謂フニアリ, 前知府ノ後繼者トシテ陶彬氏回答ノ要旨ハ, 局子街北營捕縛韓民等語, 査敝府轄境, 因保衛地面, 籌辦巡警, 所有警餉悉由民間按畝勻攤, 前經該處巡警分局飭派巡兵, 往花尖子地催收韓民應納警餉突有韓民朱聖龍·吳文玉等出而攔阻, 該巡兵無奈廻局, 巡辨復往開導, 尙不肯繳, 始用大車, 將伊等載送廳街總局, 局長又善言勸諭, 朱聖龍等先後繳納, 當即釋放矣, 云云ト謂フニアリテ, 不當ノ拘禁貴國兵員暴行ノ責任ニ關スル本職ノ照會ニ對シテハ, 何等ノ回答無之候, 又胡統領ハ, 沙器洞ニ於ケル徵發ハ價目頗ル不低廉ト謂ヒ, 或ハ價目較時價低廉ト稱シ, 且本職ガ一二韓人ノ言ニ欺カルルガ如キ言ヲ敢テセラルルモ, 本職ハ決シテ韓人ノ言ノミヲ信セズ, 最モ公平嚴密ニ調査シタル上ニテ事實ヲ確定スルモノニ有之候ヘバ, 胡統領ノ言辭ハ稍稍妥當ナラズト被聽, 貴官ハ今回此地ニ來任セラレ, 文武諸般ノ事務ヲ統轄セラレツツアルニヨリ, 前記諸件ニ付キ重ネテ貴官ノ御考慮ヲ煩ハシ, 之ヲ解決セラルベキ切實ノ御回答ヲ仰キ度候, 尙ホ過日楠野事務官ヲ派シ, 口頭ヲ以テ御照會致シ置キ候鍾城間島下泉坪村ニ於ケル貴國兵員暴行ノ件ニ付キ, 特ニ將校ヲ派シ詳細調査セラレタルハ深謝スル處ニ候, 本件ニ付キ吳祿貞閣下ハ山崎氏ヲ介シテ, 雙方トモ缺點アルニ付キ相殺セラレ度旨通告セラレタルモ, 若シ韓民ニ非行アレバ, 固ヨリ本職ニテ之ヲ嚴飭スベク, 貴國兵員ノ暴行ハ貴官ニ於テ公明正大ノ處置ニ出テラレ, 兩國交際ノ情誼ニ於テ誠實ニ解決セラルベキモノト信シ候ニ付, 併テ何分ノ御回答有之度, 此段右御照會得貴意候, 敬具.

明治四十年十一月十日

統監府派出所長 齋藤季治郎

督辦吉林邊務 陳昭常 閣下

附 2. 間島派出所管內都社長等任命의特報

- 隆熙元年 (西紀1907年 11月9日)
- [發] 間島派出所長 齋藤季治郎
- [受] 統監府統監 伊藤博文

統派秘第八號

特報

明治四十年十一日九日

統監府派出所長 齋藤季治郎

統監公爵 伊藤博文 殿

八月二十三日着任以來, 十月十一日迄ニ任命シタル都社長·社長·村長ノ氏名別紙ノ通リニ付キ, 一應及報告候也, 追テ十日十一日以後ハ, 曩キニ電報致置ク通リ一時任命ヲ中止致居候, 但シ此任命ノ必要ヲ感シタルハ, 當派出所ト地方韓民トノ連絡ヲ保チ民情ヲ知ルノ爲メニシテ, 直チニ行政機關トナシタルニ非サルコトハ十月十四日發電報シタル通リニ有之候, 尙ホ一般ノ情況ニ依リ時機ヲ見テ未濟ノ分ヲ任命シ, 逐次間島全部ニ及ボス筈ニ付キ, 此段申添候(了).

[別紙]

都社長以下人名表

◎ 茂山間島, 都社長南奎綱

- 崇化社, 社長崔規垠, 一所沙淸曲村長石載衡, 二所下面江口村長金昌鎭, 三所麻田谷村長崔陽吉, 四所間灘村長趙秉默, 五所荏田谷村長呂文圭, 六所南夕曲村長金柄五, 七所玉石洞村長金履鍾
- 德化社, 社長崔成翼, 浦項里村長閔昌彥, 烏洞一里村長劉芳亨, 烏洞二里村長朴中範,

山陽洞村長金尙烈, 吉地村長朴亨植, 福洞村長車明振, 江域村長黃龍彥, 南坪村長崔基恒, 柳洞村長池若渭, 龍淵村長朴東禧, 楠田洞村長李成三, 囦洞村長朴泰會

- 上化社, 社長鄭台憲, 大同口村長李治明, 望峯村長白樂善, 白岩坪村長金澤圭, 芹田曲村長金良洽, 松口屋村長許明, 鏡城村長朱相彥, 測洞村長金澤正
- 山溪社, 社長韓泰根, 太極坪村長蔡應默, 東京台村長張益鉉, 莎草洞村長金光洙, 豊陽洞村長金亨基, 安作村長吳承濬, 下廣浦村長楊完植, 自味內村長金光云
- 宣化社, 社長崔仕九, 一所漢水口村長李完順, 二所山羊曲村長安學奉, 三所囦洞堰下村長黃松景, 四所囦洞內村長姜明浩, 五所吉岩村長金秉鉉, 六所康生洞村長趙希云, 七所葛陵洞村長李稀旬, 八所希豊洞村長趙民順
- 白金社, 社長李陽林

◎ 鍾城間島, 都社長李羲英

- 開門社, 社長千秉浩, 香麟洞村長劉孝洛, 地方曲村長尹明烈, 寺洞口村長石彥弘, 寺洞村長李炳俊, 石峯村長金石鳳, 灘前村長金連姜, 柯島村長朴良明, 蒜洞村長全孝涉, 大仁洞村長李彥七, 上灘村長金明元
- 開運社, 社長兪蒼煥, 富寧村長金成律, 鍾城村長蔡夏範, 厚德洞村長姜明賢, 鷹野洞村長陳大彥, 彩樹洞村長金彥七
- 開泰社, 社長崔鎭五, 杏坪村長兪洪圭, 胡川浦下所村長金弘錫, 同上所村長韓秀學, 滿振基村長蔡丁玉, 胡川場里村長林貞五
- 光風社, 社長鄭俊烈, 文巖洞村長方仁行, 場臺坪村長金化瑞, 茅洞下所村長朴雲行, 同上所村長蔡東恩
- 光昭社, 社長全學俊, 大泉坪村長方昇善, 蒙洞基村長朱九禮
- 光宗社, 社長李明雨, 小泉坪村長李有俊, 三洞浦村長朴昇憲, 南蒙基洞村長鄭明彥, 鶴城村長張守寶, 古島村長崔泰益, 赤瓦洞村長金仕裕
- 光德社, 社長韓日煥, 咏嘯岩村長金懷玉, 厚洞村長千道元, 細隱嶂村長張文鳳, 玉浦洞村長趙希烈, 南洞村長崔仁賢, 北洞村長梁允石, 精木洞村長韓致宗
- 霽晴社, 社長金希烈, 富瑞坪村長崔龍瑞, 素柱洞村長南利化, 白龍村長李斗永, 五龍洞村長石致雲, 福田洞村長許成文, 廉通峴村長朴良旭, 大獐洞村長兪元深, 南獐洞村長金瑞化
- 霽霞社, 社長金斗信, 嶽沙坪村長金石憲, 厚地洞村長玄元極, 仲坪村長朱仕允, 詩建坪村長方彥弘, 曲口尾村長崔道禮, 木周洞村長崔化允, 芝風峴村長金浩裕

- 月朗社, 社長孫宗哲, 水南村長金碩富, 水北村長崔季浩, 下所村長金漢逸, 箕洞村長朴良能, 尾洞村長金澤信

◎ 北都所, 都社長蔡龍義,

- 東良社, 社長崔敏燮, 龍井村長李鍾鳳
- 樺田社, 社長朱聖龍, 三鄕(登龍洞·下屯田村·中屯田村·上屯田村)柳亭村村長安國彦, 智逸社長朴文順, 東良上里社長尹相鉉, 門樓溝社長朴基坪, 三浦社長全致萬, 平崗上里社長蔡東奐, 同下里社長尹相憲, 和龍社長蔡明五, 龍池社長陳錫駿, 獐巖社長趙昌基, 東盛湧社長金錫均, 沿東社長文章深, 智豊社長朴萬秀, 延集崗社長金基薰, 平崗水南社長韓宗顯, 九松墟社長林成文, 北江水南社長金龍雲會寧間島, 都社長金埰榮
- 永化社, 社長李亨俊, 小洞曲村長尹京瑞, 江域洞於口村長文成烈, 江域洞側村長金宗洛, 米田曲村長朴長春, 學城村長羅龍淵, 松堰村長李極烈
- 文化社, 社長洪希健, 淵珠洞村長朴云實, 尊洞村長朴瑞弘, 幽寂洞村長尹載學, 南尙洞村長許景植
- 仁化社, 社長趙永三, 四奇洞下鄕村長許珊, 同上鄕村長蘇顯, 南湖基村長許秉權
- 泰化社, 社長李能鎔, 孔岩村長方文憲, 矢岩村長鄭秉洛, 道泰里村長金文化, 草坪村長許文伯, 鶴栖洞村長文明彦, 釜所村長許楦, 所巨里村長金相權, 甑山洞村長李能鎔, 江浦德村長林相俊
- 敬化社, 社長金餘學, 西來洞村長黃鶴文, 石幕洞村長南奎碧, 西來洞中所村長崔秉化
- 忠化社, 社長金濟權, 沙洞村長全濟亨, 橡田村長崔永益, 大洞村長全孟錫, 世外洞村長崔秉錫, 南坪洞村長池完圭, 小洞村長全仲先, 蛤田村長全秉旭, 蛇洞村長崔光鉉
- 平化社, 社長任秉俊, 斜洞村長李曾勳, 大蘇洞村長韓南哲, 小蘇洞村長崔永烈, 青土田村長曹敏憲

[備考]

一, 茂山間島中白金社內ノ村長ハ任命未濟.

二, 鍾城間島ハ全部任命ヲ了ス.

三, 北都所ハ社長全部ノ任命ヲ了リ, 村長ハ東良社及樺田社中各一ケ村長ヲ任命シタル外, 全部未濟.

四, 會寧間島ハ全部任命ヲ了ス.

6. 間島派出所管內一般狀況報告事項의 通報(原案1冊)

隆熙元年 (西紀1907年 12月13日)
[發] 統監府副統監 曾禰荒助
[受] 內閣總理大臣 李完用

在間島派出所長ヨリ, 別紙ノ通リ報告有之候ニ付, 爲御參考寫及御送付候也.

明治四十年十二月十三日

統監代理副統監子爵 曾禰荒助

太子少師內閣總理大臣 李完用 閣下

附. 間島派出所管內一般狀況旬報

- 隆熙元年 (西紀1907年 11月25日)
- [發] 間島派出所長 齋藤季治郎
- [受] 統監府統監 伊藤博文

統派旬第一〇號

旬報

明治四十年十一月廿五日

統監府派出所長 齋藤季治郎

統監公爵 伊藤博文 殿

一, 地方一般ノ狀況

本旬間地方一般ニ平穩ナリ, 氣候ハ本旬ニ至リ寒氣頓ニ凜烈ヲ加ヘ, 本旬中最低列氏零度下廿二度ニ至リ, 平均零度二分乃至十二度五分ノ間ヲ昇降シ, 滿目積雪ヲ以テ蔽ハレ, 豆滿江ノ西岸ハ結氷シ, 一時交通ヲ杜絶スルニ至レリ, 前旬報告シ置キタル淸國人殺害事件ニ關スル加害者ハ, 韓民四名ノ共犯ナルコトヲ探知シ, 十一月十二日其二名ヲ逮捕シタルニ, 他ノ二名ハ同日淸國官憲ニ於テ逮捕シ去レリ, 加害者ハ被害者ノ隣村ノモノニシテ, 其原因ハ加害者四名共, 曾テ被害者ヨリ金錢ヲ借リ受ケ居タル處, 被害淸人ハ近日出發, 山東省ニ歸省セントシ, 加害者等ニ對シ貸金ノ返還ヲ督促シタルヲ以テ, 四名ハ債主タル被害者ヲ殺害シ, 其負債ヲ踏ミ倒サンコトヲ共謀シ, 被害者ハ元來酒ノ小賣ヲ營ミ居ルヲ機トシ, 飮酒ノ爲メ其居宅ニ至リ, 後チ該貸借ノコトヨリ爭論ヲ始メ, 終ニ四名ニテ亂打, 死ニ致シタルモノナリ, 犯人檢擧後, 地方淸韓民等, 一般ニ安堵セリト云フ.

二, 淸國官民ノ韓國民ニ對スル不法暴壓ノ行爲

淸國官民ノ韓國民ニ對シテハ漸次從來ノ態度ヲ異ニシ, 表面緩和ニ赴クノ實況ナルモ, 尙ホ本旬間淸國官憲ヨリ任命シタル鄕約等カ, 例年ヨリモ高額ナル課稅ヲ韓民ヨリ徵集シ, 又ハ淸國官憲ニ納付スト稱シテ無償ニテ薪柴ヲ徵發シ, 或ハ淸國人カ其小作タル韓人ヲ毆打負傷シタル等, 不法暴壓ノ行爲敢テスルモノ數件アリ.

三, 淸國官民ノ我官民ニ對スル態度

淸國官吏ノ我ニ對スル交際ノ狀況ハ依然親和的ニ相來往セリ, 十一月十五日ハ淸國ノ萬壽節ニ際シ, 陳督辦·陶知府ハ我高等官全員ヲ招待シ來レリ, 依テ本職以下憲兵將校等七名之ニ應シ, 局子街知府衙門內ニテ祝賀ノ宴ニ列シタリ, 督辦陳昭常ハ, 前旬報告ノ如ク派辦處ヲ數ケ所ニ設置シタルノ外, 行動ノ見ルヘキモノナキモ, 彼等カ我交涉ニ對スル態度ハ强硬且シ倨傲ニシテ, 豆滿江以北ヲモ淸國領土ナリト主張スル等(逐次特報濟)殊ニ淸兵等カ韓民ニ對シ爲シタル不法不正ノ行爲ニ付テハ事每ニ之ヲ否認シ, 我要求ニ對シ, 毫モ公明ナル處置ニ出ルノ風ナシ, 又本月十三日, 中野二郞ト淸國人程光弟トノ共同經營ニ係ル天寶山銀鑛ヨリ日本ニ向ケ搬出セントシタル礦滓(馬車八臺ニ積載ス)ヲ, 途中豆滿江渡船場(高嶺鎭)ニテ砂器洞兵營哨官ヲシテ差押ヘシメ, 其翌十四日ニハ, 天寶山ニ於ケル程ノ留守宅ニ書面ヲ以テ其使用スル事務員及日本人ヲ十一月廿日迄ニ退去セシムヘキヲ命シ, 命ニ從ハサレハ驅逐スヘキヲ以テシタリ, 淸國官憲カ此ノ如キ處置ヲ取リタル理由ハ, 程光弟ハ曩ニ許可ナク天寶山ヲ採掘スルノ故ヲ以テ, 吉林巡撫ヨリ同鑛山ヲ封禁セラレタルニ拘ハラス程ハ依然トシテ之ニ從ハスシテ採掘ニ從事シ, 其ノ鑛石ヲ他ニ搬出セントスルハ不都合ナリト云フニアリ, 礦滓差押ニ關シテハ, 本月十六日本職カ他ノ要件ヲ以テ督辦陳及吳ト會見ノ際ニ於テ, 該鑛滓ハ舊存ノモノナルコトヲ說明シテ, 其差押ノ如キハ速ニ解放スヘキヲ正當トスル旨ヲ述ヘタルニ, 陳·吳ハ本職トノ私交上ニ顧ミ, 之ヲ解放スルコトヲ約シ置キシニ, 其

後ニ至リ護照ヲ送付シ來リタルモ, 所屬未定ノ土地ニ於テ, 日本商人カ彼清國官憲ヨリ護照ヲ受クルノ理由ナキコトヲ陳ヘ之ヲ返付セリ, 其詳細ハ既ニ電報報告シ置キタルカ如シ.

四, 戶口調査ノ結了

去ル九月九日ヨリ着手シタル戶口調査ハ, 本旬ヲ以テ全ク完了セリ, 其調査區域ハ, 老爺嶺本山脈ト冷水泉子ノ東方ニ連走スル同山支脈ト豆滿江トノ間ニ包含スル土地一帶ニシテ, 淸人戶數三千七十四戶, 人口二萬一千九百八十三人, 韓人一萬五千三百五十六戶, 人口七萬二千七十六人ナリ, 然トモ此調査ハ諸種ノ事情ニヨリ未タ充分精確ナラス, 實際ニ於テハ尙ホ多數ナルナラン, 其調査狀況等ニ關スル詳細ハ追テ特報ス.

五, 產業調査ノ狀況

小川調査課長ハ本月十一日ヨリ頭道溝・ニ道溝・蜂蜜溝地方ニ向ヒ出發, 同十六日歸着セリ, 八田農學士ハ同ク十一日出發, 黑山嶺北麓附近地方ヲ巡回シ, 同十九日歸着セリ, 其他從來蒐集シタル鑛物ノ分析幷ニ間島內ノ平面地圖作製ニ從事セリ.

六, 地方一般ノ衛生

當龍井村ニ於ケル腸窒扶斯患者ハ, 四名ノ中一名ハ死亡シ, 二名ハ全治シ, 一名ハ治療中ニ在リ, 尙擬似患者一名ヲ出シタルモ, 一般ニ蔓延著シカラス, 且已ニ組織シタル防疫委員ニ於テ着着豫防消毒等ノ方法ヲ講シ, 之カ實施ニ從已シツツアリ, 而シテ近來氣溫頓ニ低下シタルカ爲メ, 恐ラクハ此上蔓延スルコトナカルヘシ, 當地附近ニ於ケル牛疫ハ尙ホ止滅ニ至ラス, 村民ハ他地方ヨリ來ル牛馬ノ宿ヲ忌ミ, 又他地方ニ牛馬ヲ出スヲ嫌ヒ, 爲メニ旅行者ニ不便ヲ感セシムルコト大ナリ.

右報告候也.

7. 間島派出所監察課長金海龍行爲에 對한 清日官憲間往復寫本의 送付 (原案1冊)

隆熙元年 (西紀1907年 12月14日)
[發] 統監府副統監 曾禰荒助
[受] 內閣總理大臣 李完用

別紙間島省當府派出所監察課長金海龍ノ行爲ニ關スル陳昭常及吳祿貞ヨリノ照會竝ニ之ニ對スル齋藤派出所長ノ回答寫, 爲御參考及御送付候也.

明治四十年十二月十四日
副統監子爵 曾禰荒助
太子少師內閣總理大臣 李完用 閣下

附 1. 同上金海龍事件에對한抗議

- 隆熙元年 (西紀1907年 11月17日)
- [發] 督辦吉林邊務 陳昭常 · 幇辦 吳祿貞
- [受] 間島派出所長 齋藤季治郎

謹啓者. 住三道骨牌之韓民金海龍, 造言生事, 擅作威逼, 久經敝處訪查, 面告貴中佐在案. 玆復查得金海龍於華曆本月初四、初五、初六等日, 在霽晴′霽霞′月朗等社, 傳集各處居民, 聲稱總鄕約玄德勝, 曾經勒索民財, 迫令依言呈控, 竝逼令揑造官兵, 勒作事件. 有不敢自背天良, 隨聲附和者, 則辱罵之. 其在月朗社傳集居民, 時有嚴丙權′吳敏永二名未到, 即於是夜, 率人至其家, 將二人掌責. 如此威逼人民, 誣控情事, 無論何等官吏, 皆不敢爲. 而金海龍以一鄕民, 乃敢公然爲之, 則是等不法之徒, 是實有意擾亂治安, 如經查實, 定當照敝國法律, 從嚴懲辦, 以儆效尤. 惟聞該韓民自稱受有貴處委任, 是否予以職分, 雖無從深知. 然諒貴中佐亦決不能令此無賴奸民, 在敝國境內, 以擅行司法權而妨害地方治安也. 又查銅佛寺街新設有貴國憲兵分遣所, 是處韓民極少, 無耳保護, 乃復分駐憲兵, 未知用意所在. 況吉强軍於該處久已駐有防兵, 本督 · 幫辦今復設有派辦處, 一切調查保護事件, 皆無煩貴國憲兵代勞, 望速撤去, 以釋人民疑懼, 竝免致彼此誤會, 另生枝節, 幸甚幸甚. 特此函知, 順頌時祉.

十月十二日

名另具

附 2. 同上抗議에對한回答

- 隆熙元年 (西紀1907年 11月22日)
- [發] 間島派出所長 齋藤季治郎
- [受] 督辦吉林邊務 陳昭常·幇辦 吳祿貞

以書翰致啓上候, 陳者, 本月十七日(十月十二日)附貴翰ニ對シ, 左ニ及回答候, 貴翰ニ依レハ, 住三道骨牌之韓民金海龍, 造言生事, 擅作威逼, 久經敝處訪查, 面告貴中佐在案, 玆復查得金海龍於華曆本月初四·初五·初六等日, 在霽晴·霽霞·月朗等社, 傳集各處居民聲稱, 總鄕約玄德勝, 曾經勒索民財, 迫令依言呈控, 竝逼令捏造敝國官役, 勒作事件, 有不敢自背天良, 隨聲附和者, 則辱罵之, 其在月朗社, 傳集居民, 時有嚴丙權·吳敏永二名未到, 即於是夜, 率人至其家, 將二人掌責, 如此威逼人民, 誣控情事, 無論何等官吏, 皆不敢爲, 而金海龍, 以一鄕民, 乃敢公然爲之, 則此等不法之徒, 是實有意擾亂治安, 如經查實, 定當敝國法律, 從嚴懲辦, 以儆效尤, 惟聞該韓民自稱受有貴處委任, 是否予以職分, 雖無從深知, 然諒貴中佐, 亦決不能令此無賴奸民, 在敝國境內, 以擅行司法權而妨害地方治安也, ト有之候へ共, 金海龍ハ韓國內部書記官ニシテ, 目下當派出所ニ配屬セラレタル高等官タルコトハ, 前吉林營務處總辦余濬閣下併ニ前吉林强軍統領胡殿甲氏及前撫民兼理事府阮忠植氏ニ對スル九月二十九日付公文中ニ明言シ置キタルノミナラス, 十月二十四日楠野事務官カ貴兩官ト會見シタル際ニモ言明シタル所ニ候ヘハ, 貴官等ニ於テ既ニ之ヲ熟知セラルル筈ナルニ拘ハラス, 同人ヲ目シテ故ラニ無賴ノ奸民ト稱スルハ, 國際禮儀上ニ於テ甚タ遺憾ト被存候, 而シテ總鄕約玄德勝ノ件ニ關シテハ, 該地方韓民ノ訴ニヨリ, 本職ヨリ右金海龍及憲兵ニ命シテ, 事實ノ調査ヲナサシメタルニ, 玄德勝ハ前記各社ニ於テ田劵講ヲ爲スト稱シ人民ヲ集メ, 人民カ隣地ノ關係ヲ知ラサルヲ口實トシテ, 或ハ之ヲ脅喝シ或ハ之ヲ毆打シタル上金三百二十圓ヲ收賂シタル事實有之候, 金海龍ハ本職ノ命ヲ受ケ前記事實調査ヲナシタルモノニシテ, 韓國官吏トシテ正當ノ職務ヲ行ヒタルモノニ候, 然ルニ貴官等ハ之ヲ目シテ無賴ノ奸民トシ, 貴國法律ニヨリ嚴重ニ懲罰スヘキモノト稱シ, 貴國國境內ニ於テ治安ヲ擾害スルモノトセラレ, 斯ノ如キハ交際國ノ權利ヲ無視シ, 條約ニ違反シ, 韓國民ヲシテ貴國法權ニ服從セシメントスルニ外ナラサルノミナラス, 此地方ノ所屬問題ニ關シ, 貴我兩國政府間シニテ交涉ヲ重ネツツアルニモ拘ハラス, 早計ニモ漫然貴國領土ナリト斷定セラルルモノニシテ, 事甚タ重大ナレハ本職ハ玆ニ貴翰ノ主旨ハ斷シテ之ヲ甘受スル能ハサルコトヲ聲明致置候.

又我憲兵ハ本職カ韓民保護ノ任務ヲ遂行スルニ必要ナリト信スル地點ニ分遣スルモノニシテ, 貴官等ノ干涉ヲ煩ハスヘキモノニ非ラスト被存候, 而シテ, 銅佛寺分遣所ハ決シテ新タニ配置シタルニアラス, 該地ニハ十月十日即チ貴官等ノ到着前ニ於テ之ヲ配置シタルモノニシテ, 去ル十六日會見ノ際ニモ貴官等ヨリ何等ノ申出無カリシナリ, 然ルニ其翌十七日突然該地ニハ韓民極少云云ノ理由ヲ以テ撤退ヲ要求シ來タラルルモ, 同地一帶ニハ尠カラサル韓民アリ, 此等韓民ノ保護上, 該地ニ憲兵ヲ分駐スルハ必要ニ有之候,

此段右御回答得貴意候, 敬具.

明治四十年十一月廿二日

統監府派出所長 齋藤季治郎

督辦吉林邊務 陳昭常 閣下

幫辦吉林邊務 吳祿貞 閣下

8. 間島派出所管內戶口調查報告寫本의 送付(原案1冊)

隆熙元年 (西紀1907年 12月19日)
[發] 統監府副統監 曾禰荒助
[受] 內閣總理大臣 李完用

在間島齋藤派出所長ヨリ, 戶口調査ノ件ニ關シ別紙ノ通報告有之候ニ付, 爲御參考, 寫及御送付候也.

明治四十年十二月十九日
統監代理副統監子爵 曾禰荒助
太子少師內閣總理大臣 李完用 閣下

附. 間島派出所管內戶口調査表의進達

- 隆熙元年 (西紀1907年 11月27日)
- [發] 間島派出所長 齋藤季治郎
- [受] 統監府統監 伊藤博文

統派庶第一八號
戶口調査表進達

明治四十年十一月廿七日
統監府派出所長 齋藤季治郎
統監公爵 伊藤博文 殿

本年九月九日以來, 部下憲兵及巡檢ヲシテ管內戶口調査ニ從事セシメ居候處, 本月七日ヲ以テ其調査結了致シ候ニ付, 憲兵隊長ヨリノ報告書寫相添, 別冊戶口調査表及進達候也, 追テ別册ハ韓人村長·社長等ヨリ屆出ル一部ノ戶口數ト相違セル點不尠, 恐クハ實數ハ尙其以上ナラント想像セラレ候モ, 正確ナル調査ハ他日ヲ期スル筈ニ有之候.

附의 屬, 間島管內戶口調査報告

- 隆熙元年 (西紀1907年 11月19日)
- [發] 間島憲兵分隊長 境野竹之進
- [受] 間島派出所長 齋藤季治郎

間憲警第一五五號

戶口調査結了ニ關スル報告

明治四十年十一月十九日

間島憲兵分隊長 境野竹之進

統監府派出所長 齋藤季治郎 殿

一. 戶口調査ハ九月九日ヨリ着手シ, 十月七日ヲ以テ終了セリ, 今回調査ノ目的ハ間島內左ノ區域內ニ於ケル住民ノ總戶數·總人口ノ概數ヲ知ルニアリテ, 各戶各人ニ對スル精密ナル調査ハ之ヲ他日ニ讓レリ.

二. 調査區域ハ老爺嶺本山山脈ト冷水泉子ノ東方ニ連走セル同山支脈ト圖們江トノ間ニ包含セル土地一體ヲ以テ, 其調査ノ地區トセリ.

三. 調査方法ハ概ネ憲兵上等兵一名若クハ二名ニ巡檢一名ヲ附シ, 一組ト爲シ, 先ツ從來ノ社ニ就キ村ヲ確メ, 村ニ就キ戶數及人口ヲ確メ, 之ヲ計上スルノ方針ヲ執レリ, 然レトモ多クハ社ノ區劃分明ナラス, 從テ社內ニ於ケル村數モ一定セス, 而シテ同一地ニシテ清人ノ唱フル名稱ト韓人ノ唱フレ名稱ト異ナルアリ同シ清·韓人ノ唱フル名稱ト雖モ同音異字ナルアリ, 又タ其戶數·人口ノ如キハ從來全ク一回モ調査シタルコトナク, 之ヲ村ノ長者·識者ト稱スル者ニ就テ尋ヌレハ, 其答フル所, 各人一樣ナラスシテ, 一モ信憑シ得ヘキナク, 餘儀ナク各戶ニ就キテ調査シタルアリ, 或ハ數人ノ言ニ依リ推測ヲ以テ適當ニ計上シタルアリ, 殊ニ冷水泉子ヨリ寧古塔ニ到ル方面中ニハ, 當時馬賊橫行ノ危險アリテ實地ニ調査シ能ハサル爲, 該地方ノ情況ヲ知悉シ居ル清·韓人ニ就キ其槪數ヲ聞取リ計上シタル等, 一一其正確ヲ期シ難キアリ.

四. 右ノ方法ニ依リ計上シタル所ニ依レハ, 間島中前記區域內ニ於ケル社數·村數·戶數

·人口等ノ概數左ノ如シ.

- 社數五〇,
- 國別淸, 村數二〇九, 戶數三〇七四, 人口男一三六二三, 女八三六〇, 計二一九八三.
- 國別韓, 村數五二九, 戶數一五三五六, 人口男三九五二三, 女三二五五三, 計七二〇七六, 而シテ淸·韓人撒布ノ割合ハ, 淸人ハ韓人ニ比シ其戶數·人口共少ナク, 地方ニ依リ左ノ比例トナリ居レリ,

◎ 地方區分,

圖們江左岸一圓,

- 國別韓, 戶數百分比例, 九九弱, 人口百分比例, 九九·五弱.
- 國別淸, 戶數百分比例一强, 人口百分比例五强, 摘要, 茂山·會寧·鍾城間島全體トス,

海蘭河河孟一圓

- 國別韓, 戶數百分比例八五强, 人口百分比例七二强.
- 國別淸, 戶數百分比例一五弱, 人口百分比例二八弱. 摘要, 平崗上里·平崗下里·平崗水南·東良下里·智逸·樺田·東盛湧社以上ノ七社トス,

洽泉巴通河·河孟一圓

- 國別韓, 戶數百分比例六三弱, 人口百分比例五四弱
- 國別淸, 戶數百分比例三七强, 人口百分比例四六强. 摘要, 海蘭河ト洽泉巴通河トノ分水界以北トス(穩城間島ヲ含ム),

◎ 地方區分, 調査區域內平均

- 國別韓, 戶數百分比例七二强, 人口百分比例七七弱.
- 國別淸, 戶數百分比例二八强, 人口百分比例二三强. 摘要, 北都所·茂山間島·鍾城間島·會寧間島·穩城間島等ニシテ, 卽チ第四項ニ揭ケタル全區域ナリ.

五. 戶口調査ニ對スル淸韓人ノ意向ハ, 最初統監府派出所設置ノ旨趣地方ニ普及セサル間ハ, 淸·韓人共一般ニ危懼心ヲ懷キ, 之ヲ嫌忌スル狀アリシモ, 其後派出所ヨリ社長·村長ヲ任命セラレタル爲メ彼是便宜ヲ得, 派出所設置ノ旨趣漸次透徹スルニ從ヒ, 韓人ハ進ンテ調査ヲ受クル如クナリ, 淸人ハ一·二地方ヲ除クノ外, 別ニ之ヲ忌嫌スルノ狀ヲ認メサルニ至レル, 雖レトモ淸人ニ對シテハ各戶各人ニ就キ, 一一之ヲ調査スルヲ避ケ, 戶數ハ實

際ニ目擊スル所ニ依リ, 人口ハ其ノ推測スル所ニ計上シタルヲ以テ, 別ニ之カ爲メ其ノ感情ヲ害シタカ如キヲ認メス.

六. 調査適確ノ程度ハ, 前記ノ如キ調査方法ナルヲ以テ充分正確ナルヲ期シ難シト雖, 其大體ノ戶數·人口及淸·韓人撒布ノ狀況ヲ概知スルヲ得ヘク, 而シテ若シ誤リアリトセハ過少ニ算シタルナラント推測セラル, 尙其ノ詳細ハ別紙戶口調査表ノ通リナリ.

七. 地方一般ノ狀況, 各地共一般靜謐シテ, 馬賊·强窃盜等ノ被害ヲ聞カス.

八. 淸·韓人生活ノ狀況, 住民淸·韓人共人智極メテ低ク, 槪シテ農業ニ從事シ居レリ, 淸人ハ至ル處大農的農業ニ從事シ, 且ツ居住附近ノ大地主タリ, 加之彼等ハ母國官憲ノ威ヲ借リ, 且ツ從來ヨリ韓國人ヲ貧弱國ノ人民トシテ(一般韓人ニ對シテ小國民ト呼稱ス)輕侮虐待シ, 小作料·貸金ノ取收等苛酷ニ誅求シ, 甚シキハ我家ニ拉シテ晝間ハ家事ニ使役シ, 夜間ハ私家ニ監禁スル等ノコトアリ, 而シテ生活ノ程度ハ極メテ低キヲ以テ一般ニ富裕ナリ, 韓人ハ淸人ニ反シ, 槪シテ小農或ハ淸人ノ小作人ニシテ, 前段ノ如ク地主トノ關係ハ極メテ無情ナルノミナラス, 淸國官憲ヨリハ種種有名無名ノ苛稅ヲ賦課セラレ, 且ツ之ヲ遇スル極メテ苛酷ニシテ, 殆ント奴隷的境遇ニ呻吟シ, 跼蹐頭ヲ擧クルノ餘地ナキ有樣ナルモ, 是レ彼等ヲ保護スルモノナキヲ以テ, 不得止自ラ淸人ヲ大國民ト呼稱シ, 從順其ノ暴政ニ甘ンジ, 而シテ生計ハ極メテ低ク, 土地膏沃ニシテ, 產物豊壤ニシテ, 衣食住ニ困難スルモノ少キニ依リ, 圖們江以南ヨリ移住スルモノ益益增加スルカ如シ.

九. 教育衛生ノ狀況, 教育ハ間ニ寺小屋ノ如キモノアルモ, 人口ニ比シ其數極メテ少ナク, 又就學童僅少, 女子ノ教育ニ付テハ, 殆ト之ヲ耳ニセス, 衛生, 人智ノ發達極メテ低ク, 公衆衛生ニ就テハ殆ト其ノ施設ナク, 個人衛生ニ就テハ不充分ト謂ハンヨリ寧ロ衛生的思想全ク缺乏シ居ルト評スルノ當ナルカ如シ, 傳染病ノ流行ハ耳ニセサルモ, 之レ前段ノ如ク民度低キ住民ナルヲ以テ, 或ハ之レ有スルヲ知ル能ハサリシヤハ期シ難キモ, 一般ノ狀況ヨリ視察スルニ, 此等ノ惡疫アルヲ認メサリシ, 然レトモ海蘭河口孟ニハ一般ニ牛疫流行シ, 其勢稍稍猖獗ナルカ如シ, 故ニ北都所平崗下里社及ヒ同附近ノ住民ハ家畜ノ罹疫ヲ慮リ. 數里ヲ隔ツル山中ニ健康牛多數ヲ避難セシメ居ルヲ認メタリ.

十. 一進會及之ニ類似ノ會ノ狀況, 一進會ハ諸所支會ヲ設ケ其數十四ケ所ニ達シ. 韓人ニ對シ自由主義ヲ說キテ愛國心ヲ皷吹シ, 之ヲ聞ク韓人等ハ, 其說ノ事每ニ從來忍ヒサル清國官民壓虐ヲ除去スルコトニアルヲ以テ, 一般歡喜シテ之ヲ迎ヘ入會スルモノ日ニ益益增加ノ傾向アリ(未タ其ノ會員數ハ詳知スルコト能ハス)若シ彼等ノ說ノ實行ニ付キ, 淸國官民ヨリ受クル妨害ヲ極力除去スルコトヲ得バ, 間島ニ於ケル韓國住民ノ過半ハ立ロニ入會スルナランコトハ想像スルニ難カラス, 之ニ反シ淸國官民ハ, 一進會ノ廣告殊ニ淸兵駐在所ニ無償ニテ柴炭·穀類·牛車馬等ノ徵發ニ應スルノ義務ナシトノ箇條ニ就テハ, 淸國官憲ニ於テ全然從來ニ於ケル經理ノ方法ヲ打破セラル, 又淸民ハ主客顚倒スルニ至ハコトナキヤヲ憂慮シ, 著シク感情ヲ害シ居ルカ如シ, 十月上旬淸兵カ鍾城間島光崇社下泉坪ノ一進會支會長及同會ニ暴行ヲ加ヘタルハ, 全ク前記廣告ノ反應ナリト認メラル, 一進會ニ類似ノ會ハ鍾城間島ニ天道敎·侍天敎·捐義會等アリ, 前ニ者ハ微微トシテ振ハス, 從テ別ニ記スヘキコトナキモ, 捐義會ハ會員約二百七十名ヲ有シ, 其ノ主義ハ兒童敎育·人智開發·舊弊打破·國利民福ヲ計ルヲ標榜トシ居ルモ, 彼等ハ家族ニ至ハ迄槪シテ淸國ノ風俗ヲ爲シ, 淸國官憲ニ媚諂シ, 彼等ノ感ヲ借リ韓人ヲ壓虐シ, 又韓人中開化ノ民トシテ自負シ居タルモ, 今回統監府派出所設置以來, 日·韓官吏ノ彼等ヲ遇スル公平ニシテ厚薄ナキヲ以テ, 彼等ハ從來扶殖シ來リタル根據モ用ヲ爲サザルニ至ルヲ憂慮シ, 排日親淸ノ狀況アルヲ認メラル, 將來一層ノ注意ヲ要スヘキモノナラント思料セラル.

十一. 會議城ノ狀況, 各地方ニ會議城(壯丁團ノ如キモノ)ナルモノアリ, 其目的ハ淸國官憲ノ保護充分ナラサルニ依リ, 地方ニ於ケル馬賊·盜賊ノ警防ニ任スルニアリ, 其ノ規模ハ所ニ依リ大小アルモ, 十名乃至二十名位壯丁淸人ノミヲ募集シ, 兵器ヲ與ヘ一定ノ家屋ニ屯在セシメ, 其設立ニ就テハ淸國官憲ノ認可ヲ受ケ, 其ノ費用ハ淸·韓人ニテ負擔シ居レリ, 而シテ彼等壯丁等ハ, 盜防夜警ハ其ノ名ノミニシテ, 其實ハ地方ニ於ケル韓人ニ對シ警察官吏ノ如キ行爲ヲナシ, 剩ヘ韓人ヨリ財物ヲ强奪シ, 或ハ地方ニ勢力アル淸人ノ使嗾ニヨリテ, 韓人ヲ虐ケル等ノコトヲナシ, 韓人ハ尠カラサル費用ヲ負擔シ, 自ラ兇暴者ヲ養ヒ居ルノ狀況ナリ, 故ニ將來此會議城ニ就テハ, 充分ナル注意ヲ要スルモノト思料ス.

9. 在間島韓國警察官撤去를 要求한 清國官憲과의 往復文書寫本의 送付 (原案1册)

隆熙元年 (西紀1907年 12月20日)
[發] 統監府副統監 曾禰荒助
[受] 內閣總理大臣 李完用

陳昭常及吳祿貞ヨリ, 在間島貴國警察官撤去請求ノ件ニ關シ, 齋藤派出所長ヨリ別紙ノ通リ報告有之候ニ付, 爲御參考寫及御送付候也.

明治四十年十二月二十日
統監代理副統監子爵 曾禰荒助
太子少師內閣總理大臣 李完用 閣下

附. 在間島韓警撤去를要求한清國官憲과의往復事項特報

- 隆熙元年 (西紀1907年 12月1日)
- [發] 間島派出所長 齋藤季治郎
- [受] 統監府統監 伊藤博文

統派秘第一四號
特報

明治四十年十二月一日
統監府派出所長 齋藤季治郎
統監公爵 伊藤博文 殿

陳昭常·吳祿貞ヨリ當地ニ派遣セラレタル韓國警察官撤去請求ニ關シ, 公文ヲ以テ照會シ來リタル件併ニ, 之レニ對スル回答ノ要旨ハ不取敢往電第四四號ヲ以テ報告致シ置キ候處, 其全文別紙ノ通ニ付, 此段及報告候也. 追而往電第四五號ヲ以テ報告シタル如ク, 本件ニ關シ十一月二十九日陳昭常ノ部下吉林邊務交涉科曾紀壽ナルモノ本官ヲ來訪シ, 陳昭常ヨリノ照會文ノ主旨ノ外, 從來ノ巡檢ハ承知セルモ, 新ニ來着シタルモノニ付テハ未タ公文ニモ接セズ, 如何ナルモノナルヤト質問シタルニ付キ, 本官ハ陳昭常ノ照會ニ對シテハ旣ニ公文ヲ以テ回答ヲナシタル旨併ニ今回當地ニ來着シタル者ハ, 韓國政府ニテ人員ノ選擇ニ時ヲ要シ, 或ハ彼等自己ノ都合ニテ鄕里ニ立寄リ, 爲メニ遲延シテ今回到着シタルニ過キサル旨ヲ答ヘ置キ候ニ付キ, 御了承相成度候.

附 屬1. 在間島韓國警官撤去및天寶山採礦中止要求

- 隆熙元年 (西紀1907年 11月27日)
- [發] 督辦吉林邊務 陳昭常
  幇辦 吳祿貞
- [受] 間島派出所長 齋藤季治郎

謹啓者. 頃查得有異服佩刀之韓民三十餘人, 於本月初十日前後, 陸續來聚於六道溝, 竝聞在街間日夜巡邏等事, 種種背謬, 殊駭聽聞. 據該處派辦事務員面稱, 已晤其爲首之李庚在' 元炳喜諸人, 其所持名刺, 竟書有總巡等字樣, 已覺可異. 而閱其所出廣告, 則大書曰警務課, 又似爲貴中佐之所屬. 貴中佐到此, 帝國政府實未承認, 現正在兩國政府交涉之際, 貴中佐只宜靜守以待. 且警察者, 乃國家統治之權力, 彼韓國, 已自無完全之統治權, 豈復敢侵他國之權利, 貴中佐, 乃欲假該國之名, 而行其統治權於我帝國境內, 如此背謬擧動, 恐非自認文明國者所應出此也. 本督·幇辦負有保衛地方, 維持主權之責, 只知奉行政府及督撫之命令, 認定主權, 沿用向來直接轄治韓民之成例, 不能因貴中佐來此, 易其方針. 遇此不知國法之韓民, 自當以亂民相視, 因念彼等或爲貴中佐之屬吏, 顧全交際, 不得不先行知照. 務望貴中佐速於日內將該韓民等撤去, 驅逐回國, 免傷彼此交誼. 若仍逗留不退, 是直欲侵害我帝國主權, 擾亂我地方治安, 本督·幇辦責任所在, 決難姑予寬容也.

再昨日晩間, 接到覆函, 統悉一切, 天寶山, 旣奉督撫命令封禁所有鑛產, 即屬禁物, 無論何國人民, 皆不得私自採辦. 本督·幇辦實行封禁之責, 決不能以有貴國商人, 遂自損其權力, 至他日我督撫之允, 貴國商人開採與否, 自屬別項之問題, 此時無所用其維持也. 專此, 順頌時祉.

十月二十二日
名另具

附 屬2. 上件에對한回答

- 隆熙元年 (西紀1907年 11月29日)
- [發] 間島派出所長 齋藤季治郎
- [受] 督辦吉林邊務 陳昭常
  幇辦 吳祿貞

以書翰致啓上候. 陳者, 清曆十月二十二日附貴翰ニ對シ, 左ノ如ク回答仕候. 貴翰ニ所謂異服佩刀ノ韓民ナルモノハ, 恐ラクハ韓國警察官(階級ニヨリ總巡·權任·巡檢ノ官名アリ)ヲ指シタルモノナランモ, 此等ノ官吏ハ統監ヨリ我統監府派出所ニ配屬セラレ, 本職ノ指揮下ニ執務スル者ニ有之候. 本職ガ韓民保護ノ任務ヲ帶ビテ此地ニ來リ, 少數ノ憲兵及韓國警察官ヲ帶同セルコトハ, 曩ニ北京駐劄帝國公使ヨリ貴國政府ニ聲明シ置キタルノミナラス, 吉林駐在帝國領事ヨリ吉林巡撫ニ宛テタル本年九月三十日附ノ公文中ニモ其旨ヲ記載シアリテ, 貴國政府ハ既ニ之ヲ了承セラレ居ル筈ニ御座候. 而シテ此等ノ警察官ハ總テ本職ノ命令ニヨリテ行動シ, 且本職ト進退ヲ共ニスヘキ者ニ候ヘ共, 本職ハ決シテ貴意ニ應シテ之ヲ歸還セシムル能ハズ候, 貴官等ハ目下兩國政府間ニ交渉中ナルハ, 本職ガ此地ニ在ルコトヲ承知スルヤ否ヤノ問題ノ如ク稱道セラルルモ, 決シテ然ラズ, 其交渉中ニ屬スルハ, 即チ地方一帶ガ清·韓何レニ屬スルヤノ重要問題ニ有之候. 貴官等ハ貴國政府及督撫ノ命ナリト稱シ, 此地方一帶ヲ貴國領土ナリト專斷セラレ, 又慣例ナリトシテ韓民ヲモ統轄シ, 完全ナル主權ヲ行使セラレントスルニヨリ, 本職ハ本月十六日公告文ノ件ニ付貴官等ト會見シタル後, 貴官等ノ明言セラレタルトコロニヨリ, 既ニ之ヲ帝國政府ニ報告シ, 帝國政府ハ現ニ北京ニ於テ貴國政府ト更ニ交渉中ニシテ, 本職ハ自己ノ執ルベキ今後ノ方針ニ付, 何分ノ訓令ヲ待チツツ有之候. 貴翰ノ主旨ノ如キモ亦其交渉ニヨリテ解決セラルベキ問題ニ候ヘバ, 本職ノ行動ニ關シ果シテ異議アリトセバ, 貴官等ハ須ラク之ヲ貴國政府ニ報告セラレ, 貴國政府ヨリ帝國政府ニ照會セラルル手段ニ出ツルヲ至當ナリト存ジ候. 本職兩國深厚ノ交際ト貴官等トノ交誼ヲ重ンジ, 貴翰ノ主旨モ更ニ詳細之ヲ伊藤統監ニ電報致シ置候. 此段右御回答得貴意候. 敬具.

明治四十年十一月二十九日
統監府派出所長 齋藤季治郎
督辦吉林邊務 陳昭常 閣下
幫辦吉林邊務 吳祿貞 閣下

10. 間島管內一般狀況報告事項의 通報(原案1册)

隆熙元年 (西紀1907年 12月23日)
[發] 統監府副統監 曾禰荒助
[受] 內閣總理大臣 李完用

間島內一般ノ狀況ニ關シ, 別紙ノ通リ齋藤派出所長ヨリ報告有之候ニ付キ, 爲御參考寫及御送付候也.

明治四十年十二月廿三日
統監代理副統監子爵 曾禰荒助
太子少師內閣總理大臣 李完用 閣下

附. 間島管內一般狀況旬報

- 隆熙元年 (西紀1907年 12月6日)
- [發] 間島派出所長 齋藤季治郎
- [受] 統監府統監 伊藤博文

統派旬第十一號

旬報

明治四十年十二月六日
統監府派出所長 齋藤季治郎
統監公爵 伊藤博文 殿

一. 地方一般ノ狀況

本旬間天寶山事件竝ニ淸國官民ノ韓民ニ對スル不法暴壓ノ行爲ハ數件アリテ, 其ノ地方ニ於ケル民心ノ不安ヲ惹起セシメタルコト少ナカラザリシヲ認メラル.

二. 淸國官民ノ韓國民ニ對スル不法暴壓ノ行爲

去十一月十三日付統派秘報第十號ヲ以テ報告シ置キタル陳督辦·吳幫辦ノ爲シタル告示竝ニ, 其派辦處ヲ別表ノ如ク各地ニ設置シ以テ此地方ニ於ケル從來ノ行政ヲ密ニシ, 淸韓民ニ對シ一層其ノ統治ノ實ヲ明ニセントカメツツアル結果, 其下級淸兵等ニ至ル迄往往韓民ニ對シ不法暴壓ヲ敢テスルニ至リ. 且淸國官憲ヨリ任命シタル都憲(都社長)鄕約(社長)等ノ如キハ, 急ニ勢ヲ得, 今ヤ再ヒ韓民ニ對シ不正不法ノ威壓ヲ加フルモノヲ生シ, 爲メニ我派出所ニ對シ之カ救濟ヲ訴告シ來リタルモノ本旬間數件ニ上レリ, 盖彼淸國官憲ノ行動ニ對シ嚴ニ彈壓ヲ加フルコト非ラザレバ, 以上ノ狀態ハ進ンテ底止スル所ナカル可シ, 左ニ四五ノ實例ヲ擧グレバ.

(一)十一月二十二日鶴城村守備隊(會寧對岸沙器洞守備隊ヨリ分隊ス, 旬報第四號第三項ニ詳記ス)ノ淸兵二名, 鄕約ト共ニ同村社長ナル李亨俊ニ對シ, 粟其他ノ物ヲ徵收スル旨告ゲタルニ, 同人カ, 各戶ヨリ徵收セストモ鶴城村守備隊ニ於テ相當時價ヲ支拂フトキハ賣却希望者アラン, 然ルニ不當ノ低價ヲ支拂ヒテ徵集セントスルハ不法ナリト言未ダ畢ラザルニ, 淸兵二名ハ忽チ同人ヲ突倒シ亂打シ, 微傷ヲ負ハシメタル儘其場ヲ立去リ, 其後同村ヨリ何物ヲモ徵收セズト云フ.

(二)十一月廿三日前同村淸國守備兵二名ハ棍棒ヲ携ヘ同村金化一ノ宅ニ至リ, 居合セタル金化京·李春水ヲ毆打シ(負傷セズ)曰ク, 斷髮·黑衣ヲ着スルモノハ之ヲ打チ殺スヘシト云ヒテ立去レリト云フ, 爲メニ同地方ニ於ケル斷髮·黑衣ヲ爲セル韓人(主トシテ一進會員)ハ, 多クハ淸兵ノ暴行ヲ恐怖シ, 他地方ニ向ケ避難シ居レル狀態ナリト.

(三)十一月廿五日頭道溝派辦所附淸兵三名ハ, 同地下村ノ韓人某ノ宅ニ至リ, 其內房ニ入リ婦人ニ戯レンヨリ, 隣家ナル韓人權鳳山ナルモノ, 淸兵ニ對シ其不可ナルヲ述ヘシニ, 一名ノ淸兵ハ棍棒ヲ以テ權ヲ毆打後, 派辦所ニ連レ行キ, 牛車一輛ヲ挽キ來レト迫リタルモ, 權ハ牛車ヲ所持セザル旨答ヘタルニ, 淸兵ハ大ニ怒リ又又棍棒ヲ以テ權ヲ毆打シ後チ之ヲ放遣セリ, 但何レモ創傷ニ至ラズ.

(四)右同日同地淸兵三名同村ニ至リ, 韓人某ヨリ牛車一輛ヲ徵收シ, 他ノ韓人宅ヨリ牛一頭ヲ無斷ニテ率キ行カントスルヲ以テ, 其牛主不法ノ行爲ナルコトヲ詰リタル處, 淸兵一名ハ棍棒ニテ牛主ヲ毆打シ, 强イテ其牛ヲ率キ行キ同地ヨリ一里半ノ地ニ荷物ヲ運搬セシメナガラ, 毫モ賃金ヲ支拂ハスシテ牛車共返還セリ.

(五)十一月廿六日頭道溝派辦所員カ平崗水北社長京村ニ於テ戶口調查ノ際, 韓民某カ韓人ノ戶口調查ハ既ニ日本及韓國官吏ヨリ受ケタレバ, 再ヒ受クル必要ナシトテ容易ニ應セサリシ所, 淸兵ハ手及棍棒ニテ某ヲ毆打シ(創傷セズ)尙ホ同村ノ年長者某(七十歲)カ戶口調查ニ便宜ヲ與ヘズトテ, 面ニ唾シテ立チ去レリ.

(六)鍾城間島淸國都憲(都社長)玄德勝ハ, 前旬來大拉子·局子街等ノ淸國官憲ニ出入シ居リタル處, 歸宅ノ後左ノ意味ノ告示ヲナシタリ, 曰ク, 鍾城間島各社ノ數多人民中, 潛カニ謠言夕揑造シ一進會ト行ヲ共ニスルモノハ, 鄕兵ヲシテ即時捉送スヘシト, 尙ホ同人ハ各社ノ淸國鄕約ニ, 淸國政府ト日本政府ト交涉ノ上, 統監府派出所及憲兵隊ハ不日全部引揚グベケレバ, 安堵シテ淸國都憲ノ命ニ從フベシ, 若シ統監府派出所ヨリ命セラレタル都社長又ハ社長ノ命ニ從フコトアラバ處分セラルベシ, ト傳ヘタルコトアリト, 事實取調中ナルモ, 彼ノ前後ノ行動ヨリ推測スレバ事實ナルベシト信ゼラル, 以上ノ外, 尙淸國官憲ニ於テハ, 今回各社鄕約ニ左ノ令達ヲ爲シタリトノ風說アリ, 事實ナルモノト認ム.

一. 稅金ハ從前ノ通リ淸韓人ヨリ徵收スルコト, 但稅率ハ一日耕(約千坪)ニ付韓貨金貳百貳拾文(日貨三十六錢六厘强)トス.

一. 稅金不納者ハ報告スヘキコト.

一. 一進會員ニシテ鄕約ノ職務妨害ヲ爲スモノハ報告スヘキコト.

一. 各社民排(人民ニ對スル金品分擔ヲ云フ)ハ從前ノ通リ實行スヘキコト.

一. 戶口調查ヲ行フベキコト.

右ノ結果ナラン. 從來韓民ヨリ徵稅·徵金ハ徵收ニ從事スル當事者ニ於テ多少躊躇ノ色アリタレトモ, 近來ハ稍稍强硬ニ徵收シ, 多少ノ紛紜ノ如キハ毫モ顧ミサルモノノ如シ.

三.

淸國官民ノ我官民ニ對スル態度, 淸國官民ノ我ニ對スル交際ノ狀況ハ, 表面親和的ナルモ, 交涉ニ關スル態度ハ强硬ヲ裝ヒ且ツ倨傲ニシテ, 本旬間ニ於テモ陳·吳ハ書柬ヲ以テ曩キニ銅佛寺ニ駐在セシメタル我憲兵分遣所ノ撤去ヲ要求シ來リ, 或ハ韓國巡檢ヲ目シテ亂民ト視ルベキモノト稱スル如キ其一例ナリ, 本職ハ亦書柬ヲ以テ悉ク其要求ヲ拒斥シ置ケリ, 其詳細ハ既ニ電報竝ニ書面報告シ置ケルガ如シ, 天寶山封禁ノ爲メ十一月廿五日, 陳督辦ハ部下參謀科司事李榮成外一名ニ淸兵約十四名ヲ付シ同山ニ差遣シ, 試掘中ノ工事ヲ停止セシメテ, 中野ノ雇入ニ係ル工夫ヲ悉ク放逐シ, 日本人ノ退去ヲ迫リ, 翌廿六日工事用ノ火藥·爆藥·工具及礦滓入叺等ヲ同所廟內ニ押收封印シ, 坑口ハ板ヲ以テ之ヲ閉塞シ, 坑口及日本人宿舍前ニ步哨ヲ配布シ, 再ヒ日本人ノ撤退ヲ迫リ. 且, 尙當日入山セントシタル中和公司事務員ニ對シ, 右李榮成ハ自ラ銃ヲ擬シ脅喝シテ其入山ヲ拒絶セリ, 右ノ如ク封禁ヲ實施スルヲ名トシ, 同山ニ於ケルカ如キコトヲ爲ス可ラザルコトハ, 曾テ本職ヨリ書面又ハ口頭ヲ以テ陳·吳ニ對シ切實ニ警告ヲ爲シ, 當時陳·吳ハ明確ニ之ヲ承諾シタルニ拘ハラズ, 前記ノ如キ實況ナルヲ以テ, 直チニ書柬ヲ以テ其背信ノ理由如何ヲ照會シ置ケルモ, 未夕回答ニ接セズ, 又夕李榮成ハ押收ノ火藥·爆藥ノ處在ヲ馬賊ノ爲メ探知セラレ, 爲メニ奪掠セラルルアランコトヲ氣遣ヒ, 速ニ同山ノ處分ヲ完了セントシ, 切リニ日本人(現在事務員二名. 坑夫六名. 殘留ス)ニ退去ヲ迫リ居レリ, 然レトモ日本人ハ中和公司若クハ日本官憲ノ命アルニアラザレバ, 撤退セザルコトヲ主張スルヲ以テ, 李ハ大ニ之ヲ焦慮シ, 何分ノ指揮ヲ仰ギツツアルモノノ如ク, 目下雙方對峙ノ狀態ニ在リ, 前旬報告シ置キタル搬出途中淸國官憲ヨリ差押ヘラレタル礦滓ハ解放セラレ, 十二月一日會寧ニ向ケ搬送スヘキ筈ナリト.

四. 吉林及ヒ局子街間ノ電線

去ル九月以來, 淸國官憲ニ於テ架設ニ着手シタル吉林·局子街間ノ電線工事ハ, 不日其工ヲ竣ヘ, 來ル淸曆十一月一日ヨリ開通ノ豫定ニシテ, 之ニ從事スベキ技術員等ハ旣ニ局子街ニ到着シ居レリト云フ.

五. 國境境界石ノ調査

吉林通誌ニ記載セル茂山間島地方ニ於ケル國境境界石(明治廿年勘界談判後淸國ニテ任意ニ建設シタルモノ)有無ヲ念ノ爲メ調査スル目的ヲ以テ, 約二週間ノ豫定ニテ本月二十四日事務官鈴木信太郎ヲ茂山地方ニ派遣セリ.

六.

十一月廿四日當龍井村人民ヲ村內ノ聖教會堂ニ集メ, 村井一等軍醫ヲシテ衛生上ノ講話ヲナサシメ, 以テ土民ヲシテ衛生上ノ感念ヲ喚起セシムルコトニ力メシメツツアリ.

右報告候也.

附 屬1. 間島派出所管內의淸國派辦所配置表

別表 派弁所配置表

- 設置月日, 十一月七日, 名稱, 六道溝派辦所, 事務所位置, 東良社龍井村, 派辦官ノ官氏名, 交涉課長曾紀壽, 帶同ノ兵數, 十名(吉强軍兵卒)摘要, 外ニ從僕一, 通譯一, 書記一. 設置月日, 十一月九日, 名稱, 光霽峪懷慶街派辦所, 事務所位置, 開泰社湖川街, 派弁官ノ官氏名, 吉林邊務事務員王長齡, 帶同ノ兵數, ナシ, 摘要, ナシ.
- 設置月日, 十一月九日, 名稱, 月郎社派弁所, 事務所位置, 月郎社水北村, 派弁官ノ官氏名, 吉林邊務事務員成交禮, 帶同ノ兵數, 十名(吉强軍兵卒)摘要, 外書記一, 從僕一, 通譯一.
- 設置月日, 十一月十日, 名稱, 頭二·三道溝派弁所, 事務所位置, 頭道溝街, 派弁官ノ官氏名, 同知銜分省候補知縣呂鴻達, 帶同ノ兵數, 八名(吉强軍兵卒)摘要, 外從僕一.
- 設置月日, 十一月十日, 名稱, 東盛湧街派弁所, 事務所位置, 東盛湧街, 派弁官ノ官氏名, 文潤彥, 帶同ノ兵數, 十名(吉强軍兵卒)摘要, 外書記一, 通譯一, 從僕一.
- 設置月日, 十一月十三日, 名稱, 大拉子派弁所, 事務所位置, 大拉子兵營內, 派弁官ノ官氏名, 和妙官傅廻瀾, 帶同ノ兵數, 十名(吉强軍兵卒)摘要, 外書記一, 通譯四.
- 設置月日, 十一月十四日, 名稱, 奏派吉林火胡黑溝邊務稽查所派弁, 事務所位置, 砂器洞兵營內, 派弁官ノ官氏名, 孫棣安, 帶同ノ兵數, ナシ, 摘要, 外書記一.

[備考]

本表ノ外, 土門子·白草溝·王青·哈蟆塘·涼水泉子等ニモ派弁所ヲ設置シタル說アルモ確カナラズ, 又銅佛寺街ニ步兵參領留繼芳ヲ派シ, 十一月十日頃ヨリ派弁所ヲ開設シタルモ, 留ハ同街人民ノ排斥ニ遭ヒテ他ニ轉シ, 未ダ其後任者ナシ.

11. 前送間島管內戶口調查表中漏落個所報告寫本의 追送(原案1冊)

隆熙2年 (西紀1908年 1月9日)
[發] 統監府副統監 曾禰荒助
[受] 內閣總理大臣 李完用

昨年十二月十一日, 及御送付候齋藤派出所長報告統派庶第一八號附屬戶口調查表中, 脫漏ノ個所發見セル旨別紙ノ通リ同派出所長ヨリ追申有之候ニ付, 不取敢右寫及御送付候也.

明治四十一年一月九日
副統監子爵 曾禰荒助
太子少師內閣總理大臣 李完用 閣下

附. 間島管內戶口調查漏落分追報의件

- 隆熙元年 (西紀1907年 12月26日)
- [發] 間島派出所長 齋藤季治郎
- [受] 統監府副統監 曾禰荒助

統派庶第二五號

報告

明治四十年十二月廿六日
統監府派出所長 齋藤季治郎
副統監子爵 曾禰荒助 殿

客月廿七日付統派庶第一八號ヲ以テ, 管內戶口調查表進達及ビ置キ候處, 該表中穩城間島ノ內, 脫漏ノ個所發見致候ニ付, 憲兵分隊長ノ報告書寫相添, 即チ別表及御送付候也.

附의 屬. 間島管內戶口調査漏落分追報

- 隆熙元年 (西紀1907年 12月24日)
- [發] 間島憲兵分隊長 境野竹之進
- [受] 間島派出所長 齋藤季治郎

間憲警第六三號

戶口調査ニ關スル報告

明治四十年十二月二十四日

間島憲兵分隊長 境野竹之進

統監府派出所長 齋藤季治郎 殿

明治四十年十一月十九日間憲警第五一號ヲ以テ, 戶口調査結了ノ旨, 戶口調査表相添ヘ報告致シ置キ候處, 穩城間島ノ內別表ノ通リ脫漏シ居タルヲ發見致シ候ニ付, 此段報告候也.

12. 間島管內一般狀況報告事項의 通報(原案1册)

隆熙2年 (西紀1908年 1月11日)
[發] 統監府副統監 曾禰荒助
[受] 內閣總理大臣 李完用

昨年十二月一日ヨリ同十日ニ至ル間島地方一般ノ狀況ニ關シ, 別紙ノ通リ齋藤派出所長ヨリ報告有之候ニ付, 爲御參考寫及御送付候也.

明治四十一年一月十一日
統監代理副統監子爵 曾禰荒助
太子少師內閣總理大臣 李完用 閣下

附. 間島管內一般狀況旬報

- 隆熙元年 (西紀1907年 12月17日)
- [發] 間島派出所長 齋藤季治郎
- [受] 統監府副統監 曾禰荒助

統派旬第一二號

旬報 自十二月一日至一同十日

明治四十年十二月十七日
統監府派出所長 齋藤季治郎
副統監子爵 曾禰荒助 殿

一. 地方一般ノ狀況

本旬ニ至リテハ淸國官憲ニ於テ益益領土主義ヲ擴張シ, 傍若無人ノ行動ヲ敢テシタル爲メ, 地方民心ヲ甚劇擾騷シ一般ニ不安ノ念ヲ惹起セシメタリ.

二. 淸國官民ノ韓國民ニ對スル不法暴壓ノ行爲

淸國官憲ハ領土主義ヲ擴張シ, 一面韓民ヲ威壓シ一面之ヲ懷柔スルノ策ヲ採リ, 行政ヲ密ニセントシ, 殊ニ一進會ニ對スル壓迫ノ度ヲ進メ, 暴行凌辱至ラザルナク, 地方韓民ヨリノ訴告日ニ多キヲ加ヘ來レリ, 其事實ノ重大ナルモノハ旣ニ電報ヲ以テ報告セリ.

三. 淸韓官民ノ我官民ニ對スル態度

淸國官吏ノ我ニ對スル交際ハ依然親和的ナルモ, 彼我交涉事件ニ就テノ態度ハ, 漸ク倨傲ニ且頗ル强頑ヲ裝フニ至レリ, 我臣民ニ對シテハ天寶山ヲ除ク外, 暴力ヲ以テ之ニ莅シタル事實ナシト雖モ, 本旬ニ入リ左ノ如キ措置ヲ爲セリ, 本年九月初旬ヨリ日商赤萩織吉ト淸人胡常增ト協同シテ, 七道溝奧ニテ木材ノ伐採ニ從事シ居リタルニ, 十二月四日突然胡ハ淸兵ノ爲メニ捕ヘラレ, 大拉子官憲ニ引致セラレタリ, 右ニ依リ同山ニ傭役中ノ淸國人夫十六名ハ大ニ恐レテ下山シ, 又同地方ニ於テ伐木ニ從事シ居リタル韓人モ引致ヲ恐レ一同引上ゲタリ, 其後胡ハ未ダ放免セラレザルモ, 赤萩ハ胡ニ關セズ事業ヲ繼續シ. 別ニ淸兵ノ阻止スルトコロトナラズ, 亦淸國官憲ニ於テハ我邦人ノ局子街地方ニ入リ來ルヲ厭忌シ居ルモノノ如ク, 密カニ同街淸國人ニ對シ日本人家屋ヲ貸與スルヲ禁シタルノ說アリ, 又局子街稽查局ニ於テハ, 自國人同樣日本人ノ戶口調查ヲ行ヒタリ.

四. 所內執務ノ狀況

時漸ク沍寒ノ候ニ入リ, 業務執行困難ノ時ニ當リ, 憲兵隊ニ於テハ下士以下ノ轉隊滿期ノ爲メ, 其過半ハ轉出歸鄕シ, 補充員尙未ダ至ラズ, 僅少ナル殘留員ニ於テ總巡以下巡檢ト協力シ, 能ク繁忙ニ堪ヘ勤務ニ勉勵シ居ルモ, 前記ノ如ク韓民ヨリノ訴告ハ日日多キヲ加ヘ, 日夜更ニ寧時無キノ狀態ニアリ, 總務課及監察課亦繁忙ヲ極ム, 警務課ハ過般總巡以下ノ增員ヲ得シ爲メニ, 之ヲ各分遣所ニ配置シ, 憲兵ト協同勤務セシメ居レリ, 調查課ハ目下出張調查ヲ中止シ. 專ヲ調查報告書ノ調製, 礦石分析終了成績表及ヒ間島內地圖ノ調製, 機械器具ノ整理等ニ從事シ居レリ.

五. 建築工事ノ中止

寒氣凜烈ノ爲メ土工建築作業不可能ナルニヨリ, 工事ハ本旬ニ於テ凡テ之ヲ見合セタリ, 但防寒ニ要スル設備ハ稍稍之ヲ完フスルコトヲ得タリ.

右報告候也.

13. 韓國巡檢被拘事件 및 玄德勝行悖件으로 淸國官憲과의 交涉顚末報告寫本의 送付(原案1册)

隆熙2年 (西紀1908年 1月13日)
[發] 統監府副統監 曾禰荒助
[受] 內閣總理大臣 李完用

會寧間島ニ於テ淸兵ガ貴國巡檢ヲ兵營內ニ拘引シタル件及貴國人玄德勝ナルモノ, 鐘城間島ニ於テ淸國側ヨリ總鄕約ヲ命セラレ, 常ニ淸裝ヲナシ其ノ地方ヲ徘徊シ, 良民ヲ苦ムル旨ノ訴ニ接シ, 派出所ヨリ憲兵ヲ派シ事實取調ノ爲メ同人ヲ召喚セントセシニ, 淸國官憲ハ兵十數名ヲ率ヒ途ヲ扼シテ通行セシメサリシ件等ニ關シ, 齋藤派出所長ト陳昭常トノ間ニ交涉シタル顚末別紙ノ通リ同派出所長ヨリ報告有之候ニ付, 爲御參考寫及御送付候也.

明治四十一年一月十三日
統監代理副統監子爵 曾禰荒助
太子少師內閣總理大臣 李完用 閣下

附1. 同上件에對한特報

隆熙元年 (西紀1907年 12月24日)
[發] 間島派出所長 齋藤季治郎
- [受] 統監府副統監 曾禰荒助

統派秘第一八號

特報

明治四十年十二月廿四日
統監府派出所長 齋藤季治郎
副統監子爵 曾禰荒助 殿

會寧間島ニテ淸兵カ當派出所附韓國巡檢ニ對シ暴行ヲ加ヘ, 且ツ之ヲ兵營內ニ拘引シタル件及ヒ, 本件ニ關シ楠野事務官ヲ使ハシ陳昭常代理者王國琛ト會見シ反覆辯論ノ末, 該巡檢ヲ解放セシメ, 及ヒ其他清兵ノ暴行ニ付キ抗議ヲナサシメタル件ハ, 不取敢往電第六〇號ニテ報告シ置キタルモ, 其際楠野事務官ヨリ手渡シタル覺書ハ別紙第一號ノ通リニシテ, 之ニ對スル王ノ答書ハ別紙第二號ノ通リニ候. 又鐘城間島ニ於テ韓人玄德勝ナルモノ清國側ヨリ總郷約ヲ命セラレ, 常ニ清裝ヲナシ其地方ヲ徘徊シテ良民ヲ苦ムル旨, 韓民ヨリ訴ヘ出テタルニ付, 平田憲兵少尉ヲ使ハシ當派出所ニ召喚シ事實ノ取調ヲナサントシタルニ, 淸國官憲ハ兵數十名ヲ率ヒ途ヲ扼シテ通行セシメサリシ件ハ, 不取敢往電第五九號ニテ報告シタルカ, 陳昭常ハ本月十六日部下官吏ヲシテ本官宛別紙第三號ノ如キ書簡ヲ齎ラサシメタルカ, 之ト行違ヒニテ本官ハ既ニ楠野事務官ヲ派遣シ, 該件ニ付陳昭常ニ交涉中ナリシヲ以テ, 更ニ右書簡ニ對スル訓令ヲ與ヘ事實相違ノ點ヲ指摘シテ之ヲ辨駁セシメ, 辨論ノ末, 玄德勝ノ免職ヲ條件トシテ之ヲ解放スルコトニ決シ, 一ト先本件ヲ落着セシメタル件モ, 亦往電第六五號ニテ報告セシカ如シ, 其際楠野事務官ヨリ手渡シタル覺書ハ別紙第四號ノ如クニシテ, 之ニ對スル清國側ノ答書ハ別紙第五號ノ通リナリ, 本官ハ右第三號書翰ノ回答ヲ兼ネ別紙第六號ノ如キ照會書ニ, 巡檢ニ關スル當方ノ取調寫并ニ玄德勝ノ犯行ニ付キ參考トナルヘキ書類寫, 即チ別紙第七號乃至別紙第九號ヲ添付シ, 時廿三日奧村憲兵大尉·山崎通譯生ヲシテ陳昭常ニ交付セシメ, 玄德勝ノ犯罪ニ付キ公平ニ審理セラレタキ旨ヲ通告セシメタルニ付, 此段及報告候也.

附1屬1. 上件에關한覺書

- 隆熙元年 (西紀1907年 12月15日)
- [發] 間島派出所事務官 楠野俊成
- [受] 督辦吉林邊務 陳昭常

幇辦 吳祿貞

[別紙第一號]

明治四十年十二月十五日楠野事務官ヨリ陳督辦·吳幫辦ヘ手交シタル覺書

覺書

一. 明治四十年十二月十三日貴國兵員ハ會寧間島江城村附近ニ於テ, 在禹跡洞我憲兵分遣所ニ配屬シアル韓國巡檢全泰善ノ帶劍ヲ取上ケ, 同人ヲ砂器洞兵營ニ引致拘留セリ, 右韓國巡檢ハ齋藤派出所長ノ帶同セル韓國官吏ナルコトハ屢次聲明シ置キタル處ニシテ,制服ヲ着用シタル交際國ノ官吏ヲ謂レナク引致スルノミナラス, 其途中我憲兵ハ其理由ヲ問ヒ巡檢ヲ引渡シ其帶劍ヲ返還センコトヲ求メタルモ之ニ應セス, 反テ憲兵ノ背後ヨリ銃ヲ以テ擬シタルニヨリ, 我憲兵ハ無謀ノ衝突ヲ避ケ其引渡ニ任セ, 隊長ニ面談セントシテ砂器洞兵營ニ至リタリシニ, 門ヲ閉チテ應セサリシ, 以上ハ國際通義上殆ント見ルベカラサル暴慢無法ノ處爲ナリト信ス, 故ニ貴官等ハ此ノ如キ暴兵及ヒ其ノ指揮官ヲ嚴重ニ處罰シ, 尙ホ本件ニ對シ適當ナル善後ノ手段ヲ採ラルルヘキコト.

二. 貴國兵員カ從來人民ヨリ諸種ノ物件ヲ無償ニテ徵發ヲ爲スコトニ付テハ, 貴官等ト初對面ノ際ニ於テ貴官等カ將來斯ノ如キコトナカルベシト確言セラレタル處ナリ, 然ルニ今日尙其跡ヲ絶タサルハ右ノ事例ニ照シテ明カナリ, 貴官等ハ何ヲ以テ嚴ニ之ヲ禁絶セラレサルヤ.

(一)十一月廿二日永和社鶴城村住李亨俊ハ, 同村金化一ノ宅ニ至リ居ル際, 淸國官吏ハ鄕約金京順及淸兵二名ヲ伴ヒ入リ來リ, 李ニ對シ江城村各戶ヨリ粟其他ノ物資ヲ徵收スヘキ旨ヲ告ケシヨリ, 李ハ各戶ヨリ徵收セサルモ相當代價ニテ賣却希望者ヨリ買取ルヘク, 不當ノ廉價ニテ買取ルカ如キハ不法ナリト述ヘタルニ, 言未タ終ラサルニ淸兵二名ハ同人ヲ押倒シテ之ヲ毆打シ, 右眼上下ニ擦過傷ヲ負ハシメタリ.

(二)十一月廿七日忠化社尙平洞ニ於テ, 砂器洞稽查所ノ淸兵三名ハ通譯ト共ニ來リ, 鄕約ニ命シ各戶ヨリ粟. 大麥·大豆各四升·柴五束宛ヲ徵收シ, 徵收ニ應セサレハ其戶主ヲ毆打スヘシト脅迫シ, 代價未拂ニテ柴百五十八束·粟十一斗·大豆·大麥各十斗·醬油十椀ヲ徵收シタリ.

(三)十二月七日文化社小珠洞ニモ淸兵來リ鄕約ニ命シ, 薪六十四束·粟五斗·大麥五斗ヲ徵發シ砂器洞稽查所ニ送付セリ.

(四)十二月九日文化社禹跡洞ニ於テ, 同樣ノ徵發ヲ行ヒタルコトアリ.

三. 一進會ノ性質·組織等ニ就テハ, 貴官等ニ初對面ノ際ニ於テ屢屢說明セシカ如シ, 然ルニ近來ニ至リ貴國官吏竝ニ兵員等ハ, 誠ニ甚シキ迫害ヲ同會員ニ加フルノ事實アリ, 即チ十一月廿二日鶴城一進支會事務所ノ家主ヲ淸兵二名ニテ砂器洞兵營ニ同行シテ, 其家屋ヲ該事務所ニ貸與シタルヲ詰責シ, 後チ十二月二日淸兵四名同支會事務所ニ來リ, 其標札ヲ破棄シ事務所ニ闖入シテ支會長ヲ侮辱シ, 其他屢屢棍棒ヲ携帶セル貴國兵七八名宛同村ニ來リ, 一進會員ニアラサルモ斷髮シ居ルモノハ見當リ次第毆殺スヘシト云ヒ觸ラシテ各戶ヲ搜索セリ, 爲メニ右支會ハ其事務所ヲ十二月三日禹跡洞ニ移轉セリ, 尙十二月十二日同地方鶴城村ニ於テ, 貴國兵ハ一進會支會長ヲ毆打負傷セシメ, 步行スル能ハサルニ至ラシメタルヲ以テ, 之ヲ牛車ニ乘セ他ノ書記及ヒ村長等ト共ニ之ヲ砂器洞兵營內ニ引渡拘留セリ, 韓國人カ斷髮ヲ爲スコトニ就テハ, 之レ實ニ韓國皇帝陛下ヨリ詔勅ヲ發セラレタル爲メニシテ, 韓民トシテハ眞ニ正當ノ行爲ナリ, 然ルニ貴國兵ハ斷髮者ヲ目シテ日本黨トナシ, 毆打迫害ヲ以テスルカ如キハ日本人ニ對シ敵意ヲ有スルモノナリ, 交親國ノ官吏タル貴官等ハ何故之カ取締ヲ爲ササルヤ.

四. 鐘城間島上泉坪養生學堂ニ於ケル韓人生徒ニ對シ, 貴國官吏カ弁髮ヲ强ヒタル事件ニ付テハ, 十二月十二日付照會セシカ如シ, 右ニ對シ本官ハ齋藤派出所長ノ命ヲ受ケ, 玆ニ之ヲ抗議ス.

明治四十年十二月十五日
吉林邊務督辦公署ニ於テ
統監府派出所附 楠野俊成

附1屬2. 同上覺書에對한回答

隆熙元年 (西紀1907年 12月15日)
[發] 督辦吉林邊務 陳昭常
　　幇辦 吳祿貞
　　代理王國琛
[受] 間島派出所長 齋藤季治郎

[別紙第二號]

答書

承告稽查處有兵營拘留韓巡檢事, 此事想因不知爲韓之巡檢所爲, 緣敝處竝不知該地有韓巡檢, 則該地之軍隊, 自不得知之也, 萬一有拘留韓巡檢事, 必有特別事故, 決無無故拘留之理, 當査明酌辦, 今晩即遣人告知, 將該巡檢釋放或送交齋藤大佐處辦理可也, 以後即當報知各軍隊, 如有軍眼[1]之巡檢犯事, 不必拘留, 即送交齋藤大佐處處理, 以全交誼.

---

1 眼 : 문맥으로 보면 '服'이 되어야 할 듯하다.

(一)再此事玆查明, 果爲我軍隊有過, 定將該軍官處罰, 倘另有他故, 則當更議.

(二)俟查明, 再應如何辦理再覆, 若軍隊有不法事件, 定當處罰.

(三)再一進會有犯法事件, 敝處定照華民一律辦理, 若安分者, 必與善良之華韓人民一律保護, 彼日本裝及斷髮者, 與常民視同一例, 竝不加迫害, 再一進會如不干預地方行政及有防礙我國主權事件, 則當視目善良教會, 其樹門牌等事, 均不加毁棄, 若藉會爲名, 以惑衆滋事者, 則不在此例.

(四)俟詳覆齋藤大佐.

光緖三十三年十一月十一日
吉林邊務隨同辦事及陳督辦代理人 王國琛

附1屬3. 上件中玄德勝逮捕에對한抗議

- 隆熙元年 (西紀1907年 12月16日)玄德
- [發] 督辦吉林邊務 陳昭常
- [受] 間島派出所長 齋藤季治郎

[別紙第三號]

敬啓者. 本日據憐慶街派辦處事務員王長齡' 管帶門振中報告, 初十日申刻, 有貴國憲兵二名, 將總鄕約玄德勝傳至三道骨牌, 竝有貴國官平田緘次郞, 在該社等候, 欲將玄德勝帶赴六道溝. 經王委員等據理阻止, 貴國官兵等不但不從, 反持手槍相向, 意欲用武, 經王委員再三勸說, 力爲擔保, 竝未開釋等情前來. 查貴大佐來此, 只能保護韓民, 不得干預地方一切情事, 業經再三知照在案. 總卿[2]約玄德勝, 雖原籍韓人, 久經薙髮歸化, 實與華民無間, 況玄德勝曾經捐授敝國府經歷職銜, 竝經地方官, 委爲該處總鄕約之職, 貴大佐想亦早有所聞, 無論事體如何, 皆不得遽行此無理擧動, 玆特派本處繙譯官范恩溥, 賫函前往, 面謁貴大佐, 請即刻飭三道骨牌之貴國官兵等, 將所傳去之玄德勝即行釋放, 免妨彼此交誼, 不勝盼切, 即頌時祉.

十一月十二日
名另貝

---

2 鄕: 대본에는 '卿'으로 되어 있다. 본문의 '總鄕約' 등에 근거하여 바로잡았다.

附1屬4. 同上玄德勝件에對한覺書

- 隆熙元年 (西紀1907年 12月17日)
- [發] 間島派出所事務官 楠野俊成
- [受] 督辦吉林邊務 陳昭常代理王國琛

[別紙第四號]

明治四十年十二月十七日局子街南營ニ於テ, 楠野事務官ヨリ陳督辦代理者王國琛ヘ交付シタル覺書.

覺書

一. 韓人玄德勝(此者ハ去ル十月齋藤派出所長鐘城間島ニ至リシトキ自カラ韓人ナリト名乘リ同所長ヲ迎ヘタルモノナリ)ハ鐘城間島ノ廣遼域ニ亘リ, 韓人ヲ脅嚇シテ金錢ヲ强取スル廉ヲ以テ, 同地方韓人ヨリ保護ヲ訴ヘ出テタルニヨリ, 事實取調ノ爲メ平田憲兵少尉ハ同人ヲ派出所ニ同行セントスルニ當リ, 同地守備隊長門振中·派辦所員王長齡兩氏ハ, 貴國兵十數名ヲ引率シテ之ヲ遮リ, 憲兵ヲシテ職務ヲ執行スルコト能ハサラシメ.

二. 七道溝ニ於テ日淸人協同ノ伐木事業ヲ禁止スルハ不法ナリ.

三. 散髮者ヲ豆滿江ノ對岸ニ放逐セシメツツアルハ如何ナル理由ニ基クヤ.

四. 本月十五日付覺書ニ記上シタル韓國巡檢全泰善ヲ不法ニ引致シタル淸國兵及隊長ハ如何ニ處罰セシヤ, 迅ニ處罰アリタシ.

五. 右同上ニ記上シタル一進支會長ヲ迅ニ解放スヘシ, 且ツ聞ク處ニヨレバ同人ハ今十七日朝ニ於テハ知府衙門內ニ饑餓ノ爲メ殆ント人言ヲナスノ氣力ナシト云フ, 甚タ不都合ノ極リナリト言フヘシ.

明治四十年十二月十七日
吉林邊務督辦公署ニ於テ
統監府派出所附 楠野俊成

附1屬5. 同上覺書에對한回答

- 隆熙元年 (西紀1907年 12月17日)
- [發] 督辦吉林邊務 陳昭常代理人王國琛
- [受] 間島派出所事務官 楠野俊成

[別紙第五號]

答書

一. 總鄕約玄德勝

倘有不當行爲, 自應將我督·幫辦及地方官處理, 貴處不能直接傳訊承允, 將玄德勝開釋, 自是兩國交誼之道, 敝處如查明玄德勝, 有虐害人民, 告示而實行之者, 及有因無據之言, 而實損害貴統監府所派人員之正當行動者, 竝實有强取民財等事之確據, 自當開去其鄕約之職, 又承傳飭一進會不再檀出告示·廣告等件, 及謠言惑衆, 以損我行政之權, 敝處必禁玄德勝, 不許再出告示以妨一進會, 竝當傳知各屬, 勿布浮言, 以侵貴統監府及貴憲兵現在延吉之名譽, 期彼此常敦睦誼, 各警飭所屬爲要, 以後敝處自當嚴戒官兵, 不許防害貴憲兵之正當行爲, 而貴處亦宜嚴戒憲兵及所屬, 勿得妨害我官兵之正當行爲及行政·司法各事, 免致別生事端.

二. 七道溝一帶伐木

督·幫辦到此, 即諭和龍峪府經歷張, 封禁形松背一帶地方山林, 歸爲官有森林, 統由官辦, 以其山, 原爲官有之山, 故有此禁, 至日·淸人協同伐木事件, 以後自當一律禁止, 若爲前此不知犯禁, 已運出山者, 從權聽其運售, 不加阻止, 如府經歷有拘留華木工之事, 查無別項情節, 則飭命即日釋放, 此時現經封禁, 無論中國人外國人, 皆不得私自採伐, 俟界務解決再議.

三. 放逐斷髮者送圖們江之事

本處現無此命令, 俟查明後再覆.

四. 稽查處地方有巡檢服裝之韓人, 對於我兵士, 有持刀扎傷其身體之不法擧動, 該地敝國官兵, 將其人拘帶, 即日送來本處聽辦, 我督·幫辦, 問其人竝非越墾韓人, 已送交齊藤大佐處, 請其處理, 竝將該官弁·兵卒, 嚴行責付矣.

五. 現延吉廳內暫留之越墾韓民一名, 因其有持刀傷人之事, 故未能即刻解放, 必俟查明確實, 或免罪或罰, 方能定奪, 至今其饑餓則無其事, 如差役有此不當行爲, 自當嚴加責付.

光緒三十三年十一月十三日

吉林邊務隨同辦事官陳督辦代理人 王國琛

附 2. 同上王國琛回翰(別紙第五號)에對한抗議

- 隆熙元年 (西紀1907年 12月23日)
- [發] 間島派出所長 齋藤季治郎
- [受] 督辨吉林邊務 陳昭常

[別紙第六號]

以書翰致啓上候. 陳者, 范勫譯官ヨリ交付セラレタル清曆十一月十三日付ノ貴翰正ニ接手致シ候. 貴翰ノ要旨ニ關シテハ, 其際已ニ貴官ノ許ニ使ハレタル楠野事務官ヨリ反覆辨明シタルニ付キ, 今更回答ノ要ナキモノト認メ候. 但シ楠野事務官ヨリ提出シタル覺書ニ對スル貴官ノ代理王國琛氏ノ答書中ニハ, 本職ニ於テ認容スル能ハサル點モ有之候ニ付キ, 預メ御承知置キ相成度候. 貴國兵員カ當派出所巡檢ニ對シ暴行ヲ加ヘ, 且ツ之ヲ拘留シタル件ニ關シ, 貴官カ正當ノ處置ニ出テラレ速ニ之ヲ解放セラレタルハ, 深ク幸トスル處ニ有之候. 右ニ付キ本職ハ最モ公平ニ最モ愼重ニ, 更ニ該巡檢ノ取調ヲ命シタルニ, 其ノ結果ハ, 當初村民ニ就キ取調ヘタル事實ト符合シ, 巡檢カ先ツ劍ヲ拔キ貴國兵員ニ抵抗シタリトノ事實ハ全然無根ナリト認定シ該巡檢ヲ放免致候. 鄕約玄德勝ノ件ニ關シテハ, 本職ハ交誼ヲ重ンシ之レカ解放ヲ命シ候ニ付, 約束ノ如ク貴官ニ於テ公平愼重ニ審問相成度候. 仍テ兼ネテ我憲兵ニテ取調ヲナシタル別紙報告書寫及ヒ, 玄ノ出シタル告示文寫竝ニ前記巡檢ノ取調書寫, 參考ノ爲メ供貴覽候. 尙ホ奧村憲兵大尉·山崎通譯ヲ差遣致シ候ニ付キ, 別紙ニ關シ疑義モ有之候ハバ, 充分ニ質問セラレ以テ審理ノ正鵠ヲ期セラレ度, 此段右御照會得貴意候. 敬具.

明治四十年十二月二十三日

統監府派出所長 齋藤季治郎

吉林邊務督辨 陳昭常 閣下

附 2 屬1. 同上第六號書翰에添付한韓警引致事件調査書

- 隆熙元年 (西紀1907年 12月 14日)
- [發]
- [受]

[別紙第七號ノ一]
巡檢引致事件ニ關スル憲兵ノ報告拔萃.
巡檢引致事件ニ關シ, 十二月十四日村民ニ就キ其事實取調ヘタル處左ノ如シ.

一. 巡檢カ江域村ニ行キタルハ十二月十三日午前十一時頃ニシテ, 午後二時頃鶴城村一進支會協議員朴奎彦ノ宅ニ立寄リ支會長ノ負傷ヲ檢セントシタルモ, 同人ハ已ニ清兵ヨリ砂器洞兵營ニ引致セラレタル後チナルヲ以テ, 同家ヲ立出テ歸途ニ就キタリ.

二. 歸途鶴城村西南端約二丁ノ處ニ來リタルニ, 清兵六名銃ヲ携ヘ驅ケ來リ, 無言ノ儘巡檢ヲ引致セントシ以テ, 六名ニテ巡檢ヲ毆打シ遂ニ顚倒セシメ, 一名ノ清兵ハ巡檢ノ佩刀ヲ拔キ取リタリ, 此實狀ハ鶴城村小兒等數名ノ現認スル處ニシテ村民ノ言一致シ, 又タ清兵ノ出テ來リタルハ, 江域村住淸國鄕約金京順ヨリ, 同村ニ巡檢一名, 何カ調査ノ爲メ來リタル旨清兵ニ密告シタルニ依ルト云ヒ居ルモノアリ.

三. 其後二·三ノ清兵, 巡檢ヲ引キ起シ江域村方面ニ連レ行キ, 次テ鶴城村守備隊ニ引致シタルニ, 其途中巡檢ハ永化社社長李亨俊ニ出會シタルヲ以テ, 此狀ヲ禹跡洞憲兵派遣所ニ通知シテ吳レト賴ミ, 社長ハ同村民朴泰金ヲシテ松堰村長父成烈ニ命シ急報セシメタルモノナリ, 李亨俊ノ出會シタル時, 巡檢ハ帽及ヒ刀ヲ清兵ニ取上ケラレ居リタリトハ同人ノ現ニ認ムル處ナリ.
明治四十年十二月十四日

附 2 屬2. 同上第六號書翰에添付한韓國巡檢全泰善聽取書

- 隆熙元年 (西紀1907年 12月16日)
- [發]
- [受]

[別紙第七號ノ二]
聽取書

原籍韓國平安北道順川郡活面松浦全洞 平民尙燮次男
當時間島統監府派出所警務課付禹跡洞憲兵派遣所巡檢 全泰善 二十七年右明治四十年

十二月十三日, 淸國官憲ノ爲メニ砂器洞稽査所ニ引致セラレタル件ニ付, 十二月十六日當分隊ニ出頭, 左ノ通リ供述ヲ爲シタリ.

一. 十二月十三日午前九時, 私ハ禹跡洞憲兵派遣所憲兵上等兵關山辰次郎ヨリ, 村落巡察ヲ兼ネ其前日鶴城村一進會支會長朴禹英·同書記南粁煥及村長金鍾洛等カ, 鶴城村駐屯淸兵ノ爲メニ毆打セラレタルヤノ事實取調ノ爲メ出張スヘキ命ヲ受ケ, 同日午前十時三十分頃禹跡洞ヲ出發鶴城村ニ行キ, 尙ホ江域村ヲ巡察シ歸途ニ就キタルニ, 午後二時三十分頃鶴城村通過ノ際, 同村淸國守備隊ノ兵營ヲ距ル北方約八丁程ノ處ニテ, 淸國官兵六名ニ出會致シマシタ.

一. 然ルニ其官兵六名ハ二列行進ニテ私ノ方ニ向テ來マシタ, 先頭ノ二名ハ突然私ニ向ヒ止マレト申シマスカラ, 私カ止マリマスト, 軍刀ヲ見セヨト云ヒマシタカラ, 私ハ軍刀ヲ見セルコトハ出來ナイト答ヘマシタ處, 淸兵ハ直ニ彼カ携ヘテ居リマス銃ヲ以テ, 私ノ刀柄ヲ握ツテ居リマス左手ノ甲ヲ毆打シ, 續イテ右肘ヲ毆打シマシタ.

一. 前ニ上ケマシタ通リ, 私ハ刀ヲ奪ハレテハナラスト思ヒマシテ, 左手ニテ刀柄ヲ押ヘテ居リマスト, 他ノ四名ノ淸兵モ來リマシテ左右ヨリ私ヲ亂打シ, 遂ニ一名ノ兵カ私ノ肩ヲ持テ仰向ケニ私ヲ倒シ, 一名ノ兵ハ私カ一生懸命ニ振ツテ居リマス左手ノ拇指ヲ折レル樣ニ押シ開キ, 刀身ノミヲ奪ヒ取リマシタ, 而シテ其際ハ私カ丁度仰向ケニ倒シ, 其下ニ軍刀ヲ拔ヒテ居リマシタノヲ無理ニ取リマシタカラ刀鞘ハ殆ント折レ軍刀ノ身モ曲リマシタ, 尙ホ刀尖ノ折レテ居リマスノハ, 刀身ヲ淸兵カ杖ノ代リニ致シマシタカラ其樣ニ折レテ居ルノテアリマス, 此時刀鞘ノ凹所及刀身ノ全部ヲ差示シタリ.

一. 而シテ彼ノ淸兵等ハ私ノ刀身ヲ奪取スルト毆打ヲ止メマシタカラ, 私カ起キ上リマスト, 淸兵ノ一名ハ韓語ヲ以テ今日私ノ行キマシタ先ヲ尋ネマシタカラ, 私ハ江域村方面ヲ巡察シ同村村長ノ宅ニ立寄リ今歸ル途中テアルト申シマスト, 淸兵ハ是非私ニ同村長李鎭文ノ宅迄案內セヨト云ヒマシタカラ, 私ハ汝等ノ爲メニ毆打セラレ, 身體諸所痛ミニ堪ヘス, 依テ同行スル能ハスト答ヘマシタ處, 淸兵等ハ私ノ手ヲ引キ强テ李鎭文宅ニ連レ行キマシタ.

一. 淸兵ハ夫レカラ李鎭文宅ニ到リ, 汝ノ家ニ鶴城村長金鍾洛カ潛伏シ居ルナラント詰問シマスト, 李鎭文ハ私宅ニ居ラサル旨ヲ答ヘマスト, 淸兵ノ一名ハ右手ニテ李鎭文ノ左頰ヲ毆打シ, 一名ハ私ヨリ奪ヒ取リマシタ刀身ヲ以テ同人ノ腰ノ部ヲ毆打シ, 其後家宅搜索ヲ爲シ金鍾洛カ居リマセヌカラ, 私ト李鎭文ヲ連レ金鍾洛方ニ到リマシタ處, 金ノ宅ハ何人モ居リマセン, タカラ其附近五六軒ヲ家宅搜索シマシタナレトモ金鍾洛カ居リマセスヌカラ, 李ハ歸宅ヲ許サレ, 私ノミヲ鶴城村駐屯ノ淸國兵營ニ連レ行キマシタ.

一. 同日午後四時鶴城村ノ兵營ニ到着シマスト, 淸兵ノ一名カ私ニ向ヒ何故汝ハ斷髮シ居ルヤト問ヒマシタカラ, 私ハ巡檢テアルカラ斷髮シタト答ヘマスト, 尙巡檢ハ如何ナル行動ヲ爲スモノナルヤト問ヒマシタ故, 私ハ韓國民ヲ保護スルノカ職務テアルト申シマスト, 小國民ノ保護トハ何タト云ヒマシテ, 其儘約四十分許リ其兵營ニ留メラレ, 今度ハ四名ノ淸兵ニ連レラレ, 砂器洞稽查所ニ向ヒマシタ, 途中禹跡洞通過ノ際, 憲兵派遣所前ニ行キマシタカラ, 私ハ空腹ノ爲メ當所ニ立寄リ食事ヲスルト云ヒマスト, 淸兵ハ如斯事ハ出來ヌト云ヒマシタ, 其聲ヲ聞キ派遣所ノ憲兵上等兵關山辰次郎氏カ出テ來テ, 私カ刀ヲ持テ居リマセヌカラ, 刀ハ如何シタカト問ハレマシタカラ, 私ハ此淸兵ニ奪ハレタト申シマスト, 關山上等兵ハ其刀ハ巡檢ノ刀テアルカラ, 本人ニ反還セラレタシト淸兵ニ云ハレマシタケレトモ, 淸兵カ返還シマセヌカラ, 同上等兵ハ其刀ヲ取リ返ソウトシマスト, 淸兵ノ三名ハ同上等兵ニ銃ヲ擬シ今ヤ發火セントシマシタカラ, 手ヲ放シマシタ故, 淸兵等ハ私ヲ强テ砂器洞ニ連レ行キマシタ.

一. 同日午後六時頃砂器洞兵營ニ到着シマシタ, 食後同七時頃派辦所ニ連レ行カレ, 同所事務員孫棣安ノ取調ヲ受ケマシタ, 最初孫ハ私ニ向ヒ韓國人ノ通譯ヲ以テ, 汝ハ何ノ目的ヲ以テ斷髮ト成リシヤト問ヒマシタカラ, 私ハ巡檢ニ成ル爲メニ斷髮シタト答ヘマスト, 何處ノ命令ニ依リ巡檢ト爲リタリヤト問ヒマシタカラ, 韓國警務聽ノ命令ニ依ルト答ヘマスト, 孫ハ更ニ當時ノ上官ノ氏名ヲ問ヒマシタカラ, 上官ハ李庚在ナル旨答ヘマスト, 汝ハ官服ヲ着シナカラ何故ニ拔劍シ我軍人ノ被服ヲ破棄セシヤト問ヒマシタカラ, 私ハ孫ニ向ヒ貴官ハ何ヲ申サレマスカ, 今日私ハ巡察ヲ終ヘ歸途貴國兵六名ニ出會シマスト, 無法ニモ突然私ヲ毆打シ六名總掛リニテ私ノ軍刀ヲ奪取セラレタノテアリマシテ, 私ハ決シテ拔劍ヲナシタコトカアリマセヌ, 速カニ貴國兵ニ對シ嚴重ノ取調アリタシト答ヘマスト, 孫ハ大聲ニテ二三回何カ私ヲ威喝シタル後, 監視ノ淸兵ニ命シ, 外套·上衣·刀帶·刀鞘·呼笛等ヲ押取シ, 尙辭令書ヲ差出スヘキ旨ヲ命セラレマシタカラ, 短衣ノカクシヨリ辭令書ヲ出シ渡シマシタ.

一. 然ルニ私ヲ監視シテ居リマシタ淸兵中三名ハ, 私ヲ後手ニ縛シ上ニ釣リ下ケ, 手ニテ私ヲ亂打シマシタ, 其際一進會支會長朴禹英·同書記南斬煥及鶴城村長金鍾洛ノ三名モ私ト同樣捕縛ノ上釣リ上ケ, 約一時間後孫及鶴城村守備隊長陳鴻鄕竝ニ淸兵八名カ參リマシテ, 私共ヲ捕縛ノ儘牛車四臺ニ各一名ノ監視兵ヲ付シ, 孫及陳ハ乘馬, 殘リ四名ノ兵ハ徒步ニテ, 午後九時三十分頃砂器洞兵營ヲ出發, 西來洞ニ至リ一泊,翌十四日大拉子兵營着一泊, 翌十五日東盛街兵營ニ至リ, 同日午後十一時頃同地出發, 十六日午後二時頃局子街南營ニ到着, 同七時頃私共四名ヲ解繩シマシタ, 併シテ砂器洞出發當時外套及帽子ヲ返還シテ呉レマシタ.

一. 午後二時頃南營ニ於テ, 洋服ヲ着シタル三十才餘ノ隊長カラ私ヲ呼ヒ出サレマシテ, 韓國人ノ通譯ヲ以テ帶劍スヘキ旨ヲ命セラレ私ノ曩ニ奪取セラレマシタ劍ヲ返シテ呉レマシタカラ, 私ハ帶劍シマスト, 最初汝ハ何故ニ斷髮シ居ルヤト問ヒマシタカラ, 私ハ巡檢テアルカラ斷髮シ居ルト答ヘマスト, 汝ハ何處ノ命令ニテ巡檢ニ成リタルヤ問ハレマシタカラ, 警務廳ノ命令ニテ巡檢ニ成リタリト答ヘマスト, 拔劍ハ如何ナル場合ニナスヤト問ハレマシタカラ, 私ハ豫テ上官ヨリ教ヘラレマシタノハ, 人民保護上止ムヲ得サル場合, 及自分ノ身體ヲ防患スルニ他ニ手段ナキ場合ニ拔劍シテ差支ナキ旨ヲ教ヘラレテ居リマスト答ヘルト, 然ラハ何故汝ハ拔劍シ我國兵ノ被服ヲ破リタルヤト問ヒマシタカラ, 私ハ決シテ拔劍シタノテハアリマセヌ, 即チ私カ鶴城通過ノ際貴國兵六名ニ出合シマスト, 無法ニモ貴國兵ハ突然私ヲ毆打シ且ツ劍ヲ奪取シタノテアリマスカラ, 嚴重ニ取調ヘラレタシト答ヘマスト, 隊長ハ之テ取調ヘル事ハナイカラ, 只今ヨリ龍井村ヘ部下ヲ付シ送リ届ケテヤルト申サレマシテ, 官吏一名 · 通譯生一名 · 乘馬兵二名ニテ, 私ヲ無盖馬車ニ乘セ當龍井村ニ送ラレマシタ次第テス, 全泰善右供述セシニ付, 通譯ヲシテ讀聞セタル處, 相違ナキ旨申立ツルヲ以テ署名捺印セシム.

明治四十年十二月十六日 於間島憲兵分隊陸軍憲兵曹長 岡本勇次郎

通譯 山根仲亮

附 2 屬3. 同上第六號書翰에添付한巡檢全泰善引致事件證人의聽取書

- 隆熙元年 (西紀1907年 12月17日)
- [發]
- [受]

[別紙第七號ノ三]

聽取書

永和社鶴城村社長 李亨俊 當四十四年

右ハ禹跡洞派出所ニ服務ノ巡檢全泰善カ清兵ヨリ暴行ヲ受ケタル件ニ付, 明治四十年十二月十七日午後二時本職ノ通知ニ依リ出頭シ, 左ノ通リ陳述ヲ爲セリ.

一. 明治四十年十二月十三日午後十一時, 私方ヘ巡檢全泰善來リ, 一進會支會長ノ宅ハ何レナリヤト聞ケリ, 其時丁度一進會支會長朴禹英カ寄寓セル宅ノ子供カ來リ居リタルヲ以テ, 其子供ニ案內セヨト云ヒ, 巡檢ハ共ニ行キタリ, 而シテ後巡檢ハ江域村ニ至リ, 歸途午後三時頃, 鶴城村附近ニテ突然淸兵四名カ驅ケ來ルト同時ニ逃ケル巡檢ヲ追跡シ, 遂ニ之ヲ途上ニテ捕ヘ, 銃ヲ以テ臂部ヲ衝キ, 又ハ足ニテ蹴リ巡檢ハ其場ニ倒レタリ.

一. 夫ヨリ後, 淸兵二名來リ都合六名ニテ江域村ニ連レ行キ, 同地ノ村長金鍾洛ヲ搜査セシモ不在ナルヨリ, 巡檢ヲ鶴城村守備隊ヘ連レ行ク途中, 私ノ宅前ヲ通過セルニ付, 私ハ巡檢全泰善ニ向ヒ貴官ハ何故帽子及劍等ハナキヤト尋ネタルニ, 巡檢全ハ私ニ對シ淸兵ヨリ亂打サレ剩サヘ如斯劍及帽子ヲ奪ハレタルニ付, 此狀況ヲ憲兵派遣所ヘ急報シ吳レト云フニ依リ, 他ノ人民ヲシテ一面派遣所ヘ急報セシメ, 私ハ巡檢ヲ淸兵カ連レ行ク後ヨリ守備隊ヘ到リシニ, 間モナク淸兵カ巡檢ヲ砂器洞守備隊ヘ連レ行キシ次第ナリ.

一. 私ハ淸兵カ巡檢ヲ亂打シタル最初ヨリ目擊シタルニアラサルモ, 巡檢ノ淸兵ヨリ亂暴ヲ受ケタルトキハ, 村童之ヲ見タリ, 巡檢ハ淸兵ニ對シテ少シモ抵抗セサリシト云フ.

一. 淸兵カ巡檢ニ對スル暴行ノ原因ヲ私カ考フルニ, 江域村鄕約金京順カ鶴城村守備隊ノ命ニ依リ村民ヨリ粟及金錢ヲ徵收シタルヲ, 或日巡檢カ取調ニ行キタリシト, 又十二月十三日モ再ヒ巡檢カ同村ニ何カ取調ニ到リシヲ, 鄕約金京順ハ直チニ鶴城守備隊ヘ巡檢ノ來リ居ルコトヲ密告セシヨリ, 淸兵四名驅ケ來リ巡檢ヲ捕ヘ暴行シタルモノナリト思料ス.

右陳述ヲ錄取ス.

明治四十年十二月十七日

附 2 屬4. 同上第六號書翰에添付한玄德勝罪狀調查書

- 隆熙元年 (西紀1907年 11月13日)
- [發]
- [受]

[別紙第八號ノ一]

玄德勝ノ田券耕[講誤]施行ニ關スル報告

霽晴社社長金希烈·霽霞社社長金斗信·月朗社社長孫宗哲等ハ, 淸國十社都憲玄德勝ヨリ各社各百圓宛ノ金ヲ徵收セラレタル告訴事件ニ付, 命ヲ受ケ明治四十年十一月九日霽晴社ニ, 同十日霽社ニ, 同十一日月朗社ニ巡檢崔泰郁ト共ニ出張, 取調ヘタル處左ノ如シ.

一. 霽晴社ノ事項

光武十年(昨年)陰曆十月十七日正午十二時頃, 淸國十社都憲玄德勝ハ同社大獐洞村淸國現社長韓忠任(二十五年)方ニ來リ, 午後五時過クル頃韓社長同道ニテ隣家ナル朴道日(廿六年)方ニ至リ, 當社ノ人民ヨリ田地券ヲ持チ來ラシメテ田券講(田券講トハ各自所有ノ田地券ヲ取リ上ケ各本人所有地ノ東西南北ニ隣接セル土地ノ所有者ノ氏名ヲ一一問ヒ訊スヲ云フ)ヲ爲スヘシト云フニ依リ, 韓社長ハ之ヲ牌頭(小使)張南点(四十二年)ニ命シ社內ノ各統首(統首トハ十家或ハ十五家以內一人アリ各家ノ所用ヲ辦スルモノ)ニ傳ヘシメタリ, 此日各人民等ハ朴道日ノ家ニ午後七時頃ヨリ田地券ヲ持チ來リ集リ, 田地券ヲ玄都憲ニ差出シタルニ, 集合者ハ村內統首頭民(村內ノ有力家)其他二十名計リニ達シタリ, 午後十一時頃, 玄都憲ハ各人民ニ向ヒ田券講ヲ爲スヘキコトヲ告ケタリ. 人民等ハ田券講ヲ爲サハ, 東西南北ニ對スル土地所有者ハ誰ナルヤヲ知得セサル者多キヲ以テ, 玄都憲ニ田券講ヲ止メン事ヲ願ヒタルニ, 玄ハ然ラハ金ヲ出スヘシト, 依テ人民等ハ何程出金シテ可ナルヤラ尋ネタルニ, 玄ハ金貳百圓ヲ持チ來ルヘシ, 然ラハ之ヲ止メントコヒシモ, 人民等ハ哀願シテ金百圓ニテ赦免アラン事ヲ乞ヒ, 遂ニ玄都憲ハ其乞ヲ入レ當夜午前二時頃迄ニ金百圓ヲ自宅ニ持參スヘキコトヲ云ヒ置キ, 夜午後十二時頃乘馬ニテ歸宅ノ途ニ就キタリ, 其後人民等相集マリ, 一統ニ付各五圓宛ヲ集金シ, 二十統ヨリ百圓ヲ集メ同社富端坪村李斗永(三十三年)同社大獐洞村韓明汝(四十九年)同村吳玄伯(五十二年)同村梁學善(二十五年)同社富瑞坪村朴士根(二十九年)同村申成龍(三十三年)ノ六人ヲシテ持チ行カシムル事ト爲シ, 現金百圓ヲ朴士根ヲシテ携帶セシメ, 六人同道ニテ翌十八日午前五時頃光宗社赤瓦坪村玄都憲宅ニ至リタルニ, 玄ハ他出シ居ラサルヲ以テ, 暫ク待チ合セタルニ, 玄ハ同時三十分頃光霽峪淸國官衙ヨリ歸リ來リシヲ以テ, 面接ノ上, 金百圓ヲ玄德勝ニ渡シタリ, 其後社內人民等ハ田券講ノ爲メ出金シタル百圓ヲ各田地券所有者ヨリ田地ノ多寡ニヨリ計算徵收シ, 前キニ出金シタル各統首等ニ返還セリ, 其方法ハ每一日耕(一日耕トハ牛ニテ一日耕シ得ル土地ヲ云フ)ニ付韓錢六十六文(我拾壹錢)宛ヲ徵集シタリ, 當時該事件ニ關連シタル現淸國霽晴社社長韓忠任及同社統首李斗永·同申成龍·同韓明汝·頭民同社大獐洞村李南圭(五十四年)同村崔允汝(五十一年)同村方順應(六十年)其他同社社長金希烈等ニ就キ事實ヲ確メタルニ, 該事實ノ相違ナキコトヲ證言セリ.

二. 霽霞社ノ事項

淸國十社都憲玄德勝ハ, 光武十年陰曆九月十日正午十二時頃, 現淸國同社社長同社詩建坪村韓昌成(四十五年)方ニ來リ, 韓社長ニ同社內ノ各人民ヨリ各自ノ田地劵ヲ持チ來ラシメン事ヲ命シタリ, 韓社長ハ之ヲ同社內ノ五屯甲長岳沙坪村高連五(三十六年)仲坪村田文京(二十九年)詩建坪村趙俊三(三十九年)曲口尾村崔道汝(四十八年)芝風峴村方允汝(六十一年)ニ傳ヘタリ, 而シテ五屯甲長ハ又之ヲ各人民ニ傳ヘタルニ, 翌九月十一日正午前頃(時間不詳)人民等ハ各自田地劵ヲ持參シ韓社長ノ家ニ集マリタルモノ凡ソ四百餘名ニシテ, 此時玄都憲ハ各人民ヨリ田地劵ヲ受取リ田劵講ヲナスヘシト告ケ, 田地劵所有者ヲ一名宛己レノ前ニ坐セシメ置キ, 玄ハ所有者ノ田地劵ヲ持チ田地劵ニ記載シアル東西南北ニ隣接セル所有者ノ姓名ヲ問フニ, 答ヘ得ルモノアリ答ヘ得サルモノアリ, 而シテ二三人ヲ講シ去リ, 玄ハ田劵講ヲ爲シ得タル者ハ家ニ歸ルヘシ, 爲シ能ハサルモノハ歸ルヲ得スト爲シ, 且ツ田地劵ハ玄都憲ニ取リ上クヘシト達シタリ, 依テ人民等ハ相談ノ上, 金百圓ヲ玄都憲ニ贈ル事ニ定メ, 田劵講ヲ止メンコトヲ頭民同社仲坪村朱士允(六十八年)ヲ介シ韓社長ヨリ玄都憲ニ申込マレタリ, 玄ハ之ヲ聽キ田劵講ヲ中止シ, 前ニ田劵講ヲ爲シタル二三人ノ者ニ田地劵ヲ還シ, 又各人民ノ田劵ヲモ返還シ各人民等ヲ歸宅セシメ, 而シテ玄ハ翌十二日歸宅シタリ, 其後玄ニ送ルヘキ金百圓ヲ集ムル爲メ, 同月十四日(午後時間不詳)ニ同社內各甲長·頭民等ハ同社仲坪村金丙賢(三十六年)方ニ相集マリ, 田地劵所有者ヨリ每一日耕ニ付五十六文(日貨九錢參厘餘トナル)宛ヲ集金スル事トシテ, 同年十一月六日迄ニ各甲長ハ集金ノ上, 韓社長ニ金百圓ヲ渡シタリ, 韓社長ハ之ヲ同日中ニ玄都憲宅ニ持チ行キタリ, 右ノ事實ハ關係者前記韓社長及甲長方允汝ハ不在ナルモ, 其他ノ四屯甲長及頭民同社仲坪村南聖康(六十七年)同村朱士允(六十八年)同村金友天(五十五年)其他各人民ヨリ確メタリ.

三. 月朗社ノ事項

光武十年陰曆九月二日頃(時間不詳)玄都憲ハ元淸國月朗社社長水南村曹化龍(三十六年)ノ家ニ來リ, 社內一般人民ノ田劵講ヲ爲スヘキニ依リ, 各自田地劵ヲ持チ來リ明三日早朝ヨリ集マルヘキ事ヲ命シタルニヨリ, 曹社長ハ同社甲長金風先童(二十五年)ニ之ヲ傳ヘ, 金甲長ハ各人民ニ傳達シタリ, 而シテ翌三日午前七時頃ヨリ田地券ヲ持參シ人民等ハ曹社長ノ家ニ集マリタル者百餘名ニ達セリ, 午前九時頃ニ至リ, 玄都憲ハ人民ヨリ田地券ヲ取リ上ケタル後, 一一田地券所有者ニ向ヒテ田券講ヲ爲シ, 之ヲ了リタルハ午後八時頃ナリキ, 而シテ田券講ヲ爲シ得タルモノハ家ニ歸ルヲ得タリ, 其時田券講ヲ爲シ能ハサル者同社水北村嚴秉權(三十六年)同村吳敏英(四十八年)同村朴成根(四十六年)同村吳敏俠(三十六年)同村崔奉世(三十六年)同村崔俊相(四十二年)箕洞村朴陽能(五十年)同村金元五(三十五年)同村金龍俊(二十六年)同村金明五(五十三年)同村崔尹元(三十五年)ノ十一名ノ者ニシテ, 玄都憲ハ以上ノ十一名ノ者ニ向ヒ, 田券講ヲ爲シ能ハサルヲ以テ各田地券ノ所有者ニアラサルヘシ, 故ニ田地券ヲ取リ上ケタル後, 達羅子ノ清國官憲ニ引渡スヘシ, 且ツ斯ノ如キ不都合ナル者ハ鞭撻ヲ加フヘシト, 連レ來リタル都碑頭(小使)光宗社鶴城村住金陽龍(二十四年)ヲシテ, 淸兵外出ノ際持チ居ルモノト同様ナル堅キ長サ三尺位ニシテ手ニ持ツ方ハ一尺位迄ハ圓クシテ其レヨリ先ハ三角形ヲ爲シタル厚サ一寸二·三分位ノ棒ニテ, 玄都憲ハ其人民等ヲ庭地ニ引キ出シ地面ニ俯セシメ, 臀部以下ヲ裸體トシ臀部ニ笞二十或ハ三十位宛ヲ加ヘタリ, 而シテ十一名ノ內朴陽能·金明五·金龍俊·朴成根·崔俊相等五名ノ者ハ, 老人或ハ喪中ノ故ヲ以テ毆打ヲ免カレ, 他ノ六名ハ強ク毆打ヲ加ヘラレ, 打タレタル個所ハ皆紫黑色トナリテ腫レ上リタリト, 中ニモ崔奉世ノ如キハ立チ得サル程ニテ臀部出血スルニ至リタリ, 然ルニ玄ハ其等ノ者共十一名ヲ合セ, 曹社長ノ物置ニ用ヒ居ル溫突室ニ入レ, 外ヨリ戶ヲ閉シ, 一名ノ監守者(前ニ鞭撻シタルモノ)ヲ置ケリ, 而シテ此溫突ノ一家中ニ監禁セラレタル者共等相謀リ, 朴陽能ヲ出サシメヨ, 然ラハ金ヲ調達シ玄都憲ニ送ルヘシト, 監守者ニ云ヒ傳ヘシメ玄都憲ニ乞ヒタルニ, 玄ハ之ヲ許シ朴陽能ヲ放禁シタリ, 朴陽能ハ午前三時頃日貨百二十圓(韓貨七百二十兩)ヲ調達シ來リ, 玄ニ對シ一同ノ赦免ヲ乞ヒタリ, 然ル處, 玄都憲ハ都合二百圓ヲ調達シ來レト迫リシモ, 朴陽能ハ到底之レ以上ハ調達スルコト能ハサルノ故ヲ以テ哀願シタルニ, 玄都憲ハ遂ニ其ノ請ヒヲ入レ百二十圓ヲ收受セリ, 而シテ監禁者ハ翌四日午前八時頃ニ至リ漸ク禁ヲ解キ, 田地券ヲ返シ歸宅セシメ, 玄ハ其日午後一時頃歸途ニ就ケリ, 而シテ玄ニ送リタル金百二十圓ハ, 十一名ノ者ノ負擔ニテ各自ヨリ出金シ, 支出シタル朴陽能ニ返還セリト云フ.

右ノ事實ノ關係者タル淸國元社長曹化龍·同甲長金鳳先童ハ不在ニテ確カムル能ハサルモ, 各人民等ノ知ル處ニシテ, 被害者十一名及現社長孫宗哲, 其他頭民等ニ就キ事實相違ナキヲ確カメタリ.

明治四十年十一月十三日

附 2 屬5. 同上第六號書翰에添付한玄德勝罪犯報告拔萃

- 隆熙元年 (西紀1907年 12月21日)
- [發]
- [受]

[別紙第八號ノ二]

玄德勝ニ關スル報告拔萃

一. 養生學堂生徒光宗社下泉坪朴重松(十六年)及光昭社蒙基洞南衡國(二十年)ノ二名ハ, 昨日午後三時李同春ノ命ニ依リ, 玄德勝ノ非行ヲ訴フヘキ書面ヲ受ケ, 大拉子ニ向ヒ出發セシ途中, 滿振基ニ於テ宿泊セントスル際, 光宗社三洞坪甲長姜明環ナル者, 乘馬ニテ生徒二名ヲ尋ネ來リ, 午後六時頃滿振基ニ於テ出會シ, 自分ハ李同春ヨリ玄ノ非行ヲ訴フヘキ書面ヲ持チ歸ルヘク命セラレタル故, 該書面ヲ渡シ吳レト云ヒタルニ, 生徒等ハ初メハ姜明環ノ言ヲ信セサリシモ, 遂ニ彼カ爲メニ欺カレ該書面ヲ渡シタル處, 自分ハ乘馬故今ヨリ李同春ノ所ヘ歸ル故, 君等ハ同所ニ一泊シ明日歸リ來ルヘシト云ヒ置キ, 午後六時三十分頃ニ歸リ去レリト.

二. 生徒二名ハ翌二十一日午前十二時頃李同春ノ所ヘ歸リ來リ, 其話ヲ爲シタル處, 李同春ハ大ニ立腹シ生徒等ノ愚ナルヲ慨キタリト.

三. 昨日午後三時二十分局子街ニ行ク可ク出發セル李同春ハ, 途中湖川街ナル王長齡ノ所ニ立寄リタルニ, 其時門振中モ來合セ居リテ, 此度君カ局子街ナル淸官ニ玄ノ非行ヲ訴ヘラルルコトハ, 自分等ニ任シ兩三日間待チ吳レト, 門振中ハ王長齡ト共ニ種種賴ミタルヲ以テ, 李同春ハ遂ニ門及ヒ王ノ乞ヲ承諾シ午後十二時頃歸宅セリト.

四. 門振中ハ其後局子街ニ行キタリト.

以上ノコトハ本職カ養生學堂生徒ヨリ聞知セル所ナリ.

明治四十年十二月二十一日

附 2 屬6. 同上第六號書翰에添付한玄德勝放遣後의動態報告拔萃

- 隆熙元年 (西紀1907年 12月19日)
- [發]
- [受]

[別紙第八號ノ三]

玄德勝放遣後ニ於ケル狀況報告拔萃

一. 玄德勝ハ憲兵分遣所放遣後直チニ淸兵臨時出張所タリシ蔡尙權ノ宅ニ至レリ, 此時王長齡及門振中モ同所ニ居合セ居リ, 玄ニ對シ無事ナリトテ祝シタル樣子ニテ, 其後下泉坪住民等モ蔡ノ宅ニ至リ同シク其無事ヲ祝シタル模樣ナリ.

二. 又養生學堂校長李同春ハ生徒約二十名ヲ率ヒ蔡尙權ノ宅ニ至リ, 玄ニ對シ其無事ナリシヲ祝シタルニ, 玄曰ク, 自分カ今回憲兵分遣所ニ留置セラレタルハ全ク汝ノ學堂ノ爲メナリ, 然ルニ汝ハ何故今日迄分遣所ニ余ノ寃罪ナルコトノ訴狀ヲ提出セサリシヤ, 如此義理ヲ弁ヘサル汝ニハ面會スルノ要ナシト其挨拶ヲ謝絶シタルヲ以テ, 李ハ大ニ憤怒シ拳ヲ以テ玄ヲ毆打セントセシモ, 玄ハ之ヲ避ケタル爲メ, 李ハ誤テ壁ヲ打チ却テ其右拳ニ負傷シタリ, 此時生徒等モ玄ノ言ニ憤リ李ニ同情ヲ寄セ, 各上衣ヲ脫シ玄ニ打掛ラントシタルモ, 居合セタル淸韓人ニ制セラレ, 遂ニ毆打スルニ至ラスシテ止ミタリ, 然レトモ李ハ憤怒ニ絶ヘス, 玄ニ對シ汝ハ曩ニ霽晴社·霽霞社·月朗社ニ於ケル人民ヨリ金三百餘圓ヲ收賄セシノミナラス, 頃日局子街ニ生徒ヲ連レ行キタルトキモ, 淸國官憲ヨリ生徒ノ被服料トシテ與ヘラレタル金二百餘圓ヲ着服シ, 剩サヘ其時ニ於ケル往復旅費モ不足ナリトテ, 歸堂後生徒各一人ヨリ金一圓二十錢宛ヲ徵收セリ, 尙ホ又大拉子淸國官憲ニ夥多ノ金ヲ預リ, 自分ニ對シ惡事アリトテ訴出ルモノアルモ受理セラレサル樣取扱ハレタシトテ運動セシコトアリ, 汝ノ非行ハ枚擧ニ遑アラス, 且ツ汝カ都憲トナリタルハ全ク余ノ運動ニ依リテ就職シタルニ拘ハラス, 今ハ却テ其恩ヲ忘レ余ニ對シ今如此ノ暴言ヲ吐クハ不都各極マレリ, 依テ余ハ明日直チニ局子街ニ至リ汝カ從來ニ於ケル非行ヲ淸國官憲ニ訴ヘ, 汝ノ都憲ヲ免セラルル樣申出ツヘキニ依リ左樣記憶セヨ, 若シ局子街淸國官憲ニ於テ聽入レサルトキハ, 吉林巡檢ヘ訴ヘ出テ, 尙ホ目的ヲ達セサルトキハ北京政府ニ訴ヘ出テント云ヒタルニ, 玄ハ之ニ對シ冷却ナル態度ヲ以テ勝手ニ爲スヘシト答ヘタリ, 依テ李ハ大ニ不滿ノ狀態ニテ生徒ヲ連レ養生學堂ニ歸レリ.

三. 玄ハ午後二時三十分頃蔡ノ宅ヲ出テ光霽峪淸國兵營ニ至リ, 十數分間ニシテ同兵營ヲ出テ歸家ノ途ニ就ケリ.

四. 李同春ハ蔡ノ宅ヨリ歸堂後, 生徒ノ父數名ヲ集メ, 玄ノ言ノ不都合ナリシヲ語リ, 之カ爲メ玄都憲ノ職ヲ免セラルル樣, 明二十日局子街ニ至リ, 若シ局子街淸國官憲ニ於テ目的ヲ達セサレハ吉林ニ至リ, 吉林ニテ尙ホ目的ヲ達セサレハ北京迄モ出ル決心ナリト語リタルニ, 生徒ノ父等ハ大ニ同情ヲ表シ, 若シ玄カ都憲ヲ免セラルルコトヲ得ハ, 其運動ニ要スル旅費ノ如キハ幾千圓ヲ要スルモ辭スル所ニアラス, 自分等人民ニテ負擔スヘシト答ヘタリ, 而シテ李ハ明日局子街ニ至ラントスルモ, 所持金ハ十圓ニ過キスシテ旅費ニ不足スルトテ, 李ノ妻ノ妹ノ夫タル光宗社長李明雨ノ宅ニ妻ヲ遣ハレ金五圓ヲ借リタリト.

明治四十年十二月十九日 下泉坪ニ於テ

附 2 屬7. 同上第六號書翰에添付한玄德勝의告示文寫本

- 隆熙元年 (西紀1907年 11月21日)
- [發]
- [受]

[別紙第九號]

淸國都憲玄德勝告示寫

和龍峪街鄕約兼寧遠堡總鄕約玄, 今奉令發訓事는, 寧遠堡各社의數多人民中에, 心作謠言ᄒᆞ야俠通一進會者면, 本社鄕甲으로即時捉送이되, 若不押送이어든本都所에直報ᄒᆞ고, 諸番事件을依舊施行ᄒᆞ야恪別無違케ᄒᆞᆷ이爲宜事.

光緖三十三年十月十六日

光德社 ㊞

14. 間島派出所管內一般狀況報告寫本의 送付(原案1冊)

隆熙2年 (西紀1908年 1月14日)
[發] 統監府副統監 曾禰荒助
[受] 內閣總理大臣 李完用

明治四十年十二月十一日ヨリ同月廿日ニ至ル間島地方一般ノ狀況ニ關シ, 齋藤派出所長ヨリ別紙ノ通リ報告有之候ニ付, 該寫及御送付候也.

明治四十一年一月十四日
統監代理副統監子爵 曾禰荒助
太子少師內閣總理大臣 李完用 閣下

附. 間島管內一般狀況旬報

- 隆熙元年 (西紀1907年 12月26日)
- [發] 間島派出所長 齋藤季治郎
- [受] 統監府副統監 曾禰荒助

統派旬第十三號

旬報

自十二月十一日至同月廿日
明治四十年十二月廿六日
統監府派出所長 齋藤季治郎
副統監子爵 曾禰荒助 殿

一. 地方一般ノ狀況

清國官憲及淸兵ノ不法行爲ハ本旬ニ入リ益益甚シク, 或ハ韓民ヲ恫喝シ或ハ無償ノ徵發ヲナシ或ハ故ナク韓國民ヲ毆打シ或ハ斷髮韓人ヲ豆滿江以南ニ放逐シ或ハ一進會員ヲ無法ニ逮捕スル等, 一時大ニ地方民心ヲ騷擾セシメ秩序ヲ攪亂セシモ, 我ハ事每ニ其不法ヲ抗議シ交涉ヲ遂ゲ, 各種問題ヲ解決シタル結果(天寶山事件·七道溝奧日淸人共同ノ木材伐採禁止事件ハ別トシテ)旬末ニ於テハ人心稍稍沈靜ニ歸シタリ.

二. 淸國官民ノ韓國民ニ對スル不法暴壓ノ行爲

本旬ニ入リテ淸國官民ノ韓國人民ニ加ヘタル不法暴壓ノ重ナル事實左ノ如シ.

(一)斷髮韓人ヲ放逐シタル事實, 十二月十三日午前十一時頃會寧間島砂器洞ニアル派弁所事務長孫棣安ハ, 淸國都鄕約一名. 鄕約四名ヲ該事務所ニ招致シ, 會寧間島ニ在住スル散髮ノ韓人·一進會員及ヒ, 統監府派出所ヨリ任命シタル都社長·社長·村長等ヲ圖滿江右岸ニ放逐スヘシト命シタルニヨリ, 鶴城村住鄕約孟順學及江域村鄕約金京順ノ二名ハ, 直チニ孫ノ命ヲ村民ニ傳達シタリ(他ノ鄕約ハ未ダ該命令ヲ村民ニ傳ヘス)然ルニ斷髮者·一進會員等ハ前日來淸兵ノ爲メニ毆打サレ, 又屢屢家宅ヲ搜索セラルルノミナラズ, 現ニ同日鶴城村一進會支會長·同書記·江域村村長等, 淸國官憲ニ無法ニ拘引セラレタルヲ知リ居ルヨリ大ニ恐レ, 或ハ圖們江右岸ニ或ハ他ニ逃遁シタリ, 本件ニ付テハ直チニ憲兵少尉森川亨ヲ同地ニ派シ, 一面淸國官憲ノ不法行爲ヲ防止シ, 一面韓民ニ說示シ其復歸ニ力メシメタル結果, 十三日來逃遁ノ韓民ハ十七·十八日ニ於テ悉ク歸家シ, 厚ク我官憲ノ保護ヲ感謝シタリ.

(二)淸官無償徵發ノ事實, 本月ノ初旬ニ於テ茂山間島崇化社大玉石洞(伏沙坪憲兵分遣所ヲ距ル東南方約十里)ニ設置セシ派弁所長梁中月ハ, 約三十九名ノ兵ヲ引率シ, 一方威力ヲ示シ一方戶數·人口·家蓄·地番等ノ調査ニ從事シ, 其宿泊及食糧等ニ付テハ悉皆之ヲ人民ニ命シ一モ其代價ヲ支拂フヘキナキヲ以テ, 人民ハ尠カラズ困難ヲ感ジ居レリト云フ.

(三)一進會員ノ逮捕囚禁セラレシ事實, 十二月十二日鶴城村一進支會長朴禹英·同書記南軿煥ハ, 淸兵ノ徵稅ヲ妨害スルトノ理由ノ許ニ淸兵ニ毆打サレ, 南ハ負傷セザリシモ朴ハ兩腕背部ニ創傷ヲ受ケタリ, 翌日鶴城守備隊長陳鴻鄕ハ兵四名ヲ率ヒ來リ, 兩人ヲ引致シ(朴ハ負傷ノ爲メ步行ニ堪ヘサリシヲ以テ牛車ニテ運搬セリ)孫棣安ハ種種ノ尋問ヲナシ捕縛ノ上同夜同地ヲ發シ, 大拉子·東盛湧街ヲ經テ十六日局子街南營ニ送致シタリ, 右ニ對シテハ楠野事務官ヲ南營ニ派シ抗議ヲ申込ミ, 書記南軿煥ノミハ本月十七日放還セラレタリ.

(四)江域村長ノ引致セラレシ事實, 同村長ハ以前清兵ノ郷約ヲ勤メ居タリシニモ不拘, 日韓官吏ニ服從シタリトテ, 清兵ハ之ヲ逮捕ノ上, 砂器洞兵營ニ引致シ笞二十ニ處シタル上, 之ヲ右一進支會長同樣局子街南營ニ送致セシモ, 前項南書記ト同時ニ放遣セラレタリ.

三. 淸國官民ノ我官民ニ對スル態度

前旬來淸國官憲ニ於テハ兵器ヲ使用セザル範圍ニ於テ暴力ヲ逞フシ以テ我ニ當ラントスルモノノ如ク, 本旬ニ入リ我官民ニ對シ左記ノ不法行爲ヲ爲シタリ.

(一)玄德勝事件

往電第五九號ニテ槪報シ, 更ニ特報第一八號ヲ以テ詳報セリ.

(二) 韓國巡檢引致事件

往電第六〇號及特報第一八號ヲ以テ報告濟.

(三)日本人ノ輸出物ニ課稅ノ件

十二月十七日當龍井村金城商會支配人淺井彦市ハ, 粟數十石ヲ支那馬車十輛ニ積載シ會寧ニ向テ運搬途中, 新興坪ニ至ハヤ同地淸國稅務局員郭壽山ハ, 從來ノ慣例ニ反シ(從來ハ日本人ノ穀物輸出ニハ課稅セザリシナリ)淺井ヨリ輸出稅ヲ徵收セントシ其ノ通行ヲ差止メタルニヨリ, 淺井ハ其ノ保護ヲ同地憲兵ニ願ヒ出テタリ, 依テ憲兵ハ同局ニ至リ其理由ヲ尋ネタルニ, 郭ハ何レノ國人タルヲ問ハス此地ヲ通過スル穀物輸出者ニ對シテハ徵稅スル旨答ヘタルヲ以テ, 憲兵ハ其舊例ニ反スルコトヲ詰リタルニ, 郭ハ貴官ハ我徵稅ノ妨害ヲナスモノナレバ大拉子淸國官憲ニ同行セラレヨト迫リ, 同憲兵ハ其ノ必要ナキ旨ヲ答ヘタルニ, 彼ハ强テ同行セントテ無法ニモ同憲兵ノ手ヲ握リ引キ行カントセリ, 由テ同憲兵ハ其手ヲ振リ放シ其行爲ノ不法ナルヲ論ジ, 無事淺井ヲ通過セシメタリ, 本件ニ付テハ實際日本人ノ輸出物ニ對シ徵稅セザルハ從來ノ慣例ニシテ, 現ニ九月十三日憲兵ヲシテ同局徵稅方法ヲ調査セシメタル際モ, 局員王振ハ同憲兵ニ對シ日本人ノ輸出物ニハ課稅セサル方針ナリト明言シ居リタリ, 依テ同局ニハ新興坪分遣所憲兵ヲシテ若シ從來ノ慣例ニ反シ課稅スルトセバ, 其趣ヲ我派出所ニ通知セラルベキ旨申込マシメ置キタリ.

四. 天寶山ノ現狀

天寶山狀況ハ前旬ニ異ナル處ナシ(往電第六三號ノ狀態ニアリ).

五. 吉林·局子街間ノ電信

十一月一日ヨリ(淸曆)開通スル由報告シ置キシ吉林·琿春·局子街間ノ電信ハ, 漸ク十一月十六日(陽曆十二月廿日)ニ至リ通信事務ヲ開始シタリ.

六. 圖們江ノ結氷

本旬ハ寒氣極メテ烈シク河川全ク氷結シタリ, 今圖們江ノ結氷期ニ付調査シタルトコロ左ノ如シ.

(一)最初僅カニ氷結シタルハ十一月十五日.
(二)兩岸氷結, 人馬ノ交通ヲ遮斷シタルハ十二月十五日.
(三)流水全ク氷結シ(氷ノ厚サ平均約一尺)人馬氷上ヲ通過スルニ至リシハ十二月十八日.

七. 所內執務ノ狀況

淸國官民ノ暴威日ニ增長スルニ從ヒ, 韓民ノ疾苦ヲ訴ヘ出ツルモノ日一日ヨリ多ク, 之レカ爲メ少數ノ所員ヲ一面現場ニ出張セシメ, 一面邊務公署(陳昭常ノ駐在スル官衙)ニ交涉セシムル等, 總務課·監察課·警務課·憲兵隊共ニ前旬ニ倍スル困難ト多忙トヲ極メ居レリ, 調査課ハ前旬ニ引續キ調査報告書ノ調製, 器械器具ノ整理, 地圖ノ調製等ニ從事シツツアリ.

右報告候也.

15. 白頭山勘界問題에 關한 駐韓淸國公使의 公文借覽要請(原案1册)

隆熙2年 (西紀1908年 1月19日)

[發] 統監府副統監 曾禰荒助

[受] 內閣總理大臣 李完用

機密統發第八一號

以書翰致啓上候. 陳者, 貴國政府所藏之照會集中ニ, 光緒十四年四月廿八日付ヲ以テ, 當時京城駐在ノ淸國公使袁世凱ヨリ趙外務大臣ニ宛(昨日貴督辦來訪シ面談セラレタル處ニ據レハ)白頭山勘界ノコトハ朝鮮國王カ前勘界交涉ヲ以テ不承知ト爲ス故ニ, 請フ貴國皇帝ニ轉奏セラレ調査ノ上, 別ニ勘界スルコトヲ命令セラレタシ, 李重夏ハ早ク行クニ便ナラス, 然レトモ貴國委員ヲ久シク待タシメ費用ヲ徒費セシムルヲ以テ, 內部ノ覆答ヲ待ツテ派遣スヘキニヨリ, 請フ貴官ヨリ上申セラレ回答ヲ得タシトノ御希望ニ依リ, 早速李鴻章ニ電報シタル處, 左ノ如キ返電アリタルニ付, 貴覽ニ供ス, 白頭山勘界ノコト韓國若シ別ニ意見アラハ, 將ニ總理衙門ニ移シ明白ニ處辦スヘシ云云ノ照會ヲ爲シタル事實記載有之趣ニ候處, 右ハ目下北京ニ於テ交涉中ノ間島問題ニ關スル談判上, 極メテ必要ナル證據書類ト認メラレ候ニ付, 該原本至急御回送相成度, 此段照會得貴意候. 敬具.

追テ本文ノ書類ハ最モ至急ヲ要シ候ニ付, 若シ本書御見當リ無之候ハヾ, 先以テ謄本丈ナリトモ速ニ御送付相煩度候也.

明治四十一年一月十九日

統監代理副統監子爵 曾禰荒助

太子少師內閣總理大臣 李完用 閣下

16. 間島管內一般狀況報告寫本의 送付(原案1册)

隆熙2年 (西紀1908年 1月27日)
[發] 統監府副統監 曾禰荒助
[受] 內閣總理大臣 李完用

別紙間島派出所旬報第一四號寫, 爲御參考及御送付候也.

明治四十一年一月二十七日
統監代理副統監子爵 曾禰荒助
太子少師內閣總理大臣 李完用 閣下

附. 間島管內一般狀況旬報

- 隆熙2年 (西紀1908年 1月9日)
- [發] 間島派出所長 齋藤季治郎
- [受] 統監府副統監 曾禰荒助

統派旬第一四號
旬報

自十二月廿一日至同月三十一日
明治四十一年一月九日
統監府派出所長 齋藤季治郎
副統監子爵 曾禰荒助 殿

一. 地方一般ノ狀況

本旬ハ地方一般ニ比較的平穩ナリキ, 盖シ淸國官憲ハ我ノ强硬ナル態度ト愼重ナル措置トニ對シ, 從來ニ於ケル彼ノ威壓的主義ノ有利トナラザルヲ覺リ, 漸ク其態度ヲ改メ, 各地方官吏ヲシテ行動ヲ愼重ナラシメタルモノナランカ, 目下吉林ニ出張中ノ吳祿貞ハ, 同地ニ巡回ニ來ルベキ徐總督ニ會見ノ上, 間島ニ於ケル各種問題ニ付指示ヲ仰クト言ヘハ, 彼カ歸還後施設ハ大ニ注意ヲ要スヘシ.

二. 淸國官憲ノ動靜

前期ノ如ク吳祿貞ハ徐總督ニ會見ノ爲メ, 十二月十六日局子街出發同二十三日吉林ニ到着シタリ, 陳昭常ハ今回琿春副都統ヲ兼スル事トナリ, 吳ノ歸還ヲ待テ同地ニ出張スヘシト, 而シテ永ク同地ニ駐マルカ或ハ一時ノ出張タルカハ, 吳ノ歸還ノ上ナラテハ確定セスト, 從來吉强軍中營ト稱シ來リシ局子街西南方約二千米突ニアル南營ハ, 本月二十二日頃ヨリ邊務公署ト改稱シ其偏額ヲ掲ケタリ, 巡檢引致事件ハ, 淸國官憲ニ於テ孫棣安(砂器洞派弁所長)以下ノ不法行爲ヲ認メ, 孫ハ免職ニ, 淸兵ノ內一名ハ一ケ月分ノ罰俸ニ, 其他ノ三名ハ各笞刑二十ニ處シタリ, 孫棣安ノ後任者孫富貴ト稱スルモノ, 本月廿六日砂器洞ニ到着シタリ.

三. 淸國官民ノ韓國臣民ニ對スル不法暴壓ノ行爲

淸國官憲ノ採ツテ以テ唯一ノ利器トナス暴威的壓迫モ, 我ノ周到ナル注意ノ下ニハ之施スノ餘地少ナク, 從テ試ムレハ從テ抗議セラルルヲ以テ, 同官憲ニ於テモ爾來大イニ警戒ヲ加ヘ來リシ結果, 本旬間ニ於テハ殆ント全ク不法暴壓ノ事實ナシ, 左記二件ノ如キハ前旬ノ出來事ニシテ, 本旬ニ入リ之ヲ探知シタルモノナリ.

(1)十二月十八日砂器洞兵營ノ淸兵二名ハ, 仁化社南湖基村黃仁善ナルモノノ家ニ至リ, 同人カ大麥ヲ臼ニ入レ杵搗キ居リシヲ見テ酒ヲ釀造スルモノトシ, 同人ヲ同村崔丁華ナルモノノ家ニ連レ行キ, 尙ホ同家ヲ搜索シ其棚架ノ上ニアリシ麴ヲ發見シ, 酒ヲ密造スルナラントテ同人等ヲ引率セントシ, 淸兵ハ韓貨百兩ヲ出サハ之ヲ免セント云ヒ, 遂ニ兩人ヨリ日貨十圓ツツヲ差出サシメテ立去レリ.

(2)大拉子派弁所事務所長傅廻瀾ハ, 本月初旬和龍社社長蔡明吾(當所ヨリ社長ニ任命シタルモノ)及ヒ韓人朴旬彥兩人ヲ招致シテ淸國社長ニ任命シ, 且ツ弁髮淸裝ヲナサシメント勸誘シタリ, 右事實ヲ探知シタルヲ以テ, 十二月廿七日森川憲兵中尉ヲ該派弁所ニ差遣シ, 我派出所ニ於テ任命シタル社長ニ更ニ淸國社長ヲ命スルノ不都合ナルコト及他國人ニ自國風俗ヲ要望スルコトノ不法ナルコトヲ警告シ, 且ツ右ハ果シテ上官ノ命令ニ出デタルモノナルヤ否ヤヲ確メタルニ, 傅ハ此等事ハ全ク自分一己ノ考エテ陳督辦ノ命令ニ非ラザルコトヲ辨疏シ, 且ツ蔡明吾ヲ清國社長ニ命シタルヲ取消シ, 兩名ニ清國ノ風俗ヲ要望シタルコトヲ取止ムヘク承諾セリ.

四. 淸國官憲ノ我官民ニ對スル態度

淸國官憲ノ我官民ニ對スル態度ハ別ニ異變ヲ認メザルモ, 本旬ニ入リ新ニ左ノ二件ヲ生セリ.

(1)郵便遞送人ニ關スル件

特報ニテ報告濟.

(2)淺井商會對朗福順事件

電報ニテ詳報セリ, 天寶山ニ於ケル淸國駐屯兵ハ本月ニ入リ五名ヲ增加セシモ, 日本人ニ對シテハ反テ以前ニ比シ緩和シ來レルノ狀況アリ.

五. 本旬末ニ於ケル間島在住日本人ノ戶數·人口及ヒ職業別

別紙第一號表ノ通リ.

六. 地方衛生及施療ノ狀況

地方一般ニ於ケル衛生上ノ狀況ハ, 寒氣ノ凜烈ニ伴ヒ傳染性疾病モ殆ント絶滅シ, 概シテ可良ノ狀態ニアリ, 憲兵隊附軍醫ヲシテ土民ニ施療施藥ヲ爲サシメタルモノ及ヒ, 同官ノ取扱ヒタル四十年八月廿四日ヨリ十二月廿六日ニ至ル總患者數ハ別紙第二號表ノ通リトス.

七. 憲兵補充員ノ到着

本月廿四日補充憲兵到着セリ.

八. 向後旬報ヲ止メ月報ニ代ヘントス.

從來提出シ來リシ旬報ハ本年度限リニテ之ヲ止メ, 爾後代ユルニ月報ヲ以テセントス.

日本人戶數·人口表

地名龍井村, 戶數一九, 人口男四八, 女二八, 計七六. 地名東盛湧街, 戶數二, 人口男一, 女一, 計二. 地名局子街, 戶數七, 人口男八, 女一四, 計二二. 地名銅佛寺, 戶數一, 人口男ナシ, 女三, 計三. 地名天寶山, 戶數ナシ, 人口男一〇, 女ナシ, 計一〇, 合計, 戶數二九, 人口男六七, 女四六, 計一一三.

[備考] 派出所員·憲兵隊員·郵便局員及傭人ヲ揭ケス.

日本人職業別表

職業·員數·地名, 龍井村雜貨店三, 東盛湧街ナシ, 局子街二, 銅佛寺ナシ, 天寶山ナシ, 計五, 請負業, 龍井村一, 東盛湧街ナシ, 局子街ナシ, 銅佛寺ナシ, 天寶山ナシ, 計一, 料理店, 龍井村四, 東盛湧街ナシ, 局子街四, 銅佛寺一, 天寶山ナシ, 計九, 飲食店, 龍井村五, 東盛湧街ナシ, 局子街ナシ, 銅佛寺ナシ, 天寶山ナシ, 計五, 菓子製造販賣業, 龍井村二, 東盛湧街ナシ, 局子街ナシ, 銅佛寺ナシ, 天寶山ナシ, 計二, 大工職, 龍井村一三, 東盛湧街·局子街·銅佛寺·天寶山ナシ, 計一三, 左官職, 龍井村一, 東盛湧街·局子街·銅佛寺·天寶山ナシ, 計一. 木挽職, 龍井村三, 東盛湧街·局子街·銅佛寺·天寶山ナシ, 計三. 料理人, 龍井村三, 東盛湧街·局子街·銅佛寺·天寶山ナシ, 計三. 裁縫職, 龍井村一, 東盛湧街·局子街·銅佛寺·天寶山ナシ, 計一. 理髮業, 龍井村一, 東盛湧街·局子街·銅佛寺天寶山ナシ, 計一. 運送業, 龍井村一, 東盛湧街·局子街·銅佛寺·天寶山ナシ, 計一. 雇人, 龍井村一〇, 東盛湧街·局子街·銅佛寺·天寶山ナシ, 計一〇. 賣藥業, 龍井村ナシ, 東盛湧一, 局子街三, 銅佛寺·天寶山ナシ, 計四. 礦山事務員, 龍井村ナシ, 東盛湧街ナシ, 局子街ナシ, 銅佛寺ナシ, 天寶山四, 計四. 坑夫, 龍井村·東盛湧街·局子街·銅佛寺ナシ, 天寶山六, 計六. 藝妓, 龍井村六, 東盛湧街·局子街·銅佛寺·天寶山ナシ, 計六. 酌婦, 龍井村一四, 東盛湧街ナシ, 局子街一〇, 銅佛寺二, 天寶山ナシ, 計二六. 其他, 龍井村八, 東盛湧街一, 局子街三, 銅佛寺·天寶山ナシ, 計一二. 合計, 龍井村七六, 東盛湧街二, 局子街二二, 銅佛事三, 天寶山一〇, 計一一三. 備考, 本表中其他トアルハ, 妻又ハ未タ職業ナキモノナリ.

明治四十年自八月廿四日至十二月廿六日患者表

區分, 新患者數日人七六, 韓人一一四一, 清人二四二, 計一四五九.

[備考]

一. 本表中日人區劃員數ハ派出所憲兵隊以外ノ移住民患者ナリ.

二. 本表中最多ノ疾病ハ外被病及眼病ニシテ, 耳病·榮養器病之ヲ次ク.

三. 輕症ニシテ一時性ノ疾病ハ本表ニ揭上セズ.

17. 間島管內一般狀況報告寫本의 送付(原案1册)

隆熙2年 (西紀1908年 2月24日)
[發] 統監府副統監 曾禰荒助
[受] 內閣總理大臣 李完用

機密統發第二四四號

敬啓, 陳者, 本年一月一日ヨリ同月三十一日ニ至ル間島ノ狀況, 當府派出所長代理篠田治策ヨリ別紙寫ノ通報告致來リ候ニ付, 爲御參考及御送付候. 敬具.

明治四十一年二月廿四日
曾禰副統監
李內閣總理大臣 閣下

附. 間島管內一般狀況月報

- 隆熙2年 (西紀1908年 2月7日)
- [發] 間島派出所長代理 篠田治策
- [受] 統監府副統監 曾禰荒助

統派月報第一號

月報

自一月一日至同月三十一日
明治四十一年二月七日
統監府派出所長代理總務課長 篠田治策
副統監子爵 曾禰荒助 殿

一. 地方一般ノ狀況

地方一般ニ平穩ナリ, 本月ハ陰曆ノ歲末ナルヲ以テ, 清·韓人ハ何レモ越年ノ準備ニ忙ハシキモノノ如ク, 各市街及市場八本月ノ初メヨリ頗ル盛況ニシテ, 之ヲ例年ニ比スレハ極メテ殷盛ナリ, 韓·清人ノ言ニ依レハ, 例年歲末ニハ馬賊其他强窃盜ノ被害ヲ聞カサルナキモ, 本年ハ之等ノ風聞全ク無ク安穩ナル歲末ナリト, 例年年末ニ至レハ間島內ノ清·韓人ハ越年ノ準備ノ爲, 北韓地方ニ粟ヲ賣出スヲ例トスルモ, 本年ハ各地牛疫流行ノ爲多クノ斃牛ヲ生シ, 其運搬力ヲ欠キ例年ノ如キ輸出ヲ見サルモ, 我日·韓官吏ノ來, 任以來, 地方物資ノ購買ヲ增加シ, 又局子街地方ニ於テモ多數ノ清兵增加セシ爲, 著シク購買力ヲ增シ, 地方ハ一般ニ其利澤ヲ蒙リ居ルモノノ如シ, 然レトモ亦一方ニハ此歲末ニ於ケル徵稅·徵金ノ時機ヲ利用シ, 清國官公吏ノ不當ノ徵收行ハレ, 中ニハ全ク徵稅者タルノ資格ナキ者迄韓國人民ヨリ徵金シタルモノアリ.

二. 淸國官憲ノ韓國民ニ對スル不法行爲

淸國官憲ノ韓國民ニ對スル態度ハ稍稍愼重トナリタルハ各地ニ於テ認ムルトコロナリ, 之レ一ハ淸國官憲ニ於テ我派出所ヲ憚ルト, 一ハ韓人ヲ懷柔シ自國ノ治政ニ歸服セシメントスル結果ナルヘシ, 然レトモ數年來ノ暴政壓虐ハ容易ニ除去スル能ハス, 尙本月間ニ於テモ左ノ數件ノ出來事アリタリ.

(1) 暴虐ノ事實

(イ) 鍾城間島光德社光洞村李京先方ニ滯在シ居ル酒商淸國人趙漢臣ハ, 李ノ隣家ナル千某ノ妻李哥ト姦通シ居ルヤニテ, 千ノ隣家ニ住スル韓人李基先ハ或日之ヲ近隣ノ者ニ語リタルコトアルヲ李哥ハ傳ヘ聞キ, 趙漢臣ニ告ケタルヲ以テ, 趙ハ李基先ニ對シ不尠感情ヲ害シ居リタリ, 然ルニ趙ハ李基先ニ酒代韓錢二十四兩ノ貸シアルヲ以テ, 一月十三日之ヲ督促シ十九兩餘ヲ受領シ, 殘金四兩半餘ノ不足ニ就テ李ト口論ヲナシ, 趙ハ大ニ怒リテ歸家セリ, 同日趙ハ古貸借關係ヲ湖川浦派弁所ニ告訴シ, 且ツ前夜李基先ハ小斧ヲ以テ我寢室ニ忍ヒ來リ, 自分ハ室外ニ逃ケタルヲ以テ一物モ得スシテ立チ去リタルモ, 多分窃盜ノ積リナリシナラント告ケタリ, 由テ一月十六日派弁所ヨリ淸兵四名李基先方ニ至リ同人ヲ逮捕シタリ, 同日派弁所長王長齡ハ不在ナリシヲ以テ, 書記王維霖ニ於テ本件ノ取調ヲナシ, 李基先ハ趙ノ告訴ノ如ク夜間侵入シタルコトナシト陳述シタル處, 王ハ事實ヲ僞ルトテ淸兵數名ヲ指揮シ, 長サ三尺位ノ三角形棒ヲ以テ李基先ノ臀部ヲ數百回毆打シ, 左右後腿部ニ各長サ約三寸中五分深サ, 約一分ノ劍傷竝ニ右後腿部ニ一錢銅貨大ノ打撲傷ヲ負ハシメ拷問ヲ試ミタルモ, 事實皆無ナルヲ以テ終ニ之ヲ放還シ, 李ハ目下自宅ニ於テ病床中ニアリ, 本件ハ往電第一三號ヲ以テ概報シ, 同時ニ陳昭常ニ對シ嚴重ニ照會シ置キタル處, 其後王事務員ハ, 爲ニ笞三十ニ處セラレ免職セラレタリト云フ.

(ロ) 四道溝住韓人金基鴻ナル者, 今ヨリ四年前, 淸國人老王君ヨリ粟七俵ヲ借リ未タ返濟スルニ至ラスシテ茂山間島ニ逃走シ, 其後死亡スルニ至レリ, 然ルニ本年一月八日老ノ義兄鄭大廷ハ, 突然淸兵二名(銃ハ携帶シ居ラサリシモ軍服着用シ居リタリ)ヲ金ノ親族タル李曾亨方ニ連レ來リ, 金ニ代リ粟ヲ返却セサレバ, 汝ノ長男王ヲ傳シ局子街淸國官憲ニ連レ行キ拷問ニ附スベシト强迫シタリ, 李ハ長男ノ身ヲ氣遣ヒ, 淸貨十九吊(日貨約七圓)ト阿片四兩一錢トヲ與ヘテ其捕縛ヲ免レシメタリ, 然ルニ翌日鄭ハ王及ヒ金ノ遺子ヲ局子街ニ連レ行キ老總(司獄吏ノ名)ニ引渡シタリ, 老總ハ兩人ヲ數日間宿屋ニ宿泊セシメ置キ, 後チ兩人ニ向ヒ金基鴻ハ淸人ヨリ粟七俵ヲ借リタルヲ以テ之ニ利息ヲ加ヘ都合十四俵ヲ返濟スベシ, 又タ汝等ハ敗訴者ナレバ金百吊ヲ當所ニ納付スベシト言渡シタリ, 依テ兩人ハ宿屋ノ主人ニ依賴シ納付金ヲ四十吊ニ減シ納付スルコトノ承諾ヲ得, 而シテ差當リ所持金ナキヲ以テ價四圓位ノ銀指環一個及ヒ金二吊半ヲ納付シ, 其他ハ宿屋ノ主人ノ保證ニテ追テ納付スルコトトシ, 一月十四日局子街出發歸家シタリ, 本件ニ付テハ老總ニ對シ事實取調中ナリ.

(2) 徵稅·徵金

(イ)一月十三日東良上里社柯田村ニ於テ, 局貧ニシテ應シ難キ旨百方哀願シテ金二十七元ヲ出シ赦免セラレタリ, 本件ハ憲兵ニ於テ被害者及鄕約許眞世ヲ取調ノ上, 砂器洞派弁所長孫富貴ニ通知シ淸兵ノ處分ヲ求メタル處, 之レヨリ先キ孫モ本件ノ取調ニ着手シタルモ, 加害者ノ判明セサル趣回答シ來レリ, 然レトモ加害者ハ肩章アル淸兵ノ服裝ヲナシ帶劍シ居リタルノミナラズ, 一名ハ王, 一名ハ裵ト稱スル旨語リタル由ナレバ, 淸兵ニ相違ナカルベク, 由テ孫ニハ再調ヲ求メ置ケリ.

(ロ) 會寧間島永和社淸國任命ノ鄕約金京順及ヒ同孟順學(共ニ韓人)ハ, 諸種ノ立替金アリトテ社內韓民ニ合計韓貨二千七百兩(日貨四百五十圓)ヲ配當シ之ヲ徵收セントセリ, 其立替ノ名目左ノ如シ, 淸國官憲ヨリ告示ヲ貼付スル爲メニ出張シ來リタル淸兵ノ飛脚賃, 淸兵荷物運搬ノ爲メ人民ノ牛車ヲ使用シ賃錢不拂ノ爲メ其立替金, 淸國官憲ニ納付シタル精米代(鄕約ニ於テ他ヨリ精米ヲ購入シ代價ヲ立替仕拂ヒタルモ淸國官憲ニテ相當代金ヲ支拂ハサルニヨリ其不足金)淸國官憲ニ入付シタル雞及雞卵代, 右立替金ノアルコトハ人民ハ全然之ヲ知ラズ, 依テ憲兵ヲシテ右郷約ニ對シ, 清國官憲若シクハ清兵ノ未拂又ハ不足ノ分ハ同官憲ニ追求シ, 人子街撫民府小使ト稱スル清人三名, 韓人李永洙方ニ來リ, 僅カニ醸酒シアルヲ認メ告示樣ノモノヲ出シ, 無免許ニテ酒造シタルハ本告示ニ違背スルモノト, 當時同家ニ居合セタル韓人金賢五外一名ヲモ共犯トナシ, 三名ニテ淸貨三百吊ヲ出金スヘシト迫リ, 三名ハ之ニ應セサリシニ, 直チニ金賢五ヲ縛シ淸貨四兩ヲ出サシメ, 尙ホ三百吊ノ出金ヲ命シタリ, 右ノ訴ニヨリ憲兵ヲ出張セシメタルニ, 右三名ハ大ニ恐レ既ニ徵收シタル金マテモ之ヲ投棄シテ逃亡シタリ.

(ハ) 一月十二日頭道溝住淸國鄕約才玉喜ノ牌頭(小使ノ如キモノ)劉德山外一名(共ニ淸人)ハ, 水南社飯飽江村韓國民一般ニ對シ, 烟突稅トシテ日貨五圓六十錢·粟六石ヲ徵收シタリ, 本件ハ慣例ナキ徵收ト認メ, 憲兵ヲ出張セシメ徵收金ヲ各人ニ返却セシメタリ.

(ニ) 一月二日砂器稽查處ノ清兵三名, 忠化社大洞村韓人文碩彥方ニ來リ, 淸國官憲ノ許可ナク山林ヲ伐採シ炭燒ヲナシタルハ不都合ナリトテ, 文ヲ同村淸國鄕約許眞世ノ家ニ同行シタリ, 許ハ淸兵ニ向ヒ金ヲ出スベケレハ赦免セラレタシト請ヒタルニ, 淸兵ハ三百元ヲ出スベシト云ヒ, 文ハ人民ヨリ徵收セサルヘキコト竝ニ, 何等ノ證據ナク單ニ立替ヘタリトノ口實ノ下ニ人民ヨリ徵收スルコトノ不法ナルヲ論シタメニ, 本人等ハ其徵收ヲ中止シタリ.

(ホ) 鍾城間島ニ於テ總鄕約玄德勝以下ノ年末徵收シタルモノニシテ判明ノ分

霽霞社·開雲社·開泰社ニ韓貨二千四百二兩アリ, 而シテ其ノ徵收ノ名目ハ左ノ如シ, 淸兵交代ニ要セシ費用, 禱雨祭ニ要セシ費用, 淸國官廳ニ往復ノ際要セシ費用, 淸兵ノ物品運搬ニ立替ヘシ費用, 五品項戴ノ祝宴ニ要セシ費用, 淸國官吏接待ニ要セシ費用, 右ハ尙ホ他社ヨリモ徵收シタルヘキヲ以テ搜索中ナリ.

三. 淸國官憲ノ我官民ニ對スル態度

淸國官憲ノ我官民ニ對スル態度ハ依然變化ナク, 殊ニ我派出所ニ對シテハ常ニ親和的ナリ, 唯淸國下級官吏ノ一部及淸國兵員ガ韓國官民ニ對スル暴慢的態度, 日本商人ニ對スル橫暴的行爲ハ, 今尙ホ時時演出セラレツツアリ, 其一二ノ例ヲ擧ケンニ.

(1) 一月二日局子街憲兵分遣所配屬ノ巡檢金相弼ハ, 市街巡察中, 淸國人一名韓國人ノ販賣セル防寒頭巾ヲ窃取シ逃走スルヲ認メ, 之ヲ取押ヘ分遣所ニ引致セントスル際, 淸國稽查所前ニ於テ警兵ニ其引致ヲ妨害セラレ, 遂ニ犯人ヲ逃去セシメタリ, 本件ハ稽查所長ニ於テ已ニ不法行爲ヲ謝シ, 嚴重ニ處分ナスヘキ旨言明シタルモ, 尙ホ所員ヲ派シ陳昭常ニ對シ口頭ヲ以テ注意ヲ促シ置ケリ.

(2) 一月十一日局子街住日本人藥種商村上猪三馬方ニ清國人李某入リ來リ, 同居者坂丸トモノ日本ニ歸リシヤ否ヤヲ尋ネタリ, 蓋シ坂丸トモハ清國人雙林ナルモノノ妾ニシテ, 近來其間不和ヲ生シ, 雙林ハ踪跡ヲ晦マシ, 李ヲシテトモノ歸國ヲ尋ネシメタルナリ, 村上ハトモヨリ雙林ノ行衛捜索ヲ依賴セラレ居リ, 且ツトモニ同情シ居リ, 李ニ向ヒ汝ノ關スル處ニアラズト答ヘタルニ, 李ハ大ニ怒リ互ニ爭論ヲ惹起シ, 李ハ手拳ヲ以テ村上ノ面部ヲ打チ, 唇齒ノ部分ニ微傷ヲ負ハシメタリ, 局子街憲兵分遣所ニ於テハ憲兵ヲ出張セシメタルニ, 李ハ已ニ逃走シ行衛不明ナリシモ, 警務局巡弁劉鎭芳ハ警兵二名ヲ率ヒ村上方ニ來リタルヲ以テ, 其始末ヲ告ケタル所, 劉ハ犯人ヲ逮捕シ相當ノ處罰ヲ爲スヘシト云ヒ辭シ去レリ, 尙ホ本件ニ付, 陳昭常ニ對シ書面照會ノコトハ秘報第二號ヲ以テ報告濟.

四. 韓國民ノ狀況

本年ハ農產物ノ豊作ナルニ加ヘテ馬賊强窃盜ノ被害尠ク, 且ツ派出所ノ保護ニヨリ無償ノ徵發·不當ノ徵稅等ヲ免カレ, 淸國官公吏ヨリノ誅求ヲ蒙ルコト少キ等, 一般ニ歡喜シ大ニ我派出所ニ信賴シ居ルモ, 韓國人ニシテ淸國ノ公吏ニ任命セラレ居ルモノ及ヒ親淸ノ韓人ニシテ, 殊ニ一進會ト反對ノ主意ヲ持シ設立シアル捐義會員等ハ, 我ノ施設ヲ妨害シ同胞ヲ戯ケ, 淸國官吏·兵員ニ劣ラザルノ不法ニ逞フシ居レル(前記玄德勝及ヒ其他ノ鄕約ノ徵稅金等其例證ナリ)捐義會ハ目下浦鹽ニアル李範允等ト遙ニ氣脈ヲ通シ, 益其黨勢ノ擴張ニ力メ, 陰曆正月二十日ヲ期シ三浦社內ニ會員ノ集會ヲ催サントスルノ氣アリ, 而シテ去ル陰曆十月廿五日頃, 會員方秉起ナルモノ同會員ノ連署シタル請願書ヲ携帶シ, 吉林巡撫ノ許ニ向ヒ出發シタル事實アリ(往電第九號參看)其請願書ノ主旨ハ, 會員一同ハ間島ニアル日韓兩國官憲ニ服從スルノ意ナク, 長ク恩惠ニ浴セシ淸國官憲ニ服從スルモノナレハ, 若シ日韓兩國官憲ヨリ不法ノ處置ヲ受ケントスル如キ場合ハ, 淸國官憲ニ於テ十分ノ保護ヲ與ヘラレタシト云フニヨリ, 同會ノ內情ニ付テハ目下嚴密內偵中ナリ, 又北韓敗殘ノ暴徒豆滿江ヲ越ヘ茂山間島ニ入リ込ミタリトノ風說アリ, 仍テ一般旅客ニ對シ注意視察中ノ處, 本月二十八日尙義社龍淵坪村ニ於テ藥品行商ト稱スル韓國人宋泰殷(四十五年)ナルモノヲ取押ヘタルニ, 同人ハ鏡城郡龍城社東村ノ者ニシテ, 一月五日以來間島ニ入リ込ミ大拉子·局子街·銅佛寺地方ヲ徘徊シ, 單ニ藥粒五ケヲ販賣シタルモノニシテ, 左ノ主意ノ言ヲ爲シ, 人民ノ動搖ヲ試ミツツアリシモノナリ.

一. 日·米開戰シタリトノ事.

一. 韓國皇帝陛下ハ日本軍ニ對シ, 韓國義兵ヲ組織セラルル思召ナルコト.

一. 在間島ノ韓民ガ日本官衙ニ信頼セサレハ, 日本官衙ハ日ナラスシテ撤退スルニ至ルヘキコト.

本人ハ多分暴徒側ノ間牒ナラントテ目下取調中ナリ.

五. 淸國官憲ノ動靜

吉林へ出張中ナリシ吳祿貞ハ本月十五日歸來シ, 陳昭常ハ兼任地琿春へ向ケ遠カラス出發スヘシ, 而シテ彼此何レニ駐守マルカハ未定ナリト, 本月三十一日新ニ局子街ニ來着セシ巡兵百十名ハ, 之ヲ琿春及延吉廳管內ニ配置スベシトノコトナルモ, 要スルニ淸國側ニテハ益此地方ノ管轄權ヲ鞏固ナラシムルモノト察セラル.

右報告候也.

18. 間島管內一般狀況報告寫本의 送付(原案1册)

隆熙2年 (西紀1908年 3月23日)
[發] 統監府副統監 曾禰荒助
[受] 內閣總理大臣 李完用

機密統發第三八六號

在間島篠田派出所長代理月報統派月報第二號寫, 爲御參考及御送付候也.

明治四十一年三月二十三日
統監代理副統監子爵 曾禰荒助
太子少師內閣總理大臣 李完用 閣下

附. 間島管內一般狀況月報

- 隆熙2年 (西紀1908年 3月7日)
- [發] 間島派出所長代理 篠田治策
- [受] 統監府副統監 曾禰荒助

統派月報第二號

月報
自二月一日至二月二十九日
明治四十一年三月七日

統監府派出所長代理總務課長 篠田治策
副統監子爵 曾禰荒助 殿

一. 地方一般ノ狀況

本月ハ淸·韓人ノ正月ニ當リタルヲ以テ, 上半期間ハ至極無事平穩ニ經過シタリシモ, 下半期ニ至リテハ各地方ニ於ケル吉强軍ノ異動, 吉林ヨリ清兵ノ增遣及ヒ二三地方ニ於ケル清國官吏·兵員ノ暴行等, 多少人心ノ動搖ヲ惹起シタリ.

二. 淸國官憲ノ動靜

在局子街邊務公署ニ於テハ續續地方文武ノ官吏ヲ轉免シ, 之ニ代ユルニ多少新教育アル人物ヲ以テシ, 極力從來ノ弊政ヲ改善センコトニ腐心シ居ルモノノ如シ, 殊ニ近來淸國官吏ハ淸·韓人ノ爭訟ニ對シテ努メテ公平愼重ヲ期シ, 且ツ收賄ヲ戒メ以テ韓人ヲ懷柔シ, 以テ我ノ抗議ヲ免レントカメ居レリ, 然ルモ地方官吏中ニハ, 其理非ヲ論セス自國人ヲ保護シ, 能ク事實ノ調査ヲナサズシテ韓人ヲ拷責シ, 拷責ヨリ得タル虛僞ノ陳述ヲ以テシテモ, 自國人ニ利益アル如ク裁判ヲ與フルヲ以テ得意トスルモノアリ, 從來ノ弊政ハ尙ホ未タ容易ニ除去スル能ハス, 彼ハ斯ノ如ク一面ニ地方行政ニ意ヲ用ユルト共ニ, 一面ニハ兵員ヲ增加シ巡兵ヲ配置シ以テ防備ヲ嚴密ニシ, 韓民ヲ威服シ我ヲ壓迫セントスルノ態度ヲ示シ來レリ, 吉林邊務督辦兼琿春副都統陳昭常ハ, 本月十七日局子街出發琿春ニ向フ, 而シテ約一ケ月滯在ノ後, 再ヒ歸局ノ由語レリ, 今回新ニ吉林ヨリ來着シタル兵ハ將校五, 下士以下百三十六名ニシテ, 尙陰曆三月頃ニハ十營ノ兵新來スヘシト傳ヘラル, 從來諸方ニ散屯セシメアリシ吉强軍ノ殆ント全部ヲ雲秋岩峴ニ集合シタリ, 右ハ演習ノ爲メト稱シ, 或ハ解散ノ爲メト稱シ, 又ハ兵カノ分散ヲ防グ爲メ各主要地ニ集合スル爲メトモ稱シ, 諸說一定ナラズ, 目下內偵中ニアリ, 去月三十一日局子街ニ到着セシ百十名ノ巡兵ハ, 爾來同地ニ在ツテ舊巡兵ト共ニ警察勤務ニ服シ居レリ, 而シテ之レ等新巡兵ハ遠カラズ各地派弁所ニ分派スルトノ說アリ.

三. 淸國官民ノ韓國民ニ加ヘシ不法行爲

(イ) 二月二十日平崗水南社大五道溝住韓人全萬成(五十六年)及其子全戎君(十六年)兩名ハ, 牛車貸借上ヨリ五道溝住淸國人潘祥(三十五年)ト口論ノ末, 同人及ヒ其弟老士ノ爲メニ毆打セラレ, 萬成ハ負傷ナキモ全身ニ疼痛ヲ覺ヘ病床ニ臥シ戎君ハ后頭部打撲傷ヲ受ケタリ, 當日五道溝地方巡回中ノ頭道溝分遣所憲兵及巡檢ハ, 同地韓人全齊翼ヨリ訴ヲ受ケ, 加·被兩者ニ就キ一應其事實ヲ聽キ取リタルモ, 淸語不通ナル爲メ加害者ノ陳述ヲ解スルヲ得サルヲ以テ, 加·被兩者ニ對シ頭道溝分遣所ニ出頭ヲ求メタルニ, 兩者共直チニ承諾シ潘ハ憲兵ト同行シタルモ, 全父子ハ身體疼痛ノ爲メ步行シ難ク, 後ヨリ牛車ニテ來リタリ,全父子ハ途中一泊翌日分遣所ニ出頭セントスル途中, 清兵强テ全父子ヲ派弁所ニ拘引シ, 全父子ハ清人ノ衣ヲ破リ且ツ毆打シタルモノナリト兩人ノ兩手ヲ縛シ, 訊問ノ際屢屢毆打シタリ, 右ノ件ニ付, 憲兵分遣所長ハ派弁所長ニ面會シ, 數次交涉ノ結果, 二月廿七日兩人ノ引渡シヲ受ケ, 潘ハ同二十二日取調放遣セリ.

(ロ) 二月二十二日火狐狸溝(會寧對岸砂器洞ニアリ)派弁所長孫符貴ハ永化社社長ニ對シ, 統監府派出所ヨリ受ケタル社長任命ノ辭令ヲ持チ來ラシメ, 四·五日預リ置クトテ取リ上ゲタリ, 又大拉子分防廳通譯崔忠義ハ, 孫符貴ノ命ナリトテ會寧間島總鄕約朴成祿ト同行シ, 二月二十三日仁化社社長趙永三方ニ至リ, 同シク其辭令ヲ取リ上ゲタリ, 右ニ付, 新興坪分遣所憲兵ヲシテ孫ニ會見ヲ求メ其不法ヲ述ヘ, 右辭令ヲ本人ニ返却スヘキ旨交涉セシメタル處, 辭令ハ已ニ報告ノ爲メ局子街ニ送付シタルニ付, 近日必ズ返却セント答ヘタリ.

(ハ) 二月廿五日頭道溝派弁所附清兵及同地警務第四分局巡兵都合十名(內八ハ銃器携帶, 二ハ棍棒携帶)ハ, 平崗下里社東古城子ニ至リ突然二回ノ發砲ヲナシ, 同村韓人金澤龍外三名ヲ棍棒ニテ亂打, 之ヲ綁縛ノ上頭道溝派弁所ニ拘引シタリ, 捕縛ノ源因ハ, 右四名, 三年前五道溝住清國人袁某ト韓貨百兩ニテ韓國式六間ノ家屋ヲ建造スルコトヲ約シ, 四十兩ノ手附金ヲ受ケ取リ, 建築材料ヲ袁ノ隣地ニ運搬シタルニ, 袁ハ其材料ヲ見テ十間ノ家屋ヲ建築スルニハ不足ナリト云ヒ, 金澤龍等ハ最初ノ約束六間ナル旨ヲ主張シ, 談判終ニ不調トナリ, 家屋ノ建築ヲ止メ手附金四十兩ハ之ヲ袁ニ返附シタリ, 其後袁ハ前キニ金等ノ運搬シ置キタル材料ヲ以テ, 隨意ニ自己ノ家屋ヲ建築シタルモ, 當時清人ノ壓迫甚シカリシ爲メ, 金等ハ後難ヲ恐レ之ニ向ツテ故障ヲ申込マス其儘トナシ居タリ, 然ルニ近來ニ至リ韓民ハ統監府派出所ノ保護ヲ亨ケ得ルニ至リタルヲ以テ其保護ニ信賴シ, 二月二十日ニ至リ袁ニ向ヒ材料代及ヒ其運搬費ノ仕拂方ヲ請求シ, 若シ之ニ應セザレバ派出所ニ訴ヘ出ツヘシト申込タル處, 袁ハ仕拂ヲ承諾シ其代價ニ付キ談判中, 頭道溝派弁所ニ虛僞ノ告訴ヲナシ, 遂ニ清兵ノ出張トナリ捕縛セラルルニ至リタルモノナリ, 而シテ派弁所ニ於テハ最初袁ハ手附トシテ清貨十七吊ト粟一斗ヲ金以下四名ニ渡シ, 破談ノ際十吊ハ返却ヲ受ケタルモ, 七吊ト粟一斗トハ返却ヲ受ケサレハ, 其返却ヲ受ケサル分ハ即チ材料代及ヒ運搬費ニ充テ計算已ニ終リタルモノヲ, 今日更ニ重複ニ請求スルモノナリトノ袁ノ申立ヲ取上ゲ, 金澤龍ニ拷責ヲ加ヘ, 終ニ袁ノ申立通リニ陳述セシメタリ, 現ニ金澤龍ハ拷責ノ際毆打ヲ受ケタリトテ, 臀部及ヒ左右大腿ノ後部三個所ニ鬱血スル打撲傷ヲ受ケ, 他ノ三名ハ臀部ニ輕微ノ打撲痕ヲ受ケタリ, 本件ハ分遣所長ニ於テ派弁所ニ交涉後, 二月二十七日金以下四名ノ引渡シヲ受ケ, 一應事實取調ノ上, 即日歸家セシメタリ.

(ニ) 前同派弁所清兵及ヒ同地巡兵ハ, 更ニ同日東古城子韓人張順甫方ニ至リ, 附近ニテ二回發砲シ, 同人ヲ毆打捕縛ノ上, 之ヲ頭道溝派弁所ニ拘引シタリ, 拘引ノ源因ハ張順甫ハ今ヨリ九年前, 淸國人張玉鎭ヨリ牛六頭ヲ掠奪セラレ, 爾來返還ヲ求ムルモ, 玉鎭ハ之ニ應セス荏苒今日ニ至リシニ, 近頃ニ至リ同人ハ他ニ移轉セントスルノ模様アルヨリ, 順甫ハ其移轉ヲ防遏セン目的ニテ玉鎭所有ノ馬匹母仔二頭ヲ差押ヘタルニ, 玉鎭ノ弟, 之ヲ頭道溝派弁所ニ告訴シタルニヨルモノナリ, 順甫捕縛ノ際, 同地一進會員任明進ハ其不法ヲ詰リタルニ, 淸兵等ハ更ニ同人ヲ毆打捕縛ノ上引致シ, 途中ヨリ之ヲ放遣シタリ, 右ハ前記金澤龍等ノ引渡シヲ受クル際, 共ニ引渡シヲ求メタルモ派弁所長ハ之ヲ拒ミ, 且ツ同所書記及ヒ淸兵等ハ順甫ヲ取調ノ際, 九年前何者ニカ牛ヲ奪取セラレタルヲ, 今ニ至リ玉鎭ノ所爲ナリトシ却テ同人所有ノ馬匹ヲ掠奪スルハ不當ナリトテ, 順甫ノ兩足ヲ捧ニテ壓シ拷責ヲ加ヘタルモ, 同人ハ屈セス事實ヲ主張シタルヲ以テ, 同派弁所ニ於テハ二十九日遂ニ局子街ニ送致シタリ, 但シ同人ハ局子街ニテ一應ノ取調ヲ受ケ放還セラレタリ.

(ホ) 大拉子派弁所長傅廻瀾ハ, 韓人鄭行彦外三名ニテ昨年陰暦十月十一日ヨリ同十九日迄ノ間ニ, 七道溝山林ニ於テ伐採シタル樹木內, 既ニ製材ノ五分板三百二十八枚竝ニ松丸太六十三本ヲ伐採禁止違犯トシテ本年一月廿七日同山林內ニテ差押ヘ, 又韓人安永國外一名ガ昨年陰暦十月十二日ヨリ同十一日迄ノ間ニ, 前同山林ニ於テ伐採セシ樹木ノ內, 既ニ製材ノ分五分板四百二十一枚及松丸太七本ヲ同山林內ニテ前同様ノ理由ノ許ニ差押ヘタリ, 然ルニ傅廻瀾ハ和龍社社長蔡明伍ニ命シ, 右差押板ヲ賣却セントシタルモ, 更ニ購買者ナカリシ爲メ, 傅ハ自ラ韓人ニ向ヒ板一枚ヲ韓貨三十文ニテ賣却セントセリ, 又鄭行彦ヨリ差押ヘタル板ノ內, 百二十枚ハ大拉子ニ運搬シ之ヲ沒收スルト稱シ派弁所ニ於テ隨意ニ處分シ, 已ニ其十枚ハ床板ニ使用シタリ, 本件ハ二月二十八日憲兵曹長ヲ遣ハシ, 傅ニ面會シ其不當ヲ責メ速ニ各本人ニ返還スベク交涉セシメタルニ, 傅ハ結局百二十枚ノ板ヲ除キ, 現ニ山林中ニアル板材ハ差押ヘヲ解クヘキモ, 其期日ハ目下局子街上官ノ意見ヲ伺ヒ中ナレバ, 何分ノ指令アル迄ハ豫メ定メ難シト答ヘタリ, 依テ曹長ハ山林中ニ於ケル林木ハ當然各本人ノ所有ニシテ, 貴所ニ於テ差押フベキモノニアラザレハ, 若シ今後各所有主ニ於テ運搬ニ着手スルコトアルモ妨害ヲナスコトナキヲ望ム旨ヲ告ゲ歸所シタリ, 以上ノ諸件ハ, 統派秘報第六·第七·第八號ヲ以テ特報セシ如ク, 嚴重ニ邊務公署ニ抗議シ置キタリ.

四. 淸國官民ノ我官民ニ對スル態度

淸國官憲ニ於テハ, 行政ヲ密ニシテ以テ倍ニ領土主義ヲ鞏固ニシ, 軍備ヲ嚴ニシテ我ヲ恫喝セントス, 其態度頗ル暴慢傍若無人ノ振舞ヲ敢テシテ憚ラス, 毫モ我派出所ノ存在ヲ意トセサルノ態度ヲ粧フモノノ如ク, 本月間左ノ行爲アリタリ.

(イ) 二月九日鶴城派弁所事務員李榮成ハ, 清兵十五名ヲ指揮シ, 禹跡洞ニ於テ我憲兵ニテ村民ニ命シ會寧街道上ニ樹テシメタル里程標ヲ引拔キ, 或ハ斧ニテ之ヲ伐リ倒シ持去ラシメタリ, 當時憲兵ニ於テ之ヲ認メ, 該標木ヲ持チ去ラントスル清兵一名ヲ同行シ, 李ノ該行爲ノ不法ナルコトヲ責メ, 原狀ニ復スヘク交涉シタルニ, 李ハ上官ノ命アルニアラザレバ應シ難シト答ヘタリ, 又李榮成ハ右ノ外, 二月二十九日獵銃帶劍ノ清兵五名ヲ指揮シ, 永和社米田洞(會寧街道上ニテ三屯トモ稱ス)ニ植立シアル里程標二本ヲ拔キ去リタリ.

(ロ) 前記(イ)ノ清人潘祥對全萬成事件ニ關シテ, 清國官憲ニテハ我憲兵ガ潘祥ヲ任意同行シタルヲ誤解シテ, 本人ヲ拘引シタルモノトナシ, 當所ニ對シ强硬ナル照會ヲナシ來レリ, 由テ之ニ對シテハ任意同行セルモノニシテ, 決シテ我官憲ニテ清人ヲ拘引シタルモノニアラザル旨ヲ回答シタリ.

(ハ) 二月二日局子街料理店高木小次郎方ニ, 清兵ノ服裝ヲナシタルモノ都合五名, 辭ヲ遊興ニ托シテ入リ來リ, 帳簿棚上ニ載セ置キタル空箱ヲ手提金櫃ト誤認シ, 之ヲ奪ヒ逃走セントシタルニヨリ, 之ヲ逮捕セントシタルニ, 同家ノ池田辰次郎ヲ棍棒ニテ毆打シ創傷ヲ負ハシメ, 其踪跡ヲ晦マシタリ.

(ニ) 一月三十日局子街廣池料理店ニテ同家酌婦ノ懷中時計ヲ窃取シタリシハ, 清兵ノ所爲ナルコト二月三日ニ至リテ判明シ, 該時計ヲ被害者ニ返還シ且ツ清貨十吊ヲ損害ノ賠償トシテ本人ニ交付シ事件ヲ落着セシメントシタルモ, 我ハ加害者ノ正當處分ヲ要求シタリ, 前記(ハ·ニ)ノ二件ニ付テハ往電第二一號ヲ以テ報告セシ如ク, 陳昭常ニ對シ速カニ犯人ヲ搜索シ相當ノ處分アリタキ旨照會ヲナシタリ, 我官憲所在地及附近ノ清國人ハ, 漸次我ヲ信用シ, 清國人ニシテ自國人若クハ韓國人ニ對スル係爭事件ヲ我ニ告訴シ來ル者日ニ增加ノ狀アリ, 而シテ清國人ハ多クノ場合我ノ說諭ニ服スルモ, 若シ服セサルトキハ清國官憲ニ引渡スヘク言ヒ聞カスルニ, 彼ハ大ニ恐怖シ, 特ニ債務關係等ニ付テハ原·被共其ノ移送ヲ嫌忌スルノ狀アリ, 之レ清國官憲ニ移送セラルルトキハ事實ノ審問ニ拷責ヲ受クルノミナラズ, 原·被共賄賂其他ノ雜費ヲ要シ, 且ツ公然ニ裁判費用ヲ徵收セラルル等, 動モスレハ所謂費用例トナルノ恐レアルヲ以テナリ, 然ルモ我官憲ヲ距ル遠キ地ニアル清國人ハ我ヲ信用スルコト薄ク, 容易ニ我ノ說諭ニ服セザルノミナラズ, 我韓民保護ノ充分及ハサルヲ奇貨トシ, 韓國民ニ對シ不法ノ行爲ヲ爲スハ屢屢聞知スル所ナリ, 故ニ此種ノ地方ニ對シテハ, 力メテ巡回ヲ滋クシ居レリ.

五. 韓國臣民ノ情況

(イ) 韓國民ハ益益我ニ信賴シ, 自國人及ヒ淸國人ニ對シ種種訴ヘヲナスモノ日ニ多キニ至レリ, 本月間韓國人ノ淸國人ニ對スル訴訟事件中ニハ, 數年前ニ於ケル債務關係アリ, 而シテ右ハ何レモ從來淸國人ノ壓迫ニ依テ訴フルニ道ナク, 所謂泣キ寢入リニテ今日ニ至リタルモノニテ, 今ハ我派出所ノ保護ヲ受クルヲ得ルニ至リタルヲ以テ訴ヘ來ルモノナリ, 右ノ如キ事件ニ對シテハ, 我ニ於テハ, 數年以前ニ於ケル小事故ヲ以テ淸韓人間ニ事ヲ滋クラルノ不利ナルヲ認メ, 可成雙方ニ說諭シ示談セシムルニ努メ居ルモ, 淸國地方官ニ於テハ, 此等數年前ニ於ケル淸國官憲ノ暴戾ナル事跡ノ爆露センコトヲ恐レ, 此種ノ韓人ニ對シテハ壓虐ヲ加ヘ, 淸國人ニ對スル告訴·告發ノ續出スルヲ防遏セントスルノ風アリ, 韓民中親淸派ノ集會タル捐義會ハ, 陰ニ淸國官憲ノ援助ヲ受ケ黨勢ノ擴張ニ力メ, 我ガ施設ニ妨害ヲ試ミ居レリ.

(ロ) 上記頑迷者ニ對シ時勢及ヒ派出所設置ノ主旨等ヲ說キ, 可成懷柔ニ努メ居ルモ急速ノ奏效期シ難シ, 前月報告ノ銅佛寺街地方ニ於テ造言ヲ放チ居リタリシ宋泰般ハ, 局子街地方ニ於テモ北韓ヨリ日ナラスシテ義兵間島ニ進入スベケレバ, 今ヨリ銃器ヲ有スル獵師等ト親シミ置クヲ得策トスナドノ謠言ヲ放チ居タルモ, 取調ノ結果, 同人ハ銅佛寺·局子街附近ノ外, 他地方ニ於テハ謠言ヲ放チタル證跡ナク, 且ツ本人ハ實際藥種商ナリシト, 深ク人心ニ影響ヲ與ヘサリシ等ヨリ, 臨機ノ處分トシテ間島外ニ退去ヲ命シ, 會寧及ビ右本人ノ本籍地憲兵ニ右ノ旨通知シ置キタリ.

六. 所內執務ノ狀況

二月七日所長ハ鈴木囑託等ヲ隨ヘ上京セシニ付, 總務課長ニ於テ所長事務ヲ代理シ, 所長不在中ハ勉メテ淸國官憲トノ抗爭ヲ避ケ, 諸事愼重ノ態度ヲ取リ, 彼等ヲシテ苟モ乘スルノ機ナカラシメンコトヲ期シ居レリ, 所長上京ニ付. 總務課ニ於テハ, 間島ノ派出所開始以來本年一月末ニ至ル執務槪況ノ報告書ヲ, 調査課ニ於テハ, 昨年九月以來ノ調査報告書ヲ調製提出シタリ, 調査課ハ課長·小川囑託·課員一解囑セラレ, 目下總務課長調査課長ヲ兼任シ居レリ.

右及報告候也.

19. 間島管內一般狀況報告寫本의 送付(原案1册)

隆熙2年 (西紀1908年 4月21日)
[發] 統監府統監 伊藤博文
[受] 內閣總理大臣 李完用

機密統發第四五一號

在間島篠田派出所長代理月報統派月報第三號寫, 別紙及御送付候也.

明治四十一年四月廿一日
統監公爵 伊藤博文
太子少師內閣總理大臣 李完用 閣下

附. 間島派出所管內一般狀況月報

- 隆熙2年 (西紀1908年 4月7日)
- [發] 間島派出所長代理 篠田治策
- [受] 統監府副統監 曾禰荒助

統派月報第三號

月報

明治四十一年四月七日
統監府派出所長代理總務課長 篠田治策
統監代理副統監子爵 曾禰荒助 殿

一. 地方一般ノ狀況

本月間ニ於ケル地方一般ノ情況ハ概シテ平穩ナリキ, 然レトモ前月ニ引續キ吉林ヨリ清兵及ヒ巡兵ノ局子街ニ來着シタルト, 吉强軍ノ異動止マリシ等, 尙多少地方人心ニ影響ヲ及ホシタルカ如シ.

二. 淸國官憲ノ動靜

淸國官憲ニ於テハ, 本月ニ入リ更ニ新訓練ノ兵員約二百名(往電第三八號)巡兵約百名(往電第四一號)ヲ吉林ヨリ增遣シ, 一面吉强軍將校以下ノ老朽者ヲ淘汰シ其刷新ヲ謀リ, 駐屯地ヲ減シテ之レカ併合ヲ行ヒ, 代ユルニ新來ノ兵或ハ巡兵ヲ以テシ, 從來ノ慣行タル官吏ノ取賄ヲ嚴飭シ, 無名ノ徵稅·徵金ヲ嚴禁シ, 力メテ地方行政ノ改善ヲ圖リ民心ノ收攬ニ腐心シツツアルカ如シ.

三. 淸國官憲ノ不法行爲

(イ) 三月八日夜, 巡防隊馬隊管隊王廷瑞及邊務公署稽查委員李榮成ハ, 吳祿貞ノ命ナリトテ, 當龍井村ヨリ會寧ニ通スル道路上ニ樹テアル里程標ヲ拔キ取リタリ, 右ニ付吳祿貞ニ交涉ノ結果, 邊務公署ニ於テ淸國地名ト韓國地名トヲ併記シタル里程標ヲ更ニ植立セシムルコトニ協定セリ(特報第一二號ニテ報告濟).

(ロ) 三月十四日當龍井村ニ於テ韓人ト淸國人トノ間ニ爭鬪ヲナシタル際, 六道溝派弁所附巡長以下八九名出テ來リ, 內巡長一名·巡兵四名ハ, 故ナク拔劍シ韓人ヲ刀背ニテ毆打シ負傷セシメタリ, 本件ハ邊務公署ニ交涉ノ結果, 同署ヨリ員ヲ派シテ精探シタルニ, 拔刀ノ事實顯著ナルニ至リ, 同署ニ於テ巡長ヲ免職シ, 其他ノ巡兵ヲ戒飭シテ事落着シタリ(往電第三九號·第四〇號, 第四四號ニテ報告濟).

(ハ) 鐘城間島光霽峪駐屯兵ハ三月九日交代ニ際シ, 開運社ニ於テ大豆百二十斗·麥四十斗及ヒ牛車八輛ヲ徵發シ, 代價ヲ支拂ハスシテ出發シタリ, 又開運社ノ外各社ニ於テ總計三十八輛ノ牛車ヲ徵發シ, 往復三日ヲ使用シタルニ對シ, 淸貨二十四吊(日貨九圓十四錢)ヲ支拂ヒタルノミナルヲ以テ, 人民ハ其少額ヲ憤リ居レリ, 本件ハ局子街分遣ノ奧村憲兵大尉ヲシテ邊務公署ニ交涉セシメタリ.

四. 淸國官憲ノ我官憲ニ對スル態度

淸國官憲ニ於テハ近來往往事實ヲ揑造シ若クハ之ヲ誇大ニシ我ヲ中傷セントスルノ風アリ, 其著シキモノヲ擧クレハ左ノ如シ.

(イ) 昨年九月守信社ニ於テ清國人鞠智ノ飼馬, 韓國人李昌求所有ノ粟ヲ食メ紛爭ヲ生シタル事件アリ, 被害者ヨリ頭道溝分遣所ニ告訴シ取調中ノ處, 右事件ニ付同社盧來城住安聖文ナルモノ鞠智ト李昌求トノ間ニ立チ, 頭道溝分遣所ヨリ示談セシムヘキ旨命セラレタリトテ, 李昌求ノ不在ニ乘シ其ノ妻ニ對シ, 鞠智ヨリ李昌求ニ負傷ノ治療代及ヒ粟ノ損害賠償トシテ, 韓貨三百文及粟韓升一石六斗ヲ弁償スヘキコトヲ說キ聞カセ, 告訴ノ取下ケヲ迫リタルモ, 李ノ妻ハ之ヲ信セス容易ニ承諾セサルニ拘ハラス, 種種脅迫ノ言辭ヲ用ヒ强テ承諾セシメタリ, 右安聖文ノ所謂ハ全ク分遣所ノ關知スル所ニアラサルヲ以テ, 本人ヲ取調フルノ必要アリ, 頭道溝憲兵分遣所ニ同行シ取調中, 安聖文ハ逃走シタルヲ以テ, 其後同所ニ於テハ屢憲兵及韓國巡檢ヲ派シ, 安ノ家宅ニ就キ其在否ヲ尋ネシメタリ, 其後本年ニ至リ分遣所ニ於テ一月十二日及ヒ二月三日憲兵及巡檢ヲ遣ハシ, 更ニ安ノ所在ヲ搜索セシメタルニ, 安ノ家族ハ其煩累ヲ避ケントシタルカ爲メカ, 安ノ甥王永吉ハ安ノ妻及娘醜怪ヲ頭道溝派弁所ニ連レ行キ, 二月十四日韓人李殷永(頭道溝派遣ノ當派出所付書記郞)及ヒ韓國巡檢金連澤ノ二名ハ安ヲ搜索スルト稱シ娘醜怪ヲ連レ出シ大甸子ト稱スル原野ニ於テ同人ヲ强姦シタリト訴ヘ出テシメタリ, 派出所ニ於テハ局子街邊務公署ニ報告シタリ, 公署ハ精探ヲ遂ケス極メテ不確實ナル事實ヲ以テ李·金ノ二名ニ於テ强姦シタルモノト認定シ, 我派出所ニ交涉シ來レリ, 本件ニ付テハ極メテ嚴密ニ取調中ナルモ, 今日迄ノ取調ノ結果ニヨレハ, 被害者ト稱スル醜怪及ヒ清國側證人等ノ言一致セス, 强姦ノ事實殆ント認メ難ク, 殊ニ李殷永ノ如キハ全ク嫌疑ヲ挾ムヘキ餘地ナキモノノ如シ.

(ロ) 本月始メ韓人許榮·黃用元·朴允熙等ハ東梁社下田洞口及西作洞ニ於テ一進支會竝ニ小學校ヲ設立シ, 其費用トシテ寄附金ヲ募集シタルニ, 人民ノ暗愚ニ乘シ多少脅迫ケ間敷キ言動ヲ用ヒタル事件アリタリ.

右件ニ付テモ清國官憲ニ於テハ其事實ノ精査ヲ爲サスシテ, 右許榮以下ヲ以テ韓國ノ巡檢トナシ, 我派出所ノ命令ニ據リテ金錢ノ勒索ヲ爲スモノナリトシ, 殊ニ二·三ノ清國人ニ對シテ寄附金ノ集マルマテ强テ金ヲ借リ受ケタル事實ニ對シテハ, 或ハ淸人ヲ冷室ニ監禁シタリト爲シ, 或ハ毆打創傷ヲ加ヘタリト爲シ, 能ク其眞相ヲ極メスシテ我ニ交涉シ來レリ, 本件ハ憲兵隊ニ於テ取調ノ結果, 右許榮以下ノ犯罪ヲ認メ, 之ヲ鏡城裁判所ニ送致シタリ(特報第一三號·第一四號ニテ報告濟).

五. 韓國民ノ狀況

清國官憲ニ於テハ些細ノ事件ニ迄モ兵力ヲ使用シ, 人民ヲ局子街官憲ニ同行又ハ引致シ取調ヲナスノ慣習アリ, 殊ニ韓國人ニ對シテハ罪ノ有無ニ拘ハラス, 從來苛酷ノ取扱ヲ爲シ來リシヲ以テ, 韓國人ハ淸國官憲ニ同行若クハ引致セラルルコトヲ恐怖スル甚敷, 我官憲ノ保護ニ賴テ此等同行若クハ引致ヲ免レントスルモノ日ニ增加ノ狀アリ, 然レトモ淸國官憲ニ於ケル近來ノ施設殊ニ兵營ノ新築・兵員巡兵ノ增遣等ハ, 多少韓國人ノ心ヲ動カシ, 果シテ現今ノ如ク永ク我ノ保護ニ信頼スルヲ得ルヤ否ヤニ就キ杞憂ヲ懷キ居ルモノノ如ク, 殊ニ淸國官憲及ヒ其軍隊ノ所在地若クハ其附近ニ在住スル韓國人ニ於テハ, 此感一層深キヲ見ル, 親淸派ノ集合タル捐義會ハ其後萎靡振ハス, 本月間殆ント屛息ノ狀態ニアリ, 之レ同會副會長朴萬秀ハ, 官位賣買ノ嫌疑ニ依リ, 我ニ召喚シ家宅搜索ヲ行ヒタルト, 會長金秉南ニ對シテモ, 時勢ニ有害ナル行動ヲナス嫌疑アルニヨリ家宅搜索ヲ行ヒタルヲ以テ, 會員等一般ニ我ノ注目ヲ恐レタルニ依ルナラン, 而シテ金秉南ハ前月ヨリ旣ニ逃走シ, 現下會寧地方ニ潛匿シ居ル形跡アリ.

六. 衛生ノ狀態

本月ニ入リ暖氣稍加ハリ解氷ノ期ニ近キシヲ以テ, 當村内ノ大淸潔法ヲ行ヒタリ, 尙天然痘ノ發生ヲ顧慮シ, 派出所員・憲兵隊員・郵便局員及ヒ居住日本人ニ對シ種痘ヲ施シタリ.

七. 豆滿江ノ解氷

豆滿江ハ目下兩岸四・五尺乃至五・六間ノ所迄解氷シ, 中流ハ氷上ノ流水約一尺位ニ達シ, 渡江頗ル危險ナリ, 尙ホ四月初メニ至レハ, 一時交通ノ杜絶スベキ虞アルヲ以テ, 會寧對岸ニ於ケル渡船場ハ渡船ニ便ナラシメンカ爲メ, 禹跡洞派遣所ノ憲兵ニ命シ, 附近村民ヲ督シ碎氷ニ從事セシメ居レリ.

八. 居住本邦人ノ增加

本邦人ハ漸次增加ノ傾向ナルモ, 未タ著シキ發展ヲ認メス, 商業ハ一般ニ沈靜ニシテ, 本邦人ヲ顧客トスル商業ハ其維持困難ノ狀アリ, 本月末ノ調査ニヨレハ, 間島内ニ於ケル本邦人ノ戸數・人口・職業別等別紙ノ如シ.

右報告候也.

別紙寫, 日本人戶數·人口表

地名龍井洞, 戶敷三〇, 人口男七〇, 女四七, 計一一七, 地名局子街, 戶數八, 人口男九, 女一八, 計二七, 地名天寶山, 戶數ナシ, 人口男九, 女ナシ, 計九. 地名銅佛寺街, 戶數一, 人口男ナシ, 女一, 計一, 地名新興坪, 戶數一, 人口男一, 女ナシ, 計一, 合計戶數四〇, 人口男八九, 女六六, 計一五五.

[備考] 統監府派出所員·憲兵隊員·郵便局員及其傭人ヲ除ク.

日本人職業別表

區別·員數·地名, 雜貨店, 龍井村三, 局子街二, 天寶山·銅佛寺·新興坪ナシ, 計五. 請負業龍井村一, 局子街·天寶山·銅佛寺·新興坪ナシ, 計一. 料理店, 龍井村七, 局子街四, 天寶山·銅佛寺·新興坪ナシ, 計一一. 飮食店, 龍井村三, 局子街·天寶山·銅佛寺·新興坪ナシ, 計三. 菓子製造業, 龍井村一, 局子街·天寶山·銅佛寺·新興坪ナシ, 計一. 大工職, 龍井村一四, 局子街·天寶山·銅佛寺·新興坪ナシ, 計一四. 鐵工職, 龍井村二, 局子街·天寶山·銅佛寺·新興坪ナシ, 計二. 料理人, 龍井村三, 局子街·天寶山·銅佛寺·新興坪ナシ, 計三. 運送業, 龍井村一, 局子街·天寶山·銅佛寺·新興坪ナシ, 計一. 木挽業, 龍井村二, 局子街·天寶山·銅佛寺·新興坪ナシ, 計二. 酒造業, 龍井村一, 局子街·天寶山·銅佛寺·新興坪ナシ, 計一. 肉販賣業, 龍井村一, 局子街·天寶山·銅佛寺·新興坪ナシ, 計一. 湯屋業, 龍井村一, 局子街·天寶山·銅佛寺·新興坪ナシ, 計一. 旅舘, 龍井村二, 局子街·天寶山·銅佛寺·新興坪ナシ, 計二. 豆腐製造業, 龍井村一, 局子街·天寶山·銅佛寺·新興坪ナシ, 計一. 遊戲業, 龍井村二, 局子街·天寶山·銅佛寺·新興坪ナシ, 計二. 鑛山事務員, 龍井村二, 局子街ナシ, 天寶山三, 銅佛寺·新興坪ナシ, 計五. 坑夫, 龍井村·局子街ナシ, 天寶山六, 銅佛寺·新興坪ナシ, 計六. 藝妓, 龍井村七, 局子街·天寶山·銅佛寺·新興坪ナシ, 計七. 酌婦, 龍井村一六, 局子街一三, 天寶山·銅佛寺·新興坪ナシ, 計二九. 仲居, 龍井村一, 局子街·天寶山·銅佛寺·新興坪ナシ, 計一. 理髮業, 龍井村一, 局子街·天寶山·銅佛寺·新興坪ナシ, 計一. 賣藥業, 龍井村ナシ, 局子街一, 天寶山·銅佛寺·新興坪ナシ, 計一. 雇人, 龍井村一六, 局子街·天寶山·銅佛寺ナシ, 新興坪一, 計一七. 其他, 龍井村二九, 局子街七, 天寶山ナシ, 銅佛寺一, 新興坪ナシ, 計三七. 合計, 龍井村一一七, 局子街二七, 天寶山九, 銅佛寺一, 新興坪一, 計一五五.

備考, 本表中其他トアルハ, 妻及無業ニテ他ト同居セル男女ヲ示ス.

20. 間島管內一般狀況報告寫本의 送付(原案1册)

隆熙2年 (西紀1908年 5月21日)
[發] 統監府統監 伊藤博文
[受] 內閣總理大臣 李完用

機密統發第五八七號

篠田統監府臨時間島派出所長代理月報統派月報第四號寫, 別紙及御送付候也.

明治四十一年五月廿一日
統監公爵 伊藤博文
太子少師內閣總理大臣 李完用 閣下

附. 間島管內一般狀況月報

- 隆熙2年 (西紀1908年 5月6日)
- [發] 間島派出所長代理 篠田治策
- [受] 統監府統監 伊藤博文

統派月報第四號

月報 自四月一日至同三十日
明治四十一年五月六日

統監府臨時間島派出所所長代理總務課長 篠田治策
統監公爵 伊藤博文 殿

一. 地方一般ノ狀況

本月間地方ノ情況ハ概シテ平穩ナリ, 茂山間島ニ少數ノ暴徒ノ入リ込ミシト, 李範允カ北韓ノ暴徒等ト遙ニ氣脈ヲ通シ, 事ヲ擧ケントスルノ形跡アルトハ, 多少人心ノ動搖ヲ見シモ, 之レトテ南部及ヒ東北部ニ於ケル小部分ニ止マリ, 內部間島ニ於テハ更ニ何等ノ影響ヲ見ス, 各各其堵ニ安ンシ居レリ.

二. 淸國官憲ノ態度

淸國官憲ニ於テハ益益領土主義ヲ確實鞏固ニセンカ爲メ, 前月ニ引續キ局子街邊務公署ニ近接シ第一·第二·第三營ノ兵舍ノ建築ニ着手シ, 尙茂山間島·會寧間島等ニモ又建築ノ準備中ナリ, 其他兵員ノ增置·道路ノ改修·橋梁ノ架設·屯田兵ノ募集等, 大ニ其地步ヲ固ムルコトニ力メ居レリ.

三. 淸國官憲ノ韓國民ニ加フル不法行爲

淸國官吏カ多年ノ慣行タリシ暴戾·壓虐·收賄·徵發等ノ不法行爲モ, 我保護ノ下ニアル韓民ニ對シテハ終ニ之ヲ逞フスル能ハサルヲ知リ, 近來大ニ其數ヲ減シタリ, 然レトモ派出所ノ距ル遠ク邊陬ノ地ニ住スル韓民ニ對シテハ, 我ノ保護ノ十分ナラサルヲ奇貨トシ, 尙今往往之レ等不法行爲ノ演出セラルルヲ見ル. (イ)往電第五一號ニテ報告濟ノ西間島ニ在住ノ韓人ヘ弁髮·易服强制ノ件. (ロ)鍾城間島上泉坪村ニアル養生學堂ノ敎師韓國人李同春ハ, 四月十九日大拉子經政廳ニ赴キ同廿一日歸校シタルニ, 生徒一同ニ對シ自今十日每ニ薙髮シテ弁髮ヲ修フヘキヲ諭シ, 若シ肯セサルモノハ支給品(帽·衣服·靴·書籍)ヲ返納セシメ退學セシムヘシト脅迫シ且ツ生徒ニシテ當校トノ關係ヲ絕テハ, 各家一年ニ淸貨數百兩ノ徵稅ヲ淸國官憲ヨリ賦課セラルヘシト威迫シタリ, 盖シ該學堂生徒中ニハ曩ニ强制セラレ弁髮ト爲リタル者アルモ, 未タ應セサルモノアリ, 且ツ一度弁髮ト爲リタル者モ, 其後薙髮セサル爲メ漸次淸國弁髮ノ形態ヲ失フモノアルヲ以テ, 此際悉ク弁髮タラシメントシタルモノノ如シ, 尙淸官許德洧ハ同學堂ニ到リ, 生徒ノ父兄·淸國任命ノ總鄕約·鄕約等ヲ集メ, 生徒ニ向ヒ鍾城間島ハ琿春附屬ノ地ニシテ, 韓國ノ領土ニアラス中國ノ領土ナリ, 故ニ汝等ハ熱心ニ中國ノ法律及中國ノ言語ヲ勉强スヘク, 又將來立身センニハ中國ノ書籍ヲ購讀スヘシ云云ノ講演ヲナシタリ(特報第一五號報告濟).

四. 淸國官憲ノ我官民ニ對スル態度

淸國官吏ノ我ニ對スル態度ハ親好ニシテ, 表面何等ノ異狀アルヲ認メヌ, 本月間本邦人對淸國兵員間ニ左ノ小爭アリタリ(特報第一八號ヲ以テ報告濟).

五. 韓國臣民ノ狀況

韓國民ハ淸國官憲近來ノ施設則チ兵營ノ建築·道路ノ改修乃至募兵等ヲ以テ, 淸國官憲ヲ信賴スルノ念慮厚キヲ加フルノ觀アリ, 而シテ我カ官憲ニ於テハ所謂現狀維持ニシテ更ニ何等ノ活動ナキヲ以テ, 其ノ眞意ノアル所ニ付キ疑念ヲ抱キ居ルモノノ如シ, 過般吉林巡撫ノ許ニ行キタリト稱スル捐義會評議員方秉起ハ, 本月八九日頃歸還シタルヲ耳ニシ, 取調ノ爲メ憲兵及巡査ヲ密派シタレトモ, 本人逃走ノ後ニテ遂ニ其目的ヲ達セサリシ, 而シテ同人ハ目下李範允ノ許ニ潛匿シ居ルノ說アリ, 茂山間島ニ入リ込ミタル暴徒ハ, 對岸ナル茂山郡ヨリ渡江逃竄シ來リタルモノノ如ク, 四月廿一日德化社山陽洞(伏沙坪憲兵分遣所ヲ距ル約二里半)山中ニ集合シ, 附近ニ人ヲ派シ狩獵者ヲ嘯集シ, 又タ兵器ヲ收集セントシ, 且ツ伏沙坪分遣所ヲ襲擊セントスルノ形勢アリタリ, 依テ當地憲兵隊ヨリハ茂山守備隊ニ偵察隊ノ派遣ヲ依賴シタル所, 同日下士以下十四名ヲ派遣セラレ, 該兵ト憲兵ニテ山陽洞及其附近ヲ偵察シタレトモ暴徒ノ形跡ヲ認メス, 且ツ別ニ襲來ノ模樣ナキニヨリ, 四月二十三日偵察隊ハ伏沙坪ヲ引揚ケ歸隊シタリ, 其後伏沙坪及附近ノ人民ハ憲兵ニ協力シ, 夜警ヲ置キ警戒シ居ルモ暴徒出現ノ狀ナシ, 尙當方面ニハ暴徒ノ眞相ヲ內偵セシムル爲メ平田憲兵中尉ヲ派遣シタリ, 琿春方面ニ於テハ李範允謀主トナリ, 元京城鎭營隊ノ正尉·副尉等モ加盟シ居ルヤニテ, 北韓界方面ニ駐屯ノ日本軍ヲ襲擊セント企圖ヲ爲シ居レリト, 而シテ李範允ハ其弟李範信ナルモノ曩ニ在米韓國公使館ノ通譯生タリシコトアルヲ以テ, 其綠故ニ因リ米國ヨリ小銃二千五百挺ヲ購買シ, 不日受領スヘシトノ傳說アリ, 但購買先·運搬ノ方法·到着期及到着地等ハ凡テ未詳ナリ, 又タ李範允ハ間島ニシテ日韓側ノ主張貫徹シ韓國領分トナルニ於テハ露國官憲ノ援助ヲ得, 暴動ヲ起スヘシ, 露國官憲トハ已ニ其交涉圓熟シ居ル旨聲言シ居レリト, 要スルニ李範允ハ暴徒ト氣脈ヲ通シ, 暴徒モ漸次北方ニ逃入シ李範允ノ居住地タル露領宗王嶺地方ニ集合セントスルノ形勢アルハ疑ナキモノノ如シ.

六. 豆滿江ノ解氷

前月下旬來一部ノ解氷アリテ, 本月七·八日頃迄ハ一時交通ヲ杜絶シタルモ, 間島ヨリ會寧ニ通スル渡船場ノミハ憲兵ニ於テ附近村民ヲ督シ碎氷ニ從事セシメ, 遂ニ交通ヲ遮斷スルニ至ラサリシ.

七. 氣候

氣候ハ漸次暖和トナリ, 本月中測定シタル當地ノ氣溫ハ攝氏ニ於テ左ノ溫度ヲ示セリ, 最高溫度二十七度七分, 最低溫度零下七度五分, 最高平均溫度十五度〇分五, 最低平均溫度, 一度八分, 高低平均溫度六度七分八, 以上.

21. 在間島韓國官吏宿舍建設에 對한 設計書·圖案等送付 및 同經費의 支出通告(原案1册)

隆熙2年 (西紀1908年 5月25日)
[發] 統監府統監 伊藤博文
[受] 內閣總理大臣 李完用

機密統發第六〇一號

在間島貴國官吏宿舍建設ノ件ニ就キ, 別紙寫ノ通理由書·概算設計書竝ニ圖案ヲ具シ, 篠田派出所長代理ヨリ稟申致來候, 右ハ不得已ノ設備ト被認候ニ付テハ, 貴大臣閣下ニ於テモ御承認ノ上, 建設ニ要スル經費支出方御取計相成候樣致度, 別紙相添此段申進候也.

明治四十一年五月廿五日
統監公爵 伊藤博文
太子少師內閣總理大臣 李完用 閣下

附. 在間島韓國官吏宿舍建設에關한設計書等進達의件

- 隆熙2年 (西紀1908年 5月13日)
- [發] 間島派出所長代理 篠田治策
- [受] 統監府統監 伊藤博文

統派庶第四六三號

韓國官吏宿舍建設ノ件ニ付申請
明治四十一年五月十三日

統監府臨時間島派出所長代理 篠田治策
統監公爵 伊藤博文 殿

當所警視兼內部書記官崔基南以下韓國官吏ノ多數ハ, 從來當地ニテ韓人家屋ヲ借リ上ケ宿舍ニ充用致シ居リ候處, 該家屋ハ今回間島小學校校舍ニ充用スヘク決定候ニ付テハ,早晩開校準備ノ運ニ至ルベク, 然ル上ハ不得已他ニ移轉セサル可カラザル次第ニ有之候モ, 元來少數ナリシ韓人家屋ハ既ニ當所員·憲兵ニテ借用シ, 且ツ近來日韓人ノ來住者多數ニ上リ, 此等ハ何レモ韓人家屋ノ一部ヲ借リ受ケ居住シ居ルノ現況ニ付キ, 既ニ他ニ借リ入ルベキ適當ノ建物一モ無之, 依テ此際別紙概算設計書ニ基キ, 韓國風ノ假宿舍五棟至急建設ノ必要有之候ニ付, 右新營ニ要スル經費支出方韓國政府へ御協議相成樣致度, 略圖相添此段申請仕候也.

追テ本件ニ關シテハ當所長京城滯在中, 內部當局者ニ內議致シ置キ候ニ付, 此段申添候也.

附의 屬. 同上槪算設計書

槪算設計書

一金四千六百拾參圓

內譯, 金參千七百九拾五圓, 宿舍五棟建築費.

但建坪百拾五坪, 一坪ニ付金參拾參圓.

金參百五拾貳圓, 同門柵·井戶設備費.

金四百六拾六圓, 敷地買入費.

但面積貳千參百參拾坪, 一坪ニ付平均貳拾錢.

22. 間島管內一般狀況月報寫本의 送付(原案2册)

隆熙2年 (西紀1908年 7月2日)
[發] 統監府統監 伊藤博文
[受] 內閣總理大臣 李完用

機密統發第七九二號

齋藤臨時間島派出所長月報統派月報第五號寫, 別紙及御送付候也.

明治四十一年七月二日
統監公爵 伊藤博文
太子少師內閣總理大臣 李完用 閣下

附. 間島管內一般狀況月報

- 隆熙2年 (西紀1908年 6月7日)
- [發] 間島派出所長 齋藤季治郎
- [受] 統監府統監 伊藤博文

統派月報第五號

月報

自五月一日至同三十一日
明治四十一年六月七日

統監府臨時間島派出所長 齋藤季治郎
統監公爵 伊藤博文 殿

一. 地方一般ノ狀況

本月間地方一般ニ平穩ナリ, 清韓人多クハ耕種ニ餘念ナク各其堵ニ安シ居ル狀アリ.

二. 清國官憲ノ施設·增兵及軍隊ノ行動

清國官憲ニ於テハ, 局子街ニ郵便局ヲ設ケ五月七八日ノ頃ヨリ事務ヲ開始シ, 尙ホ從來ノ電報局ノ業務ヲ擴張シ, 現字機ノ一台ナリシヲ二台ニ增加使用シ居レリ, 局子街警務學堂ヲ卒業シタル巡兵二十名ハ, 五月二十一日局子街·銅佛寺街·土門子·頭道溝·東盛湧·冷水泉子·百草溝·琿春ノ各警務分局ニ配屬シタリ, 五月一日吉林邊務工程第一營營前隊隊官架藻王以下將校二名·下士以下八十一名, 同三日吉林邊務工程第一營後隊隊官高栄以下將校三名·司務長一名·下士以下七十七名, 何レモ吉林ヨリ局子街へ來着シタリ(電報第五三號·電報第五四號ニテ報告濟)但シ此ノ內, 後隊ハ五月八日ニ, 前隊ノ內約五十名ハ十三日ニ琿春ニ向ヒ局子街ヲ出發シタリ, 以上ノ外, 工程隊約百名ハ五月十二日ニ, 屯田兵約三百名ハ同十九日ニ, 工程隊約百名ハ同廿五日ニ吉林ヨリ局子街ニ到着ノ說アルモ, 探究ノ結果事實確實ナラス, 五月二十八日吉林ヨリ小銃約五百挺·彈藥約六千發, 馬隊二十五名ニ護衛セラル局子街ニ到着シタリ, 敦化縣及駝腰子(銅佛寺ヲ距ル西方約三十里)地方ニ於ケル馬賊討伐ノ爲メト稱シ, 局子街駐屯ノ馬隊管帶王廷瑞竝ニ西左城子駐屯ノ馬隊哨官以下廿六名, 五月廿一日銅佛寺ヲ出發シタリ.

三. 清國官憲ノ韓國官吏及人民ニ對スル不法行爲

清國官憲ニ於テハ西間島ニ在住スル韓人ニ易服·弁髮ヲ强制シタル事實アリ(特報第三〇號·電報第五一號ニテ報告濟)會寧間島文化社南尙洞住韓人羅亭權カ設置セシ渡船場ニ對シ, 清國官憲ニ於テハ兵力ヲ以テ之カ置船ヲ禁止シタリ(電報第六八號ニテ報告濟)平崗下里社柳亭坪村(龍井村ヲ距ル西方約二里)附近三十六ケ村ノ村民ハ, 同村ニ學校ヲ設立セントシ清人楊泰禧ノ所有地ヲ借リ入ルル契約ヲ爲シタルニ, 楊ハ本年四月十日頭道溝派弁所長王長齡ノ命ニテ, 韓人ニ地所ノ賣却及貸與ヲ禁セラレタリトテ前契約ヲ取消シ其所要土地ヲ貸與セサルニ依リ, 村民ハ更ニ其隣村ナル龍泉洞韓人池汝安ノ所有地ヲ買入レ新築ノ計劃ヲナシタルニ, 同村住清國任命ノ社長韓人姜先達ハ池汝安ニ賣買ノ契約ヲ取消スヘク敎唆シタリ, 然レトモ本件ニ付テハ憲兵ヲ派シテ夫等ノ妨害ヲ排除シタルヲ以テ, 今回漸ク新築工事ニ着手スルヲ得タリ, 五月十九日局子街分駐ノ韓國巡査金相弼ハ村落巡回ノ際, 局子街ノ南方水南社龍成村ニ多數ノ清韓人集合シ居ルヲ認メ, 現場ニ居リタル清國任命ノ總鄕約韓人李秀光ニ其事由ヲ尋ネタルニ原由シ, 金巡査ト李鄕約ハ口論ヲナシタルニ, 李ハ之ヲ急様ニ清國官憲ニ告訴シタルモノノ如ク, 同日警務總局巡長一名·巡兵二名, 金巡査ノ宿舍ニ至リ, 人民ノ告訴アリタリトテ金巡査ニ同行ヲ求メ, 同巡査ハ之ヲ拒ミタルニ, 巡長ハ金ノ手首ヲ捕ヘ屋室上ヨリ引キ下ロシ, 金巡査ヲ警務總局ニ連レ行キタリ, 警務總局ニ於テハ局長清山ハ金巡査ニ對シ, 人民ヨリ告訴アリタルニ由リ邊務公署ニ至ルヘシト言渡シ, 金巡査ハ之ヲ承諾セスシテ如何ナル告訴ナルヤ其告訴ノ事實ト告訴者ノ姓名ヲ告ケラレタシト要求シタルニ, 其事實及姓名ハ今夜邊務公署ニ問合スヘキニ依リ, 何分ノ通知アル迄歸廳シ居ルヘシトテ, 其儘金巡査ヲ歸還セシメタリ, 翌二十日金巡査ハ警務總局前ヲ通過シタルニ, 一名ノ巡長及ヒ三名ハ之ヲ追跡シ來リ, 再ヒ金巡査ヲ同行セントシ金巡査ハ之ヲ拒ミタルニ, 巡兵等ハ金ノ手足ヲ捕ヘ之ヲ擔ヒツツ警務總局內ニ連ル行キ之ヲ下ロシタリ, 此時金巡査ハ局子街分遣所憲兵ノ該門前ヲ通過スルヲ認メ援助ヲ求メタルヲ以テ, 同憲兵ハ直チニ同總局內ニ入リ金巡査ヲ放還セシメ同行歸所シタリ(電報第六八號ニテ報告濟)本件金巡査强制同行ノ件ハ, 陳昭常ハ金巡査ヲ以テ清國ノ行政ヲ紊ルモノトナシ, 警務總局長ニ命シ引致セシメントシタルモノノ由ニテ, 總局長清山及其監督者知府陶彬ハ, 憲兵ヲ理由ナク局內ニ入レ金巡査ヲ引渡シタル嫌ニ依リ, 各各記過(懲罰)ノ處分ヲ受ケタリ, 五月廿日會寧街道上會寧間島鶴城村ヲ距ル西北方約四百米突ノ地ニ於テ, 韓人朴三奎ナル者, 日本婦人四名及ヒ其携帶荷物ヲ牛車三輛ニ載セ會寧方面ヨリ來リタルニ, 清國巡兵一名牛車四輛ヲ監督シ來ルニ出合セリ, 時ニ巡兵ハ朴三奎ノ率ヒ來ル牛車ヲ路傍ニ避ケシメ, 尙ホ後ヨリ二輛ノ牛車來ル故, 其儘避ケ居ルヘシト云ヒ殘シ立チ去リタルニ, 朴ハ後繼ノ牛車ノ見ヘサルト旅行ヲ急クトヨリ, 前ノ四輛ノ牛車過キ去ルト同時ニ前進シタルニ, 巡兵引還シ來リ, 何故自分ノ言ニ從ハサルヤトテ朴ヲ毆打シタリ, 其後鶴城村方面ヨリ巡兵三名·通譯一名追跡シ來リ, 朴ヲ鶴城村稽査所ニ引致セントシ, 同人ハ之ヲ拒ミタルニヨリ, 巡兵等ハ朴ノ兩手及ヒ頭髮ヲ握リ强テ之ヲ引致セントシ且ツ手及ヒ棒ヲ以テ朴ヲ毆打シ輕傷ヲ負ハシメタリ, 此時郵便護衛ノ憲兵來リ, 之ヲ認メタルニ依リ, 强テ朴ヲ放還セシメ牛車ト共ニ無事ニ通過セシメタリ(電報第六八號ニテ報告濟)五月十六日鏡城間島光霽峪駐屯ノ清兵三名, 下泉坪村派遣ノ韓國巡査宿舍ニ入リ來リ, 清國ノ領土內ニ在リテ韓國警察官吏ノ職務ヲ執行スルハ不法ナリナト述ヘ, 且ツ兵營ニ同巡査ヲ同行セントスルノ報ヲ得, 下泉坪分遣所憲兵現場ニ出張シタルニ, 清兵ハ賣藥ノ爲メ入リ來リタリト弁疏シ立チ去レリ, 翌日清兵二名同地監察課派遣員ノ許ニ來リ, 土足ノ儘室內ニ入リ, 歸還ノ際足ヲ擧ケテ門ヲ蹴ル等凌辱ヲ加ヘ歸リ去リタリ, 前數件ハ憲兵大尉奥村惠ヲシテ邊務公署ニ將來ノ取締ト不法行爲者ノ處分ヲ求メタルニ, 陳ノ代理者王國琛ハ事實取調ノ上相當ノ處分ヲ爲スヘシト答ヘタリ.

四. 淸兵及淸人對本邦人ノ紛爭

五月九日官姓名不詳ノ淸兵二名局子街料理店高木方ニ到リ, 金一圓ニテ遊興ヲ求メタルニ, 同店ニテハ之ヲ應セス, 同居人池田辰次郎ハ之ヲ室外ニ追出シタルニ, 淸兵ハ怒リテ其一名ハ薪ヲ以テ池田ノ頭部ヲ毆打シ負傷セシメ逃亡シタリ, 本件ハ局子街分遣所ニ於テ臨檢シ, 邊務公署ニ速ニ加害者ヲ搜索シ相當ノ處分アリタキ旨求ノ置キタリ, 五月十六日鏡城電信保線區局詰德田新太郎ハ淸國人杜有化ト東良下里社聖敎村ノ田中ノ小徑上ニ於テ出會シタルニ, 該所ニ建設シアル電信柱ノ支線切斷シ居ルヲ認メ, 德田ハ杜ニ對シ韓語ニテ本道ニアラサル小逕ヲ通行スルニヨリ, 如此支線ヲ切斷スルニ至レリト語リタルニ, 杜ハ言語不通ノ爲メ徒ラニ人ノ通行ヲ妨クルモノト誤解シ互ニ押合ノ結果, 雙方ヨリ殆ント同時ニ携フル所ノ杖ヲ以テ毆打シ, 德田ハ杜ノ頭部ニ輕傷ヲ負ハシメタリ, 本件ハ雙方說諭ノ上, 德田ヲ間島郵便局長ニ, 杜ヲ六道溝派弁所ニ引渡シ無事ニ事ヲ了セリ.

五. 韓國民ノ狀態

韓民ノ多クハ, 淸國官憲近來ノ施設即チ兵營ノ建築·道路ノ改修乃至募兵等ヲ以テ, 一時淸國官憲ヲ信賴スルノ念慮厚キヲ加ヘタルノ觀アリタリ, 而シテ我ニ於テハ所謂現狀維持ヲ守リ更ニ何等ノ活動ナカリシヲ見テ, 其眞意ノアル處ニ付キ多少疑念ヲ抱キ居リタルモノノ如クナリシモ, 派出所官制ノ發布·廳舍建築ノ擧等ハ, 確ニ之等韓人ノ杞憂ヲ一掃シ, 永ク我ノ保護ヲ受ケ得ルモノトノ信念ヲ深カラシメタルカ如シ, 其結果トモ見ルヘキ顯著ナル現象左ノ如シ.

(イ) 韓國內地ヨリ移住民及出稼者ノ增加.
(ロ) 當地及付近村落ニ於ケル家屋建築ノ劇增.
(ハ) 土地購買者ノ增加, 右ハ韓人一般ノ狀況ナルモ, 中ニハ現政府ノ施設ニ反對シ, 結局日本ニ欺カレ土地ヲ併呑ラルルモノトナシ, 私カニ憤慨シ居ル者アリ, 是等ノ徒ハ淸國ノ庇護ニ賴テ其併呑ヲ免ルルヲ上策ナリトシ, 淸國官憲ニ阿附シ又其時機ヲ待ツ爲メ學校ヲ起シ人心ヲ收攬スル方法ニ出ツルヲ常トセリ.

又間島ニ統監府派出所ヲ設置シタル件ニ就テモ, 日本ハ決シテ韓國ノ爲メニナルニアラス, 名ヲ韓民保護ニ藉リ實ハ間島ヲ占領シ, 且ツ東三省ヲ窺フモノナリト信シ居ルモノノ如シ, 之等ニ關シ左ノ事實アリ.

徐相闇·白南秀等ノ件

右ハ特報第一九號電報第五八號ニテ報告セシ處ナルカ, 尙徐以下ハ在奉天韓人吉星翼ナル者ト氣脈ヲ通シ居ルモノノ如ク, 今回同人ヨリ徐·黃·金·李宛, 在米國大韓人大同保國會章程ト題セル小册子ヲ各一部ツツ淸國郵便ニ托シ送付シ來リシ事實アリ, 又韓國ニ於テハ今尙ホ私ニ官職ノ賣買行ハレ, 賣者ハ之ヲ以テ利シ, 買者ハ之得テ名譽トセリ, 咸鏡北道鏡城西門外住姜壽鎭ナル者, 官職僞造ノ辭令四十九枚ヲ携行シ, 茂山間島ニ來リ之ヲ賣却セントシ, 都社長南奎綱ニ怪マレ, 伏沙坪憲兵分遣所ニ告發セラレタリ, 伏沙坪分遣所ニ於テ取調ヘタル處ニヨレハ, 該辭令ハ鏡城西門外韓人崔厚卿ナル者僞造シ, 姜ハ崔ヨリ利益ヲ二分スル約束ニテ賣却方ヲ依賴セラレタルモノナリ, 姜ノ自白ニ依レバ, 辭令ノ賣買價格ハ一枚ニ付坐首ハ二十圓, 有司ハ十五圓, 色掌ハ十圓, 養士ハ五圓, 大同鄕所ハ三圓ノ相場ナリト, 本件ハ姜壽鎭ヲ五月五日鏡城裁判所ヘ送致シ, 尙ホ崔厚卿ノ逮捕方ニ就テハ鏡城憲兵分遣所ヘ照會シ置キタリ.

六. 所員ノ動靜

本官ハ廿一日歸任セシヲ以テ, 同廿二日囑託篠田治策ノ所長代理ヲ辭ク, 囑託鈴木信太郎·韓國內部建設官崔基南ハ二道溝方面調査ノ爲メ, 憲兵中尉平田鐵治郎ハ同方面偵察ノ爲メ, 憲兵數名ヲ率ヒ往復二十日ノ預定ヲ以テ五月廿九日當地ヲ出發セシメタリ, 新任一等軍醫小野純一ハ五月十六日着任, 同二十日前任者村井軍醫正ヨリ事務ノ引繼ヲ受ケタリ, 村井軍醫正ハ廿六日新任地ヘ向ケ出發セリ.

七. 新廳建築業務

本年度臨時費ヲ以テ建築スヘキ廳舍等ニ就テハ, 小川雇員着任後詳細調査セシメタル處, 當地ニ於ケル諸種ノ不便ノ爲メ材料不廉ニシテ, 二階建廳舍(約百六十五坪)及附屬家一棟竝ニ所長官舍ニ要スル應接所ノミヲ建築スルコトトシ, 全部請負工事ニ附シ, 來月早ニ起工, 來十月下旬ヲ以テ竣工セシムル筈, 詳細ハ不日報告スヘシ.

八. 五月末ニ於ケル間島在住本邦人數調左ノ如シ.

間島在住日本人戶數·人口數, 地名龍井村, 戶數三〇, 人口男七〇, 女四七, 計一一七. 地名局子街, 戶數一四, 人口男一六, 女二二, 計三八. 地名天寶山, 戶數一, 人口男九, 女ナシ, 計九. 地名銅佛寺, 戶數二, 人口男二, 女三, 計五. 地名下泉坪, 戶數一, 人口男一, 女ナシ, 計一. 地名新興坪, 戶數二, 人口男二, 女一, 計三. 地名頭道溝, 戶數一, 人口男一, 女一, 計二. 合計戶數五一, 人口男一〇一, 女七四, 計一七五.

[備考] 統監府臨時間島派出所員·憲兵隊員·郵便局員及其傭人ハ本表ニ掲記セス.

23. 在間島韓人保護를 爲한 憲兵派遣隊增設에 隨伴한 韓圈人主事及巡查等增派要請(原案2册)

隆熙2年 (西紀1908年 7月13日)
[發] 統監府統監 伊藤博文
[受] 內閣總理大臣 李完用

機密統發第八七九號

在間島貴國人保護ヲ一層周密ニセンカ爲, 從來ノ憲兵分遣所八箇所ノ外, 更ニ百草溝·八道溝·傑滿洞·東京臺ノ四箇所ニ分遣所新設致候ニ付テハ, 右ノ四箇所ニ配置スヘキ韓國主事四名·巡查十二名貴內部ヨリ御增遣相成候樣致度, 而シテ右ノ主事及巡查ハ日本語ニ通スルモノヲ要シ候ニ付, 併テ申進候也.

明治四十一年七月十三日
統監公爵 伊藤博文
太子少師內閣總理大臣 李完用 閣下

24. 間島地方區域改稱에대한 間島派出所報告寫本의 送付(原案2册)

隆熙2年 (西紀1908年 7月31日)
[發] 統監府副統監 曾禰荒助
[受] 內閣總理大臣 李完用

機密統發第九五三號

在間島齋藤派出所長特報統派密第三七號寫及御送付候也.

明治四十一年七月三十一日
副統監子爵 曾禰荒助
太子少師內閣總理大臣 李完用 閣下

附. 間島地方區域改稱件의報告

- 隆熙2年 (西紀1908年 7月7日)
- [發] 間島派出所長 齋藤季治郎
- [受] 統監府統監 伊藤博文

統派密第三七號

明治四十一年七月七日
統監府臨時間島派出所長 齋藤季治郎
統監公爵 伊藤博文 殿

從來當派出所ノ關係セル地方ヲ二分シ, 白頭山ヨリ老爺嶺ニ連ル南北ノ山脈以東ヲ東間島, 以西ヲ西間島ト稱呼シ來リ候處, 韓人ハ鴨綠江對岸ヲ一般ニ西間島ト稱シ, 從テ當派出所ニテ稱呼スル西間島ト交錯誤解ヲ生シ易キ虞有之候ニ付, 派出所ノ關係ヲ有スル間島全部ヲ爾後東間島ト總稱シ, 從來稱呼セル東間島ヲ東間島東部, 西間島ヲ東間島西部ト改稱スルコトニ致候間, 此段上申進候也.

25. 間島管內一般狀況月報寫本의 送付(原案2冊)

隆熙2年 (西紀1908年 8月4日)

[發] 統監府副統監 曾禰荒助

[受] 內閣總理大臣 李完用

機密統發第九六五號

在間島齋藤派出所長月報統派月報第六號寫, 爲御參考及御送付候也.

明治四十一年八月四日

統監代理副統監子爵 曾禰荒助

太子少師內閣總理大臣 李完用 閣下

附. 間島管內一般狀況月報

- 隆熙2年 (西紀1908年 7月8日)
- [發] 間島派出所長 齋藤季治郎
- [受] 統監府統監 伊藤博文

統派月第六號

六月分月報

自六月一日至同三十日

明治四十一年七月八日

統監府臨時間島派出所長 齋藤季治郎

統監公爵 伊藤博文 殿

一. 地方一般ノ狀況

本月間地方一般ニ平穩ニシテ, 土民ノ多クハ既ニ耕種ヲ終リ各各其業ニ安シ居ルノ狀況ナリ, 本月間暴徒ニ關シテハ得ル處ナシ, 然レトモ間島ニハ尙ホ李範允ノ舊部下タリシ士卒在住シ居ルシト, 韓國內地若クハ露領方面ヨリ敗竄ノ暴徒ノ逃入スルヤノ虞アルヲ以テ, 此等ニ關シテハ常ニ視察及警戒ヲ嚴重ニ實施シ居レリ, 馬賊ニ付テハ局子街北方面寧古塔街道上及銅佛寺街西北方面吉林街道上ニハ時時出沒スルコトアル趣ナルモ, 其都度淸國官憲ヨリ討伐隊ヲ派遣シ之ヲ掃蕩スル由ニテ, 當所附近地方ニ於テハ全然之等ノ被害ヲ聞知スルコトナク至テ平穩ナリ.

二. 淸國官憲ノ施設及其軍隊ノ行動

淸國官憲ニ於ケル施設ハ倍倍行政機能ノ發展ニ力ヲ竭シ, 以テ領土主義ノ基礎ヲ鞏固ナラシムルコトニ腐心シ居レリ, 即チ各地ニ派弁所ヲ增設スルニ伴ヒ, 曾テ吉林ヨリ增派セシ巡警竝ニ, 局子街ニ於テ新ニ訓練セシ憲兵又ハ巡警ヲ各地ニ分派シ, 且ツ此等官憲竝ニ軍隊ヲ連絡スルニ若干距離每ニ遞騎兵ヲ配置シ, 以テ報告傳令ノ速達ニ供シ, 或ハ局子街ニ壯大ナル兵營ヲ置キ廳舍ノ建築ヲ取急キ, 或ハ各地ノ派弁所又ハ兵營修築ヲ行ヒ, 一ハ淸·韓民ノ信賴ヲ繫クト共ニ, 其行政組織ノ完全ニ努力シツツアリ, 淸國軍隊ノ行動ハ左ノ如シ.

⑴ 六月十四日局子街駐屯ノ步兵第十二標第二營附ノ將校一名·下士以下約四十名ハ, 東間島ノ西部漢寧溝駐屯兵ニ, 巡防隊步隊哨官以下二十三名ハ銅佛寺街ニ歸還駐屯セリ.

⑵ 六月廿四日淸國憲兵班長部勝標以下五名ハ, 局子街ヨリ沙器洞兵營ニ到着シタリ.

⑶ 穩城間島三朝洞(地點未詳)ニ淸兵約五十名新タニ駐屯シタリトノ說アリ, 事實取調中.

⑷ 老爺嶺及張財嶺ニハ工程隊第一營ノ各一ケ隊, 道路ノ改修ニ從事シ居レリ其迈幅ハ牛馬車ノ行違ヒニ差支ナキ程度ナルモ, 其工事ハ一時的ノモノニ過キスト云フ.

⑸ 本月間吉林ヨリ額木索·寧吉塔ヲ經テ琿春ニ到着シタル淸國軍隊ハ, 諸種ノ情報ヲ綜合スレハ, 約二營ノ淸兵到着セルハ事實ナリト認メラレ, 其步兵ハ第一標ニシテ, 外ニ工兵隊巡警等アリ.

⑹ 尙本月中吉林ヨリ敦化縣來着駐屯セルモノ, 步兵第一標第一營全部ナルカ如ク, 目下舊兵營及市內ノ民家ニ宿泊シアリ, 該一營ハ或ハ琿春ニ於ケル兵營ノ落成ヲ待チ同地ニ向フヘシト云ヒ, 或ハ敦化及附近地方へ分配駐屯スヘシト云フモ, 前說或ハ事實ナラント信セラル.

三. 淸國官憲ノ韓國官吏及人民ニ對スル不法行爲

(1) 淸國官憲ニ於テ東間島西部(從來西間島トシテ報告セシモノ)地方ニ在往スル韓民ニ對シ, 薙髮·易服ヲ强制シタル事實ニ付, 取調ヘシ爲メ客月中派遣シタル囑託事務官鈴木信太郎及憲兵ノ一行ハ本月十九日歸着セリ, 其報告ニヨレバ, 同地漢寧溝派弁所長竇寶賢ハ, 其部下官吏及兵員ヲ派シ, 韓家各戶ニ就キ薙髮·易服ヲ强制シ, 命ニ從ハサルモノハ速ニ該地ヨリ退去スヘキコトヲ迫リ, 且ツ同時ニ歸化願書ニ捺印セシメタルコトハ全然明確ナル事實ナリ, 鈴木事務官ハ當時竇派弁所長ニ會見シ, 韓民ニ對シ薙髮易服ヲ强制スルノ不法ナルコトヲ說明シ置キタル處, 其後ニ於テハ右ノ强制ハ殆ント之ヲ施スコトナク, 全ク淸國官憲ノ韓民ニ對スル態度一變シタルハ, 之レ我官吏ヲ派遣セシメタル結果ニ外ナラストテ, 同地方ノ頭民二名, 態ニ派出所ニ出頭シ來リ, 在住韓民ヲ代表シテ陳謝ノ意ヲ表シ, 且ツ憲兵分遣所ノ新設アランコトヲ懇願シ來レリ(往電第七五號報告濟).

(2) 會寧間島文化社南尙洞ニ於テ韓人羅亨權カ設置セシ渡船場ニ對シ, 淸國官憲ニ於テ兵力ヲ用ヒ之ヲ禁止シタルモ, 之レ舊慣及善後章程第六條ニ違反シ頗ル不法ナル處置ニシテ, 我派出所トシテ斷シテ默過ス可カラサル出來事ナルヲ以テ, 一面陳昭常ニ對シ之ヲ抗議スルト共ニ, 一面渡船場ニハ保護ノ爲メ我憲兵ヲ派遣シ其營業ヲ繼續セシメタル處, 陳ハ一應政府ニ報告シ其ノ指揮ヲ受ケ回答スヘキニヨリ, 一時渡船ノ中止セラレ度旨答ヘタリ, 我ハ例令ヒ一時ト雖モ之ヲ中止セシムヘキ理由ナキ旨聲明シタルモ, 此交涉中特ニ和平ヲ重ンジ, 渡船ハ之ヲ見合サシメ, 陳ニ對シテハ特ニ境野憲兵少佐ヲ差遣ハシテ, 韓國官憲ガ渡航業ヲ許可セシ從來ノ慣例其ノ他ノ理由ヲ詳細說明セシメ以テ再應ノ熟考ヲ求メタルモ, 到底妥協ノ途ナキヲ以テ, 六月廿四日ヨリ更ニ渡航ヲ開始セシメタルニ, 陳ハ新編成ノ憲兵五名ヲ沙器洞ニ派遣シ渡船ヲ禁止セシメ, 該憲兵ハ渡船場ニ於テ通行人ニ對シ乘船ヲ禁シ, 或ハ棒ヲ振リ上ケテ之ヲ威嚇シ, 或ハ舟夫ニ出船ヲ禁シ, 甚シキハ乘船セントスル牛車人夫ヲ毆打シタルコトアリ, 保護ノ爲メ現場ニ派遣シアル我憲兵ハ理ヲ以テ之ヲ諭スモ肯セス, 之カ爲メ淸國憲兵ニ於テ繫錨シアル舟綱ヲ扼シ舟ヲシテ離岸セシメザラントスレハ, 我憲兵ハ其綱ヲ引キ出船セシメントシ, 又淸國憲兵ニ於テ牛ノ牽綱ヲ執リ乘船セシメサラントスレハ, 我憲兵モ其牽綱ラ取リ之ヲ放タシメントスルガ如キ, 兩兩力ラ以テ相爭ヒ, 先ツ渡船ノ目的ヲ達シ居レリ(往電第六八號·第七〇號·第七四號·第七七號ニテ報告濟).

(3) 前月報告セシ平崗下里社柳井平村ニ同地民等ノ學校ヲ設立セントスルニ際シ, 淸國官憲ハ之カ設立ヲ妨害シタルモ, 本官ハ憲兵ヲ派遣シテ其妨害ヲ排除シ新築工事ニ着手セシメタル處, 頭道溝派弁所長ハ時時巡警兵數名ヲ現場ニ派遣シ, 工事ヲ中止セシメントシ百方妨害ヲ試ミタルモ, 工事中ハ我ヨリ絶ヘス憲兵ヲ派遣シ適當ノ保護ヲ與ヘ, 且ツ一方都社長·教師等ニ命シ工事ヲ速ニ完了スヘキコトヲ努メシメタル處, 本月下旬ニ至リ全ク竣功ヲ告ケ直チニ開校スルニ至レリ, 蓋シ清國官憲ニ於テハ如斯學校設立ヲ妨害スルハ其原因種種アルヘシト雖モ, 間島ヲ以テ完全ナル自國領土ト爲シ, 設立ニ自國官憲ノ許可ヲ受ケサルヘカラサルニ, 設立者ハ此擧ニ出デサリシヲ以テ中止スルモノナリトノ理由, 一原因ヲ爲シ居ルカ如シ, 右學校ノ建築ヲ了リ開校スルヲ得ルニ至リタルハ, 全ク我派出所ノ保護ニ因レルモノナリトシ, 開校後學校設立ニ干與シタル都社長·社長及頭民等ハ, 教師及生徒ト共ニ感謝ノ意ヲ表スル爲メト稱シ, 我派出所ニ出頭シ來レリ(往電第七七號報告濟).

(4) 吉林巡撫ハ從來官帖(吉林紙幣)二吊五百文ノ割合ヲ以テ流通シ來リシ吉林銀元一圓ヲ, 今後二吊八百文ノ割合ニテ通用セシムヘシトノ命令ヲ下シ, 陶知府ハ若シ清·韓商民ニシテ右ノ命ニ違フモノハ罰スヘシト告示セリ, 之レガタメ間接ニ韓錢ニ對スル割合ニ影響ヲ來シ, 現ニ本月二十二日鏡城間島湖川浦街市場ニ於テ, 同街派弁所附清兵二·三名ハ韓商人ヨリ韓錢五十文ノ木綿糸一巻ヲ購買シ, 其代價トシテ吉林小銀貨一個ヲ支拂ヒ, 之ヲ韓錢七十文ニ使用セントシ二十文ノ剰錢ヲ得ントシタルモ, 韓商人ハ該銀貨ハ韓錢五十文以上ニハ適用セストテ之ヲ拒ミタルヨリ清兵ト紛爭ヲ惹起シタル際, 偶ニ同街巡回中ノ韓國巡査ハ該韓商人ニ對シ, 不當ナリト思量スレバ賣買セサルニ如カスト諭シタルニ, 清兵ハ之ヲ見テ憤怒シ韓商人及韓國巡査ヲ携フル所ノ木棒ヲ以テ數回毆打シ, 爲メニ韓國巡査ハ微傷ヲ受クルニ至レリ, 同行憲兵ハ之ヲ制止シ, 直ニ同所派弁所員ニ就キ清兵ノ不法ヲ詰問シタルニ, 吉林銀貨ノ韓錢ニ對スル相場ハ, 命令ニテ兵士ノ云フ如ク上官ヨリ規定セラレアリト稱シ, 又韓國巡査ヲ毆打セシコトニ付テハ毆打セスト辯解セシ旨報告ニ接シタルニ付, 本職ハ境野憲兵少佐ヲ差遣シ陳昭常ニ對シ銀元ノ市價如何ニ關セス, 命令ニ違フモノ殊ニ韓人迄テモ處罰セントスルコトノ不都合ナルコト及ヒ, 巡査ヲ毆打セシコトニ關シ嚴重交涉セシメタルニ, 陳ノ代理者王國琛ハ銀元ニ對スル官帖ノ相場ハ吉林巡撫ヨリ之ヲ定メタルモ, 清國貨幣ニ對スル韓錢ノ相場ハ定メタルコトナシ, 依テ調查ノ上兵士等ニハ不當ノ相場ヲ以テ使用スルコトヲ戒ムヘシ, 又韓國巡査ハ官吏トシテ之ヲ認メサルモ, 併シ假令普通ノ韓人タリトモ毆打スルハ不都合ナルヲ以テ, 取調ノ上處罰スヘシト答辯セリ(往電第七號報告濟).

(5) 六月十八日鏡城間島光宗社三浦村住韓人黃敏弘母南氏(六十歲)ハ, 外二名ノ婦人ト同地光風社文岩洞通行ノ際, 湖川浦街派弁所附淸兵二名ハ謂ハレナク南氏ヲ毆打シ, 且銃劍ヲ以テ南氏ノ頭髮ノ結絲ヲ截リ, 頭中ノ月子二個(代價二圓八十錢位)ヲ掠奪シ, 尙銃劍ヲ振リ廻シ南氏ノ左肩及食指ニ微傷ヲ負ハシメタリ, 本件ニ關シテモ境野憲兵少佐ヨリ陳ノ代理者王國琛ニ會見ノ際, 右淸兵ノ不法行爲ニ付處分ヲ要求セシメタルニ, 取調ヘノ上相當處罰スヘキ旨答ヘタリ.

四. 淸國巡警及淸人對本邦人ノ紛爭

(1) 六月二十一日夜, 局子街ニ於テ淸國巡警ハ謂レナク通行セル本邦人二名ニ對シテ之ヲ誰何シ, 且ツ銃劍ヲ擬シテ其通行ヲ妨害セシニヨリ, 該本邦人ト衝突シ紛爭ヲ惹起セリ, 且此紛爭中, 其附近ニ於テ發銃シタルモノアリ巡警ノ行爲ト認メラルルヲ以テ, 本職ハ奧村憲兵大尉ヲシテ陳昭常ニ對シ巡警ガ街路ニ於テ徒ラニ通行者ヲ誰何シ, 殊ニ銃劍ヲ擬シテ之ニ對スル如キハ. 全ク警察上ノ本義ニ戾リ不法ナルニ付, 爾今一切通行者ヲ誰何スルコトヲ禁止シ, 且ツ成ルヘク銃器ノ携帶ヲ見合スヘシト嚴重ニ交涉セシメタル處, 陳ハ自今誰何ハ日本人ニ對シテハ絶對ニ之ヲ行ハズ, 一般淸·韓人ニ對シテハ夜間遲ク通行シ且ツ擧動怪シキモノト認メタルモノニ限リ誰何スヘキコト, 巡査ニハ銃ヲ携帶セシムヘキモ彈藥ハ携帶セシメサルコトヲ言明セリ, 而トモ前記發銃者ノ巡警タルコトハ之ヲ否認シタリ.

(2) 六月十六日當龍井村東端ノ畑地內ニ於テ, 淸人二名ハ荷馬車二輛ヲ驅リ之ヲ通過セントスル際, 畑地所有者タル韓民之ヲ認メ其通過ヲ拒ミタルニ原因シ互ニ爭鬪ヲ惹起シタル際, 本邦人職工一名之ヲ仲裁制止セントシテ立入リタルニ, 相互言語ノ通ゼザルニヨリ, 淸人等ハ日本人職工カ韓人ヲ援助スルモノト誤認シ, 該職工ヲ毆打セシヨリ互ニ毆打負傷シタル事件アリ, 事件輕微ニシテ且雙方ニ於テ和解ヲ希望スルニヨリ, 我憲兵ニ於テ說諭放遣シタル處, 翌十七日當地派弁所ヨリ, 右淸人ハ舊來ノ大道ヲ通行スルニ對シ之ヲ阻碍シ, 且先ツ韓人ヨリ打チ懸リ, 次テ本邦人數名ニテ淸人ヲ毆打シ重傷ヲ負ハシメタルモノナレハ, 加害者ニ對シ相當處分アリタシト要求シ來リタリ, 右ニ對シテハ我派出所ヨリ山本囑託通譯官ヲ該派弁所ニ差遣シ, 通路ハ舊來ノ道路ニアラスシテ全ク畑地ナルコト, 彼我毆打シ淸人ヨリ先ツ打チ懸リタルコト及相互ニ微傷ヲ受ケ居ルコト, 而シテ本件ハ淸人ノ懇請ニヨリ已ニ和解濟ナル旨ヲ答ヘ, 本件ヲ落着セリ.

五. 韓民ノ狀態

韓國民ノ我派出所ヲ信頼スルノ程度ハ, 近來一層厚キヲ加ヘタルモノノ如ク, 我任命ノ都社長·社長等ハ從來ニ倍蓰シ職務ニ熱心シ, 韓民一般ニ誠意ヲ以テ我ニ倚頼スルノ傾アリ, 殊ニ前項ニ於ケル學校設立及其工事ニ對スル淸國官憲ノ妨害ヲ排除シテ其目的ヲ達成セシメタル如キ, 又淸國官憲カ豆滿江ニ於ケル韓人ノ渡船開始ヲ妨害シツツアルニ對シ, 我ハ極力其渡船ヲ保護シツツアル如キ件ハ, 共ニ韓民ヲシテ淸國官憲ハ韓人ノ教育及交通ヲ阻碍スルモノナリトノ感念ヲ起サシメタルニ反シ, 我官憲ハ韓民ノ發達及利益ヲ保護スルモノナリトノ感念ヲ深カラシメ, 右等ノ出來事ハ却テ韓民ノ信頼ノ度ヲ深厚ナラシメタルモノト信セラル, 從テ當地ヲ距ル僻遠ノ地方ヨリハ, 我憲兵分遣所ノ設置ヲ請願シ來ルモノ多ク, 韓民信頼ノ程度一般ニ增加シタルヲ推知スルニ至ル.

六. 地方一般衛生ノ狀況

當所在地ニ於テハ解氷時以來時時淸潔法ヲ勵行シ, 又附近地方ニ對シテモ成シ得ル限リ憲兵·巡査巡回ヲ機トシ, 衛生上ノ注意ヲ皷吹シ來リ居レリ, 旁ニ一般衛生上ニ關スル狀況ハ大體可良ニシテ, 流行性疾病等アルコトナシ.

七. 所員ノ動靜

五月廿九日ヨリ東間島西部地方ニ出張シタル囑託事務官鈴木信太郎及憲兵等ノ一行ハ, 本月十九日歸着セリ, 事務官篠田治策ハ御用上京ヲ命セラレ, 高木屬ヲ隨ヘ本月二十一日出發セリ, 他ノ所員一同頗ル健全ニシテ, 人少ノ中ニ繁劇ナル所務ニ精勵鞅掌シツツアリ.

八. 新廳舍建築作業工程

新廳舍及附屬建物ハ何レモ本月初旬ヨリ着手シ, 既ニ土工作業ヲ完了セリ. 着手以來幸ヒニ天氣好晴ニシテ, 工事ノ進涉ニ資スルコト多シ.

右報告候也. 以上.

26. 露國海蔘威에서의 排日的韓字新聞刊行에 對한 派出所長報告寫本의 送付(原案2册)

隆熙2年 (西紀1908年 8月13日)
[發] 統監府副統監 曾禰荒助
[受] 內閣總理大臣 李完用

機密統發第一〇一七號

今般浦鹽斯德ニ於テ排日的韓字日刊新聞創刊セラレ候趣ニテ, 齋藤間島派出所長ヨリ別紙寫ノ通リ報告有之候ニ付, 爲御參考及御通牒候也.

明治四十一年八月十三日
統監代理副統監子爵 曾禰荒助
太子少師內閣總理大臣 李完用 閣下

附. 浦鹽斯德에서刊行되는排日的韓字新聞에關한報告

- 隆熙2年 (西紀1908年 7月29日)
- [發] 間島派出所長 齋藤季治郎
- [受] 統監府副統監 曾禰荒助

統派密報第二四號

特報

明治四十一年七月廿九日
統監府臨時間島派出所長 齋藤季治郎
副統監子爵 曾禰荒助 殿

露曆六周廿四日(我七月七日)發刊ノ浦鹽ダリヨーカヤ・オクライナ新聞紙雜報欄內ニ, 次ノ如キ記事揭載有之候ニ付, 御參考迄ニ及報告候也. 六月下旬浦鹽斯德ニ於テ「テー

·トン·コンボー」(韓國通信)ト名ノル韓字日刊新聞發行セラルル筈ナリ, 其大體裁ハ「ホノルル」ニ於テ發行セル韓字新聞ト同様ニシテ, 韓國ニ於ケル日本ノ感化ニ反對スベキ教訓ヲ與フルヲ主トシ, 韓國現時ノ狀態ニ精通セル退職陸軍大佐カー·ペー·ミハイロフ氏, 其記事ヲ主宰スルコトトナレリト.

27. 在間島韓國官吏宿舍建築에 所要되는 經費支出催促(原案2冊)

隆熙2年 (西紀1908年 8月22日)
[發] 統監府副統監 曾禰荒助
[受] 內閣總理大臣 李完用

機密統發第一〇六六號

五月廿五日付機密統發第六〇一號ヲ以テ申進置候在間島貴國官吏宿舍建設ニ要スル經費支出方ノ件ニ關シ, 齋藤派出所長ヨリ督促ノ次第モ有之候ニ付, 至急何分御回答相成度, 此段申進候也.

明治四十一年八月廿二日
統監代理副統監子爵 曾禰荒助
太子少師內閣總理大臣 李完用 閣下

28. 間島管內一般狀況月報寫本의 送付(原案2册)

隆熙2年 (西紀1908年 8月 日)
[發] 統監府副統監 曾禰荒助
[受] 內閣總理大臣 李完用

機密統發第一一〇三號

在間島齋藤派出所長月報統派月[報脫]第七號寫, 爲御參考及御送付候也.

明治四十一年八月 日
統監代理副統監子爵 曾禰荒助
太子少師內閣總理大臣 李完用 閣下

附. 間島管內一般狀況月報

- 隆熙2年 (西紀1908年 8月7日)
- [發] 間島派出所長 齋藤季治郎
- [受] 統監府副統監 曾禰荒助

統派月第七號

月報

自七月一日至同三十一日
明治四十一年八月七日

統監府臨時間島派出所長 齋藤季治郎
副統監子爵 曾禰荒助 殿

一. 地方一般ノ狀況

本月間淸國官憲ニ於テハ間島外二穀類ノ輸出ヲ禁止シタル事件アリ, 又慶興地方ニ出動シタル暴徒ニ關シテハ, 其主力ハ警備ノ薄弱ナル間島ニ襲來スルナラントノ風說アリテ, 一時地方民心ニ不安ノ狀態ヲ呈シタリシモ, 爾來暴徒ノ行動捗捗シカラサルト, 襲來ノ風說モ漸次薄ラキタルタメ, 一般民心日ニ沈靜ニ歸向シツツアリ.

二. 淸國官憲ノ施設及其軍隊ノ行動

本月間淸國官憲ノ施設, 兵員及軍用品ノ到着, 其他ニ付キ多少注意ヲ要シタル件左ノ如シ.

(一) 七月二日延吉廳知府陶彬ハ, 別紙寫ノ如ク間島外ニ穀物ノ輸出ヲ禁止スル旨ノ告示ヲ發布, 即日ヨリ之ヲ實施シタルコト.

(二) 七月八日延吉廳外防和龍峪經歷廳許德侑ハ, 我派出所ヨリ任命シアル會寧間島都社長及社長ノ勤勞ニ酬ユルタメ, 當該各社韓民ヨリ金錢ヲ醵出セントシツツアリシニ, 之カ醵出ヲ禁止スルノ告示ヲ發布シタルコト.

(三) 七月二日憲兵二十名及護兵(大官ノ警衛ニ充ツヘキ兵)二十四名ハ, 吉林ヨリ邊務公署ニ到着シタルコト.

(四) 七月十六日吉林邊務公署醫院開設ノタメ, 醫官トシテ正軍醫(我三等軍醫正相當)李某外軍醫一名竝ニ藥劑及衛生材料十二箱, 吉林ヨリ邊務公署ニ到着シタルコト.

(五) 七月十三日敦化縣ヨリ將校一名. 下士以下二十一名銅佛寺街兵營ニ到着シタルコト.

(六) 七月二十日軍用服及小銃彈藥(員數不詳)馬車六輛ニテ吉林ヨリ邊務公署ニ到着シタルコト.

(七) 七月二十三日吉林邊務督辦兼琿春副都統陳昭常ハ, 吉林巡撫ニ轉任ノ命ヲ受ケタルコト, 但シ陳ハ吉林邊務督辦ヲ兼攝シ, 協辦吳祿貞ハ琿春副都統ヲ代理スヘシトノ說アルモ確カナラス.

三. 淸國官憲ノ韓民ニ對スル不法行爲

(一) 穀物輸出禁止ノ告示ニ關スル件, 本件ニ付テハ往電第八七號. 第八八號・第九〇號・第九四號・第九五號・第九八號・第九九號ヲ以テ委細報告セリ.

(二) 淸國官憲ノ不法徵稅, 淸國官吏ハ今尙往往不正ノ徵稅ヲ爲スモノアリ, 現ニ東盛湧稅務局德弁康振馥ハ, 七月十日智豊社下村地方ニ於テ韓民七名ヨリ牛馬賣買稅トシテ金三十八圓ヲ不正ニ徵收シタリ, 其徵收ノ方法ハ, 各村落ヲ巡回シ牛馬ノ飼養家ニ就キ納稅票(牛馬賣買ノ際稅金ヲ納メ買主ニ淸國官憲ヨリ下付シタル納稅濟ノ證)ヲ提出セシメ, 而シテ直チニ之ヲ取上ケ納稅票ニ記載ノ買價ヲ尋ネ, 若シ其飼養主ニ於テ買價ヲ忘却シ若クハ其票ニ記載ノ金高ト飼養主ノ申立ツル金高ト相違スルトキハ, 該票ヲ僞物トナシ更ニ新ニ牛馬ノ賣買稅ヲ徵收シ, 又ハ僞票携帶ノ罰金トシテ適宜ニ其金高ヲ割宛テ, 若シ之ニ應セサレハ直チニ拷責ヲ加入强制ニ徵收スルモノナリ, 右ニ對シ韓民ヨリ訴ヘ來リタルニ付, 七月十一日森川憲兵中尉ヲ該地ニ差遣シ嚴重ニ交涉セシメタル處, 康ハ遂ニ自己ノ所爲ノ不當ナルヲ認メ, 同中尉ノ面前ニ於テ旣ニ徵收セシ金額全部ヲ各被徵收者ニ返還セリ.

(三) 淸兵ノ不法行爲, 本月間聞知シタル淸兵ノ不法行爲ハ左ノ如シ.

(イ) 六月三十日所屬隊號不詳ノ淸兵十四名, 局子街ヨリ鐘城間島ヲ經, 琿春地方ニ向ケ通過途中, 三浦社三合里ニ於テ十四名ノ內十三名ハ悉ク拔劍シ, 濫リニ同村韓人家屋(九戶)ノ戶扉ヲ開キ屋內ヲ覗キ, 或ハ婦人ノ手ヲ引キ又ハ子供ヲ引出シタル等, 種種ノ惡戲ヲ加ヘ村民ヲ恐怖セシメタリ.

(ロ) 七月六日鐘城間島下島坪村ニ於テ淸兵三名ハ, 鷄及鷄卵ヲ買集メ歸家ノ途中ニ在ル一韓人ニ對シ, 鷄ノ賣却ヲ要求シタルモ, 韓人之ニ應セサリシタメ, 淸兵一名ハ携帶セル木棒ヲ以テ韓人ヲ毆打シタリ, 依テ韓人ハ大ニ恐レ鷄三羽及卵二十箇ヲ韓錢五百五十文ノ約束ニテ賣却シタルニ, 淸兵ハ韓錢四百文ニ相當スル淸錢ヲ支拂ヒタルノミニテ逃ケ去リタリ, 被害者ノ訴ニヨリ下泉坪憲兵分遣所長ハ直チニ光霽峪兵營隊長陳九達ニ交涉シタル處, 陳ハ種種曲庇シ容易ニ應セサリシモ, 結局兵卒ニ代ツテ其殘金百五十文ヲ支拂ヒ, 且ツ兵卒ニ付テハ取調ノ上相當處分ヲ爲サント答ヘタリ.

(ハ) 七月十四日光霽峪兵營淸兵二名ハ, 下泉坪ニ於テ一韓人ノ畑地ニ入リ耕作物ヲ踏ミ荒スヲ以テ, 韓人穩カニ之ヲ制止セントシタルニ, 淸兵ノ一名ハ穿テル靴ヲ脫シ同人ノ背部及頭部ヲ毆打シ微傷ヲ負ハシメタリ, 被害者ノ訴ニヨリ下泉坪憲兵分遣所班長ヨリ隊長陳九達ニ對シ警告シ置キタリ, 以上淸兵ノ不法行爲ニ付テハ奧村憲兵大尉ヲシテ邊務公署ニ其事實ヲ通告セシメ將來ヲ警告シ置キタリ.

四. 淸國兵ト我憲兵トノ爭鬪事件

紛議中ノ豆滿江渡船場ニ於テ, 七月二日淸國憲兵及兵卒十名ト我憲兵五名トハ, 渡船渡否ノコトヨリ一場ノ小爭鬪ヲ惹起シ, 彼我三四名共ニ輕微ノ打撲傷ヲ負フモノアルニ至レリ, 本件ニ關シ本官ハ七月三日親シク陳昭常ニ會見シ嚴重ニ交涉シタル處, 陳ハ兩國政府間ニ本件ニ關シ協議成立スル迄ハ, 亂暴ニ渡船ヲ阻止セサルコト及現場ニ於テ我憲兵ト衝突ヲ惹起セサル樣充分訓諭ヲ加フヘシト明言セリ, 而シテ該渡船場ニハ其後平田憲兵中尉以下十名ヲ增派シ, 淸兵ノ妨害ヲ排除シ渡船ヲ續行セシメツツアリ, 淸兵ニ於テモ其後敢テ大ナル妨害ヲ加フルコトナシ(往電第七九號·第八〇號·第八二號·第八三號).

五. 暴徒ニ關スル件

今回暴徒慶興地方ニ出動シ, 次テ會寧附近ニ出現シタルニ付テハ, 淸韓民ハ一般ニ暴徒ヲ以テ優勢ナルモノトナシ, 間島ニモ侵入シ來ルヘシトノ懸念ヲ懷キ, 一時不安ノ狀態アリシモ, 爾後暴徒ノ行動捗捗シカラス, 我討伐隊ト遭遇スルトキハ何時モ忽チ潰散シ一ノ爲ス所ナキヲ以テ, 此等ノ實情ヲ傳聞スルモノハ, 漸次暴徒ニ對スル危懼心ヲ去リ, 不安ノ念ハ日增ニ薄スキツツアルモノノ如シ, 然レト暴徒ノ目的ハ一部ハ慶興地方ヨリ南下シテ茂山地方及ヒ甲山地方ニ向ヒ, 他ノ有力ナル一部ハ我警備ノ薄弱ナル間島ニ襲來スヘシトノ風說アリ, 且首魁李範允ハ在琿春衙門ニ, 間島ニ進出スルタメ道ヲ藉サレタシト申込ミタリトノ說ハ(拒絶セラレタリト云フ)事實トシテ人民間ニ風聞セラルルト, 暴徒ハ陰ニ露淸兩國官憲ノ援助ヲ受ケ居ルヘシト推想シ居ルト, 韓國內ニ於ケル我守備隊ノ未タ暴徒ヲ殲滅スルニ至ラサル等ノ諸原因ヨリ, 或ハ有力ナル暴徒ノ襲來スルヤモ知レ難シトノ懸念ハ今尙ホ全ク去ラスシテ, 多少不安ノ念アルハ一般ノ狀態ナリ, 今回ノ暴徒ハ本邦人及一進會員ヲ殺戕スルヲ目的トスル如ク標榜シ居ル結果, 淸國人ハ槪シテ暴徒ニ對シ冷淡ニシテ深ク懸念ノ狀ナク, 又韓人ト雖モ淸國官憲若クハ同軍隊ノ處在地ニ居住スルモノハ深ク懸念ノ狀ナキモ, 一進會員又ハ本邦人ノ在住スル地方ニ居住スル韓人ハ, 一層暴徒ニ對シ恐怖シ居レリ, 然レトモ當地附近韓民ノ如キハ, 深ク我恩惠ニ浴シ我施設ヲ德トスルモノハ, 大ニ我ニ同情ヲ表シ, 暴徒ニ對シ自衛上且ツ我派出所警備ノ爲メ, 村民協同シテ晝夜警戒ニ怠リナキ如キモアリ, 現ニ當龍井村ヲ中心トシ附近二里ノ地方(東良下里社·智逸社·東盛湧社)ニ住スル韓民ハ, 如上ノ目的ニテ各村各戶ヲ以テ一組トナシ, 組ニ組合長ヲ設ケ, 村長·社長ト協力シテ組合村民ヲ指導シ, 旅舍ヲ巡檢シ出入人ヲ監査シ, 夜警ヲ置キ又巡察者ヲ設ケ晝夜暴徒及其間牒ノ徘徊竝ニ侵襲ニ對シ嚴重ニ警戒シ居レリ, 一般韓民ハ往年李範允ノ間島管理使トシテ來蒞ノ際, 其ノ橫暴ニ懲リ, 又タ李ノ撤退後其關係者ハ淸國官憲ヨリ酷遇ヲ受ケ, 非常ニ苦難ヲ嘗メタルコトアルヲ以テ, 其大部分ハ衷心李及其部下タル暴徒ニ同情スルモノナク, 深ク其侵入ヲ忌嫌シ居ルモ, 暴徒ノ勢力强大ナルニ至レハ, 或ハ我ニ對スル從來ノ信賴ヲ棄テ暴從ニ阿附スル者ヲ生スルヤモ測ルヘカラス, 特ニ親露崇淸派ノ多キ鐘城間島在住韓民ノ如キハ, 向後暴徒勢力ノ强弱ニ應シ其態度容易ニ判斷シ難キ狀態ニアリ, 暴徒出動後今日ニ至ル迄ハ未タ間島ニ侵入シタル形跡ナシ, 然レトモ七月十三日ニハ銃器ヲ携帶セル怪シキ風體ノ者五名鐘城間島傑滿洞地方ニ徘徊シ, 又同十一日頃, 穩城間島凉水泉子附近ニ於テ銃器ヲ携帶セル暴徒ラシキ者約十數名徘徊シタリトノ說アリ, 其後ノ踪跡得ル處ナシ, 果シテ事實ナリシヤ否ヤ明カナラサレトモ, 一般ニ暴徒ニ對スル搜索及警戒ニ付テハ尤モ嚴重ニ實施シ居レリ, 淸國官憲ハ暴徒ノ間島ニ侵入スルヲ防止センカ爲メ一般ニ警戒シ居ルハ事實ナルモ, 其警戒ハ確實ナラサルモノノ如シ, 尙今回暴徒出動後今日迄ニ於ケル警備ヲ觀ルニ左ノ如シ.

(一) 邊務公署及鐘城間島光霽峪兵營ヨリ, 琿春又ハ慶興地方ニ間牒ヲ派遣シ暴徒ノ動靜ヲ探査セシメタルコト.

(二) 光霽峪兵營ニ於テハ, 二三名宛ノ偵察兵ヲ豆滿江沿岸及附近村落ニ出シ居ルコト.

(三) 會寧間島沙器洞兵營ニ於テハ, 豆滿江左嶺ニ步哨ヲ增置シ警戒シ居ルコト.

(四) 銅佛寺街兵營ニ於テハ, 下士若クハ巡長ノ指揮スル兵卒三名乃至五名ヲ巡察ノ爲メ晝夜二回附近村落ニ出シ居ルコト.

(五) 東盛湧街巡中營ニテハ, 今回更ニ夜間ノ步哨ヲ設ケ無燈ニテ通行スル者ヲ誰何シ, 且晝夜下士ノ指揮スル數名ノ巡邏兵ヲ出シ居レルコト.

(六) 鐘城間島鶴城村(下泉坪ヲ距ル東南方約一里)ニ約百名, 穩城間島嘎呀河(下泉坪ヲ距ル北方約十里)ニ約六十名ノ淸兵新ニ配備シ, 專ラ暴徒ノ侵入ニ備ヘ居レルコト, 要スルニ淸國官憲ニ於テハ暴徒ノ侵入ニ對シ警戒シ居ルハ事實ナルモ, 夜間ノ巡邏等ハ確實ニ行ハレ居ラサル模様アルヲ以テ其警戒ハ信頼スルニ足ラス, 然レトモ若シ暴徒侵入セハ速ニ之ヲ間島外ニ驅逐スルニ努メ, 我討伐隊ノ越江ヲ豫防スルノ行動ヲ執ルヘシ.

六. 龍井村附近ニ於ケル農況一般

龍井村觀測氣象表ニヨリ, 農業上大關係ヲ有スル溫度及降雨量ヲ見ルニ左ノ如シ.

第一旬, 平均溫度一七度四, 最高溫度(二日)三〇度〇, 最低溫度(四日)九度〇, 降雨回數五, 降雨量二三粍六.

第二旬, 平均溫度一九度二, 最高溫度(十三日)三二・五, 最低溫度(十一日)八・五, 降雨回數六, 降雨量八・三.

第三旬, 平均溫度二三度〇, 最高溫度(三十一日)三五・五, 最低溫度(二十三日)一二〇, 降雨回數一〇, 降雨量三〇·五.

七月中平均溫度一九·六度, 同積算溫度六〇八·〇度, 同降雨總量六二·四粍.

右ニ依リ之ヲ會寧觀測ノ四十年同期間ニ於ケル溫度及降雨量ト比較スルニ, 作物ノ尤モ溫度及水分ヲ要スル生長期ニ當リ, 加之六月十日以降七月三日ニ至ル二十四日間旱天打續キ, 雨量僅ニ〇二粍(六月二十日〇·一粍, 同二十六日〇·一粍)アルニ過キス, 而シテ斯ル旱魃中ノ少量ノ降雨ハ, 却テ作物生理上被害ヲ被ムルコト大ニシテ, 爲メニ稚弱ナル作物ノ生育ニ不良ナル影響ヲ與ヘ, 七月上旬降雨比較的多カリシト雖モ, 中旬ニ入ルヤ降雨回數ノ多キニ拘ハラス雨量僅ニ八·三粍ヲ示シ, 唯表土一·二寸ノ深サヲ潤ホシ未タ下層土ニ及フニ至ラサルニ, 高溫淸天トナリ作物ハ再タビ多少ノ被害ヲ被リ, 爲メニ作物生育ノ狀況遲緩シ, 圃場各作物拔苗ノ多キヲ散見スルハ, 偏ニ此等前後二回ノ天候ニ基因ス, 然レトモ斯ル氣候ニ於テ耕土深ク濕地勝ナル溪谷ハ却テ良好ナル結果ヲ得, 小許里地方ノ如キハ農民歡喜ノ狀アリ, 七月下旬ニ入リ氣溫次第ニ昇リ, 加フルニ曇天打續キテ降雨頻リニ至リ, 雨量實ニ三〇·五粍(一回平均三·〇五粍)ヲ示シ, 各作物ノ生育漸次恢復シテ著シキ伸長ヲ見ルニ至レリ, 次テ爾後天候ノ順ヲ得ハ, 農況ハ平年作ヲ收ムルコト敢テ確カナルヘシ.

七. 慈惠病院ニ於ケル患者療狀況

本月間慈惠病院ニ於ケル施療新患者總計七百九十一名ニシテ, 前月ニ比シ五十二名ヲ增加シ益益盛況ヲ呈シ, 遠來患者ニシテ當龍井村ニ宿泊スルモノ常ニ絶ヘサルノ實況ナリ, 新患者ノ國別及男女別ハ左ノ如シ.

男女別, 區別, 男, 日人五一, 韓人三九六, 淸人五〇, 計四九七, 女, 日人三五, 韓人二四五, 淸人一四, 計二九四, 計日人八六, 韓人六四一, 淸人六四, 合計七九一, 疾病中麻剌里亞ハ前月ト殆ント同樣最多數ニシテ六十九名ヲ算シ, 次ニ腸加答兒患者ヲ多シトス, 麻剌里亞ハ韓人ニ發スルモノハ全部隔日熱ニシテ, 發作ハ正規的ニ惡寒戰慄ヲ以テ始マリ, 脾腫ヲ觸ルモノ多シ, 韓人ハ之ヲ腹震ト稱セリ.

八. 本月中警務課ニ於テ取扱ヒタル警察事故ハ別紙ノ通リ.

九. 所員ノ動靜

七月十七日間島憲兵分遣隊長憲兵少佐境野竹之進ヘ當派出所警察事務ヲ, 同隊一等軍

醫小野純一ヘ當派出所衛生事務ヲ囑託セラル, 所員一同頗ル健全ニシテ所務ニ精勵シツツアリ.

右報告候也.

附 屬1. 延吉廳知府陶彬告示의糧穀出境禁止令

- 隆熙2年 (西紀1908年 7月2日)
- [發]
- [受]

[別紙]

欽加五品銜賞戴花翎勳辦吉林邊務交涉兼全省營務處事宜署延吉撫民府兼理事府陶, 爲嚴禁運粮出境事. 照得, 廳屬去歲秋收雖稱中稔, 然本地所出之糧, 無非僅供本地之需. 現在地面日益繁盛, 軍民輻輳, 需粮必多, 前有奸商, 將內地粮石販運出境, 以至糧價日增, 軍民咸受影響, 曾經示禁在案. 玆查各處, 仍有無知商民, 私自販運, 實屬有干禁令, 合再出示嚴禁, 爲此示仰闔屬商民人等, 一體知悉, 自此重申之後, 爾等儲粮之家, 祗准本地糶賣, 無論商民, 槪不准販運出境. 倘有不肖商民, 不顧公益, 惟利是圖, 仍將粮石販運出境者, 准由各該處巡警鄉地, 隨時阻止, 如果不服, 即將販運之人曁所販粮石, 一倂護送來案, 次憑按律究懲. 本府敎而後誅, 勿謂言之不顧也. 其各凜遵毋違, 切切特示.

右諭通知

光緒三十四年六月初四日 告示實貼

附 屬2. 七月中間島派出所管內警察事故表

[別紙]

自明治四十一年七月一日至同年七月三十一日警察事故表

事項, 件數毆打八, 一件ハ原告淸人男一, 被告韓人男二, 被告ニ說諭, 一件ハ原告韓人男一, 被告本邦人男一, 被告ニ說諭, 一件ハ日淸人男各一, 爭鬪, 日本人ハ說諭シ, 淸人ハ淸國官憲ニ引渡ス, 一件ハ淸韓人男各一, 爭鬪, 韓人ハ說諭シ, 淸人ハ淸國官憲ニ引渡ス, 一件ハ淸·韓人男各一, 爭鬪, 韓人ハ說諭シ, 淸人ハ淸國官憲ニ引渡ス, 一件ハ淸·韓人男各一, 爭鬪, 韓人ハ說諭, 淸人淸官憲ニ引渡ス, 一件ハ原告韓人男一, 被告淸人男一, 被告ニ說諭, 一件ハ原告本邦人男一, 被告淸人男一, 淸官憲ニ交涉, 一件ハ原告韓人男一, 被告韓人男二, 被告ニ說諭. 過失創傷一, 原告韓人男一, 被告清人男一, 被告ニ說諭示談濟. 土地所有權ニ關スル紛爭二, 一件ハ原告韓人男一, 被告清人男一, 被告ニ說諭示談濟, 一件ハ原告韓人男一, 被告ニ就テハ清國官憲ニ交涉. 購買シタル病馬ノ返戾ヨリ紛爭ヲ生シタルモノ一, 原告韓人男一, 被告清人男一, 雙方說諭示談濟. 猥リニ他人家ニ入リ且ツ金錢ヲ强請シタルモノ二, 一件ハ原告韓人男一, 被告清人男一, 被告ニ說諭.一件ハ原告韓人男二, 被告清人男一, 被告ハ清國官憲ニ引渡ス. 牛一頭ヲ拾得シ返戾ヲ肯セサルモノ一, 原告韓人男一, 被告清人男一, 清國官憲ニ交涉返還セシム. 猥褻ノ所行ヲ爲サントシタルモノ一, 原告韓人女二, 被告清人男一, 被告ハ清國官憲ニ引渡ス. 小作料ニ關スル爭論二, 一件ハ原告韓人男一, 被告清人男一, 被告ニ說諭. 一件ハ原告韓人男一, 被告清人男一, 被告ニ對シテハ清國官憲ニ交涉, 遺失ヲ拾得シ不當ノ金錢ヲ要求シ返還ヲ肯セサルモノ一, 遺失者韓人男一, 拾得者清人男一, 拾得者ニ說諭シ返還セシム. 不正徵稅二, 一件ハ被徵稅者韓人男七, 徵稅者清國官吏一, 清國官吏ニ說諭シ返還セシム. 一件ハ原告韓人男一, 被告清國官憲, 同官憲ニ交涉ノ上徵稅ヲ差止メシム. 不正買收一, 原告韓人男一, 被告清兵三, 清兵ニ就テハ清國官憲ニ交涉ス. 農作物ヲ荒シ且ツ地主ヲ毆打シタルモノ一, 被害者韓人男一, 加害者清兵三, 清兵ニ就テハ清國官憲ニ交涉ス. 酩酊ノ上强テ金錢ヲ借入レントシタルモノ一, 原告韓人男一, 被告本邦人男一, 被告ニ說諭. 規定ノ牛車賃ヲ支拂ハサルモノ一, 原告韓人男一, 被告本邦人男一, 被告ニ說諭支拂ハシム. 居住屆ヲ怠リシモノ一, 本邦人女一, 說諭屆出テシム. 防穀令ノタメ粟積載ノ牛車賃ヲ支拂ハレタルモノ一, 被害者韓人男一, 清國官憲ニ交涉. 日傭賃ノ支拂ヲ怠リタルモノ四, 一件ハ原告韓人男一, 被告韓人男一, 被告ニ說諭. 一件ハ原告韓人男一, 被告清國官憲, 同官憲ニ交涉中. 一件ハ原告韓人男一, 被告本邦人男一, 被告ニ說諭支拂ハシム. 一件ハ原告清人男一, 被告本邦人男一, 被告ニ說諭支拂ハシム. 暴徒ノ疑アリシモノ一, 韓人男一, 證據不充分ニ付放遣. 暴徒間牒ノ疑アリシモノ三, 各件共嫌疑者韓人男各一, 證據不充分ニ付放遣. 暴徒ニ內通スル疑アリシモノ三, 各件共韓國人男各一, 證據不充分ニ付放遣. 金錢取引ニ關シ紛爭ヲ生シタルモノ二, 一件ハ原告韓人男一, 被告韓人男一, 被告ニ說諭. 一件ハ原告韓人男一, 被告韓人男一, 被告ニ說諭. 再婚ニ關スル紛爭一, 原告韓人女一, 被告韓人男二, 原·被雙方ニ說諭, 爭論一, 原告清人男一, 被告韓人男一, 原被雙方ニ說諭. 暴行一, 原告韓國巡査一, 被告本邦人男一, 被告ニ說諭, 韓國巡査ノ制止ヲ肯セサルモノ一, 本邦人男一, 說諭. 酩酊他人ノ衣服ヲ破リタルモノ一, 原告韓人男一, 被告韓人男一, 被告ニ說諭ノ上損害ヲ賠償セシム. 無屆出ニテ烟花ヲ打揚ケタルモノ一, 本邦人男一, 說諭. 爭鬪一, 本邦人男四, 說諭. 夜間家宅ニ侵入シ婦女ヲ毆打シタルモノ一, 原告韓人女一, 被告韓人男一, 被告ニ說諭. 年令詐稱一, 本邦人女一, 說諭.

深夜喧噪シタルモノ二, 二件共本邦人男各一, 說諭. 債務不履行三, 一件ハ原告韓人男一, 被告本邦人男一, 被告ニ說諭支拂ハシム. 一件ハ原告清人男一, 被告本邦人男一, 被告ニ說諭支拂ハシム. 一件ハ原告本邦人一, 被告本邦人女一, 被告ニ說諭. 自衛團ノ組織ニ反對シタルモノ一, 韓人男一, 說諭. 檢屍一, 韓人男一, 阿片中毒. 家畜ヲ放飼シ農作物ニ損害ヲ與ヘタルモノ一, 原告韓人男一, 被告清國人男一, 被告ニ說諭示談濟. 乘馬ニテ幼兒ニ負傷セシメタルモノ二, 一件ハ原告韓人男一, 被告韓人男一, 被告ニ說諭治療代ヲ給シ示談濟. 一件ハ原告韓人男一, 被告韓人男一, 被告ニ說諭示談濟. 共同商利益分配上ヨリ爭論シタルモノ一, 韓人男二, 雙方ヘ說諭. 家畜ヲ拾得シタルモノ三, 一件ハ牛一頭, 二件ハ馬二頭, 遺失者不明ニ付, 各拾得主ニ於テ保管セシム. 宿屋營業ヲ願出テタルモノ一, 韓人男一, 許可. 屠牛檢查ヲ請願シタルモノ一, 右同. 不潔ノ場所ヲ掃除セサルモノ一一, 韓人男九女二, 說諭. 市場道路ヲ買ヒ上ラレ度件ニ付請願二, 韓人男各一, 說諭ノ上請願ヲ却下ス. 通行ヲ妨害シタルモノ三, 韓人男三, 說諭. 酩酊爭論シタルモノ五, 韓人男五, 說諭. 群集中ニ馬ヲ走ラセタルモノ五, 韓人男五, 說諭. 浮浪嫌疑アルモノ九, 韓人男九, 說諭. 街路ニ放尿シタルモノ一, 韓人男一, 說諭. 家畜ヲ放飼スルモノ一七, 韓人男一七, 說諭. 北韓暴徒侵入ノ風說ヲ恐レ他村ニ避難セントシタルモノ四, 韓人男四, 說諭. 合計一二二.

29. 間島管內一般狀況報告寫本의 送付(原案2册)

隆熙2年 (西紀1908年 9月30日)
[發] 統監府副統監 曾禰荒助
[受] 內閣總理大臣 李完用

機密統發第一二八四號

齋藤統監府臨時間島派出所長月報統派月報第八號寫別紙及御送付候也.

明治四十一年九月三十日
統監代理副統監子爵 曾禰荒助
太子少師內閣總理大臣 李完用 閣下

附. 間島管內一般狀況月報

- 隆熙2年 (西紀1908年 9月8日)
- [發] 間島派出所長 齋藤季治郎
- [受] 統監府副統監 曾禰荒助

統派月報第八號

月報

明治四十一年九月八日
統監府臨時間島派出所長 齋藤季治郎
統監代理副統監子爵 曾禰荒助 殿

一. 地方一般ノ狀況

淸國官憲ヨリ布告セシ穀類輸出ノ禁止ハ, 我嚴重ナル抗議ニヨリ本月十二日, 終ニ之ヲ解除シタリ, 尙ホ本官ハ右穀類輸出ノ禁止ニ對シ, 第一號ノ如ク輸出差支ナキ旨ノ告示ヲナセリ, 又豆滿江沿岸ニ出動セシ暴漢ノ一部ハ間島ニ進入シ來リシモ, 我カ周密ナル警戒ニヨリ一ノ成スコトナク潰散セシヲ以テ, 民心漸ク安堵シ我ヲ信賴スルノ念更ニ深キヲ加ヘタルモノノ如ク, 殊ニ本月ニ入リテヨリ天候順ニ五穀豊壤, 人民大ニ喜悅ノ狀アリ.

二. 淸國官憲ノ動靜

(イ) 今回吉林署理巡撫ニ轉任シタル邊務督辦陳昭常ハ邊務稽査官王茂元及ヒ邊務辦事官王國琛ヲ隨ヘ, 本月十九日局子街出發, 寧古塔ヲ經テ奉天ニ向ヒタリ(往電第一一三號ニテ報告濟).

(ロ) 邊務公署協辦吳祿貞ハ軍事會議ニ列席ノ爲メ三月中奉天ニ出張中ナリシガ, 其後寬城子·哈爾濱·浦鹽·琿春ヲ經テ本月八日歸任シタリ(往電第一〇四號ヲ以テ報告濟)而シテ吳ハ今回轉任スルコトトナリ, 其後任者ハ奉天東三省督練處兵備處總辦傅良佑ナリト, 傅ハ第三期留學生ニシテ我士官學校ヲ卒業シ本年三十五歲ナリト云フ.

(ハ) 七月中旬邊務公署ニ到着シタル淸國正軍醫以下四名ハ, 本月ヨリ同署內ニ醫務室ヲ開設シタリ.

(ニ) 本月十一日鐘城間島時建坪ニ淸國派辦所ヲ開設シ, 局子街ヨリ淸兵二十五名ヲ派遣シタリ.

(ホ) 本月九日局子街ヨリ淸兵約三十名鐘城間島馬派派辦所ニ派遣シタリ, 右二項ハ對岸ニ於ケル韓國暴徒ニ對スル警戒ノ爲メナリト稱セリ, 又右ノ外暴徒警戒ノ爲メト稱シ, 七月二十一日以來涼水泉子ヨリ穩城間島嘎呀河ニ將校以下約四十一名, 鐘城間島鶴城坪ニ將校以下約八十二名駐屯シ居レリ, 但シ暴徒ガ過般鐘城間島ニ進入シ其後黑山嶺山中ニ彷徨セル際, 淸兵ハ何等ノ措置ヲ爲ササリシヲ見レバ, 暴徒警戒ノ爲メナリトハ單ニ口實ニ過ギサル如ク思料セラル.

三. 淸國官憲ノ不法行爲

(イ) 我官憲ニ對シテノ事例

(1) 我增派憲兵ノ來入ヲ阻止シタル件, 本月三日今回增派セラレタル憲兵廿一名ハ, 會寧間島鶴城稽査處前ヲ通過セントシタルニ, 同所長李榮成ハ照會ナキ憲兵ハ我衙門前ヲ通過セシムル能ハズトテ一行ヲ阻止セントシタリ, 當時禹跡洞分遣所ニ出張中ノ憲兵中尉森川亨ハ豫ジメ此事アランヲ期シ, 同所前迄該一行ヲ引率シ到リタルニヨリ, 李ニ對シ其理由ナキヲ辨シタル處, 李ハ更ニ携行貨物ヲ積載セル牛車ヲ一覽シ, 憲兵モ貨物モ共ニ引返シアリタシト要求シ, 森川中尉ハ絶對ニ之ヲ拒否シ談論數刻ノ後, 該一行ヲ通過セシメタリ, 爾來同稽査所ニ於テハ通行人及其貨物ニ對シ一層嚴重ニ檢問ヲ實施シ居レリ.

(2) 我兵器彈藥ヲ抑留シタル件, 今回韓國內部ヨリ我派出所附韓國警察官吏ニ支給ノ爲メ小銃三十挺及彈藥九千發ヲ送付シ來ルニ, 此銃器·彈藥ハ牛車四輛ニ積載シ, 會寧警察署詰巡査及禹跡洞分遣所憲兵護衛シ, 本月四日鶴城稽査所前ヲ通過セントシタリ, 然ルニ同所長李榮成ハ其通過ヲ拒ミ, 我憲兵ハ該兵器ノ恠ムベキモノニアラザル旨辨明シタルモ肯セズ, 部下ヲ指揮シ强テ該銃器·彈藥ヲ牛車ヨリ卸シ稽査所內ニ抑留シタリ, 右ニ依リ當時禹跡洞ニ出張中ノ森川中尉ハ, 李榮成ニ對シ其不法ヲ詰責シタルニ, 李ハ他國ノ領土ニ兵器彈藥ヲ輸入スルハ萬國公法ニ違反スルモノニシテ, 若シ之ヲ必要トセバ我官憲ニ照會セザルベ可ラズ, 然ルニ未ダ何等ノ照會ナキニヨリ之ヲ抑留シタルナリト稱シ, 森川中尉ハ當地方一帶ガ所屬未定ニシテ一般ノ國際慣例ニ據ルベカラザルヲ述ベ其引渡ヲ求メタルモ, 李ハ應セズ, 依テ同中尉ハ如何ニ談判スルモ其ノ効ナキヲ認メ, 引率ノ憲兵ヲシテ兵器·彈藥ヲ再ビ牛車ニ積載セシメントシタルニ, 稽査所巡目ハ巡警三名ヲ指揮シ, 執銃裝塡セシメ中尉等ニ銃ヲ擬スルニ至レリ, 依テ森川中尉ハ翌五日當所ヨリ差遣ノ通譯生ト同行シ, 更ニ交涉ヲ重ネタルモ李ハ頑シテ肯セズ, 中尉等ハ到底交涉ノ無益ナルヲ認メ立去ラントシタルニ, 此時該談判ヲ聽居リタル吉林邊務工程第一營管帶李文藻ハ, 李榮成ニ返還ノ至當ナルヲ說キタル結果, 漸ク兵器ヲ引渡シタリ, 本件ニ對シテハ嚴重ナル抗議ヲ申込ミ, 尙ホ奧村憲兵大尉ヲシテ詳細ニ其不當ナルヲ糺シ李榮成ノ處分ヲ求メタリ(往電第一〇六號ニテ概報濟).

(3) 我郵便物ヲ檢査セントシタル件, 本月十日間島郵便局遞送人, 郵便物ヲ遞送シ會寧ヨリ歸局ノ途中, 豆滿江渡船場ニ於テ清國憲兵及ヒ巡警ハ其郵便物ヲ檢査セントシタルヨリ, 郵送人ハ之ヲ拒絶シタルニ, 該憲兵等ハ郵送人ヲ二三毆打シタリ, 此紛爭中同場監視ノ爲メ出張シアリシ禹跡洞憲兵ハ, 現場ニ臨ミ其紛爭ヲ制止シ無事ニ郵便物ヲ遞送セシメタリ, 右事件ニ付キ憲兵軍曹ヲ砂器洞派弁所ニ遣ハシ其不法ヲ責メシメタルニ, 同派弁所長ハ, 當地遞送人ハ上衣ヲ脫シ居リタル爲メ, 我憲兵ハ郵便物タルコトヲ認識シ得ズ, 普通貨物ト信ジ檢査セントシタルニ, 言語充分通セサリシ爲メ紛爭ヲ生シタリト辨疏セリ, 依テ憲兵ハ遞送人ガ若シ果シテ制規ノ服裝ヲ爲シ居ラストスルモ, 其郵便物タルコトハ外裝ニ文字ヲ以テ明記シアリ, 且ツ貴國憲兵ニ於テモ常ニ之ヲ目擊シ居ルハ明カナレバ, 其郵便物タルヲ知ラザル理由ナシ, 將來充分ニ注意ヲ加ヘラレタシト要求シタリ, 尙ホ本月十二日局子街分遣ノ奥村憲兵大尉ヲ邊務公署ニ遣ハシ, 陳昭常ノ代理者曾紀壽ニ會見シ, 該憲兵·巡警ノ處分ヲ求メシメタルニ, 曾ハ貴國ニ於テ現狀維持ヲ破リ, 兵器·彈藥等ヲ輸入スルハ不法ナリ, 殊ニ近來李範允一派ノ暴徒ハ密カニ兵器ノ輸入ヲ計ルヤモ知レサレバ, 此等ヲ防止センガ爲メ入リ來ル凡テノ荷物ヲ檢査スヘキコトハ兼テ陳督辦ヨリ命令アリ, 今回ノコトモ該命令ニ準據シ郵便物ヲ檢査シタルモノナレバ, 處罰ノ要求ニ應スル能ハズト述ヘ, 結局今後ハ郵便物ノミハ檢査ヲ爲サザルベシト云ヒ, 奥村大尉ハ郵便物ハ勿論, 我邦人ノ貨物ハ凡テ檢査ヲ受クルノ理由ナケレバ, 將來檢査ニ應スル能ハズト告ゲタリ.

(4) 我憲兵分遣所ノ新設ヲ妨害シタル件, 今回鍾城間島傑滿洞ニ分遣所ヲ設置シ, 本月廿四日憲兵上等兵五名ヲ赴任セシメタルニ, 其途中馬派ノ北方約二十丁地點ニ於テ, 馬派派辦所長成友禮ハ兵十七名ヲ率セ來リ, 各兵ハ何レモ銃ヲ裝塡シ, 內十名ハ道路ノ一側ニ整列シ, 七名ハ道路ヲ塞キ我憲兵一行ノ行進ヲ遮キリタリ, 而シテ成友禮ハ筆談ヲ以テ何處ニ往クカト問フ, 上等兵ハ傑滿洞ニ往ク旨答ヘタル處, 成ハ我上司ヨリ何等ノ通知ナケレバ通行ヲ爲サシムルヲ得ズトシテ其行進ヲ阻止シタリ, 上等兵等ハ右ニ顧慮スル處ナク强テ通過セントシタルニ, 淸兵等ハ其前ニ立塞カリ通過セシメズ, 且馬派派辦所ニ同行アリタシト求ムルモ, 上等兵ハ之ヲ嚴拒シ路上ニ休息シ, 傑滿洞ニ先着セシメ置キタル韓國巡查及セ通譯等ヲ呼セ寄セ, 理ヲ盡シテ其通行ヲ妨害スルノ理由ナキコトヲ說明シタルニ, 結局成ハ明日局子街上司ニ報告シ再セ交涉ニ來ルベシト告ゲ歸所シタルヲ以テ, 上等兵等ハ漸ク傑滿洞ニ到着スルヲ得タリ, 本件ハ本月三十日奥村大尉ヲシテ, 兵力ヲ以テ我ニ妨害ヲ加フルノ不法ナル點ニ付キ邊務公署ニ抗議セシメタル處, 吳祿貞病氣ノ爲メ關某ナルモノ代理トシテ會見シタルニヨリ, 同大尉ハ我憲兵ハ如何ニ兵力ヲ以テ脅迫スルモ, 上官ノ命ナキ以上ハ撤退スルコト勿ルベシ, 若シ異議アリトセバ我派出所ニ交涉スルカ, 又ハ我政府ニ抗議ヲ申込ムカノ方法ヲ講セラルベシ, 直接出先ノ兵員ニ向ツテ撤退ヲ迫ルガ如キハ徒ニ事端ヲ滋クスルノミト告ケタルニ, 關ハ貴所ニ於テ今回傑滿洞ニ分遣所ヲ新設セラレタル件ニ付, 徐總督ニ報告セシ處, 總督ヨリハ之ヲ撤退セシムベシトノ命ヲ受ケタリ, 故ニ是非共撤退ヲ求メザルベカラズト主張セリ, 依テ奥村大尉ハ吳祿貞病氣回復後再交涉スベキニヨリ, 夫レ迄傑滿洞ニ於テ貴國派弁所カ兵力ヲ用ユル如キ暴行ヲ敢ヘテセザル樣嚴重ニ訓戒アリタシト要求シタリ.

(ロ) 韓國官民ニ對シテノ事例

(1) 韓國民ノ自國國旗ヲ揭揚スルヲ妨碍シタル件, 本月十四日ハ韓國紀元節ニ相當スルヲ以テ, 會寧間島禹跡洞附近ノ韓民ハ每戶ニ韓國國旗ヲ揭揚シ祝意ヲ表シタリ, 然ルニ同日午後九時頃, 砂器洞派弁所長孫符貴ハ兵ヲ率セ來リ, 文化社南尙洞ニ到リ各戶ノ韓國國旗ヲ拔キ取リ, 且ツ村民ニ對シ汝等ハ何故我領土ニ於テ韓國國旗ヲ掲揚スルヤト糺問セリ, 村民等ハ當日ハ韓國ノ開國紀元節ナル爲メ掲揚シタル旨答ヘタル處, 孫ハ爾後再セ斯ル不都合ノ事アレバ相當處分ヲ爲サントテ, 已ニ拔キ取リタル國旗ヲ携ヘ其儘砂器洞ニ持歸レリ, 本件ニ付テハ本月二十二日奥村憲兵大尉邊務公署ニ至リ, 吳祿貞ニ會見シ抗議ヲ申込ミタル處, 吳ハ該事件ニ關シテハ既ニ孫ヨリ報告ニ接シタルヲ以テ, 予ハ其不法ナルコトヲ戒メ且ツ將來此ノ如キコトナキ樣嚴戒ヲ加フベシト答ヘタリ, 亦今回村田統監附左官及明石憲兵隊長巡視ノ際, 沿道韓民ハ歡迎ノ爲メ每戶韓國國旗ヲ掲揚シタルニ, 會寧間島鶴城稽查所長李榮成ハ, 巡警ヲ附近村落ニ派シ國旗ヲ撤去セシメ, 且ツ居合セタル韓民池日龍·洪君平·許仲五ノ三名ヲ稽查所ニ同行シ, 三名ニ對シ今後決シテ韓國國旗ヲ掲クル勿レト諭シ之ヲ誓約セシメタリ, 同日李榮成ハ鶴城村住韓民李基南·朴道一ノ兩人ヲ稽查所ニ召喚シテ曰ク, 汝等ハ村ノ頭民トモ稱スヘキモノナルニ, 本日村民ニ國旗ヲ掲ケシムル勿レト諭シ, 且ツ同人等ヲシテ今後村民ニ國旗ヲ掲ケシメズト誓約セシメ放還シタリ, 又タ永化社米田洞地方ニハ大拉子ヨリ巡警ヲ派遣シ韓國國旗ヲ掲揚スル韓民ヲ監視セシメタリ, 現ニ當日同地村民ハ, 我我モ國旗ヲ掲ゲ敬意ヲ表スベキ筈ナリシモ, 鶴城地方ノ韓民ハ國旗ヲ掲ゲ引致セラレタル旨傳聞シ, 且ツ淸國巡警此地方ニ來リ國旗ヲ掲クルモノヲ監視シ居ルニ依リ, 後難ヲ恐レ掲揚セズト言ヒ居レリ, 如上ノ件ニ付禹跡洞分遣所ニ出張中ノ森川憲兵中尉ハ, 本月二十六日李榮成ニ會見シ其不都合ヲ責メタルニ, 李ハ此地ハ我領土ナリ, 韓民ノ我領土ニ來テ地ヲ耕シ米ヲ食シ水ヲ飮ム者ハ, 韓民ト雖我國民ニ異ナラズ, 我ノ保護ヲ亨ケナガラ我ノ許可ナクシテ國旗ヲ掲クルハ不都合ナルニ依リ, 其掲揚ヲ禁止シタルナリト答ヘタリ, 依テ中尉ハ此地ノ所屬未定ニシテ係爭中ナルコト, 韓民ハ我派出所ニ於テ保護スヘキモノナルコト, 何レノ國民ト雖モ自國ノ祝祭日又ハ其他ノ祝日ニ國旗ヲ掲クルハ自由ナルコト等ヲ說明シ, 將來妨害ヲ加フルコト無キコトヲ求メタリ.

(2) 韓民ヲ强制シテ淸國國旗ヲ掲揚セシメタル件, 今回吳祿貞ガ鐘城間島及ヒ會寧間島地方ヲ巡視スルト稱シ, 大拉子經歷廳許德洧ハ左記ノ令達書ヲ發シ, 自國任命ノ鄕約等ヲシテ之ヲ管內村民ニ傳ヘシメタリ, 令達書(譯)八月初五日吳總辦巡閱セラルル筈ニ付, 各華·韓人民ニ諭示ス, 必ズ戶每ニ龍旗ヲ掲クヘシ, 誤リアルヲ得ズ, 之レカ爲メニ期ニ先ンシテ其旨ヲ傳諭ス, 遵依違フナカルベシ, 尙ホ特諭スルハ, 韓民ニシテ再ヒ日本國旗ヲ掲クルヲ許サス, 若シ掲クルモノアラバ拿捕ノ上, 公署ニ於テ懲辦ヲ行フベシ, 豫メ承知セザルヲ以テ免レシメズ, 八月初二日傳諭, 但シ右ノ令達書ハ淸國國旗ヲ掲ゲ日本國旗ヲ掲クルヲ禁シタルノミナルモ鄕約等ノ村民ニ諭シタル處ニ依レバ, 日本國旗ハ勿論, 韓國國旗ヲモ揭揚スベカラズト傳ヘタリ, 又會寧間島ニ於テハ沙器洞派出所長孫符貴及ヒ鶴城稽査處長李榮成ハ, 部下ノ兵卒及ヒ巡警ヲ沿道ノ各村落ニ派シ, 韓民ニ對シ陰暦八月六日迄ハ清國國旗ヲ調製シ, 清國大官通過ノ際之ヲ揭揚シ歡迎ノ意ヲ表スベシ, 若シ命ニ從ハサルモノハ豆滿江外ニ放逐スベシト脅迫セリ, 右ノ狀況ナルニヨリ, 韓民等ハ大ニ恐レ或ハ黃色ノ布又ハ紙ヲ買求メ, 八月三十日ハ既ニ沿道各戶ニ清國國旗ヲ揭揚スルニ至レリ, 依テ本月三十一日我派出所ニ於テハ, 所員·憲兵·巡査等八名ヨリ成ル一隊ヲ組織シ, 七道溝附近ヨリ新興坪ニ至ル間ニ於ケル沿道韓民ニ對シ, 以上ノ如キ强迫ニ應シテ清國旗ヲ揭クルノ理由ナキ旨ヲ諭サシメタルニ, 韓民等ハ大ニ其非ヲ悟リ, 何レモ清國官憲ノ脅迫ニ依リ後難ヲ恐レ餘議ナク揭揚シタルモノナレバ, 該旗ヲ所持シ居レバ再ヒ脅迫ヲ受ケ揭ケシメラルベキニ依リ, 派出所ニ領置セラレタシト任意該旗ヲ差出シタルヲ以テ, 一行ハ當日布製五十七旗·紙製百十ノ清國國旗ヲ領置シ歸リタリ, 右一行ハ九月一日大拉子官憲ニ立寄リ, 清國官憲ノ不法行爲ニ付キ交涉スル筈ナリ(往電第一二一號ニテ概報濟).

(3) 豆滿江渡船場ニ於テ韓民ノ渡船ヲ妨碍シタル件, 本月十六日會寧間島豆滿江新設渡船場ニ韓人五名來リ渡船セントシタルニ, 同場監視ノ清國憲兵一名ハ其乘船ヲ阻止シ, 從來ノ上流渡船場ニ至ルベシト指示セリ, 依テ我監視ノ禹跡洞分遣所ノ憲兵ハ清兵ニ向ヒ其不法ヲ詰リ, 韓人ヲシテ其欲スル渡船場ヨリ渡船セシメントシ, 玆ニ雙方ノ間ニ紛爭ヲ起シ相毆打スルニ至レリ, 此時恰モ交通ノ爲メ會寧ヨリ豆滿江右岸ニ着シ居リシ工兵二名此爭鬪ヲ見, 我憲兵ニ助力セントスルヨリ, 憲兵ハ再三之ヲ止メタルモ, 無爲ニ此爭鬪ヲ見ルニ忍ヒサリシカ, 兩名ハ遂ニ清兵憲兵ノ背部ヲ手ニスル銃ヲ以テ一·二回輕打シタリ, 此勢ニ恐レ清國憲兵ハ上流渡船場ニ向ヒ逃ケ去リタリ, 此爭鬪ニ於テ我憲兵ハ頭部ニ爪痕傷ヲ受ケタリ(往電第一一一號ニテ概報濟).

(4) 鐘城間島ニテ清兵ノ亂暴シタル件, 本月六日鍾城間島光霽峪兵營ノ清兵一名ハ韓人鄭致訥ノ瓜畑ニ入リ瓜ヲ窃マントシタルニ, 致訥ハ之ヲ認メ清兵ヲ咎メタルニ清兵ハ逃走セントセリ, 此時致訥ノ長男雲世來リ該清兵ヲ下泉坪憲兵分遣所ニ同行シタルニ, 其附近ニアリシ他ノ四·五名ノ清兵ハ各各手ニ棍棒或ハ薪樣ノ木ヲ携ヘ其跡ヲ追ヒ分遣所ニ至リ, 我憲兵ノ制止ノ際ニ一·二回雲世ヲ毆打シタリ, 其後清兵約十名再ヒ致訥ノ番小屋ニ至リ, 致訥ニ對シ胡派ヲ出セト迫リ, 長男雲世ノ所在ヲ尋ネ, 其一名ハ携帶ノ棒ヲ以テ致訥ヲ毆打シ, 又他ノ清兵二名ハ. 此時番小屋ノ騷擾ヲ認メ現場ニ臨シタル韓國巡査ヲ毆打シ兩人ニ打撲傷ヲ負ハシメタリ, 本件ニ付テハ本月十日付我派出所ヨリ陳昭常ニ抗議ヲ申込ミ, 兵員ノ團結シテ暴行ヲ敢テシタルニ對シ嚴重ノ處分ヲ求メタリ(特報第二十六號ニテ報告濟).

四. 韓國民ノ狀況

從來韓國民ハ淸國官憲ノ施設ニ對シ反抗スル如キ行動ヲ爲シタルハ一モ視ル處ナカリシニ, 頃日稍モスレバ機會ヲ設ケテ淸國官憲ノ壓迫ヨリ脫出セントスルモノノ如ク, 現ニ本月十二日以來局子街附近ノ韓民三百餘名ハ, 連署シテ淸國官憲任命ノ總鄕約以下ハ人民ノ福利ヲ圖ラザルノミナラズ却テ有害ナレバ廢止セラレタシトテ, 其告訴ヲ邊務公署ニ提起シタリ, 同署ニ於テハ之ニ對シ數回說諭ヲ加ヘタルモ韓民ハ之ニ服セズ, 遂ニ本月十五日總鄕約李星甫ヲ免職セシムルニ至レリ.

五. 暴徒ノ狀況

暴徒ハ本月廿七日鍾城郡北蒼坪村附近ヨリ來リ間坪ニテ晝食ヲナシ, 全部三峯社米嶺ニテ船ニテ豆滿江ヲ渡リタリ, 而シテ二十八日ハ間島開文社蒜洞ニ宿泊シ, 翌二十九日未明同地ヲ發シ火狐狸溝嶺ヲ過キ天佛致山中ニ入レリ, 其人員ハ約八·九十名ニシテ七十梃餘ノ銃器ヲ携帶シ居ルモノノ如シ, 一說ニヨレバ暴徒ハ韓國內地ノ警戒嚴重ナル爲メ間島ニ涉リ茂山方面ニ向フ計劃ナリト, 目下偵察中ナリ.

六. 地方組合

前月月報ヲ以テ報告セシ地方組合ハ其成績頗ル良好ニシテ, 巡察·夜警等亦良ク目的ニ合セ大ニ地方ノ平安ヲ幇ケツツアリ.

七. 所內ノ狀況

十七日所長ハ高等官一同ヲ集メ別紙ノ如キ訓示ヲ與ヘラレタリ(第二號)上京中ナリシ事務官篠田治策·囑高木靜枝ハ本月十六日歸任ス, 囑託技師太田篤ハ篠田事務官ト同道着任ス, 事務官楠野俊成ハ往復ヲ除キ二週間ノ請願休暇ニテ, 廿日當地出發歸省ノ途ニ就ク, 所員一般ニ健康ニシテ事務ニ勉勵セリ, 本月中憲兵分遣所ヲ東京台·八道溝·傑滿洞ノ三ケ所ニ新設シタリ, 廿七日韓皇ノ即位禮式日祝賀會ヲ開キ, 韓國都社長·社長·村長等ヲ招待ス, 尙ホ當時巡視滯在中ナリシ村田·明石兩少將列席セラレタリ.

八. 廳舍建築工事

新廳舍ノ建築工事ハ着着進捗シ, 目下既ニ八分通リ成工セリ.

九. 本月間取扱ヒタル警察事故別紙ノ通リ(第三號).

右報告ニ及ビ候也.

附 屬1. 告示

第一號 告示

大日本統監府間島派出所長齋藤季治郎玆ニ告示ス, 輓近穀糧ヲ輸出スルコト能ハズシテ貿易通商カ全然壅塞シ在住間島韓國人民カ啻ニ經濟上多大ノ影響ヲ受クルノミナラズ, 資生保命ノ上ニ一日モ缺クベカラザル魚·鹽等隨時窮乏スルニ至リ, 遠近各社村長頭民等ガ我派出所ニ之ガ防弊ノ事ヲ來訴スル者逐日頗ル多シ, 由來間島ハ農耕ヲ主ト爲スノ地域ニシテ, 其產スル所ノ穀類ヲ專ラ豆滿江對岸諸郡邑ニ輸出シ, 日常必須ナル魚·鹽·衣·綿及ビ其他器材ト交換スカル, 或ハ又該地ノ親戚故舊ト相互有無豊登ヲ融通シ以テ成家謀生スルノ常態ニ在リシヲ, 這般穀類輸出ノ自由ヲ喪ヒ, 到ル處警惶セザルハナク, 之カ善措匡濟センコトヲ請願スルニ至リシ, 此等ハ本職カ眞ニ深諒スル處ナリ, 抑モ本職ガ任ヲ受ケテ此地ニ莅シ以來, 日夜焦思專ラ爾等韓國人民ヲ保護シ, 造次ノ間モ其福利ノ增進ヲ企圖セザルハナシ, 苟モ爾等人民ノ休戚ニ關シテハ事ノ大小ニ論ナク決シテ等閑ニ放置スルコトナシ, 本來穀類ノ販賣運出ハ各人ノ自由ニ屬スルモノナルヲ以テ, 自分其輸出供給ヲ圖謀スルニ當リ, 若シ中路阻遏シ或ハ不法ノ押收ニ値フ時ハ, 宜シク速カニ詳明ナル事由ヲ我派出所ニ訴告セバ, 本職ガ正當ニ盡力シ救護ニ自カラ任スベキヲ以テ, 爾等韓國人民タルモノ安堵シテ可ナリ, 故ニ此ヲ知悉セシメンガ爲メニ切ニ特示ス.

明治四十一年八月 日
隆熙 二年八月 日

附屬2. 訓示

第二號 訓示

吾人ガ韓人保護ノ命ヲ奉ジ客年當間島ニ赴任シテヨリ, 今ヤ將ニ朞年ナラントス, 其來着ノ當時ニ在テハ清國官憲ハ只管我撤退ヲ要求シ, 次テ兵威ヲ示シテ韓人ヲ脅迫シ, 且ツ我施設ヲ阻止セントセリ, 而カモ吾人ハ此等ノ妨碍ヲ排除シ, 孜孜トシテ保護ノ實ヲ擧ゲ汲汲トシテ國威ヲ發揚センコトヲ期セリ, 我施設ニ對スル他ノ妨碍ハ今尙ホ一ニシテ足ラズト雖モ, 大勢ニ於テ前途杞憂ヲ懷クベキコト無キニ似タリ, 飜ツテ韓人ノ意嚮ヲ洞察スルニ, 吾人ノ着任以前ニ在テハ, 彼等所有セル人類ノ自由ト權利ヲ無視セラレ壓虐ヲ蒙ルコト甚シク, 實ニ名狀スベカラザル苦境ニ呻吟シツツアリシニ, 我保護ニ依テ救濟セラレ, 之ヲ客年ノ今日ニ比スレバ其差霄壤モ啻ナラザルナリ, 之レ本職ガ韓人代表者ノ何レニ就テ質問スルモ其答フル所ヲ一ニシ, 最モ親情ノ思想ヲ有スル韓人ト雖モ亦以テ誣言ノ辭ナカル可キヲ信ス, 間島ノ所屬未定ナルハ今尙ホ此ノ如ク, 日清官憲共ニ此地ニ在リ, 韓人ハ其壓虐ヲ受クルコト甚シキ時代ニ在テハ, 當然我慈仁ナル保護ノ下ニ, 趍向スレトモ, 一朝悲境ヲ脫出スルコトキハ, 目前ノ勢力ニ媚ビ利ニ赴クモノナシトセズ, 即チ近來韓人中往往清國側ノ勢力强大ナルニヨリ, 止ムヲ得ズ彼ニ附隨セザル可カラズト公言スルモノアリト聞ク, 品性劣等ノ輩ニ於テ殊ニ免レザル所ナク, 而シテ吾人ノ競爭者ハ假令一些事ト雖モ, 事ノ利用シ得ヘキモノハ必ス之ヲ利用シ, 自己ノ利便ニ資スルコトヲ努メツツアリ, 故ニ吾人ハ邊陬未開ノ人民ニ莅シ, 其人心ヲ收攬スルニ於テ須ラク此等微妙ノ心理ニモ注意ヲ怠ラズ, 愚者ハ之ヲ敎ヘ不愚者ハ之ヲ導クコトヲ勉ムルト共ニ, 常ニ寬嚴宜シキヲ得, 所謂恩威併ヒ行ハルルコトヲ念トシ, 決シテ被保護者ヲシテ恩ニ忸シ苟クモ我ニ對シ輕侮ノ心ヲ徒生セシメザルコトニ心懸クルコト肝要ニシテ常ニ威嚴ヲ保チ機先ヲ制シ他ノ脅迫ヲ意トセザルコトニ留意スヘシ, 之カ爲メ各地方ニ駐在スル憲兵班長ハ殊ニ周到ナル注意ヲ以テ韓·清人ニ對スル覺悟アルヲ要ス, 本職ハ客年八月會寧出發前ニ於テ及, 同年十月清國政府カ稱ヤ多數ノ軍隊ヲ間島ニ派遣セントスルニ當リ一同ニ訓示スル所アリ, 爾來諸子克ク其主旨ヲ遵守シ, 私ヲ棄テ公ニ努メ, 寒暑ト鬪ヒ困苦欠乏ニ耐ヘ, 其成績ノ佳良ナルハ余ノ確認スル所ナリ, 然レトモ吾人ノ任務ハ今ヤ只其第一期ヲ成効シタルニ過キスシテ第二期ノ務メニアルモノナリ, 盖シ本期ニ於テハ一層人心ヲ收攬シ施設經營ノ基礎ヲ鞏固ナラシメ, 且ツ進ンテ其ノ範圍ヲ擴張セザルベ可ラズ, 前進尙遙遠ニシテ, 更ニ若干期ヲ渡過スルニ非ラザレバ完全ナル成功ヲ期シ難シ, 諸子ノ任務ヤ重且ツ大ナリ, 然ルモ吾人ハ列國環視ノ間ニ立ツテ巍然トシテ其任ニ當ルモノナリ, 其一擧一動ハ直チニ外交上ニ影響ヲ及ホス, 而シテ淸國側ハ近來動モスレバ我ニ臨ムニ暴力ヲ以テセントス, 諸子ハ現下狀況ニ鑑ミ更ニ思慮ヲ盡シテ事ニ當リ, 帝國固有ノ深遠高尙ナル志操ニ基キ, 眼前ニ於ケル他ノ勢力ニ顧慮スルコトナク, 不屈不撓以テ益益國威ヲ伸張スルコトヲ期セヨ.

明治四十一年八月十七日
統監府臨時間島派出所長 齋藤季治郎

附 屬3. 警察事故表

第三號 本周間取扱ヒタル警察事故

事項, 家賃ヲ騙取シタルモノ, 件數一, 摘要, 原被告共韓人男, 騙取セシ金十五圓ヲ原告ニ返還セシム.
事項, 板ノ代價ヲ支拂ハザルモノ, 件數一, 原告韓人男, 被告日本人男, 處分ヲ憲兵隊ニ依託ス.
事項, 牛ヲ失ヒシモノ, 件數一, 原被共韓人男, 證據不充分ニ付說諭.
事項, 毆打セシモノ, 件數二, 一件ハ原被共韓人男, 局子街分遣所へ引渡, 一件ハ說諭.
事項, 我施政ニ有害ノ行動アリシモノ一, 北都所都社長蔡龍義ノ報告ニヨリ, 巡査·憲兵ヲ派遣シテ說諭.
事項, 營業ノ願出一, 請願者韓人男一, 許可.
事項, 暴徒間諜ノ疑アル者ニ對シ保釋ヲ願出テシモノ一, 請願者韓人男十一, 被告李祿松ヲ保釋.
事項, 耕地ノ事ヨリ爭ヲ爲シタルモノ一, 原被共韓人, 說諭和解.
事項, 牛二頭ヲ騙取セシモノ一, 原被共韓人, 被告ヲ取調ヘ鏡城裁判所ヘ押送.
事項, 各社長ノ賦課ニ反對セシモノ二, 韓人.
事項, 家賃ヲ支拂ハス逃走シタルモノ二, 二件共原告韓人男一, 日本人男一, 處分ヲ憲兵隊ヘ委托.
事項, 婚姻ヲ違約シタルモノ一, 原被共韓人, 示談濟.
事項, 債務不履行一, 原被共韓人, 鏡城觀察使ヘ報告濟.
事項, 四年前ニ馬及ヒ耕地ヲ奪ハレシモノ一, 原被共韓人, 原告ノ誣告ナリシニヨリ被告ヲ放遣.

事項, 雇賃ヲ支拂ハサルモノ一, 原被共韓人, 禹跡洞分遣所へ交付.

事項, 淸官ニ於テ牛稅不法徵收シタルモノ一, 東盛湧社長金錫均及朴文順ノ報告ニヨリ憲兵隊ニ委托.

事項, 牛馬ノ放飼ニ原因シ毆打セシモノ一, 原告韓人, 被告淸人.

事項, 媒介金二百五十兩ヲ騙取セシモノ一, 原被共韓人, 頭道溝憲兵分遣所へ交付.

事項, 屠牛檢査ヲ願出テシモノ四, 許可.

事項, 浮浪ノ嫌疑アルモノ男六.

事項, 醉狂スルモノ男四.

事項, 家畜ヲ放飼スルモノ男二, 淸國人.

事項, 群集ノ場所ニ馬ヲ走ラセタルモノ男一.

事項, 不潔場所ヲ掃除セザルモノ男二五, 女七.

30. 間島管內一般狀況報告寫本의 送付(原案2册)

隆熙2年 (西紀1908年 10月24日)
[發] 統監府副統監 曾禰荒助
[受] 內閣總理大臣 李完用

機密統發第一四二二號

齋藤統監府臨時間島派出所長月報統派月報第九號寫, 別紙爲御參考及御送付候也.

明治四十一年十月廿四日
統監代理副統監子爵 曾禰荒助
太子少師內閣總理大臣 李完用 閣下

附. 間島管內一般狀況月報

- 隆熙2年 (西紀1908年 10月8日)
- [發] 間島派出所長 齋藤季治郞
- [受] 統監府副統監 曾禰荒助

統派月報第九號

月報

自九月一日至同三十日
明治四十一年十月八日
統監府臨時間島派出所長 齋藤季治郞
統監代理副統監子爵 曾禰荒助 殿

一. 地方一般ノ狀況

近時淸國官憲ハ頗ル暴戾倨傲, 傍若無人ノ態度多シク, 飽迄兵員ノ衆ヲ恃ミ暴力ヲ逞フシ以テ我カ施設ヲ妨害シ, 其領土主義ノ擴張ニ力メ居ルモノノ如ク, 本月ニ入リテ彼等ノ暴行ハ各地ニ頻出シ, 大ニ地方ノ安寧ヲ害シ人心稍稍動搖セリ.

二. 淸國官憲ノ動靜

吉林邊務幫辦吳祿貞ハ, 轉任ヲ命セラレ本月廿一日局子街ヲ出發シテ奉天ニ向ヘリ, 而シテ其後任者傅良佐ハ本月十五日着任セリ, 會寧對岸砂器洞派弁所長孫符貴ハ協參領ニ昇進シ, 吉林陸軍第一標第二營長トシテ本月二十七日赴任ノ途ニ就キタリ, 韓國內地ノ暴徒ニ備フル爲メト稱シ八月中旬來鍾城間島月朗社·馬派霽霞社·時建坪ニ駐屯セシメ置キタル淸兵ハ, 本月廿三日ヲ以テ全部引揚ケタリ, 但シ馬派派弁所ハ從來ノ通リ存置セリ, 又前ト同目的ニテ鍾城間島鶴城坪ニ屯駐ノ淸兵モ近近引揚ノ說アレトモ未タ實施スルニ至ラス, 一說ニハ以上ハ引揚ニアラス交代ノ爲メナリト稱スルモ, 交代兵ノ到ル模樣ナシ, 九月廿六日銅佛寺街駐屯ノ淸國守備隊步兵哨長富以下二十四名ハ茂山間島ニ向ヒ出發シタリ, 爾後吉林ニ駐屯スル爲ナリト, 銅佛寺街ヘノ交代兵ハ近近吉林ヨリ來ルヘシト, 朝陽河谷八道溝ニハ八月中旬ヨリ憲兵隊官周斗山以下憲兵四名駐屯シ居リタル處, 今回更ニ派弁所ヲ設ケ, 本月廿七日處長兼理交涉事宜儘先守備楊景龍(大尉相當)以下淸兵. 巡警五名及韓語通譯(淸人)一名到着, 憲兵ハ引揚タル模樣ナリ, 九月中旬吉林ヨリ淸國憲兵將校五名局子街ニ來着シタル說アリ, 又本月廿一日鍾城間島光霽峪ニ新ニ憲兵六名ヲ配置シタリ.

三. 淸國官憲ノ不法行爲

(1) 淸官李榮成カ韓國巡査ヲ捕縛シタル件(往電第一二四號ニテ報告濟).

(2) 六道溝派弁所ノ巡警等暴行ノ件(往電第一二六號ニテ報告濟).

(3) 會寧間島ニ於テ淸兵暴行ノ件(往電第一二七號ニテ報告濟).

(4) 淸兵カ我憲兵押送中ノ暴徒ヲ奪取シタル件(往電第一二八號ニテ報告濟).

(5) 鍾城間島ニ於ケル淸兵暴行ノ件(往電第一三〇號乃至第一三二號ニテ報告濟).

(6) 局子街ニ於テ我憲兵上等兵ハ, 巡察ノ爲メ乘馬ニテ局子街南側裏通リヲ通過ノ際, 道路泥濘ニシテ僅カニ人家ノ土壁ニ沿フテ一條ノ通路アルノミナリシヲ以テ, 該所ヲ進行シタルニ, 一淸兵ト遭遇シタリ, 然ルニ該淸兵ハ不法ニモ突然兩手ヲ以テ上等兵ノ乘馬ヲ泥濘ノ中ニ押シ入レタリ, 依テ上等兵ハ何故馬ヲ押シタルヤヲ詰リタルニ, 淸兵ハ何事カ云ヒツツ拳ヲ上ケテ同上等兵ノ左大腿部ヲ毆打シ種種罵詈ヲ弄スルヲ以テ, 上等兵ハ下馬シテ之レカ取調ヲ爲サントシ右足ヲ地上ニ下ロスヤ, 淸兵ハ其兩脚ヲ取テ同上等兵ヲ倒シタリ, 時ニ更ニ一名ノ淸兵來リ前ノ淸兵ニ助勢シ, 上等兵カ佩ヒタル拳銃ヲ奪ヒ逃走シタリ, 局子街分遣所ニ於テハ此ノ急報ニ接シ, 奧村憲兵大尉以下我憲兵ハ, 淸兵ノ歸路ニ當ル諸點ヲ扼シテ警戒シ, 後ニ來リシ淸兵ノ通リ掛リシヲ認メテ之ヲ捕ヘ邊務公署ニ至リ, 該兵ノ氏名ヲ取糺スコトヲ要求シタルニ, 邊務公署ニ於テハ日本憲兵ト爭鬪セシ淸兵ナシトテ我要求ニ應セス, 結局要領ヲ得スシテ歸所シタリ, 又奧村大尉ハ幫辦傅良佐ニ會見シ, 速ニ該爭鬪兵ヲ捜出シ拳銃ヲ返還セシムヘキコトヲ要求シタルニ, 日本憲兵ト爭鬪シタルハ淸兵ニアラスシテ普通淸人ナラントト辯疏シ, 目下交涉中ナリ.

四. 韓民ノ狀況

韓民ハ派出所ノ設置ニヨリ淸國官公吏ノ無償徵發·不當徵稅·淸國兵員ノ暴行凌辱等有スル不法ノ行爲ヲ蒙ルコト著シク減少セン爲メ, 韓民一般ニ益益我派出所ヲ信賴セリ, 殊ニ我任命ノ都社長·社長·村長等ハ熱心ニ地方公益ニ盡力シ其効績亦尠カラサリシモ, 這回鍾城間島都社長等カ淸國官憲ニ拿捕囚禁セラレテヨリ多少地方ノ民心ヲ動擾セシメ, 大ニ我ノ保護ヲ危ミ, 表面上淸國官憲ニ呵咐スルノ却テ安全ナルヲ念ハシムルニ至ラントス, 仍テ境野憲兵少佐ヲ鍾城間島方面ニ遣シ民心ノ鎭撫ニ力メタリ.

五. 暴徒ノ狀況

客月間間島ニ入リ込ミタル暴徒ハ天佛致山ニ於テ全部離散シ, 又我憲兵ニ於テ暴徒ノ隱匿シタル多數ノ兵器·彈藥·被服·書籍等ヲ押收シタル結果, 殆ント又タ起ツ能ハサルニ至レルモノノ如シ, 逮捕シタル暴徒ノ言ニ依レハ, 其隊長タル朴昌奎ハ部下約二十五名ヲ率ヒ平崗(頭道溝方面)ニ到ルト稱シテ下山シ, 其他ハ三三五五解散シタリト, 其後捜索セシメタルニ銃器ヲ携帶セル暴徒十餘名ハ鍾城間島國師嶺ヲ過キ局子街ヨリ琿春ニ通スル通路ヲ橫斷シ, 局子街地方約三里ノ山中ニ入リタル形跡アリ, 又其少數ハ天佛致山西南方咸朴洞附近山中ニ於テ食ヲ求メタル事實アリ, 其他同山西南方平崗上里社靑山洞銀鑛ニ於テ暴徒四名ヲ發見シ, 同社社長外韓人二名ハ其內二名ヲ逮捕シ, 我憲兵特務曹長ノ率ユル捜索隊ハ天佛致山東南方西來洞附近ニ於テ其一名ヲ逮捕シ, 下泉坪分遣所ノ韓國巡査·主事等ハ同地方ニ於テ都合三名ヲ逮捕シタレハ, 暴徒ノ各方面ニ向ツテ離散シタルハ事實ナルモノト判斷シ得ヘシ, 然レトモ本月初旬煙秋地方ヨリ歸來シタル鍾城間島光昭社社長金學俊及ヒ凉水泉子地方ニ差遣シタル韓人ノ密偵ノ言ニ依レハ, 李範允及崔某ノ兩名ハ總員約二千ヲ二派ニ分チ, 一部ハ韓國內地ニ, 他ノ一部ハ間島ニ襲來セントノ計劃ヲ爲シ居ル旨, 右兩地方ニテ風說シ居レリト, 又鍾城間島開泰社湖川街村長金弘錫ノ內報ニヨレハ, 本月下旬琿春地方ヨリ來レル一韓人ハ, 間島方面ニ侵入スル暴徒ノ內若干名ハ已ニ鍾城間島月朗社馬坡(下泉坪ノ北方約六里)ノ北方山中ニ潛匿シ, 後繼部隊ノ來着ヲ俟チアル旨, 同地方ニ於テ聞知シタリト, 依テ搜索中ナリ.

六. 龍井村附近ノ農況一般

當所觀測氣象表ニヨル本月中ノ溫度及ヒ降雨量ハ左ノ如シ.

第一旬, 平均溫度一七·九, 最高溫度(七日)二五·五, 最低溫度(二日)九·五, 降雨回數三, 降雨量九ミリ四七.

第二旬, 平均溫度一四·二, 最高溫度(十八日)二四·〇, 最低溫度(十六日)四·〇, 降雨回數八, 降雨量六九·九〇.

第三旬, 平均溫度一二·一, 最高溫度(二十六日)二四·五, 最低溫度(二十四日)〇·三, 降雨回數八, 降雨量三〇·一〇.

本月平均溫度一四·七度, 本月積算溫度四四二度, 本月降雨回數一九回, 本月降雨總量一〇九·四七粍, 本月快晴日數四日, 本月半晴日數四日, 本月曇天日數二十二日, 本月二十五日降霜, 之ニ依レハ, 九月ニ於ケル積算溫度四四二度, 平均溫度一四·七度, 雨量一〇九·四七粍ヲ示シ, 氣溫次第ニ下降シ, 諸作物ノ成熟ヲ促進セシムルノ傾向アレトモ, 第二旬ニ至リ急激ノ氣溫變化ハ, 黍·高粱ノ如キ既ニ完熟セルモノニハ影響甚タ少キモ, 其他ノ諸作物ニハ可ナラス, 加フルニ曇天日數二十二日ニ達シ, 降雨頻リニ至リ, 晴天僅カニ四日ニ過キザルヲ以テ幾分成熟ヲ不完全ナラシメ, 水稻ノ如キハ不稔實ニシテ立穗ノモノ多シ, 殊ニ降雨ノ爲メニハ圃場ニ脫粒スルモノアリ, 黍·高粱·粟等刈入レタルモノハ, 其乾燥ヲ惡シカラシメタリ, 以上ノ如クナルヲ以テ, 八月予想セシ平年作以上ノ好況ハ, 玆ニソノ一·二割ノ減收アルヘク, 本年ノ農況ハソレ或ハ平年作ニ達セザルヘキカ.

七. 所員ノ動靜

所員一同ハ不順ナル氣節ナルニ拘ハラス一般ニ健康ニシテ能ク勤務ニ精勵シ居レリ, 調査課員八田技師·前田技手ハ, 本月三日ヨリ十二日ニ至ル十日間, 地方農況一般視察幷ニ蔬菜栽培·特用作物栽培及農産製造調査ノ爲メ頭道溝方面ニ出張ス, 太田技師ハ本月五日ヨリ鑛産調査ノ爲メ銅佛寺方面ヘ出張シ十一日歸所, 十五日ヨリ再ヒ會寧間島方面ヘ出張シ廿三日歸所セリ, 山崎通譯生ハ本月五日ヨリ, 經濟事情調査ノ爲メ吉林琿春地方ヘ出張セリ, 當所ヘ增員セラレタル內部主事二名·韓國巡査八名ハ, 本月六日到着ス.

八. 新廳舍ノ建築工程

新廳舍ノ建築ハ殆ント完成セリ.

九. 警察事故

本月中取扱ヒタル警察事故左表ノ如シ.

事項, 內亂律, 件數七, 摘要, 三件ハ被告韓國人男三, 取調ノ上便宜手段トシテ鍾城守備隊ヘ引渡ス, 一件ハ被告韓人男二, 取調ノ上, 咸興地方裁判所ヘ押送途中清國官憲ニ强奪セラル, 三件ハ被告韓人男各一, 取調濟ナルモ清國官憲トノ關係上, 未タ送致セス.

事項, 小女誘拐, 件數二, 摘要, 一件ハ原告韓國人女一, 被告韓國人男三, 取調中, 一件ハ原告日本人男一·女一, 被告日本人男一, 被告所在地鍾城警察署ヘ入移牒ス.

事項, 金錢貸借ニ關スル論爭, 件數七, 摘要, 三件ハ原被告共韓國人男各三, 原被雙方ヲ說諭示談濟. 一件ハ原告韓人男一, 被告日本人男一, 被告ニ說諭支拂ハシム, 一件ハ原告韓人男一, 被告日本人男一, 被告行衛不明ニ付搜査中, 一件ハ原告清國人男二, 被告日本人女一, 被告ニ說諭支拂ハシム, 一件ハ原告清國人男一, 被告ニ說諭支拂ハシム.

事項, 窃盜, 件數一, 摘要, 原告者日本人一, 被告清國人男一, 被告ハ取調ノ上, 清國官憲ヘ引渡ス.

事項, 酩酊暴行シタルモノ, 件數二, 二件共原被告韓人男各一, 被告ニ說諭示談.

事項, 護送中被告人ヲ奪ヒタル者, 件數二, 摘要, 一件ハ護送者韓國巡査一, 奪者淸國巡警六, 淸國官憲ヘ交涉セリ, 一件ハ護送者憲兵二, 奪者淸國兵約六十, 淸國官憲ヘ交涉セリ.

事項, 家宅侵入及ヒ毆打, 件數一, 摘要, 原告者韓國人主事一·巡査一, 加害者淸國巡警及淸兵十數名, 淸國官憲ヘ交涉セリ.

事項, 契約不履行及ヒ毆打, 件數一, 摘要, 原告韓人男一, 被告淸國人男一, 被告ニ說諭示談濟.

事項, 他人鷄ヲ食シタルモノ, 件數一, 摘要, 原告韓國人, 被告日本人男四, 被告ニ說諭シ代金ヲ支拂ヒ示談濟.

事項, 器物棄毁, 件數一, 摘要, 原告韓人, 被告韓人男一, 被告ニ說諭示談濟.

事項, 社長ノ報酬金醵出ヲ肯セザルモノ, 件數一, 摘要, 韓國人說諭ニ服ス.

事項, 預リタル家畜ヲ返ササルモノ, 件數一, 摘要, 原告韓人女一, 被告韓人男一, 原被告ニ說諭示談濟.

事項, 不法徵稅, 件數一, 原告韓人男五, 被告淸國官吏, 淸國官憲ニ交涉濟.

事項, 爭論, 件數一, 摘要, 韓國人男一, 同女一, 雙方ヲ說諭.

事項, 寄附金强制, 件數一, 摘要, 韓人僧侶三, 說諭.

事項, 馬匹交換ニ付爭論, 件數二, 摘要, 一件ハ韓人男二, 說諭示談濟, 一件ハ韓人男二, 右ニ同シ.

事項, 毆打, 件數五, 摘要, 一件ハ原告韓國巡査一, 被告淸國人男二, 淸國官憲ニ交涉, 一件ハ原告韓國人男一, 被告淸兵三, 右同斷, 一件ハ原告韓人男一, 被告淸人男一, 淸國人ハ逃走ニ付搜査中, 一件ハ韓人男各一, 雙方ニ說諭, 一件ハ被害者韓人男一, 加害者淸人男四, 加害者行衛不明搜査中.

事項, 毆打創傷及拿捕, 件數一, 摘要, 被害者日本憲兵三·韓國主事一, 被拿捕者韓國巡査一·韓人男二, 加害者淸兵數十名, 淸國官憲ニ交涉シ巡査ハ放還セシメタルモ, 韓人男二ハ未放還.

事項, 不法拿捕, 件數一, 摘要, 被拿捕者韓人男二, 拿捕者淸兵八名, 淸官憲ニ交涉.

事項, 溺死, 件數一, 摘要, 憲兵一, 間島分隊ニ於テ檢視ス.

事項, 拾得物, 件數一, 摘要, 拾得品時計一個, 屆出者韓人男一, 物品保管中. 合計四一.

31. 間島管內一般狀況報告寫本의 送付(原案2冊)

隆熙2年 (西紀1908年 11月26日)
[發] 統監府統監 伊藤博文
[受] 內閣總理大臣 李完用

機密統發第一五九三號

齋藤統監府臨時間島派出所長月報統派月報第十號寫, 別紙爲御參考及御送付候也.

明治四十一年十一月廿六日
統監公爵 伊藤博文
太子少師內閣總理大臣 李完用 閣下

附. 間島管內一般狀況月報

- 隆熙2年 (西紀1908年 11月10日)
- [發] 間島派出所長 齋藤季治郎
- [受] 統監府副統監 曾禰荒助

統派月報第十號

月報

自十月一日至同三十一日
明治四十一年十一月十日
統監府臨時間島派出所長 齋藤季治郎
統監代理副統監子爵 曾禰荒助 殿

一. 地方一般ノ狀況

吳祿貞ノ轉任前後ヨリ一變セシ淸國官憲ノ態度ハ, 本月ニ入リテヨリ其橫暴更ニ甚度ヲ加ヘ, 我ノ爲メニ盡力セル韓人ヲ無法ニ捕縛シ, 我ニ於テ任命セシ都社長·社長等ヲ拿捕囚禁スル等, 亂暴狼藉至ラサルナク, 大ニ地方ノ安寧ヲ攪亂シタリシカ, 本月中旬禹跡洞ニ於ケル衝突以來, 淸國官憲ハ頓ニ其態度ヲ改メ極メテ愼重トナリ, 淸兵·巡警等亦大ニ其行動ヲ肅ムニ至リタル爲メ, 淸韓人一般ニ我ヲ畏敬スルニ至リ漸ク民心ノ動擾ヲ回復シタリ, 馬賊ノ狀況ニ付テ聞キ得タルトコロヲ綜合スレハ, 本月中旬蛤蟆塘ヨリ寧古塔附近ニ亘リ, 馬賊約七·八十名ノ團體現ハレ, 稍猖獗ヲ極メ, 爲メニ吉林ヨリ巡防隊提督某寧古塔ニ出張シ之ヲ討伐シタリ, 又同中旬頃, 吉林街道上額木索ノ西方張廣財嶺ニ馬賊約四十名ノ團體徘徊シ, 邊務公署ヨリ前路統領富德ヲ派シ討伐中ナリト.

二. 淸國官憲ノ動靜

淸國官憲ニ於テハ我憲兵ヲ地方ニ配置セハ, 同一地若クハ其附近ニ多數ノ淸兵若クハ巡警ヲ配置シ, 暗暗ニ我憲兵ヲ威壓シ且ツ韓人ノ我施政ニ趣クラ妨害セントスルノ方針ヲ有シ居ルモノノ如シ, 現ニ八月中新設シタル八道溝·東京台·傑滿洞ノ各我分遣所ニ對シテ, 八道溝ニハ約八名ノ巡警及ヒ憲兵ヲ, 東京台ニハ約三十名ノ淸兵ヲ, 傑滿洞ニ對シテハ馬派(傑滿洞ヲ距ル北方約三十丁)ニ約二十名ノ淸兵ヲ新タニ配置シテ, 如上ノ目的ヲ達セントスルモノノ如シ, 尙月間淸兵ノ異動等左記ノ如シ.

(イ) 本月七日局子街ヨリ鍾城間島月朗社馬坡水南村(傑滿洞ヲ距ル南方約三十丁)ニ, 哨長傅進陞及兵卒二十名到着駐屯シタリ.

(ロ) 同日又局子街ヨリ同社詩建坪(下泉坪ヲ距ル北方約三里)ニ, 什長蔣奎一·同彰殿璜以下兵卒二十名到着駐屯シタリ, 但シ前二項地點ニハ本年八月來淸兵駐屯シ居リタルモ一旦引揚, 今回更ニ派駐シタルモノナリ.

(ハ) 本月十三日吉林ヨリ工程隊伍長以下十四名局子街ニ到着シタリ, 又密偵ノ報告ニ依レハ, 本月十三日工程隊約三百名, 同十五日同隊約二百名局子街ニ到着シタリト, 尙確メ中, 爾後同街ニ徘徊スル工程隊兵ニ注意スルニ, 現ニ左·右·前ノ三工程駐屯シ居ルモノノ如シ.

(ニ) 本月十六日吉林街道上五虎項子ヨリ, 吉林前路左哨第二營步隊哨長范某以下廿一

名銅佛寺街ニ到着シ, 同街ノ警備ニ任シタリ, 蓋シ銅佛寺街駐屯ノ哨長以下廿四名ハ茂山間島ニ轉シタルニ付, 其交代トシテ來駐シタルモノナリ.

(ホ) 密偵韓人ノ報告ニ依レハ, 幫辦傅良佐ハ徐總督ニ電報シ局子街ニ砲兵ヲ派遣セラレンコトヲ乞ヒタリト, 而シテ其數ハ三營ナリト.

(ヘ) 局子街撫民府兼理事府ノ西隣ニ延吉禁烟分局及ヒ吉林戒烟分會ナルモノヲ新設シ, 同地ニアリシ清賦荒務局ハ吉林ニ引揚ケタリ.

(ト) 本月十七日吉林巡防隊馬隊二十名ノ護衛ニテ, 吉林方面ヨリ小銃若干(約三百挺ヲ越ヘサラン)·彈藥四箱(一箱約一萬發入)局子街ニ到着シタリ.

三. 清國官憲ノ韓民ニ加ヘシ不法行爲

(イ) 去月廿六日茂山間島山溪社東京台住韓人白文極及ヒ同社上防川項韓人朴禧哲ノ兩名ハ, 突然清兵ノ爲メニ捕縛セラレ, 共ニ茂山間島吉地ノ清國兵營ニ引致拘禁セラレ, 而シテ朴禧哲ハ廿九日局子街ニ向ケ送致セラレタリ, 捕縛ノ原因ニ就キ清兵及ヒ吉地駐在清語通譯ノ語ル所ニ依レハ, 白文極ハ東京台ノ我憲兵分遣所ニ自己所有ノ家屋ヲ賣却シタリト言フ理由ニ依リ, 朴禧哲ハ同地ニ憲兵分遣所ヲ開設セラレンコトヲ派出所ニ請願シタル理由ニ依ルモノナリト, 尙ホ清國憲兵等ハ白ト共ニ我任命シタル同地蔡社長モ逮捕セントシタル由ナルモ, 當時他行中ニテ逮捕ヲ免カレタリト, 爾後同社長ハ其逮捕ヲ恐レ家族ト共ニ茂山郡下ニ避難シ居リタル所, 今回家族ノミ歸家セシメタリ, 又本月一日白金社廣大津住一進支會長宋昇哲モ分遣所設置ノ請願者トシテ清兵ニ捕縛セラレタリ, 右白·朴·宋ノ內, 白ハ本月十四日放還セラレ, 朴ハ本月一日局子街ニ護送中逃去シ, 宋ハ同日引致途中ヨリ放還セラレタリ.

(ロ) 本月四日我任命ノ龍池社社長陳錫駿及智豊社社長朴萬秀モ淸國官憲及步兵ノ爲メニ突然家宅ヲ襲ハレ, 捕縛ノ上局子街ニ引致セラレタリ, 右捕縛ノ理由ハ社內人民ヨリ報酬金ヲ徵收セントシタルカ爲メナルヘシ, 報酬金トハ社長等日夜公事ニ奔走スルヨリ社內人民ハ若干金ヲ醵出シテ其費用ヲ補ヒ, 且ツ其勞ニ酬ヒントシ我派出所ノ認可ヲ得タルモノナリ, 右社長ノ引渡ニ就テハ九月十六日拘引セラレタル鍾城間島都社長李義英·社長金希烈ノ引渡請求ト共ニ, 我ヨリ數次嚴重ニ交涉ノ結果, 十月末何レモ放還セラレタリ.

(ハ) 光霽峪ノ清兵二名ハ十月十二日光德社原洞居住ノ韓人金什完ノ鷄一羽ヲ持チ去ラントシ, 金ノ之ヲ拒ミタルニヨリ, 金及ヒ現場ニ居合セタル同地中正書塾ノ教師等ヲ毆打負傷セシメタリ(往電第一四九號ニテ報告濟).

(ニ) 往電第一五〇號及ヒ第一五一號ヲ以テ報告セシ鍾城間島古間島(一名古島)ノ韓人李輔喆等カ穀物運搬ノ爲メ架橋セシヲ, 淸國官憲ニ於テ之レカ撤去ヲ命シタル件ノ詳細左ノ如シ, 鍾城間島, 豆滿江中流ニアリ, 古間島ト稱ス, 土地豊壤ニシテ, 鍾城韓民ノ約半數ハ該地ニ耕作セリ, 而シテ該地ヨリ穀物取入レノ際, 豆滿江右岸ヨリ古島ニ架橋シテ穀物ヲ運搬スルヲ從來ノ慣例トセリ, 故ニ本年モ鍾城住韓民李輔哲外十四名ハ, 幅約一間位ノ木橋ヲ架シ其ノ運搬ヲ便ニセリ, 尙ホ豆滿江ノ左岸ニモ右島ト同關係ノ耕作者アリテ, 古島ヨリ豆滿江左岸ニ長サ約二十米突ノ木橋ヲ架シタリ, 右架橋ハ本月十六日ニ竣リ, 渡船ヲ要セスシテ穀物ヲ運搬シ得ルニ至リタルニ, 同日光霽峪兵營駐屯ノ淸國憲兵ハ架橋者李輔喆ヲ兵營ニ同行シ, 淸官某ハ李ニ向ヒ該架橋ノ撤去ヲ命シタリ, 李ハ約二十年來ノ舊慣ニ因リ架橋シタルモノニシテ, 本年ニ限リ撤去ヲ命セラルルノ理由ナキヲ辯シタルモ, 淸官ハ舊慣ニアラスト叱責シ, 李ハ一·二ケ月間ノ猶豫ヲ乞ヒタルモ, 淸官ハ之ヲ許サス同日ヨリ二日以內ニ(十七日·十八日)收穫物ヲ悉ク運搬スヘク, 若シ爲シ能ハスンハ爾後ハ運搬セシメスト命シ歸還セシメタリ, 李ハ歸還後, 關係韓人ト會シ協議ヲ遂ケタルモ, 指定期日內ニ到底運搬シ終ルノ見込ミナキト架橋存續ノ希望トヨリ, 其保護ヲ鍾城憲兵分遣所ニ願ヒ出テタリ, 依テ同所ヨリ下泉坪憲兵分遣所ニ打合ノ爲メ憲兵上等兵ヲ派遣シタルニヨリ, 殿谷憲兵大尉之レト會見シ, 本件ヲ鍾城守備隊及ヒ同地警察官ニ告ケ, 十九日早朝鍾城及下泉坪ヨリ巡察憲兵ヲ出シ, 淸兵カ果シテ如何ナル行動ヲ爲スヤヲ視察スヘキコトヲ約シタリ, 十九日早朝下泉坪分遣所ヨリ特務曹長堀內菊松外上等兵四名ヲ架橋點ニ出張セシメタルニ, 鍾城ヨリハ守備隊兵卒八名, 憲兵分遣所上等兵二名, 補助憲兵若干名及ヒ同地駐在日本巡査二名·韓巡査二名, 右岸及ヒ古島ニ出張シ光霽峪ヨリハ淸兵三名·淸憲兵一名, 右岸及ヒ古島ニ出張シタリ, 然レトモ雙方別ニ何等ノ施爲ナク又交涉スルコトモナク, 終日穀物ノ運搬ヲ監視シ夜ニ及ヒ淸兵等歸營シタル後, 我ニ於テモ全部引揚ケタリ. 翌二十日下泉坪分遣所ヨリハ憲兵二名, 鍾城ヨリハ憲兵步兵若干名再ヒ架橋附近ニ出張シ, 光霽峪ヨリハ淸兵·憲兵都合七名, 左岸及古島ニ出張シタルモ, 又互ニ終日警戒シ居ルノミニテ何等ノ事ナク, 其後モ彼我若干名宛ノ監守兵ヲ出シ警戒シ居ルモ異狀ナク, 韓人ハ故障ナク運搬ニ從事シ居レリ, 鍾城守備隊長馬島步兵中尉ハ, 架橋ヲ承認シタルモノナレバ充分保護スヘシトテ, 十九日八名ノ兵卒ヲ出シタル趣ヲ堀內特務曹長聞知シタルヲ以テ, 同中尉ニ會見シ事實ヲ確メタル處, 同中尉ハ李輔喆ヲ呼ヒ淸官ト問答ノ要領ヲ聽キ取リ, 橋梁ハ撤去スヘカラス, 淸國官憲ヨリ指定ノ期間內ニ穀物ノ運搬スルヲ要セスト說キ聞カセタリ, 故ニ若シ彼我確執シ事端ヲ惹起スルナキヤヲ憂ヒ, 當方ヨリハ下泉坪ノ分遣所ニ命シ努メテ紛雜ヲ起ササルコトニ注意スヘキ旨ヲ以テシタリ, 本件ニ就テハ篠田事務官ヲ鍾城ニ派遣シ舊慣ヲ調査セシメ(調査報告ハ特報第三五號ヲ以テ進達シタリ)又十月廿三日奥村大尉ヲ傅良佐ニ會見セシメ, 舊慣ニ依リ架橋シタルヲ撤去セシムルノ不當ナルコト, 李輔喆ヲ兵營ニ同行シタルノ不法ナルコト, 及ヒ清兵ニ不法ノ行爲ナカラシメン爲メ充分戒飭ヲ加ヘラレンコトヲ希望スル旨述ヘシメタル處, 傅ハ本件ニ關シテハ派弁所事務員陳ヨリ二日間ニ運搬ヲ終リ撤橋スヘキ旨命シタルモ, 如何スヘキヤトノ伺來リタルヲ以テ, 收穫物ヲ全部運搬シタル後撤橋セシメテ可ナル旨指令シタリ, 尙ホ架橋ハ從來ノ慣例ナルヤ否ヤニ付, 員ヲ派シ取調中ナレハ, 若シ慣例ナリトセハ冬期迄撤橋セサルモ可ナリ, 然レトモ可成收穫ヲ終レハ直チニ撤橋スル樣取計ハレンコトヲ希望スル旨齋藤所長ニ傳ヘラレタシ, 又兵ノ行動ニ付テハ決シテ不穩ノ行爲ヲ爲サシメサルヘク, 貴國兵ニ就テモ注意アリタシト述ヘタリ, 依テ奥村大尉ハ之ヲ領シ, 且ツ本件ハ對岸鍾城ニ於テノ出來事ニシテ我派出所ノ意志通リ行ハレサルコトモアルヘケレハ, 可成舊慣ニ依リ冬季迄撤橋セシメサルヲ最モ可トスル旨ヲ告ケタリ, 該橋梁ハ其後自然破損シ, 目下韓民ハ渡船ニ依リ穀物ヲ運搬シ居リ, 結局平穩ニ落着シタリ.

(ホ) 本月九日開泰社湖川浦下所村長金弘錫ハ姪女ノ出嫁スルニ付キ, 之ヲ祝セン爲メ金二圓ヲ懷中シ同地ニ向ケ到ラントスル途中, 瓦樑ニ於テ清兵二名·通譯一名ニ會遇シタリ, 相互種種談話ヲ交ヘ金ハ我派出所ノ村長ナルコトモ談話シタルニ, 清兵ハ金ノ身體ヲ探リ金二圓ヲ强奪シ, 且ツ毆打ヲ加ヘ右胸部ニ打撲傷ヲ負ハシメ逃ケ去リタリ, 本件ニ付キ十二日殿谷大尉光霽峪兵營ニ至リ交涉シタル結果, 憲兵首班程則著ナル者事實ヲ調査スル旨答ヘタリ.

四. 清兵等カ我憲兵ニ加ヘシ暴行

(イ) 禹跡洞ニ於ケル件(往電一四號及特報第三一號·第三二號ニテ報告濟).

(ロ) 局子街ニ於ケル件(往電第一四一號及特報第三三號ニテ報告濟).

五. 暴徒ノ狀況

暴徒ニ關スル諸種ノ情報ヲ綜合スレハ, 目下其主力ハ烟秋附近ニアルモノノ如ク, 而シテ李·崔ノ兩名ハ冬期結氷期ヲ待ツテ一部ハ北韓ニ進入シ, 一部ハ間島ニ進入シテ我派出所ヲ襲擊セント聲言シ, 之レカ準備トシテ目下頻リニ與黨ノ募集, 銃器ノ購買, 被服ノ製作等等奔走シ居ルモノノ如シ, 但シ果シテ實行セラルヘキヤ否ヤハ判明セス.

六. 新廳舍ノ工事

廳舍新築工事ハ請負人ト契約ノ期間內ニ全部竣工セリ, 派出所ニ於テハ總務長官ノ電報ニ基キ竣工檢查委員ヲ任命シ之レカ檢查ヲ爲サシメ, 第一回契約ノ分ヲ本月廿三日ニ, 第二回ノ分ヲ同廿四日ニ受領シ, 同廿八日ヨリ新廳舍ニテ事務ヲ執レリ.

七. 所員ノ動靜

所員一般健康ニシテ事務ニ勉勵シ居レリ, 韓國內部ヨリ派遣セラレシ警視姜根道本月三日着任ス, 技師八田吉平·技師囑託太田篤·通譯官囑託山本貞淸ハ. 地質及農產物調查ノ爲メ本月八日出發琿春方面ヘ出張二十三日歸所ス, 內部ヨリ配屬セラレシ會計官吏主事坐野盈明外一名本月八日着任ス, 事務官楠野俊成本月十二日歸任ス, 韓國內部主事孫範哲外一名十六日着任ス, 經濟事情調查ノ爲メ吉林·琿春地方ヘ出張ヲ命シタル通譯生山崎誠一郞ハ, 當地ト吉林トノ交通不便ナリシ爲メ歸任ス, 廳舍建築工事監督ノ爲メ派遣セシメラレタリシ統監府雇小川一松ハ, 本月廿八日統監府ヘ向ケ歸還セリ, 喜田正澄ヘ本月十三日付ヲ以テ技手ノ事務ヲ囑託ス.

八. 農況

一般氣象觀測表ニヨル本月中ノ溫度及降雨量ヲ見ルニ左ノ如シ.

第一旬, 平均溫度一〇·三, 最高溫度(三日)二二·五, 最低溫度(七日)〇·二, 降水回數四, 降水量五·四五.

第二旬, 平均溫度一〇·七, 最高溫度(十六日)二三·〇, 最低溫度(十二日)一·〇, 降水回數一, 降水量〇·七〇.

第三旬, 平均溫度四·九, 最高溫度(三十一日)二一·五, 最低溫度(三十一日)二一·五, 最低溫度(三十一日)·(一)八·五, 降水回數四, 降水量五·二, 月平均溫度八·六, 最高溫度二三·〇, 最低溫度(一)八·五, 降水回數九, 降水量一一·三五, 備考, 積算溫度二六四·五, 快晴日數九, 半晴日數一三, 曇天日數九.

因ミニ昨年十月ニ於ケル氣象觀測表ヲ見ルニ

第一旬, 平均溫度一〇·二, 最高溫度十日二二·〇八, 最低溫度八日〇·五, 降雨回數七,降水量九·五.

第二旬, 平均溫度八·三, 最高溫度十九日一九·〇, 最低溫度十三日(一)三·〇, 降水回數〇, 降水量〇·〇.

第三旬, 平均溫度五·二, 最高溫度二十九日一五·五, 最低溫度三十一日(一)五·〇, 降水回數四, 降水量六, 七日七·八, 十日二二·〇, (一)五·〇, 一一, 一五·八.

[備考] 積算溫度二四二·二度, 即チ昨年ニ比スレハ, 平均溫度ニ於テ〇·七度高ク, 積算溫度ニ於テ二二·三度高ク, 降水量ニ於テ四·五五糎少ク, 恰モ諸作物ノ收納期ニ際シ穀草共充分ナル乾燥ヲ得, 爲メニ前月ニ於ケル缺陷ノ多少ヲ補ヒ得タルハ最モ好都合ナリシナリ.

今, 昨年及本年ノ普通作物坪刈試驗成績(一反步換算)ヲ比較スレハ左ノ如シ.

一. 水稻(中位ニ屬スルモノ)四十年, 一坪本數七九〇, 稈長二七寸, 一反莖葉ノ重サ六二貫四〇〇, 籾數量一八七五, 玄米數量一〇三六, 籾ト玄米トノ百分比例五五·〇, 玄米一升重量三七·三匁, 四十一年, 一坪本數七三〇, 稈長三四, 一反莖葉ノ重サ八二貫八〇〇, 籾數量二四〇〇, 玄米數量一三五〇, 籾ト玄米トノ百分比例五六·二, 玄米一升重量三八·八.

二. 粟(優良ニ屬スルモノ)四十年, 稈長五一寸, 莖葉重量一五〇貫九〇〇, 收量三石五二五, 一升重量三二〇匁, 穗長九寸, 四十一年, 稈長五一寸, 莖葉重量一三四貫一〇〇, 收量一石七七〇, 一升重量三二二匁, 穗長七寸.

三. 高粱(中位ニ屬スルモノ)四十年, 稈長七七寸, 莖葉重量二三八貫五〇〇, 收量二石四六〇, 穀實一升重量三四六·三, 四十一年, 稈長七五, 莖葉重量一二一·五〇〇, 收量一·九五〇, 穀實一升重量三三四·〇.

四. 大豆(中位ニ屬スルモノ)四十年, 稈長二二寸, 莖葉重量四五·六〇〇, 收量一石一一〇, 一升重量三七五·七, 四十一年, 稈長一八, 莖葉重量三一·五〇〇, 收量〇·九〇〇, 一升重量三五〇·〇.

五. 黍(中位ニ屬スルモノ)四十年, 收量一·四七〇, 一升重量三三八·八, 四十一年, 收量一·五〇〇, 一升重量三六〇·〇, 即チ水稻及黍ヲ除テハ何レモ昨年ニ比シ多少ノ減收ヲ見ン.

九. 衛生狀態

月間當村附近ニ傳染病ノ發生ヲ見ス, 亦流行病トシテ記載スヘキ疾患ナク安全ノ狀態ニアリ, 本月五·六·七ノ三日間龍井村全般ニ秋季清潔法ヲ實施セリ, 當時强風ノ爲メ全然清潔ノ程度ニ至ラサリシヲ以テ, 爾來憲兵·巡査ヲシテ督勵セシメツツアリ, 小佛洞在住韓人幼兒ノ一部ニ種痘ヲ施シ善感セリ, 慈惠病院ニ於テ本月間施療シタル新患者總數五百六十二名ニシテ, 前月ニ比シ少シク增加セリ, 前記新患者ヲ國籍別ニスルニ左ノ如ク, 清人ハ從前ニ比シ頓ニ增加セリ, 本邦人五十八名, 韓人三百八十七名, 清人百十七名.

十. 警察事故

本月中取扱ヒタル警察事故別表ノ如シ.

警察事故

事項, 債務不履行逃走, 件數二, 摘要, 一件ハ原被共韓人各男一, 被告說諭履行セシム, 一件ハ原被共韓人各男一, 新興坪分遣所ニ處分セシム.

事項, 毆打創傷, 件數二, 摘要, 二件共韓人男一, 說諭放還.

事項, 借家賃不拂, 件數一, 摘要, 原告韓人, 被告清國人, 說諭ノ上支拂ハシム.

事項, 人夫賃不拂, 件數一, 摘要, 原告韓人, 被告日本人女, 被告ニ說諭支拂ハシム.

事項, 牛車賃不拂, 件數一, 摘要, 原告韓人, 被告日本人, 前同斷.

事項, 小女犬ニ咬マレタルニ付爭論, 件數一, 摘要, 原告韓人, 被告清國人, 說諭.

事項, 馬匹代金不拂, 件數一, 摘要, 原被告共韓人, 被告ニ說諭.

事項, 器物破壞, 件數一, 摘要, 原告韓人, 被告清國人, 被告ニ說諭弁償セシム.

事項, 秣代金不拂, 件數一, 摘要, 原告韓人, 被告清國人, 被告ニ說諭示談セシム.

事項, 屠牛檢查請願, 件數八, 摘要, 許可. 計一九.

32. 間島派出所管內에 大韓醫院分院設置의 慫慂(原案2册)

隆熙2年 (西紀1909年 2月9日)

[發] 統監府統監 伊藤博文

[受] 內閣總理大臣 李完用

機密統發第一五七號

間島慈惠病院ハ統監府派出所ノ創設セシモノニシテ, 憲兵隊附軍醫擔任シテ施療ヲナシ, 其成績頗ル見ルヘキモノアリ, 而シテ今ヤ事業擴張ノ必要ヲ認メ候ニ付, 大韓醫院ノ分院ヲ派出所所在地ニ設置スルカ, 或ハ他ニ相當ノ方法ヲ設ケテ患者治療ノ方法ヲ講スル樣御取計相成度, 右申進候也.

明治四十二年二月九日

統監公爵 伊藤博文

太子少師內閣總理大臣 李完用 閣下

33. 間島管內에 韓人保護를 爲하여 設置한 都社長·社長等의 報酬及事務費의 支辨要求(原案2册)

隆熙3年 (西紀1909年 2月9日)

[發] 統監府統監 伊藤博文

[受] 內閣總理大臣 李完用

機密統發第一五九號

統監府臨時間島派出所ニテハ貴國臣民保護ノ任務ヲ實施シ, 事情疏通ノ爲メ都社長·社長·村長等ノ下級機關ヲ構成シタリ, 之ニ對スル報酬及事務費ハ固ヨリ地方費ヲ以テ支辨スヘキ性質ノモノニ有之候ヘ共, 未タ地方費徵收ノ方法モ無之ニ付, 當分左記金額ヲ國庫ヨリ支辨相成候樣御取計相煩度候. 一金五千八百八十圓(年額)內譯, 金九百六十圓, 都社長四人分, 一人月額二十圓, 金四千九百二十圓, 社長四十一人分, 一人月額十圓.

右申進候也.

明治四十二年二月九日

統監公爵 伊藤博文

太子少師內閣總理大臣 李完用 閣下

34. 間島管內一般狀況報告寫本의 送付(原案2冊)

隆熙3年 (西紀1909年 2月23日)
[發] 統監府副統監 曾禰荒助
[受] 內閣總理大臣 李完用

機密統發第二三五號

齋藤間島派出所長月報統派月報第一二號寫, 別紙御參考迄及御送付候也.

明治四十二年二月廿三日
統監代理副統監子爵 曾禰荒助
太子少師內閣總理大臣 李完用 閣下

附. 間島派出所管內一般狀況月報

- 隆熙3年 (西紀1909年 1月9日)
- [發] 間島派出所長 齋藤季治郎
- [受] 統監府統監 伊藤博文

統派月報第一二號

月報

自十二月一日至同三十一日
明治四十二年一月九日
統監府臨時間島派出所長 齋藤季治郎
統監公爵 伊藤博文 殿

一. 地方一般ノ狀況

去月來平安ナリシ地方ノ狀況ハ本月ニ入リテモ依然其狀態ヲ持續シ, 人民安堵皆其業ヲ勵ミ居レリ.

二. 淸國官憲ノ施設及ヒ兵員ノ行動

(イ) 十二月三日月朗社馬坡北村ニ淸國憲兵派遣所ヲ設置シ, 憲兵班長于東岱外上等兵四名局子街ヨリ來着, 同四日ヨリ事務ヲ開始シ居レリ.

(ロ) 本月十二日局子街ヨリ頭道溝西古城子ノ兵營ハ長サ四尺·縱三尺·橫三尺位ノ箱ニ入レタル彈藥ヲ送付シタリ.

(ハ) 本月十九日幫辦傅良佐ハ頭道溝·銅佛寺·東盛湧·局子街等ニ分駐セル巡防隊ヲ南營ニ集合シ, 點呼ヲ行ヒタル後左ノ訓示ヲナシタリ, 本年モ將ニ暮レントス, 本年中ハ最初何事モ無カラン, 而シテ來春ニアラザレバ何事モ爲スコト能ハザルベシ, 然レトモ油斷スルコト無ク各兵ハ同時ニ服裝ヲ解キ就寢スルコトナク, 必ズ半數ハ着衣ノ儘寢ニ就キ, 又不寢番ヲ置キテ不時ノ出來事ニ備フベシ, 日本人及ヒ日本兵ノ往來スル沿道ニアルモノハ能ク之ニ注意シ, 兵ノ增派·兵器彈藥等ノ運搬ニ付テハ特ニ留意スルヲ要ス云云.

三. 淸國官憲ノ不當徵稅

淸國官公吏ノ不當徵稅ハ我ノ正當ナル抗議ト嚴密ナル監視トヲ憚リ著シク減少シタルモ, 未ダ全ク其跡ヲ絶ツニ至ラズ, 月間左記ノ事實アリ, 會寧間島沙器洞派弁所及ヒ永化社鶴城稽査所ヲ新築ノ爲メ, 仁化社·永化社韓民ヨリ大工·人夫·粟稈等ヲ徵收シ, 相當ノ賃錢代價ノ支拂ヲ爲サザルニヨリ韓民之ヲ請求セシニ淸官ハ租稅徵收ノ時相殺スルト言ヒ, 而シテ其期ニ至リテハ租稅ト賃錢トハ別物ナリトテ支拂ニ應セズ, 遂ニ之レ等ノ諸費用ヲ鄕約ニ命ジ民排徵收シ, 韓民ノ拒ミテ徵收ニ應セサルモノニ對シテハ, 鄕約ハ淸國ヨリ命セルモノナリ, 之ガ命ヲ肯カザルモノハ嚴罰スベシト威嚇シ, 强テ民排ニ應セシメタリ, 其額ハ每戶日貨五十錢乃至二圓五十錢ナリ, 本件ニ付キ本月十日平田憲兵中尉ヲシテ大拉子經歷廳許德侑ニ交涉セシメタルニ, 許ハ租稅ハ余ノ關スル處ナレバ取調ノ上相當ノ處置ヲ爲サンモ, 人夫·大工·其他ノ賃錢ニ付テハ余ノ知ル處ニアラズト答ヘタリ, 依テ十二月八日奧村憲兵大尉ヲシテ局子街邊務公署ニ交涉セシメタルニ, 同署ヨリハ實地ニ就キ事實ノ調査ヲ爲サント回答シ來レリ.

四. 暴徒ニ關スル件

暴徒ニ關シテ常ニ警戒ヲ怠ラザリシガ, 本月十五日頃鍾城間島龍池社瓦梁洞附近ヲ徘徊セル暴徒李大孺(五十三年)ガ同社金店洞梁方彦方ニ潜伏シ居ルヲ聞知シ, 下泉坪ノ憲兵, 巡査同地ニ出張之ヲ逮捕セリ, 該暴徒ハ咸鏡南道北青郡羅荷坮居住ノモノニシテ朴先達ノ部下ニ加ハリ, 去ル八月廿七日鍾城郡ヨリ間島ニ侵入セシモノナリ, 而シテ龍池社地方ヲ徘徊シ居リタリシ目的ハ, 同地方農民ニ對シ暴徒ニ加入スベキヲ勸誘シ傍ラ, 金錢·穀物ヲ强請センガ爲メナリシ, 茂山間島宣化社康庄洞ニ本月廿四日未明暴徒約四十名來入シ同夜同地ニ宿泊セシニ, 村民ハ之ヲ淵洞口(康庄洞ヲ距ル東北約一里)駐在ノ清兵ニ密告シタルニヨリ, 清兵出張ノ上暴徒ノ携帶セル武器及ヒ彈藥其他被服等ノ雜品ヲ押收シ之ヲ解放シタリ(往電第一號ニテ報告濟)該暴徒ハ李範允ノ部下ニシテ浦鹽ヨリ來リ韓國内地ニ至ラントスル途中, 茂山郡下面口ニ於テ日本憲兵ト出會シ, 交戰ノ後止ムナク當地ニ入リ來リシモノナリト云フ, 右暴徒ノ行衛ニ付テハ目下嚴重ニ搜索中ナリ.

五. 牛疫ノ調査

前月間ヨリ和龍社大楡田洞及平崗南社地方ニ牛疫發生シ, 一時病勢猖獗ヲ極メ多數ノ斃牛ヲ出セシヲ以テ, 屢屢憲兵及ヒ韓國巡査ヲ出張セシメ之ガ豫防及ヒ消毒方法ヲ韓民ニ指示シ勵行セシメタル結果, 本月ニ至リ病勢稍ヤ衰ヘタルガ如シ, 月間ニ於ケル斃牛ノ數左ノ如シ, 牛疫發生地方, 平崗水南社(龍井村ヲ距ル西南約四里地方)本月ニ於ケル斃牛ノ數一九, 現下罹病牛數ナシ, 牛疫發生地方, 東良下里社(龍井村地方)本月ニ於キル斃牛ノ數二, 現下罹病牛數ナシ, 牛疫發生地方, 和龍社大楡田洞(龍井村ヲ距ル東南約五里)本月ニ於ケル斃牛ノ數一一, 現下罹病牛數ナシ, 牛疫發生地方, 同南溝范洞, 本月ニ於ケル斃牛ノ數四, 現下罹病牛數ナシ, 合計三六.

六. 氣象概況

本月ニ於ケル氣象概況左ノ如シ.

第一旬, 平均溫度(一)一一·二, 最高溫度(一) (五日)二·〇, 最低溫度(一) (三日)二七·五, 降雪回數一, 降水量三·四.

第二旬, 平均溫度(一)一〇·一, 最高溫度(十五日)四·五, 最低溫度(一) (二十日)二一·五, 降雪回數〇, 降水量〇.

第三旬, 平均溫度(一)一〇·三, 最高溫度(二十一日·二十七日)〇·〇, 最低溫度(一) (二十四日)二〇·五, 降雪回數一, 降水量〇·五.

月平均溫度(一)一〇·五, 最高溫度四·五, 最低溫度(一)二七·五, 降雪回數二, 降水量三·九, 積算溫度(一)三二六·四, 快晴日數八, 半晴日數二〇, 曇天日數三.

昨年ノ氣象表ニ據レバ,

第一旬, 平均溫度(一)一三·四, 最高溫度(一) (九日)〇·五, 最低溫度(一) (四·五日)二九·〇, 降雪回數二, 降水量〇·五.

第二旬, 平均溫度(一)一五·七, 最高溫度(一) (十二日)三·〇, 最低溫度(一) (十九日)三〇·五, 降雪回數三, 降水量六·〇.

第三旬, 平均溫度(一)一七·二, 最高溫度(二十四日)二·〇, 最低溫度(一) (二十三日)二九·〇, 降雪回數二, 降水量二·三.

月平均溫度(一)一五·四, 最高溫度二·〇, 最低溫度(一)三〇·五, 降雪回數七, 降水量八·八, 積算溫度(一)四六二·四, 快晴日數一二, 半晴日數一五, 曇天日數四, 右兩表ヲ對照スルニ, 平均最高·最低溫度ニ於テ本年ハ昨年ヨリ遙ニ高ク, 降雪量ニ於テモ少ク, 更ニ積算溫度ニ於テハ一三六·〇度ノ高キヲ示セリ, 曇天日數ハ大差ナキモ概シテ昨年ヨリ氣溫高シ.

七. 地方衛生狀態及ヒ患者施療狀況

本月間傳染病トシテ記載スヘキ疾患ハ當龍井村附近ニハ皆無ニシテ安全ノ狀態ニアルモ, 新興坪及ヒ銅佛寺地方ニ熱性流行病發生ノ報告アリタルニヨリ, 各分遣所ニ對シ軍醫ヲシテ之ガ撲滅豫防ノ方法ニ付注意ヲ加ヘシメ置キタルニ, 其後蔓延ノ報告ニ接セス, 本月間施療シタル新患者總數三百六十名ニシテ, 平均一日ノ新患者十二名·舊患者ヲ合シ日日ノ來院者常ニ五十名以上ヲ算セリ, 新患者ヲ國籍別ニスレバ左ノ如シ, 本邦人四十七名, 韓人三百六十五名, 清人四十八名.

八. 所內執務ノ狀況

所員一般健康能ク嚴寒ヲ忍ヒ繁務ニ堪ヘ熱心事務ニ從事シ居レリ, 本職ハ韓民保護ノ趣旨及ヒ其手段等ニ付テハ, 各員ニ對シ常ニ訓示スル所アリシガ. 這回特ニ韓民ニ直接スル各分遣所憲兵ニ能ク本官ノ意圖ヲ徹底セシムルト共ニ, 親シク各地方ノ狀況ヲ聞クノ必要ヨリシテ, 本月十一日ヨリ三日間各分遣所長ヲ召集シ會議ヲ開キ, 一場ノ訓示ヲナシ且ツ諸種ノ諮問ヲナシタリ(本會議ニ關スル詳報ハ追テ四十一年度概況報告書中ニ詳記提出スル筈).

九. 警察事故

本月間取扱ヒタル警察事故別表ノ如シ.

自明治四十一年十二月一日至同年十二月三十一日

警察事故表

事項, 放馬保護, 件數一, 摘要, 放馬一頭憲兵分隊廐舍ニ驅ケ込ミタルニヨリ, 保護中ノ處飼主判明ニ付引渡ス.

事項, 債務關係, 件數七, 摘要, 一件ハ原告韓人女一, 被告韓人男一, 被告ニ說諭履行セシム, 一件ハ原告韓人男一, 被告淸國人男一, 被告ニ說諭行履セシム, 一件ハ原告淸人男一, 被告日本人男一, 被告ニ說諭履行セシム, 一件ハ原告韓人, 被告日本人, 被告ニ說諭履行セシム, 一件ハ原告韓人, 被告日本人, 原告ノ申立事實ニ反スルヲ以テ說諭ノ上示談セシム, 一件ハ原告被告共韓人, 原被ニ說諭示談セシム, 一件ハ原被共韓人, 證據不充分ニ付說諭示談セシム.

事項, 學校設立反對, 件數一, 摘要, 反對者韓人男三, 說諭ニ服ス.

事項, 毆打創傷, 件數二, 摘要, 二件共被害者韓人男各一, 加害者韓人男各一, 雙方說諭和解セシム.

事項, 毆打創傷兼契約不履行, 件數一, 摘要, 被害者韓人男一, 加害者ニ說諭和解セシム.

事項, 毆打, 件數二, 摘要, 一件ハ被害者韓人, 加害者淸人, 加害者ニ說諭ス, 一件ハ淸國鄕約韓人男一, 加害者數名ニ說諭ス.

事項, 婦女誘拐, 件數一, 摘要, 原被告共韓人, 誘拐婦ヲ原告ニ返還セシメ被告ニ說諭.

事項, 酩酊爭論, 件數三, 摘要, 一件ハ雙方共韓人, 說諭, 一件ハ淸人男三, 說諭, 一件ハ淸人二, 淸國官憲ニ引渡ス.

事項, 通行妨害, 件數三, 摘要, 一件ハ韓人男一, 牛車ヲ街路ニ横ヘ居ルヲ說諭輓キ去ラシム, 二件ハ淸國人男三, 街路ニ馬車ヲ横ヘ居ルヲ說諭輓キ去ラシム.

事項, 街路ニ放尿スル者, 件數二, 摘要, 二件共日本人, 說諭.

事項, 賭博, 件數二, 摘要, 一件ハ韓人男四, 微罰處分ニ附シ說諭, 一件ハ韓人男二, 日本人男一, 會寧警察署ニ移牒.

事項, 病牛ヲ他ニ賣却セントスル者, 件數一, 摘要, 韓人三, 說諭自宅ニ於テ隔離セシム.

事項, 內亂律, 件數一, 摘要, 韓人, 取調中.

事項, 冒認, 件數一, 摘要, 原告韓人女一, 被告韓人男一, 虛僞ノ告訴ナリシニ付キ原告ニ說諭.

事項, 斃牛ヲ放棄シタルモノ, 件數二, 摘要, 一件ハ韓人男一, 說諭埋沒セシム, 一件ハ放棄者不明ニ付, 分隊ニ於テ燒却シタリ.

事項, 無効地劵ヲ以テ其代償ヲ取リタルモノ, 件數一, 摘要, 原被共韓人, 被告ニ說諭ノ上弁償セシム.

事項, 脅迫, 件數一, 摘要, 原告韓人男一, 被告同二, 原告ノ申立事實ニ反スルヲ以テ原告ニ說諭.

事項, 不法徵稅, 件數一, 摘要, 原告韓人男三, 被告淸人男一·韓人男一, 原告ノ申立虛僞ニ付說諭.

事項, 不法行爲, 件數一, 摘要, 原告韓人男二·女一, 被告淸國官憲ニ付, 該官憲ニ交涉.

事項, 社長辭任, 件數四, 摘要, 說諭ニ服シ繼續服務ス.

事項, 拾得物, 件數二, 摘要, 一件ハ遺失者韓人, 拾得者韓人, 取調ノ上拾得ノ二十錢ヲ返還セシム, 一件ハ遺失者·拾得者共ニ韓人, 取調ノ上拾得ノ材木ヲ返還セシム.

事項, 詐僞未遂, 件數一, 摘要, 原告韓人, 被告淸人, 取調中.

事項, 不正徵發, 件數一, 摘要, 原告韓人數名, 被告淸國官吏二, 淸國官憲ニ交涉ス.

事項, 物品掠奪, 件數一, 摘要, 原告韓人, 被告淸人, 淸國官憲ニ交涉ノ上掠奪物ヲ返還セシム.

事項, 屠牛檢查, 件數一七, 摘要, 檢查販賣許可.

計件數五八.

35. 間島派出所管內一般狀況報告寫本의 送付(原案2册)

隆熙3年 (西紀1909年 4月5日)
[發] 統監府副統監 曾禰荒助
[受] 內閣總理大臣 李完用

機密統發第五〇四號

篠田統監府臨時間島派出所長代理月報統派月報第二號寫, 別紙爲御參考及御送付候也.

明治四十二年四月五日
統監代理副統監子爵 曾禰荒助
太子少師內閣總理大臣 李完用 閣下

附. 間島派出所管內一般狀況月報

- 隆熙3年 (西紀1909年 3月10日)
- [發] 間島派出所長代理 篠田治策
- [受] 統監府副統監 曾禰荒助

統派月報第二號

月報

自二月一日至二月廿八日
明治四十二年三月十日
統監府臨時間島派出所長代理 篠田治策
統監代理副統監子爵 曾禰荒助 殿

一. 地方一般ノ狀況

地方一般靜穩ナリ, 鍾城憲兵ノ玄德勝逮捕事件及ヒ龍井村ニ於ケル清韓兩國人ノ紛擾事件或ハ清國公吏ノ不當徵稅クハ僻隅ニアル淸國地方官憲カ我ノ戶口調査ヲ妨害シタル等ノ件ハ, 彼我ノ公平ナル交涉ニヨリ事端ヲ滋クスルニ至ラス, 韓民一同安堵ノ狀態ニアリ.

二. 淸國官憲ノ動靜

(イ) 本月二日幫辦傅良佐ハ奉天ニ向ヒ出發セリ, 其用向ハ邊務公署ニ於ケル本年度ノ豫算ヲ協議シ, 又昨年度ニ於ケル決算報告ヲ爲サンカ爲メナリト, 同署員某ノ言ニ依レハ, 同署ニテ昨年中間島經營ノタメ要セシ經費ハ約四十萬兩ナリト, 傅ハ三月中旬歸署ノ預定ナリト.

(ロ) 本月十二日小銃百八十挺吉林ヨリ局子街邊務公署ニ到着シタリ.

(ハ) 淸國官憲ニ於テ局子街內ニ建築中ナリシ八個ノ巡警派出所ハ全部落成シ, 本月廿二日ヨリ一個處ニ三名宛ノ巡警ヲ配置シ, 各所一名宛ノ立哨ヲ設ケタリ.

三. 淸國官憲ノ不法行爲竝ニ不當徵稅

(イ) 龍井村ニ於ケル淸韓人紛擾ノ件, 往電第八·九號ヲ以テ概報セシ如ク, 本月十六日午前九時十五分頃, 淸國人一名間島龍井村市場雜貨商韓人林四安方ヨリ日貨七十圓·淸貨三百四十吊(金高ハ被害者ノ告訴ニ依ル)ヲ窃取シ逃走シタルヲ林四安ノ妻直ニ氣附キ, 之ヲ他出中ノ林四安及ヒ近隣ノ韓民ニ告ケ, 尙ホ市場ニ立哨中ノ韓國巡查金秉玉ニ訴ヘ出テタルヲ以テ, 同巡查及六七名ノ韓國人ハ之ヲ搜索シタルニ, 同市場淸國人家屋ニ於テ該犯人ヲ發見シタリ, 依テ金巡查ハ之ヲ本所ニ引致セントシタルニ, 他ニ一名ノ淸國人アリ庖丁ヲ振リ廻ハシ其引致ヲ妨クルヨリ, 金巡查ハ之ヲ後方ヨリ抱キ占メ, 被害者及ヒ他ノ韓國人等ハ淸人ヲ戶外ニ出サントシタルニ, 犯人ハ窃取ノ金中日貨五十九圓ヲ地上ニ落シタリ, 韓國人ハ犯人ノ人違ヒニアラサルコトヲ知リ, 益益其所爲ヲ惡シ金巡查ノ制止ヲ肯カス該犯人ヲ毆打シタリ, 金巡查ハ其毆打ヲ制止シ該犯人ヲ引致セントシタルニ, 六道溝淸國派弁所ノ巡警六名及ヒ附近ノ淸國人十數名集リ來リ, 其引致ヲ妨ケ犯人ヲ奪取セントシ玆ニ一場ノ紛擾ヲ惹起セリ, 此時同所ニ近接シタル我憲兵宿舍ニハ上等兵管原善助一名殘留シ居リ, 此紛擾ヲ聞キ付ケ現場ニ急馳シタルニ, 韓國巡查劉東烈モ來リ會シ共ニ淸國巡警等ノ犯人ヲ奪取セントスルヲ制止シタル處, 巡警ノ一名ハ拔刀シ當時集合ノ淸國人ニ對シ毆打セヨト連呼シタルニ, 約三十名ノ淸國人等ハ各各傍ニ積ミアリタル薪ヲ手ニシ, 韓國巡査·我憲兵及韓國民ニ打懸リタリ, 此際劉巡査ハ巡警武振聲ヨリ刀背ヲ以テ右肩ヲ毆打セラレ, 金巡査及管原上等兵ハ不意ニ清國人ヨリ薪ヲ以テ後方ヨリ背部ヲ毆打セラレ, 何レモ輕度ノ打撲傷ヲ受ケタリ, 此ニ於テ巡査·憲兵等ハ多數ノ暴行清人ニ向ヒ之ヲ逮捕セントシタルニ, 此機ニ乘シ巡警等ハ該犯人ヲ急速派弁所內ニ奪取シ去レリ, 此狀ヲ傍觀シ居リタル韓國人ハ清國巡警及ヒ清國人ノ暴行ヲ憤リ, 其ノ數十名ハ手又ハ薪ヲ以テ, 韓國人朴時運外六名ハ清國人ノ爲メニ輕度ノ打撲傷ヲ受ケ, 又清國人王有清·陳大盛ハ韓國人ノ爲メニ何レモ頭部ヲ毆打セラレ拌創ヲ負ヒ, 其他數名ノ清國人ハ輕度ノ打撲傷ヲ受ケタリ, 間島分隊ニ於テハ市場ニ於テ清·韓人ノ爭鬪ヨリ憲兵及韓國巡査負傷シタル旨急報ヲ得, 直ニ憲兵軍曹立上源助外上等兵八名及韓國巡査六名ヲ現場ニ急馳セシメ, 憲兵中尉森川亨及憲兵曹長田熊柳吉モ次テ出張シタルニ, 憲兵等ノ出張シタル時ハ既ニ爭鬪止ミ, 犯人ハ派弁所內ニ奪取シ去リタル後ナルヲ以テ憲兵等ハ派弁所ニ至リタルニ, 巡警六·七名(內四名着劍)ハ表門ニ在テ警戒シ入門ヲ拒ムヨリ, 犯人ノ引渡ヲ求メタルニ, 巡長出テ來リ「漫漫」ト呼ヒ, 且ツ犯人所內ニ在ラザル旨告クルニ, 由ナク我憲兵等ハ暫時押問答シ巡長等ト爭ヒタルニ, 巡長ハ遂ニ看看ト呼ヒ自ラ案內シテ各室ヲ巡覽セシメントスルニ依リ, 憲兵四名·韓國巡査三名ハ巡長ニ跟隨シ各室ヲ巡覽シタルニ, 遂ニ犯人ヲ認メサリシ, 但シ派弁所ニ於テハ犯人奪取後直チニ同所裏門ヨリ該犯人ヲ東盛湧方向ニ送致シタル形跡アリ, 犯人派弁所ニ在ラサルコト一般韓人ノ知ル所トナリ, 派弁所ニ於テハ盜賊ヲ逸走セシメタリトテ大ニ激昂シ, 數群ノ韓國人ハ派弁所內外ヲ搜索シ居ル折柄, 同處日語通譯陳琢章ハ自宅ヨリ派弁所裏門ニ入リ來リタルニ, 多數ノ韓人等ハ陳ヲ以テ犯人ヲ逃走セシメタルモノトナシ, 相喧擾シテ追跡シ來リタルヲ以テ, 憲兵上等兵北島晴吉ハ之ヲ裏門內ニ於テ取押ヘ問答中, 激昂セル韓人等ハ我憲兵制止ノ隙ヲ窺ヒ陳ヲ裏門外ニ押出シ之ヲ衝キタル爲メ. 陳ハ土堤下ニ轉墜シタルニ, 堤下ニ集合シ居リシ韓國人ハ再ヒ陳ヲ毆打シ, 或ハ足ニテ蹴ル等暴行ヲ加フルヨリ, 北島上等兵外一名ハ之ヲ制止シ, 韓民ノ暴行ヲ防制シツツ陳ヲ派弁所表門ニ連レ行キタルニ, 此時森川中尉ハ表門ニ在リタルヲ以テ陳ヲ保護シ同所內ニ入ラシメタリ, 陳ハ打撲傷ヲ受ケ居ルニ付, 直ニ一等軍醫小野純一ニ診療セシメタル處, 左脛骨下端部前面ニ輕度ノ皮下溢血ヲ存シ, 其他左肩胛間部·左季肋部·左腰部及左右大腿等ノ數三個處ニ疼痛ヲ訴フルモ, 腫脹溢血等ノ輕度ノ打撲傷ヲ負ヒ居リタリ, 陳ハ毆打セラレタル際ニ於テ二回咯血シタリト云フモ, 軍醫ノ檢案ニ依レハ內部ニ異狀ヲ認メスト, 又之レヨリ先キ派弁所長龔才朗, 我憲兵及巡査, 派弁所內ニ入リ, 多數韓民喧噪ニ際シ, 事態容易ナラスト爲シ, 我派出所ニ來リ其鎭靜ヲ求メタリ, 本件ニ付キ本月十七日幇辦代理陶彬ハ, 通譯及龔派弁所長ヲ從ヘ交涉ノ爲メ本所ニ來リ, 多數ノ憲兵, 我派弁所內ニ闖入シタルノ不法ナルコト及ヒ陳通譯ヲ毆打シタルハ最初日本憲兵ナルコト等, 清國側ノ調査シタル事實ヲ述ヘ, 且ツ憲兵ニ對スル處分ヲ要求スルニ依リ, 本所ニ於テハ憲兵ノ派弁所內ニ入リタルハ巡長ノ誘導ニ依リ入リタルコト, 及ヒ當時迄ノ調査ニ依レハ未タ憲兵ノ毆打セシ事實ヲ認メサルコトヲ告ケタルニ, 結局陶ハ尙ホ調査ヲ進行シ正當ナル處分アリタシト要求シ, 又我ヨリハ本事件ノ當初我憲兵及巡査ヲ毆打シタル巡警竝ニ清國人ヲ調査シ, 相當處分アルヘシト求メタリ, 尙今回ノ如キ紛擾ヲ惹起スルハ, 我ニ於テ清韓國犯人ヲ同行引致セントスレハ常ニ清國側ニ於テ暴力ヲ以テ之ヲ奪取セントスルニ起因スルモノナレハ, 清國人ニ對シテハ一應取調ノ上貴衙ニ引渡スヘキニヨリ, 同行引致ヲ妨害セサル樣部下ニ訓令アリタシト提言シタルニ, 陶ハ一應ノ取調ト雖モ清國ノ司法權ニ干係スルコトナレハ, 事重大ナルノミナラス, 傅幇辦不在ナレハ明答シ難シト答辨セリ, 本件陳通譯ヲ毆打シタルハ我憲兵ナルヤ否取調ヘタルニ, 最初同人多數ノ韓人ニ追跡セラレ裏門內ニ入リ來ル時, 北島上等兵ハ陳ヲ以テ犯人ヲ逃走セシメタルモノト信シ, 胸部ヲ取押ヘタル事實アルモ, 其他憲兵ニ於テ陳ヲ毆打シタル事實ヲ認メス.

(ロ) 戶口調査妨害ノ件, 本月十二日傑滿洞分遣所憲兵上等兵及韓國巡査一名ハ, 戶口調査ノ爲メ鍾城間島合水坪ニ至リ調査ニ着手セシニ, 鶴城坪守備隊長張運良來リ, 當地方ハ本官ノ管轄區域內ナレハ上司ノ命アルニアラサレハ, 戶口調査ヲ實施セシムルヲ得ストシテ我ノ調査ヲ妨害セリ, 依テ憲兵ハ戶口調査ノ件ハ彼我上司ニ於テ旣ニ交涉濟ナレハ妨害ヲ受クル理由ナシ, 若シ我調査ニ異議アレハ其旨上官ニ報告セラレヨト述ヘタルニ, 張ハ之ヲ遮リ更ニ銃器ヲ携帶セル清兵十五名及銃器ヲ携帶セサル清兵約四十名ヲ指揮シテ道ヲ塞カシメ調査ヲ實施セシメサルヨリ, 憲兵ハ張ニ向ヒ其ノ不當ヲ責メタルモ要領ヲ得サルヨリ, 張ヲ同道シ馬派派弁所ニ至リ, 所長成友禮ニ會見シ張ノ戶口調査ヲ妨害スルノ理由ナキコトヲ責メタルニ, 成ハ合水坪附近ハ張ノ管轄區ナレハ當派弁所ニ於テ關係スル能ハス, 且ツ上司ヨリ戶口調査ニ關シ未タ何等命令ナシト述ヘタルニヨリ, 憲兵ハ深ク爭フノ利益ナキヲ認メ, 一先同地ノ戶口調査ヲ中止シ歸所シタリ, 先月下旬伏沙坪分遣所ニ於テ, 憲兵及韓國巡査各一名ヲ戶口調査ノ爲メ茂山間島崇化社地方ニ出張セシメタル處, 同社玉石洞ニ於テ會議城兵勇(會議城トハ清國官憲ノ監督ノ下ニ清人ニテ組織シタル自衛營ナリ)約三十名ハ, 吉地派弁所長ノ命ナリトテ戶口調査ノ中止ヲ要求シ, 尙ホ清國鄕約ハ人民ニ對シ, 若シ日本憲兵ノ戶口調査ニ應スルコトアレハ, 清國官憲ヨリ嚴罰ニ處セラルヘシト威嚇シタルニヨリ, 人民ハ我調査ヲ受クルヲ避ケ, 我憲兵·巡査ハ其ノ目的ヲ達スル能ハス, 已ムナク一應歸所シタリ, 右件ニ關シ伏沙坪分遣所長ハ交涉ノ爲メ派弁所長ニ面談ヲ求メタルニ, 同人ハ病ト稱シテ面談ヲ謝絶シ, 戶口調査ニ關シテハ上司ノ指示ヲ仰ク爲メ約一週日調査ヲ猶豫セラレタシト要求セリ, 本月八日境野少佐局子街ニ出張ノ際, 陶知府ニ會見シ本件ニ關シ交涉シタル處, 陶ハ吉地派弁所ヨリ未タ何等報告ニ接シ居ラサルモ, 將來妨害ヲ加ヘサル樣嚴命スヘシト答ヘタリ.

(ハ) 不法徵金ニ關スル件, 此年十一月下旬頃茂山間島吉地派弁所長ハ, 韓內地住民ニシテ間島地內ニ土地ヲ所有スルモノハ, 間島地內ニ移住シ耕作スルニアラサレハ土地ノ所有ヲ禁止シ, 若シ間島地內ニ居住セス又耕作セサル者ハ, 土地ヲ放棄シタルモノト看做シ淸國ノ官有地トナスヘキ旨告示シ, 尙ホ淸國任命ノ鄕約ヲシテ該告示ノ意味ヲ間島內地土地所有者ニ告知セシメタリ, 各土地所有者ハ此告示ヲ知リ大ニ恐慌ヲ來シ, 或ハ間島內ニ移住スルコトヲ誓ヒ, 或ハ土地ヲ放棄スルニ決シ, 或ハ其處分方ヲ茂山郡守ニ訴告セシモノアリ, 然ルニ該告示ハ如何ナル理由ナリシヤ十二月八日頃撤去シ, 而シテ土地一日耕ニ付地稅ノ外ニ更ニ金二圓四十五錢ヲ一回收納セハ, 從前ノ通リ間島地內ニ在住セサルモ其土地ヲ所有シ, 且ツ耕作スルコトヲ認可スル旨, 鄕約ヲシテ土地所有者ニ告知セシメ且ツ徵金シタリ, 又淸國官憲ニ於テハ, 韓國內地ニ於ケル韓人ニシテ間島地內ニ土地ヲ所有シ居ル者ニ對シ, 間島內韓民ト同樣ニ諸種ノ賦課ヲ爲シ, 且ツ徵集ヲ行ヒ居レリ, 而シテ其賦課及徵收中ニハ不當ト認ムヘキモノアリ, 伏沙坪分遣所ニ於テ茂山郡守ニ托シ取調ヘタル所ニヨレハ, 昨年中ニ於ケル韓內地在住者ノ淸國官憲ヨリ徵收セラレシ金高總計茂山邑ニ八十二圓餘, 茂山郡北面ニ四十三圓餘アリ, 其他ニ粟·麥·黍·稗·薪等ノ現品徵收多量アリテ, 代價ハ未タ支拂ヲ受ケスト, 本件ニ關シ境野少佐茂山間島巡視ノ際, 本月廿六日吉地派弁所ニ至リ所長ニ會見シ, 間島地內ニ在住スルニアラレハ土地ノ所有ヲ禁止スル件ニ付キ交涉シタル處, 一時該意味ノ告示ヲ出シタルハ事實ナルモ, 諸種ノ事情アリテ之ヲ撤回シ, 而シテ其撤回ノ條件トシテ金二圓四十五錢ヲ收納スヘキヲ人民ニ命シタルコトナシ, 若シ命シタリトセハ, 之レ鄕約等ノ不正行爲ナルヲ以テ, 取調ノ上其結果ヲ伏沙坪分遣所ニ通知セント答ヘタリ, 又間島ニ土地ヲ所有シ韓國內地ニ在住ノ韓民ニ對スル不法徵金及代價未拂ノ件ニ付テモ, 充分取調ノ上之又其結果ヲ伏沙坪分遣所ニ通知セント答ヘタリ, 會寧間島都社長ノ調査ニ依レハ, 淸國官憲カ同間島六社ニ於テ, 米·麥·粟·鷄·薪等ノ代金及人夫牛車賃等ノ不拂ニ屬スルヲ約韓錢一萬九千百三十三兩アリト.

四. 淸國官憲ノ韓民ニ對スル態度

淸國官憲カ韓民ニ對スル態度ハ, 日增愼重ヲ加フルモノノ如ク, 從來淸韓人ノ紛爭事件等ニ就テハ, 常ニ韓民ニ對シ其理否ニ論ナク壓迫ヲ加ヘ來リシハ事實ナリシカ, 近來ハ之等ニ就テ多少公平ノ取扱ヒヲ爲スニ至レリ, 其事例トモ見ルヘキハ.

(イ) 本月三日頭道溝中村住韓人蔡官默ナルモノ, 所用アリテ清人郭鳳海方ニ至リタルニ, 同家傭人清人胡淸元ナルモノ蔡ノ帽子ヲ地上ニ棄テ足ヲ擧ケテ之ヲ踏ミ破リタリ, 依テ蔡ハ大ニ其所爲ヲ憤リ格鬪セントンタルモ, 現場ニ居合セタル清韓人ノ仲裁ニヨリ事ナク歸家シタリ, 然ルニ其後胡ハ斧ヲ携ヘ蔡方ニ至リ, 本件ヲ日韓官憲ニ告訴スル如キコトアルニ於テハ, 此斧ヲ以テ殺害スヘシト强迫シ, 近隣ノ韓人ニ宥メラレ歸宅シタリ, 本件ハ蔡ヨリ頭道溝我憲兵分遣所ニ訴ヘ出テタルニヨリ, 分遣所長ハ同派弁所ニ交涉シタル結果, 胡ハ笞五十ニ處セラレ, 且ツ帽子ノ損害賠償トシテ金一圓ヲ蔡ニ支拂ハシメタリ.

(ロ) 茂山間島山溪社莎草洞住韓人朴允熙ハ, 同地清人朱京三ヨリ一昨年六月頃大麥七升ヲ借リ其儘他行シ今回歸村シタルニ, 朱京三外二名ノ清國人ハ朴ヲ毆打シ, 創傷ヲ負ハシメ且ツ其被服ヲ破棄シタリ, 東京台我憲兵分遣所ニ於テハ, 右加害淸人三名ヲ引致シ取調ノ上, 同地巡防隊ニ引渡シ犯人ノ處分ヲ求メタルニ, 同隊ニ於テハ取調ノ上, 本月十日朱京三ヲ笞五十ニ, 外二名ノ淸人ニモ夫レ夫レ笞刑ヲ加ヘ, 且ツ被服賠償トシテ三名ヨリ六圓ヲ被害者ニ仕拂ハシメタリ.

五. 玄德勝逮捕ニ關スル件

右事件ニ關シテハ往電第十號及統派密第四號ニテ報告セシ如クナルカ, 淸國官憲ハ其後復讐的ニ我都社長·社長ヲ捕縛スヘシト公言セル者アリテ, 彼等ニ尠カラス恐怖心ヲ起サシメタリシカ, 我ヨリ斯ノ如キ擧ニ出ツルノ不心得ナルヲ忠告シ置キタルニ, 其後何等ノ異狀ヲ見ス, 尙ホ憲兵隊ヨリ檢事長ニ提出シタル玄德勝ノ犯罪調書中重大ナル事實ハ左ノ如クニシテ, 韓國刑法第二百條第八項其他ニ該當ス.

(イ) 淸國總鄕約玄德勝(鍾城間島光宗社赤瓦坪村住三十一年)ハ, 常ニ淸國官憲ニ呵咐シ其職權ヲ濫用シテ民財ヲ勒奪シ同胞タル韓民ヲ凌虐スル等, 韓民ヨリ蛇蝎視セラレ居ルモノナリ, 韓民ハ玄ノ非行ヲ惡シ之ヲ官ニ訴ヘ出テントスルモ, 後難ヲ恐レ緘默シ居ルヨリ, 玄ハ益益横暴ヲ募リ韓民ハ恨ヲ呑ンテ其壓迫ニ屈從シ居タリ, 又玄ハ常ニ淸韓人ヲ使嗾シテ我派出所ノ施設ニ有害ノ行動ヲ爲シ居ル者ナリ.

(ロ) 玄ハ一昨四十年, 田券講(地券改メノコト)ト稱シ韓民ヨリ不當ノ金錢ヲ强徵シタルコトアリ, 同年十二月平田憲兵少尉ヲ鍾城間島ニ派遣シ, 事實取調ノ上玄ヲ間島分隊ニ同行セントシタルニ, 清國官憲ハ兵力ヲ以テ其同行ヲ妨ケ玄ヲ擁護シ, 遂ニ同行ノ目的ヲ達スル能ハス, 結局清國官憲ニ於テ嚴重ニ處罰シ且ツ總郷約ヲ免職スヘシトノ條件ノモトニ, 玄ヲ放還シタル事實アリ, 爾來玄ハ多少ノ反省ヲ加ヘタルモ, 清國官憲ニ於テハ處罰セス又免職セサルヨリ, 玄ノ横暴止マス人民ノ怨聲絶スルコトナク, 而シテ我憲兵之ヲ逮捕セハ徒ニ清國官憲トノ紛擾ヲ惹起スルニ過キサレハ, 之ヲ韓國內地ニ於テ逮捕セントシ斷ヘス注意シ居タルモ, 玄ハ警戒ヲ加ヘ容易ニ渡江セス, 荏苒其目的ヲ達スル能ハサルヨリ, 鍾城守備隊及同地憲兵分遣所ニ其逮捕方ヲ依賴シ置キタリシモノナリ.

(ハ) 韓曆光武十年七月(明治三十九年八月)頃玄ハ清國總郷約タラン爲メ, 和龍峪清官張兆祺ニ韓貨八千四百兩ヲ贈賄シタリ, 而シテ右八千四百兩ノ內九百兩ハ鍾城間島霽晴社ヨリ, 三百六十兩ハ霽霞社ヨリ, 六百八十四兩ハ月朗社ヨリ徵收シ, 尙ホ八百兩ハ鍾城住李輔喆ヨリ借入シタリ, 各社ヨリ徵收ノ方法ハ, 田劵講ト稱シ地劵調ヲ爲サントテ人民ヨリ地劵ヲ提出セシメ, 而シテ土地一日耕ニ付韓貨六百兩ヲ持チ來ラサレハ地劵ヲ取上クルト强迫シ, 各社郷約ヲシテ集金セシメタルモノナリ, 月朗社ニ於テ其集金ニ應セサル者六名アリタルニ, 玄ハ同行セル牌頭金陽龍ニ命シ, 該六名ヲ同社郷約曹化龍方ニ監禁シタルニ, 被監禁者中朴陽能ナル者其苦痛ニ耐ヘス出テテ漸ク同社ノ割賦額ヲ調達シ玄ニ送付シ, 六名共放禁セラレタリ, 但シ此時牌頭金陽龍ハ再ヒ六名ヲ監禁シ且毆打ヲ加ヘ, 强テ五十兩ヲ出金セシメタル事實アルモ, 玄ハ右ハ牌頭ノ爲シタルコトニシテ自己ノ爲シタルコトニアラス, 而シテ出金セシメタル金額ハ玄ヨリ各出金者ニ返還シ, 牌頭ハ解傭シタリト陳述セリ.

(ニ) 光武十年十二月廿七日(明治四十年一月)頃鍾城間島光宗社下泉坪住清國任命ノ郷約金明極カ, 郷約ノ年給トシテ社內各戶ニ粟二斗, 清官ノ接待費用トシテ粟一斗宛ヲ徵收セントシタルニ, 同地住李明雨ハ清官ノ接待費ヲ支出スルヲ拒ミ其徵收ニ應セサリシ處, 玄ハ李明雨ヲ制縛シ自宅ニ連レ行キ, 小指大ノ鞭ニテ李明雨ヲ十數回毆打シ, 且ツ之ヲ隣家ナル崔道憲方ニ監禁シタリ, 但シ下泉坪韓民等ハ玄ニ李明雨ノ釋放ヲ哀願シタルヲ以テ, 玄ハ李ヲ一日間監禁ノ後放遣シタリ.

(ホ) 韓曆隆熙元年及同二年中, 鍾城間島光霽峪駐屯清兵交代ノ際, 荷物運搬ノ爲メ牛車九十七輛ヲ使役シタルニ, 清國官憲ニ於テハ右牛車賃ニ對シ金額ヲ支拂ハサリシトテ, 合計韓貨千九百四十兩不足ナリト爲シ, 之ヲ鍾城間島十社ニ分賦シ徵收シタリ, 但シ右ニ對シ清國官憲ヨリ運搬賃トシテ牛車一輛ニ付清貨一吊ノ割合ニ支拂ヒヲ受ケタルモ, 其不足額ハ人民ヨリ徵收スヘキ命ヲ受ケ徵收シタル旨弁解セリ.

(ヘ) 隆熙二年二月頃清國官憲ヨリ鍾城間島六渡船場ノ渡船營業權及鍾城間島古島ノ耕作權ヲ買得シ, 渡船業者ヨリ總計韓貨四千百十兩, 古島小作人ヨリ總計七千八百兩ヲ徵收シ, 內九千六百兩ヲ大拉子淸國官憲ニ納付シ, 二千三百十兩ハ自己ノ所得ト爲シタリ.

(ト) 隆熙元年七月頃訴訟用ノ爲メ鍾城間島社長七名ト共ニ局子街官憲ニ赴キタルニ, 其往復旅費及滯在費用トシテ十社韓民ヨリ韓貨八百兩ヲ徵收シタリ, 以上ノ如ク玄ハ單ニ不法ノ徵收ヲ爲シタルノミナラス, 淸國官憲ニ呵咐シ渡船權及耕作權ヲ得, 同官憲ト人民ノ間ニ在リ, 坐ラニシテ私利ヲ營ミ, 自然渡船賃·耕作料等ヲシテ不廉ナラシムル等, 人民ハ其苛斂ニ耐ヘス一般ニ玄ヲ嫉視シ居タリ.

(チ) 玄ハ明治四十年十一月中旬統監府派出所員及憲兵ハ近日間島ヲ引揚ケントシ, 目下充用家屋ノ賣却中ナリト, 無根ノ浮說ヲ放チ韓國民ニ疑惑懷カシメ, 我施政ニ有害行動ヲ爲シタル事實アリ, 淸國官憲ノ意ヲ還ヘス爲メ, 光宗社上泉坪養生學堂ノ韓人生徒ニ對シ弁髮·淸裝ヲ强制シ, 生徒約四十名ニ弁髮タラシメタル事實アリ, 又鍾城間島韓民ニシテ一進會員トナル者ハ捕捉スヘキ旨ノ告示ヲ出シ, 之ヲ强迫シタル事實アリ, 右ニ對シ, 玄ハ統監府ニ對シ有害ナルヘキ浮說ヲ放チタル事實ナク, 養生學堂生徒ヲ弁髮タラシメタルハ玄ニアラスシテ該學堂長李同春ナリト弁シ, 一進會員ト爲ル者ハ捕捉スヘキ旨ノ告示ヲ出シタルハ事實ナルモ, 幇辦吳祿貞ノ命ナリト辨解セリ.

(リ) 其他此年九月十六日鍾城間島下泉坪ニ於テ淸兵暴動シ, 韓國內部主事宋義植ニ重傷ヲ, 我憲兵及韓國巡査ニ輕傷ヲ負ハシメ, 且ツ都社長李義英·社長金希烈ヲ捕縛シタル事件ノ如キ, 全ク玄德勝ノ該淸兵ヲ指導シタルハ公然ノ事實ニシテ目下證據蒐集中ナリ.

六. 地方衛生狀態

一月下旬ヨリ茂山間島ノ一部ニ痘疾發生シ, 本月中旬患者五十餘名ニ達セリ, 依テ痘苗ヲ送付シ分遣所員ハ茂山分院ニ於テ種痘セシメ, 尙土人用痘苗ヲモ送付シ置ケリ, 頭道溝管內ニモ多少ノ同患者發生セリト云フモ, 未タ確實ノ報告ナシ, 當所所在地附近ニ於テハ流行病·傳染病ノ發生ヲ認メス.

七. 本月間ノ氣象概況

第一旬, 平均溫度(一)九·九, 最高溫度(一日)四·〇, 最低溫度(一) (六日)二二·〇, 降水回數二, 降水量〇·六.

第二旬, 平均溫度(一)一〇·一, 最高溫度(十四日)二·〇, 最低溫度(一) (十八日)二〇·三, 降水回數三, 降水量四·三.

第三旬, 平均溫度(一)九 · 八, 最高溫度(二十八日)四 · ○, 最低溫度(一) (二十三日)二○ · 四, 降水回數一, 降水量○ · 四.

月平均溫度(一)九 · 九, 最高溫度(一日 · 二十八日)四 · ○, 最低溫度(一) (六日)二二 · ○, 降水回數六, 降水量五 · 三, 積算溫度(一)二七九 · 四度, 快晴日數四日, 曇天日數三日.

昨年本月ノ氣象表ニ據レハ

第一旬, 平均溫度(一)一四 · 七, 最高溫度(一) (一日)四 · 五, 最低溫度(一) (四日)二六 · 五. 降水回數○, 降水量○.

第二旬, 平均溫度(一)一一 · 一, 最高溫度(廿日)三 · ○, 最低溫度(一) (十一日)二五 · 五, 降水回數○, 降水量○.

第三旬, 平均溫度(一)六 · 七, 最高溫度(廿八日)四 · ○, 最低溫度(一) (廿四日)二二 · 五, 降水回數二, 降水量一 · 八, 月平均溫度(一)一○ · 八, 最高溫度(廿八日)四 · ○, 最低溫度(一) (四日)二六 · 五, 降水回數二, 降水量一 · 八, 積算溫度(一)三二五 · 八度, 快晴日數一九日, 曇天日數二日.

右二表ヲ對照スルニ, 本年ハ昨年ニ比シ積算溫度及ヒ最高溫度ニ於テ遙ニ高キヲ見ル, 最高溫度ハ大差ナキモ, 尙ホ第一旬ニ於テハ大ニ溫晴ナリ, 降水回數及ヒ其量ニ於テ昨年ヨリ多シ.

八. 所員ノ動靜

所長齋藤季治郎 · 技師八田吉平 · 屬內藤正雄ハ上京ヲ命セラレ, 囑託近藤信一ハ請願歸省ヲ許可セラレ, 何レモ本月九日京城出發ノ報アリタリ, 內部雇萩屋爲親ハ本部附ヲ命セラレ, 本月十四日當地ヲ出發セリ, 內部主事李求敏病氣中ノ處, 本月廿三日死亡ス.

九. 警察事故

本月間取扱ヒタル警察事故別表ノ如シ.

明治四十二年二月中警察事故表

間島憲兵分隊

區分, 韓國刑法違犯

事項, 內亂律, 件數一, 摘要, 一件ハ被告韓人男一, 咸興地方裁判所へ送致.

事項, 窃盜, 件數四, 摘要, 一件ハ被害者日本人男一, 被告韓人女一, 微罪ニ付放遣. 三件ハ原告被告共韓人男各一, 鍾城裁判所支部へ送致.

事項, 錢債有違犯, 件數一, 摘要, 被告共韓人男各一, 被告ハ會寧憲兵分遣所補助員ナルヲ以テ一件書類ハ同所へ回送ス,

區分, 日本徵兵令違犯.

事項, 故ナク身體ノ檢查ヲ受ケザルモノ, 件數一, 摘要, 被告日本人男一, 淸津理事廳へ送致.

區分, 檢證

事項, 出火, 件數三, 摘要, 一件ハ韓人家屋一, 間島分遣隊ニ於テ檢證, 一件ハ日本人家屋一, 右同, 一件ハ淸國人家屋一ニシテ日本人借家セシモノ, 局子街分遣所ニ於テ檢證.

區分, 淸國官憲ニ交涉

事項, 犯人ヲ不法ニ奪ヒタルモノ, 件數一, 摘要, 原告韓人男一, 被告淸人男一, 淸國官憲ニ交涉.

事項, 債務ヲ皆濟シタルモ尙ホ債務アリト强ヒテ請求シタルモノ, 件數一, 摘要, 原告韓人男一, 被告淸人男一, 淸國官憲ニ交涉.

事項, 暴行, 件數一, 摘要, 被害者日本人男一, 被告淸國人男四, 淸國官憲ニ交涉.

區分, 說諭

事項, 小作人ノ收穫ノ全部ヲ奪ヒタルモノ, 件數一, 摘要, 原告韓人男一, 被告淸人男一, 被告ヲ說諭返還セシム.

事項, 債務關係, 件數六, 摘要, 五件ハ原被告共韓人男各一, 雙方說諭示談セシム, 一件ハ原被告共日本人男各一, 右同.

事項, 爭鬪セシモノ, 件數三, 摘要, 一件ハ原告韓人男三, 被告淸人男三, 說諭, 一件ハ原告韓人男一, 被告淸人男一, 右同, 一件ハ原被告共韓人男各一, 右同.

事項, 學校設立ニ反對スルモノ, 件數一, 摘要, 被告韓人男一, 說諭.

事項, 疫牛傳染ニ關スル損害賠償ノ件, 件數一, 摘要, 原告韓人男一, 被告韓人男二, 被告ニ說諭示談セシム.

事項, 疫牛ノ肉ヲ販賣シタルモノ, 件數一, 摘要, 被告韓人男一, 說諭.

事項, 人夫賃ヲ支拂ハザルモノ, 件數一, 摘要, 原告韓人男一, 被告日本人男一, 說諭ノ上

支拂ハシム.

事項, 離緣シタル妻ヲ强ヒテ復歸セシメントシタルモノ, 件數一, 摘要, 原被告共韓人男各一, 被告ニ說諭.

事項, 疫死ノ牛ヲ投棄シタルモノ, 件數一, 摘要, 韓人男一, 說諭ノ上燒却セシム.

事項, 物品代金ヲ支拂ハザルモノ, 件數一, 摘要, 原被告共韓人男各一, 被告ニ說諭代金ヲ支拂ハシム.

事項, 他人ノ田地ノ稅金不納ニ乘ジ犯人ノ田地ヲ奪ハントシタルモノ, 件數一, 摘要, 原被告共韓人男各一, 被告ニ說諭.

事項, 藥價ヲ不當ニ請求スル者, 件數一, 摘要, 原被告共韓人男各一, 被告ニ說諭.

事項, 暴行, 件數一, 摘要, 原被告共韓人男各二, 雙方ニ說諭.

事項, 結婚ヲ强要スルモノ, 件數一, 摘要, 原被告共韓人男各一, 原告ニ說諭.

事項, 爭論, 件數一, 摘要, 原被告共韓人男各一, 雙方說諭.

事項, 姦通セシモノ, 件數一, 摘要, 原告韓人男, 被告韓人女, 被告ニ說諭.

事項, 他人ノ牛車ヲ奪ヒタルモノ, 件數一, 摘要, 原告韓人男三, 被告淸人男三, 被告ニ說諭牛車ヲ返還セシム.

事項, 許可ナク料理業ヲ營ミタルモノ, 件數二, 摘要, 一件ハ日本人男一, 同女三. 說諭, 一件ハ日本人女二, 說諭.

事項, 飮酒ヲ强請セシモノ, 件數一, 摘要, 原被告共韓人男各一, 被告ニ說諭.

事項, 賭博, 件數二, 摘要, 一件ハ日本人男四, 微罪ニ付放遣, 一件ハ韓人男四, 微罪ニ付說諭放遣.

事項, 無斷他出シ歸家ヲ拒ムモノ, 件數一, 摘要, 韓人女一, 說諭歸家セシム.

事項, 牛賣買代金ヲ支拂ハザルモノ, 件數一, 摘要, 原告韓人男一, 被告淸人男一. 被告ヘ說諭支拂ハシム.

區分, 救護

事項, 精神病ニ罹リタルモノ, 件數一, 摘要, 日本人女一, 原籍地ヘ送還.

區分, 盜難.

事項, 盜難ニ罹リタルモノ, 件數二, 摘要, 二件共被害者日本人男各一, 計四八.

36. 間島管內一般狀況報告寫本의 送付(原案2册)

隆熙3年 (西紀1909年 4月17日)
[發] 統監府副統監 曾禰荒助
[受] 內閣總理大臣 李完用

機密統發第六一四號

篠田間島派出所長代理月報統派月報第一號寫, 別紙爲御參考及御送付候也.

明治四十二年四月十七日
統監代理副統監子爵 曾禰荒助
太子少師內閣總理大臣 李完用 閣下
追テ, 別紙末葉警察事故別表ハ, 三月分月報御送ノ際添送可致.

附. 間島管內一般狀況月報

- 隆熙3年 (西紀1909年 2月9日)
- [發] 間島派出所長代理 篠田治策
- [受] 統監府統監 伊藤博文

統派月報第一號

明治四十二年二月九日
統監府臨時間島派出所長代理 篠田治策
統監公爵 伊藤博文 殿
月報
自一月一日至一月三十一日

一. 地方一般ノ狀況

本月間地方一般平穩ニシテ客月ニ於ケルノ狀況ト大差ナシ, 例ニ依リ二·三淸國官吏ノ不法行爲ト, 小數暴徒ノ來往トハ何レモ關係地方一部ノ人心ニ多少ノ不安ヲ懷カシメタルモ, 間島全般ノ治安ニハ格段ナル影響ヲ及ハザリシ.

二. 淸國官憲ノ施行及軍隊ノ異動

(イ) 本月三日以降, 鍾城間島光霽峪兵營ヨリ兵卒三名·憲兵一名ヲ光宗社岩洞(鍾城對岸下泉坪ノ北方約一里半)ニ派遣セリ.

(ロ) 昨年十二月末, 凉水泉子巡警局ヨリ鍾城間島馬派合水坪(傑滿洞ノ東北方約四里)ニ巡警分局ヲ設置シ, 巡長一名·巡警八名ヲ派遣シタリ.

(ハ) 昨年十二月三十一日, 鍾城間島霽晴社富瑞坪(下泉坪ヲ距ル北方約二里半)ニ步隊上等兵以下十名ヲ派遣シタリ, 以上ノ各項ニ付キ奧村憲兵大尉ヲシテ本月十二日邊務公署ニ右派遣ノ理由ヲ糺サシメタルニ, 傅幇辦ハ豆滿江結氷ノ爲メ韓國內地ニ於ケル暴徒ニ對シ其侵人ヲ警戒センガ爲メ一時配置シタルモノニシテ, 解氷後ハ直チニ引揚クヘシト答ヘタリ.

(ニ) 本月十九日, 吉林ヨリ巡防馬隊二十名之ヲ護衛シ吉林官帖二十萬吊ヲ邊務公署ニ送付シ來レリ.

(ホ) 本月二十日, 吉林ヨリ步兵十二名之ヲ護衛シ馬車八輛ニ彈藥器(彈藥押入ノ帶革)三十箱·小銃八十二挺·圓匙三十二挺·天幕及ヒ其他諸器具若干ヲ積載シ, 吉林ヨリ局子街ヲ經テ琿春ニ向ヘリ.

三. 淸國官公吏ノ不法行爲及ヒ不當徵稅

(イ) 一月一日, 門樓溝社韓人李鳳孫(十四年)同金成男(十五年)ノ二名ハ, 銅佛寺ノ我憲兵分遣所ニ年賀ノ爲メ來リ, 歸途銅佛寺西端ニ於テ二名ノ淸兵ニ遭遇シ. 何處ニ到リシヤト尋ネラレ日本憲兵分遣所ニ到リシ旨答ヘタルニ, 淸兵ハ理非ヲ云ハズ突然李·金ノ二名ヲ毆打シタリ, 我分遣所雜役夫韓人林鳳順ハ之ヲ認メ, 被害者ヲ救助セン爲メ現場ニ驅ケ附ケタルニ, 該淸兵ハ路傍ニアリシ棒ヲ以テ林ヲ毆打シ, 又急報ヲ得テ現場ニ臨ミタル韓國巡査モ, 二名ノ淸兵ノ爲メニ毆打セラレタリ, 韓國巡査ハ該淸兵ニ抗爭シ飽迄被害者ノ保護ニ力メタルニ, 附近民家ニ集合シ居リタル多數ノ淸兵出テ來リ, 二名ノ淸兵ニ加勢セントセリ, 此時分遣所長堀內特務曹長ハ憲兵三名ヲ率ヒ現場ニ出張シタルニ, 淸兵等ハ之ヲ認メ何レモ民家ニ逃入シタリ, 依テ堀內分遣所長ハ暴行淸兵ヲ取調ベントシタルニ, 同地警察局長驅ケ來リ穩便ノ處置ヲ求メ, 且ツ暴行兵ハ同地駐屯兵ニシテ統領富德ノ部下ナルモ, 富ハ馬賊討伐ノ爲メ出張不在中ナレバ, 歸還スルヲ待ツテ處置セラレタシト懇請スルニヨリ, 堀内分遣所長ハ富ノ歸還後會見スヘキヲ約シテ引揚ゲタリ, 本月十八日富統領歸還シタルニヨリ, 分遣所長ハ之ニ會見ヲ求メ抗議ヲ申込ミタルニ, 富ハ兵卒暴行ノ件ハ部下殘留者ヨリ報告ヲ受ケタルニヨリ, 本朝既ニ笞四十ニ處シタル旨答ヘタリ, 依テ分遣所長ハ之ガ實否ヲ更ニ探偵セシメタル處, 富ノ言ニ相違ナキヲ以テ本事件ヲ了シタリ, 本件ニ就テハ富ノ歸還前, 一方奥村大尉ヲシテ傳幇辦ニ抗議ヲ申込マシメタル處, 傳ハ從來屢屢訓示ヲ下シテ兵ノ暴行ヲ戒飭シ置キタリ, 今回ノ暴行ハ富ノ歸還ヲ待ツテ其取調ヲ命ジ, 嚴重ニ處分セシムヘシト答ヘタリ.

(ロ) 本月四日會寧間島忠化社大洞ニ於テ韓民等出獵シ, 牝鹿一頭ヲ追ヒ出シ將ニ捕獲セントスル際, 大洞駐屯ノ淸國巡警分局ノ巡警等ハ之ヲ捕獲シ隨意ニ處分シタリ, 韓民等ハ其所爲ヲ憤リ, 該鹿ノ皮·頭·骨·尾及ヒ懷胎シアリタレバ其胎兒迄モ返還アリタシト該分局ニ要求シタルニ, 分局ニ於テハ鹿ノ肉ハ已ニ附近村民ニ分與シ, 他ハ放棄シタレバ現物ヲ返還スルヲ得ズ, 依テ其代償トシテ獵者ニ淸貨一吊程ヲ附與スヘシ, 若シ胎兒ヲ發見セバ返還セント諭シタルモ, 韓民等ハ之ニ服セズ, 大洞村長外三名ヨリ禹跡洞我憲兵分遣所ニ該分局ノ處置ヲ不當トシ告訴シ來リタルヲ以テ, 本月十日平田憲兵中尉ハ砂器洞派弁所長代理白憲兵長ニ交涉シタルニ, 白ハ本件ニ就キ事實取調ノ爲メ大洞ニ出張シ韓民ノ申告ヲ聽キ, 已ニ失ヒタル鹿肉及胎兒ニ就テハ相當ノ代價ヲ支拂ヒ, 鹿ノ皮ハ返還セシメント諭シタルモ, 韓民等ハ胎兒ノ返還ヲ求メザレバ他ハ要セズトテ, 頑强ニ說諭ニ服セザル爲メ一應歸所シタリト答ヘタリ, 依テ同中尉ハ胎兒ハ高價ナルモノ故, 韓民ニ於テ之ガ返還ヲ迫ルナラン, 故ニ相當代價ヲ支拂ヒ韓民ヲシテ任意承諾セシムベシト警告シタリ, 然ルニ大洞巡警分局長ハ本件關係韓人全汝德·金雲逸·全濟成ノ三名ヲ召喚シ, 該件ニ就キ白派弁所長代理ニ本事實ヲ申告シタルハ不都合ナリトテ, 全汝德ノ兩後腿部ニ笞六十ヲ加ヘ, 金ハ少年, 全ハ老年ノ故ヲ以テ免除スルトテ歸家セシメタリ, 右分局長ノ不法行爲ニ就テハ更ニ金雲逸·全濟成兩名ヨリ禹跡洞分遣所ニ告訴シ來リタルヲ以テ, 平田中尉ハ砂器洞派弁所長ヲ帶同シ大洞ニ出張シ, 事實ノ調査ヲ爲シタルニ, 全汝德(三十三年)ハ左右後腿部ニ疾病休業, 右方ハ五週日, 左方ハ二週日ヲ要スル重傷ヲ受ケ臥床ニ呻吟シ居リタリ, 依テ同中尉ハ分局長ニ其不法ヲ責メタルニ, 局長ハ淸國ニ於テハ獵者獸ヲ追ヒ出スモ未ダ確實ニ捕獲セザル間ハ何人ガ之ヲ得ルモ隨意ナルニ, 韓人等ハ自國ノ慣習ノミヲ重ンジ未ダ獲得セザル間ニ我巡警之ヲ銃殺シタルヲ不當トシ, 其還附ヲ求メテ止マザルニヨリ之ヲ毆打シタル旨答ヘタリ, 依テ同中尉ハ種種局長ノ行爲ノ不法ナルコト及ヒ責任ノ免カルベカラザルコトヲ告ゲ歸所シタリ, 本件ニ付キ一月廿八日奥村大尉ヲシテ傳幇辦ニ交涉セシメタル處, 傅ハ砂器洞派弁所長ノ報告ニ依リ鹿皮其他現物ノ全部ヲ韓民ニ返還セシメ, 且ツ大洞分局長ヲ免職シ, 派弁所長ヲ嚴飭シタリト答ヘタリ.

(ハ) 本月一日龍池社獐洞住清國任命村長郭廣義外三名ハ, 同社內韓民ヨリ畑地一日耕ニ付キ清貨一吊七十文宛ヲ徵金セントシタリ, 新興坪分遣所ニ於テ右三名ヲ召喚シ徵金ノ理由ヲ糺シタルニ, 東盛湧商戶公議會ノ費用ニシテ同會ニ於テ工事ニ費消シ, 其若干ハ清國官憲ヨリ支拂ヲ受ケタルモ, 尙ホ不足額清貨五千七百五十吊八百二十文アルヲ以テ, 清國官憲ノ認可ヲ受ケ徵金スルモノナル旨申立テタリ, 而シテ其公費ノ種別ヲ取調ベタルニ左ノ如シ, 清貨七百十六吊九十文, 陳昭常轉任ノ際ノ旅費, 同二百五十吊, 測圖技師趙某ニ寄贈シタル旗及ビ竿ノ費用, 同六十九吊六百三十文, 清國官吏東盛湧ニ於ケル宿泊料, 同三十六吊, 犯罪事件ニ要セシ諸費, 同三百六十吊, 步哨ヲ設置セシ當時ノ借家料, 同四千一百吊, 公議會諸費, 同二百十九吊, 公議會雜費, 計金清貨五千七百五十吊八百二十文, 新興坪分遣所ニ於テハ, 右徵金ハ公議會ナル名目ノ下ニ村長等ガ不法ニ徵金スルモノト認メ, 清國官憲ニ交涉ノ上ニアラザレバ徵金スルヲ許ササル旨ヲ諭シタルニ, 郭等ハ徵金ヲ中止シ一應清國官憲ニ報告セントテ歸宅シタリ.

(ニ) 本月十五日, 東盛湧民稅分局書記馬忠起外二名ハ, 龍池社金洞ニ於テ牛馬買賣稅トシテ新ニ買入レ又ハ交換シタル牛馬ニ對シ, 其代價百兩ニ付キ五百文ノ割合ニ稅金ヲ徵收シタリ, 右ニ付キ新興坪憲兵分遣所ニ於テハ, 果シテ正當ノ徵稅ナルヤ否ヲ右三名ヲ同行シ取締シタルニ, 光緖三十四年五月七日(明治四十一年六月五日)局子街知府陶彬ノ發シタル牛馬賣買ニ付キ徵稅スル旨記載セル告示文ヲ携帶スルノミニシテ, 其徵稅吏タルノ資格及ヒ徵金ノ割合等判明セザルニヨリ, 之等ノ眞相ヲ確メサレバ徵金ヲ許サズトナシ, 當日迄徵收セシ金額ヲ人民ニ還附スベク求メタルニ, 馬ハ已ニ徵金セシ金ハ局子街ニ送付濟ニシテ所持セズト申立ツルヲ以テ, 更ニ當日徵收セシ金ノ返還ヲ求メタルニ, 之ヲ諾シ清貨四十三兩三十文ヲ提出シタルヲ以テ, 我任命ノ村長ヲ召喚シ之ヲ各出金者ニ返還セシメタルニ, 馬ハ再ビ陶知府ノ命ヲ受ケ來ルベシトテ歸還シタリ, 以上二件ハ邊務公署ニ於テ事實ヲ調査シ, 若シ不法徵金ノ事實アレバ嚴重ニ處分スベキ筈ナリ.

四. 清國官憲ニ於テ我戶口調査ヲ妨害ノ件

往電第五號ヲ以テ報告セシ如ク, 昨年末ヨリ各地憲兵分遣所ニ命ジ, 韓人ニ對スル第二回戶口調査ヲ實施セシメタルニ, 清國官憲ニ於テハ此戶口調査ヲ以テ清國ノ行政ニ干涉シ現狀ヲ破ルモノトナシ我調査ヲ妨害シタリ, 然ルモ其妨害ノ方法ハ頗ル穩便ニシテ事端ヲ惹起スル如キコトナシ, 本月間各地ニ於テ發生セル戶口調査ニ關スル紛紜ヲ擧クレバ左ノ如シ.

（イ）本月四日, 禹跡洞憲兵分遣所憲兵一名ハ韓國巡查一名ト共ニ砂器洞ニ於テ韓人ノ戶口調査中, 同地派弁所長ハ憲兵·巡警·通譯ヲ率ヒ來リ, 傅幫辦ノ命ナリトテ戶口調査ノ中止ヲ要求シタリ, 依テ上等兵ハ戶口調査ハ上官ノ命ニ依リ行フモノナレバ要求ニ應シ難シトテ之ヲ拒絶シタルニ, 派弁所長ハ同日禹跡洞分遣所ニ平田中尉ヲ往訪シ, 日本憲兵ノ戶口調査ハ淸國ノ行政ヲ無視スル行爲ナリ, 韓民ハ之ガ爲メ危懼心ヲ懷キ居レバ中止セラレタシト陳述スルニヨリ, 同中尉ハ戶口調査ハ韓民保護上必要ナル事由ヲ述ベ韓民ハ決シテ危懼心ヲ懷キ居ラザル旨ヲ辨ジタル處, 派弁所長ハ結局上司ニ報告シ何分ノ指揮ヲ俟ツベク, 夫迄ハ調査ノ妨害ヲ爲ササルベシト答ヘ歸所シタリ.

（ロ）本月廿三日, 東盛湧赴瑞興村ニ於テ, 憲兵上等兵二名·韓國巡查一名戶口調査ノ實施中, 東盛湧街巡弁及ヒ兵卒四名ハ, 局子街邊務公署ノ命ナリトテ其中止ヲ要求シ, 且ツ裝鎭セシ拳銃ヲ出シ韓民ヲ追ヒ散シ, 我調査ニ應セサラシメントシタリ, 本件ニ付翌廿四日森川憲兵中尉ヲ同村ニ出張セシメ, 巡弁以下ニ對シ其妨害ノ理由ナキコトヲ說示セシメタルニ, 巡弁等ハ瑞興村丈ノ戶口調査ヲ行ヒ他村ハ上官ヨリ何分ノ命アル迄三日間其調査ヲ中止セラレタシト要求セルモ, 同中尉ハ之ヲ拒絶シ調査ヲ續行セシメタリ, 本件戶口調査ノ件ニ付テハ, 本月六日六道溝派弁所長龔才朗, 幫辦ノ代理トシテ本所ニ來訪シ, 戶口調査ヲ必要トスレバ手帖ニ筆記スルニ止メ, 門牌ヲ揭クルコトハ禁止セラレタキ旨要求スルニヨリ, 我レニ於テハ門牌ヲ揭クルコトハ當分見合スベキ旨承諾シタリ, 然ルニ本月十一日陶知府又幫辦ノ代理トシテ來訪シ, 戶口調査ノ理由ヲ質問スルニ對シ, 今回ノ戶口調査ハ一昨年戶口調査實施後其異動ヲ調査スルモノニシテ, 韓民保護ノ一端トシテ必要ナルモノニシテ, 淸國行政ト何等關係ナク, 又現狀維持ヲ破ルモノニアラザル旨說明シタリ, 然レトモ其後尙ホ各地ニ於テ妨害ノ頻出スルニヨリ, 本月廿八日更ニ奧村憲兵大尉ニ命ジ傅幫辦ニ抗議セシメタル處, 幫辦ハ貴所ニ於ケル戶口調査ノ件ハ其筋ニ報告シ請訓中ナレバ, 近日中返電アルナラン, 而シテ戶口調査ヲ妨害スベキコトニ就テハ命令シタルコトナシ, 此ノ如キ小事件ニテ互ニ相衝突スルハ忌ムベキコトナレバ, 各派弁所ニ命シ妨害セシメザルベシト答ヘタリ.

五. 韓國民ノ狀況

從來淸國官公吏ノ壓迫ヲ畏怖シ, 絶對ニ屈辱ニ甘ジ來リシ韓民モ, 我派出所ノ設置以來大ニ其保護ニ信頼シ, 亦昔日ノ如ク清國官憲ノ不法行爲ヲ甘受セズ, 近來ニ至リ漸ク自己ノ權利ヲ自覺シ, 相團結シテ清國官吏ノ暴戾ニ反抗セントスル氣勢ヲ呈セリ, 本月間ニ發生セシ二·三ノ事例ヲ擧クレバ左ノ如シ.

(イ) 頭道溝清國稅務署清語通譯韓人羅昌和(三十一年)ハ, 清國官憲ノ威ヲ藉リ常ニ清國官吏ニ呵咐シ其暴戾ヲ帮助シ韓民ヲ苦シメタルコト一再ナラザリシモ, 韓人ハ後日ノ復讐ヲ恐レテ之ヲ公ニセズ恨ヲ呑ンテ緘默シ居リタル處, 遂ニ一月十九日平崗社內村民約六十名, 團結シテ羅昌和ヲ捕縛シ, 其罪狀ヲ具シ我派出所ニ引致シ來レリ, 本件ハ取調ノ結果, 羅昌和ガ清國官吏ニ呵咐シ其不法行爲ヲ帮助シ, 韓民ヲ脅迫侵害シ居リタル事實判明シタルヲ以テ, 本月廿九日咸興地方裁判所ニ送致シタリ.

(ロ) 鍾城間島開泰社湖川浦村長(派出所任命)金弘錫等ハ, 清國都鄉約玄德勝以下鄉約李化官等ガ不正徵金ヲ社民ニ賦課スルヲ憤リ, 一月廿四日社民二百餘名團結シテ懷慶街清國派弁所ニ押寄セ, 都鄉約以下ノ不法ヲ詰問シ其處罰ヲ要求シ, 若シ同派弁所ニ於テ相當ノ處置ヲ執ラザレバ局子街上級官衙ニ訴ヘ, 飽迄其目的ヲ遂行セント迫レリ, 同日ハ同派弁所長不在ノ故ヲ以テ所員ヨリ明廿五日出頭スベキ旨ヲ諭シ引揚ゲシメタリ, 翌廿五日韓民約七十名ハ約ノ如ク派弁所ニ押寄セタルモ, 同ジク所長不在ノ故ヲ以テ一同翌廿六日ヲ約シ無事引揚ゲタリ, 廿六日總員約百六·七十名ノ韓民同派弁所ニ押寄セ, 內總代四名所內ニ入リ都鄉約以下ノ不法行爲ヲ訴ヘタルニ, 所長ハ戶外ニ出テ門前ニ集合シ居リタル人民ニ對シ, 都鄉約等ノ從來ニ於ケル不法行爲ハ取調ベノ上相當ノ處置ヲ爲スベキモ, 不取敢自分ヨリ清貨五十兩ヲ與フベキニヨリ解散スベシト諭シタルニ韓民等ハ肯セズ, 開泰社人民一般ハ僅カ五十兩ノ金ヲ受クルガ如キ爲メナレバ, 寒天三日ヲ費シテ當派弁所ヲ煩スノ要ナシ, 從來納付シタル諸稅ニ付テモ規定以外ノ賦課ヲ爲シ, 且ツ

毎年據ルベキ標準ナキハ要スルニ都鄉約以下ノ私囊ヲ滿スルニ過キサルモノナレバ, 其過分ノ徵金ヲ返却シ且ツ現下ニ於ケル不法徵稅ヲモ禁遏サセラレタシ, 若シ適當ナル處分ナキニ於テハ局子街官憲ニ迫ルベシト容易ニ解散ノ模樣ナキヲ以テ, 派弁所長ハ再ヒ總代四人ト會見ヲ遂ゲ, 一般人民ハ日沒ニ至リ任意解散シタリ, 當日派弁所長ハ總代四人ニ對シ左ノ如ク述べ, 鄉約等ノ處分ヲ豫告シタリ, 從來派弁所ノ處置其當ヲ得ザリシ爲メ今日ノ如キ失態ヲ生セリ, 爾來充分ノ取締ヲ爲スベシ, 鄉約李化官ガ從來不正ニ徵收セシ金額ハ清貨二千兩以上ニ達ス, 今之ヲ本人ヲシテ返還セシムルハ難事ニ屬ス, 依テ相當ノ罰金ヲ科セン, 又李化官ハ直ニ免職スルカ當然ナルモ, 尙ホ上司ニ報告シ上司ノ意見ニ依テ處罰スベシ, 而シテ不取敢次ノ如ク處置セン. (一)現ニ鄉約李化官ガ徵收シツツアル不法徵金

ヲ禁ス. (二)李化官ヲ罰金清貨五十兩ニ處ス, 但シ鄕約李化官ニ對シテノミ處分シ, 都鄕約玄德勝ニ對シテ處分ヲ加ヘザリシハ, 從來ノ不法徵稅·徵金ニ付, 李ニ於テ一切ノ責任ヲ負ヒタルニ依ルト, 韓民ハ總代等ノ報告ニ依リ, 以上ノ諸條件ヲ容レ本件ヲ落着シタリ.

(ハ) 會寧間島仁化社頭民發起トナリ, 同間島六社ノ社長·頭民等二十名砂器洞ニ集會シ, 昨年十二月三十日ヨリ本年一月二日ニ亘リ民會ヲ催シタリ, 該民會開催ノ主意ハ, 淸國官憲及ヒ公吏ノ不當ノ徵金ニ應セサルコト及ヒ從來淸國官憲ノ不當支拂ニ對シ不足額ノ補塡ニ付キ協議シ, 結局左ノ諸件ヲ決議シタリ. (一)各社ニ於テ淸國任命ノ鄕約ニ對シ, 最近不當ニ徵收セシ馱價錢·告示錢·點印錢·都所穀等ノ返還ヲ要求スルコト. (二)將來ハ不法ノ徵金·徵稅ニ應セザルコト. (三)從來ノ民排ヲ廢止シ, 且ツ淸國官憲ノ支拂不足額ニ對シテハ, 各社ニ於テ各別ニ同官憲ニ請求スルコト.

六. 暴徒ノ狀況

客月下旬茂山郡ヨリ豆滿江ヲ渡リ茂山間島ニ侵入シタル暴徒ハ, 宣化社康庄洞ニ於テ淸兵ノ爲メニ武器ヲ押收セラレ諸方ニ潰散シ, 內三十二名ハ本月ノ初メ茂山間島ヨリ逃走シテ間島內部ニ侵入シ, 約二十六名ハ數組ニ別レ頭道溝西南方面ヨリ局子街東北方百草溝ニ出テ, 六名ハ平崗上里社地方ヲ徘徊シ居リタルヲ, 頭道溝分遣所ニ於テ本月廿四日其四名ヲ逮捕シ, 三十日咸興地方裁判所ニ送致シタリ, 該暴徒ノ自白ニヨレバ, 一行ハ都合五十二名ニシテ暴徒首魁方德亨ノ部下ナリ, 陰曆十一月十九日煙秋ヲ發シ, 琿春附近ヨリ間島ニ入リ, 局子街北部ヨリ銅佛寺西部ニ亘ル山中ヲ通過シ, 茂山間島ヨリ茂山郡ニ入リ同郡ニ於テ日本憲兵ト衝突シ, 再ヒ茂山間島ニ逃入シ, 次テ三三伍伍煙秋地方ニ復歸セシ爲メ間島內部ニ入リタルモノナリト, 其目的トスル所ハ, 茂山·三水地方ニ至リ同地方ニ於テハ暴徒ト合同シ, 茂山郡三社木材所ヲ襲擊シ武器ヲ奪取シ, 同地方ノ人心ヲ煽動シ, 更ニ南進スル計劃ナリシト, 又別ニ本月九日傑滿洞分遣所ニ於テ, 昨年十月以來間島東北部方面ヲ徘徊シ三十餘名ノ部下ヲ指揮シ居リタル暴徒ノ首魁吳相元(六十四年)ヲ逮捕シタリ, 吳ハ昨年陰曆五月中旬ヨリ李範允ノ部下ニ入リ軍師ニ推サレ, 同六月頃約二百ノ暴徒ヲ慶源ニ進出セシメ, 又同七月頃約百名ノ暴徒ヲ鍾城郡ニ進出セシメタルコトアリ, 其後煙秋地方及穩城間島百草溝地方ニ於テ暴徒ノ募集ニ盡力シ居リタルモノナリ(往電第四號ニテ槪報濟)吳ノ逮捕以來, 部下ハ諸方ニ散亂シ, 間島東北部ノ治安維持ニ多大ノ效果ヲ奏シタリ.

七. 地方衛生狀態

傳染病流行病トシテ特記スヘキ病症ハ當龍井村附近ニハ之ヲ認メズ, 客月新興坪及銅佛寺附近ニ發生セシ傳染病モ漸次減少シ, 目下新興坪附近ニ二名ノ現患者アリ, 本月間施療シタル患者總數二百八十二名, 前月ニ比シテ減少セリ, 新患者ヲ國籍別ニスレバ左ノ如シ, 本邦人三十七人, 韓人二百三人, 淸人四十二人, 合計二百八十二人.

八. 月間ノ氣象概況

第一旬, 平均溫度(一)一三·二, 最高溫度(一) (二日)二·二, 最低溫度(一) (九·十日)二五·○, 降水回數○, 降水量○.

第二旬, 平均溫度(一)一八·九, 最高溫度(一) (十三日)一○·五, 最低溫度(一) (十六日)三二·五, 降水回數一, 降水量五·六.

第三旬, 平均溫度(一)一四·一, 最高溫度(一) (二十四日)○·五, 最低溫度(一) (廿一日)三一·○, 降水回數一, 降水量○·○六.

月平均溫度(一)一五·四, 最高溫度(二日)二·二, 最低溫度(一) (十六日)三二·五, 降水回數二, 降水量五·六六, 積算溫度(一)四七六·四度, 快晴日數一三日, 半晴日數一五日, 曇天日數三日.

昨年本月ノ氣象表ニ據レバ

第一旬, 平均溫度(一)一六·九, 最高溫度(一) (四日)四·八, 最低溫度(一) (七日)三一·五, 降水回數○, 降水量○.

第二旬, 平均溫度(一)一六·二, 最高溫度(一) (十三日)二·五, 最低溫度(一) (十七日)三一·五, 降水回數五, 降水量○·八.

第三旬, 平均溫度(一)一六·七, 最高溫度(一) (三十一日)四·○, 最低溫度(一) (七·十七日)三一·五, 降水回數八, 降水量三·二, 積算溫度(一)五一五·四度, 快晴日數一五日, 半晴日數一三日, 曇日數四日.

右兩表ヲ對照スルニ, 積算溫度平均溫度ニ於テ本年ハ遙ニ昨年ヨリ高ク, 降雪回數モ亦少シ, 最低溫度ニ於テ四度七分ノ高キヲ示セリ, 快·晴·曇天日數ハ殆ント大差ヲ認メズ,サレトモ本年ハ第二旬ニ於テ大ニ昨年ヨリ寒冷ナリ, 要スルニ其大體ニ於テ本年ハ昨年ヨリ氣溫高シ, 然ルモ各旬ニ於ケル溫度變化ハ昨年ヨリ大ナリ.

九. 所員ノ動靜

本月十一日各分遣所ニ配屬ノ韓國內部主事ヲ召集シテ, 各地方ノ狀況ヲ聽キ, 仍テ所長代理ヨリ執務ノ心得ニ付訓示アリ, 尙會計主任ヨリ會計事務ニ付キ指示スル所アリタリ, 所長齋藤季治郎ハ出京ヲ命ゼラレ, 屬內藤正雄ヲ隨ヘ本月十一日當地ヲ出發セリ, 技師八田吉平ハ水原勸業模範農場ヘ出張ヲ命セラレ, 囑託近藤信一ヲ隨ヘ本月廿日當地ヲ出發セリ.

十. 警察事故

本月間取扱ヒタル警察事故別表ノ如シ.

右報告候也.

37. 間島管內一般狀況月報寫本의 送付(原案2册)

隆熙3年 (西紀1909年 4月22日)
[發] 統監府副統監 曾禰荒助
[受] 內閣總理大臣 李完用

機密統發第六五四號

篠田統監府臨時間島派出所長代理月報統派月報第三號寫別紙及御送付候也.

明治四十二年四月二十二日
統監代理副統監子爵 曾禰荒助
太子少師內閣總理大臣 李完用 閣下

附. 間島管內一般狀況月報

- 隆熙3年 (西紀1909年 4月8日)
- [發] 間島派出所長代理 篠田治策
- [受] 統監府副統監 曾禰荒助

統派月報第三號

月報

自三月一日至同三月三十一日
明治四十二年四月八日
統監府臨時間島派出所長代理 篠田治策
統監代理副統監子爵 曾禰荒助 殿

一. 地方一般ノ狀況

月間地方一般槪シテ靜謐ニシテ韓民總テ安堵ノ狀態ニアリ.

二. 淸國官憲ノ施設

(イ) 淸國官憲ニ於テハ今回食鹽ヲ官營專賣トシ, 局子街東端ニ延吉官營總店ナルモノヲ設置シ, 張介祐ナルモノ之カ委員トナリ賣下ヲ爲シ居レリ, 右鹽專賣法ヲ淸國官憲ニ於テ實施スルニ於テハ, 韓民ハ之カ爲メ甚敷損害ヲ蒙ルヘキヲ以テ, 該法ノ施行ハ現狀維持ノ約束ニ反スルニヨリ之ヲ取消スヘク, 若シ取消ササルニ於テハ韓民ハ斯ル命令ヲ遵奉スルニ義務ナキ旨ヲ以テ陶知府ニ交涉セシムル爲メ, 楠野事務官ヲ局子街ニ遣ハシタリ, 交涉ノ要領ハ往電第一六號ヲ以テ報告セリ.

(ロ) 從來局子街ニ開設シアリタル邊務巡警學堂ハ之ヲ閉鎖シ, 今回更ニ同街ヘ巡警練習所ヲ設置シタリ.

三. 淸國官憲ノ不法行爲竝ニ不當ノ徵收

(イ) 我任命ノ社長ヲ引致シタル件, 本月十五日和龍社社長蔡明伍及長男蔡東俊ノ兩名ハ, 太拉子官憲ニ召喚セラレ次テ局子街延吉廳ニ引致セラレタリ, 引致セラレタル理由ハ, 昨年九月頃和龍社大楡田洞孫某方ニ一名ノ暴徒來リ, 旅費ノ貸與ヲ求メ其代價トシテ楡田洞山中ノ某地點ニ銃器一挺ヲ隱匿シアル故ソレヲ渡サント云フヨリ, 孫ハ恐怖ノ餘リ若干金ヲ暴徒ニ與ヘ立去ラシメ, 其後該地點ヲ搜索シ銃器一挺ヲ得テ持チ歸リ之ヲ藏シ置キタリ, 其後孫及ヒ大楡田洞若者等數名ハ該銃ヲ携帶シ, 楡田洞ノ山中ニ居住スル韓人某方ニ至リ, 自分等ハ暴徒ナリト稱シ, 家人ヲ脅迫シテ豚一頭ヲ奪取シタルニ, 翌朝被害者ヨリ大楡田洞若者等ノ所爲ナルコトヲ覺知セラレ, 遂ニ若者等ヨリ豚代トシテ韓貨二十兩ヲ被害者ニ支拂ヒ示談シタル事實アリ, 和龍社社長蔡明伍ノ長男蔡東俊ハ右事實ヲ探知シ, 孫及ヒ關係若者等ヲ呼ヒ集メ其不法ノ行爲ヲ詰リ, 暴徒トシテ統監府派出所ニ訴ヘ出テント脅迫シ, 該事件ニ使用セシ銃器及韓貨百兩ヲ差出サシメ之ヲ受領シタルニ, 豫テ蔡明伍ニ代リ社長ノ職ヲ得ント欲シ居リタリシ同社藏財村韓人朴順彦ハ, 淸國官憲ニ對シ蔡明伍父子ハ私カニ銃器ヲ藏匿シ居ル旨密告シタルニ依リ, 遂ニ引致セラルルニ至リシモノナリト, 本件ニ付テハ局子街分遣所長奥村大尉ニ命シ, 陶知府ニ會見シ速ニ蔡社長ノ放還ヲ求メシメ, 又大楡田洞若者等及蔡東俊ノ不正行爲ニ付テハ尙精査中ナリ.

(ロ) 物資徵發ニ關スル件, 本月間會寧間島砂器洞守備隊ニ於テ泰和社韓民ヨリ徵收シタル物資ニ對シ, 淸國官憲ノ支拂金額ト時價ヲ對照スルニ左表ノ如シ, 名稱薪, 數量三二二束, 時價韓貨百兩六十二文, 買上額三十三兩六十文, 時價ニ對スル不足額六十七兩二文,名稱粟, 數量韓升七斗, 時價韓貨十兩五十文, 買上額八兩四十文, 時價ニ對スル不足額, 二兩十文, 名稱小豆, 數量韓升五斗, 時價韓貨六兩, 買上額六兩, 時價ニ對スル不足額ナシ, 名稱大豆, 數量韓升六斗, 時價韓貨三兩九十七文, 買上額二兩十七文, 時價ニ對スル不足額一兩八十文, 計時價百二十一兩九文, 買上額五十兩十七文, 時價ニ對スル不足額七十兩九十二文, 本表ノ外, 本年二月中砂器洞派弁所ニ於テ平化社·泰和社ヨリ徵收シタル物資ニ對シテハ未タ代價ノ支拂ヲ爲サス, 又本月廿三日同派弁所ニ於テ仁化社ヨリ不當ニ牛車六輛ヲ徵發使役セントシタルヲ, 同村長ヨリ禹跡洞分遣所ニ訴ヘ出テタルニ依リ, 交涉ノ結果牛車ノ徵發ヲ中止シ支那馬車ヲ使用セシメタリ, 右等ノ如キ物資ノ强徵·代金ノ未拂ニ付キ, 本月十七日奧村憲兵大尉ヲシテ陶知府ニ交涉セシメタルニ, 將來ハ時價ヲ以テ購買セシムヘキヲ言明シ, 過去ニ於ケル未拂金ハ關係官吏ノ交代, 證據書類ノ湮滅等ニ依リテ, 調査困難ナル旨陳述スルニ因リ, 奧村大尉ハ將來ニ關スル希望ヲ述ヘ歸還シタリ.

(ハ) 戶口調査妨害ノ件, 二月廿一日以來傑滿洞憲兵分遣所ニ於テ, 隱城間島花連洞·虞子溝·福心子地方韓民ノ戶口調査ヲ實施シタルニ, 同月廿七日福心子ニ於テ一韓人ノ我調査ヲ受クルヲ忌避スル者アルヨリ, 憲兵ハ其不心得ヲ諭シ居リタルニ, 淸國巡警四名來リ, 前ニ合水坪地方ニ於テ我上官ハ貴憲兵ノ戶口調査ヲ拒絶シタルコトアレハ, 此地方ニ於テモ調査ヲ爲サシムルヲ得ストテ, 或ハ韓人ヲ威脅シ或ハ手ヲ振リ我調査ヲ妨害シタリ, 依テ憲兵ハ戶口調査ノ件ハ已ニ彼我上官ノ間ニ於テ交涉濟ナレハ, 妨害ヲ受クルノ理由ナシト諭シ, 其妨害ヲ排除シ强テ調査ヲ遂行シ, 同夜福心子ニ宿泊シタリ, 翌廿八日淸兵約廿名來リテ前日ノ如ク我調査ヲ妨害スルニヨリ, 我憲兵ハ合水坪巡警局長ヲ同道シ馬派派弁所長ニ會見シ交涉シタルニ, 戶口調査ノ件ニ付テハ貴分遣所ト交涉中ナレハ暫時見合ハサレタシト要求スルニヨリ, 同上等兵ハ其要求ヲ容シ一先歸所シタリ, 本件ニ付テ陶ハ日本憲兵ノ韓民ニ對スル戶口調査ハ差止ムヘキ旨巡撫ヨリ命令到達シタリ, 故ニ公然該調査ニ便宜ヲ與フル能ハス, 又之ヲ承認スルヲ得ス, 然レトモ腕力ニ訴ヘテ迄モ妨害ヲ爲スノ意志ニアラサレハ, 地方官吏·兵員ヲシテ該調査ニ深ク關係セシメサル樣取計フヘキ旨語リタリ.

四. 古間島ノ耕作ニ關シ紛紜ノ件

鍾城間島古島ハ, 光宗社赤瓦坪住淸國總鄕約玄德勝ナルモノ, 淸國官憲ニ稅金ヲ納付シテ耕作權ヲ得, 更ニ小作料ヲ徵收シテ鍾城韓民ニ耕作セシムノ例ナリシニ, 本年二月中, 玄德勝ハ犯罪ニ據リ鍾城憲兵分遣所ニ於テ逮捕セラレ, 目下咸興ニ拘禁中ナルヲ以テ, 淸國官憲ニ於テ本年ハ古間島ヲ鍾城韓民ニ耕作セシメス, 間島內居住民ニ耕作セシムヘシトノ風說起リ, 鍾城韓民ハ一方ナラス恐慌ヲ來シタリ, 又本月初メ大拉子經歷廳ヨリ通譯清人劉全忠ヲ鍾城間島ニ遣ハシ, 劉ハ一書ヲ關係鍾城韓民ニ與ヘ, 本年モ古島ヲ耕作スルヤ否, 耕作セントセハ協議スヘキ要件アルニ依リ赤瓦坪村迄來ラレ度, 若シ返答ナケレハ間島地內韓民ヲシテ耕作セシムニ至ルヤモ難計, 又協議セスシテ其儘放任セハ耕作スルヲ得サルモノト承知アリタシトノ意味ヲ通知シタリ, 鍾城韓民ハ赤瓦坪ニ至リ劉ニ會見セントシタルモ, 過般玄德勝鍾城ニ於テ逮捕セラレタル例アルヲ以テ, 或ハ之レト反對ニ清官ヨリ間島內ニ於テ逮捕セラルルコトアランヲ氣遣ヒ赤瓦坪ニ至ラス, 重ナル韓民金光錫外六名連署シテ耕作ニ關シ訴狀ヲ下泉坪憲兵分遣所ニ提出シタリ, 其大要左ノ如シ, 古島ハ三十年前鍾城郡民ニ於テ韓國ノ疆土ト認メ開墾シタルモ, 十餘年ニシテ清官ニ奪ハレ, 爾後烟地稅トシテ一ケ年韓貨七百兩ヲ清國官憲ニ納付シ耕作ヲ許可セラレタリ, 其後五年即チ光武五年ニハ古島ノ烟地稅韓貨七千兩ノ納付ヲ要スルコトトナリタルヲ以テ, 當時鍾城居住申學廉ナル者, 一人ニテ古島全部ノ烟地ヲ清國官憲ヨリ買得セントシタルニ, 鍾城警務署在勤ノ總巡宋義植ハ一人ノ買得ヲ不利トシ, 清國ニ交涉ノ結果, 烟地稅ヲ韓貨三千五百兩ニ減シ, 依然鍾城韓民一同ニ耕作セシムルコトトナセリ, 其後光武十年ニ至リ烟地稅韓貨七千二百兩ニ騰貴シ, 昨年ハ更ニ韓貨七千八百兩ニ騰貴シタリ, 最初古島ヲ開墾セシ當時ハ烟地面積約八十餘結(一結ハ韓國ノ十日耕)アリシモ, 水流ノ變遷ニ從ヒ土地崩解シテ, 現下ハ四十餘結ノ面積トナリタルノミナラス, 其內寺院用烟地三結半アルヲ以テ, 鍾城韓民ノ耕作面積ハ僅ニ三十六結半(約十三丁歩)ニ過キス, 右ノ如ク土地ノ面積減少シタルニ拘ハラス烟地稅ノ高騰スルハ不法ナリ, 殊ニ本年ハ耕作ヲ禁スルノ說アリ, 耕作ヲ爲シ能ハサレハ鍾城韓民ト一般ノ生活ニ困難スルニ因リ, 從來ノ如ク耕作シ而シテ稅金ハ無稅トスルカ若クハ韓貨三千五百兩ノ稅額ニ復舊スル樣清國官憲ニ交涉アリタリシ云云, 本件若シ果シテ耕作ヲ禁止スル如キコトアレハ, 鍾城韓民ハ生活ノ道ヲ失フノミナラス, 光武八年清韓交界官ノ協定シタル善後章程第八條ニモ, 古島ハ鍾城韓民ヲシテ耕作セシムル旨ノ協約アルヲ以テ, 本月十六日楠野事務官ヲ局子街ニ派遣シ, 幫辦代理陶彬ニ交涉セシメタルニ, 陶ハ鍾城人民ヨリ新ナル事情申立サル限リハ, 大拉子官憲ニ於テ耕作ヲ禁止スヘキ命令ヲ發スルノ理由ナク, 又烟地稅ノ高騰ニ就テハ能ク事實ヲ取調ヘント語リタリ, 依テ右ノ要領ヲ鍾城韓民ニ傳達セシメタルニ, 韓民ハ大ニ安堵シ居レリ.

五. 韓民ノ狀況

從來清國官民ノ暴戾壓虐ニ對シ絶對服從ノ狀態ニアリシ韓民モ, 我保護ノ確實ニ普及スルニ從ヒ, 亦舊態ニ居ルヲ甘ンセス, 漸次之等ノ暴虐ニ反抗シ權利ノ主張ニ努ムルノ氣勢ヲ呈セリ, 其一例ヲ擧クレハ, 三月五日平崗上里社三道溝兔子山子附近ノ韓民約五十名團結シテ頭道溝派弁所ニ至リ, 淸兵ノ不法行爲ニ就キ訴フル所アリタリ, 其要旨ハ三道溝地方駐屯ノ淸兵ト茂山間島駐屯ノ淸兵ト相往來スル沿道ニ當リ, 從來淸兵ヨリ牛車·人夫其他ノ徵發ヲ受ケタルコト多キニ, 淸兵ハ其都度賃銀ヲ支拂ハス, 加之, 若シ命ニ從ハサレハ事情ノ如何ニ拘ハラス忽チ暴行ヲ加ヘラルルニヨリ, 人民ハ一般ニ困難シ居レリ, 依テ從來ノ徵發物ニ對シテハ相當ノ代價ヲ支拂ヒ, 今後ハ嚴重ニ取締マリアリタシト云フニアリ, 派弁所長ハ一一其陳情ヲ聽キ取リ, 其訴フル所果シテ事實ナリトセハ大ニ同情ヲ表スヘキ旨ヲ述ヘ, 若シ淸兵ニ於ヲ陳情ノ如キ非行アリトセハ其要求ニ應スヘキヲ期スヘク, 尙ホ沿道ニハ濫リニ徵發ヲ許ササル旨告示ヲ出スヘシト答ヘタルヲ以テ, 韓民ハ異議ナク一同歸村シタリ, 三月八日東京台巡防所長ハ部下兵員ヲ派シ, 茂山間島山溪社下廣浦村長金永基外一名ヲ引致シタリ, 其理由ハ同村每戶ニ付キ薪牛車一台ツツヲ納付スヘキヲ命シタルモ, 村民カ之ニ應セサルニ依ルト云フニアリ, 同日下廣浦村民約三十名ハ所長ノ處置ヲ憤リ巡防所ニ押寄セ, 金村長引致ノ不法ナルコト及ヒ薪ノ納付ニハ相當ノ代價ヲ支拂ハレ度コトニ付交涉シタルニ, 所長ハ之ト會見シ左ノ件ヲ約シタリ.

一. 金村長外一名ニ對シテハ部下ニ命シ任意同行ヲ求メシメタルモノナレトモ, 若シ公力ヲ用ヒ引致シタリトセハ部下ヲ戒飭スヘキコト.
二. 薪ハ相當時價ヲ以テ買收スヘキコト, 右ニテ村民一同滿足シ引揚ケタリ, 又韓內地ニ在ル韓民ハ, 我派出所ノ保護ノ確實ナルヲ聞知シタルト, 時漸ク耕作期ニ近キタルトニ依リ, 近來間島內ニ移住スルモノ甚タ多ク, 試ミニ本月六日ヨリ同十二日ニ至ル一週間, 之等韓民ノ會寧方面ヨリ入リ來ルモノノミヲ禹跡洞ニテ調査セシニ左ノ如シ, 男九七, 女一〇一, 計一九八.
   右ハ多ク鏡城·明川·吉州·富寧附近ノ者ナリ, 而シテ移住者ハ今尙ホ繼續シ居リ, 其經路ハ咸鏡北道地方ノ者ハ豆滿江ヲ越ヘテ間島ニ入リ, 咸鏡南道地方ノ者ハ元山ヨリ雄基灣ニ上陸スル者ヲ多シトス, 故ニ各方面ノ移住者ヲ綜合セハ甚タ多數ニ上ルナラントス.

六. 地方衛生狀態

地方土人間ニ流行性感冒ノ發生アリシカ, 經過良好ニシテ多數ヲ犯スニ至ラス, 目下安全ノ狀態ニアリ, 本月初旬ヲ期シテ龍井村ニ春季清潔法ヲ實施シ, 衛生委員ハ全村ヲ巡視之カ檢査ヲ行ヒタリ, 月間慈惠病院ニ於テ施療シタル新患者總計四百九十五名ニシテ, 前月ニ比シ百四十名ヲ增加セリ, 新患者ヲ國籍別スレハ左ノ如シ, 本邦人五七名, 韓人三五六名, 淸人八二名.

七. 本月間ノ氣象概況

上旬, 平均溫度(一)四・三, 最高溫度(十日)八・五, 最低溫度(一) (一・四・八日)一五・〇, 降雨回數一, 降水量一・〇.

中旬, 平均溫度(一)七・二, 最高溫度(廿日)四・五, 最低溫度(一) (一五・一七日)一八・〇, 降雨回數一, 降水量〇・七.

下旬, 平均溫度(一)一・九, 最高溫度(三十・三十一日)一一・〇, 最低溫度(一) (二十二日)一五・〇, 降雨回數三, 降水量一四・九.

月平均溫度(一)四・五, 最高溫度(三十・三十一日)一一・〇, 最低溫度(一) (一五・一七日)一八・〇, 降雨回數五, 降水量一五・六, 積算溫度(一)一三五・三, 快晴日數九日, 曇天日數六日.

昨年三月ノ氣象ヲ見ルニ

上旬, 平均溫度(一)九・三. 最高溫度(五日)二・〇, 最低溫度(一) (八日)二四・〇, 降水回數三, 降水量四・六.

中旬, 平均溫度(一)四・五, 最高溫度(一四日)五・〇, 最低溫度(一) (十二日)一三・五, 降水回數二, 降水量二・九.

下旬, 平均溫度(一)〇・八, 最高溫度(三十一日)一六・〇, 最低溫度(一) (二十一日)一一・〇, 降水回數四, 降水量五・六, 月平均溫度(一)四・三, 最高溫度(三十一日)一六・〇, 最低溫度(一) (八日)二四・〇, 降水回數九, 降水量一三・〇, 積算溫度(一)一二八・二, 快晴日數八日, 曇天日數四日.

右二表ヲ對照スルニ, 積算溫度・平均溫度・最高溫度ニ於テ本年ハ昨年ニ比シ氣溫低ク, 曇天日數及降水量ニ於テ昨年ヨリ多キヲ示セリ, 只タ最低溫度ノ少シク高キト, 降水回數ノ昨年ヨリ稍稍少キアルモ, 要スルニ本年ハ昨年ヨリ氣溫低シ.

八. 所員ノ動靜

阪東雇ハ經濟事情取調ノ爲メ釜山ノ出張ヲ命セラレ本月二日出發セリ, 當所勤務內部主事孫範哲ハ, 會寧郡守ニ轉任ヲ命セラレ三月七日出發ス, 水原竝ニ東京ニ出張中ノ八田技師及, 八田技師水原へ出張ノ隨行ヲ命セラレ次テ請願歸省中ナリシ近藤囑托ハ, 本月廿八日歸任ス.

九. 警察事故

本月間取扱ヒタル警察事故別表ノ通り.

明治四十二年三月中警察事故表(間島憲兵分隊)

區分, 說諭

事項, 官私ニ詐欺シテ財ヲ取リタルモノ, 件數二, 摘要, 二件共被告韓人男各一, 被告ニ說諭財物ヲ反還セシム.

事項, 五厘銅貨ニ鍍銀シタルモノヲ受收シ行伎セントシタルモノ, 件數一, 摘要, 被告韓人男一, 說諭.

事項, 金錢强請, 件數一, 摘要, 被害者韓人男一, 加害者韓人男三, 加害者ノ行衛不明ニ付捜索中.

事項, 家屋擅入, 件數一, 摘要, 原被告共韓人男一, 被告ニ說諭.

事項, 賭博, 件數一, 摘要, 被告韓人男五, 說諭.

事項, 不當ニ藥價ヲ請求スルモノ, 件數一, 摘要, 原被告共韓人男各一, 雙方說諭示談セシム,

事項, 寡婦ヲ奪ハントスルモノ, 件數一, 摘要, 原告韓人男一, 被告韓人男二, 被告ハ逃走行衛不明ニ付捜索中.

事項, 疫牛ノ死體ヲ路上ニ投棄セルモノ, 件數二, 摘要, 二件共韓人男各一, 說諭ノ上埋沒セシム.

事項, 酩酊シテ街路ニテ高聲放歌スルモノ, 件數一, 摘要, 韓人男四, 說諭.

事項, 街路ニテ酩酊喧噪スルモノ, 件數一, 摘要, 韓人男一, 說諭.

事項, 結婚違約, 件數一, 摘要, 原被告共韓人男一, 雙方說諭示談セシム.

事項, 爭論, 件數五, 摘要, 二件ハ各件韓人男二, 雙方ニ說諭, 一件ハ原被告共韓人男一,

雙方ニ說諭, 二件ハ各件韓人男一, 清人男一, 各雙方ニ說諭.

事項, 毆打, 件數三, 摘要, 三件共原被告韓人男各一, 被告ニ說諭.

事項, 債務關係, 件數一八, 摘要, 一件ハ原告韓人男一, 被告淸人男一, 被告ニ說諭示談セシム, 一件ハ原被告共日本人男一, 被告ニ說諭示談セシム, 一件ハ原被告共韓人男各一, 雙方ニ說諭示談セシム, 一五件ハ原被告共韓人男各一, 被告ニ說諭示談セシム.

事項, 淸國兵ノ不法徵發, 件數二, 摘要, 一件ハ原告韓人男一, 被告淸國官憲, 淸國官憲ニ於テ不當ノ賃錢ニテ牛車ヲ使役セントシタルニ付, 被告ニ警告中止セシム.

區分, 檢證

事項, 出火, 件數二, 摘要, 一件ハ日本人居住家屋溫突ヨリ出火シ直ニ鎭火, 寢具燒失, 此損害見積金約一圓, 間島分隊ニ於テ檢證, 一件ハ日本人居住家屋鼠穴ヨリ出火, 直ニ鎭火, 天井燒失, 此損害見積金約二圓, 間島分隊ニテ檢證, 他ニ二件, 何レモ淸國人所有納屋ヨリ出火, 各一棟燒失, 淸國官憲ニ於テ檢證.

區分, 拾得物

事項, 放馬, 件數一, 摘要, 韓馬一頭所有者ニ引渡ス.

事項, 遺失物拾得, 件數一, 摘要, 拾得者韓人男一, 拾得品, 蟇口一, 質札二枚, 遺失者ニ反還, 合計四五.

38. 一月分一般狀況月報中漏落된警察事故表寫本의 追送(原案2冊)

隆熙3年 (西紀1909年 5月24日)

[發] 統監府副統監 曾禰荒助

[受] 內閣總理大臣 李完用

機密統發第八八四號

機密統發第六一四號追書警察事故表別紙及御送付候也.

明治四十二年五月廿四日

統監代理副統監子爵 曾禰荒助

太子少師內閣總理大臣 李完用 閣下

自明治四十二年一月一日至同年一月三十一日

警察事故表

區分, 韓國刑法違反

事項, 內亂律, 件數四, 摘要, 二件ハ被告各韓人男一, 咸興地方裁判所檢事局ニ送致ス, 一件ハ被告韓人男四, 咸興地方裁判所檢事局ニ送致ス, 一件ハ被告韓人男一, 咸興地方裁判所檢事局ニ送致ス.

事項, 國權壞損律, 件數一, 摘要, 原被韓人男二, 一名ハ證據不充分ニ付放還, 一名ハ咸興地方裁判所ニ送致.

事項, 官文書僞造行使·詐欺取財, 件數一, 摘要, 原被告共韓人男一, 證據不充分ニ付放還ス.

區分, 日本刑法違反

事項, 詐欺取財, 件數一, 摘要, 原告日本人男一, 被告日本人男三, 被告內一名ハ當地居住者ナルヲ以テ取調ヘ, 二名ハ淸津在住者ナルヲ以テ, 當地警察署ニ移牒ス.

區分, 檢證

事項, 失火, 件數二, 摘要, 二件共日本人, 家屋半燒ニ至ラス, 原因過失, 憲兵隊ニ於テ檢證(外ニ一件, 淸國派弁所事務所ヨリ失火, 半燒ニ至ラス).

事項, 盜難, 件數一, 摘要, 被告者日本人男一, 憲兵隊ニテ檢證.

區分, 檢視

事項, 縊死, 件數一, 摘要, 韓人女一, 憲兵隊ニテ檢視.

區分, 淸國官憲ニ交涉

事項, 淸國官吏ノ不法行爲, 件數一, 摘要, 原告韓人男三, 被告淸國巡弁一, 原告ノ獲ントセシ鹿ヲ不法ニ奪取セシニヨリ, 淸國官憲ニ交涉ス.

事項, 不法ニ韓人ヲ逮捕監禁セシモノ, 件數一, 摘要, 原告韓人男一, 被告淸國人男一, 淸國官憲ニ交涉解散セシム.

事項, 淸國公吏ノ不法徵稅, 件數一, 摘要, 原告鍾城間島韓國民, 被告淸國鄕約, 淸國官憲ニ交涉ス.

事項, 淸國官吏ノ不法徵金, 件數一, 摘要, 淸國稅務局長及淸人男一, 韓人三名ニ對シ不法ニ罰金ヲ科シタルニヨリ, 交涉ノ上返還セシム.

事項, 淸國兵ノ不法徵發, 件數一, 摘要, 原告韓人男一, 被告淸國兵三, 韓人ヲ强制シ牛馬ヲ徵發セントセシニヨリ, 淸國官憲ニ交涉ス.

事項, 飼養牛馬他人ノ作物ヲ喰ミタルモノ, 件數一, 摘要, 淸人男一飼養ノ牛馬, 韓人男一ノ作物ヲ喰ミタル損害賠償ノ訴出テニヨリ, 淸國官憲ニ交涉賠償セシム.

事項, 淸國兵ノ暴行, 件數一, 摘要, 被害者韓人男三·巡查一, 加害者淸兵ニ, 淸國官憲ニ交涉.

事項, 淸人ノ韓人ヲ毆打セシモノ, 件數一, 摘要, 原告韓人男一, 被告淸人男一, 淸國官憲ニ交涉ス.

事項, 韓人ニ對スル我戶口調查ヲ妨害シタルモノ, 件數五, 摘要, 一件ハ間島分遣隊, 一件ハ傑滿洞, 一件ハ新興坪, 一件ハ禹跡洞, 一件ハ伏沙坪分遣所, 各管內淸國官憲ニ於テ妨害セントシ, 何レモ交涉濟.

區分, 說諭

事項, 窃盜, 件數二, 摘要, 一件ハ淸人男一, 證據不充分ニ付放還, 一件ハ被告韓人男一, 同女一, 證據不充分ニ付放還ス.

事項, 賭博, 件數一, 摘要, 被告韓人男三, 說諭.

事項, 街路ニ放尿シタルモノ, 件數三, 二件ハ淸人男各一, 一件ハ韓人男一, 說諭.

事項, 通行妨害, 件數五, 摘要, 一件ハ韓人男一, 三件ハ淸人男各一, 一件ハ淸韓人男各一, 說諭.

事項, 煙突破損ヲ修繕セサルモノ, 件數一, 摘要, 韓人男一, 說諭ヲ加ヘテ修繕セシム.

事項, 暴行脅迫, 件數一, 摘要, 被害者韓人男一, 加害者同男四, 雙方親族ナルヲ以テ加害者ニ說諭.

事項, 債務關係, 件數九, 摘要, 四件ハ原被共韓人各男一, 被告ニ說諭シ支拂ハシム, 二件ハ原告韓人男一, 被告淸人男一, 被告淸人ニ說諭支拂ハシム, 二件ハ原被共日本人男各一, 原告ノ說諭願ニ對シ, 被告ノ答弁書ヲ徵シ, 原告ニ郵送ス, 一件ハ原告韓人男一, 被告日本人男一, 被告ニ說諭支拂ハシム, 一件ハ原告韓人男一, 被告日本人男二, 被告ニ說諭支拂ハシム.

事項, 結婚違約, 件數二, 摘要, 原被告共韓人男各一, 媒介者韓人男一, 原告ノ告訴不當ナルニヨリ原告ニ說諭.

事項, 疫死ノ牛ヲ放棄シタルモノ, 件數二, 摘要, 一件ハ韓人男一, 一件ハ韓人男五, 說諭.

事項, 浮浪者他人ノ家宅ニ宿泊ヲ强要シタルモノ, 件數一, 摘要, 淸人男一, 韓人家宅ニ來リ宿泊ヲ求メタルモノ, 淸人ニ說諭.

事項, 喧噪口論シタルモノ, 件數一, 摘要原告韓人男一, 被告淸人男一, 食鹽賣買上ヨリ口論セシモノ, 雙方ニ說諭ス.

事項, 酩酊事ヲ省セサルモノ, 件數二, 摘要, 韓人男一, 說諭.

事項, 他人ノ妻ヲ强テ引取ラントシタルモノ, 件數一, 摘要, 原被告共韓人男各一, 被告ニ說諭.

事項, 我施政ニ對シ妨害ヲナシタルモノ, 件數二, 摘要, 二件共韓人男各一, 說諭ノ上放還.

事項, 毆打, 件數二, 摘要, 原告韓人男一, 被告淸人男三, 被告ニ說諭.

事項, 誣告シタルモノ, 件數一, 摘要, 原告韓人男一, 被告淸·韓人男各一, 誣告シタル淸·韓人ニ說諭ス.

區分, 人命救護

事項, 救護件數一, 摘要, 韓人男一, 酩酊シテ雪中ニ倒レ凍死セントスルヲ憲兵救護.

區分, 拾得品

事項, 放馬, 件數二, 摘要, 二件共放馬, 各一分隊ニ繫留中, 所有者判明ニ付引渡ス.

事項, 遺失物拾得, 件數一, 摘要, 鳥打帽子一個, 拾得屆出, 間島憲兵隊ニ保管. 合計六一.

39. 間島派出所管內一般狀況月報寫本의 送付(原案2册)

隆熙3年 (西紀1909年 7月9日)
[發] 統監府副統監 曾禰荒助
[受] 內閣總理大臣 李完用

機密統發第一二四〇號

齋藤間島派出所長月報統派月報第五號寫別紙爲御參考及御送付候也.

明治四十二年七月九日

統監子爵 曾禰荒助

太子少師內閣總理大臣 李完用 閣下

附. 間島派出所管內一般狀況月報

隆熙3年 (西紀1909年 6月10日)

[發] 間島派出所長 齋藤季治郎

- [受] 統監府統監 伊藤博文

統派月報第五號

明治四十二年六月十日

統監府臨時間島派出所長 齋藤季治郎

統監公爵 伊藤博文 殿

月報

自五月一日至同三十一日

一. 地方一般ノ狀況

本月ハ會寧間島ニ於ケル淸國巡警ノ韓民ニ對スル暴虐事件及同地高嶺鎭渡船場ニ於ケ

ル不法發火事件等ヲ始メ, 各地方清國官吏ノ不法行爲·不當徵稅等ニ關スル四·五ノ事件アリテ, 多少地方一部ノ安寧ヲ害シタリ, 然レトモ右等事件ノ發生ニ連レ, 我ハ常ニ機ヲ逸セス適當ノ處置ヲ取リテ, 清官ノ橫暴ヲ抑ヘ以テ韓民ノ保護ニ力メツツアルヲ以テ, 一般韓民ノ我ヲ信賴スルノ念ハ日日增增深厚ヲ加フ, 殊ニ從來一定ノ報酬ナカリシ都社長·社長等ニ對シテ, 本月ヨリ有給トナシ一層公事ニ盡力セシメツツアルト, 及ヒ本官カ廿四日ヨリ廿九日ニ亘リ各地方ヲ巡視シタルトハ, 大ニ我施政上ニ稗益アリシモノト認メラル, 之ニ反シ淸國官民ハ近來沈靜ノ狀態ニテ新ニ施設ノ認ムヘキモノナク, 韓民又夕日ニ之ヲ疎斥セントスルノ傾向アリ, 然レトモ新任總辦吳祿貞着任セハ大ニ活動ヲ試ミルナラントハ淸國官民ノ一般ニ期待スルトコロナリ.

二. 淸國官憲ノ施設及兵員ノ異動

(イ) 局子街邊務公署ニ於テハ, 五月初旬ヨリ局子街ニ募集事務所ヲ置キ, 朝陽河谷三道灣兒屯田營兵ノ募集ニ着手シタル所, 豫定ノ人員ニ達シタル趣ヲ以テ, 本月廿日該事務所ヲ閉鎖シタリ.

(ロ) 邊務公署ニテハ本月十五日ヨリ火狐狸溝嶺ニ工程隊兵ヲ派シ, 同嶺ニ幕營セシメ會寧街道上同嶺以南ノ道路ヲ修繕セシメ居レリ, 該工程隊ハ同十五日ヨリ廿三日マテ準備ニ從事シ, 同廿四日ヨリ修繕工事ニ着手シ, 六月一日ニ於テ同嶺頂上ヨリ以北二百米突, 南方ニ約六百米突迄ノ修繕ヲ竣工セリ, 工事ノ模樣ハ目下ノ處道路ノ凹凸ヲ平坦ナラシムルニ過キス, 又作業人員ハ日日多少ノ異動アルヲ以テ確實ナラザレトモ, 槪ネ二百五十名內外ナリ(往電第三〇號ニテ報告濟).

(ハ) 邊務公署幫辦傅良佐ハ奉天督練處總辦ニ轉シ, 後任トシテ前幫辦協都統吳祿貞督辦ニ離任着任スヘシト, 邊務公署員ノ言ニヨレハ吳ハ六月初旬局子街ニ到着スル豫定ナリト, 在銅佛寺街駐屯ノ吉林前路巡防第一營統領富德ハ近日中他ニ轉シ, 前吉强軍統領胡殿甲, 吳祿貞ト共ニ着任スヘシトノ說アリ, 但シ胡ハ富ノ後任ナルヘキヤ或ハ他ニ官職ヲ有スルヤ詳シカラス, 局子街及琿春官鹽局辦理王鶴群ナル者局子街ニ着任セリ, 同人言ニ依レハ間島地方ニ於テ販賣スヘキ官鹽ハ營口ヨリ浦鹽ニ回送シ, 同地ヨリ琿春及局子街ニ陸送スルコトニナリ居レリト, 王ハ右官鹽受領ノ爲メ本月十八日琿春ヲ經, 浦鹽ニ向ヒ出發シタリ, 本月一日光霽峪淸兵四十餘名ハ, 傭期滿了ノ由ニテ各自鄕里ヘ向ケ歸還シタリ, 又同日沙器洞駐屯ノ淸兵廿八名モ滿期歸省シ, 此補充ノ爲メ本月廿八日光霽峪ヨリ淸兵廿八名沙器洞ニ赴キタリ, 本月五日局子街駐屯ノ淸兵排長連以下四十六名滿期除隊トナリ銅佛寺街ヲ吉林方面ニ向ヒ通過シタリ, 本月七日局子街駐屯ノ清兵保排長以下七十五名滿期除隊トナリ, 同日銅佛寺街ニ宿泊シ翌日吉林方面ニ向ヒ出發シタリ, 以上滿期ノ補充員ハ不日吉林ヨリ來着スヘシトノ說アリ.

三. 淸國官憲ノ不法行爲及不當徵稅

(イ) 韓內地ニ居住スル韓人ニシテ間島內ニ耕地ヲ有スル者ノ渡江ヲ妨害シタル件, 本月廿三日會寧警察署ニ於テ淸國官憲傭役ノ豆滿江高嶺鎭ノ渡船夫ヲ引致シタルニ, 鶴城稽査所長李榮成ハ之カ報復トシテ韓國內地ニ居住シ間島ニ耕地ヲ有スル韓民ノ渡江ヲ禁止セント聲言シ, 其所有者ノ調査ニ着手シタルヲ以テ, 韓內地ニアリテ間島ニ土地ヲ有スル韓人ハ一時恐慌ヲ來シタリ.

(ロ) 本官カ歸任ノ際, 沿道ノ韓民國旗ヲ樹テ歡迎セントシタルニ對シ妨害ヲ加ヘタル件, 本月十一日本官歸任ノ際, 會寧間島ニ於テ同地ノ學校敎員·生徒及一般韓民等國旗ヲ樹テ且ツ歡迎セントシタルニ, 李鶴城稽査所長ハ巡警ヲ派シテ歡迎ノ必要ナキコトヲ諭シタルモ, 當日學校敎員李亨國及ヒ生徒其他若干ノ韓民ハ其諭示ニ服セス出迎ヒタルニ. 李榮成ハ李亨國ノ勸誘ニ出テタルモノト爲シ同人ヲ稽査所ニ招致シ, 巡警ノ言ニ服セス他ノ韓人ヲシテ强制ニ出迎ヒセシメタルハ不都合ナリトテ, 該學校ノ有スル營田ヲ沒收シ且ツ汝ヲ韓國內地ニ退去セシムヘシト脅迫シタリ, 十三日同地韓民二十餘名ハ李稽査所長ノ許ニ至リ李亨國ヲ釋放セラレタシト歎願シタルニ, 李ハ將來淸國官憲ノ命ニ服從シ日韓官憲ノ命ニ服從セサルコトノ保證書ヲ差出セハ釋放セントテ, 容易ニ釋放スヘキ模樣ナキニヨリ, 韓人等ハ李ノ言ニ從ヒ保證書ヲ差出シ李亨國ヲ連レ歸レリ, 本件ニ付本月十五日平田憲兵中尉ハ李榮成ニ會見シ其不法ヲ詰責シタルニ, 李ハ韓人某稽査所ニ來リ日本憲兵及ヒ韓國巡査等, 民意ニ反シ國旗ヲ揭揚セシメ, 且ツ出迎ヲ迫リ村內騷然タリト報知シ來リタルヲ以テ, 巡警ヲ派シ民意ヲ反シ歡迎スル必要ナキコトヲ人民ニ諭示セシメタルニ過キス, 李亨國ハ學校敎員ナルニ不拘, 人民ニ出迎ヲ强ルカ如キ不當行爲ヲ爲シタルニヨリ, 將來此ノ如キ事アレハ間島ヲ退去セシムヘシト說示シタルモ, 保證書ヲ差出サシメタル如キ事實ハ全ク無シト辨疏セリ.

(ハ) 禹跡洞分遣所ニテ呼出シタル敎員·生徒·頭民等ヲ, 淸官ノ途中ニテ阻止シタル件, 本月廿一日禹跡洞分遣所ニ於テ本官ヨリ三屯學校ニ贈與シタル菓子料ヲ授與セン爲メ, 韓國主事ニ命シ, 主事ハ都社長·社長ニ命シ, 學校敎員及生徒總代·頭民等各一名ヲ呼出サントシタルニ, 淸國官憲ノ嫉視ヲ恐レ出頭セサルヨリ, 同分遣所ニ於テハ憲兵上等兵及韓國巡査ヲ派シ任意出頭ヲ求メタルニ, 教員等ハ大ニ喜ヒ直チニ出發シ, 憲兵·巡査ニ尾シ鶴城稽査所前ニ來リタル際, 同所兵哨ノ巡警ハ教員等ノ禹跡洞分遣所ニ出頭スルヲ阻止スルニヨリ, 上等兵等ハ稽査所長ニ面會シ韓民ノ任意出頭ヲ何故妨害スルヤト責メタルニ, 李ハ我領土タル間島居住民ヲ我官憲ニ一ノ照會ナク日本官憲ニ出頭セシムルハ不當ナリ, 故ニ我官衙前ヲ通過セシムルヲ得サル旨答フハニ依リ, 上等兵等ハ强テ同行スルノ必要ナキヲ認メ, 本人等ヘハ追テ召喚スヘキヲ言渡シ其儘歸所シタリ.

(ニ) 會寧街道上ノ橋梁修繕ヲ妨害シタル件, 去月廿九日ヨリ本日ニ亘リ, 禹跡洞分遣所ニ於テ韓民ニ諭シ會寧街道上鶴城以北ノ道路ヲ修繕セシメタルニ, 工事中李榮成ハ工事場ニ出頭シ居リタル我任命ノ社長ヲ稽査所ニ召喚シ, 目下農事多忙ノ際ナレハ工事ヲ中止スヘシ, 三日内ニハ我工兵來リテ修繕スヘキ豫定ナリト言渡シタリ, 本月四日平田憲兵中尉ハ本件ニ關シ砂器洞派弁所長邵勝標及李榮成ニ會見シ交涉シタルニ, 人民ハ農期ノ爲メニ出役ヲ喜ハサルノミナラス, 本月九日ニ至レハ我工兵來リ道路ヲ修繕スル筈ナレハ中止セシメタリト弁解セリ, 盖シ邵·李等ハ我憲兵カ韓民ニ命シ道路ヲ修繕セシムルヲ以テ, 清國ノ行政ニ干涉スルモノト信シ, 每每妨害ヲ試ミルモノナリ, 其後本月九日ニ至ルモ清國官憲ニ於テハ工兵ヲ派シテ道路ノ修繕ヲ爲サシメサルニヨリ, 平田中尉ハ清國官憲ニ顧慮ナク三屯附近ノ韓民ニ諭シ同地南方ノ溪川ニ架橋シ, 且ツ道路ノ修繕ヲナサシメタルニ, 同日午後大拉子經歷廳許德侑及李稽查所長其他巡警ト馬隊等約十四·五名來リ, 道路修繕ハ我工兵ニテ爲スヘケレハ中止セシメタレト當時出張シ居リタル我憲兵ニ要求セルモ, 我憲兵ハ之ニ應セス彼此論爭ノ末, 日沒ニ及ヒタルニ依リ, 工事ヲ中止セシメ歸所シタリ.

(ホ) 天寶山駐屯ノ清兵巡警等, 同山在住ノ本邦人ニ送達ノ荷物ヲ開披シタル件, 本月九日天寶山在住ノ中和公司事務員ニ對シ, 在龍井村中和公司ヨリ荷物·書信等ヲ送付シタルニ, 同山駐屯ノ清兵及巡警等ハ該貨物ヲ開キ檢查シ, 又數封ノ書信ヲ新聞紙ニ包ミテ一封トナシ, 其上ニ發送者及受信者ノ姓名モ認メアリシニ, 該封皮ヲ開披シ內封ノ書信ノ出所ヲ筆記シタリ, 是等不法ノ開披ハ時時行ハレ, 現ニ去ル十四日ニ同樣包紙ヲ破毁シ信書出所ヲ檢查シタルコトアリ, 以上諸件ハ本月三十日太田憲兵大尉ヲシテ幫辦代理陶彬ニ交涉セシメタル處, 陶ハ我意ヲ領シ, 果シテ以上ノ事實アラハ夫夫注意スヘキ旨答ヘタリ.

(ヘ) 日本賣藥商所有ノ(モルヒネ)ヲ差押ヘタル件, 往電第三六號ニテ報告濟.

(ト) 高嶺鎭渡船場ニ於テ清韓巡警射擊ノ件, 往電第三三號·第三四號及特報秘第七號ニテ報告濟.

(チ) 韓民ニ暴行ヲ加ヘシ件, 本月三日會寧間島忠化社大洞(距禹跡洞西南方約四里)ニ於テ同地韓人全亨石及金尹奎ノ兩名ハ, 耕耘ノ休息中喫煙ノ爲メ畑畔ニ樹枝ヲ燒キタルニ風ノ爲メ芝草ニ延燒シ, 兩名ハ之ヲ消止メントシタルモ其効ナク, 遂ニ約十九丁餘歩ノ山野ヲ燒盡スルニ至レリ, 同夜大同駐屯ノ淸國巡警來リ兩名ヲ同地巡警分局ニ連レ行キ, 今回山野ニ放火ノ禁令ヲ發シタルニ拘ハラス之ヲ反シタルハ不都合ナリト叱責シ, 全等ハ該禁令ノ發布アルヲ知ラサルノミナラス, 故意ニ放火シタルモノニアラサル旨百方陳弁シタルモ許サレス, 巡弁ハ數名ノ巡警ニ命シ全亨石ヲ偃臥セシメ, 頭部及ヒ脚部ヲ取押ヘ數十回毆打セシメ, 結局全ヨリ保證人ヲ定メ保證書ヲ徵シ釋放シタリ, 大洞韓民等ハ實際ニ山野放火ノ禁令ヲ受ケ居ラサリシ趣ニテ, 該禁令ヲ傳達セサルハ全ク淸國任命ノ鄕約許億ノ罪ナリトシ, 全濟權·金雲一·金明汝外六名ハ許億ヲ被害者宅ニ連レ行キ, 被害ノ創傷全愈ニ至ル迄其看護ヲナスコトヲ諾セシメ, 次ニ金雲一ハ許ニ對シ, 許カ嘗テ雲一ノ父以下五名カ鄕約ノ職分ヲ妨害スル旨太拉子官憲ニ訴ヘ出テントシタル事實アルヲ捉ヘ其不都合ヲ責メ, 爭論ノ上, 許ノ面部ヲ毆打シ輕微ナル打撲傷ヲ負ハシメタリ, 大洞巡警分局ニ於テハ, 韓民ヨリ鄕約カ被害者宅ニ連レ往カレタルヲ知リタル爲カ, 巡長以下四名及韓語通譯一名全亨石ノ宅ニ至リ, 當時居合セタル韓民ニ對シ逃走スルモノハ射擊スヘシト脅迫シ, 戶外ニ於テ二發ノ射擊ヲ爲シ, 許ノ指示ニ依リ全濟權·金明汝以下七名ヲ引致シ, 而シテ其引致ノ際巡警等ハ韓民ヲ靴ニテ蹴リ或ハ銃·刀等ニテ毆打スル等暴行ヲ加ヘタリ, 又右韓民等ヲ分局ニ引致後, 巡弁ハ巡警ニ命シ金明汝ニ笞十ヲ加ヘ打撲傷ヲ負ハシメタリ, 而シテ該韓人等ヲ引致シタル理由トシテ, 巡警側ニ於テハ最初巡警等, 鄕約保護及ヒ事實調査ノ爲メ全亨石宅ニ往キタルニ, 韓民等ハ反抗シ巡警ニ向テ投石シ數多ノ負傷者ヲ出シタルノミナラス, 携帶ノ小銃迄モ裂損セシメタルニヨリ引致シタルモノナリト弁疏セルモ, 我ニ於テ其被害ヲ調査シタルニ右ハ甚疑ハシク, 且ツ從來ノ例ニ徵スルモ, 韓人カ兵器ヲ携帶スル巡警等ニ抵抗スル如キ事實ハ殆ント認メ得ヘカラサルモノナリ, 韓民側ノ創傷ハ, 全亨石ハ左右後腿部ニ長サ約十二珊, 巾六珊ノ打撲傷各一個ヲ負ヒ, 金明汝ハ右後腿部ニ長サ十珊, 巾八珊ノ打撲傷及右手掌ニ長サ約二珊, 巾一珊ノ創傷ヲ受ケ, 金濟權ハ巡警ニ銃ヲ以テ毆打セラレタル由ナルモ負傷スルニ至ラス, 本件ニ付, 本月五日事實調査ノ爲メ平田中尉ヲ大洞ニ派遣シタルニ, 砂器洞派弁所長モ同地ニ出張シタルヲ以テ, 平田ハ邵ト共ニ各關係者ヲ調査シ關係韓人ト鄕約トノ間ヲ調停シ, 邵ニ交涉シテ引致韓人ヲ釋放セシメ, 且ツ不法ニ韓人ヲ毆打シタル巡弁以下ノ處分ヲ求メタリ, 本月九日局子街ヨリ砂器洞ニ糧食運搬護衛ノ淸兵五名新興坪北方約一里半ノ地點ニ於テ, 道路深泥ノ爲メ馬車ノ進行自由ナラサリシニ際リ, 附近ニ耕作シ居リタル韓人金活南ナル者ヲ强制シ牛車ヲ出サシメ, 該糧食ヲ新興坪迄運搬セシメ, 賃銀ヲ支拂ハス立行カントスルニヨリ, 金ハ之ヲ請求シタルニ淸兵等ハ金ヲ毆打シタリ, 新興坪分遣所ニ於テハ被害者ノ告訴ニヨリ淸兵ヲ取調ヘタルニ,清兵等ハ當地ハ清國ノ領土ナル故清人ニ於テ韓人ヲ使役スルハ自由ナリ, 又我清兵ハ日本憲兵ノ取調ヘヲ受クル理由ナシト主張シ姓名ヲ告ケサリシニ, 此時偶偶太拉子經歷廳長許德洧同地ヲ通過スルニヨリ同人ニ交涉セントシタルニ, 軍人ニ關スル件ハ直接砂器洞派弁所ニ交涉セラレタシト答フルヲ以テ, 新興坪分遣所ヨリ禹跡洞分遣所ニ交涉ヲ依賴シタルニ, 砂器洞派弁所ヨリ白憲兵班長新興坪ニ出張シ事件ヲ處理スヘキ事ニ纏リ, 翌十日白憲兵長ハ新興坪分遣所ニ出頭シ, 島田分遣所長ト協議ノ上, 白ヨリ金ニ對シ使役賃トシテ淸貨二吊ヲ支拂ヒ, 淸兵ハ嚴重ニ訓戒スヘキコトヲ約シ歸所シタリ.

(リ) 淸國官憲ノ不當徵稅ノ件, 本月十日龍池社金洞ニ東盛湧巡警營第五區長周永淸ナルモノ來リ, 巡警費ト稱シ徵金スルニヨリ, 新興坪分遣所長ト其理由ヲ糺シタルニ, 周曰ク, 本年ハ閏月アルモ上官ヨリ受クル經費ハ例年ニ異ナルナク, 其不足額ハ自分ニ於テ負擔セサルヘカラス, 故ニ延吉廳知府ニ願出テ許可ヲ得徵收スルモノナリト答ヘタリ, 依テ分遣所長ハ該巡警費ナルモノハ果シテ正當稅ナルヤ否ヤ, 又之ヲ正當稅トスルモ我ニ於テ今直ニ認容シ難キ事情アレハ, 各上司ニ報告シ上司ノ協議ニ依リ徵稅ノ是非ヲ決シ, 然ル後徵收スヘクンハ徵收セラレタシト求メタルニ, 周ハ之ヲ領シ歸還シタリ, 然ルニ各上司ノ協議未タ纏マラサルニ先チ, 本月十六日周ハ再ヒ巡警及鄕約等都合三名ニテ, 和龍社藏財村下十ケ所ヨリ巡警費ト稱シ韓貨四百九十八兩六十二文ヲ徵收シタリ, 右徵金ハ當時偶偶地方巡回中ノ韓國巡査李載基之ヲ探知シタルヲ以テ, 直接周ニ交涉シ其不都合ヲ責メタルニ, 周モ之ニ服シ各徵金ヲ彼徵收者ニ還附シタリ, 又近來淸國官憲ニ於テハ銅佛寺·頭道溝·東盛湧地方ニ於テ山海稅ノ徵收ヲ勵行シ居レリ, 盖シ山海稅トハ農產物(製油·製糸·製麻)海產物(魚類)山產物(獸皮類)ニ對スル徵稅ナリ, 頭道溝稅務分局長周墨林ノ同地我憲兵分遣所長ニ談話スル所ニヨレハ, 山海稅ハ從來トテモ一般人民ヨリ徵收シ居リタルモ, 今回更ニ其筋ヨリ徵稅ヲ勵行スヘキ旨命令アリ徵稅スルモノナリト, 右徵稅ヲ勵行セントスル旨趣ナランカ, 本月中旬延吉廳餉捐局承辦委員署程ノ署名ニテ山海稅ヲ徵收スヘキ旨更ニ各地淸·韓人一般ニ告示シタリ, 山海稅ノ徵收ニ付テハ, 我ハ從來ヨリノ慣例ニヨル徵稅ト認メス, 絶對ニ其徵稅ヲ排除セントスル氣勢ヲ示シ居ルヨリ, 淸國官憲ニ於テハ我官憲ヲ憚リ, 韓民ヨリノ徵稅ニ多少躊躇シ居ルモノノ如シ.

四. 韓民ノ狀況

從來間島在住ノ韓民ハ常ニ淸國官民ノ爲メニ有スル權利ヲ蹂躪セラレ, 財產ハ勿論生命ノ安全スラ保障スル能ハサルノ狀態ニアリシカ, 派出所設置以來一般韓民ハ身體·財產ニ對シ確實ナル保護ヲ受ケ得ルニ至リタルヲ以テ, 之等保護ノ周ネキヲ傳ヘ聞キ, 遠ク國內地ヨリ移住シ來ル韓人近來益益多ク, 而シテ從來ヨリノ居住者ハ漸ク永住ノ目的ヲ立テ, 相協同シテ清人ヨリ土地ヲ買收スルモノ日ニ增加ノ狀アリ, 土地ヲ買收スルニハ先ツ賣渡清人ト賣買ノ內約ヲ結ヒ, 合資者中ノ一韓人カ買受名義人トナリ, 清衣弁髮ヲ裝ヒ, 清國任命ノ鄉約ト共ニ局子街延吉廳ニ屆ケ出テ豫メ認可ヲ受ケ, 賣渡證書及代金授受ヲ了シ, 買受名義人等更ニ延吉廳ニ出頭シ該證書ニ知府ノ證票ヲ受ケ, 玆ニ初メテ所有權移轉ノ登記ヲ終了スルモノナリ, 右土地ノ買賣ニ就キ登記料トモ認ムヘキ費用ハ一定ノ標準ナキモノノ如ク, 且ツ槪シテ高價ニシテ, 最近調査シタル所ニヨレハ, 最少額ノ費用ニテ賣買ノ手續ヲ了シタリト稱スル者モ, 賣買價格ニ對シ登記其他ノ手數ニ左ノ費用ヲ要セリ, 登記其他ノ手數費用表, 種別荒地, 地積百六十日耕, 賣買價格千吊, 登記其他ノ手數料百五十吊, 畑, 地積一日耕, 賣買價格千吊, 登記其他ノ手數料百五十吊, 畑, 地積三十日耕, 賣買價格三千六百吊, 登記其他ノ手數料五百吊, 荒地, 地積三百七十日耕, 賣買價格三千六百吊, 登記其他ノ手數料五百吊, 右ニ對シ我派出所ニ於テハ韓人ノ土地賣買ヲ以テ發展ノ現象ト認メ, 之ヲ保護スル目的ヲ以テ韓人ノ清人ヨリ土地ヲ買收スル者ハ, 各當事者ニ於テ賣買契約證書ヲ調製シ, 且ツ地券ノ授受ヲ了シ其寫ニ本契約證書及本地券ヲ添付シ, 當所ニ屆出テ總證ヲ受ケ, 始メテ賣買ノ手續ヲ了シタルモノトシ, 漸次韓人ヲシテ此手續ニ據ラシムル方針ナリ.

五. 衛生狀態

所員一般健康, 特記スヘキ疾患者ナシ, 土人間ニハ多少麻疹ノ發生アリ, 又麻剌里亞患者ハ漸次增加ノ傾向アリ, 月間慈惠病院ニ於テ種痘ヲ施シタル韓人約四百名ニ上レリ, 尙下泉坪·傑滿洞·局子街ノ各憲兵分遣所員·韓國官吏·學校生徒·土人ノ一部等ニモ種痘セシメタリ, 本月間施療シタル新患者總計六百三十四名ニシテ, 平均一日ノ新患者二十名强ニ相當ス, 國籍別スレハ左ノ如シ, 韓人五百十四名, 清人五十三名, 日人六十七名.

六. 月間氣象槪況

第一旬, 平均氣溫一二·一, 最高氣溫(二日)二八·五, 最低氣溫(五日)二·〇, 降水回數六, 降水量二四·六.

第二旬, 平均氣溫一一·一, 最高氣溫(十三日)二六·〇, 最低氣溫(十二日)一·一, 降水回數五, 降水量一三·九.

第三旬, 平均氣溫一五·〇, 最高氣溫(三十日)三五·〇, 最低氣溫(廿二日)四·〇, 降水回數七, 降水量一六·七.

月平均氣溫一二·七, 最高氣溫(三十日)三五·〇, 最低氣溫(十二日)一·一, 降水回數一八, 降水量五五·二, 積算溫度三九七·六, 快晴日數一, 曇天日數二一, 降水日數一六.

昨年本月ノ氣象ハ

第一旬, 平均溫度一〇·二, 最高溫度(一·六·八日)二三·五, 最低溫度(六日) (一)一·〇, 降水回數四, 降水量七·九.

第二旬, 平均溫度九·八, 最高溫度(一五日)二二·〇, 最低溫度(十二日) (一)二·五, 降水回數八, 降水量四四·三.

第三旬, 平均溫度一三·二, 最高溫度(三十一日)二七·〇, 最低溫度(廿二日)五·五, 降水回數六, 降水量二二·五, 月平均溫度一一·一, 最高溫度(三十一日)二七·〇, 最低溫度(十二日) (一)二·五, 降水回數一八, 降水量七四·七, 積算溫度三四五·八, 快晴日數二, 曇天日數一四, 降水日數一五.

右二表ヲ對照スルニ, 本年ハ昨年ニ比シ積算溫度ニ於テ五一·八度, 平均溫度ニ於テ一·六度, 最高溫度ニ於テ八度, 更ニ最低溫度ニ於テ三·六度高キヲ示ス, 降水回數ハ同シキモ, 降水量ハ昨年ヨリ一九ミリ五少シ, 然レトモ曇天日數ハ昨年ニ比シ七日多シ, 且亦昨年ハ二回ノ降雪アリシモ本年ハ之ヲ見ス, 要スルニ氣溫昨年ニ比シテ高キハ農作物ノ生育順境ニアリ.

七. 所內ノ狀況

奧村憲兵大尉ノ後任太田大尉本月二日着任セリ, 經濟事情調査ノ爲メ釜山へ出張ヲ命セラレ次テ請願歸省中ナリシ通譯生阪東末三ハ, 本月二日歸所ス, 本官ハ本月七日淸津着, 同十一日歸任ス, 歸任途中ニ於ケル所見及沿道官民ノ歡迎等ニ關スル件ハ往電第二八號ヲ以テ概報セリ, 翌十二日歡迎ノ爲メ來村中ナリシ都社長·社長等ヲ集メ, 平素能ク公事ニ盡力シタル功勞ニ對シ, 其賞トシテ夫夫物品ヲ贈與シ了テ一場ノ訓示ヲ與ヘタリ, 同日總務課長篠田治策ノ所長代理ヲ解ク, 當地ニ建築中ナル間島普通學校校舍ノ工事監督方ニ付學部ヨリ依賴アリ, 所員ニ命シ之カ監督ニ從事セシム, 白頭山出張中ノ技師太田篤ノ一行ハ廿日歸所ス, 淸官カ日本商人ノ所有ニ係ル(モルヒネ)沒收ノ件ニ付, 陶ニ交涉ノ爲メ篠田總務課長ヲ局子街ニ出張セシム, 本官ハ廿四日ヨリ下泉坪·局子街·傑滿洞·銅佛寺地方巡視, 廿九日歸所ス, 本月ヨリ都社長·社長ノ一部ヲ有給トス.

八. 本月間取扱ヒタル警察事故

本月十三日會寧街道上火狐狸溝嶺ニ於テ, 當所ヨリ伏沙坪ヘ赴任ノ內部書記李成敎ハ, 淸人二名ニ遭遇シ所持ノ時計ヲ與ヘヨト迫ラレ, 之ヲ拒ミタルニ淸人等ハ强奪セントシタルニヨリ, 李ハ驚キ携帶品ヲ捨テ逃ケタルニ, 淸人等ハ後方ヨリ拳銃一發ヲ放チタリ, 但シ命中セス, 遺棄シタル携帶品ハ淸人ニ收得セラレタルモノノ如ク, 其後現場ヲ捜索シタルモ見當ラス, 而シテ其遺棄品ハ辭令書(新ニ主事ニ任命セラレタル伏沙坪分遣所在勤南奎綱ノ辭令書)金十圓·毛布·韓衣等ニシテ, 被害金高總計十二圓餘ナリ, 檢證ハ禹跡洞分遣所ニ於テ之ヲ行フ, 本月三十日午後十一時四十分, 當村市場韓人崔道順·吳雲瑞共有家屋裏手ヨリ失火, 同夜午前一時五分鎭火シタリ, 發火ノ原因ハ未詳ナルモ, 右共有家屋ノ裏手小路上ニ積ミアリタル粟稈ヨリ發火シタルモノナレハ, 通行人ニ於テ煙草ノ吹殼ヲ捨テタルカ, 或ハ何者カ放火シタルモノト推測セラル, 失火ノ事實ヲ認メス, 損害ハ全燒五戶, 半燒二戶, 破壞一戶ニシテ, 總坪數九十四坪, 約二千五百圓ナリ, 尙ホ外ニ事故別表ノ通リトス.

明治四十二年五月中警察事故表

區分, 日本刑法違反

事項, 窃盜, 件數一, 摘要, 一件ハ被告日本人男一, 淸津理事廳檢事事務取扱ニ送致ス.

區分, 說諭

事項, 窃盜, 件數三, 摘要, 一件被告韓人男一, 被害者韓人男一, 蓆三枚窃取, 損害ヲ賠償セシメ說諭放遣, 一件ハ被告韓人男一, 被害者韓人男一, 牛一頭窃取逃走センルシテ發見セラレシモノ, 說諭放遣, 一件ハ被告淸人男一, 被害者韓人男一, 未遂ニ付說諭放遣.

事項, 拐帶, 件數一, 摘要, 原被告共日本人男各一, 被告ニ說諭.

事項, 債務關係, 件數八, 摘要, 一件ハ原被告共日本人男一, 被告ニ說諭支拂ハシム, 一件原被告共韓人男各一, 被告ニ說諭支拂ハシム, 一件ハ原被告共韓人男各一, 被告不在ニ付處置延期ス, 一件ハ原被告共韓人男各一, 雙方說諭示談セシム, 一件ハ原被告共韓人男各一, 被告ニ說諭支拂ハシム, 一件ハ原告韓人男一, 被告日本人男一, 被告ニ說諭支拂ハシム, 一件ハ原被告共韓人男各一, 被告ニ說諭支拂ハシム, 一件ハ原被告共韓人男各一, 被告ニ說諭支拂ハシム, 一件ハ原被告共韓人男各一, 被告ニ說諭支拂ハシム.

事項, 損害賠償, 件數二, 摘要, 一件ハ原告韓人男一, 被告淸人男一, 被告ニ說諭賠償セシム, 一件ハ原被告共韓人男各一, 被告ニ說諭其一部ヲ賠償セシム.

事項, 爭鬪, 件數六, 摘要, 一件ハ日本人男一, 韓人男一, 當事者雙方共說諭, 一件ハ韓人男三, 當事者雙方共說諭, 一件ハ韓人男一, 淸人男一, 當事者雙方共說諭, 一件ハ韓人女二, 當事者雙方共說諭, 一件ハ韓人男二, 當事者雙方說諭, 一件ハ韓人男二, 當事者雙方共說諭, 一件ハ韓人男二, 當事者雙方共說諭.

事項, 爭論, 件數三, 摘要, 一件ハ韓人男一, 日本人男一, 當事者雙方共說諭, 一件ハ原告韓人男一, 被告日本人男一, 雙方共說諭, 一件ハ原被告共韓人男各一, 雙方共說諭.

事項, 傷害罪, 件數四, 摘要, 一件ハ原被告共日本人男各一, 被告ニ說諭, 一件ハ原告韓人男一, 被告韓人男三, 被告ニ說諭, 一件ハ原告韓人男四, 被告淸人男二, 雙方ニ說諭, 一件ハ原告韓人男一, 被告淸人男一, 被告ニ說諭.

事項, 傳染病馬ヲ放飼シタルモノ, 件數一, 摘要, 一件ハ韓人男一, 說諭ヲ加ヘ撲殺埋沒セシム.

事項, 僞造貨幣ヲ行使セントシタルモノ, 件數二, 摘要, 一件ハ淸人男一, 僞造ニ係ル露國十留紙幣ヲ使用セントシタルモノ, 說諭(紙幣ハ分隊ニ領置), 一件ハ韓人男一, 僞造ニ係ル露國十留紙幣ヲ使用セントシタルモノ, 說諭(紙幣ハ分隊ニ領置).

事項, 家宅侵入, 件數三, 摘要, 一件ハ原被告共韓人男各一, 被告ニ說諭, 一件ハ原告韓人男一, 被告日本人男一, 被告ニ說諭, 一件ハ原告韓人男一, 被告日本人男一, 被告ニ說諭.

事項, 所在捜査, 件數三, 摘要, 一件ハ日本人男一, 同女一, 行衛不明ノ故ヲ以テ保護願出シモノ, 二件ハ日本人女各一, 行衛不明ノ故ヲ以テ保護願出シモノ.

事項(モルヒネ)ヲ注射シ又ハ阿片煙ヲ吸食スルモノ, 件數二, 摘要, 一件ハ韓人男一(モルヒネ)ノ注射ヲ常習スルモノ, 說諭(注射器ハ分隊ニ領置ス), 一件ハ韓人男一, 阿片ヲ吸食スルヲ現認說諭.

事項, 醉狂スルモノ, 件數二, 摘要, 一件ハ淸人男一, 說諭, 一件ハ原被告共韓人男各一,被告ニ說諭.

事項, 人ヲ使役シテ賃金ヲ支拂ハサルモノ, 件數一, 摘要, 原告韓人男一, 被告日人男一, 被告ニ說諭支拂ハシム.

事項, 契約期間內飼牛ノ返却ヲ請求スルモノ, 件數一, 摘要, 原被告共韓人男各一, 原告ニ說諭.

事項, 土地賣買後, 約定以外ノ請求ヲ爲スモノ, 件數一, 摘要, 原告韓人男三, 被告淸人男一, 被告ニ說諭.

事項, 他人ノ所有權ヲ侵害スルモノ, 件數一, 摘要, 原告韓人男一, 被告淸人男一, 被告ニ說諭.

事項, 離婚ヲ要求スルモノ, 件數一, 摘要原告韓人女一, 被告韓人男一, 原告ニ說諭.

事項, 誣告シタルモノ, 件數二, 摘要, 一件ハ原告韓人男一, 被告淸人男一, 原告ニ說諭, 一件ハ原告韓人男一, 被告韓人男一·同女一, 原告ニ說諭.

事項, 畑地貸借ニ關スル件, 件數一, 摘要, 原告韓人男一, 被告韓人男一·淸人女一, 被告ニ說諭.

事項, 婦女ヲ誘拐セントスルモノ, 件數一, 摘要, 原被告共韓人男各一, 被告ニ說諭.

事項, 酌婦ノ逃走セシモノ, 件數一, 摘要, 原告日本人男一, 被告同女一, 被告ニ說諭.

事項, 虐待ヲ受ケ訴出テタルモノ, 件數一, 摘要, 原告日本人女一, 被告同女一, 被告ニ說諭.

事項, 不注意ヨリ失火セントシタルモノ, 件數一, 摘要, 日本人男一, 說諭.

事項, 宿泊ヲ强要シ且ツ暴行シタルモノ, 件數一, 摘要, 原告韓人男一, 被告淸人男一, 被告ニ說諭.

事項, 他人垣ヲ越ヘ暴行シタルモノ, 件數一, 摘要, 原被告共韓人男各一, 被告ニ說諭.

區分, 淸國官憲ニ交涉シタルモノ

事項, 爭論及毆打, 件數一, 摘要, 原告韓人男一, 被告淸人男一, 淸國官憲ニ交涉, 被告ヲ引渡ス.

事項, 窃盜, 件數一, 摘要, 被害者韓人男一, 被告淸人男一, 淸國官憲ニ交涉, 被告ヲ引渡ス.

事項, 牛購買代金ヲ支拂ハサルモノ, 件數一, 摘要, 原告韓人男一, 被告淸人男一, 淸國官憲ニ交涉, 被告ヲ引渡ス.

事項, 强姦未遂, 件數一, 摘要, 被害者韓人女一, 加害者淸人男一, 淸國官憲ニ交涉, 被告ヲ引渡ス.

事項, 不法ニ韓人ヲ引致セシモノ, 件數一, 摘要, 被害者韓人男一, 加害者淸國巡警一, [淸國脫]官憲ニ交涉, 被害者ヲ放還セシム.

事項, 傷害罪, 件數一, 摘要, 原告淸人男一, 被告韓人男一, 被告ハ淸國官憲ニ於テ引致セシヲ以テ身柄引渡方交涉.

區分, 檢證

事項, 出火, 件數一, 摘要, 韓人家屋ヨリ出火, 全燒五戶, 半燒二戶, 破壞一戶, 原因放火ノ疑アリ, 間島分隊ニ於テ檢證.

事項, 强盜, 件數一, 摘要, 被害者韓國內部主事ノ書記, 禹跡洞分遣所ニ於テ檢證.

區分, 檢視

事項, 自殺未遂, 件數一, 摘要, 韓人女一, 間島分隊ニ於テ檢視ス.

區分, 人命救護

事項, 溺死セントシタルモノ, 件數一, 摘要, 韓人女一, 河中ニ溺死セントシタルヲ憲兵上等兵發見, 救護ノ上母ヘ引渡ス.

區分, 盜難屆出

事項, 盜難屆出, 件數一, 摘要, 被害者日本人女一, 搜索中.

區分, 屠牛願出

事項, 屠牛檢查願出, 件數八, 摘要, 檢查ノ上許可. 計七四.

40. 間島派出所管內一般狀況月報寫本의 送付(原案2冊)

隆熙3年 (西紀1909年 8月7日)
[發] 統監府副統監 曾禰荒助
[受] 內閣總理大臣 李完用

機密統發第一四二號

齋藤間島派出所長月報統派月報第六號寫別紙及御送付候也.

明治四十二年八月七日
統監子爵 曾禰荒助
太子少師內閣總理大臣 李完用 閣下

附. 間島管內一般狀況月報

- 隆熙3年 (西紀1909年 7月10日)
- [發] 間島派出所長 齋藤季治郎
- [受] 統監府統監 曾禰荒助

統派月報第六號

明治四十二年七月十日
統監府臨時間島派出所長 齋藤季治郎
統監子爵 曾禰荒助 殿
月報 自六月一日至同月三十日

一. 地方一般ノ狀況

月間各地共淸國官民ノ著シキ不法行爲ナク槪シテ平穩ニシテ, 天候亦順ニ, 本月中旬降雨ノ爲メ耕地ヲ流失シタル鍾城間島 · 會寧間島ノ一部(前者ハ畑地約百七十三日耕, 後者ハ約三十六日耕)ヲ除クノ外ハ, 耕作物ノ成育佳良ニシテ豊穰ヲ豫期シ, 韓民一般安堵ノ狀アリ, 淸國人ハ新任督弁呉祿貞大兵ヲ率ヒ來任スルトノ風說ヲ信シ, 一般ニ喜色ヲ呈シ居リタリシモ, 事實ハ風說ニ反シ呉ハ僅カニ十數名ノ部下ヲ帶同シ來リシノミナリヲ以テ大ニ失望ノ狀アリ, 淸人中ニハ今回ノ呉ノ來任ヲ以テ, 間島カ淸國ノ領土ト確定シタルカ爲メナリモノノ如ク風說シ居ルモノアルモ, 韓人ハ最初斯ル風說ヲ信スル者ナク, 益益我ノ保護ニ信賴歸服シ居レリ.

二. 淸國官憲ノ動靜

（イ）淸國工程隊道路修繕ノ狀況, 五月中旬ヨリ淸國工程隊ニ於テ着手シタル會寧街道上火狐狸溝嶺以南道路ノ修繕工事ハ漸次南進シ, 同嶺北麓ヨリ鶴城ニ至ル約十吉羅米突ノ間, 諸所合計約五吉羅米突ノ工事ヲ竣工セリ, 目下鶴城及米田洞(三屯)ニ幕營シ全員ヲ二部ニ分チ作業ヲ實施シ居レリ, 工事ノ模樣ハ地勢ニヨリ道中ヲ三米突乃至七米突トナシ, 大石ヲ除キ土砂ヲ敷キ路面ヲ平坦ニシ, 兩側若クハ一側ニ排水溝ヲ設ケ, 稀ニ道路ヲ橫キリタル暗渠ヲ築造シタル箇所アリ, 橋梁ハ大小都合十八ケ所アリ, 淸貨三千吊ニテ淸國人ニ請負ハセタルモノノ由ニテ全部殆ント竣工セリ, 橋梁ノ長サハ六尺乃至廿五·六尺ニシテ, 何レモ厚サ三寸長サ九尺ノ橋板ヲ用ヒ構造概シテ堅實ナリ, 目下工事ニ從事シ居ル人員ハ將校四名·下士以下約百名ナリ.

（ロ）呉祿貞來臨ノ狀況, 新任督辦呉祿貞ハ本月廿七日吉林ヨリ銅佛寺街ヲ經テ局子街邊務公署ニ到着シタリ, 呉着任ノ際ハ多數ノ兵ヲ帶同スヘシトハ淸人間ニ專ラ行ハレタル喧ナリシモ, 事實ハ之ニ反シ帶同者ハ前統領胡殿甲及佐官二名·文官從者ヲ合セ十餘名ノミニシテ, 他ニ帶同ノ兵ナク, 又何レノ方面ヨリモ來リタル形跡ナシ, 護衛兵ハ前驅馬隊六十五騎·憲兵將校以下十騎·後驅步隊約百四十名·工程隊約百三十名及ヒ列外測繪班學生十八名ニシテ, 何レモ局子街南營駐屯兵ノ途中ヨリ護衛ニ服シタルモノナリ.

又吉林, 局子街間ニ於ケル護衛ハ沿道各地駐屯兵ニ於テ服シタルモノナリト, 呉一行ノ貨物トシテハ馬車僅カニ六輛到着セシノミニシテ, 兵器·彈藥ト認ムヘキモノナシ, 淸國官民ノ出迎ハ盛ニシテ, 延吉廳員·邊務公署員·局子街各官公署員·各地派弁所長及學校教師·生徒·商民等合計約三名ニ達シタリ, 韓民ニシテ出迎ヲナシタルモノハ稀レニシテ, 僅カニ數名淸人間ニ混シ居リタルヲ認メタルノミ, 淸國任命ノ鄕約弁髮淸裝ノ韓人朴官雲ハ, 東盛湧社大湝門李南極等ト共ニ地方官民六十餘名ヲ煽動シ, 呉ニ對シ歡迎辭ヲ呈シ庇護ヲ仰カントスル請願書ヲ呈出セントシタルモ, 局子街我憲兵分遣所ニ於テハ韓人ノ該行動ヲ以テ外國ニ阿附スルモノト認メ, 李ヲ派出所ニ同行シタルヲ以テ, 他ノ韓民等ハ遂ニ朴ノ煽動ニ應セス, 朴等ノ企圖ハ遂ニ成立スルニ至ラスシテ止ミタリ.

三. 淸國官民ノ不法行爲

淸國官民ノ韓官民ニ對スル狀態ハ日ニ緩和シ, 從來ノ如キ悖戾ノ行動尠キモ, 未夕絶滅スルニ至ラス往往不法ノ行爲行ハルコトアリ, 特ニ淸國官民ハ韓國一般人民ニ對スルヨリ韓國官吏ニ對シテ感情ヲ害シ居ルモノノ如ク, 動モスレハ其間紛爭ヲ惹起スルコトアリ, 盖シ淸國官民ハ韓國官吏ヲ以テ日本ノ威勢ヲ藉リ傲慢ノ態度ヲ有スルモノト認ムニ因ルナラン, 本月間發生シタル情國官民ノ不法行爲ヲ擧クレハ左ノ如シ.

(イ) 韓國巡査ト淸國人トノ爭鬪, 本月十三日龍井村内通路上ニ於テ, 淸國人楊祿ナルモノ荷馬車, 韓國人宋寬弘所有畑圃庄高粱垣ニ衝突シ其一部ヲ破壞シタルヲ宋ハ見咎メ楊ト談判中, 近傍ニ居リタル淸國人岳忠勝ナル者之ニ關係シ, 宋トノ談判ヲ引受ケ楊ヲ立去ラシメタリ, 被害者宋ハ岳ニ向ヒ修繕ヲ求メタルニ, 岳ハ容易ニ之ニ應セス互ニ爭論中, 偶偶巡察中ノ韓國巡査金秉玉通リ掛リ, 岳ニ對シ被害者ノ要求ニ應シ修繕ヲ爲スヘク說諭ヲ加ヘタル處, 結局岳ハ之ニ應シタルヲ以テ巡査ハ一旦現場ヲ去リタリ, 然ルニ岳ハ垣ノ修繕ヲ爲ササルノミナラス宋ニ對シ罵言ヲ弄スルヨリ, 宋ハ再ヒ金巡査ニ訴ヘ出テタルヲ以テ, 巡査ハ更ニ現場ニ臨ミ岳ニ對シ說諭ヲ加ヘタル處, 岳ハ却テ立腹シ拳ニテ金巡査ノ頰ヲ打チ, 且ツ其上衣第一釦ノ部ヲ攫ミ强ク引キ襟部ヲ破毁シタルヲ以テ, 金巡査モ岳ノ頰ヲ毆打シ其暴行ヲ制止シタリ, 此爭鬪ヲ聽キ付ケ附近ニ居リシ淸國人十數名集リ來リ, 岳ニ加勢シ金巡査ヲ押シ蹴リ或ハ佩刀ヲ奪ハントスルニヨリ, 金巡査ハ路傍ノ小石ヲ拾ヒ岳ノ頭部ヲ毆打シ負傷セシメタルニ, 此時韓人李源吉ナル者, 金巡査ノ呼笛ヲ取出シ吹キタル爲メ, 附近ニ在リシ我憲兵及日韓人數十名直ニ驅ケ集マリ其爭鬪ヲ制止シ, 岳ハ我憲兵ヨリ出張ノ淸國巡警ニ引渡シタリ, 此爭鬪ニ於テ岳ハ金巡査ノ毆打ニ依リ頭部左顳顬ニ長サ四珊知米突ノ打撲傷ヲ受ケタリ, 陸軍一等軍醫小野純一ノ檢案ニ依レハ, 銃器ノ衝突ニヨリ受傷シタルモノト認メ休業三日ヲ要スヘシト, 右創傷ニ關シ六道溝派弁所ニ於テハ巡査拔刀シテ斬リ付ケタルモノト强ヒ, 局子街ヨリ淸國軍醫ノ出張ヲ求メ檢案セシメタルニ, 該軍醫ハ銃器ノ外傷ト認ムル旨檢診シタル趣キナリ, 依テ同派弁所ニ於テハ更ニ巡査ノ拔刀云云ヲ稱シ我ニ交涉シ來リタルモ, 拔刀ノ事實ナキハ確實ナルヲ以テ, 我ニ於テハ之ヲ否認シタリ.

(ロ) 淸國官憲ノ韓人ニ對スル不法處分, 本月廿二日銅佛寺東方龍淵坪ニ於テ, 韓人安亨瑞ナル者(韓國主事ノ傭人)淸人王士遠所有畑內ノ畝道ヲ通行シタルニ, 偶偶同畑耕作中ノ淸人三名ハ其通行ヲ制止シタルニ原因シ互ニ爭論毆打シ, 結局淸人ヨリ銅佛寺淸國派弁所ニ告訴シタリ, 同派弁所ニ於テハ直ニ清兵五名ヲ龍淵坪ニ派遣シ, 安亨瑞及當時同所ニ居リタル韓人林鳳順(分遣所雜役夫)ノ兩名ヲ捕縛シ派弁所ニ引致シ, 別段ナル取調ヲモ爲サス即時安ヲ笞四十ニ, 林ヲ笞五十ニ處シ放遣シタリ, 銅佛寺分遣所ニ於テハ報ヲ得, 直チニ派弁所ニ至リ所長ニ會見ヲ求メタル處, 門前ニ着劍執銃ノ清兵七·八名アリ, 派弁所長ハ會見ヲ好マスト稱シ會見ヲ拒絶セントシタルモ, 强テ面會ヲ求メ交渉シタルモ明白ナル答辯ヲ得スシテ歸所シタリ, 同日分遣所長吉田憲兵中尉出張, 現場ヲ調査シタルニ, 畝道ハ從來ノ通行路ナルコト明瞭ナルヲ以テ, 更ニ派弁所長ニ會見ヲ求メ清人ノ非行及派弁所ノ不法處置ニ就キ詰問スル處アリシニ, 所長ハ越江韓民ハ清國官憲ニ於テ處分スルヲ正當ナリト爲シ, 又林ノ如キハ性質獰猛, 平素清人ト爭ヲ好ミ極メテ不良ノ徒ナル故, 將來ヲ膺懲スル爲メ笞刑ヲ行ヒタリト陳辯シ其非ヲ悟ラサルヨリ, 同中尉ハ本件ヲ上官ニ報告シ何分ノ指示ヲ待ツヘキ旨ヲ告ケ歸所シタリ, 本件ハ幫辯代理陶ニ交渉シ關係非行者ノ處罰ヲ求メタリ.

(ハ) 清兵ノ不法行爲, 本月廿一日禹跡洞東方路傍ニ於テ砂器洞駐屯清兵張默林外三名ハ, 故韓國主事李求敏ノ頌德標ヲ引キ拔キタルニ原因シ, 禹跡洞配屬ノ韓國巡査朴冕熙ハ之ヲ追跡シ清兵ヲ呼ヒタルニ, 清兵ハ突然拳ヲ以テ朴巡査ノ胸部ヲ突キ, 他ノ二名モ打懸ラントセリ, 此時憲兵上等兵現場ニ追及シ, 張ヲ禹跡洞分遣所內ニ同行シタルニ依リ, 同分遣所ニ於テハ張ノ不法行爲ヲ責メタルニ張ハ之ヲ否認スルヨリ, 平田憲兵中尉ハ更ニ砂器洞派弁所ニ交渉シ加害者ノ處罰ヲ求メタリ.

四. 韓民ノ狀況

時日ノ經過ト共ニ我韓民保護ノ基礎益益鞏固ヲ加ヘ, 清人ノ壓迫誅求等モ漸次其跡ヲ絶ツニ至リ, 何レモ安寧ノ境遇ニ在リテ一般ニ發展ノ狀ヲ呈セリ, 依テ我ハ更ニ保護ニ一步ヲ進メ, 學校ノ設立ヲ獎勵シ殖產興業ノ道ヲ敎ヘ, 且ツ勤儉貯蓄ノ美風ヲ養成セントス, 韓國內地ニ在ル韓民モ間島ニ於ケル韓民保護ノ確實ナルヲ聞知シ, 移住シ來ル者日ニ增加ノ狀アリ, 今本年一月ヨリ四月一日迄ニ韓內地ヨリ間島(東間島東部)ニ移住シタル韓人ノ戶口·人口ヲ調査シタルニ左ノ如シ.

移住者, 韓內地ヨリ間島ヘ, 戶數三四二, 人口男九三二, 女七四二, 計一六七四, 本表ノ外百草溝·汪靑地方ニ百餘戶ノ移住者アル由ナルモ調査未了ナリ, 移住者ハ農業ニ最モ多ク, 商業及其他ノ勞役ヲ目的トスル者少シ, 而シテ多クハ永住ノ覺悟ヲ以テ一家擧テ移住シ, 槪ネ清人ノ小作ヲ爲スヲ常トスルモ, 中ニハ獨立若クハ共同シテ清人ヨリ土地ヲ買收シ自作ヲナスモノアリ, 清國人ハ近來韓人ノ移住者多キヲ以テ, 土地ノ賣買行ハレ, 且ツ小作人ノ欠乏ヲ見サルヨリ一般ニ歡迎ノ狀アリ, 韓人中ニハ今尙ホ稀ニ弁髮·淸裝シ居ル者アリ, 之ヲ派出所開設當時ニ比スレハ著シク其數ヲ減少シタリト雖モ未タ根絶スルニ至ラス, 本月一日ノ調査ニ依レハ, 東間島東部ニ住スル韓人ニシテ弁髮·淸裝ヲナシ居ル者ノ戶數·人口左ノ如シ, 弁髮·淸裝韓人戶數一一二, 人口男一五〇, 女三七, 計一八七, 弁髮·淸裝ト爲リタル理由ヲ調査シタルニ大凡左ノ如シ.

(イ) 土地ノ所有權ヲ得ン爲メ.

(ロ) 淸國ノ官吏·公吏·兵卒·通譯·傭人等トナランタメ.

(ハ) 淸國ノ妻又ハ養子ト爲ルタメ.

(ニ) 淸國官憲ニ呵附ノ爲メ, 右ノ內土地所有權ヲ得ンカ爲メ弁髮·易服シタルモノ(前月報ニ詳記)最モ多ク, 淸國ノ公吏·通譯等之ニ亞キ, 淸官憲ニ阿附ノ目的ノモノ最モ少シ, 尤モ派出所開設以來弁髮·易服者ノ再ヒ韓裝ニ改メタル者ノ中ニハ此種ノ阿附者最モ多シトス, 弁髮·易服ハ主トシテ自己ノ利益ニ基キ爲シタルモノナルヲ以テ, 譬ヒ淸裝ヲ裝フト雖モ我ノ施設ニ反抗スル如キ行動ヲ爲ス者至テ稀ナリ, 韓人ノ言ニ依レハ弁髮·易服ノ始期ハ今日ヨリ凡ソ四十年前ニシテ, 其最モ多ク生シタルモノ今ヨリ十二年乃至四年前ナリト.

五. 戶口調査ニ關スル件

本年一月ヨリ五月ニ亙リ, 東間島東部ノ淸·韓人ノ戶口調査ヲ實施シタルニ其總數概ネ左ノ如シ(追テ詳報ノ筈).

地域, 東間島, 國別, 淸, 戶數三, 九〇〇, 人口男一七, 一九八, 女一〇, 一七三. 計二七, 三七一.

地域, 東部, 國別, 韓, 戶數一六, 一〇一, 人口男四七, 一七一, 女三五, 八二八, 計八二, 九九九, 總計, 戶數二〇, 〇〇一, 人口男六四, 三六九, 女四六, 〇〇一, 計一一〇, 三七〇, 但淸·韓人中ニハ官吏及兵員ヲ含マス.

戶口調査ニ際シ淸韓人ノ感想ヲ推察スルニ, 淸國人民ハ一般ニ冷淡ナルモ, 淸國官憲ハ我戶口調査ヲ以テ自國ノ行政ニ干涉スルモノトシ痛ク之ヲ忌嫌スルノ狀アリ.

又一般韓人ハ戶籍簿ニ登錄セラレテ初メテ一國民タルノ資格ヲ得タルモノノ如ク信シ, 進ンテ我調査ニ應シタルモ, 淸國官憲所在地方ニ於ケル韓人ハ, 淸國官憲ヲ憚リ我調査ヲ避ケントスルノ風アリタリ, 戶口調査中淸國官憲ヨリ各地方ニ於テ調査ノ中止若クハ門牌揭示禁止ノ要求ヲ受ケ, 殊ニ鍾城間島一圓·穩城間島春華社·茂山間島南部地方ニ於テ一層甚敷妨害ヲ受ケタレトモ, 結局之ヲ排除シテ調査ヲ遂行シタリ, 而シテ清國官憲ニ於テ爲シタル妨害ノ手段トシテハ, 韓人ヲ脅迫シテ他出セシメ, 亦ハ調査中集合ノ韓人ヲ解散セシムル等, 我ヲシテ調査ニ途ナカラシメ, 甚敷ハ韓人ヲ毆打シテ我問ニ答フル所ナカラシムルニ至レリ, 今回實施ノ戸口調査ハ, 我派出所韓民保護ノ趣旨ヲ僻遠ノ地ニマテ透徹セシメタル効アリ, 而シテ概シテ韓人ハ清人ニ比シ居住家屋及其他ノ經營等凡テ小規模ニシテ, 動モスレハ遊食ヲ事トスル者多シ.

六. 衛生狀態

(イ) 所員ノ狀態, 月間所員ノ患者總數ハ五名ニシテ皆輕病患者ノミニシテ, 特記スヘキ疾患ナク一般健康狀態ニアリ.

(ロ) 地方ノ狀況, 痲疹ハ各部落トモ多少ノ流行アリ, 痲剌利亞患者ハ前月ニ比シ著シク增加シタリ, 本月東京台及新興坪憲兵分遣所員及同地韓人ノ一部ニ種痘ヲ施サシメタリ.

(ハ) 患者施療ノ狀況, 本月間施療シタル新患者總計, 七百八十名, 前月ニ比シ百四十六名ヲ增加シ, 一日ノ新患者六十餘名ニ上リシコトアリ, 新患者ヲ國籍別スレハ左ノ如シ.

韓人六三一, 淸人七五, 日人七四.

七. 本月ノ氣象概況

第一旬, 平均氣溫一七・四, 最高氣溫(四日)三二・〇, 最低氣溫(六日)五・五, 降水回數六, 降水量一四・〇.

第二旬, 平均氣溫一六・五, 最高氣溫(十二日)二七・五, 最低氣溫(十七日)七・〇, 降水回數一〇, 降水量二八・二.

第三旬, 平均氣溫一八・五, 最高氣溫(廿三日)三〇・五, 最低氣溫(廿八日)一一・五, 降水回數七, 降水量一八・四.

月平均氣溫一七・五, 最高氣溫(四日)三二・〇, 最低氣溫(六日)五・五, 降水回數二三, 降水量六〇・六, 積算溫度五二四・五, 快晴日數〇, 曇天日數一四, 降水回數一七.

昨年本月ノ氣象ハ.

第一旬, 平均氣溫一六・九, 最高氣溫(三日)三二・〇, 最低氣溫(七日)八・〇, 降水回數四,降水量六五·四.

第二旬, 平均氣溫七七·四, 最高氣溫(十七日)三〇·〇, 最低氣溫(十一日)五·五, 降水回數一, 降水量〇·一.

第三旬, 平均氣溫二〇·〇, 最高氣溫(廿二日)三六·〇, 最低氣溫(廿二日)九·五, 降水回數一, 降水量〇·一.

月平均氣溫一八·一, 最高氣溫(廿二日)三六·〇, 最低氣溫(十一日)五·五, 降水回數六.降水量六五·六, 積算溫度五四六·八, 快晴日數五, 曇天日數五, 降水日數六.

右兩表ヲ對照スルニ, 本年ハ積算溫度ニ於テ二二·三度, 平均氣溫ニ於テ〇·六度低キヲ示セリ, 最高氣溫モ亦四度ノ低キヲ見ル, 降水量ニ於テ五ミリ少キモ, 曇天日數竝ニ降水日數遙ニ昨年ヨリ多ク, 快晴日ハ全ク無シ, 且ツ本月一回ノ降雪アリ, 要スルニ氣媼ハ本月ニ於テハ昨年ヨリ低キモ, 降水幷ニ氣溫ハ昨年ヨリ順和ナル爲メ, 農作物ノ發芽·生育等凡テ順境ニアリ.

八. 所員ノ動靜及執務ノ狀況

雇財滿精三ハ願ニ依リ本月一日付ヲ以テ解雇ス, 楠野事務官ニ會計事務打合セノ爲メ出京ヲ命シ十六日出發セシム, 囑託龜井菊治郎ハ 月 日付月手當百十圓ヲ給セラル, 本月六日本官ハ當地出發茂山間島方面巡視, 十二日頭道溝ヲ經テ歸所シタリ, 今回ト前回トノ巡視ニ於テ, 各地都社長以下韓民ニ對シ別紙第一號ノ訓示ヲ, 韓人學校ニ對シテハ大要別紙第二號ノ訓誨ヲ爲シ, 夫レ夫レ多少ノ補助金ヲ附與シ置キタリ, 各地韓民ノ狀態ハ概略前項韓民ノ狀況ニ記載ノ如クニシテ, 衷心我保護ニ信頼シ頗ル安堵ノ狀アルヲ見受ケタリ, 然リト雖トモ我韓民保護ノ期スルトコロハ之等消極的ノモノニアラス, 更ニ進ンテ積極的ニ保護ヲ加ヘサルヘカラサルモノナルヲ以テ, 歸來所員ニ對シ別紙第三號ノ訓示ヲ爲シ, 此際一層ノ努力奮勵ヲ要スル旨ヲ懇諭シタリ.

九. 警察事故

本月間取扱ヒタル警察事故如左表

明治四十二年六月中警察事故表

間島憲兵分隊

區分, 日本刑法違反

事項, 拐帶及詐欺取財, 件數一, 摘要, 被告日本人男一, 會寧警察署ニ交付.

區分, 韓國刑法違犯

事項, 姦人婦女律, 件數一, 摘要, 被告韓人男一, 被害者日本人女一, 咸興地方裁判所へ送致.

區分, 說諭

事項, 淸國兵營前ニ於テ密賣淫ヲナシタルモノ, 件數一, 摘要, 被告日本人女一, 說諭.

事項, 邪術ヲ以テ人ノ禍福ヲ忘言セントシタルモノ, 件數一, 摘要, 被告韓人男三, 說諭ノ上邪術用書籍十册ヲ棄却セシム.

事項, 有夫ノ婦ト姦通シタルモノ, 件數一, 摘要, 被告韓人男一, 說諭.

事項, 姦通ノ媒介ヲ爲シタルモノ, 件數一, 摘要, 被告韓人男二, 說諭.

事項, 婦女誘拐, 件數二, 摘要, 二件共原被告韓人男各一, 一件ハ被告ニ說諭ノ上婦人ヲ原告ニ引渡サシメ, 一件ハ被告逃走不在ニ付, 搜索中.

事項, 遺失物剋留, 件數一, 摘要, 被告韓人男一, 說諭ノ上剋留品ヲ遺失者ニ返還セシム.

事項, 窃盜及遺失物剋留, 件數一, 摘要, 被告韓人男一, 說諭ノ上贓品及剋留品ヲ被害者ニ返還セシム.

事項, 窃盜, 件數五, 摘要, 一件ハ被告韓人男一, 原告韓人男五, 輕微ニ付說諭放遣, 一件ハ被告淸人男一, 淸國官憲ニ引渡ス, 一件ハ原被告共韓人男各一, 被告ハ韓國內地へ逃走ニ付照會中, 一件ハ被告韓人男一, 贓物ヲ費消シタルヲ以テ賠償セシメタル上說諭放遣, 一件ハ被告淸人男二, 原告韓人男一, 被告ハ逃走, 所在不明ニ付搜索中.

事項, 債務關係, 件數一五, 摘要, 五件ハ原被告共韓人男各一, 被告ニ說諭債務ヲ履行セシム, 三件ハ原被告共韓人男各一, 雙方ニ說諭示談セシム, 一件ハ原告韓人男三, 被告韓人男一, 被告ニ說諭示談セシム, 二件ハ原被告共韓人男各一, 被告ニ說諭示談セシム, 一件ハ原告韓人男一, 被告日本人男一, 被告ニ說諭, 債務ヲ履行セシム, 一件ハ原被告共韓人男各一, 原告ノ請求不當ニ付說諭, 一件ハ原被告共日本人男各一, 被告ニ說諭, 債務ヲ履行セシム, 一件ハ原告淸人男二, 被告日本人男一, 被告ニ說諭, 債務ヲ履行セシム.

事項, 毆鬪, 件數四, 摘要, 一件ハ原被告共韓人男各一, 被告ニ說諭, 損害ヲ賠償セシム, 一件ハ原被告共韓人男各一, 雙方ニ說諭, 一件ハ韓人男三, 互ニ相鬪毆シタルヲ現認說諭, 一件ハ韓人男一, 日本人男一, 互ニ相鬪シタルヲ現認說諭.

事項, 損害ノ賠償要求, 件數一, 摘要, 原被告共韓人男各一, 原告ノ要求不當ニ付說諭.

事項, 家族ノ扶養ヲ缺キタルモノ, 件數一, 摘要, 原告韓人男一, 被告韓人男一, 被告ニ說諭扶養セシム.

事項, 家宅ニ侵入セントシタルモノ, 件數一, 被告日本人男一, 說諭放遣.

事項, 賭博, 件數一, 摘要, 被告韓人男四, 說諭放遣.

事項, 淸國官吏ノ留任願書ニ他人ヲ强請シ連署セシメタルモノ, 件數一, 摘要, 被告韓人男五, 說諭.

事項, 爭論, 件數六, 摘要, 二件ハ當事者韓人男二, 雙方ニ說諭ノ上和解セシム, 一件ハ當事者韓人男三, 雙方ニ說諭ノ上和解セシム, 一件ハ原被告共韓人男各一, 被告ニ說諭ノ上和解セシム, 一件ハ當事者日本人男一, 淸人男一, 雙方ニ說諭ノ上和解セシム, 一件ハ當事者韓人男一, 淸人男一, 雙方ニ說諭ノ上和解セシム.

事項, 土地所有權ヲ侵害シタルモノ, 件數一, 摘要, 原告韓人男一, 被告淸人男一, 交涉ノ上, 韓人ノ所有ニ確定ス.

區分, 淸國官憲ニ交涉

事項, 不當徵稅ヲ爲シタルモノ, 件數二, 摘要, 二件共原告韓人男一, 被告淸國稅務局官吏, 山海稅ヲ不當ニ徵收セントシタルモノ.

事項, 毆打, 件數一, 摘要, 被害者韓人男二, 淸國官憲ニ於テ濫リニ笞刑ヲ加ヘタルモノ.

事項, 毆鬪, 件數四, 摘要, 一件ハ原告韓人男一, 被告淸人男二, 被告ヲ淸國官憲ニ引渡ス, 一件ハ原告韓人男一, 被告淸人男二, 被告ヲ淸國官憲ニ引渡ス, 一件ハ原告韓人男一, 被告淸國官吏一, 一件ハ原告韓人男一, 被告淸人數名.

事項, 木材ヲ不法ニ沒收シタルモノ, 件數一, 摘要, 被害者韓人男一, 淸國官憲ニ於テ伐採禁止ノ制令違反ナリトテ沒收シタルモノ.

事項, 不法ノ徵發ヲ爲シタルモノ, 件數一, 摘要, 淸國巡防隊ニ於テ韓人ヨリ雜穀·薪ヲ徵收シ相當ノ代金ヲ支拂ハサルモノ.

事項, 債務關係, 件數一, 摘要, 原告韓人男一, 被告淸人男一, 被告ヲ淸國官憲ニ引渡ス.

區分, 檢視

事項, 變死, 件數三, 摘要, 一件ハ韓人女一, 河水ニ投身溺死セシモノ, 一件ハ韓人男一, 阿片ヲ多量ニ服用シテ自殺シタルモノ, 一件ハ韓人男一, 中毒死シタルモノ, 以上三件共間島分隊ニ於テ檢視.

區分, 檢證

事項, 出火, 件數一, 摘要, 九松墟社八道溝西谷村韓人家屋一戶半燒, 原因失火, 八道溝分遣所ニ於テ檢證.

事項, 盜難, 件數一, 摘要, 被害者日本人男一, 金巾六匹ヲ窃取セラル, 間島分隊ニ於テ檢證.

區分, 保護

事項, 人命救助, 件數一, 摘要, 韓人男一, 河中ニ陷リ溺死セントスルヲ憲兵ニテ發見救助.

區分, 屆出

事項, 盜難屆, 件數一, 摘要, 被害者日本人一, 置時計一箇ヲ窃取セラレシモノ, 合計六三.

附 屬1. 齋藤派出所長의訓諭概要 (管內部落民에게)

第一號別紙

所長巡回ノ際社長·村長·頭民等ヘ訓諭ノ概要

本官ハ今回間島ノ各地民情視察ノ途ニ上リ本日當地ニ着シタル處, 社長·村長ヲ始メ數多キ頭民等, 路ノ遠近ニ拘ハラス斯ク來リテ歡迎ノ禮ヲ盡セルハ衷心深ク感謝ニ勝ヘス, 抑抑韓國皇帝陛下ノ依託ニ由リ, 再昨年其筋ヨリ本官ヲ派シテ間島在住韓民保護ノ重任ヲ授ケ此地ニ來駐セシメラレシ以來, 苟モ爾等韓民ノ休戚ニ關シテハ, 事ノ大小ヲ問ハス一意必要ノ施設ヲ忽ニセサルノ結果, 歲月ノ經過ト共ニ諸事其緒ニ就クヲ得, 隨テ爾等カ以前ニ於テ他國人ノ壓迫ヲ受ケ, 不當ノ苛稅等ニ苦シムルモノアリトハ, 常ニ各地ヨリノ報告ニ接スル處ナルカ, 尙ホ實地ニ就キ躬自ラ現況ヲ視察セントシ今回親シク巡回スルコトトナシタルニ, 各地ノ狀況豫想以上ニ良好ノ觀ヲ呈シ, 一般ノ韓人到ル處孰レモ發展安堵ノ色アルヲ見テ, 眞ニ愉快ノ感ナクンハアラス, 此機會ニ於テ保護ノ施設ニ關シ, 更ニ爾等ニ訓告シテ慰安奮勵ノ度ヲ促進セシメントス, 其レハ他ニアラス, 本官カ沿道韓民ノ生活狀態ヲ見ルニ, 之ヲ他ノ國民ニ比シ尙大ニ劣ルモノアルヲ憐ム, 夫レ人ノ此世ニ處ス其希望一ニシテ足ラスト雖モ, 要スルニ孰レモ自己ノ財產ヲ富マシテ子孫ノ繁榮ヲ冀ハサルハナカルヘシ, 然レトモ爾等此目的ヲ達成センニハ素ヨリ遊惰安逸ヲ貪ルヲ容サス, 必ラスヤ着實勤勉其ノ職業ニ忠實ナルヲ要ス, 曩キニ本官カ日本ヨリ歸任シタルノ際, 各社長等ノ勞苦ニ酬ヒントスルノ意ヲ以テ之ニ懷中時計ヲ賞與シタリ, 本來本官ノ意中ヨリ言ヘハ, 單ニ社長等ニ限ラス泛ク村長·頭民等ニモ同シク授與シタキ精神ナレトモ, 如何ニセン, 限リアルノ數, 亦一般ノ衆多ニ頒チ難キノ事情アルヲ因テ, 爾等ノ代表者トシテ爾等多數ノ輿望ニ推サレ居ル社長其人ニ授與シテ, 以テ本官カ爾等一般ノ休戚ニ拳拳タルノ意ヲ聊カ表示セントシタルモノアリテ存ス, 而シテ此時計ノ贈遺ハ決シテ之ヲ彼等ノ玩弄物タラシメントスルニアラス, 又其機械ノ精巧ヲ看覽セシメントスルニアラス, 即チ一日カ幾何時間ニシテ此時間ハ一タヒ去リテ復タ回ラサルカ故, 能ク時間ノ貴重ナルコトヲ悟ラシメ, 假令一時半時ノ微タリトモ之ヲ有利ニ善用セシメ, 常ニ遊惰ヲ誡メ勤勉ヲ旨トシ, 時時刻刻財產ノ富饒ヲ企テ, 衣服ヲ美麗ニシ, 家屋ヲ宏壯ニシ, 子孫繁榮ノ基礎ヲ作ルヘキコトヲ社民ニ周知セシメントスルニ在リ, 爾等其レ之ヲ解セヨ, 又茲ニ一言セント欲スルハ財產貯蓄ノ良慣習ヲ養成セシメントスルニアリ, 貯蓄トハ日常ノ浪費ヲ愼ミ時時ノ生產額ヲ蓄積增殖スルヲ謂フナリ, 既往不秩序ノ境遇ニ在リテハ, 家屋ノ宏壯ナル財產ノ富饒ナル寧ロ却テ他ノ暴慾强奪ヲ招クノ原因タルヨリ, 人人毫モ貯蓄ノ利益ヲ認メス, 因襲ノ弊自暴自棄ニ流レ, 粗食ニ甘ンシ敝衣ニ安ンジ, 全ク進取ノ活氣ヲ缺クニ至リシハ, 實ニ憐ムヘキ狀態ノ一ナリトス, 今ヤ爾等生命財產ノ保護ノ爲メニハ, 我統監府派出所ノ在ルアリ, 日韓ノ官吏, 憲兵ト倶ニ極力爾等ノ安寧幸福ヲ增進センコトニ努力シツツアルカ故ニ, 爾等些ノ危懼ノ念ヲ懷クノ要ナク, 平素心ヲ安ンシ其業ニ勵ミ贅費ヲ去リ, 我派出所官吏ノ好例ニ倣ヒ一般ニ貯金ノ風ヲ養ヒ, 以テ將來多幸ノ境涯ニ樂ムコトヲ期スヘシ, 本官カ其衣ヲ美麗ニシ其家ヲ宏壯ニセヨト書フハ, 決シテ奢侈ノ惡風ヲ勸ムルニアラス, 即チ人間當然ノ希望ヲ正當ニ達スルノ良策ヲ講セサルヘカラスト書フニ在リ, 然リ而シテ殖產興業, 能ク其身ヲ富マシ其子孫ヲ榮ヘシメ, 此文明ノ世界ニ捿息シテ世運ノ進步ト騈行シ, 敢テ他ニ一着ヲ輸セサラント欲セハ, 必ラス智識アルノ人タラサルヘカラス, 知識ハ學テ之ヲ獲ヘシ, 年齡既ニ老スルノ輩ハ今更言フモ詮ナク, 此輩ノ爲メニハ, 時時必要ノ訓誡ヲ與フヘキモ, 而カモ齡尙ホ若クシテ前途希望ヲ有スル靑年子弟ハ擧テ速ニ學ニ就キ, 古ヲ溫ネテ新ヲ知リ, 各自其天賦ノ技能ヲ發達スルコトヲ勉ムヘシ, 本官ハ其レカ爲メ各地ニ完全ノ學校ヲ設備スルノ必要ヲ感スルヤ最モ功ナリト雖モ, 百廢一時ニ擧ケ難キハ數ノ免レサル所, 今ヤ間島ニ於ケル模範的學校トシテハ, 昨年龍井村ニ一校ヲ設ケ目下其新校舍建築ノ工事中ニ屬ス, 其他人間ノ最モ貴重ナル生命救濟ノ爲メ, 技術優秀ナル軍醫ヲ聘シ無料施藥, 其恩惠ニ浴シテ疾病ノ厄ヲ免レシメタルモノ韓民中既ニ無慮一萬有餘ノ多キニ達セリ, 尙農作ニ第一緊要ナルハ牛ナルニ, 由來間島ノ地方牛疫屢屢發生シ, 其都度韓民ノ被害少カラサルヲ憐ミ, 今ヤ獸醫ノ聘用中ナレハ, 不日到着其救療ヲ開始スルノ運ニ至ルヘシ, 又龍井村ニ農事試驗場ヲ開設シ, 何レノ穀類カ最モ間島ノ地味ニ適シ, 同シ間島生產ノ穀物中ニテモ何レカ最モ收穫多ク, 結局在住韓民ヲ利スル最良ノ穀種ヲ擇ヒ, 例ヘハ同シク一畊地ノ面積ヲ以テシテ, 從來二·三石ノ收穫ニ止マリシモノ, 增シテ十數石ノ收穫トナリ, 將タ價格ヨリ論スレハ, 既往十圓ノ生產額ニ過キサリシモノ能ク百圓ノ收入ヲ得ルニ至ラシムヘク目下其擇種等ノ試驗中ニシテ，追テ試驗ノ成果ニ徵シ爾等ニ其良種ヲ頒セント欲スルハ勿論，本年秋穫時ニ於テ間島農產物ノ種類ヲ蒐集シ，所謂共進會的ニ各自ノ產出品ヲ品評シ，優等品ニ對シテハ特ニ賞與ノ金品ヲ下付セントスルノ計劃モアリ，之ヲ要スルニ上來絮說シタル如ク，本官ハ間島在住韓民保護ノ爲メ，其受クル所ノ壓迫若クハ不當ノ苛稅等ハ斷乎トシテ之ヲ排除シ，爾等ヲ苦痛ノ境遇ヨリ救拯シテ，而シテ安平ノ域ニ指導推挽スルノ方法ニ苦心シ，知リテ講セサルナク講シテ施ササルナキヲ期ス，爾等其レ益信賴安堵シ，各各其業ニ勵ミ一層安寧幸福ノ增進ヲ企圖シテ可ナリ，尙ホ隨時必要ノ施設ハ當地ニ在勤セル分遣所長ニ訓令指示シテ，其機宜ヲ誤マラシメサラントス，爾等若シ疑義アラハ就テ問ヒ，請願アラハ來リテ訴ヘ，全然疑懼ノ念ヲ去リ，一意我派出所ノ施設ニ倚賴シ，以テ各自正當ノ幸福ヲ求ムルノ計ヲ爲セ，本日親シク面會シタルノ機會ヲ利用シ，聊カ保護施設ノ槪要ヲ訓告ス，ト云爾.

附 屬2. 齋藤派出所長의訓諭槪要 (學校生徒에게)

第二號

所長巡回ノ際學校生徒ニ對スル訓諭ノ槪要

本職ハ今回間島地方視察ノ途次，本日當地ニ着セシ處，爾等幼年ノ學校生徒ニ至ル迄打掛ケ歡迎シ吳レタルハ誠ニ奇特ノ至ナリ，本職ハ斯ク爾等ニ面會スルノ機會ヲ利用シ，爾等將來ノ心得ノ爲メ一言スル所アルヘシ，抑抑爾等カ日日學校ニ出入シ汲汲學問ヲ修ムル所以ノモノハ，盖シ先ツ第一ニ自己ノ身ヲ修メ家ヲ齊ヘントスルニ在リテ其目的ヤ可ナリ，然レトモ能ク心ニ銘セヨ，徒ラニ大言壯語，浮華輕噪ニ走ルノ徒輩タルニ至ラハ，世ノ爲メ將タ自己ノ爲メ一利ナクシテ百害アリ，殊ニ其勉メテ學フ所ノモノ，之ヲ實行セサルニ於テ何等硏鑽ノ効ナシ，學校ノ敎師ハ孰レモ當サニ行フヘク當サニ爲スヘキ科目ヲ敎ユ，ルモノナルカ故ニ，爾等ハ其訓誡ニ遵ヒ其授クルモノヲ學ヒ，學ヒタル以上ハ必ス之カ實踐躬行ヲ期セサルヘカラス，譬ヘハ學校ノ敎師ハ爾等ノ爲メ美味ナル馳走ヲ爾等ニ提供スルモノナリ，爾等宜シク之ヲ咀嚼シ其美味ヲ會得スヘキヲ要ス，假令善美ノ饗應ニ逢フモ，爾等敢テ自カラ嚥下スルニアラスンハ，奚ク其甘味ヲ味フヲ得ン，聞ク所文字ノ末ニアラス，讀ム所書物ノ上ニアラス，必スヤ之ヲ躬行スルニ至リテ始メテ學校ノ益アルハ，恰モ饗應ノ食ヘテ而シテ後，其美味ヲ知ルヘキカ如シ，爾等造次ニモ之ヲ忘ルルコトナカレ，又爾等ハ日日通學スル學校ノ外，別ニ一ノ學校アルヲ知ルヤ，其レハ他ニアラス，即チ爾等ノ家庭是レナリ，家庭ニハ慈愛ナル父母アリ兄姉アルヘシ, 父母兄姉ハ皆爾等ノ善行良爲ヲ懇篤ニ指導スヘク, 取リモ直サス是亦爾等ニ美味ノ馳走ヲ提供スル好個ノ教師ニアラスヤ, 古語ニ曰ク, 弟子入リテハ孝, 出テテハ弟ト, 爾等勉メテ學校ニ學フト共ニ亦家庭ノ修業ヲ怠ルヘカラス, 此ノ如ク內外皆學ヒ努メテ敢テ懈ラスンハ, 終ニ能ク修身齊家ノ目的ヲ達スヘキハ勿論, 此開明ノ世ニ處シ當然ノ安寧幸福ヲ享受スヘキヤ疑ヲ容レス, 本職ハ常ニ間島韓民ノ子弟ノ爲メ完全ナル學校ノ設備ヲ欲スルノ念切ナリト雖モ, 事ニ順序アリ, 到底各地方一時ニ其設立ヲ望ムヘキニアラス, 故ニ先ツ模範的學校ノ一トシテ龍井村ニ之ヲ創設シ, 目下其新校舍ノ建築中ニ屬ス, 爾等若シ進ンテ完全ノ學術ヲ修メント欲セハ, 姑ラク龍井ノ學校ニ來學スルモ妨ケナシ, 玆ニ本職ハ平素教育ヲ重スルノ微志ヲ表スル爲メ, 聊カナカラ若干ノ金圓ヲ其校ニ寄付セントス, 若シ學校必須ノ費ニ充テ以テ教育ニ益スルモノアラハ殊ニ滿足スル處ナリ, 爾等生徒ノ爲メ一片ノ訓諭ヲ與フルコト爾リ.

附 屬3. 齋藤派出所長의訓示 (派出所職員에게)

第三號訓示

韓人保護ノ任務ハ其第一期ヨリ將ニ第二期ニ入ラントスルコト及ヒ之ニ對スル一般ノ方針ニ付キ昨年兩回(八月十二日)訓令スル所アリタリ, 之ヲ概言スレハ, 第一期ニ於テハ主トシテ暴力ノ壓迫苛烈ナル誅求ヲ免レシムルコトヲ努メ, 第二期ニ於テハ保護ノ主旨ヲ一層深ク人心ニ透徹セシムルノミナラス, 教育·衛生ノ觀念ヲモ涵養スルコトヲ計リ, 又都社長·社長·村長等保護ニ關スル地方機關ノ組織ヲ完成スルコトヲ期シタリ, 而シテ今次親シク各地ヲ巡視スルニ, 概シテ豫期ノ成果ヲ得タルヲ認メタルハ大ニ滿足スル所ナリ, 是レ畢竟諸官擧テ所定ノ方針ヲ確守シ, 鞠躬奮勵, 至誠公ニ奉シ忍耐克ク其職務ニ從事シタル結果ニアラスンハアラス, 然レトモ各地ニ於ケル保護ノ効果及恩威浸透ノ程度一樣ナラス, 其他一般ニ尙ホ吾人ノ施設盡力スヘキ餘地ノ廣大ナルヲ認ム, 本官ハ客年八月訓示ニ於テ常ニ威嚴ヲ保チ機先ヲ制シ他ノ脅迫ヲ意トセサルコト, 又同年末分遣所長會議ニ際シ, 被保護者ノ利益ヲ增進シ煩勞ヲ厭ハス懇切ニ指導ノ實ヲ擧クルコトヲ注意シタリシカ, 從テ今ヤ將來ニ向テハ從來ノ保護手數ヲ益益嚴密ニ推行スルト共ニ, 更ニ進ンテ經濟上ノ點ニ付テモ指導誘援ヲ要スルコトノ緊切ナルヲ覺ユ, 抑モ當地方ニ於テ韓人保護ノ任務ヲ完フセンニハ, 必ラス先ツ淸國官民ノ狀態ヲ周察スルコト肝要ナリ, 是レ本官カ曩ニ特ニ訓示セシ機先ヲ制スルノ意義ニ於テ最モ密切ナル關係ヲ有スルニ由ル, 之ヲ既往ノ狀態ニ徵スルニ, 我官憲ハ確實ニ淸國官憲ノ機先ヲ制シ, 彼等ハ啻タ吾人ノ所爲ヲ模放スルニ過キサルノ觀アリ, 然ルニ韓人ニ至テハ大ニ其狀態ヲ異ニシ, 反テ淸人ニ機先ヲ制セラレサルハナシ, 因襲ノ久シキ又止ムヲ得サルニ由ルト雖モ, 居住生活ノ程度, 農工商業其他運輸交通ノ事業ニ至ルマテ, 一トシテ淸人ヲ淩駕スヘキモノアルヲ見サルハ最モ憫然タラサルヲ得ス, 幸ニ吾人ノ保護年ヲ逐ヒ其効果漸ク洽ク, 來住者從テ又其數ヲ增加スト雖モ, 其生活狀態ヲ改善シ其製產能力ヲ發達セシムルニアラサレハ, 到底淸人ト拮抗シ得ルノ地步ニ達セシメ難シ, 是ヲ以テ本官ハ曩ニ學校ヲ興シ農事試驗場ヲ設ケ, 且ツ地方ヲ巡視スルニ方リ, 都社長以下人民ノ主ナル者ニ對シ保護ノ實際ヲ摘說シテ, 具サニ懇諭スル所アリタルハ諸官ノ熟知スル所ニシテ, 所謂機先ヲ制スルノ計劃ニ於テ缺ル所無カランコトヲ期セリ, 然レトモ之ヲ實地ニ適應シ其成果ヲ收メンニハ, 諸官ノ精勵盡力ニ俟タザルヘカラサルヤ勿論ナリ, 殊ニ地方一般ニ普及セシメンカ爲メニハ, 主トシテ各分遣所在勤者ノ盡力ニ依賴セサルヲ得ス, 故ニ直接敷衍實施ノ責ニ任スルモノハ, 勉メテ人民ト接觸ノ機會ヲ重ネ, 時機ヲ見テ商會或ハ農會ヲ組織セシメ, 又ハ圖書物品ヲ指示シテ先ツ智能ノ啓發ヲ計リ, 引テ勤勉奮發ノ氣性ヲ養成スルコトヲ期セサルヘカラス, 其他從來ノ保護手數ヲ一層嚴密ニ推行スルニハ, 成リ得ル限リ地方巡回ノ數ヲ增加スルコト肝要ナリ, 夫レ各地ノ狀態ハ各所管主任ノ報告ニ依リ, 或ハ特ニ吏員ヲ派シテ周察シ, 狀況ニ應シ適當ナル劃策ヲ按施スルハ固ヨリ遺漏ナキヲ期スル所ナリト雖モ, 苟モ人民ノ利福ニ關シテ該官意見ノ存スルアレハ, 之レヲ具申スルコトニ躊躇ナカランコトヲ望ム, 之ヲ要スルニ再昨年赴任ノ途次, 火狐狸·溝嶺ニ於テ同行ノ諸官ニ對シ, 現地ヲ指示シテ講話訓示シタル諸項ハ今ヤ着着現實セラレ, 淸津ノ開港ニ次クニ自由貿易港ヲ以テシ, 淸津·敦賀航路スラ近キ將來ニ於テ開始セラレントス, 即チ當方面ノ氣運ハ遲遲タルカ如クニシテ實ハ快速ノ發展ヲ遂ケツツアリ, 又以テ聊サカ慰スルニ足ル, 諸官夫レ勉メヨヤ.

玆ニ今次地方巡視ニ當リ都社長以下ニ訓示シタル要領ノ筆記ヲ附シテ訓示ス.

明治四十二年六月二十一日

統監府臨時間島派出所長 齋藤季治郎

41. 統監府間島派出所廢止에 對한 通告(原案2冊)

隆熙3年 (西紀1909年 10月27日)

[發] 統監府參與官 石塚英藏

[受] 內閣總理大臣 李完用

統發第六六六號

當府間島派出所ハ來十一月一日限リ廢止ノ事ニ內定相成候條, 此段爲念及御通知候也.

明治四十二年十月廿七日

臨時統監府總務長官事務取扱

統監府參與官 石塚英藏

太子少師內閣總理大臣 李完用 閣下

42. 日 · 淸協約締結로 因한 間島總領事館開設通告(原案2册)

隆熙3年 (西紀1909年 11月1日)
[發] 統監府副統監 曾禰荒助
[受] 內閣總理大臣 李完用

統發第六七四號

圖們江北一帶ノ墾地所謂間島ト稱スル地域ハ, 從來韓淸兩國ノ所屬未定ノ爲メ, 帝國政府ハ先年假ニ統監府間島派出所ヲ設置シ, 專ラ該地方在留韓國民ノ保護ニ當ラシメ候處, 帝國政府ハ同地所屬ヲ速ニ決定スルノ必要アルヲ認メ, 爾來淸國政府ト交涉協議ノ末, 本年九月四日ヲ以テ別紙寫ノ通リ同地ニ關スル協約ノ締結ヲ了シ, 其結果トシテ本月一日限リ統監府間島派出所ヲ廢止シ, 同二日ヨリ在間島帝國總領事館及同分館ヲ開設シ, 在留韓國民ノ保護管理ヲ擔任セシムルコトト相成候條, 御諒承相成度此段申進候也.

追テ本文ノ趣貴國官報ヲ以テ一般告示方至急御取計相成度此段申進候.

明治四十二年十一月一日
統監子爵 曾禰荒助
太子少師內閣總理大臣 李完用 閣下

附 1. 日·淸協約條款寫本 (日文)

隆熙3年 (西紀1909年 9月4日)

大日本國政府及大淸國政府ハ, 善隣ノ交誼ニ鑒ミ圖們江カ淸韓兩國ノ國境タルコトヲ互ニ確認シ, 竝妥協ノ精神ヲ以テ一切ノ辦法ヲ商定シ, 以テ淸韓兩國ノ邊民ヲシテ永遠ニ治安ノ慶福ヲ亨受セシメンコトヲ欲シ, 玆ニ左ノ條款ヲ訂立セリ.

第一條, 日淸兩國政府ハ圖們江ヲ淸韓兩國ノ國境トシ, 江源地方ニ於テハ定界碑ヲ起點トシ石乙水ヲ以テ兩國ノ境界ト爲スコトヲ聲明ス.

第二條, 淸國政府ハ本協約調印後, 成ルヘク速ニ左記ノ各地ヲ外國人ノ居住及貿易ノ爲開放スヘク, 日本國政府ハ此等ノ地ニ領事館若クハ領事官分館ヲ酌設スヘシ, 開放ノ期日ハ別ニ之ヲ定ム, 龍井村·局子街·頭道溝·百草溝.

第三條, 淸國政府ハ從來ノ通圖們江北ノ墾地ニ於テ韓民ノ居住ヲ承准ス, 其ノ地域ノ境界ハ別圖ヲ以テ之ヲ示ス.

第四條, 圖們江北地方雜居地區域內墾地居住ノ韓民ハ, 淸國法權ニ服從シ淸國地方官ノ管轄裁判ニ歸ス, 淸國官憲ハ右韓民ヲ淸國民ト同樣ニ待遇スヘク, 納稅其他一切行政上ノ處分モ淸國民ト同樣タルヘシ, 右韓民ニ關係スル民事·刑事一切ノ訴訟事件ハ, 淸國官憲ニ於テ淸國ノ法律ヲ按照シ公平ニ裁判スヘク, 日本國領事官又ハ其ノ委任ヲ受ケタル官吏ハ, 自由ニ法廷ニ立會フコトヲ得, 但シ人命ニ關スル重案ニ付テハ, 須ラク先ツ日本國領事官ニ照知スヘキモノトス, 日本國領事官ニ於テ若法律ヲ按セスシテ判斷セル廉アルコトヲ認メタルトキハ, 公正ノ裁判ヲ期センカ爲ニ, 別ニ官吏ヲ派シテ覆審スヘキコトヲ淸國ニ請求スルヲ得.

第五條, 圖們江北雜居區域內ニ於ケル韓民所有ノ土地家屋ハ淸國政府ヨリ淸國人民ノ財產同樣完全ニ保護スヘシ, 又該江沿岸ニハ, 場所ヲ擇シ渡船ヲ設ケ, 雙方人民ノ往來ハ自由タルヘシ, 但シ兵器ヲ携帶スルモノハ, 公文又ハ護照ナクシテ境ヲ越ユルヲ得ス,雜居區域內產出ノ米穀ハ韓民ノ販運ヲ許スモ, 凶年ニ際シテハ仍テ禁止スルコトヲ得ヘク, 柴草ハ舊ニ依リ照辦スヘシ.

第六條, 淸國政府ハ將來吉長鐵道ヲ延吉南境ニ延長シ, 韓國會寧ニ於テ韓國鐵道ト連絡スヘク, 其一切ノ辦法ハ吉長鐵道ト一律タルヘシ, 開辦ノ時期ハ淸國政府ニ於テ情形ヲ酌量シ, 日本國政府ト商議ノ上之ヲ定ム.

第七條, 本協約ハ調印後直ニ效力ヲ生スヘク, 統監府派出所竝文武ノ各員ハ, 成ルヘク速ニ撤退ヲ開始シ二箇月ヲ以テ完了スヘシ.

日本國政府ハ二箇月以內ニ第二條所開ノ通商地ニ領事館ヲ開設スヘシ.

右證據トシテ下名ハ各其ノ本國政府ヨリ相當ノ委任ヲ受ケ, 日本文及漢文ヲ以テ作成セル各二通ノ本協約ニ記名調印スルモノナリ.

明治四十二年九月四日

宣統元年七月二十日

北京ニ於テ

大日本國特命全權公使 伊集院彦吉 (官印)

大淸國欽命外務部尙書會辦大臣 梁敦彦 (花押)

附 2. 同上 (漢文)

- 隆熙3年 (西紀1909年 9月4日)

大日本政府及大淸國政府, 顧念善隣交誼, 彼此認明圖們江爲中·韓兩國交界, 竝妥協商定一切辦法, 俾中韓兩國邊民永遠相安, 共亨幸福, 所訂各條款, 開列於左.

第一款, 日·中兩國政府, 彼此聲明以圖們江爲中韓兩國國界, 其江源地方自定界碑起, 至石乙水爲界.

第二款, 中國政府, 俟本協約簽定後, 從速開放左開各處, 准各國人居住貿易, 日本國政府, 可於各該埠設立領事館或領事館分館, 其開埠日期, 應行另定, 龍井村·局子街·頭道溝·百草溝.

第三款, 中國政府, 仍准韓民在圖們江北墾地居住, 其地界四址, 另附圖說.

第四款, 圖們江北地方雜居區域內之墾地居住之韓民, 服從中國法權, 歸中國地方官管轄裁判, 中國官吏, 當將該韓民, 與中國民一律相待, 所有應納稅項及一切行政上處分, 亦與中國民同, 至於關係該韓民之民事·刑事一切訴訟案件, 應由中國官員, 按照中國法律, 秉公審判, 日本國領事官或由領事官委派官吏, 可任便到堂聽審, 惟人命重案, 須先行知照日本國領事官, 到堂聽審, 如日本國領事官, 能指出不按法律判斷之處, 可請中國, 另派員覆審, 以昭信讞.

第五款, 所有圖們江北雜居區域內韓民之地產·房產等, 由中國政府, 與華民產業, 一律切實保護, 竝在沿江, 擇地設船, 彼此人民任便來往, 惟無護照·公文, 不得持械過境, 雜居區域內所產米穀, 准韓民販運, 如遇歉收, 仍得禁止, 柴草援引照辦.

第六款, 中國政府, 將來將吉長鐵路, 接展造至延吉南邊界, 在韓國會寧地方, 與韓國鐵路連絡, 其一切辦法, 與吉長鐵路一律辦理, 至於何時開辦, 由中國政府, 酌量情形, 再與日本國政府裁定.

第七款, 本協約簽定後, 本約各條即當實行, 其日本統監府派出所及文武人員, 亦即從速撤退, 限於兩月內退淸, 日本國政府, 在第二款所開商埠, 亦於兩月內設立領事館, 爲此, 兩國大臣, 各奉本國政府合宜委任, 繕備日本文·漢文各二本, 即於此約內簽名蓋印, 以昭信守.

大日本國特命全權公使 伊集院彦吉 (官印)

大淸國欽命外務部尙書會辦大臣 梁敦彦 (花押)

明治四十二年九月四日

宣統元年七月廿日

在於北京

[원문]

統別往復案

통별왕복안

1. 間島居住韓民保護策의 對淸交涉要請(往復案1册)

光武10年 (西紀1906年 11月18日)
[發] 議政府參政大臣 朴齊純
[受] 統監府統監 伊藤博文

照會第一百二號

敝邦與滿洲邊界一案은, 曩與駐京淸國公使로迭經交涉ᄒᆞ야請派員査勘에尙未了案, 而按韓·淸條約第十二款에, 邊民已經越墾者, 聽其安業, 俾保性命財產等因이온바, 現下間島居民이時被馬賊及無賴輩의欺負凌虐ᄒᆞ야, 該居民等이切乞保護不止ᄒᆞ나, 事係外交ᄒᆞ오니, 貴統監은特念該居民之情形ᄒᆞ오서, 貴國政府에서派員前往ᄒᆞ야撫綏居民케ᄒᆯ事로, 轉商淸國敎府ᄒᆞ심을爲要.

大韓光武十年十一月十八日
議政府參政大臣 朴齊純
大日本統監侯爵 伊藤博文 閣下

2. 間島和龍峪居住韓民送還要請事實의 有無와 當時狀況의 詳示要請(往復案 1册)

隆熙元年 (西紀1907年 10月2日)
[發] 統監府統監代理 長谷川好道
[受] 內閣總理大臣 李完用

機密統秘發第四十一號

爲照會事, 間島問題에關ᄒᆞ야, 淸國政府ᄂᆞᆫ光緖元年[1875]에韓民境을踰ᄒᆞ야開墾ᄒᆞ얏슴을依ᄒᆞ야, 其時吉林將軍은此ᄅᆞᆯ敦化縣의管轄에歸케ᄒᆞᄂᆞᆫ바, 貴國王殿下[高宗]ᄂᆞᆫ其臣民이和龍峪地方에至ᄒᆞ야開墾ᄒᆞᆫ緣故로써, 此ᄅᆞᆯ淸國籍에列ᄒᆞᆷ을不便이라ᄒᆞ고, 貴國에送還ᄒᆞ라ᄒᆞᆫ樣으로懇請ᄒᆞᆫ事實이有ᄒᆞᆫ意ᄅᆞᆯ述ᄒᆞ니, 此ᄂᆞᆫ貴國이和龍峪一帶ᄅᆞᆯ淸國領土으로認ᄒᆞᆫ證據라고主張ᄒᆞ오니, 果然如右ᄒᆞᆫ事實의有無ᄅᆞᆯ外務部大臣[林董]으로부터調査ᄒᆞ라ᄂᆞᆫ照會가有ᄒᆞ오니, 至急히右事實의有無와當時의情況을詳細回照ᄒᆞ실事로玆에照會ᄒᆞ오니, 照亮ᄒᆞ심을爲要.

明治四十年十月二日

統監代理韓國駐劄軍司令官子爵 長谷川好道
內閣總理大臣 李完用 閣下

3. 上件事實의 否認(往復案1册)

> 隆熙元年 (西紀1907年 10月8日)
> **[發]** 內閣總理大臣 李完用
> **[受]** 統監府統監 伊藤博文

照覆第一二四號

機密第四十一號貴府來文을接到ᄒᆞ온즉, 間島問題에關ᄒᆞ야, 淸國政府ᄂᆞᆫ光緖元年에韓民境을踰ᄒᆞ야開墾ᄒᆞ얏슴을依ᄒᆞ야, 其時吉林將軍은此ᄅᆞᆯ敦化縣의管轄에歸케ᄒᆞᄂᆞᆫ바, 貴國王殿下ᄂᆞᆫ其臣民이和龍峪地方에至ᄒᆞ야開墾ᄒᆞᆫ緣故로써, 此ᄅᆞᆯ淸國籍에列ᄒᆞᆷ을不便이라ᄒᆞ고, 貴國에送還ᄒᆞ라ᄂᆞᆫ樣으로懇請ᄒᆞᆫ事實이有ᄒᆞᆫ意ᄅᆞᆯ述ᄒᆞ니, 此ᄂᆞᆫ貴國이和龍峪一帶ᄅᆞᆯ, 淸國領으로認ᄒᆞᆫ證據라고主張ᄒᆞ오니, 果然如右ᄒᆞᆫ事實의有無ᄅᆞᆯ外務大臣으로부터調査ᄒᆞ라ᄂᆞᆫ照會가有ᄒᆞ오니, 至急히右事實의有無와當時의情況을詳細回照ᄒᆞ라ᄒᆞ시온바, 此ᄅᆞᆯ准ᄒᆞ야歷年案檔을溯ᄒᆞ온즉, 光緖元年에和龍峪地方에至ᄒᆞ야開墾ᄒᆞᆫ本國人民의送還을懇請ᄒᆞ얏다ᄒᆞᆷ은本無事實이올ᄲᅮᆫ더러, 由來淸國政府와往復한文案에初無和龍峪字樣이온즉, 不須多辨이ᄋᆞᆸ기玆에照覆ᄒᆞ오니, 照諒ᄒᆞ신後, 貴國外務省에將此轉詳ᄒᆞ심을爲要.

隆熙元年十月八日
內閣總理大臣 李完用
統監公爵 伊藤博文 閣下

4. 間島狀況報告書呈覽의 件(往復案1冊)

隆熙元年 (西紀1907年 11月18日)
[發] 統監府統監 伊藤博文
[受] 內閣總理大臣 李完用

機密統發第四四八號

在間島當府派出所長齋藤季治郞으로, 同地方一般의狀況에關ᄒᆞ야, 別紙와如히報告가有ᄒᆞ옵기, 參考ᄒᆞ심을爲ᄒᆞ야玆에謄寫送付ᄒᆞᆷ.

明治四十年十一月十八日
統監公爵 伊藤博文
內閣總理大臣 李完用 閣下

附. 上件報告書

- 隆熙元年 (西紀1907年 11月5日)
- [發] 統監府間島派出所長 齋藤季治郞
- [受] 統監府統監 伊藤博文

旬報

自十月二十一日至同三十一日
明治四十年十一月五日
統監府派出所長 齋藤季治郞
統監公爵 伊藤博文[殿脫]

一. 地方一般의狀況

本旬間은地方이一般平穩ᄒᆞ야, 農家ᄂᆞᆫ穀物을打作ᄒᆞ야副食物의貯藏과深冬糧食을準備ᄒᆞᄂᆞᆫᄃᆡ汲汲ᄒᆞᆷ.

氣候ᄂᆞᆫ順適ᄒᆞ야, 本旬間氣溫의最低ᄂᆞᆫ攝氏氷點下六度요最高ᄂᆞᆫ十五度五分이니, 此를年年에比ᄒᆞ면最溫暖ᄒᆞ다云홈.

韓國民은我派出所에對ᄒᆞ야信賴홈이日로厚加ᄒᆞᄂᆞᆫ景況也니, 一般唱ᄒᆞᄂᆞᆫ바에據ᄒᆞ면, 年年히淸國官民으로브터諸種의苛稅, 不法의徵金·徵發을被ᄒᆞ야非常히苦痛을感ᄒᆞ얏더니, 本年은日本官衙ᄅᆞᆯ設置에依ᄒᆞ야, 淸國官民이韓人에對ᄒᆞᆫ態度ᄅᆞᆯ一變ᄒᆞᆫ結果, 其稅種·稅額도尠ᄒᆞ고, 又物件의徵發에ᄂᆞᆫ多少의代價出給을受ᄒᆞ니, 此ᄂᆞᆫ大恩澤을受홈이라고ᄒᆞ며, 又韓民은此際에更히一步를進ᄒᆞ야, 淸國官憲에全然納稅치아니ᄒᆞ고, 尙且徵發에도不應ᄒᆞ며, 積極的으로我保護ᄅᆞᆯ得ᄒᆞᆯ事ᄅᆞᆯ翹望ᄒᆞᄂᆞᆫ事ᄂᆞᆫ一般의狀態와如홈, 又我派出所設置의旨意漸次遠近에徹底홈을從ᄒᆞ야, 韓人中에ᄂᆞᆫ遠隔홈을不拘ᄒᆞ고遠來告訴ᄅᆞᆯ提出ᄒᆞᄂᆞᆫ者有ᄒᆞ니, 本旬의一은, 原被告ᄅᆞᆯ竝ᄒᆞ야琿春에居住ᄒᆞᄂᆞᆫ者이니, 毆打創傷ᄒᆞᆫ告訴ᄂᆞ, 然이나該地方은我管轄外라旨ᄅᆞᆯ諭ᄒᆞ야歸家케ᄒᆞ얏스며, 二ᄂᆞᆫ, 原告ᄂᆞᆫ咸鏡北道明川郡에居ᄒᆞᄂᆞᆫ者오, 被告의一名及犯罪의地ᄂᆞᆫ露領에在ᄒᆞ나, 共犯嫌疑者의一名은間島鏵田社에現住ᄒᆞᄂᆞᆫ故로써告訴ᄒᆞ얏스니, 强盜殺人被告事件이라, 調査의結果證憑이十分치못홈으로써, 共犯嫌疑者ᄂᆞᆫ此ᄅᆞᆯ放還ᄒᆞ얏스나, 韓民이我官憲에信賴홈이日로漸厚ᄒᆞ며, 且遠地에及ᄒᆞᆫ줄노認홈.

二. 淸國官民이韓國民에對ᄒᆞ야不法暴惡의行爲

淸國官民이韓國民에對ᄒᆞ야ᄂᆞᆫ, 我官憲을忌憚ᄒᆞ야從來보다ᄂᆞᆫ顯著히緩和의狀態로써相遇ᄒᆞ나, 感情은姑未融和ᄒᆞ야往往此ᄅᆞᆯ輕侮ᄒᆞ야脅迫ᄒᆞ며, 不法의行爲ᄅᆞᆯ加ᄒᆞᄂᆞᆫ事가有ᄒᆞ고, 又本旬은淸國官憲에셔穀類輸出의脫稅者ᄅᆞᆯ檢擧홈을爲ᄒᆞ야, 各處主要의道路上에棍棒을携帶ᄒᆞᆫ徵稅吏ᄅᆞᆯ出ᄒᆞ야置ᄒᆞ얏기로, 韓民中容易히納稅치아니ᄒᆞᄂᆞᆫ者ᄂᆞᆫ爭議ᄅᆞᆯ生ᄒᆞ고, 韓民으로브터我保護ᄅᆞᆯ來求ᄒᆞᄂᆞᆫ者有ᄒᆞ나, 如此ᄒᆞᆫ事ᄂᆞᆫ從前의慣習에據ᄒᆞᆯ意로說ᄒᆞ야置ᄒᆞ얏슴.

本旬間主張된不法暴壓에事一·二ᄅᆞᆯ擧ᄒᆞ면如左홈.

(甲) 十月二十二日, 鍾城間島下泉坪에셔, 同地光霽峪兵營淸兵隊長門振中은兵卒十二名을率來ᄒᆞ야指揮ᄒᆞ되, 每家에兵을出張ᄒᆞ야人民을强制ᄒᆞ야柴·粟·藁·高粱稈ᄅᆞᆯ徵發코ᄌᆞᄒᆞ니, 韓民이年年과ᄀᆞ치無價徵發로給ᄒᆞ고, 容易히此에不應ᄒᆞ온바, 淸兵은怒ᄒᆞ야韓民一名을毆打ᄒᆞ고, 又村民中如此徵發을免코ᄌᆞ홈을爲ᄒᆞ야, 同地에住在ᄒᆞᆫ我監察課出張所員(韓國官吏)로브터淸兵의徵發에應치말나고命ᄒᆞ얏다ᄒᆞᆫ者가有홈으로, 淸兵은同出張所에對ᄒᆞ야不尠ᄒᆞᆫ惡感을懷ᄒᆞ고, 同日에淸兵二名은泥足으로同出張所에侵入ᄒᆞ고, 且出張所의懸板을取ᄒᆞ야地上에投棄ᄒᆞ고, 天을向ᄒᆞ야一次發銃ᄒᆞ고即走

ᄒᆞ얏습고, 其後數次ᄅᆞᆯ來ᄒᆞ얏스나, 我憲兵이保護ᄒᆞ고在ᄒᆞᆷ을見ᄒᆞ고即走ᄒᆞ얏다ᄒᆞᆫ報告ᄅᆞᆯ接ᄒᆞ고, 本官은即時楠野[俊成]事務官을局子街에派遣ᄒᆞ야, 當日同地에到着ᄒᆞᆫ督辦吉林邊務全省各軍翼長陳昭常과面會ᄒᆞ고, 其部下ᄅᆞᆯ嚴重히團束ᄒᆞᆯ事와此에對ᄒᆞᆫ清國官憲의意見을確實케ᄒᆞ얏더니, 陳은部下陸軍協都統吳祿貞과갓치面會ᄒᆞ고, 當地方의清兵은從走軍紀가無ᄒᆞ고, 且非常ᄒᆞᆫ廉價로써物品을搆[購]入ᄒᆞᆫ惡慣習이有ᄒᆞ얏스나, 今後ᄂᆞᆫ總히時價로購入ᄒᆞ라ᄂᆞᆫ命令을發ᄒᆞ얏다ᄒᆞ고, 會談中吉强軍統領胡殿甲을呼ᄒᆞ야即時此ᄅᆞᆯ命令ᄒᆞ얏스며, 又本件에就ᄒᆞ야ᄂᆞᆫ即時參謀官을鍾城間島에派遣ᄒᆞ야調査ᄒᆞᆫ後, 事實이有ᄒᆞᆫ時ᄂᆞᆫ右門振中을免職ᄒᆞ고, 其他라도處罰後其意ᄅᆞᆯ回答ᄒᆞ겟다明言ᄒᆞ얏습, 然이나隊長門振中은翌二十三日金七圓九十七錢五厘ᄅᆞᆯ前日徵發ᄒᆞᆫ燃料의代價로村民總代에게出給ᄒᆞ얏기로, 村民은年年과갓치無價或年末에時價十分之一의出給을受ᄒᆞᆯ줄노豫期ᄒᆞ얏더니, 今次ᄂᆞᆫ翌日에時價約十分二의出給을受ᄒᆞ얏스니, 意外라ᄒᆞ고, 此ᄂᆞᆫ畢竟日本官憲의影響이라感謝ᄒᆞᆷ을不勝ᄒᆞᆫ다云ᄒᆞᆷ.

(乙) 十月二十五日, 鍾城間島海面社茂社洞住食鹽販賣業韓人姜相益外一名은, 食鹽을韓馬一匹에載ᄒᆞ고局子街에셔玄米八駄와交換ᄒᆞ야歸家의途中, 東盛湧街道上海蘭河의左岸에셔清國의徵稅吏ᄅᆞᆯ遇ᄒᆞ야納稅ᄅᆞᆯ拒絶ᄒᆞ얏기로, 姜을東盛湧街稅務署에拘留ᄒᆞ얏습, 其後徵稅吏ᄂᆞᆫ姜에向ᄒᆞ야, 普通의稅率에依ᄒᆞ면米一駄에韓貨百文(日貨約十六錢五厘)을徵收ᄒᆞᆯ터이나, 汝ᄂᆞᆫ脫稅코ᄌᆞᄒᆞ얏스니一駄에韓貨六兩을納付ᄒᆞ라ᄒᆞ기로, 姜은減稅ᄒᆞᆷ을乞ᄒᆞ얏더니, 徵稅吏言內에然ᄒᆞ면總計三十兩을納付ᄒᆞ라云ᄒᆞ기로, 姜은更次減稅ᄅᆞᆯ乞ᄒᆞ야二十四兩ᄭᆞ지되얏스나, 姜은韓清錢貨換算上에因ᄒᆞ야不得已二十四兩四錢을納付ᄒᆞ고, 證을受ᄒᆞ야歸家ᄒᆞ얏습.

三. 清國官民이我에對ᄒᆞᆫ態度

清國官民이我에對ᄒᆞᄂᆞᆫ交涉의狀況은依然親和的으로互相來往ᄒᆞ기로, 十月二十五日, 新任知府陶彬은舊知府阮忠植을送別ᄒᆞ기爲ᄒᆞ야, 同二十六日局子街에往ᄒᆞ야序로써十月二十四日着任ᄒᆞᆫ督辦吉林邊務全省各軍翼長陳昭常及協都統吳祿貞을訪問ᄒᆞ얏습더니, 能히親好의意ᄅᆞᆯ表ᄒᆞ고, 其雜談中彼等은將來交涉事件은互相公平히調査ᄒᆞ고圓滿히解ᄒᆞ겟고, 若人民으로ᄒᆞ야곰騷擾케ᄒᆞᄂᆞᆫ事가有ᄒᆞᄂᆞᆫ時ᄂᆞᆫ互相의不名譽되ᄂᆞᆫ意ᄅᆞᆯ述ᄒᆞ기에, 右ᄂᆞᆫ平素로브터本官의希望ᄒᆞᄂᆞᆫ바이라ᄒᆞ고, 貴官에셔도十分貴國兵民이韓人에對ᄒᆞᆫ暴行凌虐을團束ᄒᆞ라ᄂᆞᆫ意로答ᄒᆞ고, 愉快히辭去ᄒᆞ얏습.

尙且二·三의處置ᄅᆞᆯ見ᄒᆞ오니, 此ᄅᆞᆯ從來에比ᄒᆞ오면多少文明的의處置ᄅᆞᆯ取코ᄌᆞᄒᆞᆷ과如ᄒᆞ

오니, 假令淸兵의暴行事件에就ᄒᆞ야, 我警告에依ᄒᆞ야即時將校ᄅᆞᆯ派送ᄒᆞ야其事實을調査ᄒᆞ며, 或은從來淸兵은자못無償으로人民物資ᄅᆞᆯ徵發ᄒᆞ얏스나, 此ᄅᆞᆯ禁止ᄒᆞ고相當ᄒᆞᆫ代價로此ᄅᆞᆯ購入ᄒᆞ라命令ᄒᆞ얏스나, 然이나此文明的態度가下級者ᄭᆞ지能히此趣旨ᄅᆞᆯ貫徹ᄒᆞᆫ시與否ᄂᆞᆫ, 現今에遽斷ᄒᆞ기難ᄒᆞᆫ狀態로有홈.

淸國民은陳昭常一行의到來에對ᄒᆞ야態度ᄅᆞᆯ冷靜히ᄒᆞ야, 一般民心이現著히變態홈으로認ᄒᆞ나, 然이나當地方淸國民의意思ᄅᆞᆯ强ᄒᆞ게ᄒᆞᄂᆞᆫ事와, 邊陬의地에關ᄒᆞᆫ淸韓人으로ᄒᆞ야곰戰爭의有無ᄅᆞᆯ杞憂케ᄒᆞᄂᆞᆫ等多少의影響이不無ᄒᆞᆯ거로思料됨.

要之컨ᄃᆡ, 陳의到來日이尙淺ᄒᆞ야아직何等의見ᄒᆞᆯ行動도無ᄒᆞ고, 其引兵卒이當地附近의風說과갓치不多數ᄒᆞ야, 將校二十一名·下士以下三百十六名이나, 此全數ᄂᆞᆫ十月十八日以來二十四日ᄭᆞ지數次에分ᄒᆞ야來着ᄒᆞ얏슴을爲ᄒᆞ야自然生素[踈]ᄒᆞ기로, 現今은別로韓淸人間에深히反影不與ᄒᆞ오나, 今後의行動及後續兵의有無等은크게民心에關係되ᄂᆞᆫ바가有ᄒᆞ올듯홈.

四. 當龍井村의繁盛

當龍井村과其附近에셔ᄂᆞᆫ淸國官憲에셔徵稅가無ᄒᆞ고, 且居住의安全과將來發展의豫想으로브터, 遠近의韓人中當地에家屋을新築ᄒᆞ고移來ᄒᆞᄂᆞᆫ者가日로增加ᄒᆞ온ᄃᆡ, 本年八月當派出所開設의當時에ᄂᆞᆫ, 韓人家屋이九十八戶이옵더니今은百五十五戶外에, 日本人所有家屋이八戶에達ᄒᆞ얏스며, 來春에至ᄒᆞ야ᄂᆞᆫ一層移住者의增加ᄅᆞᆯ見홈은必然의景況이옵.

五. 調査事務의進行

前旬來茂山間島 會寧間島及黑山嶺山脈의地質調査中으로在ᄒᆞᄂᆞᆫ小川技師의一行은十月二十二日一旦歸來ᄒᆞ고, 又同方面의農業調査中으로在ᄒᆞᆫ八田農學士의一行도同二十三日一次歸來ᄒᆞ얏고, 更히小川技師의一行은三道頭附近의轉心湖炭坑調査ᄅᆞᆯ爲ᄒᆞ야, 十月二十八日에當地ᄅᆞᆯ出發ᄒᆞ야調査ᄒᆞᆫ後三十一日에歸來ᄒᆞ고, 八田農學士의一行은二十六日로브터三十一日ᄭᆞ지鍾城間島方面의農業調査ᄅᆞᆯ畢, 其他ᄂᆞᆫ于今ᄊᆞ지蒐集ᄒᆞᆫ鑛物의分析과間島內의平面地圖製作에着手ᄒᆞ얏습.

六. 地方一般의衛生

前旬에韓人一名이腸窒扶斯(染病)患者를發生ᄒᆞ얏기로, 其後一層衛生上에顧慮ᄒᆞ야淸潔法을勵行케ᄒᆞ얏스나, 本旬當龍井村의三名의該病患者와一名의同病擬似患者를發生ᄒᆞ야現今治療中이오, 日本人은아직此에罹ᄒᆞᆫ者無ᄒᆞ며, 傳播力이甚치아니ᄒᆞᆫ줄노認ᄒᆞ오나, 衛生防疫의方法을定ᄒᆞᆷ이必要ᄒᆞ다고思料ᄒᆞᄋᆸ기로, 當派出所員及憲兵將校와軍醫等으로써衛生委員을組織ᄒᆞ고十分豫防設備ᄒᆞᆷ.

右報告ᄒᆞᆷ.

5. 宮內府承文院保存韓清國境關係交涉文書의 目錄製送要請(往復案1册)

隆熙元年 (西紀1907年 11月20日)
[發] 統監府總務長官 鶴原定吉
[受] 內閣總理大臣 李完用

機密統發第四五四號

貴國宮內府承文院에保存ᄒᆞ야在ᄒᆞᆫ同院啓下咨文册, 即舊時韓清兩國間에往復ᄒᆞᆫ外交文書中, 國境問題에關ᄒᆞᆫ者ᄂᆞᆫ, 今次間島問題에關ᄒᆞ야精細히調查ᄒᆞᆯ必要가有ᄒᆞᆫ意로, 帝國外務省으로브터通知가有ᄒᆞ오니, 至急調查ᄒᆞ신後, 現存文書의目錄을調製ᄒᆞ시와送付ᄒᆞ실事로玆에照會ᄒᆞ오니, 照諒ᄒᆞ심을爲要.

明治四十年十一月二十日
統監府總務長官 鶴原定吉
內閣總理大臣 李完用 閣下

6. 間島事情報告書供覽에 對한 謝答(往復案1册)

隆熙元年 (西紀1907年 11月26日)
[發] 內閣總理大臣 李完用
[受] 統監府統監 伊藤博文

照覆第一九二號

在間島貴府派出所長齋藤季治郎의同地方狀況에關훈報告룰謄寫送付一事로, 機密第四四八號貴來文을接閱이온바, 該員이派駐同地에, 懷綏窮蔀ᄒᆞ야隨事軼掌홈은, 實爲韓民幸福이온즉, 寔深感謝이옵기玆에照覆ᄒᆞ오니, 照諒ᄒᆞ심을爲要.

隆熙元年十一月二十六日
太子少師內閣總理大臣 李完用
統監公爵 伊藤博文 閣下

7. 國境關係承文院文書의 遺失과 現存文書錄送의 件(往復案1册)

隆熙元年 (西紀1907年 11月27日)
[發] 內閣總理大臣 李完用
[受] 統監府總務長官 鶴原定吉

函覆第一九六號

承文院保存啓下咨文册, 即舊時韓淸兩國間往復外交文書中, 今次間島問題에關ᄒᆞᆫ現存文書의目錄을調製送付一事로, 第四五四號貴來文을接閱이온바, 此ᄅᆞᆯ査ᄒᆞ온즉, 前承文院所存啓下咨文册中可考件을已由該院闖失ᄒᆞ야末由搜得이오며, 以勘界一事로淸國政府에送致ᄒᆞᆫ公文이, 現存册子中有所記載이옵고, 其他舊日韓淸兩國間往復文案(同文彙考)ᄅᆞᆯ溯閱ᄒᆞ온즉, 康熙五十年[1711]間에兩國政府가互相派員ᄒᆞ야白頭山分水嶺上定界碑ᄅᆞᆯ立ᄒᆞᆯ時에已有往復公文이옵기, 竝別紙謄附ᄒᆞ야玆에仰覆ᄒᆞ오니, 照諒ᄒᆞ심을爲要.

隆熙元年十二[1][一誤]月廿七日
太子少師內閣總理大臣 李完用
統監府總務長官 鶴原定吉 閣下

附1. 白頭山境界調査에對한照管要請

- 肅宗38年 (西紀1712年 2月7日[2])
- [發] 淸國禮部
- [受] 朝鮮政府

禮部知會, 白頭山査境, 令本國照管咨

禮部, 爲知會事, 康熙五十年八月初四日, 太學士溫達等啓奏, 拆本奉旨, 今年穆克登等, 自鳳凰城至長白山, 査我邊境, 因路遠水大, 未獲即抵彼處, 俟明春氷泮時, 另差司員, 同穆

1 原案에 起案日字가 十一月廿七日임.

2 月日은 陰曆임.

克登, 自義州江源造小船, 泝流而上, 若小船不能前進, 即由陸路往土門江, 查我地方, 此去特爲查我邊境, 與彼國無涉, 但我邊內路途遙遠, 地方甚險, 倘中途有阻, 令朝鮮國稍爲照官[管], 將此情由, 着該部, 曉諭朝鮮國本年進貢官員, 令其抄寫, 賫付該王, 欽此欽遵, 除曉諭朝鮮國進貢正使礪山君李枋等, 令其抄寫賫付該王外, 仍應知會朝鮮國王可也, 爲此合咨前去, 查照施行云云.

康熙五十一年二月初七日

附2. 白頭山境界踏勘에對한便法提議

- 肅宗38年 (西紀1712年 5月7日[3])
- [發] 朝鮮國接伴使 朴權
  咸鏡道觀察使 李善溥
- [受] 清國欽差烏喇摠管 穆克登

接伴使請偕行白山帖

朝鮮國接伴使議政府右參贊朴權·咸鏡道觀察使李善溥, 謹再拜上書于欽差大人烏喇總[4]管閤下.

伏以大人恭承皇命, 辱臨遠邦, 跋履出川, 備嘗險阻, 志氣彌勵, 勇往不怠, 盡瘁之義, 叱馭之忠, 實有令人起敬而興歎者矣, 職等叨忝儐任, 獲覩皇華, 非不敢竭誠殫心, 以體邦君尊敬之意, 而[5]窮邊郡邑, 物力殘[6]薄, 供奉之節, 不成貌樣, 夙宵懍懍, 惟獲戾於下執事是懼, 不意閤下曲賜軫恤, 過加節省, 飮饍皆出於行厨, 絲毫不煩於敝邦, 感祝之餘, 慚愧罙深, 側聞閤下爲審兩江水源, 征旆將指長白山頂, 職等於此不勝憂慮之至, 盖山頂大池之水, 溢而西下, 爲鴨綠江上流, 而自山下至山頂, 其間數百里, 俱是斷岸峭壁, 絶壑深谷, 獵夫·佃戶, 僅[7]得攀援穿過, 蜀道井陘不足以喩其險也, 今閤下以千金之軀, 輕涉不測之地, 縱有神明之扶護,

---

3 月日은 陰曆임.

4 總 : 『同文彙考』 原編 卷48 「疆界 接伴使請偕行白山帖」에는 '摠'으로 되어 있음.

5 而 : 대본에는 없다. 『同文彙考』 原編 卷48 「疆界 接伴使請偕行白山帖」에 근거하여 보충하였다.

6 殘 : 대본에는 '淺'으로 되어 있다. 『同文彙考』 原編 卷48 「疆界 接伴使請偕行白山帖」에 근거하여 바로잡았다.

7 僅 : 『同文彙考』 原編 卷48 「疆界 接伴使請偕行白山帖」에는 '僅(亻 없는 글자)'으로 되어 있다.

必致途道之顚頓, 此職等所以懍然寒心者也, 顧此交界看審[8]之擧, 實出於皇上軫念敝邦, 欲杜奸民犯越生事之弊, 而大人之必欲躬自諗視者, 亦職分然也, 第山路之險惡如彼, 貴體之跋涉甚難, 軆國之誠雖切, 垂堂之戒亦大, 閤下於此其可無商量愼重之道乎, 抑有一事, 極知僭猥, 無所逃罪, 而妄恃寬假之仁, 輒此冒陳, 今閤下之行, 只帶筆帖式大通官各一員及甲軍[9]二十名而已, 則簡約可謂至矣, 而所騎及行糧所載, 合爲三十八馬, 馬皆有牽夫, 敝邦官員[10]之陪往者亦至五六, 而各有所騎及牽夫從人, 竝計指路開路人, 其數殆將七十餘人, 一人各齎十五日糧, 路險馬弱, 不能重載, 若至馬不行, 則將以人丁擔負以行, 應爲帶去者, 馬至八十餘匹, 人至百三十餘名, 長白山之高大, 甲於海內, 雖當盛暑, 氷雪不消, 況今雨勢連日, 已有成霖之漸, 若於山谷中猝遇烈風暴雨, 則許多人畜, 必不免死傷之患, 伏見閤下沿路所經, 仁聲大播, 唯恐一事之貽弊, 一夫之受傷者, 想體皇上若保之仁而然也, 今若不幸, 萬一如此, 則不但閤下惻隱之心有所不忍, 豈不有害於皇上如傷之政耶, 職等愚意有一得焉, 鴨綠江之發源於山頂大池, 派脈連接, 澗谷分明, 不待明者, 而一見可知, 閤下倘選跟隨中蹻捷明敏者數三人, 與敝邦譯官及知路人偕往看審, 且令畵師圖寫以來, 則水源山逕, 可以了然於心目之間, 以此歸奏, 恐無不可, 未知閤下以爲如何耶, 且聞閤下, 令職等勿爲隨行, 先往茂山待候, 此必閤下憫憐職等衰老疲殘之狀, 有此曲恕之敎, 而職等旣受國君之命, 儐接欽差之行, 而自占便安之地, 使閤下獨冒畏道, 此實義分之不敢出也, 伏願閤下俯加諒察, 特許職等一人得陪後塵, 千萬幸甚.

康熙五十一年五月初七日

附3. 土門江上流境界에 立柵提議

- 肅宗38年 (西紀1712年 5月28日[11])
- [發] 淸國欽差烏喇總管 穆克登
- [受] 朝鮮國接伴使 朴權

  咸鏡道觀察使 李善溥

8 看審 : 대본에는 審看으로 되어 있다. 『同文彙考』 原編 卷48 「疆界 接伴使請偕行白山帖」에 근거하여 바로잡았다.

9 軍 : 대본에는 '士'로 되어 있다. 『同文彙考』 原編 卷48 「疆界 接伴使請偕行白山帖」에 근거하여 바로잡았다.

10 員 : 대본에는 없다. 『同文彙考』 原編 卷48 「疆界 接伴使請偕行白山帖」에 근거하여 보충하였다.

11 月日은 陰曆임.

勅使問議立柵便否咨

奉旨查邊大人穆等, 移咨朝鮮接伴使·觀察使

爲查邊事, 我親至白山審視, 鴨綠·土門兩江, 俱從白山根底發源, 東西兩邊分流, 原定江北爲大國之境, 江南爲朝鮮之境, 歷年已久不議外, 在兩江發源分水嶺之中立碑, 從土門江之源順流而下, 審視流至數十里, 不見水痕, 從石縫暗流至百里, 方現巨水流於茂山, 兩岸草稀地平, 人不知邊界, 所以往返越境結舍, 路徑交雜, 故此於接伴·觀察同商議, 於茂山·惠山相近此無水之地, 如何設立堅守, 使衆人知有邊界, 不敢越境生事, 庶可以副皇帝軫念生民之至意, 且你我兩邊無事,

爲此相議咨送.

康熙五十一年五月二十八日

附4. 同上境界柵設立의同意와設立節次의確認

肅宗38年 (西紀1712年 6月2日[12])

- [發] 朝鮮國接伴使 朴權
- 　咸鏡道觀察使 李善溥
- [受] 淸國欽差烏喇總管 穆克登

設柵便宜呈文

朝鮮國接伴使議政府右參贊朴權·咸鏡道觀察使李善溥等謹呈

爲審定境界, 樹柵立標, 以杜日後之弊事, 伏以僉大人欽承皇命, 辱莅敝邦, 跋履險阻, 查明交界, 分水嶺上立碑爲標, 而又慮土門江源暗伏潛流, 有欠明白, 旣以圖本, 親自指示立柵之便否, 復爲面詢, 猶恐其不能詳盡, 有此送咨更問之擧, 其所以仰軆皇上一視之仁, 俯軫小邦生事之端, 委曲諄複一至於此, 感激欽歎, 無以爲喩, 日者閤下以設柵便宜, 俯賜詢問, 職等以木柵非長久之計, 或築土, 或聚石, 或樹柵, 趂農歇始役之意, 及大國人監董與否仰稟, 則大人以爲旣已定界之後, 則立標之時, 似無大國人來監之事, 而農民不可出役, 且非一日爲急之事, 監司主張, 隨便始役, 雖至二·三年後完畢, 亦且無妨, 每年節使之來, 以擧行形止言及通官, 轉至俺處, 則或不無轉達皇上之道爲敎, 故職等辭退後, 以此意狀聞于國王, 咨文中兩邊無事之道, 此外更無所達矣, 且回咨則有所不敢, 謹以呈文仰答, 伏惟閤下曲加恕[13]

12　月日은 陰曆임.

13　恕 : 대본에는 '怒'로 되어 있다.『同文彙考』原編 卷48「疆界 設柵便宜呈文」에 근거하여 바로잡았다.

察, 不勝幸甚, 合行具呈, 須至呈者.

康熙五十一年六月初二日

附5. 圖們江上流界址의紅土水劃定主張

- 高宗24年8月19日 (西紀1887年 10月5日)
- [發] 朝鮮國王
- [受] 淸國禮部

勘界節略核閱轉奏事北京禮部咨

案准光緖十二年[1886年]十月初六日, 北洋大臣[李鴻章]咨催覆勘圖們[14]界址一事, 業經遵辦咨覆在案, 嗣由敝邦, 再派德源府使李重夏, 爲土門勘界使, 飭竢開春前往覆勘, 玆於本年六月二十七日, 據勘界使李重夏狀啓內稱, 三月十九日, 由德源府起程, 四月初五日到會寧府, 與吉林派員督理商務秦煐會晤, 將大圖們江源之洪丹河·紅土山水雨水屢經下論, 始於二十二日同入長白山, 先審紅丹之源, 旣係本國內地, 亦於圖典不符, 再審紅土山水窮源, 至立碑處, 遍勘山水情形而回, 竊以總署奏議中, 總在大圖們江, 確鑿指證界限, 自可分明一語, 最爲要領, 今旣遍勘水源, 以欽定會典及一統輿圖, 逐派照證, 則紅土水之爲大圖們江, 確鑿無疑, 而秦煐, 以紅土水距碑尙遠, 且不接于分水嶺, 另覓一派流, 名石乙水者, 要與定界, 盖石乙水者, 自茂山府之長坡, 沿紅土水而上八十里, 未及紅土山十餘里, 自西南來滙于紅土水者, 其源出小白山東南麓三十里許, 即小水, 而其流稍長, 亦載於一統輿圖, 秦煐, 主石乙水, 重夏, 主紅土水, 兩不相讓, 終無以歸一, 乃與更商, 此次勘界, 自茂山沿江, 至于長白山中長山嶺西紅土水·石乙水合流處, 則逐段考訂, 竝無他疑, 悉經勘定其合流處, 以上所未定之兩水, 會印圖繪, 照請秦煐, 申呈總署, 以聽裁奪, 理合從實具啓等情, 據此, 査圖們界址已經前勘, 而所未晰者, 昄於水源相背, 惟有考究水源, 申明舊界而已, 今於覆勘之日, 紅丹之說, 無須更辨, 紅土水·石乙水合流以下, 幸已勘定, 而其合流以上紅土水·石乙水兩源, 仍未協議, 謹按欽定皇朝通典曰, 吉林·朝鮮, 以圖們爲界, 皇朝一統輿地全圖, 長白山前鴨綠·圖們兩間無水處, 有點畵標識界限, 盛京通誌, 烏喇, 寧古塔所轄, 竝云南至長白山, 其南朝鮮界, 今此査勘紅土山水, 出於長白山東麓, 爲初發源處, 與圖典所載大圖們江相符, 亦於分水嶺碑堆互爲照應, 石乙水, 出於小白山東南麓, 爲第二派, 與長白甚遠, 執此定界, 是否有當, 至流民安揷一節, 尤爲急務, 幷祈天朝格外恩施, 免致失所甚幸, 玆將勘界會印地圖一

---

14 圖們과 土門은 混用되어 있음, 以下同.

紙·談錄公文節略一册備文照會, 煩乞部堂大人核閱, 轉奏天陛, 酌奪施行, 務昭公允, 寔爲德便, 爲此, 合行移咨, 請照驗施行, 須至咨者.

右咨.

禮部

光緒十三年八月十九日

附 5의1. 同上件

- 高宗24年8月19日 (西紀1887年 10月5日)
- [發] 朝鮮國王
- [受] 淸國欽差北洋通商衙門大臣 [李鴻章]

勘界節略檢閱轉奏事北洋衙門咨[15]

案准光緒十二年十月初六日, 貴大臣[李鴻章]咨催覆勘圖們界址一事, 案經遵辦咨覆在案, 嗣由敝邦, 再派德源府使李重夏, 爲土門勘界使, 飭俟開春前往覆勘, 玆於本年六月二十七日, 據勘界使李重夏狀啓內稱, 三月十九日, 由德源府起程, 四月初五日到會寧府, 與吉林派員督理商務秦煐會晤, 將大圖們江源之洪丹河·紅土山水兩水屢經卞論, 始於二十二日同入長白山, 先審紅丹之源, 旣係本國內地, 亦於圖典不符, 再審紅土水窮源, 至立碑處, 遍勘山水情形而回, 竊以總署奏議中, 總在於大圖們江, 確鑿指證界限, 自可分明一語, 最爲要領, 今旣遍勘水源, 以欽定會典及一統輿圖, 逐派照證, 則紅土水之爲大圖們江, 確鑿無疑, 而秦煐, 以紅土水距碑尙遠, 且不接于分水嶺, 另覔一派流, 名石乙水者, 要與定界, 盖石乙水者, 自茂山府之長坡, 沿紅土水而上八十里, 未及紅土山十餘里, 自西南來滙于紅土水者, 其源出小白山東南麓三十里許, 即小水, 而其流稍長, 亦載於一統輿圖, 秦煐, 主石乙水, 重夏, 主紅土水, 兩不相讓, 終無以歸一, 乃與更商, 此次勘界, 自茂山沿江, 至于長白山中長山嶺西紅土水·石乙水合流處, 則逐段考訂, 竝無他疑, 悉經勘定其合流處, 以上所未定之兩水, 會印圖繪, 照請秦煐, 申呈總署, 以聽裁奪, 理合從實具啓等情, 據此, 查圖們界址已經前勘, 而所未晰者, 眩於水源相背, 惟有考究水源, 申明舊界而已, 今於覆勘之日, 紅丹之說, 無須更辨, 紅土水·石乙水合流以下, 幸已勘定, 而其合流以上紅土水·石乙水兩源, 仍未協議, 謹按欽定皇朝通典曰, 吉林·朝鮮, 以圖們爲界, 皇朝一統輿地全圖, 長白山前鴨綠·圖們兩間無水處, 有點畫標識界限, 盛京通誌, 烏喇, 寧古塔所轄, 竝云南至長白山, 其南朝鮮界, 今此

15 本件은 上件과 同文, 但受信人이 다를뿐임.

查勘紅土山水, 出於長白山東麓, 爲初發源處, 與圖典所載大圖們江相符, 亦於分水嶺碑堆互爲照應, 石乙水, 出於小白山東南麓, 爲第二派, 與長白甚遠, 執此定界, 是否有當, 至流民安挿一節, 尤爲急務, 竝祈天朝格外恩施, 免致失所幸甚, 玆將勘界會印地圖一紙·談錄公文節略一册備文照會, 煩乞貴大臣核閱, 轉奏天陛, 酌奪施行, 務昭公允, 寔爲德便, 爲此, 合行移咨, 請照驗施行, 須至咨者.

右咨.

欽差北洋通商大臣衙門

光緖十三年八月十九日

附 6. 土門江上流界址의石乙水劃定에對한再考要請

- 高宗25年 4月20日 (西紀1888年 5月30日)
- [發] 朝鮮國王
- [受] 淸國欽差北洋通商衙門大臣 [李鴻章]

將圖們江源勘界情形詳細轉奏, 以昭公允事, 北洋大臣衙門咨

光緖十四年三月初五日, 准貴大臣[李鴻章]咨開, 光緖十四年正月十一日, 准總理衙門咨開, 前據吉林將軍咨稱, 會勘朝鮮·吉林圖們江界一案, 現查明石乙水入紅土水滙流處, 爲大圖們江, 由小白山測量鴨綠江上源, 相距四十二里, 與西爲鴨綠, 東爲土們之語, 尙能一一脗合, 擬於此處酌定界址, 幷設界牌等因, 業已抄錄前文, 竝界牌淸摺一件·圖一張, 於上年十月二十一日, 咨行貴大臣查照在案, 玆於十二月十四日, 准軍機處鈔交吉林將軍希奏, 遵旨派員, 覆勘吉林圖們江界址, 繪圖貼說, 請旨定奪, 以正疆界, 而安邊氓一摺, 光緖十三年十二月十三日, 奉硃批, 該衙門知道, 圖幷發, 欽此欽遵, 鈔錄原摺, 恭錄諭旨, 竝照繪地圖一張, 飛咨貴大臣查核, 竝轉咨朝鮮國王查照, 該將軍所奏各節, 遵派妥員前往該處, 會同辦理, 事竣, 仍乞據情咨覆, 備案可也等因到, 本閣爵大臣, 准此, 除地圖存查外, 相應咨會貴國王, 請煩查照, 迅派妥員, 會同吉省委員, 妥速辦理, 勿稍稽延, 事竣, 據實咨覆請奏, 望切施行等因, 准此, 當飭原派勘界使李重夏, 前往妥辦, 旋據李重夏啓稱, 臣於上年會同吉林派員秦煐·德王等, 再勘圖們江源, 由茂山府, 沿江百餘里, 入長白山, 均經勘定, 至紅土山水·石乙水, 閱月論卞, 終未了結, 業將再勘情形詳啓在案, 玆蒙內務府關, 奉敎, 准北洋大臣咨, 着臣前往妥辦, 臣竊查來咨中吉林將軍所奏, 以石乙水定界者, 未敢知果有何據, 而臣所主之紅土山水, 稽之圖典, 一一脗合, 謹按欽定會[典脫], 載明大圖們江出於長白山東麓, 二水合東流, 今此紅土水, 出長白山東麓, 與元池水合而東流, 此外更無東麓之水, 又按一統輿圖,

大圖們江頭源與鴨綠江頭源兩間無水處, 有點畵標識, 界限分明, 前所履勘之碑, 堆在紅土水以上無水處, 適與標識相符, 則紅土水之爲大圖們江頭源, 暸然無疑, 至石乙水, 則其發源, 非長白山, 而乃小白也, 非頭源, 乃第二源也, 於圖典俱無可據, 臣愚以爲申請立牌於長白山紅土水之上, 以符圖典, 而明疆界, 實合事理, 臣於奉命之日, 宜即登途, 而旣灼知實在情形, 不可泯默遽行, 惶恐待罪等情, 據此, 查上年八月間, 將圖們江界址一事, 咨請貴大臣轉奏在案, 玆准來咨, 據吉林將軍所奏施行, 至敝邦前咨, 仍未蒙核奪回示, 殊屬紆菀, 查前次會勘吉林派員[秦煐等]與李重夏, 將圖們江一帶沿溯百餘里, 入長白山, 均經勘定, 至紅土山水·石乙水合流處, 各執一辭, 未能了結, 所以有吉林及敝邦互相奏咨請旨者也, 恭查欽定皇朝通典·文獻通考, 均載明吉林朝鮮以圖們江爲界, 又欽定會典圖說, 載明大圖們江出於長白山東麓等語, 今欲窮尋水源, 申明舊界, 宜由長白山東麓, 酌定界段, 而吉林奏摺, 有由小白山酌定界段, 順石乙水立碑, 似尙持得其平等語, 今其摺內亦引皇朝通典·文獻通考·會典圖說爲證, 而乃捨長白山, 欲以小白山爲界, 其語已自相矛盾矣, 今若覆行核察, 凜遵圖典, 必以出自長白山之圖們江頭源定界, 則界碑之設, 當於紅土山水, 而不當於石乙水, 不待多辨, 而較然明甚, 且紅土山水·石乙水之門, 即不過數十里空山荒寒之地, 竊謂普天之下, 莫非王土, 豈其爲此區區尺寸之土, 使屬邦不能保守其封疆也, 今該陪臣李重夏, 不敢遽行, 再陳實在情形, 若又强令前往, 冒昧從事, 何以服該陪臣之心哉, 且上年咨內, 已將此事顚末詳述無蘊, 而今若以吉林奏請已經奉旨, 不敢復以實陳, 而怵迫勉遵, 則亦非所以至誠事大之義也, 相應再行咨會貴大臣, 請煩將圖們江源勘界情形詳細轉奏, 核奪可否, 以昭公允, 仍即見覆, 以便趕速遵辦, 實爲德便, 爲此咨會, 須至咨者.

右咨.

欽差北洋通商大臣衙門

光緒十四年四月二十日

8. 間島狀況報告書呈覽의 件(往復案1册)

隆熙元年 (西紀1907年 11月28日)
[發] 統監府統監 伊藤博文
[受] 內閣總理大臣 李完用

機密統發第五〇〇號

間島地方一般狀況에關ᄒᆞ야, 齋藤派出所長으로브터別紙와갓치報告가有ᄒᆞᆸ기, 參考ᄒᆞ심을爲ᄒᆞ야謄寫送付ᄒᆞ오니, 照諒ᄒᆞ심을爲要.

明治四十年十一月二十八日
統監公爵 伊藤博文
內閣總理大臣 李完用 閣下

附. 同上報告書

- 隆熙元年 (西紀1907年 11月13日)
- [發] 統監府間島派出所長 齋藤季治郞
- [受] 統監府統監 伊藤博文

統派旬第九號
旬報
自十一月一日至同十日
明治四十年十一月十三日
統監府派出所長 齋藤季治郞
統監公爵 伊藤博文 殿

一. 地方一般의狀況

當地龍井村을距ᄒᆞ기西方約半里(五韓里)되ᄂᆞᆫ粉房村에셔, 淸國人殺害事件이有ᄒᆞ니, 其原

因及加害者ᄂᆞᆫ아직判明치아니ᄒᆞ나, 被害者ᄂᆞᆫ韓人部落內에獨捿者로써, 韓人中에도多少의嫌疑者가有ᄒᆞᆫ지라, 淸國官憲에서ᄂᆞᆫ官吏ᄅᆞᆯ派ᄒᆞ야其嫌疑者ᄅᆞᆯ捜査ᄒᆞᄂᆞᆫ等事로因ᄒᆞ야, 周村及附近淸韓人은一時不尠ᄒᆞᆫ危惧心을惹起ᄒᆞ얏슴.

韓國人은益益我ᄅᆞᆯ信頼ᄒᆞ고, 我派出所의設置에依ᄒᆞ야生命財産의安全을得ᄒᆞᆯ事ᄅᆞᆯ大喜ᄒᆞᆷ이一般의狀態也, 即粉房村에關ᄒᆞᆫ淸人殺害事件과如ᄒᆞᆫ者, 若派出所設置以前에生ᄒᆞ얏스면, 附近韓民은嫌疑者로淸國官憲에逮捕拘禁ᄒᆞ며且拷責을受ᄒᆞ고, 多少의贖罪金을要求ᄒᆞ얏슬것을, 今回ᄂᆞᆫ事實調査ᄒᆞ기爲ᄒᆞ야村民六名을淸國官憲이承諾ᄒᆞ고同行을求ᄒᆞ야, 一次調査ᄅᆞᆯ受ᄒᆞᆫ後歸家ᄅᆞᆯ許ᄒᆞᆫ事ᄂᆞᆫ, 全然異例에屬ᄒᆞ얏스니, 此ᄂᆞᆫ畢竟我派出所ᄅᆞᆯ忌憚한外에ᄂᆞᆫ他가無ᄒᆞ니, 派出所設置ᄅᆞᆯ爲ᄒᆞ야有形無形의恩澤을受ᄒᆞᄂᆞᆫ事가多大ᄒᆞᆷ을同村及附近韓民이一般稱道ᄒᆞᆷ.

且本旬間屢屢山間僻遠의地에戶口調査와民情視察을爲ᄒᆞ야憲兵을派遣ᄒᆞ얏더니, 韓民은勿論何人ᄒᆞ고派出所設置의旨趣ᄅᆞᆯ解得ᄒᆞ고誠心으로憲兵을好遇ᄒᆞᄂᆞᆫ實況이옵.

二. 淸國官民이韓國民에對ᄒᆞᄂᆞᆫ不法暴壓의行爲

淸國官民이韓國民에對ᄒᆞ야ᄂᆞᆫ漸次로從來의態度ᄅᆞᆯ異히ᄒᆞ야, 表面으로緩和에傾向ᄒᆞ니, 假令本旬間龍知社小楡田洞에서, 淸國人井樹德이라ᄒᆞᄂᆞᆫ者, 年年의慣例라稱ᄒᆞ고淸國官憲에納入ᄒᆞᆫ다ᄒᆞ고柴及其運搬에要ᄒᆞᄂᆞᆫ牛車ᄅᆞᆯ徵發코ᄌᆞᄒᆞ야各戶에配徵ᄒᆞ되, 韓人은此에不應ᄒᆞ얏더니, 井樹德은僅히一村民을威脅ᄒᆞ고他處로去ᄒᆞ얏슴.

又和龍社英洞에서ᄂᆞᆫ, 淸國徵稅吏三名이來ᄒᆞ야, 土地約一把晌(約一千坪)과家屋一戶에韓貨二百文(新貨三十三錢五厘餘)을納付ᄒᆞ라고回文ᄒᆞ야도, 韓人은此에不應ᄒᆞ얏더니, 徵稅吏ᄂᆞᆫ何等橫暴을加ᄒᆞᆷ이無ᄒᆞ고去ᄒᆞ얏다ᄒᆞ니, 淸國人及徵稅吏로韓人에對ᄒᆞ야以上과갓치溫和ᄒᆞᆫ態度에出ᄒᆞᆷ은前日에無ᄒᆞᆫ稀見ᄒᆞᆫ빅라ᄒᆞᆷ.

然이나一般如右ᄒᆞᆫ狀況되기가不能ᄒᆞ고, 往往韓人에對ᄒᆞ야不法의行爲ᄅᆞᆯ加ᄒᆞ야, 地方의安寧을害ᄒᆞᄂᆞᆫ事가不尠ᄒᆞᆫ지라, 本月八日統派秘第七號로써特報ᄒᆞᆫ淸國兵의服裝ᄒᆞᆫ地方團練勇(地方鎭衛隊兵과如ᄒᆞᆫ者)이, 韓人金有日等에게行ᄒᆞᆫ下法逮捕毆打ᄂᆞᆫ竊盜等과其一例也.

三. 淸國官民이我에對ᄒᆞᄂᆞᆫ態度

淸國官吏가我에對ᄒᆞᄂᆞᆫ交際의狀況은依然親和的으로互相來往ᄒᆞ니, 十一月三日天長節에, 陳昭常以下五品以上의高等官十名이我招待에應ᄒᆞ야來ᄒᆞ야, 祝盃ᄅᆞᆯ擧ᄒᆞ야歡을盡ᄒᆞ고

辭ᄒᆞ얏스니, 從來陳昭常과其淸國兵의來着時, 種種의風說을發ᄒᆞ든淸韓人은, 如此히親密ᄒᆞ야往來ᄒᆞᄂᆞᆫ狀況을目擊或傳聞ᄒᆞ고, 日淸兩國間의關係가不和ᄒᆞ다ᄒᆞᄂᆞᆫ前日에가젓던懷疑와不安의念等을一層驅除ᄒᆞᆷ과如ᄒᆞᆷ.

督辦陳昭常은本旬末에當地에派弁處ᄅᆞᆯ設置ᄒᆞ고, 部下交涉科長曾紀壽ᄅᆞᆯ駐在케ᄒᆞ고, 此에通譯及淸兵十一名을付屬ᄒᆞ고, 且東盛湧街·樞揄溝·大拉子等에派弁處ᄅᆞᆯ設置ᄒᆞ얏다云ᄒᆞ니, 此ᄂᆞᆫ從來粗慢ᄒᆞᆫ行政을綿密케ᄒᆞᆷ이라, 當派出所가韓民을保護ᄒᆞᄂᆞᆫᄃᆡ對抗ᄒᆞ야, 韓民懷柔策을採ᄒᆞᄂᆞᆫ者로察ᄒᆞᆷ.

再, 派弁處設置ᄅᆞᆯ爲ᄒᆞ야告示文은特報ᄒᆞᆷ.

淸國官民과日本商民의關係에就ᄒᆞ야ᄂᆞᆫ, 從來何等事項이無ᄒᆞ얏ᄉᆞ오나, 本旬中在局子街賣藥商田邊啓藏이라ᄒᆞᄂᆞᆫ者, 其居宅에新來의淸國兵四名과爭鬪ᄒᆞ야, 啓藏은微傷ᄒᆞ고, 且所有의釜外四個家具(此損害額金九圓六十八錢)ᄅᆞᆯ毁損ᄒᆞ얏스니, 其原因은最初淸兵은啓藏家에入ᄒᆞ야, 同人의妻와同居의本邦婦人二名을賣淫婦로誤認ᄒᆞ고, 該婦人等은退去ᄒᆞ기ᄅᆞᆯ請ᄒᆞ나容易히退去ᄅᆞᆯ不肯ᄒᆞ기로, 該婦人等이外出中에, 啓藏歸家ᄒᆞ야此狀을目見ᄒᆞ고安穩히退去ᄅᆞᆯ請ᄒᆞ야도, 淸兵은不應ᄒᆞᆯ섇外라, 其一名은反히啓藏의居室에入ᄒᆞᆷ으로, 同人은怒ᄒᆞ야此ᄅᆞᆯ逐出ᄒᆞᆷ을爲ᄒᆞ야手로써淸兵을毆打ᄒᆞ얏더니, 該兵은棍棒으로對抗ᄒᆞ고, 他의淸兵三名도此ᄅᆞᆯ助ᄒᆞ야手와棍棒으로啓藏을打ᄒᆞ기로, 同人도棒으로此ᄅᆞᆯ對抗ᄒᆞ고, 若干時分을爭鬪ᄒᆞ얏더니, 淸兵은드ᄃᆡ여同室內에在ᄒᆞᆫ器物을手에當ᄒᆞᄂᆞᆫᄃᆡ로投棄ᄒᆞ고, 同家로브터逃走ᄒᆞ얏습.

本件에就ᄒᆞ야ᄂᆞᆫ在局子街憲兵大尉神田長平으로ᄒᆞ야곰直接으로協都統吳祿貞과面會케ᄒᆞ야事實을告ᄒᆞ고將來의團束을求ᄒᆞ고, 且器物의損害에對ᄒᆞ야ᄂᆞᆫ相當히賠償케ᄒᆞᆯ事로談判ᄒᆞ얏습.

四. 天長節의祝賀와開廳式의擧行

十一月三日天長節의祝賀ᄅᆞᆯ兼併ᄒᆞ야建築中의(바랏구)的假事務所가落成이기開廳式을擧行ᄒᆞ얏습더니, 此ᄅᆞᆯ爲ᄒᆞ야鏡城·淸津·會寧地方에招待ᄒᆞᆫ日本官民十四名과當地方의都社長·社長·村長·名望이有ᄒᆞᆫ韓民等約一百名餘, 及陳督辦以下知府統領等十名이來會ᄒᆞ야, 此地方에未曾有ᄒᆞᆫ盛祝으로써此祝典을了ᄒᆞ얏습.

五. 居留日本商民의狀況

居留日本商民은本旬에至ᄒᆞ야忽然增加ᄒᆞ니, 當地의景況에希望이有ᄒᆞ며, 遠히安東縣地

方으로브터入來者十數名이有ᄒᆞ니, 當地의景況으로見ᄒᆞ면多數入來ᄒᆞᆯ듯ᄒᆞ다云ᄒᆞᆷ.

居留本邦商民은旬末에男女合計가一百名(龍井村六五, 局子街二二, 天寶山一一, 東盛湧二, 計一〇〇)에增加ᄒᆞ고, 一般히斯業에勉勵ᄒᆞ야日本人되ᄂᆞᆫ體面을保ᄒᆞ나, 其中에不敏ᄒᆞᆫ者와如ᄒᆞᆷ이有ᄒᆞ나, 大槪謹愼ᄒᆞ야不正의行爲로써我施設에有害되ᄂᆞᆫ行動을ᄒᆞᄂᆞᆫ者ᄂᆞᆫ無ᄒᆞᆷ.

右報告ᄒᆞᆷ.

9. 同上報告書接閱回答(往復案1册)

隆熙元年 (西紀1907年 12月6日)

[發] 內閣總理大臣 李完用

[受] 統監府副統監 曾禰荒助

照覆第二〇七號

間島地方一般狀況에關ᄒᆞᆫ齋藤派出所長의報告ᄅᆞᆯ參考ᄒᆞ기爲ᄒᆞ야謄付一事로, 機密第五〇〇號貴府來文을接到ᄒᆞ온바, 此ᄅᆞᆯ准ᄒᆞ야均經閱悉ᄒᆞᄋᆞᆸ고, 玆에照覆ᄒᆞ오니, 照諒ᄒᆞ심을爲要.

隆熙元年十二月六日

太子少師內閣總理大臣 李完用

統監代理副統監子爵 曾禰荒助 閣下

10. 間島清兵暴行事件과 都社長等任命에 關한 報告書呈覽의 件(往復案1册)

隆熙元年 (西紀1907年 12月6日)

[發] 統監府副統監 曾禰荒助

[受] 內閣總理大臣 李完用

機密統秘發第五四一號

在間島齋藤派出所長으로브터, 清兵暴行件에就ᄒᆞ야淸國官憲과交涉의顚末, 及都社長以下任命件에關ᄒᆞ야, 別紙ᄃᆡ로報告가有ᄒᆞᆸ기, 參考ᄒᆞ심을爲ᄒᆞ야玆에謄寫送付ᄒᆞᆷ.

明治四十年十二月六日

統監代理副統監子爵 曾禰荒助

內閣總理大臣 李完用 閣下

附1. 同上清兵暴行事件報告書

隆熙元年 (西紀1907年 11月7日)

- [發] 統監府間島派出所長 齋藤季治郎
- [受] 統監府統監 伊藤博文

統派秘第七號

特報

從來淸國官憲과交涉에關ᄒᆞᆫ件은旬報에揭載ᄒᆞ얏스나, 以後ᄂᆞᆫ總히特報로써報告ᄒᆞ오라ᄒᆞ얏슴기, 玆에添付報告ᄒᆞᆷ.

明治四十年十一月七日

統監府派出所長 齋藤季治郎

統監公爵 伊藤博文 殿

一. 去十月二十三日은韓國前皇帝[光武]繼天紀元節也라, 東盛湧街의韓人韓在信(一進會支部長)은同日韓國太極旗를自宅에揭ᄒᆞ얏더니, 淸國兵이來ᄒᆞ야此를奪取而去ᄒᆞᆫ意로呈訴ᄒᆞ얏기로, 同月二十九日, 局子街憲兵分遣所內에派遣ᄒᆞ야置ᄒᆞᆫ山崎通譯生에게別紙第一號와가치訓令ᄒᆞ고, 口頭로써陶知府에照會케ᄒᆞ얏습.

二. 曩에淸國兵暴行件에就ᄒᆞ야, 前知府阮忠植에게照會ᄒᆞᆫ件에關ᄒᆞ야(十月二十三日旬報로報告ᄒᆞ얏습)新知府陶彬으로브터別紙第二號와갓치回答이來ᄒᆞ얏스니, 此回答은前日胡[殿甲]統領의回答과同一히(十月二十三日旬報로報告ᄒᆞ얏습), 淸國兵이韓國人을毆打ᄒᆞ야或은負傷ᄒᆞ고或은死에瀕케ᄒᆞᆫ暴行及其處分에關ᄒᆞ야, 何等의弁明이無ᄒᆞᆷ으로써, 陳昭常에게對ᄒᆞ야照會ᄒᆞ겟습.

三. 十一月六日往電第二十三號로써槪報ᄒᆞᆫ淸國兵暴行에關ᄒᆞᆫ事實은, 去月十九日午前九時頃, 四道溝下村在住의韓國人金有日은, 隣家李秉秀의內庭에서淸國人郭成君과金錢貸借上의事로브터爭鬪ᄒᆞᆯ際, 四道溝中村에在ᄒᆞᆫ淸國兵一名이來ᄒᆞ야右金有日을營門에曳去ᄒᆞ고, 同日點燈後에至ᄒᆞ야再次淸國兵八名이來ᄒᆞ야, 李秉秀에對ᄒᆞ야汝의內庭에서金有日·郭成君의兩人이爭鬪ᄒᆞᆯ際, 此를仲裁치아니ᄒᆞ얏슴은汝도亦金의同類라ᄒᆞ고, 同人을地上에伏케ᄒᆞ고携帶ᄒᆞᆫ棍棒으로數十回大腿後部를毆打ᄒᆞ야負傷케ᄒᆞᆫ後, 汝ᄂᆞᆫ一進會員인고로其證票를搜索ᄒᆞᆫ다稱ᄒᆞ고, 室內에闖入ᄒᆞ야搜索ᄒᆞ얏고, 被害者의所言에依ᄒᆞᆫ즉, 此淸兵은室內의針具器中에置ᄒᆞᆫ日貨一圓紙幣五枚, 露貨一留紙幣六枚, 淸貨一吊紙票二十一枚·三吊紙票一枚·五吊紙票一枚를掠奪而去ᄒᆞ얏다ᄒᆞ며, 此外에更히韓人金鼎和·李汝康의二名을營門에曳去ᄒᆞ야, 捕縛ᄒᆞᆫ뒤로二日間拘留ᄒᆞ고, 尙且三十一日에金有日의父를曳去拘留ᄒᆞ얏습.

本月一日, 四道溝下村韓國人李春化家에서屯柴를運搬ᄒᆞᆷ을爲ᄒᆞ야同人의孫李東國及同村在住의韓人金文吉、李四才의三名을命令에服從치아니ᄒᆞ면毆打ᄒᆞᆫ다고脅迫ᄒᆞ고, 無償으로一日間柴의運搬에使役ᄒᆞ고, 尙且引續使用코ᄌᆞᄒᆞᆷ으로써, 頭[道脫]溝의我憲兵分遣所에呈訴ᄒᆞ고, 尙且繼續ᄒᆞ야此勞役에服從의可否를問ᄒᆞ얏기로, 我憲兵은無償의勞役에服從치말나ᄒᆞᆫ意로敎諭ᄒᆞ얏더니, 右四道溝中村에屯在ᄒᆞᆫ淸兵은, 其實은淸國軍隊에屬ᄒᆞᆫ者이아니고, 其地方으로編成ᄒᆞᆫ護鄕兵과如ᄒᆞᆫ者라云ᄒᆞ나, 淸兵과同一의服裝과銃器를携帶ᄒᆞ얏슴으로淸兵으로認ᄒᆞᆸ고, 本月六日에別紙第三號와갓치陳昭常에對ᄒᆞ야照會ᄒᆞ얏습.

同上 屬1. 奪去太極旗의返還및同奪去兵處罰에關한交涉要旨訓令

- 隆熙元年 (西紀1907年 10月29日)

- [發] 統監府間島派出所長 齋藤季治郎
- [受] 同所囑託 山崎誠一郎

寫第一號

訓令

明治四十年十月廿九日

統監府派出所長 齋藤季治郎

囑託 山崎誠一郎 殿

一. 貴官은陶[彬]知府를訪問ᄒᆞ고, 溫和的態度로써左記의要旨를傳達ᄒᆞ야其回答을報告홈이可홈.

左記

東盛湧街에住ᄒᆞᄂᆞᆫ韓國臣民韓在信은, 本月二十三日이韓國皇帝繼天紀元節인고로, 祝意를表ᄒᆞ기爲ᄒᆞ야十韓國太極國旗를揭揚ᄒᆞ얏ᄂᆞᆫᄃᆡ, 東盛湧街의貴國兵은此를奪去ᄒᆞᆫ意로呈訴가有ᄒᆞᆷ으로써, 過日陶知府가本官을來訪ᄒᆞ얏슴際, 口頭로써此를告知ᄒᆞ고, ᄯᅩ詳細調査ᄒᆞᆯ意로相約ᄒᆞ얏ᄉᆞᆸ고, 更히調査를遂ᄒᆞ야도右事實이正確ᄒᆞ오니, 交際國間에互相國旗를敬重히ᄒᆞᆷ은不待要言而知ᄒᆞ시겟ᄉᆞ오니, 斯速히其奪去ᄒᆞᆫ國旗를還付ᄒᆞ고, 其暴兵을處罰ᄒᆞ야, 將來再次如斯ᄒᆞᆫ品行이無ᄒᆞ도록, 貴國官憲에서十分團束ᄒᆞ심을望ᄒᆞᆷ.

同上 屬2. 淸兵暴行件의解明

- 隆熙元年 9月26日[16](西紀1907年 11月1日)
- [發] 理事府知府 陶彬
- [受] 統監府間島派出所長 齋藤季治郎

寫第二號

敬覆者, 案准阮[忠植]前府移交中曆九月初六日來函內開, 中曆九月初一. 初三等日, 東盛湧光宗社等處兵弁與韓民交涉各節, 業經胡[殿甲]統領, 詳晰函覆在案, 來函又云, 局子街北

16 9月26日은 陰曆임.

營, 捕縛韓民等語, 査敝府轄境, 因保衛地面, 籌辦巡警, 所有警餉, 悉由民間按畝匀攤. 前經該處巡警分局, 飭派巡兵, 住[17]花尖子地方, 催收韓民應納警餉, 突有韓民朱聖龍·吳文玉等出而攔阻, 該巡兵無奈回局, 巡弁復往開導, 尙不肯繳, 始用大車, 將伊等載途廳街總局, 局長又善言勸諭, 朱聖龍等先後繳納, 當即釋放矣, 韓人在廳境有年, 尙[18]來辦[19]無岐視, 如果不法忘[20]爲, 抗違公益, 敝府有地方之責, 亦不能曲爲寬貸也, 專覆, 即候日祉.

名正具

華曆九月二十六日

齋藤中佐 閣下

同上 屬3. 淸兵暴行事實과同淸兵嚴罰및損害賠償要求

- 隆熙元年 (西紀1907年 11月6日)
- [發] 統監府間島派出所長 齋藤季治郎
- [受] 督辦吉林邊務 陳昭常

[21]敬啓者, 本職은貴國兵員의暴行에關ᄒᆞ야, 左의事實을貴官에告白ᄒᆞ야, 貴官의考慮ᄅᆞᆯ要ᄒᆞᆫ光榮이有ᄒᆞᆷ, 客月二十九日午前九時頃, 四道溝下村在住의韓國臣民金有日은, 隣家李秉秀의內庭에서貴國臣民郭成君과爭鬪ᄒᆞᆯ際, 四道溝中村에屯在ᄒᆞᆫ貴國兵員一名이來ᄒᆞ야右金有日을屯營曳去ᄒᆞ고, 同日點燈後에至ᄒᆞ야再次兵丁八名이來ᄒᆞ야, 李秉秀에對ᄒᆞ야汝의內庭에서金·郭兩人이爭鬪ᄒᆞᆯ際, 此ᄅᆞᆯ仲裁치아니ᄒᆞ얏슴은, 汝도亦金의同類라ᄒᆞ고, 同人을地上에匍伏케ᄒᆞ고, 携帶ᄒᆞᆫ棍棒으로數十回大腿後部ᄅᆞᆯ毆打ᄒᆞ야負傷케ᄒᆞ얏슬ᄲᅮᆫ外라, 汝ᄂᆞᆫ一進會員이라ᄒᆞ니其證票ᄅᆞᆯ搜索ᄒᆞᆫ다稱ᄒᆞ고, 室內에闖人ᄒᆞ야家宅內ᄅᆞᆯ搜索ᄒᆞ얏고, 被害者의言에依ᄒᆞ면, 該兵員은此際에室內一隅針器中에置ᄒᆞᆫ日貨一圓紙幣五枚, 露貨一留紙幣六枚, 淸貨一吊紙幣二十一枚·三吊紙幣一枚·五吊紙幣一枚ᄅᆞᆯ掠奪ᄒᆞ얏슬ᄲᅮᆫ不是[22]라, 此時에更히金鼎和·李汝康의二名을屯營에曳去ᄒᆞ야, 捕縛ᄒᆞᆫ뒤로二日間此ᄅᆞᆯ拘留ᄒᆞ고, 三十一日에更히金有日에家親을曳去ᄒᆞ야拘留ᄒᆞ얏고, 此外同村屯在의貴國兵員은, 本月一日四道

17 住 : 4-부2 속2에는 '往'으로 되어 있다.

18 尙 : 4-부2 속2에는 '向'으로 되어 있다.

19 辦 : 4-부2 속2에는 '竝'으로 되어 있다.

20 忘 : 4-부2 속2에는 '妄'으로 되어 있다.

21 寫第三號公文임.

22 是字는 啻字妥當, 以下同.

溝下村韓國人李春和에게, 屯營에柴를運搬ᄒᆞ기爲ᄒᆞ야牛車를徵發코ᄌᆞᄒᆞ얏스나, 牛車가無ᄒᆞ기로同人의孫李東國及同村在住의韓國人金文吉·李四才의三名을脅迫ᄒᆞ야, 柴의運搬에使影ᄒᆞᆫ事實이有ᄒᆞᆷ.

右事實中金有日과貴國臣民郭成君의爭鬪件은, 責任이有ᄒᆞᆫ貴國官憲에서調査上, 金有日에게잇서서果然犯罪가有ᄒᆞ다ᄒᆞ면, 本職이相當히處分ᄒᆞ겟ᄉᆞ오니, 速히護送ᄒᆞ시고, 爭鬪에無關係ᄒᆞᆫ李秉秀를毆打ᄒᆞ야負傷케ᄒᆞ고, 且同人家宅에闖入ᄒᆞ고, 或은無故히金鼎和·李汝康及金有日의父를屯營에拘留ᄒᆞ고, 或은他의韓國民을脅迫ᄒᆞ야無償의勞役에使役ᄒᆞᆫ事ᄂᆞᆫ, 不法行爲에甚ᄒᆞ고韓國臣民의權利를無視ᄒᆞᄂᆞᆫ事가多大ᄒᆞ니, 其責任者에對ᄒᆞ야ᄂᆞᆫ嚴重히處罰ᄒᆞ고, 尙且將來再次如斯ᄒᆞᆫ事件을惹起치아니ᄒᆞ도록十分貴國兵員을戒飭ᄒᆞ시고, 且被害者에對ᄒᆞ야ᄂᆞᆫ相當히賠償ᄒᆞ실事로, 玆에照會ᄒᆞ오니, 照諒ᄒᆞ심을爲要.

明治四十年十一月六日
統監府派出所長 齋藤季治郎
督辦吉林邊務全省各軍翼長 陳昭常 閣下

附 2. 都社長等任命狀況報告書

隆熙元年 (西紀1907年 11月9日)
- [發] 統監府間島派出所長 齋藤季治郎
- [受] 統監府統監 伊藤博文

統派秘第八號
特報
明治四十年十一月九日
統監府派出所長 齋藤季治郎
統監公爵 伊藤博文 殿

八月二十三日着任以來, 十月十一日ᄭᆞ지任命ᄒᆞᆫ都社長·社長·村長의氏名別紙와如ᄒᆞᆸ기玆에報告ᄒᆞᆷ, 再十月十一日以後ᄂᆞᆫ曩에電報ᄒᆞ온것갓치一時任命을中止ᄒᆞ얏ᄉᆞᆸ고, 但此任命의必要를感動ᄒᆞᆷ은, 當派出所와地方韓民의連絡을保ᄒᆞ야民情을知ᄒᆞ기爲ᄒᆞᆷ이오, 行政機關되ᄂᆞᆫᄃᆡ不在ᄒᆞᆫ事ᄂᆞᆫ, 十月十四日發電報와如ᄒᆞᆸ고, 尙且一般의情況에依ᄒᆞ야, 時機를見ᄒᆞ야未畢ᄒᆞᆫ者를任命ᄒᆞ야, 逐次間島全部에及ᄒᆞ랴ᄒᆞᆸ기, 玆에添報ᄒᆞᆷ.

同上 屬. 都社長等名單

都社長以下人名表

茂山間島	
都社長	南奎綱
崇化社	
社長	崔規垠
一所 長沙淸曲村長	石載衡
二所 下面江口村長	金昌鎭
三所 麻田曲村長	崔陽吉
四所 間灘村長	趙秉黙
五所 荏田曲村長	呂文圭
六所 南夕曲村長	金柄五
七所 玉石洞村長	金履種
德化社	
社長	崔成翼
浦項里村長	閔昌翼
鳥洞一里村長	劉芳亨
鳥洞二里村長	朴中範
山陽洞村長	金尙烈
吉地村長	朴亨植
福洞村長	車明振
江域村長	黃龍彦
南坪村長	崔基恒
柳洞村長	池若渭
龍淵村長	朴東禧
南田洞)村長	朴泰會
上化社	
社長	鄭厶憲
大洞口村長	李治明
望峰村長	白樂善
朴岩坪村長	金澤圭
芹田曲村長	金良洽

松口尾村長	許明
鏡城村長	朱相彦
測洞村長	金澤正
山溪社	
社長	韓泰根
太極坪村長	蔡應默
東京抬村長	張益鉉
莎草洞村長	金光洙
豊陽洞村長	金亨基
安作村長	吳承濬
下廣浦村長	楊完植
自味內村長	金光云
宣化社	
社長	崔仕九
一所 漢水口村長	李完順
二所 山陽曲村長	安學奉
三所 囷洞堰下村長	黃松景
四所 囷洞內村長	姜明浩
五所 杏岩村長	金秉鉉
六所 康座洞村長	趙希云
七所 萬陵洞村長	李稀旬
八所 希豊洞村長	趙民順
白金社	
社長	李陽林

[備考]

一. 茂山間島中白金社內의村長은任命未畢.

二. 鍾城間島는全部任命을了홈.

三. 北都所는社長全部의任命을了ᄒᆞ고, 村長은東良社及樺田社中各一介村長을任命ᄒᆞᆫ後, 全部未畢.

四. 會寧間島는全部任命을了홈.

11. 清兵暴行事件에 關한 交涉狀況報告書提出의 件[23](往復案1冊)

隆熙元年 (西紀1907年 11月11日)
[發] 統監府間島派出所長 齋藤季治郎
[受] 統監府統監 伊藤博文

統派秘第九號
特報

明治四十年十一月十一日
統監府派出所長 齋藤季治郎
統監公爵 伊藤博文 殿

淸兵暴行等件에關ᄒᆞ야, 曩日本官이屢屢히淸國官憲에對ᄒᆞ야書字或口頭로써照會ᄒᆞ온바, 十月十五日旬報號外及本月八[七?]日特報第七號로써報告ᄒᆞ온것과갓치, 前統領胡殿甲과現知府陶彬으로브터回答이有ᄒᆞ오나, 其回答은暴行의責任과將來의團束等에關ᄒᆞ야何等言及이無ᄒᆞ야, 甚히要領을不得ᄒᆞ겟삽기, 更히本月十日에督辦吉林邊務陳昭常에對ᄒᆞ야別紙와갓치照會ᄒᆞ얏삽기, 玆에報告ᄒᆞᆷ.

附. 上件交涉狀況
- 隆熙元年 (西紀1907年 11月10日)
- [發] 統監府間島派出所長 齋藤季治郎
- [受] 督辦吉林邊務 陳昭常

[別紙]
敬啓者, 本職은曩十月六日及十月十二日에, 前撫民兼理事府阮忠植氏에對ᄒᆞ야左에諸件을照會ᄒᆞ얏삽.

23 此案件은 附屬公文이나 此의 原公文이 脫落되어 不得已獨立整理함으로 日順이 맞지 않음.

一. 韓國臣民金明克等을長久히貴國獄舍에囚禁홈은不當훈件(十月六日).

二. 東盛湧街의貴國兵員이十月七日樺田社에서, 韓國臣民朱運達을銃器와木片으로毆打ᄒ야負傷케훈事와, 本月九日光宗社下泉坪村에서, 貴國兵員約十名이韓國臣民李鴻洙를棍棒或鐵拳으로亂打ᄒ야死에瀕케훈事와, 局子街北營의貴國兵員四名이, 韓國臣民朱聖龍及吳文玉의兩人을捕縛ᄒ야局子街北營에拘留훈件(十月十二日).

尙且前吉强軍統領胡殿甲氏에對ᄒ야도, 十月十六日에如左훈件을照會ᄒ얏습.

一. 十月七日東盛湧街의貴國兵員이, 韓國臣民韓在信을棍棒及鞭으로써毆打負傷케훈事와, 會寧間島砂器洞駐在貴國兵員이, 甚히廉價로써食品及柴炭等을韓國臣民으로브터徵發훈件.

二. 前記十月十二日에前阮[忠植]知府에게照會훈者와同一件.

右外에當派出所員山崎誠一郎을派送ᄒ야, 現任知府陶彬氏에對ᄒ야口頭로써如左훈件을照會ᄒ얏습.

一. 韓國臣民韓在信이, 十月二十三日韓國大皇帝陛下의繼天紀元節의祝意를表ᄒ기爲ᄒ야, 韓國國旗를揭揚ᄒ얏더니, 東盛湧街의貴國兵員이此를奪去훈件.

以上의照會ᄒ온中, 陰曆九月十二日胡殿甲氏와同九月二十六日陶彬氏로브터回答을接ᄒ온바, 右胡殿甲氏回答의要旨ᄂᆞᆫ, 韓在信等毆打事件에關ᄒ야, 「本月七日, 東盛湧敝國兵員, 與韓民韓在信·金正憲二名, 因購糧草之事, 韓在信等向不安分, 皷動韓民, 不賣糧草, 與敝國兵員昇, 揑稱奉貴官命令, 當日即將韓在信·金正憲二人帶來, 詢問明白, 辦理妥當放回, 令安其業以後, 不准再有滋事情形, 韓在信等已甘心認罪, 不敢再犯, 可無煩貴官致問矣」. 不正徵發의事件에關ᄒ야ᄂᆞᆫ「又會寧敝國駐紮兵員, 徵收食品·燃料, 本統領已查明價目, 頗爲均平, 現在局子街小米子, 每石値敝國官帖十六吊, 稽查處小米子, 每石値十二吊八百, 局子街燃料, 每梱値錢十二文, 會寧每梱値錢二十文, 價目頗不低廉, 查會寧附近一帶韓民, 於光緖十[1884]年, 受馬賊騷擾, 哀請派員保護, 一切糧草, 請願由各韓戶均派, 價目較時價從廉相治, 二十餘年皆無異說, 貴官以爲關於韓民之生命財產權利, 敝國侵害太甚, 此言甚有遺憾, 韓民因在本國難謀生活, 越界來畊, 受惠不少, 敝國亦不分界域, 照華民一例保護, 至今休養生息二十餘年, 韓民亦皆樂業安居, 幾忘本國, 且敝國歷代大皇帝每下懷柔小邦之諭, 深以近今人國虐待外族, 欺凌寡弱爲可耻, 豈己國反有虐待弱國等情, 至貴官所聞, 竝非得之多數人言, 乃不過一二不安分之韓民從中播弄是非, 貴官遂信以爲實, 無乃爲韓人所欺」云云ᄒ얏스며, 前知府의後繼者陶彬氏回答의要旨ᄂᆞᆫ, 「局子街北營, 捕縛韓民等語, 查

敝府轄境, 因保衛地面, 籌辦巡警, 所有警餉, 悉由民間按畝勻攤, 前經該處巡警分局, 飭派巡兵, 往花尖子地, 催收韓民應納警餉, 突有韓民朱聖龍·吳文玉等出而攔阻, 該巡兵無奈回局, 巡辦[弁]復往開導, 尙不肯繳, 始用大車, 將伊等載送廳街總局, 局長又善言勸諭, 朱聖龍等先後繳納, 當即釋放矣」云云이라ᄒᆞ고, 不當의拘留, 貴國兵員의暴行責任에關ᄒᆞᆫ本職의照會에對ᄒᆞ야ᄂᆞᆫ, 何等의回答이無ᄒᆞ오며,

又胡統領은, 砂器洞에關ᄒᆞᆫ徵發은價目이자못不低廉ᄒᆞ다ᄒᆞ고, 或은價目較時價從廉이라稱ᄒᆞ고, 且本職이一二韓人의言에被欺ᄒᆞᆫ것과갓치ᄒᆞ시나, 本職은決코韓人의言을不信ᄒᆞ고, 最公平嚴密히調査ᄒᆞᆫ後, 事實을確定ᄒᆞ온者이온즉, 胡統領의言辭ᄂᆞᆫ妥當에不在ᄒᆞᆸ.

貴官은今般此地에來任ᄒᆞ야文武諸般의事務ᄅᆞᆯ統轄ᄒᆞ시ᄂᆞᆫ中, 前記諸件에就ᄒᆞ야貴官의考慮ᄅᆞᆯ重煩ᄒᆞ야此事件을解決ᄒᆞᆯ切實ᄒᆞ고公正ᄒᆞᆫ貴官의早速ᄒᆞᆫ回答을仰望ᄒᆞ오며,

尙且去般楠野事務官을派ᄒᆞ야口頭로써照會ᄒᆞ온鍾城間島下泉坪村에關ᄒᆞᆫ貴國兵員暴行의件에就ᄒᆞ야特히將校ᄅᆞᆯ派ᄒᆞ야詳細調査ᄒᆞ심은深謝ᄒᆞᄂᆞᆫ바이나, 本件에就ᄒᆞ야吳祿貞閣下ᄂᆞᆫ山崎氏ᄅᆞᆯ紹介ᄒᆞ야, 兩便이다缺點이有ᄒᆞᆸ기相和了決ᄒᆞ자ᄒᆞ시ᄂᆞᆫ通告가有ᄒᆞ오나, 若韓民에非行이有ᄒᆞ오면, 自此로本職이此ᄅᆞᆯ嚴飭ᄒᆞ올것입고, 貴兵員의暴行은貴官에서公明正大히處置ᄒᆞ야, 兩國交際의情誼로誠實히解決ᄒᆞᆯ者로信ᄒᆞ오니, 何等回答이有ᄒᆞ실事로, 玆에照會ᄒᆞᆷ.

明治四十年十一月十日
統監府派出所長 齋藤季治郎
督辦吉林邊務 陳昭常 閣下

12. 清兵暴行事件交涉顚末報告書轉呈의 件(往復案1册)

光武10年 (西紀1906年 11月18日)
[發] 議政府參政大臣 朴齊純
[受] 統監府統監 伊藤博文

機密統發第五五四號

四道溝下村에關ᄒᆞᆫ清兵暴行事件, 及鍾城間島下泉坪에關ᄒᆞᆫ清兵暴行事件에對ᄒᆞ야, 陳昭常과交涉의顚末別紙와갓치齋藤季治郎派出所長으로브터報告가有ᄒᆞ옵기, 參考ᄒᆞ심을爲ᄒᆞ야玆에謄寫送付ᄒᆞᆷ.

明治四十年十二月九日
統監代理副統監子爵 曾禰荒助
內閣總理大臣 李完用 閣下

附. 同上交涉顚末報告書

- 隆熙元年 (西紀1907年 11月19日)
- [發] 統監府間島派出所長 齋藤季治郎
- [受] 統監府統監 伊藤博文

統派秘第一一號
特報

明治四十年十一月十九日
統監府派出所長 齋藤季治郎
統監公爵 伊藤博文 殿

曩日四道溝下村에關ᄒᆞᆫ清國兵員暴行事件(十一月八日特報로써報告ᄒᆞ얏ᄉᆞᆸ)及鍾城間島下泉坪에關ᄒᆞᆫ清兵暴行事件(十一月五日旬報로써報告ᄒᆞ얏ᄉᆞᆸ)으로, 陳昭常에對ᄒᆞ야照會ᄒᆞ얏ᄉᆞᆸ더니,

本月十三日로써別紙와갓치調査復命書를添付ᄒᆞ야回答이有ᄒᆞ오니, 此回答은總히犯行의事實을否認ᄒᆞ고, 誠實調査에不在홈으로, 去十六日陳昭常과會見의際, 全然事實을否認홈은자못佐訝ᄒᆞᆫ바이라, 特히耿[錫齡]參謀官調查書第二項中, 門管帶가銃聲을聞ᄒᆞ야驚愕홈을不拘ᄒᆞ고, 深히此의源因을探査홈이無ᄒᆞᆫ事ᄂᆞᆫ, 地方警備의任에在ᄒᆞᆫ責을盡치아니홈이라ᄒᆞ고, 또耿參謀官도亦是漫然ᄒᆞ야何等의調査가無ᄒᆞ고,

尙且同第二項中, 韓民李鴻洙毆打事件은午後六時의事라, 當時에日光이尙存홈을不拘ᄒᆞ고, 月明이無ᄒᆞ다고再次調査를ᄒᆞ지아니ᄒᆞ심은, 明白히調査의不實을表證ᄒᆞᄂᆞᆫ者也며, 其他貴官은團練會人은官兵이아니라主張ᄒᆞ시나, 恒常兵器를持ᄒᆞ고武裝ᄒᆞᆫ以上은, 余ᄂᆞᆫ此를貴國兵으로認홈, 然즉該兵은金有日의家宅을去ᄒᆞᆫ後, 再次李秉秀의家宅에到ᄒᆞ야暴行ᄒᆞ얏고, 此에關ᄒᆞᆫ調査書中, 爭鬪ᄂᆞᆫ金有日의家宅內에서ᄒᆞᆫ者인고로, 李秉秀의家宅內에서何等異狀을呈홀理由가無ᄒᆞ다고弁明홈은, 價値가無ᄒᆞᆫ者로指摘ᄒᆞ야詰責ᄒᆞ얏더니, 陳·吳等은從來吉强軍의軍紀가無ᄒᆞᆫ事를述ᄒᆞ고, 此를制禦홀事가자못難ᄒᆞ고, 又新來兵의步兵中에ᄂᆞᆫ五·六年을經過ᄒᆞᆫ者라홈, 過日局子街日本人藥種商店內에서暴行ᄒᆞ얏다ᄂᆞᆫ照會를受ᄒᆞ고, 嚴重히調査ᄒᆞ야도아직何人의事이온지明瞭치아니홈으로, 크게余等의面目에關ᄒᆞ기로, 不日兵舍를修繕ᄒᆞ고民家의舍營으로브터此를收容ᄒᆞ오면, 此를從ᄒᆞ야團束홈을得ᄒᆞ옵겟고,

또明年에至ᄒᆞ야ᄂᆞᆫ吉强軍을逐次解散ᄒᆞ고良兵과交換ᄒᆞ야, 十分將來를戒홀事를注意ᄒᆞ겟다ᄒᆞ얏습.

同上 屬. 淸兵暴行事件等의否認과交涉拒絶

- 隆熙元年 10月8日[24](西紀1907年 11月13日)
- [發] 督辦吉林邊務 陳昭常
- [受] 統監府間島派出所長 齋藤季治郎

敬覆者. 前十月初二日, 接到貴中佐來函內開, 敝國兵員, 棒毆韓民李秉秀, 竝入室搶奪財物, 且將金鼎和·李汝康·金有日之父帶營拘禁各節, 又敝國兵員到韓民李春化家, 役令李東國·金文吉·李四才等搬運柴草一件. 當派妥員査明, 禀稱, 四道溝下村之華民郭成君, 因往韓民金有日家索債, 致相毆鬪, 其金有日之隣居李秉秀入室幫兇, 將郭成君頭顱打破, 當時有該村團練會六七人聞警往視, 皆爲郭成君不平, 因將李秉秀毆打, 以洩衆忿, 實係拳毆, 幷未用棒. 當因郭成君傷重, 遂將李秉秀帶往該村團練局看管, 實未嚴押, 旣係在金有日家鬪毆, 該團

24 10月8日은 陰曆임.

練會人亦未入李秉秀家, 何至將李秉秀家針線筐內之錢帖銀元等票搶去, 至云官兵入李秉秀家毆打搜索, 即更毫不相涉, 竝官兵往韓民李春化家, 搬運柴草一節, 訪查至再, 實無其事云云, 據此, 則因衆忿不平, 拳毆李秉秀者, 乃該村之團練會人, 實非官兵, 且鬪毆之事, 旣在金有日家, 則李秉秀家之錢帖銀元票, 斷無被官兵搶奪之理, 至若官兵, 役令韓民, 搬運柴草之事, 情節較輕, 然亦毫無實據, 是貴中佐函稱官兵暴行各事, 大都爲無據之虛辭, 亦或爲事實之錯誤, 自可無庸再議, 本督幫辦, 自有保護地方, 管東[25]兵民之責, 斷無容官兵暴虐平民之理, 萬一有非法之徒, 本督幫辦查有實據, 自當從嚴懲辦, 而若以後再有韓民以無據之詞告知貴處者, 似應以不問爲是. 現於韓民住所稠密之處, 本處皆派有事務員, 無不即刻稟知本處, 本督幫辦自當查實, 照例辦理, 似不至再煩貴中佐代爲報告. 又前次所稱敝國門管帶卒[26]兵往三道骨牌即貴國人所稱之下田坪村暴行各節, 前已派妥員查明, 據稱, 門管帶於九月十六日上午十點鍾, 卒[27]兵十名, 至三道骨牌查屯, 查視一過之後, 即歸營舍, 竝不過金海龍門前, 所有放鎗·摘門牌·毆打各事, 全事件全屬烏有, 是此事, 竝係金海龍等之誣詞, 玆併將兩次派員所查稟稿, 各照繕一分送上, 即煩查閱, 再本月初五日, 復接尊函, 內開各節, 已飭新統領陳[昭常]新廳丞陶[彬]查辦矣, 蓋此等舊案, 仍應由該管官弁辦結, 如何辦法, 該官弁等自應稟報前來, 本督幫辦核奪, 嗣後貴中佐亦毋庸再爲瑣瀆函知, 總之, 貴中佐到此, 敝國政府外務部皆未承認, 本督辦受政府之命特來, 整理此地, 未便因地方小事, 與貴中佐瑣細辦[辨?]論, 但貴中佐旣來居敝地, 彼此往還, 似宜只論主客交際, 至凡地方無關緊要之案件, 自有該管官弁籌辨[辦]稟報, 無勞貴中佐多費淸神也, 特此函覆, 統煩查照, 敬頌時祉.

十月初八日

名另具

同上 屬의附1. 清兵暴行事件調査復命書

- 隆熙元年 10月6日[28] (西紀1907年 11月11日)
- [發] 吉林邊務公署差弁 沈晏春
- [受] 督辦吉林邊務 陳昭常

爲稟覆事, 竊差弁於本月初三日奉派, 暗察四道溝下村華民郭成君與韓民金有日鬪毆一

---

25 東 : 문맥으로 보면 '束'이 되어야 한다.

26 卒 : 문맥으로 보면 '率'이 되어야 한다.

27 卒 : 문맥으로 보면 '率'이 되어야 한다.

28 10月6日은 陰曆임.

事, 差弁尅日即往該村, 明察暗訪, 察得韓民金有日欠郭成君之酒錢, 而郭成君赴金有日家屢次討要, 韓民李秉秀, 係與金有日住居隣近, 郭成君因要酒錢, 與金有日口角相爭, 致相毆鬪, 而秉秀聞譁, 即過金有日院內, 見郭成君與金有日毆打, 因帮金有日, 同打郭成君, 頭顱打破出血, 傷痕甚重, 正在毆打之際, 該村團練會聞警, 齊集六七人往看, 見郭成君滿頭是血, 登時嚇住, 問其情由, 始知李秉秀帮拳, 衆人恨其事不干己, 竝不勸解, 而且帮拳, 致將郭某打傷, 因犯衆惡, 故爾將李秉秀拳脚相加, 以泄衆忿, 竝未用木棒令其伏地責打, 因郭成君傷勢甚重, 不能不將李秉秀帶往該村團練局看管, 竝未嚴押, 至於原函內稱, 官兵入李秉秀家入室窮搜, 將其針線筐之錢帖銀元票全行搶去一節, 既係在金有日家鬪毆, 李秉秀幫打, 與李秉秀家毫無干涉, 何由至李秉秀家搜索, 實無官兵入李秉秀家搜索搶錢之事, 差弁以爲事關財帛, 認眞加查, 竝訪諸羣言, 委無其事, 李秉秀之妻, 見其夫被執情急, 即赴日人前哭訴, 竝訛稱其家被搶, 以邀日人興其氣, 而日人不加察查, 即來是函, 現經同村華民趙得朋從中調處, 令李秉秀出錢五吊, 與郭成君, 作爲養傷之費, 彼此了事, 此係差弁所查情形是實, 再查兵員往韓民李春化家, 迫令李春化之子李東國及金文吉·李四才, 爲搬運柴草之役使一節, 訪查至再, 皆云實無其事, 合併陳明, 伏祈憲鑒施行.

光緖三十三年十月初六日呈

差弁沈晏春 謹禀

同上 屬의附2. 清兵事件調查復命書

- 隆熙元年 9月23日[29] (西紀1907年 10月29日)
- [發] 二等參謀官 耿錫齡
- [受] 督辦吉林邊務 陳 昭 常

二等參謀官耿錫齡, 爲查明禀覆事, 九月十九日蒙委往光霽峪調查事件, 當日即赴該地密查, 二十三日回防消差, 謹將所查各節, 逐條呈報如左.

一. 門管帶是否率兵, 到監察課員金海龍公所搔擾情事,

查門管帶於九月十六日上午十點鍾, 率兵十名(內有什長一名)由三道骨牌村(即韓人混稱下泉坪村)南口入屯巡視, 路經韓通事喜祿處, 停步少時, 又至華民盧德山(同居三人李·趙等)光

29 9月23日은 陰曆임.

宗社鄕約(社長韓國民人)金炳漢等處均稍停留, 即出外查看一週, 遂由他路回營, 偏詢附近鄕民, 未見有官兵到金海龍公所查看, 且未聞有搔擾情事, 旣未至該公所查看, 豈有搔擾之理, 或謂金海龍藉官兵查屯之時, 捏造一搔擾情事亦未可知, 總之, 凡捏造官兵至金海龍公所搔擾者, 諒不出一進會人居留之處, 至門管帶當時經過之路, 列圖於後.

(圖 面)

三道骨牌之畧圖

即下泉坪村畧圖

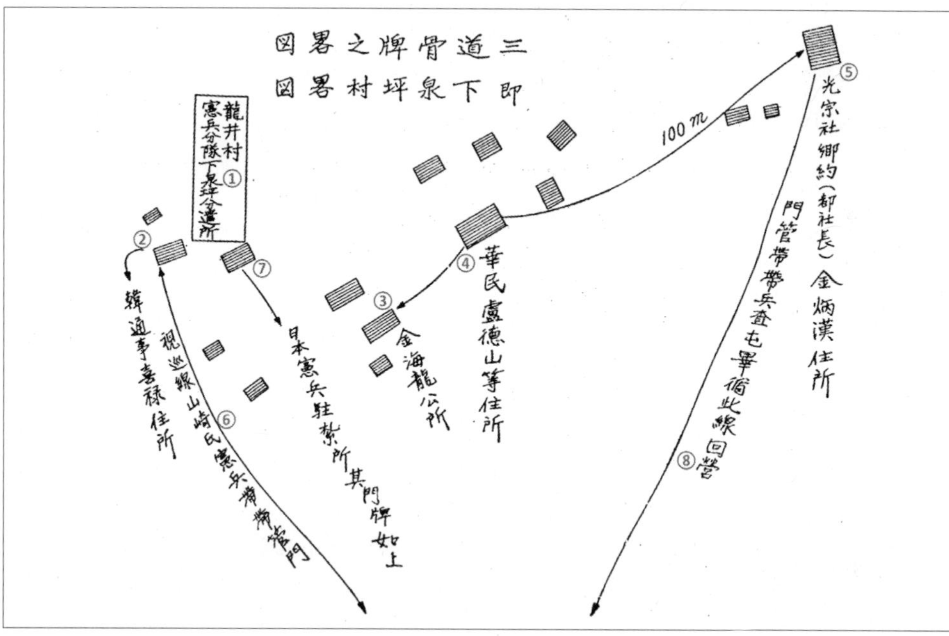

二. 門管帶帶兵若干名, 是否有毆打韓人之事,

查門管帶帶兵毆打韓民一事, 訪之民人, 皆云無有, 當時門管帶率兵查屯, 路經金海龍公所房後, 官長兵丁均安然通過, 竝無別事, 至韓人之被毆打, 想因前九月初三日之事, 是日門管帶, 率全隊兵丁, 赴嘎呀河, 距光霽峪九十里, 勦辦鬍匪, 當日竝未回營, 是曉八點鍾, 突有數人至韓民李鴻洙院內, 將李鴻洙毆打, 打畢即去, 惟是無月, 對面不能相視, 竝不能見其去向, 安能知其行毆者爲韓國人爲中國人耶, 乃意稱爲中國官兵, 且稱爲門管帶帶兵毆打, 未兌有意附會.

三. 是否有强行徵集韓人柴薪之事,

査駐紮光霽峪之軍隊所用柴草糧米, 向例由該處韓民供給, 照定價發錢, 其供給之法, 係由駐紮軍隊開條盖戮, 交該處都牌頭崔丙七, 都牌頭, 將條轉交各社牌頭, 各社牌頭再持條向本社居民, 照條上所開數目, 向各家徵集, 至每家所出數目不等, 柴草價目及大小之比較列後, 毛柴即薪柴, 穀草即粟藁, 秫稭即糖藁, 以上三種, 每百個合中國錢二吊, 合韓國錢五吊, 均係軍營發給柴草等之價, 其本月市價, 毛柴每百個, 合中國銀洋六元五分, 合錢十五吊, 每個合錢一百五十文, 穀草每百個, 合中國銀洋一元五角五分, 合錢三吊七百五十文, 每個合錢三十七文五分, 秫稭每百個, 合中國銀洋一元, 合錢二吊五百文, 每個合錢二十五文, 是市價, 較營內定價稍昂, 然市場所賣之柴草, 每個較賣與營內之柴草, 約大數倍, 而市價, 較營價亦大數倍, 總之, 若計算物價之低昂, 亦應計算物料之多寡高下, 方爲合理.

四. 是否有兵丁擅取金海龍門牌之舉動,

査門當[管誤]帶率兵査屯以後, 皆在街上巡行, 竝未近金海龍公所, 何得有兵丁擅取門牌之事, 惟官兵入屯時, 均見其門牌尙自懸掛, 迨官兵査屯事畢, 回營時, 其門牌則已撤去, 或云爲金海龍自行取藏, 然亦未査有實據, 玆竝將金海龍公所屋式及懸

牌之處列圖於後.

(圖 面)

韓人金海龍公所圖

五. 所去之兵丁, 是否有無故放槍之事,

查當門管帶查屯時, 附近鄕民竝未見有兵丁放槍者, 而槍聲則多聞之. 其聞槍聲, 則正當是日上午十一點鍾. 是時門管帶帶兵, 適在華民盧德山處詢問事件, 忽聞槍聲塞耳, 即派兵丁詢問, 亦未查出放槍之人. 或云即金海龍自行放槍, 亦然無擾. 總之, 兵丁未敢擅自放槍, 則因無疑. 盖門管帶之兵每逢出差, 其所携子彈皆有定數, 朝往則必察其子彈之數目, 暮歸仍復行檢查一次, 以杜遺失之弊. 是時所帶十兵, 既未離管帶之身, 而歸時檢其子彈, 亦無有短少者, 其查屯時實無放檢[30]之事可知.

以上所查各節, 除一進會之韓民及金海龍之同事諸人外, 其他本地華·韓人民所言

均無異辭, 自係實地情形, 非敢稍爲門管帶諱也.

光緖三十三年九月二十三日呈

30 檢 : 문맥으로 보면 '槍'이 되어야 한다.

13. 間島事情報告書轉呈의 件(往復案1册)

隆熙元年 (西紀1907年 12月13日)
[發] 統監府副統監 曾禰荒助
[受] 內閣總理大臣 李完用

機密統發第五八八號

在間島齋藤派出所長으로브터別紙와갓치報告가有ᄒᆞ옵기, 參考ᄒᆞ심을爲ᄒᆞ야玆에謄寫送付ᄒᆞ오니, 照諒ᄒᆞ심을爲要.

明治四十年十二月十三日
統監代理副統監子爵 曾禰荒助
太子少師內閣總理大臣 李完用 閣下

附. 同上報告書

- 隆熙元年 (西紀1907年 11月25日)
- [發] 統監府間島派出所長 齋藤季治郎
- [受] 統監府統監 伊藤博文

統派旬第一〇號 旬報

明治四十年十一月廿五日
統監府派出所長 齋藤季治郎
統監公爵 伊藤博文 殿

一. 地方一般의狀況

本旬間, 地方一般平穩홈.

氣候ᄂᆞᆫ本旬에至ᄒᆞ야寒氣가忽然極烈ᄒᆞ야, 本旬中最低가列氏零度下二十二度에至ᄒᆞ얏

기로, 平均零度二分乃至十二度五分間을昇降ᄒᆞ며, 滿目積雪로써蔽ᄒᆞᆫ豆滿江의兩岸은結氷ᄒᆞ야, 一時交通을杜絶ᄒᆞᄂᆞᆫ디至ᄒᆞᆷ.

前旬에報告ᄒᆞᆫ淸國人殺害事件에關ᄒᆞᆫ加害者ᄂᆞᆫ, 韓民四名이共犯ᄒᆞᆫ事ᄅᆞᆯ探知ᄒᆞ고, 十一月十二日其二名을逮捕ᄒᆞ얏더니, 他의二名은同日淸國官憲에게逮捕ᄒᆞ얏ᄉᆞ온ᄃᆡ, 加害者ᄂᆞᆫ被害者의隣村에居住ᄒᆞᄂᆞᆫ者라, 其原因은, 加害者四名은共히曾往被害者로브터錢을貸用ᄒᆞ온바, 被害淸人은近日出發ᄒᆞ야山東省에歸省코ᄌᆞᄒᆞ야, 加害者等에對ᄒᆞ야貸金의返還을督促ᄒᆞᆷ으로써, 四名은債主된被害者ᄅᆞᆯ殺害ᄒᆞ고, 其負債ᄅᆞᆯ報償치아니ᄒᆞᆯ事ᄅᆞᆯ共謀ᄒᆞ고, 被害者ᄂᆞᆫ元來酒賣商을營業ᄒᆞ기로, 飮酒ᄒᆞ기爲ᄒᆞ야其居宅에至ᄒᆞᆫ後, 該貸借의事로브터爭論을始ᄒᆞ고, 四名이亂打ᄒᆞ야致死ᄒᆞ얏기로, 犯人을檢擧ᄒᆞᆫ後, 地方淸·韓民等이一般安堵ᄒᆞᆫ다云ᄒᆞᆷ.

二. 淸國官民이韓國民에對ᄒᆞᆫ不法暴壓의行爲

淸國官民이韓國民에對ᄒᆞ야ᄂᆞᆫ表面은緩和ᄒᆞ게ᄒᆞᄂᆞᆫ實況이나, 本旬間淸國官憲으로브터任命ᄒᆞᆫ鄕約等이, 前年보다高額의課稅ᄅᆞᆯ韓民에게徵集ᄒᆞ고, 又ᄂᆞᆫ淸國官憲에納付ᄒᆞᆫ다稱ᄒᆞ고無償으로柴ᄅᆞᆯ徵發ᄒᆞ며, 或은淸國人이其小作人되ᄂᆞᆫ韓國人을毆打負傷等事의不法暴壓의行爲ᄅᆞᆯ敢行ᄒᆞᆫ者의數件이有ᄒᆞᆷ.

三. 淸國官民이我官民에對ᄒᆞᆫ態度

淸國官吏가我에對ᄒᆞᆫ交際의狀況은, 依然히親和的으로互相來往ᄒᆞᄂᆞᆫ지라, 十一月十五日은淸國의萬壽節이기, 陳督辨·陶知府ᄂᆞᆫ我高等官全員을招待ᄒᆞᆷ을依ᄒᆞ야, 本職以下憲兵將校等七名은此에應ᄒᆞ야, 局子街知府衙門內에서祝賀의宴에參列ᄒᆞ얏슴.

督辦陳昭常은前旬報와갓치派弁所ᄅᆞᆯ數個所에設置ᄒᆞᆫ外, 行動에可見ᄒᆞᆯ者無ᄒᆞ오나, 彼等이我交涉에對ᄒᆞᆫ態度ᄂᆞᆫ强硬又倨傲ᄒᆞ고, 豆滿江以北으로써淸國領土라主張ᄒᆞᄂᆞᆫ等과(逐次特報ᄒᆞ얏슴)特히淸兵等이韓民에對ᄒᆞᆫ不法不正의行爲에就ᄒᆞ야ᄂᆞᆫ, 每事에此ᄅᆞᆯ否認ᄒᆞ고, 我要求에對ᄒᆞ야毫末도公明ᄒᆞᆫ處理에出ᄒᆞᆷ이無ᄒᆞᆷ.

又本月十三日, 中野二郎과淸國人程元程[光第誤]의共同經營에係ᄒᆞᆫ天寶山銀鑛으로브터, 日本에向ᄒᆞ야搬出코ᄌᆞᄒᆞᄂᆞᆫ礦滓(馬車八臺에積載)ᄅᆞᆯ, 途中豆滿江渡津場(高嶺鎭)에서砂器洞兵營哨官으로ᄒᆞ야곰執留케ᄒᆞ고, 其翌十四日에ᄂᆞᆫ天寶山에在ᄒᆞᆫ程의本宅에書面으로써其使用ᄒᆞᄂᆞᆫ事務員及日本人을十一月二十日ᄭᆞ지退去케ᄒᆞᆷ을命ᄒᆞᄃᆡ, 命令을不遵ᄒᆞ면驅逐ᄒᆞ리라ᄒᆞ얏스니, 淸國官憲이如此處理ᄅᆞᆯ取ᄒᆞᆫ理由ᄂᆞᆫ, 程光弟[第]ᄂᆞᆫ曩에許可업시大寶山을採掘ᄒᆞᄂᆞᆫ

故로, 吉林巡撫로브터同鑛山을封禁케홈을不拘ᄒᆞ고採掘ᄒᆞ야, 其礦石을他에運搬코ᄌᆞ홈이大端不美ᄒᆞ다云홈.

礦滓執留에關ᄒᆞ야ᄂᆞᆫ, 本月十六日, 本職이他의要件으로써督辦陳及吳[祿貞]와會見의際에, 該礦滓ᄂᆞᆫ舊存者되ᄂᆞᆫ事等을說明ᄒᆞ고, 其執留ᄂᆞᆫ斯速히解放홈이正當ᄒᆞᆫ意로言及ᄒᆞ얏더니, 陳·吳兩人은本職과私交上을顧慮ᄒᆞ고, 此ᄅᆞᆯ解放ᄒᆞᄂᆞᆫ事ᄅᆞᆯ相約ᄒᆞ얏더니, 其後에至ᄒᆞ야護照ᄅᆞᆯ送付ᄒᆞ얏스나, 所屬이未定土地에서日本商人이彼淸國官憲으로브터護照ᄅᆞᆯ受ᄒᆞᆯ理由가無ᄒᆞ기로, 陳에게此ᄅᆞᆯ返還ᄒᆞ얏스니, 其昭詳ᄒᆞᆫ事ᄂᆞᆫ既爲電報로써報告ᄒᆞ얏습.

四. 戶口調査의結了

去九月九日로브터着手ᄒᆞᆫ戶口調査ᄂᆞᆫ本旬에完了ᄒᆞ얏ᄉᆞ오니, 其調査區域은, 老爺嶺本山脈과冷水泉子의東方에連走ᄒᆞᆫ同山脈과豆滿江間에包含ᄒᆞᆫ土地一帶이온즉, 淸人戶數三千七十四戶, 人口二萬一千九百八十三人, 韓家一萬五千三百五十六戶, 人口七萬二千七十六人也나, 然이나此調査ᄂᆞᆫ諸種의事情으로브터아직十分精確치못홈, 實際의人口ᄂᆞᆫ尙多數ᄒᆞ겟습고, 其調査狀況等에關ᄒᆞᆫ詳細ᄂᆞᆫ, 追後特報ᄒᆞ겟습.

五. 産業調査의狀況

小川調査課長은本月十一日브터頭道溝·二道溝·蜂蜜溝地方에向ᄒᆞ야出發, 同十六日歸着ᄒᆞ얏습, 八田農學士ᄂᆞᆫ同十一日出發ᄒᆞ야黑山嶺北麓附近地方을巡回ᄒᆞ고, 同十九日歸着ᄒᆞ얏습고, 其他ᄂᆞᆫ從來蒐集ᄒᆞᆫ鑛物의分析과間島內의平面地圖作製에從事홈.

六. 地方一般의衛生

當龍井村에關ᄒᆞᆫ染病患者ᄂᆞᆫ, 四名中一名은死亡ᄒᆞ고二名은全治ᄒᆞ고一名은治療中에在ᄒᆞ며, 尙且擬似患者一名이出ᄒᆞ얏스나, 一般蔓延치아니ᄒᆞᄂᆞᆫ模樣이오며, 且既往組織ᄒᆞ얏던防疫委員等은, 一心으로豫防消毒等의方法을講ᄒᆞ야此ᄅᆞᆯ實施에從事ᄒᆞ오며, ᄯᅩ近來氣溫低下ᄒᆞ기로, 蔓延될恐慌은無홈.

當地附近에關ᄒᆞᆫ牛疫은尙今存在ᄒᆞ기로, 村民은他地方으로브터來ᄒᆞᄂᆞᆫ牛馬의宿泊을忌ᄒᆞ고, 又他地에牛馬ᄅᆞᆯ出홈을嫌ᄒᆞᄂᆞᆫ고로, 旅行者에不便이不尠홈.

右報告홈.

14. 間島派出所員金海龍行爲에 關한 交涉文書轉呈의 件(往復案1册)

隆熙元年 (西紀1907年 12月14日)
[發] 統監府副統監 曾禰荒助
[受] 內閣總理大臣 李完用

機密統發第五八六號

別紙在間島當府派出所監察課員金海龍의行爲에關ᄒᆞᆫ陳昭常及吳祿貞의照會와, 此에對ᄒᆞᆫ齋藤派出所長의回答을謄寫ᄒᆞ야, 參考ᄒᆞ심을爲ᄒᆞ야玆에送付ᄒᆞᆷ.

明治四十年十二月十四日
副統監子爵 曾禰荒助
太子少師內閣總理大臣 李完用 閣下

附 1. 金海龍行爲의追窮과銅佛寺街憲兵分遣所의撤去要求

- 隆熙元年 10月12日[31] (西紀1907年 11月17日)
- [發] 督辦吉林邊務 陳昭常
  幇辦吉林邊務 吳祿貞
- [受] 統監府間島派出所長 齋藤季治郎

謹啓者, 住三道骨牌之韓民金海龍, 造言生事, 擅作威福, 久經敝處訪查, 面告貴中佐在案, 玆復查得金海龍於華曆本月初四·初五·初六日, 在霽晴·霽霞·月朗等社, 傳集各處居民聲稱, 總鄕約玄德勝, 曾經勒索民財, 迫令依言呈控, 竝逼令捏造官役勒詐事件, 有不敢自背天良, 隨聲附和者, 則辱罵之, 其在月朗社傳集居民時, 有嚴丙權·吳敏永二名未到, 即於是祖[夜?]率人至其家, 將二人掌責, 如此威逼人民, 誣控情事, 無論何等官吏, 皆不敢爲, 而金海龍, 以一鄕民, 乃敢公然爲之, 則是等不法之徒, 是實有意擾亂治安, 如經査實, 定當照敝國法律, 從嚴懲辦, 以儆效尤, 惟聞該韓民自稱, 受有貴處委任, 是否予以職分, 雖無從深

31 10月12日은 陰曆임.

知, 然諒貴中佐, 亦決不能令此無賴奸民, 在敝國境內, 以擅行司法權, 而妨害地方治安也, 又査銅佛寺街, 新設有貴國憲兵分遣所, 是處韓民極少, 無可保護, 乃復分駐憲兵, 未知用意所在, 況吉强軍, 於該處久已駐有防兵, 本督·幇辦, 今復設有派辦處, 一切調查保護事件, 皆無煩貴國憲兵代勞, 望速撤去, 以釋人民疑懼, 竝免致彼此誤會, 另生枝節, 幸甚幸甚, 特此函知, 順頌時祉.

十月十二日

名另具

附 2. 同上件에對한反駁

- 隆熙元年 (西紀1907年 11月22日)
- [發] 統監府間島派出所長 齋藤季治郎
- [受] 督辦吉林邊務 陳昭常

  幇辦吉林邊務 吳祿貞

爲照會事, 本月十七日「十月十二日)貴翰에對ᄒᆞ야如左回答ᄒᆞᆷ.

貴翰을接准이온바「住三道骨牌之韓民金海龍, 造言生事, 擅作威福, 久經敝處訪査, 面告貴中佐在案, 玆復査得金海龍於華曆本月初四·初五·初六等日, 在霽晴·霽霞·月朗等社, 傳集各處居民聲稱, 總鄕約玄德勝, 曾經勒索民財, 迫令依言呈控, 竝逼令揑造敝國官役, 勒作事件, 有不敢自背天良, 隨聲附和者, 則辱罵之, 其在月朗社傳集居民時, 有嚴丙權·吳敏永二名未到, 即於是夜, 率人至其家, 將二人掌責, 如此威逼人民, 誣控情事, 無論何等官吏, 皆不敢爲, 而金海龍, 以一鄕民, 乃敢公然爲之, 則此等不法之徒, 是實有意擾亂治安, 如經査實, 定當敝國法律從嚴懲辦, 以儆効尤, 惟聞該韓民自稱, 受有貴處委任, 是否予以職分, 雖無從深知, 然諒貴中佐, 亦決不能令此無賴奸民, 在敝國境內, 以擅行司法權, 而妨害地方治安也」等因이오나, 金海龍은韓國內部書記官으로, 現今當派出所에配屬ᄒᆞᆫ高等官이오, 前吉林營務處總辦余濬閣下와前吉强軍統領胡殿甲氏及前撫民兼理事府阮忠植氏에對ᄒᆞ야, 九月二十九日公文中에明言ᄒᆞ얏슬ᄲᅮᆫ外라, 十月二十四日, 楠野事務官이貴兩官과會見ᄒᆞ얏슬際에도明言ᄒᆞ얏기로, 貴官等도既爲熟知ᄒᆞᆷ은的確無疑이온ᄃᆡ, 同人을指目ᄒᆞ야無賴奸民으로稱ᄒᆞᆷ은, 國際禮儀上甚히遺憾ᄒᆞᆷ으로認ᄒᆞᆷ, 然이나總鄕約玄德勝의件에關ᄒᆞ야ᄂᆞᆫ, 該地方韓民의呈訴ᄅᆞᆯ依ᄒᆞ야, 本職으로브터右金海龍及憲兵을命ᄒᆞ야事實을調査케ᄒᆞ얏더니, 玄德勝은前記各社에서田券講ᄅᆞᆯᄒᆞᆫ다고稱ᄒᆞ고, 人民을集合ᄒᆞ고人民이隣地의關係ᄅᆞᆯ不知ᄒᆞᆷ이不

可라ᄒᆞ고, 或此ᄅᆞᆯ脅喝ᄒᆞ며或은此ᄅᆞᆯ毆打ᄒᆞ고, 金三百二十圓을收賄ᄒᆞᆫ事實이有ᄒᆞ고, 金海龍은本職의命을受ᄒᆞ고前記事實을調査ᄒᆞ얏기로, 韓國官吏로正當히職務ᄅᆞᆯ行ᄒᆞ얏ᄉᆞ온ᄃᆡ, 貴官等은此ᄅᆞᆯ指目ᄒᆞ야無賴奸民이라ᄒᆞ고, 貴國法律에依ᄒᆞ야嚴重히懲罰ᄒᆞ겟다稱ᄒᆞ고, 貴國國境內에서治安을擾害ᄒᆞ기로, 如斯ᄒᆞᆫ者ᄂᆞᆫ交際國의權利ᄅᆞᆯ無視ᄒᆞ고條約에違反ᄒᆞ얏다ᄒᆞ고, 韓民으로ᄒᆞ야곰貴國法權에服從케ᄒᆞ랴ᄒᆞᆯ쁜外라, 此地方의所屬問題에關ᄒᆞ야, 貴我兩國政府間에서交涉을重疊히ᄒᆞᆷ을不拘ᄒᆞ고貴國領土로斷定ᄒᆞ오니, 事甚重大ᄒᆞ기로本職은玆에貴翰의主旨ᄂᆞᆫ決코甘受ᄒᆞ기不能ᄒᆞᆫ事ᄅᆞᆯ聲明ᄒᆞᆷ.

又我憲兵은, 本職이韓民保護의任務ᄅᆞᆯ遂行ᄒᆞᄂᆞᆫᄃᆡ必要로信ᄒᆞᄂᆞᆫ地點에分遣ᄒᆞᄂᆞᆫ者인즉, 貴4官等의干涉이不可ᄒᆞᆫ쥴로認ᄒᆞ오며, 㐊銅佛寺分遣所ᄂᆞᆫ決코新配置에不在ᄒᆞ니, 該地에ᄂᆞᆫ十月十日, 即貴官等의到着前에此ᄅᆞᆯ配置ᄒᆞ얏습고, 去十六日會見의際에도, 貴官等으로브터何等의出言도無ᄒᆞ다가, 其翌十七日突然該地에ᄂᆞᆫ韓民이極少云云의理由로써撤退ᄅᆞᆯ要求ᄒᆞ얏스나, 同地一帶에ᄂᆞᆫ韓民의居住가不尠ᄒᆞ기로, 此等韓民의保護上, 該地에憲兵을分駐ᄒᆞᆷ이必要ᄒᆞ기로, 玆에回答ᄒᆞᆷ.

明治四十年十一月廿二日
統監府派出所長 齋藤季治郎
督辦吉林邊務 陳昭常 閣下
幫辦吉林邊[務脫] 吳祿貞 閣下

15. 間島事情(淸兵暴行 및 都社長任命)交涉顚末報告書接閱回答(往復案1冊)

隆熙元年 (西紀1907年 12月17日)
[發] 內閣總理大臣 李完用
[受] 統監府副統監 曾禰荒助

照覆第二二四號

在間島淸兵暴行件에就ᄒᆞ야, 淸國官憲과交涉ᄒᆞᆫ顚末, 及都社長以下任命件과, 同淸兵暴行事件에對ᄒᆞ야陳昭常과交涉ᄒᆞᆫ顚末에關ᄒᆞᆫ齋藤派出所長의報告ᄅᆞᆯ, 參考ᄒᆞ기爲ᄒᆞ야謄付一事, 機密第五四一號及第五五四號貴來文을接到ᄒᆞ야, 均經閱悉ᄒᆞᄋᆸ고玆에照覆ᄒᆞ오니, 照諒ᄒᆞ심을爲要.

隆熙元年十二月十七日
太子少師內閣總理大臣 李完用
統監代理副統監子爵 曾禰荒助 閣下

16. 間島戶口調査報告書呈閱의 件(往復案1册)

隆熙元年 (西紀1907年 12月19日)
[發] 統監府副統監 曾禰荒助
[受] 內閣總理大臣 李完用

機密統發第六一一號

在間島齋藤派出所長으로브터, 戶口調査件에關ᄒᆞ야, 別紙와갓치報告가有ᄒᆞ옵기, 參考ᄒᆞ심을爲ᄒᆞ야玆에謄寫送付ᄒᆞᆷ.

明治四十年十二月十九日
統監代理副統監子爵 曾禰荒助
太子少師內閣總理大臣 李完用 閣下

附. 同上報告書進達의件

- 隆熙元年 (西紀1907年 11月27日)
- [發] 統監府間島派出所長 齋藤季治郎
- [受] 統監府統監 伊藤博文

統派庶第一八號

戶口調査表進達
明治四十年十一月廿七日
統監府派出所長 齋藤季治郎
統監公爵 伊藤博文 殿

本年九月九日以來, 部下憲兵及巡檢으로ᄒᆞ야곰管內戶口調査에從事케ᄒᆞ온바, 本月七日에其調査結了ᄒᆞ얏습기, 憲兵隊長으로브터報告가有ᄒᆞ옵기, 謄寫ᄒᆞ야別册戶口調査表ᄅᆞᆯ添付進達ᄒᆞᆷ.

再, 別册은韓人村長·社長等으로브터提呈ᄒᆞᆫ一部의戶口數와相違ᄒᆞᆫ點이不尠ᄒᆞ오나, 實

數ᄂᆞᆫ尙其以上으로推想ᄒᆞᄋᆞᆸ고, 正確ᄒᆞᆫ調査ᄂᆞᆫ他日을期ᄒᆞᆷ.

附의 屬. 戶口調査에關한報告書

- 隆熙元年 (西紀1907年 11月19日)
- [發] 統監府間島憲兵分隊長 境野竹之進
- [受] 同派出所長 齋藤季治郎

間憲警第五五號

戶口調査結了에關ᄒᆞᆫ報告

明治四十年十一月十九日

間島憲兵分隊長 境野竹之進

統監府派出所長 齋藤季治郎 殿

一. 戶口調査ᄂᆞᆫ, 九月九日브터着手ᄒᆞ야十一月七日에結了ᄒᆞ얏ᄉᆞ오니, 今回調査의目的은, 間島內左의區域內에關ᄒᆞᆫ住民의總戶數·總人口의槪數ᄅᆞᆯ知코ᄌᆞᄒᆞᆷ으로, 各戶各人에對ᄒᆞᆫ精密ᄒᆞᆫ調査ᄂᆞᆫ此ᄅᆞᆯ他日에讓ᄒᆞᆷ.

二. 調査區域은, 老爺嶺本山脈과冷水泉子의東方에連走ᄒᆞᆫ同山支脈과圖們江間에包含ᄒᆞᆫ土地一體ᄅᆞᆯ以ᄒᆞ야其調査의地區로ᄒᆞ얏ᄉᆞᆸ.

三. 調査方法은, 大槪憲兵上等一名或二名에巡檢一名을附ᄒᆞ야一組로ᄒᆞ고, 先次從來의社에就ᄒᆞ야村을確定ᄒᆞ고, 村에就ᄒᆞ야戶數及人口ᄅᆞᆯ確知ᄒᆞ야, 此ᄅᆞᆯ計合ᄒᆞᆯ方針을取ᄒᆞ얏스나, 多數ᄂᆞᆫ社의區劃이不分明ᄒᆞ기로, 社內에關ᄒᆞᆫ村數도一定ᄒᆞᆷ이無ᄒᆞ야, 同一의地라도淸人이唱ᄒᆞᄂᆞᆫ名稱과韓人이唱ᄒᆞᄂᆞᆫ名稱이相異ᄒᆞ며, 淸·韓人이同唱ᄒᆞᄂᆞᆫ名稱이라도同音異字가有ᄒᆞ며, 又其戶數·人口ᄂᆞᆫ從來全然一次도調査ᄒᆞᆫ事가無ᄒᆞ니, 此ᄅᆞᆯ村의長者·識者라稱ᄒᆞᄂᆞᆫ者에就ᄒᆞ야尋問ᄒᆞ온즉, 其所答이各人不同ᄒᆞ야一도信憑ᄒᆞ기不能ᄒᆞ기로, 各戶에就ᄒᆞ야調査ᄒᆞᆫ者도有ᄒᆞ며, 或은數人의言에依ᄒᆞ야推測ᄒᆞ고適當히計上ᄒᆞᆫ者도有ᄒᆞᄋᆞᆸ.

特히冷水泉子로브터寧古塔에到ᄒᆞᄂᆞᆫ方面中에ᄂᆞᆫ, 當時馬賊이橫行ᄒᆞ야危險ᄒᆞ기로, 實地調査ᄒᆞ기不能ᄒᆞᆷ을爲ᄒᆞ야, 該地方의情況을知悉ᄒᆞᄂᆞᆫ淸·韓人에就ᄒᆞ야, 其槪數ᄅᆞᆯ聞取計上ᄒᆞ얏ᄉᆞᆸ기, 一一히其正確을期ᄒᆞ기難ᄒᆞᄋᆞᆸ.

四. 右方法에依ᄒᆞ야所計ᄒᆞᆫ者, 社數·村數·戶數·人口의槪數가如左ᄒᆞᆷ,

社數	國別	村數	戶數	人口		
				男	女	計
五○	淸	二○九	三,○四七	一三,六二三	八,三六○	二一,九八三
五○	韓	五二九	一五,三五六	三九,五二三	三二,五五三	七二,○七六

然즉 淸·韓人散在의等分은, 淸人은韓人에比ᄒᆞ야其戶數·人口가共少ᄒᆞ되, 地方에依ᄒᆞ야左의比例가되얏삽.

地方區分	國別	戶數百分比例	人口百分 比例	摘要
圖們江左岸一幅	韓	九九弱	九九.五弱	茂山·會寧·鍾城間島全體
	淸	一强	五强	
海蘭河河孟一幅	韓	八五强	七二强	平崗上里·平崗下里·平崗水南·東良下里 智逸樺田·東盛湧以上의 七社
	淸	一五弱	二八弱	
洽泉巴通河河孟一幅	韓	六三强	五四弱	海蘭河와洽泉巴通河의分水界以北 (穩城間島ᄅᆞᆯ包含)
	淸	三七强	四六强	
調査區域內平均	韓	七二强	七七弱	北都所·茂山間島, 鍾城間島·會寧間島· 穩城間島等이니即第四項에揭ᄒᆞᆫ全區域也
	淸	二八强	二三强	

五. 戶口調査에對ᄒᆞᆫ淸·韓人의意向은, 最初統監府派出所設置의意가地方에普及치못ᄒᆞᆫ間은, 淸·韓人이共히一般危懼心을懷ᄒᆞ야, 此ᄅᆞᆯ嫌忘[忌]ᄒᆞᄂᆞᆫ狀態가有ᄒᆞ더니, 其後派出所로브터社長·村長을任命ᄒᆞ얏슴을爲ᄒᆞ야, 彼是便宜ᄅᆞᆯ得ᄒᆞ고, 且派出所設置의旨意ᄅᆞᆯ漸次透徹ᄒᆞᆷ을從ᄒᆞ야, 韓人은調査ᄅᆞᆯ受ᄒᆞ고, 淸人은一、二地方을除ᄒᆞᆫ外, 別로히此ᄅᆞᆯ忌嫌ᄒᆞᄂᆞᆫ狀態가無ᄒᆞ나, 淸人에對ᄒᆞ야ᄂᆞᆫ各戶各人에就ᄒᆞ야一一히此ᄅᆞᆯ調査ᄒᆞᆷ을避ᄒᆞᄂᆞᆫ故로, 戶數ᄂᆞᆫ實際로目擊ᄒᆞᄂᆞᆫ바ᄅᆞᆯ依ᄒᆞ고, 人口ᄂᆞᆫ其推測ᄒᆞᄂᆞᆫ바ᄅᆞᆯ計上ᄒᆞ얏슴으로, 別로히其感情을害ᄒᆞᄂᆞᆫ者無ᄒᆞᆷ을認ᄒᆞ읍.

六. 調査適確의程度ᄂᆞᆫ, 前記와갓튼調査方法으로써十分正確ᄒᆞᆷ을期ᄒᆞ기難ᄒᆞ나, 其大體의戶數·人口及淸·韓人撒布의狀況을槪知ᄒᆞᆷ을得ᄒᆞᆷ, 然이나若過誤가有ᄒᆞ다ᄒᆞ오면, 極히少한

쥴로推測ᄒᆞ오며, 尙其詳細ᄂᆞᆫ別紙戶口調査表[32]와如ᄒᆞ옵.

七. 地方一般의狀況, 各地一般靜穩ᄒᆞ야馬賊·强窃盜等의被害ᄅᆞᆯ不聞ᄒᆞ옵.

八. 淸·韓人生活의狀況, 住民淸·韓人은共히人智가極低ᄒᆞ야大槪農業에從事ᄒᆞ되, 淸人은到處에大農的農業에從事ᄒᆞ며, 且居住地附近의大地主가될ᄲᅮᆫ不啻라, 彼等은母國官憲의威ᄅᆞᆯ借ᄒᆞ야, 從來로브터韓國人을貧弱國의人民이라ᄒᆞ고(一般韓人을對ᄒᆞ야小國人이라呼稱ᄒᆞᆷ)輕侮虐待ᄒᆞ며, 小作料·貸金의取收等도苛酷히誅求ᄒᆞ되, 甚ᄒᆞᆫ者ᄂᆞᆫ自家에拉來ᄒᆞ야, 晝間은家事에使役ᄒᆞ고夜間은私家에監禁ᄒᆞᄂᆞᆫ等事가有ᄒᆞ며, ᄯᅩ生活의程度ᄂᆞᆫ極低ᄒᆞᆷ으로써一般富裕ᄒᆞᆷ, 韓人은淸人의反對로大槪小農或淸人의小作人이라, 前段과갓치地主의關係ᄂᆞᆫ極히無情ᄒᆞᆯᄲᅮᆫ아니라, 淸國官憲으로브터各種의有名無名의苛稅ᄅᆞᆯ賦課ᄒᆞ며, 且此ᄅᆞᆯ遇ᄒᆞᆷ이極히苛酷ᄒᆞ야, 자못奴隷的境遇에呻吟ᄒᆞ야, 跼蹐頭ᄅᆞᆯ擧ᄒᆞᆯ餘地가無ᄒᆞ나, 彼等을保護ᄒᆞᄂᆞᆫ者無ᄒᆞᆷ으로써, 不得已스ᄉᆞ로淸人을大國民이라呼稱ᄒᆞ고順從히其暴政을甘受ᄒᆞ나, 生計가極低ᄒᆞ고土地膏沃ᄒᆞ야産物豊壤ᄒᆞ기로, 衣食住에困難ᄒᆞᆷ이少ᄒᆞᆷ을依ᄒᆞ야, 圖們江以南으로브터移住ᄒᆞᄂᆞᆫ者益益增加ᄒᆞ옵.

九. 敎育·衛生의狀況

敎育은間間히學房이有ᄒᆞ나, 人口에比ᄒᆞ면其數極少ᄒᆞ며, 又就學童도僅少ᄒᆞ며, 女子의敎育에就ᄒᆞ야ᄂᆞᆫ자못듯지도못ᄒᆞᆷ이오, 衛生人智의發達은槪低ᄒᆞ야, 公衆衛生에就ᄒᆞ야ᄂᆞᆫ其施設이無ᄒᆞ고, 個人衛生에就ᄒᆞ야ᄂᆞᆫ, 十分치못ᄒᆞ다고云ᄒᆞᄂᆞᆫ것보다차라리衛生的思想이全無ᄒᆞ다ᄒᆞᆷ이可ᄒᆞ옵.

傳染病의流行은듯지못ᄒᆞ얏스나, 此ᄂᆞᆫ前段과갓치民度極低ᄒᆞᆫ住民이라, 或此가有ᄒᆞᆷ을能히知ᄒᆞᆫ다ᄒᆞ기難ᄒᆞ나, 一般狀況으로브터見ᄒᆞ면, 此等惡疫은無ᄒᆞ오나, 海蘭河口孟에ᄂᆞᆫ一般牛疫이流行ᄒᆞ야其勢猖獗ᄒᆞᄂᆞᆫ故로, 北都所, 平崗下里社及同附近住民은, 家畜의罹疫을念慮ᄒᆞ야數十里ᄅᆞᆯ隔ᄒᆞᆫ山中에健康牛多數ᄅᆞᆯ避疫次로移置閑養ᄒᆞᆷ이有ᄒᆞ옵.

十. 一進會及此에類似ᄒᆞᆫ會의狀況

一進會ᄂᆞᆫ諸所支會ᄅᆞᆯ設ᄒᆞ얏스니, 其數十四個所에達ᄒᆞ고, 韓人에對ᄒᆞ야自由權義ᄅᆞᆯ說ᄒᆞ야愛國心을鼓吹ᄒᆞ니, 此ᄅᆞᆯ聞ᄒᆞᆫ즉, 韓人等은每其說事에從來不忍ᄒᆞ든淸國官民壓虐을除去

32 本表는 內部에 轉送하였음으로 收錄되지 않았음. (本件에 對한 回答文參照)

ᄒᆞ랴는事로써, 一般歡喜ᄒᆞ야此ᄅᆞᆯ迎ᄒᆞ고, 入會ᄒᆞᄂᆞᆫ者日로益益增加의傾向이有ᄒᆞ오니(아직其會員數ᄂᆞᆫ詳知ᄒᆞᆷ이不能ᄒᆞᆷ)若彼等의說을實行ᄒᆞ면, 清國官民으로브터受ᄒᆞ든妨害ᄅᆞᆯ極力除去ᄒᆞᄂᆞᆫ事ᄅᆞᆯ得ᄒᆞ면, 間島에關ᄒᆞᆫ韓國住民의過半은入會ᄒᆞᆯ事ᄂᆞᆫ想像ᄒᆞ기不難ᄒᆞ오며, 此에反對로清國官民은, 一進會의廣告特히清兵駐在所에無償으로柴炭·穀類·牛·車·馬等의徵發에應ᄒᆞᆯ義務가無ᄒᆞ옵기, 清國官憲은從來에關ᄒᆞᆫ經理의方法이全然打破ᄒᆞ올것이오, 又清國民은主客顚倒ᄒᆞᄂᆞᆫ딕至ᄒᆞᆯ가憂慮ᄒᆞ야, 現今感情을害ᄒᆞᄂᆞᆫ것과如ᄒᆞ니, 十月上旬, 清兵이鍾城間島光崇[宗?]社下泉坪의 一進會支會長及同會에暴行을加ᄒᆞ얏슴은, 全然前記廣告의反應으로認ᄒᆞ오며, 一進會에類似ᄒᆞᆫ會ᄂᆞᆫ, 鍾城間島에天道教·侍天教·捐義會等이有ᄒᆞ오니, 前記二者ᄂᆞᆫ微微不振ᄒᆞᆷ을隨ᄒᆞ야別로히記ᄒᆞᆯ者無ᄒᆞ오나, 捐義會ᄂᆞᆫ會員約二百七十名을有ᄒᆞ고, 其主義ᄂᆞᆫ兒童教育, 人智開發, 舊弊打破, 國利民福을圖ᄒᆞᄂᆞᆫ標榜이오나, 彼等은家族에至ᄒᆞ기ᄭᆞ지大槪清國의風俗을爲ᄒᆞ며, 清國風의官憲에媚諂ᄒᆞ고, 彼等의盛을借ᄒᆞ야韓人을壓虐ᄒᆞ며, 又韓人中開化의民으로自負ᄒᆞ나, 今般統監府派出所設置以來, 日·韓官吏가彼等을遇ᄒᆞᆷ이公平ᄒᆞ고厚薄이無ᄒᆞᆷ으로써, 彼等은從來扶植ᄒᆞ야來ᄒᆞ든根據도無用에至ᄒᆞ리라憂慮ᄒᆞ고, 排日親清의狀況이有ᄒᆞᆷ을認ᄒᆞ기로, 將來一層注意ᄅᆞᆯ要ᄒᆞ올者로思量ᄒᆞ옵.

十一. 會議城의狀況

各地方에會議城(壯丁團과如ᄒᆞᆫ者)이라稱ᄒᆞᄂᆞᆫ者有ᄒᆞ니, 其目的은清國官憲의保護가十分치못ᄒᆞᆷ을依ᄒᆞ야, 地方에關ᄒᆞᆫ馬賊·盜賊의警防에自任ᄒᆞᆫ者이라, 其規模ᄂᆞᆫ所ᄅᆞᆯ依ᄒᆞ야大小가有ᄒᆞ나, 十名乃至二十名의壯丁清人만募集ᄒᆞ고, 兵器ᄅᆞᆯ與ᄒᆞ야一定의家屋에屯在케ᄒᆞ얏스니, 其設立에就ᄒᆞ야ᄂᆞᆫ清國官憲의認可ᄅᆞᆯ受ᄒᆞ고, 其費用은清·韓人이負擔ᄒᆞ온지라, 然즉彼等壯丁等은盜防夜警은其名ᄲᅮᆫ이오, 其實은地方에關ᄒᆞᆫ韓人에對ᄒᆞ야警察官吏와갓치行爲ᄒᆞ야, 韓人으로브터財物을强奪ᄒᆞ며, 或은地方에勢力이有ᄒᆞᆫ清人의使嗾가되야, 韓人을虐待ᄒᆞᄂᆞᆫ等事ᄅᆞᆯ恒事로ᄒᆞ되, 韓人은不尠ᄒᆞᆫ費用을負擔ᄒᆞ니, 此ᄂᆞᆫ即荒暴者ᄅᆞᆯ養ᄒᆞᄂᆞᆫ狀況이라, 故로將來此會議城에就ᄒᆞ야ᄂᆞᆫ, 十分ᄒᆞᆫ注意ᄅᆞᆯ要ᄒᆞᆯ者로生覺ᄒᆞ옵.

17. 間島韓國警察官(新派)撤收要求에 關한 交涉往復書呈覽의 件(往復案1冊)

隆熙元年 (西紀1907年 12月20日)
[發] 統監府副統監 曾禰荒助
[受] 內閣總理大臣 李完用

機密統發第六一八號

陳昭常及吳祿貞으로브터, 在間島貴國警察官撤去請求의件에關ᄒᆞ야, 齋藤派出所長으로브터別紙와갓치報告가有ᄒᆞ옵기, 參考ᄒᆞ심을爲ᄒᆞ야玆에謄寫送付흠.

明治四十年十二月二十日
統監代理副統監子爵 曾禰荒助
太子少師內閣總理大臣 李完用 閣下

附. 同上交涉往復書報告의件

- 隆熙元年 (西紀1907年 12月1日)
- [發] 統監府間島派出所長 齋藤季治郎
- [受] 統監府統監 伊藤博文

統派秘第一四號

特報
明治四十年十二月一日
統監府派出所長 齋藤季治郎
統監公爵 伊藤博文 殿

陳昭常·吳祿貞으로브터, 當地에派遣ᄒᆞᆫ韓國警察官撤去請求에關ᄒᆞ야, 公文으로써照會ᄒᆞᆫ件과此에對ᄒᆞ야回答ᄒᆞᆫ要旨ᄂᆞᆫ, 旣爲電報第四四號로써報告ᄒᆞ얏ᄉᆞ온바, 其全文을別紙와갓치報告흠.

再, 往電第四五號로써報告ᄒᆞ온것과갓치, 本件에關ᄒᆞ야十一月二十九日陳昭常의部下吉

林邊務交涉科曾紀壽라ᄒᆞᄂᆞᆫ者本官을來訪ᄒᆞ고, 陳昭常의照會文의主旨外, 從來의巡檢은承知ᄒᆞ나, 新히來着ᄒᆞᆫ者에就ᄒᆞ야ᄂᆞᆫ, 아직公文에도接閱홈이無ᄒᆞ온ᄃᆡ如何ᄒᆞᆫ事由ᄅᆞᆯ質問ᄒᆞ기로, 本官은陳昭常의照會에對ᄒᆞ야ᄂᆞᆫ既爲公文으로써回答ᄒᆞᆫ意와, 今回當地에來着ᄒᆞᆫ者ᄂᆞᆫ, 韓國政府에서人員의撰擇에時要ᄒᆞ며, 又ᄂᆞᆫ彼等은自己의事由로鄕里ᄅᆞᆯ歷訪ᄒᆞ다가遲延ᄒᆞ야今回到着ᄒᆞᆫᄃᆡ不過ᄒᆞᆫ意로對答ᄒᆞ얏ᄉᆞ오니, 照諒ᄒᆞ심을爲要.

附의 屬1. 韓國警察官의撤收要求와天寶山礦產封禁實行言明

- 隆熙元年 10月22日[33] (西紀1907年 11月27日)
- [發] 督辦吉林邊務 陳昭常外一人
- [受] 統監府間島派出所長 齋藤季治郎

謹啓者, 頃査得[34]異服佩刀之韓民三十餘人, 於本月初十日前後陸續來聚於六道溝, 竝聞在街間日夜巡邏等事, 種種背謬, 殊駭聽聞, 據該處派辦事務員面稱, 已晤其爲首之李庚在·元炳喜諸人, 其所持名刺, 竟書有總巡等字樣, 已覺可異, 而閱所出廣告, 則大書曰警務課, 又似爲貴中佐之所屬, 貴中佐到此, 帝國政府實未承認, 現正在兩國政府交涉之際, 貴中佐只宜靜守以待, 且警察者, 乃國家統治之權力, 彼韓國已自無完全之統治權, 豈復敢侵他國之權利, 貴中佐乃欲假該國之名, 而行其統治權於我帝國境內, 如此背謬舉動, 恐非自認文明國者所應出此也, 本督·幇辦, 負有保衛地方, 維持主權之責, 只知奉行政府及督撫之命令, 認定主權, 沿用向來直接轄治韓民之成例, 不能因貴中佐來此, 易其方針, 遇此不知國法之韓民, 自當以亂民相視, 因念彼等或爲貴中佐之屬吏, 顧全交際, 不得不先行知照, 務望貴中佐速於日內將該韓民等撤去, 驅逐回國, 免傷彼此交誼, 若仍逗留不退, 是直欲侵害我帝國主權, 擾亂我地方治安, 本督. 幇辦責任所在, 決難姑予寬容也, 再, 昨日晚間, 接到覆函, 統悉一切, 天寶山, 既奉督撫命令封禁, 所有鑛產, 貝即屬禁物, 無論何國人民, 皆不得私自採辦, 本督. 幇辦實行封禁之責, 決不能以有貴國商人, 遂自損其權力, 至他日我督撫之允貴國商人開採與否, 自屬別項之問題, 此時無所用其維持也, 專此, 順頌時祉[35].

十月二十二日 名另具

33 10月22日은 陰曆임.

34 得 : 9-부 속1에는 뒤에 '有'가 더 있다.

35 順頌時祉 : '順頌' 뒤에 탈자가 있다. 9-부 속1에 근거하여 '時祉'를 보충하였다.

附의 屬2. 上件解明및拒否

- 隆熙元年 (西紀1907年 11月29日)
- [發] 統監府間島派出所長 齋藤季治郎
- [受] 督辦吉林邊務 陳昭常外一人

謹啓者, 淸國十月二十二日貴翰에對ᄒᆞ야如左히回答홈.

貴翰에所謂異服佩刀의韓民이라ᄒᆞᆫ者ᄂᆞᆫ, 韓國警察官(階級에由ᄒᆞ야·總巡·權任·巡檢의官名이有홈)을指ᄒᆞᆫ것이오나, 此等官吏ᄂᆞᆫ統監으로브터我統監府派出所에配屬ᄒᆞ야, 本職의指揮下에서執務ᄒᆞᄂᆞᆫ者이오, 本職이韓民保護의任務ᄅᆞᆯ帶ᄒᆞ고此地에來ᄒᆞ야, 少數의憲兵及韓國警察官을帶同ᄒᆞᄂᆞᆫ事ᄂᆞᆫ, 曩에北京駐劄帝國公使[臨時代理阿部守太郎]로브터貴國政府에聲明ᄒᆞ얏슬ᄲᅮᆫ外라, 吉林駐在帝國領事[島川毅三郎]로브터吉林巡撫[朱家寶]에게本年九月三十日公文中에도其意ᄅᆞᆯ記載ᄒᆞ얏기로, 貴國政府ᄂᆞᆫ旣爲熟知者이오며, 此等의警察官은總히本職의命令을依ᄒᆞ야行動ᄒᆞ고, 此本職과進退ᄅᆞᆯ同히ᄒᆞᄂᆞᆫ者이옵기, 本職은決코貴意에應ᄒᆞ야此ᄅᆞᆯ歸還케ᄒᆞ기不能ᄒᆞ오며, 貴官等은目下兩國政府間에交涉中이기로, 本職이此地에在ᄒᆞᆫ事ᄅᆞᆯ承認ᄒᆞᄂᆞᆫ與否의問題와갓치稱道ᄒᆞ시나, 決코不然ᄒᆞ옵기ᄂᆞᆫ, 其交涉中에屬ᄒᆞᆫ者ᄂᆞᆫ, 此地方一帶가淸·韓兩國中何國에屬ᄒᆞ얏ᄂᆞᆫ야ᄒᆞᄂᆞᆫ重要問題이온ᄃᆡ, 貴官等은貴國政府及督撫의命이라稱ᄒᆞ고此地方一帶ᄅᆞᆯ貴國領土라專斷ᄒᆞ며, 又慣例라ᄒᆞ고韓民을統轄ᄒᆞ고完全ᄒᆞᆫ主權을行使코ᄌᆞᄒᆞ기로, 本職은本月十六日公告文에關ᄒᆞᆫ件으로貴官等과會見ᄒᆞᆫ後, 貴官等의明言ᄒᆞ신바ᄅᆞᆯ依ᄒᆞ야旣爲此ᄅᆞᆯ帝國政府에報告ᄒᆞ고, 帝國政府ᄂᆞᆫ現今北京에서貴國政府와更히交涉中이온즉, 本職은自己의執行ᄒᆞᆯ今後의方針에何等訓令을待ᄒᆞ오니, 貴翰에主旨와如ᄒᆞᆫ者도亦其交涉을依ᄒᆞ야解決ᄒᆞ실問題이옵고, 本職의行動에關ᄒᆞ야異議가有ᄒᆞ옵거든, 貴官等은此ᄅᆞᆯ貴國政府에報告ᄒᆞ야, 貴國政府로브터帝國政府에照會케ᄒᆞᄂᆞᆫ것이至當ᄒᆞᆫ줄로認ᄒᆞ오며, ᄯᅩ本職은兩國深厚의交際와貴官等의交誼ᄅᆞᆯ重히ᄒᆞ며, 貴翰의主旨도更히詳細히此ᄅᆞᆯ伊藤統監에게電報ᄒᆞ얏삽기玆에回答홈.

明治四十年十一月二十九日
統監府派出所長 齋藤季治郎
督辦吉林邊務 陳昭常 閣下
幫辦吉林邊務 吳祿貞 閣下

18. 間島事情報告書第五八六號 및 五八八號接閱回答(往復案1册)

隆熙元年 (西紀1907年 12月21日)
[發] 內閣總理大臣 李完用
[受] 統監府副統監 曾禰荒助

照覆第二三二號

在間島貴府派出所監察課員金海龍의行爲에關ᄒᆞᆫ淸國官弁의來照와, 齋藤派出所長의回答을謄寫ᄒᆞᆫ件과, 該地方狀況에關ᄒᆞᆫ同派出所長의報告ᄅᆞᆯ參考ᄒᆞ기爲ᄒᆞ야送付一事로, 機密第五八六號와第五八八號貴來文을次第接閱ᄒᆞᄋᆞᆸ고玆에照覆ᄒᆞ오니, 照諒ᄒᆞ심을爲要.

隆熙元年十二月二十一日
太子少師內閣總理大臣 李完用
統監代理副統監 曾禰荒助 閣下

19. 間島狀況報告書轉呈의 件(往復案1冊)

隆熙元年 (西紀1907年 12月23日)
[發] 統監府副統監 曾禰荒助
[受] 內閣總理大臣 李完用

機密統發第六二四號

間島內一般狀況에關ᄒᆞ야, 別表와갓치齋藤派出所長으로브터報告가有ᄒᆞ옵기, 參考ᄒᆞ심을爲ᄒᆞ야謄寫送付ᄒᆞᆷ.

明治四十年十二月二十三日
統監代理副統監子爵 曾禰荒助
太子少師內閣總理大臣 李完用 閣下

附. 同上狀況報告書

- 隆熙元年 (西紀1907年 12月6日)
- [發] 統監府間島派出所長 齋藤季治郎
- [受] 統監府統監 伊藤博文

統派旬第十一號

旬報

明治四十年十二月六日
統監府派出所長 齋藤季治郎
統監公爵 伊藤博文 殿

一. 地方一般狀況

本旬間, 天寶山事件과淸國官民이韓民에對ᄒᆞᆫ不法暴壓의行爲ᄂᆞᆫ數件이有ᄒᆞ고, 其他地方

에關ᄒᆞᆫ民心의不安을惹起케ᄒᆞᆫ事ᄂᆞᆫ不尠ᄒᆞᆫ쥴로認定ᄒᆞᆸ.

二. 淸國官民이韓國民에對ᄒᆞᆫ不法暴壓의行爲

去十一月十三日, 統派秘報第十號로써報告ᄒᆞ온陳督辦·吳幇辦이爲ᄒᆞᆫ告示와, 其派弁處ᄅᆞᆯ別紙와갓치各地에設置ᄒᆞ고, 此地方에關ᄒᆞᆫ從來의行政을密히ᄒᆞ고, 淸·韓人에對ᄒᆞ야一層其統治의實을明케ᄒᆞᄂᆞᆫ結果, 其下級淸兵等에至ᄒᆞ기ᄭᆞ지, 往往韓民에對ᄒᆞ야不法暴壓을敢行ᄒᆞᄂᆞᆫ딕至ᄒᆞ고, 且淸國官憲으로브터任命ᄒᆞᆫ都憲(都社長)鄕約(社長)等은, 急히勢力을得ᄒᆞ고再次韓民에對ᄒᆞ야不法의威壓을加ᄒᆞᄂᆞᆫ者가生ᄒᆞ기로, 我派出所에對ᄒᆞ야此救濟ᄅᆞᆯ告訴ᄒᆞᄂᆞᆫ者, 本旬間은數件에至ᄒᆞ얏ᄉᆞ오니, 盖彼淸國官憲의行動에對ᄒᆞ야嚴히彈壓을加치아니ᄒᆞ오면, 以上狀態ᄂᆞᆫ益進ᄒᆞ야底止ᄒᆞ기不能ᄒᆞ기로, 左四·五의實例ᄅᆞᆯ擧ᄒᆞᆸ.

(一) 十一月二十二日, 鶴城村守備隊(會寧對岸砂器洞守備隊로브터分派ᄒᆞ고, 旬報第四號第三項에詳記ᄒᆞᆷ)의淸兵二名, 鄕約과同히同村의社長李亨俊에對ᄒᆞ야, 粟其他物을徵收ᄒᆞᄂᆞᆫ意ᄅᆞᆯ通告ᄒᆞ얏더니, 同人이各戶로브터徵收ᄒᆞᆫ것스니, 鶴城村守備隊에서相當時價ᄅᆞᆯ給치아니ᄒᆞᄂᆞᆫ時ᄂᆞᆫ賣却치말나ᄒᆞ얏슨즉, 不當의低價ᄅᆞᆯ給ᄒᆞ고徵集코ᄌᆞᄒᆞ면不法이라고言未畢에, 淸兵二名이忽然同人을突倒ᄒᆞ고亂打ᄒᆞ야微傷을負ᄒᆞ고, 其場에서逃走ᄒᆞᆫ後, 同村으로브터何物도徵收ᄒᆞᆷ이無ᄒᆞ다云ᄒᆞᆸ.

(二) 十一月二十三日, 前同村淸國守備隊兵二名은, 棍棒을携ᄒᆞ고同村金化一의宅에至ᄒᆞ야, 金化京·李春水ᄅᆞᆯ毆打ᄒᆞ고(負傷치ᄂᆞᆫ아니ᄒᆞ얏ᄉᆞᆸ)曰ᄒᆞ되, 斷髮에黑衣ᄅᆞᆯ着ᄒᆞ者ᄂᆞᆫ, 此ᄅᆞᆯ毆打ᄒᆞ겟다ᄒᆞ고他處로去ᄒᆞ얏다ᄒᆞᆸ, 所以로同地方에關ᄒᆞᆫ斷髮·忠衣韓人(一進會員이多ᄒᆞᆷ)은, 淸兵의暴行을恐怖ᄒᆞ고, 他地方에向ᄒᆞ야避難ᄒᆞᄂᆞᆫ狀況이ᄋᆞᆸ.

(三) 十一月二十五日, 頭道溝派弁所附淸兵三名은, 同地下村의韓人某의宅에至ᄒᆞ야, 其內房에入ᄒᆞ야婦人을戱弄코ᄌᆞᄒᆞᆯ지음에, 隣家韓人權鳳山이라ᄒᆞᄂᆞᆫ者가, 淸兵에對ᄒᆞ야其不可ᄒᆞᆷ을言ᄒᆞ얏더니, 一名의淸兵은棍棒으로써權을毆打後派弁所에拉去ᄒᆞ면서, 牛車一輛을挽來ᄒᆞ라ᄒᆞ나, 權은牛車ᄅᆞᆯ所持ᄒᆞᆷ이無ᄒᆞ다ᄒᆞ얏더니, 淸兵은大怒ᄒᆞ야又棍棒으로權을毆打ᄒᆞᆫ後此ᄅᆞᆯ放遣ᄒᆞ얏스나, 何人이라도創傷에不至ᄒᆞ얏ᄉᆞᆸ.

(四) 右同日同地淸兵三名이, 同村에至ᄒᆞ야韓人某로브터牛車一輛을徵發ᄒᆞ고, 他의韓人家로브터牛一匹을無斷히牽去ᄒᆞ랴ᄒᆞ기로, 其牛主ᄂᆞᆫ其不法行爲ᄒᆞᄂᆞᆫ事ᄅᆞᆯ詰問ᄒᆞ온바, 淸兵一名은棍棒으로牛主ᄅᆞᆯ毆打ᄒᆞ고, 强히其牛ᄅᆞᆯ牽去ᄒᆞ니.同地로브터十五里의地에貨物을運搬ᄒᆞ면서, 毫里도賃金을不給ᄒᆞ고車·牛ᄅᆞᆯ返還ᄒᆞ얏ᄉᆞᆸ.

(五) 十一月二十六日, 頭道溝派弁所員이平崗水北社長京村에戶口調査의際, 韓民某가韓人의戶口調査는旣爲日本及韓國官吏로브터受ᄒᆞ얏기로, 再次受ᄒᆞᆯ必要가無라ᄒᆞ고不應ᄒᆞ온바, 淸兵은棍棒及手로써某를毆打ᄒᆞ고(創傷은無ᄒᆞᆷ)尙且同村의年長者某(七十歲)가戶口調査의便宜를不與ᄒᆞᆫ다ᄒᆞ고, 面部에唾를吐ᄒᆞ고逃走ᄒᆞ얏삽.

(六) 鍾城間島淸國都憲(都社長)玄德勝은, 前旬來, 大拉子 · 局子街等의淸國官憲에出入ᄒᆞ온바, 歸宅後左의意味로告示ᄒᆞ야曰, 鍾城間島各社의數多人民中, 가마니淫[謠?]言을揑造ᄒᆞ고, 一進會와行爲를共히ᄒᆞᄂᆞᆫ者ᄂᆞᆫ, 鄕兵으로ᄒᆞ야곰即時捉送ᄒᆞᆷ이可ᄒᆞᆷ이라ᄒᆞ고, 尙同人은各社의淸國鄕約에, 淸國政府와日本政府와交涉上, 統監府派出所及憲兵隊ᄂᆞᆫ不日全部를撤去케ᄒᆞ며, 安堵ᄒᆞ야淸國都憲의命에服從ᄒᆞ라ᄒᆞ고, 若統監府派出所로브터被命ᄒᆞᆫ都社長 · 社長의命에從ᄒᆞᄂᆞᆫ事가有ᄒᆞ면處分이有ᄒᆞ리라고傳ᄒᆞ온事가有ᄒᆞ다ᄒᆞ기로, 事實을調査中이오나彼의前後行動으로브터推測ᄒᆞ면事實이라고信ᄒᆞ옵, 以上外에尙且淸國官憲에서ᄂᆞᆫ今般各社鄕約에左의令達을爲ᄒᆞ얏다ᄒᆞᄂᆞᆫ風說이有ᄒᆞ기로, 事實이라고認ᄒᆞ옵.

一. 稅金은以前ᄃᆡ로淸 · 韓人으로브터徵收ᄒᆞᄂᆞᆫ事, 但稅率은一日耕(約千坪)에韓貨金二百十文(日貨三十六錢六厘强)으로ᄒᆞᆷ.
一. 稅金不納者ᄂᆞᆫ報告ᄒᆞᆯ事.
一. 一進會員이鄕約의職務를妨害ᄒᆞᄂᆞᆫ者ᄂᆞᆫ報告ᄒᆞᆯ事.
一. 各社民排(人民에對ᄒᆞᆫ金品의分擔을云)ᄂᆞᆫ, 從前과갓치實行ᄒᆞᆷ이可ᄒᆞᆷ.
一. 戶口調査를行ᄒᆞᆯ事.

右의結果로生覺ᄒᆞ오니, 從來韓民으로브터徵稅徵金은, 徵收에從事ᄒᆞᄂᆞᆫ當事者ᄂᆞᆫ多少間躊躇ᄒᆞᄂᆞᆫ것갓더니, 近來ᄂᆞᆫ稍稍强硬히徵收ᄒᆞ야多少의紛紜이起ᄒᆞ나, 毫末도顧念ᄒᆞᆷ이無ᄒᆞᆷ.

三. 淸國官民이我官民에對ᄒᆞᆫ態度

淸國官吏가我에對ᄒᆞᆫ交際의狀況은, 表面親和的이되나, 交涉에關ᄒᆞᆫ態度ᄂᆞᆫ强硬을裝ᄒᆞ고且倨傲ᄒᆞ니, 本旬間에도陳 · 吳ᄂᆞᆫ書柬으로써, 曩에銅佛寺에駐在ᄒᆞᆫ我憲兵分遣所의撤去를要求ᄒᆞ고, 或은韓國巡檢을指目ᄒᆞ야亂民으로視ᄒᆞᆯ者라稱ᄒᆞᄂᆞᆫ것이第一例라, 本職은亦書簡으로써皆其要求를拒斥ᄒᆞ나니, 其詳細ᄂᆞᆫ旣爲電報와書面으로報告ᄒᆞᆷ과如ᄒᆞ옵.

天寶山封禁을爲ᄒᆞ야, 十一月二十五日, 陳督辦은其部下參謀科司事李榮成外一名에淸兵約十四名을付ᄒᆞ야同山에派遣ᄒᆞ고, 試掘中의工事를停止케ᄒᆞ고, 中野의雇入에係ᄒᆞᆫ工夫를

皆放逐ᄒᆞ고, 日本人의退去ᄅᆞᆯ要ᄒᆞ고, 其翌二十六日, 工事用의火藥·爆藥·工具及礦滓入叺等을同所의廟內에押收封印ᄒᆞ고, 坑口ᄂᆞᆫ板으로써此ᄅᆞᆯ閉塞ᄒᆞ고, 坑口及日本人宿舍前에步哨ᄅᆞᆯ配布ᄒᆞ고, 再次日本人의撤退ᄅᆞᆯ要ᄒᆞ며, 尙且當日入山코ᄌᆞᄒᆞᄂᆞᆫ中和公司事務員에對ᄒᆞ야, 右李榮成은스ᄉᆞ로銃을擬ᄒᆞ고脅喝ᄒᆞ야其入山을拒絶ᄒᆞ얏숩.

右와如히封禁을實施ᄒᆞᆷ을稱ᄒᆞ고同山에關ᄒᆞᆫ日本人에對ᄒᆞ야兵力을用ᄒᆞ야其事業을妨害ᄒᆞᄂᆞᆫ事가不可ᄒᆞᆫ줄로曾에本職이書面又ᄂᆞᆫ口頭로써陳·吳에對ᄒᆞ야切切히警告ᄒᆞ얏더니, 其當時陳·吳ᄂᆞᆫ明確히此ᄅᆞᆯ承諾ᄒᆞᆷ을不拘ᄒᆞ고, 前記와如ᄒᆞᆫ實況으로써背信ᄒᆞᆫᄂᆞᆫ理由ᄅᆞᆯ書簡으로照會ᄒᆞ얏더니, 아직回答이無ᄒᆞ옵.

又李榮成은押收의火藥·爆藥의處在ᄅᆞᆯ馬賊에探知되야奪掠을被ᄒᆞᆯ가念慮ᄒᆞ야, 速히同山의處分을完了ᄒᆞ라고懇切히日本人(現在事務員二名坑夫六名殘留ᄒᆞᆷ)에게退去ᄅᆞᆯ要ᄒᆞ얏스나, 日本人은中和公司或日本官憲이無ᄒᆞ면撤退치아니ᄒᆞᄂᆞᆫ事ᄅᆞᆯ主張ᄒᆞᆷ으로, 李ᄂᆞᆫ크게此ᄅᆞᆯ焦慮ᄒᆞ야, 何等指揮ᄅᆞᆯ望ᄒᆞ고有ᄒᆞᄂᆞᆫ模樣이오니, 現今兩方對峙의狀態에在ᄒᆞ옵, 前旬報告ᄒᆞᆫ搬出途中淸國官憲으로브터執留된礦滓ᄂᆞᆫ解放되야十二月一日會寧에向ᄒᆞ야搬送ᄒᆞ얏숩.

四. 吉林及局子街間의電線

九月以來淸國官憲에서加設에着手ᄒᆞᆫ吉林·局子街間의電報線工事ᄂᆞᆫ, 不日其工을竣ᄒᆞ야來淸曆十一月一日로브터開通의豫定이니, 此에從事ᄒᆞᆯ技術員等은旣爲局子街에到着ᄒᆞ얏다云ᄒᆞᆷ.

五. 國境境界石의調査

吉林通誌에記載ᄒᆞᆫ茂山間島地方에關ᄒᆞᆫ國境境界石(明治二十年[1887]勘界談判後, 淸國에서任意로建設ᄒᆞᆫ者)有無ᄅᆞᆯ調査ᄒᆞᄂᆞᆫ目的으로써, 約二週間의豫[定脫]으로本月二十四日事務官鈴木信太郎을茂山地方에派遣ᄒᆞ얏숩.

六. 十一月廿日, 當龍井村人民을村內의聖教會堂에集ᄒᆞ야, 村井一等軍醫로ᄒᆞ야곰衛生上의講話를ᄒᆞ야, 土民으로ᄒᆞ야곰衛生上의感念을喚起케ᄒᆞᄂᆞᆫ事ᄅᆞᆯ盡力ᄒᆞ옵.

右報告ᄒᆞᆷ.

附의屬 淸國派弁所配置表

派弁所配置表

設置月日	名稱	位置	派遣官의官氏名	帶同兵數	摘要
十一月七日	六道溝派弁所事務所	東郎社龍井村	交涉課長 曾起壽	十名 (吉强軍兵卒)	外에從僕一, 通譯一, 書記一
十一月九日	光霽峪懷慶街 派弁所事務所	開泰社胡川社	吉林邊務事務員 王長齡	無	無
同	月朗社派弁所事務所	月朗社水北村	吉林邊務事務員 成文禮	十名 (吉强軍兵卒)	外書記一, 從僕一, 通譯一
十一月 十一日	頭二·三道溝 派弁所事務所	頭道溝街	同知銜升省候補 知縣 呂鴻達	八名 (吉强軍兵卒)	外從僕一
同	東盛涌街派弁所 事務所	東盛涌街	支潤彦	十名 (吉强軍兵卒)	外書記一, 通譯一, 從僕一
十一月 十三日	大拉子派弁所事務所	大拉子兵營內	知縣官 傅廻瀾	十名 (吉强軍兵卒)	外書記一, 通譯一
十一月 十四日	奏派吉林 火胡里溝稽查所 邊務派弁所事務所	砂器洞兵營內	孫棣安	無	外通譯一

[備考]

本表의外, 土門子·白草溝·干靑·哈嘆塘·凉水泉子等에도派弁所를設置ᄒᆞᆫ다ᄂᆞᆫ說은有ᄒᆞ나確實치못ᄒᆞ고, 又銅佛寺街에步兵參領留繼芳을派ᄒᆞ야, 十一月十日頃으로브터派弁所를開設ᄒᆞ얏스나, 留ᄂᆞᆫ同街人民의排斥을遭ᄒᆞ야他에轉任ᄒᆞ고, 其代ᄂᆞᆫ姑無ᄒᆞᆸ.

20. 戶口調査件 및 警察官撤去請求件과 一般狀況에 關한 報告書接閱回答 (往復案1册)

隆熙元年 (西紀1907年 12月27日)
[發] 內閣總理大臣 李完用
[受] 統監府副統監 曾禰荒助

照覆第二五八號

間島戶口調査件과警察官撤去請求에往復件과, 一般狀況에關ᄒᆞᆫ齋藤派出所長의報告ᄅᆞᆯ參考ᄒᆞ기爲ᄒᆞ야謄付一事로, 第六一一號·第六一八號·六二四號貴照會ᄅᆞᆯ接到ᄒᆞ야均經詳悉이온바, 戶口調査表ᄂᆞᆫ內部轉致考閱케ᄒᆞᄋᆞᆸ고, 玆에照覆ᄒᆞ오니照諒ᄒᆞ심을爲要.

隆熙元年十二月二十八日
太子少師內閣總理大臣 李完用
統監代理副統監 曾禰荒助 閣下

21. 間島戶口調査表漏落分追加呈閱의 件(往復案1册)

隆熙2年 (西紀1908年 1月9日)
[發] 統監府副統監 曾禰荒助
[受] 內閣總理大臣 李完用

機密統發第二三號

昨年十二月十一日에送付ᄒᆞᆫ齋藤派出所長報告統派庶第一八附屬戶口調查表中, 脫漏의個所發見ᄒᆞᆫ旨로別紙와如히同派出所長으로追申이有ᄒᆞᆸ기, 玆에右ᄅᆞᆯ謄寫送付ᄒᆞ오니照諒ᄒᆞ심을爲要.

明治四十一年一月九日
副統監子爵 曾禰荒助
太子少師內閣總理大臣 李完用 閣下

附. 戶口調査漏落分追報의件

- 隆熙元年 (西紀1907年 12月26日)
- [發] 統監府間島派出所長 齋藤季治郎
- [受] 統監府副統監 曾禰荒助

統派庶第二五號

報告

明治四十年十二月二十六日
統監府派出所長 齋藤季治郎
副統監子爵 曾禰荒助 殿

客月二十七日統派庶第一八號로써, 管內戶口調査表ᄅᆞᆯ進達ᄒᆞᆫ바, 該表中穩城間島의內, 脫漏個所의發見ᄒᆞᆷ에對ᄒᆞ야, 憲兵分隊長의別表報告書ᄅᆞᆯ謄寫送付ᄒᆞᆷ.

附의 屬. 穩城間島戶口調査表中漏落分追報의件

- 隆熙元年 (西紀1907年 12月24日)
- [發] 間島憲兵隊分隊長 境野竹之進
- [受] 統監府間島派出所長 齋藤季治郎

間憲警第六三號

戶口調査에關ᄒᆞᆫ報告

明治四十年十二月二十四日
間島憲兵分隊長 境野竹之進
統監府派出所長 齋藤季治郎 殿

明治四十年十一月十九日, 間憲警第五一號로써, 戶口調査結了로戶口調査表ᄅᆞᆯ添付報告ᄒᆞ온바, 穩城間島의內, 別表[36]와如히脫漏가發見되얏습기, 玆에報告ᄒᆷ.

36 別表는 內部에 轉送되었음인지 收錄되지 않았음.

22. 同上接閱回答(往復案1册)

隆熙2年 (西紀1908年 1月11日)
[發] 內閣總理大臣 李完用
[受] 統監府副統監 曾禰荒助

照覆第三號

間島戶口調査表中脫漏의發見ᄒᆞᆫ것을追繕, 別表送付一事로機密第二三號貴照會ᄅᆞᆯ接閱이온바, 該別表ᄅᆞᆯ送致內部ᄒᆞ야以備參考케ᄒᆞᆸ고, 玆에照覆ᄒᆞ오니, 照諒ᄒᆞ심을爲要.

隆熙二年一月十一日
太子少師內閣總理大臣 李完用
統監代理副統監子爵 曾禰荒助 閣下

23. 間島狀況報告書呈閱의 件(往復案1冊)

隆熙2年 (西紀1908年 1月11日)
[發] 統監府副統監 曾禰荒助
[受] 內閣總理大臣 李完用

機密統發第四〇號

昨年十二月一日로브터同十日에至흔間島地方一般의狀況에關ᄒᆞ야, 別紙와如히齋藤派出所長으로브터報告가有ᄒᆞ온바, 貴參考ᄒᆞ시기爲ᄒᆞ야玆에送付ᄒᆞ오니, 照諒ᄒᆞ심을爲要.

明治四十一年一月十一日
統監代理副統監子爵 曾禰荒助
太子少師內閣總理大臣 李完用 閣下

附. 同上報告書

- 隆熙元年 (西紀1907年 12月17日)
- [發] 統監府派出所長 齋藤季治郎
- [受] 統監府副統監 曾禰荒助

統派旬第十二號
旬報

自十二月一日至同十日
明治四十年十二月十七日
統監府派出所長 齋藤季治郎
副統監子爵 曾禰荒助 殿

一. 地方一般의狀況

本旬에至ᄒᆞ야ᄂᆞᆫ淸國官憲이領土主義ᄅᆞᆯ愈益擴張ᄒᆞ야, 傍若無人의行動을敢行ᄒᆞᄂᆞᆫ고로, 地方民心을甚히騷擾케ᄒᆞ야, 一般不安의念을惹起케홈.

二. 淸國官民이韓國民에對ᄒᆞᆫ不法暴壓의行爲

淸國官憲은領土主義ᄅᆞᆯ擴張ᄒᆞ야, 一面으로韓民을威壓ᄒᆞ며, 一面으로ᄂᆞᆫ此ᄅᆞᆯ懷柔ᄒᆞᆯ策을 採用ᄒᆞ며, 行政을嚴密히ᄒᆞ야一進會에對ᄒᆞᆫ壓迫의度ᄅᆞᆯ加ᄒᆞ야, 暴行凌辱의至치안이홈이無홈으로, 地方韓民으로브터訴告가日日增加홈, 其事實의重大홈은旣히電報로써報告ᄒᆞ얏습.

三. 淸國官民이我國官民에對ᄒᆞᆫ態度

淸國官吏가我에對ᄒᆞᆫ交際ᄂᆞᆫ依然히親和的이ᄂᆞ, 彼我交涉事件에對ᄒᆞ야ᄂᆞᆫ漸漸倨傲ᄒᆞ고, 且頗히强硬을裝飾ᄒᆞ며, 我臣民에對ᄒᆞ야ᄂᆞᆫ天寶山을除ᄒᆞᆫ外에, 暴力으로써此를莅ᄒᆞᄂᆞᆫ事實이雖無ᄒᆞᄂᆞ, 本旬에在ᄒᆞ야如左히措置홈이라.

本年九月初旬으로붓터日商赤荻織吉과淸人胡常增과協同ᄒᆞ야七道溝奧에셔木材伐採에 從事ᄒᆞ드니, 十二月四日에突然히胡ᄂᆞᆫ淸兵에게捕捉되야大拉子官憲에게引致홈, 右에依ᄒᆞ야該山에傭傭ᄒᆞ든淸人十六名은恐怯ᄒᆞ야下山ᄒᆞ고, 又同地方에셔伐木에從事ᄒᆞ야居ᄒᆞ든韓人도, 引致ᄒᆞᆯ까恐ᄒᆞ야一同廢業ᄒᆞᆫ지라, 其後胡ᄂᆞᆫ姑未放免이ᄂᆞ, 赤荻은胡를不關ᄒᆞ고事業을 繼續ᄒᆞ야, 別노히淸兵의沮止홈이無홈.

又淸國官憲은我邦人이局子街地方에入來홈을厭忌ᄒᆞᄂᆞᆫ者와如히, 秘密히同街淸國人에 對ᄒᆞ야日本人에게家屋貸與홈을禁止云云.

又局子街稽査局에셔ᄂᆞᆫ, 自國人과如히日本人의戶口調査를行홈.

四. 所內執務의狀況

時候가漸漸劇寒ᄒᆞ야業務執行이困難ᄒᆞᆫ時를當ᄒᆞ야, 憲兵隊에셔ᄂᆞᆫ下士以下의轉隊滿期가 되여셔, 其過半數ᄂᆞᆫ轉出歸鄕ᄒᆞ고, 補充員은尙未來到ᄒᆞ고, 但殘留員이總巡以下巡檢과協力ᄒᆞ야, 能히繁忙홈을堪耐ᄒᆞ고勤務에勉勵ᄒᆞ야잇스ᄂᆞ, 前記와如히韓民의告訴가日日增加ᄒᆞ야, 夜更에도閑時가無홈, 總務課及監察課도亦是極히繁忙홈.

警務課ᄂᆞᆫ過半總巡以下의增員을得ᄒᆞᆷ으로, 此를各分遣所에配置ᄒᆞ야憲兵과協同勤務ᄒᆞᆷ, 調査課ᄂᆞᆫ目下出張調査를中止ᄒᆞ고, 專히調査報告書의調製와礦石分析終了, 成績表와及間島內地圖의調製, 機械器具의整理等에從事ᄒᆞ야在ᄒᆞᆷ.

五. 建築工事中止

寒氣가凜烈ᄒᆞᆷ으로土工建築作業이不能ᄒᆞ야, 工事ᄂᆞᆫ本旬에大盖停止ᄒᆞ고, 但防寒에必要ᄒᆞᆫ設備ᄂᆞᆫ稍稍完全ᄒᆞᆷ을得ᄒᆞᆷ.

右ᄂᆞᆫ報告ᄒᆞᆷ이라.

24. 間島韓國巡檢拘引 및 玄德勝召喚妨害事件에 關한 交涉始末報告書呈覽의 件(往復案1冊)

隆熙2年 (西紀1908年 1月13日)
[發] 統監府副統監 曾禰荒助
[受] 內閣總理大臣 李完用

機密統發第四七號

會寧間島에在ᄒᆞᆫ清兵이貴國巡檢을兵營內에拘引ᄒᆞᆫ件, 及貴國人玄德勝爲名者가鍾城間島에在ᄒᆞᆫ清國邊으로總鄉約을被命ᄒᆞ고, 恒常清裝으로其地方을徘徊ᄒᆞ야良民을苦케ᄒᆞᄂᆞᆫ旨의訴ᄅᆞᆯ接ᄒᆞ고, 派出所로브터憲兵을遣ᄒᆞ야事實을取調ᄒᆞ기爲ᄒᆞ야同人을召喚코ᄌᆞᄒᆞᆷ에, 清國官憲은兵十數名을率ᄒᆞ고此ᄅᆞᆯ途를扼ᄒᆞ며通行치못ᄒᆞ게ᄒᆞᄂᆞᆫ件에關ᄒᆞ야, 齋藤派出所長과陳昭常間에交涉ᄒᆞᆫ顛末을, 別紙와如히同派出所長으로브터報告가有ᄒᆞ옵기, 參考ᄒᆞ기爲ᄒᆞ야玆에送付ᄒᆞᆷ.

明治四十一年一月十三日
統監代理副統監子爵 曾禰荒助
太子少師內閣總理大臣 李完用 閣下

附. 同上報告書

- 隆熙元年 (西紀1907年 12月24日)
- [發] 統監府間島派出所長 齋藤季治郎
- [受] 統監府副統監 曾禰荒助

統派秘報第一八號

特報

明治四十年十二月廿四日
統監府派出所長 齋藤季治郎
副統監子爵 曾禰荒助 殿

會寧間島에서清兵이當派出所附韓國巡檢에對ᄒᆞ야暴行을加ᄒᆞ고, 且此를兵營內에拘引ᄒᆞᆫ件과, 及本件에對ᄒᆞ야楠野[俊成]事務官을使ᄒᆞ야陳昭常의代理者王國琛과會見ᄒᆞ고反覆弁論ᄒᆞᆫ結果, 該巡檢을解放ᄒᆞᆫ[ᄒᆞᆯ]것과及其他清兵의暴行에對ᄒᆞ야抗議ᄒᆞᆫ件은, 不取敢往電第六〇號로써報告ᄒᆞ얏거니와, 其際楠野事務官으로붓터手交ᄒᆞᆫ覺書ᄂᆞᆫ別紙第一號와如ᄒᆞ고, 此에對ᄒᆞᆫ王의答書ᄂᆞᆫ別紙第二號[37]와如ᄒᆞ며, 又鏡城間島에서韓人玄德勝爲名者清國邊으로總鄕約을被ᄒᆞ고, 常히清裝을着ᄒᆞ고其地方으로徘徊ᄒᆞ면셔良民을苦케ᄒᆞᆫ事로韓民의訴出에對ᄒᆞ야, 平田憲兵少尉를使ᄒᆞ야當派出所에召喚ᄒᆞ야該事實을取調코져ᄒᆞᆫ즉, 清國官憲은兵十數名을率ᄒᆞ고遮途ᄒᆞ야不爲通行케ᄒᆞᆫ件은, 不取敢往電第五九號로報告ᄒᆞ얏거니와, 陳昭常은本月十六日部下官吏로ᄒᆞ야금本官宛別紙第三號[38]와如히書簡을齎ᄒᆞ얏스나, 此와違ᄒᆞ야本官은旣히楠野事務官을派遣ᄒᆞ야, 該件에對ᄒᆞ야陳昭常에게交涉ᄒᆞᆷ으로뼈, 更히右書簡에對ᄒᆞᆯ命令을與ᄒᆞᆫ事實과相違ᄒᆞᆫ點을指摘ᄒᆞ야此를弁駁ᄒᆞ고弁論ᄒᆞᆫ末에, 玄德勝의免職을條件으로삼아此를解放ᄒᆞᆯ事로決ᄒᆞ고, 一인즉先本件을落着ᄒᆞᆯ件도亦往電第六五號로報告한것과如히, 其際楠野事務官으로붓터手交ᄒᆞᆫ覺書ᄂᆞᆫ別紙第四號와如ᄒᆞ고, 此에對ᄒᆞᆫ清國邊의答書ᄂᆞᆫ別紙第五號[39]와如ᄒᆞ고, 本官은右第三號書翰의回答을兼ᄒᆞ야, 別紙第六號와如히照會書에巡檢에關ᄒᆞᆫ當方의取調書寫, 竝히玄德勝의犯行에對ᄒᆞᆫ可히參考ᄒᆞᆯ書翰類寫, 即別紙第七號乃至別紙第九號를添付ᄒᆞ야, 昨廿三日奧村憲兵大尉·山崎[誠一郎]通譯生으로ᄒᆞ야금陳昭常에게交附ᄒᆞ고, 玄德勝의犯行에對ᄒᆞ야公平히審理ᄒᆞᆯ旨를通告ᄒᆞᆷ에對ᄒᆞ야, 玆에報告ᄒᆞᆷ.

附의 屬1. 淸國官兵不法行爲에對한抗議覺書

- 隆熙元年 (西紀1907年 12月15日)
- [發] 統監府間島派出所事務官 楠野俊成
- [受] 督辦吉林邊務 陳昭常外一人

別紙第一號

明治四十年十二月十五日楠野事務官으로부터陳督辦·吳幇辦에게手交ᄒᆞᆫ覺書.

---

37 本件은 收錄되지 않았음.

38 本件은 收錄되지 않았음.

39 本件은 收錄되지 않았음.

覺書

一. 明治四十年十二月十三日, 貴國兵員은會寧間島江城村附近에在훈禹跡我憲兵分遣所에配屬ᄒᆞ야잇ᄂᆞᆫ韓國巡檢金[全?]泰善의帶劍을奪取ᄒᆞ고, 同人을砂器洞兵營에引致拘留홈.

右韓國巡檢은齋藤派出所長의帶同훈韓國官吏된事ᄂᆞᆫ屢次聲明훈바인ᄃᆡ, 制服을着用훈交際國의官吏를無理히引致할ᄲᅮᆫ不是라, 其途中에我憲兵은其理由를問ᄒᆞ고, 巡檢을引渡ᄒᆞ고帶劍을返還할事를求ᄒᆞ야도, 此를不應ᄒᆞ고反히憲兵의背後로붓터銃으로ᄡᅧ擬홈으로, 我憲兵은無謀의衝突을避ᄒᆞ야其引致에任ᄒᆞ고, 隊長과面談코ᄌᆞᄒᆞ야砂器洞兵營에至훈즉, 亦是開門不應ᄒᆞᄂᆞᆫ以上은, 國際通義上殆히不可見할暴慢無[脫]의處爲로信홈, 貴官等은此와如히暴行及其指揮官을嚴重히處罰ᄒᆞ고, 尙且本件에對ᄒᆞ야適當훈善後手段을採홈이可홈.

二. 貴國兵員이從來人民으로붓터物件을無償으로徵發ᄒᆞᄂᆞᆫ事에對ᄒᆞ야, 貴官等은初見時에貴官이將來에如斯훈事가無ᄒᆞ기로確言훈바인ᄃᆡ, 今日에尙且其跡을不絶홈은, 左의事例에照ᄒᆞ야明確ᄒᆞ니貴官等은此를何以不嚴禁乎아.

(一) 十一月二十二日, 永化社鶴城村居李亨俊은, 同村金化一家에至ᄒᆞ야在할際에, 淸國官吏ᄂᆞᆫ鄕約金京順及淸兵二名을伴來ᄒᆞ야, 李에對ᄒᆞ야江城村各戶로붓터粟其他物資를可히徵收훌旨를告홈으로, 李ᄂᆞᆫ各戶로붓터徵收치안이ᄒᆞᄂᆞ, 相當代價로賣却希望[脫]로붓터買收ᄒᆞᄂᆞᆫᄃᆡ, 不當훈廉價로買收홈은不法이라述훈즉, 言未畢에淸兵二名은同人을押倒ᄒᆞ고此를毆打ᄒᆞ야右眼上下에負傷케홈.

(二) 十一月二十七日, 忠化社南坪洞에在훈砂器洞稽查到[所誤]의淸兵三名은通譯과共來ᄒᆞ야, 鄕約에命ᄒᆞ야各戶로붓터粟·大麥·大豆各四升, 柴五束을徵收ᄒᆞ고, 徵收에不應ᄒᆞ면其戶主를毆打홈이可ᄒᆞ다고脅迫ᄒᆞ야, 代價ᄂᆞᆫ辨償치안이ᄒᆞ고柴百五十八束, 粟十一斗, 大豆·大麥各十斗, 醬油十碗을徵收홈.

(三) 十二月七日, 文化社小陳洞에도淸兵이來ᄒᆞ야, 鄕約에게命ᄒᆞ야薪六十四束, 粟五斗, 大麥五斗를徵發ᄒᆞ고砂器稽[查脫]到[所誤]에送付홈.

(四) 十二月九日, 文化社禹跡洞에셔同樣의徵發을行홈.

三. 一進會의性質·組織等에對ᄒᆞ야ᄂᆞᆫ, 貴官等에初對面할際에屢屢히說明홈과如ᄒᆞᄂᆞ, 近來에至ᄒᆞ야貴國官吏와幷히兵員等은殊히甚훈迫害를同會員에加ᄒᆞᄂᆞᆫ事實이有ᄒᆞ니, 卽十一

月二十二日, 鶴城一進支會事務所의家主를清兵二名이砂器洞兵營에同行ᄒᆞ야, 家屋을該事務所에貸與흠을詰責ᄒᆞᆫ後, 十二月二日에清兵四名이同支會事務所에來ᄒᆞ야, 其標札을破棄ᄒᆞ고, 事務所內에闖入ᄒᆞ야支會長을侮辱ᄒᆞ고, 其他屢屢히棍棒을携帶ᄒᆞᆫ貴國兵七·八名씩同村에來ᄒᆞ야, 一進會員이안이라도斷髮한者를見ᄒᆞᆫ즉次第打殺ᄒᆞᆫ다云ᄒᆞ고各戶를搜索ᄒᆞᄂᆞᆫ故로, 右支會ᄂᆞᆫ其事務所를十二月三日禹跡洞에移轉홈.

尙且十二月十二日同地方鶴城村에셔, 貴國兵은 一進會支會長을毆打負傷ᄒᆞ야步行키不能흠으로뻐, 此를牛車에乘ᄒᆞ고他書記及村長等과共히此를砂器洞兵營內에引致拘留홈.

韓國人이斷髮ᄒᆞᆫ事에對ᄒᆞ야ᄂᆞᆫ, 此實노韓國皇帝陛下로븟터詔勅을發ᄒᆞ심으로뻐, 韓國은眞히正當ᄒᆞᆫ行爲어날, 然而貴國兵은斷髮者를指目ᄒᆞ야日本黨이라ᄒᆞ야毆打迫害로뻐흠은, 日本人에對ᄒᆞ야歇[敵?]意를有ᄒᆞᆫ것이니, 交親國의官吏된貴官等은何故로此가[脫?]執務ᄒᆞᄂᆞ뇨.

四. 鍾城間島上泉坪養正學書[堂誤]에在ᄒᆞᆫ韓人生徒에對ᄒᆞ야, 貴國官吏가强히弁髮케ᄒᆞᆫ事件에對ᄒᆞ야ᄂᆞᆫ, 十二月十二日照會와如홈.

右에對ᄒᆞ야本官은齋藤派出所長의命을受ᄒᆞ야, 玆에此를抗議홈.

明治四十年十二月十五日

吉林邊務督辦公署에서統監府派出[所脫]附 楠野俊成

附의 屬2. 同上抗議覺書

- 隆熙元年 (西紀1907年 12月17日)
- [發] 統監府間島派出所事務官 楠野俊成
- [受] 督辦吉林邊務代理 王國琛

別紙第四號

明治四十年十二月十七日局子街南營에在ᄒᆞᆫ楠野事務官으로븟터陳督辦代理者王國琛에게交附ᄒᆞᆫ覺書.

覺書

一. 韓人玄德勝(此人은去十日齋藤派出所長이鍾城間島에至할時에, 韓人이라自稱ᄒᆞ고同所長을迎ᄒᆞᆫ者라)은鍾城間島의廣迎城에至하야韓人을威脅ᄒᆞ야金錢을强取흠으로뻐同地方韓人으로븟

터保護를訴出홈으로, 事實取調ᄒ기爲ᄒ야平田憲兵少尉ᄂ同人을派出所에同行코져ᄒ즉, 當地守備隊長門振中·派弁所員王長齡兩氏ᄂ, 兵을率ᄒ고此를遮ᄒ야, 憲[兵脫]으로ᄒ야금 職務를執行키不能케홈.

二. 七道溝에셔日·淸人의協同伐木事業을禁止홈은不法이오.

三. 散髮者를豆滿江對岸에放逐홈은, 如何ᄒ理由에基홈이며.

四. 本月十五日附覺書에記上ᄒ韓國巡檢金[全?]泰善을不法히引致ᄒ淸國兵及隊長은如何히處罰ᄒ얏ᄂ지, 迅速히處罰[脫?]홈.

五. 右同上에記上ᄒ一進支會長을迅速히解放ᄒ고, 且所聞을據ᄒ즉, 該人은同十七日朝에知府衙門內에셔饑餓홈으로殆히人言을成할氣力이無ᄒ다云ᄒ니, 甚히不平에極홈이오.

明治四十年十二月十七日

吉林邊務督辦公署에셔統監府派出所付 楠野俊成

附의 屬3. 巡檢事件및玄德勝事件의公平處理要求

- 隆熙元年 (西紀1907年 12月23日)
- [發] 統監府間島派出所長 齋藤季治郎
- [受] 督辦吉林邊務 陳昭常

別紙第六號

書翰으로뼈謹啓ᄒ오며, 范麟譯官으로交付ᄒ淸曆十一月十二日貴翰은接到ᄒ온바, 貴翰要旨에關ᄒ야ᄂ, 其際旣히貴官의許使ᄒ楠野事務官으로붓터反覆弁明ᄒ온ᄃ對ᄒ야, 今에更히回答의不要홈을認ᄒᄂ, 但楠野事務官으로붓터提言ᄒ覺書에對ᄒ야, 貴官의代理王國琛氏의答書에ᄂ, 本職에在ᄒ야ᄂ認容키不能ᄒ點이多有ᄒ오니, 預先照諒焉.

貴國兵員이當派出所巡檢에對ᄒ야暴行을加ᄒ고且此를拘留ᄒ件에關ᄒ야, 貴官이正當ᄒ處置에出ᄒ야速히此를解放케홈은多感ᄒ處이有ᄒᄂ, 右에對ᄒ야本職은公平愼重케更히該巡檢의取調를命ᄒ얏ᄂᄃ, 其結果ᄂ當初村民에對ᄒ取調의事實과符合ᄒ며, 巡檢이先히拔劍ᄒ야貴兵員에게抵抗ᄒ얏다ᄂ事實은全然無根이라고認定ᄒ며該巡檢을放免홈.

鄕約玄德勝件에對ᄒ야ᄂ, 本職은交誼의重홈으로此를解放을命ᄒ故로, 約束과如히貴官에셔公平愼重히審問ᄒ심을要ᄒ고, 兼ᄒ야我憲兵이取調ᄒ別紙報告書寫, 及玄의出ᄒ告示文寫와, 竝히前記ᄒ巡檢의取調書寫를參考ᄒ시기爲ᄒ야貴覽에供ᄒ고, 且奧村憲兵大尉와山崎通譯을差遣ᄒ얏ᄂ故로, 別紙에關ᄒ야疑義도不無ᄒ오니, 十分質問ᄒ야審理의正確을

期ᄒᆞ심을爲ᄒᆞ야茲에照會홈.

明治四十年十二月廿三日
統監府派出所長 齋藤季治郎
吉林邊務 陳督辦昭常 閣下

附의 屬4. 巡檢引致事件報告書拔萃

隆熙元年 (西紀1907年 12月14日)

別紙第七號의一

巡檢引致事件에管[關誤]ᄒᆞᆫ憲兵의報告拔萃

巡檢引致事件에關ᄒᆞ야, 十二月十四日, 村民에對ᄒᆞ야其事實取調홈이如左.

一. 巡檢이江城村에行홈은十二月十三日午前十一時頃으로, 午後二時頃鶴城村一進支會協議員朴奎彦家에至ᄒᆞ야支會長의負傷을檢코ᄌᆞ홈이ᄂᆞ, 同人은淸兵으로붓터已爲砂器洞兵營에引致ᄒᆞᆫ後로, 同家를出ᄒᆞ야歸途에就홈이라.

二. 歸途에鶴城村西南端約二丁의處에來ᄒᆞᆫ즉, 淸兵六名이銃을携ᄒᆞ고馳到ᄒᆞ야無一言半辭ᄒᆞ고巡檢을引致코자ᄒᆞ고, 六名이次第로巡檢을毆打ᄒᆞ고遂히顚倒ᄒᆞ고, 一名의淸兵은巡檢의佩刀를拔取홈.

此實狀은鶴城村小兒等數名의現認ᄒᆞᄂᆞᆫ바오, 村民의言이一致ᄒᆞ고, 又淸兵의出來홈은, 江域村住淸國鄕約金京順으로붓터, 同村에셔巡檢一名이何를調査ᄒᆞ러來ᄒᆞ얏다고淸兵에게密告ᄒᆞ얏다云ᄒᆞᄂᆞᆫ者도有홈.

三. 其後二·三의淸兵이巡檢을引ᄒᆞ고江域村方面에帶行ᄒᆞ야鶴城守備隊로引致할時에, 其途中에셔巡檢은永化社社長李亨俊을逢ᄒᆞ야此事狀을禹跡洞憲兵派遣所에通知ᄒᆞ야달나고付托ᄒᆞ니, 社長은同村民朴泰金으로ᄒᆞ야금松堰村長文成烈에命ᄒᆞ야急報케홈이라.

李亨俊의出會할時, 巡檢은帽子及刀를淸兵에게見奪ᄒᆞᆫ것은, 同人의現認ᄒᆞᄂᆞᆫ바오.

明治四十年十二月十四日

附의 屬5. 巡檢全泰善取調書

- 隆熙元年 (西紀1907年 12月16日)

- [取調者] 間島憲兵分隊 憲兵曹長 岡本曾次郎
- [供述者] 間島派出所 巡檢 全泰善

別紙第七號의二

聽取書

原籍 韓國平安北道順川郡活面松浦全洞平民尙燮次男

當時間島統監府派出所警務課付禹跡洞憲兵派遣所巡檢 全泰善 二十七年右는明治四十年十二月十三日淸國官兵에게砂器洞稽查所에引致흔件에對ᄒ야, 十二月十六日, 當分隊에出頭ᄒ야如左供述흠.

一. 十二月十三日午前九時에, 我는禹跡洞憲兵派遣所憲兵上等兵關山辰太郞으로붓터, 村落巡回를兼ᄒ야其前日鶴城村一進支會長朴禹英, 同書記南軿煥及同村長金鍾洛等이鶴城村駐屯淸兵에게毆打를被흔事實을調查ᄒ기爲ᄒ야出張ᄒ라는命을受ᄒ고, 同日午前十時三十分頃에禹跡洞을出發ᄒ야鶴城村에行ᄒ고, 尙히江域村에巡察ᄒ고歸途에登ᄒ야, 午後[脫]二十三分頃에鶴城村을通過흘際에, 同村淸國守備隊의兵營을距한北方約八丁處에셔淸國官兵六名을出會흠.

一. 然而其官兵六名은二列로行進ᄒ야我에向來ᄒ야, 先頭의二名은突然히我에向ᄒ야止ᄒ라ᄒ기로我가止흔즉軍刀를欲見코자ᄒ기로, 我는軍刀를見키不能ᄒ다고答ᄒ얏드니, 淸兵은直히彼의携흔銃으로써我의刀柄을打ᄒ고又手를打ᄒ며續ᄒ야肘을毆打흠.

一. 右陳흠과如히我는刀를見奪ᄒ야는不可흔줄思ᄒ고, 手로써刀柄을執흔즉, 他四名의淸兵도左右로來ᄒ야我를亂打ᄒ고, 一名의兵은我를倒仆케ᄒ고, 一名의兵은我의盡力히執흔左手를開ᄒ고刀身만奪取ᄒ얏스나, 其際에我는倒仆ᄒ야軍刀를執흔것을見ᄒ고無理(억지로)奪흔故로, 刀鞘은殆히折ᄒ고軍刀도曲ᄒ며, 其刀尖의折흔것은, 淸兵이代杖使用ᄒ는까닥이요.

此時에刀鞘의凹所及刀身의全部를證見흠.

一. 然而彼淸兵等은我의刀身을奪取ᄒ고毆打를止흔故로我가起立흔즉, 淸兵의一名은以韓語로今日我의行處를問ᄒ기로, 我는江域村方面을巡察ᄒ고同村長家에至ᄒ얏다가, 今歸來ᄒ는途中이라云흔즉, 淸兵은不可不我와與ᄒ야同村長李鎭文家를指示ᄒ라云ᄒ는故로, 我는汝等의毆打를被ᄒ야全身이疼痛ᄒ야同行키不能흠을答흔즉, 淸兵等은

我의手를强引ᄒᆞ고李鎭文家에帶往홈.

一. 清兵은李鎭文家에到ᄒᆞ야汝家에鶴城村長金鍾洛이潛伏홈을詰問ᄒᆞᆫ즉, 李鎭文은我家에不在ᄒᆞᆫ意를答ᄒᆞᆫ즉, 清兵一名은右手로李의左頰을毆打ᄒᆞ고, 一名은我로붓터奪取ᄒᆞᆫ刀身으로同人의腰部를毆打ᄒᆞ고, 其後家宅을搜索ᄒᆞ와金鍾洛이不在ᄒᆞᆫ故로, 我와李鎭文을帶同ᄒᆞ고金鍾洛處에至ᄒᆞ얏스나, 金家에ᄂᆞᆫ何人도不在홈으로其附近五·六家를搜索ᄒᆞ야도金鍾洛이不在ᄒᆞᆫ故로, 李ᄂᆞᆫ歸家를許ᄒᆞ고我만鶴城村駐屯清國兵營에帶往홈.

一. 同日午後四時에鶴城村兵營에到着ᄒᆞᆫ즉, 清兵의 一名이我에向ᄒᆞ야汝ᄂᆞᆫ何故로斷髮홈을間ᄒᆞᆫ故로, 我ᄂᆞᆫ巡檢인故로斷髮홈을答ᄒᆞᆫ즉, 且巡檢은如何ᄒᆞᆫ行動을爲ᄒᆞᄂᆞᆫ者뇨, 我ᄂᆞᆫ韓國民을保護홈이職務라ᄒᆞᆫ즉, 小國民의保護ᄂᆞᆫ何를云홈이냐ᄒᆞ고約四十分其兵營에留케ᄒᆞ고, 今番은四名의清兵에引ᄒᆞ야砂器洞稽查洞[所謨]에向ᄒᆞᄂᆞᆫ途中禹跡洞을通過ᄒᆞᆯ際에, 憲兵派遣所前에行ᄒᆞᆫ故로我ᄂᆞᆫ空腹인故로當所에入ᄒᆞ야饒饑코자ᄒᆞᆫ즉, 清兵은如斯事ᄂᆞᆫ不能타云ᄒᆞᄂᆞᆫ聲을聞ᄒᆞ고派遣所의憲兵上等兵關山辰次郎氏가出來ᄒᆞ야, 我가刀의不持홈을見ᄒᆞ고刀ᄂᆞᆫ何以爲之ᄒᆞ얏ᄂᆞ뇨問ᄒᆞᄂᆞᆫ故로, 我ᄂᆞᆫ此清兵에게見奪云則, 關山上等兵은此刀ᄂᆞᆫ巡檢의刀라本人에게返還ᄒᆞ라ᄒᆞᆫ즉, 清兵이不爲返還故로同上等兵은其刀身을欲取즉, 清兵三名은同上等兵에게銃을擬ᄒᆞ고發火코ᄌᆞ홈으로手를放ᄒᆞᆫ즉, 清兵等은我를强히砂器洞에帶行홈.

一. 同日午後六時頃砂器洞兵營에到着ᄒᆞ야, 食後同七時頃派弁所에往ᄒᆞ야同所事務員孫棣安의取調를受ᄒᆞ니, 最初孫은我에向ᄒᆞ야韓國人의通譯으로ᄡᅥ汝ᄂᆞᆫ何目的으로斷髮ᄒᆞ얏ᄂᆞ냐問ᄒᆞᄂᆞᆫ故로, 我ᄂᆞᆫ巡檢故로斷髮云則, 何處의命에依ᄒᆞ야巡檢을被任ᄒᆞ얏ᄂᆞ뇨, 韓國警務廳의命令에依ᄒᆞ얏다答ᄒᆞᆫ즉, 孫은更히當時上官의氏名을問ᄒᆞᄂᆞᆫ故로, 上官은李庚在라答ᄒᆞᆫ즉, 汝ᄂᆞᆫ官服을着ᄒᆞ면셔何故로拔劔ᄒᆞ야我國軍人의被服을破棄ᄒᆞ얏ᄂᆞ냐問ᄒᆞᄂᆞᆫ故로, 我ᄂᆞᆫ孫에向ᄒᆞ야貴官은何를云홈이뇨, 今日我ᄂᆞᆫ巡察을終了ᄒᆞ고歸途에貴國兵六名을出會ᄒᆞᆫ즉, 無法히突然히我를毆打ᄒᆞ고六名이總히我의軍刀를奪取ᄒᆞ고, 我ᄂᆞᆫ決코拔釼ᄒᆞᆯ事가無ᄒᆞ오, 速히貴國兵에對ᄒᆞ야嚴重히取調ᄒᆞ라고答ᄒᆞᆫ즉, 孫은大聲으로二·三回我를威喝ᄒᆞᆫ後, 監視清兵을命ᄒᆞ야外套·上衣·刀帶·刀鞘·呼笛等을押收ᄒᆞ고, 尙且辭令書를差出ᄒᆞᆯ旨를命ᄒᆞᄂᆞᆫ故로, 短衣의夾囊으로붓터辭令書를出홈.

一. 然而我를監視ᄒᆞᆫ清兵中三名은, 我를後手로縛ᄒᆞ고上에懸ᄒᆞ야我를打亂ᄒᆞ고, 其際一進支會長朴禹英·同書記南軿煥及鶴城村長金鍾洛三名도我와如히結縛上懸ᄒᆞ야, 約一時間後孫及鶴城村守備隊長陳鴻卿과竝清兵八名이來ᄒᆞ야, 我等을捕縛ᄒᆞᆫ치牛車四臺에各監視兵一名을付ᄒᆞ고, 孫及陳은乘馬ᄒᆞ고餘四名의兵은徒步로, 午後九時三十分頃에砂器洞兵營을出發ᄒᆞ야西來洞에至ᄒᆞ야一宿ᄒᆞ고, 翌十四日大拉子兵營에着ᄒᆞ야

一宿ᄒᆞ고, 翌十五日東盛湧街兵營에至ᄒᆞ고, 同日午後十一時頃同地를出發ᄒᆞ야, 十六日午前二時頃局子街南營에到着ᄒᆞ고同七時頃에我等四名을解繩홈, 最初砂器洞出發時에我의外套及帽子를返還홈이라.

一. 午後二時頃, 南營에서洋服을着ᄒᆞᆫ年歲三十餘된隊長이我를呼出ᄒᆞ야以韓國人通譯으로, 帶劍할旨를命ᄒᆞ고曩者見奪ᄒᆞᆫ劍을返ᄒᆞᄂᆞᆫ故로我ᄂᆞᆫ帶劍ᄒᆞᆫ즉, 最初汝ᄂᆞᆫ何故斷髮乎아, 我ᄂᆞᆫ巡檢斷髮云則, 汝ᄂᆞᆫ以何處命令으로爲巡檢乎아, 以警務廳命令으로爲巡檢云則, 拔劍은如何ᄒᆞᆫ境遇에ᄒᆞᄂᆞ뇨, 我ᄂᆞᆫ承敎上官호니, 人民保護上不得已境遇와, 及自衛上防患홈에他의手段이無ᄒᆞᆫ境遇에拔劍ᄒᆞ야無關ᄒᆞᆫ意로答ᄒᆞᆫ즉, 然則何故로汝ᄂᆞᆫ拔劍ᄒᆞ야我國[兵脫]의被服을破ᄒᆞ얏ᄂᆞ냐問ᄒᆞᄂᆞᆫ故로, 我ᄂᆞᆫ決코拔劍ᄒᆞᆫ事가無ᄒᆞ고, 即我가鶴城通過할際에貴國兵六名을逢ᄒᆞᆫ즉, 無法이貴國兵은突然히我를毆打ᄒᆞ고且劍을奪取ᄒᆞ얏스니嚴重히取調ᄒᆞ라答ᄒᆞᆫ즉, 隊長은此를取調할것이無ᄒᆞ니, 只今붓터龍井村에部下를付ᄒᆞ야送홀터이라ᄒᆞ고, 官吏一名, 通譯生一名, 乘馬兵二名으로我를無盖馬車에乘ᄒᆞ고龍井村에送ᄒᆞ얏숩.

全泰善

右供述홈에對ᄒᆞ야, 通譯으로써讀聞ᄒᆞᆫ處에, 相違홈이無한旨를立홈으로써署名捺章홈.

明治四十年十二月十六日

間島憲兵分隊에셔 陸軍憲兵曹長 岡本曾次郎

通譯 山根仲亮

附의 屬6. 全泰善巡檢事件에關한鶴城村社長李亨俊陳述書

隆熙元年 (西紀1907年 12月17日)

別紙第七號의三

聽取書

永化社鶴城村社長 李亨俊 四十四年

右ᄂᆞᆫ, 禹跡洞派遣所에服務巡檢全泰善이淸兵에게暴行을受ᄒᆞᆫ件에對ᄒᆞ야, 明治四十年十二月十七日午後二時에本職의通知에依ᄒᆞ야如左히陳述홈.

一. 明治四十年十二月十三日午前十一時頃에巡檢全泰善이來ᄒᆞ야, 一進支會長家가何處에在ᄒᆞ냐問ᄒᆞᄂᆞᆫᄃᆡ, 適其時一進支會長朴禹英이寄寓ᄒᆞᄂᆞᆫ家의兒童이來ᄒᆞᆷ으로써, 其兒童에게指示ᄒᆞ라云ᄒᆞᆫ즉巡檢과共히行ᄒᆞᆫ後, 巡檢은江域村에至ᄒᆞ야, 歸途午後三時頃鶴城村附近에셔突然히淸兵四名이馳來ᄒᆞᆫ즉, 同時에逃ᄒᆞᄂᆞᆫ巡檢을追跡ᄒᆞ야, 遂히此를途上에셔捕ᄒᆞ야銃으로써臂部를衝ᄒᆞ고又以足蹴之ᄒᆞ야, 巡檢은其場에倒홈.

一. 其後淸兵二名이來ᄒᆞ야都合六名으로江域村에帶行ᄒᆞ야, 同地村長金鍾洛을搜索ᄒᆞ야도不在ᄒᆞᆷ으로, 巡檢을鶴城村守備隊에帶行ᄒᆞᄂᆞᆫ途中에我家를通過ᄒᆞᆷ에對ᄒᆞ야, 我ᄂᆞᆫ巡檢全泰善에게向ᄒᆞ야貴官은何故로帽子及劒等이無ᄒᆞ냐問ᄒᆞᆫ즉, 巡檢全은我에對ᄒᆞ야淸兵으로붓터亂打를被ᄒᆞ고劒及帽子를見奪ᄒᆞ온즉, 此狀況을憲兵派遣所에急報ᄒᆞ기를請ᄒᆞᆷ을依ᄒᆞ야, 他의人民으로ᄒᆞ야금一面으로派遣所에急報ᄒᆞ고, 我ᄂᆞᆫ巡檢을淸兵이帶行ᄒᆞᆫ後붓터守備隊에到ᄒᆞᆫ즉, 居無幾에淸兵이巡檢을砂器洞守備隊에帶行홈.

一. 我ᄂᆞᆫ淸兵이巡檢을亂打ᄒᆞᆷ은最初붓터目擊치못ᄒᆞ얏스나, 巡檢이淸兵에게亂暴을受할時ᄂᆞᆫ村童이此를見ᄒᆞ고, 又巡檢이淸兵에對ᄒᆞ야抵抗ᄒᆞᆫ事少無ᄒᆞ다云홈.

一. 淸兵이巡檢에게對ᄒᆞ야暴行ᄒᆞᆫ原因을我가思ᄒᆞᆫ즉, 江域村鄕約金京順이鶴城村守備隊의命에依ᄒᆞ야村民으로붓터粟及金錢을徵收ᄒᆞᆷ으로, 或日巡檢이取調ᄒᆞ려行ᄒᆞ고, 又十二月十三日도再次巡檢이同村에何를取調ᄒᆞ러到ᄒᆞᆷ을, 鄕約金京順은直히鶴城守備隊에巡檢의來居ᄒᆞᆷ을密告ᄒᆞᆷ으로붓터, 淸兵四名이馳來ᄒᆞ야巡檢을捕ᄒᆞ야暴行ᄒᆞᆫ쥴노思料홈.

右陳述을記錄홈.

明治四十年十二月十七日

附의 屬7. 玄德勝의田券講을憑藉한不法徵金에關한報告

隆熙元年 (西紀1907年 11月13日)

別紙第八號의一

玄德勝의田劵講施行에關ᄒᆞᆫ報告

霽晴社社長金希烈, 霽霞社社長金斗信, 月朗社社長孫宗哲等은, 淸國十社都憲玄德勝으로붓터各社에各百圓의金을徵收ᄒᆞᆷ으로告訴ᄒᆞᆫ事件에對ᄒᆞ야, 命을受ᄒᆞ고明治四十年十一月九日霽晴社, 同十日霽霞社, 同十一日月朗社에巡檢崔泰郁과共히出張ᄒᆞ야取調ᄒᆞᆷ이如左홈.

一. 霽晴社의事實

光武十年[1906](昨年)陰曆十月十七日正午十二時頃에, 淸國十社都憲玄德勝은同社大獐洞村淸國視[現?]社長韓忠任(年二十五)處에來ᄒᆞ야, 午後五時頃韓社長과同히隣家朴道日(年二十六)處에至ᄒᆞ야, 當社人民으로븟터田地文劵을田劵講(田劵講이란것은各自所有田地劵을取ᄒᆞ야各本人所有地東西南北에隣接ᄒᆞᆫ土地所有者의氏名을一一訊問ᄒᆞᆷ을云ᄒᆞᆷ)을ᄒᆞᆷ이可타云ᄒᆞᄂᆞᆫ뒤依ᄒᆞ야, 韓社長은此를碑[牌誤]頭(小使)張南点(年四十二)에命ᄒᆞ야, 社內의各統首(統首라ᄂᆞᆫ一人이有ᄒᆞᆫ것은, 十家式[或?]은十五家以內로ᄒᆞ야各家所聞[關?]을弁ᄒᆞᄂᆞᆫ者)에게傳ᄒᆞ야, 此日各人民等은朴道日家에午後七時頃븟터田地劵을持來集會ᄒᆞ야田地劵은玄都憲에差出ᄒᆞᄂᆞᆫ뒤, 集合者ᄂᆞᆫ村內統首頭民(村內에有力家)其他二十名에達ᄒᆞ야, 午後十時頃玄都憲은各人民에向ᄒᆞ야田劵講ᄒᆞᆯ旨을告ᄒᆞᆫ즉, 人民等은田劵講을爲ᄒᆞ면東西南北에對ᄒᆞ야土地所有者가何人인지知得치못ᄒᆞᄂᆞᆫ者가多ᄒᆞᆷ으로써, 玄都憲에게田劵講의止ᄒᆞᆷ을願ᄒᆞ니, 玄은然ᄒᆞ면金을出ᄒᆞᆷ이可타ᄒᆞᆷ으로, 人民等은幾何의金을出ᄒᆞ면可ᄒᆞ냐問ᄒᆞᆫ즉, 玄은金二百圓을持來ᄒᆞ면此를止ᄒᆞᆫ나云ᄒᆞ야도, 人民等은哀願ᄒᆞ야金百圓으로赦免ᄒᆞᆷ을乞ᄒᆞ니, 遂히玄은其乞을聽ᄒᆞ야當夜午前二時頃ᄭᆞ지金百圓을自家에持來ᄒᆞ라云ᄒᆞ고, 此日夜十二時頃에乘馬ᄒᆞ고歸宅의途에就ᄒᆞ고, 其後人民等이相集ᄒᆞ야一統에對ᄒᆞ야各五圓式을集ᄒᆞ야, 그十統에百圓을集ᄒᆞ야, 同社富瑞坪村李斗承(三十三年)同社大獐洞村韓明汝(四十九年)同村吳玄百(五十二年)同村梁學善(二十五年)同社富瑞坪村朴士根(二十九年)同村申成龍(三十三年)六名으로持去ᄒᆞ고, 現金百圓을朴士根으로ᄒᆞ야금携帶ᄒᆞ고, 六名이同行ᄒᆞ야翌十八日午前五時頃에光宗社赤瓦坪村玄都憲家에至ᄒᆞ니, 玄은出他不在ᄒᆞᆷ으로써暫時待坐러니, 玄은同時三十分頃光霽峪淸國官衙로븟터歸來ᄒᆞᆷ으로, 面接ᄒᆞᆫ後金百圓을玄德勝에게傳致ᄒᆞᆷ.

其後社內人民等은田劵講의出金ᄒᆞᆫ百圓을各田地劵所有者로븟터田地의多寡를計算ᄒᆞ야徵收ᄒᆞ야, 前者의出金ᄒᆞᆫ各統首等에게返還케ᄒᆞ니, 其方法은每一日耕(一日耕은牛로써一日耕ᄒᆞᆯ土地를云ᄒᆞᆷ)에韓貨六十六文(我十壹錢)씩徵集ᄒᆞᆷ.

當時該事件에關連된現淸國霽晴社社長韓忠任, 及同社統首李斗承·同申成龍·同韓明汝, 頭民同社大獐洞村李南奎(五十四年)同村崔允汝(五十一年)同村方順應(六十年)其他同社社長金希烈等에對ᄒᆞ야事實을確問ᄒᆞ니, 該事實의相違가無ᄒᆞᆫ事를證明ᄒᆞᆷ.

二. 霽霞社의事項

淸國十社都憲玄德勝은, 光武十年陰曆九月十日正午十二時頃, 現淸國同社長同社詩建

坪村韓昌成(四十五年)處에來ᄒᆞ야, 韓社長에게同社內의各人民으로븟터各自田地劵을持來ᄒᆞ라ᄂᆞᆫ事를命ᄒᆞ니, 韓社長은此를同社內五屯甲長岳沙坪村高運五(三十六年)仲坪村田文京(二十九年)詩建坪村趙煥三(三十九年)曲口尾村崔道汝(四十八年)芝鳳峴村方允汝(六十一年)에게傳ᄒᆞ고, 五屯甲長은又此를各人民에게傳ᄒᆞ니, 翌九月十一日正午前(時間未詳)頃에人民等은各自田地劵을持來ᄒᆞ고韓社長家에集ᄒᆞᆫ者가凡四百餘名이니, 此時玄都憲은各人民으로븟터田地劵을受ᄒᆞ고田劵講을爲ᄒᆞᆷ을告ᄒᆞ고, 田地劵所有者를一名式自己前에坐ᄒᆞ고, 玄은所有者의田地劵을持ᄒᆞ고田地劵에記載ᄒᆞᆫ東西南北에隣接ᄒᆞᆫ所有者姓名을問ᄒᆞᆫ즉, 答ᄒᆞᄂᆞᆫ者도有ᄒᆞ고不答ᄒᆞᄂᆞᆫ者도有ᄒᆞ야, 二三人을講ᄒᆞᆫ後, 玄은田地講을ᄒᆞ야答ᄒᆞᄂᆞᆫ者ᄂᆞᆫ歸家케ᄒᆞ고, 不能ᄒᆞᆫ者ᄂᆞᆫ歸치못ᄒᆞ게ᄒᆞ고, 且田地劵은玄都憲의受取ᄒᆞᆷ이可타ᄒᆞᆷ으로, 人民等은相議ᄒᆞᆫ後百圓을玄都憲에게贈ᄒᆞᆯ事를定ᄒᆞ고, 田劵講止ᄒᆞᆷ을頭民同社仲坪村朱士允(六十八年)으로紹介ᄒᆞ야玄都憲에게提請ᄒᆞ니, 玄은此를聽ᄒᆞ고田劵講을中止ᄒᆞ고, 前에田劵講을爲ᄒᆞᆫ二·三人의田地劵을還ᄒᆞ고, 又各人民의田劵도返還ᄒᆞ고, 各人民等을歸家케ᄒᆞ고玄은翌十二日歸家ᄒᆞᆫ後, 玄에送ᄒᆞᆯ金百圓을集ᄒᆞ기爲ᄒᆞ야, 同月十四日(午後時間未詳)에同社內各甲長·頭民等은同社仲坪村金丙賢(三十六年)處에聚集ᄒᆞ야, 田地劵所有者로븟터每一日耕에五十六文(日貨九錢三厘餘)式集金ᄒᆞᆯ事로, 同年十一月六日ᄭᆞ지各甲長은集金ᄒᆞᆫ後韓社長에게金百圓을傳ᄒᆞ니, 韓社長은此를同月中에玄都憲家에持去ᄒᆞᆷ.

右事ᄂᆞᆫ關係者前記韓社長及甲長方允汝不在ᄒᆞ야도, 其他四屯甲長及頭民同社仲坪村南庭(六十七年)同村朱士允(六十八年)同村金又天(五十五年)其他人民으로븟터確證ᄒᆞᆷ.

三. 月朗社의事實

光武十年陰曆九月二日頃(時間未詳)玄德勝은淸國月朗社社長水南村曹化龍(三十六年)家에來ᄒᆞ야, 社內一般人民의田劵講ᄒᆞᆷ을依ᄒᆞ야, 各自田地劵을持來ᄒᆞ야明三日早朝븟터集ᄒᆞᆯ事를命ᄒᆞᆷ으로, 曹社長은同社甲長金先童에게(二十五年)此를傳ᄒᆞ고, 金甲長은各人民에傳達ᄒᆞ야翌四日午前七時頃븟터田地劵을持來ᄒᆞᆫ人民은曹社長家에集ᄒᆞᆫ者百餘名에達ᄒᆞ니, 午前九時頃에至ᄒᆞ야玄都憲은人民으로븟터田地劵을受取ᄒᆞ야, 一一히田地劵所有者에向ᄒᆞ야田劵講을爲ᄒᆞ고, 此를午後八時頃에了ᄒᆞ야田劵講을爲ᄒᆞ야答ᄒᆞᆫ者ᄂᆞᆫ歸家를許ᄒᆞ고, 不答ᄒᆞᆫ者同社水北村嚴秉權(三十六年)同村吳敏英(四十八年)同村朴成根(四十六年)同村吳敬俠(三十六年)同村崔奉世(三十六年)同村崔俊相(四十二年)箕洞村朴陽純(五十年)同村金元五(三十五年)同村金龍俊(三十六年)同村金明五(五十三年)同村崔尹元(三十五年)十一名인ᄃᆡ, 玄都憲은以上十一名에게向ᄒᆞ야, 田劵講을能爲치못ᄒᆞ니各田地所有者가안닌故로田地劵을受

取ᄒᆞᆫ後, 達羅子清國官憲에게引致ᄒᆞᆷ이可타ᄒᆞ고, 且如期[斯誤]ᄒᆞᆫ不合者ᄂᆞᆫ鞭撻을加ᄒᆞᆫ다ᄒᆞ고帶來ᄒᆞᆫ都碑[牌誤]頭(小使)光宗社鶴城村駐金陽龍(二十四年)으로ᄒᆞ야금, 淸兵의出他할時持ᄒᆞᄂᆞᆫ것과如ᄒᆞᆫ堅强ᄒᆞ고長이三尺餘요其柄一尺은圓形이요其端은三角形으로ᄒᆞᆫ厚가一寸三分되ᄂᆞᆫ棍棒으로, 玄都憲은其人民等을庭下에引出ᄒᆞ야地面에俯ᄒᆞ고, 臀部以下를裸ᄒᆞ고, 臀部를笞二十或三十式打ᄒᆞᄂᆞᆫᄃᆡ, 十一名內朴陽純·金明五·金龍俊·朴成根·崔俊相等五名은老人或은喪中인故로毆打를免ᄒᆞ고, 其他六名은多히毆打를被ᄒᆞ야被打ᄒᆞᆫ處가皆紫黑色이요, 其中에崔奉世와如ᄒᆞᆫ者ᄂᆞᆫ立ᄒᆞᆷ을不得ᄒᆞ고臀部가出血ᄒᆞᆷ에至ᄒᆞᄂᆞ, 玄은此等共十一名을合ᄒᆞ야曹社長의物品貯置ᄒᆞᄂᆞᆫ溫室에入ᄒᆞ고, 外로뼈戶를閉ᄒᆞ고一名의監守者를(前의鞭撻ᄒᆞ든者)置ᄒᆞ니. 此溫突一室中에셔監禁된者等이共히相謀ᄒᆞ야, 朴陽純을放ᄒᆞ면金을玄德勝에與ᄒᆞᆫ다고監守者에게言ᄒᆞ야玄都憲에게乞ᄒᆞ니, 玄은此를許ᄒᆞ야朴陽純을放禁ᄒᆞ니, 朴陽純은午後三時頃에日貨百二十圓(韓貨七百二十兩)을周旋ᄒᆞ야玄에對ᄒᆞ야一同의赦免을乞ᄒᆞᄂᆞ, 玄은都合二百圓을持來ᄒᆞ라고迫ᄒᆞ야도, 朴陽純은到底히此數以上은變通키不能ᄒᆞᆫ故로뼈哀願ᄒᆞ니, 玄都憲은遂히其請을從ᄒᆞ야百二十圓을收受ᄒᆞ고, 監禁ᄒᆞᆫ者ᄂᆞᆫ翌日午前八時頃에至ᄒᆞ야僅히禁을解ᄒᆞ고田地券을返ᄒᆞ야歸家케ᄒᆞ고, 玄은其日午後一時頃歸途에就ᄒᆞ니라, 玄에與ᄒᆞᆫ金百二十圓은, 十一名이負擔ᄒᆞ야各自出金ᄒᆞ야支出ᄒᆞᆫ朴陽純에게返還ᄒᆞᆫ다云ᄒᆞᆷ.

右事實에對ᄒᆞ야, 關係者되ᄂᆞᆫ淸國元社長曹化龍·同甲長金鳳先董은不在ᄒᆞ야確實치안타ᄒᆞ나, 各人民等의知ᄒᆞᄂᆞᆫ處, 被害者十一名及現社長孫宗哲其他頭民에就ᄒᆞ야事實의相違가無ᄒᆞᆷ을確證ᄒᆞᆷ.

明治四十年十一月十三日

附의 屬8. 玄德勝非行告發의挫折經緯報告

隆熙元年 (西紀1907年 12月21日)

別紙第八號의二

玄德勝에關ᄒᆞᆫ報告의拔萃

一. 養生學堂生徒光宗社下泉坪朴重松(十六年)及光昭社蒙基洞南衡國(二十年)二名은, 昨日午後三時, 李同春의命을依ᄒᆞ야玄德勝에非行을訴ᄒᆞᆯ書面을受ᄒᆞ고太拉子에向ᄒᆞ야出發ᄒᆞᄂᆞᆫ途中, 滿振基에서宿泊코져할際에, 光宗社三洞坪甲長姜明環爲名人이乘馬ᄒᆞ고, 生徒二名을尋來ᄒᆞ야午後六時頃滿振基에서出會ᄒᆞ야, 自己ᄂᆞᆫ李同春으로붓터玄의非行을訴할書面을持歸ᄒᆞ라ᄂᆞᆫ命을受ᄒᆞ얏스니該書面을還給ᄒᆞ라云ᄒᆞᆫ즉, 生徒等은初에ᄂᆞᆫ姜明環의言을不信ᄒᆞ얏스나, 遂히彼에見欺ᄒᆞ야該書面을給ᄒᆞ니, 自己ᄂᆞᆫ乘馬ᄒᆞᆫ故로只今으로李同春處에歸할

터이니, 君等은一夜를宿ᄒᆞ고明日歸來ᄒᆞ라云ᄒᆞ고, 午後六時三十分頃에歸去홈.

二. 生徒二名은翌二十一日午前十二時李同春處에至ᄒᆞ야其話를言ᄒᆞᆫ즉, 李同春은大히忿ᄒᆞ야其生徒의愚홈을慨嘆홈.

三. 昨日午後三時二十分에局子街에行코져出發ᄒᆞᆫ李同春은, 途中湖川街王長齡處에至ᄒᆞᆫ즉, 其時門振中도來會ᄒᆞ야, 君이今番局子街淸官에게玄의非行을訴할事는, 自己等에兌[?]ᄒᆞ야三日만待ᄒᆞ라고, 門振中은王長齡과共히種種請囑홈으로써, 李同春은遂히王及門의乞를承諾ᄒᆞ고午後十二時頃에歸家홈.

四. 門振中은其後局子街에行홈.

以上事는本職이養生學堂生徒로붓터聞知홈.

明治四十年十二月二十一日

附의 屬9. 玄德勝釋放後의動態와李同春의決心에關한報告

隆熙元年 (西紀1907年 12月19日)

別紙第八號의三

玄德勝放遣後에在ᄒᆞ야狀況報告 拔萃

一. 玄德勝은憲兵分遣所에셔放遣한後, 直히淸兵臨時出張所된蔡尙權家에至ᄒᆞ니, 此時王長齡及門振中도同所에會合ᄒᆞ야, 玄에게對ᄒᆞ야無事홈을祝ᄒᆞᄂᆞᆫ貌樣이요, 其後下泉坪住民等도蔡家에至ᄒᆞ야, 同히其無事함을祝ᄒᆞᄂᆞᆫ模樣이라.

二. 又養生學堂校長李同奉[春誤]은生徒約二十名을率ᄒᆞ고蔡尙權家에至ᄒᆞ야, 玄에對ᄒᆞ야其無事홈을祝ᄒᆞ니, 玄曰, 自己가今回憲兵分遣所에留置홈은全혀汝의學堂ᄭᆞ닥인ᄃᆡ, 汝ᄂᆞᆫ何故로今日ᄭᆞ지分遣所에余의寃罪의訴狀을提出치안ᄒᆞ얏ᄂᆞ냐, 如此義理를不弁ᄒᆞᄂᆞᆫ汝에ᄂᆞᆫ面會할必要가無ᄒᆞ다고其人事를謝絶홈으로써, 李ᄂᆞᆫ大히忿怒ᄒᆞ야拳으로써玄을欲打홈ᄋᆡ玄은此를避홈으로, 李ᄂᆞᆫ壁을誤打ᄒᆞ야反이其右拳이負傷ᄒᆞ니, 此時生徒等도玄의言에憤ᄒᆞ야李에同情을表ᄒᆞ야, 各各上衣를脫ᄒᆞ야玄을欲打ᄒᆞᄂᆞ, 會合ᄒᆞᆫ淸韓人에制ᄒᆞᆫ바가되야遂不至毆打而止ᄒᆞ나, 李ᄂᆞᆫ憤怒를不絶ᄒᆞ고玄에對ᄒᆞ야汝ᄂᆞᆫ曩者에霽晴社 · 霽霞社 · 月朗社에서人民에게金三百餘圓을收賄할뿐不是라, 頃日局子街에生徒를帶行할時에도, 淸國官憲으로붓터生徒의被服料로與ᄒᆞᆫ金二百餘圓을着服ᄒᆞ고, 剩餘만[脫?]其時에往復旅費도不足이라ᄒᆞ야, 歸還後生徒各一人으로붓터金一圓二十錢式을徵收ᄒᆞ고, 尙且大拉子淸國官憲에게夥多의金을贈ᄒᆞ야, 自己에對ᄒᆞ야惡事가有ᄒᆞ다고訴出ᄒᆞᄂᆞᆫ者有ᄒᆞ야도受理치안토록取扱ᄒᆞ야달

나고運動ᄒᆞᆫ事로有ᄒᆞ야汝의非行은不遑枚擧오, 且汝가都憲을任할時ᄂᆞᆫ全혀余의運動에依ᄒᆞ야就職ᄒᆞᆷ을不拘ᄒᆞ고, 今에反히其恩을忘ᄒᆞ고余에對ᄒᆞ야如此暴言을吐ᄒᆞ니極히不平ᄒᆞ니, 余ᄂᆞᆫ明日直히局子街에至ᄒᆞ야汝의從來鄙行을淸國官憲에게訴ᄒᆞ야, 汝의都憲을免ᄒᆞᆯ事를提出ᄒᆞᆯ터이니以此知悉ᄒᆞ라, 若局子街淸國官憲이不聽ᄒᆞ면吉林巡務에게訴出ᄒᆞ고, 尙此目的을達치못할時ᄂᆞᆫ北京政府에訴出ᄒᆞ깃다云ᄒᆞᆫ즉, 玄은此에對ᄒᆞ야冷却ᄒᆞᄂᆞᆫ態度로ᄲᅧ意向ᄃᆡ로ᄒᆞ라ᄒᆞᆫ즉, 李ᄂᆞᆫ大히不滿의狀態로生徒를引ᄒᆞ고養生學堂에歸ᄒᆞᆷ.

三. 玄은午後二時三十分頃蔡家를出ᄒᆞ야光霽峪淸國兵營에至ᄒᆞ야數分間後에同兵營을出ᄒᆞ야歸家의途에就ᄒᆞᆷ.

四. 李同春은蔡家로붓터歸堂後, 生徒의父兄數名을集ᄒᆞ고玄의言의不平ᄒᆞᆷ을語ᄒᆞ고, 此로爲ᄒᆞ야玄都憲의職을免케ᄒᆞᆯ事로明二十日局子街에至ᄒᆞ고, 若局子街淸國官憲에서目的을不達ᄒᆞ면吉林에至ᄒᆞ고, 尙且吉林에서目的을不達ᄒᆞ면北京ᄭᅡ지出할決心을語ᄒᆞᆫ즉, 生徒의父等은大히同情을表ᄒᆞ야, 若玄의都憲免ᄒᆞᆷ을得ᄒᆞ면, 其運動에要ᄒᆞᄂᆞᆫ旅費와如ᄒᆞᆷ은幾千圓을要ᄒᆞ든지不辭ᄒᆞ고自己人民等이負擔ᄒᆞᆷ아答ᄒᆞ더라, 李ᄂᆞᆫ明日局子街에至ᄒᆞ야도所持金은不過十圓이라ᄒᆞ야, 旅費의不足으로李妻의妹夫光宗社長李明雨家에妻를遣ᄒᆞ야金五圓을借來ᄒᆞᆷ.

明治四十年十二月十九日下泉坪에在ᄒᆞ야

25. 間島狀況報告書呈覽의 件(往復案1册)

隆熙2年 (西紀1908年 1月14日)
[發] 統監府副統監 曾禰荒助
[受] 內閣總理大臣 李完用

機密統發第五〇號

明治四十年十二月十一日로同月二十日에至흔間島地方一般의狀況에關ᄒᆞ야, 齋藤派出所長으로브터別紙와如히報告가有ᄒᆞ옵기, 玆에謄寫ᄒᆞ야送付흠.

明治四十一年一月十四日
統監代理副統監子爵 曾禰荒助
太子少師內閣總理大臣 李完用 閣下

附. 同上報告書

- 隆熙元年 (西紀1907年 12月26日)
- [發] 統監府間島派出所長 齋藤季治郎
- [受] 統監府副統監 曾禰荒助

統派旬第一三號

旬報

自十二月十一日至同月二十日
明治四十年十二月廿六日
統監府派出所長 齋藤季治郎
副統監子爵 曾禰荒助 殿

一. 地方一般의狀況

清國官憲及清兵의不法行爲ᄂᆞᆫ本旬에入ᄒᆞ야愈益甚酷ᄒᆞ야, 或韓民을恐喝ᄒᆞ며或은無償의徵發을爲ᄒᆞ며或無故히毆打韓民ᄒᆞ며或은斷髮韓人을豆滿江以南에放逐ᄒᆞ고或은一進會員을無法逮捕ᄒᆞᄂᆞᆫ等으로, 一時에크게地方民心을騷擾케ᄒᆞ야秩序를紊亂ᄒᆞᄂᆞ, 我ᄂᆞᆫ每事에其不法을抗議ᄒᆞ고交涉을遂ᄒᆞ야, 各種問題를解決ᄒᆞᆫ結果(天寶山事件, 七道溝奧日·清人共同의木材伐採의禁止事件을別노히ᄒᆞ고)로, 旬末에ᄂᆞᆫ人心이稍稍沈靜에歸홈.

二. 清國官民이韓國民에對ᄒᆞᆫ不法暴壓의行爲

本旬에在ᄒᆞ야清國官民이韓國人民에게加ᄒᆞᆫ不法暴壓의重大ᄒᆞᆫ事件은如左홈.

(一) 斷髮韓人을放逐ᄒᆞᄂᆞᆫ事實

十二月十三日午前十一時頃에會寧間島砂器洞에在ᄒᆞᆫ派弁所事務長孫棣安은, 清國都鄕約一名과鄕約四名을該事務所에招致ᄒᆞ야, 會寧間島에在住ᄒᆞᆫ散髮韓人·一進會員及統監府派出所로브터任命ᄒᆞᆫ都社長·社長·村長等을豆滿江右岸에放逐홈이可ᄒᆞ다고命홈으로, 鶴城村住鄕約孟順學及江域村鄕約金京順二名은, 直히孫의命을村民에게傳達(他鄕約은該命을村民에게姑未傳致홈)然而斷髮者·一進會員等은前日來清兵에게毆打를被ᄒᆞ고, 屢屢히家宅을不啻搜索이라現今鶴城村一進會支會長과同書記·江域村村長等이清國官憲에게無法히拘引홈을知ᄒᆞ고, 大히恐怯ᄒᆞ야或은豆滿江右岸, 或은他處로逃遁홈.

本件에對ᄒᆞ야直히憲兵少尉森川亨을同地에派ᄒᆞ야, 一面으로清國官憲의不法行爲를防止ᄒᆞ고, 一面으로ᄂᆞᆫ韓民에게說示ᄒᆞ야其復歸에極力ᄒᆞᆫ結果로, 十三日來逃遁ᄒᆞᆫ韓民은十七日·十八日에悉皆歸家ᄒᆞ야厚히我官憲의保護를感謝홈.

(二) 清官의無償徵發ᄒᆞᄂᆞᆫ事實

本月初旬에在ᄒᆞ야茂山間島崇化社大玉石洞(伏沙坪憲兵分遣所를距ᄒᆞᆫ南方約十里)에設置ᄒᆞᆫ派弁所長梁中月은, 約三十九名의兵을引率ᄒᆞ고, 一方으로威力을示ᄒᆞ면서, 一方으로戶數·人口·家畜·地劵等의調査에從事ᄒᆞ고, 其宿泊及食糧等은皆人民에게命ᄒᆞ고其代價를一不支給홈으로써, 人民은不尠ᄒᆞᆫ困難을感ᄒᆞ야在ᄒᆞ다云홈.

(三) 一進會員을逮捕囚禁ᄒᆞᆫ事實

十二月十二日, 鶴城村一進會長朴禹英과同書記南軒煥은, 清兵의徵稅를妨害ᄒᆞᆫ다ᄂᆞᆫ理由로清兵에게毆打를被ᄒᆞ야, 南은負傷치안이ᄒᆞ얏스ᄂᆞ朴은兩腕·背部에創傷을受ᄒᆞ고, 翌日鶴城守

備隊長陳鴻卿은兵四名을率來ᄒᆞ야兩人을引致(朴은負傷ᄒᆞ야步行키不堪ᄒᆞᆷ으로牛車에運搬)ᄒᆞ고, 孫棣安은種種尋問을ᄒᆞ고, 捕縛ᄒᆞᆫ後同夜同地를發ᄒᆞ야大拉子東盛湧街를經ᄒᆞ야十六日局子街南營에送致ᄒᆞᆷ.

右에對ᄒᆞ야楠野[俊成]事務官을南營에派遣ᄒᆞ야抗議를提出ᄒᆞ고, 書記南軿煥은本月十七日에放還케ᄒᆞᆷ.

(四) 江域村長의拿引ᄒᆞᆫ事實

同村長은以前淸國의鄕約을勤務ᄒᆞ야在ᄒᆞᆷ도不拘ᄒᆞ고日韓官吏에服從ᄒᆞᆫ다ᄒᆞ고, 淸兵은此ᄅᆞᆯ逮捕ᄒᆞᆫ後砂器洞兵營에引致ᄒᆞ야笞二十에處ᄒᆞ고, 右一進支會長과如히局子街南營에送致ᄒᆞᆫ것도, 前項南書記와同時에放還케ᄒᆞᆷ.

三. 淸國官民이我官民에對ᄒᆞᆫ態度

前旬來淸國官憲에在ᄒᆞ야ᄂᆞᆫ, 兵器를使用치못ᄒᆞᄂᆞᆫ範圍에셔暴力을逞ᄒᆞᆷ으로써我에當ᄒᆞᆫ것과如히, 本旬에入ᄒᆞ야我官民에對ᄒᆞ야左記의不法行爲를爲ᄒᆞᆷ.

(一)玄德勝의事件, 往電第五九號로槪報ᄒᆞ고, 更히特報第一八號로써詳報ᄒᆞᆷ.

(二) 韓國巡檢引致事件, 往電第六〇號及特報第一八號로써報告ᄒᆞᆷ.

(三)日本人의輸出物에科[課]稅ᄒᆞᄂᆞᆫ件, 十二月十七日, 當龍井村金城商會支配人淺井彦市ᄂᆞᆫ, 粟數十石을支那馬車에積載ᄒᆞ고會寧에向ᄒᆞ야運搬途中新興坪에至ᄒᆞᆫ즉, 同地淸國稅務局員郭壽山은, 從來慣例에反ᄒᆞ야(從來ᄂᆞᆫ日本人의穀物輸出에ᄂᆞᆫ課稅치안이ᄒᆞᆷ)淺井으로自ᄒᆞ야輸出稅를徵收코자ᄒᆞ야其通行을禁止ᄒᆞᆷ으로써, 淺井은其保護ᄅᆞᆯ同地憲兵에게請ᄒᆞᆷ을依ᄒᆞ야, 憲兵은同局에至ᄒᆞ야其理由ᄅᆞᆯ質問ᄒᆞᆫ즉, 郭은何國人됨을不問ᄒᆞ고此地ᄅᆞᆯ通過ᄒᆞᄂᆞᆫ穀物輸出者에對ᄒᆞ야ᄂᆞᆫ徵收ᄒᆞᄂᆞᆫ旨로答ᄒᆞᆷ으로써, 憲兵은其舊例에反ᄒᆞᆷ을詰責ᄒᆞᆫ즉, 郭은貴官은我徵稅에妨害ᄒᆞᄂᆞᆫ者인즉大拉子淸國官憲에게同往ᄒᆞ자고迫ᄒᆞ니, 同憲兵은其不必要ᄒᆞᆫ旨를答ᄒᆞᆫ즉彼ᄂᆞᆫ强히同行코져ᄒᆞ야無法히同憲兵의手ᄅᆞᆯ握引欲行ᄒᆞᄂᆞᆫ故로, 同憲兵은其手를揮放ᄒᆞ고其行爲의不法됨을論ᄒᆞ고無事히淺井을通過ᄒᆞᆷ.

本件에對ᄒᆞ야ᄂᆞᆫ, 日本人의輸出物에對ᄒᆞ야徵稅치안ᄒᆞᆷ은從來의慣例로, 現九月十三日憲兵으로使ᄒᆞ야同局徵稅의方法을調査ᄒᆞᆯ際에도, 局員王振은同憲兵에對ᄒᆞ야日本人의輸出物에ᄂᆞᆫ課稅치안이ᄒᆞᄂᆞᆫ方針이라고明言ᄒᆞᆷ으로, 同局에ᄂᆞᆫ新興坪分遣所로ᄒᆞ야금若從來慣例에反ᄒᆞ야課稅코자ᄒᆞ거든, 其意ᄅᆞᆯ我派出所에通知ᄒᆞᆷ이可한事로申出ᄒᆞᆷ.

四. 天寶山의現狀, 天寶山의狀況은前旬에無異홈(往電第六三號의狀況).

五.

吉林·局子街間의電信, 十一月一日붓터(淸曆)開通ᄒᆞ깃다고報告ᄒᆞᆫ吉林·琿春·局子街間의電信은, 僅히十一月十六日(陽曆十二月二十日)에至ᄒᆞ야通信事務ᄅᆞᆯ開始홈.

六.

豆滿江의結氷, 本旬은寒氣가極ᄒᆞ야河川이全혀氷結ᄒᆞ니, 同豆滿江의結氷期에對ᄒᆞ야調查ᄒᆞᆫ事如左홈.

(一) 最初僅히氷結ᄒᆞᆫ것은十一月十五日.

(二) 兩岸氷結에人馬의交通을遮斷ᄒᆞᆫ것은十二月十五日.

(三) 流水가全혀氷結ᄒᆞ야(氷의厚가平均約一尺)人馬가氷上으로通過홈에至ᄒᆞᆫ것은十二月十八日.

七. 所內執務의狀況

淸國官民의暴威日日增長홈을隨ᄒᆞ야, 韓民의疾苦ᄅᆞᆯ訴出ᄒᆞᄂᆞᆫ者日多一日ᄒᆞᄂᆞᆫ故로, 少數의所員을一面으로現地에出張ᄒᆞ고, 一面으로邊務公署(陳昭常의駐在ᄒᆞᆫ官衙)에交涉ᄒᆞᄂᆞᆫ等, 總務課·監察課·警務課·憲兵隊와共히前旬보담困難과奔忙이倍極ᄒᆞ고, 調查課ᄂᆞᆫ前旬에引續ᄒᆞᆫ調查報告書의調製, 器械器具의整理, 地圖의調製等에從事ᄒᆞ야在홈.

右報告也.

26. 白頭山勘界에 關한 對淸使(袁世凱)照會의 送示要請(往復案1册)

隆熙2年 (西紀1908年 1月19日)
[發] 統監府副統監 曾禰荒助
[受] 內閣總理大臣 李完用

機密統發第八一號

爲照會事, 貴國政府所藏照會錄中에, 光緒十四[1888]年四月廿八日로當時京城에駐在淸國公使袁世凱로븟터趙[秉式]外部大臣에對ᄒᆞ야, 昨日貴督辦이來訪面談ᄒᆞ신바를據ᄒᆞᆫ則, 白頭山勘界事ᄂᆞᆫ朝鮮國王이前勘界交涉을承認치아닌故로, 貴國皇帝에게轉奏ᄒᆞ오셔, 調查之後에另히勘界를命令ᄒᆞ심을請ᄒᆞ오며, 李重夏ᄂᆞᆫ未便早往이ᄂᆞ, 然이나貴國委員을久待케ᄒᆞ야費用을徒費케홈으로써內部覆答을待ᄒᆞᆫ後에派遣ᄒᆞ겟스니, 請컨ᄃᆡ貴官으로븟터上稟ᄒᆞ오셔回答을得코져ᄒᆞᆫ다ᄂᆞᆫ貴望을依ᄒᆞ야, 從速히李鴻章에電報ᄒᆞ얏더니左갓치回電接到ᄒᆞ온즉貴覽爲要「白頭山勘界事ᄂᆞᆫ, 韓國이若有異意즉, 當移總理衙門으로明白히處辦ᄒᆞ겟노라」云云의照會를行ᄒᆞᆫ事實이記載잇ᄂᆞᆫᄃᆡ, 右ᄂᆞᆫ目下北京에셔交涉中의間島問題에關ᄒᆞᆫ談判上에極히必要ᄒᆞᆫ證據書類로認ᄒᆞ오니, 該原本을至急히回送ᄒᆞ심을爲要, 再, 本文書類ᄂᆞᆫ最히至急을要ᄒᆞ오니, 萬若原本의搜出이難ᄒᆞ거든, 爲先謄本이라도迅速送付ᄒᆞ심을爲要.

明治四十一年一月十九日
統監代理副統監子爵 曾禰荒助
太子少師內閣總理大臣 李完用 閣下

27. 同上寫本鈔送回答(往復案1册)

隆熙2年 (西紀1908年 1月20日)

[發] 內閣總理大臣 李完用

[受] 統監府副統監 曾禰荒助

照覆第七號

白頭山勘界一事로, 光緒十四年四月二十八日에當時京城駐在淸國公使袁世凱로브터趙外務督辦의게對ᄒᆞᆫ公文의原本을至急送付一事로, 機密第八一號貴來文을接閱이온바, 該原文은未及搜出ᄒᆞᆸ고另有謄本備案입기, 先玆抄錄送交ᄒᆞ오니照諒ᄒᆞ심을爲要.

隆熙二年一月二十日

太子少師內閣總理大臣 李完用

統監代理副統監子爵 曾禰荒助 閣下

附. 同上照會寫本

- 高宗25年 4月28日 (西紀1888年 6月7日)
- [發] 淸國欽命駐紮朝鮮總理交涉通商事宜 袁世凱
- [受] 督辦交涉通商事務 趙秉式

敬啓者, 昨據貴督辦來署面稱, 白山勘界事, 國王以前勘未叶, 將咨請轉奏, 核飭另勘, 該使李重夏未便早往, 久待至多糜費, 擬俟部署咨覆後, 再定期派往, 囑轉禀請示等語, 當即據情轉禀文華殿太學士李[鴻章]核示, 玆奉中堂電諭云云, 即當原電抄附, 統希查照是幸, 手此佈達, 順頌台祺.

外附電報一紙.

愚弟 袁世凱 頓

四月二十八日

袁道, 白山勘界事, 韓若另有意見, 當咨總署核辦, 鴻章 十七日下午十點電 計二十五字

28. 間島事情報告書呈覽의 件(往復案1册)

隆熙2年 (西紀1908年 1月27日)
[發] 統監府副統監 曾禰荒助
[受] 內閣總理大臣 李完用

機密統發第一二四號

別紙에間島派出所旬報第十四號를謄寫ᄒᆞ야, 參考ᄒᆞ시기爲ᄒᆞ와玆에送付홈.

明治四十一年一月二十七日
統監代理副統監子爵 曾禰荒助
太子少師內閣總理大臣 李完用 閣下

附. 同上報告書

- 隆熙2年 (西紀1908年 1月9日)
- [發] 統監府間島派出所長 齋藤季治郞
- [受] 統監府副統監 曾禰荒助

統派旬第一四號

旬報

自十二月廿一日至同月三十一日
明治四十一年一月九日
統監府派出所長 齋藤季治郞
副統監子爵 曾禰荒助 殿

一. 地方一般의狀況

本旬은地方一般에比較的平穩ᄒᆞ니, 盖淸國官憲은我의强硬ᄒᆞᆫ態度와愼重ᄒᆞᆫ措置에對ᄒᆞ

야從來彼威壓的主義의不利홈을覺ᄒᆞ고, 其態度를漸改ᄒᆞ야各地方官吏로ᄒᆞ야금其行動을愼重케홈이라.

目下吉林에出張ᄒᆞᆫ吳祿貞은, 同地巡回次로來ᄒᆞᆯ徐[世昌]總督과會見ᄒᆞᆫ後, 間島에對ᄒᆞᆫ各種問題의指示를望ᄒᆞᆫ다書ᄒᆞᆫ즉, 彼의歸還後施設은크게注意할것이요.

二.

淸國官憲의動靜, 前記와如히吳祿貞은徐總督과會見ᄒᆞ기爲ᄒᆞ야, 十二月十六日에局子街에出發ᄒᆞ고二十三日吉林에到着홈, 陳昭常은今回琿春副都統을兼任ᄒᆞ고, 吳의歸還을待ᄒᆞ야可히同地에出張, 而永久히同地에出張할는지或은一時出張할는지, 吳의歸還홈을待홈이안이면確定키難ᄒᆞ다云, 從來吉强軍中營이라稱ᄒᆞ야來ᄒᆞᆫ局子街西南方約二千米突에在ᄒᆞ든南營은, 本月十二日頃붓터邊務公署라改稱ᄒᆞ고其扁額을揭홈이라.

巡檢引致事件은, 淸國官憲이孫棣安(砂器洞派弁所長)의不法行爲를認ᄒᆞ고, 孫은免職ᄒᆞ고, 淸兵內一名은一箇月罰俸에處ᄒᆞ고, 其他三名은各各笞刑二十에處홈이라, 孫棣安의後任者孫富貴가本月二十六日砂器洞에到着홈이라.

三. 淸國官民이韓國臣民에對ᄒᆞᆫ不法暴壓의行爲

淸國官憲의唯一利器로知ᄒᆞ고採用ᄒᆞ든暴威的壓迫도, 我의周密한注意下에는此를施할餘地가少ᄒᆞ고, 從ᄒᆞ야施ᄒᆞ면即抗議홈으로뼈, 同官憲에게도爾來大히警戒를加ᄒᆞᆫ結果로, 本旬間에는殆히不法暴壓의事實이全無ᄒᆞ고, 左記와如ᄒᆞᆫ二件은, 前旬의出來事로本旬에在ᄒᆞ야探知ᄒᆞᆫ것이라.

(一) 十二月十八日, 砂器洞兵營의淸兵二名은仁化社南湖基村黃仁善家에至ᄒᆞ야, 該人의大麥春杵홈을見ᄒᆞ고酒를密造ᄒᆞᆫ다ᄒᆞ고, 該人을同村居崔丁華家에帶往ᄒᆞ야尙且同家를搜索ᄒᆞ야其架上에在ᄒᆞᆫ麴을發見ᄒᆞ고, 酒를密造한다稱ᄒᆞ고同人等을拿引코자ᄒᆞ며, 淸兵은韓貨百兩을給ᄒᆞ면免許ᄒᆞᆫ다云ᄒᆞ고, 自兩人으로日貨十圓式差出ᄒᆞ미歸去ᄒᆞ다.

(二) 大拉子派弁所事務所長傅廻瀾은, 本月初旬에和龍社社長蔡明吾와(當所로붓터社長에任命된者)及韓人朴旬彦兩人을招致ᄒᆞ야淸國社長으로任命ᄒᆞ고, 且弁髮淸裝ᄒᆞ라고勸誘홈이라.

右의事實을探知홈으로써, 十二月二十七日에森川[亨]憲兵中尉를該派弁所所長에게差遣ᄒᆞ야, 我派出所에셔任命한社長에게更히淸國社長을任命ᄒᆞᄂᆞᆫ事의不合ᄒᆞᆫ것과, 及他國人에게自國風俗을要ᄒᆞᄂᆞᆫ事의不法됨을警告ᄒᆞ고, 且右의事實은果然上官의命令의出홈인지안인지確問을據ᄒᆞᆫ즉, 此事ᄂᆞᆫ全혀自己一箇의思ᄒᆞᆫ바요陳督辦의命令이아님을弁明ᄒᆞ고, 且蔡明吾를淸國社長으로任命ᄒᆞᆫ것을繳消ᄒᆞ고, 兩名에게淸國風俗을要ᄒᆞᄂᆞᆫ事를停止홈을承諾홈이라.

四. 淸國官憲이我官民에게對ᄒᆞᄂᆞᆫ態度

淸國官憲이我官民에게對ᄒᆞᄂᆞᆫ態度ᄂᆞᆫ別노變홈을認치안이ᄒᆞᄂᆞ, 本旬에入ᄒᆞ야左開二件을生홈이라.

(一) 郵便遞送人에關ᄒᆞᆫ件, 特報로報告홈이라.
(二) 淺井商會에對ᄒᆞᆫ福順事件, 電報로詳報홈이라.

天寶山에在ᄒᆞᆫ淸國駐屯兵은, 本旬에入ᄒᆞ야五名을增加ᄒᆞ얏스ᄂᆞ, 日本人에對ᄒᆞ야ᄂᆞᆫ反히前者에比ᄒᆞ야緩和한狀況이라.

五. 本旬末에間島에在ᄒᆞᆫ日本人의戶數人口及職業은, 別紙第一號表와如홈이라.

六. 地方衛生及施療의狀況

地方一般의衛生上狀況은, 寒氣의凜烈홈을伴ᄒᆞ야, 傳染病도殆히絶滅ᄒᆞ야大概平穩한狀態로在ᄒᆞ고, 憲兵隊附軍醫로ᄒᆞ야금土民에게施療施藥을爲케ᄒᆞᆫ者와, 及該官의取調ᄒᆞᆫ바四十年八月廿四日로붓터十二月二十二日에至ᄒᆞ기까지患者數ᄂᆞᆫ, 別紙第二號表와如홈이라.

七. 憲兵補充員의到着, 十月廿四日, 補充憲兵到着홈이라.

八. 向後에ᄂᆞᆫ旬報를停止ᄒᆞ고月報로代ᄒᆞ깃습.

從來提出ᄒᆞ든旬報ᄂᆞᆫ, 本年度에限ᄒᆞ야此를止ᄒᆞ고, 爾後에ᄂᆞᆫ代以月報홈이라.

附의 屬1. 日本人戶數·人口調査表

第一號表 日本人戶數·人口表

地名	戶數	人口		計
		男	女	
龍井村	一九	四八	二八	七六
東盛湧街	二	一	一	二
局子街	七	八	一四	二二
銅佛寺	一		三	三
天寶山		一〇		一〇
合計	二九	六七	四六	一一三

[備考]

派出所員·憲兵隊員·郵便局員及傭人을 揭홈.

附의 屬2. 同上職業調査表

日本人職業別表

職業 \ 地名 員數	龍井村	東盛湧街	局子街	銅佛寺	天寶山	計
雜貨店	三		二			五
請負業	一					一
料理店	四		四	一		九
飮食店	五					五
菓子製造販賣店	二					二
大工職	一三					一三
左官職	一					一
木挽職	三					三
料理人	三					三
裁縫織	一					一
理髮業	一					一
運送業	一					一

雇人	一○					一○
賣藥業		一	三			四
礦山事務員					四	四
坑夫					六	六
藝妓	六					六
酌婦	一四		一○	二		二六
其他	八	一	三			一二
合計	七六	二	二二	三	一○	一一三

[備考]

本表中其他라흔것은, 妻와及姑無職業흔者.

附의 屬3. 傳染病患者數調查表

明治四十年自八月二十四日至十二月二十六日

第二號表 患者表

區分	日人	韓人	淸人	計
新患者數	六七	一,一四一	二四二	一,四五九

[備考]

一. 本表中日本人患者數는, 派出所·憲兵隊以外의移住民의患者라.

二. 本表中最多의疾病은外被病及眼病이며, 耳病·榮養器病이此에次됨이라.

三. 輕症으로一時의疾病은, 本表에揭上치안이흠이라.

29. 間島事情報告書呈覽의 件(往復案1册)

隆熙2年 (西紀1908年 2月24日)
[發] 統監府副統監 曾禰荒助
[受] 內閣總理大臣 李完用

機密統發第二四四號

敬啓者, 本年一月一日븟터同月三十一日에至ᄒᆞ기ᄭᆞ지間島의狀況을, 當府派出所長代理篠田治策으로븟터別紙와如히報告가到來ᄒᆞ엿삽기, 參考ᄒᆞ시기爲ᄒᆞ와玆에送付홈.

明治四十一年二月廿四日
曾禰副統監
李內閣總理大臣 閣下

附. 同上報告書

- 隆熙2年 (西紀1908年 2月7日)
- [發] 統監府間島派出所長代理 篠田治策
- [受] 統監府副統監 曾禰荒助

統派月報第一號

月報

自一月一日至同月三十一日
明治四十一年二月七日
統監府派出所長代理總務課長 篠田治策
副統監子爵 曾禰荒助 殿

一. 地方一般의狀況

地方一般이平穩ᄒᆞ고, 本月은陰曆歲末인故로, 淸·韓人은越年準備에奔忙한것과如히, 各市街及市場은本月初붓터頗히盛況인바, 此를例年에比ᄒᆞ면極히殷盛함, 淸韓人의言을據ᄒᆞᆫ즉, 例年歲末에ᄂᆞᆫ馬賊其他强竊盜의被害를聞치안이함이無ᄒᆞ얏스나, 本年은此等의風聞이全無ᄒᆞ고安穩ᄒᆞᆫ歲末이라云ᄒᆞᆷ.

例年年末에至ᄒᆞ면, 間島內의淸韓人은越年準備ᄒᆞ기爲ᄒᆞ야, 北韓地方에粟을依例賣出ᄒᆞ얏스나, 本年은各地牛疫이流行ᄒᆞ야斃牛가多ᄒᆞ야其運搬力을欠ᄒᆞᆷ으로, 例年과如히輸出을不見ᄒᆞ얏스나, 我日韓官吏의來住以來로地方物資의購買를增加ᄒᆞ고, 又局子街地方에서도多數의淸兵이增加ᄒᆞᆷ으로, 顯著히購買力을增ᄒᆞ야地方은一般으로其利澤을蒙ᄒᆞᄂᆞᆫ것과如하나亦一方에ᄂᆞᆫ此歲末에在ᄒᆞ야徵稅徵金의時機를利用ᄒᆞ야, 淸國官公吏의不當의徵收를行ᄒᆞᄂᆞᆫ中에ᄂᆞᆫ, 全혀徵稅者되ᄂᆞᆫ資格이無한者ᄭᆞ지韓國人民으로붓터徵金ᄒᆞᄂᆞᆫ者有ᄒᆞᆷ.

二. 淸國官憲이韓國民에對ᄒᆞᆫ不法行爲

淸國官憲이韓民에對ᄒᆞᆫ態度ᄂᆞᆫ, 稍稍愼重케ᄒᆞᆷ은各地에서認ᄒᆞᄂᆞᆫ바인바, 此一은淸國官憲이我派出所를憚하ᄂᆞᆫ것과, 一은韓人을懷柔ᄒᆞ야自國治政에歸服케ᄒᆞ고자ᄒᆞᄂᆞᆫ結果에出ᄒᆞᆷ이라, 然이나數年來의暴政壓虐은容易히除去키不能ᄒᆞ야, 尙히本月間에在ᄒᆞ야左의數件에出來事가有ᄒᆞᆷ.

(가) 鍾城間島光德社光洞村李京先處에滯在ᄒᆞᆫ酒商淸國人趙漢臣은, 李의隣家千某의妻李哥와姦通ᄒᆞᆫ바, 千의隣家에住ᄒᆞᆫ韓人의李基先은, 或日此를隣近者에게語ᄒᆞᆷ으로, 李哥ᄂᆞᆫ所傳을聞ᄒᆞ고趙漢臣에게告ᄒᆞᆷ으로ᄡᅥ, 趙ᄂᆞᆫ李基先에게對야不尠한感情을懷ᄒᆞ든바, 趙ᄂᆞᆫ李基先에게酒價韓錢二十四兩을貸與ᄒᆞᆷ으로ᄒᆞ야, 一月十三日에此를督促ᄒᆞ야十九兩餘를受領ᄒᆞ고, 殘額四兩半餘의不足에就ᄒᆞ야李와爭論ᄒᆞ다가大怒歸家ᄒᆞᆷ.

同日趙ᄂᆞᆫ右貸借關係를湖川浦派弁所에告訴ᄒᆞ고, 且前夜李基先은以小斧로我寢室에暗來ᄒᆞ니, 自己ᄂᆞᆫ室外에逃ᄒᆞᆷ으로ᄡᅥ一物도不得ᄒᆞ고歸去ᄒᆞ얏스나, 아마竊盜라고告ᄒᆞᆷ으로由ᄒᆞ야, 一月十六日, 派弁所로붓터淸兵四名이李基先處에來ᄒᆞ야同人을逮捕ᄒᆞ니, 同日派弁所長王長齡은不在함으로ᄡᅥ, 書記王維霖에게本件의取調를ᄒᆞ니, 李基先은趙의告訴와如히夜間侵入ᄒᆞᆫ事가無하다陳述ᄒᆞ나, 王은事實을掩僞한다하고淸兵數名을指揮ᄒᆞ야三尺長의三角形棒으로ᄡᅥ李基先의臀部를數百回毆打ᄒᆞ야, 左右後腿部에各長이約三寸五分, 深이約一分

의創傷과, 竝히左後腿部에約一錢銅貨의打傷을負케ᄒᆞ고拷問을試ᄒᆞ야도事實이皆無ᄒᆞᆷ으로ᄡᅥ, 終來此ᄅᆞᆯ放還ᄒᆞ니李ᄂᆞᆫ目下自家에서病床中에在ᄒᆞᆷ.

本件은往電第一三號로槪報ᄒᆞ얏거니와, 同時에陳昭常에게對하야嚴重히照會ᄒᆞ얏더니, 其後王事務員은笞三十에處ᄒᆞ고免職ᄒᆞ얏다云ᄒᆞᆷ.

(나) 四道溝住韓人金基鴻爲名者, 自今四年前에淸國人老王君으로붓터粟七俵ᄅᆞᆯ借ᄒᆞ고姑未還報ᄒᆞ고, 茂山間島에逃走ᄒᆞ야, 其後死亡에至ᄒᆞᆷ.

然而本年一月八日에老의義兄鄭大廷은, 突然히淸兵二名을(銃은携帶치안이ᄒᆞ얏스나軍服을着用ᄒᆞᆷ)金의親族李曾亨處에帶來ᄒᆞ야, 金의代에粟을不報ᄒᆞ면, 汝의長男玉을局子街淸國官憲에게帶行ᄒᆞ야拷問에附ᄒᆞᆫ깃다强迫ᄒᆞ니, 李는長男의身을顧念ᄒᆞ고淸貨十九吊(日貨約七圓)와阿片四兩一錢을與ᄒᆞ고其捕縛을免ᄒᆞ얏스나, 翌日鄭은王及金의遺子ᄅᆞᆯ局子街에帶行ᄒᆞ야老德(司獄吏의名)에게引渡ᄒᆞ니, 老德은兩人을數日間酒幕에宿泊케ᄒᆞᆫ後兩人에向ᄒᆞ야, 金基鴻은淸人으로붓터粟七俵ᄅᆞᆯ借ᄒᆞ얏스니, 此에利息을加ᄒᆞ면都合十四俵ᄅᆞᆯ報給ᄒᆞᆷ이可ᄒᆞ고, 又汝等은落訟者인즉金百吊ᄅᆞᆯ當所에納付ᄒᆞᆷ이可타言及함, 兩人은酒幕主人에게依賴ᄒᆞ야, 納付金을四十吊에減ᄒᆞ야納付할事의承諾을得ᄒᆞ고, 現在의所持金이無ᄒᆞᆷ으로ᄡᅥ價四圓되ᄂᆞᆫ銀指環一箇及金二吊半을納付ᄒᆞ고, 其他ᄂᆞᆫ店主人의保證으로追後納付할事로, 一月十三日局子街에出發ᄒᆞ야歸家하다.

本件에對ᄒᆞ야ᄂᆞᆫ, 老德에對ᄒᆞ야事實取調ᄒᆞᄂᆞᆫ中이라.

二. 徵稅徵金

(가) 一月十三日, 東良上里社林田村에서, 局子街撫民府小使라稱ᄒᆞᄂᆞᆫ淸人三名이韓人李永洙處에來ᄒᆞ야, 僅히釀酒함을認ᄒᆞ고告示한樣으로免許읍시酒造ᄒᆞᆷ은本告示에違背라ᄒᆞ고, 當時同家에居住한韓人金賢五外一名도共犯이라ᄒᆞ야淸貨三百吊ᄅᆞᆯ出ᄒᆞ라고迫하나三名은此에不應ᄒᆞ니, 只히金賢五ᄅᆞᆯ縛ᄒᆞ고淸貨四兩을出케ᄒᆞ고, 尙히三百吊의出金ᄒᆞᆷ을命ᄒᆞᆷ.

右訴ᄅᆞᆯ接ᄒᆞ고憲兵을出張ᄒᆞᆫ즉, 三名은大恐ᄒᆞ야既已徵收ᄒᆞ얏든金ᄭᆞ지此ᄅᆞᆯ投棄逃亡ᄒᆞᆷ.

(나) 一月十二日, 頭道溝住淸國鄕約才玉喜의牌頭(小使와如한것)劉德山外一名(共히淸人)은, 水南社飯飽江村韓國民一般에對ᄒᆞ야, 烟突稅라고日貨五圓六十錢·粟六石을徵收ᄒᆞᆷ.

本件은慣例에無한徵收로認ᄒᆞ고, 憲兵을出張ᄒᆞ야徵收金을各人에게返還케ᄒᆞᆷ.

(다) 一月二日, 砂器洞稽査處의淸兵三名이忠化社大洞村韓人文碩彦處에來ᄒᆞ야, 淸國官

憲의許可無히山林을伐採ᄒᆞ고炭燒를爲ᄒᆞᆷ은妥當치못하다ᄒᆞ야, 文을同村清國鄉約許眞世의家에同行하니, 許ᄂᆞᆫ清兵에向ᄒᆞ야金을出ᄒᆞ면赦免乎아請한즉, 清兵은三百元을出하라ᄒᆞ니, 文은貧ᄒᆞ야應키難ᄒᆞᆫ旨로百方哀願ᄒᆞ야, 金廿七圓을出ᄒᆞ고赦免ᄒᆞᆷ.

本件은憲兵에서被害者及鄉約許眞世를取調後, 砂器洞派弁所長孫富貴에게通知ᄒᆞ야清兵의處分을求ᄒᆞᆫ바인ᄃᆡ, 此보담先히孫도本件의取調에着手ᄒᆞ야도, 加害者의判明치못한趣를回答ᄒᆞ얏스나, 加害者ᄂᆞᆫ肩章이有ᄒᆞᆫ清兵의服裝을着ᄒᆞ고帶劒할ᄲᅮᆫ안이라, 一名은王, 一名은裴라稱ᄒᆞ든意로由ᄒᆞ면, 清兵과相違치안임으로由ᄒᆞ야, 孫에ᄂᆞᆫ再調ᄒᆞᆷ을求홈.

二.[40] 會寧間島永化社清國任命ᄒᆞᆫ鄉約金京順及同孟順學(共히韓人)은, 諸種의換用金이有ᄒᆞ다고社內韓民에게合計韓貨二千七百兩(日貨四百五十圓)을分配ᄒᆞ야徵收코저ᄒᆞ니, 其換用名目은如左ᄒᆞᆷ.

清國官憲으로븟터告示를貼付ᄒᆞ기爲ᄒᆞ야出張ᄒᆞ야來한清兵飛脚賃,

清兵이荷物運搬ᄒᆞ기爲ᄒᆞ야人民의牛車를使用ᄒᆞᆫ賃錢의不報함으로, 其換用金.

清國官憲에게納付할精米代(鄉約이他로븟터精米를購入ᄒᆞ고代價ᄅᆞᆯ換金으로支拂ᄒᆞᆫ것도, 清國官憲에서相當ᄒᆞᆫ代金을支拂치안음으로其不足金).

右換用金의有ᄒᆞ다ᄂᆞᆫ事ᄂᆞᆫ, 人民은此를全然히不知ᄒᆞᆷ으로依ᄒᆞ야, 憲兵으로ᄒᆞ야금右鄉約에對ᄒᆞ야, 清國官憲或은清兵의未拂又ᄂᆞᆫ不足한것은, 同官憲에게追求ᄒᆞ고, 人民으로븟터徵收치못할事와, 竝히何等證據無ᄒᆞ고單히換用ᄒᆞ얏다는口實下에서, 人民으로븟터徵收ᄒᆞᄂᆞᆫ事의不法됨을諭ᄒᆞ니, 本人等은其徵收ᄅᆞᆯ中止홈.

(마) 鍾城間島에在ᄒᆞᆫ總鄉約玄德勝以下의年末에徵收한것인바判明한것, 霽霞社·開雲社·開泰社에서韓貨二千四百兩이有한바, 其徵收名目은如左ᄒᆞᆷ.

清兵交代에要한費用.

禱雨祭에要한費用.

清國官廳에往復할際에要ᄒᆞᆫ費用.

五品項[頂誤]戴의祝宴에要ᄒᆞᆫ費用.

清國官吏의接待에要한費用.

右ᄂᆞᆫ尙히他社븟터도徵收함으로ᄡᅧ搜索中이라.

---

40 (라)의 誤記임.

三. 淸國官憲이我官民에對한態度

淸國官憲이我官民에對한態度는依然히變化가無ᄒᆞ고. 殊히我派出所에對ᄒᆞ야는常히親和的이나, 唯淸國下級官吏의 一部와及淸國兵員이韓國官民에對ᄒᆞ는暴慢的態度와, 日本商人에對ᄒᆞᆫ橫暴的行爲는今에도尙히時時演出ᄒᆞ니, 其一·二의例를擧ᄒᆞ건ᄃᆡ.

(一)一月二日, 局子街憲兵分遣所配屬巡檢金相弼은, 市街巡察中, 淸國人一名이韓國人의販賣하는防寒頭巾을竊取逃走ᄒᆞᆷ을認ᄒᆞ고, 此를取押ᄒᆞ야分遣所에引致코자할際에, 淸國稽査所前에서警兵에게其引致를妨害ᄒᆞᆷ으로, 遂히犯人을逃去케ᄒᆞᆷ.

本件은稽査所長이旣已不法行爲를謝ᄒᆞ고, 嚴重히處分할旨로明言ᄒᆞ얏스나, 尙히所員을派ᄒᆞ야陳昭常에게對ᄒᆞ야口頭로써注意ᄒᆞᆷ을促ᄒᆞᆷ.

(二)一月十一日, 局子街住日本人藥種商村上猪三馬處에, 淸國人李某入來ᄒᆞ야同居者坂丸도모의日本에歸不歸를問ᄒᆞ니, 盖坂丸도모는淸國人雙林者의妾인바近來其間不和를生ᄒᆞ고, 雙林은踪跡을隱ᄒᆞ고李로ᄒᆞ야금도모의歸國ᄒᆞᆷ을問ᄒᆞᆷ.

村上은도모로붓터雙林의行衛搜索ᄒᆞᆷ을依賴하야居ᄒᆞ고, 且도모에게同情으로在ᄒᆞᆫ바, 李에向ᄒᆞ야汝의不關한處라答ᄒᆞᆫ즉, 李는大怒ᄒᆞ야爭論을互相惹起하야, 李는手拳으로써村上의面部를打ᄒᆞ야唇齒部分에微傷을負케ᄒᆞᆷ.

局子街憲兵分遣所에서는憲兵을出張케ᄒᆞᆫ즉, 李는旣已逃走ᄒᆞ야行衛不明ᄒᆞ나, 警務局巡弁劉鎭芳은警兵二名을率ᄒᆞ고村上處에來함으로써其始末을告한바, 劉는犯人을逮捕ᄒᆞ야相當의處罰을爲ᄒᆞ겟다云ᄒᆞ고辭去ᄒᆞ얏는ᄃᆡ, 尙히本件에對ᄒᆞ야書面照會한事는, 秘報第二號로써報告ᄒᆞ얏슴.

四. 韓國民의狀況

本年은農産物의豊作을加ᄒᆞ야, 馬賊强竊盜의被害가尠ᄒᆞ고, 且派出所의保護함으로붓터, 無償徵發, 不當의徵稅等을免ᄒᆞ야, 官公吏로붓터誅求를蒙ᄒᆞ는事等이少ᄒᆞᆷ으로, 一般이歡喜ᄒᆞ고大히我派出所에信賴ᄒᆞ나, 韓國人으로淸國公吏에任命된者와及親淸의韓人으로殊히一進會와反對의主意를持ᄒᆞ고設立한捐義會員等은, 我의設施를妨害ᄒᆞ고同胞를淸國官吏兵員에虛搆ᄒᆞ야不法을逞ᄒᆞᆷ(前記玄德勝及其他鄕約의徵稅徵金等이其例라).

捐義會는目下浦鹽에在한李範允等과遙히氣脈을通ᄒᆞ야, 盖其黨勢의擴張ᄒᆞᆷ에務ᄒᆞ고, 陰

曆正月二十日로期ᄒᆞ야三浦社內에會員集會를催ᄒᆞᄂᆞᆫ事有ᄒᆞ온바, 去陰曆十月廿五日頃에 會員方秉起爲名者, 同會員의連署한請願書를携帶ᄒᆞ고吉林巡撫處에向ᄒᆞ야出發한事實이 有ᄒᆞ니(往電第九號參看)其請願書의主旨ᄂᆞᆫ, 會員一同은間島에在ᄒᆞᆫ日韓兩國官憲에게服從할 意ᄂᆞᆫ無ᄒᆞ고, 永히恩惠에浴ᄒᆞ야淸國官憲에服從할者인즉, 若日韓國官憲으로븟터不法의處 置를受홈과如한境遇ᄂᆞᆫ, 淸國官憲에서十分保護를與ᄒᆞ라고云홈.

同會內情에對ᄒᆞ야ᄂᆞᆫ目下嚴密히偵察中이라.

北韓敗殘의暴徒, 越豆滿江ᄒᆞ야茂山間島에入한다ᄂᆞᆫ風說이有홈으로, 仍히一般旅客에對 ᄒᆞ야注意視察中인바, 本月廿八日, 尙義社龍淵坪村에서藥品行商이라稱ᄒᆞᄂᆞᆫ韓國人宋泰殷 (四十五年)爲名者를取押한즉, 同人은鏡城郡龍城社東村之人으로, 一月五日以來間島에入ᄒᆞ 야大拉子·局子街·銅佛寺地方을彿徊ᄒᆞ고單히藥粒五箇를販賣할ᄲᅮᆫ으로, 左의主意의言을 爲ᄒᆞ야, 人心의動搖를試ᄒᆞ면서在ᄒᆞᆫ者이라.

一. 日·米開戰ᄒᆞᆫ다ᄂᆞᆫ事.

一. 韓國皇帝陛下ᄂᆞᆫ, 日本軍에對ᄒᆞ야, 韓國義兵을組織케ᄒᆞ시ᄂᆞᆫ分付가有ᄒᆞᆫ事.

一. 在間島韓民이日本官衙에信賴치안이ᄒᆞ면, 日本官衙ᄂᆞᆫ不日撤退홈에至ᄒᆞᆫ다ᄂᆞᆫ事.

本人은아마暴徒邊의間諜인듯ᄒᆞ야目下取調中이라.

五. 淸國官憲의動靜

吉林에出張中으로在ᄒᆞᆫ吳祿貞은本月十五日歸來ᄒᆞ고, 陳昭常은兼任地琿春에向ᄒᆞ야不 遠間出發할터이ᄂᆞ, 彼此何處에駐할ᄂᆞᆫ지未定이라.

本月三十一日新히局子街에來着한巡兵百十名은, 此ᄅᆞᆯ琿春及延吉廳管內에配置할事이 나, 要ᄒᆞᆫ즉淸國邊에ᄂᆞᆫ益히此地方의管轄權을鞏固케하ᄂᆞᆫ것인줄察홈.

右報告홈.

30. 間島事情報告書呈覽의 件(往復案1冊)

隆熙2年 (西紀1908年 3月23日)
[發] 統監府副統監 曾禰荒助
[受] 內閣總理大臣 李完用

機密統發第三八六號

在間島篠田派出所長代理의月報, 統派月報第二號를寫ᄒᆞ야, 參考ᄒᆞ시기爲ᄒᆞ와玆에送付홈.

明治四十一年三月二十三日
統監代理副統監子爵 曾禰荒助
太子少師內閣總理大臣 李完用 閣下

附. 同上報告書

- 隆熙2年 (西紀1908年 3月7日)
- [發] 統監府間島派出所長 篠田治策
- [受] 統監府副統監 曾禰荒助

統派月報第二號

月報

自二月一日至二十九日
明治四十一年三月七日
統監府派出所長代理總務課長 篠田治策
副統監子爵 曾禰荒助 殿

一. 地方一般의狀況

本月은淸韓人의正月에當홈으로써, 上半期間은至히平穩無事로經過ᄒᆞ얏스나, 下半期에至ᄒᆞ야ᄂᆞᆫ各地方에在한吉强軍의異動이有ᄒᆞ고, 吉林으로븟터淸兵의增進함과及二·三地方에在한淸國官吏兵員의暴行等으로, 多少人心의動搖를惹起홈.

二. 淸國官憲의動靜

在局子街邊務公署에서ᄂᆞᆫ續續地方文武官吏를轉免ᄒᆞ고, 此를代홈에多少新敎育이有한人物을用ᄒᆞ야從來의弊政을改善코자極力熱心홈으로, 殊히近來淸國官吏ᄂᆞᆫ淸韓人爭訟에對ᄒᆞ야公平愼重을務期ᄒᆞ고, 且收賄를戒ᄒᆞ야韓人을懷柔ᄒᆞ야써我의抗議를免코져홈.

然이나地方官吏中에ᄂᆞᆫ, 其理非함을不論하고自國人을保護ᄒᆞ며, 事實의調査를不能ᄒᆞ고韓人을拷責ᄒᆞ며, 拷責으로得ᄒᆞᆫ虛僞의陳述을以ᄒᆞ드릭도, 自國人의利益이有한裁判을與홈으로써得意로ᄒᆞᄂᆞᆫ者有ᄒᆞ야, 從來의弊政은尙此容易히除去키不能홈.

彼ᄂᆞᆫ如斯히一面으로地方行政에用意홈과共히, 一面에ᄂᆞᆫ兵員을增加ᄒᆞ고巡兵을配置ᄒᆞ야써防備를嚴重히ᄒᆞ야, 韓民을威服ᄒᆞ고我를壓迫코져ᄒᆞᄂᆞᆫ態度를示홈.

吉林邊務督辦兼琿春副都統陳昭常은, 本月十七日에局子街에出發ᄒᆞ야琿春에向ᄒᆞ야, 約一箇月滯在한後再히歸局ᄒᆞᆫ다홈.

今回新히吉林으로븟터來着한兵은將校五·下士以下百三十六名인바, 尙히陰曆三月頃에ᄂᆞᆫ十營의兵이新來한다傳홈.

從來諸方에散屯ᄒᆞ얏든殆히全部를雲秋岩峴에集合ᄒᆞ니, 右ᄂᆞᆫ演習ᄒᆞ기爲홈이라稱ᄒᆞ고, 或은解散ᄒᆞ기爲함이라稱ᄒᆞ고, 又ᄂᆞᆫ兵力의分散을防ᄒᆞ기爲ᄒᆞ야各主要地에集合홈이라稱ᄒᆞ야, 諸說이一定못ᄒᆞ야目下內偵中이요.

去三十一日局子街에到着한百十名의巡兵은, 爾來同地에在ᄒᆞ든舊巡兵과共히警察勤務에服居ᄒᆞ나, 此等新巡兵은不遠ᄒᆞ야各地派弁所에分派한다ᄂᆞᆫ說이有홈.

三. 淸國官民이韓國民에對ᄒᆞᄂᆞᆫ不法行爲

(가) 二月廿日에平崗水南社大五道溝에住ᄒᆞᄂᆞᆫ韓人全萬成(五十六年)及其子全戒君(十六年)의兩名은牛車貸借로븟터五道溝住淸國人潘祥(三十五年)과口論한末에, 同人及其弟老士에게毆打를被ᄒᆞ야, 萬成은負傷은無ᄒᆞ나全身에疼痛을覺ᄒᆞ야病床에臥ᄒᆞ고, 戒君은後頭部

에打撲의傷흠을受흠.

當日에五道溝地方巡回中의頭道溝分遣所憲兵及巡檢은, 同地韓人全齊翼의訴를受ᄒᆞ고, 加被兩者에對ᄒᆞ야其事實을一應供招ᄒᆞ얏스나, 淸語不通흠으로加害者의陳述을不解ᄒᆞ야, 加被兩者에對ᄒᆞ야頭道溝分遣所에出頭를求한즉, 兩者共直承諾ᄒᆞ고潘은憲兵과同行ᄒᆞ얏스나, 全父子ᄂᆞᆫ身體疼痛ᄒᆞ야步行키難흠으로追後에牛車로來흠, 全父子ᄂᆞᆫ途中에 一泊ᄒᆞ고翌日分遣所에出頭코져ᄒᆞᄂᆞᆫ途中에, 淸兵이强히全父子를派弁所에拘引ᄒᆞ고, 全父子ᄂᆞᆫ淸人의衣를破ᄒᆞ고且毆打ᄒᆞᆫ者라ᄒᆞ야, 兩人의兩手를縛ᄒᆞ고訊問할際에屢屢히毆打흠.

右件에對ᄒᆞ야, 憲兵分遣所長은派弁所長과面會ᄒᆞ고數次交涉한結果로, 二月廿二日에兩人의引渡를受ᄒᆞ고, 潘은同二十二日에取調放遣흠.

(나) 二月二十二日, 火狐狸溝(會寧對岸이니砂器洞에在흠)派弁所長孫富貴ᄂᆞᆫ, 永化社社長에對ᄒᆞ야, 統監府派出所로븟터受한社長任命의辭令을持來케ᄒᆞ고, 四·五日을留置ᄒᆞᆫ後此를奪取흠.

又大拉子分防廳通譯崔忠義ᄂᆞᆫ, 孫富貴의命이라ᄒᆞ야會寧間島總鄕約朴成祿과同行ᄒᆞ야, 二月二十三日仁化社社長趙永三處에至ᄒᆞ야, 同히其辭令을奪取흠.

右에對ᄒᆞ야, 新興坪分遣所憲兵으로ᄒᆞ야금孫에會見을求ᄒᆞ야, 其不法을述ᄒᆞ고辭令을本人에게返却할旨로交涉ᄒᆞᆫ바, 辭令은已報告ᄒᆞ기爲ᄒᆞ야局子街에送付ᄒᆞ얏슨즉, 近日에必返却한다答흠.

(다) 二月廿五日, 頭道溝派弁所附淸兵及同地警務第四分局巡兵都合十名(內八은銃器携帶, 二는棍棒携帶)은, 平崗下里社東古城子에至ᄒᆞ야突然히二回의發砲를ᄒᆞ고, 同村韓人金澤龍外三名을棍棒으로亂打ᄒᆞ고, 此를捕縛한後頭道溝派弁所에拘囚흠.

捕縛한原因은, 右四名이三年前에五道溝住淸國人袁某와韓貨百兩으로韓國式六間의家屋을建築할事로約束ᄒᆞ고, 四十兩의手附金을受取ᄒᆞ고建築材料를袁의隣地에運搬ᄒᆞᆫ즉, 袁은其材料를見ᄒᆞ고十間의家屋을建築흠에不足ᄒᆞ다云ᄒᆞᆫ즉, 金澤龍等은最初의約束六間한旨를主張ᄒᆞ야談判ᄒᆞ다가, 終乃不調ᄒᆞ고家屋의建築을止ᄒᆞ고, 手附金四十兩은此를袁에送付하니라, 其後袁은前에金等의運搬ᄒᆞ야置ᄒᆞ얏든材料로뼈, 隨意로自己家屋을建築ᄒᆞ얏스ᄂᆞ, 當時淸人의壓迫이甚흠으로, 金等은後難을恐ᄒᆞ야此에向ᄒᆞ야故障을申出ᄒᆞᆫ코그ᄃᆡ로두엇슴.

그런ᄃᆡ近來에至ᄒᆞ야韓民은統監府派出所의保護를享得흠에至흠으로뼈其保護에信賴ᄒᆞᄂᆞᆫ바, 二月二十日에至ᄒᆞ야袁에向ᄒᆞ야材料代及其運搬費의支拂흠을請求ᄒᆞ되, 若此에不應ᄒᆞ면派出所에訴出ᄒᆞᆫ다告ᄒᆞᆫ바, 袁은支撥흠을承諾ᄒᆞ고其代價에對ᄒᆞ야談判中, 頭道溝派弁所에虛僞의告訴를ᄒᆞ고, 遂히淸兵의出張이되야捕縛흠에至한것이라.

그런ᄃᆡ派弁所에서ᄂᆞᆫ, 最初袁은手附로淸貨十七吊와粟一斗를金以下四名에與ᄒᆞ고, 破談

할際에十吊는返却을受ᄒᆞ얏스나, 七吊와粟一斗는返却을不受ᄒᆞ얏스니, 其返却을不受한치는即材料代及運搬費에充ᄒᆞ야計算이已終한것을今日更히重複히請求한다ᄒᆞ고, 袁의申出을取ᄒᆞ야金澤龍에게拷責을加ᄒᆞ고, 終乃袁의申請ᄃᆡ로陳述케한바, 現에金澤龍은拷責할際에毆打를受ᄒᆞ야, 臀部及左右大腿의後部三個所에鬱血한打撲傷을受ᄒᆞ고, 他三名은臀部에經[輕]微의打撲痕을受홈.

本件은分遣所長이派弁所에交涉한後, 二月二十七日에金以下四名의引渡를受ᄒᆞ고, 一應事實을取調ᄒᆞᆫ後即日歸家케홈.

(二)[41] 前同派弁所清兵及同地巡兵은, 更히同日東古城子韓人張順甫處에至ᄒᆞ야, 附近에서二回發砲ᄒᆞ고, 同人을毆打捕縛한後, 此를頭道溝派弁所에拘引홈.

拘引한原因은, 張順甫는自今九年前에清國人張玉鎭으로붓터牛六頭를掠奪을被한바, 爾來返還을求ᄒᆞ나玉鎭은此에不應ᄒᆞ고荏苒今日에至한바, 近頃에至ᄒᆞ야同人은他에移轉코져ᄒᆞ는目的으로, 玉鎭의所有馬匹母仔二頭를抑留한즉, 玉鎭의弟가此를頭道溝派弁所에告訴한ᄭᅡ닥이라, 順甫捕縛할際, 同地一進會員任明進은其不法을詰한즉, 清兵等은更히同人을毆打捕縛한後, 引致ᄒᆞ다가此를放遣홈.

右는前記金澤龍等의引渡랄受할際에共히引渡홈을求ᄒᆞ얏스나, 派弁所長은此를距ᄒᆞ고, 且同所書記及清兵等은順甫를取調할際에, 九年前에何者가牛를奪取한것을今에至ᄒᆞ야玉鎭의所爲라ᄒᆞ고, 反히同人의所有馬匹을掠奪홈은不當ᄒᆞ다ᄒᆞ고, 順甫의兩足을棒으로壓ᄒᆞ고拷責을加ᄒᆞ야도, 同人은不屈ᄒᆞ고事實을主張홈으로ᄡᅥ, 同派弁所에서는二十九日에遂히局子街에送致홈, 但同人은局子街에서一應의取調를受ᄒᆞ고放還을被홈.

(마) 大拉子派弁所長傅廻瀾은, 韓人鄭行彦外三名으로昨年陰曆十月十一日붓터同十九日近間에七道溝山林에서伐採한材木內, 旣히製材한五分板三百七十八枚와竝히松丸太六十三本을, 伐採禁止의違犯이라ᄒᆞ야本年一月廿七日同山林內에서差押ᄒᆞ고, 又韓人安永國外一名이昨年陰曆十月十二日붓터同十一月十一日ᄭᆞ지前同山林에서伐採한樹木內, 旣히製材한것五分板四百二十一枚及松丸太七本을, 同山林內에서前樣의理由로差押홈, 然而傅廻瀾은和龍社社長蔡明五에命ᄒᆞ야右差押板을賣却코져ᄒᆞ나更히購買者無홈으로, 傅는白히韓人에向ᄒᆞ야板一枚를韓貨三十文으로賣却코져ᄒᆞ고, 又鄭行彦으로붓터押收한板內百二十枚는太拉子에運搬ᄒᆞ야此를沒收ᄒᆞᆫ다稱ᄒᆞ고, 派弁所에서隨意로處分ᄒᆞ야其十枚는床板에已爲使用홈.

---

41 項目錯誤, 「라」項의 誤인듯.

本件은二月二十八日에憲兵曹長을遣ᄒᆞ야傳와會見ᄒᆞ고, 其不當을責ᄒᆞ고速히各本人에게返還ᄒᆞ라고交涉한즉, 傳는結局에百二十枚의板을除ᄒᆞ고現히山林中에在ᄒᆞᆫ板材ᄂᆞᆫ差押을解할터이ᄂᆞ, 其期日은目下局子街上官의意見을伺하랴면, 如何한指令이有할時ᄭᆞ지ᄂᆞᆫ豫定키難ᄒᆞ다答ᄒᆞᄂᆞᆫ故로, 曹長은山林中에在한材木은當然히各本人의所有인바, 貴所에서押收ᄒᆞᆷ이不可ᄒᆞᆫ즉, 若今後各所有主로붓터運搬에着手하드ᄅᆡ도, 妨害치안닐事를望ᄒᆞᄂᆞᆫ旨를告ᄒᆞ고歸所ᄒᆞᆷ.

以上의諸件은統派秘報第六 · 第七 · 第八號로ᄡᅧ特報함과如히, 嚴重히邊務公署에抗議ᄒᆞ야置ᄒᆞᆷ.

四. 清國官民이我官民에對한態度

清國官民에서ᄂᆞᆫ行政을密히ᄒᆞ야ᄡᅧ領土主義를鞏固히ᄒᆞ고, 軍備를嚴히ᄒᆞ야ᄡᅧ我를恫喝코져ᄒᆞ니, 其態度頗히暴慢ᄒᆞ야傍若無人의체를敢히不憚ᄒᆞ고, 我派出所의存在를毫無介意ᄒᆞᄂᆞᆫ態度를粧ᄒᆞᄂᆞᆫ것과如히, 本月間에左의行爲가有ᄒᆞᆷ.

(가) 二月九日에鶴城派弁所事務員李榮成은清兵十五名을指揮ᄒᆞ야, 禹跡洞에서我憲兵이村民에게命ᄒᆞ야會寧街道上에樹한里程標를引拔ᄒᆞ고, 或은斧로此를伐倒ᄒᆞ고持去ᄒᆞᆷ.

當時憲兵에서此를認ᄒᆞ고, 標木을持去ᄒᆞᄂᆞᆫ清兵一名을同行ᄒᆞ야, 李의該行爲不法됨을責ᄒᆞ고原狀에復ᄒᆞ라交涉한즉, 李ᄂᆞᆫ上官의命이不有ᄒᆞ면應키難ᄒᆞ다答ᄒᆞᆷ.

又李榮成은右外, 二月二十九日獵銃帶劍의清兵五名을指揮ᄒᆞ야, 永化社番洞(會寧街道上으로三毛라고도稱ᄒᆞᆷ)에植立한里程標二個를拔去ᄒᆞᆷ.

(나) 前記(가)의清人潘祥에對ᄒᆞᆫ李榮成事件에關ᄒᆞ야, 清國官憲에서ᄂᆞᆫ我憲兵이潘祥을 任意同行ᄒᆞᆷ을誤解ᄒᆞ고, 本人을拘引한쥴로ᄒᆞ야當所에對ᄒᆞ야强硬한照會를ᄒᆞᆷ으로, 此에對ᄒᆞ야ᄂᆞᆫ任意同行한것이요, 決코我官憲이清人을拘引한것이안닌旨를回答ᄒᆞᆷ.

(다) 二月二日, 局子街料理店高木小次郎處에, 清兵의服裝을한者都合四名이辭를遊興에托ᄒᆞ고入來ᄒᆞ야, 帳簿棚上에載置한空簿를手提金櫃로誤認ᄒᆞ고奪此逃走ᄒᆞᆷ으로, 此를逮捕코져한同家池田辰次郎을棍棒으로毆打ᄒᆞ야創傷을負케ᄒᆞ고, 其踪跡을晦ᄒᆞᆷ.

(二)[42] 一月三十日局子街廣池料理店에서同家酌婦의懷中時計를窃取ᄒᆞᆫ것은, 清兵의所爲로됨을二月三日에至ᄒᆞ야判明ᄒᆞ고, 該時計를被害者에게返還ᄒᆞ고, 清貨十吊를損害의賠

---

42 項目錯誤, 「라」項의 誤記임.

償으로本人에게交付ᄒᆞ야事件을落着코져ᄒᆞᄂᆞ, 我ᄂᆞᆫ加害者의正當한處分을要求홈.

前記(다)(라)의二件에對ᄒᆞ야ᄂᆞᆫ往電第二一號로ᄡᅥ報告ᄒᆞ얏거니와, 陳昭常에對ᄒᆞ야速히犯人을搜索ᄒᆞ야相當의處分이有할意로照會홈, 我官憲所在地及附近의清國人은漸次我를信用ᄒᆞ야, 清國人으로自國人或은韓國人에對ᄒᆞᆫ係爭事件을我에告訴ᄒᆞ야來者日日增加ᄒᆞᄂᆞᆫ狀이ᄂᆞ, 清國人은大部分我의說喩에服ᄒᆞᄂᆞ, 若不服ᄒᆞᄂᆞᆫ時ᄂᆞᆫ清國官憲에引渡ᄒᆞ겟다言홈을聞ᄒᆞᆫ즉彼ᄂᆞᆫ大히恐怖ᄒᆞ고, 特히債務關係에對ᄒᆞ야ᄂᆞᆫ原被告共히其移送을嫌忌ᄒᆞᄂᆞᆫ狀이니, 此ᄂᆞᆫ清國官憲에移送ᄒᆞᄂᆞᆫ時ᄂᆞᆫ, 事實의審問할際에拷責을受할ᄲᅮᆫ안이라, 原被共히賄賂와其他雜費를要ᄒᆞ고, 且公然히裁判費用을徵收ᄒᆞᄂᆞᆫ等으로, 動ᄒᆞ면所謂費用例가有홈으로恐ᄒᆞᄂᆞᆫ所以라.

然이ᄂᆞ我官憲을遠地에距在ᄒᆞᆫ清國人은, 我를信用홈이薄ᄒᆞ야容易히我의說諭에不服할ᄲᅮᆫ不是라, 我가韓民保護의十分不及홈을奇貨로知ᄒᆞ고, 韓國民에對ᄒᆞ야不法行爲홈은屢屢聞ᄒᆞᄂᆞᆫ바인故로, 此種地方에對ᄒᆞ야ᄂᆞᆫ努力ᄒᆞ야巡回를盛히홈.

五. 韓國臣民의情況

韓國臣民은我에益益信頼ᄒᆞ야, 自國人及清國人에對ᄒᆞ야種種訴出ᄒᆞᄂᆞᆫ者日益多至홈, 本月間에韓國人이清國人에對ᄒᆞᆫ訴訟事件中에ᄂᆞᆫ數年前에在ᄒᆞᆫ債務關係인ᄃᆡ, 右ᄂᆞᆫ如何ᄒᆞᆫ것이든지從來清國人의壓迫에依ᄒᆞ야訴訟할道無ᄒᆞ야, 所謂飮泣無奈타가今日에至ᄒᆞᆫ바, 今은我派出所에保護를受홈을得홈에至한故로ᄡᅥ訴出홈.

如右한事件에對ᄒᆞ야ᄂᆞᆫ, 我ᄂᆞᆫ數年以前에在한小事로ᄡᅥ清韓人間에事를滋生홈은不利홈으로認ᄒᆞ야, 아모조록兩方에說諭ᄒᆞ야示談홈에努力ᄒᆞᄂᆞ, 清國地方官에서ᄂᆞᆫ此等數年前에在한清國官憲의暴戾한事跡이暴露할가恐ᄒᆞ야, 此種韓人에對ᄒᆞ야ᄂᆞᆫ壓虐을加ᄒᆞ야清國人에對한告訴告發의續出함을防遏코져ᄒᆞᄂᆞᆫ樣이라.

韓民中, 親清派의集合한捐義會ᄂᆞᆫ清國官憲의援助를陰受ᄒᆞ야, 黨勢의擴張에努力ᄒᆞ야我의施設에妨害를試ᄒᆞ니, 如斯頑迷者에對ᄒᆞ야ᄂᆞᆫ時勢及派出所設置의主旨等을說ᄒᆞ야, 아모조록懷柔에努力ᄒᆞᄂᆞ急速히奏効를期키難홈.

前月에報告한銅佛寺街地方에서造言을放ᄒᆞ든宋泰殷은, 局子街地方에서도北韓으로븟터不日間義兵이間島에進入ᄒᆞ리니, 自今으로銃器를有한獵師等과親홈이得策이라ᄂᆞᆫ等의搖言을放ᄒᆞ얏스나, 取調ᄒᆞᆫ結果, 同人은銅佛寺·局子街附近外, 他地方에在ᄒᆞ야ᄂᆞᆫ搖言을放한證跡이無ᄒᆞ고, 且本人은實際藥種商으로深히人心에影響을不與ᄒᆞ얏다홈으로, 臨機의處分으로間島外에退去를命ᄒᆞ고, 會寧及右本人의本籍地를, 憲兵에右의旨로通知홈.

六. 所內執務狀況

二月七日에所長은鈴木囑托等을隨ᄒᆞ야上京ᄒᆞ고, 所總務課長이所長事務를代理ᄒᆞ야, 所長不在中에ᄂᆞᆫ淸國官憲과抗爭을勉避ᄒᆞ야, 諸事에 愼重한態度를取ᄒᆞ야使彼等으로乘할機가無ᄒᆞ도록期홈.

所長上京홈에對ᄒᆞ야, 總務課에서ᄂᆞᆫ間島에派出所開始以來本年一月末에至ᄒᆞᆫ執務槪況의報告書를, 調査課에서ᄂᆞᆫ昨年九月以來의調査報告書를調製提出홈, 調査課ᄂᆞᆫ課長小川·囑托課員一解囑ᄒᆞ고, 目下總務課長調査課長을兼任홈.

右報告홈.

31. 間島事情報告書呈覽의 件(往復案1冊)

隆熙2年 (西紀1908年 4月21日)
[發] 統監府統監 伊藤博文
[受] 內閣總理大臣 李完用

機密統發第四五一號

在間島篠田派出所長代理의月報, 統派月報第三號의別紙를寫ᄒᆞ와玆에送付홈.

明治四十一年四月廿一日
統監公爵 伊藤博文
太子少師內閣總理大臣 李完用 閣下

附. 同上報告書

- 隆熙2年 (西紀1908年 4月7日)
- [發] 統監府間島派出所長代理 篠田治策
- [受] 統監府副統監 曾禰荒助

統派月報第三號

月報

明治四十一年四月七日
統監府派出所長代理總務課長 篠田治策
統監代理副統監子爵 曾禰荒助 殿

一. 地方一般의狀況

本月間에在ᄒᆞᆫ地方一般의情況은大槪平穩ᄒᆞ나, 前月로引續ᄒᆞᄂᆞᆫ吉林으로붓터淸兵及巡兵이局子街에來着ᄒᆞᆫ것과吉强軍의異動이止ᄒᆞᄂᆞᆫ等, 尙히多少地方人心에影響을及홈과如홈이라.

二. 淸國官憲의動靜

淸國官憲에서ᄂᆞᆫ本月에入ᄒᆞ야更히新訓練의兵員約二百名(往電第三八號)巡兵約百名(往電第四一號)을吉林으로븟터增遣ᄒᆞ야, 一面으로吉强軍將校以下의老朽者를淘汰ᄒᆞ야其刷新을謀ᄒᆞ고, 駐屯地를ᄒᆞ야此의併合을行ᄒᆞ야, 代로新來의兵或은巡兵으로써從來의慣行ᄒᆞ든官吏의收賄를嚴飭ᄒᆞ야, 無名의徵稅徵金을嚴禁홈에力ᄒᆞ야地方行政의改善을圖ᄒᆞ야, 民心의收覽[攬誤]에熱心홈과如홈.

三. 淸國官憲의不法行爲

(가) 三月八日夜에巡防隊馬隊管帶王廷瑞及邊務公署稽査委[員脫?]李榮成은, 吳祿貞의命이라ᄒᆞ고當龍井村으로會寧에通ᄒᆞᄂᆞᆫ道路上에樹ᄒᆞᆫ里程標를拔取홈.

右에對ᄒᆞ야吳祿貞에게交涉ᄒᆞᆫ結果로, 邊務公署에서淸國地名과韓國地名을併記ᄒᆞᆫ里程標를更히植立케ᄒᆞᆯ事로協定홈(特報第一二號로報告홈).

(나) 三月十四日, 當龍井村에서韓國人과淸人間에爭鬪ᄒᆞᄂᆞᆫ際에, 六道溝派弁所附巡長以下八·九名이出來ᄒᆞᆫ內에, 巡長一名과巡兵四名은無故拔劒ᄒᆞ야韓人을刀背로毆打ᄒᆞ야負傷케홈.

本件은邊務公署에交涉ᄒᆞᆫ結果, 同署로븟터派員精探ᄒᆞᆫ즉拔刀ᄒᆞᆫ事實이顯著홈에至ᄒᆞ야, 同署에서巡長을免職ᄒᆞ고其他巡兵을戒飭ᄒᆞ야事遂落着홈(往電第三九號·第四〇號·第四四號로報告홈).

(다) 鍾城間島光霽峪駐屯兵은三月九日交代홈에際ᄒᆞ야, 開運社에서大豆百二十斗·麥四十斗와及牛車八輛을徵發ᄒᆞ고, 代價를支拂치안코出發ᄒᆞ얏고, 又開運社外各社에서總計三十八輛의牛車를徵發ᄒᆞ야往復三日을使用홈에對ᄒᆞ야, 淸貨二十四吊(日貨九圓十四錢)를支拂할ᄲᅮᆫ으로써, 人民은其小額을憤홈.

本件은局子街에分遣ᄒᆞᆫ奧村[惠]憲兵大尉로ᄒᆞ야금邊務公署에交涉케홈.

四. 淸國官憲이我官憲에對ᄒᆞᆫ態度

淸國官憲에在ᄒᆞ야ᄂᆞᆫ近來往往事實을捏造ᄒᆞ고或은此를誇大ᄒᆞ야我를中傷코자ᄒᆞᄂᆞᆫ風이有ᄒᆞ니, 其顯著ᄒᆞᆫ者랄擧ᄒᆞ면如左홈.

(가) 昨年九月에守信社에在ᄒᆞᆫ淸國人鞠智飼馬가, 韓國人李昌求의所有粟를食ᄒᆞ야紛爭을生ᄒᆞᆫ事實이有ᄒᆞ니, 被害者로븟터頭道[溝脫]分遣所에告訴ᄒᆞ야取調中인바, 右事件에對ᄒᆞ야, 同社盧來城住安聖文이란者, 鞠智와李昌求間에立ᄒᆞ야頭道溝分遣所로븟터示談할旨로被命ᄒᆞ얏다ᄒᆞ고, 李昌求不在ᄒᆞᆷ을乘ᄒᆞ야其妻에對ᄒᆞ야, 鞠智로븟터李昌求게負傷의治療代及粟의損害賠償으로韓貨三百文及粟韓升一石六斗를弁償할事랄說聞ᄒᆞ고告訴를繳下ᄒᆞ라고迫ᄒᆞ나. 李의妻ᄂᆞᆫ此를不信ᄒᆞ고容易히承諾치안님을不拘ᄒᆞ고, 種種脅迫의言辭를用ᄒᆞ야强히承諾케ᄒᆞᆷ.

右安聖文의所爲ᄂᆞᆫ全혀分遣所의關知치안님으로써, 本人을取調ᄒᆞᆯ必要가有ᄒᆞ야頭道溝憲兵分遣所에同行ᄒᆞ야取調中, 安聖文은逃走ᄒᆞᆷ으로써其後同所에서ᄂᆞᆫ屢次憲兵及韓國巡檢을派ᄒᆞ야安의家宅에就ᄒᆞ야其在否를問ᄒᆞᆷ, 其後本年에至ᄒᆞ야分遣所에서一月十二日及二月三日에憲兵及巡檢을遣ᄒᆞ야更히安의所在를搜索ᄒᆞᆫ즉, 安의家族은其煩累를避ᄒᆞ기爲ᄒᆞ야安의甥王永吉은安의妻及其娘醜怪를頭道溝派弁所에帶行ᄒᆞ드니, 二月十四日, 韓人李殷永(頭道溝에派遣ᄒᆞᆫ當派出所書記郞)及韓國巡檢金連澤二名은安을搜索ᄒᆞᆫ다稱ᄒᆞ고娘醜怪를帶同出發ᄒᆞ야大甸子라稱ᄒᆞᄂᆞᆫ原野에서同人을强姦ᄒᆞ얏다고訴出ᄒᆞᆫ지라, 派弁所에서는局子街邊務公署에報告ᄒᆞᆫ즉, 公署ᄂᆞᆫ精探을遂치안코極히不確實ᄒᆞᆫ事實로써李·金의二名이强姦ᄒᆞᆫ줄로認定ᄒᆞ고, 我派出所에交涉ᄒᆞᆷ.

本件에對ᄒᆞ야ᄂᆞᆫ極히嚴密히取調ᄒᆞᄂᆞ, 今日ᄭᆞ지取調ᄒᆞᆫ結果에據ᄒᆞ면, 被害者라稱ᄒᆞᄂᆞᆫ醜怪及淸國邊證人等의言이一致치못ᄒᆞ야强姦ᄒᆞᆫ事實이殆히認키難ᄒᆞ니, 殊히李殷永과如ᄒᆞᆷ은全혀嫌疑를挾ᄒᆞᆯ餘地가無ᄒᆞᆫ者와如ᄒᆞᆷ.

(나) 本月에비로서韓人許榮[43]·黃用元·朴允熙等은, 東梁社下田洞口及西作洞에서一進支會竝히小學校를設立ᄒᆞ고其費用으로寄附金을募集할ᄉᆡ, 人民의暗愚ᄒᆞᆷ을乘ᄒᆞ야多少脅迫스러운言動을用ᄒᆞᆫ事件이有ᄒᆞᆷ.

右件에對ᄒᆞ야도淸國官憲에서ᄂᆞᆫ其事實의精査를不爲ᄒᆞ고, 右許瀅以下로써韓國의巡檢이라ᄒᆞ야, 我派出所의命令에據ᄒᆞ야金錢의勒索을ᄒᆞᄂᆞᆫ者로, 殊히二·三의淸國人에對ᄒᆞ야寄附金의集ᄒᆞ기ᄭᆞ지强히金을借受ᄒᆞᆫ事實에對ᄒᆞ야ᄂᆞᆫ, 或은淸人을冷室에監禁ᄒᆞ고或은毆打創傷을加ᄒᆞ얏다ᄒᆞ야, 能히其眞相을極치안코我에交涉ᄒᆞᆷ.

本件은憲兵隊에서取調ᄒᆞᆫ結果, 右許瀅以下의犯罪를認ᄒᆞ야此를鏡城裁判所에送致ᄒᆞᆷ(特報第一三號·第一四號로報告ᄒᆞᆷ).

---

43 榮字와 瀅字가 混用되었음.

五. 韓國民의狀況

淸國官憲에서는些細事件까지도兵力을使用ᄒᆞ야人民을局子街官憲에同行ᄒᆞ거나又는引致ᄒᆞ야取調를ᄒᆞ는慣習이有ᄒᆞ야, 殊히韓國人에對ᄒᆞ야는罪의有無를不拘ᄒᆞ고從來苛酷ᄒᆞᆫ取締를ᄒᆞᆷ으로써, 韓國人은淸國官憲에게同行ᄒᆞ거나或은引致를被ᄒᆞᆷ을恐怖ᄒᆞ기甚ᄒᆞ야, 我官憲의保護에賴ᄒᆞ야此等同行或은引致를免코자ᄒᆞ는者日로增加ᄒᆞ는狀態라.

然이나淸國官憲에在ᄒᆞᆫ近來의施設은, 殊히兵營의新築, 兵員巡兵의增遣等은多少韓國人의心을動ᄒᆞ야, 果然現今과如히永히我의保護에信賴ᄒᆞᆷ을得ᄒᆞᆯ는지否ᄒᆞᆯ는지杞憂를懷ᄒᆞ는者와如히, 淸國官憲及軍隊의所在地域은, 其附近에在住ᄒᆞ는韓國人에在ᄒᆞ야는此感이一層深ᄒᆞ게見ᄒᆞᆷ.

親淸派의集合ᄒᆞᆫ捐義會는其後萎靡不振ᄒᆞ야, 本月間에는殆히屛息ᄒᆞ는狀態라, 此同會副會長朴萬秀는官位賣買의嫌疑에依ᄒᆞ야, 我의召喚ᄒᆞ야家宅搜索을行ᄒᆞ얏고, 會長金秉南에對ᄒᆞ야도, 時勢에有害ᄒᆞᆫ行動을ᄒᆞ야嫌疑有ᄒᆞᆷ으로븟터家宅搜索을行ᄒᆞᆷ으로써, 會員等一般이我注目을恐ᄒᆞᆷ에依ᄒᆞ야, 金秉南은前月븟터旣히逃走ᄒᆞ야現下會寧地方에潛匿ᄒᆞ야居ᄒᆞᆫ形跡이라.

六. 衛生의狀態

本月에入ᄒᆞ야暖氣稍加ᄒᆞ야解氷의期에近ᄒᆞᆷ으로써, 當村內의大淸潔法을行ᄒᆞ고, 尙히天然痘의發生을顧慮ᄒᆞ야派出所員 · 憲兵隊員 · 郵便局員及居住日本人에對ᄒᆞ야種痘를施ᄒᆞᆷ.

七. 豆滿江의解氷

豆滿江은目下兩岸四 · 五尺乃至五 · 六間所까지解氷ᄒᆞ고, 中流는氷上의流水約一尺쯤達ᄒᆞ야, 渡江키頗히危險ᄒᆞᆷ.

尙히四月初에至ᄒᆞ면一時交通을杜絶ᄒᆞᆯ虞有ᄒᆞᆷ으로써, 會寧對岸에在ᄒᆞᆫ渡船場은渡船에便키爲ᄒᆞ야, 禹跡洞派遣所의憲兵에게命ᄒᆞ야附近村民을督ᄒᆞ야碎氷에從事케ᄒᆞ야居ᄒᆞᆷ.

八. 居住本邦人의增加

本邦人은漸次增加의傾向이나, 아직顯著이發展을不認ᄒᆞ고商業은一般으로沈靜ᄒᆞᆫ바, 本

邦人을華客으로ᄒᆞᄂᆞᆫ商業은其維持困難ᄒᆞᆫ狀이라.

本月末의調査에據ᄒᆞ면, 間島內에在ᄂᆞᆫ本邦人의戶數·人口·職業別等이別紙와如홈.

右報告홈.

附의 屬1. 日本人戶口調查表

別紙寫 日本人戶數人口表

地名	戶數	人口		計
		男	女	
龍井村	三〇	七〇	四七	一四七
局子街	八	九	一八	三五
天寶山		九		九
銅佛寺街	一		一	二
新興坪	一	一		二
合計	四〇	八九	六六	一九五

[備考]

統監府派出所員·憲兵隊員·郵便局員及其傭人을除홈.

附의 屬2. 日本人職業調査表

日本人職業別表

區別 \ 地名 員數	龍井村	局子街	天寶山	銅佛寺街	新興坪	計
雜貨店	三	二				五
請負業	一					一
料理店	七	四				一一
飮食店	三					三
菓子製造販賣店	一					一
大工職	一四					一四
鐵工職	二					二
料理人	三					三
運送業	一					一
木挽職	二					二
酒造業	一					一
肉貨賣業	一					一
湯屋業	一					一
旅館	二					二
豆腐製造業	一					一
遊戲業	二					二
鑛山事務員	二		三			五
坑夫			六			六
藝妓	七					七
酌婦	一六	一三				二九
仲居	一					
理髮業	一					一
賣藥業		一				一
雇人	一六				一	一七
其他	二九	七		一		三七
合計	一一七	二七	九	一	一	一五五

[備考]

本表中其他라ᄂᆞᆫ것은妻及無業으로, 他와同居ᄒᆞᄂᆞᆫ男女ᄅᆞᆯ示ᄒᆞᆫ것이라.

32. 間島事情報告書呈覽의 件(往復案1册)

隆熙2年 (西紀1908年 5月21日)

[發] 統監府統監 伊藤博文

[受] 內閣總理大臣 李完用

機密統發第五七八號

篠田統監府臨時間島派出所長代理의月報, 統派月報第四號謄寫ᄒᆞ온別紙ᄅᆞᆯ送付홈.

明治四十一年五月廿一日

統監公爵 伊藤博文

太子少師內閣總理大臣 李完用 閣下

附. 同上報告書

- 隆熙2年 (西紀1908年 5月6日)
- [發] 統監府間島派出所長 篠田治策
- [受] 統監府統監 伊藤博文

統派月報第四號

月報

自四月一日至同月三十日

明治四十一年五月六日

統監府臨時間島派出所長代理

總務課長 篠田治策

統監公爵 伊藤博文 殿

一. 地方一般의狀況

本月間地方의情況은大槪平穩ᄒᆞᄂᆞ, 茂山間島에小數의暴徒가入來ᄒᆞᆷ과, 李範允이北韓의暴徒等과遙히氣脈을通ᄒᆞ야擧事코져ᄒᆞᄂᆞᆫ形跡이有ᄒᆞ다ᄒᆞ야多少人心의動搖를見ᄒᆞᄂᆞ, 此ᄂᆞᆫ南部及北部에在ᄒᆞᆫ小部分에止ᄒᆞ고, 內部間島에在ᄒᆞ야ᄂᆞᆫ更히何等의影響을見치안코各各其堵에安居ᄒᆞᆷ.

二. 淸國官憲의態度

淸國官憲에서ᄂᆞᆫ益益領土主義ᄅᆞᆯ確實鞏固케ᄒᆞ기爲ᄒᆞ야, 前月에引續ᄒᆞ야局子街邊務公署에近接ᄒᆞ야第一·第二·第三營의兵舍建築에着手ᄒᆞ고, 尙且茂山間島·會寧間島等에도建築의準備中이며, 其他兵員의增置와道路의改修와橋梁의架設과屯田兵의募集等으로, 大히其地步를固케ᄒᆞᆷ으로努力ᄒᆞᆷ.

三. 淸國官憲이韓國民에加ᄒᆞᆫ不法行爲

淸國官吏가多年慣行ᄒᆞ든暴戾·壓虐·收賄·徵發等不法行爲도, 我保護下에在ᄒᆞᆫ韓民에對ᄒᆞ야ᄂᆞᆫ終히此를逞키不能ᄒᆞᆷ을知ᄒᆞ고近來其數ᄅᆞᆯ大減ᄒᆞ얏시나, 派出所를相距稍遠한邊陬地에住ᄒᆞᄂᆞᆫ韓民에對ᄒᆞ야ᄂᆞᆫ, 我의保護十分치못ᄒᆞᆷ을奇貨로ᄒᆞ야, 尙今往往此等不法行爲의演出ᄒᆞᆷ을見ᄒᆞᆷ.

(가) 往電第五一號로報告ᄒᆞ온西間島에在住ᄒᆞᄂᆞᆫ韓人에게弁髮易服을强制ᄒᆞᆫ件.

(나) 鍾城間島上泉坪村에在ᄒᆞᆫ養正學堂敎師韓國人李同春은, 四月十九日大拉子經政廳에赴ᄒᆞ얏다가同二[illegible]日歸校ᄒᆞ야, 生徒[illegible]同에게對ᄒᆞ야自今[illegible]日로每히薙髮ᄒᆞ고弁髮을修ᄒᆞᆷ을諭ᄒᆞ고, 若不肯ᄒᆞᄂᆞᆫ者ᄂᆞᆫ支給品(帽·衣服·靴·書籍)을返納케ᄒᆞ고退學ᄒᆞ깃다고脅迫ᄒᆞ며, 且生徒로當校間의關係를絶ᄒᆞ면, 各家一年에淸貨數百兩의徵稅를淸國官憲으로붓터賦課케ᄒᆞᆫ다고脅迫ᄒᆞᆷ.

蓋該學堂生徒中에ᄂᆞᆫ曩에强制를被ᄒᆞ야弁髮ᄒᆞᆫ者有ᄒᆞ나, 아직不應ᄒᆞᆫ者有ᄒᆞ고, 且一次弁髮者도其後薙髮치안님으로, 漸次淸國弁髮의形態를失ᄒᆞᆫ者有ᄒᆞᆫ故로뼈, 此際에悉皆弁髮케ᄒᆞᆫ것과如ᄒᆞᆷ.

尙히淸官許德淯ᄂᆞᆫ同學堂에到ᄒᆞ야, 生徒의父兄·淸國任命ᄒᆞᆫ總鄕約·鄕約等을集ᄒᆞ고生徒에게向ᄒᆞ야, 鍾城間島ᄂᆞᆫ琿春附屬의地인바, 韓國領土안이요中國의領土인즉, 汝等은熱心

으로中國의法律及中國의言語를勉强ᄒᆞ고, 又將來立身코ᄌᆞᄒᆞ면中國의書籍을購讀ᄒᆞ라ᄂᆞᆫ講演을홈(特報第一五號로報告홈).

四. 淸國官憲이我官民에對ᄒᆞᆫ態度

淸國官憲이我에對ᄒᆞᄂᆞᆫ態度ᄂᆞᆫ親好ᄒᆞᆫ바, 表面으로ᄂᆞᆫ何等의異狀이有홈을認치못ᄒᆞ나, 本月間에本邦人에對ᄒᆞ야淸國兵員間에左의小爭이有홈(特報第一八號로써報告ᄒᆞ얏슴).

五. 韓國臣民의狀況

韓國民은淸國官憲의近來施設即兵營의建築 · 道路의改修乃至募兵等으로써, 淸國官憲을信賴ᄒᆞᄂᆞᆫ念慮厚加의觀念이요, 我官憲에在ᄒᆞ야ᄂᆞᆫ所謂現狀維持로更히何等의活動이無홈으로써, 其眞意의有ᄒᆞᆫ바에對ᄒᆞ야疑念을抱居ᄒᆞᄂᆞᆫ者와如홈.

向來에吉林巡撫許에行ᄒᆞ얏다稱ᄒᆞ든捐義會評議員方秉起ᄂᆞᆫ, 本月八 · 九日頃에歸還홈을聞ᄒᆞ고, 取調ᄒᆞ기爲ᄒᆞ야憲兵及巡査를密派ᄒᆞ얏스나, 本人이逃走ᄒᆞᆫ後로遂히其目的을不達ᄒᆞᆫ바, 同人은目下李範允處에潛匿ᄒᆞᆫ다ᄂᆞᆫ說이有홈.

茂山間島에入ᄒᆞ얏든暴徒ᄂᆞᆫ, 對岸茂山郡으로붓터渡江逃竄ᄒᆞ야來ᄂᆞᆫ者와如히, 四月廿一日德化社山陽洞(伏沙坪憲兵分遣所를距ᄒᆞᆫ約二里半)山中에集合ᄒᆞ야, 附近에人을派ᄒᆞ야狩獵者를嘯集ᄒᆞ고, 又兵器를收集코ᄌᆞᄒᆞ며, 且伏沙坪分遣所를襲擊코ᄌᆞᄒᆞᄂᆞᆫ形勢有홈.

그런故로當地憲兵隊ᄂᆞᆫ茂山守備에偵察隊의派遣을依賴ᄒᆞᆫ바, 同日下士以下十四名을派遣ᄒᆞ야該兵과憲兵으로山陽洞及附近을偵察ᄒᆞ얏스나暴徒의形跡을認치못ᄒᆞ고, 且別노히襲來의模樣이無홈으로, 四月二十三日偵察隊ᄂᆞᆫ伏沙坪을經ᄒᆞ야歸隊홈.

其後伏沙坪及附近村落의人民을, 憲兵과協力ᄒᆞ야夜警을置ᄒᆞ야警戒ᄒᆞ나, 暴徒出現의狀態無홈, 尙히當方面에ᄂᆞᆫ暴徒의眞相을秘探ᄒᆞ기爲ᄒᆞ야, 平田憲兵中尉를派遣홈.

琿春方面에서ᄂᆞᆫ李範允이謀主가되야, 元京城鎭營隊의正尉 · 副尉等도加盟ᄒᆞ야, 써北韓界方面에駐屯ᄒᆞᆫ日本軍을襲擊코져ᄒᆞᄂᆞᆫ企圖가有홈.

然而李範允은其弟李範信이란者曩者에在米韓國公使館通譯生으로在ᄒᆞ얏든故로, 此로因ᄒᆞ야米國으로붓터小銃二千五百挺을購買ᄒᆞ야不日受領ᄒᆞᆫ다ᄂᆞᆫ傳說이有홈, 但購買運搬의方法과到着期及到着地等은總히未詳홈.

又李範允은間島로日 · 韓邊의主張을貫徹ᄒᆞ야韓國領有됨에在ᄒᆞᄂᆞᆫ露國官憲의援助를得ᄒᆞ야暴動을起ᄒᆞ고, 露國官憲과ᄂᆞᆫ旣히交涉이日熟ᄒᆞᆫ意로聲言홈.

要컨딕李範允은暴徒와氣脉을通ᄒᆞ고, 暴徒도漸次北方에逃入ᄒᆞ야李範允의居住地露領宗王嶺地方에集合코져ᄒᆞᄂᆞᆫ形勢가有ᄒᆞᆷ은無疑ᄒᆞᆷ과如ᄒᆞᆷ.

六. 豆滿江의解氷

前月下旬來로一部의解氷이有ᄒᆞ야, 本月七·八日頃까지ᄂᆞᆫ一時交通을杜絶ᄒᆞ얏스나, 間島로붓터會寧에通ᄒᆞᄂᆞᆫ渡船場샌은, 憲兵이附近村民을督ᄒᆞ야碎氷에從事케ᄒᆞ야遂히交通을遮斷ᄒᆞᆷ에不至케ᄒᆞᆷ.

七. 氣候

氣候ᄂᆞᆫ漸次暖和ᄒᆞ야, 本月中測定ᄒᆞᆫ當地의氣溫은攝氏에在ᄒᆞ야左의溫度를示ᄒᆞᆷ, 最高溫度二十七度七分, 最低溫度零下七度五分, 最高平均溫度十五度〇分五, 最低平均溫度一度八分, 高低平均溫度六度七分八. 以上.

33. 間島駐在韓國官吏宿舍建設의 承認과 同經費支出方法講究要請(往復案 1册)

隆熙2年 (西紀1908年 5月25日)
[發] 統監府統監 伊藤博文
[受] 內閣總理大臣 李完用

機密統發第六〇一號

在間島貴國官吏의宿舍建設件에對ᄒᆞ야, 別紙에寫ᄒᆞᆫ것과如히理由書[44]·概算設計書[45]竝히圖案[46]을具ᄒᆞ야, 篠田派出所長으로붓터禀請이有ᄒᆞ온바, 右ᄂᆞᆫ不得已ᄒᆞᆫ設備로認ᄒᆞ얏ᄉᆞ오니, 貴大臣閣下ᄭᅦ서도承認ᄒᆞ신後, 建設에要ᄒᆞᄂᆞᆫ經費支出方法을處辦ᄒᆞ시기爲ᄒᆞ야, 玆에別紙ᄅᆞᆯ另付照會ᄒᆞᆷ.

明治四十一年五月廿五日
統監公爵 伊藤博文
太子少師內閣總理大臣 李完用 閣下

44 本三件文書는 收錄되지 않었음.
45 本三件文書는 收錄되지 않었음.
46 本三件文書는 收錄되지 않었음.

34. 間島事情報告書呈覽의 件(往復案2册)

隆熙2年 (西紀1908年 7月2日)
[發] 統監府統監 伊藤博文
[受] 內閣總理大臣 李完用

機密統發第七九二號

齋藤臨時間島派出所長의月報統派月報第五號를別紙謄寫ᄒᆞ야, 玆에送付홈.

明治四十一年七月二日
統監公爵 伊藤博文
太子少師內閣總理大臣 李完用 閣下

附. 同上報告書

- 隆熙2年 (西紀1908年 6月7日)
- [發] 統監府間島派出所長 齋藤季治郎
- [受] 統監府統監 伊藤博文

統派月報第五號

月報

自五月一日至同月三十一日
明治四十一年六月七日
統監府臨時間島派出所長 齋藤季治郎
統監公爵 伊藤博文 殿

一. 地方一般의狀況

本月間에地方一般이平穩ᄒᆞ고, 多數의淸韓人은耕種홈에他念이無히各其安堵홈.

二. 清國官憲의施設·增兵及軍隊의行動

淸國官憲은局子街에郵便局을設ᄒᆞ고, 五月七·八日頃붓터事務를開始ᄒᆞ며, 尙히從來의電報局業務를擴張ᄒᆞ고, 現字機의一坐를二坐로增加使用홈.

局子街警務學堂에서卒業ᄒᆞᆫ巡兵二十名은, 五月二十一日, 局子街·銅佛寺街·土門子·頭道溝·東盛湧·冷水泉子·百草溝·琿春各警務分局에配置홈.

五月一日에吉林邊務工程第一營前隊隊官架藻王以下將校二名·下士以下八十一名과, 同三日吉林邊務工程第一營後隊隊官高棻以下七十七名은, 何人이든지吉林으로붓터局子街에來着ᄒᆞ얏슴(電報第五三號·電報第五四號로報告ᄒᆞ얏슴).

但此中後隊ᄂᆞᆫ五月八日에, 前隊內約五十名은十三日에, 琿春으로向ᄒᆞ야局子街를出發홈, 以上外에工程隊約百名은五月十二日에, 屯田兵約三百名은同十九日에, 工程隊約百名은同二十五日에, 吉林으로붓터局子街에到着ᄒᆞ얏다ᄂᆞᆫ說이有ᄒᆞ나, 探究ᄒᆞᆫ結果로事實이確實치못홈.

五月二十八日에自吉林으로小銃約五百挺·彈藥約六千發을, 馬隊二十五名이護衛ᄒᆞ고局子街에到着홈, 敦化縣及駝腰子(銅佛寺를距ᄒᆞᆫ西北方約三十里)地方에在ᄒᆞᆫ馬賊을討伐ᄒᆞᆫ다稱ᄒᆞ고, 局子街駐屯馬隊管帶王廷瑞幷西古城子에駐屯ᄒᆞᆫ馬除哨官以下廿六名이, 五月廿一日에銅佛寺를出發홈.

三. 淸國官憲이韓國官吏及人民에게對한不法行爲

淸國官憲은西間島에在住ᄒᆞᄂᆞᆫ韓人에게易服·弁髮을强制ᄒᆞᆫ事實이有홈(特報第三〇號·電報第五一號로報告ᄒᆞ얏슴).

會寧間島文化社南尙洞住韓人羅亨權이設置ᄒᆞᆫ渡津處에對ᄒᆞ야, 淸國官憲은兵力으로ᄡᅥ此가置津홈을禁止홈(電報第六八號로報告홈).

平崗下里社柳亭坪村(龍井村을距ᄒᆞᆫ西方約二里)附近三十六村民은. 同村에學校를設立코져ᄒᆞ야, 淸人楊泰禧의所有地를借入ᄒᆞ기로契約을ᄒᆞ얏ᄂᆞᆫᄃᆡ, 楊은本年四月十日에頭道溝派弁所長王長齡의命으로, 韓人에게地段의賣却及貸與를禁ᄒᆞᆫ다ᄒᆞ야前契約을繳消ᄒᆞ고其所要土地를貸與치아니홈으로, 村民은更히其隣村龍泉洞韓人沈汝安의所有地를買入ᄒᆞ야新築을計劃ᄒᆞᄂᆞᆫᄃᆡ, 同邨居淸國任命社長韓人姜先達은, 池汝安에게賣買의契約을繳消ᄒᆞ라고敎唆ᄒᆞ얏스나, 本件에對ᄒᆞ야ᄂᆞᆫ憲兵을派ᄒᆞ야那等의妨害를排除홈으로ᄡᅥ, 今回에僅히新築工事에着手홈을得홈, 五月十九日, 局子街分駐韓國巡查金相弼은, 村落巡回ᄒᆞᆯ際局子街南方水南社龍成村에多數의淸韓人이集合홈을詔ᄒᆞ고, 現場에在ᄒᆞᆫ淸國任命總鄕約韓人李秀光에게其

事由를質問홈에由ᄒᆞ야, 金巡査와李鄕約은爭詰ᄒᆞ다가, 李ᄂᆞᆫ此를搆誣ᄒᆞ야淸國官憲에게告訴홈과如히, 同日에警務總局巡長一名과巡兵二名이金巡査의宿舍에至ᄒᆞ야, 人民의告訴가有ᄒᆞ다고金巡査의게同行홈을要求홈에金巡査ᄂᆞᆫ此를拒絶ᄒᆞᆫ즉, 巡長은金의手腕을捕ᄒᆞ야宿舍上으로붓터引下ᄒᆞ야, 金巡査를警務總局에帶行홈.

警務總局에서局長淸山은金巡査에게對ᄒᆞ야, 人民으로붓터告訴가有홈에依ᄒᆞ야邊務公署에至ᄒᆞ라言ᄒᆞᆫ즉, 金巡査ᄂᆞᆫ此를承諾치안코, 如何ᄒᆞᆫ告訴며其告訴의事實과告訴者의姓名을告ᄒᆞ라고要求ᄒᆞᆫ즉, 其事實及姓名은今夜邊務公署에서問招홀터이니, 如何의通知가有ᄒᆞ기ᄭᆞ지歸舍ᄒᆞ라ᄒᆞ야, 그ᄃᆡ로金巡査를歸還케홈.

翌二十日에金巡査ᄂᆞᆫ警務總局前을通過ᄒᆞᄂᆞᆫᄃᆡ, 一名의巡長及三名의巡兵은此를追跡ᄒᆞ야, 再次金巡査를同行코저홈이, 金巡査ᄂᆞᆫ此를拒ᄒᆞᆫ즉, 巡兵等은金의手足을捕ᄒᆞ야此를擔舁ᄒᆞ고警務局內에帶行ᄒᆞ야此를囚홈, 此에金巡査ᄂᆞᆫ局子街分遣所憲兵의後門前을通過홈을認ᄒᆞ고援助를求홈으로ᄡᅥ, 同憲兵은直히同總局內에入ᄒᆞ야金巡査를放還케ᄒᆞ야同行歸所홈(電報第六八號로報告홈)本件金巡査를强制同行件은, 陳昭常은金巡査로ᄡᅥ淸國의行政을紊ᄒᆞ야, 警務總局長에게命ᄒᆞ야引致케ᄒᆞᆫ者인故로, 總局長淸山及其監督者知府陶彬은, 憲兵을理由가無히局內에入ᄒᆞ야金巡査를引渡홈에依ᄒᆞ야, 各히記過(懲罰)의處分을受홈.

五月廿一日, 會寧街道上會寧局島鶴城村을距ᄒᆞᆫ西北方約四百米地에서, 韓人朴三奎爲名者, 日本婦人四名及其携帶荷物을牛車三輪[47]에載ᄒᆞ고會寧方面으로붓터來ᄒᆞᆫ즉, 淸國巡兵一名이牛車四輪을監督ᄒᆞ고來홈을出遇ᄒᆞ얏ᄂᆞᆫᄃᆡ, 巡兵은朴三奎의率來ᄒᆞᄂᆞᆫ牛車를路傍에避ᄒᆞ라ᄒᆞ고, 尙且後에二輪의牛車가來ᄒᆞ니그ᄃᆡ로避去홈이可타云ᄒᆞ고過去ᄒᆞᆫ즉, 朴은後來의牛車가見치안코旅行이急홈으로, 前四輪의牛車가過去ᄒᆞᆫ同時에前進ᄒᆞᆫ즉, 巡兵이還來ᄒᆞ야何故로自己의言을不從ᄒᆞ얏ᄂᆞ뇨ᄒᆞ고朴을毆打홈.

其後鶴城邨方面으로붓터巡兵三名과通譯一名이追來ᄒᆞ야, 朴을鶴城村稽查所에引致코저홈이同人은此를拒ᄒᆞᆫ즉, 巡兵等은朴의兩手及頭髮을握ᄒᆞ고强히此를引致코지ᄒᆞ며, 且手와棒으로ᄡᅥ朴을毆打ᄒᆞ야輕傷을負케홈, 此時郵便護衛憲兵이來ᄒᆞ다가此를認ᄒᆞ고, 强히朴을放還케ᄒᆞ야牛車와共히無事通過홈(電報第六八號로報告홈).

五月十六日, 鏡城間島光霽峪駐屯淸兵三名이下泉坪村派遣韓國巡查宿舍에入來ᄒᆞ야, 淸國領土內에在ᄒᆞ야韓國警察官吏가職務를執行홈은不法이라고述ᄒᆞ고, 且兵營으로同巡査를同行코저ᄒᆞᄂᆞᆫ報를得ᄒᆞ고, 下泉坪分遣所憲兵이現場에出張ᄒᆞᆫ즉, 淸兵은賣藥ᄒᆞ기爲ᄒᆞ야入來ᄒᆞ얏다弁疏ᄒᆞ고遂去홈.

---

47 輪字는 輛字의 誤인듯함, 以下同.

翌日清兵二名이同地監察課派遣員處에來ᄒᆞ야, 土足으로室內에入ᄒᆞ얏다가歸還ᄒᆞᆯ際에, 足을擧ᄒᆞ야門을蹴ᄒᆞᄂᆞᆫ等凌辱을加ᄒᆞ고歸去홈.

前數件은憲兵大尉奧村惠로ᄒᆞ야금邊務公署에對ᄒᆞ야將來의監督과不法行爲者의處分을求ᄒᆞᆫ즉, 陳[昭常]의代理者王國琛은事實을取調ᄒᆞᆫ後相當히處分을ᄒᆞᆫ다고答홈.

四. 淸兵及淸人이對本邦人의紛爭

五月九日에官姓名不詳ᄒᆞᆫ淸兵二名이局子街料理店高木許에到ᄒᆞ야金一圓으로遊興을求ᄒᆞᆫ즉, 同店에서ᄂᆞᆫ此ᄅᆞᆯ不應ᄒᆞ고同居人池田辰次郞은此를家外에追出ᄒᆞᆫ즉, 淸兵은怒ᄒᆞ야其一名은薪으로池田의頭部ᄅᆞᆯ毆打ᄒᆞ야負傷케ᄒᆞ고逃亡홈.

本件은局子街分遣所에서探檢ᄒᆞ야, 邊務公署에速히加害者를搜索ᄒᆞ야相當의處分을ᄒᆞᆯ意로要求홈.

五月十六日에鏡城電信保線區局詰德田新太郞은, 淸國人杜有化와東良下里社聖敎村田頭에서出遇ᄒᆞᆫ즉, 該所에建設ᄒᆞ야잇ᄂᆞᆫ電信柱의支線을切斷ᄒᆞᆷ을認ᄒᆞ고, 德田은杜에對ᄒᆞ야韓語로本路에不關ᄒᆞᆫ小路로過去ᄒᆞ면서如此히支線을切斷ᄒᆞᆷ에至ᄒᆞᄂᆞ뇨語ᄒᆞᆫ즉, 杜ᄂᆞᆫ言語ᄅᆞᆯ不通ᄒᆞᆷ으로空然히人의通行을妨害ᄒᆞᄂᆞᆫ者라誤解ᄒᆞ고相詰ᄒᆞᆫ結果, 兩方으로殆히同時에携帶ᄂᆞᆫ杖으로ᄡᅥ毆打ᄒᆞ야, 德田은杜의頭部에輕傷을負케홈.

本件은兩方을說諭ᄒᆞᆫ後, 德田을間島郵便局長으로, 杜를六道溝派弁所로引渡ᄒᆞ야無事히妥結홈.

五. 韓國民의狀態

韓民의多數ᄂᆞᆫ, 淸國官憲이近來의施設即兵營의建築, 道路의改修乃至募兵等으로ᄡᅥ, 一時淸國官憲을信賴ᄒᆞᄂᆞᆫ觀念이厚加ᄒᆞ며, 我에在ᄒᆞ야ᄂᆞᆫ所謂現狀維持ᄅᆞᆯ守ᄒᆞ고, 更히何等의活動이無ᄒᆞᆷ을見ᄒᆞ고, 其眞意가有ᄒᆞᆫ處에對ᄒᆞ야多少疑念을抱居ᄒᆞᆷ과如ᄒᆞ나, 派弁所官制의發布와廳舍建築等은, 確히此等韓人의杞憂ᄅᆞᆯ一掃ᄒᆞ고, 永히我의保護ᄅᆞᆯ受ᄒᆞᄂᆞᆫ信念增長ᄒᆞᆷ과如ᄒᆞ니, 其結果에可見ᄒᆞᆯ顯著ᄒᆞᆫ現象이如左ᄒᆞ니.

(가) 韓國內地로븟터移住民及稼穡者의增加.

(나) 當地及附近村落에在ᄒᆞᆫ家屋建築의增進.

(다) 土地購買者의增加.

右ᄂᆞᆫ韓人一般의狀況이나, 其中에ᄂᆞᆫ現政府施設에反對ᄒᆞ고, 結局日本에見欺ᄒᆞ야土地ᄅᆞᆯ併居ᄒᆞᆫ다ᄒᆞ야憤慨ᄒᆞᄂᆞᆫ者가有ᄒᆞ니, 是等의徒ᄂᆞᆫ淸國의庇護ᄅᆞᆯ依ᄒᆞ야其倂呑을免ᄒᆞᆷ으로上策이라ᄒᆞ야淸國官憲에게阿付ᄒᆞ고, 又其時ᄅᆞᆯ待ᄒᆞ기爲ᄒᆞ야, 學校ᄅᆞᆯ起ᄒᆞ야人心을收攬ᄒᆞᄂᆞᆫ方法에出ᄒᆞᆷ을爲常ᄒᆞᆷ.

又間島에統監府派出所ᄅᆞᆯ設置ᄒᆞᆫ件에對ᄒᆞ야도, 日本은決코韓國을爲ᄒᆞ야計치안이ᄒᆞ며, 名을韓民保護에籍[藉]ᄒᆞ고, 實은間島ᄅᆞᆯ占領ᄒᆞ며, 且東三省을窺ᄒᆞᆫ다고信ᄒᆞᆷ과如ᄒᆞᆷ.

此等에關ᄒᆞ야左의事實이有ᄒᆞᆷ.

徐相闇·白南秀의件, 右ᄂᆞᆫ特報第一九號·電報第五八號로報告ᄒᆞ얏거니와, 尙히徐以下ᄂᆞᆫ在奉天韓人吉星翼者와氣脉을通ᄒᆞᆷ과如ᄒᆞᆫᄃᆡ, 今回同人으로徐·黃·金·李處에(在米大韓人大同保國會章程)이라題ᄒᆞᆫ小册子ᄅᆞᆯ各一部式, 淸國郵便에托ᄒᆞ야送付ᄒᆞ야來ᄒᆞᆫ事實이有ᄒᆞᆷ.

又韓國에서ᄂᆞᆫ今에尙히私自官職의賣買ᄅᆞᆯ行ᄒᆞ야, 賣者ᄂᆞᆫ此로써利ᄅᆞᆯ得ᄒᆞ고, 買者ᄂᆞᆫ此ᄅᆞᆯ得ᄒᆞ야名譽로ᄒᆞᆷ, 咸鏡北道鏡城西門外住姜壽鎭은, 官職僞造의辭令四十九度ᄅᆞᆯ携行ᄒᆞ고茂山間島에來ᄒᆞ야此ᄅᆞᆯ賣却코저ᄒᆞᆫ즉, 都社長南奎綱이怪히知ᄒᆞ고伏沙坪憲兵分遣所에告發ᄒᆞᆷ.

伏沙坪分遣所에서取調ᄒᆞᆫ것을據ᄒᆞᆫ즉, 該辭令은鏡城西門外韓人崔厚卿爲名者가僞造ᄒᆞ고, 姜은崔로붓터利益을半分ᄒᆞ자고約束ᄒᆞᆫ後, 賣却事ᄅᆞᆯ受托ᄒᆞᆫ者라ᄒᆞᆷ.

姜의自白을據ᄒᆞᆫ즉, 辭令의賣買價格은一張에對ᄒᆞ야坐首ᄂᆞᆫ二十圓, 有司ᄂᆞᆫ十五圓, 色掌은十圓, 養士ᄂᆞᆫ五圓, 大同鄕所ᄂᆞᆫ三圓의相當이라ᄒᆞ온바, 本件은姜壽鎭을五月五日鏡城裁判所에送致ᄒᆞ고, 尙히崔厚卿의逮捕方法에就ᄒᆞ야ᄂᆞᆫ, 鏡城憲兵分遣所에照會ᄒᆞ얏슴.

六. 所員의動靜

本官은二十一日에歸任ᄒᆞ얏슴으로, 同廿二日에囑托篠田治策의所長代理ᄅᆞᆯ解ᄒᆞᆷ, 囑托鈴木信太郎과韓國內部書記官崔基南은二道溝方面을調査ᄒᆞ기爲ᄒᆞ고, 憲兵中尉平田鐵次郎은同方面偵察ᄒᆞ기爲ᄒᆞ야, 憲兵數名을率ᄒᆞ고往復二十日의預定으로써五月廿九日當地ᄅᆞᆯ出發ᄒᆞᆷ, 新任一等軍醫小里純一은五月十六日에着任ᄒᆞ야, 同二十日에前任者村井軍醫正으로붓터事務引繼ᄅᆞᆯ受ᄒᆞᆷ, 村井軍醫正은廿六日新任地에向ᄒᆞ야出發ᄒᆞᆷ.

七. 新廳舍의建築業務

本年度臨時費로써建築ᄒᆞᆯ廳舍等에對ᄒᆞ야ᄂᆞᆫ, 小川雇員着任ᄒᆞᆫ後에詳細調査ᄒᆞ온바, 當地에在ᄒᆞᆫ諸種의不便으로材料가不廉ᄒᆞ야, 二層廳舍(約百六十五坪)及附屬舍一家, 幷히所長官

舍에要ᄒᆞᄂᆞᆫ應接所만建築ᄒᆞᆯ事인ᄃᆡ, 全部都給工事에付ᄒᆞ야來月間에起工ᄒᆞ야來十月下旬에竣工케ᄒᆞᆯ豫定이온바, 詳細事項은不日報告ᄒᆞᆷ.

八. 五月末에間島在住本邦人數의調査가如左.

間島在住日本人戶數人口數

地名	戶數	人口		計
		男	女	
龍井村	三○	七○	四七	一一七
局子街	一四	一六	二二	三八
天寶山	一	九	○	九
銅佛寺	二	二	三	五
下泉枰	一	一	○	一
新興坪	二	二	一	三
頭道溝	一	一	一	二
合計	五一	一○一	七四	一七五

[備考]

統監府臨時間島派出所員·憲兵隊員·郵便局員及其傭人은, 本表에揭載치안이ᄒᆞᆷ.

35. 間島憲兵分遣所增設과 配置主事 巡査의 增派要請(往復案2冊)

隆熙2年 (西紀1908年 7月13日)

[發] 統監府統監 伊藤博文

[受] 內閣總理大臣 李完用

機密第八七九號

在間島貴國人保護를一層周密케ᄒᆞ기爲ᄒᆞ야, 從來의憲兵分遣所八箇所外에, 更히百草溝·八道溝·偰滿洞·東京臺의四箇所에分遣所를新設ᄒᆞ얏습기, 右四箇所에配置ᄒᆞᆯ韓國主事四名·巡査十二名을貴內部에셔增遣ᄒᆞ심을望ᄒᆞ며, 右主事와巡査ᄂᆞᆫ日本語가通ᄒᆞᄂᆞᆫ者를必要ᄒᆞ오니, 照亮爲要.

明治四十一年七月十三日

統監公爵 伊藤博文

太子少師內閣總理大臣 李完用 閣下

36. 東西間島名稱改定申請書轉呈의 件(往復案2册)

隆熙2年 (西紀1908年 7月31日)
[發] 統監府副統監 曾禰荒助
[受] 內閣總理大臣 李完用

機密統發第九五三號

在間島齋藤派出所長의特報, 統派密第三七號를謄寫ᄒᆞ야玆에送付홈.

明治四十一年七月三十一日
副統監子爵 曾禰荒助
太子少師內閣總理大臣 李完用 閣下

附. 同上申請書

- 隆熙2年 (西紀1908年 7月7日)
- [發] 統監府間島派出所長 齋藤季治郎
- [受] 統監府統監 伊藤博文

統派密第三七號

明治四十一年七月七日
統監府臨時間島派出所長 齋藤季治郎
統監公爵 伊藤博文 殿

從來當派出所의關係ᄒᆞᆫ地方을二分ᄒᆞ야, 白頭山으로붓터老爺嶺에連ᄒᆞᆫ南北의山脉以東을東間島로, 以西를西間島로稱號ᄒᆞ야由來ᄒᆞ든바, 韓人은鴨綠江對岸을一般西間島로稱ᄒᆞ야, 從來當派出所에서稱呼ᄒᆞᄂᆞᆫ西間島와交錯誤解를生ᄒᆞ기易ᄒᆞᆯ虞가不無ᄒᆞ옵기, 派出所의關係를有ᄒᆞᆫ間島全部를亦後東間島라總稱ᄒᆞ야, 從來稱號ᄒᆞ든東間島를東間島東部로, 西間島를東間島西部로改稱ᄒᆞ깃습기玆에申請홈.

37. 間島事情報告書轉呈의 件(往復案2冊)

隆熙2年 (西紀1908年 8月4日)
[發] 統監府副統監 曾禰荒助
[受] 內閣總理大臣 李完用

機密統發第九五六號

在間島派出所長月報, 統派月[報脫]第六號ᄅᆞᆯ謄寫ᄒᆞ야, 參考ᄒᆞ시기爲ᄒᆞ야玆에送付홈.

明治四十一年八月四日
統監代理副統監子爵 曾禰荒助
太子少師內閣總理大臣 李完用 閣下

附. 同上報告書

- 隆熙2年 (西紀1908年 7月8日)
- [發] 間島派出所長 齋藤季治郎
- [受] 統監府統監 伊藤博文

統派月第六號

六月分月報

自六月一日至同三十日
明治四十一年七月八日
統監府臨時間島派出所長 齋藤季治郎
統監公爵 伊藤博文 殿

一. 地方一般의狀況

本月間地方一般이平穩ᄒᆞ야, 多數土民은耕種을旣終ᄒᆞ고各其安業ᄒᆞᄂᆞᆫ狀況이라.

本月間暴徒에關ᄒᆞ야別聞ᄒᆞᆫ바無ᄒᆞᄂᆞ, 間島에ᄂᆞᆫ尙히李範允의舊部下된士卒이在住ᄒᆞ고, 韓國內地或은露領方面으로敗竄의暴徒가逃入ᄒᆞᆯ虞가不無ᄒᆞᆷ으로, 此等에關ᄒᆞ야ᄂᆞᆫ常히視察及警戒ᄅᆞᆯ嚴重히實施ᄒᆞᆷ.

馬賊에對ᄒᆞ야ᄂᆞᆫ, 局子街北方寧古塔街道上及銅佛寺北方吉林街道上에ᄂᆞᆫ時時出沒ᄒᆞᄂᆞ, 其全部淸國官憲으로븟터討伐隊를派遣ᄒᆞ야此를掃蕩ᄒᆞᆷ으로, 當所附近地方에ᄂᆞᆫ全然此等의被害를聞知ᄒᆞᆫ事가無ᄒᆞ고平穩ᄒᆞᆷ.

二. [48]淸國官憲의施設及其軍隊의行動

淸國官憲에在ᄒᆞᆫ施設은, 倍나其行政機能의發展에竭力ᄒᆞ야, 써領土主義의基礎ᄅᆞᆯ鞏固케ᄒᆞᆷ으로熱心ᄒᆞᆷ, 即各派弁所ᄅᆞᆯ增設ᄒᆞᆷ에伴ᄒᆞ야, 曾히吉林으로븟터增派ᄒᆞ야局子街에서식로訓練ᄒᆞᆫ憲兵又ᄂᆞᆫ巡警을各地에分派ᄒᆞ고, 且此官憲이軍隊로連絡ᄒᆞᆷ에, 若干距里에每히騎兵을配置ᄒᆞ야써報告·傳令의速達에供ᄒᆞ고, 或은局子街에壯大ᄒᆞᆫ兵營을建ᄒᆞ야, 每日廳舍의建築으로奔忙ᄒᆞ고, 或은各地의派弁所又ᄂᆞᆫ兵營修築을行ᄒᆞ야, 一은韓民의信賴ᄅᆞᆯ繫ᄒᆞᆷ과共히其行政組織의完全에努力ᄒᆞᆷ.

淸國軍隊의行政은如左ᄒᆞᆷ.

(一) 六月十四日, 局子街駐屯步兵第十二標第二營隊附將校一名·下士以下約四十名은, 東間島西部漢窰溝에向ᄒᆞ야出發ᄒᆞ고, 此에交代된漢窰溝駐屯兵은, 巡防隊步隊哨官以下二十三名이銅佛寺街에歸還駐屯ᄒᆞᆷ.

(二) 六月二十四日, 淸國憲兵班長部勝標以下五名은, 局子街로븟터砂器洞兵營에到着ᄒᆞᆷ.

(三) 穩城間島三朝洞(地點未詳)에淸兵約五十名이駐屯ᄒᆞᆫ다고說이有ᄒᆞ야事實을調査中이ᄋᆞᆸ.

(四) 老爺嶺及張財嶺에ᄂᆞᆫ工程隊第一營의各一箇隊가通路의改修에從事ᄒᆞ니, 其道幅은牛馬車의通行ᄒᆞ기無碍ᄒᆞᆯ만ᄒᆞ나, 其工事ᄂᆞᆫ一時的에不過ᄒᆞᆫ다云ᄒᆞᆷ.

(五) 本月間自吉林으로額木索寧古塔을經ᄒᆞ야琿春에到着ᄒᆞᆫ淸國軍隊ᄂᆞᆫ, 諸種의情報를綜合ᄒᆞᆫ즉約二營의淸兵이到着ᄒᆞᆫ事實을認ᄒᆞ며, 其步兵은第一標外에工兵隊巡警等이有ᄒᆞᆷ.

(六) 尙本月中吉林으로븟터敦化縣에來着駐屯ᄒᆞᆫ者가, 步兵이第一標第一營의全部나, 目下舊營及市內의民家의宿泊ᄒᆞᄂᆞᆫᄃᆡ, 該一營은或은琿春에在ᄒᆞᆫ兵營의落成을待ᄒᆞ야同地에向ᄒᆞᆫ

---

48 以下十四字는 朱點이 찍혀있음.

다云ᄒᆞ고, 或은敦化及附近地方에分配駐屯ᄒᆞᆫ다云ᄒᆞ나, 前說이或事實인듯信홈.

三. 淸國官憲이韓國官吏及人民에對ᄒᆞᆫ不法行爲

(一) [49]淸國官憲이東間島西部(從來西間島로報告ᄒᆞ든것)地方에在住ᄒᆞᄂᆞᆫ韓民에對ᄒᆞ야, 薙發[髮誤]易服을强制ᄒᆞᆫ事實에對ᄒᆞ야取調ᄒᆞ기爲ᄒᆞ야, 客月中에派遣ᄒᆞᆫ囑托事務官鈴木信太郎及憲兵의一行은, 本月十九日歸着ᄒᆞ얏ᄂᆞᆫᄃᆡ, 其報告를據ᄒᆞᆫ즉, 同地漢窰溝派弁所長竇寶賢은, 其部下官吏及兵員을派ᄒᆞ야韓家各戶에就ᄒᆞ야薙髮易服을强制로命ᄒᆞ고, 不從ᄒᆞᄂᆞᆫ者ᄂᆞᆫ速히該地方을退去ᄒᆞ라고迫ᄒᆞ고, 且同時에歸化의願書에捺印케ᄒᆞᆫ事ᄂᆞᆫ, 全然明確ᄒᆞᆫ事實이옵.

鈴木事務官은當時竇派弁所長에게會見ᄒᆞ고, 韓民에對ᄒᆞ야薙髮·易服을强制로ᄒᆞᆫ不法된事를說明ᄒᆞ얏든니, 其後에ᄂᆞᆫ右의强制ᄂᆞᆫ殆히此를施치못ᄒᆞ야, 全혀淸國官憲이韓民에對ᄒᆞᆫ態度一變홈은, 此我官吏를派遣ᄒᆞᆫ結果에不外라, 同地方에頭民二名이派出所에出頭ᄒᆞ야, 在住韓民을代表ᄒᆞ야陳謝의意를表ᄒᆞ고, 且憲兵分遣所의新設홈을懇望홈(往電第七五號報告홈).

(二) 會寧間島文化社南尙洞에서韓人羅亨權이設置ᄒᆞᆫ渡船場에對ᄒᆞ야, 淸國官憲이兵力을用ᄒᆞ야此를禁止ᄒᆞ나, 此舊慣及善後章程第六條에違反홈이니, 我派出所가斷定코默過홈이不可홈으로ᄡᅧ, 一面으로陳昭常에對ᄒᆞ야此를抗議ᄒᆞ고, 一面으로渡船場에ᄂᆞᆫ保護ᄒᆞ기爲ᄒᆞ야我憲兵을派遣ᄒᆞ야其營業을繼續케ᄒᆞᆫ바, 陳은一應政府에報告ᄒᆞ야其指揮를受ᄒᆞ야回答ᄒᆞᆯ터이니, 一時渡船을中止케ᄒᆞᆯ意로答ᄒᆞ얏스ᄂᆞ, 我ᄂᆞᆫ假令一時라도此를中止케ᄒᆞᆯ理由가無ᄒᆞᆫ旨로聲明ᄒᆞ얏스ᄂᆞ, 此交涉中特히平和를重히ᄒᆞ야渡船은此를停止케ᄒᆞ고, 陳에對ᄒᆞ야特히憲兵의少數를差遣ᄒᆞ야, 韓國官憲이渡船業을許可ᄒᆞ야從來의慣例와其他理由를詳細說明케ᄒᆞ야ᄡᅧ再次熟慮를求ᄒᆞ얏스ᄂᆞ, 到底妥帖의途가無홈으로ᄡᅧ六月二十四日更히渡船을開始케ᄒᆞ얏드니, 陳은新編成ᄒᆞᆫ憲兵五名을砂器洞에派遣ᄒᆞ야渡船을禁止케홈으로, 該憲兵은渡船場에서通行人에對ᄒᆞ야乘船을禁止ᄒᆞᆯᄉᆡ, 或은棒을揮ᄒᆞ야此를威嚇ᄒᆞ고, 或은舟夫에게出船을禁ᄒᆞ야, 甚ᄒᆞ면乘船코ᄌᆞᄒᆞᄂᆞᆫ牛車人夫를毆打ᄒᆞᆫ事가有ᄒᆞᆫ지라, 保護ᄒᆞ기爲ᄒᆞ야現場에派遣ᄒᆞᆫ我憲兵은理로ᄡᅧ此를喩ᄒᆞ나, 不肯ᄒᆞ여淸國憲兵이繫留ᄒᆞᆫ舟繩을扼ᄒᆞ야舟를離岸치못ᄒᆞ게ᄒᆞᆫ즉, 我憲兵은其繩을引ᄒᆞ야出船코ᄌᆞᄒᆞ고, 又淸國憲兵이牛의牽繩을取ᄒᆞ야此를放코ᄌᆞ홈과如히, 兩便에서相爭ᄒᆞ야終來渡船의目的을達홈(往電第六八號第七〇號·第七四號·第七七號로報告).

(三) 前月에報告ᄒᆞᆫ平崗下里社柳亭坪村에同地韓人等이學校를設立코ᄌᆞ홈에際ᄒᆞ야, 淸國官憲은此設立을妨害ᄒᆞᄂᆞ, 本官은憲兵을派遣ᄒᆞ야其妨害를排除ᄒᆞ고新築工事에着手케ᄒᆞᆫ

49　原本에 朱點이 찍혀있음.

바, 頭道溝派弁所長은巡警兵數名을現場에派遣ᄒᆞ야, 工事ᄅᆞᆯ中止케ᄒᆞ야百方妨害ᄅᆞᆯ試ᄒᆞᄂᆞ, 工事中은我가憲兵을不絶派遣ᄒᆞ야適當의保護ᄅᆞᆯ與ᄒᆞ고, 且一方으로都社長·敎師等을命ᄒᆞ야工事ᄅᆞᆯ速히完了ᄒᆞᆯ事ᄅᆞᆯ努ᄒᆞᆫ바, 本月下旬에至ᄒᆞ야全혀竣工을告ᄒᆞ고並히開校ᄒᆞᆷ에至ᄒᆞ니, 盖淸國官憲이如斯히學校設立을妨害ᄒᆞᆷ은其原因이種種有ᄒᆞᄂᆞ, 間島로ᄡᅧ完全ᄒᆞᆫ自國領土라ᄒᆞ야, 設立에自國官憲의許可ᄅᆞᆯ受치아니ᄒᆞᆷ이不可ᄒᆞᆫᄃᆡ, 設立者ᄂᆞᆫ此學에出치아님으로ᄡᅧ中止코ᄌᆞᄒᆞᆫ理由가一原因이됨과如ᄒᆞᆷ, 右學校의建築을終ᄒᆞ고開校ᄒᆞᆷ을得ᄒᆞᆷ은, 全혀我派出所의保護에因ᄒᆞ얏다ᄒᆞ야, 開校後學校設立에干與ᄒᆞᆫ都社長·社長及頭民等은, 敎師及生徒와共히感謝의意ᄅᆞᆯ表ᄒᆞ기爲ᄒᆞ야我派出所에出頭ᄒᆞᆷ(往電第七七號로報告ᄒᆞᆷ).

(四) 吉林巡撫ᄂᆞᆫ從來官帖(吉林紙幣)二吊五百文의割合으로ᄡᅧ流通ᄒᆞ야來ᄒᆞ얏ᄂᆞᆫᄃᆡ. 吉林銀元一圓을今後二吊八百文의割合으로通用케ᄒᆞᆯ命令을下ᄒᆞ고, 陶知府ᄂᆞᆫ萬一淸韓商民이右命에違ᄒᆞᄂᆞᆫ者ᄂᆞᆫ罰ᄒᆞ깃다고告示ᄒᆞ야, 此로因ᄒᆞ야間接으로韓錢에對ᄒᆞᆫ割合에影響을及ᄒᆞ야, 現에本月二十七日鏡城間島湖川浦街市場에서, 同街派弁所附淸兵二·三名은韓商人으로븟터韓錢五十文의木綿「京一卷」을購買ᄒᆞ고, 其代價로吉林小銀貨一個ᄅᆞᆯ支拂ᄒᆞ고, 此ᄅᆞᆯ韓錢七十文으로使用코ᄌᆞᄒᆞ야二十文의剩錢을得코ᄌᆞᄒᆞ나, 韓商人은該銀貨ᄂᆞᆫ韓錢五十文以上에ᄂᆞᆫ通用치안니ᄒᆞᆫ다ᄒᆞ야此ᄅᆞᆯ拒絶ᄒᆞᆷ으로淸兵과紛爭을惹起ᄒᆞᆯ際에, 偶然이同街巡回中의韓國巡査ᄂᆞᆫ該韓商人에게對ᄒᆞ야, 不當이思量ᄒᆞᆯ지경이면賣買치아니ᄒᆞᆷ만不如ᄒᆞ다고諭ᄒᆞᆫ즉, 淸兵은此ᄅᆞᆯ見ᄒᆞ고憤怒ᄒᆞ야韓商人及韓國巡査ᄅᆞᆯ所携ᄒᆞᆫ木棒으로ᄡᅧ數回毆打ᄒᆞ야, 韓國巡査ᄂᆞᆫ微傷을受ᄒᆞᆷ에至ᄒᆞᆫ바, 同行憲兵은此ᄅᆞᆯ止ᄒᆞ고直히同派弁所員에게就ᄒᆞ야淸兵의不法을詰問ᄒᆞᆫ즉, 吉林銀貨의韓錢에對ᄒᆞᆫ市勢ᄂᆞᆫ, 命令으로兵士의所去ᄒᆞᆷ과如히上官으로븟터規定이有ᄒᆞ다稱ᄒᆞ고, 又韓國巡査ᄅᆞᆯ毆打ᄒᆞᆫ事에對ᄒᆞ야ᄂᆞᆫ, 此ᄅᆞᆯ毆打치아니ᄒᆞ얏다고弁解ᄒᆞᆫ旨로報告ᄅᆞᆯ接ᄒᆞ고, 本職은楠野憲兵少佐ᄅᆞᆯ差遣ᄒᆞ야, 陳昭常에게對ᄒᆞ야銀元의市價ᄅᆞᆯ如何히定치안코, 命令에違ᄒᆞᄂᆞᆫ者ᄂᆞᆫ殊히韓人ᄭᆞ지도處罰코ᄌᆞᄒᆞᄂᆞᆫ事의妥當치못ᄒᆞᆷ과及巡査ᄅᆞᆯ毆打ᄒᆞᆫ事에關ᄒᆞ야嚴重히交涉ᄒᆞᆫ즉, 陳의代理者王國琛은, 銀元에對ᄒᆞᆫ官帖의市勢ᄂᆞᆫ吉林巡撫로븟터此ᄅᆞᆯ定ᄒᆞ얏스나, 淸國貨幣에對ᄒᆞᆫ韓錢의市勢ᄂᆞᆫ定ᄒᆞᆫ事가無ᄒᆞᆷ에依ᄒᆞ야, 調査ᄒᆞᆫ後兵士等에게ᄂᆞᆫ不當의市勢로ᄡᅧ使用ᄒᆞᆷ을戒ᄒᆞ고, 又韓國巡査ᄂᆞᆫ官吏로ᄂᆞᆫ此ᄅᆞᆯ認치못ᄒᆞ깃스나, 然이ᄂᆞ假令普通의韓人이라도毆打ᄒᆞᆷ은不妥當ᄒᆞᆷ으로ᄡᅧ, 調査ᄒᆞᆫ後處罰ᄒᆞ깃다고答弁ᄒᆞᆷ(往電第七七號로報告).

(五) 六月十八日, 鍾城間島光宗社三浦村住韓人黃敏弘의母南氏(六十歲)ᄂᆞᆫ, 外二名의婦人과同地光風社文岩洞을通行ᄒᆞᆯ際에, 湖川浦街派弁所附淸兵二名은謂치안코南氏ᄅᆞᆯ毆打ᄒᆞ고, 且銃劒으로ᄡᅧ南氏의頭髮의結絲ᄅᆞᆯ截ᄒᆞ고頭中의月子二介(代價二圓八十錢値)ᄅᆞᆯ掠奪ᄒᆞ고, 尙히銃劒을揮ᄒᆞ야南氏의左肩及食指에微傷을負케ᄒᆞᆷ.

本件에關ᄒᆞ야도, 境野憲兵少佐로븟터陳의代理者王國琛과會見ᄒᆞ고, 淸兵의不法行爲에

對ᄒᆞ야處分을要求ᄒᆞᆫ즉, 調査ᄒᆞᆫ後相當處罰ᄒᆞᆯ意로答홈.

四. 淸國巡警及淸國人의對本邦人의紛爭

(一) 六月二十一日夜局子街에서, 淸國巡警은謂치안코通行ᄒᆞᄂᆞᆫ本邦人二名에게對ᄒᆞ야此ᄅᆞᆯ誰냐ᄒᆞ고, 且銃劍을擬ᄒᆞ야其通行을妨害홈으로該本邦人과衝突ᄒᆞ야紛爭을惹起ᄒᆞ고, 且此紛爭中에其附近에서發銃ᄒᆞᆫ者가잇ᄂᆞᆫᄃᆡ巡警의行爲로認ᄒᆞ고, 本職은奧村憲兵大尉로ᄒᆞ야금陳昭常에게對ᄒᆞ야, 巡警이街路에서無端히通行者ᄅᆞᆯ何人이냐ᄒᆞ고銃劍을擬ᄒᆞ야此에對홈과如홈은, 全혀警察上의本義에戾ᄒᆞ야不法됨인즉, 自今으로 一切通行者ᄅᆞᆯ何人이냐ᄒᆞᄂᆞᆫ事ᄅᆞᆯ禁止ᄒᆞ고, 且아모쪼록銃器의携帶ᄅᆞᆯ停止ᄒᆞᆯ事로嚴重히交涉ᄒᆞ온바, 陳은目今何人이냐홈은日本人에對ᄒᆞ야ᄂᆞᆫ絶對的此ᄅᆞᆯ行치못ᄒᆞ고, 一般淸韓人에對ᄒᆞ야ᄂᆞᆫ, 夜深後通行ᄒᆞ고且擧動이怪ᄒᆞᆫ者로認ᄒᆞᆫ者에限ᄒᆞ야何人이냐ᄒᆞ고, 巡査에ᄂᆞᆫ銃을携帶케ᄒᆞᄂᆞ彈藥은携帶치못ᄒᆞᆯ事ᄅᆞᆯ明言ᄒᆞ얏시나, 前記發銃者의巡警인事ᄂᆞᆫ此ᄅᆞᆯ否認홈.

(二) 六月十六日, 當龍井村東端의田地內에서, 淸人二名은荷物馬車二輛을驅ᄒᆞ야此ᄅᆞᆯ通過코ᄌᆞᄒᆞᆯ際에, 田地所有者된韓民이此ᄅᆞᆯ認ᄒᆞ고, 其通過ᄅᆞᆯ拒홈에原因ᄒᆞ야互相爭鬪ᄅᆞᆯ惹起ᄒᆞᄂᆞᆫ際에, 本邦人職工一名이此ᄅᆞᆯ仲裁底止코ᄌᆞᄒᆞ야入ᄒᆞᆫ즉互相言語ᄅᆞᆯ不通홈으로, 淸人等은日本職工이韓人을援助ᄒᆞᄂᆞᆫ者로誤認ᄒᆞ고該職工을毆打홈으로, 互相毆打ᄒᆞ야負傷ᄒᆞᆫ事件이有ᄒᆞᆫ바, 事體가輕微ᄒᆞ고且雙方에서和解ᄅᆞᆯ希望홈으로붓터, 我憲兵이說喩放遣ᄒᆞ온바, 翌十七日에當地派弁所로붓터, 右淸人은舊來의大路ᄅᆞᆯ通行홈에對ᄒᆞ야此ᄅᆞᆯ阻碍ᄒᆞ고, 且韓人이先打ᄒᆞ고次에本邦人數名으로淸人을毆打ᄒᆞ야重傷을負케ᄒᆞᆫ것인즉, 加害者에對ᄒᆞ야相當處分ᄒᆞ라고要求홈.

右에對ᄒᆞ야ᄂᆞᆫ, 我派出所에서山本囑托通譯官을該派弁所에差遣ᄒᆞ야, 通路ᄂᆞᆫ舊來의道路에不在ᄒᆞ고全혀田地된事와, 彼我毆打에淸人이先打ᄒᆞᆫ事와及互相微傷을受ᄒᆞ얏ᄂᆞᆫᄃᆡ, 本件은淸人의懇請으로業已和解ᄒᆞᆫ旨ᄅᆞᆯ答ᄒᆞ야本件을落着홈.

五. [50]韓民의狀態

韓國民의我派出所ᄅᆞᆯ信賴ᄒᆞᄂᆞᆫ程度ᄂᆞᆫ, 近來一層增加홈과如ᄒᆞᆫ바, 我任命ᄒᆞᆫ都社長·社長等은從來에倍蓰ᄒᆞ야職務에熱心ᄒᆞ고, 韓人一般이誠意로뻐我에依賴ᄒᆞᄂᆞᆫ傾向이有ᄒᆞᆫᄃᆡ, 殊

---

50 原本에 朱點이 찍혀있음.

히前項에在ᄒᆞ야學校設立及其工事에對ᄒᆞᆫ清國官憲의妨害ᄅᆞᆯ排除ᄒᆞ고其目的을達케ᄒᆞᆷ과, 又清國官憲이豆滿江에在ᄒᆞᆫ韓人의渡船開始ᄅᆞᆯ妨害ᄒᆞᆷ에對ᄒᆞ야, 我ᄂᆞᆫ極力其渡船을保護ᄒᆞᆷ과如ᄒᆞᆫ件은, 共히韓人으로ᄒᆞ야금清國官憲은韓人의教育及交通을阻碍ᄒᆞᆯ者라ᄂᆞᆫ感念을起치안케ᄒᆞ며, 反히我官憲은韓民의發達及利益을保護ᄒᆞᄂᆞᆫ者라ᄂᆞᆫ感念을深케ᄒᆞᆯ지니, 右等의事ᄂᆞᆫ反히韓民의信賴ᄒᆞᄂᆞᆫ度ᄅᆞᆯ深厚케ᄒᆞᆫ者로信ᄒᆞᆷ을從ᄒᆞ야, 當地ᄅᆞᆯ距ᄒᆞᆫ僻遠의地方으로ᄂᆞᆫ, 我憲兵分遣所의設置ᄅᆞᆯ請願ᄒᆞ러來ᄒᆞᄂᆞᆫ者多ᄒᆞ오니, 韓民의信賴程度가一般增加ᄒᆞᆷ은推此可知ᄒᆞᆷ.

六. 地方一般衛生의狀況

當所在地에서ᄂᆞᆫ解氷時以來로清潔法을勵行ᄒᆞ고, 又附近地方에在ᄒᆞ야도可及ᄒᆞᆫ限度에對ᄒᆞ야憲兵·巡査ᄅᆞᆯ巡回케ᄒᆞ야衛生上의注意ᄅᆞᆯ鼓吹ᄒᆞ야, 一般衛生上의狀況은大體良好ᄒᆞ야流行疾病等이無ᄒᆞᆷ.

七. 所員의動靜

五月廿九日븟터東間島西部地方에出張ᄒᆞᆫ囑托事務官鈴木信太郎及憲兵等의一行은本月十九日에歸着ᄒᆞᆷ, 事務官篠田治策은有事上京ᄒᆞᆷ을被命ᄒᆞ고高木屬을隨ᄒᆞ야本月二十一日에出發ᄒᆞᆷ, 他의所員一同이頗히健全ᄒᆞᆫᄃᆡ少數의人員으로繁劇ᄒᆞᆫ事務에精勵鞅掌ᄒᆞᆷ.

八. 新廳舍建築作業工程

新廳舍及附屬家屋은, 何如든지本月初旬븟터着手ᄒᆞ야既已土工作業을完了ᄒᆞ니, 着手以來로幸히天氣가好晴ᄒᆞ야工事進捗에資되ᄂᆞᆫ事가多ᄒᆞᆷ.

右ᄅᆞᆯ報告ᄒᆞᆷ. 以上.

38. 間島事情報告書轉呈의 件(往復案2册)

隆熙2年 (西紀1908年 8月9日)

[發] 統監府副統監 曾禰荒助

[受] 內閣總理大臣 李完用

機密統發第一一〇三號

在間島齋藤派出所長의月報統派月[報脫]第七號를謄寫ᄒᆞ와, 參考ᄒᆞ시기爲ᄒᆞ야玆에送付홈.

明治四十一年八月九日

統監代理副統監子爵 曾禰荒助

太子少師內閣總理大臣 李完用 閣下

附. 同上報告書

- 隆熙2年 (西紀1908年 8月7日)
- [發] 統監府間島派出所長 齋藤季治郎
- [受] 統監府副統監 曾禰荒助

統派月第七號

月報

自七月一日至同三十一日

明治四十一年八月七日

統監府臨時間島派出所長 齋藤季治郎

副統監子爵 曾禰荒助 殿

一. 地方一般의狀況

本月間, 淸國官憲에서ᄂᆞᆫ間島外에穀類의輸出를禁止ᄒᆞᆫ事件이有홈.

又慶興地方에出動ᄒᆞᄂᆞᆫ暴徒에關ᄒᆞ야ᄂᆞᆫ, 其主力은警備의薄弱ᄒᆞᆫ間島에襲來ᄒᆞᆫ다ᄂᆞᆫ風說이有ᄒᆞ야, 一時地方民心에不安의狀態ᄅᆞᆯ呈ᄒᆞ얏스나, 爾來暴徒의行動이甚치아니ᄒᆞ야襲來의風說도漸時薄弱홈으로, 一般民心이日로沈靜에歸向홈.

二. 淸國官憲의施設及其軍隊의行動

本月間淸國官憲의施設 · 兵員及軍用品의到着其他에對ᄒᆞ야, 多少의注意ᄅᆞᆯ要ᄒᆞᆫ件이如左홈.

(一) 七月二日, 延吉廳知府陶彬은, 別紙謄寫갓치間島外에穀物의輸出ᄅᆞᆯ禁止ᄒᆞᄂᆞᆫ意의告示ᄅᆞᆯ發布ᄒᆞ야, 即日븟터此ᄅᆞᆯ實施ᄒᆞᄂᆞᆫ事.

(二) 七月八日, 延吉廳分防和龍峪經歷廳許德洧ᄂᆞᆫ, 我派出所로븟터任命ᄒᆞᆫ會寧間島都社長及社長의勤勞ᄅᆞᆯ酬ᄒᆞ기爲ᄒᆞ야當該各社韓民이金額을據出코ᄌᆞᄒᆞᄂᆞᆫᄃᆡ, 此據出을禁止ᄒᆞᄂᆞᆫ告示ᄅᆞᆯ發布ᄒᆞᆫ事.

(三) 七月二日, 憲兵二十名及護兵(大官의警衛에充ᄒᆞᆫ兵)二十四名은, 吉林으로븟터邊務公署에到着ᄒᆞᆫ事.

(四) 七月十六日, 吉林邊務公署醫院을開設ᄒᆞ기爲ᄒᆞ야, 醫官으로正軍醫(我三等軍醫正에相當홈)李某外軍醫一名과竝藥劑及衛生材料十二箱이吉林으로븟터邊務公署에到着ᄒᆞᆫ事.

(五) 七月十三日, 敦化縣으로븟터將校一名 · 下士二十一名이銅佛寺街兵營에到着ᄒᆞᆫ事.

(六) 七月二十日, 軍用銀及小銃彈藥(員數未詳)을, 馬車六輛으로吉林으로븟터邊務公署에到着ᄒᆞᆫ事.

(七) 七月二十三日, 吉林邊務督辦兼琿春副都統陳昭常은, 吉林巡撫로轉任의命을受ᄒᆞ얏ᄂᆞᆫᄃᆡ, 但陳은吉林邊務督辦을兼攝ᄒᆞ고, 協辦吳祿貞은琿春副都統을代理ᄒᆞᆫ다ᄂᆞᆫ說이有ᄒᆞᄂᆞ不確홈.

三. 淸國官憲이韓民에對ᄒᆞᆫ不法行爲

(一) 穀物輸出禁止의告示에關ᄒᆞᆫ件, 本件에對ᄒᆞ야ᄂᆞᆫ往電第八七號 · 第八八號 · 第九〇號 ·

第九四號·第九五號·第九八號·第九九號로ᄡᅥ詳細報告ᄒᆞᆷ.

(二) 淸國官憲의不法徵稅

淸國官吏ᄂᆞᆫ今尙往往不正의徵稅ᄅᆞᆯᄒᆞᄂᆞᆫ者有ᄒᆞ야, 現에東盛湧稅務局總辦庚[51]振馥은七月十日智豊社下村地方에서, 韓民七名에게牛馬賣買稅로ᄒᆞ야金三十八圓을不正이徵收ᄒᆞᆷ.

其徵收의方法은, 各村落을巡回ᄒᆞ야牛馬의飼養家에就ᄒᆞ야, 納稅票(牛馬賣買의際에淸國官憲으로붓터下付ᄒᆞᆫ稅金을納ᄒᆞ고, 買主納稅ᄒᆞᆫ證)ᄅᆞᆯ提出케ᄒᆞ야直히此ᄅᆞᆯ取ᄒᆞ고, 其納稅票에記載ᄒᆞᆫ買價ᄅᆞᆯ問ᄒᆞ고, 若其飼養主가買價ᄅᆞᆯ忘却ᄒᆞ거ᄂᆞ, 或은其票에記載ᄒᆞᆫ金과飼養主의申請ᄒᆞᆫ金이相左된時ᄂᆞᆫ, 該票ᄅᆞᆯ僞物로ᄒᆞ야更히牛馬의賣買稅ᄅᆞᆯ徵收ᄒᆞ고, 又ᄂᆞᆫ僞票携帶의罰金으로ᄒᆞ야, 適宜이其金을比減ᄒᆞᄂᆞᆫᄃᆡ, 若此에不應ᄒᆞ면直히拷責을加ᄒᆞ야强制로徵收ᄒᆞᆷ.

右에對ᄒᆞ야韓民이訴出ᄒᆞᆷ으로, 七月十一日, 森川[亨]憲兵中尉ᄅᆞᆯ該地에遣ᄒᆞ야嚴重히交涉케ᄒᆞᆫ바, 康은遂히自己의所爲가不當ᄒᆞᆷ을認ᄒᆞ고, 同中尉面前에서既히徵收ᄒᆞᆫ金額全部ᄅᆞᆯ各被徵收者에게返還ᄒᆞᆷ.

(三) 淸兵의不法行爲

本月間聞知ᄒᆞᆫ淸兵의不法行爲ᄂᆞᆫ左와如ᄒᆞᆷ.

(가) 六月三十日, 所屬隊號不詳ᄒᆞᆫ淸兵十四名은, 自局子街로鍾城間島ᄅᆞᆯ經ᄒᆞ야琿春地方에向ᄒᆞ야通過ᄒᆞᄂᆞᆫ途中三浦社三合里에서, 十四名內十三名은悉皆拔劍ᄒᆞ고, 濫히同村韓人家屋(九戶)의戶扉ᄅᆞᆯ開ᄒᆞ고屋內를窺見ᄒᆞ며, 或은婦人의手ᄅᆞᆯ引ᄒᆞ고, 又ᄂᆞᆫ兒童을引出ᄒᆞᄂᆞᆫ等種種의作亂을加ᄒᆞ야村民을恐怖케ᄒᆞᆷ.

(나) 七月六日, 鍾城間島下泉坪村에서淸兵三名은, 鷄及鷄卵을買得ᄒᆞ고歸家途中에在ᄒᆞᆫ一韓人에게對ᄒᆞ야鷄一部ᄅᆞᆯ要求ᄒᆞ나韓人이此에不應ᄒᆞᆷ으로, 淸兵一名은携帶ᄒᆞᆫ木棒으로ᄡᅥ韓人을毆打ᄒᆞᆷ으로, 韓人은大恐ᄒᆞ야鷄三首及卵二十箇ᄅᆞᆯ韓錢五百五十文의約束으로賣却ᄒᆞᆫ즉, 淸兵은韓錢四百文에相當ᄒᆞᆫ淸錢을支撥ᄒᆞᆯ뿐으로逃走ᄒᆞ얏ᄂᆞᆫᄃᆡ, 被害者의訴에依ᄒᆞ야, 下泉坪憲兵分遣所長은直히光霽峪兵營隊長陳九達에게交涉ᄒᆞᆫ바, 陳은種種曲庇ᄒᆞ야容易히應치아니ᄒᆞ나, 結局은兵卒에代ᄒᆞ야其餘金百五十文을支撥ᄒᆞ고, 且兵卒에對ᄒᆞ야ᄂᆞᆫ調査ᄒᆞᆫ後相當處分ᄒᆞᆯ意로答ᄒᆞᆷ.

(다) 七月十四日, 光霽峪兵營의淸兵二名은, 下泉坪에서一韓人의田地에入ᄒᆞ야耕作物을踏ᄒᆞᆷ으로ᄡᅥ, 韓人이平穩히此ᄅᆞᆯ制止코ᄌᆞᄒᆞᆫ즉, 淸兵一名은穿靴ᄅᆞᆯ脫ᄒᆞ야同人의背部及頭部ᄅᆞᆯ毆打ᄒᆞ야微傷을負케ᄒᆞᆷ, 被害者의訴로붓터, 下泉坪憲兵分遣所班長이隊長

51 庚과 康이 混用되었음.

陳九達에게對ᄒᆞ야警告홈, 以上淸兵의不法行爲에對ᄒᆞ야ᄂᆞᆫ, 奧村[惠]憲兵大尉로ᄒᆞ야局子街邊務公署에其事實을通告ᄒᆞ고將來ᄅᆞᆯ警告홈.

四. 淸國兵과我憲兵의爭鬪事件

紛議中의豆滿江渡船場에서, 七月二日淸國憲兵及兵卒十名과我憲兵五名과渡船渡否의事로一場小爭鬪ᄅᆞᆯ惹起ᄒᆞ야, 彼我三四名이共히輕微의打撲傷을負홈에至ᄒᆞᆫ바, 本件에關ᄒᆞ야本官은七月三日親히陳昭常에게會見ᄒᆞ고嚴重히交涉ᄒᆞ온바, 陳은當國政府에서本件에關ᄒᆞ야協議成立ᄒᆞ기ᄭᆞ지ᄂᆞᆫ, 亂暴히渡船을阻止치아니ᄒᆞᆯ事及現場에서我憲兵과衝突을惹起치아니ᄒᆞ도록, 十分訓諭ᄅᆞᆯ加ᄒᆞᆯ意로明言ᄒᆞ얏ᄂᆞᆫᄃᆡ, 該渡船場에ᄂᆞᆫ其後平田憲兵中尉以下十名을增派ᄒᆞ야淸兵의妨害ᄅᆞᆯ排除ᄒᆞ야渡船을續行케ᄒᆞ고, 淸兵도其後敢히大妨害ᄅᆞᆯ加ᄒᆞᄂᆞᆫ事無홈(往電第七九號·第八〇號·第二八[八二?]號·第八三號).

五. 暴徒에關ᄒᆞᆫ件

今回暴徒가慶興地方에出動ᄒᆞ고, 次에會寧附近에出現홈에對ᄒᆞ야ᄂᆞᆫ, 淸韓民은一般이暴徒로ᄡᅧ優勢ᄒᆞᆫ者라ᄒᆞ야, 間島에도侵入ᄒᆞ야來ᄒᆞᆫ다ᄂᆞᆫ懸念을懷ᄒᆞ야, 一時不安의狀態가有ᄒᆞ얏스나, 爾後暴徒行動이不甚ᄒᆞ야, 我討伐隊와遭後[遇誤]ᄒᆞᄂᆞᆫ時ᄂᆞᆫ, 何時든지忽地潰散ᄒᆞ야一無所爲홈으로ᄡᅧ, 此等實情을傳聞ᄒᆞᄂᆞᆫ者ᄂᆞᆫ, 漸次暴徒에對ᄒᆞᆫ危懼心을去ᄒᆞ고, 不安의念은日로薄弱홈, 然이ᄂᆞ暴徒의目的은一部ᄂᆞᆫ慶興地方으로南下ᄒᆞ야茂山甲山地方으로向ᄒᆞ고, 他의有力ᄒᆞᆫ一部ᄂᆞᆫ我警備의薄弱ᄒᆞᆫ間島에襲來ᄒᆞᆫ다고風說이有ᄒᆞ며, 且首魁李範允은, 在琿春衙門에서間島로進出ᄒᆞ기爲ᄒᆞ야借道ᄒᆞ라고申請ᄒᆞ얏다ᄂᆞᆫ說은(拒絶ᄒᆞ얏다云홈)事實인ᄃᆡ, 人民間에風聞ᄒᆞᆫ즉, 暴徒ᄂᆞᆫ陰히露淸當局官憲의援助ᄅᆞᆯ受ᄒᆞᆫ다고推思홈과, 韓國內地에在ᄒᆞᆫ我守備隊ᄂᆞᆫ暴徒ᄅᆞᆯ姑未殄滅ᄒᆞᆫ等諸原因으로由ᄒᆞ야, 或은有力ᄒᆞᆫ暴徒의襲來ᄒᆞᆯᄂᆞᆫ지不知ᄒᆞ다ᄂᆞᆫ懸念은尙今全去치아니ᄒᆞ야多少不安의念이有홈은一般狀態임.

今回의暴徒ᄂᆞᆫ, 本邦人及一進會員을戕殺홈으로目的홈과如히標榜ᄒᆞᆫ結果, 淸國人은大槪暴徒에對ᄒᆞ야冷談ᄒᆞ야深히懸念의狀이無ᄒᆞ고, 雖韓人이라도淸國官憲或은同軍隊의處在地에居住ᄒᆞᄂᆞᆫ者ᄂᆞᆫ甚히懸念의狀이無ᄒᆞᄂᆞ, 一進會員又ᄂᆞᆫ本邦人의在住ᄒᆞᄂᆞᆫ地方에居住ᄒᆞᄂᆞᆫ韓人은, 一層暴徒에對ᄒᆞ야恐怖홈, 然이ᄂᆞ當地附近韓民과如히深히我恩惠에浴ᄒᆞ고我施設을德으로ᄒᆞᄂᆞᆫ者ᄂᆞᆫ, 크게我에同情을表ᄒᆞ고暴徒에對ᄒᆞ야自衛上과且我派出所警備ᄒᆞ기爲ᄒᆞ야, 村民이協同ᄒᆞ야晝夜警戒에怠치아니ᄒᆞᄂᆞᆫ바, 現今當龍井村을中心으로ᄒᆞ야附近二里의地方

(東良下里社·智逸社·東盛湧社)에住ᄒᆞᄂᆞᆫ韓民은, 以上目的으로各村十戶로써一組를ᄒᆞ고, 組의組合長을設ᄒᆞ야村長·社長과協力ᄒᆞ야組合村民을指導ᄒᆞ야旅舍를巡檢ᄒᆞ고, 出入人을監査ᄒᆞ야夜警을置ᄒᆞ고, 又巡察者를設ᄒᆞ야晝夜暴徒及其間諜의徘徊와竝히侵襲에對ᄒᆞ야嚴重히警戒홈.

一般韓民은, 往年李範允의間島管理使로來莅ᄒᆞ얏슬際其橫暴에懸ᄒᆞ고, 又李의撤退後, 其關係者ᄂᆞᆫ淸國官憲으로붓터酷遇를受ᄒᆞ야非常ᄒᆞᆫ困難을甞ᄒᆞᆫ事로써, 其大部分은衷心으로李及其部下된暴徒에同情ᄒᆞᄂᆞᆫ者無ᄒᆞ야, 深히其侵入을忌嫌ᄒᆞ나, 暴徒의勢力이强大홈에至ᄒᆞ면, 或은我에對ᄒᆞᆫ從來의信賴를棄ᄒᆞ고, 暴徒에阿附ᄒᆞᄂᆞᆫ者를生홀ᄂᆞᆫ지도測知치못ᄒᆞ고, 特히親露崇淸派의多ᄒᆞᆫ鍾城間島在住韓民은, 向後暴徒勢力의强弱에應ᄒᆞ야其態度를容易히判斷키難ᄒᆞᆫ狀態라, 暴徒出動後今日에至ᄒᆞ기까지ᄂᆞᆫ아직間島에侵入ᄒᆞᆫ形跡이無ᄒᆞ나, 七月十三日에ᄂᆞᆫ銃器를携帶ᄒᆞᆫ異樣者五名이鍾城間島傑備[滿誤?]洞地方으로徘徊ᄒᆞ고, 又同十一日頃穩城間島凉水泉子附近에서, 銃器를携帶ᄒᆞᆫ暴徒와如ᄒᆞᆫ者約十名이徘徊ᄒᆞ얏다ᄂᆞᆫ說이有ᄒᆞᆫᄃᆡ, 其後踪跡을尋處가無ᄒᆞ니果然事實인지不明ᄒᆞ나, 一般暴徒에對ᄒᆞᆫ搜索及警戒에對ᄒᆞ야ᄂᆞᆫ尤極嚴重히實施홈.

淸國官憲은暴徒가間島에侵入홈을防止키爲ᄒᆞ야一般警戒홈은事實이나, 其警戒ᄂᆞᆫ確實치못ᄒᆞᆫ것과如ᄒᆞ고, 尙히今回暴徒出動後今日까지在ᄒᆞᆫ警備를觀ᄒᆞ면左와如홈.

(一) 邊務公署及鍾城間島光霽峪兵營으로붓터, 琿春又ᄂᆞᆫ慶興地方에間諜을派遣ᄒᆞ야暴徒의動靜을探査케ᄒᆞᆫ事.

(二) 光霽峪兵營에서ᄂᆞᆫ, 二·三名式偵察兵을豆滿江沿岸及附近村落에出駐케ᄒᆞᆫ事.

(三) 會寧間島砂器洞兵營에서ᄂᆞᆫ, 豆滿江左岸에步哨를增置ᄒᆞ야警戒ᄒᆞᆫ事.

(四) 銅佛寺街兵營에서ᄂᆞᆫ, 下士或은巡長의指揮ᄒᆞᄂᆞᆫ兵卒三名乃至五名을巡察ᄒᆞ기爲ᄒᆞ야晝夜二回를附近村落에出居ᄒᆞᆫ事.

(五) 東盛湧街巡中營에서ᄂᆞᆫ, 今回更히夜間의步哨를設ᄒᆞ야, 無燈으로通行ᄒᆞᄂᆞᆫ者를誰나ᄒᆞ고, 且晝夜로下士의指揮ᄒᆞᄂᆞᆫ數名의巡邏兵을出居ᄒᆞᆫ事.

(六) 鍾城間島鶴城村(下泉坪을距ᄒᆞᆫ南東方約一里)에約百名, 穩城間島嘎呀河(下泉坪을距ᄒᆞᆫ北方約十里)에約六十名의淸兵을新히配置하야, 專혀暴徒의侵入을防備ᄒᆞ야居ᄒᆞᄂᆞᆫ事라, 要컨ᄃᆡ淸國官憲에서ᄂᆞᆫ暴徒의侵入에對ᄒᆞ야警戒ᄒᆞ야居홈은事實이나, 夜間의巡邏等은確實이行치아니ᄒᆞᄂᆞᆫ模樣으로써, 其警戒ᄂᆞᆫ不足信賴나, 然이나若暴徒가侵入ᄒᆞ면速히此를間島外에驅逐홈에努ᄒᆞ야, 我討伐隊의越江을預防홀行動을執홈.

六. 龍井村附近에在ᄒᆞᆫ農況一般

龍井村觀測氣象表로붓터農業上大關係ᄅᆞᆯ有ᄒᆞᆫ溫度及降雨量을見ᄒᆞ면左와如홈.

旬別	平均溫度	最高溫度	最低溫度	降雨回數	降雨量
第一旬	一七度四	(二日) 三○度○	(四日) 九度○	五	二三粍六
第二旬	一九·二	(十三日) 三二·五	(十一日) 八·五	六	八·三
第三旬	二二·○	(三十一日) 三五·五	(二三日) 一二·○	一○	三○·五

七月中平均溫度 九·六度

同 積算溫度 六○八·○度

同 降雨總量 六二·四粍

右에依ᄒᆞ야此ᄅᆞᆯ會寧觀測의四十年同期間에在ᄒᆞᆫ溫度及降雨量과比較ᄒᆞᆫ즉, 作物의最히溫度及水分을要ᄒᆞᄂᆞᆫ生長期에當ᄒᆞ야, 加之六月十日以後七月三日에至ᄒᆞ기ᄭᆞ지廿日間을旱氣가速續ᄒᆞ야, 雨量이僅히○二粍(六月二十日○·一粍, 同二十六日○·一粍)에不過ᄒᆞ얏ᄂᆞᆫᄃᆡ, 旱魃中少量의降雨ᄂᆞᆫ反히作物生理上被害ᄅᆞᆯ被케ᄒᆞᄂᆞᆫ事多大ᄒᆞ야, 稚弱ᄒᆞᆫ作物의生育에不良ᄒᆞᆫ影響을與ᄒᆞ고七月上旬에降雨ᄂᆞᆫ比較的多ᄒᆞᄂᆞ, 中旬에入ᄒᆞ야降雨回數가多홈에不拘ᄒᆞ고雨量은僅히三粍에止ᄒᆞ야, 但히表土一·二寸의深을潤ᄒᆞ고, 아직下層土에及홈에不至ᄒᆞ고淸天이되야, 作物은再次多少의被害ᄅᆞᆯ被ᄒᆞ야作物生育의狀況이遲緩ᄒᆞ야, 圃場各作物拔苗의多홈을罕見홈은此等前後二回의天候에基因홈이ᄂᆞ, 然이ᄂᆞ如斯ᄒᆞᆫ氣候에서耕土가探ᄒᆞᆫ濕地·溪谷等은反히良好ᄒᆞᆫ結果ᄅᆞᆯ得ᄒᆞ야, 小許里地方과如홈은農民에歡喜ᄒᆞᄂᆞᆫ狀이라.

七月下旬에入ᄒᆞ야氣溫이次第昇加ᄒᆞ며, 曇天이打續ᄒᆞ고降雨가頻數ᄒᆞ야, 雨量이實로三○·五粍(一回平均三·○五粍)ᄅᆞᆯ示ᄒᆞ야, 各作物의生育이漸次恢復ᄒᆞ야顯著이伸長홈을見홈에至ᄒᆞ고, 爾後天候가順홈을得ᄒᆞ야農況은平年作을收ᄒᆞ기ᄂᆞᆫ難치아니홈.

七. 慈惠病院에在ᄒᆞᆫ患者의疹療狀況

本月間慈惠病院에在ᄒᆞᆫ施療新患者總計가七百九十一名인ᄃᆡ, 前月에比ᄒᆞ야五十二名을

增加ᄒᆞ야益益熾況을呈ᄒᆞ고, 遠來患者로當龍井村에宿泊ᄒᆞᄂᆞᆫ者常히不絶ᄒᆞᄂᆞᆫ實況이라.

新患者의國別及男女別은如左홈

區別 / 男女別	日	韓	淸	計
男	五一	三九六	五○	四九七
女	三五	二四五	一四	二九四
計	八六	六四一	六四	七九一

[備考]

疾病中, 痲剌里亞ᄂᆞᆫ前月과殆히同樣으로最多數인ᄃᆡ六十九名을算ᄒᆞ고, 次에腸加答兒患者ᄅᆞᆯ多ᄒᆞᄃᆞ홈, 痲剌利亞ᄂᆞᆫ韓人에서發ᄒᆞᄂᆞᆫ者ᄂᆞᆫ全部가隔日ᄒᆞ야熱ᄒᆞ고, 發作은正規的으로惡寒戰慄로써始ᄒᆞ야脾腫을弱ᄒᆞᆫ者多ᄒᆞ고, 韓人은北ᄅᆞᆯ腹瘧이라稱홈.

八. 本月中警務課에서處理ᄒᆞᆫ警察事ᄂᆞᆫ別表와如홈.

九. 所員의動靜

七月十七日, 間島憲兵分隊長憲兵少佐境野竹之進에게當派出所警察事務ᄅᆞᆯ, 同隊一等軍醫小野純一에게當派出所衛生事務ᄅᆞᆯ囑託ᄒᆞ고, 所員一同이頗히健全ᄒᆞ야所務에精勵홈.

右ᄅᆞᆯ報告홈.

附의 屬1. 間島防穀告示

隆熙2年 6月4日[52] (西紀1908年 7月2日)

[別紙]

欽加五品銜賞戴花翎勳辦吉林邊務交涉兼全省營務處事宜署延吉撫民府兼理事府陶[彬], 爲嚴禁運糧出境事, 照得, 廳屬去歲秋收, 雖稱中稔, 然本地所出之糧, 無非僅供本地之需, 現在地面日益繁盛, 軍民輻輳, 需糧必多, 前有奸商, 將內地糧石販運出境, 以至糧價日增, 軍民咸受影響, 曾經示禁在案, 玆查各處仍有無知商民私自販運, 實屬有干禁令, 合再出

52 6月4日은 陰曆임.

示嚴禁, 爲此示仰閭屬商民人等一體知悉, 自此重申之後, 爾等儲糧之家, 祗准本地糶賣, 無論商民, 概不准運販出境, 倘有不肖商民, 不顧公益, 惟利是圖, 仍將糧石販運出境者, 准由各該處巡警鄉地隨時阻止, 如果不服, 即將販運之人曁所販糧石, 一併護送來案, 以憑按律究懲, 本府教而後誅, 勿謂言之顧[預?]也, 其各凜遵毋違, 切切特示, 右諭通知.

光緒三十四年六月初四日

告示 實貼

附의 屬2. 警察事件表

自明治四十一年七月 一日

至 同年七月三十一日

警察事故表

事項	件數	摘要
毆打	八	一件은原告清人男一, 被告韓人男二, 被告에說諭 一件은原告韓人男一, 被告本邦人男一, 被告에說諭 一件은日清人男各一, 爭鬪, 日本人은說諭ᄒᆞ고清人은清國官憲에게引渡홈 一件은清韓人男各一, 爭鬪, 韓人은說諭ᄒᆞ고清人은清國官憲에게引渡홈 一件은清韓人男各一, 爭鬪, 韓人은說諭ᄒᆞ고清人은清國官憲에게引渡홈 一件은原告韓人男一, 被告清人男一, 被告에說諭 一件은原告本邦人男一, 被告ᄂᆞᆫ清人男一, 清國官憲에交涉 一件은原告韓人男一, 被告韓人男二, 被告에說諭
過失創傷	一	原告韓人男一, 被告清人男一, 被告에說諭홈
土地所有權에 關ᄒᆞᆫ紛爭	二	一件은原告韓人男一, 被告清人男一, 被告에說諭示談홈 一件은原告韓人男一, 被告에對ᄒᆞ야ᄂᆞᆫ清國官憲에交涉
購買ᄒᆞᆫ病馬의返戾로붓터紛爭을생ᄒᆞᆫ者	一	原告韓人男一, 被告清人男一, 雙方을說諭示談홈
他家에猥入ᄒᆞ고且金錢을强請ᄒᆞᆫ者	二	一件은原告韓人男一, 被告清人男一, 被告에說諭 一件은原告韓人男二, 被告清人男一, 被告ᄂᆞᆫ清國官憲에게引渡
牛一頭를拾得ᄒᆞ고返還을不肯ᄒᆞᆫ者	一	原告韓人男一, 被告清人男一, 清國官憲에交涉返還케홈
猥褻의所行을爲코저ᄒᆞᆫ者	一	原告韓人女二, 被告清人男一, 被告ᄂᆞᆫ清國官憲에게引渡홈
小作料에關ᄒᆞᆫ 爭論	二	一件은原告韓人男一, 被告清人男一, 被告에說諭 一件은原告韓人男一, 被告清人男一, 被告에對ᄒᆞ야ᄂᆞᆫ清國官憲에交涉

不正徵稅	二	一件은被徵稅者韓人男七, 徵稅者淸國官吏一, 淸國官吏에게說諭ᄒᆞ야返還케홈 一件은原告韓人男一, 被告淸國官憲, 同官憲에交涉ᄒᆞ後徵稅를停止홈
不正買收	一	原告韓人男一, 被告淸兵三, 淸兵에對ᄒᆞ야ᄂᆞᆫ淸國官憲에交涉홈
荒作物을荒ᄒᆞ고且地主를毆打ᄒᆞᆫ者	一	被害者韓人男一, 加害者淸兵三, 淸兵에對ᄒᆞ야ᄂᆞᆫ淸國官憲에交涉홈
酩酊ᄒᆞᆫ後强히金錢을借入코ᄌᆞᄒᆞᆫ者	一	原告韓人男一, 被告本邦人男一, 被告에게說諭
規定ᄒᆞᆫ牛車賃을支撥치아닌者	一	原告韓人男一, 被告本邦人男一, 被告에게說諭支撥케홈
居住申告를 怠케ᄒᆞᆫ者	一	本邦人女一, 說諭申告케홈
防穀令으로 粟積載ᄒᆞᆫ牛車를 支撥ᄒᆞᆫ者	一	被害者韓人男一, 淸國官憲에交涉홈
日傭賃의支撥을怠ᄒᆞᆫ者	四	一件은原告韓人男一, 被告韓人男一, 被告에게說諭 一件은原告韓人男一, 被告 淸國官憲, 同官憲에交涉中 一件은原告韓人男一, 被告本邦人男一 被告에게說諭支撥홈 一件은(原告脫?) 淸人男一, 被告本邦人男一, 被告에게說諭支撥홈
暴徒의疑有ᄒᆞᆫ者	一	韓人男一, 證據不充分ᄒᆞᆷ의放遣
暴徒間諜疑有ᄒᆞᆫ者	三	各件共嫌疑者韓人男各一, 證據不分明홈에放遣
暴徒에暗通ᄒᆞᆫ疑有ᄒᆞᆫ者	三	各件共韓國人男各一, 證據不充分ᄒᆞᆷ에放遣
金錢取引(與受)에關ᄒᆞ야紛爭을生ᄒᆞᆫ者	二	一件은原告韓人男一, 被告韓人男一, 被告에說諭 一件은原告韓人男一, 被告韓人男一, 被告에說諭
再婚에關ᄒᆞᆫ紛爭	一	原告韓人女一, 被告韓人男二, 原被兩方에說諭
爭論	一	原告淸人男一, 被告韓人男一, 原被兩方에說諭
暴行	一	原告韓國巡査一, 被告本邦人男一, 原被兩方에說諭
韓國巡査의制止를不肯ᄒᆞᆫ者	一	本邦人男一, 說諭
酩酊後他人의衣服을破ᄒᆞᆫ者	一	原告韓人男一, 被告韓人男一, 被告에說諭ᄒᆞᆫ後損害를賠償케홈
申告가無히烟火를打揚ᄒᆞᆫ者	一	本邦人男一, 說諭
爭鬪	一	本邦人男四, 說諭
夜間家宅에侵入ᄒᆞ야婦女를毆打ᄒᆞᆫ者	一	原告韓人女一, 被告韓人男一, 被告에說諭
年齡詐稱	一	本邦人女一, 說諭
深夜에喧噪ᄒᆞᆫ者	二	二件은共本邦人男各一, 說諭
責務不履行	三	一件은原告韓人男一, 被告韓人男一, 被告에說諭支拂케홈 一件은原告淸人男一, 被告本邦人男一, 被告에說諭支拂케홈 一件은原告本邦人女(脫), 被告本邦人女一, 被告에說諭

自衛團組織에及對ᄒᆞᆫ者	一	韓人男一, 說諭
檢屍	一	韓人男一, 阿片中毒
家畜을放飼ᄒᆞ야農作物에損害를與ᄒᆞᆫ者	一	原告韓人男一, 被告淸人男一, 被告에說諭示談홈
乘馬홈으로 幼兒에게負傷케ᄒᆞᆫ者	二	一件은原告韓人男一, 被告韓人男一, 被告에說諭ᄒᆞ여治療金를給ᄒᆞ고示談 一件은原告韓人男一, 被告韓人男一, 被告에說諭示談홈
共同商利益分配上으로붓터爭論ᄒᆞᆫ者	一	韓人男二, 兩方에說諭
家畜을拾得ᄒᆞᆫ者	三	一件은牛一頭, 二件은馬二頭, 遺失者不明홈에對ᄒᆞ야各拾得主에게保管케홈
宿泊營業을請願ᄒᆞᆫ者	一	韓人男一, 許可
屠牛檢査를請願ᄒᆞᆫ者	一	右同
不潔의場所를掃除치아니ᄒᆞᆫ者	一一	韓人男九 , 女二, 說諭
市場道路를買ᄒᆞᄂᆞᆫ件에對ᄒᆞᆫ請願	二	韓人各一, 說諭ᄒᆞᆫ後請願을却下홈
通行을妨害ᄒᆞᆫ者	三	韓人男三, 說諭
酩酊爭論ᄒᆞᆫ者	五	韓人男五, 說諭
群集中에走馬ᄒᆞᆫ者	五	韓人男五, 說諭
泛浪의疑有ᄒᆞᆫ者	九	韓人男九, 說諭
街路上에放尿ᄒᆞᆫ者	一	韓人男一, 說諭
家畜을放飼ᄒᆞᆫ者	一七	韓人男一七, 說諭
北韓暴徒侵入의 風說을恐ᄒᆞ야他村으로避難코ᄌᆞᄒᆞᆫ者	四	韓人男四, 說諭
合計	一二二	

39. 排日韓語新聞(浦鹽斯德에서)創刊에關한報告書轉呈의 件(往復案2册)

隆熙2年 (西紀1908年 8月13日)
[發] 統監府副統監 曾禰荒助
[受] 內閣總理大臣 李完用

機密統發第一〇一七號

今般浦鹽斯德에서排日的韓字日刊新聞을創刊훈意로, 齋藤間島派出所長으로붓터別紙謄寫와如히報告가有ᄒᆞ얏슴기, 參考ᄒᆞ시기爲ᄒᆞ야玆에通報홈.

明治四十一年八月十三日
統監代理副統監子爵 曾禰荒助
太子少師內閣總理大臣 李完用 閣下

附. 同上報告書

- 隆熙2年 (西紀1908年 7月29日)
- [發] 統監府間島派出所長 齋藤季治郎
- [受] 統監府副統監 曾禰荒助

統派密報第二四號

特報

明治四十一年七月廿九日
統監府臨時間島派出所長 齋藤季治郎
副統監子爵 曾禰荒助 殿

露曆六月二十四日(我七月七日)發刊훈浦鹽ᄯᅡ리요—가야·오구라이나新聞紙雜報欄內에次와如훈記事揭載가有ᄒᆞ얏슴기, 參考ᄒᆞ시기爲ᄒᆞ야玆에報告홈.

六月下旬, 浦鹽斯德에서(데—돈곤보—)[大東公報](韓國通信)이라名훈韓字日刊新聞을發行

ᄒᆞᆫ바, 其體裁ᄂᆞᆫ(호놀루)에서發行ᄒᆞᄂᆞᆫ韓字新聞과同樣으로, 韓國에在ᄒᆞᆫ日本의感化에反對ᄒᆞᆯ教訓을與ᄒᆞᆷ으로爲主ᄒᆞ고, 韓國現時의狀態에精通ᄒᆞᆫ退職陸軍大佐가-.페-.미ᄒᆞ이로후氏가其記事ᄅᆞᆯ主宰ᄒᆞᄂᆞᆫ事로홈.

40. 間島韓國官吏宿舍建築費의 支發催促(往復案2册)

隆熙2年 (西紀1908年 8月22日)
[發] 統監府副統監 曾禰荒助
[受] 內閣總理大臣 李完用

機密統發第一〇六六號

五月廿五日, 機密統發第六〇一號로써照會ᄒᆞ얏ᄉᆞᆸ거니와, 在間島貴國官吏宿舍建設에要ᄒᆞᆫ經費支出件에關ᄒᆞ야, 齋藤派出所長으로븟터督促의事도有ᄒᆞ오니, 如何回答을至急示明ᄒᆞ심을爲要.

明治四十一年八月廿二日
統監代理副統監子爵 曾禰荒助
太子少師內閣總理大臣 李完用 閣下

41. 間島憲兵分遣所配置主事 및 巡查의 增派와 會計事務專擔員添派通報(往復案2冊)

隆熙2年 (西紀1908年 8月29日)
[發] 內閣總理大臣 李完用
[受] 統監府副統監 曾禰荒助

照覆第三九〇號

在間島本國人保護를一層周密케ᄒᆞ기爲ᄒᆞ야新設ᄒᆞᆫ四箇所憲兵分遣所에配置ᄒᆞᆯ主事與巡查를增遣ᄒᆞᆯ事로, 機密第八七[九脫?]號貴部照會를接准ᄒᆞ야內部에行文ᄒᆞ얏ᄉᆞᆸ더니, 現接覆文ᄒᆞ온즉, 今回統監府에셔間島에新設ᄒᆞᆫ四箇所憲兵分遣所에配置ᄒᆞᆯ主事竝巡查를增遣ᄒᆞᆯ事에關ᄒᆞ야, 客月十六日附秘發照會第五〇〇號로ᄡᅥ貴照會ᄂᆞᆫ接准ᄒᆞ온바, 右ᄂᆞᆫ貴來示와如히四名의主事와十二名의巡查ᄂᆞᆫ日語를熟知ᄒᆞᄂᆞᆫ者를選擇ᄒᆞ야, 旣히一一任命ᄒᆞᆫ了ᄒᆞ야不日該地에派遣ᄒᆞᆯ터이ᄋᆞᆸ기, 此旨를統監府에覆牒ᄒᆞ심을望ᄒᆞ와玆에照會ᄒᆞ오니照諒ᄒᆞ심을爲要, 再, 同地에當部所管會計事務ᄂᆞᆫ于今齋藤統監府該地出張所長에게委囑ᄒᆞ얏ᄉᆞᄂᆞ, 預히右解囑事로同所長의照會를接ᄒᆞ얏ᄉᆞ니, 今番會計事務專從者로日人主事幷히雇員各一名을派遣ᄒᆞᆯ事로決定ᄒᆞ얏ᄉᆞᆫ즉, 此도不日任命ᄒᆞᆫ後에出發케ᄒᆞ깃ᄉᆞ니, 幷히統監府에通報ᄒᆞ심을望하와玆에申添ᄒᆞᆷ等因이ᄋᆞᆸ기, 准此照覆ᄒᆞ오니照諒ᄒᆞ심을爲要.

隆熙二年八月廿九日
太子少師內閣總理大臣 李完用
統監代理副統監子爵 曾禰荒助 閣下

42. 間島事情報告書呈覽의 件(往復案2册)

隆熙2年 (西紀1908年 9月30日)
[發] 統監府副統監 曾禰荒助
[受] 內閣總理大臣 李完用

機密統發第一二四八號

齋藤統監府臨時間島派出所長의月報統派月報第八號를, 別紙謄寫ᄒᆞ야玆에送付홈.

明治四十一年九月三十日
統監代理副統監子爵 曾禰荒助
太子少師內閣總理大臣 李完用 閣下

附. 同上月報

- 隆熙2年 (西紀1908年 9月8日)
- [發] 統監府間島派出所長 齋藤季治郎
- [受] 統監府副統監 曾禰荒助

統派月報第八號

月報

明治四十一年九月八日
統監府臨時間島派出所長 齋藤季治郎
統監代理副統監子爵 曾禰荒助 殿

一. 地方一般의狀況

淸國官憲으로붓터布告ᄒᆞᆫ穀類輸出의禁止ᄂᆞᆫ, 我의嚴重ᄒᆞᆫ抗議로붓터, 本月十二日終에此를解除ᄒᆞ고, 尙히本官은右穀類輸出禁止에對ᄒᆞ야第一號와如히輸出의關係가無ᄒᆞᆫ意를告示

ᄒᆞ고, 又豆滿江沿岸에出動ᄒᆞᄂᆞᆫ暴徒의一部ᄂᆞᆫ間島에入來ᄒᆞ잇스나, 我周密ᄒᆞᆫ警戒로븟터, 所成ᄒᆞᆫ事一無ᄒᆞ고潰散ᄒᆞᆷ으로ᄡᅧ, 民心이漸히安堵ᄒᆞ야我ᄅᆞᆯ信賴ᄒᆞᄂᆞᆫ念이更加厚深ᄒᆞ며, 本月에入ᄒᆞ야天候가順ᄒᆞ고五穀이豊穰ᄒᆞ야, 人民이大히喜悅ᄒᆞᄂᆞᆫ狀態로在ᄒᆞᆷ.

二. 淸國官憲의動靜

(가) 今回吉林署理巡撫로轉任ᄒᆞᆫ邊務督辦陳昭常은, 邊務辦査官王茂元及邊務辦事官王國琛을隨ᄒᆞ야, 本月十九日에局子街ᄅᆞᆯ出發ᄒᆞ야寧古塔을經ᄒᆞ야奉天으로向ᄒᆞᆷ(往電第一一三號로報告ᄒᆞᆷ).

(나) 邊務公署協辦吳祿貞은, 軍事會議에列席ᄒᆞ기爲ᄒᆞ야三月中奉天에出張中이나, 其後寬城子 · 哈爾賓 · 浦鹽 · 琿春을經ᄒᆞ야本月八日에歸任ᄒᆞᆷ(往電第一〇四號로ᄡᅧ報告ᄒᆞᆷ).

然而吳ᄂᆞᆫ今回轉任ᄒᆞ고, 其後任者ᄂᆞᆫ奉天東三省督練處兵備處總辦傅良佐라ᄒᆞ니, 傅ᄂᆞᆫ第三期留學生으로我士官學校에卒業ᄒᆞ고, 本年三十五歲라云ᄒᆞᆷ.

(다) 七月中旬에邊務公署에到着ᄒᆞᆫ淸國正軍醫以下四名은, 本月로븟터同署內에醫務室을開設ᄒᆞᆷ.

(라) 本月十一日, 鍾城間島時建坪에淸國派弁所ᄅᆞᆯ開設ᄒᆞ고, 局子街로븟터淸兵二十五名을派遣ᄒᆞᆷ.

(마) 本月九日, 局子街로븟터淸兵約三十名을鍾城間島馬派派辦所에派遣ᄒᆞᆷ.

右二項은, 對岸에在ᄒᆞᆫ韓國暴徒에在ᄒᆞ야警戒ᄒᆞ기爲ᄒᆞᆷ이라稱ᄒᆞᆷ.

又外에暴徒警戒ᄒᆞᆫ다稱ᄒᆞ고, 七月廿一日以來로凉水泉子로븟터穩城間島嘎呀河에將校以下約四十一名, 鍾城間島鶴城坪에將校以下約八十二名을駐屯ᄒᆞᆷ, 但暴徒가向日鍾城間島에進入ᄒᆞ야, 其後黑山嶺山中에彷徨ᄒᆞᆯ際에, 淸兵은何等의措置ᄒᆞᆷ을不見ᄒᆞ얏슨즉, 暴徒警戒ᄒᆞᆫ다ᄒᆞᆷ은單히口實에不過ᄒᆞᆫ쥴로思料ᄒᆞᆷ.

三. 淸國官憲의不法行爲

(가) 我官憲에對ᄒᆞᆫ事例

(1) 我增派憲兵의來入을阻止ᄒᆞᆫ件

本月三日에今回增派ᄒᆞᆫ憲兵二十一名은會寧間島鶴城稽査處前을通過코자ᄒᆞᆫ즉, 同所長李榮成은照會업시我衙門前을憲兵이通過키不能ᄒᆞ다고行을阻止코ᄌᆞ홈.

當時禹跡洞分遣所에出張ᄒᆞᆫ憲兵中尉森川亨은豫히此事가有홈을期ᄒᆞ고, 同所前에서該一行을引率ᄒᆞ고到ᄒᆞ야, 李에對ᄒᆞ야其理由가無홈을辨ᄒᆞᆫ즉, 李ᄂᆞᆫ更히携行貨物을積載ᄒᆞᆫ牛車ᄅᆞᆯ一覽ᄒᆞ고, 憲兵과貨物을共히引返ᄒᆞ라고要求ᄒᆞ나, 森川中尉ᄂᆞᆫ絶對的此ᄅᆞᆯ拒否ᄒᆞ고, 談論數刻後該一行을通過케홈.

爾來同稽査所에서ᄂᆞᆫ通行人及其貨物에對ᄒᆞ야, 一層嚴重히檢問을實施홈.

(2) 我兵器·彈藥을抑留ᄒᆞᆫ件

今回韓國內部로븟터我派出所附韓國警察官吏에게支給ᄒᆞ기爲ᄒᆞ야, 小銃三十挺及彈藥九千發을送付ᄒᆞᆫ바, 此銃器·彈藥은牛車四輛에積載ᄒᆞ야, 會寧警察署巡査及禹跡洞分遣所憲兵이護衛ᄒᆞ고, 本月四日鶴城稽査所前을通過코ᄌᆞ홈.

然則同處長李榮成은其通過ᄅᆞᆯ拒ᄒᆞ니, 我憲兵은該兵器가恠異ᄒᆞᆫ物이아닌意ᄅᆞᆯ辨明ᄒᆞᄂᆞ, 不肯ᄒᆞ고部下ᄅᆞᆯ指揮ᄒᆞ야强히該兵器·彈藥을牛車로븟터下ᄒᆞ야稽査所內에抑留홈.

右에依ᄒᆞ야, 當時禹跡洞에出張ᄒᆞᆫ森川中尉ᄂᆞᆫ李榮成에게對ᄒᆞ야其不法을詰責ᄒᆞᆫ즉, 李ᄂᆞᆫ他國의領土에兵器·彈藥을輸入홈은萬國公法에違反ᄒᆞᄂᆞᆫ者인즉, 若此를必要코자ᄒᆞ면我官憲에게照會치아니홈이不可ᄒᆞ거ᄂᆞᆯ, 何等의照會가姑無홈으로抑留ᄒᆞ얏다稱ᄒᆞ니, 森川中尉ᄂᆞᆫ當地方一帶가所屬이未定ᄒᆞᆫ즉, 一般國際慣例에無據홈을述ᄒᆞ고其引渡ᄅᆞᆯ求ᄒᆞᄂᆞ李ᄂᆞᆫ不應ᄒᆞ니, 同中尉ᄂᆞᆫ如何히談判ᄒᆞ드ᄅᆡ도其効가無홈을認ᄒᆞ고引率ᄒᆞᆫ憲兵으로ᄒᆞ야금兵器·彈藥을再次牛車에積載코ᄌᆞᄒᆞᆫ즉, 稽査所附巡目은巡警三名을指揮ᄒᆞ야獵銃을裝塡ᄒᆞ고中尉等에게銃을擬홈에至홈.

森川中尉ᄂᆞᆫ翌五日當所로븟터差遣ᄒᆞᆫ通譯生과同行ᄒᆞ야更히交涉을重開ᄒᆞ얏스나李ᄂᆞᆫ頑拒不肯ᄒᆞᄂᆞᆫ故로, 中尉等은到底히交涉의無益홈을認ᄒᆞ고歸去코ᄌᆞᄒᆞᆫ즉, 此時該談判을傍聽ᄒᆞ든吉林邊務工程第一營管帶李文藻ᄂᆞᆫ, 李榮成에게返還의至當홈을說明ᄒᆞᆫ結果僅히兵器ᄅᆞᆯ引渡홈, 本件에對ᄒᆞ야ᄂᆞᆫ嚴重ᄒᆞᆫ抗議ᄅᆞᆯ提出ᄒᆞ고, 尙히奧村憲兵大尉로ᄒᆞ야금詳細히其不當홈을覈ᄒᆞ야李榮成의處分을求홈(往電第一〇六號로概報홈).

(3) 我郵便物을檢査코ᄌᆞᄒᆞᆫ件

本月十日, 間島郵便局遞送人이郵便物을遞送ᄒᆞ야會寧으로붓터歸局ᄒᆞᄂᆞᆫ途中에, 豆滿江渡船場에서淸國憲兵及巡警은其郵便物을檢査코ᄌᆞᄒᆞᆷ으로, 遞送人은此ᄅᆞᆯ拒絶ᄒᆞᆫ즉, 該憲兵等은遞送人을二三回毆打ᄒᆞᆷ.

此紛爭中, 同場監視ᄒᆞ기爲ᄒᆞ야出張ᄒᆞᆫ禹跡洞憲兵은, 現場에臨ᄒᆞ야其紛爭을制止ᄒᆞ고, 無事이郵便物을遞送케ᄒᆞᆷ.

右事件에對ᄒᆞ야, 憲兵軍曹ᄅᆞᆯ砂器洞派弁所에遣ᄒᆞ야其不法을責ᄒᆞᆫ즉, 同派弁所長은當時遞送人은上衣ᄅᆞᆯ脫ᄒᆞ얏슴으로, 我憲兵은郵便物을認識ᄒᆞ기不得ᄒᆞ고普通貨物로信ᄒᆞ야檢査코ᄌᆞᄒᆞᄂᆞᆫᄃᆡ, 言語가十分不通ᄒᆞᆷ으로紛爭을生ᄒᆞ얏다고辨疏ᄒᆞᆷ으로, 憲兵은遞送人이若果制規의服裝을爲치안이ᄒᆞ얏드ᄅᆡ도, 其郵便物인事ᄂᆞᆫ外裝에文字로뻐明記ᄒᆞ얏고且貴國憲兵도恒常此ᄅᆞᆯ目擊ᄒᆞᆷ인즉, 其郵便物을不知ᄒᆞᆯ理가無ᄒᆞᆫ즉將來에十分注意ᄅᆞᆯ加ᄒᆞ라고要求ᄒᆞᆷ.

尙히本月十二日局子街分遣奧村憲兵大尉ᄅᆞᆯ邊務公署에遣ᄒᆞ야, 陳昭常의代理者曾紀壽와會見ᄒᆞ고該憲兵·巡警의處分을要求ᄒᆞᆫ즉, 曾은貴國에서現狀維持ᄅᆞᆯ破ᄒᆞ고兵器·彈藥等을輸入ᄒᆞᆷ은不法됨이라, 殊히近來李範允一派의暴徒ᄂᆞᆫ密히兵器의輸入을計ᄒᆞᄂᆞᆫ지도知치못ᄒᆞᆫ즉, 此等을防止ᄒᆞ기爲ᄒᆞ야入來ᄒᆞᄂᆞᆫ凡百荷物을檢査ᄒᆞᆯ事로陳昭常으로붓터命令이曾有ᄒᆞ니, 今回事도該命令에準據ᄒᆞ야郵便物을檢査ᄒᆞᆫ者인즉, 處罰의要求에應키不能ᄒᆞ다고述ᄒᆞ고結局에今後ᄂᆞᆫ郵便物은檢査ᄅᆞᆯ不爲ᄒᆞ깃다고云ᄒᆞ니, 奧村大尉ᄂᆞᆫ郵便物은勿論이요我邦人의荷物은大凡檢査ᄅᆞᆯ受ᄒᆞᆯ理由가無ᄒᆞᆫ즉, 將來檢査에應키不能ᄒᆞ다고告ᄒᆞᆷ.

(4) 我憲兵分遣[所脫]의新設을妨害ᄒᆞᆫ件

今回鍾城間島傑滿洞에分遣所ᄅᆞᆯ新設ᄒᆞ고本月廿四日憲兵上等兵五名을赴任케ᄒᆞᆫ즉, 其途中馬派의北方約二十丁地占[點]에서馬派派弁所長成友禮ᄂᆞᆫ兵十七名을牽來ᄒᆞ니, 各兵은皆銃을裝塡ᄒᆞ얏ᄂᆞᆫᄃᆡ內十名은道路의 一側을整列ᄒᆞ고, 七名은道路ᄅᆞᆯ塞ᄒᆞ야我憲兵一行의行進을遮ᄒᆞ고, 成友禮ᄂᆞᆫ筆談으로뻐何處로往ᄒᆞᄂᆞ냐問ᄒᆞ니上等兵은傑滿洞에往ᄒᆞᄂᆞᆫ旨로答ᄒᆞᆫ즉, 成은我上司로붓터何等의通知가無ᄒᆞ니通行ᄒᆞᆷ을不得ᄒᆞᆫ다ᄒᆞ고其行進을阻止ᄒᆞᆷ.

上等兵等은右ᄅᆞᆯ顧慮치안코强히通過코ᄌᆞᄒᆞᆫ즉, 淸兵等은其前에立塞ᄒᆞ야通過치못ᄒᆞ게ᄒᆞ고, 且馬派派弁所로同行ᄒᆞᄌᆞ고求ᄒᆞᄂᆞ, 上等兵은此ᄅᆞᆯ嚴拒ᄒᆞ고路上에休息ᄒᆞ며, 傑滿洞에先着ᄒᆞᆫ韓國巡査及通譯等을呼來ᄒᆞ야理ᄅᆞᆯ盡ᄒᆞ야其通行을妨害ᄒᆞᆯ理由가無ᄒᆞᆷ을說明ᄒᆞᆫ즉, 結局에成은明日局子街上司에報告ᄒᆞ야再히交涉ᄒᆞ러來ᄒᆞ깃다告ᄒᆞ고歸所ᄒᆞᆷ으로뻐, 上等兵等은僅히傑滿洞에到着ᄒᆞᆷ을得ᄒᆞᆷ.

本件은本月三十日奧村大尉로ᄒᆞ야금, 兵力으로뻐我에게妨害ᄅᆞᆯ加ᄒᆞᆫ不法된點에對ᄒᆞ야邊

務公署에抗議ᄒᆞ온바, 吳祿貞은病氣로因ᄒᆞ야關某爲名者代理로會見ᄒᆞᆷ으로, 同大尉ᄂᆞᆫ我憲兵은如何히兵力으로ᄡᅧ脅迫ᄒᆞ드ᄅᆡ도, 上官의命이無ᄒᆞᆫ以上은勿爲撤退ᄒᆞᆯ터이요, 若異議가有ᄒᆞ면我派出所에交涉ᄒᆞ든지又ᄂᆞᆫ我政府에抗議ᄅᆞᆯ提出ᄒᆞᄂᆞᆫ方法을講ᄒᆞᆷ이可ᄒᆞ거ᄂᆞᆯ, 直接으로出張ᄒᆞᄂᆞᆫ兵員에게向ᄒᆞ야撤退ᄅᆞᆯ迫ᄒᆞᆷ과如ᄒᆞᆷ은徒히事端을滋生ᄒᆞᆯᄲᅮᆫ이라고告ᄒᆞᆫ즉, 關은貴所에서今回傑滿洞에分遣所ᄅᆞᆯ新設ᄒᆞᆫ件에對ᄒᆞ야徐[世昌]總督에게報告ᄒᆞ얏드니, 徐總督으로븟터此ᄅᆞᆯ撤退케ᄒᆞᆷ이可ᄒᆞ다ᄂᆞᆫ命을受ᄒᆞᆫ故로, 不可不撤退ᄅᆞᆯ求치안이ᄒᆞᆷ이不可ᄒᆞ다고主張ᄒᆞᆷ으로, 奧村大尉ᄂᆞᆫ吳祿貞의病氣回復ᄒᆞᆫ後再次交涉ᄒᆞᆯ터이니, 傑滿洞에서貴國派弁所가兵力을用ᄒᆞ야暴行을敢히ᄒᆞ지못ᄒᆞ도록嚴重이訓戒ᄒᆞ라고要求ᄒᆞᆷ.

(나) 韓國官民에對ᄒᆞᆫ事例

(1) 韓國民이自國國旗ᄅᆞᆯ揭ᄒᆞᆷ을妨害ᄒᆞᆫ件, 本月十四日은韓國紀元節인故로, 會寧間島禹跡洞附近韓民은每戶에韓國國旗ᄅᆞᆯ揭ᄒᆞ고祝意ᄅᆞᆯ表ᄒᆞᄂᆞᆫᄃᆡ, 同日午後九時頃砂器洞派弁所長孫符貴ᄂᆞᆫ兵을率ᄒᆞ고文化社南尙洞에到ᄒᆞ야, 各戶의韓國國旗ᄅᆞᆯ拔去ᄒᆞ고且村民에게對ᄒᆞ야汝等은何故로我領土에서韓國國旗ᄅᆞᆯ揭ᄒᆞ얏ᄂᆞ냐고詰問ᄒᆞᆷ, 村民等은當日은韓國開國紀元節이기로揭揚ᄒᆞᆫ意로答ᄒᆞᆫ즉, 孫은午後에再히如斯不當ᄒᆞᆫ事가有ᄒᆞ면相當處分ᄒᆞ깃다ᄒᆞ고, 既已拔去ᄒᆞᆫ國旗ᄅᆞᆯ携ᄒᆞ고遂히砂器洞으로持歸ᄒᆞᆷ.

本件에對ᄒᆞ야ᄂᆞᆫ, 本月廿二日, 奧村憲兵大尉가邊務公署에至ᄒᆞ야吳祿貞과會見ᄒᆞ고抗議ᄅᆞᆯ提出ᄒᆞᆫ즉, 吳ᄂᆞᆫ該事件에關ᄒᆞ야ᄂᆞᆫ既히孫으로븟터報告ᄅᆞᆯ接ᄒᆞᆷ으로ᄡᅧ, 予ᄂᆞᆫ其不法된事ᄅᆞᆯ戒ᄒᆞ고且將來에如此ᄒᆞᆫ事가無ᄒᆞ도록嚴戒ᄅᆞᆯ加ᄒᆞ깃다고答ᄒᆞᆷ.

又今回村田統監府武官及明石憲兵隊長이巡視의際, 沿道韓民은歡迎ᄒᆞ기爲ᄒᆞ야每戶에韓國國旗ᄅᆞᆯ揭揚ᄒᆞ얏ᄂᆞᆫᄃᆡ, 會寧間島鶴城稽查所長李榮成은巡警을附近村落에派ᄒᆞ야國旗ᄅᆞᆯ撤去케ᄒᆞ고, 且所重ᄒᆞᆫ韓民池日龍·洪君平·許中五三名을稽查所에同行ᄒᆞ야, 三名에게對ᄒᆞ야今後에決코韓國國旗ᄅᆞᆯ揭치勿ᄒᆞ라고諭ᄒᆞ고此ᄅᆞᆯ誓約케ᄒᆞᆷ.

同日李榮成은鶴城村住韓民李基南·朴道一兩人을稽查所에召喚ᄒᆞ야曰, 汝等은村의頭民이라稱ᄒᆞᄂᆞᆫ者인ᄃᆡ, 本日村民에게國旗ᄅᆞᆯ揭케ᄒᆞᆷ은不妥當ᄒᆞ니, 將來村民에게國旗ᄅᆞᆯ勿揭ᄒᆞ라고諭ᄒᆞ고, 且同人等으로ᄒᆞ야금今後村民에게國旗ᄅᆞᆯ揭ᄒᆞ지안이ᄒᆞ깃다고誓約케ᄒᆞ고放還ᄒᆞᆷ.

又永化社米田洞地方에ᄂᆞᆫ, 大拉子로븟터巡警을派ᄒᆞ야韓國國旗ᄅᆞᆯ揭揚ᄒᆞᄂᆞᆫ韓民을監視케ᄒᆞᆷ, 現에當日同地村民은, 我輩도國旗ᄅᆞᆯ揭ᄒᆞ야敬意ᄅᆞᆯ表ᄒᆞᆯ터이나, 鶴城地方의韓民은國旗ᄅᆞᆯ揭ᄒᆞ다가引致ᄅᆞᆯ被ᄒᆞᆫ旨ᄅᆞᆯ傳聞ᄒᆞ고, 且淸國巡警이此地方에來ᄒᆞ야國旗ᄅᆞᆯ揭ᄒᆞᆫ者ᄅᆞᆯ監視ᄒᆞᆷ으로依ᄒᆞ야, 後難을恐ᄒᆞ야揭揚치못ᄒᆞᆫ다言ᄒᆞᆷ.

以上의件에對ᄒᆞ야, 禹跡洞分遣所에出張ᄒᆞᆫ森川憲兵中尉ᄂᆞᆫ, 本月二十六日李榮成과會見ᄒᆞ고不妥當ᄒᆞᆷ을責ᄒᆞᆫ즉, 李ᄂᆞᆫ此地ᄂᆞᆫ我領土인ᄃᆡ, 韓民이我領土에來ᄒᆞ야地ᄅᆞᆯ耕ᄒᆞ고米ᄅᆞᆯ食ᄒᆞ고水ᄅᆞᆯ飮ᄒᆞᄂᆞᆫ者ᄂᆞᆫ, 韓民이라雖ᄒᆞᆯ지라도我國民과無異ᄒᆞᆫᄃᆡ, 我의保護ᄅᆞᆯ享ᄒᆞ면서我의許可업시國旗ᄅᆞᆯ揭ᄒᆞᆷ은妥當치못ᄒᆞᆷ으로其揭揚을禁止ᄒᆞ얏다고答ᄒᆞᆷ.

中尉ᄂᆞᆫ此地의所屬이未定ᄒᆞ야係爭中인事와, 韓民은我派出所에서保護ᄒᆞᄂᆞᆫ事와, 何國民이든지自國의祝祭日又ᄂᆞᆫ其他祝日에國旗ᄅᆞᆯ揭ᄒᆞᆷ은自由된事等을說明ᄒᆞ고, 將來妨害ᄅᆞᆯ加ᄒᆞᆷ이無ᄒᆞᆷ을求ᄒᆞᆷ.

(2) 韓民을强制ᄒᆞ야淸國國旗ᄅᆞᆯ揭케ᄒᆞᆫ件

今回吳祿貞이鍾城間島及會寧間島地方을巡視ᄒᆞᆫ다稱ᄒᆞ고, 太拉子經歷廳許德洧ᄂᆞᆫ左記의令達書ᄅᆞᆯ發ᄒᆞ야, 自國任命ᄒᆞᆫ鄕約等으로ᄒᆞ야금此ᄅᆞᆯ管內村民에傳케ᄒᆞᆷ.

令達書(譯)

八月五日吳[祿貞]總辦이巡閱ᄒᆞᆷ에對ᄒᆞ야, 各華·韓人民에게諭示ᄒᆞ노라, 每戶에龍旗ᄒᆞᆯ必揭無誤ᄒᆞᆯ지며, 此로因ᄒᆞ야玆先其旨ᄅᆞᆯ傳諭ᄒᆞ노니, 遵懷[依誤]無違ᄒᆞᆷ이可ᄒᆞ고, 尙此特諭ᄒᆞᆷ은, 韓民으로ᄒᆞ야금再히日本國旗ᄅᆞᆯ揭ᄒᆞᆷ을不許ᄒᆞᆯ지며, 揭者若有ᄒᆞ면拿捕後公署에서懲辦을行ᄒᆞᆷ, 豫知치못ᄒᆞᆷ으로써免ᄒᆞ지안이ᄒᆞᆷ.

八月初二日傳諭

但右令達書ᄂᆞᆫ淸國國旗ᄅᆞᆯ揭ᄒᆞ고, 日本國旗ᄅᆞᆯ揭ᄒᆞᆷ을禁ᄒᆞᆯᄲᅮᆫ더러, 鄕約等村民에諭ᄒᆞᆫ바ᄅᆞᆯ據ᄒᆞ면, 日本國旗ᄂᆞᆫ勿論이요韓國國旗도揭치勿ᄒᆞ라고傳ᄒᆞᆷ.

又會寧間島에서ᄂᆞᆫ, 砂器洞派弁所長孫符貴及鶴城稽査處長李榮成은, 部下兵卒及巡警을沿道各村落에派ᄒᆞ야, 韓民에對ᄒᆞ야陰曆八月六日淸國國旗ᄅᆞᆯ調製ᄒᆞ야淸國大官通過ᄒᆞᆯ際에此ᄅᆞᆯ揭ᄒᆞ야歡迎의意ᄅᆞᆯ表ᄒᆞᆷ이可ᄒᆞ되, 若不從命者ᄂᆞᆫ豆滿江外에放逐ᄒᆞ겟다고脅迫ᄒᆞᆷ.

右狀況으로因ᄒᆞ야, 韓民等은大恐ᄒᆞ야或은黃色布又ᄂᆞᆫ紙ᄅᆞᆯ買求ᄒᆞ야, 八月三十日은旣히沿道各戶에淸國國旗ᄅᆞᆯ揭ᄒᆞᆷ에至ᄒᆞᆷ.

本月三十一日, 我派出所에서ᄂᆞᆫ所員·憲兵·巡査等八名을成ᄒᆞᆫ一隊ᄅᆞᆯ組織ᄒᆞ야, 七道溝附近으로브터新興坪에至ᄒᆞᄂᆞᆫ間에在ᄒᆞᆫ韓民에對ᄒᆞ야, 以上과如ᄒᆞᆫ强迫에應ᄒᆞ야淸國國旗ᄅᆞᆯ揭ᄒᆞᆯ理由不無ᄒᆞᆫ旨ᄅᆞᆯ諭ᄒᆞᆫ즉, 韓民等은其非ᄅᆞᆯ大悟ᄒᆞ고何時든지淸國官憲의脅迫에依ᄒᆞ야後難을恐ᄒᆞ야餘儀읍시揭ᄒᆞᆫ者인즉, 該旗ᄅᆞᆯ所持ᄒᆞ면再次脅迫을受ᄒᆞ야揭ᄒᆞᆯ터이니, 派出所에로領遣ᄒᆞᆫ다ᄒᆞ고任意로該旗ᄅᆞᆯ差出ᄒᆞᆷ으로써, 一行은當日布製五十七旂·紙製百十의淸國國旗

를領歸홈.

右一行은九月一日太拉子官憲에게入ᄒ야, 淸國官憲의不法行爲에對ᄒ야交涉ᄒ事(往電第一二一號로槪報홈).

(3) 豆滿江渡船場에서韓民의渡船을妨害ᄒ件

本月十六日, 會寧間島豆滿江新設渡船場에韓人五名이來ᄒ야渡船코ᄌᄒ즉, 同場監視ᄒᄂ淸國官憲一名은其乘船을阻止ᄒ고從來上流渡船場에至ᄒ라고指示홈.

我監視의禹跡洞分遣所憲兵은淸國憲兵에게向ᄒ야其不法을詰ᄒ고, 韓人으로ᄒ야금其所欲ᄒᄂ渡船場으로渡船케ᄒ고, ᄌᄒ야玆에雙方間에紛爭을起ᄒ야互相毆打홈에至홈.

此時에마침交通ᄒ기爲ᄒ야會寧으로부터豆滿江左岸에着居ᄒ工兵二名이此爭鬪를見ᄒ고我憲兵을助力코ᄌ홈으로, 憲兵은再三此를止ᄒ나無端ᄒ此爭鬪를見홈이忍치못ᄒ야, 兩名은遂히淸兵憲兵의背部를銃으로써一·二回輕打ᄒ니, 此勢를恐ᄒ야淸國憲兵은上流渡船場으로向ᄒ야逃去홈.

此爭鬪에서我憲兵은頸部에傷痕을受홈(往電第一一一號로槪報홈).

(4) 鍾城間島에서淸國兵의亂暴ᄒ件

本月六日, 鍾城間島光霽峪兵營의淸兵一名은, 韓人鄭致訥의苽田에入ᄒ야苽를窃코ᄌ홈이, 致訥은此를認ᄒ고淸兵을咎ᄒ즉淸兵은逃走코ᄌᄒ거ᄂ, 此時에致訥의長子雲世가來ᄒ야該淸兵을下泉坪憲兵分遣所에同行ᄒ니, 其附近에在ᄒ他四·五名의淸兵은各各手에棍棒或은長斫과如ᄒ木을携ᄒ고, 其跡을追ᄒ야分遣所에至ᄒ야, 我憲兵의制止홀際에一·二回雲世를毆打홈.

其後淸兵約十名이再次致訥의番小屋에至ᄒ야, 致訥에게對ᄒ야胡苽를出ᄒ라고迫ᄒ며長男雲世의所在를尋ᄒ며, 其一名은携帶ᄒ棒으로써致訥을毆打ᄒ고, 又他의淸兵二名은此時番小屋의騷擾를認ᄒ고現場에到ᄒ韓國巡査를毆打ᄒ야, 兩人에打撲傷을負홈.

本件에對ᄒ야ᄂ, 本月十日我派出所員으로븟터陳昭常에게抗議를提出ᄒ야, 兵員이團結ᄒ야暴行을敢行ᄒᄂᄃ對ᄒ야嚴重히處分을求홈(特報第二六號로報告홈).

四. 韓國民의狀態

從來韓國民은淸國官憲의施設에對ᄒ야, 反抗홈과如ᄒ行動을홈은一見ᄒ바無ᄒ드니, 頃日은輒機會를設ᄒ야淸國官憲의壓迫을脫出코ᄌᄒᄂ者인ᄃ, 現에本月十二日以來로局子街

附近韓民三百餘名은, 連署ᄒᆞ야淸國官憲의任命ᄒᆞᆫ總鄕約·鄕約의廢止運動을開始ᄒᆞᆯᄉᆡ, 總鄕約以下ᄂᆞᆫ人民의福利ᄅᆞᆯ圖ᄒᆞ지안니ᄒᆞᆯᄲᅮᆫ더러, 反히有害ᄒᆞ니廢止ᄒᆞᆫ다ᄒᆞ야其告訴ᄅᆞᆯ邊務公署에提起ᄒᆞ얏ᄂᆞᆫᄃᆡ, 同署에서ᄂᆞᆫ此에對ᄒᆞ야數回說諭ᄅᆞᆯ加ᄒᆞ나, 韓民은此에不服ᄒᆞ고遂히本月十五日에總鄕約李成甫ᄅᆞᆯ免職케ᄒᆞᆷ에至ᄒᆞᆷ.

五. 暴徒의狀況

暴徒ᄂᆞᆫ本月廿七日鍾城郡北蒼坪村附近으로븟터來ᄒᆞ야間坪의서晝食ᄒᆞ고, 全部가三峰社米嶺으로븟터船으로豆滿江을渡ᄒᆞᆷ.

然而二十八日은間島開文社蒜洞에宿泊ᄒᆞ고, 翌二十九日未明에同地ᄅᆞᆯ發ᄒᆞ야火狐狸溝嶺을過ᄒᆞ야天佛致山中에入ᄒᆞ니, 其人員은約八·九十名인ᄃᆡ, 七十餘挺의銃器ᄅᆞᆯ携帶ᄒᆞᆫ者와如ᄒᆞᆷ.

一說ᄅᆞᆯ據ᄒᆞᆫ즉, 暴徒ᄂᆞᆫ韓國內地의警戒가嚴重ᄒᆞᆷ으로, 間島에涉ᄒᆞ야茂山方面으로向ᄒᆞᆯ計劃이라ᄒᆞᆷ으로, 目下偵探中에在ᄒᆞᆷ.

六.

地方組合, 前月月報로ᄡᅥ報告ᄒᆞᆫ地方組合은, 其成績이頗히良好ᄒᆞᆫ바, 巡察夜警等이亦良好ᄒᆞ야, 目的에合ᄒᆞ야大히地方의平安을幇助ᄒᆞᆷ.

七. 所內의狀況

十七日, 所長은高等官一同을集ᄒᆞ고別紙갓치訓示ᄅᆞᆯ與ᄒᆞᆷ(第二號).

上京中事務官篠田治策·屬高木靜枝ᄂᆞᆫ本月十六日歸任ᄒᆞᆷ, 囑托技師太田篤은, 篠田事務官과同還着任ᄒᆞᆷ, 事務官楠野俊成은, 除往還二週間請願休暇ᄒᆞ고, 廿日當地ᄅᆞᆯ出發ᄒᆞ야歸省의途에就ᄒᆞᆷ.

本月中, 憲兵分遣所ᄅᆞᆯ東京台·八道溝·傑滿洞三箇所에新設ᄒᆞᆷ.

廿七日韓皇의即位禮式日에祝賀會ᄅᆞᆯ開ᄒᆞ고, 韓國都社長·社長·村長等을招待ᄒᆞ고, 尙히當時巡視滯[在脫]中의村田·明石兩少將이列席ᄒᆞᆷ.

八. 廳舍建築工事

新廳舍의建築工事ᄂᆞᆫ着着進捗ᄒᆞ야, 目下旣히八分成工홈.

九. 本月間管理ᄒᆞᆫ警察事故ᄂᆞᆫ別紙와如홈(第三號).

右ᄅᆞᆯ報告홈.

附의 屬1. 防穀拒否告示

- 隆熙2年 (西紀1908年 8月 日)
- [發] 間島派出所長 齋藤季治郎
- [受] 間島 在留韓國人

第一號

告示

大日本統監府間島派出所長齋藤季治郎은玆에告示ᄒᆞ노라, 輓近穀糧을輸出홈이不能ᄒᆞ야貿易通商이全然雍塞ᄒᆞ야, 在住間島韓人民이但經濟上多大의影響을受ᄒᆞᆯᄲᅮᆫ아니라, 資生保命上에一日이라도不可缺ᄒᆞᆯ魚·鹽等이隨時窮乏홈에至ᄒᆞ야, 遠近各社村長·頭民等이我派出所에此ᄅᆞᆯ防弊ᄒᆞᆯ事ᄅᆞᆯ來訴ᄒᆞᄂᆞᆫ者逐日頗多ᄒᆞᆫ지라, 由來間島ᄂᆞᆫ農耕을爲主ᄒᆞᄂᆞᆫ地域인바, 其所産ᄒᆞᄂᆞᆫ穀類ᄅᆞᆯ專혀豆滿江對岸諸郡邑에輸出ᄒᆞ야, 日常必須ᄒᆞᄂᆞᆫ魚·鹽·衣綿及其他器財와交換ᄒᆞ거ᄂᆞ, 或은又該地의親戚故舊와互相有無豊癸ᄅᆞᆯ融通ᄒᆞ야써成家謀生ᄒᆞᄂᆞᆫ常態에在홈으로, 這般穀類의輸出의自由ᄅᆞᆯ喪ᄒᆞ야到處警惶치안이홈이無ᄒᆞ야, 此ᄅᆞᆯ善措ᄒᆞᆯ事를請願홈에至ᄒᆞᆫ바, 此ᄂᆞᆫ本職이實로深諒ᄒᆞᆯ바라, 抑本職이任을受ᄒᆞ고此地에莅ᄒᆞᆫ以來로, 日夜焦思ᄒᆞ야專혀爾等韓國人民을保護ᄒᆞ야, 造次間이라도其福利의增進을企圖치안이홈이無ᄒᆞᆫ바, 如何ᄒᆞ든지爾等人民의休戚에關ᄒᆞ야ᄂᆞᆫ, 事의大小ᄅᆞᆯ不論ᄒᆞ고決코等閑이放遺치안이ᄒᆞᆯ지며, 本來穀類의販賣運出은各人의自由에屬ᄒᆞᆫ者이니, 自今으로其輸出供給을圖謀홈에當ᄒᆞ야, 若中路에서阻遏ᄒᆞ거ᄂᆞ或은不法의押收ᄅᆞᆯ値ᄒᆞᆫ時ᄂᆞᆫ, 速히詳明ᄒᆞᆫ事由ᄅᆞᆯ我派出所에告訴ᄒᆞ면, 本職이正當이盡力ᄒᆞ야救護에自任ᄒᆞᆯ터이니, 爾等韓國人民된者ᄂᆞᆫ安堵홈이可ᄒᆞᆫ故로, 此ᄅᆞᆯ知悉케ᄒᆞ기爲ᄒᆞ야切切特示ᄒᆞ노라.

明治四十一年八月 日

隆熙 二年八月 日

附의 屬2. 派出所員의對한訓示

- 隆熙2年 (西紀1908年 8月17日)
- [發] 間島派出所長 齋藤季治郎
- [受] 同所 所員

第二號
訓示

吾人이韓人保護의命을奉ᄒᆞ고, 客年當間島에赴任ᄒᆞᆷ으로붓터今將朞年이되엿ᄂᆞᆫ지라, 其在來着當時ᄒᆞ야ᄂᆞᆫ, 淸國官憲은唯我의撤退ᄅᆞᆯ要求ᄒᆞ고, 次에兵威ᄅᆞᆯ示ᄒᆞ야韓人을脅迫ᄒᆞ며, 且我施設을阻止코ᄌᆞᄒᆞ얏스나, 吾人은此等妨害ᄅᆞᆯ排除ᄒᆞ야孜孜히保護의實을擧ᄒᆞ고, 汲汲히國威ᄅᆞᆯ發揚코ᄌᆞ期ᄒᆞᄂᆞᆫ지라, 我施設에對ᄒᆞᆫ他의妨害ᄂᆞᆫ今에一에不足ᄒᆞᄂᆞ, 然이나大勢에在ᄒᆞ야前途의杞憂ᄅᆞᆯ懷ᄒᆞᆯ事가不無ᄒᆞᆫ지라.

韓人의意嚮을洞察ᄒᆞᆫ즉, 吾人의着任以前에在ᄒᆞ야ᄂᆞᆫ, 彼等所有ᄒᆞᆫ人類의自由와權利ᄅᆞᆯ無視ᄒᆞ야壓迫을蒙ᄒᆞᆫ事甚ᄒᆞ야實로名狀치못ᄒᆞᆯ苦境에呻吟ᄒᆞ드니, 我保護에依ᄒᆞ야救濟ᄒᆞᆷ으로此ᄅᆞᆯ客年今日에比ᄒᆞ면其差가不啻霄壤이라, 此本職이韓人代表者의何人에就ᄒᆞ야質問ᄒᆞ드ᄅᆡ도其所答이如一ᄒᆞ야, 最히親淸의思想을有ᄒᆞᆫ韓人이라도亦誣言이안닌줄可信ᄒᆞᆯ지라.

間島의所屬이未定ᄒᆞᆷ은今尙如昨ᄒᆞ고, 日淸官憲이此地에共在ᄒᆞ야, 韓人은其壓虐을受ᄒᆞᆷ이甚ᄒᆞᆫ時代에在ᄒᆞ야ᄂᆞᆫ當然히我의慈仁ᄒᆞᆫ保護下에趍向ᄒᆞᆯ지라도, 一朝悲境을脫出ᄒᆞᄂᆞᆫ時ᄂᆞᆫ目前의勢力에媚ᄒᆞ고利에赴ᄒᆞᄂᆞᆫ者이니, 即近來韓人中, 往往淸國側의勢力이强大ᄒᆞᆷ으로不得已彼에附隨치안이ᄒᆞᆷ이不可ᄒᆞ다고公言ᄒᆞᄂᆞᆫ者ᄅᆞᆯ聞ᄒᆞᆫ즉, 品性劣等의輩에게ᄂᆞᆫ殊히免치못ᄒᆞᆯ바이라, 吾人의競爭者ᄂᆞᆫ假令一些少事라도, 事의利用ᄒᆞ야得ᄒᆞᆯ者ᄂᆞᆫ반다시此ᄅᆞᆯ利用ᄒᆞ야, 自己의利便에資ᄒᆞᄂᆞᆫ事ᄅᆞᆯ努ᄒᆞᄂᆞᆫ故로, 吾人은邊陬未開ᄒᆞᆫ人民에莅ᄒᆞ야其人心을收攬ᄒᆞᆷ에須히此等微妙의心理에도注意ᄅᆞᆯ不怠ᄒᆞ야, 愚者ᄂᆞᆫ此ᄅᆞᆯ敎ᄒᆞ고不愚者ᄂᆞᆫ此ᄅᆞᆯ導ᄒᆞᄂᆞᆫ事ᄅᆞᆯ勉ᄒᆞ야, 常히寬嚴이得宜ᄒᆞ야所謂恩威가倂行ᄒᆞᆯ事ᄅᆞᆯ念ᄒᆞ고, 決코被保護者로ᄒᆞ야금恩에忸ᄒᆞ야我에對ᄒᆞ야輕侮의心을生치못ᄒᆞ도록心에懸ᄒᆞᆷ이肝要ᄒᆞᆫ바라, 恒常威嚴을保ᄒᆞ고機先을制ᄒᆞ야他의脅迫을介意치안ᄒᆞᆯ事로留意ᄒᆞᆷ이可ᄒᆞ고, 此로爲ᄒᆞ야各地方에駐在ᄒᆞᆫ憲兵班長은, 殊히周到ᄒᆞᆫ注意로ᄡᅥ韓淸人에對ᄒᆞᆫ決心이有ᄒᆞᆷ을要ᄒᆞᆷ이라.

本職은客年八月會寧出發과, 同年十月淸國政府가稍히多數히軍隊ᄅᆞᆯ間島에派遣ᄒᆞᆷ에當

ᄒᆞ야一同訓示ᄒᆞᆫ바어니와, 爾來諸子ᄂᆞᆫ克히其主旨ᄅᆞᆯ遵守ᄒᆞ야, 私ᄅᆞᆯ棄ᄒᆞ고公에努ᄒᆞ야寒署와鬪ᄒᆞ고困苦欠乏에耐ᄒᆞ야, 其成績이佳良ᄒᆞᆷ은予의確認ᄒᆞᄂᆞᆫ바이라, 然이나吾人의任務ᄂᆞᆫ今에다만其第一期ᄅᆞᆯ成効ᄒᆞᆷ에不過ᄒᆞ고第二期初에在ᄒᆞᆫ바, 盖本期에在ᄒᆞ야ᄂᆞᆫ一層人心을收攬ᄒᆞ야ᄡᅥ施設과經營의基礎ᄅᆞᆯ鞏固케ᄒᆞ고, 且前進ᄒᆞ야其範圍ᄅᆞᆯ擴張치안이ᄒᆞᆷ이不可ᄒᆞᆫ지라, 前途가尙히遙遠ᄒᆞ야, 更히若干期ᄅᆞᆯ渡過ᄒᆞᆷ이안이면完全ᄒᆞᆫ成功을期ᄒᆞ기難ᄒᆞ니, 諸子의任務ᄂᆞᆫ重且大ᄒᆞᆫ지라, 然이ᄂᆞ吾人은列國環視間에立ᄒᆞ야巍然이其任에當ᄒᆞᄂᆞᆫ者이니, 其一擧一動은直外交上影響을及ᄒᆞ며, 淸國側은近來에動輒我에게臨ᄒᆞ야兵力을用코ᄌᆞᄒᆞ니, 諸子ᄂᆞᆫ現下의狀況을鑑ᄒᆞ고更히思慮ᄅᆞᆯ盡ᄒᆞ야事에當ᄒᆞ야, 帝國固有ᄒᆞᆫ深遠高尙ᄒᆞᆫ志操에基ᄒᆞ야, 眼前에在ᄒᆞᆫ他의勢力을顧慮치말고, 不屈不撓ᄒᆞ야ᄡᅥ益益히國威ᄅᆞᆯ伸張ᄒᆞᆯ事ᄅᆞᆯ期ᄒᆞᆯ지어다.

明治四十一年八月十七日

統監府臨時間島派出所長 齋藤季治郎

附의 屬3. 警察事件表

第三號

本月間管理ᄒᆞᆫ警察事故

事項	件數	摘要
家賃을騙取ᄒᆞᆫ者	一	原被告共韓人男인ᄃᆡ騙取金十五圓을原告에返還케ᄒᆞᆷ
板의代價ᄅᆞᆯ支撥치아닌者	一	原告韓人男, 被告日本人男, 處分을憲兵隊에衣托ᄒᆞᆷ
牛ᄅᆞᆯ失ᄒᆞᆫ者	一	原被告共韓人男인ᄃᆡ證據不明ᄒᆞᆷ으로說諭ᄒᆞᆷ
毆打ᄒᆞᆫ者	二	一件은原被告共韓人男인ᄃᆡ局子街分遣所에引渡ᄒᆞ고 一件은說諭ᄒᆞᆷ
我施政에ᄒᆞᆫ行動이有ᄒᆞᆫ者	一	北都所都社長蔡義善(羲?)의報告로붓터巡査憲兵을派遣ᄒᆞ야說諭ᄒᆞᆷ
營業의請願	一	請願者韓人男一, 許可
暴徒間諜의疑有ᄒᆞᆫ者 에對ᄒᆞ야保放을請願ᄒᆞᆫ者	一	請願者韓人男一一, 被告李祿松을保放ᄒᆞᆷ
耕地의事로因ᄒᆞ야爭을起ᄒᆞᆫ者	一	原被告韓人, 說諭和解ᄒᆞᆷ
牛二頭ᄅᆞᆯ騙取ᄒᆞᆫ者	一	原被告韓人, 被告ᄅᆞᆯ取調ᄒᆞ야鏡城裁判所에押送ᄒᆞᆷ
各社長의에反對ᄒᆞᆫ者	二	韓人
家賃을支撥치아니ᄒᆞ고逃走ᄒᆞᆫ者	二	二件이共原告韓人男一 日本人男一, 處分을憲兵隊에委託

婚姻을違約ᄒᆞᆫ者	一	原被告共韓人인ᄃᆡ示談홈
債務不履行	一	原被告共韓人인ᄃᆡ鏡城警察使에報告홈
四年前에牛馬及耕地ᄅᆞᆯ奪ᄒᆞᆫ者	一	原被告共韓人인ᄃᆡ原告의誣告됨으로被告ᄅᆞᆯ放홈
雇賃을支撥치아닌者	一	原皮告共韓人인ᄃᆡ禹跡洞分遣所에交付홈
清官이牛税ᄅᆞᆯ 不法徵收ᄒᆞᆫ者	一	東盛湧社長金錫均及朴文順의報告로붓터憲兵隊에委託홈
牛馬ᄅᆞᆯ放飼홈에因ᄒᆞ야毆打ᄒᆞᆫ者	一	原告韓人, 被告清人
媒介金二百五十兩을騙取ᄒᆞᆫ者	一	原告被告共韓, 頭道溝分遣所에交付홈
屠牛檢査ᄅᆞᆯ請願ᄒᆞᆫ者	四	許可
浮浪의嫌疑가有ᄒᆞᆫ者	男六	
醉狂ᄒᆞᆫ者	男四	
家畜을放飼ᄒᆞᆫ者	男二	清國人
群集ᄒᆞᆫ場所에서走馬ᄒᆞᆫ者	男一	
不潔ᄒᆞᆫ場所ᄅᆞᆯ掃除치안니ᄒᆞᆫ者	男二五 女七	

43. 間島事情報告書呈覽의 件(往復案2册)

隆熙2年 (西紀1908年 10月24日)
[發] 統監府副統監 曾禰荒助
[受] 內閣總理大臣 李完用

機密統發第一四二二號

齋藤統監府臨時間島派出所長의月報統派月報第九號를, 別紙謄寫ᄒᆞ와玆에送付ᄒᆞ오니, 參考ᄒᆞ심을爲要.

明治四十一年十月廿四日
統監代理副統監子爵 曾禰荒助
太子少師內閣總理大臣 李完用 閣下

附. 同上報告書

- 隆熙2年 (西紀1908年 10月8日)
- [發] 統監府間島派出所長 齋藤季治郎
- [受] 統監府副統監 曾禰荒助

統派月報第九號

月報

自九月一日至同三十日
明治四十一年十月八日
統監府臨時間島派出所長 齋藤季治郎
統監代理副統監子爵 曾禰荒助 殿

一. 地方一般의狀況

近時淸國官淸은頗히暴戾倨傲ᄒᆞ야傍若無人의態度가多ᄒᆞ고, 何時ᄭᆞ지든지兵員의衆을恃

ᄒᆞ고暴力을逞ᄒᆞ야, 뼈我의施設을妨害ᄒᆞ고其領土主義의擴張에努力ᄒᆞᄂᆞᆫᄃᆡ, 本月에入ᄒᆞ야彼等의暴行은各地에頻出하야, 크게地方의安寧을害ᄒᆞ야人心이稍히動搖홈.

二. 淸國官憲의動靜

吉林邊務幇辦吳祿貞은轉任을被命ᄒᆞ고, 本月廿一日에局子街ᄅᆞᆯ出發ᄒᆞ야奉天을向ᄒᆞ고, 其後任者傅良佐ᄂᆞᆫ本月十五日에着任홈.

會寧對岸砂器洞派出所長孫符貴ᄂᆞᆫ協參領에昇進ᄒᆞ야, 吉林陸軍第一標第二營長으로本月二十七日에赴任의途에就홈.

韓國內地의暴徒ᄅᆞᆯ防備ᄒᆞᆫ다稱ᄒᆞ고, 八月中旬以來로鍾城間島月朗社·馬派·霽霞社·時建坪에駐屯ᄒᆞ얏든淸兵은, 本月二十三日로뼈全部ᄅᆞᆯ撤還홈, 但馬派派弁所ᄂᆞᆫ從來ᄃᆡ로存置홈.

又前과同目的으로鍾城間島鶴城坪에駐屯ᄒᆞᆫ淸兵도近近撤還ᄒᆞᆫ다ᄂᆞᆫ說이有ᄒᆞ나아직實施홈에不至홈, 一說에ᄂᆞᆫ以上은撤還홈이안이요交代ᄒᆞᆫ다稱ᄒᆞᄂᆞ, 交代兵은不到ᄒᆞᆯ模樣으로在홈.

九月二十六日, 銅佛寺街駐屯ᄒᆞᆫ淸國守備隊步兵哨長富以下二十四名은, 茂山間島에向ᄒᆞ야出發ᄒᆞ얏ᄂᆞᆫᄃᆡ, 爾後吉地에駐屯ᄒᆞᆫ다홈.

銅佛寺街의交代兵은近近吉林으로붓터來홈.

朝陽·河谷·八道溝에ᄂᆞᆫ, 八月中旬으로붓터憲兵隊官周斗山以下憲兵四名이駐屯ᄒᆞ얏ᄂᆞᆫᄃᆡ, 今回에更히派弁所ᄅᆞᆯ設ᄒᆞ고十月廿七日에處長兼理交涉事宜儘先守備楊景龍(大尉相當)以下淸兵巡警四名及韓語通譯(淸人)一名이到着ᄒᆞ고, 憲兵은撤歸ᄒᆞᆯ模樣이옵.

九月中旬吉林으로붓터淸國官憲將校五名이局子街에來着ᄒᆞᆫ다ᄂᆞᆫ說이有홈.

又本月二十一日, 鍾城間島光霽峪에新히憲兵六名을配置홈.

三. 淸國官憲의不法行爲

(1) 淸官李榮成이韓國巡查ᄅᆞᆯ捕縛ᄒᆞᆫ件, 往電第一二四號로報告홈.

(2) 六道溝派弁所의巡警等의暴行ᄒᆞᆫ件, 往電第一二六號로報告홈.

(3) 會寧間島에서淸兵이暴行ᄒᆞᆫ件, 往電第一二七號로報告홈.

(4) 淸兵이我憲兵의押送中暴徒ᄅᆞᆯ奪取ᄒᆞᆫ件, 往電第一二八號로報告홈.

(5) 鍾城間島에在ᄒᆞᆫ淸兵의暴行件, 往電第一三〇乃至第一三二號로報告홈.

(6) 局子街에서我憲兵과淸兵이爭鬪ᄒᆞᆫ件

本月廿九日, 局子街分遣所의憲兵上等兵은, 巡察ᄒᆞ기爲ᄒᆞ야乘馬ᄒᆞ고局子街南便을通過ᄒᆞᆯ際에, 道路가泥濘ᄒᆞ야僅히人家에土壁을沿ᄒᆞ야一條通路가有ᄒᆞᆯ뿐인故로써, 該所ᄅᆞᆯ進行ᄒᆞᄂᆞᆫᄃᆡ一淸兵과遭遇ᄒᆞᆫ지라, 然而該淸兵은不法이突然이兩手로써上等兵의乘馬ᄅᆞᆯ泥濘中에押入ᄒᆞᆷ으로, 上等兵은何故로馬ᄅᆞᆯ押ᄒᆞᄂᆞ냐詰ᄒᆞᆫ즉, 淸兵은何事ᄅᆞᆯ云ᄒᆞ면서拳을上ᄒᆞ야同上等兵의左大腿部ᄅᆞᆯ毆打ᄒᆞ고種種의罵詈을ᄒᆞᆷ으로써, 上等兵은下馬ᄒᆞ야此ᄅᆞᆯ取調코ᄌᆞᄒᆞ야右足을地上으로下ᄒᆞᆫ즉, 淸兵은其兩脚을取ᄒᆞ야同上等兵을倒ᄒᆞᆯ時에, 更히一名의淸兵이來ᄒᆞ야前淸兵을助勢ᄒᆞ야上等兵의佩ᄒᆞᆫ拳銃을奪ᄒᆞ고逃走ᄒᆞᆷ.

局子街分遣所에서ᄂᆞᆫ此急報ᄅᆞᆯ接ᄒᆞ고, 奧村[惠]憲兵大尉以下我憲兵은, 淸兵의歸路에當ᄒᆞᆫ諸占[點]을扼ᄒᆞ고警戒ᄒᆞ야後來ᄒᆞᆫ淸兵의過去ᄒᆞᆷ을認ᄒᆞ고, 此ᄅᆞᆯ捕ᄒᆞ야邊務公署에至ᄒᆞ야該兵의氏名을調査ᄒᆞᆯ事로要求ᄒᆞᆫ즉, 邊務公署에서ᄂᆞᆫ日本憲兵과爭鬪ᄒᆞᆫ淸兵이無ᄒᆞ다ᄒᆞ고我의要求에不應ᄒᆞᆷ으로, 結局에要領을不得ᄒᆞ고歸所ᄒᆞᆷ.

又奧村大尉ᄂᆞᆫ幇辦傅良佐와會見ᄒᆞ고, 速히該爭鬪兵을搜出ᄒᆞ고拳銃을歸還ᄒᆞᆯ事ᄅᆞᆯ要求ᄒᆞᆫ즉, 日本憲兵과爭鬪ᄒᆞᆫ者ᄂᆞᆫ淸兵이아니요普通淸人이라고弁疏ᄒᆞ야, 目下交涉中임.

四. 韓民의狀況

韓民은派出所의設置ᄒᆞᆷ으로븟터, 淸國官公吏의無償徵發, 不當徵稅와, 淸國兵員의暴行凌辱等이有ᄒᆞᆫ不法行爲ᄅᆞᆯ蒙ᄒᆞ든事가顯著이減少ᄒᆞᆷ으로, 韓民一般이益益我派出所ᄅᆞᆯ信賴ᄒᆞ고, 殊이我의任命ᄒᆞᆫ都社長·社長·村長等은熱心으로地方公益에盡力ᄒᆞ야其効績이亦不尠ᄒᆞᄂᆞ, 這回鍾城間島都社長等이淸國官憲에게拿捕囚禁을被ᄒᆞᆷ으로븟터, 多少地方의民心을動搖케ᄒᆞ야크게我의保護ᄅᆞᆯ危ᄒᆞ고, 表面으로淸國官憲에게阿附ᄒᆞᄂᆞᆫ것이反히安全ᄒᆞᆫ쥴로念ᄒᆞᆷ에至ᄒᆞᆫ지라, 因ᄒᆞ야境野[竹之進]憲兵少佐ᄅᆞᆯ鍾城間島方面에遣ᄒᆞ야民心의鎭撫에努力ᄒᆞᆷ.

五. 暴徒의 狀況

客月間島에入來ᄒᆞᆫ暴徒ᄂᆞᆫ天佛致山에서全部가離散ᄒᆞ고, 又我憲兵이暴徒의隱匿ᄒᆞᆫ多數의兵器·彈藥·被服·書類等을押收ᄒᆞᆫ結果로, 頗히更起키不能ᄒᆞᆷ에至ᄒᆞᆷ. 逮捕ᄒᆞᆫ暴徒의言을據ᄒᆞᆫ즉, 其隊長된朴昌奎ᄂᆞᆫ部下約二十五名을率ᄒᆞ고平崗(頭道溝方面)에到ᄒᆞᆫ다稱ᄒᆞ고下山ᄒᆞ며, 其他ᄂᆞᆫ三三五五이解散ᄒᆞᆷ.

其後搜索ᄒᆞᆫ즉銃器ᄅᆞᆯ携帶ᄒᆞᆫ暴徒十餘名은, 鍾城間島國師嶺을過ᄒᆞ야局子街로븟터琿春에通ᄒᆞᆫ通路ᄅᆞᆯ橫斷ᄒᆞ야, 局子街北方約三里의山中에入ᄒᆞᆫ形跡이有ᄒᆞ고, 又其少數ᄂᆞᆫ天佛致

山西南方咸朴洞附近山中에서食을求ᄒᆞᄂᆞᆫ事實이有ᄒᆞ고, 其他同山西南方平崗上里社青小洞銀鑛에서暴徒四名을發見ᄒᆞ고, 同社社長外韓人二名은其內二名을逮捕ᄒᆞ고, 我憲兵特務曹長의率ᄒᆞᆫ捜索隊ᄂᆞᆫ天佛致山東南方西來洞附近에서其一名을逮捕ᄒᆞ고, 下泉坪分遣所의韓國巡查·主事等은同地方에서都合三名을逮捕ᄒᆞ얏슨즉, 暴徒가各方面에向ᄒᆞ야離散홈은事實됨이判然홈.

然이나本月初旬烟秋地方으로붓터歸來ᄒᆞᆫ鍾城間島光昭社社長金學俊及凉水泉子地方에派遣ᄒᆞᆫ韓人密偵의言을據ᄒᆞᆫ즉, 李範允及崔某兩名은, 總員約二千을二派에分ᄒᆞ야, 一部ᄂᆞᆫ韓國內地로, 他의一部ᄂᆞᆫ間島로襲來코ᄌᆞ計劃ᄒᆞᄂᆞᆫ旨로, 右兩方에風說이有홈.

又鍾城間島開泰社湖川街村長金弘錫의內報ᄅᆞᆯ據ᄒᆞᆫ즉, 本月下旬, 琿春地方으로붓터來ᄒᆞᆫ一韓人은, 間島方面에侵入ᄒᆞᆫ暴徒內若干名은임의鍾城間島月朗社馬派(下泉坪北方約六里)北方山中에潜匿ᄒᆞ야, 後繼部隊의來着을侯ᄒᆞᄂᆞᆫ意ᄅᆞᆯ同地方에서聞知ᄒᆞ고, 搜索中에在홈.

六. 龍井村附近의農況一般

當所觀測氣象表에據ᄒᆞᆫ本月中의溫度及雨量은左와如홈.

	平均溫度	最高溫度	最低溫度	降雨回數	降雨量
第一旬	一七,九	(七日) 二五,五	(二日) 九,五	三	九,四七
第二旬	一四,二	(一八日) 二四,○	(十六日) 四,○	八	六九,九○
第三旬	一二,一	(二六日) 二五,五	(二十四日) ○,三	八	三○,一○

本月平均溫度一四七度

同積算溫度四四二度

同降雨回數一九回

同降雨總量一○九, 四七粍

同快晴日數四日

同半晴日數四日

同曇天日數二十二日

本月二十五日降霜

此에依ᄒᆞ면九月에在ᄒᆞᆫ積算溫度四四二度, 平均溫度一四, 七度, 雨量一〇九, 四七粍를示ᄒᆞ고, 氣溫이次第로下降ᄒᆞ야, 諸作物의成熟을促進케ᄒᆞᄂᆞᆫ傾向이有ᄒᆞ얏시ᄂᆞ, 第二旬에至ᄒᆞ야急激히氣溫變化ᄂᆞᆫ 黍·高粱과如히임의完熟ᄒᆞᆫ者에ᄂᆞᆫ影響이甚少ᄒᆞᄂᆞ, 其他의諸作物에ᄂᆞᆫ可치아니ᄒᆞᆫ지라, 曇天日數가二十二日에達ᄒᆞ고降雨가頻至ᄒᆞ야, 晴天이僅히四日에不過ᄒᆞᆷ으로ᄡᅥ幾分成熟을完全치못ᄒᆞ게되고, 水稻와如ᄒᆞᆷ은實稔치못ᄒᆞ야立稙이頗多ᄒᆞ고, 降雨로因ᄒᆞ야圃場에서脫粒ᄒᆞᆫ것도有ᄒᆞ고, 黍·高粱·粟等의ᄶᅦ入ᄒᆞᆫ者ᄂᆞᆫ其就燥ᄒᆞ기가不好ᄒᆞᆫ지라, 以上과如ᄒᆞᆷ으로ᄡᅥ, 八月에豫想ᄒᆞᆫ平年作以上의好況은, 玆에其一·二割의減收가有ᄒᆞ야, 本年의農況은或平年作에達치못ᄒᆞᆯ듯ᄒᆞᆷ.

七. 所員의動靜

所員一同은不順ᄒᆞᆫ氣節을不拘ᄒᆞ고, 一般으로健康ᄒᆞ야能히勤務에勵精ᄒᆞᆷ, 調查課員八田技師·前田技手ᄂᆞᆫ, 自本月三日至十二日에至ᄒᆞᄂᆞᆫ十日間에地方農形一般을視察ᄒᆞ고, 竝히蔬菜栽培·特用作物栽培及農產製造를調查ᄒᆞ기爲ᄒᆞ야銅佛寺方面에出張ᄒᆞ고十一日에歸所ᄒᆞ야, 十五日븟터再次會寧間島方面에出張ᄒᆞ야廿三日에歸所ᄒᆞᆷ, 山崎[誠一郎]通譯生은本月五日븟터經濟事情을調查ᄒᆞ기爲ᄒᆞ야吉林·琿春地方에出張ᄒᆞᆷ, 當所에增員ᄒᆞᆫ內部主事二名·韓國巡查八名은, 本月六日에到着ᄒᆞᆷ.

八. 新廳舍의建築工程

新廳舍의建築은殆히完成ᄒᆞᆷ.

九. 警察事故

本月中處理ᄒᆞᆫ警察事故ᄂᆞᆫ左表와如ᄒᆞᆷ.

事項	件數	摘要
內亂律	七	三件은被告韓國人男三, 取調ᄒᆞᆫ後便宜手段으로鍾城守備隊에引渡ᄒᆞᆷ 一件은被告韓國人男二, 取調ᄒᆞᆫ後咸興地方裁判所에押送ᄒᆞᄂᆞᆫ途中에淸國官憲에强奪을被ᄒᆞᆷ 三件은被告韓人男各一, 取調ᄒᆞᆫ바淸國官憲關係上姑未送致ᄒᆞᆷ
小女誘拐	二	一件은原告韓國人女一, 被告韓國人男三, 取調中 一件은原告日本人男一, 女一, 被告日本人男一, 被告의所在地鍾城警察署에移牒ᄒᆞᆷ

金錢貸借에關흔 爭論	七	三件은原被告共韓國人男各三, 原被兩方을說諭示談 一件은原告韓人男一, 被告日本人男一, 被告에타이르고支撥케홈 一件은原告韓人男一, 被告日本人男一, 被告行衛不明ᄒᆞ야搜索中 一件은原告淸國人男二, 被告日本人女一, 被告에說諭支撥케홈 一件은原告淸國人男一, 被告日本人一, 被告에說諭支撥케홈
窃盜	一	被害者日本人一, 被告淸國人男一, 被告는取調흔後淸國官憲에게引渡홈
酩酊暴行흔者	二	二件共原告被告韓人男各一, 被告에說諭示談홈
護送中의被告人을奪흔者	二	一件은護送者韓官巡查一, 奪者淸國巡警六, 淸國官憲에交涉홈 一件은護送者憲兵二, 奪者淸國兵約六十, 淸國官憲에交涉홈
家宅侵入及毆打	一	被害者韓國人主事一, 巡查一, 加害者淸國巡警及淸兵十數名, 淸國官憲에交涉홈
契約不履行及毆打	一	原告韓人男一, 被告淸人男一, 被告에說諭示談홈
他人의鷄를食흔者	一	原告韓國人, 被告日本人男四, 被告에說諭ᄒᆞ여代金을支撥ᄒᆞ라고示談홈
器物棄毁	一	原告韓人, 被告韓人男一, 被告에說諭示談홈
社長의報酬金醵出을不肯흔者	一	韓國人, 說諭홈
任置흔家畜을不返흔者	一	原告韓人女一, 被告韓人男一, 原被告에說諭示談홈
不法徵稅	一	原告韓人男五, 被告淸國官吏, 淸國官憲에交涉홈
爭論	一	韓國人男一, 同女人一, 兩方을說諭홈
寄附金强制	一	韓人僧侶三, 說諭
馬匹交換에對흔爭論	二	一件은韓人男二, 說諭示談 一件은韓人男二, 右와同홈
毆打	五	一件은原告韓國巡查一, 被告淸國人男二, 淸國官憲에交涉홈 一件은原告韓人男一, 被告淸兵三, 右와如히斷홈 一件은原告韓人男一, 被告淸人男一, 淸國人은逃走ᄒᆞ야搜索中 一件은原告韓人男一, 兩方說諭 一件은被害者韓人男一, 加害者淸人男四, 加害者行爲不明ᄒᆞ야搜索中
毆打創傷及拿捕	一	被害者一本憲兵三, 韓國主事一, 拿捕者韓國巡查一, 韓人男二, 加害者淸兵數十名, 淸國官憲에交涉ᄒᆞ야巡查는放遣케ᄒᆞ얏스ㄴ・韓人男二는姑未放還
不法拿捕	一	拿捕者韓人男二, 拿捕者淸兵八名, 淸國官憲에게交涉
溺死	一	憲兵一, 間島分隊에서檢屍
拾得物	一	拾得品時計一個, 淸原者韓人男一, 物品 保管中
合計	四一	

44. 間島事情報告書呈覽의 件(往復案2册)

隆熙2年 (西紀1908年 11月26日)

[發] 統監府統監 伊藤博文

[受] 內閣總理大臣 李完用

機密統發第一五六號

齋藤統監府臨時間島派出所長의月報統派月報第十號를別紙謄寫ᄒᆞ와參考ᄒᆞ시기爲ᄒᆞ야玆에送付홈.

明治四十一年十一月廿六日

統監公爵 伊藤博文

太子少師內閣總理大臣 李完用 閣下

附. 同上報告書

- 隆熙2年 (西紀1908年 11月10日)
- [發] 統監府間島派出所長 齋藤季治郎
- [受] 統監府副統監 曾禰荒助

統派月報第十號

月報

自十月一日至同月三十一日

明治四十一年十一月十日

統監府臨時間島派出所長 齋藤季治郎

統監代理副統監子爵 曾禰荒助 殿

一. 地方一般의狀況

吳祿貞의轉任前後로븟터一變ᄒᆞ야, 淸國官憲의態度ᄂᆞᆫ本月에入ᄒᆞᆷ으로其橫暴이更甚ᄒᆞ야, 我ᄅᆞᆯ爲ᄒᆞ야盡力ᄒᆞᄂᆞᆫ韓人을無法捕縛ᄒᆞ고, 我가任命ᄒᆞᆫ都社長 · 社長等을拿捕囚禁ᄒᆞᄂᆞᆫ等, 亂暴狼藉ᄒᆞᆷ이無所不至ᄒᆞ야크게地方의安寧을攪亂ᄒᆞ얏ᄂᆞᆫᄃᆡ, 本月中旬禹跡洞에서衝突ᄒᆞᆫ以來로淸國官憲은頓然히其態度ᄅᆞᆯ改ᄒᆞ고極히愼重ᄒᆞ며, 淸國巡警等도亦大히其行動을嚴肅케ᄒᆞᆷ으로, 淸韓人이一般으로我ᄅᆞᆯ畏敬ᄒᆞᆷ에至ᄒᆞ야, 漸次民心의動擾ᄅᆞᆯ回復ᄒᆞᆷ.

馬賊의狀況에對ᄒᆞ야所聞을綜合ᄒᆞᆫ즉, 本月中旬에蛤蟆塘으로븟터寧古塔附近에亘ᄒᆞ야, 馬賊約七八十名의團體가現ᄒᆞ야稍히猖獗ᄒᆞᆷ으로, 吉林으로븟터巡防隊提督某가寧古塔에出張ᄒᆞ야討伐ᄒᆞᆷ, 又同中旬頃, 吉林街道上額木索의西方張廣財嶺에馬賊約四十名의團體가徘徊ᄒᆞᆷ으로, 邊務公署로븟터前路統領富德을派ᄒᆞ야討伐ᄒᆞᄂᆞᆫ中이오.

二. 淸國官憲의動靜

淸國官憲은我憲兵을地方에配置ᄒᆞ면, 同一地域은其附近에多數의淸兵或은巡警을配置ᄒᆞ야暗히我憲兵을威壓ᄒᆞ고, 且韓人이我施政에懷ᄒᆞᆷ을妨害코ᄌᆞᄒᆞᄂᆞᆫ方針을有ᄒᆞᆫ者와如ᄒᆞ고, 現에八月中新設ᄒᆞᆫ八道溝 · 東京台 · 傑滿洞各我分遣所에對ᄒᆞ야, 東京台[八道溝의誤]에ᄂᆞᆫ約八名의巡警及憲兵을, 東京台에ᄂᆞᆫ約三十名의淸兵을, 傑滿洞에對ᄒᆞ야ᄂᆞᆫ馬派(傑滿洞을距ᄒᆞᆫ西北方約三十丁)에約二十名의淸兵을新히配置ᄒᆞ야, 以上의目的을達코ᄌᆞᄒᆞᄂᆞᆫ者와如ᄒᆞᆫᄃᆡ, 當月間淸兵의異動等은左記와如ᄒᆞᆷ.

(가) 本月七日, 局子街로븟터鍾城間島月朗社馬派水南村(傑滿洞을距ᄒᆞᆫ南方約三十丁)에哨長傅進陞外兵卒二十名이到着駐屯ᄒᆞᆷ.

(나) 同日又局子街로븟터同社詩建坪(下泉坪을距ᄒᆞᆫ北方約三里)에什長蔣奎一 · 同彰殿璜以下兵卒二十名이到着駐屯ᄒᆞᆷ.

但前二項地點에ᄂᆞᆫ本年八月來로淸國兵이駐屯ᄒᆞ얏다가一旦撤還ᄒᆞ고, 今回에更히派駐ᄒᆞᆫ것이오.

(다) 本月十三日吉林으로븟터工程隊伍長以下十四名이局子街에到着ᄒᆞᆷ.

又密偵의報告ᄅᆞᆯ據ᄒᆞᆫ즉, 本月十三日에工程隊約三百名과, 同十五日同隊約二百名이局子街에到着ᄒᆞᆷ이確實ᄒᆞ고, 爾後同街에徘徊ᄒᆞᄂᆞᆫ工程隊兵에注意ᄒᆞᆫ즉, 現에左 · 右 · 前의三工程[脫?]이駐屯ᄒᆞᆫ것과如ᄒᆞᆷ.

(라) 本月十六日, 吉林街道上五虎項子로붓터, 吉林前路左哨第二營步隊哨長范某以下廿一名이銅佛寺街에到着ᄒᆞ야同街의警備에任홈, 盖銅佛寺街駐屯ᄒᆞᆫ哨長以下廿四名은茂山間島에轉任홈에其交代로來駐ᄒᆞᆫ것이라.

(마) 密偵韓人의報告ᄅᆞᆯ據ᄒᆞᆫ즉, 幇辦傅良佐ᄂᆞᆫ徐[世昌]總督에電報ᄒᆞ야局子街에砲兵을派遣홀事ᄅᆞᆯ乞ᄒᆞ얏ᄂᆞᆫᄃᆡ, 其數ᄂᆞᆫ三營이라홈.

(마)[53] 局子街撫民府兼理事府西隣에延吉禁烟分局及吉林戒煙分會ᄅᆞᄂᆞᆫ것을新設ᄒᆞ고, 同地에在ᄒᆞᆫ淸賦荒務局은吉林으로撤還홈.

(바) 本月十七日, 吉林巡防隊馬隊二十名이護衛ᄒᆞ고, 吉林方面으로붓터小銃若干(約三百挺에不過)彈藥四箱(一箱에約一萬發入)을局子街에到着홈.

三. 淸國官憲이韓民에加ᄒᆞᆫ不法行爲

(가) 去廿六日, 茂山間島山溪社東京台住韓人白文極及同社上防川項韓人朴禧哲兩名은, 突然이淸兵에게捕縛을被ᄒᆞ야, 共히茂山間島吉林의淸國兵營에引致拘禁ᄒᆞᆫ바, 朴禧哲은廿九日局子街에向ᄒᆞ야送致홈.

捕縛의原因에就ᄒᆞ야, 淸兵及吉地駐在淸語通譯의語ᄒᆞᄂᆞᆫ바ᄅᆞᆯ據ᄒᆞᆫ즉, 白文極은東京台에自己所有家屋을賣却ᄒᆞ얏다言ᄒᆞᆫ理由로依홈이요, 朴禧哲은同地에憲兵分遣所ᄅᆞᆯ開設홀事로派出所에請願ᄒᆞᆫ理由에依홈이라홈.

尙히淸國憲兵等은, 白과共히我의任命ᄒᆞᆫ同地蔡社長도逮捕코ᄌᆞᄒᆞ얏시ᄂᆞ, 當時出他中인故로逮捕ᄅᆞᆯ免ᄒᆞ얏고, 爾後同社長은其逮捕ᄅᆞᆯ恐ᄒᆞ야家族과共히茂山郡下로避難居生ᄒᆞ든바, 今回에家族만歸家케홈.

又本月一日, 白金社廣大澤住一進支會長宋昇哲도, 分遣所設置의請願者로淸國兵에게捕縛을被홈, 右白·朴·宋內, 白은本月十四日放遣ᄒᆞ고, 朴은本月一日

局子街에서護送中逃亡ᄒᆞ고, 宋은同日引致途中으로붓터放遣홈.

(나) 本月四日, 我任命ᄒᆞᆫ龍池社社長陳錫駿及智禮社社長朴萬秀도, 淸國憲兵及步兵에게突然이家宅을被襲ᄒᆞ고捕縛ᄒᆞᆫ後局子에引致홈.

右捕縛의理由ᄂᆞᆫ, 社內人民으로붓터報酬金을徵收코ᄌᆞ홈인ᄃᆡ, 報酬金이란것은社長等이日夜로公事에奔忙홈으로, 社內人民은若干金을醵出ᄒᆞ야其費用을補ᄒᆞ며且其勞ᄅᆞᆯ酬코ᄌᆞᄒᆞ야我派出所의認可ᄅᆞᆯ得ᄒᆞᆫ者이라.

---

53 마項은 重複되었음.

右社長의引渡에就ᄒᆞ야ᄂᆞᆫ, 九月十六日拘引ᄒᆞᆫ鍾城間島都社長李義英·社長金希烈의引渡請求와共히我로븟터數次嚴重이交涉ᄒᆞᆫ結果로, 十月末에何人이든지放遣홈.

(다) 光霽峪의淸兵二名은, 十月十二日光德社原洞居住韓人金什完의鷄一首ᄅᆞᆯ持去코ᄌᆞᄒᆞᆫ즉金이此ᄅᆞᆯ拒홈으로, 金及現場에在ᄒᆞᆫ同地中正書塾敎師等을毆打負傷케홈(往電第一四九號로報告홈).

(라) 往電第一五〇號及第一五一號로ᄡᅥ報告ᄒᆞᆫ鍾城間島古有島(一名古島)에, 韓人李輔喆等이穀物運搬ᄒᆞ기爲ᄒᆞ야架橋ᄒᆞᆫ것을, 淸國官憲이此ᄅᆞᆯ撤去ᄒᆞ라고命ᄒᆞᆫ件의詳細가如左ᄒᆞ니, 鍾城間島豆滿江中에有ᄒᆞ야古有島라稱ᄒᆞ니, 土地豊壤홈으로鍾城韓民의約半數ᄂᆞᆫ該地에耕作홈, 然而該地로븟터穀物取入ᄒᆞᆯ際, 豆滿江右岸으로븟터古島에架橋ᄒᆞ야穀物을運搬홈으로從來慣例가된故로, 本年도鍾城住韓人李輔喆外十四名은, 幅約一間되ᄂᆞᆫ木橋ᄅᆞᆯ架ᄒᆞ야其運搬에便케ᄒᆞ고, 尙此豆滿江左岸에도古島와同關係의耕作者가有ᄒᆞ야, 古島로븟터豆滿江左岸에長約二十米突의木橋ᄅᆞᆯ架ᄒᆞ얏스니, 右架橋ᄂᆞᆫ本月十六日에竣ᄒᆞ야渡船을不要ᄒᆞ고穀物을運搬홈에至ᄒᆞᆫ것인ᄃᆡ, 同日光霽峪兵營駐屯ᄒᆞᆫ淸國憲兵은架橋者李輔喆을兵營에同行ᄒᆞ야, 淸官某ᄂᆞᆫ李에向ᄒᆞ야該架橋의撤去ᄅᆞᆯ命홈.

李ᄂᆞᆫ約二十年來의舊慣에因ᄒᆞ야架橋ᄒᆞᆫ者인ᄃᆡ, 本年에限ᄒᆞ야撤去ᄅᆞᆯ命ᄒᆞᆯ理由가無ᄒᆞ다고辨ᄒᆞᄂᆞ, 淸官은舊慣에不在ᄒᆞ다고叱責홈으로, 李ᄂᆞᆫ一·二箇月間寬限을乞ᄒᆞᄂᆞ, 淸官은此ᄅᆞᆯ不許ᄒᆞ고, 同日로븟터二日以內에(十七日·十八日)收穫物을다運搬ᄒᆞ되, 若不能ᄒᆞ면爾後ᄂᆞᆫ運搬치勿ᄒᆞ라고命ᄒᆞ고歸還홈.

李ᄂᆞᆫ歸還後關係韓人과會同ᄒᆞ야協議ᄅᆞᆯ遂ᄒᆞ얏스ᄂᆞ, 指定ᄒᆞᆫ期日內에到底이運搬을終ᄒᆞᆯ可望이無ᄒᆞ고, 架橋存續ᄒᆞᆯ希望이有홈으로, 其保護ᄅᆞᆯ鍾城憲兵分遣所에請願홈.

右에依ᄒᆞ야同所로븟터下泉坪憲兵分遣所와相議ᄒᆞ기爲ᄒᆞ야憲兵上等兵을派遣홈으로, 亥谷憲兵大尉ᄂᆞᆫ此와會見ᄒᆞ고本件을鍾城守備隊及同地警察官에게告ᄒᆞ고, 十九日早朝에鍾城及下泉坪으로븟터巡警憲兵을出ᄒᆞ야淸兵이果然如何ᄒᆞᆫ行動을ᄒᆞᆯᄂᆞᆫ지視察ᄒᆞᆯ事ᄅᆞᆯ約홈.

十九日早朝下泉坪分遣所로븟터特務曹長堀內菊松外上等兵四名을架橋點에出張케ᄒᆞᆫ즉, 鍾城으로ᄂᆞᆫ守備隊兵卒八名·憲兵分遣所上等兵二名·補助憲兵若干名及同地駐在日本巡査·韓巡査二名이右岸及古島에出張ᄒᆞ고, 淸兵三名·淸憲兵一名이左岸及古島에出張ᄒᆞ얏스ᄂᆞ, 兩便이別無何等施爲ᄒᆞ고, 又無交涉事項ᄒᆞ고, 終日穀物의運搬을監視ᄒᆞ야, 夜에至ᄒᆞ야淸兵等의歸營ᄒᆞᆫ後我도全部ᄅᆞᆯ撤還홈.

翌二十日, 下泉坪分遣所로븟터ᄂᆞᆫ憲兵二名, 鍾城으로븟터ᄂᆞᆫ憲兵步兵若干名을再次架橋附近에出張ᄒᆞ고, 光霽峪으로ᄂᆞᆫ淸兵憲兵都合七名이左岸及古島에出張ᄒᆞ얏시ᄂᆞ, 又互相終日警戒ᄒᆞᆯ ᄲᅮᆫ이요何等의事가無ᄒᆞ고, 其後도彼我若干名式監守兵을出ᄒᆞ야警戒ᄒᆞ얏스ᄂᆞ異狀

이無ᄒᆞ고, 韓人은故障업시運搬에從事홈.

鍾城守備隊長馬島步兵中尉는, 架橋ᄅᆞᆯ承認ᄒᆞᆫ者이면十分保護홈이可ᄒᆞ다ᄒᆞ야, 十九日八名의兵卒을出ᄒᆞᆫ意ᄅᆞᆯ堀內特務曹長에聞知홈으로써, 同中尉와會見ᄒᆞ고事實을確定ᄒᆞᆫ바, 同中尉는李輔喆을呼ᄒᆞ야淸官과問答ᄒᆞᆫ要領을聽ᄒᆞ고, 橋梁은撤去홈이不可ᄒᆞ며, 淸國官憲으로指定ᄒᆞᆫ期間內에穀物을運搬홈을不要ᄒᆞᆫ다고說聞홈.

若彼我確執ᄒᆞ야事端을惹起ᄒᆞᆯ는지憂ᄒᆞ야, 當方으로는下泉坪分遣所에命ᄒᆞ야, 努力ᄒᆞ야紛雜을起치아니ᄒᆞ도록注意ᄒᆞ라홈.

本件에對ᄒᆞ야는, 篠田[治策]事務官을鍾城에派遣ᄒᆞ야舊慣을調査케홈(調査報告는特報第三五號로報告).

又十月二十三日, 奧村[惠]憲兵大尉ᄅᆞᆯ傅良佐에會見케ᄒᆞ고, 舊慣에依ᄒᆞ야架橋ᄒᆞᆫ것을撤去케ᄒᆞᆫ不當ᄒᆞᆫ事와, 李輔喆을兵營에同行ᄒᆞᆫ不法된事와, 及淸兵에不法의行爲가無ᄒᆞ도록十分戒飭을加ᄒᆞᆯ事ᄅᆞᆯ希望ᄒᆞ는意ᄅᆞᆯ述ᄒᆞᆫ즉, 傅는本件에關ᄒᆞ야는派弁所事務員陳으로붓터二日間에運搬을終ᄒᆞ고撤橋ᄒᆞᆯ意로命ᄒᆞ얏스ᄂᆞ如何히홈이可ᄒᆞᆯ는지, 收穫物을全部運搬ᄒᆞᆫ後는撤橋케홈이可ᄒᆞᆫ意로指令ᄒᆞ얏고, 尙히架橋는從來의慣例有無에對ᄒᆞ야는派員取調ᄒᆞ는中인즉, 若慣例가有ᄒᆞ면此冬ᄭᆞ지撤橋치아니ᄒᆞ야도可ᄒᆞᄂᆞ, 然이ᄂᆞ아모쪼록收穫을終ᄒᆞ거든直히撤橋ᄒᆞ도록措辦ᄒᆞᆯ事ᄅᆞᆯ希望ᄒᆞ는意로齋藤所長에게傳ᄒᆞ고, 又兵에行動에對ᄒᆞ야는決코不穩ᄒᆞᆫ行動을爲치못ᄒᆞ게ᄒᆞ깃스니貴國兵도注意ᄒᆞ라고述홈을依ᄒᆞ야, 奧村憲兵大尉는此ᄅᆞᆯ領ᄒᆞ고, 且本件은對岸鍾城에서出來ᄒᆞᆫ事로我派[出脫]所의意志되로行치못ᄒᆞᆯ事도有ᄒᆞᆯ터이니, 아모쪼록舊慣에依ᄒᆞ야冬季ᄭᆞ지撤橋치아니홈을可信ᄒᆞᆯ意ᄅᆞᆯ告홈.

該橋梁은其後自然破損ᄒᆞ고, 目下韓民은渡船에依ᄒᆞ야穀物을運搬ᄒᆞ는結果로平穩이落着홈.

(마) 本月九日, 開泰社湖川浦下所村長金弘錫은, 姪女出嫁홈에對ᄒᆞ야此ᄅᆞᆯ祝ᄒᆞ기爲ᄒᆞ야金二圓을懷中ᄒᆞ고同地에向ᄒᆞ야到코ᄌᆞᄒᆞ는途中에, 瓦櫟에서淸兵二名·通譯一名과會見ᄒᆞ고互相種種의談話ᄅᆞᆯ交ᄒᆞ다가, 金은我派出所의村長인을談話ᄒᆞᆫ즉, 淸兵은金의身體ᄅᆞᆯ探ᄒᆞ야金二圓을强奪ᄒᆞ고, 且毆打ᄅᆞᆯ加ᄒᆞ야右腿部에打撲傷을負케ᄒᆞ고逃去홈.

本件에就ᄒᆞ야, 十二日藤谷大尉가光霽峪兵營에至ᄒᆞ야交涉ᄒᆞᆫ結果로, 憲兵首班程則著爲名者의事實을調査ᄒᆞᆯ意로答홈.

四. 淸兵等이我憲兵에加ᄒᆞᆫ暴行

(가) 禹跡洞에在ᄒᆞᆫ件 (往電第一四〇號及特報第三一號·第三二號로報告ᄒᆞ얏숩).

(나) 局子街에在ᄒᆞᆫ件 (往電第一四一號及特報第三三號로報告ᄒᆞ얏숩).

五. 暴徒의狀況

暴徒에關ᄒᆞᆫ諸種의情報ᄅᆞᆯ綜合ᄒᆞᆫ즉, 目下其主力은烟秋附近에在ᄒᆞ야, 李·崔의兩名은此冬에結氷期ᄅᆞᆯ待ᄒᆞ야, 一部ᄂᆞᆫ北韓에進入ᄒᆞ고一部ᄂᆞᆫ間島에進入ᄒᆞ야我派出所ᄅᆞᆯ襲擊코ᄌᆞ聲言ᄒᆞ고, 此ᄅᆞᆯ準備ᄒᆞ기爲ᄒᆞ야目下頻頻이黨與의募集, 銃器의購買, 被服의製作等에奔走ᄒᆞᆷ과如ᄒᆞᄂᆞ, 但果然實行ᄒᆞᆯ지ᄂᆞᆫ判明치못ᄒᆞᆷ.

六. 新廳舍의工事

廳舍新築工事ᄂᆞᆫ, 都給人과契約ᄒᆞᆫ期間內에全部가竣工ᄒᆞ야, 派出所에서ᄂᆞᆫ總務長官[鶴原定吉]의電報에基ᄒᆞ야, 竣工檢查委員을任命ᄒᆞ야此ᄅᆞᆯ檢查ᄒᆞ고, 第一回契約條ᄅᆞᆯ本月卄三日로, 第二回條ᄅᆞᆯ同卄四日로領收ᄒᆞ고, 同卄八日로붓터新廳舍에서事務ᄅᆞᆯ執ᄒᆞᆷ.

七. 所員의動靜

所員一般이健康ᄒᆞ야事務에勉勵ᄒᆞᆷ, 韓國內部로붓터派遣ᄒᆞᆫ警視姜道根은本月三日에着任ᄒᆞᆷ, 技師八田吉平·技師囑托太田馬·通譯官囑托山貞清은地質及農產物調查ᄒᆞ기爲ᄒᆞ야, 本月六日에出發ᄒᆞ야琿春方面에出張ᄒᆞ얏다가二十三日에歸所ᄒᆞᆷ, 內部로붓터配屬ᄒᆞᆫ會計官吏主事生野盈明外雇一名이本月八日에着任ᄒᆞᆷ, 事務官楠野俊成이本月十二日에歸任ᄒᆞᆷ, 韓國內部主事孫範哲外一名이十六日에着任ᄒᆞᆷ.

經濟事情을調查ᄒᆞ기爲ᄒᆞ야, 吉林·琿春地方에出張을命ᄒᆞᆫ通譯生山崎誠一郎은, 當地와吉林間의交通이不便ᄒᆞᆷ으로, 歸路ᄂᆞᆫ東清鐵道에依ᄒᆞ야浦鹽港을經ᄒᆞ야十八日歸任ᄒᆞᆷ, 廳舍建築工事ᄅᆞᆯ監督ᄒᆞ기爲ᄒᆞ야派遣ᄒᆞᆫ統監府雇山川一松은, 本月卄八日에統監府에向ᄒᆞ야歸還ᄒᆞᆷ, 喜田正證으로本月十三日技手의事務ᄅᆞᆯ囑托ᄒᆞᆷ.

八. 農況一般

氣象觀測表에依ᄒᆞᆫ本月中의溫度及降雨量을見ᄒᆞ면左와如ᄒᆞᆷ.

	平均溫度	最高溫度	最低溫度	降雨回數	降雨量
第一旬	一○.三	(三日) 二二.五	(七日) ○.三	四	五.七五

第二旬	一○.七	(十六日) 二三.○	(十二日) 一.○	一	○.七○
第三旬	四.九	(二十一日) 二一.五	(三十一日) (一) 八.五	四	五.二○
月	八.六	二三.○	(一) 八.五	九	一一.三五

[備考]

積算溫度二六四, 五

快晴日數九

半晴日數一三

曇天日數九

	平均溫度	最高溫度	最低溫度	降雨回數	降雨量
第一旬	一○.二	(十日) 二二.○	(八日) ○.五	七	九.五
第二旬	八.三	(十九日) 一九.○	(十三日) (一) 三.○	○	○.七○
第三旬	五.二	(二十九日) 一五.五	(三十一日) (一) 五.○	四	六.三
月	七.八	(十日) 二二.○	(一) 五.○	一一	一五.八

因ᄒᆞ야昨年十月에在ᄒᆞᆫ氣象觀測表ᄅᆞᆯ見ᄒᆞᆫ즉,

[備考]

積算溫度二四二.二度

即昨年에比ᄒᆞ면, 平均溫度도○.七度高ᄒᆞ고, 積算溫度도二二.三度高ᄒᆞ고, 降水量도四,五五糎가少ᄒᆞ야, 마침諸作物의收納期에際ᄒᆞ야, 穀草가共히充分ᄒᆞᆫ乾燥ᄅᆞᆯ得ᄒᆞ기ᄯᅢ문에, 前月에在ᄒᆞᆫ缺陷의多少ᄅᆞᆯ補得ᄒᆞ야最히好階梯라, 今에昨年及本年의普通作物坪刈試驗成績(一反步換算)을比較ᄒᆞ면左와如홈.

一. 水稻(中位에屬ᄒᆞᆫ者)

	一坪 本數	稈長	1反莖葉의重	籾收量	玄米 收量	籾과 玄米와의 百分比例	玄米一升 重量
		寸	貫				匁
四十年	七九○	二七	六二,四○○	一,八七五	一,○三六	五五.○	三七.三
四十一年	七三○	三四	八二,八○○	二,四○○	一,三五○	五六.二	三八.八

二. 粟(優良에屬ᄒᆞᆫ者)

	稈長	莖葉重量	收量	一升重量	穗長
	寸	貫	石	匁	寸
四十年	五一	一五○,九○○	三,五二五	三二○	九
四十一年	五一	一三四,一○○	一,七七○	三二二	七

三. 高粱(中位에屬ᄒᆞᆫ者)

	稈長	莖葉重量	收量	穀實一升重量
四十年	七七	二三八,五○○	三,四六○	三四六.三
四十一年	七五	一二一,五○○	一,九五○	三三四.○

四. 大豆(中位에屬ᄒᆞᆫ者)

	稈長	莖葉重量	收量	一升重量
	寸		石	
四十年	二二	四五,六○○	一,一一○	三七五.七
四十一年	一八	三一,五○○	○,九○○	三五○.○

五. 黍(中位에屬ᄒᆞᆫ者)

	收量	一升重量
四十年	一,四七○	三三八.八
四十一年	一,五○○	三六○.○

即水稻及黍ᄅᆞᆯ除ᄒᆞ면, 다昨年에比ᄒᆞ야多少의減收ᄅᆞᆯ見홈.

九. 衛生狀態

月間當村附近에傳染病의發生을見ᄒᆞ얏스ᄂᆞ, 亦流行病으로記載ᄒᆞᆯ疾患이아니요, 安全ᄒᆞᆫ狀態로在홈, 本月五·六·七三日間, 龍井村全般에秋季淸潔法을實施ᄒᆞ얏스ᄂᆞ, 當時猛風으로因ᄒᆞ야全然이淸潔의程度에不至ᄒᆞᆷ으로써, 爾來憲兵·巡査로ᄒᆞ야금督勵케홈, 小佛洞在住韓人幼兒의一部에種痘ᄅᆞᆯ實施ᄒᆞ얏ᄂᆞᆫᄃᆡ善感홈, 慈惠病院에서本月間에施療ᄒᆞᆫ新患者의總數가五百六十二名이니, 前月에比ᄒᆞ면少히增加홈.

前記新患者ᄅᆞᆯ國籍別表에依ᄒᆞ면左와如ᄒᆞᆫᄃᆡ, 淸人은從前에比ᄒᆞ야頓히增加홈.

本邦人五十八名
韓人三百八十七名
淸人百十七名

一〇. 警察事故

本月中處理ᄒᆞᆫ警察事故ᄂᆞᆫ別表와如홈.

警察事故

事項	件數	摘要
債務不履行ᄒᆞ고逃走	二	一件은原被告共韓人各男一, 被告에게說諭履行케홈 一件은原被告共韓人各男一, 新興坪分遣所에處分케홈
毆打創傷	二	二件共韓人男一, 說諭放還
借家賃不撥	一	原告韓人, 被告淸國人, 說諭ᄒᆞᆫ後支撥케홈
人夫賃不撥	一	原告韓人, 被告日本人女, 被告에說諭支撥케홈
車馬賃不撥	一	原告韓人, 被告日本人, 被告에說諭支撥케홈
小女가犬에게咬ᄒᆞᆷ에對ᄒᆞᆫ爭論	一	原告韓人, 被告淸國人, 說諭
馬匹代金不撥	一	原被告共韓人, 被告에說諭
器物破壞	一	原告韓人, 被告淸國人, 被告에說諭弁償
秣代金不撥	一	原告韓人, 被告淸國人, 被告에說諭示談홈
屠牛檢查請願	八	許可
計	一九	

45. 醫療機關設置要請(往復案2册)

隆熙3年 (西紀1909年 2月9日)

[發] 統監府統監 伊藤博文

[受] 內閣總理大臣 李完用

機密統發第一五七號

間島에慈惠病院은統監府派出所의創設ᄒᆞᆫ것이온ᄃᆡ, 憲兵隊附軍醫가擔任ᄒᆞ야施療ᄅᆞᆯᄒᆞᄂᆞᆫ바, 其成績이頗有可觀ᄒᆞᆫ지라, 今에事業擴張의必要ᄅᆞᆯ認ᄒᆞ얏ᄉᆞ오니, 大韓醫院의分院을派出所所在地에設置ᄒᆞ시든지, 或은他의相當方法을設ᄒᆞ야, 患者治療의方法을講究ᄒᆞ시도록措辦ᄒᆞ심을爲要.

明治四十二年二月九日

統監公爵 伊藤博文

太子少師內閣總理大臣 李完用 閣下

46. 都社長·社長等報酬의 國庫負擔要請(往復案2冊)

隆熙3年 (西紀1909年 2月9日)
[發] 統監府統監 伊藤博文
[受] 內閣總理大臣 李完用

機密統發第一五九號

統監府臨時間島派出所에서는, 貴國民의保護任務를實施ᄒᆞ고事情을疏通ᄒᆞ기爲ᄒᆞ야, 都社長·社長·村長等의下級機關을構成ᄒᆞ얏ᄉᆞ온바, 此에對ᄒᆞᆫ報酬及事務費는, 原來地方費로써支辦ᄒᆞᆯ性質이有ᄒᆞ오나, 地方徵收의方法이姑無ᄒᆞ오니, 現今間左記金額을國庫로써支辦ᄒᆞ시도록措辦ᄒᆞ심을爲要.

一, 金五千八百八十圓(年額)

明細
金九百六十圓, 都社長四人條, 一人月額二十圓
金四千九百二十圓, 社長四十一人條, 一人月額十圓
右를提出홈.

明治四十二年二月九日
統監公爵 伊藤博文
太子少師內閣總理大臣 李完用 閣下

47. 間島事情報告書呈覽의 件(往復案2冊)

隆熙3年 (西紀1909年 2月23日)
[發] 統監府副統監 曾禰荒助
[受] 內閣總理大臣 李完用

機密統發第二三五號

齋藤間島派出所長의月報統派月報第一二號를別紙謄寫ᄒᆞ야, 參考ᄒᆞ시기爲ᄒᆞ야玆에送付홈.

明治四十二年二月二十三日
統監代理副統監子爵 曾禰荒助
太子少師內閣總理大臣 李完用 閣下

附. 同上報告書

- 隆熙3年 (西紀1909年 1月9日)
- [發] 間島派出所長 齋藤季治郎
- [受] 統監府統監 伊藤博文

統派月報 第一二號月報 自十二月一日至同三十一日
明治四十二年一月九日
統監府臨時間島派出所長 齋藤季治郎
統監公爵 伊藤博文 殿

一. 地方一般의狀況

去月以來로平安ᄒᆞ든地方의狀況은, 本月에入ᄒᆞ야도依然이其狀態를持續ᄒᆞ야, 人民이安堵ᄒᆞ야皆其業을勵홈.

二. 淸國官憲의施設及兵員의行動

(가)十二月三日에月朗社馬派水北村에淸國憲兵派遣所를設置ᄒᆞ고, 憲兵班長于東岱外上等兵四名이局子街로붓터來着ᄒᆞ야, 同四日에事務를開始홈.

(나)本月十二日, 局子街에서頭道溝西古城子兵營에, 長四尺·縱三尺·橫三尺되ᄂᆞᆫ箱에入ᄒᆞᆫ彈藥을送付홈.

(다)本月十九日에幇辦傅良佐ᄂᆞᆫ, 頭道溝·銅佛寺·東盛湧·局子街等에分駐ᄒᆞᆫ巡防隊를南營에集合ᄒᆞ고點呼를行ᄒᆞᆫ後, 左의訓示를홈.

本年도將暮ᄒᆞ고, 本年中은何等事가無ᄒᆞᆫ지라, 來春을待치아니면何事든지遂키不能ᄒᆞᆫ지라, 然이나放心치말고各兵은同時에服裝을解ᄒᆞ고就寢치말며, 반다시半數ᄂᆞᆫ着衣ᄒᆞᆫ디로就寢ᄒᆞ며, 又不寢番을置ᄒᆞ야不時의事를備홈이可ᄒᆞ며, 日本人及日本兵의往來ᄒᆞᄂᆞᆫ沿道에在ᄒᆞᆫ者ᄂᆞᆫ此를十分注意ᄒᆞ야, 兵의增派와兵器·彈藥等의運搬에對ᄒᆞ야ᄂᆞᆫ特히留意홈을要ᄒᆞᆫ다云云.

三. 淸國官憲의不當徵稅

淸國官公吏의不當徵稅ᄂᆞᆫ, 我의正當ᄒᆞᆫ抗議와嚴密ᄒᆞᆫ監視를憚ᄒᆞ야顯著이減少ᄒᆞ얏스나, 尙此其跡을全絶홈에不至ᄒᆞ야, 月間에左記事實이有홈.

會寧間島砂器洞派弁所及永化社鶴城稽查所를新築ᄒᆞ기爲ᄒᆞ야, 仁化社·永化社韓民으로붓터木手·人夫·粟稈等을徵收ᄒᆞ고, 相當의賃錢·代價의支撥을不爲홈으로, 韓民이此를請求ᄒᆞᆫ즉淸官은租稅徵收時에相殺ᄒᆞ깃다言ᄒᆞ고, 其期에至ᄒᆞ야ᄂᆞᆫ租稅와賃金은區別이有ᄒᆞ다ᄒᆞ야支撥을不應ᄒᆞ고, 遂히此等諸費用을鄕約에命ᄒᆞ야民排徵收ᄒᆞᄂᆞᆫ디, 韓民이徵收에拒而不應ᄒᆞᄂᆞᆫ者에對ᄒᆞ야ᄂᆞᆫ鄕約은淸國에서命ᄒᆞᆫ者이니, 不肯從命者ᄂᆞᆫ嚴罰홈이可ᄒᆞ다고威嚇ᄒᆞ고, 强制로民排에應케ᄒᆞ야其額이每戶에日貨五十錢乃至二圓五十錢也.

本件에對ᄒᆞ야, 本月十日에平田憲兵中尉로ᄒᆞ야금太拉子經歷廳許德洧에게交涉ᄒᆞᆫ즉, 許ᄂᆞᆫ租稅ᄂᆞᆫ予의所關인즉, 調查ᄒᆞᆫ後相當處置ᄒᆞ깃스나, 人夫·木手其他賃錢에對ᄒᆞ야ᄂᆞᆫ, 予의知ᄒᆞᆯ비아니라고答홈.

然故로十二月八日에奧村憲兵大尉로ᄒᆞ야금局子街邊務公署에交涉ᄒᆞᆫ즉, 同署에서ᄂᆞᆫ實地에就ᄒᆞ야事實의調查를ᄒᆞ깃다고回答홈.

四. 暴徒에關ᄒᆞᆫ件

暴徒에關ᄒᆞ야ᄂᆞᆫ恒常警戒ᄅᆞᆯ怠치아니ᄒᆞ나, 本月十五日頃에鍾城間島龍池社瓦梁洞附近을徘徊ᄒᆞᄂᆞᆫ暴徒李大孺(五十三年)가同社金店洞梁方彦處에潛伏ᄒᆞᆷ을聞知ᄒᆞ고, 下泉坪의憲兵·巡査가同地에出張ᄒᆞ야此ᄅᆞᆯ逮捕ᄒᆞ얏ᄂᆞᆫᄃᆡ, 該暴徒ᄂᆞᆫ咸鏡南道北青郡羅荷坮에居住ᄒᆞᄂᆞᆫ者로, 朴先達部下에加入ᄒᆞ야去八月廿七日鍾城郡으로間島에侵入ᄒᆞᆫ者인ᄃᆡ, 龍池社地方을徘徊ᄒᆞᆫ目的은, 同地方農民에對ᄒᆞ야暴徒에加入ᄒᆞᆷ을勸誘ᄒᆞ고, 且金錢穀物을强請ᄒᆞ기爲ᄒᆞᆷ이라云云.

茂山間島宣化社康庄洞에, 本月廿四日未明에暴徒約四十名이入來ᄒᆞ야同夜同地에宿泊ᄒᆞᄂᆞᆫᄃᆡ, 村民은此ᄅᆞᆯ淵洞口(東庄洞을距ᄒᆞᆫ約一里)駐在清兵에密告ᄒᆞᆷ으로, 清兵이出張ᄒᆞᆫ後暴徒의携帶ᄒᆞᆫ武器及彈藥其他被服等雜品을押收ᄒᆞ고, 此ᄅᆞᆯ解放ᄒᆞᆷ(往電第一號로已經報告ᄒᆞᆷ).

該暴徒ᄂᆞᆫ李範允의部下로, 浦鹽으로來ᄒᆞ야韓國內地에至코ᄌᆞᄒᆞᄂᆞᆫ途中, 茂山郡下面口에서日本憲兵과出會ᄒᆞ야交戰ᄒᆞᆫ後, 不得已當地에入來ᄒᆞᆫ者라云ᄒᆞᆷ, 右暴徒의行衛에對ᄒᆞ야ᄂᆞᆫ, 目下嚴重히搜索ᄒᆞᄂᆞᆫ中.

五. 牛疫의調査

前月間으로븟터和龍社大楡田洞及平崗水南社地方에牛疫이發生ᄒᆞ야, 一時病勢가極히猖獗ᄒᆞ야多數의斃牛가出ᄒᆞᆷ으로써, 屢屢이憲兵及韓國巡査ᄅᆞᆯ出張케ᄒᆞ야, 此에豫防及消毒方法을韓民에게指示ᄒᆞ야勵行케ᄒᆞᆫ結果로, 本月에至ᄒᆞ야病勢가稍減ᄒᆞᄂᆞᆫᄃᆡ, 月間에在ᄒᆞᆫ斃牛의數가如左ᄒᆞᆷ.

牛疫發生地方	本月에在ᄒᆞᆫ斃牛의數	現下羅病牛數
平崗水南社 (龍井村을 距한 西南 約 四十里地方)	一九	無
東良下里社 (龍井村地方)	二	同
和龍社大楡田洞(龍井村을 距한 東南 約 五里)	一一	同
同南溝范洞	四	同
合計	三六	

六. 氣象槪況

本月에在흔氣象槪況은如左홈.

	平均溫度	最高溫度	最低溫度	降雪回數	降水量
第一旬	(一) 一一.二	(一) (五日) 二.○	(一) (三日) 二七.五	一	三.四
第二旬	(一) 一○.一	(十五日) 四.五	(一) (二十日) 二一.五	○	○
第三旬	(一) 一○.三	(二十一日)(二十七日) ○.○	(一) (二十四日) 二○.五	一	○.五
月	一○.五	四.五	(一) 二七.五	二	三.九

積算溫度(一)三二六, 四 快晴日數八 半晴日二○ 曇天日數三

昨年의氣象表에依흐면,

	平均溫度	最高溫度	最低溫度	降雪回數	降水量
第一旬	(一) 一三.四	(一) (九日) ○.五	(一) (四 五日) 二九.○	二	○.五
第二旬	(一) 一五.七	(一) (十二日) 三.○	(一) (十九日) 三○.五	三	六.○
第三旬	(一) 一七.二	(二十四日) 二.○	(一) (二十三日) 二九.○	二	二.三
月	(一) 一五.四	二.○	(一) 三○.五	七	八.八

積算溫度(一)七六二,四

快晴日數一二

半晴日數一五

曇天日數四

右兩表를對照흔즉, 平均·最高·最低溫度가, 本年은昨年보다遙히高흐며, 降雪量도少흐고, 更히積算溫度는一三六,○度의高를示흐얏고, 曇天日數는大差가無흐나, 大槪昨年보다氣溫이高홈.

七. 地方의衛生狀態及患者의施療狀況

本月間傳染病으로記載홀疾患은當龍井村附近에는皆無ᄒᆞ야安全ᄒᆞᆫ狀態로在ᄒᆞᄂᆞ, 新興坪及銅佛寺地方에熱性流行病의發生ᄒᆞᆫ報告가有ᄒᆞᆷ으로, 各分遣所에對ᄒᆞ야軍醫로ᄒᆞ야금此를撲滅豫防ᄒᆞᄂᆞᆫ方에注意를加케ᄒᆞ얏더니, 其後蔓延ᄒᆞᆫ報告를接지아니홈.

本月間의施療ᄒᆞᆫ新患者의總數가三百六十名인바, 平均一日에新患者十二名이요, 舊患者를合ᄒᆞ야日日來院ᄒᆞᄂᆞᆫ者가恒常五十名以上을算ᄒᆞᄂᆞᆫᄃᆡ, 新患者를國籍別에依ᄒᆞ면如左홈.

本邦人四十七名

韓人三百六十五名

清人四十八名

八. 所內執務狀況

所員一般이健康ᄒᆞ야, 嚴寒을能忍ᄒᆞ고繁務에堪耐ᄒᆞ야熱心으로事務에從事홈.

本職은韓民保護의趣旨及其手段等에對ᄒᆞ야ᄂᆞᆫ, 各員에就ᄒᆞ야恒常訓示ᄒᆞᄂᆞᆫ바인ᄃᆡ, 這回에特히韓民에直接關係를有ᄒᆞᆫ各分遣所憲兵에게能히本官의意思를徹底케ᄒᆞ야, 共히各地方의狀況을聞홀必要가有ᄒᆞᆷ으로, 本月十一日로븟터三日間, 各分遣所長을召集ᄒᆞ야會議를開ᄒᆞ고一場訓示를ᄒᆞ고且諸種諮問을홈(本會議에關ᄒᆞᆫ詳報ᄂᆞᆫ追後四十一年度概況報告書中에詳記提出ᄒᆞ깃슴).

九. 警察事故

本月間處理ᄒᆞᆫ警察事故ᄂᆞᆫ別表와如홈.

附의 屬. 警察事件表

自明治四十一年十二月一日

至同年十二月三十一日

警察事故表

事項	件數	摘要
放馬保護	一	放馬一頭가憲兵分隊廐舍에馳入ᄒᆞ야保護中이러니飼主가ᄒᆞᆷ으로引渡ᄒᆞᆷ
債務關係	七	一件은原告韓人女一, 被告韓人男一, 被告에說諭履行케ᄒᆞᆷ 一件은原告韓人男一, 被告淸國人男一, 被告에說諭履行케ᄒᆞᆷ 一件은原告淸人男一, 被告日本人男一, 被告에說諭履行케ᄒᆞᆷ 一件은原告韓人, 被告日本人, 被告에說諭履行케ᄒᆞᆷ 一件은原告韓人, 被告日本人, 原告의申請이事實에反ᄒᆞᆷ으로ᄡᅧ說諭示談ᄒᆞᆷ 一件은原被共韓人, 原被에說諭示談ᄒᆞᆷ 一件은原被共韓人, 證據不完全ᄒᆞᆷ으로說諭示談케ᄒᆞᆷ
學校設立反對	一	反對者韓人男三, 說諭에服ᄒᆞᆷ
毆打創傷	二	二件共被害者韓人男各一, 加害者韓人男各一, 雙方說諭和解케ᄒᆞᆷ
毆打創傷兼契約不履行	一	被害者韓人男一, 加害者에說諭和解케ᄒᆞᆷ
毆打	二	一件은被害者韓人, 加害者淸人, 加害者에說諭ᄒᆞᆷ 一件은淸國鄕約韓人男一, 加害者數名에說諭ᄒᆞᆷ
婦女誘拐	一	原告·被告共韓人, 誘拐婦ᄅᆞᆯ原告에返還케ᄒᆞ고被告에說諭
酩酊爭論	三	一件은雙方共韓人, 說諭 一件은淸人男三, 說諭 一件은淸人二, 淸國官憲에引渡ᄒᆞᆷ
通行妨害	三	一件은韓人男一, 牛車ᄅᆞᆯ街路에橫居ᄒᆞᆷ으로說諭輓去케ᄒᆞᆷ 二件은淸人男三, 街路에馬車ᄅᆞᆯ橫居ᄒᆞᆷ으로說諭輓去케ᄒᆞᆷ
街路에ᄒᆞᆫ者	二	二件은共日本人, 說諭ᄒᆞᆷ
賭博	二	一件은韓人男四, 微罪處分에對ᄒᆞ야說諭ᄒᆞᆷ 一件은韓人男二, 日本人男一, 會寧警察署에移牒ᄒᆞᆷ
病牛ᄅᆞᆯ他에賣却코ᄌᆞᄒᆞᆫ者	一	韓人三, 說諭ᄒᆞ야自宅에서離隔케ᄒᆞᆷ
內亂律	一	韓人, 取調中
冒認	一	原告韓人女一, 被告韓人男一, 虛僞의告訴ᄅᆞᆯᄒᆞᆷ으로原告에說諭ᄒᆞᆷ
斃牛ᄅᆞᆯ放棄ᄒᆞᆫ者	二	一件은韓人男一, 說諭埋沒케ᄒᆞᆷ 一件은放棄ᄒᆞᆫ者不分明ᄒᆞᆷ으로分隊燒却ᄒᆞᆷ
無效之券으로其他 代價ᄅᆞᆯ取ᄒᆞᆫ者	一	原被告韓人, 被告에說諭ᄒᆞᆫ後辨償케ᄒᆞᆷ
脅迫	一	原告韓人男一, 被告同二, 原告의申請이事實에反ᄒᆞᆷ으로原告에說諭ᄒᆞᆷ
不法徵稅	一	原告韓人男三, 被告淸人男一, 韓人男一, 原告의申請이虛僞임으로說諭

不法行爲	一	原告韓人男二, 女一, 被告淸國官憲인故로該官憲交涉
社長辭任	四	說諭에服ᄒᆞ야繼續服務홈
拾得物	二	一件은遺失者韓人, 拾得者韓人, 取調ᄒᆞᆫ後拾得二十錢을返還케홈 一件은遺失者拾得者共韓人, 取調ᄒᆞᆫ後拾得材木을返還케홈
詐僞未遂	一	原告韓人, 被告淸人, 取調中
不正徵發	一	原告韓人數名, 被告淸國官吏二, 淸國官憲에交涉홈
物品掠奪	一	原告韓人, 被告淸人, 淸國官憲에交涉ᄒᆞᆫ後掠奪物을返還케홈
屠牛檢査	一七	檢査販賣ᄅᆞᆯ許可홈
計	五八	

48. 間島事情報告書呈覽의 件(往復案2册)

隆熙3年 (西紀1909年 4月5日)
[發] 統監府副統監 曾禰荒助
[受] 內閣總理大臣 李完用

機密統發第五〇四號

篠田統監府臨時間島派出所長代理의月報統派月報第二號를別紙謄寫ᄒᆞ야, 參考ᄒᆞ시기爲ᄒᆞ와玆에送付홈.

明治四十二年四月五日
統監代理副統監子爵 曾禰荒助
太子少師內閣總理大臣 李完用 閣下

附. 同上報告書

- 隆熙3年 (西紀1909年 3月10日)
- [發] 統監府間島派出所長代理 篠田治策
- [受] 統監府副統監 曾禰荒助

統派月報第二號

月報

自二月一日至同廿八日
明治四十二年三月十日
統監府臨時間島派出所長代理 篠田治策
統監代理副統監子爵 曾禰荒助 殿

一. 地方一般의 狀況

地方一般靜穩ᄒᆞ며, 鍾城憲兵의玄德勝逮捕事件及龍井村에在ᄒᆞᆫ清韓兩國人의紛擾事件과, 或은清國官公吏의不當徵稅, 又ᄂᆞᆫ僻隅에在ᄒᆞᆫ清國地方官憲이我의戶口調査ᄅᆞᆯ妨害ᄒᆞᄂᆞᆫ等의件은, 彼我의公平ᄒᆞᆫ交涉으로由ᄒᆞ야事端을滋生ᄒᆞᆷ에不至ᄒᆞ고, 韓民一同이安堵ᄒᆞᆫ狀態에在ᄒᆞᆷ.

二. 清國官憲의動靜

(가) 本月二日, 幫辦傅良佐ᄂᆞᆫ奉天에向ᄒᆞ야出發ᄒᆞ얏ᄂᆞᆫᄃᆡ, 其理由ᄂᆞᆫ邊務公署에在ᄒᆞᆫ本年度의豫算을協議ᄒᆞ고, 又昨年度에在ᄒᆞᆫ決算報告ᄅᆞᆯᄒᆞ기爲ᄒᆞᆷ이라ᄒᆞ고. 同署員某의言을據ᄒᆞᆫ즉, 同署에서昨年中間島經營에要ᄒᆞᆫ經費ᄂᆞᆫ約四十萬兩이라ᄒᆞᆷ.

傅ᄂᆞᆫ三月中旬에歸所ᄒᆞᆯ豫定이라ᄒᆞᆷ.

(나) 本月十二日에小銃百八十挺이自吉林으로局子街邊務公署에到着ᄒᆞᆷ.

(다) 清國官憲이局子街內에建築ᄒᆞ든八個의巡警派出所ᄂᆞᆫ全部가落成ᄒᆞ야, 本月二十二日붓터一個處에三名式巡警을配置ᄒᆞ고, 各所에一名式立哨ᄅᆞᆯ設ᄒᆞᆷ.

三. 清國官憲의不法行爲竝不當徵稅

(가) 龍井村에在ᄒᆞᆫ清韓人의紛擾件

往電第八·九號로ᄡᅥ槪報ᄒᆞᆷ과如히, 本月十六日午前九時十五分頃에清國人一名이間島龍井村市場雜貨商韓人林四安處에서, 日貨七十圓·清貨三百十四吊(金額은被害者告訴에依ᄒᆞᆷ)ᄅᆞᆯ窃取逃走ᄒᆞᆷ을林四安의妻가發覺ᄒᆞ고, 此ᄅᆞᆯ他出中의林四安及近隣韓民에게告ᄒᆞ고尙히市場에立哨ᄒᆞᆫ韓國巡査金秉玉에訴出ᄒᆞᆷ으로ᄡᅥ, 金巡査及六·七名의韓國人이此ᄅᆞᆯ搜索ᄒᆞᆫ즉, 同市場清國人家屋에서該犯人을發見ᄒᆞᆷ.

金巡査ᄂᆞᆫ此ᄅᆞᆯ本所에引致코ᄌᆞᄒᆞᆫ즉, 他一名의清國人이厨刀ᄅᆞᆯ揮ᄒᆞ야其引致ᄅᆞᆯ妨害ᄒᆞᆷ으로, 金巡査ᄂᆞᆫ此ᄅᆞᆯ從後抱住ᄒᆞ고被害者及他韓國人等은犯人을戶外로引出코ᄌᆞᄒᆞᆷᄋᆡ, 犯人은窃取金中日貨五十九圓을地上에落ᄒᆞᆷ.

韓國人은犯人의無違ᄒᆞᆷ을知ᄒᆞ고, 愈益其所謂ᄅᆞᆯ可痛이여겨金巡査의制止ᄅᆞᆯ不肯ᄒᆞ고該犯人을毆打ᄒᆞᄂᆞᆫ지라, 金巡査ᄂᆞᆫ其毆打ᄅᆞᆯ制止ᄒᆞ고該犯人을引致코ᄌᆞᄒᆞᆫ즉, 六道溝清國派弁所의巡警六名及附近清國人十數名이聚來ᄒᆞ야, 其引致ᄅᆞᆯ妨害ᄒᆞ고犯人을奪코ᄌᆞᄒᆞᆷ으로, 玆에

一場紛擾를惹起홈.

此時同所에近接훈我憲兵宿舍에는上等兵管原善助一名이殘留후얏는딕, 此紛擾를聞후고現場에急馳훈즉韓國巡査劉秉烈도來會훈지라, 共히淸國巡警等의犯人을奪取코주홈을制止훈즉巡警一名은拔刀후고當時集合훈淸國人에對후야毆打후라고連呼홈의, 約三十名의淸國人等은傍에積置훈薪을擧후야韓國巡査·我憲兵及韓國民을打홈.

此際劉巡査는巡警武振聲에게刀背로뻐右肩毆打를被후고, 金巡査及管原上等兵은淸國人에게薪으로뻐背部毆打를被후야, 擧皆輕度의打撲傷을受훈지라, 此에在후야巡査憲兵等은多數暴行후는淸人에向후야此를逮捕코주훈즉, 此機를乘후야巡警等은該犯人을急速히派弁所內로奪取歸去홈.

此狀을傍觀후든韓國人은, 淸國巡警及淸國人의暴行을憤히여겨, 其數十名은手又는薪으로뻐淸國人[脫落]朴時運外六名은淸國人으로因후야輕度의打撲傷을受후고, 又淸國人王有淸·陳大盛은韓國人으로因후야擧皆頭部에毆打를被후야輕傷을負후고, 其他數名의淸國人은輕度에打撲傷을受홈.

間島分隊에서는市場에서淸韓人의爭鬪로因후야憲兵及韓國巡査가負傷훈急報를得후고, 直히憲兵軍曹立上源助外上等兵八名及韓國巡査六名을現場에急馳케후고, 憲兵中尉森川亨及憲兵曹長田態柳吉도連次出張훈즉, 憲兵等의出張훈時는旣已鬪爭을止후고犯人은派弁所內로奪去훈後라, 故로憲兵等이派弁所에至훈즉, 巡警六·七名은(內四名은帶劒)表門에在후야警戒후야入門을拒홈으로犯人의引渡를求훈즉, 巡長이出來후야(漫漫)이라고呼후며且犯人이所內에不在훈意로告후믹, 我憲兵等은暫時詰問후야巡長等과爭훈즉, 巡長은遂히(看看)후라후고스스로引導후야各屋을巡覽케후고져홈으로, 憲兵四名韓國巡査三名은巡長을跟隨후야各屋을巡覽후얏시누遂히犯人을不認홈.

但派弁所에셔는犯人을奪取훈後, 直히同所裏門으로붓터該犯人을東盛湧方向에送致훈形跡이有홈, 犯人이派弁所에不在훈事를一般韓人이知후고뻬호딕, 派弁所에서는盜賊을逃走케후얏다후야크게激昂후야, 數輩의韓國人은派弁所內外를搜索홀식, 同所目語通譯陳琢章이自家로붓터派弁所裡門에入來홈을恰遇후고, 多數의韓人等은陳으로뻐犯人을逃走케훈者라후야, 互相喧擾후야追跡홈으로뻐, 憲兵上等兵北島晴吉은此를裡門內에引致問答中인딕. 激昂훈韓人等은我憲兵의制止후는隙을窺후고, 陳을裡門外로曳出후야此를衝홈으로陳은土堤下에轉墜훈즉, 堤下에集合훈韓國人은再次陳을毆打후야或以足蹴之후는等暴行을加홈으로, 北島上等兵外一名은此를制止후고, 韓民의暴行을防制후면서陳을派弁所表門으로帶行훈즉, 此時森川中尉는表門에在후얏다가陳을保護후야同所內에入케홈.

陳은打撲傷을受홈에對ᄒᆞ야, 直히一等軍醫小野純一에게診療케ᄒᆞᆫ바, 左脛骨下端部前面에輕度의皮下溢血이有ᄒᆞ고, 其他左肩脾間部·左季肋部·左腰部及左大腿에疼痛을感ᄒᆞ나, 腫脹溢血等이無ᄒᆞ고輕度의打撲傷을負ᄒᆞᆫ지라, 陳은毆打를被ᄒᆞᆯ際에二回咯血ᄒᆞᆫ事가有ᄒᆞ다ᄒᆞ나, 軍醫의檢案에依ᄒᆞ면內部에異狀을不認이라홈.

又此로븟터先히派弁所長龔才朗은, 我憲兵及巡查가派弁所內에入ᄒᆞ고多數韓民의喧噪홈에際ᄒᆞ야, 事態가容易치못홈으로我派出所에來ᄒᆞ야其鎭靜을求홈, 本件에對ᄒᆞ야, 本月十七日에幇辦代理陶彬은通譯及龔派弁所長을從ᄒᆞ야, 交涉ᄒᆞ기爲ᄒᆞ야本所에來ᄒᆞ야言ᄒᆞ되, 多數의憲兵이我派弁所內에闖入ᄒᆞᆫ不法된事及陳通譯을毆打홈은, 最初븟터日本憲兵의所爲等인바, 淸國側의調査ᄒᆞᆫ事實을述ᄒᆞ고此憲兵에對ᄒᆞᆫ處分을要求홈으로, 本所에서ᄂᆞᆫ憲兵이派弁所內에入홈은巡長의誘導에依ᄒᆞ야入ᄒᆞᆫ事와, 及當時ᄶᆞ지의調査에依ᄒᆞ면아직憲兵의毆打ᄒᆞᆫ事實을不認ᄒᆞᆫ事를告ᄒᆞᆫ즉, 結局에陶ᄂᆞᆫ尙히調査를進行ᄒᆞ야正當ᄒᆞᆫ處分을要求ᄒᆞ며, 又我로븟터ᄂᆞᆫ, 本事件의當初我憲兵及巡查를毆打ᄒᆞᆫ巡警等淸國人을調査ᄒᆞ야相當處分을求홈.

尙히今回와如히紛擾를惹起홈은, 我가淸韓兩國犯人을同行引致코ᄌᆞᄒᆞ면, 恒常淸國側에서暴力으로ᄡᅥ此를奪取코ᄌᆞ홈에起因홈인즉, 淸國人에對ᄒᆞ야ᄂᆞᆫ, 一應調査ᄒᆞᆫ後貴衙에引渡ᄒᆞᆯ터이니, 同行引致를妨害치아니ᄒᆞ도록部下에訓令ᄒᆞ라고提言ᄒᆞᆫ즉, 陶ᄂᆞᆫ一應取調라도淸國司法權에干係ᄒᆞᄂᆞᆫ事이면, 事件이重大ᄒᆞᆯᄲᅮᆫ안이라, 傅[良佐?]幇辦이不在ᄒᆞᆫ즉確答ᄒᆞ기難ᄒᆞ다고答弁홈.

本件의陳通譯을毆打홈은, 我憲兵인지아닌지調査ᄒᆞᆫ즉, 最初同人이多數韓人에게追跡ᄒᆞ야裏門內에入來ᄒᆞᄂᆞᆫ時에, 北島上等兵은, 陳으로ᄡᅥ犯人을逃走케ᄒᆞᆫ者로信ᄒᆞ고胸部를引拿ᄒᆞᆫ事實이有ᄒᆞᄂᆞ, 其他憲兵이陳을毆打ᄒᆞᆫ事實을不認홈.

(나) 戶口調査의妨害件

本月十二日에傑備[54]洞憲兵分遣所憲兵上等兵及韓國巡查一名은, 戶口調査ᄒᆞ기爲ᄒᆞ야鍾城間島合手坪에至ᄒᆞ야調査에着手ᄒᆞᆫ즉, 鶴城坪守備隊長張運良이來ᄒᆞ야當地方은本官의管轄區域內인즉, 上司의命令이不有ᄒᆞ면戶口調査를實施케홈을不得ᄒᆞᆪ다ᄒᆞ고我의調査를妨害홈으로, 憲兵은戶口調査의件은彼我上司에서旣已交涉을終ᄒᆞ얏슨즉, 妨害를受ᄒᆞᆯ理由가無ᄒᆞ니, 若我의調査에異議가有ᄒᆞ면其意를上官에게報告ᄒᆞ라고述한즉, 張은此를遮ᄒᆞ고, 更히銃器를携帶ᄒᆞᆫ淸兵十五名及銃器를携帶치안니ᄒᆞᆫ淸兵約四十名을指揮ᄒᆞ야, 道를塞

54 備字와 滿字가 混用되었음, 以上以下同.

ᄒᆞ야調査ᄅᆞᆯ實施치못ᄒᆞ게ᄒᆞᆷ으로, 憲兵은張에向ᄒᆞ야其不當ᄒᆞᆷ을責ᄒᆞ나要領을不得ᄒᆞᆫ지라, 張과同道ᄒᆞ야馬派派弁所에至ᄒᆞ야所長成友禮와會見ᄒᆞ고, 張의戶口調査에妨害ᄒᆞᆯ理由가無ᄒᆞᆷ을責ᄒᆞᆫ즉, 成은合水坪附近은張의管轄區인즉, 當派弁所에서關係ᄒᆞ기不能ᄒᆞ며, 且上司로븟터戶口調査에關ᄒᆞ야아직何等命令이無ᄒᆞ다고述ᄒᆞᆷ으로, 憲兵은深爭의利益이無ᄒᆞᆷ을認ᄒᆞ고, 同地의戶口調査ᄅᆞᆯ中止歸所ᄒᆞᆷ.

先月下旬에伏沙坪分遣所에서憲兵及韓國巡査各一名을戶口調査ᄒᆞ기爲ᄒᆞ야茂山間島崇化社地方에出張케ᄒᆞᆫ바, 同社玉石洞에서會議城兵(會議城은淸國官憲의監督下에淸人으로組織ᄒᆞᆫ自衛團이라)約三十名은, 吉地派弁所長의命이라ᄒᆞ야戶口調査의中止를要求하며, 尙히淸國鄕約은人民에게對ᄒᆞ야, 若日本憲兵의戶口調査에應ᄒᆞ면淸國官憲으로븟터嚴罰에處ᄒᆞ깃다고威嚇ᄒᆞᆷ으로, 人民은我調査ᄅᆞᆯ受ᄒᆞ기ᄅᆞᆯ避ᄒᆞ야我憲兵巡査ᄂᆞᆫ其目的을達ᄒᆞ기不能ᄒᆞ야不得已歸所ᄒᆞᆷ, 右件에關ᄒᆞ야, 伏沙坪分遣所長은交涉ᄒᆞ기爲ᄒᆞ야派弁所長에게面談을求ᄒᆞᆫ즉, 同人은稱病ᄒᆞ고面談을謝絶ᄒᆞ며, 戶口調査에關ᄒᆞ야ᄂᆞᆫ上司의指示ᄅᆞᆯ請ᄒᆞᆯ터이니, 一週日調査ᄅᆞᆯ中止ᄒᆞ라고要求ᄒᆞᆷ.

本月八日, 境野[竹之進]少佐가局子街에出張ᄒᆞᄂᆞᆫ際에, 陶[彬]知府에會見ᄒᆞ고本件에關ᄒᆞ야交涉ᄒᆞ얏ᄂᆞᆫᄃᆡ, 吉地派弁所로븟터何等報告를姑未接到ᄒᆞ얏시나, 將來妨害ᄅᆞᆯ不加ᄒᆞ도록嚴命ᄒᆞ깃다고答ᄒᆞᆷ.

(다) 不法徵金에關ᄒᆞᆫ件

昨年十一月下旬頃에茂山間島吉林派弁所長은, 韓地住民으로間島地方內에移住ᄒᆞ야耕作치아니ᄒᆞ면土地의所有ᄅᆞᆯ禁止ᄒᆞ고, 若間島地內에居住치아니ᄒᆞ거ᄂᆞ, 又ᄂᆞᆫ耕作치아니ᄒᆞᄂᆞᆫ者ᄂᆞᆫ土地ᄅᆞᆯ放棄ᄒᆞᆫ者로看做ᄒᆞ야淸國官有地로ᄒᆞᆯ意ᄅᆞᆯ告示ᄒᆞ고, 尙히淸國에서任命ᄒᆞᆫ鄕約으로ᄒᆞ야금, 該告示의意味ᄅᆞᆯ間島地內土地所有者에게告知케ᄒᆞᆷ.

各土地所有者ᄂᆞᆫ此告示ᄅᆞᆯ知ᄒᆞ고크게恐慌ᄒᆞ야, 或은間島內에移住ᄒᆞ기ᄅᆞᆯ誓ᄒᆞ며或은土地ᄅᆞᆯ放棄ᄒᆞ기로決ᄒᆞ고, 或은其處分方法을茂山郡守에게訴告ᄒᆞᄂᆞᆫ者가有ᄒᆞᆷ.

然而該告示ᄂᆞᆫ如何ᄒᆞᆫ理由인지十二月八日頃에撤去ᄒᆞ고, 土地一日耕에對ᄒᆞ야地稅의外에更히金二圓四十五錢을一回收納ᄒᆞ면, 從前과갓치間島地內內在住치아니ᄒᆞ야도其土地ᄅᆞᆯ所有ᄒᆞ고, 且耕作을認可ᄒᆞᆯ意로鄕約으로ᄒᆞ야금土地所有者에게告知케ᄒᆞ고, 且徵金ᄒᆞᆷ.

又淸國官憲은韓國內地에在ᄒᆞᆫ韓人으로間島地內에土地를所有ᄒᆞᆫ者에對ᄒᆞ야, 韓[間?]島內韓民과一同히諸種의賦課ᄅᆞᆯᄒᆞ며且徵金等을行ᄒᆞᄂᆞᆫ바, 賦課及徵收中에ᄂᆞᆫ不當으로可認ᄒᆞᆯ者有ᄒᆞᆷ으로, 伏沙坪分遣所에서茂山郡守에게托ᄒᆞ야調査ᄒᆞᆫ바에依ᄒᆞᆫ즉, 昨年中에在ᄒᆞ야韓內地在住者의淸國官憲에게徵收ᄅᆞᆯ被ᄒᆞᆫ金額總計가, 茂山邑에八十二圓餘, 茂山郡

北面에四十三圓餘요, 其他粟·麥·粟稈·薪等의現品徵收가多ᄒᆞᆫᄃᆡ, 代價ᄂᆞᆫ아직支撥을受치못ᄒᆞᆷ.

本件에關ᄒᆞ야, 境野少佐가茂山間島를巡視ᄒᆞᄂᆞᆫ際에, 本月廿六日吉地派弁所에至ᄒᆞ야所長과會見ᄒᆞ고, 間島地內에在住치아니ᄒᆞ면土地의所有를禁止ᄒᆞᄂᆞᆫ件에對ᄒᆞ야交涉ᄒᆞᆫ바, 一時該意味의告示를出ᄒᆞᆷ은事實이나, 諸種의事情이有ᄒᆞ야此를撤回ᄒᆞ고, 其撤回條件으로金二圓四十五錢을收納ᄒᆞᆯ事로人民에게命ᄒᆞᆫ事ᄂᆞᆫ無ᄒᆞ고, 若命ᄒᆞ얏시면此ᄂᆞᆫ鄕約等의不正ᄒᆞᆫ行爲인즉, 調査ᄒᆞᆫ後其結果를伏沙坪分遣所에通知ᄒᆞ깃다고答ᄒᆞ며, 又間島에土地를所有ᄒᆞ고韓國內地에在住ᄒᆞᄂᆞᆫ韓民에게對ᄒᆞᆫ不法徵金, 及代價未撥ᄒᆞᆫ件에對ᄒᆞ야도十分此를調査ᄒᆞᆫ後, 又其結果를伏沙坪分遣所에通知ᄒᆞ깃다고答ᄒᆞᆷ.

會寧間島都社長의調査에依ᄒᆞ면, 清國官憲이同間島六社에서米·麥·粟·鷄·薪等의代金及人夫·牛車賃等의支撥치아니ᄒᆞᆷ에屬ᄒᆞᆫ것이, 約韓錢一萬九千百三十三兩이라ᄒᆞᆷ.

四. 清國官憲이韓民에對ᄒᆞᆫ態度

清國官憲이韓民에對ᄒᆞᆫ態度ᄂᆞᆫ, 日增愼重을加ᄒᆞᆷ과如ᄒᆞ야, 從來清韓人의紛爭事件等에就ᄒᆞ야ᄂᆞᆫ, 常히韓民에게對ᄒᆞ야그理屈를勿論ᄒᆞ고壓迫을加ᄒᆞ든事인ᄃᆡ, 近來ᄂᆞᆫ此等에就ᄒᆞ야多少公平ᄒᆞᆫ處理를ᄒᆞᆷ에至ᄒᆞ니, 其事例로可見ᄒᆞᆯ것은.

(가) 本月三日에頭道溝中村에居住ᄒᆞᄂᆞᆫ韓人蔡官默이, 所看이有ᄒᆞ야清人郭鳳海處에至ᄒᆞᆫ즉, 同家傭人清人胡清元爲名者, 蔡의帽子의麤ᄒᆞᆷ을見ᄒᆞ고此를辱ᄒᆞ며, 尙히該帽子를地上에棄ᄒᆞ고足을擧ᄒᆞ야此를踏破ᄒᆞᆷ으로, 蔡ᄂᆞᆫ크게其所爲를憤ᄒᆞ야格鬪코ᄌᆞᄒᆞ얏스나, 現場에在ᄒᆞᆫ清韓人에仲裁로無事歸家ᄒᆞᆫ지라, 然而其後胡ᄂᆞᆫ斧를携ᄒᆞ고蔡處에至ᄒᆞ야, 本件을日韓官憲에告訴ᄒᆞ면此斧로써殺害ᄒᆞ깃다고强迫ᄒᆞ고, 韓人에게宥케ᄒᆞ고歸宅ᄒᆞᆷ.

本件은蔡가頭道溝分遣所에訴出ᄒᆞᆷ으로, 分遣所長은同地派弁所에交涉ᄒᆞᆫ結果로, 胡ᄂᆞᆫ笞五十에處ᄒᆞ고, 帽子의損害賠償으로金一圓을蔡에게支撥케ᄒᆞᆷ.

(나) 茂山間島山溪社莎草洞에居住ᄒᆞᄂᆞᆫ韓人朴允熙ᄂᆞᆫ, 同地清人朱京三으로붓터一昨年六月頃에大麥七升을借ᄒᆞ고因作他行이라가, 今回歸村ᄒᆞᆫ즉朱京三外二人의清國人은朴을毆打ᄒᆞ야創傷을負케ᄒᆞ고且其被服을破案ᄒᆞᆷ.

東京台我憲兵分遣所에서ᄂᆞᆫ, 右加害者清人三名을引致調査ᄒᆞᆫ後, 同地巡防隊에引渡ᄒᆞ야犯人의處分을求ᄒᆞᆫ즉, 同隊에서ᄂᆞᆫ調査ᄒᆞᆫ後, 本月十日에朱京三을笞五十으로, 外二名의清人도各笞刑을加ᄒᆞ고, 且被服賠償으로三名으로붓터六圓을被害者에게支撥케ᄒᆞᆷ.

五. 玄德勝逮捕에關훈件

右事件에關ᄒᆞ야ᄂᆞᆫ往電第七號及統派密第四號로報告훔과如ᄒᆞ온바, 淸國官憲은其後復讐的으로我都社長·社長을捕縛훈다고公書ᄒᆞᄂᆞᆫ者가有ᄒᆞ야, 彼等에게不尠훈恐怖心을起케ᄒᆞᄂᆞᆫ故로, 我로붓터如斯훈擧가忘想에出훔을忠告ᄒᆞ얏더니, 其後에何等異狀을不見훔.

尙히憲兵分隊로붓터檢事長에게提出훈玄德勝의犯罪調査中, 重大훈事實은左와如ᄒᆞᆫᄃᆡ, 韓國刑法第二百條第八項其他에該當훔.

(가) 淸國總鄕約玄德勝은(鍾城間島光宗社赤瓦坪住三十一年)恒常淸國官憲에게阿附ᄒᆞ야, 其職權을濫用ᄒᆞ야民財를勒奪ᄒᆞ고同胞된韓民을凌虐ᄒᆞᄂᆞᆫ等으로, 韓民이蛇蝎로視ᄒᆞᄂᆞᆫ者이라.

韓民은玄의非行을惡ᄒᆞ야此를官에訴코ᄌᆞᄒᆞ나, 後難을恐ᄒᆞ야緘默훔으로玄은益益橫暴을呈ᄒᆞ며, 韓民은恨을呑하고其壓迫에屈從훔.

又玄은淸人을使嗾ᄒᆞ야, 我派出所의設置에有害훈行動을爲케ᄒᆞᄂᆞᆫ者이라.

(나) 玄은一昨年田劵講(地劵을改ᄒᆞᄂᆞᆫ事)이라稱ᄒᆞ고, 韓民으로붓터不當훈金錢을强徵훈事가有ᄒᆞ며, 同年十二月, 平田憲兵少尉를鍾城間島에派ᄒᆞ야事實을調査훈後, 玄을間島分隊에同行코ᄌᆞ훈즉, 淸國官憲은兵力으로뼈其同行을妨害ᄒᆞ고玄을擁護ᄒᆞ야, 遂히同行의目的을能히達치못ᄒᆞ고, 結局淸國官憲에在ᄒᆞ야嚴重히處罰ᄒᆞ고總鄕約을免職ᄒᆞ깃다ᄂᆞᆫ條件으로, 玄을放遣훈事實이有훔.

爾來玄은多少의反省을加ᄒᆞ나, 淸國官憲에在ᄒᆞ야ᄂᆞᆫ處罰치안이ᄒᆞ고又免職치아니훔으로, 玄의橫暴이不止ᄒᆞ야人民의怨聲이不絶ᄒᆞᄂᆞᆫ지라, 然而我憲兵이此를逮捕ᄒᆞ면徒히淸國官憲과紛擾를惹起훔에不過훔인즉, 此를韓國內地에서逮捕코ᄌᆞᄒᆞ야斷然코注意ᄒᆞᄂᆞ, 玄은警戒를加ᄒᆞ야容易히渡江치아니ᄒᆞᄂᆞᆫ故로荏苒ᄒᆞ야其目的을達키不能훔으로, 鍾城守備隊及內地憲兵分遣所에其逮捕方法을依賴훔이라.

(다) 韓曆光武十[1906]年七月(明治三十九年八月)頃에, 玄은淸國總鄕約되기爲ᄒᆞ야, 和龍峪淸官張兆猉에게韓貨八千四百兩을贈賄훈바, 右八千四百兩內에, 九百兩은鍾城間島霽晴社로붓터, 三百六十兩은霽霞社로붓터, 六百八十四兩은月朗社로붓터徵收ᄒᆞ고, 尙히八百兩을鍾城住李輔喆로붓터借入ᄒᆞ얏ᄂᆞᆫᄃᆡ, 各社로붓터徵收훈方法은, 田劵講이라稱ᄒᆞ야地劵調査를ᄒᆞᄂᆞᆫᄃᆡ, 人民으로붓터地劵을提出케ᄒᆞ고, 土地一日耕에對ᄒᆞ야韓貨六百兩을持來치안이ᄒᆞ면地劵을沒收훈다고强迫ᄒᆞ고, 各社鄕約으로ᄒᆞ야금集金케훈者이라.

月朗社에서ᄂᆞᆫ其集金에不應훈者六名이有ᄒᆞᆫᄃᆡ, 玄은同行훈牌頭金陽龍에게命ᄒᆞ야該六名

을同社鄕約曹化龍處에監禁ᄒᆞᆫ즉, 被監禁者中朴陽能[純誤]이其苦痛을不堪ᄒᆞ고出ᄒᆞ야, 僅이同社의所擔賦額을變通ᄒᆞ야玄에게送付ᄒᆞ고, 共히放禁을被홈.

但此時牌頭金陽龍은再히六名을監禁ᄒᆞ고, 且毆打ᄅᆞᆯ加ᄒᆞ야强히五十兩을出金케ᄒᆞᆫ事實이有ᄒᆞ나, 玄은右ᄂᆞᆫ牌頭의所爲요自己의所爲가아니라, 然而出金케ᄒᆞᆫ金額은玄으로붓터各出金者에게返還ᄒᆞ고, 牌頭ᄂᆞᆫ解傭ᄒᆞ깃다고陳述홈.

(라) 光武十年十二月廿七日(明治四十[1907]年一月)頃에, 鍾城間島光宗社下泉住淸國任命의鄕約金明極이, 鄕約의年給으로社內各戶에粟二斗, 淸官의接對費用으로粟一斗式을徵收코ᄌᆞᄒᆞᆫ즉, 同地住李明雨ᄂᆞᆫ淸官의接對費用을支出홈을拒ᄒᆞ고其徵收에不應ᄒᆞᆫ바, 玄은李明雨ᄅᆞᆯ制縛ᄒᆞ고自宅에帶行ᄒᆞ야小指만ᄒᆞᆫ鞭으로李明雨ᄅᆞᆯ十數回毆打ᄒᆞ고, 且此ᄅᆞᆯ隣家崔道憲處에監禁홈, 但下泉坪韓民等은玄에게李明雨의釋放을哀願홈으로써, 玄은李ᄅᆞᆯ一日間監禁ᄒᆞᆫ後放遣홈.

(마) 韓曆隆熙元年[1907]及同二年中, 鍾城間島光霽峪駐屯ᄒᆞᆫ淸兵交代ᄒᆞᆯ際에, 荷物運搬ᄒᆞ기爲ᄒᆞ야牛車九十七輛을使役홈의, 淸國官憲은右牛車賃에對ᄒᆞ야全額을支撥치아니ᄒᆞ야, 合計韓貨千九百四十兩이不足ᄒᆞᆫᄃᆡ, 此ᄅᆞᆯ鍾城間島十社에分賦ᄒᆞ야徵收홈, 但右에對ᄒᆞ야, 玄은淸國官憲으로붓터運搬賃으로牛車一輛에對ᄒᆞ야淸賃一吊의比較로支撥을受ᄒᆞ얏시나, 其不足額은人民에게徵收ᄒᆞᆯ命을受ᄒᆞ야徵收ᄒᆞᆫ意로辯解홈.

(바) 隆熙二年二月頃에淸國官憲으로붓터鍾城間島六渡船場의渡船營業權及鍾城間島古島에耕作權을買得ᄒᆞ야, 渡船業者로붓터總計韓貨四千百十兩, 古島小作人으로붓터總計七千八百兩을徵收ᄒᆞ야, 內九千六百兩을太拉子淸國官憲에게納付ᄒᆞ고, 二千三百十兩은自己의所得으로홈이라.

(사) 隆熙元年七月頃에訴訟ᄒᆞ기爲ᄒᆞ야鍾城間島社長七名과共히局子街官憲에赴ᄒᆞᆯ식, 其往復旅費及滯在費用으로, 十社韓民에게韓貨八百兩을徵收홈.

以上과如히玄은單히不法徵收金을ᄒᆞᆯ ᄲᅮᆫ아니라, 淸國官憲에게阿附ᄒᆞ야渡船權及耕作權을得ᄒᆞ고, 同官憲과人民間에在ᄒᆞ야私利ᄅᆞᆯ營ᄒᆞ며, 自然渡船賃·耕作料等으로ᄒᆞ야不廉ᄒᆞᆫ等, 人民은其苛斂에不耐ᄒᆞ야一般이玄을嫉視홈.

(아) 玄은明治四十年十一月中旬에, 統監府派出所員及憲兵은近日間島ᄅᆞᆯ撤退ᄒᆞ랴ᄒᆞ야, 目下充用家屋을賣却中이라고無根浮說을放ᄒᆞ야, 韓國民에게疑惑을懷케ᄒᆞ야, 我施政에有害ᄒᆞᆫ行動을ᄒᆞᆫ事實이有ᄒᆞ고, 淸國官憲의意ᄅᆞᆯ遵ᄒᆞ기爲ᄒᆞ야光宗社上泉坪養正學堂韓人生徒에對ᄒᆞ야弁髮·淸裝을强制ᄒᆞ야, 生徒約四十名으로ᄒᆞ야금弁髮케ᄒᆞᆫ事實이有ᄒᆞ며, 又鍾城間島韓民으로一進會員이된者ᄂᆞᆫ捕捉ᄒᆞᆯ意의告示ᄅᆞᆯ出ᄒᆞ야, 此ᄅᆞᆯ强迫ᄒᆞᆫ事實이有홈, 右에對ᄒᆞ야, 玄은統監府에對ᄒᆞ야有害ᄒᆞᆫ浮說을放ᄒᆞᆫ事實이無ᄒᆞ고, 養生[正]學堂生徒ᄅᆞᆯ弁髮케홈은

玄에不在ᄒᆞ고該學長李同春의所爲라고辨ᄒᆞ며, 一進會員이란者ᄂᆞᆫ捕捉ᄒᆞᆯ깃다ᄂᆞᆫ意로告示ᄅᆞᆯ出ᄒᆞᆷ은事實이나, 幇辦吳祿貞의命이라고辨解ᄒᆞᆷ.

(자) 其他昨年九月十六日鍾城間島下泉坪에서淸兵이暴動ᄒᆞ야, 韓國內部主事宋義植에게重傷을, 我憲兵及韓國巡查에輕傷을負케ᄒᆞ고, 且都社長李義英·社長金希烈을捕縛ᄒᆞᆫ事件과如히, 全히玄德勝이該淸兵을指導ᄒᆞᆷ은公然ᄒᆞᆫ事實인故로, 目下證據ᄅᆞᆯ蒐集中이라.

六. 地方의衛生狀態

一月下旬으로븟터茂山間島一部에痘瘡이發生ᄒᆞ야, 本月中旬에患者五十餘名에達ᄒᆞᆷ으로痘苗ᄅᆞᆯ送付ᄒᆞ고, 分遣所員은茂山分院에셔種痘케ᄒᆞ고, 尙히土人用痘苗도送付ᄒᆞ얏스며, 頭道溝管內에도多少의同患者가發生ᄒᆞ얏다云ᄒᆞ나아직確實ᄒᆞᆫ報告가無ᄒᆞᆷ, 當所附近에ᄂᆞᆫ流行病·傳染病의發生을不認ᄒᆞᆷ.

七. 本月間의氣象概況

	平均溫度	最高溫度	最低溫度	降水回數	降水量
第一旬	(一) 九.九	(一日) 四.○	(一) (六日) 二二.○	二	○.六
第二旬	(一) 一○.一	(十四) 二.○	(一) (十八日) 二○.三	三	四.三
第三旬	(一) 九.八	(二十八日) 四.○	(一) (廿三日) 二○.四	一	○.四
月	(一) 九.九	(一日·廿八日) 四.○	(一) (六日) 二二.○	六	五.三

積算溫度(一)二七九.四度

快晴日數四日

曇天日數三日

昨年本月의氣象表에依ᄒᆞ면

	平均溫度	最高溫度	最低溫度	降水回數	降水量
第一旬	(一) 一四.七	(一) (一日) 四.五	(一) (四日) 二六.五	○	○

第二旬	(一) 二.一	(廿日) 三.○	(一) (十一日) 二五.五	○	○
第三旬	(一) 六.七	(廿八日) 四.○	(一) (廿四日) 二二.五	二	一.八
月	(一) 一○.八	(廿八日) 四.○	(一) (四日) 二六.五	二	一.八

積算溫度(一)三二五.八度
快晴日數一九日
曇天日數二日

右二表를對照ᄒᆞᆫ즉, 本年은昨年에比ᄒᆞ야, 積算溫度及最低溫度에在ᄒᆞ야遙히高ᄒᆞᆷ을見ᄒᆞ고, 最高溫度ᄂᆞᆫ大差가無ᄒᆞ나, 尙히第一旬에在ᄒᆞ야ᄂᆞᆫ크게溫暖ᄒᆞ고, 降水回數及其量에在ᄒᆞ야昨年보다多ᄒᆞᆷ.

八. 所員의動靜

所長齋藤季治郞·技師八田吉平·屬內藤正雄은上京을被命ᄒᆞ고, 囑托近藤信一은請願歸省의許可를被ᄒᆞᆫ바, 擧皆本月九日에京城出發ᄒᆞᄂᆞᆫ報가有ᄒᆞᆷ, 內部雇荻屋爲親은本部附를被命ᄒᆞ야, 本月十四日에當地를出發ᄒᆞᆷ, 內部主事李求敏은病氣中이압더니, 本月二十三日에死亡ᄒᆞᆷ.

九. 警察事故

本月間에處理ᄒᆞᆫ警察事故ᄂᆞᆫ別表와如ᄒᆞᆷ.

附의 屬. 警察事件表

明治四十二年二月中警察事故表 (間島憲兵分隊)

區分	事項	件數	摘要
韓國刑法違反	內亂律	一	一件은被告韓人男一, 咸興地方裁判所에送致
	竊盜	四	一件은被害者日本人男一, 被告韓人女一, 微罪인故로放遣 三件은原被告共韓人男各一, 鏡城裁判所支部에 送致

	錢債有違犯	一	原被告共韓人男各一, 被告ᄂᆞᆫ會寧憲兵分遣所補助員임으로一件書類ᄂᆞᆫ同所에回送
日本憲兵令 違犯	無故히身體檢査ᄅᆞᆯ不受ᄒᆞᆫ者	一	被告日本人男一, 清津理事廳에送致
檢證	出火	三	一件은韓人家屋一, 間島分隊에서檢證 一件은日本人家屋一, 右同 一件은清國人家屋一인바日本人의借家ᄒᆞᆫ것, 局子街分遣所에서檢證
清國官憲에 交涉	犯人을不法으로奪ᄒᆞᆫ者	一	原告韓人男一, 被告清人男一, 清國官憲에交涉
	債務ᄅᆞᆯ皆辦報ᄒᆞ얏ᄂᆞᆫᄃᆡ尙히債務가 有ᄒᆞ다고强히ᄒᆞᆫ者	一	原告韓人男一, 被告清人男一, 清國官憲에交涉
	暴行	一	被害者日本人男一, 被告清國人男四, 清國官憲에交涉
說諭	小作人의收獲ᄒᆞᆫ全部ᄅᆞᆯ奪ᄒᆞᆫ者	一	原告韓人男一, 被告清人男一, 被告ᄅᆞᆯ說諭返還케홈
	債務關係	六	五件은原被告共韓人男各一, 雙方에說諭示談 一件은原被告共日本人男一, 右同
	爭鬪ᄒᆞᆫ者	三	一件은原告韓人男三, 被告清人男三, 說諭 一件은原告韓人男一, 被告清人男一, [右脫]同 一件은原被告共韓人男各一, 右同
	學校設立에 反對ᄒᆞᆫ者	一	被告韓人男一, 說諭
	牛疫傳染에 關ᄒᆞᆫ損害賠償件	一	原告韓人男一, 被告韓人男二, 被告에說諭示談
	疫牛肉을販賣ᄒᆞᆫ者	一	被告韓人男一, 說諭
	疫牛肉을食 ᄒᆞᆫ者	一	韓人男二한, 說諭
	人夫賃을支撥치안니ᄒᆞᆫ者	一	原告韓人男一, 被告日本人男一, 說諭ᄒᆞᆫ後支撥케홈
	離緣ᄒᆞᆫ妻를 强히復歸코ᄌᆞᄒᆞᆫ者	一	原被告共韓人男各一, 被告에說諭
	疫死ᄒᆞᆫ牛ᄅᆞᆯ放棄ᄒᆞᆫ者	一	韓人男一, 說諭ᄒᆞᆫ後燒케홈
	物品代金을支撥치안니ᄒᆞᆫ者	一	原被告共韓人男各一, 被告에說諭ᄒᆞ야代金을支撥케홈
	他人의田地稅金을不納홈을乘ᄒᆞ야犯人의田地ᄅᆞᆯ奪코ᄌᆞᄒᆞᆫ者	一	原被告共韓人男各一, 被告에說諭

	藥價를不當이請求혼者	一	原被告共韓人男各一, 被告에說諭
	暴行	一	原被告共韓人男各一, 雙方에說諭
	結婚을强要혼者	一	原被告共韓人男各一, 原告에說諭
	爭論	一	原被告共韓人男各一, 雙方에說諭
	姦通혼者	一	原告韓人男一, 被告韓人女一, 被告에說諭
	他人의牛車를奪혼者	一	原告韓人男三, 被告淸人男三,, 被告를說諭ᄒ야믈케홈
	許可읍시料理業을營혼者	二	一件은日本人男一, 同女三, 說諭 一件은日本人女二, 說諭
	飮酒를强請혼者	一	原被告共韓人男各一, 被告에說諭
	賭博	二	一件은日本人男四, 微罪라故로放遣 一件은韓人男四, 微罪라故로說諭放遣
	無斷他出ᄒ야歸家를拒혼者	一	韓人女一, 說諭歸家케홈
	牛賣買代金을支撥치안니혼者	一	原告韓人男一, 被告淸人男一, 被告에說諭支撥케홈
救護	精神病에罹혼者	一	日本人女一, 原籍地에送還
盜難	盜難에罹혼者	二	二件共被害者日本人男各一
計		四八	

49. 間島事情報告書呈覽의 件(往復案2册)

隆熙3年 (西紀1909年 4月17日)

[發] 統監府副統監 曾禰荒助

[受] 內閣總理大臣 李完用

機密統發第六一四號

篠田間島派出所長代理月報統派月報第一號謄寫ᄒᆞᆫ別紙ᄅᆞᆯ參考ᄒᆞ시기爲ᄒᆞ와玆에送付ᄒᆞ오니, 照諒ᄒᆞ심을爲要.

明治四十二年四年十七日

統監代理副統監子爵 曾禰荒助

太子少師內閣總理大臣 李完用 閣下

附. 同上報告書

- 隆熙3年 (西紀1909年 2月9日)
- [發] 統監府間島派出所長代理 篠田治策
- [受] 統監府統監 伊藤博文

統派月報第一號

月報

自一月一日至一月三十一日

明治四十二年二月九日

統監府臨時間島派出所長 代理 篠田治策

統監公爵 伊藤博文 殿

一. 地方一般의狀況

本月間, 地方이一般平穩ᄒᆞ야客月에在ᄒᆞᆫ狀況과大差가無ᄒᆞ며, 依例히二·三淸國官公吏의不法行爲와小數暴徒에來往은, 擧皆關係地方一部의人心에多少의不安을懷케ᄒᆞ얏시ᄂᆞ, 間島全般의治安에ᄂᆞᆫ別般影響을及치아니ᄒᆞᆷ.

二. 淸國官憲의施設及軍隊의移動

(가) 本月三日以來, 鍾城間島光霽峪兵營으로붓터, 兵卒三名·憲兵一名을光宗社岩洞(鍾城對岸下泉坪의地方約一里半)에派遣ᄒᆞᆷ.

(나) 昨年十二月末에凉水泉子巡警局으로붓터, 鍾城間島馬派·合水坪(傑滿洞의東北方約一里)에巡警分局을設置ᄒᆞ고, 巡長一名·巡警八名을派遣ᄒᆞᆷ.

(다) 昨年十二月三十一日에, 鍾城間島霽晴社富瑞坪(下泉坪을巨ᄒᆞᆫ北方約二里半)에步兵上等兵以下十名을派遣ᄒᆞᆷ.

以上各項에對ᄒᆞ야, 奧村[惠]憲兵大尉로ᄒᆞ야금本月十二日邊務公署에右派遣ᄒᆞᆫ理由ᄅᆞᆯ詰問ᄒᆞᆫ즉, 傅[良佐]幇辦은豆滿江이結氷ᄒᆞ야韓國內地에在ᄒᆞᆫ暴徒에對ᄒᆞ야其侵入을警戒코ᄌᆞᄒᆞ야一時配置ᄒᆞᆷ인즉, 解氷後ᄂᆞᆫ直의撤還ᄒᆞ깃다고答ᄒᆞᆷ.

(라) 本月十九日吉林으로붓터巡防馬隊二十名이護衛ᄒᆞ고, 吉林官帖二十萬吊ᄅᆞᆯ邊務公署에送付ᄒᆞᆷ이라.

(마) 本月二十日, 吉林으로붓터步兵二十名이護衛ᄒᆞ고, 馬車八輛에彈藥器(彈藥押入ᄒᆞᆫ帶革)三十箱·小銃八十二挺·圓匙三十二挺·天幕及其他諸器具若干을積載ᄒᆞ고, 吉林으로붓터局子街ᄅᆞᆯ經ᄒᆞ야琿春에向ᄒᆞᆷ.

三. 淸國官公吏의不法行爲及不當徵稅

(가) 一月一日에門樓溝社韓人李鳳孫(十四年)同金成男(十五年)二名은, 銅佛寺我憲兵分遣所에賀年ᄒᆞ기爲ᄒᆞ야來ᄒᆞ얏다가, 歸途에銅佛寺西端에서二名의淸兵을遭遇ᄒᆞ야, 何處에到ᄒᆞᄂᆞᆫ가問ᄒᆞᆷ으로日本憲兵分遣所에到ᄒᆞᄂᆞᆫ意로答ᄒᆞᆫ즉, 淸兵은理의是非ᄅᆞᆯ不言ᄒᆞ고, 突然이李金二名을毆打ᄒᆞᄂᆞᆫᄃᆡ, 我分遣所雜役夫韓人林鳳順은此ᄅᆞᆯ認ᄒᆞ고, 被害者ᄅᆞᆯ救助ᄒᆞ기爲ᄒᆞ야現場에急馳ᄒᆞᆫ즉, 該淸兵은路傍에在ᄒᆞᆫ棒으로써林을毆打ᄒᆞ고, 又急報ᄅᆞᆯ得ᄒᆞ고現場에臨ᄒᆞᆫ韓國巡査도, 二名의淸兵에게毆打ᄅᆞᆯ被ᄒᆞᆫ지라, 韓國巡査ᄂᆞᆫ該淸兵에게抗爭ᄒᆞ야被害者

의保護에努力홈에, 附近民家에集合ᄒᆞ얏든多數淸兵이出來ᄒᆞ야二名의淸兵을幇助코ᄌᆞᄒᆞᄂᆞᆫ지라, 此時分遣所長堀內[菊松]特務曹長은憲兵三名을率ᄒᆞ고現場에出張ᄒᆞᆫ즉, 淸兵等은此ᄅᆞᆯ認ᄒᆞ고擧皆民家에逃入ᄒᆞ얏슴으로, 堀內分遣所長은暴行淸兵을取調코ᄌᆞᄒᆞᆫ즉, 同地警察局長이急來ᄒᆞ야穩便ᄒᆞᆫ處置ᄅᆞᆯ求ᄒᆞ고, 且暴行兵은同地駐屯兵으로統領富德의部下인ᄃᆡ, 富ᄂᆞᆫ馬賊을討伐ᄒᆞ기爲ᄒᆞ야出張不在中인즉, 歸還홈을待ᄒᆞ야處置케ᄒᆞ깃다고懇請홈으로, 堀內分遣所長은富의歸還後會見홈을約ᄒᆞ고歸還홈.

本月十八日에富統領이歸還홈으로, 分遣所長은此에會見을求ᄒᆞ고抗議ᄅᆞᆯ申請ᄒᆞᆫ즉, 富ᄂᆞᆫ兵卒暴行의件은部下餘留者의報告ᄅᆞᆯ受ᄒᆞ고, 本朝에旣已笞四十에處ᄒᆞᆫ意로答홈으로, 分遣所長은此의實否ᄅᆞᆯ更히探偵ᄒᆞᆫ바, 富의言에相違가無홈으로ᄡᅥ本件에落着됨이라.

本件에就ᄒᆞ야ᄂᆞᆫ, 富의歸還前에一方으로奧村大尉로ᄒᆞ야금傳幇辦에게抗議ᄅᆞᆯ申請ᄒᆞᆫ바, 富ᄂᆞᆫ從來屢屢訓示ᄅᆞᆯ下ᄒᆞ야兵의暴行을戒飭ᄒᆞᆫ터인ᄃᆡ, 今回暴行은富의歸還을待ᄒᆞ야其調査ᄅᆞᆯ命ᄒᆞ야嚴重히處分ᄒᆞ겟다고答홈.

(나) 本月四日, 會寧間島忠化社大洞에서, 韓民等이出獵ᄒᆞ야牝鹿一頭ᄅᆞᆯ追出ᄒᆞ야將次捕獲코ᄌᆞᄒᆞᄂᆞᆫ際에, 大洞駐屯ᄒᆞᆫ淸國巡警分局巡警等은此ᄅᆞᆯ捕獲ᄒᆞ야隨意處分홈, 韓民等은其所爲ᄅᆞᆯ憤ᄒᆞ야該鹿皮·頭骨·尾及懷胎ᄒᆞ얏시니其胎兒ᄭᅡ지返還ᄒᆞ라고該分局에要求ᄒᆞᆫ즉, 分局에서ᄂᆞᆫ鹿肉은附近村民에게業已分與ᄒᆞ고他ᄂᆞᆫ放棄ᄒᆞ얏시니, 現物을返還홈을不得ᄒᆞ깃스니, 其代償으로獵者에게淸貨一吊式을附與ᄒᆞᆯ터이요, 若胎兒ᄅᆞᆯ發見ᄒᆞ면返還ᄒᆞᆯ事로論ᄒᆞ나, 韓民等은此에不服ᄒᆞ고, 大洞村長外三名이禹跡洞我憲兵分遣所에該分局處置ᄅᆞᆯ不當ᄒᆞ다고告訴홈으로ᄡᅥ, 本月十日, 平田憲兵中尉ᄂᆞᆫ砂器洞派弁所長代理白憲兵長에게交涉ᄒᆞᆫ즉, 白은本件에就ᄒᆞ야事實調査ᄒᆞ기爲ᄒᆞ야大洞에出張ᄒᆞ야韓民의申告ᄅᆞᆯ聽ᄒᆞ고, 임의失ᄒᆞᆫ鹿肉及胎兒에對ᄒᆞ야ᄂᆞᆫ相當ᄒᆞᆫ代價ᄅᆞᆯ支撥ᄒᆞ고鹿皮ᄂᆞᆫ返還케ᄒᆞ라ᄒᆞ나, 韓民은胎兒의返還을求치아니ᄒᆞ면他ᄂᆞᆫ不要ᄒᆞᆫ다고ᄒᆞ야頑强히說諭에不服홈으로一次歸所ᄒᆞ얏다고答홈으로, 同中尉ᄂᆞᆫ胎兒ᄂᆞᆫ高價라故로韓民이此의返還을迫홈인즉, 相當代價ᄅᆞᆯ支撥ᄒᆞ야韓民으로ᄒᆞ야금任意承諾케ᄒᆞ라고警告홈.

然而大洞巡警分局長은本件關係韓人全汝德·金雲逸·全濟成三名을召煥[喚誤]ᄒᆞ야, 該件에對ᄒᆞ야白派弁所長代理에게本事實을申告홈은不妥當ᄒᆞ다ᄒᆞ고, 全汝德의兩后大腿部에笞六十을加ᄒᆞ고, 金은少年, 全은老年인故로免除ᄒᆞ고歸家케홈.

右分局長의不法行爲에對ᄒᆞ야ᄂᆞᆫ, 更히金雲逸·全濟成兩名으로븟터禹跡洞分遣所에告訴홈으로ᄡᅥ, 平田中尉ᄂᆞᆫ砂器洞派弁所長을帶同ᄒᆞ고大洞에出張ᄒᆞ야事實을調査ᄒᆞᆫ즉, 全汝德은(三十三年)左右後腿部에疾病休業ᄒᆞᆫ바, 右方은五週日, 左方은二週日을要ᄒᆞᆯ重傷을受ᄒᆞ고臥床에呻吟ᄒᆞᄂᆞᆫ지라, 同中尉ᄂᆞᆫ分局長에게其不法을責ᄒᆞᆫ즉, 局長은淸國에서ᄂᆞᆫ獵者가獸ᄅᆞᆯ

追出ᄒᆞ야도아직確實히捕獲치아닌間은, 何人이든지此ᄅᆞᆯ任意取得ᄒᆞ거ᄂᆞᆯ, 韓人等은自己의習慣만重히ᄒᆞ고, 아직捕獲치아닌間에我巡警이此ᄅᆞᆯ銃殺ᄒᆞᆷ을不當ᄒᆞ다ᄒᆞ고其還附ᄅᆞᆯ求ᄒᆞ기不止ᄒᆞᆷ으로此ᄅᆞᆯ毆打ᄒᆞᆫ意로答ᄒᆞᄂᆞᆫ지라, 同中尉ᄂᆞᆫ種種局長의行爲의不法된事와及責任의免치못ᄒᆞᆯ事ᄅᆞᆯ告ᄒᆞ고歸所ᄒᆞᆷ이라.

本件에對ᄒᆞ야, 一月二十八日에奧村大尉로ᄒᆞ야금傅幇辦에게交涉케ᄒᆞᆫ바. 傅ᄂᆞᆫ砂器洞派弁所長의報告에依ᄒᆞ야鹿皮其他現存物의全部ᄅᆞᆯ韓民에게返還케ᄒᆞ고, 且大洞分局長을免職ᄒᆞ고派弁所長을嚴飭ᄒᆞ얏다고答ᄒᆞᆷ.

(다) 本月一日, 龍池社獐洞住清國任命村長郭廣義外三名은, 同社內韓民으로붓터畑地一日耕(清國式)에對ᄒᆞ야清貨一吊七十文式을徵金코ᄌᆞᄒᆞᆷ.

新興坪分遣所에서右三名을召煥[喚誤]ᄒᆞ야徵金ᄒᆞᄂᆞᆫ理由ᄅᆞᆯ詰問ᄒᆞᆫ즉, 東盛湧商戶公議會의費用으로同會에서公事에費消ᄒᆞ고其若干은清國官憲으로붓터支撥ᄒᆞ얏시나, 尙히不足額清貨五千七百五十吊八百二十文이有ᄒᆞᆷ으로, 清國官憲의認可ᄅᆞᆯ受ᄒᆞ야徵金ᄒᆞᄂᆞᆫ意로提出ᄒᆞᄂᆞᆫ지라, 然而其公費의種別을取調ᄒᆞᆫ즉左와如ᄒᆞᆷ.

清貨七百十六吊九十文

陳昭常轉任의際에旅費

同 二百五十吊 測圖技師趙某에寄贈ᄒᆞᆫ旆及費用

同 六十九吊六百三十文 清國官吏東盛湧에在ᄒᆞᆫ宿泊料

同 三十六吊 犯罪事件에要ᄒᆞᆫ제비

同 三百六十吊 步哨ᄅᆞᆯ設置ᄒᆞᆫ當時의借家料

同 四千一百吊 公議會諸費

同 二百十九吊 公議會雜費

計金清貨五千七百五十吊八百二十文

新興坪分遣所에서ᄂᆞᆫ, 右徵金은公議會라ᄂᆞᆫ名目下에村長等이不法으로徵收ᄒᆞᄂᆞᆫ者로認ᄒᆞ얏스니, 清國官憲에交涉ᄒᆞᆫ後가아니면徵金을許치아니ᄒᆞᆯ意ᄅᆞᆯ諭ᄒᆞᆫ즉, 郭等은徵金을中止ᄒᆞ고, 一次清國官憲에報告ᄒᆞᆫ다ᄒᆞ고歸宅ᄒᆞᆷ.

(라) 本月十五日東盛湧民稅分局書記馬忠起外二名은, 龍池社金洞에서牛馬買賣稅로新買入ᄒᆞ거ᄂᆞ又ᄂᆞᆫ交換ᄒᆞᄂᆞᆫ馬牛에對ᄒᆞ야, 其代價百兩에五百文의比例로稅金을徵收ᄒᆞᆷ.

右에對ᄒᆞ야, 新興坪憲兵分遣所에서ᄂᆞᆫ果然正當ᄒᆞᆫ徵稅與否ᄅᆞᆯ右三名과同行ᄒᆞ야取調ᄒᆞᆫ즉, 光緖三十四[1908]年五月七日(明治四十一年)에局子街知府陶彬의發ᄒᆞᆫ牛馬賣買에對ᄒᆞ야

徵稅홀意를記載훈告示文을携帶홀쑨이요, 其徵收員된資格及徵金의比例等이判明치아니홈으로, 此等의眞相이不確훈즉徵金홈을不許홀자요, 當日까지徵收훈金을人民에게還附호라고求훈즉, 馬눈旣已徵收훈金은局子街에送付호얏고所持치아니호다홈으로, 更히當日徵收훈金의返還을求훈즉, 此를諾호고清貨四十三兩三十文을提出홈으로, 我任命훈村長을召喚호야此를各出金者에게返還케훈즉, 馬눈再히陶知府의命을受호고來호깃다호고皈還홈.

以上二件은, 邊務公署에서事實을調査호야, 若不法徵金훈事實이有호면嚴重히處分홀터이라홈.

四. 清國官憲이我의戶口調査를妨害훈件

往電第五號로報告호얏습거니와昨年末로붓터各地憲兵分遣所에命호야韓人에對훈第二回戶口調査를實施케훈즉, 清國官憲은此戶口調査로뼈清國行政에干涉호야現狀을破호눈者라호야我調査를妨害호눈지라, 然이나其妨害의方法은頗히穩便호야事端의惹起홈과如훈事가無훈지라, 本月間各地에서發生훈戶口調査에關훈紛紜을擧호면左와如홈.

(가) 本月四日, 禹跡洞憲兵分遣所憲兵一名은韓國巡査一名과共히砂器洞에서韓人의戶口調査中, 同地派弁所長은憲兵·巡警·通譯을率호고來호야, 傅幇辦의命이라호고戶口調査의中止를要求홈.

上等兵은戶口調査눈上官의命에依호야行호눈者인즉, 要求에應키難호다고此를拒絶훈즉, 派弁所長은同日禹跡洞分遣所에平田中尉를往訪호고, 日本憲兵의戶口調査눈清國의行政을無視호눈行爲요, 韓民은此로因호야危懼心을懷홀터이니中止호라고陳述홈으로, 同中尉눈戶口調査눈韓民保護上必要훈事由를述호며, 韓民은決코危懼心을懷치아니호눈意를辯훈즉, 派弁所長은結局上司에報告호야何等指揮를俟호깃고, 其時까지눈調査의妨害를不爲호깃다고答호고歸所홈.

(나) 本月十三日, 東盛湧社瑞興村에서憲兵上等兵二名·韓國巡査一名이戶口調査를實施호눈中, 東盛湧街巡弁及兵卒四名은局子街邊務公署의命이라호고其中止를要求호며, 且裝塡훈拳銃을出호야韓民을追散호야我戶口調査에應치못호게홈.

本件에對호야翌二十四日森川[亨]憲兵中尉를同村에出張케호야, 巡弁以下에對호야其妨害홀理由가無훈事를說示케훈즉, 巡弁等은瑞興村만戶口調査를行호고, 他村은上官으로何等命홈이有호기까지三日間其調査를中止케호라고要求호나, 同中尉눈此를拒絶호고調査를續行케홈.

本件戶口調査件에對ᄒᆞ야는, 本月六日에六道溝派弁長龔才朗이幇辦의代理로本所에來訪ᄒᆞ야, 戶口調査를必要로할터이면手帖에筆記만ᄒᆞ고, 門牌를揭ᄒᆞᄂᆞᆫ事ᄂᆞᆫ禁止케ᄒᆞᆯ意를要求ᄒᆞᆷ으로, 我ᄂᆞᆫ門牌를揭ᄒᆞᄂᆞᆫ事ᄂᆞᆫ現今間停止ᄒᆞᆯ意로承諾ᄒᆞᆫ지라, 然而本月十一日에陶知府가又幇辦代理로來訪ᄒᆞᆷ야戶口調査를質問ᄒᆞ에對ᄒᆞ야, 今回의戶口調査ᄂᆞᆫ, 再昨年戶口調査實施ᄒᆞᆫ後其異[移誤]動을調査ᄒᆞᆫ者인바, 韓民保護의一端으로必要ᄒᆞᆫ者요, 淸國의行政과何等關係가無ᄒᆞ고, 又現狀維持를破ᄒᆞᄂᆞᆫ것이아닌意로說明ᄒᆞ얏시ᄂᆞ, 其後도尙히各地에在ᄒᆞ야妨害가頻出ᄒᆞᆷ으로, 本月二十八日에更히奧村憲兵大尉에命ᄒᆞ야傳幇辦에抗議케ᄒᆞᆫ바, 幇辦은貴所에在ᄒᆞᆫ戶口調査의件은, 某處에報告ᄒᆞ야請訓中인즉, 近日中에返電이有ᄒᆞᆯ지라, 然而戶口調査를妨害ᄒᆞᆯ事에就ᄒᆞ야ᄂᆞᆫ命令ᄒᆞᆫ事가無ᄒᆞ고, 如此ᄒᆞᆫ小事件으로互相衝突ᄒᆞᆷ은可惜ᄒᆞᆫ事이니, 各派弁所에命ᄒᆞ야妨害치아니ᄒᆞ겟다고答ᄒᆞᆷ.

五. 韓國民의狀態

從來淸國官公吏의壓迫을畏怖ᄒᆞ야絶對로屈辱에甘ᄒᆞ든韓民도, 我派出所의設置以來로大히其保護에信賴ᄒᆞ야, 亦昔日과如히淸國官憲의不法行爲를甘受치아니ᄒᆞ고, 近來에至ᄒᆞ야漸次自己의權利를自覺ᄒᆞ고, 互相團結ᄒᆞ야淸國官吏의暴戾에反抗코ᄌᆞᄒᆞᄂᆞᆫ氣勢를呈ᄒᆞᄂᆞᆫ지라, 本月間에發生ᄒᆞᆫ二·三의事例를擧ᄒᆞ면左와如ᄒᆞᆷ.

(가) 頭道溝淸國稅務署淸語通譯韓人羅昌和(三十一年)ᄂᆞᆫ, 淸國官憲의威를藉ᄒᆞ야常히淸國官吏에阿附ᄒᆞ야其暴戾를帮助ᄒᆞ고, 韓民을苦케ᄒᆞᄂᆞᆫ事가一再에不止ᄒᆞ나, 韓人은後日復讐를恐ᄒᆞ야此를擧치못ᄒᆞ고恨을呑ᄒᆞ야緘默度了ᄒᆞ든바, 遂히一月十九日平崗社內村民約六十名이團結ᄒᆞ야羅昌和를捕縛ᄒᆞ고, 其罪狀을具ᄒᆞ야我派出所에引致ᄒᆞ야送來ᄒᆞᆷ.

本件은調査ᄒᆞᆫ結果로, 羅昌和가淸國官吏에阿附ᄒᆞ야其不法行爲를帮助ᄒᆞ고韓民을脅迫侵害ᄒᆞᆫ事實이判明ᄒᆞᆷ으로, 本月廿九日咸興地方裁判所에送致ᄒᆞᆷ.

(나) 鍾城間島開泰社湖川浦村長(派出所任命)金弘錫等은, 淸國都鄕約玄德勝以下鄕約李化官等이不正徵金을社民에게賦課ᄒᆞᆷ을憤ᄒᆞ야一月廿四日에社民二百名이團結ᄒᆞ야, 懷慶街淸國派弁所에押去ᄒᆞ야都鄕約以下의不法을詰問하고其處罰을要求ᄒᆞᄂᆞᆫᄃᆡ, 若同派弁所에서相當ᄒᆞᆫ處置를執치아니ᄒᆞ면, 局子街上級官衙에訴ᄒᆞ야, 何處에至ᄒᆞ기까지라도其目的을遂行ᄒᆞ깃다고迫ᄒᆞᆷ.

同日은同派弁所長이不在ᄒᆞᆫ故로, 所員으로븟터明二十五日出頭ᄒᆞᆯ意를諭ᄒᆞ고歸還케ᄒᆞᆷ.

翌二十五日, 韓民約七十名은如約히派弁所에來到ᄒᆞ얏시나亦是所長이不在ᄒᆞᆫ故로, 一同

이翌二十六日로約ᄒᆞ고無事皈還홈.

廿六日, 總員約百六十名의韓民이同派弁所에到ᄒᆞ야, 總代四名이所內에入ᄒᆞ야都鄕約以下의不法行爲를訴ᄒᆞᆫ즉, 所長은戶外에出ᄒᆞ야門前에集合ᄒᆞᆫ人民에對ᄒᆞ야, 都鄕約의從來의不法行爲ᄂᆞᆫ調査ᄒᆞᆫ後相當處置ᄒᆞᆯ터이나, 爲先自己가淸貨五十兩을與ᄒᆞᆯ터이니解散ᄒᆞ라고諭ᄒᆞᆫ즉, 韓民等은不肯ᄒᆞ고, 開泰社人民一般은僅히五十兩金을受ᄒᆞ기爲ᄒᆞ야寒天三日을費ᄒᆞ고當派弁所에煩ᄒᆞᆯ必要가無ᄒᆞ며, 從來納付ᄒᆞᆫ諸稅에對ᄒᆞ야도規定以下의賦課를ᄒᆞ고, 且每年可據ᄒᆞᆯ標準이無홈은, 要컨ᄃᆡ都鄕約以下의私囊을充홈에不過ᄒᆞᆫ즉其過分의徵金을返却ᄒᆞ고, 且現下의不法徵稅도禁遏ᄒᆞ되, 若適當ᄒᆞᆫ處分이無ᄒᆞ면局子街官憲에게迫ᄒᆞᆫ깃다ᄒᆞ고, 容易히解放ᄒᆞᆯ模樣이無홈으로, 派弁所長은再히總代四人과會見을遂ᄒᆞ고一般人民은日沒에至ᄒᆞ야隨意解散홈.

當日派弁所長은總代四人에게對ᄒᆞ야左와如히述ᄒᆞ고, 鄕約等의處分을豫告홈.

從來派弁所長의處置가其當을不得ᄒᆞ야今日과如ᄒᆞᆫ失態를生홈이니, 爾來ᄂᆞᆫ充分ᄒᆞᆫ管理를ᄒᆞ고, 鄕約李化官이從來不正히徵收ᄒᆞᆫ金額은淸貨二千兩以上에達ᄒᆞ얏스니, 今에此를本人으로ᄒᆞ야금返還케홈은難事에屬ᄒᆞᆫ지라, 故로相當ᄒᆞᆫ罰金을科케ᄒᆞ고, 又李化官은免職이當然ᄒᆞ나尙히上司에報告ᄒᆞ야, 上司의意見에依ᄒᆞ야罰ᄒᆞᆯ터이나, 爲先次와如히處置홈.

(一)現에鄕約李化官이徵收ᄒᆞ든不法徵金을禁홈.

(二)李化官을罰金淸貨五十兩에處홈.

但鄕約李化官에對ᄒᆞ야만處分ᄒᆞ고, 都鄕約玄德勝에對ᄒᆞ야處分을加치아니홈은, 從來의不法徵稅徵金에對ᄒᆞ야一切責任을李에게負홈.

韓民은總代等의報告에依ᄒᆞ야, 以上의諸條件을諒ᄒᆞ고本件을落着홈.

(다) 會寧間島仁化社頭民의發起로, 同間島六社의社長·頭民等二十名이砂器洞에集合ᄒᆞ야, 昨年十二月三十日로붓터本月一月二日에亘ᄒᆞ기까지民會를催ᄒᆞ얏시니, 該民會開催의主義ᄂᆞᆫ, 淸國官憲及公吏의不當徵金에應치아니ᄒᆞᆯ事, 及從來淸國官憲의不當支撥에對ᄒᆞ야不足額의補墳에對ᄒᆞ야協議ᄒᆞᆫ結局에, 左의諸件을結議홈.

(一) 各社에서淸國任命의鄕約에對ᄒᆞ야, 最近不當히徵收ᄒᆞᆫ馱價錢·告示錢·點印錢·都所穀等의返還을要求ᄒᆞᆯ事.

(二) 將來ᄂᆞᆫ不法의徵稅徵金에應치아니ᄒᆞᆯ事.

(三) 從來의民排를廢止ᄒᆞ고, 且清國官憲의支撥不足額에對ᄒᆞ야ᄂᆞᆫ, 各社에서各別이同官憲에게請求ᄒᆞᆯ事.

六. 暴徒의狀況

客月下旬에茂山郡으로붓터豆滿江을渡ᄒᆞ야茂山間島에侵入ᄒᆞᆫ暴徒ᄂᆞᆫ, 宣化社康庄洞에서清兵에게武器의押收를被ᄒᆞ고諸方으로潰散ᄒᆞᆫ中, 約三十二名은本月初에茂山間島로붓터北走ᄒᆞ야間島內部에侵入ᄒᆞ야, 約二十六名은數團에分ᄒᆞ야頭道溝西南方面으로붓터局子街東北方百草溝에出ᄒᆞ고, 六名은平崗上里社地方을徘徊ᄒᆞᆷ으로, 頭道溝分遣所에서本月二十四日其四名을逮捕ᄒᆞ고, 三十日咸興地方裁判所에送致ᄒᆞᆷ.

該暴徒의自白에依ᄒᆞᆫ건ᄃᆡ, 一行은都合五十二名으로暴徒首魁方德亨의部下가되야, 陰曆十一月十九日, 烟秋를發ᄒᆞ야琿春附近으로間島에入ᄒᆞ야, 局子街北部로銅佛寺西部에亘ᄒᆞᆫ山中을通過ᄒᆞ야, 茂山間島로茂山郡에入ᄒᆞ고同郡에서日本憲兵과衝突ᄒᆞ며, 再히茂山間島에逃入ᄒᆞ야三三五五히烟秋地方으로復歸ᄒᆞ기爲ᄒᆞ야, 間島內部에入來ᄒᆞᆫ者라ᄒᆞᆷ.

其目的된바ᄂᆞᆫ, 茂山三水地方에至ᄒᆞ야同地方에在ᄒᆞᆫ暴徒와合同ᄒᆞ고, 茂山郡三社本村所를襲擊ᄒᆞ야武器를奪取ᄒᆞ고, 同地方의人心을煽動ᄒᆞ며更히東進ᄒᆞᆯ計劃이라ᄒᆞᆷ.

又別로本月九日傑滿洞分遣所에서, 昨年十月以來로間島東北部方面을徘徊ᄒᆞ며三十餘名의部下를指揮ᄒᆞ든暴徒의首魁吳相元(六十四年)을逮捕ᄒᆞ얏ᄂᆞᆫᄃᆡ, 吳ᄂᆞᆫ昨年陰曆五月中旬으로붓터李範允의部下에入ᄒᆞ야軍師로被推ᄒᆞ고, 同六月頃에約二百의暴徒를慶源에進出케ᄒᆞ고, 又同七月頃에約百名의暴徒를鍾城郡에進出케ᄒᆞᆫ事가有ᄒᆞ며, 其後烟秋地方及穩城間島百草溝地方에서暴徒의募集에盡力ᄒᆞ든者이라(往電第四號로已爲槪報).

吳의逮捕以來로部下ᄂᆞᆫ諸方에散亂ᄒᆞ야, 間島東北部의治安維持에多大ᄒᆞᆫ効果를奏ᄒᆞᆷ.

七. 地方衛生의狀態

傳染病·流行病으로特記ᄒᆞᆯ病症은當龍井村附近에ᄂᆞᆫ此를不認ᄒᆞ고, 客月新興坪及銅佛寺附近에發生ᄒᆞᆫ傳染病도漸次減少ᄒᆞ야, 目下新興坪附近에二名의現患者가有ᄒᆞᆷ.

本月間施療ᄒᆞᆫ患者總數가二百八十二名이니, 前月에比ᄒᆞ야減少ᄒᆞᆫ지라.

新患者를國籍에別ᄒᆞ면如左ᄒᆞᆷ.

本邦人三十七人

韓人二百三人

清人四十二人

合計二百八十二人

八. 月間의氣象槪況

	平均溫度	最高溫度	最低溫度	降水回數	降水量
第一旬	(一) 一三.二	(一) (二日) 二.二	(一) (九·十日) 二五.○	○	○
第二旬	(一) 一八.九	(一) (十三日) 一○.五	(一) (十六日) 三二.五	一	五.六
第三旬	(一) 一四.一	(一) (二十四日) ○.五	(一) (卄一日) 三一.○	一	○.○六
月	(一) 五.四	(二日) 二.二	(一) (十六日) 三二.五	二	五.六六

積算溫度(一)四七六,四度

快晴日數一三日

半晴日數一五日

曇天日數三日

昨年本月氣象表에依ᄒᆞ면

	平均溫度	最高溫度	最低溫度	降水回數	降水量
第一旬	(一) 一六.九	(一) (四日) 四.八	(一) (七日) 三一.五	○	○
第二旬	(一) 一六.二	(一) (十三日) 二.五	(一) (十七日) 三一.五	五	二.四
第三旬	(一) 一六.七	(一) (三十一日) 四.○	(一) (二十三日) 三○.五	三	○.八
月	(一) 一六.六	(一) (十三日) 二.五	(一) (七·十七日) 三一.五	八	三.二

積算溫度(一)五一五,四度

快晴日數一五日

半晴日數一三日

曇天日數四日

右兩表를對照컨딕, 積算溫度·平均溫度에在ᄒᆞ야ᄂᆞᆫ本年은遙히昨年보다高ᄒᆞ고, 降雪回數도亦少ᄒᆞ며, 最低溫度ᄂᆞᆫ四度七分의高를示ᄒᆞ고, 快晴·曇天日數ᄂᆞᆫ殆히大差를認치못ᄒᆞᆺ스나, 本年은第二旬에在ᄒᆞ야大히昨年보다寒冷ᄒᆞ니, 要컨딕其大體ᄂᆞᆫ本年은昨年보다氣溫이高ᄒᆞ고, 然이나各旬에在한溫度의變化ᄂᆞᆫ昨年보다大홈.

九. 所員의動靜

本月十一日, 各分遣所에所屬ᄒᆞᆫ韓國內部主事를召集ᄒᆞ야, 各地方의情況을聽ᄒᆞ고, 所長代理者로붓터執務의心得에對ᄒᆞ야訓示가有ᄒᆞ고, 尙히會計主任으로붓터會計事務에對ᄒᆞ야指示ᄒᆞᆫ바이有홈, 所長齋藤季治郞은出京을被命ᄒᆞ고, 屬內藤正雄을隨ᄒᆞ야本月十一日에當地를出發홈, 技師八田吉平은水原勸業模範場에出張을被命ᄒᆞ고, 囑托近藤信一을隨ᄒᆞ야本月廿日에當地를出發홈.

十. 警察事故

本月間處理ᄒᆞᆫ警察事故ᄂᆞᆫ別表[55]와如홈.

右를報告홈.

---

55 本表ᄂᆞᆫ 八八四號文書로 別道處理되었음.

50. 間島事情報告書呈覽의 件(往復案2册)

隆熙3年 (西紀1909年 4月22日)
[發] 統監府副統監 曾禰荒助
[受] 內閣總理大臣 李完用

機密統發第六五四號
篠田統監府臨時間島派出所長代理의月報統派月報第三號를, 別紙謄寫ᄒᆞ와玆에送付홈.

明治四十二年四月二十二日
統監代理副統監子爵 曾禰荒助
太子少師內閣總理大臣 李完用 閣下

附. 同上報告書

- 隆熙3年 (西紀1909年 4月8日)
- [發] 統監府間島派出所長代理 篠田治策
- [受] 統監府副統監 曾禰荒助

統派月報第三號
月報

自三月一日至同三十一日
明治四十二年四月八日
統監府臨時間島派出所長代理 篠田治策
統監代理副統監子爵 曾禰荒助 殿

一. 地方一般의狀況

月間地方一般이大概靜謐ᄒᆞ야, 韓民이總히安堵ᄒᆞᄂᆞᆫ狀態로在홈.

二. 淸國官憲의施設

(가) 淸國官憲은今回食鹽을官營專賣로ᄒᆞ야, 局子街東端에延吉官鹽總店을設置ᄒᆞ고, 張介社를委員으로ᄒᆞ야賣下홈.

右鹽專賣法을淸國官憲이實施홈에在ᄒᆞ야는, 韓民은此로因ᄒᆞ야甚ᄒᆞᆫ損害를當홈으로, 該法의施行은現狀維持의約束에反홈이니此를撤消홀지요, 若撤消치아니ᄒᆞ면韓民은如斯ᄒᆞᆫ命令을遵奉홀義務가無ᄒᆞᆫ意로陶[彬]知府에게交涉케ᄒᆞ기爲ᄒᆞ야, 楠野事務官을局子街에遣ᄒᆞ야交涉ᄒᆞᆫ要領은, 往電第一六號로業已報告홈.

(나) 從來局子街에開設ᄒᆞ얏든邊務巡警學堂은閉鎖ᄒᆞ고, 今回에更히同街에巡警練習所를設置홈.

三. 淸國官憲의不法行爲及不當徵收

(가) 我의任命ᄒᆞᆫ社長을引致ᄒᆞᆫ件

本月十五日에和龍社社長蔡明伍及長男蔡東俊兩名은大拉子官憲에召喚을被ᄒᆞ고, 次에局子街延吉廳에引致를被홈.

引致를被ᄒᆞᆫ理由는, 昨年九月頃和龍社大楡田洞孫某處에一名의暴徒가來ᄒᆞ야旅費의貸與를求ᄒᆞ고, 其代償으로楡田洞中某地點에銃器一挺을隱匿ᄒᆞ얏시니此를與ᄒᆞ리라홈익, 孫은恐怖之餘에若干金을暴徒에與ᄒᆞ고歸去케ᄒᆞᆫ後, 該地點을搜索ᄒᆞ야銃器一挺을得ᄒᆞ고持歸ᄒᆞ야藏置홈.

其後孫及大楡田洞少年等數名은該銃을携帶ᄒᆞ고, 楡田洞山中에居住ᄒᆞ는韓人某處에至ᄒᆞ야, 自己等은暴徒라고稱ᄒᆞ고家人을脅迫ᄒᆞ야豚一頭를奪取ᄒᆞ얏는ᄃᆡ, 翌朝被害者가大楡田洞少年等의所爲인줄覺知ᄒᆞ고, 遂히少年等으로豚價로ᄒᆞ야韓貨二十兩을被害者에게支撥ᄒᆞ고示談ᄒᆞᆫ事實이有홈.

和龍社社長蔡明伍의長男蔡東俊은右事實을探知ᄒᆞ고, 孫及關係少年等을呼集ᄒᆞ고其不法行爲를詰ᄒᆞ며, 暴徒라ᄒᆞ야統監府派出所에訴出ᄒᆞᆫ다脅迫ᄒᆞ고, 該事件에使用ᄒᆞᆫ銃器及韓貨百兩을差出케ᄒᆞ야此를受領ᄒᆞᆫ즉, 蔡明伍를代ᄒᆞ야社長의職을得코ᄌᆞᄒᆞ든同社藏財村韓人朴順彦은, 淸國官憲에對ᄒᆞ야蔡明伍父子는銃器를私自藏匿ᄒᆞᆫ意를密告홈에依ᄒᆞ야, 遂히引致를被홈에至ᄒᆞᆫ者이라.

本件에在ᄒᆞ야는, 局子街分遣所奧村[惠]大尉를命ᄒᆞ야陶知府에會見ᄒᆞ고, 速히蔡社長의放還을求케ᄒᆞ며, 又大楡田洞少年等及蔡東俊의不正行爲에對ᄒᆞ야는尙히審查中이라.

(나) 物資徵發에關훈件

本月間, 會寧間島砂器洞守備隊에서泰化社韓民으로븟터徵收훈物資에對ᄒᆞ야, 淸國官憲의支撥額과時價를對照훈즉左表와如홈.

名稱	數量	時價	買上額	時價에對훈不足額
薪	三十二束	韓貨 百兩六十二文	三十三兩 六十文	六十七兩 二文
粟	韓升 七斗	韓貨 十兩五十文	八兩 四十文	二兩 十文
小豆	韓升 五斗	韓貨 六兩	六兩	〃
大豆	韓升	韓貨 三兩 九十七文	二兩 十七文	一兩 八十文
計		百二十一兩 九文	五十兩 十七文	七十兩 九十二文

本表의外에本年二月中砂器洞派弁所에서, 平化社·泰化社로븟터徵收훈物資에對ᄒᆞ야는아직代價의支撥를不爲ᄒᆞ고, 又本月廿三日同派弁所에서, 仁化社로븟터不當히牛車六輛을徵發使役코ᄌᆞ홈을, 同村長이禹跡洞分遣所에訴出홈에依ᄒᆞ야交涉훈結果로, 牛車의徵發을中止ᄒᆞ고支那馬車를使用케홈.

右等과如훈物資의强徵, 代金의未撥에對ᄒᆞ야, 本月十七日에奧村憲兵大尉로ᄒᆞ야금陶知府에게交涉케훈즉, 將來는時價로써購買케홈을言明ᄒᆞ고, 過去에在훈未撥金은關係官吏의交代에證據書類의湮滅等에依ᄒᆞ야, 調査困難훈意를陳述홈에因ᄒᆞ야, 奧村大尉는將來에關훈希望을述ᄒᆞ고歸還홈.

(다) 戶口調査의妨害의件

二月二十一日以來로傑滿洞憲兵分遣所에서, 穩城間島花連洞·虞子溝·福心子地方韓民의戶口調査를實施훈즉, 同月廿七日福心子에서一韓人이我調査를受홈에, 淸國巡警四名이來ᄒᆞ야前에合水坪地方에서我上官이貴憲兵의戶口調査를拒絶훈事가有훈즉, 此地方에서도調査홈을不得훈다ᄒᆞ고, 或은韓人을威脅ᄒᆞ며或은手를揮ᄒᆞ야我調査를妨害홈.

故로憲兵은戶口調査의件은彼我上官間에交涉을終ᄒᆞ얏슨즉, 妨害를受홀理由가無ᄒᆞ다ᄒᆞ고其妨害를排除ᄒᆞ고, 强히調査를遂行ᄒᆞ고同夜福心子에서宿泊홈.

翌二十八日淸兵約二十名이來ᄒᆞ야, 前日과갓치我調査를妨害홈으로, 我憲兵은合水坪巡警局長을同道ᄒᆞ야, 馬派派弁所長에會見ᄒᆞ고交涉훈즉, 戶口調査件에就ᄒᆞ야는貴分遣所와交涉中이니, 暫時停止ᄒᆞ라고要求홈으로, 同上等兵은其要求를容ᄒᆞ고爲先歸所홈.

本件에對ᄒᆞ야, 陶는日本憲兵의韓民에對훈調査는禁止홀意로巡撫로븟터命令이到達훈

故로, 公然이該調査에便宜를與키不能ᄒᆞ고又此를承認키不得ᄒᆞ나, 但腕力에訴ᄒᆞ기ᄭᆞ지妨害를與ᄒᆞᆯ意가아니며, 地方官吏兵員으로ᄒᆞ야금該調査에深히關係치아니ᄒᆞ도록措辦ᄒᆞᆯ意로語홈.

四. 古間島耕作에關ᄒᆞᆫ紛爭의件

鍾城間島古島ᄂᆞᆫ, 光宗社赤瓦坪住清國總鄕約玄德勝이清國官憲의稅金을納付ᄒᆞ고耕作權을得ᄒᆞ야, 更히小作料를徵收ᄒᆞ고, 鍾城韓民에게耕作케ᄒᆞᆫ前例인ᄃᆡ, 本年二月中, 玄德勝은犯罪로因ᄒᆞ야鍾城憲兵分遣所에서逮捕ᄒᆞ야目下咸興에拘禁中인故로, 清國官憲은本年은古島를鍾城韓民에耕作치아니ᄒᆞ고, 間島內居住民에게耕作케ᄒᆞ깃다ᄂᆞᆫ風說이起ᄒᆞ야, 鍾城韓民은到處恐慌ᄒᆞ며, 又本月初에大拉子經歷廳으로븟터通譯清人劉全忠을鍾城間島에遣ᄒᆞᆫ바, 劉ᄂᆞᆫ一書를關係鍾城韓民에與ᄒᆞ고, 本年도古島를耕作ᄒᆞ깃ᄂᆞᆫ지아니ᄒᆞᆯᄂᆞᆫ지, 耕作코ᄌᆞᄒᆞ면協議ᄒᆞᆯ要件이有ᄒᆞ니赤瓦坪ᄭᆞ지來ᄒᆞ되, 若返答이無ᄒᆞ면間島地內韓民으로ᄒᆞ야금耕作케ᄒᆞᆯᄂᆞᆫ지도未可知오, 又協議치아니ᄒᆞ고放任自意ᄒᆞ면, 耕作을不得ᄒᆞᆫ者로看做ᄒᆞ깃다ᄂᆞᆫ意趣를通知ᄒᆞᆫ지라, 鍾城韓民은赤瓦坪에至ᄒᆞ야劉에會見코ᄌᆞᄒᆞ얏시나, 曩者玄德勝이鍾城에서逮捕를被ᄒᆞᆫ前鑑이有홈으로, 或은此와反ᄒᆞ야清官에게間島內에서逮捕를當ᄒᆞᆯ事가有홈을念慮ᄒᆞ고赤瓦坪에不至ᄒᆞ고重望ᄒᆞᆫ韓民全光錫外六名이連署ᄒᆞ야, 耕作에關ᄒᆞ야訴狀을下泉坪憲兵分遣所에提出ᄒᆞ얏ᄂᆞᆫᄃᆡ, 其大要가如左홈.

古島ᄂᆞᆫ三十年前에鍾城郡民이韓國疆土로認ᄒᆞ고開墾ᄒᆞᆫ것인ᄃᆡ, 十餘年을清官에被奪ᄒᆞ고, 爾後田地稅로ᄒᆞ야一個年에韓貨七百兩을清國官憲에納付ᄒᆞ고耕作의許可를得ᄒᆞᆫ者이라.

其後五年即光武五年[1901]에ᄂᆞᆫ, 古島의田地稅韓貨七千兩의納付를要ᄒᆞᆫ事가有홈으로, 當時鍾城居住申學廉이, 一人으로古島全部의畑地를清國官憲으로븟터買得코ᄌᆞᄒᆞᆫ즉, 鍾城警務署在勤總巡宋義植은一人의買得을不利로ᄒᆞ야清國에交涉ᄒᆞᆫ結果, 畑地稅를韓貨三千五百兩에減ᄒᆞ야, 依然이鍾城韓民一同에耕作케된지라, 其後光武十年에至ᄒᆞ야畑地稅가韓貨七千二百兩에騰貴ᄒᆞ고, 昨年은更히韓貨七千八百兩에騰貴홈.

最初古島를開墾ᄒᆞᆫ當時ᄂᆞᆫ, 畑地面積이約八千餘結(一結은韓國十日耕)이드니, 水流의變遷에從ᄒᆞ야土地가崩解ᄒᆞ야, 現下ᄂᆞᆫ四十餘結의面積일ᄲᅮᆫ더러, 其內에寺院用畑地三結半이有홈으로, 鍾城韓民의耕作面積은僅히三十六結半(約三十町步)에不過ᄒᆞᆫᄃᆡ, 右와갓치土地의面積이減少홈에不拘ᄒᆞ고畑地稅의高騰홈은不法이라, 特히本年은耕作을禁ᄒᆞᆫ다ᄂᆞᆫ說이有ᄒᆞ야, 耕作을爲키不能ᄒᆞ면鍾城韓民은一般生活에困難홈에因ᄒᆞ야, 從來와如히耕作만ᄒᆞ고稅金은

無稅로ᄒᆞ든지, 或은韓貨三千五百兩의稅額에復舊ᄒᆞ도록淸國官憲에交涉云云.

本件이果若耕作을禁止ᄒᆞᄂᆞᆫ事가有ᄒᆞ면, 鍾城韓民은生活의道ᄅᆞᆯ失ᄒᆞᆯᄲᅮᆫ아니라, 光武八年, 淸韓交界官의協定ᄒᆞᆫ善後章程第八條에도, 古島ᄂᆞᆫ鍾城韓民으로ᄒᆞ야금耕作케ᄒᆞᆯ意로協約이有ᄒᆞᆫ故로, 本月十六日에楠野事務官을局子街에派遣ᄒᆞ야, 幇辦代理陶彬에交涉케ᄒᆞᆫ즉, 陶ᄂᆞᆫ鍾城人民으로붓터新事情을提出치아니ᄒᆞᄂᆞᆫ限度에ᄂᆞᆫ, 大拉子官憲이耕作을禁止ᄒᆞᄂᆞᆫ命令을發ᄒᆞᆯ理由가無ᄒᆞ고, 又烟地稅의高騰에對ᄒᆞ야ᄂᆞᆫ, 事實을善爲調査ᄒᆞ깃다고語ᄒᆞᆷ.

右의要領을鍾城韓民에傳達ᄒᆞᆫ즉, 韓民은大爲安堵ᄒᆞᆷ.

五. 韓民의狀況

從來淸國官民의暴戾壓虐에對ᄒᆞ야絶對服從의狀態에在ᄒᆞ든韓民도, 我保護의確實히普及ᄒᆞᆷ에從ᄒᆞ야亦同態에居ᄒᆞᆷ을不甘ᄒᆞ고, 漸次此等의暴虐에反抗ᄒᆞ고, 權利의主張에努ᄒᆞᄂᆞᆫ氣勢ᄅᆞᆯ呈ᄒᆞ니, 其一例ᄅᆞᆯ擧ᄒᆞ면,

三月五日에平崗上里社三道溝兒子山子附近의韓民五十名이團結ᄒᆞ야, 頭道溝派弁所에至ᄒᆞ야淸兵의不法行爲에就ᄒᆞ야訴ᄒᆞᆫ바有ᄒᆞ니, 其要旨ᄂᆞᆫ三道溝地方駐屯ᄒᆞᆫ淸兵과茂山間島駐屯ᄒᆞᆫ淸兵이互相往來ᄒᆞᄂᆞᆫ沿道에當ᄒᆞ야, 從來淸兵으로붓터牛車 · 人夫其他徵發을受ᄒᆞᆫ事가多ᄒᆞᆫᄃᆡ, 淸兵은其時마다賃銀을支撥치아니ᄒᆞ고, 加之命令에不從ᄒᆞ면事情의如何ᄅᆞᆯ不拘ᄒᆞ고忽然이暴行을加ᄒᆞᆷ으로人民은一般히困難ᄒᆞ니, 從來에徵發物에對ᄒᆞ야ᄂᆞᆫ相當의代價ᄅᆞᆯ支撥ᄒᆞ고, 今後ᄂᆞᆫ嚴重히管理ᄒᆞ라云云.

派弁所長[王長齡]은一一히其陳情을聽ᄒᆞ고, 其所訴가果係事實이면크게同情을表ᄒᆞᆯ지오, 若淸兵이陳情과如ᄒᆞᆫ非行이有ᄒᆞ거든其要求에應키ᄅᆞᆯ期ᄒᆞᆯ터이며, 尙히沿道에ᄂᆞᆫ濫히徵發을不許ᄒᆞᆯ意로告示ᄅᆞᆯ出ᄒᆞ깃다고答ᄒᆞᆷ으로, 韓民은異議가읍시一同이歸村ᄒᆞᆷ.

三月八日, 東京臺巡防所長은部下兵員을派ᄒᆞ야, 茂山間島山漢社下廣浦村長金永基外一名을引致ᄒᆞᆫ바, 其理由ᄂᆞᆫ同村每戶에對ᄒᆞ야薪牛車一臺式을納付ᄒᆞᆷ을命ᄒᆞ얏시나, 村民은此에不應ᄒᆞᆷ에因ᄒᆞᆷ이라云云.

同日下廣浦民約三十名은所長의處置ᄅᆞᆯ憤ᄒᆞ야巡防所에往ᄒᆞ야, 金村長引致에不法된事及薪의納付에ᄂᆞᆫ相當代價ᄅᆞᆯ支撥ᄒᆞᆯ事에對ᄒᆞ야交涉ᄒᆞᆫ즉, 所長은此와會見ᄒᆞ고左件을約ᄒᆞᆷ.

一. 金村長及外一名에對ᄒᆞ야ᄂᆞᆫ, 部下에命ᄒᆞ야任意로ᄂᆞᆫ同行을求ᄒᆞᆯ지나, 若公力을用ᄒᆞ야引致ᄒᆞ면部下ᄅᆞᆯ戒飭ᄒᆞᆯ事.

二. 薪은相當時價로ᄡᅥ買收ᄒᆞᆯ事, 右에村民一同은滿足히知ᄒᆞ고歸還ᄒᆞᆷ.

又韓國內地에在ᄒᆞᆫ韓民은我派出所의保護의確實ᄒᆞᆷ을聞ᄒᆞ고, 時가耕作期에漸近ᄒᆞᆷ에依ᄒᆞ

야, 近來間島內에移住ᄒᆞᄂᆞᆫ者甚多ᄒᆞᆫ바, 試ᄒᆞ야本月六日로붓터同十二日에至ᄒᆞ기ᄭᆞ지一週間此等韓民의會寧方面으로入來ᄒᆞᆫ者만禹跡洞에셔調查ᄒᆞᆫ즉如左홈.

男九七 女一〇一 計一九八

右ᄂᆞᆫ흔이鏡城·明川·吉州·富寧附近의者인ᄃᆡ移住者ᄂᆞᆫ今尙繼續ᄒᆞ며, 其經路ᄂᆞᆫ咸鏡北道地方의者ᄂᆞᆫ豆滿江을越ᄒᆞ야間島에入ᄒᆞ고, 咸鏡南道地方의者ᄂᆞᆫ元山으로붓터雄基灣에上陸ᄒᆞᄂᆞᆫ者가多ᄒᆞᆫ故로, 各方面의移住者ᄅᆞᆯ綜合ᄒᆞ면甚히多數에上홈.

六. 地方衛生의狀態

地方土人間에流行性感冒의發生이有ᄒᆞ나, 經過가良好ᄒᆞ야多數의犯홈에不至ᄒᆞ고, 目下安全狀態에在홈, 本月初旬을期ᄒᆞ야龍井村에春季淸潔法을實施ᄒᆞ고, 衛生委員은全村을巡視ᄒᆞ야檢查ᄅᆞᆯ行홈, 月間慈惠病院에서施療ᄒᆞᆫ新患者總計四百九十五名인ᄃᆡ, 前月에比ᄒᆞ야百四十名을增加ᄒᆞ얏시니 新患者ᄅᆞᆯ國籍에別ᄒᆞ면如左홈.

本邦人五七名 韓人三五六名 淸人八二名

七. 本月間의氣象槪況

	平均溫度	最高溫度	最低溫度	降雨回數	降水量
上旬	(一) 四.三	(十日) 八.五	(一) (一四·八日) 一五.〇	一	〃
中旬	(一) 七.二	(卄日) 四.五	(一) (一五·一七日) 一八.〇	一	〇.七
下旬	(一) 一.九	(三十·三十一日) 一一.〇	(一) (二十二日) 一五.〇	三	一四.九
月	(一) 四.五	(三十·三十一日) 一一.〇	(一) (一五·一七日) 一八.〇	五	一五.六

積算溫度(一)一三五.三

快晴日數九日

曇天日數六日

昨年三月의氣象을見ᄒᆞᆫ즉

	平均溫度	最高溫度	最低溫度	降雨回數	降水量
上旬	(一) 九.三	(五日) 二.〇	(一) (八日) 二四.〇	三	四.六
中旬	(一) 四.五	(一四日) 五.〇	(一) (十二日) 一三.五	二	二.九
下旬	(一) 〇.八	(三十一日) 一六.〇	(一) (二十一日) 一一.〇	四	五.六
月	(一) 四.三	(三十一日) 一六.〇	(一) (八日) 二四.〇	九	一三.〇

積算溫度(一)一二八,二
快晴日數八日
曇天日數四日

右二表를對照흔즉, 積算溫度·平均溫度·最高溫度는昨年에比흐야氣溫이低흐고, 曇天日數及降水量은昨年보다多흠을示흐얏시나, 다만最低溫度의小高와降雨回數가昨年보다稍히少흐나, 要컨딕本年은昨年보다氣溫이低흠.

八. 所員의動靜

阪東雇는經濟事情을調査흐기爲흐야釜山에出張을被命흐고本月二日에出發흠, 當所勤務內部主事孫範哲은會寧郡守로轉任흐야三月七日에出發흠, 水原幷東京에出張中의八田技師及八田技師는, 水原에出張의隨行을被命흐고, 請願歸省中에在흐든近藤囑托은本月廿八日에歸任흠.

九. 警察事故

本月間處理흔警察事故는別表와如흠.

附의 屬. 警察事故表

明治四十二年三月中警察事故表 間島憲兵分隊

區分	事項	件數	摘要
說諭	官私를詐欺取財ᄒᆞᆫ者	二	二件共被告韓人男各一, 被告에說諭, 財物를返還케홈
	五里銅貨에 鍍銀ᄒᆞᆫ것을收受ᄒᆞ야使用코ᄌᆞᄒᆞᆫ者	一	被告韓人男一, 說諭
	金錢强請	一	被害者韓人男一, 加害者韓人男三, 加害者의行衛不明홈에對ᄒᆞ야搜索中
	家屋擅入	一	原被告共韓人男一, 被告에說諭
	賭博	一	被告韓人男五, 說諭
	不當히藥價를請求ᄒᆞᆫ者	一	原被告共韓人男各一, 雙方에說諭示談
	寡婦를奪코ᄌᆞᄒᆞᆫ者	一	原告韓人男一, 被告韓人男二, 被告ᄂᆞᆫ逃走ᄒᆞ야行衛不明홈으로搜索中
	疫牛死體를路上에投棄ᄒᆞᆫ者	二	二件共韓人男各一, 說諭後埋沒
	酩酊ᄒᆞ야街路에서高聲放歌ᄒᆞᆫ者	一	韓人男四, 說諭
	街路에서酩酊喧噪ᄒᆞᆫ者	一	韓人男一, 說諭
	婚姻違約	一	原被告共韓人男一, 雙方에說諭示談
	爭論	五	二件은各件韓人男一, 雙方에說諭 一件은原被告共韓人男一, 雙方에說諭 二件은各件韓人男一, 淸人男一, 雙方에說諭
	毆打	三	三件共原被告韓人男各一, 被告에說諭
	債務關係	一八	一件은原告韓人男一, 被告淸人男一, 被告에說諭示談 一件은原被告共日本人男一, 被告에說諭示談 一件은原被告共韓人男各一, 雙方에說諭示談 一五件은原被告共韓人男各一, 被告에說諭示談
	淸國兵의不法徵發	二	一件은原告韓人男一, 被告淸國兵一, 韓人을强制ᄒᆞ야牛車를使役코ᄌᆞ홈으로淸國官憲에交涉 一件은原告韓人男一, 被告淸國官憲, 淸國官憲이不當의賃錢으로牛車를使役코ᄌᆞ홈에對ᄒᆞ야被告에警告中止케홈
檢證	出火	二	一件은日本人居住家屋溫突로出火ᄒᆞ야直히鎭火ᄒᆞ얏시나, 寢具燒出, 此損害統計金約一圓, 間島分隊에서 檢證 一件은日本人居住家屋竈로出火, 直히鎭火ᄒᆞ얏시나天井燒失, 此損害計算約二圓, 間島分隊에서檢證 他의二件은皆淸國人所有納屋으로出火一棟燒失, 淸國官憲이檢證
拾得物	放馬	一	韓馬一頭, 所有者에引渡
	遺失物拾得	一	拾得者韓人男一, 拾得品錢囊一, 典當票紙二枚, 遺失者에返還
合計		四五	

51. 警察事故表追送의 件(往復案2冊)

隆熙3年 (西紀1909年 5月24日)
[發] 統監府副統監 曾禰荒助
[受] 內閣總理大臣 李完用

機密統發第八八四號

機密統發第六一四號追書警察事故表를茲에送付홈.

明治四十二年五月廿四日

統監代理副統監子爵 曾禰荒助

太子少師內閣總理大臣 李完用 閣下

附. 同上事故表

自明治四十一[二誤]年一月一日至同年一月三十一日 警察事故表

區分	事項	件數	摘要
韓國刑法違反	內亂律	四	二件은被告各韓人男一, 咸興地方裁判所檢事局에送致홈 一件은被告韓人男四, 咸興地方裁判所檢事局에送致홈 一件은被告韓人男一, 咸興地方裁判所檢事局에送致홈
	國權壞損律	一	原被韓人男二, 一名은證據不確홈에對ᄒᆞ야放遣ᄒᆞ고, 一名은咸興地方裁判所檢事局에送致홈
	官文書僞造行使詐欺取財	一	原被共韓人男一, 證據不確홈으로放遣
日本刑法違反	詐欺取財	一	原告日本人男一, 被告日本人男三, 被告內一名은當地居住홈으로調査ᄒᆞ고, 二名은清津在住者인故로同地 警察署에移牒
檢證	失火	二	二件共히日本家屋半燒에不至ᄒᆞ얏ᄂᆞᆫᄃᆡ原因은過失, 憲兵隊에서檢證(外에一件, 清國派弁所事務所로失火, 半燒에不至)
	盜難	一	被害者日本人男一, 憲兵隊에서檢證
檢視	縊死	一	韓人女一, 憲兵隊에서檢證
清國官憲에交涉	清國官吏의 不法行爲	一	原告韓人男三, 被告清國巡弁一, 原告의獲ᄒᆞᆫ鹿을不法으로奪取홈으로清國官憲에交涉

	不法으로韓人을逮捕監禁혼者	一	原告韓人男一, 被告清人男一, 清國官憲에交涉解放케홈
	清國公吏의 不法徵稅	一	原告鍾城間島韓國民, 被告清國鄕約, 清國官憲에交涉홈
	清國官吏의 不法徵金	一	清國稅務局長及清人男一, 韓人三名에對및ᄒᆞ야不法히罰金을科홈에依ᄒᆞ야交涉혼後返還케홈
	清國兵의不法徵發	一	原告韓人男一, 被告清國兵三, 韓人을强制ᄒᆞ야牛馬를徵發코ᄌᆞ홈에由를ᄒᆞ야清國官憲에交涉
	飼養牛馬로 他人의作物을喰케혼者	一	清人男一, 飼養의牛馬로韓人男一의作物을喰혼損害賠償의訴出을依ᄒᆞ야清國官憲에交涉ᄒᆞ야賠償케홈
	清國兵의暴行	一	原告韓人男一, 被告清人男一, 清國官憲에交涉
	清人이韓人을毆打혼者	一	被害者韓人男三, 巡査一, 加害者清兵二, 清國官憲에交涉
	韓人에對한我戶口調查를妨害혼者	一	一件은間島分隊, 一件은傑備〔滿誤〕洞, 一件은新興坪, 一件은禹跡洞, 一件은伏沙坪分遣所 各官內清國官憲에서妨害코ᄌᆞᄒᆞ야皆交涉홈
說諭	竊盜	二	一件은清人男一, 證據不確ᄒᆞ야放遣 一件은被告韓人男一同女一, 證據不確ᄒᆞ야放遣
	賭博	一	被告韓人男三, 說諭
	街路에放尿혼者	三	二件은清國人男各一, 說諭 一件은韓人男一, 說諭
	通行妨害	五	一件은韓人男一, 說諭 三件은清人男各一, 說諭 一件은清·韓人男各一, 說諭
	煙突破損을 修繕치아니혼者	一	韓人男一, 說諭를加ᄒᆞ야修繕케홈
	暴行脅迫	一	被害者韓人男一, 加害者同男四, 雙方이親族인故로ᄡᅥ加害者에게說諭
	債務關係	九	四件은原被共韓人男各一, 被告에說諭支撥케홈 二件은原告韓人男一, 被告清人男一, 被告清人에說諭支撥케홈 一件은原被共日本人男各一, 原告說諭請願에對ᄒᆞ야被告의答弁書를徵ᄒᆞ야原告에郵送홈 一件은原告韓人男一, 被告日本人男一, 被告에說諭支撥케홈 一件은原告韓人男一, 被告日本人男一, 被告에說諭支撥케홈
	結婚違約	一	原告·被告共韓人男各一, 媒介者韓人男一, 原告의告訴不當홈에由ᄒᆞ야原告에說諭
	疫死의牛를 放棄혼者	二	一件은韓人男一, 說諭 一件은韓人男五, 說諭

	浮浪者他人家에宿泊을强要혼者	一	淸人男一, 韓人家宅에來ᄒᆞ宿泊을求혼者, 淸人에說諭
	喧嘩口論혼者	一	原告韓人男一, 被告淸人男一, 食鹽賣買上으로口論혼者, 雙方에說諭
	酩酊혼事룰不省혼者	一	韓人男一, 說諭
	他人의妻룰强取코ᄌᆞ혼者	一	原皮告韓人男各一, 被告에說諭
	我施政에對ᄒᆞ야妨害혼者	二	二件共韓人男各一, 說諭혼後放還
	毆打	一	原告韓人男一, 被告淸人男三, 被告에說諭
	誣告혼者	一	原告韓人男一, 被告淸韓人男各一, 誣告혼淸韓人에說諭
人命救護	救護	一	韓人男一, 酩酊ᄒᆞ야雪中에倒ᄒᆞ야凍死코ᄌᆞ홈을憲兵이救護
拾得品	放馬	二	二件共放馬各一, 分隊에繫留中이드니所有者判明홈에對ᄒᆞ야引渡홈
	遺失物拾得	一	鳥打帽子一個拾得을廣告ᄒᆞ야間島憲兵隊에서保管
合計		六一	

52. 間島事情報告書呈覽의 件(往復案2册)

隆熙3年 (西紀1909年 7月9日)

[發] 統監府統監 曾禰荒助

[受] 內閣總理大臣 李完用

機密統發第一,二四〇號

齋藤間島派出所長月報統派月報第五號를別紙謄寫ᄒᆞ와, 參考ᄒᆞ시기爲ᄒᆞ야玆에送付홈.

明治四十二年七月九月

統監子爵 曾禰荒助

太子少師內閣總理大臣 李完用 閣下

附. 同上報告書

- 隆熙3年 (西紀1909年 6月10日)
- [發] 統監府間島派出所長 齋藤季治郎
- [受] 統監府統監 伊藤博文

統派月報第五號

月報

自五月一日至同三十一日

明治四十二年六月十日

統監府臨時間島派出所長 齋藤季治郎

統監公爵 伊藤博文 殿

一. 地方一般의狀況

本月은會寧間島에在ᄒᆞᆫ清國巡警이韓民에對ᄒᆞᆫ暴虐事件, 及同地高嶺鎭渡船場에不法發

火의事件等을始ᄒᆞ야, 各地方清國官吏의不法行爲·不當徵稅等에關ᄒᆞᆫ四·五의事件이有ᄒᆞ야, 多少地方一部의安寧을害홈.

然이나右等事件의發生에連ᄒᆞ야, 我ᄂᆞᆫ恒常機ᄅᆞᆯ失치아니ᄒᆞ고適當ᄒᆞᆫ處置ᄅᆞᆯ取ᄒᆞ야, 清官의橫暴을抑ᄒᆞ고韓民保護에努力ᄒᆞᆷ으로, 一般韓民의我ᄅᆞᆯ信賴ᄒᆞᄂᆞᆫ念은日을追ᄒᆞ야深厚ᄅᆞᆯ加ᄒᆞ고, 從來一定의報酬가無ᄒᆞ든都社長·社長等에對ᄒᆞ야, 本月븟터給料가有ᄒᆞ야一層公事에盡力케ᄒᆞ고, 及本官이廿四日븟터廿九日ᄭᆞ지各地方을巡視ᄒᆞ얏ᄉᆞ온바, 크게我施政上에裨益이有ᄒᆞᆫ者로認홈.

此에反ᄒᆞ야清國官民은近來沈靜ᄒᆞᆫ狀態로, 新히施設의可認ᄒᆞᆯ것이無ᄒᆞ며, 韓民又ᄂᆞᆫ日로此ᄅᆞᆯ踈斥코ᄌᆞᄒᆞᄂᆞᆫ傾向이有ᄒᆞᆫ지라, 然이나新任總辦吳祿貞이着任ᄒᆞ면大히活動을試ᄒᆞᆷ을清國官民의一般期待ᄒᆞᄂᆞᆫ바이라.

二. 清國官憲의施設及兵員의移動

(가) 局子街邊務公署에在ᄒᆞ야ᄂᆞᆫ, 五月初旬으로븟터局子街에募集事務所ᄅᆞᆯ置ᄒᆞ고, 朝陽河谷三道溝兒屯田營兵의募集에着手ᄒᆞ든바, 豫定ᄒᆞᆫ人員에達ᄒᆞ얏슴으로本月廿日에該事務所ᄅᆞᆯ閉鎖홈.

(나) 邊務公署에서ᄂᆞᆫ, 本月十五日븟터大狐狸溝嶺에工程隊兵을派ᄒᆞ야同嶺에幕營ᄒᆞ고, 會寧街道上同嶺以南의道路ᄅᆞᆯ修繕케홈.

該工程隊ᄂᆞᆫ同十五日븟터廿三日ᄭᆞ지準備에從事ᄒᆞ고, 同廿四日븟터修繕工事에着手ᄒᆞ고, 五月盡日에同嶺頂上으로븟터以北에百米突, 南方에約六百米突ᄭᆞ지의修繕ᄅᆞᆯ竣工ᄒᆞᆫ바, 工事의模樣은目下道路의凹凸을平坦케홈에不過ᄒᆞ고, 又作業人員은日日多少의異動이有홈으로써確實치못ᄒᆞ와, 大概二百五十名內外임(往電第三〇號로已爲報告).

(다) 邊務公署幇辦傅良佐ᄂᆞᆫ奉天督練處總辦에轉ᄒᆞ고, 後任으로前幇辦協都統吳祿貞이督辦에陞任着任ᄒᆞᆫ다ᄒᆞ고, 邊務公署員의言에依ᄒᆞᆫ즉, 吳ᄂᆞᆫ六月初旬局子街에到着ᄒᆞᆯ豫定이라홈.

在銅佛寺街駐屯ᄒᆞᆫ吉林前路巡防第一營統領富德은近日中他에轉ᄒᆞ고, 前吉强軍統領胡殿甲은吳祿貞과共히着任ᄒᆞᆫ다ᄂᆞᆫ說이有홈, 但胡ᄂᆞᆫ富의後任이될지或은他에官職을有ᄒᆞᆯ지未詳홈.

局子街及琿春官鹽局弁理王鶴群이란者局子街에着任홈.

同人의言에依ᄒᆞᆫ즉, 間島地方에서販賣ᄒᆞᆯ官鹽은營口로븟터浦鹽에回送ᄒᆞ야, 同地로븟터琿春及局子街에陸送ᄒᆞᆫ다홈, 王은右官鹽을受領ᄒᆞ기爲ᄒᆞ야, 本月十八日에琿春을經ᄒᆞ야浦

鹽에向ᄒᆞ야出發홈.

本月一日에光霽峪淸兵四十名은傭期備[滿誤]了의理由로, 各自鄕里에向ᄒᆞ야歸還홈.

又同日砂器洞駐屯淸兵廿八名도備[56]期歸省ᄒᆞ고, 此補充ᄒᆞ기爲ᄒᆞ야本月廿八日에光霽峪으로붓터淸兵廿八名이砂器洞에赴홈.

本月五日, 局子街駐屯淸兵排長連以下四十六名이備期除隊가되야, 銅佛寺街ᄅᆞᆯ吉林方面으로向ᄒᆞ야通過홈.

本月七日, 局子街駐屯淸兵保排長以下七十五名이備期除隊가되야同日銅佛寺街에서宿泊ᄒᆞ고, 翌日吉林方面에向ᄒᆞ야出發홈.

以上備期의補充員은不日吉林으로붓터來着ᄒᆞᆫ다ᄂᆞᆫ說이有홈.

三. 淸國官憲의不法行爲及不當徵稅

(가) 韓國內地에居住ᄒᆞᄂᆞᆫ韓人으로, 間島內에耕地ᄅᆞᆯ有ᄒᆞᆫ者의渡江을妨害ᄒᆞᆫ件

本月廿三日, 會寧警察署에서淸國官憲傭役의豆滿江高嶺鎭의渡船吏ᄅᆞᆯ引致ᄒᆞᆫ즉, 鶴城稽[査脫]所長李榮成은此의報復으로韓國內地에居住ᄒᆞ고間島에耕地ᄅᆞᆯ有ᄒᆞᆫ韓民의渡江을禁止ᄒᆞᆫ다聲言ᄒᆞ야, 其所有者의調査에着手홈으로써韓內地에在ᄒᆞ야間島에土地ᄅᆞᆯ有ᄒᆞᆫ韓人은一時恐慌홈.

(나) 本官이歸任ᄒᆞᄂᆞᆫ際에, 沿道의韓民이國旗ᄅᆞᆯ樹ᄒᆞ야歡迎코ᄌᆞ홈에對ᄒᆞ야妨害ᄅᆞᆯ加ᄒᆞᆫ件

本月十一日, 本官歸任ᄒᆞᄂᆞᆫ際에, 會寧間島에서同地의學校教員·生徒及一般韓民等이國旗ᄅᆞᆯ樹ᄒᆞ고且歡迎코ᄌᆞᄒᆞᆫ즉, 李鶴城稽査所長은巡警을派ᄒᆞ야歡迎ᄒᆞᆯ必要가無ᄒᆞᆫ事ᄅᆞᆯ諭示ᄒᆞ야도, 當日學校教員李亨國及生徒其他若干의韓民은其諭示에不服ᄒᆞ고出迎ᄒᆞᆫ즉, 李榮成은李亨國이勸誘에出ᄒᆞ얏다ᄒᆞ야同人을稽査所에招致ᄒᆞ고, 巡警의言에不服ᄒᆞ고他의韓人으로ᄒᆞ야금強制로出迎케홈은不妥當ᄒᆞ다ᄒᆞ야, 該學校의所有學田을沒收ᄒᆞ고, 且汝ᄅᆞᆯ韓國內地에退去케ᄒᆞᆫ다고脅迫홈.

十三日, 同地韓民二十餘名은李稽査所長의處에至ᄒᆞ야, 李亨國을釋放ᄒᆞ라고願ᄒᆞᆫ즉, 李ᄂᆞᆫ將來淸國官憲의命에服從ᄒᆞ고日韓官憲의命에服從치아니ᄒᆞᆯ事의保證書ᄅᆞᆯ書出ᄒᆞ면釋放ᄒᆞᆯ깃다ᄒᆞ야容易히釋放ᄒᆞᆯ模樣이無홈으로, 韓民等은李의言에從ᄒᆞ야保證書ᄅᆞᆯ書出ᄒᆞ고李亨國을率歸홈.

本件에對ᄒᆞ야, 本月十五日에平田憲兵中尉ᄂᆞᆫ李榮成에會見ᄒᆞ고其不法을詰責ᄒᆞᆫ즉, 李ᄂᆞᆫ

---

56 滿의誤, 以下同.

韓人某稽查所에來ᄒᆞ야日本憲兵及韓國巡査等이民意에反ᄒᆞ야國旗ᄅᆞᆯ揭揚케ᄒᆞ고且出迎을迫ᄒᆞ야村內가騷然ᄒᆞ다고報知ᄒᆞᆷ으로써, 巡警을派ᄒᆞ야民意에反ᄒᆞ야歡迎ᄒᆞᆯ必要가無ᄒᆞᆫ事ᄅᆞᆯ人民에게諭示ᄒᆞᆷ에不過ᄒᆞ고, 李亨國은學校教員됨에不拘ᄒᆞ고, 人民에게出迎을强行케ᄒᆞᆷ과如ᄒᆞᆫ不當行爲ᄅᆞᆯᄒᆞᆷ으로, 將來此와如ᄒᆞᆫ事가有ᄒᆞ면間島ᄅᆞᆯ退去ᄒᆞ라고諭示ᄒᆞ얏시ᄂᆞ, 保證書ᄅᆞᆯ書出ᄒᆞᆫ事實은全無ᄒᆞ다고辨疏ᄒᆞᆷ.

(다) 禹跡洞分遣所에서呼出ᄒᆞᆫ教員·生徒·頭民等을淸官이途中에서阻止ᄒᆞᆫ件

本月廿一日, 禹跡洞分遣所에서本官으로븟터三屯學校에贈與ᄒᆞᆫ菓子料ᄅᆞᆯ授與ᄒᆞ기爲ᄒᆞ야韓國主事에命ᄒᆞ고, 主事ᄂᆞᆫ都社長·社長에命ᄒᆞ야學校教員及生徒·總代·頭民等各一名을呼出코ᄌᆞᄒᆞᆫ즉, 淸國官憲의嫉視ᄅᆞᆯ恐ᄒᆞ야出頭치아니ᄒᆞᆷ으로, 同分遣所에서更히憲兵上等兵及韓國巡査ᄅᆞᆯ派ᄒᆞ야任意出頭ᄅᆞᆯ求ᄒᆞᆫ즉, 教員等은크게喜ᄒᆞ야直히出發ᄒᆞ야憲兵·巡査ᄅᆞᆯ隨ᄒᆞ야鶴城稽査所前에來ᄒᆞᄂᆞᆫ際에, 同所兵哨의巡警은教員等의禹跡洞分遣所에出頭ᄒᆞᆷ을阻止ᄒᆞᆷ으로, 上等兵은稽査所長에面會ᄒᆞ고韓民의任意出頭ᄅᆞᆯ何故妨害ᄒᆞ나냐責ᄒᆞᆫ즉, 李ᄂᆞᆫ我領土된間島居住民을我官憲에게一次照會가無히日本官憲에게出頭케ᄒᆞᆷ은不當ᄒᆞᆫ지라, 故로我官衙前을通過케ᄒᆞᆷ을得치못할意로答ᄒᆞᆷ으로, 上等兵等은强히同行ᄒᆞᆯ必要가無ᄒᆞᆷ을認ᄒᆞ고, 本人等에게ᄂᆞᆫ追後召喚ᄒᆞᆷ을言ᄒᆞ고歸所ᄒᆞᆷ.

(라) 會寧街道上의橋梁修繕을妨害ᄒᆞᆫ件

去月廿九日븟터本月에亘ᄒᆞ야, 禹跡洞分遣所에서韓民에諭ᄒᆞ야會寧街道上鶴城以北의道路ᄅᆞᆯ修繕케ᄒᆞᆫ즉, 工事中李榮成은工事場에出頭ᄒᆞ야在ᄒᆞᆫ我任命의社長을稽査所에召喚ᄒᆞ야, 目下農事多忙ᄒᆞᆫ際인즉工事ᄅᆞᆯ中止ᄒᆞᆷ이可ᄒᆞ며, 三日內에ᄂᆞᆫ我工兵이來ᄒᆞ야修繕ᄒᆞᆯ豫定이라고書ᄒᆞᆷ.

本月四日, 平田憲兵中尉ᄂᆞᆫ本件에關ᄒᆞ야砂器洞派弁所長邵勝標及李榮成에會見交涉ᄒᆞᆫ즉人民은農期의出役을不喜ᄒᆞᆯ뿐더러, 本月九日에至ᄒᆞ면我工兵이來ᄒᆞ야道路ᄅᆞᆯ修繕ᄒᆞᆯ터인즉中止케ᄒᆞ얏다고弁解ᄒᆞᆫ지라, 然而邵·李等은我憲兵이韓民에命ᄒᆞ야道路ᄅᆞᆯ修繕케ᄒᆞᆷ으로써, 淸國의行政에干涉ᄒᆞᄂᆞᆫ者라信ᄒᆞ야每每妨害ᄅᆞᆯ試ᄒᆞᆷ.

其後本月九日에至ᄒᆞ야淸國官憲은工兵을派ᄒᆞ야道路의修繕ᄅᆞᆯ不爲ᄒᆞᆷ으로, 平田憲兵中尉ᄂᆞᆫ淸國官憲에顧慮치아니ᄒᆞ고三屯附近의韓民에諭ᄒᆞ야同地南方溪川에架橋ᄒᆞ고且道路의修繕을爲케ᄒᆞᆫ즉, 同日午後에太拉子經歷廳許德洧及李稽査所長其他巡警과馬隊等十四·五名이來ᄒᆞ야, 道路修繕은我工兵이ᄒᆞᆯ터이니中止케ᄒᆞ라고當時出張ᄒᆞᆫ我憲兵에要求ᄒᆞᄂᆞ, 我憲兵은此에不應ᄒᆞ고彼此論爭ᄒᆞ다가, 日沒에及ᄒᆞᆷ이工事ᄅᆞᆯ中止ᄒᆞ고歸所ᄒᆞᆷ.

(마) 天寶山駐屯淸兵巡警等이同山在住本邦人에送達ᄒᆞᄂᆞᆫ荷物을開披ᄒᆞᆫ件

本月九日, 天寶山在住中和公司事務員에對ᄒᆞ야, 在龍井村中和公司로븟터荷物·書信等

을送付혼즉, 同山駐屯淸兵及巡警等은該荷物을開ᄒ고檢査ᄒ며, 又數封의書信을新聞紙에包ᄒ야一封으로ᄒ고, 封皮에發送者及受信者의姓名도認ᄒ얏는ᄃ, 該封皮를開披ᄒ고內封의書信의出處를筆記ᄒ얏스니, 是等不法의開披는時時行ᄒ는바, 現에去月十四日에同樣包紙를破毁ᄒ고信書의出處를檢査혼事가有홈.

以上諸件은, 本月三十日, 太田憲兵大尉로ᄒ야금幇辦代理陶彬에交涉케ᄒ얏드니, 陶는我意를領ᄒ야果然以上事實이有ᄒ얏시면各各注意케홀意로答홈.

(바) 日本賣藥商의所有(모루히네)를押收혼件, 往電第三六號로已爲報告.

(사) 高嶺鎭渡船場에서淸國巡警의射擊의件, 往電第三三號及第三四號及特報秘第七號로已爲報告.

(아) 韓民에暴行을加혼件, 本月三日, 會寧間島忠化社大洞(距禹跡洞西南約四十里)에서, 同地韓人全亨石及金尹奎兩名은, 耕耘의休息中喫烟ᄒ기爲ᄒ야畑畔에樹枝를燒혼즉, 風이起ᄒ야芝草에延燒ᄒ는지라, 兩名은此를消止코ᄌᄒ얏시ᄂ其効가無ᄒ고, 遂히約十九丁餘步의山野를燒盡홈에至홈.

同夜에大洞駐屯淸國巡警이來ᄒ야兩名을同地巡警分局에帶行ᄒ야, 今回山野에放火ᄒ는禁令을發홈에不拘ᄒ고此를犯홈은不妥當ᄒ다叱責혼즉, 全等은該禁令의發布가有홈을知치못홀섄아니라故意로放火ᄒ지아닌意로百方陳辨ᄒ야도不許ᄒ고, 巡弁은數名의巡警에命ᄒ야全亨石을偃臥케ᄒ고頭部及脚部를結縛ᄒ고數十回毆打케ᄒ고, 結局全으로붓터保證人을定ᄒ고保證書를徵코釋放홈.

大洞韓民等은實際에山野放火의禁令을受치아닌意로, 該禁令을傳達치아니홈은全혀淸國任命혼鄕約許億의罪라ᄒ야, 全濟權·金雲一·金明汝外六名은許億을被害者家에帶行ᄒ야, 被害者의創傷이全愈에至ᄒ기ᄭ지其看護를홀事를承諾케ᄒ고, 次에金雲一은許에對ᄒ야許가嘗히雲一의父以下五名이鄕約의職分을妨害혼意로太拉子官憲에訴出코ᄌ혼事實이有홈으로, 其不妥當홈을責ᄒ고爭論혼後, 許의面部를毆打ᄒ야輕微혼打撲傷을負케홈.

大洞巡警分局에서는, 韓民으로붓터鄕約이被害者家에被招홈을知홈인지, 巡長以下四名及韓語通譯一名이全亨石家에至ᄒ야, 當時集合혼韓民에對ᄒ야逃走ᄒ는者는射擊ᄒ깃다고脅迫ᄒ고戶外에서二發射擊을ᄒ고, 許의指示에依ᄒ야全濟權·金明汝以下七名을引致ᄒ고, 其引致의際에巡警等은韓民을靴로蹴ᄒ며或銃刀等으로毆打ᄒ는等暴行을加홈.

又韓民等을分局에引致後, 巡弁은巡警에命ᄒ야金明汝에笞十을加ᄒ야打撲傷을負케홈, 然而該韓人等을引致혼理由로ᄒ야, 巡警側에서는最初巡警等이鄕約保護及事實調査ᄒ기爲ᄒ야全亨石家에往혼즉, 韓民等은反抗ᄒ야巡警에向ᄒ야投石ᄒ고數多의負傷者를出홀섄아니라, 携帶혼小銃器ᄭ지도裂損케ᄒ얏슴으로引致혼者라고弁疏ᄒᄂ, 我가其被害를調査혼

즉右는甚히可疑요, 且從來의例에徵ᄒᆞ야도, 韓人이兵器를携帶ᄒᆞᆫ巡警等에抵抗ᄒᆞᆷ과如ᄒᆞᆫ事實은殆히認치못ᄒᆞ든者이라.

韓民側의創傷은, 全亨石은左右後腿部에長約十二珊·幅六珊의打撲傷各一個를負ᄒᆞ고, 金明汝ᄂᆞᆫ右後腿部에長十珊·幅八珊의打撲傷, 及右手掌에長約二珊·幅一珊의創傷을受ᄒᆞ고, 金濟權은巡警에게銃으로ᄡᅥ毆打를被ᄒᆞ얏다ᄒᆞᄂᆞ負傷ᄒᆞᆷ에不至ᄒᆞᆷ.

本件에對ᄒᆞ야, 本月五日에事實調査ᄒᆞ기爲ᄒᆞ야平田中尉를大洞에派遣ᄒᆞᆫ즉, 砂器洞派弁所長도同地에出張ᄒᆞ얏슴으로ᄡᅥ, 平田은邵와共히各關係者를調査ᄒᆞ고, 關係韓人과鄕約間을調停ᄒᆞ야, 邵에交涉ᄒᆞ야引致韓人을釋放케ᄒᆞ고, 且不法으로韓人을毆打ᄒᆞᆫ巡弁以下의處分을求ᄒᆞᆷ.

本月九日, 局子街로붓터砂器洞에糧食運搬護衛의淸兵五名이, 新興坪北方約一里半의地點에서, 道路가深泥ᄒᆞ야荷馬車의進行이不自由ᄒᆞᆫ故로, 附近에耕作ᄒᆞᄂᆞᆫ韓人金活南爲名人을强制ᄒᆞ야牛車를出케ᄒᆞ야該粮食을新興坪ᄭᆞ지運搬케ᄒᆞ고, 賃銀을不給經行ᄒᆞᆷ으로金은此를請求ᄒᆞᆫ즉淸兵等은金을毆打ᄒᆞᆷ.

新興坪分遣所에서ᄂᆞᆫ被害者의告訴에依ᄒᆞ야淸兵을調査ᄒᆞᆫ즉, 淸兵等은當地ᄂᆞᆫ淸國의領土인故로淸人이韓人을使役ᄒᆞᆷ은自由요, 又我淸兵은日本憲兵에調査를受ᄒᆞᆯ理由가無ᄒᆞ다고姓名을不告ᄒᆞᄂᆞᆫᄃᆡ, 此時에偶然이太拉子經歷廳長許德洧가同地를通過ᄒᆞᆷ으로同人에交涉코ᄌᆞᄒᆞᆫ즉, 軍人에關ᄒᆞᆫ件은直接으로砂器洞派弁所에交涉ᄒᆞ라고ᄒᆞᆷ으로, 新興坪分遣所로붓터禹跡洞分遣所에交涉을依賴ᄒᆞᆫ즉, 砂器洞派弁所로붓터白憲兵班長이新興坪에出張ᄒᆞ야事件을處理케ᄒᆞ얏ᄂᆞᆫᄃᆡ, 翌十日白憲兵長은新興坪分遣所에出頭ᄒᆞ야島田分遣所長과協議ᄒᆞᆫ後, 白으로붓터金에對ᄒᆞ야使役賃으로淸貨二吊를支撥ᄒᆞ고, 淸國兵은嚴重이訓戒ᄒᆞᆷ을約ᄒᆞ고歸所ᄒᆞᆷ.

(자) 淸國官憲의不當徵稅의件

本月十日, 龍池社金洞에東盛湧巡警營第五區長周永淸爲名者來ᄒᆞ야巡警費라稱ᄒᆞ고徵金ᄒᆞᆷ으로, 新興坪分遣所長과其理由를詰ᄒᆞᆫ즉, 周曰, 本年은閏月이有ᄒᆞᄂᆞ上官으로붓터受ᄒᆞᄂᆞᆫ經費ᄂᆞᆫ例年과無異ᄒᆞ고, 其不足額은自己가不可不負擔ᄒᆞᆯ터인故로, 延吉廳知府에請願ᄒᆞ야許可를得ᄒᆞ야徵收ᄒᆞᄂᆞᆫ者라答弁ᄒᆞᆷ.

分遣所長은該巡警費라ᄂᆞᆫ것은果然正當한稅인지아닌지, 又此를正當ᄒᆞᆫ稅라ᄒᆞ드ᄅᆡ도我가今에直히認容키難ᄒᆞᆫ事情이有ᄒᆞ니, 各上司에報告ᄒᆞ야上司의協議에依ᄒᆞ야徵稅의是非를決ᄒᆞᆫ然後에徵收ᄒᆞᆯ事로求ᄒᆞᆫ즉, 周ᄂᆞᆫ此를領ᄒᆞ고歸還ᄒᆞᆷ, 然而各上司의協議를經ᄒᆞ기前에, 本月十六日, 周ᄂᆞᆫ再히巡警及鄕約等都合三名으로, 和龍社藏財村以下十個所로붓터巡警費라稱ᄒᆞ고韓貨四百九十八兩六十二文을徵收ᄒᆞᆷ.

右徵金은當時에偶然이地方巡回中의韓國巡査李載基가此를探知ᄒᆞ고, 直接으로周에交涉ᄒᆞ야其不妥當홈을責ᄒᆞᆫ즉, 周도此에服ᄒᆞ고各徵金을彼[被?]徵收者에還付홈.

近來淸國官憲은銅佛寺·頭道溝·東盛湧地方에서山海稅의徵收를勵行홈.

盖山海稅ᄂᆞᆫ農產物(製油製絲製麻)海產物(魚類)山產物(獸皮類)等에對ᄒᆞᆫ徵稅라.

頭道溝稅務分局長周墨林이同地我憲兵分遣所長에談話ᄒᆞᆫ바에依ᄒᆞᆫ즉, 山海稅ᄂᆞᆫ從來도一般人民으로붓터徵收ᄒᆞ얏시ᄂᆞ, 今回에更히某處로부터徵稅를勵行ᄒᆞᆯ事의命令이有ᄒᆞ야徵收ᄒᆞᄂᆞᆫ者이라홈.

右徵稅를勵行코ᄌᆞ홈인지, 本月中旬, 延吉廳餉捐局承弁委員署穩의署名으로, 山海稅를徵收ᄒᆞᆯ意로更히各地淸韓人一般에告示홈.

山海稅의徵收에對ᄒᆞ야ᄂᆞᆫ, 我ᄂᆞᆫ從來붓터慣例에依ᄒᆞᆫ徵稅로認치아니ᄒᆞ야, 絶對로其徵稅를排除코ᄌᆞᄒᆞᄂᆞᆫ氣勢를示홈으로, 淸國官憲은我官憲을憚ᄒᆞ야韓民으로붓터徵稅에多少躊躇ᄒᆞᄂᆞᆫ者와如홈.

四. 韓民의狀況

從來間島在住韓民은常히淸國官民에게所有權利의蹂躙을被ᄒᆞ야, 財產은勿論이요生命의安全도保障키不能ᄒᆞᆫ狀態로在ᄒᆞ드니, 派出所設置以來, 一般韓民은身體·財產에對ᄒᆞ야確實ᄒᆞᆫ保護를受홈을得홈에至홈으로써, 此等保護의周到를傳聞ᄒᆞ고, 遠히韓國內地로붓터移住ᄒᆞ야來ᄒᆞᄂᆞᆫ韓人이近來益益多ᄒᆞᆫᄃᆡ, 從來붓터居住者ᄂᆞᆫ漸漸永住의目的을立ᄒᆞ야互相協同ᄒᆞ야淸人의土地를買收ᄒᆞᄂᆞᆫ者日日增加홈, 土地를買收홈에ᄂᆞᆫ爲先賣渡淸人과賣買의內約을結ᄒᆞ고, 合資者中의 一韓人이買收名義人이되야淸衣弁髮을裝ᄒᆞ고淸國任命의鄕約과共히局子街延吉廳에申請ᄒᆞ야予히認可를受ᄒᆞ야賣渡證書及代金의授受를了ᄒᆞ고, 買收名義人等이更히延吉廳에出頭ᄒᆞ야該證書에知府의證印을受ᄒᆞ야, 玆에비로소所有權移轉의登記를終了ᄒᆞᄂᆞᆫ지라, 右土地의賣買에對ᄒᆞ야登記料라고認ᄒᆞᆯ費用은一定ᄒᆞᆫ標準이無홈과如ᄒᆞ고且大槪高價인바, 最近調査ᄒᆞᆫ바에依ᄒᆞᆫ즉, 最小額의費用으로賣買의節次를終ᄒᆞ얏다稱ᄒᆞᄂᆞᆫ者도, 賣買價格에對ᄒᆞ야登記其他의手數에左의費用을要홈.

登記其他의手數費用表

種別	地積	賣買代價	登記其他의手數料
荒地	百六十日耕	千吊	百五十吊
畑	一日耕	千吊	百五十吊
畑	三十日耕	三千六百吊	五百吊
荒地	三百七十日耕	三千六百吊	五百吊

右에對ᄒᆞ야, 我派出所에서ᄂᆞᆫ韓人의土地賣買로ᄡᅥ發展의現狀으로認ᄒᆞ고, 此ᄅᆞᆯ保護ᄒᆞᆯ目的으로ᄡᅥ, 韓人이淸人의土地ᄅᆞᆯ買收ᄒᆞᄂᆞᆫ者ᄂᆞᆫ, 各當事者가賣買契約證書ᄅᆞᆯ調製ᄒᆞ고, 且地券의授受ᄅᆞᆯ了ᄒᆞ고, 其謄寫에本契約證書及本地券을添付ᄒᆞ야當所에請願ᄒᆞ야認證을受ᄒᆞ야, 비로소賣買의節次ᄅᆞᆯ了ᄒᆞᆯ者로ᄒᆞ야漸次韓人으로ᄒᆞ야금此節次에依케ᄒᆞᆯ方針이라.

五. 衛生狀態

所員一般이健康ᄒᆞ야特記ᄒᆞᆯ疾患者가無ᄒᆞᆷ, 土人은間間麻疹의發生이有ᄒᆞ고, 又麻剌里亞患者ᄂᆞᆫ漸次增加ᄒᆞᄂᆞᆫ傾向이有ᄒᆞᆷ, 月間慈惠病院에서種痘ᄅᆞᆯ施ᄒᆞᆫ韓人이約四百名에上ᄒᆞ고, 尙히下泉坪·傑滿洞·局子街各憲兵分遣所員·韓國官吏·學校生徒·土人의一部等에도種痘케ᄒᆞᆷ, 本月間施療ᄒᆞᆫ新患者總計六百三十四名인ᄃᆡ, 平均一日에新患者가二十名餘에相當ᄒᆞᆷ, 國籍別은如左ᄒᆞᆷ.

韓人五百十四名
淸人五十三名
日人六十七名
六. 月間氣象槪況

	平均氣溫	最高溫度	最低溫度	降水回數	降水量
第一旬	一二.一	(二日) 二八.五	(五日) 二.○	六	二四.六
第二旬	一一.一	(十三日) 二六.○	(十二日) 一.一	五	一三.九
第三旬	一五.○	(三十日) 三五.○	(卄三日) 四.○	七	一六.七
月	一二.七	(三十日) 三五.○	(十二日) 一.一	一八	五五.二

積算溫度三九七.六
快晴日數一
曇天日數二一
降水日數一六
昨年本月의氣象은

	平均氣溫	最高溫度	最低溫度	降水回數	降水量
第一旬	一○.二	(一·六·八日) 二三.五	(六日) (一) 一.○	四	七.九
第二旬	九.八	(一·五日) 二二.○	(十二日) (一) 二.五	八	四四.三
第三旬	一三.二	(三十一日) 二七.○	(卄三日) 五.五	六	二二.五
月	一一.一	(三十一日) 二七.○	(十二日) (一) 二.五	一八	七四.七

積算溫度三四五.八

快晴日數二

曇天日數一四

[降水日數脫]一五

右二表를對照ᄒᆞᆫ즉,

本年은昨年에比ᄒᆞ야積算溫度에在ᄒᆞ야五一.八度, 平均溫度에在ᄒᆞ야一.六度, 最高溫度에在ᄒᆞ야八度, 更히最低溫度에在ᄒᆞ야三.六度의高ᄒᆞᆷ을示ᄒᆞ고, 降水回數ᄂᆞᆫ同ᄒᆞᄂᆞ降水量은昨年에比ᄒᆞ야一九미리半이少ᄒᆞᆫ지라,

然이ᄂᆞ曇天日數ᄂᆞᆫ昨年보다七日이多ᄒᆞ고, 且亦昨年은二回의降雪이有ᄒᆞ얏시ᄂᆞ本年은此를不見ᄒᆞ얏시니, 要컨ᄃᆡ氣溫이昨年에比ᄒᆞ야高ᄒᆞᆷ은農作物에生育順境에在ᄒᆞᆷ.

七. 所內의狀況

奧村憲兵大尉의後任으로太田大尉가本月二日에着任ᄒᆞᆷ, 經濟事情을調査ᄒᆞ기爲ᄒᆞ야釜山에出張을被命ᄒᆞ고次에請願歸省中에在ᄒᆞ든通譯生阪東末三은, 本月二日에歸任ᄒᆞᆷ.

本官은本月七日淸津에着ᄒᆞ야同十一日에歸任ᄒᆞᆷ, 歸任途中에在ᄒᆞᆫ所見及沿道官民의歡迎等에關ᄒᆞᆫ件은, 往電第二八號로써槪報ᄒᆞᆷ.

翌十二日에至ᄒᆞ야本官을歡迎ᄒᆞ기爲ᄒᆞ야來ᄒᆞᆫ都社長·社長等을集ᄒᆞ고, 平素에能히公事에盡力ᄒᆞᆫ切勞에對ᄒᆞ야, 其賞으로各各物品을贈與ᄒᆞ고一場의訓示를與ᄒᆞᆷ.

同日總務課長篠田治策의所長代理를解ᄒᆞᆷ.

當地에建築中인間島普通學校校舍의工事監督方法에對ᄒᆞ야學部로붓터依賴가有ᄒᆞ야, 所

員에命ᄒᆞ야此監督에從事케홈, 白頭山에出張中技師太田篤의一行은廿日歸所홈, 淸官이日本商人의所有에係ᄒᆞᆫ(모루히네)를沒收ᄒᆞᆫ件에對ᄒᆞ야, 陶에交涉ᄒᆞ기爲ᄒᆞ야篠田總務課長을局子街에出張케홈, 本官은廿四日붓터下泉坪·局子街·傑滿洞·銅佛寺地方을巡視ᄒᆞ고廿九日歸所홈, 本月붓터都社長·社長의一部를有給으로홈.

八. 本月間에處理ᄒᆞᆫ警察事故

本月十三日, 會寧街道上火狐狸溝嶺에서, 當所로붓터伏沙坪에赴任ᄒᆞᄂᆞᆫ內部書記李成敎ᄂᆞᆫ, 淸人二名에게遭遇ᄒᆞ야所持時計를與ᄒᆞ라고迫홈으로, 此를拒ᄒᆞᆫ즉淸人等은强奪코ᄌᆞ홈으로, 李ᄂᆞᆫ驚ᄒᆞ야携帶物을棄ᄒᆞ고逃走ᄒᆞᆫ즉, 淸人等은後方으로붓터拳銃一發을放ᄒᆞ얏시ᄂᆞ, 但命中치아니홈.

遺棄ᄒᆞᆫ携帶物은淸人이收得ᄒᆞᆫ者와如홈, 其後現場을搜索ᄒᆞ야도發見치못ᄒᆞᆫ지라.

然而其遺棄物은辭令書(新히主事에任ᄒᆞᆫ伏沙坪分遣所在勤南奎綱의辭令書)金拾圓·毛布·韓衣等인ᄃᆡ, 被害金額總計十二圓餘라, 檢證은禹跡洞分遣所에서此를行홈.

本月三十日午後十一時四十分에, 當村市場韓人崔道賢·吳雲瑞의共有家屋內에서失火ᄒᆞ야, 同夜午前一時五分에鎭火홈, 發火의原因은未詳ᄒᆞ나, 右共有家屋의裡面路上에積置ᄒᆞᆫ粟稈에서發火ᄒᆞ얏시니, 通行人이煙草의吹殼을捨ᄒᆞ얏ᄂᆞᆫ지, 或은何人이放火ᄒᆞ얏ᄂᆞᆫ지, 推測ᄒᆞᆯ失火의事實을認치못홈.

損害狀況은全燒五戶, 半燒二戶, 破壞一戶인ᄃᆡ, 總坪數九十四坪에約二千五百圓이라.

尙히以外에事故ᄂᆞᆫ別表와如홈.

附의 屬. 警察事故表

明治四十二年五月中警察事故

區分	事項	件數	摘要
日本法違反	竊盜	一	一件은被告日本人男一, 淸津理事廳檢事事務取扱에 送致홈
說諭	竊盜	三	一件은被告韓人男一, 被害者韓人男一, 蓆三枚竊取, 損害를賠償케ᄒᆞ고說諭放遣 一件은被告韓人男一, 被害者韓人男一, 牛一頭를竊取逃走코ᄌᆞ홈을發見ᄒᆞᆫ者라, 說諭放遣 一件은被告淸人男一, 被害者韓人男一, 未遂에對ᄒᆞ야說諭放遣

拐帶		原皮告共日本人男各一, 被告에說諭
債務關係	八	一件은原皮告共日本人男一, 被告에說諭支撥케홈 一件은原皮告共韓人男各一, 被告에說諭支撥케홈 一件은原皮告共韓人男各一, 被告不在ᄒᆞ야處理延期홈 一件은原皮告共韓人男各一, 雙方에說諭示談케홈 一件은原皮告共韓人男一, 被告에說諭支撥케홈 一件은原告韓人男一, 被告日本人男一, 被告에說諭支撥케홈 一件은原皮告共韓人男各一, 被告에說諭支撥케홈 一件은原皮告共韓人男各一, 被告에說諭支撥케홈
損害賠償	二	一件은原告韓人男一, 被告淸人男一, 被告에說諭賠償케홈 一件은原皮告共韓人男各一, 被告에說諭ᄒᆞ야其一部ᄅᆞᆯ賠償케홈
爭鬪	六	一件은日本人男一, 韓人男一, 當事者雙方에說諭 一件은韓人男三, 當事者雙方에說諭 一件은韓人男一, 淸人男一, 當事者雙方에說諭 一件은韓人男三, 當事者雙方에說諭 一件은韓人男二, 當事者雙方에說諭 一件은韓人男二, 當事者雙方에說諭
傷害罪	四	一件은原皮告共日本人男各一, 被告에說諭 一件은原告韓人男一, 被告韓人男三, 被告에說諭 一件은原告韓人男四, 被告靑人男二, 雙方에說諭 一件은原告韓人男一, 被告靑人男一, 被告에說諭
傳染病馬ᄅᆞᆯ放飼ᄒᆞᆫ者	一	一件은韓人男一, 說諭ᄒᆞ야博殺埋沒케홈
僞造貨幣ᄅᆞᆯ行使코ᄌᆞᄒᆞᆫ者	二	一件은韓人男一, 僞造에係ᄒᆞᆫ露國十留紙幣ᄅᆞᆯ使用코ᄌᆞᄒᆞᆫ者, 說諭(紙幣ᄂᆞᆫ分隊에領置) 一件은韓人男一, 僞造에係ᄒᆞᆫ露國十留紙幣ᄅᆞᆯ使用코ᄌᆞᄒᆞᆫ者, 說諭(紙幣ᄂᆞᆫ分隊에領置
家宅侵入	三	一件은原皮告共韓人男各一, 被告에說諭 一件은原告韓人男一, 被告日本人男一, 被告에說諭 一件은原告韓人男一, 被告日本人男一, 被告에說諭
所在搜索	三	一件은日本人男一, 同女一, 行衛不明ᄒᆞᆫ故로保護ᄅᆞᆯ를 願出홈 二件은日本人女各一, 行衛不明ᄒᆞᆫ故로保護ᄅᆞᆯ를 願出홈
「모루히네」ᄅᆞᆯ注射ᄒᆞ고又ᄂᆞᆫ鴉片煙을吸食ᄒᆞᆫ者	二	一件은韓人男一, 「모루히네」의注射ᄅᆞᆯ常習ᄒᆞᆫ者ᄅᆞᆯ說諭홈(注射器ᄂᆞᆫ分隊에領置홈) 一件은韓人男一, 阿片을吸食홈을現認ᄒᆞ야說諭홈
醉狂ᄒᆞᆫ者	二	一件은淸人男一, 說諭 一件은原皮告共韓人男各一, 被告에說諭
人을使役하고賃金을不給ᄒᆞᆫ者	一	原告韓人男一, 被告日本人男一, 被告에說諭支撥케홈

	契約其間內飼牛의返却을請求	一	原皮告共韓人男各一, 原告에說諭
	土地賣買後 約定以外의 請求ᄒᆞᆫ者	一	原告韓人男三, 被告淸人男一, 被告에說諭
	他人의所有權을侵害ᄒᆞᆫ者	一	原告韓人男一, 被告淸人男一, 被告에說諭
	離婚을要求ᄒᆞᆫ者	一	原告韓人女一, 被告韓人男一, 原告에說諭
	誣告ᄒᆞᆫ者	二	一件은原告韓人男一, 被告淸人男一, 原告에說諭 一件은原告韓人男一, 被告韓人男一女一, 誣告에說諭
	畑地貸借에 關ᄒᆞᆫ件	一	原告韓人男一, 被告韓人男一·淸人女一, 被告에說諭
	婦女를誘拐코ᄌᆞᄒᆞᆫ者	一	原被告共韓人男各一, 被告에說諭
	酌婦의逃走ᄒᆞᆫ者	一	原告日本人男一, 被告同女一, 被告에說諭
	虐待를受ᄒᆞ야訴出ᄒᆞᆫ者	一	原告日本人女一, 被告同女一, 被告에說諭
	不注意ᄒᆞ야失火ᄒᆞᆯ쌘ᄒᆞᆫ者	一	日本人男一, 說諭
	宿泊을强要ᄒᆞ고且暴行ᄒᆞᆫ者	一	原告韓人男一, 被告淸人男一, 被告에說諭
	他人의垣을 越ᄒᆞ야暴行ᄒᆞᆫ者	一	原被告共韓人男各一, 被告에說諭
淸國官憲에交涉ᄒᆞᆫ者	爭論及毆打	一	原告韓人男一, 被告淸人男一, 淸國官憲에交涉ᄒᆞ야被告를홈
	竊盜	一	被害者韓人男一, 被告淸人男一, 淸國官憲에交涉ᄒᆞ야被告를홈
	牛購買代金을不撥ᄒᆞᆫ者	一	原告韓人男一, 被告淸人男一, 淸國官憲에交涉ᄒᆞ야被告를홈
	强姦未遂	一	被害者韓人女一, 加害者淸人男一, 淸國官憲에交涉ᄒᆞ야被告를홈
	不法으로韓人을引致ᄒᆞᆫ者	一	被害者韓人男一, 加害者淸國巡警一, 官憲에交涉ᄒᆞ야被告를홈
	傷害罪	一	原告淸人男一, 被告韓人男一, 被告ᄂᆞᆫ淸國官憲에引致ᄒᆞ얏슴으로, 身의引渡方法을交涉
檢證	出火	一	韓人家屋으로브터出火ᄒᆞ야全燒五戶, 半燒二戶, 破壞一戶, 原因은放火의疑有홈, 間島分隊에서檢證
	强盜	一	被害者韓國內部主事의書記, 禹跡洞分遣隊에서檢證
檢視	自殺未遂	一	韓人女一, 間島分隊에서檢視
人命救護	溺死코ᄌᆞᄒᆞᆫ者	一	韓人女一, 河中에溺死코ᄌᆞ홈으로憲兵上等兵이發見救護ᄒᆞᆫ後, 母에引渡홈

盜難申告	盜難申告	一	被害者日本人女一, 捜索中
屠牛請願	屠牛檢查請願	八	檢查혼後許可
計		七○	

53. 間島事情報告書呈覽의 件(往復案2冊)

隆熙3年 (西紀1909年 8月7日)
[發] 統監府統監 曾禰荒助
[受] 內閣總理大臣 李完用

機密統發第一, 四二五號

齋藤間島派出所長의月報統派月報第六號를別紙謄寫ᄒᆞ야, 參考ᄒᆞ시기爲ᄒᆞ야玆에 送付홈.

明治四十二年八月七日
統監子爵 曾禰荒助
太子少師內閣總理大臣 李完用 閣下

附. 同上報告書

- 隆熙3年 (西紀1909年 7月10日)
- [發] 統監府間島派出所長 齋藤季治郎
- [受] 統監府統監 曾禰荒助

統派月報第六號

月報

明治四十二年七月十日
統監府臨時間島派出所長 齋藤季治郎
統監子爵 曾禰荒助 殿

一. 地方一般의狀況

月間各地에淸國官民의顯著ᄒᆞᆫ不法行爲가無ᄒᆞ야大概平穩ᄒᆞ고, 天候가亦平順ᄒᆞ나, 本月

中旬에降雨로因ᄒᆞ야耕地를流失ᄒᆞᆫ鍾城間島·會寧間島의一部(前者ᄂᆞᆫ畑地約百七十三日耕, 後者ᄂᆞᆫ約三十六日耕)를除ᄒᆞᆫ外ᄂᆞᆫ, 耕作物의成育이佳良ᄒᆞ야豊穰을豫期ᄒᆞ야, 韓民이一般安堵ᄒᆞᄂᆞᆫ狀이라.

清國人은新任督辦吳祿貞이大兵을率ᄒᆞ고來任ᄒᆞᆫ다ᄂᆞᆫ風說을信ᄒᆞ고, 一般喜色을呈ᄒᆞ얏스나, 事實은風說에反ᄒᆞ야, 吳ᄂᆞᆫ僅히十數名의部下를帶同來任ᄒᆞᆯᄲᅮᆫ인故로크게失望ᄒᆞᄂᆞᆫ狀이라.

清人中에ᄂᆞᆫ今回의吳의來任으로써, 間島가清國領土로確定ᄒᆞᆫ다ᄂᆞᆫ風說을信傳ᄒᆞᄂᆞᆫ者有ᄒᆞ나, 韓人은如斯ᄒᆞᆫ風說을信ᄒᆞᄂᆞᆫ者無ᄒᆞ고, 益益我保護에信賴歸服홈.

二. 清國官憲의動靜

(가) 清國工程隊의道路修繕狀況

五月中旬븟터清國工程隊에서着手ᄒᆞᆫ會寧街道上史[火誤]狐狸溝嶺以南의道路修繕工事ᄂᆞᆫ漸次南進ᄒᆞ야, 同嶺北麓으로븟터鶴城에至ᄒᆞ기約十吉羅米突의間, 諸所合計約五吉羅米突의工事를竣工ᄒᆞ고, 目下鶴城及米田洞(三屯)에布營ᄒᆞ고全員을二部에分ᄒᆞ야作業을實施ᄒᆞᄂᆞᆫᄃᆡ, 工事의模樣은地勢에依ᄒᆞ야道幅을三米突乃至七米突로ᄒᆞ야, 大石을除ᄒᆞ고土砂를敷ᄒᆞ야路面을平坦케ᄒᆞ고, 兩側或은一側에排水溝를設ᄒᆞ고, 道路橫側에往往暗渠를築造ᄒᆞᆫ箇所가有홈, 橋梁은大小都合十八箇所가有ᄒᆞ야, 清貨三千吊로清國人에請負ᄒᆞ야全部가殆히竣工홈, 橋梁의長은六尺乃至廿五六尺인ᄃᆡ, 皆三寸厚廿九尺의長의, 橋板을用ᄒᆞ야構造大槪堅牢홈, 目下工事에從事ᄒᆞ야居ᄒᆞᄂᆞᆫ人員은將校四名, 下士以下約百名이라.

(나) 吳祿貞來任狀況, 新任督辦吳祿貞은, 本月廿七日에自吉林으로銅佛寺街를經ᄒᆞ야局子街邊務公署에到着홈.

吳의着任際ᄂᆞᆫ多數의兵을帶同ᄒᆞᆫ다고清人間에風說이盛行ᄒᆞ얏시ᄂᆞ, 事實은此에反ᄒᆞ야帶同者ᄂᆞᆫ前統領胡形[殿誤]甲及佐官二名·文官·從者를合ᄒᆞ야十餘名ᄲᅮᆫ으로他에帶同兵이無ᄒᆞ고, 又何方面으로도入來ᄒᆞᆫ形跡이無홈.

護衛兵은前驅[騎?]馬隊六十五騎, 憲兵將校以下十騎, 後騎步隊約百四十名, 工程隊約百三十名, 及列外測繪班學生十八名인ᄃᆡ, 局子街南營駐屯兵으로途中으로븟터護衛에服케ᄒᆞᆫ者이라.

又吉林局子街間에在ᄒᆞᆫ護衛ᄂᆞᆫ, 沿道各地駐屯[兵脫?]으로充ᄒᆞᆫ者라홈.

吳의一行의貨物은馬車로僅히六輛이到着ᄒᆞᆯᄲᅮᆫ인ᄃᆡ, 兵器彈藥으로認ᄒᆞᆯ者無홈.

清國官民의出迎은盛ᄒᆞᆫ바, 延吉廳員·邊務公署員·局子街各官公署員·各地派弁所長及

學校教師·生徒·商民等合計約三百名에達홈.

淸國任命의鄕約으로弁髮淸裝훈韓人朴官雲은, 東盛湧社大砬門李南極等과共히地方官民六十餘名을煽動ᄒᆞ야, 吳에對ᄒᆞ야歡迎辭ᄅᆞᆯ呈ᄒᆞ고庇護ᄅᆞᆯ願ᄒᆞᄂᆞᆫ請願書ᄅᆞᆯ呈出코ᄌᆞᄒᆞ얏시ᄂᆞ, 局子街의我憲兵分遣所에서ᄂᆞᆫ韓人의該行

動으로뻐外國에阿附ᄒᆞᄂᆞᆫ者로認ᄒᆞ고, 李ᄅᆞᆯ派出所에同行홈으로뻐, 他의韓民等은遂히朴의煽動에不應ᄒᆞ고, 朴等의企圖ᄂᆞᆫ終乃成立에不至ᄒᆞ고止홈.

三. 淸國官民의不法行爲

淸國官民의韓國官民에對훈狀態ᄂᆞᆫ日로緩和ᄒᆞ야, 從來와如훈悖戾의行動이少ᄒᆞᄂᆞ, 絶滅에不至ᄒᆞ야往往不法의行爲ᄅᆞᆯ行ᄒᆞᄂᆞᆫ事가有훈바, 特히淸國官民은韓國一般人民에對홈보다韓國官吏에對ᄒᆞ야感情을起ᄒᆞᄂᆞᆫ지라, 動輒紛拿ᄅᆞᆯ惹起ᄒᆞᄂᆞᆫ事가有ᄒᆞ니, 盖淸國官民은韓國官吏로뻐日本의威勢ᄅᆞᆯ藉ᄒᆞ야傲慢의態度ᄅᆞᆯ有훈者라고認홈에由홈이라, 本月間發生훈淸國官民의不法行爲ᄅᆞᆯ擧ᄒᆞ면如左홈.

(가) 韓國巡查와淸國人間의爭鬪, 本月十三日龍井村內通路上에서, 淸國人楊祿者의荷車가韓國人宋寬弘의所有畑圃牆高粱垣에衝突ᄒᆞ야其一部ᄅᆞᆯ破壞홈으로宋은楊과談判中인ᄃᆡ, 近處에居훈淸國人岳忠勝이此에關係ᄒᆞ야, 宋의談判을引受ᄒᆞ고楊을歸還홈.

被害者宋은岳에向ᄒᆞ야修繕을求홈ᄋᆡ, 岳은容易히此에不應ᄒᆞ야互相爭論中에, 偶然히巡察ᄒᆞᄂᆞᆫ韓國巡查金秉玉이通行ᄒᆞ다가, 岳에對ᄒᆞ야被害者에要求에應ᄒᆞ야修繕을ᄒᆞ라고說諭ᄅᆞᆯ加ᄒᆞ얏시ᄂᆞ, 結局에岳은此에不應홈으로뻐, 巡查ᄂᆞᆫ一旦現場을去홈.

然而岳은垣의修繕을不爲홀ᄲᅮᆫ더러宋에對ᄒᆞ야罵言을弄홈으로, 宋은再次金巡查에게訴出ᄒᆞᄂᆞᆫ지라, 金巡查ᄂᆞᆫ更히現場에臨ᄒᆞ야岳에對ᄒᆞ야說諭ᄅᆞᆯ加훈즉, 岳은反怒ᄒᆞ야拳으로金巡查의頰을打ᄒᆞ고, 且其上衣의第一釦의部ᄅᆞᆯ摑ᄒᆞ고强引ᄒᆞ야襟部ᄅᆞᆯ破毁홈으로뻐, 金巡查도岳의頰을毆打ᄒᆞ야其暴行을制止홈, 此爭鬪ᄅᆞᆯ聽ᄒᆞ고附近에居훈淸國人數十名이集來ᄒᆞ야, 岳을助ᄒᆞ야金巡查ᄅᆞᆯ押蹴ᄒᆞ고或은佩刀ᄅᆞᆯ奪코ᄌᆞ홈으로, 金巡查ᄂᆞᆫ路傍의小石을拾ᄒᆞ야岳의頭部ᄅᆞᆯ毆打ᄒᆞ야負傷케훈즉, 此時韓人李源吉이金巡查의呼笛을取出ᄒᆞ야吹홈으로, 附近에在훈我憲兵及日韓人數十名이馳來ᄒᆞ야其爭鬪ᄅᆞᆯ制止ᄒᆞ고, 岳은我憲兵으로붓터出張훈淸國巡警에引致홈.

此爭鬪로因ᄒᆞ야, 岳은金巡查의毆打에依ᄒᆞ야頭部左顳顬에長四珊知米突의打撲傷을受홈.

陸軍一等軍醫小野純一의檢案에依ᄒᆞᆫ즉, 銃器의衝突에由ᄒᆞ야受傷ᄒᆞᆫ者로認ᄒᆞᆫ바, 休業三日을要ᄒᆞ깃다홈, 右創傷에關ᄒᆞ야, 六道溝派弁所에서ᄂᆞᆫ巡査가拔刀ᄒᆞ야擊傷ᄒᆞ얏다ᄒᆞ야, 局子街로붓터淸國軍醫의出張을求ᄒᆞ야檢案ᄒᆞᆫ즉, 該軍醫ᄂᆞᆫ銃器의外傷이라고認ᄒᆞᆫ意로檢診홈.

右에依ᄒᆞ야, 同派弁所에서ᄂᆞᆫ更히巡査의拔刀云云을稱ᄒᆞ야我에交涉ᄒᆞᄂᆞ, 拔刀ᄒᆞᆫ事實이無홈은確實홈으로我ᄂᆞᆫ此ᄅᆞᆯ否認홈.

(나) 淸國官憲이韓人에對ᄒᆞᆫ不法處分

本月廿二日銅佛寺東方龍鬪坪에서, 韓人安亨瑞가(韓國主事의傭人)淸人王士遠의所有畑內의畝道ᄅᆞᆯ通行ᄒᆞᆫ즉, 偶然이同畑耕作中의淸人三名은其通行을制止ᄒᆞᄂᆞᆫ지라, 此로因ᄒᆞ야互相爭論毆打ᄒᆞ다가, 結局淸人이該件을銅佛寺淸國派弁所에告訴홈.

同派弁所에서ᄂᆞᆫ直히淸兵五名을龍鬪坪에派遣ᄒᆞ야, 安亨瑞及當時同所에在ᄒᆞ든韓人林鳳順(分遣所雜役夫)兩名을捕縛ᄒᆞ야派弁所에引致ᄒᆞ야, 別노이調査도不爲ᄒᆞ고即時安을笞四十에, 林을笞五十에處ᄒᆞ고放遣홈.

銅佛寺分遣所에서ᄂᆞᆫ此報ᄅᆞᆯ得ᄒᆞ고, 直히派弁所에至ᄒᆞ야所長에會見을求ᄒᆞᆫ즉, 門前에着劍執銃ᄒᆞᆫ淸兵七·八名이有ᄒᆞ야, 派弁所長은會見을不好ᄒᆞᆫ다稱ᄒᆞ고會見을拒絶코ᄌᆞᄒᆞᄂᆞᆫ지라, 面會ᄅᆞᆯ求ᄒᆞ야交涉ᄒᆞ얏시ᄂᆞ, 明白ᄒᆞᆫ答弁을不得ᄒᆞ고歸所홈.

同日分遣所長吉田憲兵中尉가出張ᄒᆞ야現場을調査ᄒᆞᆫ즉, 畝道ᄂᆞᆫ從來의通行路된事가明瞭홈으로써, 更히派弁所長에會見을求ᄒᆞ고, 淸人의非行反派弁所長의不法處置에就ᄒᆞ야詰問ᄒᆞᆫ바, 所長은越江韓民은淸國官憲에在ᄒᆞ야處分홈을正當ᄒᆞ다ᄒᆞ고, 又林은性質이獰猛ᄒᆞ야平素에淸人과好爭ᄒᆞ야極히不良ᄒᆞᆫ徒인故로, 將來ᄅᆞᆯ膺懲ᄒᆞ기爲ᄒᆞ야笞刑을行ᄒᆞ얏다고陳弁ᄒᆞ야其非ᄅᆞᆯ不悟홈으로, 同中尉ᄂᆞᆫ本件을上官에報告ᄒᆞ야如何의指示ᄅᆞᆯ待홀意ᄅᆞᆯ告ᄒᆞ고歸所홈.

本件은幇辦代理陶[彬]에交涉ᄒᆞ야, 關係非行者의處罰을求홈.

(다) 淸兵의不法行爲

本月二十一日, 禹跡洞東方路傍에서, 砂器洞駐屯淸兵張默林外三名은故韓國主事李求敏의頌德標ᄅᆞᆯ拔去홈에原因ᄒᆞ야, 禹跡洞配屬의韓國巡査朴冕熙ᄂᆞᆫ此ᄅᆞᆯ追跡ᄒᆞ야淸兵을呼ᄒᆞᆫ즉, 淸兵은突然히拳으로써朴巡査의胸部ᄅᆞᆯ撞ᄒᆞ고他二名도打코ᄌᆞ홈에, 此時憲兵上等兵이現場에追及ᄒᆞ야張을禹跡洞分遣所內에同行ᄒᆞ야, 同分遣所에서ᄂᆞᆫ張의不法行爲ᄅᆞᆯ責ᄒᆞᆫ즉張은此ᄅᆞᆯ否認홈으로, 平田[篤]中尉ᄂᆞᆫ更히砂器洞派弁所에交涉ᄒᆞ야加害者의處罰을求홈.

四. 韓民의狀況

時日의經過와共히我가韓民保護의基礎에, 益益鞏固를加ᄒᆞ며, 淸人의壓迫誅求等도漸次其跡을絶ᄒᆞᆷ에至ᄒᆞ야, 擧皆安寧ᄒᆞᆫ境遇에在ᄒᆞ야一般으로發展의狀을呈ᄒᆞ며, 我ᄂᆞᆫ更히保護의一步를進ᄒᆞ야學校의設立을奬勵ᄒᆞ고, 殖産興業의道를敎ᄒᆞ며, 且勤儉貯蓄의美風을養成코ᄌᆞᄒᆞᆷ.

韓國內地에在ᄒᆞᆫ韓民도間島에在ᄒᆞᆫ韓民保護의確實ᄒᆞᆷ을聞知ᄒᆞ고, 移住來到者日日增加ᄒᆞᄂᆞᆫ狀이有ᄒᆞᆫ바, 今本年一月로붓터四月盡日ᄭᆞ지韓國內地로붓터間島(東間島東部)에移住ᄒᆞᆫ韓人의戶口人口를調査ᄒᆞᆫ즉如左ᄒᆞᆷ.

移住者	戶數	人口		計
		男	女	
韓內地로붓터間島에	三四二	九三二	七四二	一,六七四

本表의外에百草溝汪靑地方에百餘戶의移住者가有ᄒᆞ나, 아직調査를未了ᄒᆞᆷ.

移住者ᄂᆞᆫ農業이最多ᄒᆞ고, 商業及其他의勞力을目的ᄒᆞᄂᆞᆫ者少ᄒᆞ며, 多部分은永住의結心으로ᄡᅥ一家를擧ᄒᆞ야移住ᄒᆞᆫ바, 大槪淸人의小作을ᄒᆞᆷ으로例를ᄒᆞᄂᆞ, 其中에ᄂᆞᆫ獨立或은共同ᄒᆞ야淸人으로붓터土地를買收ᄒᆞ야自作ᄒᆞᄂᆞᆫ者도有ᄒᆞᆷ.

淸國人은近來韓人의移住者가多ᄒᆞᆷ으로ᄡᅥ, 土地의賣買를行ᄒᆞ고, 且小作人의欠乏을見치아니ᄒᆞᆷ으로, 一般歡迎ᄒᆞᄂᆞᆫ狀이有ᄒᆞᆷ.

韓人中에ᄂᆞᆫ今에도尙此辨髮淸裝ᄒᆞᆫ者가有ᄒᆞᆫ바, 此를派出所開設當時에比ᄒᆞ면顯著히其數가減少ᄒᆞ얏시ᄂᆞ, 아직根絶ᄒᆞᆷ에不至ᄒᆞᆫ지라, 本月盡日의調査에依ᄒᆞ면東間島東部에住ᄒᆞᄂᆞᆫ韓人으로, 弁髮淸裝ᄒᆞᆫ者의戶數人口가如左ᄒᆞᆷ.

辨髮淸裝	戶數	人口		計
		男	女	
韓人	一一二	一五〇	三七	一八七

[備考]

本表에ᄂᆞᆫ學校生徒의辨髮淸裝者를包含치아니ᄒᆞᆷ.

辨髮淸裝ᄒᆞᆫ理由를調査ᄒᆞᆫ즉大凡如左ᄒᆞᆷ.

(가) 土地所有權을得ᄒᆞ기爲홈.

(나) 淸國의官吏·公吏·兵卒·通譯·傭人等에爲코ᄌᆞ홈.

(다) 淸國[人脫?]의妻又ᄂᆞᆫ養子로되기爲홈.

(라) 淸國官憲에阿附ᄒᆞ기爲홈.

右의內에土地所有權을得ᄒᆞ기爲ᄒᆞ야辮髮易服ᄒᆞᆫ者(前月報에詳記)가最多ᄒᆞ고, 淸國의公吏·通譯等이此에次되고, 淸國官憲에阿附의目的된者最少ᄒᆞ며, 尤派出所開設以來, 薙髮易服ᄒᆞᆫ者의再次韓裝에改ᄒᆞᆫ者中에ᄂᆞᆫ, 此種의阿附者가最多홈.

薙髮易服은自己의利益에基ᄒᆞ야ᄒᆞᆫ者인故로, 假令淸裝을裝ᄒᆞ얏서도我의施設에反抗의行動을ᄒᆞᄂᆞᆫ者ᄂᆞᆫ極히稀홈, 韓人의言에依ᄒᆞᆫ즉, 薙髮易服의始期ᄂᆞᆫ自今으로凡四十年前인ᄃᆡ, 其最多ᄒᆞᆫ時ᄂᆞᆫ自今으로十二年乃至四年前이라홈.

五. 戶口調査에關ᄒᆞᆫ件

本年一月로븟터五月에亘ᄒᆞ야, 東間島東部의淸·韓人의戶口調査를實施ᄒᆞᆫ즉, 其總數가大概如左홈(追後詳報ᄒᆞ깃슴).

地域	國別	戶數	人口		計
			男	女	
東間島 東部	淸	三,九〇〇	一七,一九八	一〇,一七三	二七,三七一
	韓	一六,一〇一	四七,一七一	三五,八二八	八二,九九九
總計		二〇,〇〇一	六四,三六九	四六,〇〇一	一一〇,三七〇

但淸韓人中에ᄂᆞᆫ官吏及兵員을包含치아니홈.

戶口調査에際ᄒᆞ야淸·韓人의感想을推察ᄒᆞᆫ즉, 淸國人民은一般으로冷淡ᄒᆞᄂᆞ淸國官憲은我戶口調査로ᄡᅥ自國行政에干涉ᄒᆞᄂᆞᆫ者라ᄒᆞ야, 痛히此를忌嫌ᄒᆞᄂᆞᆫ狀이有ᄒᆞ고, 又一般韓人은戶籍簿에登錄홈으로始乃國民된資格을得ᄒᆞᄂᆞᆫ者로信ᄒᆞ고進ᄒᆞ야我調査에應ᄒᆞᄂᆞ, 淸國官憲所在地方에在ᄒᆞᆫ韓人은淸國官憲을憚ᄒᆞ야我調査를避코ᄌᆞᄒᆞᄂᆞᆫ風이有홈.

戶口調査中, 淸國官憲으로븟터各地方에서調査의中止或은門牌揭示禁止의要求를受ᄒᆞ고, 特히鍾城間島一象[環誤]穩城間島春華社·茂山間島南部地方에在ᄒᆞ야一層甚ᄒᆞᆫ妨害를受ᄒᆞ얏시ᄂᆞ, 結局에此를排除ᄒᆞ고調査를遂行홈, 然而淸國官憲의[脫?]ᄒᆞᆫ妨害의手段은, 韓

人을脅迫ᄒᆞ야他出케ᄒᆞ고, 又ᄂᆞᆫ調査中着心ᄒᆞᆫ韓人을解散케ᄒᆞᄂᆞᆫ等, 我로ᄒᆞ야금調査에途가無케ᄒᆞ며, 甚至於韓人을毆打ᄒᆞ야我問에答ᄒᆞᆯ빅無케ᄒᆞᆷ.

今回實施의戶口調査ᄂᆞᆫ, 我派出所에서韓民保護의趣旨ᄅᆞᆯ僻遠의地에ᄭᅡ지透徹케ᄒᆞᆫ効가有ᄒᆞᆫ되, 大概韓人은清人에此ᄒᆞ야居住家屋及其他經營等凡小規模로, 動輒遊食을事ᄒᆞᄂᆞᆫ者多ᄒᆞᆷ.

六. 衛生狀態

(가) 所員의狀態, 月間所員의患者總數ᄂᆞᆫ五名인되, 皆輕病患者ᄲᅮᆫ이요, 特記疾患이無히一般健康狀態에在ᄒᆞᆷ.

(나) 地方狀態, 麻疹은各部落에多少流行ᄒᆞᆷ, 麻剌利亞患者ᄂᆞᆫ前月에比ᄒᆞ야顯著히增加ᄒᆞᆷ, 本月에東京台及新興坪憲兵分遣所員及同地韓人一部에種痘ᄅᆞᆯ施ᄒᆞᆷ.

(다) 患者施療의狀況, 本月間施療ᄂᆞᆫ, 新患者總計七百八十名인되, 前月에比ᄒᆞ야百四十六名이增加ᄒᆞ고, 一日의新患이六十餘名에上ᄒᆞᆫ事가有ᄒᆞᆷ.

新患者ᄅᆞᆯ國籍에別ᄒᆞ면如左ᄒᆞᆷ, 韓人六三一, 清人七五, 日人七四.

七. 本月의氣象概況

	平均氣溫	最高溫度	最低溫度	降水回數	降水量
第一旬	一七.四	(四日) 三二.○	(六日) 五.五	六	一四.○
第二旬	一六.五	(十二日) 二七.五	(十七日) 七.○	一○	二八.二
第三旬	一八.五	(廿三日) 三○.五	(廿八日) 一一.五	七	一八.四
月	一七.五	(四日) 三二.○	(六日) 五.五	二三	六○.六

積算溫度五二四.五, 快晴日數○, 曇天日數一四, 降水回數一七

昨年本月의氣象은

	平均溫度	最高溫度	最低溫度	降水回數	降水量
第一旬	一六.九	(三日) 三二.○	(七日) 八.○	四	六五.四
第二旬	七七.四	(十七日) 三○.○	(十一日) 五.五	一	○.一
第三旬	二○.○	(廿二日) 三六.○	(廿二日) 九.五	一	○.一
月	一八.一	(廿二日) 三六.○	(十一日) 五.五	六	六五.六

積算溫度五四六.八

快晴日數五·曇天日數五·降水日敷六

右兩表를對照호즉, 本年은積算溫度에在호야二二.三度, 平均氣溫에在호야〇, 六度의低홈을示호고, 最高氣溫도亦四度의低홈을見호고降水量도五미리가少호느, 曇天日數竝히降水日數가遙히昨年보다多호며, 快晴日은全無호고, 且本月一回의降雪이有혼지라, 要컨뒤氣溫은本月에在호야는昨年보다低호느, 降水竝氣溫은昨年보다順和홈으로, 農作物의發芽生育等이凡順境에在홈.

八. 所員의動靜及執務의狀況

雇財滿精三은願에依호야本月一日에解雇홈, 楠野[俊成]事務官으로會計事務妥議호기爲호야, 上京을命호야十六日에出發케홈, 囑托龜井菊治郎은 月 日[57]에月手當百十圓을給홈.

本月六日에本官은當地를出發호야, 茂山間島方面을巡視호고, 十二日에頭道溝를經호야歸所홈, 今回와前回의巡視에, 各地都社長·社長以下韓民에對호야別紙第一號의訓示를, 韓人學校에對호야大要別紙第二號의訓誨를호고, 各各多少의補助金을附與호온바, 各地韓民의狀態는槪略前項韓民의狀況에記載홈과如히, 衷心으로我保護에信賴호야頗히安堵호는狀이느, 然이느我가韓民保護의期호는바는此等消極的에不在호고, 更히進호야積極的保護를加치아니홈이不可혼故로, 歸來호야所員에對호야別紙第三號의訓示를호고, 此際에 一層努力奮勵를要호는旨를懇諭홈.

九. 警察事故

本月間處理혼警察事故는左表와如홈.

明治四十二年六月中警察事故 間島憲兵分隊

區分	事項	件數	摘要
日本刑法違犯	拐帶及詐欺取財	一	被告日本人男一, 會寧警察署에交付
韓國刑法違犯	姦人婦女律	一	被告韓人男一, 被害者日本人女一, 咸興地方裁判所에 送致

57 日子記入이 없음.

說諭	淸國兵營前 에서密賣淫흔者	一	被告日本人女一, 說諭
	以邪術로禍福을妄言코즈흔者	一	被告韓人男三, 說諭後邪術用書籍十册을棄却케흠
	有夫女를姦通흔者	一	被告韓人男一, 說諭
	姦通의媒介를흔者	一	被告韓人男二, 說諭
	婦女誘拐	二	二件共原被告韓人男各一, 一件은被告에說諭後婦人을原告에引渡케ᄒ고, 一件은被告逃走不在흠으로搜索中
	遺失物剋留	一	被告韓人男一, 說諭後剋留品을遺失者에返還케흠
	窃盜及遺失物品剋留	一	被告韓人男一, 說諭後贓品及剋留品을被害者에返還케흠
	窃盜	五	一件은被告韓人男一, 原告韓人男五, 輕微흠으로說諭放遣 一件은被告淸人男一, 淸國官憲에引渡 一件은原被告共韓人男各一, 被告는韓國內地에逃走흔故로照會中 一件은被告韓人男一, 贓物을消費ᄒ얏슴으로賠償케흔後說諭放遣 一件은被告淸人男二, 原告韓人男一, 被告는逃走ᄒ야所在不明흠으로搜索中
	債務關係	一五	五件은原被告共韓人男各一, 被告에說諭ᄒ야債務를履行케흠 三件은原被告共韓人男各一, 雙方에說諭示談케흠 一件은原告韓人男三, 被告韓人男一, 被告에說諭示談케흠 二件은原被告共韓人男各一, 被告에說諭示談케흠 一件은原告韓人男一, 被告日本人男一, 被告에說諭ᄒ야債務를履行케흠 一件은原被告共韓人男各一, 原告에請求가不當ᄒ야說諭 一件은原被告共日本人男各一, 被告에說諭ᄒ야債務를履行케흠 一件은原告淸人男二, 被告日本人男一, 被告에說諭ᄒ야債務를履行케흠
	毆鬪	四	一件은原被告共韓人男各一, 被告에說諭ᄒ야損害를賠償케흠 一件은原被告共韓人男各一, 雙方에說諭 一件은韓人男三, 互相毆打흠으로現認說諭 一件은韓人男一, 日本人男一, 互相毆打흠으로現認說諭
	損害賠償要求	一	原被告共韓人男各一, 原告의要求不當흠으로說諭
	家族의扶養을缺흔者	一	原告韓人男一, 被告韓人男一, 被告에說諭扶養케흠
	家宅에侵入코즈흔者	一	被告日本人男一, 說諭放遣
	賭博	一	被告韓人男一, 說諭放遣
	淸國官吏의 留住願書에 他人을强請ᄒ야連署케흔者	一	被告韓人男五, 說諭

	爭論	六	二件은當事者韓人男二, 雙方에說諭ᄒᆞᆫ後和解케홈 一件은當事者韓人男三, 雙方에說諭後和解케홈 一件은原被告共韓人男各一, 被告에說諭後和解케홈 一件은當事者日本人男一, 淸人男一, 雙方에說諭後和解케홈 一件은當事者韓人男一, 淸人男一, 雙方에說諭ᄒᆞᆫ後和解케홈
淸國官憲에交涉	土地所有權을侵害ᄒᆞᆫ者	一	原告韓人男一, 被告淸人男一, 交涉ᄒᆞᆫ後韓人所有로 確定홈
	不當徵稅를 ᄒᆞᆫ者	二	二件共原告韓人男一, 被告淸國稅務局官吏인ᄃᆡ山海稅를不當히徵收코ᄌᆞᄒᆞᆫ者
	毆打	一	被害者韓人男二, 淸國官憲이擅히笞刑을加ᄒᆞᆫ者
	毆鬪	四	一件은原告韓人男一, 被告淸人男二, 被告를淸國官憲에引渡 一件은原告韓人男一, 被告淸人男二, 被告를淸國官憲에引渡 一件은原告韓人男一, 被告淸國官吏男一 一件은原告韓人男一, 被告淸人數名
	木材를不法으로沒收ᄒᆞᆫ者	一	被害者韓人男一, 淸國官憲이伐木禁止의制令違犯이라ᄒᆞ야沒收ᄒᆞᆫ者
	不法의徵發을ᄒᆞᆫ者	一	淸國巡防隊에서韓人으로붓터雜穀·薪을徵收ᄒᆞ고相當ᄒᆞᆫ代金을支拂치아니ᄒᆞᆫ者
	債務關係	一	原告韓人男一, 被告淸人男一, 被告를被告를淸國官憲에引渡홈
檢視	變死	三	一件은韓人女一, 河水에投身溺死ᄒᆞᆫ者 一件은韓人男一, 阿片을多量服用ᄒᆞ고自殺ᄒᆞᆫ者 一件은韓人男一, 中毒ᄒᆞ야自〔殺脫〕ᄒᆞᆫ者, 以上三件을共間島分隊에서檢證
檢證	出火	一	九松墟社八道溝西谷村韓人의家屋一戶半燒, 原因은失火, 八道溝分遣所에서檢證
	盜難	一	被害者日本人男一, 洋木六匹을竊取ᄒᆞ얏ᄂᆞᆫᄃᆡ, 間島分隊에서檢證
保護	人命救助	一	韓人男一, 河中에陷ᄒᆞ야溺死코ᄌᆞ홈을憲兵이發見救助
申告	盜難申告	一	被害者日本人一, 置時計一個를竊取ᄒᆞᆫ者
合計		六三	

附의 屬1. 社長等에訓諭

第一號別紙

所長巡回의際에社長·村長·頭民等에訓諭ᄒᆞᆫ槪要

本官은今回間島各地의民情視察ᄒᆞᄂᆞᆫ途에登ᄒᆞ야本日當地에到着ᄒᆞᆫ바, 社長·村長으로始

ᄒᆞ야數多의頭民等이, 路의遠近을不拘ᄒᆞ고如斯히來臨ᄒᆞ야歡迎의禮ᄅᆞᆯ盡ᄒᆞᆷ은, 衷心으로深히感謝ᄒᆞᆷ을不勝ᄒᆞᄂᆞᆫ바라.

抑韓國皇帝陛下의依托에由ᄒᆞ야, 再昨年上部로븟터本官을派ᄒᆞ야, 間島在住韓民保護의重任을授ᄒᆞ야此地에來住케ᄒᆞᆫ지라, 以來로苟히爾等韓民의休戚에關ᄒᆞ야ᄂᆞᆫ, 事之大小ᄅᆞᆯ不問ᄒᆞ고一心으로必要ᄒᆞᆫ施設을泛忽치아니ᄒᆞᆫ結果, 歲月의經過와共히諸事가其緖에就ᄒᆞᆷ을得ᄒᆞ고, 從ᄒᆞ야爾等이以前에他國人의壓迫을受ᄒᆞ야不當ᄒᆞᆫ苛稅等에苦ᄒᆞ든者漸次其跡을絶ᄒᆞ야着着安寧의境遇에進ᄒᆞᄂᆞᆫ事ᄂᆞᆫ, 恒常各地로븟터報告ᄅᆞᆯ接ᄒᆞᄂᆞᆫ바이ᄂᆞ, 尙히實地에就ᄒᆞ야現況을躬自視察코ᄌᆞᄒᆞ야今回에親히巡回ᄒᆞᆫᄇᆡ라, 然而各地의狀況이豫想以上에良好ᄒᆞᆫ觀을呈ᄒᆞ야, 一般韓民이到處에擧皆發展安堵의色이有ᄒᆞᆷ을見ᄒᆞ니, 眞히愉快의感이不無ᄒᆞ도다.

此機會에在ᄒᆞ야, 保護의施設에關ᄒᆞ야更히爾等에訓告ᄒᆞ야慰安奮勉의度ᄅᆞᆯ促進케ᄒᆞ고ᄌᆞᄒᆞᄂᆞᆫ바, 此ᄂᆞᆫ他事에不在ᄒᆞ고, 本官이沿道韓民의生活狀態ᄅᆞᆯ見ᄒᆞᆫ즉, 此ᄅᆞᆯ他國民에比ᄒᆞ야尙히多大의劣者有ᄒᆞᆷ을憐ᄒᆞ노라, 夫人이此世에處ᄒᆞ야其希望이一에不足ᄒᆞ나, 要컨ᄃᆡ何人이든지自己의財産을富ᄒᆞ야子孫의繁榮을冀치아니치못ᄒᆞᆯ지라.

然而爾等이此目的을達成ᄒᆞᆷ에ᄂᆞᆫ, 元來遊惰安逸을貪ᄒᆞᆷ을不容ᄒᆞ고, 반다시着實勤勉ᄒᆞ야其職業에充實ᄒᆞᆷ을要ᄒᆞᆯ지라, 曩에本官이日本으로븟터歸任ᄒᆞᄂᆞᆫ際에, 各社長等의勞苦ᄅᆞᆯ酬코ᄌᆞᄒᆞᄂᆞᆫ意로ᄡᅥ此에懷中時計ᄅᆞᆯ賞與ᄒᆞᆫ바, 本來本官의意中으로言ᄒᆞ면, 單히社長等에限치아니ᄒᆞ고泛히村長·頭民等에도同히投與코ᄌᆞᄒᆞᄂᆞᆫ精神이ᄂᆞ, 如何이ᄒᆞ야도有限ᄒᆞᆫ數로亦一般의衆人에頒키難ᄒᆞᆫ事情이有ᄒᆞᆷ으로因ᄒᆞ야, 爾等의代表者로爾等多數의輿望에被推ᄒᆞᆫ社長其人에投與ᄒᆞ야, ᄡᅥ本官이爾等一般의休戚에眷眷ᄒᆞᆫ意ᄅᆞᆯ聊히表示코ᄌᆞᄒᆞᆫ者이라, 然而此時計의贈遺ᄂᆞᆫ決코彼等의玩弄物로ᄒᆞᆷ이아니요, 又其器械의精巧ᄅᆞᆯ看覽케ᄒᆞᆷ에不在ᄒᆞᆫ지라, 即一日이幾時間인ᄃᆡ此時間은一去不復回ᄒᆞᄂᆞᆫ故로, 能히時間의貴重ᄒᆞᆫ事ᄅᆞᆯ悟케ᄒᆞ야, 假命一時半時의微라도此ᄅᆞᆯ有利히善用케ᄒᆞ야, 常히遊惰ᄅᆞᆯ誡ᄒᆞ고勤勉을爲主ᄒᆞ야, 時時刻刻으로財産의富饒ᄅᆞᆯ企ᄒᆞ고衣服을美麗히ᄒᆞ며家屋을宏壯히ᄒᆞ야, 子孫繁榮의基礎ᄅᆞᆯ作ᄒᆞᆯ事ᄅᆞᆯ社長에게周知케ᄒᆞ고ᄌᆞᄒᆞᆷ에在ᄒᆞᆷ이니, 爾等은其此ᄅᆞᆯ解ᄒᆞᆯ지어다.

又玆에一言코ᄌᆞᄒᆞᆷ은, 財産貯蓄의良慣習을養成케ᄒᆞ고ᄌᆞᄒᆞᆷ에在ᄒᆞ니, 貯蓄이란것은日常의浪費ᄅᆞᆯ愼ᄒᆞ고時時의生産額을蓄積增殖ᄒᆞᆷ을謂ᄒᆞᆷ이니, 既往不秩序의境遇에在ᄒᆞ야ᄂᆞᆫ, 家屋의宏壯·財産의富饒가反히他의暴慾强奪을招ᄒᆞᄂᆞᆫ原因이됨으로, 人人이毫不認貯蓄之利益ᄒᆞ고, 因襲의弊로自暴自棄에流ᄒᆞ야, 粗食에甘ᄒᆞ고弊衣에安ᄒᆞ야, 全혀進取의活氣ᄅᆞᆯ缺ᄒᆞᆷ에至ᄒᆞᆷ은實로可憐ᄒᆞᆫ狀態의一이라, 然而今에爾等生命財産의保護ᄒᆞᆷ에ᄂᆞᆫ, 我統監府派出所가在ᄒᆞ야日韓의官吏憲兵이俱히極力ᄒᆞ야爾等의安寧幸福을增進코ᄌᆞᄒᆞᆷ에努力ᄒᆞᄂᆞᆫ故로, 爾等은些少의危懼의念을懷치勿ᄒᆞ고, 平素의心을安ᄒᆞ야其業에勵ᄒᆞ고贅費ᄅᆞᆯ去ᄒᆞ야, 我派出

所官吏의好例ᄅᆞᆯ倣ᄒᆞ야, 一般貯金의風을養ᄒᆞ야ᄡᅥ將來多幸의境涯에安樂ᄒᆞᆷ을期ᄒᆞᆷ이可ᄒᆞ도다, 本官이其衣ᄅᆞᆯ美麗히ᄒᆞ며其家ᄅᆞᆯ宏壯히ᄒᆞ라ᄒᆞᆷ은, 決코奢侈의惡風을勸ᄒᆞᆷ이아니라, 即人生의當然ᄒᆞᆫ希望을正當히達ᄒᆞᄂᆞᆫ良策을稱치아니ᄒᆞᆷ이不可ᄒᆞ다고云ᄒᆞᆷ에在ᄒᆞ도다, 然而殖産興業ᄒᆞ야能히其身을富ᄒᆞ고其子孫을榮케ᄒᆞ야, 此文明世界에捿息ᄒᆞ야世運의進步와駢行ᄒᆞ야, 敢히他에劣치안코ᄌᆞᄒᆞ면반다시智識이有ᄒᆞᆫ人이되지아니치못ᄒᆞᆯ지니, 智識은學ᄒᆞ야此ᄅᆞᆯ獲ᄒᆞᄂᆞᆫ지라, 年令既老ᄒᆞᆫ輩ᄂᆞᆫ今에更言無補라, 此輩ᄂᆞᆫ時時로必要ᄒᆞᆫ訓誡ᄅᆞᆯ與ᄒᆞᆷ이可ᄒᆞᄂᆞ, 然이ᄂᆞ尙히年少ᄒᆞ야前途希望을有ᄒᆞᆫ靑年子弟ᄂᆞᆫ皆學에速就ᄒᆞ야溫古知新ᄒᆞ야, 各自其天賦의技能을發達ᄒᆞᆷ을勉ᄒᆞᆯ지라, 本官은此ᄅᆞᆯ爲ᄒᆞ야各地에完全ᄒᆞᆫ學校ᄅᆞᆯ設備ᄒᆞᆯ必要ᄅᆞᆯ感ᄒᆞᆷ이最切ᄒᆞᆫ지라, 然이ᄂᆞ百廢ᄅᆞᆯ一時에擧치難ᄒᆞᆷ은數의不免ᄒᆞᄂᆞᆫᄇᆡ라, 今에間島에在ᄒᆞᆫ模範的學校라고ᄂᆞᆫ, 昨年龍井村에一校ᄅᆞᆯ設ᄒᆞ야目下其新校舍建築工事中에屬ᄒᆞᆫ지라.

其他人生의最히貴重ᄒᆞᆫ生命을救濟ᄒᆞ기爲ᄒᆞ야, 技術優秀ᄒᆞᆫ軍醫ᄅᆞᆯ聘ᄒᆞ야無料施藥ᄒᆞ야, 其恩惠에浴ᄒᆞ야疾病의厄을免케ᄒᆞᆫ韓民中, 既히無慮一萬有餘의多에達ᄒᆞ얏도다, 尙히豊作에第一緊要ᄒᆞᆷ은牛인ᄃᆡ, 由來間島의地方에牛疫이屢屢發生ᄒᆞ야其時마다韓民의被害가不少ᄒᆞᆷ을憐ᄒᆞ고今에獸醫의聘用中인ᄌᆞᆨ, 不日到着ᄒᆞ야其救療ᄅᆞᆯ開始ᄒᆞᄂᆞᆫ運에至ᄒᆞ깃도다.

又龍井村에農事試驗場을開設ᄒᆞ고, 何穀類든지最히間島地味에適ᄒᆞ고, 同一ᄒᆞᆫ間島生産穀物中에도何가最히收穫이多ᄒᆞ야, 結局在住韓民을利ᄒᆞᆷ에最良ᄒᆞᆫ穀種을擇ᄒᆞ야, 假令갓흔一耕地의面積으로ᄡᅥ從來二·三石의收穫에止ᄒᆞ든者ᄅᆞᆯ, 增ᄒᆞ야十數石의收穫이되고, 價格으로論ᄒᆞ드ᄅᆡ도既往十圓의生産額에不過ᄒᆞ든者ᄅᆞᆯ能히百圓의收入을得ᄒᆞᆷ에至케ᄒᆞ야, 目下其播種等의試驗中인ᄌᆞᆨ, 追後試驗의成果에徵ᄒᆞ야爾等에其良種을頒코ᄌᆞᄒᆞᆷ은勿論이요, 本年秋穫에間島農産物의種類ᄅᆞᆯ蒐集ᄒᆞ야, 所謂共進會的에各自産出品을品評ᄒᆞ야, 優等品에對ᄒᆞ야ᄂᆞᆫ特히賞與金品을下付코ᄌᆞᄒᆞᆯ計劃이라.

此에要ᄒᆞᆫᄌᆞᆨ, 以上概說ᄒᆞᆷ과갓치本官은間島在住韓民을保護爲主ᄒᆞᄂᆞᆫ바, 其受ᄒᆞᄂᆞᆫ바壓迫或은不當苛税等은斷然코此ᄅᆞᆯ排除ᄒᆞ야, 爾等을苦痛의境遇로붓터救拯ᄒᆞ야安樂ᄒᆞᆫ域에指導推挽ᄒᆞᄂᆞᆫ方法에苦心ᄒᆞ야, 知而講ᄒᆞ고講而施ᄒᆞᆷ을期ᄒᆞᆯ지니, 爾等은各自益益信頼安堵ᄒᆞ야各勵其業ᄒᆞ야一層安寧幸福의增進을企圖ᄒᆞᆷ이可ᄒᆞ며, 尙히隨時必要ᄒᆞᆫ施設은當地在勤ᄒᆞᄂᆞᆫ分遣所長에訓令指示ᄒᆞ야, 其機宜ᄅᆞᆯ不誤케ᄒᆞᆯ지니, 爾等이若疑義가有ᄒᆞ거든就問ᄒᆞ고, 請願이有ᄒᆞ거든來訴ᄒᆞ야, 全然疑懼의念ᄅᆞᆯ去ᄒᆞ고一意로我派出所의施設에倚頼ᄒᆞ야ᄡᅥ各自正當의幸福을計ᄒᆞ라, 本日親히面會ᄒᆞᄂᆞᆫ機會ᄅᆞᆯ利用ᄒᆞ야, 聊히保護施設의要概ᄅᆞᆯ訓告云爾.

附의 屬2. 學校生徒에訓諭

第二號

所長巡回의際, 學校生徒에對ᄒᆞᆫ訓諭의槪要

本職은今回間島地方視察ᄒᆞᄂᆞᆫ途次本日當地에到着ᄒᆞᆫ바, 爾等幼年의學校生徒에至ᄒᆞ기ᄭᆞ지一齊歡迎ᄒᆞᆷ은誠히奇特ᄒᆞ도다, 本職은玆에爾等의面會ᄒᆞᄂᆞᆫ機會ᄅᆞᆯ利用ᄒᆞ야, 爾等將來의注意ᄅᆞᆯ爲ᄒᆞ야一言ᄒᆞᆯ비有ᄒᆞ도다, 抑爾等이日日學校에出入ᄒᆞ야汲汲히學을修ᄒᆞᄂᆞᆫ所以ᄂᆞᆫ, 盖第一自己의身을修ᄒᆞ고家ᄅᆞᆯ齊코ᄌᆞᄒᆞᆷ에在ᄒᆞ니, 其目的은可ᄒᆞᆫ지라, 然이ᄂᆞ能히心에銘ᄒᆞ라, 徒히大言壯語浮華輕噪에走ᄒᆞᄂᆞᆫ徒輩에至ᄒᆞ면, 於世於己에 一利가無ᄒᆞ고百害가有ᄒᆞ며, 殊히其勉學ᄒᆞᄂᆞᆫ바ᄂᆞᆫ此ᄅᆞᆯ實行치안이ᄒᆞ면何等硏鑽의効가無ᄒᆞᆷ이라, 學校의敎師ᄂᆞᆫ何人이든지當行當爲ᄒᆞᆯ科目을敎ᄒᆞᄂᆞᆫ故로, 爾等은其訓誡ᄅᆞᆯ遵ᄒᆞ야其所授ᄅᆞᆯ學ᄒᆞ며, 學ᄒᆞᆫ以上은반다시此의實踐躬行을期치아니ᄒᆞᆷ이不可ᄒᆞ도다, 譬컨ᄃᆡ學校의敎師ᄂᆞᆫ爾等을爲ᄒᆞ야美味의料理ᄅᆞᆯ爾等에提供ᄒᆞᄂᆞᆫ者라, 爾等은宜此ᄅᆞᆯ咀嚼ᄒᆞ야其美味ᄅᆞᆯ會得ᄒᆞᆷ을要ᄒᆞᆯ지니, 假令善美의饗應에逢ᄒᆞ야도, 爾等이敢히喫下치아니ᄒᆞ면其甘味ᄅᆞᆯ奚得ᄒᆞ리요, 所聞ᄒᆞᄂᆞᆫ文字의末에不在ᄒᆞ고, 所讀ᄒᆞᄂᆞᆫ書籍上에不在ᄒᆞ며, 반다시此ᄅᆞᆯ躬行ᄒᆞᆷ에至ᄒᆞ야始乃修學의益이有ᄒᆞᆷ은, 饗應ᄒᆞᆫ後其美味ᄅᆞᆯ知ᄒᆞᄂᆞᆫ것과恰似ᄒᆞ니, 爾等은造次라도此ᄅᆞᆯ勿忘ᄒᆞᆯ지어다.

又爾等은每日通學ᄒᆞᄂᆞᆫ學校의外에, 別노一學校가有ᄒᆞᆷ을知乎아, 此ᄂᆞᆫ他에不在ᄒᆞ니即爾等의家庭이是라, 家庭에ᄂᆞᆫ慈愛ᄒᆞᆫ父母가有ᄒᆞ고兄姊가有ᄒᆞ야, 父母兄姊ᄂᆞᆫ皆爾等의善行良爲ᄅᆞᆯ懇篤히指導ᄒᆞᆷ이니, 是亦爾等에美味의料理ᄅᆞᆯ提供ᄒᆞᄂᆞᆫ好箇敎師가아닌가, 古語에曰「弟子入則孝, 出則弟」라ᄒᆞ얏스니, 爾等은學校에서學ᄒᆞ고亦家庭의修業을不怠ᄒᆞᆯ지어다.

此와如히內外로皆學에努ᄒᆞ야敢히懈치아니ᄒᆞ면, 終來能히修身齊家의目的을達ᄒᆞᆷ은勿論이요, 此開明의世에處ᄒᆞ야當然의安寧幸福을享受ᄒᆞᆷ은疑ᄅᆞᆯ容치아니ᄒᆞᆷ.

本職은常히間島韓民의子弟ᄅᆞᆯ爲ᄒᆞ야, 完全ᄒᆞᆫ學校ᄅᆞᆯ設備코ᄌᆞᄒᆞᄂᆞᆫ念이懇切ᄒᆞᄂᆞ, 事에順序가有ᄒᆞ야, 到底히各地方에一時設立을望치못ᄒᆞ깃ᄂᆞᆫ故로, 爲先模範的學校로一箇ᄅᆞᆯ龍井村에創設ᄒᆞ야目下其新校舍의建築中인즉, 爾等이若完全ᄒᆞᆫ學術을修코ᄌᆞᄒᆞ면, 아즉龍井學校에來學ᄒᆞᆷ도無妨ᄒᆞᆯ지라, 玆에本職은平素敎育을重히ᄒᆞᄂᆞᆫ微志ᄅᆞᆯ表ᄒᆞ기爲ᄒᆞ야, 些少ᄒᆞᄂᆞ若干의金圓을此校에寄附코ᄌᆞᄒᆞ노니, 若學校必須의費에充ᄒᆞ야ᄡᅧ敎育에有益ᄒᆞ면, 殊히滿足ᄒᆞ깃노라, 爾等生徒ᄅᆞᆯ爲ᄒᆞ야一片의訓諭ᄅᆞᆯ與ᄒᆞ노라.

附의 屬3. 管下所員에訓示

第三號

訓示

韓人保護의任務ᄂᆞᆫ其第一期로붓터第二期에將入ᄒᆞᆷ과及此에對ᄒᆞᆫ一般方針에就ᄒᆞ야, 昨年兩回(八月十二日)訓令ᄒᆞᆫ바有ᄒᆞ거니와, 此ᄅᆞᆯ概言ᄒᆞᆫ즉, 第一期에在ᄒᆞ야ᄂᆞᆫ暴力의壓迫, 苛烈ᄒᆞᆫ誅求ᄅᆞᆯ免케ᄒᆞᆷ을努ᄒᆞᆷ에爲主ᄒᆞ고, 第二期에在ᄒᆞ야ᄂᆞᆫ保護의主旨ᄅᆞᆯ一層人心에透徹케ᄒᆞᆯᄲᅳᆫ더러敎育·衛生의觀念도涵養ᄒᆞᆷ을計ᄒᆞ고, 又都社長·社長·村長等保護에關ᄒᆞᆫ地方機關의組織을完全ᄒᆞᄂᆞᆫ事ᄅᆞᆯ期ᄒᆞᆯ지라, 今番親히各地ᄅᆞᆯ巡視ᄒᆞᆷ에, 大概豫期의成果ᄅᆞᆯ得ᄒᆞᆷ을認ᄒᆞᆷ은大히滿足ᄒᆞᄂᆞᆫ빅라, 此皆畢竟諸官이所定의方針을確守ᄒᆞ야鞠躬奮勉ᄒᆞ고至誠奉公ᄒᆞ야, 乃克忍耐ᄒᆞ야其職務에從事ᄒᆞᆫ結果에在ᄒᆞᆫ빅라, 然이ᄂᆞ各地에在ᄒᆞᆫ保護의效果及恩威浸透의程度가一樣치못ᄒᆞ고, 其他一般도尙히吾人의施設盡力ᄒᆞᆯ餘地의廣大ᄒᆞᆷ을認ᄒᆞᆯ지라, 本官은客年八月訓示에, 常히威嚴을保ᄒᆞ고機先을制ᄒᆞ야他의脅迫을介意치아니ᄒᆞᆯ事와, 又同年末分遣所長會議에際ᄒᆞ야, 被保護者의利益을增進ᄒᆞ고煩勞ᄅᆞᆯ不厭ᄒᆞ야, 懇切히指導의實을擧ᄒᆞᆯ事ᄅᆞᆯ注意ᄒᆞ고, 從ᄒᆞ야今에將來에向ᄒᆞ야ᄂᆞᆫ從來의保護手段을益益嚴密히推行ᄒᆞᆷ과共히, 更進ᄒᆞ야經濟上의點에對ᄒᆞ야도指導誘掖을要ᄒᆞᄂᆞᆫ事의緊切ᄒᆞᆷ을覺ᄒᆞᆫ지라.

抑當地方에서韓人保護의任務ᄅᆞᆯ完成ᄒᆞᆷ에ᄂᆞᆫ, 반다시淸國官民의狀態ᄅᆞᆯ周察ᄒᆞᆷ이緊要ᄒᆞ도다, 此本官이曩에特히訓示ᄒᆞᆫ機先을制ᄒᆞᄂᆞᆫ意義에在ᄒᆞ야, 最히密切ᄒᆞᆫ關係ᄅᆞᆯ有ᄒᆞᆷ에由ᄒᆞ야此ᄅᆞᆯ既往의狀態에徵ᄒᆞᆫ즉, 我官憲은確實히淸國官憲의機先을制ᄒᆞ야, 彼等은다만吾人의所爲ᄅᆞᆯ模倣ᄒᆞᆷ에不過ᄒᆞᆫ觀이라, 然而韓人에至ᄒᆞ야ᄂᆞᆫ大히其狀態ᄅᆞᆯ異ᄒᆞ야, 反히淸人의機先을制치못ᄒᆞ고因襲이久ᄒᆞ며又不得已ᄒᆞᆷ에由ᄒᆞᆷ이ᄂᆞ, 居住生活의程度, 農·工·商業其他運輸交通의事業에至ᄒᆞ기ᄭᆞ지, 一이라도淸人을凌駕ᄒᆞᆯ者의有ᄒᆞᆷ을見치못ᄒᆞᆷ은最히憫然ᄒᆞᆫ빅라, 幸히吾人의保護가年을逐ᄒᆞ야其效果가漸洽ᄒᆞ야來住者又其數ᄅᆞᆯ增加ᄒᆞ나, 其生活狀態ᄅᆞᆯ改善ᄒᆞ야其製產能力을發達케ᄒᆞ지못ᄒᆞ면, 到底히淸人과拮抗ᄒᆞ야得ᄒᆞᆯ地步에達키難ᄒᆞᆫ지라, 是以로本官은曩에學林[校誤]ᄅᆞᆯ興ᄒᆞ고農事試驗場을設ᄒᆞ고, 且地方을巡視ᄒᆞᆷ에都社長以下人民의頭目되ᄂᆞᆫ者에對ᄒᆞ야, 保護의實際ᄅᆞᆯ摘說ᄒᆞ야懇諭ᄒᆞᆫ빅有ᄒᆞᆷ은諸官의熟知ᄒᆞᄂᆞᆫ바이어니와, 所謂機先을制ᄒᆞᄂᆞᆫ計劃의缺ᄒᆞᆷ이無ᄒᆞᆷ을期ᄒᆞ[脫?]노라.

然이ᄂᆞ此ᄅᆞᆯ實地에適應ᄒᆞ야其成果ᄅᆞᆯ收ᄒᆞᆷ에ᄂᆞᆫ, 諸官의精勵盡力에俟치아니치못ᄒᆞᆯ지라, 特히地方一般에普及케ᄒᆞ기爲ᄒᆞᆷ에ᄂᆞᆫ, 主로各分遣所在勤者의盡力에依賴치아니ᄒᆞᆷ을不得ᄒᆞᆯ지라, 故로直接으로劇衍[?]實施의責에任ᄒᆞᆫ者ᄂᆞᆫ, 勉ᄒᆞ야人民과接觸ᄒᆞᄂᆞᆫ機會ᄅᆞᆯ重히ᄒᆞ야, 時機ᄅᆞᆯ見ᄒᆞ야商會或은農會ᄅᆞᆯ組織ᄒᆞ고, 又ᄂᆞᆫ圖書物品을指示ᄒᆞ야爲先智識의啓發을計ᄒᆞ고,

勤勉奮發의氣性을養成홀事를期치아니치못홀지라, 其他從來의保護手段을一層嚴密히推行홈에는, 可成에限ᄒᆞ야地方巡回의數를增加ᄒᆞ는事가肝要ᄒᆞ도다.

夫各地의狀態는, 各所管主任의報告에依ᄒᆞ야, 或은特히吏員을派ᄒᆞ야周察ᄒᆞ야, 狀況에應ᄒᆞ야適度ᄒᆞᆫ劃策을接施홈은元來遺漏가無홈을期ᄒᆞᆫ바이ᄂᆞ, 何如ᄒᆞ든지人民의利福에關ᄒᆞ야諸官의意見이有ᄒᆞ거든, 此에對ᄒᆞ여具申홈에躊躇가無홈을望ᄒᆞ노라.

此에要컨ᄃᆡ, 再昨年赴任途次火狐狸溝嶺에서同行ᄒᆞ든諸官에對ᄒᆞ야, 現地를指示ᄒᆞ야講話訓示ᄒᆞᆫ諸項은, 今에着着現實ᄒᆞ야淸津開港ᄒᆞᆫ次에自由貿易港으로以ᄒᆞ고淸津·敦[敦誤]賀航路도近近開始코ᄌᆞᄒᆞ니, 即當方面의氣運은遲遲홈과如ᄒᆞ나實은快速의發展을遂ᄒᆞ니聊以自慰ᄒᆞ노라.

諸君은各勉旃이어다, 玆에今次地方巡視에當ᄒᆞ야, 都社長以下에訓示ᄒᆞᆫ要項筆記를附ᄒᆞ야訓示ᄒᆞ노라.

明治四十二年六月二十一日

統監府臨時間島派出所長 齋藤季治郎

54. 間島派出所廢止의 件(往復案2冊)

隆熙3年 (西紀1909年 10月27日)

[發] 統監府總務長官事務取扱參與官 石塚英藏

[受] 內閣總理大臣 李完用

統發第六六六八號

當府間島派出所ᄂᆞᆫ, 來十一月一日에限ᄒᆞ야廢止ᄒᆯ事로內定ᄒᆞ얏숩기, 玆에通知홈.

明治四十二年十月廿七日

臨時統監府總務長官事務取扱 統監府參與官 石塚英藏

太子少師內閣總理大臣 李完用 閣下

55. 間島所屬協約의 呈覽 및 在留民保護의 日領事管掌通報와 同協約主旨의 官報告示要請(往復案2册)

隆熙3年 (西紀1909年 11月1日)
[發] 統監府統監 曾禰荒助
[受] 內閣總理大臣 李完用

統發第六七七四號

圖們江北一帶의墾地所謂間島라稱ᄒᆞᄂᆞᆫ地域은, 從來韓·淸兩國의所屬이未定ᄒᆞᆷ으로, 帝國政府ᄂᆞᆫ先年에統監府間島派出所ᄅᆞᆯ設置ᄒᆞ고, 專혀該地方在留韓國民의保護에當케ᄒᆞ얏ᄉᆞ온바, 帝國政府ᄂᆞᆫ同地所屬을速히決定ᄒᆞᆯ必要가有ᄒᆞᆷ을認ᄒᆞ고爾來淸國政府와交涉協議ᄒᆞᆫ結末로, 本年九月四日로ᄡᅥ別紙謄寫와갓치同地에關ᄒᆞᆫ協約[58]의締結을終ᄒᆞ고, 其結果로ᄒᆞ야本月一日에限ᄒᆞ야統監府間島派出所ᄅᆞᆯ廢止ᄒᆞ고, 同二日로븟터在間島帝國總領事館及同分館을開設ᄒᆞ고, 在留韓國民의保護管理ᄅᆞᆯ擔任케ᄒᆞᆯ事로定ᄒᆞ얏삽기, 照諒ᄒᆞ시기爲ᄒᆞ야玆에照會ᄒᆞᆷ.

再, 本文의意ᄅᆞᆯ貴國官報로ᄡᅥ一般告示方法을至急措辦ᄒᆞ심을荐要.

明治四十二年十一月一日
統監子爵 曾禰荒助
太子少師內閣總理大臣 李完用 閣下

58 協約案別紙는 않보임.

56. 上件回答(往復案2冊)

隆熙3年 (西紀1909年 11月9日)
[發] 內閣總理大臣 李完用
[受] 統監府統監 曾禰荒助

照覆第四二八號

圖們江北一帶墾地間島를, 貴國政府에서淸國政府와交涉協議흔結果로, 同地에關흔協約을締結ᄒᆞ고在間島貴國總領事館及同分館을開設ᄒᆞ야, 在留韓國民의保護管理를擔任케흔事로, 第六七七四號貴照會를接閱이온바, 此를准ᄒᆞ야同約文을官報로써已經告示ᄒᆞᆸ고, 玆에照覆ᄒᆞ오니照諒ᄒᆞ심.

을爲要.
隆熙三年十一月九日
太子少師內閣總理大臣 李完用
統監子爵 曾禰荒助 閣下

※此第四二八號回答文의 起案과 決裁書式이 下記와 如히 原文上欄에 記錄되어있음.

隆熙三年十一月九日起案 統監 書課長㊞
文書課長㊞ 外事局長㊞ 課長㊞ 課員㊞
總理大臣㊞ 書記官長㊞
右開案을處辦ᄒᆞ심을望흠.

| 찾아보기

ㄱ

곤도 신이치[近藤信一] 272, 285, 601, 615, 830, 841, 1077, 1089

구스노 슌조[楠野俊成] 42, 64, 78, 107, 108, 110, 112~114, 116, 224, 245, 352, 447, 450, 451, 468, 555, 576, 617, 621, 653

김경순(金京順) 109, 117, 122, 148, 449, 453, 458, 467, 484, 714, 720, 724, 732

김병한(金炳漢) 406, 407, 923

김상필(金相弼) 150, 179, 485, 512, 743, 765, 984, 1005

김우식(金禹軾) 359

김정화(金鼎和) 54, 58, 383, 402, 679, 681, 910, 912, 913, 920

김종락(金鍾洛) 118~120, 455, 721, 722, 960, 961, 963

김해룡(金海龍) 29, 30, 75, 78, 403, 406, 407, 415, 417, 691, 692, 921, 922~925, 929~931, 941

김화일(金化一) 94, 109, 435, 449, 703, 714, 943, 956

ㄴ

나가노 지로[中野二郎] 72, 413, 689, 927

나이토 마사오[內藤正雄] 272, 285, 601, 615, 830, 841, 1077, 1089

남병환(南軿煥) 118, 120, 133, 454, 468, 721, 722, 732, 960, 961, 970, 971

낭복순(朗福順) 142, 738

ㄷ

다나베 게이조[田邊啓藏] 51, 378, 677, 906

다카기 시즈에[高木靜枝] 224, 555, 795, 1039

ㅁ

모리카와 도루[森川亨] 132, 216, 262, 592, 610, 732, 791, 824, 970, 1034, 1070

목극등(穆克登) 32, 187, 358~361, 896~888, 898, 899

무라이 도시오[村井壽夫] 98, 184, 438, 516, 705, 767, 945, 1008

무라타 아쓰시[村田惇] 217, 222, 551, 555, 726, 793, 795, 965, 1007, 1036, 1039

문윤언(文潤彦) 99, 706

문진중(門振中) 41, 112, 113, 128, 352, 403, 406,

407, 451, 463, 670, 671, 716, 717, 728, 729, 890, 891, 958, 967

ㅂ

박권(朴權) 32, 358, 361, 897~899
박순언(朴旬彦) 141, 737
박우영(朴禹英) 118, 120, 121, 133, 454, 457, 468, 721, 722, 724, 732, 960, 961, 963, 970
박윤희(朴允熙) 164, 267, 500, 597, 754, 827, 995, 1073
박제순(朴齊純) 646, 886, 919
박태금(朴泰金) 117, 453, 720, 959

ㅅ

사이토 스에지로[齋藤季治郎] 33, 38, 39, 48, 52~55, 57~60, 64, 70, 75, 77, 79~81, 88, 89, 91~93, 101~103, 106, 107, 110, 111, 115, 116, 131, 139, 177, 178, 186~189, 196~199, 214, 227, 230, 238, 252, 271, 301, 317, 336, 350, 351, 357, 376, 381~387, 395, 399~402, 411, 415~418, 420, 421, 427~431, 433, 440, 441, 443~448, 451, 452, 466, 467, 474, 510, 511, 519, 521, 522, 529, 530, 542, 543, 546, 557, 559, 561, 569, 570, 582, 601, 615, 629, 630, 644, 662, 669, 675, 678~683, 685, 688, 691~695, 699~702, 707~709, 712, 715, 716, 719, 731, 736, 763, 770, 771, 777, 780, 789, 797, 798, 800, 816, 830, 841, 853, 865, 878, 889, 895, 904, 909, 911~913, 916, 918~920, 926, 929~931, 933, 934, 938~940, 942, 948, 949, 951, 954, 958, 959, 969, 975, 1004, 1011, 1012, 1018, 1028, 1032, 1040~1042, 1044, 1050, 1061, 1077, 1089, 1101, 1114, 1128
사카이노 다케노신[境野竹之進] 81, 102, 208, 421, 537, 595, 695, 708, 785, 934, 949, 1024
서세창(徐世昌) 42, 140, 475, 351, 571
세키야마 다쓰지로[關山辰次郎] 118, 119, 721, 722, 961
소네 아라스케[曾禰荒助] 33, 59, 70, 75, 80, 88, 93, 101, 103, 106, 131, 136, 139, 145, 153, 186, 188, 196, 198, 301, 317, 338, 380, 381, 400, 411, 415, 419, 420, 427, 432, 433, 439, 440, 442, 443, 466, 471, 472, 474, 480, 488, 519, 521, 529, 542, 544~546, 582, 590, 604, 616, 626, 629, 644, 664, 665, 682, 688, 691, 694, 699, 702, 707, 709, 712, 731, 735, 736, 740, 746, 752, 770, 771, 777, 779, 780, 789, 800, 806, 816, 822, 833, 842, 850, 853, 865, 880, 908, 909, 919, 927, 929, 932, 933, 938, 941, 942, 947, 948, 950, 951, 954, 969, 973~975, 980, 986, 993, 1011, 1012, 1018, 1028, 1030~1032, 1044, 1050, 1061, 1068, 1080, 1090, 1098, 1101, 1114, 1130, 1131
손부귀(孫符貴, 孫富貴) 140, 148, 155, 219, 221, 231, 475, 484, 490, 491, 551, 553, 562
손체안(孫棣安) 99, 119, 120, 132, 133, 140, 455, 467, 475, 706, 722, 732, 737, 946, 961, 970, 971, 976
송의식(宋義植) 270, 291, 600, 620, 829, 845, 1076, 1093
송태은(宋泰殷) 152, 160, 495, 744, 751, 985, 991

스즈키 신타로[鈴木信太郞] 31, 97, 183, 190, 195, 437, 516, 523, 528, 705, 767, 773, 776, 945, 1008, 1014, 1017
시노다 지사쿠[篠田治策] 25, 145, 195, 224, 311, 480, 516, 528, 555, 574, 590, 604, 616, 640, 740, 746, 752, 757, 761, 767, 776, 795, 822, 833, 842, 860, 980, 986, 993, 999, 1008, 1017, 1039, 1068, 1080, 1090, 1099
시마카와 기사부로[島川毅三郎] 430, 940
쓰루하라 사다키치[鶴原定吉] 31, 47, 356, 358, 575, 674, 894, 896, 1055

ㅇ

야마자키 세이이치로[山崎誠一郎] 54, 61, 245, 396, 447, 566, 576, 679, 683, 811, 911, 917, 1055
양돈언(梁敦彦) 341, 882, 883
여홍달(呂鴻達) 99, 438, 706, 946
오노 주니치[小野純一] 184, 208, 263, 320, 516, 537, 593, 647, 767, 786, 824
오록정(吳祿貞) 42, 44, 51, 64, 75, 88, 89, 140, 162, 201, 215, 302, 318, 352, 379, 399, 475, 531, 600, 630, 645, 671, 677, 684, 691, 693, 699, 701, 713, 715, 737, 745, 753, 781, 790, 792, 793, 801, 807, 829, 854, 866, 891, 906, 918, 929~931, 938, 940, 976, 985, 994, 1019, 1033, 1036, 1037, 1045, 1051, 1076, 1102, 1115
오문옥(吳文玉) 56, 57, 60, 63, 385, 396, 398, 680, 683, 684, 912, 917, 918
오카모토 유지로[岡本勇次郎] 121, 723
오쿠무라 메구미[奧村惠] 181, 499, 514, 532, 563, 574, 766, 1007
오타 아쓰시[太田篤] 224, 245, 312, 555, 576, 640, 795, 811, 861, 1039, 1110
완충식(阮忠植) 44, 53, 55, 60, 78, 353, 382, 384, 396, 417, 671, 678, 683, 692, 891, 910, 916, 930
왕국침(王國琛) 547, 713, 715~719, 766, 774, 775, 790, 955, 957, 958, 1007, 1015, 1033
왕무원(王茂元) 215, 547, 790, 1033
왕장령(王長齡) 98, 112, 113, 128, 147, 179, 451, 463, 482, 512, 621, 706, 716, 717, 728, 729, 741, 764, 946, 958, 967, 981, 1005, 1094
왕정서(王廷瑞) 162, 178, 498, 511, 753, 764, 994, 1005
왕학군(王鶴群) 303, 631, 854, 1102
원세개(袁世凱) 30, 136, 471, 472, 735, 973, 974
이남극(李南極) 319, 646, 866, 1116
이대유(李大孺) 254, 584, 818, 1063
이동춘(李同春) 127, 128, 170, 270, 463, 464, 506, 600, 728~730, 758, 829, 966~968, 1000, 1076
이범신(李範信) 172, 507, 759, 1001
이범윤(李範允) 151, 169, 171, 189, 203, 218, 234, 244, 254, 284, 486, 505, 507, 533, 584, 744, 757, 759, 772, 783, 792, 803, 818, 839, 984, 1000~1002, 1013, 1021, 1022, 1035, 1047, 1063, 1087
이선부(李善溥) 32, 361, 897, 898, 899
이성보(李星甫) 223, 795
이시즈카 에이조[石塚英藏] 337, 663, 879, 1129

이여강(李汝康) 54, 58, 383, 402, 679, 681, 910, 912, 913, 920
이영성(李榮成) 96, 158, 162, 216, 232, 303, 436, 493, 498, 548, 563, 632, 633, 705, 750, 753, 790, 791, 793, 794, 801, 855, 856, 944, 945, 990, 994, 1034, 1036, 1037, 1045, 1103, 1104
이완용(李完用) 36, 70, 88, 131, 136, 139, 145, 153, 161, 168, 185, 189, 188, 196, 198, 199, 214, 230, 238, 250~252, 260, 275, 287, 297, 301, 317, 337, 338, 542~546, 582, 590, 604, 616, 626, 629, 644, 663~665, 668, 669, 674, 675, 682, 688, 691, 694, 699, 702, 707, 709, 712, 731, 735, 736, 740, 746, 752, 757, 761, 763, 769~771, 777, 779, 780, 789, 800, 806, 814~816, 822, 833, 842, 850, 853, 865, 879, 880, 887~889, 894~896, 904, 908, 909, 919, 926, 929, 932, 933, 938, 941, 942, 947, 948, 950, 951, 954, 969, 973~975, 980, 986, 993, 999, 1003, 1004, 1010~1012, 1018, 1028, 1030~1032, 1044, 1050, 1059~1061, 1068, 1080, 1090, 1098, 1101, 1114, 1129~1131
이주인 히코키치[伊集院彦吉] 341, 882, 883
이중하(李重夏) 137, 366, 369, 372, 471, 473, 900~903, 973, 974
이토 히로부미[伊藤博文] 31, 38, 48, 161, 168, 174, 177, 184, 238, 346, 349, 350, 357, 376, 395, 497, 504, 509, 510, 518, 519, 521, 529, 561, 569, 580, 581, 669, 675, 678, 682, 687, 688, 694, 699, 702, 752, 757, 761, 763, 769~771, 806, 814~816, 833, 853, 886, 888, 889, 895, 904, 909, 913, 916, 919, 926, 933, 938, 942, 993, 999, 1003, 1004, 1010~1012, 1050, 1059~1061, 1080, 1101
이형국(李亨國) 304, 632, 855, 1103, 1104
이형준(李亨俊) 68, 94, 108, 117, 121, 392, 457, 687, 703, 714, 720, 723, 943, 956, 959, 962
이홍장(李鴻章) 137, 366, 369, 371, 471, 473, 735, 900~902, 973
이화관(李化官) 282, 611, 838, 839, 1085, 1086

ㅈ

자이만 세이조[財滿精三] 325, 653, 871, 1121
장개우(張介祐) 288, 843
장운량(張運良) 264, 594, 825, 1071
전태선(全泰善) 108, 113, 117, 121, 448, 451, 453, 454, 457, 713, 716, 720, 723, 724, 959, 960, 962, 963
정광제(程光弟) 72, 689, 927
정수덕(井樹德) 49, 377, 676, 905
조병식(趙秉式) 471, 974
주성룡(朱聖龍) 56, 57, 60, 63, 67, 385, 392, 396, 398, 680, 683, 684, 687, 912, 917, 918
진소상(陳昭常) 42, 44, 50, 52~54, 56, 60, 72, 75, 88, 89, 106, 107, 135, 140, 147, 150~152, 154, 159, 180, 191~193, 202, 215, 218, 279, 352, 378, 446, 447, 470, 475, 514, 531, 608, 671, 672, 676, 678~681, 683, 685, 689, 691~693, 699~701, 712, 713, 715~717, 719, 734, 737, 742~745, 747, 750, 765, 773~775, 781, 782, 790, 792, 794, 836, 891, 892, 905, 906, 910, 912, 913, 916, 918~922, 927, 929~932, 938~940, 954, 955, 958, 972, 976,

982, 984, 985, 987, 991, 1006, 1014~1016, 1019, 1021, 1033, 1035, 1038, 1083
진영(秦煐) 366, 369, 372, 900~903
진홍향(陳鴻鄕) 120, 133, 722, 732

ㅊ

채명오(蔡明吾) 141, 476, 737, 738, 976, 977
최기남(崔基南) 175, 183, 516, 761, 767, 1008

ㅋ

가메이 기쿠지로[龜井菊治郎] 325, 653, 871, 1121

ㅎ

하기야 다메치카 [萩屋爲親] 272, 601, 830
하세가와 요시미치[長谷川好道] 36, 348, 668, 887
한재신(韓在信) 53, 55, 61, 382, 396, 678, 679, 683, 684, 910, 911, 917
핫타 기치헤이[八田吉平] 245, 271, 285, 576, 601, 615, 811, 830, 841, 1055, 1077, 1089
허덕유(許德洧) 171, 221, 307, 506, 530, 552, 584, 633, 758, 793, 858, 1000, 1019, 1037, 1062, 1104, 1106
허영(許榮) 164, 500, 754, 995
허태신(許台身) 21
현덕승(玄德勝) 29, 30, 76, 78, 95, 106, 107, 111~114, 116, 123, 124, 127, 128, 130, 133, 149, 261, 267, 282, 290, 416~418, 446, 450, 458, 484, 591, 597, 691, 692, 704, 712, 713, 716~719, 724~726, 728~730, 733, 743, 744, 822, 827, 829, 838, 839, 844, 845, 929, 930, 944, 954, 955, 957, 958, 963~967, 971, 983, 984, 1069, 1074, 1076, 1085, 1086, 1093
호리우치 기쿠마쓰[堀內菊松] 243, 606, 809, 1053
호전갑(胡殿甲) 43, 55, 60, 61, 78, 303, 319, 352, 382, 384, 395, 417, 631, 646, 671, 682~684, 692, 854, 866, 891, 916, 917, 930, 1102
황용원(黃用元) 164, 500, 754, 995
히라다 데쓰지로[平田鐵治郎] 107, 183, 767

동북아역사 자료총서 67

구한국 외교관계 부속문서
– 간도안

초판 1쇄 인쇄 2022년 12월 20일
초판 1쇄 발행 2022년 12월 30일

엮은이 김영수
해 제 한철호
번 역 류창호, 정영미, 김대식, 최보영, 천수진, 주새봄
펴낸이 이영호
펴낸곳 동북아역사재단

등록 제312-2004-050호(2004년 10월 18일)
주소 서울시 서대문구 통일로 81 NH농협생명빌딩
전화 02-2012-6065
팩스 02-2012-6186
홈페이지 www.nahf.or.kr
제작·인쇄 청아출판사

ISBN 978-89-6187-789-3 93910